中国口岸年鉴

（2018 年版）

国家口岸管理办公室指导
中 国 口 岸 协 会 主 编

中国海关出版社

图书在版编目（CIP）数据

中国口岸年鉴：2018 年版 / 中国口岸协会主编. —北京：中国海关出版社，2019. 1
ISBN 978-7-5175-0325-5

Ⅰ.①中… Ⅱ.①中… Ⅲ.①通商口岸—中国—2018—年鉴 Ⅳ. ①F752. 5-54

中国版本图书馆 CIP 数据核字（2018）第 268431 号

中国口岸年鉴（2018 年版）

ZHONGGUO KOU' AN NIANJIAN（2018 NIAN BAN）

作　　者：中国口岸协会
责任编辑：李　多　左桂月　杨　升
出版发行：中国海关出版社
社　　址：北京市朝阳区东四环南路甲 1 号　　邮政编码：100023
网　　址：www. hgcbs. com. cn
编 辑 部：01065194242-7529（电话）　　01065194231（传真）
发 行 部：01065194221/4238/4246（电话）　　01065194233（传真）
社办书店：01065195616（电话）　　01065195127（传真）
www. customskb. com/book（网址）
印　　刷：北京新华印刷有限公司　　经销：新华书店
开　　本：889mm×1194mm　1/16
印　　张：61. 5　　字数：1680 千字
版　　次：2019 年 1 月第 1 版
印　　次：2019 年 1 月第 1 次印刷
书　　号：ISBN　978-7-5175-0325-5
地图审图号：GS（2018）6203 号　　地图编制：中国地图出版社
定　　价：300. 00 元

《中国口岸年鉴》（2018 年版）编辑委员会

编辑说明

一、《中国口岸年鉴》（2018 年版）是由国家口岸管理办公室指导，由中国口岸协会主编的一部全面、翔实记录中国口岸发展状况的编年书，是一部具有基础性、史料性、权威性的工具书。

二、本版年鉴收录了 2017 年度国家口岸管理工作概要、查验管理工作概要、全国口岸运行情况，全国 306 个对外开放口岸建设及运行情况，以及香港、澳门、台湾地区口岸运行情况和主要数据。同时，还收录了权威部门提供的全国口岸重要贸易统计数据，2017 年度各口岸主管部委新颁布实施的口岸工作法规和全国 31 个省、自治区、直辖市口岸分布示意图，香港特别行政区、澳门特别行政区及台湾省的口岸分布示意图暂缺。

三、本版年鉴引用的各类数据和资料截至 2017 年年底。全国进出口贸易统计资料由海关总署统计分析司提供。其他统计数据，分别来自边检、海事、海关（含原检验检疫）和各省级口岸办公室。由于各部门职能不同，数据统计口径、范围和方法亦有所不同，因此本书中有些数据不尽一致。

四、本年鉴从 2015 版起对《全国口岸运行统计表》中的口岸分类方式进行了调整，将所有口岸分成空运口岸、海运口岸、内河口岸、公路口岸、铁路口岸五大类，不再按照区域进行分类。

五、本版年鉴的稿件资料，主要由各有关部委及各省、自治区、直辖市口岸办公室汇总提供。年鉴在编辑过程中，得到了国家口岸管理办公室，公安部边防管理局，交通运输部海事局，海关总署办公厅、综合业务司、统计分析司，国家移民管理局，以及各地口岸办公室、各口岸查验单位的大力支持与配合，在此一并表示诚挚感谢！

六、本版年鉴在全书体例、资料收集等方面还有许多不尽如人意之处，加之编辑水平有限，疏漏或瑕疵在所难免，敬请广大读者予以批评指正。

《中国口岸年鉴》（2018 年版）编辑委员会

2018 年 9 月

序

口岸是国家的门户。党中央、国务院历来十分重视口岸工作。改革开放以来，为满足日益增长的对外经贸、人员往来的需要，国家投入了大量人力物力进行口岸建设，已经形成沿海沿江水运、航空和内陆边境立体化的开放口岸体系。口岸开放与全方位、宽领域、多层次的对外开放格局基本相适应，为促进对外经济贸易和国际交往的发展起到了重要的保障作用。

当前，进一步提高口岸工作效率的要求更为紧迫。经济全球化对口岸工作必然会提出更多更高的新要求，为适应参与国际竞争的需要，我国口岸工作要全面贯彻“三个代表”重要思想，落实十六大提出的“发展要有新思路，改革要有新突破，开放要有新局面，各项工作要有新举措”的要求，结合我国口岸工作的实际，紧紧围绕提高口岸工作效率，加快通关速度，处理好把关与服务的关系，为促进对外经济贸易和国际交往发展作出新贡献。为提高口岸工作效率，国务院曾在深圳进行口岸管理体制改革试点。1998年政府机构改革，对口岸管理体制作了重大调整。2001年，国务院办公厅为推广口岸电子执法系统和提高口岸工作效率相继发出了两个文件。今年5月，国务院批准海关总署等8部门在上海召开了提高口岸工作效率现场会。我国口岸要通过建立“大通关”机制，提高工作效率，改变传统管理模式，整顿和规范进出口秩序，促进口岸管理各部门转变职能、改进服务、提高管理水平，形成适应我国社会主义市场经济发展需要的新的口岸管理和运行机制，提供与发达国家相类似的口岸通关服务。

中国口岸协会从新世纪开始组织编撰《中国口岸年鉴》，是一件很有意义的工作。它不仅直接记录口岸管理运行的资料和数据，而且是在我国加入“WTO”以后，书写中国口岸深化体制改革、努力提高工作效率、为“大通关”服务的历史。

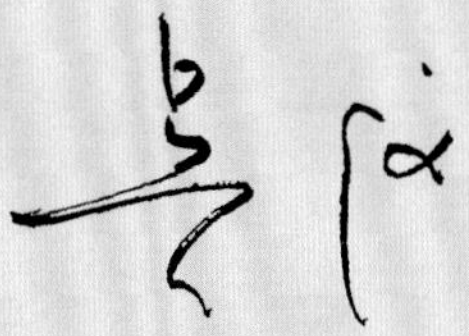

二〇〇二年十二月

航运产业集群

航运产业集群是中国远洋海运集团（简称集团）核心产业集群，包括集装箱运输、干散货运输、油气运输（油运、液化天然气运输）、客轮运输及码头运营等业务。当前，集团正致力于巩固和发展全球较大的综合航运企业。

集装箱运输

集团的集装箱运输业务主要由中远海运控股股份有限公司（简称“中远海运控股”）旗下的中远海运集装箱运输有限公司和东方海外货柜航运公司专业经营。

干散货运输

集团的干散货运输业务主要由中远海运散货运输有限公司专业经营。

油气运输

集团的油气运输业务主要由中远海运能源运输股份有限公司专业经营，业务涵盖石油原油、成品油、LPG以及LNG等货物的运输。

客轮运输

集团的客轮运输业务主要由中远海运（厦门）有限公司、中远海运客运有限公司等公司专业经营，承担我国沿海各港口及中日、中韩、中国内陆—中国台湾地区近洋客货运输业务。

码头运营

集团的码头运营业务主要由中远海运港口有限公司专业经营，在我国及全球各主要枢纽港均有投资和布局，集装箱吞吐能力排名世界靠前。同时，中远海运（比雷埃夫斯）港口有限公司负责经营比港业务。

物流产业集群

物流产业集群是集团核心产业集群，包括工程物流、杂货特种船运输、货运代理、仓储网络、多式联运、船舶代理、理货等业务。当前，集团正致力于挖掘和培育核心优势物流业务，打造综合性物流服务商。

综合物流业务

集团的综合物流业务主要由中远海运物流有限公司专业经营，能够在工程物流、家电和电子物流、航空物流、化工物流、会展物流、电力物流、供应链管理、海运空运货代等业务领域为国内外客户提供全程物流解决方案，形成了遍及中国、辐射全球的服务网络系统。

杂货特种船运输

集团的杂货特种船运输业务主要由中远海运特种运输股份有限公司专业经营，坚持以多用途重吊船和半潜船为核心，以沥青船、木材船和汽车船为辅助，为客户提供工程设备/大件运输全程物流解决方案。

船舶代理

集团的船舶代理业务主要由中远海运物流有限公司旗下的中国外轮代理有限公司（PENAVICO）和中海船务代理有限公司专业经营，业务网点遍布全国。

理货业务

集团的理货业务主要由中远海运物流有限公司旗下的中国外轮理货总公司专业经营，从事国际、国内航线船舶货物及集装箱的理货、理箱及相关检验业务。

航运金融产业集群

航运金融产业集群是集团核心产业集群，包括船舶租赁、集装箱租赁、码头仓储设施租赁为主的航运租赁业务，其他非航租赁业务，供应链金融、航运保险、物流基础设施投资及金融资产等股权投资业务。当前，集团正致力于构建综合性的航运金融服务提供商。

船舶租赁

集团的船舶租赁业务主要由中远海运发展股份有限公司专业经营，从事集装箱等船舶的租赁业务。

集装箱租赁

集团的集装箱租赁业务主要由中远海运发展股份有限公司旗下的佛罗伦公司专业经营。

非航运租赁

集团将以船舶租赁和集装箱租赁业务为基础，培育金融租赁人才，稳步开发海洋工程设备租赁、物流仓储租赁、码头设备租赁及其他非航租赁业务。

装备制造产业集群

装备制造产业集群是集团重要产业集群，包括船舶制造、修理和改装，以及海洋工程装备制造、集装箱制造等业务。集团通过中远海运重工有限公司专业经营装备制造相关业务，是国内技术水平较高的船舶制造企业，是国内实力雄厚的修船企业，是海洋工程装备制造企业，是世界知名的集装箱制造企业。当前，集团正致力于巩固和扩大在装备制造产业领域的核心技术、市场份额等方面的优势。

中远海运重工是中国远洋海运集团有限公司旗下的装备制造产业集群，是以船舶和海洋工程装备建造、修理改装及配套服务为一体的大型重工企业。

中远海运重工是现代商船建造的领跑者，拥有10多家大中型船厂，年可建造各类商船1100多万载重吨，已交付各类船舶780余艘，其中10多个船型填补了中国造船业的空白。中远海运重工建立有全球客户营销服务网络。在上海设立经营中心，在中国香港、新加坡、美国、希腊等地设有专门工作机构，客户遍布全球100多个国家和地区，是世界知名海洋石油服务供应商和全球知名航运公司在中国的首选的业务合作伙伴。

航运服务产业集群

航运服务产业集群是集团支持产业集群，包括船舶燃料供应、船舶管理、船员管理、船舶备件采购等业务。当前，集团正着眼保障航运产业服务，力争开发第三方客户，为集团航运主业做好必要的业务支持。

船舶燃料供应

集团的船舶燃料供应业务主要由中国船舶燃料有限责任公司、中石化中海船舶燃料供应有限公司专业经营，在国内各港口和全球重点枢纽港均有较为完善的船舶供油、供水系统，全球船舶燃料销量较高。

船舶管理

集团的船舶管理业务主要由中远海运船员管理有限公司及相关航运企业所属船管公司专业经营，采用统一的安全管理体系，依托丰富的船员资源，为集团内外的各家船东提供船舶管理服务。

船员管理

集团的海员劳务业务主要由中远海运船员管理有限公司专业经营，为包括集装箱船、油轮、化学品船、LPG船、客滚船等各种类型船舶配备船员，并在希腊、新加坡、日本、中国香港和中国台湾地区的劳务外派市场确立了稳固的地位。

航运技术研发

上海船舶运输科学研究所及中远海运科技股份有限公司是集团从事科研业务的重要平台，是我国较大的交通运输及航运综合技术研究开发基地。

社会化产业集群

社会化产业集群是集团支持产业集群，包括地产资源开发、酒店管理、海事院校、医院等社会化服务业务。当前，集团正着力将其打造成新产业的孵化器，专业人才培育地。

“互联网+”产业

为顺应大数据时代潮流，集团“互联网+”产业成长迅速，数据资源得到合理配置，正着力开展基于商业模式创新的“互联网+”相关业务，以更好地满足集团航运、物流和金融等产业发展的实际需求，推动各业务升级和转型。

Maxvision®
盛 视

智慧口岸**整体解决**方案——智慧海

盛视科技股份有限公司成立于1997年1月，总部位于深圳，是一家专业从事人工智能、算法研究、智慧系统集成的高新技术企业。公司自成立以来，一直注重产品研发与创新、注重用户体验，经过20多年的发展，已具备较强的实力，在深圳福田、深圳龙华和武汉光谷分别建立了研发基地，并在全国主要省市设立了分支机构。目前，公司拥有软件研发团队、硬件研发团队、产品造型和工艺设计团队、嵌入式产品研发团队、核心算法团队等，产品方案、研发团队人数占公司总人数70%以上。盛视科技还不断推出拥有独立知识产权的软、硬件产品，累计获得各种类型的专利及著作权数百项，形成销售的软硬件产品达200多种。盛视科技精湛的技术、优良的产品及贴心的服务赢得了用户的普遍赞誉，自主研发的产品和系统广泛应用于交通、大型企业、口岸、机场、码头、保税区和园区等众多领域。

公司与国内高校、科研院所等合作，相继成立了人工智能联合实验室、机器人研究室等，采用先进的人工智能、大数据、物联网等技术，结合公司长期积累的行业经验，为用户提供众多的创新产品及贴近实际需求和符合未来发展的整体解决方案，主要包括：（1）智慧口岸整体解决方案和产品，同时承担查验单位系统的建设，项目或产品覆盖国内大部分口岸；（2）智能交通系统整体方案和产品，包括自主研发的智能相机、测速仪、智能分析平台等产品，广泛应用于道路交通卡口、交通诱导等系统中。公司智能产品和智慧系统案例遍布全国30多个省、市、自治区，产品远销欧美、中东、东南亚等国家和地区。

超感型卡口集装箱智能检测系统

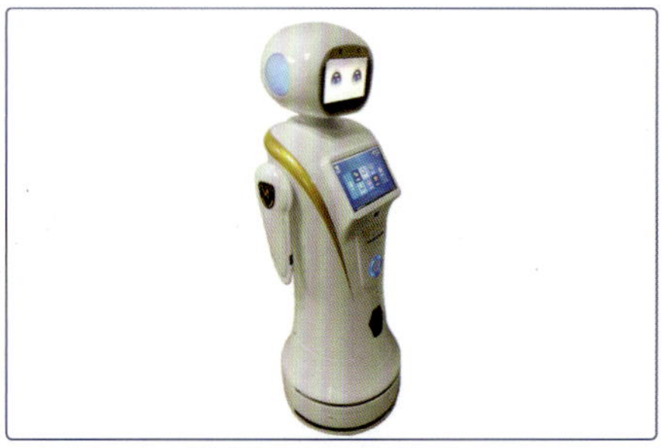
监管服务机器人

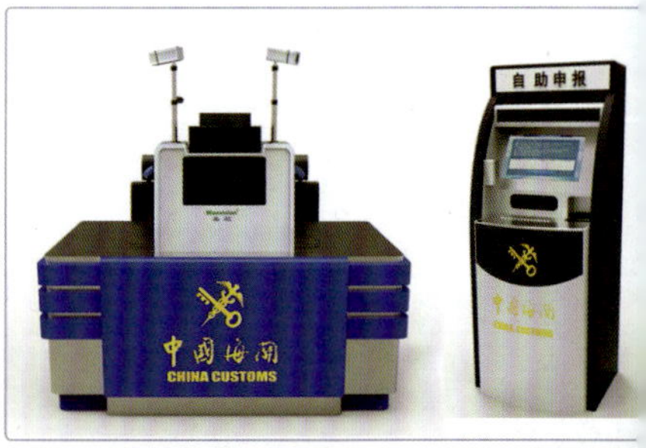

多功能智能查验台、自助申报系统

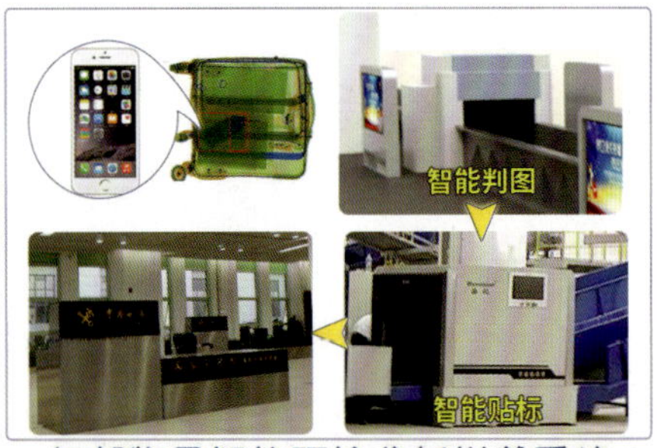

行邮物品智能预检分析拦截系统

旅客智能查验通道

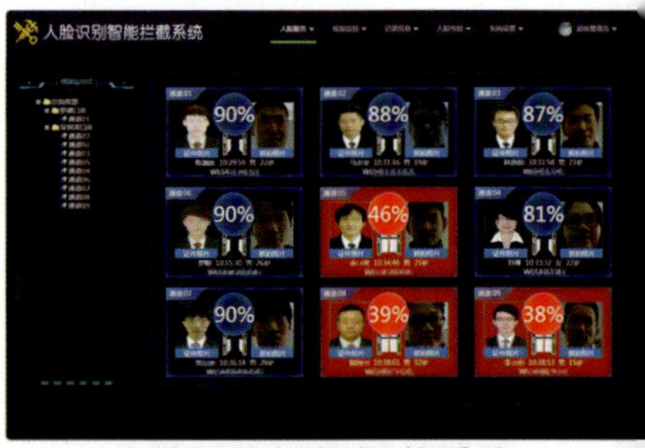

人脸识别智能拦截系统

盛视科技打造智慧海关，研发的产品和系统主要包括货物监管、物品监管、行邮监管和综合管理四个领域。公司将充分运用人工智能、互联网+、物联网、大数据、云计算等先进理念、技术，助力相关部门进一步提升智慧监管水平。

“诚信立企，做一家负责任的公司;创新载业，让世界分享盛视智慧”是盛视科技的经营宗旨，做先进的信息系统服务商和智能产品供应商是盛视科技的企业愿景。未来，公司将加大研发投入，推出更多实用型、创新型产品，为守护国门安全、提高通关效率、改善通关环境贡献一份力量。

盛视科技股份有限公司 总机：0755－83849888 总部地址：深圳市福田区泰然科技园苍松大厦南座四、五楼
服务热线：4001-800-969 手机：18902476008 18902476009 武汉研发中心：武汉市洪山区珞喻路876号华工科技产业大厦六层
网址：www.maxvision.com.cn 传真：0755－83849210 工厂地址：深圳市龙华区龙观西路39号龙城工业区御祥厂区3号楼

中国出口信用保险公司
CHINA EXPORT & CREDIT INSURANCE CORPORATION
分担出口风险
Sharing Your Export Risks
保障收汇安全
Securing Your Credit Payment
电话：010-66582288
www.sinosure.com.cn
欢迎关注·扫一扫

便捷开户 一趟解决
中国银行对公客户在线预约开户服务
优选靓号 尊享体验
智能识别 减少输入
极速预约 快人一步
对公预开户
查看资料
开户申请
进度查询
待修改资料
银行 BANKING | 证券 SECURITIES | 保险 INSURANCE
全球门户网站：www.boc.cn 客户热线：95566 官方微博：weibo.com/bankofchina
中国银行
BANK OF CHINA

中行网银
BOCNET
全方位服务
全球化管理
中 国 银 行 企 业 网 银
中国银行企业网上银行服务
中国银行基于对企业财务高效运作管理需求的深刻理解，以及全球化金融服务经验，推出安全、稳定、高效、覆盖海内外的企业网上银行，为企业搭建安全便捷的账户管理、资金汇划及投融资服务通道，提升企业财务管理效率，促进企业财富与价值增值。
银行 BANKING | 证券 SECURITIES | 保险 INSURANCE
全球门户网站：www.boc.cn 客户热线：95566 官方微博：weibo.com/bankofchina
中国银行
BANK OF CHINA

中国国际贸易促进委员会专利商标事务所
CCPIT PATENT AND TRADEMARK LAW OFFICE
守护智慧 创造价值
知识产权全领域服务
中国国际贸易促进委员会专利商标事务所是中国历史悠久的事务所，也是规模较大的综合性知识产权事务所之一。全所现有专利代理人及商标代理人294名，87人具有律师资格。为国内外客户在专利、商标、著作权域名、商业秘密、商业外观、不正当竞争等知识产权相关领域提供咨询、申请、调解、行政保护和诉讼服务。总部设在北京，在纽约、东京、慕尼黑、香港、广州和上海分别设有代表处。
北京 | 纽约 | 东京 | 慕尼黑 | 马德里 | 香港 | 上海 | 广州
www.ccpit-patent.com.cn | mail@ccpit-patent.com.cn

IKEA®

INTER IKEA SYSTEMS B.V.

英特-艾基系统有限公司　　宜家

荷兰英特-艾基系统有限公司（INTER IKEA SYSTEMS B.V.，以下称“宜家公司”）拥有独一无二的IKEA经营理念。IKEA理念始于20世纪40年代初期，当时宜家公司的创办人IngvarKamprad于瑞典一个小镇成立IKEA家具公司。IKEA理念最初始于为大家提供经济实惠的家具及家居装饰产品。它将功能、质量、设计、价值结合在一起，并牢记持续发展理念。在此理念下所有商品都以“IKEA”商标销售。“IKEA”之名结合了宜家公司创始人的姓名的首字母（IK）及其成长时居住的农场和村庄的名字Elmtaryd和Agunnaryd的首字母。宜家公司的商业模式以特许经营权制度运营，只有已与宜家公司签署合约的授权特许经营商可以使用IKEA理念，包括“IKEA”和 IKEA 商标，以及宜家公司在华语地区精心为IKEA选取的对应中文商标——“宜家”。

宜家公司拥有IKEA、宜家、IKEA、IKEA 及 IKEA FAMILY 等商标，这些商标在许多国家包括中国注册于不同的商品和服务上。目前，全球有接近390家 IKEA（宜家）商场分布于超过40个国家和地区，以 IKEA、宜家、IKEA 及 IKEA 商标出售广泛的系列家具及家居用品，并提供广泛的服务，包括经营宜家餐厅及引入“IKEA FAMILY宜家俱乐部”会员计划。在中国，首家 IKEA（宜家）商场开设于1998年。截至2017年11月，中国内地共有24家IKEA（宜家）商场，分别位于北京（四元桥、西红门）、上海（北蔡、宝山及徐汇）、广州、成都（成华、高新）、深圳、南京、大连、沈阳、天津、无锡、宁波、重庆、武汉、西安、杭州、苏州、佛山、南通、哈尔滨及济南。这些商场的地址可在宜家公司的网站www.ikea.com/cn上找到。在中国，宜家公司并不授权在特许 IKEA（宜家）商场以外的任何地方售卖附有 IKEA、IKEA 及 IKEA 商标的商品，或使用 IKEA、宜家、IKEA、IKEA、IKEA FAMILY等商标或商号。所有 IKEA（宜家）商场都采用独特的蓝色和黄色为其装饰设计标志，IKEA（宜家）商场亦拥有多项显著的特色，例如在店内的规划及店内陈列商品的方式。

联系方式 Legal.Affairs@inter-IKEA.com

主要备案商标

CHANEL

N°5

COCO

CHANEL

香奈儿股份有限公司 简介

“我要成为未来的一部分，”香奈儿女士曾如是说。这种雄心壮志与远见卓识的结合，造就了CHANEL这个独一无二的品牌。从20世纪初创立伊始，香奈儿品牌超越了当代的设计语言，在时尚、香水与美容产品、腕表与高级珠宝各个层面，不断发展传承，直至今日。

最初，香奈儿以一家小小的女帽店起家，然后迅速地建立起自己的时尚事业。她所提倡的，是一种前所未有的生活方式，既赋予女性行动的自由，又不失温柔优雅。在她的设计下，时尚进化为现代、年轻、简洁、实用与理性。斜纹软呢外套、2.55包、山茶花、双色鞋……，香奈儿写下一个又一个传奇。

香奈儿的创作跨越了传统概念的时尚。她曾说：“我要一款设计过的香水。”在这个概念的引领下，嘉柏丽尔·香奈儿与俄罗斯宫廷调香师恩尼斯·鲍合作推出了第一款抽象香调的香水，集合了80多种香氛——这，就是传奇的N°5香水。香奈儿女士更以她自由、自主的生活方式，为独立的现代女性设计了实用有效的美容护肤品。

香奈儿以丰富的创意，不断拓展全新领域。1932年“Bijoux de Diamants”钻石珠宝的设计，为未来的香奈儿腕表和高级珠宝，开启无限灵感泉源。2000年，香奈儿腕表将高科技精密陶瓷与香奈儿永恒优雅的气质巧妙地融为一体，推出了第一款黑色的J12，接着又在2003年发布了J12白色腕表。自此，J12腕表成为引领新世代制表的现代经典。

今天，香奈儿以强大的管理及创作团队为后盾，已形成3个独立却相辅相成的业务领域：时装及配饰、香水与美容护肤品、腕表及高级珠宝。传承了嘉柏丽尔·香奈儿优雅的现代精神，在各个领域不断续写新的美丽篇章。

旗下主要产品

服装、手袋、各式小皮具、配饰、
鞋帽、围巾、太阳眼镜、光学眼镜、
香水、彩妆及护肤品、腕表、高级珠宝。

浙江导司律师事务所　　地址：浙江省宁波市和义路168号万豪中心6楼
联系人：孔勤律师　电话：0574-87165009　传真：0574-87311996

卡西欧计算机株式会社

卡西欧计算机株式会社成立于1957年6月1日，总部位于日本东京都涉谷区。创业之始为计算器制造商的卡西欧计算机株式会社现已发展到在全球拥有近40家分支机构，员工数超过12 000人（中国区员工近6 000人），并且同时生产及销售计算器、手表、电子琴、电子辞典、数码相机等产品，这些产品给人类的生活带来了欢乐与便捷。卡西欧的经营理念为“创造贡献”，它表达了卡西欧通过提供各种创新产品从而实现对社会的贡献。

卡西欧公司非常重视知识产权，早在20世纪90年代就在中国开展了打假工作，为保护消费者权益和维护自身知识产权坚持不懈地在进行打击活动。在卡西欧诸多产品中受假冒品侵害最多的产品是计算器和手表。近年来在相关部门的不懈努力下，卡西欧知识产权边境保护工作卓有成效。

近年来随着盗用外观侵权品的日趋增多，卡西欧公司将部分重点外观设计专利在海关知识产权保护系统进行了备案。

型号名：fx-991CN
外观专利号：ZL2014300948

卡西欧公司在中国海关备案的主要商标（包括但不限于）

CASIO

计算器　手表　电子琴　电子辞典　数码相机……

S-V.P.A.M.

计算器

CLASSWIZ

计算器

fx-82MS

计算器（同时也是型号名）

fx-82ES

计算器（同时也是型号名）

EDIFICE

手表

G-SHOCK

手表

BABY-G

手表

EXILIM

数码相机 电池

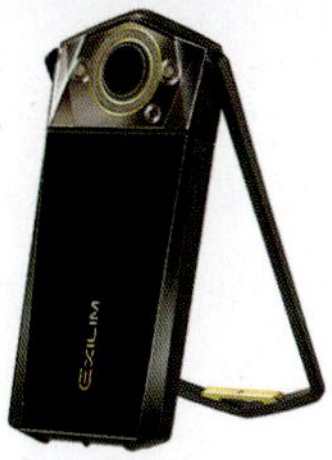

卡西欧公司的产品出口路径：

计算器类产品通过深圳口岸、黄埔口岸及拱北口岸出口，手表类产品仅通过深圳口岸出口。

卡西欧（中国）贸易有限公司　知识产权部

地址：上海市普陀区凯旋北路1188号环球港B座11楼　电话：021-61974898（分机：295 / 267 / 318）　E-mail：casio.ip@casio.com.cn
邮编：200062　传真：021-61974890

系列产品

Product Line-up

为当今商务办公市场提供全面的数字化整合增值服务，集 IT 管理、成本管理、软件、硬件、服务为一体，全面满足从小型 SOHO 办公到批量印刷的各类商务需求。

bizhub 彩色多功能数码复合机	数码复合机集复印、打印、传真、扫描等多种功能为一体，能提供更为方便高效的设备管理、文档管理、成本控制、信息安全等多种解决方案，大大简化办公流程，提高办公品质。
AccurioPress 生产型数字印刷系统 **AccurioJet KM-1** 29英寸单纸张UV喷墨印刷机	以先进、自动、精准为该品牌核心价值的 Accurio 系列数字印刷产品集成了多个领域印刷系统中的技术成果，打造出促进生产自动化、提高生产效率和品质的新一代专业印刷的整体解决方案。

PAGE SCOPE　SAFEQ™　DocRecord™ 企业文档和内容管理　ScanPath Desktop™

印核　edoc²　ECM 享印软件 企业内容管理软件　ScanPath Advance™

枢纽云　CPMS　DocAudit™　ScanPath Express™

以实际行动为世界环境事业做贡献

立足中长远推进环保活动

环境经营理念 柯尼卡美能达在全世界范围主动采取行动，在事业活动的所有环节，致力降低环境负荷，减少对地球环境的负担，增加对人类的价值。

环境展望 2050 长期环境目标到 2050 年，产品生命周期全过程中二氧化碳排放量比 2005 年时削减 80%。

行动纲要 柯尼卡美能达会评估产品在其生命周期中的各个阶段对环境造成的影响，包括从原材料 / 零部件采购到制造、运输 / 销售、使用、循环再利用和废弃的各个环节。积极采取措施降低环境负荷。

在节能环保的事业上不断努力和前进

能源之星标志

中国环境标志

中国节能认证标志

中国环境标志低碳产品认证

作为低碳环保的先驱者，柯尼卡美能达整个集团始终为解决环境问题付出切实可行的努力。

柯尼卡美能达集团以节能环保为基准策略，在国际上已取得“能源之星”的认证。柯尼卡美能达也积极参与节能环保的事业，并且在自己的产品上已经得到了较好的体现。

在中国，柯尼卡美能达集团的大部分办公系列产品已经取得了“中国环境标志”和“中国节能产品”两大认证（其他产品也在陆续办理中）。

柯尼卡美能达集团都始终如一地在节能环保，解决环境问题上不断努力，为改善地球的环境做出自己的贡献。

3种绿色活动降低环境负荷

green products 绿色产品认证制度

绿色产品活动（策划、开发）

- 创出客户、社会所追求的环境产品
- 应对产品采购标准及各类环境标签
- 准确应对与产品相关的法律法规

green factory 绿色工厂认证制度

绿色工厂活动（采购、生产）

- 严格落实节能、节省资源、资源再循环要求，减轻环境负荷、降低成本
- 与供应商开展协作互信活动，体现供应链整体的价值
- 准确应对相关法律法规

green marketing 绿色市场活动

绿色营销活动（销售、服务）

- 为客户提供可解决环境课题的产品及服务
- 减轻企业自身活动中的环境负荷
- 介绍有助于客户的环境经营经验及技术经验

微博二维码 微信二维码

更多资讯敬请关注柯尼卡美能达官方微博、官方微信

柯尼卡美能达数码复合机耗材真伪鉴别操作方法

新版通用型防伪标签

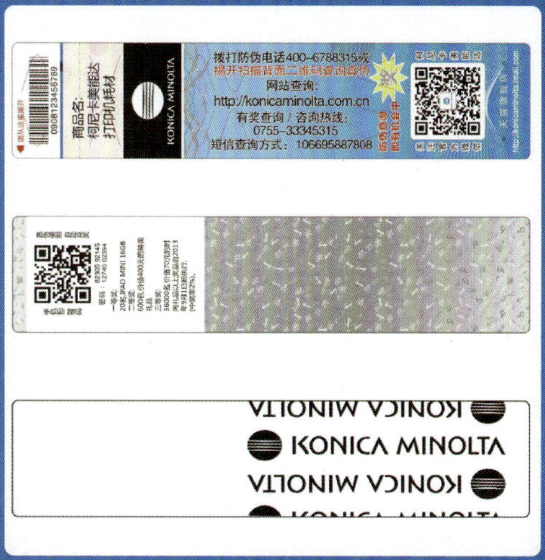

1. 标签主体为蓝色条形
2. 取消蓝色挂卡
3. 除电话、短信、官网和微信公众号外，增加了微信扫码查询
4. 查询

旧版通用型防伪标签

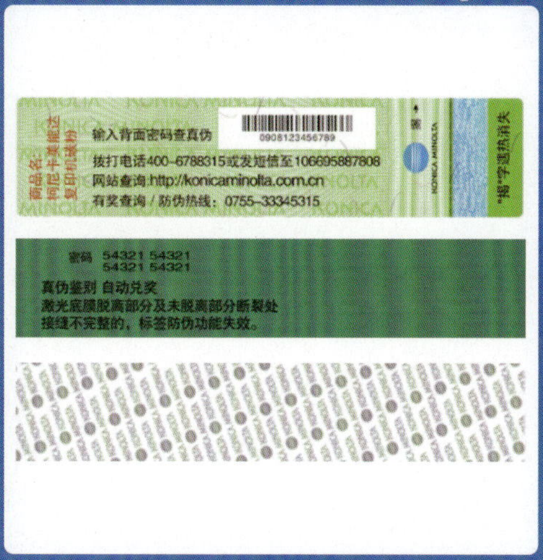

多功能复合机耗材

1. 标签主体为绿色条形
2. 有蓝色挂卡
3. 电话、短信、官网和微信公众号查询
4. 查询

打印机耗材
多功能一体机耗材

1. 标签主体为蓝色长方形
2. 积分兑换

*新版防伪标签上市启用后，使用旧版防伪标签的耗材仍可正常查询至2019年6月30日

如果您有任何疑问，欢迎拨打柯尼卡美能达**免费咨询热线：800-820-2656**

国药控股分销中心有限公司

国药集团
SINOPHARM

国药控股分销中心有限公司是一家中央直属企业，公司于2002年在中国（上海）自由贸易试验区注册成立，注册资金20亿元人民币。国药控股分销中心有限公司不仅是国内较大的医药分销企业，同时，也是国内较大的药品进口企业，汇集商业分销及进口业务的创新服务平台。

国药控股分销中心有限公司是国药控股股份有限公司的全资子公司，2011年国药控股成为国内首家突破1 000亿元销售的医药企业，2017年年底，国药控股资产总额达1695亿元。公司拥有并经营在中国覆盖广、渠道深的医药健康产品流通配送网络及终端服务体系，连续多年位列中国医药商业企业销售额前列，2017年世界五百强排名升至199位。

国药控股分销中心有限公司作为国药控股整合全国采购资源、采销一体化的全国运营管理和创新服务平台，现已发展成为中国药品、医疗保健产品分销商和零售商，以及优秀的供应链服务提供商，并形成了医药健康领域产品分销配送、零售诊疗、医疗器械、医疗健康服务等多元化业态协同发展的一体化产业链。目前，公司经营品规逾2 200个，上游合作伙伴近1 400家全球知名医药企业，覆盖近1 500家下游经销客户，随着公司业务规模持续增长，营业收入及资产规模不断增加。截至2017年年末，公司资产总值72亿元，销售规模达到170亿元，利润总额3.3亿元。

一直以来，国控分销致力于为外资医药企业提供进口一站式整体解决方案，借力于上海口岸贸易便利化的逐步推进，公司在上海口岸的进口服务能力也得到了稳步提升。公司拥有海关AEO高级企业认证证书，已率先在外高桥保税区获得柔性通关政策，成为第一批自贸试验区内先出区后集中征税试点企业，享受了降低企业通关成本、节省人力物

力、促进外贸发展等政策。通过进口药检获取优先检验提升进口环节释放周期等措施，公司保障行业内进口药势，旨在提供更强、更快、更安全的药检服务。为更好障公司业务和市场规模的稳步提升，公司建立了符合G及其他合规流程制度，2007年通过了全球第三大DEKRA认证，2013年通过ISO 2008版换证认证，2年通过到期认证。此外，公司长期承担着医药储备与应应任务，在2008年南方特大雪灾和汶川地震、2017年九寨沟地震等危急时刻，肩负社会责任，坚决完成了储品的调拨配送，为保障人民的生命安全与社会稳定发挥要作用。

面对全球医药经济行业新态势，国药控股分销中心公司将继续秉持“关爱生命，呵护健康”的核心价值观“整合、转型、创新、跨越”为发展主题，在做深做精传销业务的同时，积极响应医疗健康发展新战略，致力于新业务的发展，立足全国医疗终端机构及广阔市场，依托控股整体平台，着力打造较好的医药分销服务提供商。未围绕“商业分销及进口业务创新服务平台”核心战略，公大力开展进口、冷链、分销等创新增值业务，依靠专业化和资本驱动，推动市场网络覆盖，通过信息化、标准化、化、合规化建设，结合业务创新推进战略实施，实现跨越展，成为供应商卓越的渠道合作伙伴、医疗机构卓越的变持者，以及零售企业卓越的品类服务商，为人类的健康和生活持续创造更大的价值。

司进口能力:

业资质

关企业资质：AEO高级认证企业

二管理企业资质：A＋类企业

储服务

13年7月使用14 000平方米现代化保税仓库,现正在扩建27 000平方米。

是供增值服务，例如在保税区内提供贴标服务。

销服务

国和亚洲较大的医药分销、零售和相关服务的供应商。

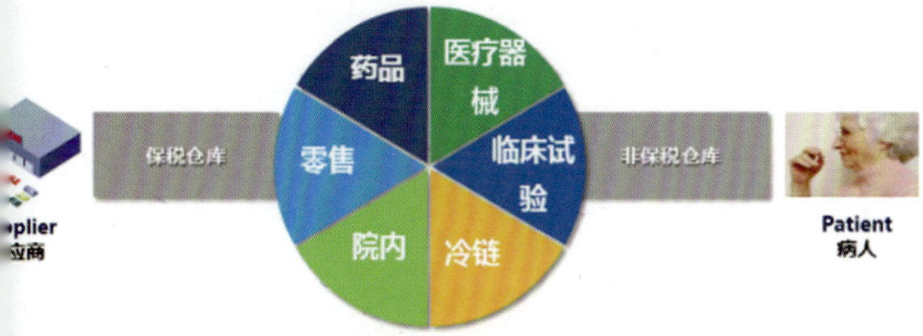

http://www.sinopharmholding.com

一体化解决方案:

保税

保税仓储，贴标，分装。

仓储

多仓存储，扫码，

样品贴签，特殊药品存储， 二次包装。

运输

温控运输，逆向物流，样品分发，温度计回收。

增值服务

个性化报表，冷链包装开发，冷链验证，全程可视，

供应链设计和优化，供应链金融。

TPK
touching tomorrow, today

TPK 宸鸿集团

TPK宸鸿集团(TPK Holding) 成立于2003年，于2004年入驻厦门市火炬高新区，成立宸鸿科技（厦门）有限公司。目前宸鸿已成为多点投射式电容触控模组制造商和触控应用解决方案提供商。

自成立起，宸鸿历经多年艰苦奋战，研发出了多点投射式电容触控解决方案。2007年6月1日首次量产出货，应用在苹果公司第一代智慧手机iPhone上，开启触控革命的序幕。投射式多点电容触控屏幕作为一种开创性的人机交互界面，经由宸鸿助力，被快速推广应用至消费电子、车载、工控等各个领域。截止目前，宸鸿的客户包括全球知名的各大智能型手机、平板计算机、笔记本电脑及电动车等厂商，并在厦门成立了10多家子公司，员工人数近3万人，成为全球知名的触控厂商龙头企业。

集团自成立之初，始终注重自主研发、自主创新。持续投入大量的人力、物力、财力在新技术新产品的研发上。在一批以来自美国、中国大陆、中国台湾地区等地的博士、硕士为技术领军人物的带领下，数百名的技术人员奋战在公司科研第一线。在自主研发创新的同时，宸鸿亦十分注重知识产权的保护，截止目前，宸鸿在全球已累计申请3 000多件专利，其中2 400多件已获颁专利权。

宸鸿集团于2007年正式投产，投产当年销售额便达到12亿元人民币，2012年集团在厦门公司总产值历史性突破400亿元人民币。十多年来，公司取得稳步发展，荣获了“厦门市十佳工业企业”“厦门市制造业企业十强”“福建省纳税百强企业”“中国具创新力企业”“厦门市质量奖”“厦门市重点工业企业”“福建省工业和信息化省级龙头企业”等诸多荣誉称号。2015年12月，宸鸿科技（厦门）有限公司成为了新设的8个海峡两岸青年创业基地之一。

在全体员工的共同努力下，宸鸿集团必将继续健康快速地成长，也将取得更进一步令人瞩目的成绩。

三星·中国

三星电子 致力于为世界各地消费者创造更多全新可能，通过持续不断地创新和探索，公司凭借在电视、智能手机、笔记本电脑、家电、医疗设备等领域的深厚积累，正在引领全球的智能化发展。三星横跨79个国家和地区，雇员30.87万人，年销售额201.9万亿韩元。

三星（中国）投资有限公司是由韩国三星电子株式会社于1996年3月18日在中国北京注册成立的外商独资公司，业务涉及多个领域，主要包括移动通讯、电视、冰箱、显示器、笔记本电脑、IT产品、半导体等。公司作为进出口货物收发货人于2005年11月4日在北京注册登记，取得了进出口货物收发货人报关注册登记证书。2013年7月5日，经批准，取得了可以适用AA类管理的资格证书。2015年4月15日，公司自动从AA类企业变更为AEO企业，取得了AEO高级认证企业证书。2016年11月29日，经重新认证，继续适用海关高级认证管理。

三星（中国）投资有限公司由家电业务部、移动通讯业务部、法律事务部、经营支援部、人力资源部等组成，销售业务包括四大销售区，四大区据点分别位于北京、上海、广州、成都，分管各地销售网络。此外三星电子在中国包括9家生产法人和8家研究院，主要分布在华北、华东、华南、西北地区。

手机产品

显示产品

储存产品

数字家电

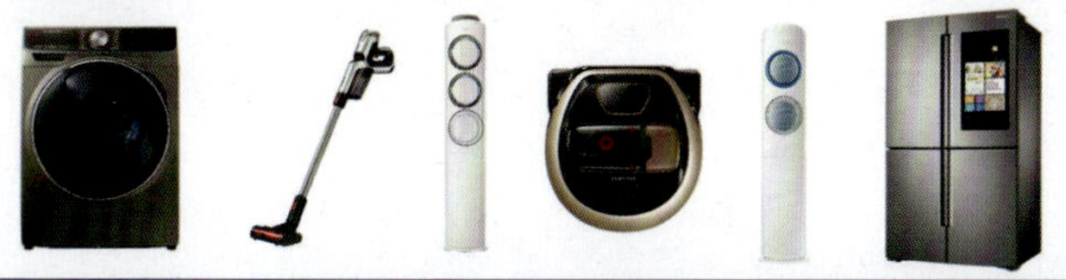

三星的经营理念

以人才和技术为基础，创造出优质产品和服务，贡献于人类社会。

三星的发展目标

做中国人民喜爱的企业，贡献于中国社会的企业。

三星的核心价值

人才第一，最高志向，引领变革，正道经营，追求共赢。

三星的经营原则

★ *遵守法律和伦理。*

★ *保持组织的清廉。*

★ *尊重客户、股东和员工。*

★ *重视环境、安全、健康。*

★ *履行全球企业公民的社会责任。*

https://www.samsung.com/cn/

尼康
Nikon
影像·从心
D850
Nikon 100th anniversary
尼康100周年
看见 驭光致影
FX
4K UHD
4K超高清
动画(视频)
8K TIME-LAPSE
8K间隔拍摄
EXPEED 5
数码影像处理器
约4 575万
有效像素
ISO64-25 600
感光度
153点
自动对焦系统
连拍速度约7幅/秒
可提高至约9幅/秒*
约8cm(约3.2英寸)
可翻折触摸显示屏
* 需使用另购的MB-D18电池匣(手柄)、EN-EL18b/EN-EL18a锂离子电池组和BL-5电池舱盖。
看破界
尼康映像仪器销售(中国)有限公司 | 尼康官网 www.nikon.com.cn | 尼康客户支持中心服务热线 400-820-1665
尼康官方微博 www.weibo.com/nikon | 尼克尔俱乐部 www.nikkorclub.com.cn

Nikon 尼康

尼康简介

株式会社尼康自1917年创建以来，就一直以光为主要产业，作为光学技术的先驱者为世界探索光的可能性。尼康利用半年来积累的光利用技术和精密技术，在全球范围提供多方面的产品和服务。尼康的经营活动从探索影像领域的可能性，拓展到生物科学领域、智能设备领域、精密制造工艺及捕捉数十亿光年以外的星系领域。尼康将继续丰富人类生活，支援将会改变未来的前沿产业，积极应对各种挑战。为了感谢在过去100年来支持尼康发展的各位人士，感谢大家帮助尼康创造一个充满希望的未来，尼康将继续努力以赢得工业、医疗和科学领域客户的更多信赖，为影像领域的客户提供更令人欣喜的体验。

现在，尼康已把中国作为全球较重要的市场之一。在不断发展的中国市场中，完善从市场运作到销售、服务的整套经营体制。在“信赖和创造”的企业方针下，尼康还将通过自身的先进技术，积极推动中国的影像事业，为中国市场带来更多魅力产品和优质服务。

事业内容、产品介绍

尼康以光利用技术和精密技术为基础，致力于发展应用广泛的先进技术、产品和服务。通过这样的方式，尼康在全球范围内为社会提供支持，推动孕育未来的前沿事业，实现各地人们的梦想。

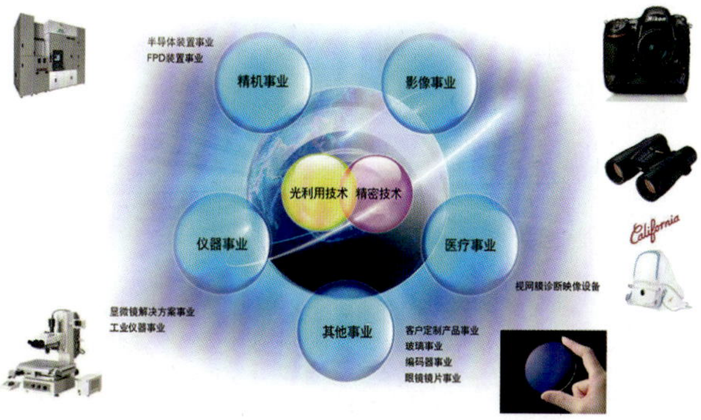

备案商标（商标权利人：尼康株式会社）

尼康	Nikon	Nikon
第09类 T2010-18445 第21类 T2011-21668	第09类 T2015-38964 第21类 T2015-38965	第09类 T2014-35132 第21类 T2014-35133

重点监控的侵权产品类别

电池、充电器类	镜头形状水杯
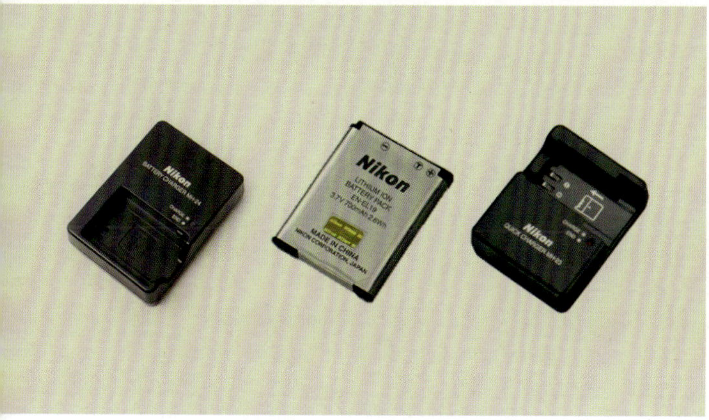	
从危险性的角度看，假冒品对消费者的危害大	人体接触类产品，所以会有危害健康的可能性

MONCLER
蒙克雷尔股份公司

MONCLER公司于1952年诞生于法国小镇Monestier de Clermont，总部设立于意大利，是一个坚持传承历史传统，勇于引领时代潮流的国际化品牌。一直以来，MONCLER都是羽绒的代名词。其羽绒服产品款式设计新颖时尚、色系丰富靓丽，一改传统羽绒服臃肿厚重的形象，可谓集优雅、时尚、轻薄、保暖于一身。随着时间的推移，MONCLER羽绒服在外观、设计和风格上与时俱进，但仍然忠实于对最初风格的信念。

MONCLER品牌的早期发展与极限体育运动密不可分。第一件MONCLER羽绒服制造于1954年，其出众的技术使其一经上市立刻大卖。年，MONCLER为意大利乔戈里峰登山队提供登山器材。1955年，MONCLER为法国喜马拉雅登山队提供技术支持。1968年，在法国格勒布尔举办的冬季奥运会上，MONCLER成为法国国家滑雪队官方赞助商。20世纪80年代，随着MONLCER品牌的发展，其在年轻一代中掀了全世界范围的时尚热潮。

MONCLER始终秉承专注舒适与品质的信念，并致力于将该信念不断注入到人们日常生活的每一刻。在品牌信念的支撑和指引下，如今，ONCLER的产品范围由只针对运动市场扩展至适合各个类型、年龄、个性、文化、场合需求。

MONCLER非常看重中国市场的发展，在中国已拥有近30家精品店。与此同时，MONCLER高度重视其知识产权的保护，投入中国市场即进行了备案，以保障MONCLER公司的合法权益不受侵犯。

克雷尔的主要商标

ONCLER MONCLER

ONCLER品牌保护联络代表（中国）

京珩瑜律师事务所

止：北京市朝阳区光华路9号光华路SOHO二期 A10-1 & A10-2室

舌：010-59007007 传真：010-59007157

HDMI
DEFINITION MULTIMEDIA INTERFACE

HDMI®的背景

HDMI® (High–Definition Multimedia Interface) 是指高清多媒体接口，是当下电子业界先进的高清（HD）设备连接技术及标准，各种消费类电子产品如高清电视、个人电脑、相机、摄像机、平板电脑、蓝光播放器、游戏机、智能手机等，都能够发送或接收高清信号。

在2002年，7家消费类电子产品制造商日立（Hitachi）、松下（Panasonic）、飞利浦（Philips）、索尼（Sony）、Technicolor公司、东芝（Toshiba）和莱迪思半导体（Lattice Semiconductor）开发并推出一个新的多媒体介面——HDMI®高清多媒体介面。

HDMI® 协会同年成立，该协会代表以上7家投资公司提供相关授权给有意采用该商标的企业及组织，以及授权HDMI® 技术规格，促进及宣传HDMI® 技术，提供教育及培训，支持HDMI®采纳，保护HDMI®技术及版权。

此外，HDMI® 还支持主要电影制片商和系统运营商，主要电影制片商包括福克斯（Fox）、环球（Universal）、华纳兄弟（Warner Bros）和迪斯尼（Disney），系统运营商包括DirecTV公司、EchoStar的Dish网络和CableLabs。

HDMI®的注册商标

商标	标志	USPTO注册编号	USPTO 国际分类号	国家工商行政管理总局商标注册编号
HDMI 图像商标（或™）	HDMI	3445135	09	10251088
		2898044	35	
HDMI 文字商标（或™）	HDMI®	3268924	09	10251085
		2900587	35	

采用 HDMI®界面的产品

- 传输线
- 电子配件
- 转接盒、分配器、加强器
- 高画质电视
- 桌面电脑、平板电脑、笔记型电脑
- DVD 及蓝光播放器
- 机顶盒
- 游戏机
- 影音接收器、放大器
- 照相机及摄影机
- 行动影音装置
- 卫星信号接收器
- 投影机
- 显示器

确定未授权HDMI®产品的步骤

第一步：中国海关备案系统

第二步：HDMI®网上授权名单（http://www.hdmi.org/learningcenter/adopters_founders.aspx）

第三步：提供查扣货品资料给REACT CHINA及HDMI®协会（customs@HDMI.org）以进行确认

在2017年，中国海关致力于保护HDMI® 协会之权利，多次查获未经授权之HDMI® 产品，在此衷心感谢中国海关的支持及努力。

KYB
全球减震专家
真
假
劣质减震器
威胁安全
KYB正宗产品
都贴有防伪标签
Excel-G
GAS SHOCK ABSORBER
KYB
刮开涂层查看防伪码
稳定的行驶—PREMIUN
高质量的行驶—EXCEL-G
高性能的行驶—GAS-A-JUST
www.kybcn.com

株式会社京滨非常重视知识产权保护

积极参加知识产权保护培训

积极配合相关部门打击一系列侵犯知识产权的行为。

京滨关注的被假冒商品

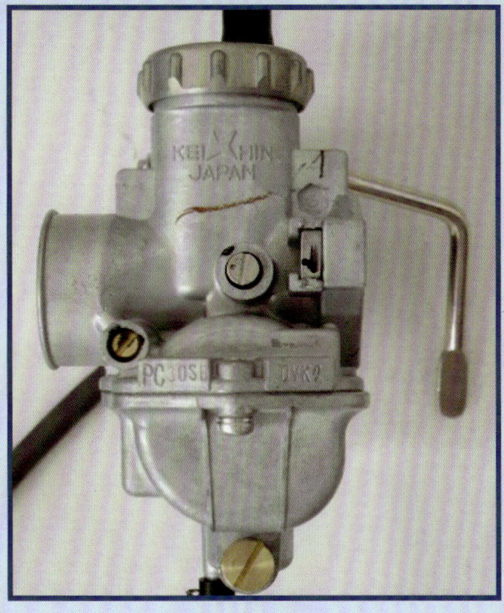

代理律师事务所：怡丰律师事务所（联系人：于春生）

地址：北京市朝阳区曙光西里甲5号凤凰置地广场写字楼H座903室

电话：010-84554108

愿景目标

未来，公司将牢记健康中国的使命，主动把握改革机遇，保持高端药品、疫苗、耗材全国优势地位，提升专业化、差异化、增值供应链解决方案核心竞争力，成为医疗健康领域产品经销、供应商合作及客户服务优秀的商业企业，行业效率和创新的引领者。

业务体系

药品营销服务

凭借雄厚的实力和高品质的服务在行业内拥有良好的口碑，多年保持极具竞争力的市场占有率。面对行业政策的调整，积极探索业务模式转型及服务创新。加快从国产进口到系列产品线的拓展步伐，优化药品供销配送环节，为上游工业企业及下游终端客户提供全方位解决方案。

医疗器械及耗材服务

积极拓展业务覆盖范围，与多家国际、国内知名医疗器械耗材厂商结成战略合作伙伴关系，各项业务稳定、高速增长；为多家医疗机构提供定制化、高品质延伸服务，助力提升院内物流专业化、精细化管理水平。

零售及患者服务

建立客户关系管理（CRM）系统和处方管理系统，搭建了与医院、医生、医保、商业保险的合作平台。拥有多家专业DTP药房，管理腹透肾病患者两千余人。为肿瘤、慢性病等患者提供良好的增值服务。

进口保税一站式服务

拥有的进口保税贸易公司业务全面覆盖进出口通关、保税增值加工服务、冷链仓储、快速配送、销售及商务外包等，实现成熟高效的信息化物流与仓储管理体系的完美结合。享有“先提货后报关”“分送集报”“一次通关抽检、多次保税出库”等多项进口保税优惠政策，为客户提供全方位服务。

医疗供应链服务

为医院提供医药流通及相关领域卓越的医药供应链延伸服务，包括信息系统及自动化设备集成、IT咨询、库房管理、院内物流、药事辅助服务及专业SPD服务。通过供应链服务创新模式与IT、物联网技术相结合，实现医院药品、耗材及医疗物资管理的全新供应保障服务体系。

现代化物流服务

主导制定了医药冷链物流温控设施设备验证、冷藏车性能确认、承运企业质量管理体系审计等国家及团体标准，促进行业标准化建设发展；以技术为手段、效率为目标、安全为核心，通过物流服务网络布局、信息协同共享平台构建，以及全方位项目导向制的运营、质量及风险管控体系，为客户提供专业化、定制化物流解决方案和便捷、安全、高效的现代化物流服务。

荣誉成绩

公司以优异的经营业绩和良好的社会形象，多年来持续赢得政府各级部门的认可和肯定。先后获得全国及北京工人先锋号、国家工商局重合同守信用企业、首都劳动奖状、北京诚信创建企业、北京市纳税A级企业、北京市质量工作优秀推进企业、北京市和谐劳动关系先进单位、丰台区突出贡献企业、中关村科技园丰台园文化创新优秀企业、公益事业先进单位等荣誉称号。

社会责任

作为一家医药经营企业，在追求回馈社会高质量、高品质的医疗增值服务之外，还承担起了更多的社会责任。多年来，在国家自然灾害和公共卫生危机发生时，公司慷慨解囊、奉献爱心；持续参与“共铸中国心”全国义诊义检、北京希望马拉松癌症基金会捐款等公益活动。针对青海玉树称多县三江源地区特困藏族同胞及丰台区长辛店困难职工子女，建立长效精准扶贫机制，切实为贫困藏胞、寒门学子排忧解难、解决实际问题，尽绵薄之力助力社会和谐发展。

中天科技光纤有限公司作为高新技术企业，系江苏中天科技股份有限公司控股子公司，成立于2003年，是一家专业从事光纤生产的高科技制造商，位于江苏南通经济技术开发区。公司主营G.652、G.655、G.657等系列光纤，产品广泛用于中国移动、中国电信、中国联通等通信运营商，以及电力广电、交通、教育、国防、航天、化工、石油、医疗等领域，并远销美国、日本、韩国、东南亚、中东、非洲等50多个国家和地区。公司拥有国际先进的制造、检测设备和一支较强创新能力的研发团队，在产、供、销等各个环节采用先进的信息化手段，确保产品品质和效率。

公司注重开拓创新，产品生产管理软件系统使得先进的网络技术应用到生产的每一环节，每道工序都得到严格有效的控制，自始至终严格按照ISO 9001:2008质量管理体系模式和要求进行管理。2007年11月，公司通过英国BSI的质量、环境和职业健康安全管理体系的认证，获得三标体系证书，成为业内同时获得ISO 9001:2008、ISO 14001:2004、OHSAS 18001:2007国际著名审核公司BSI审核通过的现代化企业。

公司积累了丰富的研发及产业项目管理经验，取得了丰硕成果，先后获得“江苏省高新技术企业”“国家高新技术企业”“中国电子信息百强企业”等荣誉；近年来，承担了“大型预制棒拉丝”等3个火炬计划项目；“海洋风电海底光纤复合电力电缆”项目获江苏省科学技术进步三等奖；“高强度大盘长海底光缆用单模光纤”等3个项目获南通市科学技术进步三等奖；“宽带低水峰抗弯曲单模光纤”“新型高带宽多模光纤”两项产品为国家重点新产品；“超低偏振模低水峰非零色散位移单模光纤”等5项产品为江苏省重点新产品。同时，公司承担了多项行业标准的制订及修订工作，如《通信用单模光纤第7部分：接入网用弯曲损耗不敏感单模光纤特性》（标准号：GB/T 9771.7-2012）、《光纤试验方法规范第48部分：传输特性和光纤特性的测量方法和试验程序-偏振模色散》（标准号：GB/T 15972.48-201x 代替 GB/T 18900-2002）等。在知识产权方面，公司获得了1个PCT国际发明专利，26个国家专利，其中发明专利9项、实用新型专利17项，在SCI及国内核心技术期刊发表高水平论文10余篇。

CATCHER

可成科技集团

CATCHER TECHNOLOGY

可成科技集团成立于1984年，以铝合金压铸件出发，1994年与笔记本电脑品牌大厂合作开发笔电镁合金压铸件，并陆续获得认证。近年来更成功透过铝合金挤型、锻造等先端科技，成为智能型手机、高阶笔电与平板计算机等一体成型机壳厂商之一。

公司不断整合关键技术与制程，提供全方位解决方案，以满足客户产品日新月异的需求，具有全球少数可以同时提供各式不同设计、材质、成型、表面处理的完整矩阵能力，以优异的技术运用各种材料，提供轻巧、坚固、优雅而适合手持式产品的机构件，并结合走在产品设计前端的客户，共同研制一流的产品，展现工艺极致之美。

可成科技集团的经营理念是技术创新、服务客户、诚信务实、永续经营。公司除了不断提升经营绩效之外，也持续推动公司治理、发展永续环境、维护社会公益等，以止于至善为方向，落实企业社会责任。

上海华力微电子有限公司

上海华虹（集团）有限公司（以下简称华虹集团）是国家“909”工程的载体，目前已发展成为以集成电路制造为主业、面向全球市场、具有较强自主创新能力和市场竞争力的高科技产业集团。华虹集团旗下上海华力微电子有限公司（以下简称华力）成立于2010年1月，是国家“909”工程升级改造项目承担主体，拥有中国大陆较早的全自动12英寸集成电路芯片制造生产线，工艺技术覆盖55-40-28纳米各节点，月产能达3.5万片，2015年通过相关部门的验收。

华力坐落于上海市浦东新区张江高科技园区，是国内较早拥有全自动搬送系统的集成电路代工企业，提供广泛的工艺技术平台及配套IP解决方案，全面应用于手机通信、消费类电子、智能卡、物联网、穿戴电子及汽车电子等终端产品；同时也专注于差异化路线，重点布局射频、高压、嵌入式闪存、超低功耗、NOR闪存和图像传感器等特色工艺平台，致力于为国内外芯片设计公司、IDM公司和其他系统公司提供先进的工艺技术和全面的芯片制造服务。

作为国家鼓励发展的先进集成电路生产企业，华力在企业自用原材料、消耗品、零配件等生产用资材方面享受到了相关的进口税收优惠政策，缓解了企业的资金压力，助力企业快速稳健发展。2017年进出口申报量约10 000票，其中约7 000票享受免税政策，合计缴纳进出口货物税金约2亿多元。

在进出口贸易操作方面，华力秉承合法合规的一贯原则，重视供应链贸易安全和各相关部门协作配合，不断完善企业的内控机制、进出口货物管理模式，对进出境货物实行严格的监督管理，实现了进出口的有效控制，凭借扎实的作风、规范的操作赢得了相关企业的信赖。

华力在2013年根据《中华人民共和国海关企业分类管理办法》获得AA类管理企业，在2018年根据《中华人民共和国海关企业信用管理暂行办法》《海关认证企业标准》获得高级认证企业。华力将继续秉承华虹集团“知难而进、奋发图强”的企业精神，为建设我国自主可控的集成电路生产线而不断砥砺前行。

高新技术企业

证书

企业名称：上海华力微电子有限公司　　证书编号：GR201731001103

发证时间：2017年11月23日　　有效期：三年

批准机关：

上海市科学技术委员会　上海市财政局　上海市国家税务局　上海市地方税务局

证书编号 Certificate No. 550057087001　　QG08

AEO

认证企业证书

AEO CERTIFICATE

认证企业名称 AEO Name：上海华力微电子有限公司

认证企业编号 AEO Code：AEOCN3122211409

认证企业类型 AEO Type：高级认证企业

认证日期 Date of Authorization：2013年09月09日

发证机关 Issuing Authority

发证日期 Date of Issue：2015年11月16日

LITEON®

光宝电子（天津）有限公司

LITE-ON ELECTRONICS (TIAN JIN) CO.,LTD.

光宝电子（天津）有限公司坐落于天津市武清开发区，成立于1995年10月，1998年1月1日迁至福源道11号新厂运营，占地面积77 250平方米，建筑面积54 491平方米， 在厂人员为2 000人。光宝电子（天津）有限公司的母公司——光宝科技股份有限公司，系台湾第一家上市电子公司，所生产的包含电脑显示器、键盘、光盘机等多项产品在内的光电产品，市场占有率位居全球前列，以致力于发展成为全球4C整合的领航家的目标享誉业界。

光宝电子（天津）有限公司是光电产品制造商，主要生产贴片型发光二极管、光电耦合器等系列高新技术产品，产品广泛应用于电脑及周边设备、通信产品及消费电子产品等领域。公司以诚信、创新、品质为经营理念，实行人性化管理，为员工提供完善的培训和个人发展规划，以及优越的就业环境和丰富的文体生活。经过20多年的发展，员工人数由成立初期的350人发展到至今约2 000人的规模，年产值超过15亿人民币，产品销往欧洲、美国、日本、韩国等发达国家，客户遍及世界知名的IT企业。公司于1995年4月通过了ISO 9002质量管理体系认证，于2004年10月通过了ISO 9001/TS16949质量管理体系认证， 2004年2月通过ISO 14000和OHSAS 18000体系认证，2008年12月通过QC 080000 和 Sony GP环境禁用物质管理体系认证, 2009年11月通过了ISO14064-1温室气体排放管理体系认证。2013年12月取得安全生产证书，并于2014年11月取得清洁生产认证。2008年，光宝电子（天津）有限公司被评为天津首批双A类企业，2015年7月获得AEO高级认证企业证书。2017年连续第15年被天津市政府授予“天津市出口50强企业”荣誉称号。

主要产品

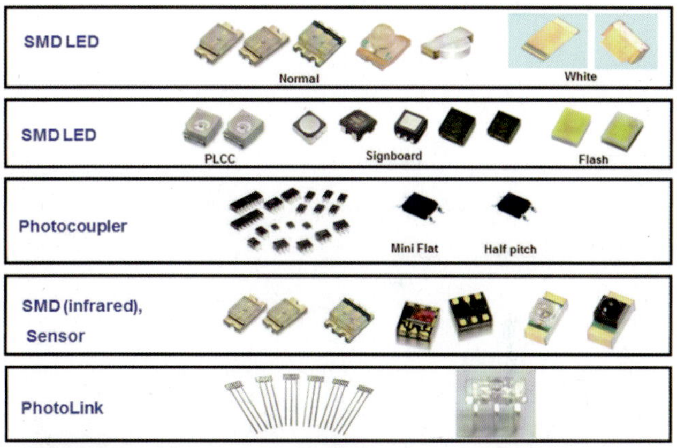

仓储区

仓储区

北汽福田研发中心

德国研发中心

FOTON
福田汽车

企业简介

北汽福田汽车股份有限公司1996年成立，1998年上海证文上市，股票代码600166。是一家国有相对控股的混合所有制企业现有员工40 000人。福田汽车拥有欧曼、欧辉、欧马可、拓陆者萨瓦纳、图雅诺、风景、雷萨、伽途等产品品牌，覆盖商用车全系品，累计产销汽车803万辆，是中国规模大、品种全的商用车企业2018年,福田汽车品牌价值已到达1 328.67亿元，位居汽车行业第位，连续14年领跑中国商用车行业。

北京是福田汽车的全球总部所在地，也是福田汽车的创新中和业务管理与运营中心。此外，福田汽车在国内的京、鲁、湘等多个省、市拥有整车和零部件基地，在日本、德国、印度、俄罗斯国家（地区）拥有研发分支机构。全球范围内共设立9大独立国（地区）销售公司、6个地区部、1 200多家海外分销网点、1个全配件中心（中国）、2个区域配件分拨中心（美洲、非洲）、4个家（地区）配件分拨中心（俄罗斯、泰国、澳大利亚、肯尼亚）10个服务培训中心、22个已建成KD工厂，产品及服务遍及全球超110个国家（地区）。截至2017年，福田汽车海外累计出口汽车万辆，成为国际主流的商用车企业。

中国福田汽车北京工程研究院总院

德国研发中心

创新联盟

福田汽车与全球较大的独立发动机制造商——康明斯合资组"福田康明斯"，打造柴油发动机生产基地。福田汽车与全球较的商用车制造商——戴姆勒汽车合资组建"福田戴姆勒"，打造品质卡车。福田汽车与三大变速箱厂商之一采埃孚合资合作，打中国商用车传动系统解决方案领跑企业。

色新能源

福田汽车从2003年开始启动清洁能源汽车的研发，是国内清
能源起步较早的企业。目前清洁能源车型覆盖卡车、客车和多
汽车等，成为国内清洁能源汽车产销量较大的企业之一。目
福田汽车已掌握整车电控技术、电机控制技术、电池管理技术
核心技术，三点核心技术，已申请电动汽车相关专利1028
其中发明专利542项，实用新型专利682项，外观专利3项。

会公益活动

在企业快速发展的同时，福田汽车在社会公益方面始终不懈
，累计投入物资数亿元，发起“卡车人助学计划”“精准扶
“七彩书屋”等大型公益活动，惠及全国近30个省市，打造
一张独具特色的“公益名片”。

福田哥伦比亚KD工厂

企业荣誉

福田汽车曾先后荣获“汽车产品出口质量安全示范企业”“中国名牌产品”“全国质量管理先进企业”“中国制造行业内具成长力的自主品牌企业”“良好消费者关系奖”“全国自主创新典型企业”“中国500具价值品牌”等荣誉称号。

2020战略

在战略布局上，福田汽车正在全面实施“2+3+N”战略，即全面实施全球化战略，以中国、德国为两个运营中心，在印度、巴西、俄罗斯、泰国、墨西哥、越南等国家（地区）逐步实现产业化，最终突破欧盟、日韩、北美三个发达国家和地区。

企业愿景

现在福田汽车以打造“世界主流汽车企业”为战略目标，以突破科技引领更智能与高效的汽车体验为愿景，矢志成为时尚科技与人文环保高度融合的高科技、现代型国际汽车品牌。

福田汽车是中国汽车行业自主品牌和自主创新的中坚力量。自成立以来，福田汽车以令业界称奇的“
田速度”实现了快速发展，累计产销汽车近800万辆。目前，福田汽车旗下拥有AUMAN、AUMARK、VIEW、TOANO、SAUVANA 、TUNLAND、AUV、LOXA等汽车产品品牌。

Auman（重卡）—— 中高端中重卡品牌

节油突破：世界较好动力、奔驰技术整车匹配、轻量化

高效突破：全球较好供应链、1000万公里验证

福田汽车集团与戴姆勒汽车集团合资成立北京福田戴姆勒汽车公司，并建成了全球数字化重卡样板工厂，生产“AUMAN”中型、重
车及专用车，形成了领先行业的研发、供应链、制造、质检、服务全价值链经营体系。产品分为EST与ETX两个系列，吨位覆盖10吨~9
包括了牵引车、载货车、自卸车、油罐车，洒水车等200多个品种。

AUMARK —— 中高端轻卡品牌

智能：FOTON车联网 + CAN总线技术

高效：CUMMINS动力及ZF变速箱动力组合

安全：安全气囊+AEBS,车身满足ECE R29法规

可靠：核心部件采购体系

为满足全球用户高效、无忧的城市物流追求所设计。旗下分为S、C、TX三大系列产品，产品配装了新一代柴油动力——康明斯ISF2.8、ISF3.8发动机、采埃孚变速器，满足欧Ⅰ~欧Ⅵ排放标准，全系产品载重量覆盖3.5吨~12吨，包括载货车及冷藏车、轻型自卸车、环卫车、清障车、高空作业车等专用车辆。

VIEW 中高端中VAN品牌 —— 用经典，成就未来

环保：世界较好的动力系统，满足欧Ⅴ以上排放标准

舒适：尊享宽大空间，人体工程学设计

精致：多功能轿车内饰，科技感强，尽显尊荣

安全：杰出安全性、高强度钢性车身，主、被动安全升级

历经17年的品质积淀，风景融合全球经典造车设计理念
舒适安全、操控承载、时尚大空间于一体。不仅为用户带来
舒适的尊贵驾乘体验，宽体（CS2）与窄体(C2)两大系
9~16座丰富的产品方案更能满足企业接待、公交、物流等
层次的商务需求。

FOTON
福田汽车

ANO 德系大VAN品牌 —— 用品质，助力商务

动力：动力总成链合全球较好资源
空间：宽敞舒适，更大储物空间
造型：经典欧洲造型设计
可靠：主、被动安全全面提升，国际礼宾至尊保障
舒适：欧洲风格内饰，视野开阔，操控舒适
专承德国百年造车技术与品质卓越、精益求精的造车理念，
的德系大VAN，自2015年上市伊始，多次承接G20、世博
东盟元首峰会等国际重大会议的礼宾接待任务。

TUNLAND 皮卡品牌 —— 用非凡，挑战梦想

时尚造型：飞翼式前格栅，多边曲线前大灯，越野轮眉
强悍动力：康明斯动力+采埃孚变速器+德纳后桥
全能底盘：越野型底盘提升舒适安全性；双横臂式独立前悬，265宽胎，双气囊+ESP刹车
超强承载：宽大驾乘空间，超大货箱，重载轮毂

源自美式皮卡越野基因，将越野性与实用性完美融合。康明斯动力匹配四驱越野底盘，超强通过性与承载力，连续3年参加达喀尔汽车拉力赛、中国汽车越野拉力赛等赛事，并成功登陆南、北极，品质久经验证。分为运动与商用两大系列，满足休闲代步与商业需求。

/ 新能源客车品牌 —— 用科技，助力环保

3子安全技术与创新结构设计，多重闭环全承载结构，高强度轻量
；长效滤清专利技术（Nanonet专利纳米技术），长达10万千米
隔、150万千米无大修；康明斯动力匹配i-Power动力适况匹
和e-Air智能循环系统，整车节油提升20%以上；纯电动、
力、燃料电池系列产品涵盖多种技术路线解决方案。
有整车控制集成、智能安全、节能、试制试验等较先进的新能源
术；自主研发e-AIR智能循环系统、4D防护技术、电控制动装置
10余项创新成果；完成燃料电池、纯电动、插电式混合动力等多
项目，并应用于城市客车、城间客车、校车三大产品系列。

LOXA 品质创造未来 —— 用高效，建设未来

性能卓越：较先进的结构设计，底盘上装一体化，承载能力强
高效节能：传动匹配优化技术，实现底盘动力强、燃油经济性优
操控舒适：全景驾驶室，视野开阔，人性化布局，驾乘空间更舒适

快速响应就近一对一服务站，24小时待命，配件极速送达，现场指导培训。

雷萨重机主要生产泵送机械、起重机械等大型工程机械装备，年设计总产能16 000台，其中汽车起重机产能4 500台，泵车产能1 500台，搅拌车产能10 000台。工厂采用德国工艺水平建造，是智能化重型机械制造基地。

机构设置

深圳市盐田港建设指挥部（以下简称：“指挥部”）是深圳市政府的派出机构，负责贯彻落实市政府有关盐田港区和大铲湾港区建设的方针、政策和决定，统筹协调两港区及其后方腹地的开发建设。盐田港建设指挥部下设港口建设办公室和地政监察室两个业务管理部门。

港口经营

盐田港建设指挥部与盐田港集团一起，加强与盐田国际、大铲湾现代的沟通，积极研究更多切实可行的措施，扩大集装箱运输货源。一是充分发挥海铁联运的优势，增加盐田国际内陆港的出口箱量和重箱出口比例。二是加大大铲湾港口内贸业务的开拓力度，充分利用区位优势，拓展滚装船项目。三是继续推进东港区集装箱码头项目整体申报工作和大型深水泊位建设的前期工作，积极应对全球集装箱船舶大型化趋势。四是积极争取政策支持，加快以

盐田港集团为主体建设的深汕合作区小漠国际物流港的口岸建设与开放工作。

2017年，集团稳居国资体系效益前列，主要经营指标实现两位数增长，营业收入同口径创历史新高，集装箱量开创历史纪录，效益质量实现了双提升。

盐田港区吞吐量占深圳港的56%，较2016年提升了2个百分点，为深圳港继续蝉联全球第三大集装箱港贡献了重要力量。盐田港区吞吐量连续8年突破1 000万标准箱，达到1 270万标箱，继续雄踞全球单港前列。2017年超额完成各项任务目标，国有资产实现保值增值，经济运行呈现“动力足、增速快、质量好”的三个特点。

深圳市盐田港建设指挥部

Shenzhen Yantian Por

口岸管理

2017年，盐田港建设指挥部继续全面负责东部的盐田港区和西部的大铲湾港区的口岸管理和服务工作，同时增加了对盐田综合保税区和正在新建的深圳合作区小漠国际物流港的口岸建设及协调工作，统一对外负责“三港一区”的口岸事务协调、口岸设施建设和口岸通关服务等工作的管理，统筹调配相关资源。同时，还协调三个港区的口岸单位，共同促进口岸管理改革和通关措施改进，共同提升通关服务水平。

指挥部每年组织口岸联检单位开展文明共建活动，定期到相关的港口、口岸、企业调研，了解一线进出口业务的实际情况，加鉴优秀口岸管理服务经验，发现问题和寻距，改进和提高通关服务水平。

口岸建设

2017年，盐田港建设指挥部主要的口设工作侧重在新建的深汕合作区小漠国际港的口岸建设和口岸开放协调事务上。

小漠国际物流港一期工程拟建设2个5级多用途泊位（结构按10万吨级设计）和船泊位（兼靠3 000吨级集装箱驳船），其用途泊位长521米、工作船泊位长120米，陆域面积46.05万平方米，部分通过填海形陆域形成工程投资额为53 177.58万元，一程投资额为126 437万元。一期工程预测吞为450万吨/年，货种主要为深汕合作区基础建设所需的水泥、钢材、矿建，另有少量的合作区、汕尾产出品以集装箱形式出口。

同方威视技术股份有限公司
NUCTECH COMPANY LIMITED
威视® 让世界更安全！
地址：北京市海淀区双清路同方大厦A座 电话：18210321105 13911067999
：www.nuctech.com
威视
NUCTECH

中国石油工程建设有限公司
CHINA PETROLEUM ENGINEERING & CONSTRUCTION CORP

中国石油工程建设有限公司(CPECC)是以原工程建设公司（CPECC）和工程设计有限责任公司（CPE）为基础，重组整合的油气田地面工程专业化公司。公司大力实施专业化、市场化、国际化、一体化、高端化、精细化、创新化发展战略，在国际、国内石油工程建设市场业绩突出，声誉卓著。

公司的业务定位以油气田地面工程、天然气液化工程和海上石油平台工程（海上油气田工程）为主，以油气储运工程和炼油化工施工、检维修工程为辅，拥有全业务链、全生命周期服务能力，积极发展非常规油气工程技术，适度开发非油气及非能源领域的工程能力。

自1994年以来，公司连续23年被美国《工程新闻记录》（ENR）评选为全球较大250家国际工程承包商之一，成为连续入围次数较多的中国承包商。公司总部设有15个职能部门，10个直属机构，下属设计单位8家，施工制造单位3家，海外分（子）公司24家，另外设有海外区域公司2家，海外支持中心2家，海外合资公司3家，造就了功能完善的石油工程建设业务链，建立了遍布全球的服务网络，企业核心竞争力持续获得提高。

公司大力实施“稳定非洲、巩固中亚、突出中东、拓展美洲、布局亚太、进军俄罗斯”的市场战略，业务辐射24个国家和地区，逐步形成了海外五大区域性规模市场和国内以八大炼化基地、主要油气田为主的市场格局。2016年，海外执行项目290项，国内执行项目3 461项。

公司已形成十大优势设计技术、八项集团公司技术利器、五大系列62种科技产业化产品，目前企业核心技术已经达到较高水平。

公司获省部级以上奖励592项，其中国家级科技进步奖6项、省部级科技进步奖55项；中国建设工程鲁班奖6项；国家“百项工程暨精品工程”3项、优质工程奖119项；勘察设计奖379项；国内EPC代表作有宁石化500万吨年炼油开扩建工程等，国际EPC代表作有哈萨克斯坦扎纳若尔油气田处理厂等。

在国际高端市场经过数年不懈努力，公司成功进入埃克森·美孚、道达尔等石油公司市场，成为中国进入埃克森·美孚市场的工程承包商，开辟了阿酋、伊拉克等外部高端市场，与Petrofac、Worleyparsons等国际工程公司形成稳定的合资、合作关系，结成了战略同盟或联合体，共同开发市场。

中国免税品（集团）有限责任公司

CHINA DUTY FREE GROUP

亚国际免税城

中国免税品（集团）有限责任公司（简称中免集团）隶属于中国旅游集团，于1984年正式成立，是经授权在全国范围内开展免税业务的国有专公司，按照国家赋予的“四统一”管理政策（统一经营、统一进货、统一制定零售价格、统一制定管理规定），对全国免税行业实施统一管理。

经过30余年的快速发展，中免集团先后与全球逾1000家世界知名品牌建立了长期稳定的合作关系，在全国30多个省、直辖市、自治区及我国港、澳门、台湾地区和柬埔寨等地设立了涵盖机场、机上、边境、客运站、火车站、外轮供应、外交人员、邮轮和市内九大类型240多家免税店，大连、上海、青岛、深圳、广州、三亚和香港建有覆盖全国的七大海关监管物流中心，销售渠道覆盖北京机场、上海机场、广州机场、杭州机场内地枢纽机场，以及香港机场、澳门机场等亚太国际机场，拥有较大的单体免税店——三亚国际免税城，每年为近2亿人次的国内外游客提供免税品服务。迄今为止，中免集团已经发展成为世界上免税店类型全、单一国家零售网点多、规模大的免税运营商。

2011年，中免集团海南离岛免税业务成功运营，开启了中国免税业的新篇章。中免集团三亚市内免税店是中国首家离岛免税店，营业后取得了好的社会效应和经济效应，迅速成为三亚旅游的新名片。2014年9月，总投资超过50亿元的三亚国际免税城建成开业，成为中国免税发展史上的一座里程碑。免税城以免税为主题，融商业、餐饮、娱乐、休闲、购物于一体，总建筑面积约12万平方米，汇聚了300多个国际知名品牌，涵盖香水化妆品、服装服饰、皮具箱包、手表首饰、食品百货等众多品类、超10万个时尚单品。免税城旗舰店云集，包括卡地亚（Cartier）、雅诗兰（Estee Lauder）、迪奥（Dior）等在内的奢侈品牌都将其店面打造成亚乃至全球范围的品牌旗舰店。三亚国际免税城的开业，标志着中国离岛免税策正焕发着更为强大的生命力，标志着中免集团在大规模品牌招商引进、大零售平台运营管理等方面的能力得到了极大提升，也让中国免税行业的发展高到一个新的高度。

北京首都机场免税店

中免集团遵照国有企业“走出去”战略方针，借鉴国际惯例，致力于开放营，拓展境外业务。中免集团先后在香港、澳门和台湾地区成立子公司，成开设金门离岛免税店、外轮供应业务，设立邮轮免税店。同时，成立柬埔寨免公司，作为境外业务的拓展平台引领中免集团免税业务国际化和多样化经。2014年12月，柬埔寨国内第一家市内免税店——吴哥免税店正式开业，是中免集团在大中华以外地区开设的首家市内免税店。2015年12月，中免团在柬埔寨成功开设第二家市内免税店——西哈努克港免税店，进一步推进公司的国际化进程。2016年8月，中免集团在柬埔寨开设了第三家市内免税——金边免税店，完成了在柬埔寨旅游零售市场的全面布局。

香港国际机场免税店

近年来，中免集团积极参与国际竞争，业务发展不断取得新突破。2017，中免集团先后成功中标香港国际机场烟酒标段和首都机场国际区免税经权，2018年成功获得澳门国际机场为期五年的免税经营牌照、歌诗达大西号邮轮免税经营权，以及上海虹桥国际机场和浦东国际机场未来7年的免经营权。在此期间，中免集团完成对日上免税行（中国）有限公司和日上税行（上海）有限公司的收购，进一步奠定了中国免税行业的龙头地位，升了中免集团的国际影响力，为公司依托国内市场继续扬帆出海奠定了更坚实的基础。

展望未来，依托母公司中国旅游集团强大的旅游资源，中免集团将继续担负中国免税行业做强、做优、做大的使命，全面整合资源，创新经营机制，稳步进国际化发展战略，建设成为具有全球竞争力的旅游零售运营商。

吴哥免税店

产业介绍

中广核贝谷科技股份有限公司是中广核仪器仪表产业发展平台，专业从事辐射探测与成像技术及装备研制，与中国工程物理研究院和东华理工大学开展了广泛合作，锻造了一支由博士、硕士为骨干的研发团队，公司技术中心认定为“国家地方联合工程研究中心和博士后科研工作站”，取得了多项专利和技术成果，总体达到了国际先进水平，获得国家科技进步二等奖和江西省科技进步一等奖。公司辐射仪器及装置产业化项目被列为重大高新产业项目，产品系列化，广泛用于各类重大领域。发挥资源和管理优势，围绕“一带一路”建设，全面推进智能安检等新兴业务。

● 智能安检系统

2017年，公司仪器产业取得重大突破，成功研制“乘用车和集装箱车辆辐射成像检查系统”，中标新疆车辆安检系统项目，打破了国内市场的垄断格局。2018年，实施“市场导向、技术先进、创新驱动”的发展战略，加大投入、引进人才、加速产业化、丰富产品线，快速形成智能安检一体化解决方案，促使“辐射成像系统”成为公司较具竞争力的新兴产业。

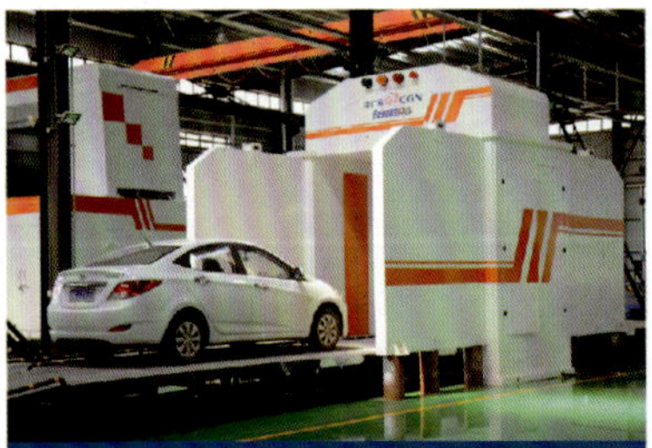
乘用车检查系统

集装箱/车辆辐射成像检查系统

组合移动式车辆检查系统

监狱/绿通车辆成像检查系统

车载移动式成像检查系统

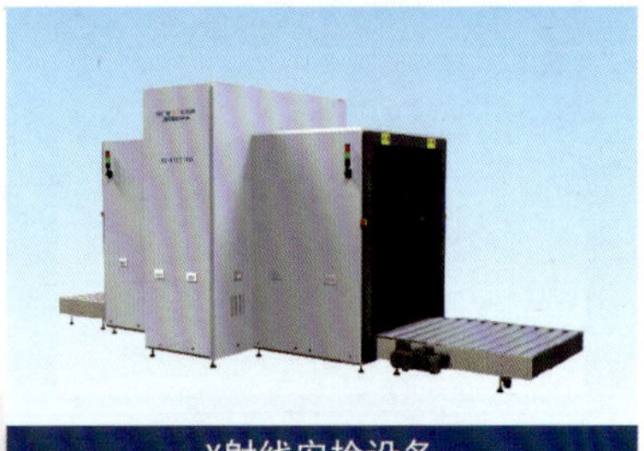
X射线安检设备

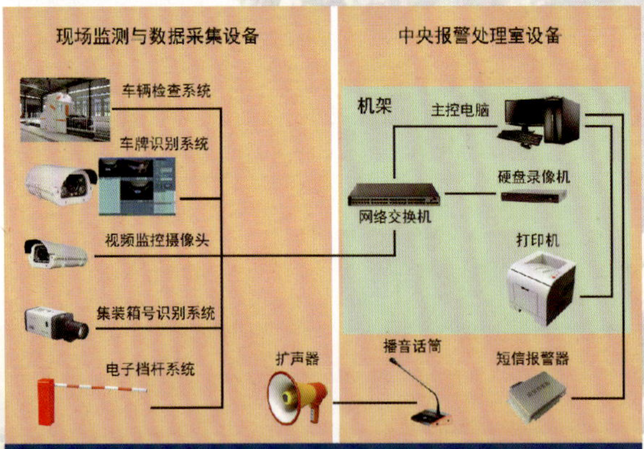

车辆检查系统集成方案

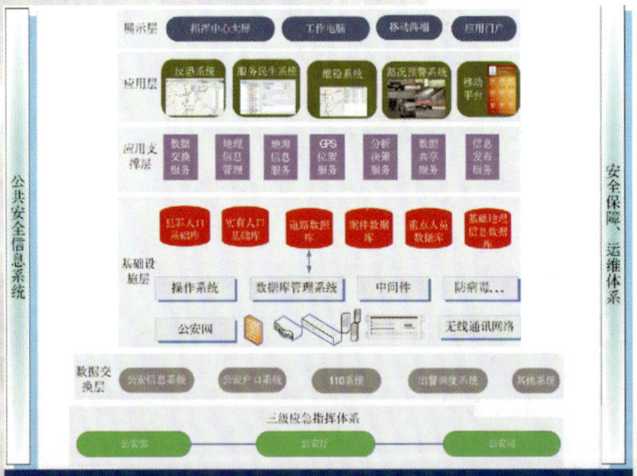

公共安全信息系统

● 智慧口岸系统

公司专注于智慧口岸监测与查验设备及系统平台的研制，采用信息化手段，提出了整体智能化解决方案，包括智慧海关、智能化通关监测及检查设备和智慧口岸信息化管理系统等。

建设内容主要包括：

- 智能卡口系统
- 放射性监测系统
- 喷淋消毒系统
- 检疫处理平台（熏蒸、滴灌等）
- 视频监控系统
- 网络系统
- 辅助监管平台等

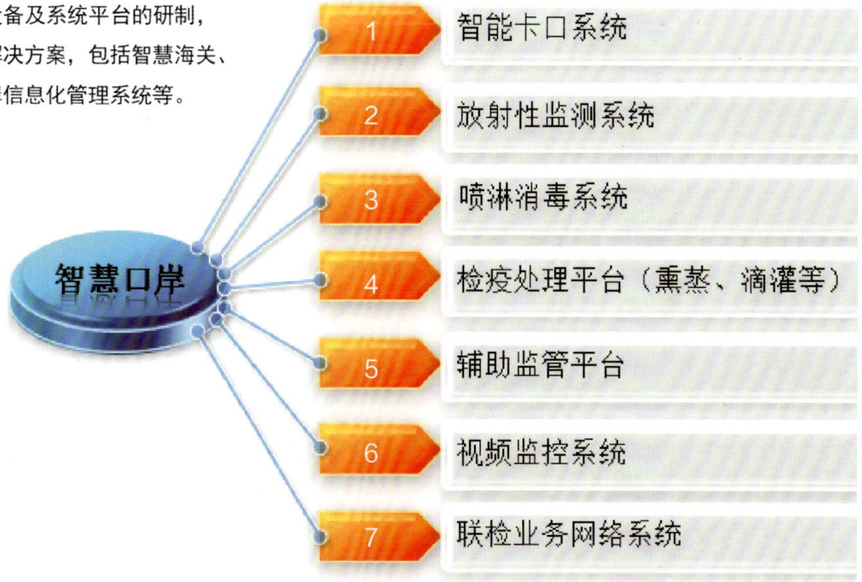

● 主要产品

智能卡口系统

放射性监测系统

喷淋消毒系统

检疫处理平台

广核贝谷科技股份有限公司
N BEGOOD TECHNOLOGY CO.,LTD.
地址：江西省南昌市高新大道900号中广核贝谷工业园 邮编：330096 网址：www.begood.cn
电话：0791-88383081 88383010 传真：0791-88286491 服务热线：400-667-0090

目　　录

内蒙古自治区

辽宁省

吉林省

黑龙江省

上海市

江苏省

浙江省

安徽省

福建省

广西壮族自治区

海南省

重庆市

四川省

贵州省

云南省

西藏自治区

陕西省

甘肃省

青海省

第五篇　口岸相关法规

第六篇　全国口岸运行主要数据

第七篇　附　录

各地区开放口岸索引

黑龙江省开放口岸

上海市开放口岸

江苏省开放口岸

浙江省开放口岸

安徽省开放口岸

福建省开放口岸

江西省开放口岸

山东省开放口岸

河南省开放口岸

湖北省开放口岸

湖南省开放口岸

广东省开放口岸

广西壮族自治区开放口岸

海南省开放口岸

重庆市开放口岸

第一篇

口岸综合

2017年国家口岸管理工作概要

国家口岸管理办公室

2017年，国家口岸管理办公室（以下简称国家口岸办）在海关总署党组领导下，认真贯彻落实党中央、国务院的决策部署，按照全国海关关长会议精神，重点推进国际贸易“单一窗口”（以下简称“单一窗口”）标准版建设，压缩货物通关时间，降低集装箱进出口环节合规成本通关时间，推进口岸开放建设和通关协调等工作，各项工作均取得务实成效。

一、国务院口岸工作部际联席会议第三次全体会议召开

2017年8月，国务院口岸工作部际联席会议（以下简称部际联席会议）第三次全体会议在北京召开，时任中共中央政治局委员、国务院副总理、部际联席会议召集人汪洋主持会议并作重要讲话，对下一步口岸工作作出部署；时任部际联席会议副召集人、海关总署署长于广洲就联席会议第二次全体会议以来主要工作完成情况和下一步工作安排建议作汇报。会议审议通过了《国际贸易“单一窗口”运行管理办法（暂行）》《口岸准入退出管理办法（暂行）》《口岸验收管理办法（暂行）》《非口岸区域和限制性口岸临时开放管理办法（暂行）》4项口岸工作制度。

二、国际贸易“单一窗口”建设取得重大突破

一是实现了“单一窗口”标准版基本功能全覆盖。完成了“单一窗口”标准版货物申报等9项基本功能开发建设，实现与公安部等11个部门系统“总对总”对接，提供服务事项148项，基本覆盖口岸大通关全流程业务办理。

二是实现了“单一窗口”标准版在全国所有口岸的全覆盖。因地制宜制定推广方案，建立试点运维保障、应急容错、问题受理反馈、情况日通报等常态化工作机制，“单一窗口”标准版覆盖至全国31个省（自治区、直辖市），申报业务量单日突破54万票，2017年年底主要申报业务覆盖率已达30%以上。

三是积极推动重点口岸与“单一窗口”标准版全面对接。研究制定不同地区“单一窗口”与标准版的对接方案，同时支持“单一窗口”特色和个性建设需求。目前，上海、广州、深圳、厦门等地“单一窗口”与标准版对接工作已顺利完成。广东省通过推广标准版，节约10亿以上信息化建设财政投入。

四是实现了“单一窗口”的统一数据、统一认证、统一门户、统一运维。制订《国际贸易“单一窗口”数据元目录》，统一用户管理和身份认证，建成统一门户网站，制定印发《国际贸易“单一窗口”运行管理办法》，通过“单一窗口”将大通关流程由“串联”改为“并联”，实现了一点接入、一次提交、一次查验、一键跟踪和一站办理。

三、压缩货物通关时间三分之一目标如期实现

一是会同口岸查验部门研究出台《压缩货物通关时间的措施（试行）》，确定6方面22项具体措施，制定分工方案并推动落实，年内海关和检验检疫部门均完成压缩货物通关时间不低于三分之一的工作目标。

二是依托“单一窗口”平台开发“通关时效实时评估系统”，该系统能够实时显示货物通关状态及采集运行数据，全过程记录并准确统计货物通关时间，年内该系统已在广东省内口岸推广试点。

三是完成上海、深圳、广州、黄埔、天津、青岛、大连、厦门、宁波、珠海等十大海运口岸进出口集装箱货物放行时间研究的评测工作。

四、降低集装箱进出口环节合规成本通关时间工作富有成效

一是落实国务院第174次常务会议精神，及时启动开展降低集装箱进出口环节合规成本通关时间工作。深入上海、广东、浙江等省份开展调研，摸清集装箱进出口监管环节、具体流程、递交单证和通关收费等情况。

二是着眼“优流程、减环节、简手续、压时间、降成本、提效率”，制定集装箱进出口环节合规成本通关时间专项治理行动工作方案，并召开全国电视电话会议进行部署落实，会同有关部门开展为期2个月的专项治理行动，实现集装箱进出口环节合规成本下降5%。

三是积极推动落实免除海关查验没有问题的外贸企业吊装、移位、仓储等费用工作，为企业减负增效。

五、重点口岸开放和通关协调工作务实开展

一是广深港高铁西九龙站口岸和港珠澳大桥珠海口岸建设开放取得务实进展。积极推动广深港高铁西九龙站实施“一地两检”合作安排，“一地两检”方案已经全国人大常委会批准。推动建立工作协调机制和对口协商机制，提前开展工作对接。创新港珠澳大桥口岸通关模式，实行“合作查验，一次放行”通关新模式。港珠澳大桥珠海公路口岸获国务院批准对外开放。

二是妥善协调中蒙边境甘其毛都—噶舒苏海图公路口岸、中哈边境霍尔果斯—阿腾科里铁路口岸等口岸通关问题。

六、口岸开放布局进一步优化

紧紧围绕国家大局和“一带一路”倡议，落实《国家口岸发展“十三五”规划》，制定并组织实施2017年口岸开放审理计划。2017年，国务院共批准开放口岸16个，其中新开放口岸6个、扩大开放口岸10个。截至2017年年底，全国共有306个开放口岸，其中水运口岸138个(内河口岸55个、海港口岸83个)、铁路口岸20个、公路口岸75个、空运口岸73个。同时，启动不达标口岸退出工作，积极做好非口岸区域和限制性口岸的临时开放审批、口岸验收等工作。

七、口岸法治建设不断加强

2017年9月，住房和城乡建设部、国家发展改革委联合发布《国家口岸查验基础设施建设标准》，于2018年1月1日起实施。历时近3年由国家口岸办会同口岸相关部门编制，全国统一、规范的口岸查验基础设施建设标准正式出台。该标准共分5章20节136条，包括总则和水运、空运、铁路、公路4类口岸建设子标准。

同时，向各省（自治区、直辖市）口岸管理部门印发《口岸验收管理办法（暂行）》《非口岸区域和限制性口岸临时开放管理办法（暂行）》《口岸准入退出管理办法（暂行）》《国际贸易“单一窗口”运行管理办法（暂行）》。

另外，《口岸管理工作条例》立法工作有序推进。国务院法制办公室按程序征求了各省（自治区、直辖市）和国家相关部门及部分国有大型企业的意见。

八、口岸国际合作不断加强

一是深化对俄罗斯口岸合作。会同俄运输部共同牵头召开了中俄运输分委会口岸工作组第20

次会议，重点推动部分口岸同步规划建设、两国公民自驾8座以下小汽车进出边境限定区域等工作。

二是加强对蒙古国口岸合作。会同蒙古国海关总局共同牵头召开中蒙边境口岸管理合作委员会第二次会议，重点推动中蒙边境部分新开口岸的建设及口岸基础设施改造，研究选取有条件的口岸创新通关监管模式等工作。

三是加大对越南口岸合作。会同越南国防部边防部队共同牵头召开中越陆地边境口岸管理合作委员会第五次会议，重点明确落实《中越联合声明》的合作方向，就边境口岸对等开放、重点口岸发展等达成共识。

通过加强内外部沟通协调，我国与蒙古国、俄罗斯、越南等邻国口岸机制化合作继续巩固，取得了务实成效。同时，利用其他双多边合作机制，积极推动拓展口岸国际合作舞台。

2017年国际贸易“单一窗口”建设工作概要

国家口岸管理办公室

2017年，国家口岸管理办公室在海关总署党组领导下，认真贯彻落实党中央、国务院的决策部署，围绕口岸管理部门间“信息互换、监管互认、执法互助”（简称“三互”）和“一带一路”倡议，加快推进国际贸易“单一窗口”（以下简称“单一窗口”）标准版建设，推动电子口岸跨部门及跨境信息共享，支持和促进地方电子口岸建设，取得了积极成效。

一、加快推进国际贸易“单一窗口”建设

按照《国际贸易“单一窗口”建设的框架意见》有关要求，依托电子口岸平台，“单一窗口”标准版货物申报、舱单申报、运输工具申报、企业资质办理、原产地证书申领、许可证件申领（含农药进出口登记管理放行通知单、野生动植物进出口证书、有毒化学品进出口放行单、机电产品自动进口许可证申领）、税费支付、出口退税、查询统计（及大屏展示）等9大基本功能全部上线，并完成应用支撑平台、统一认证、用户管理、导入客户端、“单一窗口”助手等5个应用支撑项目建设。截至2017年年底，“单一窗口”申报业务覆盖至全国所有口岸，注册用户达5.7万家，单日申报业务量超过40万票，累计申报业务量突破1 000万票，主要申报业务覆盖率达30%以上。

二、加强电子口岸跨部门信息共享

一是推进口岸管理部门间数据资源共享。贯彻国务院口岸工作部际联席会议精神，落实《国务院口岸工作部际联席会议成员单位数据共享和使用管理办法》，着眼推动口岸管理部门间实现“三互”，牵头会同各成员单位共同推进，主动服务口岸管理部门需求，建立数据资源共享目录，完成共享平台开发，实现11个成员单位间401项数据共享。

二是跨部门联网范围进一步扩大。完成黄金及其制品进出口准许证联网核销系统、与工商总局企业信息联网、财关库银横向联网系统、加工贸易联网审批系统（二期）等项目建设并部署上线，完成一般进口两用物项许可证联网项目、进出境邮递物品信息联网系统联调测试，推进使领馆公自用车辆电子数据联网传输、进出境铁路物流信息数据交换项目建设。

三是跨境联网项目有序推进。主动服务“一带一路”倡议，完成中蒙海关载货清单数据交换系统联调测试，加快推进中智原产地证书联网系统建设。加强“单一窗口”国际交流合作，先后与泰国、俄罗斯、哈萨克斯坦、越南、美国、加拿大、蒙古国等7个国家及亚太经社会、上海合作组织、亚太经合组织、东北亚贸易便利化等相关国际组织开展交流研讨，分享我国“单一窗口”建设成果和经验。

据统计，截至2017年年底，电子口岸在线运行联网项目46个，累计入网企业128万家，日均处理单证200余万笔，进一步改善了通关环境，提升了口岸综合管理和公共服务能力。

三、规范电子口岸运行管理及信息安全工作

一是依托电子口岸现有运维体系，建立健全

一体化“单一窗口”运维保障机制。制定《国际贸易“单一窗口”运行管理办法》，经国务院口岸工作部际联席会议第三次全体会议审议通过后印发实施，为“单一窗口”安全、稳定、高效运行提供制度保障。推动“单一窗口”全国统一热线95198建设，目前中国电子口岸数据中心接通率达95%以上，树立了“单一窗口”的良好品牌形象。

二是从技术和管理两方面入手，坚持“安全第一”，通过完善高可用系统、规范运维管理等举措，确保一级故障零发生、严控二级故障。全年电子口岸核心系统可用率达99.968%，专网骨干网络可用率达100%，重点保障了全国“两会”“一带一路”国际高峰论坛、金砖国家厦门会晤、党的十九大等重要活动期间和“6·18”“双十一”等电商大型促销高峰期。“单一窗口”标准版试点推广后系统安全稳定高效运行，为通关业务顺利开展提供了坚实保障。

三是通过开放海关预录入系统客户端软件及业务数据交换接口、上线电子口岸一键修复工具、升级电子口岸制卡发卡系统架构等措施，极大提高了用户操作便利度和客户服务响应效率。

四、加大对地方电子口岸建设指导力度

一是针对各地电子口岸和“单一窗口”建设现状和实际情况，制定不同的推广部署方案。对于已建“单一窗口”的地区口岸，按统一的“单一窗口”标准规范进行升级改造，向标准版过渡。未建“单一窗口”的地区口岸，积极推广“单一窗口”标准版或直接依托中国电子口岸平台部署使用标准版。

二是按照“建设一项、试点一项，成熟一项、推广一项”的思路，稳妥有序组织开展“单一窗口”标准版试点运行。先后召开5次试点部署会，研究制定“单一窗口”《标准版试点运行工作方案》和《标准版试点运行期间联合运维服务保障方案》，先后建立试点运维保障机制、应急处理机制、容错机制，以及问题受理反馈、试点情况日通报等工作机制。

三是加强“单一窗口”业务的培训推广。国家和地方政府层面共举办250余场培训，参训企业人员逾5万人。通过专业化的业务培训，扩大“单一窗口”的企业认知度和影响力。

2017年国家口岸工作大事记

国家口岸管理办公室

4月25日

国务院口岸工作部际联席会议办公室印发《压缩货物通关时间的措施（试行）》。

8月31日

国务院口岸工作部际联席会议第三次全体会议在北京召开。时任中共中央政治局委员、国务院副总理、部际联席会议召集人汪洋主持会议并作重要讲话。时任部际联席会议副召集人、海关总署署长于广洲代表联席会议成员单位向会议汇报联席会议第二次全体会议以来主要工作落实情况和下一步工作安排的建议，并对提请会议审议的《国际贸易“单一窗口”运行管理办法（暂行）》《口岸准入退出管理办法（暂行）》《口岸验收管理办法（暂行）》《非口岸区域和限制性口岸临时开放管理办法（暂行）》作了说明。会议审议通过上述4个议题。部际联席会议21个成员单位及住房和城乡建设部、国务院法制办有关负责同志出席了会议。

9月29日

《国家口岸查验基础设施建设标准》批准发布，自2018年1月1日起执行。

11月3日

集装箱进出口环节合规成本通关时间专项治理行动电视电话会议在北京召开，时任部际联席会议副召集人、海关总署署长于广洲出席会议并讲话。海关总署党组成员、国家口岸管理办公室主任张广志主持会议，并就专项治理行动作出部署。各省（自治区、直辖市）和计划单列市人民政府分管副秘书长，各地方口岸办主要负责同志，国家发展改革委、公安部、交通运输部、国家质检总局相关负责同志，各直属海关、各直属检验检疫局负责同志，部分港务、公路部门和物流企业代表参加了会议。

12月5日

国际贸易“单一窗口”标准版的货物申报、舱单申报、运输工具申报、许可证件申领、原产地证书申领、企业资质办理、查询统计、出口退税和税费支付9项基本功能完成建设，实现与公安部、环保部、交通运输部等11个部委系统“总对总”对接，覆盖全国31个省（自治区、直辖市）所有口岸范围，主要申报业务应用率达到30%，按计划实现在全国所有口岸全覆盖。

12月13日

经国务院批准，海关总署、公安部、交通运输部、质检总局联合印发《口岸准入退出管理办法（暂行）》《口岸验收管理办法（暂行）》《非口岸区域和限制性口岸临时开放管理办法（暂行）》。

12月22日

经国务院批准，海关总署印发《国际贸易“单一窗口”运行管理办法》。

第二篇

口岸查验监管

2017年出入境边防检查工作概要

中华人民共和国公安部出入境管理局

2017年，全国边检机关坚持以习近平新时代中国特色社会主义思想为指导，全面贯彻党的十九大精神，认真落实公安部党委的工作部署，以改革为动力，着力提升能力，扎实推进口岸管控、便利通关、规范执法、科技应用、队伍建设等重点工作，维护了口岸安全畅通和良好秩序。全年共检查出入境人员5.98亿人次，同比增长4.76%；检查出入境交通运输工具3 097.67万辆（架、列、艘）次，同比增长6.84%；查处非法出入境人员2 601人次，查处其他违反出入境管理法律、法规人员7.49万人次。

一、改革优化边检政策，服务经济社会发展

积极参与"一带一路"倡议、自贸试验区等国家发展规划，以及边境经济合作区、跨境经济合作区等区域战略发展规划，研究对边检政策的新需求，为提高口岸通关便利化及跨境合作区的对外开放提供政策支持。深化边检"放管服"改革，取消口岸以外边防检查监护费，取消签发"随船工作证"，全面简化和规范上下外国船舶许可、船舶搭靠外轮许可等4项边检行政许可的受理签发条件和标准，进一步减轻企业运营成本。配合国家口岸管理办公室推动出台《口岸准入退出管理办法（暂行）》《口岸验收管理办法（暂行）》《非口岸区域和限制性口岸临时开放管理办法（暂行）》，参与编制《国家口岸基础设施建设标准》，进一步规范口岸准入、退出、临时开放管理和基础设施建设等工作。完成虹桥机场1号航站楼A楼转场和广州白云第二航站楼开航工作。推进北京新机场、港珠澳大桥、广深港高铁、深圳莲塘口岸等对外开放工作。

二、创新边检管理措施，提高出入境通关效率

在出入境人员检查方面，出台对出国及赴港澳旅游团的表单免盖验讫章，以及允许持"L"签注内地旅客走自助通道办理出入境手续等政策措施，简化查验手续。进一步扩大边检自助通道的适用人员范围和证件种类，将中国边民纳入自助通关人员范围。大力加强自助通道建设，对山西、吉林等15个省（自治区）公安边防总队自助通关备案信息数据中心及其所属相关边检站自助查验通道建设情况进行了检查验收。截至2017年年底，全国边检机关已启用自助通道数量1 100余条，自助通关人员比率达到43%。在出入境交通工具及其员工检查方面，在北京、上海、广州等机场口岸试点基础上，将直接往返机组人员免办边检手续范围扩大至虹桥机场口岸。在广州边检总站开展港口管理改革试点，启用海港综合管理系统，对候泊珠江口锚地超过24小时的入境国际航行船舶试行在目的港办理边检手续政策。会同交通运输部批复广东粤港澳游艇"自由行"方案，指导驻粤边检机关细化落实粤港澳游艇"自由行"出入境检查管理工作。积极参与国际贸易"单一窗口"建设，参加"单一窗口"建设标准规范编写、系统开发等工作，统一边检机关接入"单一窗口"平台的信息端口，规范信息报送标准。在广州港口岸边检机关试点开展出入境船舶无纸化申报工作，交通运输工具负责人及其代理单位通过国际贸易"单一窗口"向边检申报相关数据后，在办理出入境手续时无须

提交总申报单、船员名单等纸质申报单证。试点简化航行港澳小型船舶边检手续，服务对象经一次信息采集后，只需提前网上申报办理边检手续，无须来回奔波。广西、江苏、浙江公安边防总队主动推出“鲜活农产品绿色通道”“互联网+边检服务”等服务举措，为企业办理出入境手续提供便利。

三、严厉打击非法出入境活动，确保口岸安全有序

全国边检机关加大非法出入境活动的打击力度。陆地口岸边检站开展口岸管控安全隐患排查，研究完善货车查验场地监管措施。深圳、珠海边检总站开展打击藏匿车体偷渡活动，建立车辆改装信息报备和常态联络机制，发放反偷渡举报电话贴纸，进一步畅通口岸偷渡举报渠道。港口边检机关在充分发挥风险评估、三方共管、信誉管理机制作用的基础上，进一步加强国际航行船舶管理，对来自重点航线及有违法记录的船舶实行登轮检查，查询船舶航行轨迹，从严签发船员临时入境许可，有效提升了港口口岸管理水平。加强口岸安全防护工作，推动将口岸安全防护工作纳入地方政府反恐工作大局，加强与口岸周边反恐力量的协作配合，与地方公安建立联勤联动工作机制，固化联动处置工作要求，明确紧急通信方式，有力提升联合应急处突工作效能；建立口岸联合武装巡逻机制，提升口岸见警率和震慑力；推动在主要旅检口岸建立常态安检筛查机制，对进入口岸的人员和物品进行全面检查，有效防范人员携带管制刀具、易燃易爆等危险物品进入口岸内部，确保口岸安全。全国边检机关圆满完成了多项重大活动的出入境安保工作，完成了党的十九大、“一带一路”高峰论坛、香港回归20周年庆祝活动、金砖国家领导人第九次会晤等重大活动出入境边防检查工作。

四、规范边检执法工作，确保执法严格公正

扎实推进边检立法，配合国务院推动《中华人民共和国出入境边防检查条例》审议进程，对社会公开征求意见和建议认真汇总研究。规范边检机关执法行为，印发《违反〈中华人民共和国出境入境管理法〉的行为名称及其认定》《违反〈中华人民共和国出境入境管理法〉行为的处罚裁量基准》《关于进一步规范边检机关审查处置境外遣返人员有关事项的通知》，进一步规范了边检行政处罚裁量权，明确了境外遣返人员审查处理流程。研究制定临时入境许可签发工作规范，统一受理、审核、签发程序，加强外国人临时入境许可签发管理。推进边检行政许可标准化，编制并印发边检机关4项行政许可标准化服务指南，制作审批流程图和申请表单，规范行政许可受理、审查和决定环节，进一步规范边检机关行政许可事项。针对边检机关执法执勤中最常遇、最突出的问题，组织北京、广州、深圳、珠海边检总站拍摄执法视频演示片及《入境边防检查指引》（中、英文版本）外部指引片。

五、加强边检队伍能力建设，提高边检人员专业水平

重点针对勤务指挥人员、执勤队领导、证研人员和一线检查员，加大勤务问题处置、证件鉴别、重点人员核查等专项培训，着力提高执勤队领导、一线执勤岗位人员实战技能。北京边检总站开展执勤队领导岗位基本能力考核，对8个执勤单位、76名执勤队（分队）领导进行了岗位执勤基本能力考核，陆续开展基层主要领导履职能力交流研讨培训。上海边检总站组织所属4个旅检边检站10名防暴处突教官至上海市公安局特警总队开展为期1个月的专项培训，提升教官的防暴处突实战技能和教学方法。深圳边检总站开展一线实战化岗位培训试点工作，完善培训队

伍梯队建设和精品课程研发，共聘任58名兼职教官，研发教学课程99门，在各级培训中应用达1 000余课时。加强证件研究工作，会同国际移民组织在广州举办边检机关“打击伪假证件”培训班，组织外籍证研专家就部分重点国家证件识别进行授课，加强证件样本采集整理工作，提高证研信息报送质量，推动全国出入境证件研究工作均衡发展。

六、开展国际交流合作，提高中国边检的国际影响力

与美国、英国、德国、加拿大、澳大利亚、西班牙、芬兰等国家和东盟、中国香港、中国澳门等地区移民（边检）部门开展了双边交流与合作。组织业务交流团赴西班牙、芬兰开展交流访问，接待英、美、德、加等5批外国移民专家来华交流参观工作。为2017年东盟国家出入境管理与移民能力建设研修班、非洲国家出入境证件鉴别研修班等外警培训项目授课。组织4批边检机关研修团赴我国香港入境事务处交流研修，深化了口岸查获非法出入境情况交流机制。参加亚太经济合作组织（APEC）商务人员流动工作组（BMG）会议、国际海事组织便利运输委员会第41次会议、国际民航组织国际旅行者身份识别方案研讨会、中越边境口岸（广西段）联合调研，以及中俄、中越、中老边界会议等双边会谈会晤机制。通过交流合作，跟进掌握了相关国家、地区边检工作的最新发展趋势，明确了合作方向，同时也有效宣传和展示了我国边检机关近年来在服务和管控方面取得的成果，增强了我国在国际移民管理领域中的话语权。

2017 年海事工作概要

中华人民共和国交通运输部海事局

2017 年是党的十八大以来海事事业发展的收官之年，全国海事系统围绕“革命化、正规化、现代化”建设目标，以深化海事体制改革为主线，以保障水上交通安全为中心，创新理念，优化模式，强化监管，服务大局，水上交通安全形势稳中向好，海事事业发展迈上新的台阶。

一、水上安全形势保持稳定

2017 年全国共发生等级以上水上交通事故 196 起、死亡失踪 190 人、沉船 80 艘、直接经济损失 2.8 亿元，同比分别持平、下降 6.4%、下降 2.4%和上升 16.3%，水上交通安全形势总体保持稳定。

一是源头管理持续加强。制定、修订了《水上交通管制办法》《京杭运河通航管理办法》等规定。加强航运公司审核，依法吊销安全管理问题突出的航运公司“符合证明”。强化船舶检验质量监督检查，促进船舶检修检测机构规范管理。组织开展安全生产交叉督查和航运公司安全监管工作专项督察。深化内河船员管理改革，完善内河船员考试、培训等规则，优化培训模式，提升内河船员综合素质和实操能力。

二是预防预控更加有力。制定实施《水上客运重大事故隐患判定指南》。开展水路客（滚）运输、危险货物运输、渡口渡船隐患排查治理攻坚行动。会同农业部渔业局开展商船渔船防碰撞工作。设立曝光台，严厉打击内河船舶参与海上运输。完善水上交通事故综合分析制度，组建内河海事调查分委会，加强事故调查结果运用。开展“典型事故案例进航运公司、进船员培训机构”活动，联合教育部开展水上交通安全知识进校园活动，不断增强行业和公众的安全意识。

三是现场监管更加精准。深入推进“平安交通”创建，开展船舶与港口污染防治、船舶载运危险货物、国际航行大型散货船、船舶自动识别系统治理等专项行动。完善工作指南，推进船舶交通管理中心规范化管理。全年共实施船旗国检查 11 万艘次、港口国监督检查 7 254 艘次，开展水上巡航 27 万次，巡航总里程 754 万海里。联合救捞部门建立联动机制，大力开展空中巡航。圆满完成金砖国家峰会、党的十九大、第十三届全运会等重要活动，以及长江南京以下 12.5 米深水航道、港珠澳大桥等重点工程建设的安全保障。

二、服务发展担当有为

一是主动为国家战略实施扛起海事担当。出台津冀海事监管一体化意见，调整天津、河北、山东海事局管辖范围，推进锚地、航道资源共享，建立联合监管机制，推动京津冀三地船检机构签署合作备忘录，服务京津冀一体化战略。落实“共抓大保护、不搞大开发”要求，开展船舶污染专项治理，切实保护饮用水水源地安全，推动长江干线非法码头和水上过驳专项整治，成效显著，服务长江经济带发展。组织实施南海巡航，完成南沙海上安全信息播发系统建设，船舶自动识别系统信号覆盖西沙重点海域。开展西沙岛礁水域扫测，保障“南海之梦”轮投入西沙旅游运营。出版发行马六甲—亚丁湾水域和我国沿海航行指南，服务海洋强国战略。创新自贸区船舶登记制度，推动中资“方便旗”船特案减免税回国登记政策出台。牵头推动四部委批复“粤港澳”游艇自由行方案实施。积极参与国际贸易“单一窗口”建设，建立联合登轮检查机制，船舶通关效率明显提升，服务自贸区建设。积极推进北斗卫星纳入国际搜救卫星系统工作。完成沿海重点水域北斗连续运行参考站系统的建设和沿海差分北斗/全球定位系统台站改造，为沿海重点水域提供高精度定位服务。拓展北斗无线电应急示位标在长江干线危险品船、客船的应用。

二是主动为交通绿色发展贡献海事智慧。牵头推动13个部委出台船用低硫燃油供应保障和联合监管意见。首批109台船舶燃油检测设备配备到位，检测时间由3天缩短至3分钟。全面落实船舶排放区实施方案，推动长三角“两省一市”提前实施船舶排放控制要求。推进实施“碧海行动”，打捞沉船14艘。借力国家环保考核，督促地方政府落实防治船舶污染应急能力建设规划。推进船舶油污损害赔偿基金使用，全年完成3起案件共1 558万元的基金理赔。积极参与国际海事组织船舶能效和海运温室气体减排目标和措施的制定，为国际海事治理提供中国智慧。

三是主动为民生改善注入海事温度。实施船员“口袋工程”。公布第4批便利船员服务清单，推出6项便利船员服务举措。全年共取消和下放6项行政许可。简化行政许可流程，制定海事政务办理服务规范，出台限时办结等10项服务举措，增强了群众的获得感。完善规费征管流程，推进便利缴费，加强规费稽查和代收管理，为我国水运事业发展提供资金支持。

三、改革创新蹄疾步稳

一是供给侧结构性改革纵深推进。助推江海联运发展，出台特定航线江海直达船舶技术规范、船舶配员、培训发证等政策文件；首艘2万吨级江海直达标准型散货船在舟山下水，比同类海船造价降低约10%，载重量增加约13%，能耗降低约12%。科学利用长江口深水航道边坡自然水深，提升航道通行效率，成功组织实船交会试验，完成了航行规则修订、航标调整和扫测出图。取消海船船员服务业务审批，惠及700余家船员服务机构，降低企业制度性交易成本。取消船舶登记费和船舶及船用产品设施检验费2项收费，年均为行业减负约7.8亿元。

二是体制机制改革持续深化。深化基层海事机构执法管理模式改革，调整28个海事机构管理序列，建立以海巡执法大队为基本单元的现场监管模式，推动基层去机关化，一线监管力量得以加强。在直属海事系统县以下机关施行公务员职务与职级并行制度，786名职工晋升职级，开辟了基层干部职工晋升新通道。研究推进航海保障中心管理体制改革。基本完成直属海事系统行政执法单位公务用车制度改革。接收交通运输部无线电管理领导小组办公室职责，管理体制机制进一步理顺。

四、法治建设成效彰显

一是法规标准体系更加完善。《中华人民共和国海上交通安全法》修订取得重大进展。完成《中华人民共和国船舶安全监督规则》《海上滚装船舶安全监督管理规定》等10项部门规章的制修订工作，发布实施《特定航线江海通航船舶法定检验暂行规则》等3部船检技术法规。持续推进海事法规与船检技术规范“清单式”管理，首次公布现行有效船舶法定检验技术规范清单。

二是执法行为更加规范。编制海事履职标准和权责清单。修订海事执法业务流程、政务公开指南、海事违法行为行政处罚裁量基准。稳步推进“双随机一公开”工作，公开23项抽查事项清单。出台《海事行政检查规定》和《海事现场执法工作规范》，规范事中事后监督检查。推进行政执法“三项制度”改革试点。实施海事行政执法全过程记录管理和海事行政执法结果信息公开，实现海事行政执法全过程留痕和可回溯。

五、治理能力稳步提升

一是强化发展引领。强化海事发展战略研

究，形成海事服务交通强国研究初步成果。出台基层海事执法机构建设指导意见，提升基层执法机构履职能力。主动应对行业变革，开展智能航运发展专题研究。开展新一轮直属海事、地方海事“结对子”工作，推动全国海事融合发展。

二是装备设施建设持续加强。完成南海万吨级、台湾海峡5 000吨级海巡船立项和技术方案审批。完成新型破冰大型航标船等船型开发与立项。印发《国家海上重大溢油能力建设规划》实施方案，开工建设深圳、台州船舶溢油应急设备库。澜沧江—湄公河海事监管项目建设稳步推进。启动建设海事综合监管指挥系统，开展海事系统共享数据库建设和试点应用。

三是持续提升中国海事国际影响力。深化与“一带一路”沿线国家和地区的海事合作，与缅甸签署的海员教育培训与发展合作备忘录列入“一带一路”国际合作高峰论坛成果清单。落实中俄元首达成的共识，推动“冰上丝绸之路”务实合作。与东盟国家构建亚太渡运安全治理联络机制，联合发布“广州声明”。再次以高票当选国际海事组织A类理事国。全年共向国际海事组织提交40份提案，占我国提案总数的63%。修订地效翼船临时导则、被认可组织协议范本，制订船员培训示范课程。举办了13个国际培训和研讨班，在国际海事组织分享中国利用事故经验教训加强海员培训的经验，引起积极反响。制订国际事务人才职业发展规划和培养方案，开展履约论文英语演讲比赛，培养和选拔高素质人才。

四是持续规范内部管理。出台了《直属海事系统基本建设管理办法》等23项内部管理制度。推进预算定额标准建设，制订部门预算编制规程，建立定期分析制度，提升了预算编制和执行水平。开展专项审计，强化审计发现问题的整改落实。开展直属海事系统超职数配备干部专项整治和编外用工清理工作。建立防治“吃空饷”长效机制。进一步规范保密工作。完成直属海事系统互联网网站集约整合。

六、政治保证持续增强

一是全面落实从严治党责任。健全意识形态工作机制，抓好责任落实。全面部署开展党的十九大精神学习贯彻工作，扎实推进“两学一做”学习教育常态化、制度化。开展直属海事系统“两优一先”评选表彰，110人次、25个党支部受到部党组表彰，150人次、50个党支部受到部海事局党组表彰。深入整改部党组巡视发现的问题，举一反三，开展自查自纠。对系统单位的巡察工作力度持续加大。

二是营造风清气正的政治生态。开展廉政警示教育，弘扬廉政文化，制订直属海事系统党风廉政建设责任制实施办法等制度，强化监督执纪问责。严格落实中央八项规定精神，组织开展违规配备手机、公款购买高档白酒等专项治理。持续改进海事政风建设，组织开展明察暗访、执法评议，纠正和查处损害群众利益的不正之风。开展社团兼职人员清理规范“回头看”、党纪政纪处分决定执行情况核查、“带病提拔”干部等专项整治。

三是文化软实力稳步提升。稳步推进精神文明“新五大工程”建设，海事系统共15家单位获评全国文明单位。开展“砥砺奋进的五年”海事主题宣传，有序推进《中国海事史》等史书编纂。组织开展第7个“世界海员日”系列庆祝活动。陈维同志当选为党的十九大代表，“海巡0611”轮船长卢国强获2017年国际海事组织海上特别勇敢奖。组织开展直属海事系统船舶防污染及应急技能大比武、网络安全攻防对抗和应急演练，举办青年演说大赛，营造“比学赶超”的良好氛围。

2017年海关工作概要

中华人民共和国海关总署办公厅

2017年，在党中央、国务院的坚强领导下，在国务院领导同志的关心关怀下，全国海关认真学习贯彻习近平新时代中国特色社会主义思想和党的十九大精神，坚决落实党中央、国务院各项决策部署，主动作为、全面履职，深化改革、开拓创新，切实把好国门、做好服务、防好风险、带好队伍，较好地完成了各项工作任务。

一、贯彻落实中央重大决策部署

坚决维护以习近平同志为核心的党中央权威和集中统一领导，牢固树立"四个意识"，不断提高政治站位、强化理论思维、增强大局观念，坚决贯彻落实中央各项决策部署，统筹推进"五位一体"总体布局，协调推进"四个全面"战略布局，坚持新发展理念，自觉将海关工作放到党和国家发展大局中去思考、谋划和推动。坚持稳中求进的工作总基调，服务开放型经济新体制建设取得积极成效。坚持供给侧结构性改革主线，全面推进海关各项改革，中央交给海关牵头的重点改革任务取得突破性进展。围绕中央全面推进依法治国部署，海关法治建设稳步推进；认真落实国家"十三五"规划，海关"十三五"发展规划顺利实施。落实全面从严治党要求，全面加强党的建设。2017年共收到中央领导同志重要批示34件，已全部落实。

二、服务发展取得积极成效

一是积极支持"一带一路"倡议、长江经济带等国家规划实施。围绕"一带一路"倡议大力推进国际海关合作，积极参与国家主场外交，习近平总书记对中哈等农产品绿色通道建设成效予以充分肯定。加强与"一带一路"沿线国家海关通关协作，大力支持重要节点城市多式联运监管中心建设，在重庆、西安等国际铁路主要集装箱车站设立临时开放口岸，建立中欧班列通关协调机制，推动加入国际公路运输公约（TIR），促进跨境运输便利化。2017年，全国开行中欧班列3 673列，同比（下同）增长116%；我国对"一带一路"沿线国家实现进出口值7.37万亿元，增长17.8%，增速高于全国3.6个百分点。积极支持长江经济带发展，加大长江沿线对外开放口岸和海关特殊监管区域建设力度，完善海关通关协作机制。大力支持京津冀协同发展，开展支持雄安新区建设开放发展先行区研究。出台支持新一轮东北振兴等举措，支持区域经济协调发展。全力开展扶贫工作，助力打赢脱贫攻坚战。

二是大力推进简政放权。落实"放管服"改革部署和解决通关流程烦琐要求，大力推进"去繁就简"，营造法治化、国际化、便利化的营商环境。进一步取消行政审批2项，行政许可标准化测评全面达标。大力压缩海关通关时间，2017年海关进出口通关时间压缩37.5%。大力清理规范进出口环节涉企收费，2017年海关事业单位所属经济实体经营服务性收费2.18亿元，继续下降57.28%。积极推进免除查验没有问题企业吊装、移位、仓储等费用，为企业节约成本7亿元。开展集装箱进出口环节合规成本专项治理。

三是全力支持外贸稳增长调结构。认真落实国务院促进外贸稳增长政策措施，全力促进我国进出口贸易增长。大力支持跨境电子商务、市场采购、外贸综合服务等新业态发展，2017年我国跨境电子商务零售进出口总额达902.4亿元，增长 80.6%。推进加工贸易保税监管制度创新，探索建立自主备案、自主核报、自主缴税的信任管理模式；支持采购中心、分拨中心、研发中心、维修中心试点，支持加工贸易向产业链高端延伸；发挥“保税+”制度优势，鼓励服务外包、融资租赁、保税维修、展示交易、汽车平行进口等创新发展。发挥税收政策的促进作用，44 项税则调整建议被采用，认真落实税收优惠政策，减免税款 530.8 亿元。贯彻国家自贸区战略部署，牵头做好自贸协定、原产地规则及海关程序与贸易便利化章节的谈判和实施，帮助企业获得税款减让和贸易便利的“双红利”，提升协定利用率。2017 年已实施协定享惠进口 7 761 亿元，增长 36%；税款减让 645 亿元。积极开展政策研究与宏观经济分析，加大统计分析监测预警力度，管控虚假贸易有力有效。向中共中央办公厅、国务院办公厅报送了一批高质量的报告、信息，获得中央领导批示 55 篇次。2017 年，我国进出口总值 27.8 万亿元，增长 14.2%。

四是积极发挥牵头作用，务实推进口岸工作。积极发挥国务院口岸工作部际联席会议机制和联席会议办公室作用，口岸部门间的协作配合更加紧密。制定出台口岸查验基础设施建设标准等多项制度，口岸管理更加规范。落实国家“十三五”口岸发展规划，报请国务院批准开放和扩大口岸 15 个，口岸开放布局更加合理。建立并启动口岸退出机制。口岸国际合作取得积极进展。

五是务实开展国际海关合作。成功举办金砖国家海关署长会晤，签署《金砖国家海关合作战略框架》，《厦门宣言》对海关合作予以高度评价。以“信息互换、监管互认、执法互助”（3M）为重点对外开展机制化合作，全年签署 24 份海关合作文件，海关合作被 12 次纳入国家最高级别对外合作成果。发挥中国海关担任世界海关组织（WCO）电子商务工作组主席作用，牵头制定 WCO 电子商务海关监管指南文件，积极参与“经认证的经营者”（AEO）等领域国际海关规则制定，中国海关在国际舞台的话语权和影响力不断提升。

三、把好国门更加有力有效

一是切实强化实际监管。加强监管基础建设，监管制度不断完善，监管查验作业机制更加优化，查获率进一步提高。监管作业场所管理更加规范，危化品专项整治深入开展。煤炭、固体废物进口管控更加严密，行李寄递物品监管不断加强，“水客”综合治理成效进一步巩固。2017 年，共监管进出境货物 42.73 亿吨、运输工具 3 892 万辆（艘、架）次、邮快件 13.7 亿件，分别增长 7.4%、6.3%、19.8%。加大加工贸易监管力度，推进建立以企业为单元的保税监管新模式。强化风险管理，布控有效率稳步提升。加强进出口企业信用管理，落实国家“多证合一”、统一社会信用代码改革取得明显成效。积极参与国家信用体系建设，会同 40 个部委开展联合激励，会同 33 个部委开展联合惩戒。稽查工作得到加强，专项稽查成效明显，“多查合一”稳步推进。

二是税收创历史新高。坚持依法征管，应收尽收，坚决不征“过头税”。扎实推进税收征管改革，在全国建立 3 个税收征管中心，探索建立事后干预为主的税收风险防控模式和以行业分析为引擎的税收风险防控体系；探索建立属地纳税人管理制度，创新税收担保方式，推行企业“自报自缴”改革，税收征管质量和水平不断提升。全年税收入库 18 967.81 亿元，创历史新高，增长 23.26%，比年初确定的税收预算目标超出 3 067.81 亿元。

三是保持打击走私高压态势。认真贯彻习近平总书记等中央领导重要批示精神，坚决打击危害生态安全、国家安全和关系国计民生的货物物品走私，查证涉案洋垃圾 86.68 万吨、大米 39.44 万吨、成品油 44.26 万吨、冻品 9.3 万吨，查获象牙 0.67 吨、毒品 3.19 吨。深入开展“国门利剑 2017”联合专项行动，围绕重点领域、重点渠道、重点商品，加大打击走私力度，全年共侦办走私犯罪案件 3 260 起，立案案值 455.8 亿元，涉税额 77.8 亿元。智慧缉私建设扎实推进，反走私综合治理不断深化，部际联席会议作用进一步发挥。打私宣传力度不断加大，有力震慑走私违法犯罪。

四、全面深化改革取得重大突破

一是全面推进“三互”大通关建设。国务院常务会专门研究并召开现场会，推进全国海关通关一体化改革。口岸各部门通关一体化改革成效明显，国际贸易“单一窗口”标准版推广到全国各口岸，功能进一步拓展，实现与公安部、环保部等 11 部委“总对总”对接，提供服务事项 148 项。口岸一站式作业全面推进，跨部门联合一次性检查在 7 个口岸试点；口岸部际联席会议数据资源共享平台（一期）上线运行。推动口岸部门完成压缩通关时间三分之一。国务院发展研究中心开展的第三方评估报告对“三互”大通关评分为 87.2。

二是深入开展全国海关通关一体化改革。税收征管和风险防控“两中心”建成运作，“一次申报、分步处置”、改革税收征管方式和隶属海关功能化建设等“三制度”全面推开，结构扁平、管理集约、协调统一的通关管理格局初步形成，海关监管体制发生革命性变革，真正实现“全国海关是一关”，企业可在全国任一海关通关，适用相同监管标准，通关速度更快、成本更低。2017 年 12 月，全国海关“自报自缴”报关单 29.1 万份，涉及货值 1 856 亿元、税款 358 亿元，环比分别增长 20.1%、8.1% 和 11.2%；进、出口事中人工处置率比改革前下降 50% 以上。海关通关一体化作为重大改革成果，被写入《党的十八大以来大事记》。

三是加快海关特殊监管区域整合优化。大力优化区域布局，年内报请国务院批准新设综合保税区 3 个，均位于我国西部地区。截至 2017 年年底，全国共有海关特殊监管区域 133 个，其中西部地区区域数量为 26 个，占全国区域总数的 19.5%。积极推进拓展政策功能，稳步推进货物按状态分类监管、内销选择性征收关税等试点，取得明显实效。支持自贸试验区改革创新，出台支持 7 个新设自贸试验区建设的措施，研究制定《自贸试验区海关工作协作办法》。支持上海自由贸易港建设，积极参与框架方案的研究起草工作，《上海自由贸易港区海关监管框架方案》得到国务院批复。

四是全面推行“双随机、一公开”监管。优化完善工作机制，健全完善随机抽查执法检查人员和市场主体名录库。除现场发现特殊异常外，100% 实现“随机选择布控”“随机派员查验”，随机选取常规稽查企业比率已超过 70%。目前，“双随机、一公开”已覆盖执法领域全部 12 个行政检查随机抽查事项，海关执法更加公正、高效、廉洁。

五是加快推进“互联网+海关”建设。依托中国海关门户网站，整合海关各类政务服务资源与数据，建成全国海关一体化网上办事平台，为进出口企业和社会公众提供一站式服务。发布海关政务服务 132 项，网上可办 105 项，海关服务更加规范、智能、便利、透明。推动网上服务事项进一步向移动终端延伸，“掌上海关”正式上线运行。

五、法治海关建设深入推进

《反走私工作条例》和《口岸管理工作条例》等的立法工作取得积极进展，出台《中华人民共和国海关企业信用管理办法》等规章，一揽子修订“放管服”改革所涉 25 部规章，海关法律规范体系更加完善。首批试点开展海关权责清单编制工作。初步编制 7 个执法领域 101 个岗位权责清单，修订《海关业务标准化规范》，进一步规范行政裁量权。推行行政执法人员持证上岗和资格管理制度，开展全员执法资格考试，合格率达 99.8%。切实发挥行政复议诉讼的法律监督和救济作用。普法工作顺利开展。知识产权保护“清风”“龙腾”专项行动战果丰硕，累计查获进出口侵权货物 1.6 万批次，涉及商品数量 3 600 万件。

六、综合保障水平不断提升

一是政务运行高效安全顺畅。政策研究辅助决策和参谋助手作用充分发挥。推进转变机关作风，整治“文山会海”，机关办文、办会、办事效率进一步提高。加强督查督办，有力推动各项重大决策部署的贯彻落实。加大新闻宣传力度，营造良好舆论氛围。建议提案办理工作有特色有成效，代表委员满意率 100%。信息报送、机要档案、政务公开等工作稳步推进。12360 热线接通率达 95%以上，服务质量进一步提高。

二是切实发挥审计监督作用。围绕中央和海关总署党组重大决策部署落实，持续开展督察审计，实现审计全覆盖，对 46 名署管干部开展经济责任审计。审计公开力度不断加大，问题整改率达 90%以上。具有海关特色的内控机制有效建立，开发应用新“海廉”系统，执法领域内控节点信息化率超过 80%。形成常态化国家审计配合机制，接受审计 7 次，查发问题均按期整改。

三是科技创新支撑作用不断增强。金关工程二期 109 个项目建设全部完成并通过初步验收，新一代海关信息系统建设顺利启动，探索运用大数据、云计算、智能审图等取得初步成果。海关大型集装箱检查设备（H986）等监管装备设备配备力度不断加大，移动查验单兵作业试点扩大至全国，海关监管的科技水平和能力进一步提升。

四是财务后勤保障水平不断提升。积极争取中央财政保障，坚持科学理财、依法理财、综合理财，预算管理、绩效管理水平继续走在中央部门前列；涉案财物管理更加规范；全国海关综合保障一体化改革稳步推进。

七、队伍建设呈现崭新面貌

海关总署党组带头，第一时间传达学习、动员部署党的十九大精神学习宣传贯彻工作，各级党组迅速跟进，全国海关掀起学习宣传贯彻十九大精神热潮。发挥党组中心组示范带动作用，深入学习习近平新时代中国特色社会主义思想，“两学一做”学习教育常态化、制度化不断深化。加强准军事化海关纪律部队建设，深入内涵学军，岗位练兵成效显著；加强基层党组织建设，“支部建在科上”基本实现全覆盖，培树 45 个支部示范点；党建述职评议考核深入推进。

加强领导班子建设，按照“好干部”标准选人用人，多方位、多层次开展干部交流。通过深化“瘦上强下”和隶属海关功能化改造，充实基层一线执法力量。专家制度试点不断扩大。加强干部监督，实现直属海关单位选人用人检查全覆盖。干部综合考核评价机制不断健全。

八、全面从严治党成效显著

海关总署党组带头认真落实全面从严治党部署，层层压紧压实主体责任，推动海关管党治党从宽松软走向严紧硬。扎实推进“两学一做”学习教育常态化、制度化，队伍理想信念更加坚定、党性更加坚强。着力加强基层党组织建设，“支部建在科上”基本实现全覆盖。发挥巡视巡察利剑作用，开展对 6 个直属海关党组巡视。深入开展廉政教育、纪律教育和廉政文化建设，认真落实中央八项规定精神，及时制定海关细化措施，驰而不息纠治“四风”，严肃查处违反中央八项规定精神问题。执纪问责坚决有力，用好“四种形态”，坚持抓早抓小，党纪轻处分和组织处理的比率大幅提高。加强纪律审查，强化打私反腐“一案双查”，自查发现和解决违纪违法问题的能力明显提升，严肃整治利益冲突行为，扎实开展责任追究。建立健全风险防控长效机制，筑牢“制度+科技”反腐防线，把权力关进制度的笼子。

2017 年出入境检验检疫工作概要

中华人民共和国质量监督检验检疫总局通关司

2017 年，国家质检总局围绕迎接和保障十九大，下最大气力抓全面提高质量，加强质量安全监管，优化质检技术服务，推进关键性改革，加强自身建设，各方面工作作出新努力、取得新成效。

一、质量提升力度加大

按照党中央、国务院部署要求，围绕推进供给侧结构性改革，找准“发力点”，牵住“牛鼻子”，打好“组合拳”。扩大内外销产品“同线同标同质”实施范围，帮助 2 620 家企业、9 866 种产品符合“三同”要求，国内销售额累计达 1 098 亿元。全年日用消费品国家监督抽查合格率达到 91.6%，出口退运货物批次比上年下降 8.84%，重点服务业质量水平稳中向好。

二、质量安全有力保障

全面开展质量安全隐患排查和专项整治，着力维护“三大安全”，为党的十九大及“一带一路”国际合作高峰论坛、金砖国家领导人厦门会晤、世界政党高层对话会等重大外事活动营造了良好环境。严格监督抽查，召回缺陷汽车 2 004.8 万辆、缺陷消费品 2 702.6 万件，同比分别增长 77% 和 301.7%。口岸查验确诊传染病 1.93 万例，截获外来有害生物 94.98 万次，检出进口不合格商品 8.5 万批、不合格食品化妆品 6 646 批。

三、技术服务更加精准

围绕党和国家重大决策部署，发挥职能和技术优势，着力服务“三大战略”“三去一降一补”、生态环境治理、“双创”和优进优出。支持山东建成全国首个出口食品农产品质量安全示范省，帮助婴幼儿配方奶粉进入澳门市场。通过签发原产地证书，为中国商品海外减免关税约 123 亿美元。新建成肉类、冰鲜水产品、水果、粮食等指定口岸 48 个，助推内陆地区对外开放。成功举办第二届中国—中东欧（16+1）质检合作对话会。深入开展燃煤锅炉节能减排攻坚战，禁止进口环保超标煤炭 31.2 万吨、环保不合格固体废物原料 5.2 万吨。

四、改革取得突破性进展

全面推进检验检疫监管模式和流程改革，超过 50% 的入境货物不再实施现场开箱检验和实验室检测，大多数企业在 1~1.5 个工作日内即可完成检验检疫手续。全国自贸试验区复制推广的改革试点经验新增 2 项质检制度，前三批涉及质检领域的占 1/3。智慧检验检疫信息化体系初步构建，中国电子质量监督（e-CQS）系统建设加快。

第三篇

全国口岸运行情况

2017年全国空运口岸运行情况统计表

序号	省份	口岸名称	出入境人员（人次）	排名	进出口货运量（吨）	排名	出入境运输工具（架次）	排名
1	上海	上海机场	39 086 779	1	4 967 478	1	243 215	1
2	北京	首都机场	24 900 439	2	1 971 326	3	132 615	2
3	广东	广州机场	15 246 620	3	2 297 826	2	107 592	3
4	四川	成都机场	5 398 681	4	191 242	7	30 474	5
5	浙江	杭州机场	4 778 541	5	115 806	12	29 158	6
6	广东	深圳机场	3 895 426	6	179 596	9	35 222	4
7	福建	厦门机场	3 654 121	7	235 925	5	25 852	8
8	云南	昆明机场	3 400 120	8	57 187	15	27 805	7
9	山东	青岛机场	3 398 297	9	147 065	11	23 392	9
10	江苏	南京机场	3 154 263	10	188 463	8	18 275	11
11	重庆	重庆机场	2 869 491	11	149 072	10	18 903	10
12	湖北	武汉机场	2 829 645	12	82 742	13	17 635	12
13	天津	天津机场	2 392 361	13	207 861	6	17 623	13
14	湖南	长沙机场	2 388 785	14	26 068	20	14 721	14
15	陕西	西安机场	2 034 747	15	35 452	18	11 902	18
16	福建	福州机场	1 941 466	16	19 164	21	13 136	15
17	辽宁	大连机场	1 664 221	17	62 540	14	12 474	16
18	辽宁	沈阳机场	1 516 117	18	12 885	23	8 741	21
19	河南	郑州机场	1 271 897	19	339 850	4	12 201	17
20	浙江	宁波机场	1 224 140	20	32 138	19	9 529	19
21	广西	南宁机场	1 186 348	21	97	55	8 863	20
22	海南	海口机场	939 242	22	12 275	24	7 623	23
23	江苏	无锡机场	910 053	23	2 696	32	6 160	25
24	海南	三亚机场	909 102	24	37 943	16	5 796	28
25	新疆	乌鲁木齐机场	822 529	25	10 837	26	7 845	22
26	山东	济南机场	818 017	26	11 597	25	5 901	27
27	黑龙江	哈尔滨机场	758 273	27	2 003	36	5 957	26
28	福建	泉州机场	709 777	28	160	52	5 681	29
29	吉林	延吉机场	692 923	29	132	53	4 476	30
30	山东	烟台机场	679 681	30	18 945	22	6 466	24
31	江西	南昌机场	659 600	31	7 489	28	4 281	31

续表1

序号	省份	口岸名称	出入境人员（人次）	排名	进出口货运量（吨）	排名	出入境运输工具（架次）	排名
32	山东	威海机场	534 502	32	2 531	34	3 425	35
33	贵州	贵阳机场	523 656	33	778	41	4 271	32
34	吉林	长春机场	512 122	34	5 758	29	3 656	34
35	安徽	合肥机场	505 328	35	10 273	27	3 691	33
36	广东	揭阳机场	390 306	36	1 048	39	2 889	36
37	广西	桂林机场	388 414	37	247	47	2 811	37
38	山西	太原机场	354 024	38	694	42	2 704	38
39	浙江	温州机场	342 346	39	37 943	17	2 688	39
40	河北	石家庄机场	250 125	40	186	50	1 711	40
41	江苏	常州机场	217 755	41	4 250	30	1 315	41
42	江苏	扬泰机场	205 906	42	2 720	31	1 273	42
43	宁夏	银川机场	202 892	43	379	43	979	44
44	甘肃	兰州机场	157 762	44	299	45	1 076	43
45	江苏	徐州机场	131 971	45	1 026	40	931	47
46	湖南	张家界机场	128 672	46	244	48	944	46
47	内蒙古	呼和浩特机场	114 629	47	174	51	973	45
48	江苏	南通机场	111 226	48	2 661	33	925	48
49	黑龙江	牡丹江机场	104 033	49	0	63	758	52
50	江苏	盐城机场	85 656	50	219	49	769	51
51	广东	#湛江机场	77 573	51	41	59	919	49
52	安徽	黄山机场	74 677	52	8	61	702	53
53	河南	#洛阳机场	70 624	53	115	54	416	57
54	江苏	淮安机场	59 850	54	2 047	35	436	56
55	西藏	拉萨机场	59 048	55	254	46	573	54
56	内蒙古	鄂尔多斯机场	40 979	56	1 347	38	369	59
57	内蒙古	满洲里机场	38 779	57	51	58	783	50
58	浙江	义乌机场	38 581	58	1 683	37	359	60
59	黑龙江	佳木斯机场	36 511	59	0	63	411	58
60	云南	丽江机场	35 756	60	0	63	346	61
61	广西	#北海机场	33 155	61	0	63	237	62
62	广东	#梅州机场	28 043	62	81	56	440	55
63	湖北	#宜昌机场	24 873	63	323	44	163	65
64	青海	西宁机场	16 429	64	80	57	121	66

续表2

序号	省份	口岸名称	出入境人员（人次）	排名	进出口货运量（吨）	排名	出入境运输工具（架次）	排名
65	福建	#武夷山机场	12 614	65	4	62	205	64
66	云南	西双版纳机场	6 304	66	0	63	209	63
67	内蒙古	海拉尔机场	4 220	67	0	63	111	67
68	新疆	喀什机场	2 980	68	10	60	109	68
69	黑龙江	齐齐哈尔机场	0	69	0	63	0	69
70	江苏	连云港机场	开放未满三年					
71	甘肃	敦煌机场						
72	云南	芒市机场						
73	新疆	伊宁机场						

表注：口岸名称前有#标志的为限制性空运口岸。

2017 年全国海运口岸运行情况统计表

序号	省份	口岸名称	进出口货运量（吨）	排名	进出口集装箱（箱次）	排名	出入境人员（人次）	排名	出入境运输工具（艘次）	排名
1	山东	青岛	316 147 346	1	9 631 558	3	439 820	8	11 872	10
2	上海	上海	293 825 186	2	28 343 660	1	4 550 442	1	24 861	2
3	河北	唐山	288 033 910	3	9 308	49	94 070	25	4 461	20
4	天津	天津港	231 711 259	4	6 019 961	5	1 318 116	5	8 897	13
5	山东	石臼	230 861 357	5	215 994	23	177 999	21	2 680	27
6	广东	惠州	230 861 357	6	3 104	57	32 900	38	2 293	29
7	浙江	宁波	219 120 503	7	12 328 946	2	236 728	15	11 806	11
8	辽宁	大连	163 220 014	8	3 481 015	8	305 521	12	9 627	12
9	浙江	舟山	162 202 027	9	10 739	47	189 824	18	7 142	15
10	山东	岚山	136 114 955	10	55	62	60 217	28	2 919	25
11	江苏	连云港	111 869 648	11	803 105	13	259 041	14	5 465	18
12	广东	湛江港	92 309 378	12	146 529	26	51 254	34	2 756	26
13	辽宁	营口	87 116 964	13	63 930	36	70 967	26	2 970	23
14	广西	防城	79 178 668	14	90 124	31	56 168	31	2 218	30
15	山东	烟台	77 455 893	15	512 489	14	307 827	11	3 381	22
16	广东	广州港	75 168 323	16	2 542 529	9	183 896	20	18 479	5
17	福建	厦门港	59 411 176	17	4 857 268	6	2 136 531	3	21 210	3
18	山东	龙口	49 367 083	18	119 448	27	33 466	37	1 803	32
19	广东	盐田	45 158 865	19	8 463 609	4	193 555	17	14 153	7
20	福建	泉州	42 784 003	20	252 441	21	210 991	16	5 855	17
21	河北	黄骅	41 258 128	21	9 305	51	14 011	47	666	46
22	福建	福州	38 569 248	22	1 425 119	11	137 291	22	5 462	19
23	广东	南沙	38 301 250	23	2 233 241	10	1 021 543	6	13 147	8
24	广东	蛇口	37 057 358	24	4 541 015	7	3 554 563	2	62 734	1
25	广西	钦州	35 149 711	25	199 446	24	54 630	32	2 926	24
26	广东	#湾仔	31 380 611	26	298 152	20	186 249	19	20 353	4
27	海南	洋浦	28 975 660	27	42 746	38	24 054	41	1 676	34
28	广东	珠海港	27 894 861	28	115 228	28	51 656	33	3 389	21
29	山东	潍坊	17 071 878	29	449 443	16	10 078	52	462	53
30	广东	水东	16 075 767	30	17 102	44	17 337	42	1 041	41
31	辽宁	丹东	14 878 324	31	68 049	35	114 885	24	1 117	39

续表1

序号	省份	口岸名称	进出口货运量（吨）	排名	进出口集装箱（箱次）	排名	出入境人员（人次）	排名	出入境运输工具（艘次）	排名
32	辽宁	锦州	13 398 321	32	9 413	48	11 131	51	572	50
33	山东	东营	13 385 421	33	371 783	18	11 629	49	630	47
34	河北	秦皇岛	12 897 857	34	90 854	30	46 941	35	1 124	38
35	山东	莱州	12 322 478	35	38 057	40	9 622	53	541	51
36	福建	秀屿	11 986 217	36	39 162	39	8 709	56	363	56
37	浙江	乍浦	11 769 316	37	468 741	15	27 456	40	1 528	36
38	福建	宁德	11 423 778	38	24 605	43	17 307	43	1 180	37
39	广东	阳江	11 326 949	39	9 308	50	9 077	55	438	54
40	广西	北海	11 315 679	40	37 568	41	16 070	44	955	42
41	福建	漳州	10 153 264	41	113 454	29	14 421	45	784	44
42	江苏	大丰	9 523 212	42	34 031	42	11 181	50	607	49
43	广东	潮阳	8 534 073	43	3 640	56	14 085	46	802	43
44	广东	潮州	7 675 744	44	4 495	55	7 410	57	374	55
45	山东	威海	7 521 048	45	845 527	12	299 616	13	1 609	35
46	浙江	温州	4 484 348	46	84 314	33	12 576	48	303	57
47	江苏	如东	4 481 279	47	0	66	3 376	60	119	63
48	广东	汕头	4 360 692	48	409 771	17	27 725	39	2 337	28
49	海南	八所	3 322 141	49	24	64	3 272	61	156	61
50	海南	海口	3 020 535	50	72 158	34	56 675	30	1 066	40
51	浙江	台州	2 976 473	51	150 559	25	42 693	36	2 163	31
52	辽宁	葫芦岛	2 778 013	52	26	63	679	64	34	66
53	广东	莲花山港	2 664 913	53	88 526	32	400 245	9	8 840	14
54	山东	蓬莱	2 536 103	54	8 189	52	9 546	54	522	52
55	广东	汕尾	2 385 348	55	6 518	53	4 020	59	270	58
56	辽宁	盘锦	2 259 563	56	6	65	2 973	62	170	60
57	山东	石岛	1 746 326	57	319 591	19	376 066	10	1 729	33
58	广东	深圳	1 653 366	58	234 893	22	784 029	7	15 923	6
59	海南	三亚	1 459 319	59	556	58	57 139	29	150	62
60	江苏	启东	1 288 561	60	243	60	1 142	63	56	65
61	广东	广海	674 115	61	54 396	37	70 417	27	6 980	16
62	福建	平潭	546 047	62	15 980	45	127 060	23	627	48
63	山东	龙眼	428 732	63	175	61	5 427	58	691	45
64	广东	万山	403 090	64	0	66	653	65	183	59

续表2

序号	省份	口岸名称	进出口货运量（吨）	排名	进出口集装箱（箱次）	排名	出入境人员（人次）	排名	出入境运输工具（艘次）	排名
65	海南	清澜	121 709	65	4 848	54	605	66	72	64
66	广东	揭阳	81 753	66	10 923	46	0	67	0	67
67	广东	南澳	643	67	251	59	0	67	0	67
68	广东	九州	1	68	0	66	2 091 202	4	11 923	9
69	广东	大亚湾	0	69	0	66	0	67	0	67
70	广东	#西冲	0	69	0	66	0	67	0	67
71	山东	董家口	开放未满3年							
72	广西	江山	（同防城一并统计）							
73	广西	企沙								
74	天津	渤中	（同天津一并统计）							
75	辽宁	旅顺新港	（同大连一并统计）							
76	辽宁	庄河								
77	辽宁	长兴岛								
78	广东	赤湾	（同蛇口一并统计）							
79	广东	妈湾								
80	广东	东角头								
81	广东	#梅沙	（同盐田一并统计）							

表注：口岸名称前有#标志的为限制性口岸。

2017年全国内河口岸运行情况统计表

序号	省份	口岸名称	进出口货运量（吨）	排名	进出口集装箱（箱次）	排名	出入境人员（人次）	排名	出入境运输工具（艘次）	排名
1	江苏	张家港	75 883 363	1	35 246	27	77 107	7	4 228	8
2	江苏	太仓	61 344 333	2	1 062 946	1	72 326	8	3 864	10
3	江苏	南通	50 421 141	3	247 866	9	48 631	15	2 619	14
4	江苏	江阴	43 090 069	4	45 813	26	53 161	13	2 861	13
5	江苏	镇江	35 963 495	5	144 842	13	40 287	16	2 168	15
6	江苏	南京	25 613 166	6	860 528	2	35 378	17	1 773	18
7	安徽	马鞍山	19 985 723	7	129 448	15	1 142	35	85	34
8	江苏	常熟	17 969 923	8	255 672	8	30 550	19	1 759	19
9	黑龙江	漠河	16 320 563	9	0	40	84	39	32	35
10	江苏	泰州	15 710 858	10	118 020	17	27 417	21	1 507	20
11	湖北	武汉	11 501 952	11	340 024	7	0	43	0	42
12	江苏	靖江	10 271 442	13	181	38	18 002	24	864	23
13	江苏	如皋	9 002 504	14	8 518	33	12 165	27	637	27
14	重庆	#重庆	7 275 275	15	439 473	5	0	43	0	42
15	广东	#南海	7 194 351	16	626 268	4	53 789	12	7 028	6
16	江苏	常州	6 652 493	17	129 649	14	5 850	29	315	30
17	安徽	铜陵	5 522 540	18	12 654	31	223	37	18	37
18	广东	#高明	4 481 458	19	245 586	10	60 637	9	3 558	11
19	广东	#中山	4 305 312	20	689 075	3	1 443 108	1	20 687	1
20	广东	#肇庆	3 511 775	21	177 758	12	34 852	18	4 354	7
21	广东	#江门	3 218 936	22	424 557	6	180 681	5	13 510	3
22	安徽	芜湖	3 217 878	23	217 928	11	3 097	33	234	32
23	广东	新会	2 209 535	24	85 598	19	15 968	26	1 974	17
24	湖北	黄石	2 191 404	25	14 373	30	52	40	4	39
25	广西	#柳州	1 868 251	26	1 158	37	96	38	12	38
26	广西	#贵港	1 820 209	27	9 095	32	2 392	34	309	31
27	湖南	城陵矶	1 486 847	28	88 181	18	37	41	3	40
28	江西	九江	1 482 810	29	83 338	20	13	42	1	41
29	安徽	池州	1 305 834	30	8 291	34	344	36	27	36
30	安徽	安庆	852 283	31	26 627	29	0	43	0	42
31	广西	#梧州	766 168	32	48 493	25	7 235	28	871	22

续表1

序号	省份	口岸名称	进出口货运量（吨）	排名	进出口集装箱（箱次）	排名	出入境人员（人次）	排名	出入境运输工具（艘次）	排名
32	广东	#鹤山	602 520	33	70 487	23	58 222	11	2 048	16
33	广东	#三埠	497 607	34	35 246	28	5 465	30	740	25
34	广东	#新塘	420 340	35	50 726	24	3 364	32	491	29
35	黑龙江	黑河	387 381	36	3 652	35	764 661	2	9 798（+27 057）	5
36	广东	#斗门	377 876	37	76 231	21	28 773	20	706	26
37	黑龙江	同江	339 918	38	0	40	48 969	14	1 159（+7 314）	21
38	广东	虎门	195 359	39	0	40	381 324	4	14 065	2
39	广东	#容奇	175 280	40	76 231	22	630 240	3	9 863	4
40	黑龙江	抚远	134 197	41	0	40	126 407	6	3 033	12
41	黑龙江	萝北	58 459	42	0	40	20 973	23	629（+4 432）	28
42	黑龙江	逊克	21 849	43	0	40	3 511	31	130（+2 396）	33
43	黑龙江	佳木斯	10 131	44	0	40	0	43	0	42
44	黑龙江	饶河	3 440	45	18	39	27 081	22	800（+2 048）	24
45	黑龙江	嘉荫	2 719	46	0	40	0	43	0	42
46	黑龙江	哈尔滨	2 390	47	1 761	36	0	43	0	42
47	云南	景洪	0	48	0	40	59 275	10	4 120	9
48	云南	思茅	0	48	0	40	0	43	0	42
49	黑龙江	呼玛	0	48	0	40	0	43	0	42
50	黑龙江	富锦	0	48	0	40	0	43	0	42
51	黑龙江	孙吴	0	48	0	40	0	43	0	42
52	吉林	大安	0	48	0	40	0	43	0	42
53	黑龙江	绥滨	与富锦一并统计							
54	黑龙江	桦川	与佳木斯一并统计							

表注：括号内数字为该口岸冬季汽车出入境辆次。

口岸名称前有#标志的为限制性口岸。

2017 年全国公路口岸运行情况统计表

序号	省份	口岸名称	进出口货运量（吨）	排名	出入境人员（人次）	排名	出入境运输工具（辆次）	排名
1	新疆	霍尔果斯	28 706 079	1	294 808	31	65 361	25
2	内蒙古	#甘其毛都	19 746 097	2	732 550	22	576 621	9
3	广东	皇岗	13 419 955	3	36 895 639	5	8 391 748	1
4	内蒙古	#策克	12 896 042	4	339 774	29	277 164	13
5	新疆	阿拉山口	12 573 130	5	37 942	48	25 662	37
6	云南	瑞丽	7 953 623	6	17 683 881	6	3 863 158	3
7	广东	文锦渡	6 351 250	7	5 988 061	9	1 850 951	5
8	云南	河口	5 316 523	8	4 456 866	10	347 696	11
9	广西	友谊关	3 391 095	9	1 705 950	15	235 925	15
10	广东	深圳湾	2 893 055	10	45 101 649	4	4 555 266	2
11	云南	#腾冲	2 807 899	11	446 235	25	158 681	20
12	云南	磨憨	2 105 958	12	1 453 200	16	420 843	10
13	新疆	#老爷庙	1 989 310	13	22 757	53	19 270	42
14	广东	横琴	1 777 277	14	8 161 894	8	876 723	6
15	辽宁	丹东	1 662 656	15	435 600	26	159 328	19
16	内蒙古	#满都拉	1 145 306	16	181 598	34	47 133	27
17	广东	福田	1 088 955	17	59 725 674	3	253 479	14
18	内蒙古	珠恩嘎达布其	1 000 841	18	115 099	37	67 884	23
19	吉林	#南坪	811 498	19	52 052	45	45 847	28
20	内蒙古	满洲里	790 148	20	1 762 025	14	184 595	18
21	内蒙古	二连浩特	703 680	21	2 094 923	13	583 322	8
22	黑龙江	绥芬河	663 313	22	894 839	20	67 508	24
23	广西	东兴	653 530	23	9 965 094	7	37 775	31
24	内蒙古	#额布都格	634 377	24	76 796	41	50 234	26
25	新疆	塔克什肯	631 213	25	119 668	35	21 905	39
26	云南	#孟定	567 481	26	916 191	18	218 796	17
27	广东	珠澳工业区	450 263	27	2 140 351	12	43 029	29
28	广东	沙头角	438 040	28	3 863 143	11	873 920	7
29	吉林	珲春	424 096	29	321 263	30	19 577	41
30	新疆	吐尔尕特	412 474	30	38 785	47	34 908	33
31	新疆	伊尔克什坦	403 017	31	30 931	52	25 886	36

续表1

序号	省份	口岸名称	进出口货运量（吨）	排名	出入境人员（人次）	排名	出入境运输工具（辆次）	排名
32	新疆	吉木乃	383 346	32	65 639	43	5 316	53
33	黑龙江	#东宁	373 360	33	259 945	32	39 463	30
34	吉林	圈河	358 029	34	468 648	24	115 448	21
35	新疆	#都拉塔	345 725	35	33 312	50	25 510	38
36	云南	#畹町	315 712	36	901 639	19	230 363	16
37	云南	天保	247 245	37	1 074 282	17	80 274	22
38	新疆	巴克图	183 113	38	74 133	42	17 826	44
39	新疆	卡拉苏	172 383	39	10 956	57	9 354	47
40	广东	拱北	150 641	40	128 087 748	1	3 096 646	4
41	吉林	图们	144 175	41	31 023	51	9 771	46
42	吉林	#长白	144 129	42	65 444	44	10 700	45
43	西藏	#吉隆	117 396	43	119 095	36	32 615	35
44	吉林	#三合	116 882	44	17 502	55	8 601	48
45	云南	打洛	93 131	45	770 169	21	341 183	12
46	新疆	红其拉甫	82 216	46	9 836	58	3 376	56
47	广西	#龙邦	72 843	47	106 292	39	6 019	52
48	吉林	#临江	65 230	48	17 125	56	7 950	50
49	内蒙古	#黑山头	63 322	49	17 861	54	8 111	49
50	黑龙江	#虎林	42 235	50	36 604	49	4 841	54
51	广西	#水口	40 268	51	370 764	28	20 453	40
52	内蒙古	#室韦	34 478	52	2 939	62	2 791	57
53	吉林	#开山屯	32 924	53	6 665	61	4 328	55
54	吉林	#沙坨子	26 365	54	8 533	60	2 712	58
55	吉林	#古城里	18 667	55	8 564	59	1 720	59
56	吉林	集安	16 419	56	0	66	0	63
57	新疆	#乌拉斯台	15 010	57	616	65	510	61
58	云南	#金水河	12 046	58	430 931	27	35 084	32
59	黑龙江	#密山	7 547	59	208 774	33	6 619	51
60	内蒙古	#阿日哈沙特	5 751	60	104 425	40	19 006	43
61	内蒙古	阿尔山	739	61	2 365	63	816	60
62	广东	罗湖	133	62	81 639 783	2	0	63
63	新疆	#红山嘴	100	63	1 111	64	243	62
64	西藏	#普兰	0	64	39 736	46	0	63

续表2

<table>
<tr><th>序号</th><th>省份</th><th>口岸名称</th><th>进出口货运量（吨）</th><th>排名</th><th>出入境人员（人次）</th><th>排名</th><th>出入境运输工具（辆次）</th><th>排名</th></tr>
<tr><td>65</td><td>云南</td><td>#勐康</td><td>0</td><td>64</td><td>107 960</td><td>38</td><td>34 396</td><td>34</td></tr>
<tr><td>66</td><td>广西</td><td>#平孟</td><td>0</td><td>64</td><td>575 853</td><td>23</td><td>0</td><td>63</td></tr>
<tr><td>67</td><td>西藏</td><td>#樟木</td><td>0</td><td>64</td><td>0</td><td>66</td><td>0</td><td>63</td></tr>
<tr><td>68</td><td>甘肃</td><td>#马鬃山</td><td>0</td><td>64</td><td>0</td><td>66</td><td>0</td><td>63</td></tr>
<tr><td>69</td><td>新疆</td><td>#木扎尔特</td><td>0</td><td>64</td><td>0</td><td>66</td><td>0</td><td>63</td></tr>
<tr><td>70</td><td>新疆</td><td>#阿黑土别克</td><td>0</td><td>64</td><td>0</td><td>66</td><td>0</td><td>63</td></tr>
<tr><td>71</td><td>云南</td><td>都龙</td><td rowspan="7" colspan="6">0</td></tr>
<tr><td>72</td><td>广西</td><td>#爱店</td></tr>
<tr><td>73</td><td>内蒙古</td><td>#乌力吉</td></tr>
<tr><td>74</td><td>广东</td><td>港珠澳</td></tr>
<tr><td>75</td><td>广东</td><td>青茂</td></tr>
<tr><td>76</td><td>广西</td><td>峒中</td></tr>
<tr><td>77</td><td>广西</td><td>硕龙</td></tr>
</table>

表注：口岸名称前有#标志的为双边口岸。

2017 年全国铁路口岸运行情况统计表

序号	省份	口岸名称	进出口货运量（吨）	排名	出入境人员（人次）	排名	出入境运输工具（列次）	排名
1	内蒙古	满洲里	15 892 237	1	34 473	11	10 309	2
2	内蒙古	二连浩特	10 852 413	2	142 624	5	10 492	1
3	黑龙江	绥芬河	10 841 366	3	173 615	3	8 339	4
4	新疆	阿拉山口	7 467 666	4	36 657	10	10 305	3
5	吉林	珲春	2 428 141	5	4 602	16	1 596	9
6	新疆	霍尔果斯	1 148 751	6	11 089	14	3 263	6
7	云南	河口	668 543	7	11 832	13	1 922	8
8	广西	凭祥	309 351	8	71 851	8	1 526	10
9	河南	郑州	263 873	9	0	19	0	18
10	辽宁	丹东	103 046	10	146 879	4	1 946	7
11	黑龙江	哈尔滨	87 466	11	0	20	0	18
12	吉林	图们	67 661	12	624	18	196	17
13	吉林	集安	36 633	13	8 648	15	484	12
14	广东	深圳	33 377	14	4 199	17	223	15
15	广东	广州	21 402	15	3 352 976	1	8 002	5
16	北京	北京西站	16 983	16	48 194	9	357	14
17	上海	上海站	14 650	17	114 292	6	362	13
18	广东	肇庆	116	18	16 289	12	210	16
19	广东	佛山	32	19	74 475	7	516	11
20	广东	东莞	2	20	404 533	2	0	18

第四篇

各地口岸运行管理

北 京 市

北京市口岸分布示意图

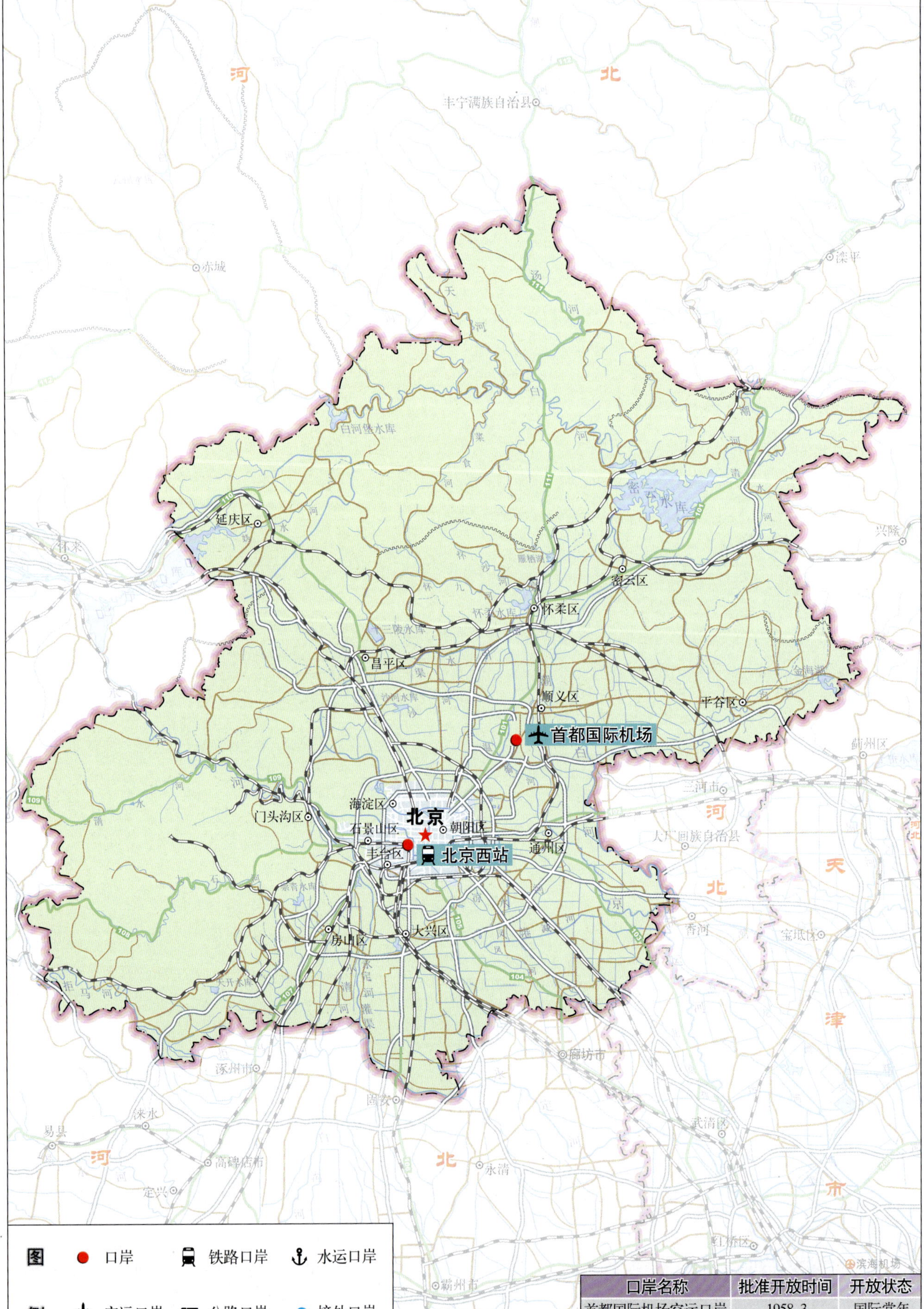

口岸名称	批准开放时间	开放状态
首都国际机场空运口岸	1958.3	国际常年
北京西站铁路口岸	2009.11	国际常年

口岸数量及分布

截至2017年年底，北京市有经国务院批准的对外开放口岸2个，分别为北京空运口岸（北京首都国际机场）和北京陆路（铁路）口岸（北京西站铁路口岸）。

口岸运行数据

2017年，北京口岸出入境人员2 516.1万人次，同比增长3.5%。其中入境1 265.8万人次，同比增长3.6%；出境1 250.3万人次，同比增长3.4%。北京首都国际机场出入境人员2 511.3万人次，同比增长3.5%；北京西站出入境人员4.8万人次，同比下降11.4%。72小时过境免签旅客达27 678人次，同比增长5.2%。

北京口岸海关监管进出口货物7 696.36万吨，同比增长28.42%。其中进口货物7 544.90万吨，同比增长29.01%；出口货物151.46万吨，同比增长4.60%。海关征收税款净入库税额693.5亿元，同比增长13.62%。

口岸综合管理

【北京国际贸易“单一窗口”建设取得阶段性成果】 经过两年的建设，2017年9月28日，按期完成了北京电子口岸升级改造暨中国（北京）国际贸易“单一窗口”终验并正式上线运行，涉及海关、国检、边检、商务、国税、外管、工商、质监等部门，以及津冀电子口岸数据信息，包括货物进出口申报、资质办理、业务查询等21个应用系统，初步实现国际贸易“单一窗口”的“一点接入、一次申报、一站式服务”的基本功能。同时，依托北京电子口岸暨国际贸易“单一窗口”建设成果，完成了“单一窗口”二期建设顶层设计和项目申报书，目前已通过北京市经信委项目立项审批。

【推动京津冀144小时过境免签政策落地实施】 2017年1月，国务院同意在京津冀三地实施144小时过境免签政策。按照市政府要求，北京口岸办牵头成立了推进京津冀144小时过境免签政策实施工作小组，制定了《北京市推进京津冀144小时过境免签政策实施工作方案》，并赴河北、天津及江浙沪开展了系列调研。在此基础上，北京口岸办联合津冀两地牵头单位共同推动三地政府签署了《关于推进落实京津冀144小时过境免签政策合作备忘录》。经公安部验收，于2017年12月28日正式启动实施京津冀144小时过境免签政策，并于当日召开新政策新闻发布会，宣布在北京首都国际机场、铁路西客站，天津滨海国际机场、天津国际邮轮母港，河北石家庄国际机场口岸、秦皇岛海港口岸，对奥地利等53个国家持有效国际旅行证件和144小时内确定日期、座位前往第三国（地区）联程客票的外国人，实行过境免办签证政策。该政策实施是落实党中央“一带一路”倡议和京津冀协同发展战略的重要实践，符合北京市城市总体规划和北京国际交往中心的战略定位，对加快发展旅游业，促进商务及会展旅游、入境消费等方面将发挥重要作用。

【北京口岸通关环境不断优化】 在旅客通关方面，不断扩大自助通关范围，试点通程航班行李直挂，强力推广边检无线验放、预检预录等自主研发信息系统，有效提高了旅客通关效率。在货物通关方面，北京口岸全面实施了分类通关改革和通关作业无纸化，无纸化报关占全部报关的95.3%。顺应电子商务的蓬勃发展，北京跨境电子商务公共信息平台开发启用，为电商企业开启了“集中通关”模式。检验检疫通关业务信息化水平全面提升，实施无纸化作业，实现了舱单管理、查验指令和放行指令电子及快件电子监管。同时，分类实施绿色通道、直通放行、便捷通检、预约服务、鲜活产品预报检、出口电子转单短信申报等制度，极大提高了企业通关效率。2017年12月，北京口岸平均进、出口通关时间较2016年分别压缩了58.97%和67.35%。

【扎实推进新机场口岸非现场设施项目建设】

2017年5月25日，推进新机场口岸非现场设施项目会议上明确，新机场口岸非现场设施项目以北京口岸办为项目主体，负责项目申报和建设的全过程。新机场口岸非现场设施所涉及的7个地块、8个项目（边检综合办公楼、海关综合办公楼、缉私库及缉私犬基地、国检综合办公楼、入境隔离疾控中心、动物隔离场、植物隔离检疫中心、检疫犬基地），总占地面积35万平方米，建筑面积22.7万平方米，总投资14亿元。由于成熟度（地块是否确定等）不同，经与北京市发展改革委、住建委等单位沟通，按照成熟一个推进一个的思路，以“一会三函”方式开展前期手续报批，并确定采取EPC总承包的模式推进。

口岸监管与服务

【北京边检总站圆满完成党的十九大边检安保任务】 作为党的十九大安保“主战场”的重要一环，北京边检总站把十九大安保作为2017年首要任务。一是主动融入首都安保工作体系，与北京市反恐办等12家单位建立口岸反恐“双防”工作专班工作机制，与北京市公安局等单位合作开展重点人员排查和入境审查工作，破获多起重要案件，为首都安全消除重大隐患。二是守好反恐国门关，把执勤各环节上升到反恐高度考量，强化信息分析研判，研发重点人员风险评估预警平台，组建数据信息研判专班，24小时不间断对出入境人员预报信息进行排查分析，对所有入境的重点地区人员和外国籍重点人群实现预知预警。研发前台验放模拟培训软件和重点人员出生地提示软件，提高发现变换身份恐怖分子的能力，切实把各类危险分子查在国门、堵在口岸。三是坚持以最严措施加强来华重点人员源头管控，充分运用不准入境最终决定权，对入境重点国家地区人员一律深度核查，对存疑外籍人员一律阻入，严密防范存疑人员流入首都。自7月20日安保工作启动至10月24日，共检查出入境人员7 414 567人次，核查处理可疑重点人员3 469人次，以北京口岸的安全稳定维护了首都大局稳定。

【北京边检总站启用智能验证台和出境自助通关航班号自助采集系统】 2017年8月19日，在首都机场T3航站楼入境边检现场举行的2017年边检服务品牌集中宣传活动上，北京边检总站集中推出两项便民措施：启用智能验证台和出境自助通道航班号自助采集系统。北京边检总站智能验证台在传统验证台优势功能基础上结合人体工程学标准进行科学设计，将电子验放设备、综合布线及视频动态捕捉整体结合，是一体化设计的新一代边检验证台。出境自助通道航班号自助采集系统通过将旅客自助采集的航班信息与出入境信息直接进行关联，解决了之前由于值机信息准确率不高，致使部分旅客无法正常使用出境自助通道的难题，将出境自助通关系统适用范围从国内航空公司载运的中国籍旅客，扩大到所有出境中国籍旅客。出入境航班号自助采集系统投入使用后，首都机场出境自助通道单日验放量从1 300人次提升到约1.3万余人次，占比从3%提升到35%，极大提高了出境自助通关系统使用效率。

【北京边检总站设立T3航站楼临时入境许可审核签发点】 为进一步规范临时入境许可工作流程，加强对过境免签外国人的管理工作，9月1日，北京边检总站正式启用T3航站楼入境执勤现场临时入境许可审核签发岗位和临时入境许可审核签发系统。T3航站楼临时入境许可审核签发点设在E号楼3层东侧国际中转柜台旁边，岗位职责包括受理外国人临时入境申请，对申请临时入境许可外国人身份、证件及相关材料进行审核，对符合条件的外国人签发临时入境许可等。签发点柜台外科学设立等候区，方便申请人员等候手续办理、填写相关表格、卡片和接受询问。总站设立临时入境许可审核签发岗位，不仅加强了对过境免签人员的管理，同时也是在口岸试行对外国人入境前审查管理的重要举措，为京津冀144小时过境免签政策的实施打下坚实基础。

【北京海关圆满完成“一带一路”国际合作高峰论坛通关保障工作】 “一带一路”国际合作

高峰论坛是2017年国家最重要的主场外交活动之一，北京海关成立了“一带一路”国际合作高峰论坛通关保障工作领导小组，确定专门联系人，统一负责涉及高峰论坛事务的对外联络和业务协调；明确各部门及通关现场职责分工，建立统一高效、协调有力的工作指挥系统和应对突发事件的快速反应机制。加强与北京市相关部门和口岸联检单位的联系配合，制定联系配合机制。设立首都机场海关旅检和货运监管现场“高峰论坛专用通道”和窗口，安排专人负责协助办理海关手续，为参会代表提供便捷通关服务和通关礼遇，为来华采访记者设立专用通关服务台，快速办理采访器材海关通关各项手续。共计验放各国参加论坛人员3 955人，各类进出境包机54架、公务机43架次，圆满完成各项工作任务。

【北京海关支持首都开放型经济发展取得新成效】 全力推动《海关总署、北京市人民政府合作备忘录》内容的落实，制定分工方案，确保四大类36项具体任务于2017年内全部落地，为首都加快构建高精尖经济结构、疏解非首都功能发挥了有力的推动作用。

一是支持服务业扩大开放综合试点深入推进。积极对接深化试点方案，充分发挥职能作用，加大政策支持力度。“集成电路设计企业全产业链保税监管模式”“海关减免税科研设备开放共享模式”“中关村生命科学联合创新服务中心通关服务”等海关支持措施进一步深化，被商务部、北京市政府列为具有突破性、创新性、效果显著的案例上报国务院。

二是推动重点优势产业发展措施有力。在文化产业方面，依托天竺综合保税区的政策功能优势，不断完善文物及艺术品“区内存储+区内外展拍”监管模式，保税艺术品通关流程智能化监管水平进一步提高，高质高效地完成了电影节境外参展影片的暂时进境监管工作。在会展经济方面，为北京国际汽车展、图书展及“京交会”等重点大型展会提供优质通关服务，全年共办理展览会备案194个，监管进出境展览品总价值45.4亿美元。在旅游经济方面，配合北京市落实京津冀144小时过境免签政策，继续做好境外旅客购物离境退税海关验核及切换使用国家税务总局退税系统等工作，全年共验核离境退税商品总金额约1.2亿元。在跨境电商方面，零售出口模式验放货值5.6亿美元，同比增长108.7%；直购进口模式验放货值13.2亿元，同比增长292%。保税进口模式成功落地，使北京地区跨境电商进入“网购保税进口+直购进口”并行模式。

三是优化营商环境成果突出。加大对自贸试验区海关监管创新制度的复制推广力度，以天竺综合保税区为主平台，鼓励有需求的企业拓展相关业务，截至2017年年底，共有20项自贸试验区海关监管创新制度成功复制落地。创新税收担保模式，推出了“银关融”增信担保，大幅降低企业资金成本。将海关进出口货物收发货人的注册登记纳入北京市“多证合一”商事制度改革。对天竺综合保税区企业开展归类预审核及规范申报服务试点工作，与区内企业建立起长期合作机制，引导企业如实申报、依法纳税、守法自律。助力国际海关AEO互认合作，顺利承办中国—瑞士海关AEO互认联合说明会，获得企业广泛好评。

四是空港贸易便利示范区建设持续深入。智能物流港的功能布局不断优化，国际枢纽港的辐射效应更加显著，北京空运口岸的海关通关时效位居北上广三地空港之首。大力支持“全球航材共享保税支援项目”建设，创新联网异地共享航材监管。做好新机场建设海关相关工作，新机场进出境旅客及行李物品监管模式改革得到海关总署批复，积极就新机场及综合保税区规划建设提出具体建议，为首都乃至京津冀地区临空经济的未来发展打好基础。

【北京出入境检验检疫局强化传染病疫情防控立体化防线建设】 北京出入境检验检疫局全年共检验检疫出入境人员2 728.3万人次，检出各种传染病病例511例，同比增加14.8%。2017年，在全国口岸范围内首次检出新型肠出血性大肠杆菌和艰难梭菌病例，首次发现入境旅客携带人蚤；妥善应对航空口岸首次输入性诺如病毒聚集性疫情；在北京口岸首次发现因阿米巴原虫引发的腹泻病例；首次发现一例严重精神病病例并顺利实施了监护出境；成功处置美国航班发现活鼠、集装箱内查获活鼠等病媒生物突发事件；圆满完成出国朝觐人员卫生检疫工作。探索特殊物品入境监测管理新模式，采用红外低温探测技术对旅客携带物进行查验，新型多功能一体机可实现人员体温和随身携带物同时监测。全年共截获低温保存物品 1 404 例、禁止携带物 27 360 批次。

【北京出入境检验检疫局加强口岸动植物风险防控】 2017 年，北京出入境检验检疫局优化检验检疫监管流程，尝试开展进境植物及其产品检测项目的风险评估。严格落实“绿蕾 3”专项行动工作方案，全年共截获动植物疫病疫情 1 443 种次，其中截获植物有害生物 122 种、1 437 种次，截获检疫性有害生物 10 种、620 种次，截获的检疫性有害生物种次数同比增长 160. 5%；检出动物疫病 6 种 7 批次，检出不合格动物 142 批次，扑杀检测结果为阳性的动物 3 批 261 头（只）。全年共截获禁止携带进境物 3. 97 万批次，从邮寄物中截获禁止邮寄进境物 3 100 批次。2017 年，在全国口岸范围内首次截获树蛙、墨西哥巨人红膝、仙人掌粉蚧等外来物种 8 种次，并首次在北京口岸进口龙虾、黑蟹中检出白斑病阳性。

【北京出入境检验检疫局保障进出口消费品安全】 2017 年，检出进口不合格货物 3 710 批、货值 1. 07 亿美元；出口不合格货物 17 批、货值 47 万美元。2017 年共对北京市场进行了 6 次专项督察，开展国门安全风险隐患排查和专项整治行动。妥善应对“日本辐射食品”“巧克力矿物油”“鸡蛋氟虫腈”等事件。促使阿斯顿·马丁公司对缺陷汽车全球召回，成为首例由我国发起的豪华汽车缺陷召回。对质量安全追溯体系进行升级，覆盖食品、医疗器械和免予办理强制性产品等 9 大类 4 660 种。

开放口岸

【北京空运口岸（北京首都国际机场）】 北京首都国际机场是中国地理位置最重要、规模最大、设备最齐全、运输生产最繁忙的大型国际航空港，为全球第二大机场；不仅是中国首都北京的空中门户和对外交往的窗口，还是中国民航最重要的航空枢纽，也是中国民用航空网络的辐射中心。

北京首都国际机场（简称“首都机场”）地处东经 116°35′04″，北纬 40°04′48″，位于北京市区东北方向顺义区境内，距离天安门广场 25. 35 千米。首都机场于 1958 年 3 月 2 日投入使用，共有 3 座航站楼：1 号航站楼于 1980 年 1 月 1 日启用，建筑面积 7. 8 万平方米，年设计旅客吞吐量为 900 万人次；2 号航站楼于 1999 年 11 月 1 日投入使用，建筑面积 33. 6 万平方米，年设计旅客吞吐量 2 650 万人次；3 号航站楼于 2008 年 2 月 29 日投入使用，建筑面积 100. 1 万平方米，年设计旅客吞吐量 4 700 万人次。首都机场拥有远近机位共 373 个，1 条 4E 级跑道和 2 条 4F 级跑道。首都机场是中国第一个拥有 3 座航站楼，双塔台、3 条跑道同时运行的机场。此外，还有位于 3 号航站楼西侧的首都机场专机候机楼，以及位于专机候机楼东南侧的首都机场公务机候机楼。

截至 2017 年 12 月 31 日，首都机场拥有覆盖最广的国内及地区航线网络和日益强大的国际航线网络，总计 103 家航空公司入驻首都机场运营，其中国内（含港澳台地区）航空公司 34 家，国外航空公司 69 家，通航 65 个国家和港澳台地区的 135 个航点，通航内地航点 157 个。

近年来，首都机场旅客吞吐量连续 8 年位列全球第二名。2017 年国际机场协会（ACI）旅客总体满意度达到 4.98。首都机场已连续 9 年获得“全球旅客吞吐量 4 000 万以上级最佳机场”，连续 6 年获得“亚太区最佳机场”奖项。同时，首都机场全面拓展通程航班行李直挂服务，大力推进了与星空联盟、天合联盟和寰宇一家的战略协同与合作。继 2013 年实施 72 小时过境免签政策后，2017 年 12 月 28 日，首都机场开始实施京津冀 144 小时过境免签政策。

2017 年，首都机场聚焦流程优化，努力提高枢纽竞争力。推动实现中转资源补充，完成 2 号航站楼国内新远机位进港及中转资源优化改造，实施 3 号航站楼国际转国际中转现场增设 11 条自助查验通道。推进 3 号航站楼国际转国内中转厅整体规划设计、3 号航站楼国际转国际中转分现场规划设计，提升枢纽建设相关资源保障能力。完成 3 号航站楼国际转国内通程航班新增 X 光机及移位改造、2 号航站楼远程集中判图设备的采购及后台监管软件升级，2 号航站楼交叉中转厅行李托运流程优化；推进海关、边检自助通关，2017 年边检出入境自助通关使用率分别达到 72%和 88%，较 2016 年均有大幅提升。推动“一证通关”落地，已完成软硬件条件准备，待中国民用航空华北地区管理局审批通过后可实现首都机场电子乘机登记服务的全面开通；完成 2 号航站楼自助行李托运设备的安装和调试，助力首都机场荣获国际航空运输协会“白金标志”认证。

【北京陆路（铁路）口岸】 北京陆路（铁路）口岸位于北京市西三环莲花桥以东的莲花池东路上，南邻莲花池公园，北接中华世纪坛，地处北京西部的交通枢纽位置。北京西站铁路口岸经国务院批准于 2003 年 10 月 1 日起临时开放。该口岸运行北京直通香港列车（T97 次、T98 次），隔日到发各一对，运行时间不到 24 小时。北京西站铁路口岸拥有 1 160 平方米的联检大厅，由原来的软卧候车室临时改造而成。

2009 年 11 月 24 日，国务院正式批复同意北京西站铁路口岸正式对外开放。2012 年 11 月，北京口岸办上报北京市人民政府的《北京西站铁路口岸正式开放实施方案》获批。2014 年 8 月，北京西站铁路口岸正式开放改造工程完成了工程预验收工作。

2017 年，北京西站铁路口岸出入境人员共计 47 666 人次，其中出入境外国人 3 262 人次，同比下降 3.7%。

原二类口岸

【北京朝阳口岸】 北京朝阳口岸位于北京东南东四环路与京津塘高速公路交汇处，毗邻北京经济技术开发区，通过京津塘高速公路与天津港相连。1994 年 10 月朝阳口岸经北京市政府批准正式开放，专门服务于北京地区企业的海运进出口贸易，主要承担北京地区海运集装箱货物进出口通关查验及相关业务，是海关总署和国家质检总局批准的北京地区海运进出口货物监管通道，同时也是交通运输部批准的海运集装箱中转站。

朝阳口岸占地 782 000 平方米，有进出口监管仓库 16 936 平方米、公共保税库 3 060 平方米、冷藏库 960 平方米、监管装卸平台 3 600 平方米、集装箱堆场 32 000 平方米，设有海关 H986 集装箱检测系统、检验检疫隔离区及熏蒸处理系统、海关电子闸口及朝阳口岸物流通关服务电子信息平台等。

2009 年 9 月北京市政府专题会议同意朝阳口岸外移至通州马驹桥物流基地。通州口岸建设项目总占地 56.4 万平方米，建设用地 39.53 万平方米，总建筑面积 63.7 万平方米，包括 1 块多功能用地和 4 块物流用地。项目全部建成后，将成为北方地区最大的内陆口岸，将建设通州口岸海关、检验检疫、跨境电商、国际货物运输代理公司等业务用房，满足通州口岸相关业务开展，提供一站式进出口业务全程服务。

【北京丰台货运口岸】 北京丰台货运口岸是经北京市人民政府批准于 1994 年 5 月 12 日正式对外开放的内陆铁路货运口岸，地处北京西南丰台区内，东距广安门 9 千米，西离卢沟桥 2 千米，南傍京广铁路线，北邻京石高速公路，距离北京西客站 5 千米，口岸内建有 4.5 千米的铁路专用线，原与全国七大零担中转货场之一的丰台火车站连通，2010 年因丰台站改造，该铁路线现改为与石景山南站连通。

口岸总占地面积 36.6 万平方米，基础设施比较完备，拥有包括海关监管库在内的各类库房 40 栋，其中 35 栋平库、3 栋站台库、2 栋楼仓，总面积达 13 万平方米，年均储存量 5 600 万吨。

口岸内驻有北京口岸办西站铁路口岸处、北京海关驻车站办事处等口岸管理和查验机构，口岸同时具有陆运和海运进出口货物通关资质，可一站式完成进出口货物的报关报检及同空运、海运、非贸、边境口岸之间的转关手续，可实现各类货物的存放与报关前的集货，还可使进出口及国内发运、到达货物直接完成装车发运和卸车拆箱。口岸货物可经满洲里、阿拉山口、二连浩特、深圳北、绥芬河、丹东、凭祥等口岸，出口至俄罗斯、中亚、蒙古国、朝鲜、中国香港等地，也可经以上口岸进口抵达北京，进口货物可分拨至我国大部分地区。可以根据客户需要开行北京至中亚、欧洲及国内指定站点的往返班列。

2017 年丰台货运口岸监管进出口货物 18 761 吨，同比增长 20.7%。其中进口 15 453 吨，同比增长 31.9%；出口 3834 吨，同比下降 13.7%。进出口货值 2.99 亿美元，同比增加 37.87%。其中进口货值 2.86 亿美元，同比增加 51.13%；出口货值 0.1 亿美元，同比减少 53.85%。

【北京平谷国际陆港】 北京平谷国际陆港位于北京东部平谷区马坊物流基地内，是集国际中转、国际分拨、流通加工货物配送、保税仓储等多功能于一体的海陆空铁联运口岸枢纽，服务于北京市及天津、河北、山西、内蒙古等地区近 300 家进出口企业。

平谷国际陆港在建立以前，2008 年作为北京奥运物资应急通关监管点，为奥运会成功举办做出贡献；2010 年，北京市批复建立具有口岸功能的北京平谷国际陆港，从天津港延伸至首都的

“无水港”应运而生；2013年，国家质检总局正式批准平谷区为国家级出口食品农产品质量安全示范区，北京平谷国际陆港为该示范区的核心区；2014年，国家口岸管理办公室正式批复平谷国际陆港为临时口岸对外开放，成为全国首家海陆联运口岸与内陆进口肉类指定口岸；2015年，获批进口冷冻水产品指定口岸；2017年6月25日，《深化改革推进北京市服务业扩大开放综合试点工作方案》获国务院批复，为进一步落实《方案》中关于北京平谷国际陆港“完善口岸服务功能”和“加强京津冀口岸功能衔接”的相关要求，北京平谷国际陆港以口岸功能区为核心，完善冷链、展示、交易、检测、流通加工等产业链条，集成政策功能，努力建设成为国内外农副产品交易市场，以及与国际市场相衔接的流通网络服务示范，为首都“四个中心”与国际一流和谐宜居之都建设做出新贡献。

2017年，通过北京平谷国际陆港进口6架皮拉图斯PC-6/B2-H4多用途飞机，促进了地方通航产业的发展；积极落实国家“一带一路”倡议，实现了首票中欧班列运输货物进境（启运地为德国，经郑州转关至平谷国际陆港），发挥了内陆港的衔接纽带功能和服务辐射作用。

2017年北京市口岸大事记

2月23日

北京首都国际机场与北京市旅游发展委员会、中国国际航空股份有限公司签署《共同推动入境旅游市场战略合作协议》。

4月6日

北京出入境检验检疫局主办“一带一路”国际合作高峰论坛应急处置演练。国家质检总局副局长孙大伟、北京市政府副秘书长徐志军，外交部、国务院应急办有关领导现场观摩指导。

4月18日

北京首都国际机场2号航站楼国际转国内（I-D）通程航班正式启动后台监管及全委托运行模式，标志着2号航站楼通程航班全面实现了后台监管，行李处置效率和旅客服务品质得到有效提升。

5月10日

北京市市长蔡奇、副市长程红在首都机场3号航站楼检查“一带一路”高峰论坛抵离迎送保障工作，北京海关关长高融昆、北京出入境检验检疫局局长刘德平、北京边检总站站长李俊杰陪同。

5月22日

北京首都国际机场、中国国际航空股份有限公司、法兰克福机场三方共同推出北京—法兰克福国际快线。

6月30日

北京边检总站邀请天津边检总站、河北公安边防总队来京，共同签订京津冀144小时过境免签政策实施合作协议。

8月15日

在国际航空运输协会（IATA）举办的旅客服务研讨会上，首都机场荣获便捷旅行项目白金标志认证。

8月29日

公安部党委委员、部长助理王俭到北京边检总站调研指导工作，代表部党委和郭声琨部长慰问广大执勤民警。

8月31日

海关总署党组书记、副署长倪岳峰到北京海关调研，在北京首都国际机场海关旅检现场、口岸监管区查验中心实地查看监管工作情况，详细了解现代化航空旅客监管现场示范点建设及智能通关设备、CT机等查验设备应用情况，听取现场关于查获涉嫌出口骗退税案例的汇报，并慰问现场关员。

9月1日

北京市委书记蔡奇，海关总署署长于广洲，海关总署党组书记、副署长倪岳峰在北京出席《海关总署、北京市人民政府合作备忘录》签署仪式。

9月7日

北京首都国际机场与香港国际机场管理局共同签署《北京—香港快线合作谅解备忘录》，正式开展北京—香港快线合作。

10 月 17 日

在国际机场协会（ACI）第 27 届全球年会暨全球机场旅客满意度颁奖盛典上，北京首都国际机场荣获 2016 年度“亚太区最佳机场第三名”“全球年旅客吞吐量 4 000 万以上级最佳机场第三名”。

12 月 28 日

京津冀 144 小时过境免办签证政策正式启用，北京市副市长程红到北京首都国际机场检查 144 小时过境免签政策实施工作情况。144 小时过境免签政策是贯彻落实“京津冀协同发展”国家战略的重要举措，更是展示中国形象，促进国际交往的有力筹码。

（撰稿人：周海波、文涛、赵唯真、赵磊、庞珂、董敬民、唐茜茜、朱明源、宋江坤、王海红、夏倩倩）

2017年北京市口岸流量统计表

口岸类型		口岸名称	货运量（万吨）				集装箱量（万标箱）				人员（万人次）				交通工具（辆、艘、架、列次）			
			出口	进口	合计	同比（%）	出口	进口	合计	同比（%）	出境	入境	合计	同比（%）	出境	入境	合计	同比（%）
空运口岸		北京首都国际机场口岸	142.50	7 298.50	7 441.00	29.41			0.00		1 227.26	1 242.76	2 470.02	1.85	72 599	72 667	145 266	3.78
空运口岸		分计	142.50	7 298.50	7 441.00	29.41			0.00		1 227.26	1 242.76	2 470.02	1.85	72 599	72 667	145 266	3.78
陆路口岸	公路口岸	北京平谷口岸	0.33	12.07	12.40	32.95			0.00				0.00				0.00	
陆路口岸	公路口岸	北京朝阳口岸	6.09	108.63	114.72	13.88												
陆路口岸	公路口岸	分计	6.42	120.70	127.12	6.60			0.00				0.00				0.00	
陆路口岸	铁路口岸	北京丰台铁路口岸	0.33	1.55	1.88	20.67			0.00				0.00				0.00	
陆路口岸	铁路口岸	北京西站铁路口岸									2.33	2.44	4.77	11.38				
陆路口岸	铁路口岸	分计	0.33	1.55	1.88	20.67			0.00		2.33	2.44	4.77	11.38			0.00	

续表

口岸类型		口岸名称	货运量（万吨）				集装箱量（万标箱）				人员（万人次）				交通工具（辆、艘、架、列次）			
			出口	进口	合计	同比（%）	出口	进口	合计	同比（%）	出境	入境	合计	同比（%）	出境	入境	合计	同比（%）
水运口岸	海港口岸				0.00				0.00				0.00				0.00	
		分计			0.00				0.00				0.00				0.00	
	河港口岸				0.00				0.00				0.00				0.00	
		分计			0.00				0.00				0.00				0.00	
合计			149.25	7 420.75	7570.00	28.94	0.00	0.00	0.00		1 229.59	1 245.20	2 474.79	1.82	72 599	72 667	145 266	3.78
同比（%）			6.58	29.49							1.71	1.92			3.36	4.20		

（北京市口岸办提供）

2017 年北京市口岸出入境主要数据表

<table>
<tr><th colspan="3">项目</th><th>2017 年</th><th>2016 年</th><th>同比（%）</th></tr>
<tr><td rowspan="14">出入境人员
（人次）</td><td colspan="2">出入境人员总数</td><td>25 161 293</td><td>24 306 000</td><td>3.5</td></tr>
<tr><td colspan="2">入境人员</td><td>12 657 976</td><td>12 217 109</td><td>3.6</td></tr>
<tr><td colspan="2">出境人员</td><td>12 503 317</td><td>12 088 891</td><td>3.4</td></tr>
<tr><td colspan="2">出入境旅客</td><td>23 651 689</td><td>22 721 616</td><td>4.1</td></tr>
<tr><td colspan="2">出入境员工</td><td>1 509 604</td><td>1 584 384</td><td>-4.7</td></tr>
<tr><td rowspan="5">中国公民</td><td>小计</td><td>18 271 524</td><td>17 304 474</td><td>5.6</td></tr>
<tr><td>内地居民（因公）</td><td rowspan="2">17 010 249</td><td rowspan="2">16 029 667</td><td rowspan="2">6.1</td></tr>
<tr><td>内地居民（因私）</td></tr>
<tr><td>港澳居民</td><td>736 670</td><td>756 453</td><td>-2.6</td></tr>
<tr><td>台湾同胞</td><td>524 605</td><td>518 354</td><td>1.2</td></tr>
<tr><td colspan="2">外籍人员</td><td>6 889 769</td><td>7 001 526</td><td>-1.6</td></tr>
<tr><td colspan="2">从海港出入境人数</td><td></td><td></td><td></td></tr>
<tr><td colspan="2">从陆港出入境人数</td><td>48 194</td><td>53 787</td><td>-10.4</td></tr>
<tr><td colspan="2">从空港出入境人数</td><td>25 113 099</td><td>24 252 213</td><td>3.5</td></tr>
<tr><td rowspan="5">交通运输工具
（辆、艘、架、列次）</td><td colspan="2">总计</td><td>134 106</td><td>131 848</td><td>1.7</td></tr>
<tr><td colspan="2">船舶</td><td></td><td></td><td></td></tr>
<tr><td colspan="2">飞机</td><td>133 747</td><td>131 482</td><td>1.7</td></tr>
<tr><td colspan="2">火车</td><td>364</td><td>366</td><td>-0.5</td></tr>
<tr><td colspan="2">机动车辆</td><td></td><td></td><td></td></tr>
</table>

（北京边检总站提供）

2017年北京海关主要数据统计表

项目		2017年	同比（%）
进出口货运量（万吨）	合计	7 696.36	28.42
	进口	7 544.90	29.01
	出口	151.46	4.60
进出口贸易总值（万美元）	合计	7 412 170.52	-6.84
	进口	5 116 994.08	-10.26
	其中：江、海运输	1 671 836.69	11.32
	铁路运输	39 434.12	55.54
	汽车运输	6 344.38	192.39
	航空运输	3 375 189.55	-18.85
	邮件运输	23 815.55	79.15
	其他运输	373.80	270.75
	出口	2 295 176.44	1.83
	其中：江、海运输	51 861.22	16.16
	铁路运输	1 061.60	-59.43
	汽车运输	1 361.69	-5.45
	航空运输	2 190 970.83	2.91
	邮件运输	49 854.52	-34.45
	其他运输	66.58	1 897.64
税收（万元）	两税合计	6 935 300.00	13.62
	关税入库	1 273 400.00	8.76
	进口环节税入库	5 661 900.00	14.77

（北京海关提供）

2017 年北京市出入境检验检疫业务统计表

项目		货物检验检疫				交通工具				集装箱量（标箱）		发现动植物疫情		货物通关		出入境人员查验（人次）	健康检查及预防接种（人次）			
		批次	金额（万美元）	检验检疫不合格																
				批次	金额（万美元）	船舶（艘）	飞机（架）	火车（节）	汽车（辆）	合计	检出问题	种类数	种次	批次	金额（万美元）		健康检查	艾滋病监测	发现病例	预防接种
本年累计		167 635	1 234 838	3 727	10 697	0	134 264	3 306	0	122 468	0	227	2 816	206 250	946 014	27 282 986	70 923	69 300	4 268	118 943
其中	出境	20 983	95 217	17	47	0	66 742	1 653	0	0	0	0	0	23 500	80 784	13 561 172	48 641	45 755	3 000	118 943
	入境	146 652	1 139 621	3 710	10 650	0	67 522	1 653	0	122 468	0	227	2 816	182 750	865 230	13 721 814	22 282	23 545	1 268	0
同比（%）		-9.55	-9.4	-15.45	-15.03	0	2.56	-24.73	0	-6.65	-100	-8.1	15.17	-1.27	-18.68	5.35	2.38	-0.82	-0.33	-9.23
其中	出境	37.63	3.97	-5.56	5.81	0	2.53	-24.73	0	-	-	-		10.37	-13.32	4.83	1.58	-1.39	-1.32	-9.23
	入境	-13.78	-10.36	-15.49	-15.11	0	2.58	-24.73	0	-6.65	-100	-8.1	15.17	-2.59	-19.15	5.87	4.18	0.3	2.09	-

（北京出入境检验检疫局提供）

天　津　市

天津市口岸分布示意图

口岸名称	批准开放时间	开放状态
天津水运口岸	历史延续(1860)	国际常年
天津空运口岸	1995.10	国际常年
天津渤中水运口岸 (海面油田交货点口岸—渤中28-1) (海面油田交货点口岸—渤中34-2/4) (海面油田交货点口岸—渤中25-1-1/25-1S)	1988.07	国际常年

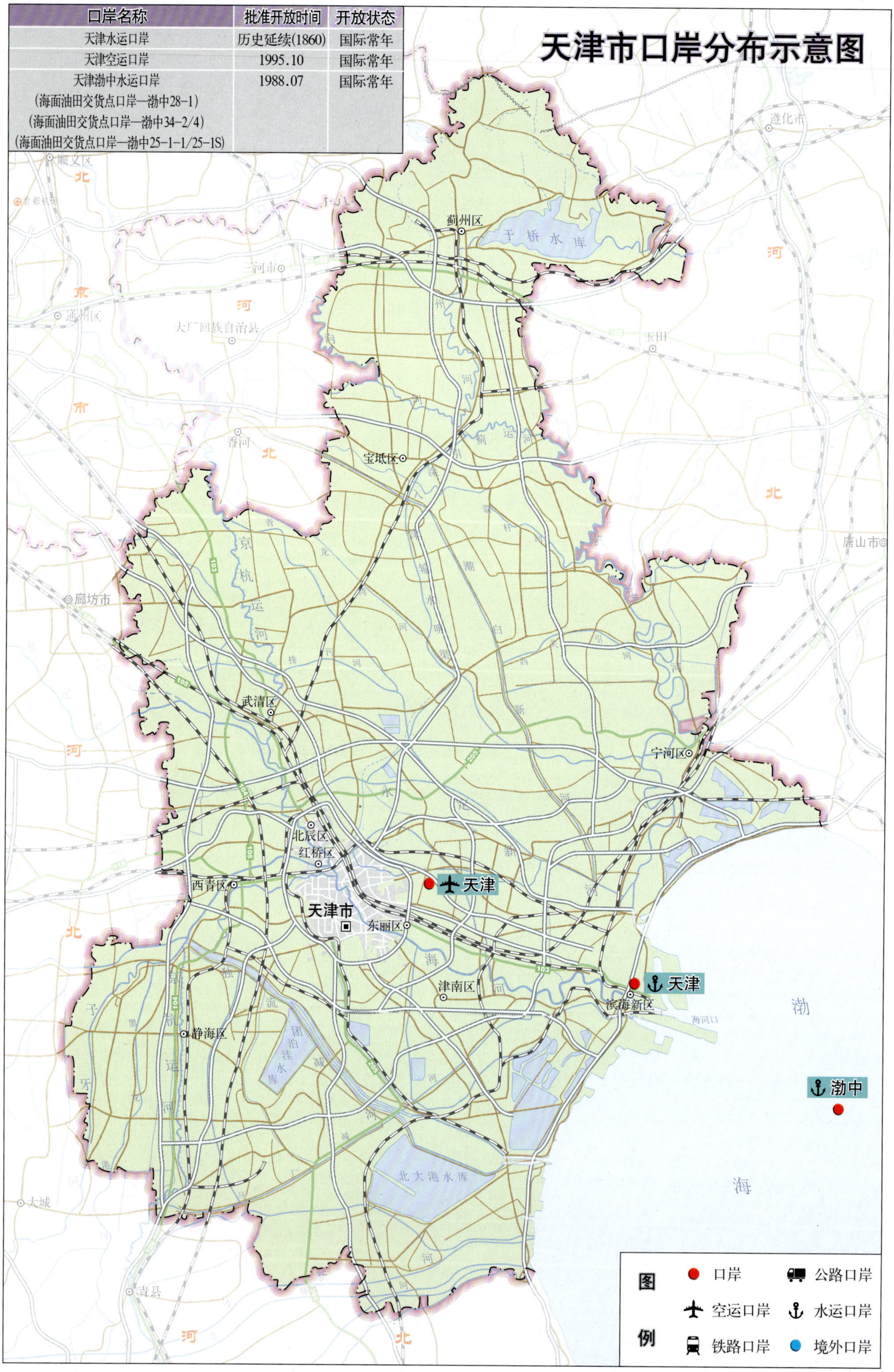

口岸数量及分布

截至2017年年底，天津市有经国务院批准对外开放的口岸3个，分别是天津水运（海港）口岸（天津港）、天津空运口岸（天津滨海国际机场）、渤中水运（海上石油交货点）口岸。

口岸运行数据

2017年，天津口岸进出口贸易值1 872.46亿美元，同比增长9.9%。其中，进口970.28亿美元，同比增长17.0%；出口902.18亿美元，同比增长3.2%。

2017年，天津港货物吞吐量5.01亿吨，同比下降9.1%；集装箱吞吐量1 506.90万标准箱，同比增长3.8%。天津港口岸外贸货物吞吐量2.80亿吨，同比减少5.5%，其中，进口18 466.62万吨，同比减少4.3%；出口9 578.57万吨，同比减少7.8%。进出口集装箱804.24万标准箱，同比增长5.4%。

2017年，天津口岸出入境人员共403.5万人次，同比减少0.1%。其中，出境人员201.8万人次，同比增长0.2%；入境人员201.7万人次，同比减少0.5%。

2017年，天津机场货邮吞吐量26.83万吨，同比增长13.2%。进出境货邮吞吐量12.98万吨，同比增长1.7%，其中，进境8.11万吨，同比减少0.9%；出境4.87万吨，同比增长6.1%。

口岸综合管理

【天津口岸服务京津冀协同发展取得新进展】 建立京津冀口岸合作机制。京津冀三地口岸主管部门在加强口岸信息化合作、推进通关一体化、促进无水港加快发展、支持天津自贸试验区先行先试政策向京冀地区延伸、服务重点企业发展等12个方面加强合作，共同促进口岸优质资源集聚和互联互通互用，京津冀口岸协同与服务水平进一步提升。

京津冀口岸深化合作框架协议签署仪式

京津冀通关一体化改革深入推进。2017年7月1日起，天津口岸进口货物全部纳入全国海关通关一体化作业范畴，9月下旬，出口货物也正式纳入该范畴，进出口企业可自主选择申报、纳税口岸，有效降低京津冀地区进出口企业办理跨关区货物通关成本。京津冀检验检疫一体化改革深入推进，实施“出口直放、进口直通”模式，出口货物缩短物流时间1天以上，进口货物缩短滞留时间1~2天。协调推动京津冀区域海事业务合作，探索在津冀区域全面实施“一次性查验、一次性登轮、一次性报备、一次性查询”船舶安全监督一体化新模式，提高海事监管服务一体化能力。积极推进京津冀144小时过境免签政策实施，三地边检部门建立协作机制。

京津冀无水港运营质量进一步提升。北京平谷、朝阳与河北石家庄、邢台、衡水、邯郸、保定、廊坊（胜芳）、唐山、张家口无水港口岸功能进一步完善。天津高端航运服务功能向具备条件的京冀无水港延伸，实现天津航运指数在北京平谷和河北石家庄、邢台、衡水无水港每日发布。

主动对接服务雄安新区建设。与雄安新区规划部门建立联系和沟通对接，及时了解雄安新区规划建设情况，发挥天津口岸作为雄安新区最近出海口优势，为雄安新区建设发展提供优质口岸服务。

支持天津市各区根据产业和外贸发展特点，

建设具有口岸功能的海关监管区和国检试验区，逐步完善“港区联动”口岸服务模式，支持各区依托口岸延伸产业链条，扩大产业规模，促进产业发展。

【天津口岸深入推进实施“一带一路”倡议】 深化“一带一路”沿线口岸合作。建立津新口岸合作机制，与新疆口岸部门签署了《深化跨区域口岸合作框架协议》并建立营销中心，与和田地区行署、天津援疆指挥部签署了《支持和田地区培育建设物流节点战略合作框架协议》。建立津蒙口岸合作机制，与内蒙古口岸部门签署了《天津、内蒙古跨区域口岸合作协议》。推进天津口岸与长春对口合作，推动建立两地关检通关实时应急机制，服务在天津口岸通关的长春市外贸企业，切实解决企业通关问题。建立津晋口岸合作机制，积极探索推动国际贸易“单一窗口”、通关业务一体化和检验检疫一体化、海铁联运及天津自贸试验区政策向山西地区延伸。

天津市口岸办与和田地区行署、天津援疆指挥部签署《支持和田地区培育建设物流节点战略合作框架协议》

优化“一带一路”沿线无水港布局。支持天津港集团与乌鲁木齐经济开发区签署《无水港业务合作协议》，进一步优化新疆地区无水港布局。支持天津港集团与山西太原铁路局签署合作协议，助推太原无水港转型升级。推动天津港在河南郑州成立营销中心，将天津口岸功能向中部地区延伸。积极谋划在内蒙古乌兰察布、甘肃兰州、山西临汾、河南濮阳等地布局无水港。2017年，无水港运营量39.4万标箱，同比增长15.1%。

天津市口岸办与兰州市政府兰州无水港合作签约揭牌仪式

推进亚欧大陆桥和中欧班列便捷通关。加强与边境口岸通关协作，推动天津新港海关与二连浩特海关、天津东疆检验检疫局与乌鲁木齐检验检疫局建立业务合作，为企业量身定制通关服务措施，进一步便利国际班列和过境货物通关，为陆桥运输“东西联动”提供通关便利。服务支持中欧国际班列开行，推动中铁集装箱中心站口岸功能建设，为申请建设海铁联运海关监管中心和检验检疫综合改革试验区创造条件。2017年，国际路桥班列完成6.09万标准箱，同比增长33.8%，为全面深化“中蒙俄经济走廊”建设发挥了重要作用。

加强国际交流合作。与西班牙瓦伦西亚市港务局签署了口岸合作协议，深化在口岸、港口领域的交流与合作，提供政策信息和咨询服务；与新加坡有关部门加强口岸信息化合作机制建设，推进天津国际贸易“单一窗口”功能建设；成功协办“一带一路”国际港口城市研讨会，助推相关国家港口口岸城市合作。

天津市口岸办与西班牙瓦伦西亚市港务局
签署口岸合作协议

【创新口岸监管服务模式取得积极成效】 实现口岸进出口货物通关时间压缩三分之一的目标。制定实施压缩货物通关时间35项工作措施，海关启动实施无纸化通关、电子支付、银行担保、汇总征税、预归类、预审价、提前报关等便捷措施，开展查验机制改革，形成非侵入查验为主、人工查验为辅的新型监管查验模式。天津出入境检验检疫局建立了流程时限管控体系，实施"进企业、进辖区、进港区""优化机制、优化流程、优化服务"的"三进三优工程"和透明检验检疫、全程无纸化、"审单放行"、检务一体化改革等措施。天津港集团加强航道计划管理和生产计划、生产组织管理，深入推进集装箱"港口一站通"项目建设，实施"智慧理货"、理货报告"随理随发"等措施。2017年，海关和检验检疫进口货物通关时长分别压缩了52.51和57.14个百分点。

天津海港口岸通关流程和物流流程综合优化改革试点取得良好效果。在东疆保税港区，天津海关启动实施进口货物"提前申报、货到验放"通关模式，进口货物通关速度明显提高。天津出入境检验检疫局实施透明检验检疫、全程无纸化、进口货物实施分类监管和出口货物流程优化的措施，实行"直通到厂"检验检疫措施，部分区域通检时间缩短了30%。天津港集团实施进口货物7天以内转栈免费措施，有效降低企业成本。

天津口岸"一站式作业"通关模式改革取得显著进展。在天津口岸全面推行"一站式作业"改革，实施集装箱货物"联合查验、一次放行"通关模式，在东疆、北疆两港区分别设置"一站式作业"查验场，逐步扩大联合查验货物种类和实施范围。落实国际航行船舶联合登临检查工作机制，开展国际航行船舶联合登临检查试点，率先在东疆国际邮轮母港对"地中海抒情号"国际邮轮实施了联合登临检查，完成国内首例国际航行船舶联合登临检查。东疆国际邮轮母港实施入境旅检通道"一机一台"关检合作查验模式，旅客通关效率提高30%，人力投入节省50%。

全力推动集装箱进出口环节合规成本通关时间专项治理行动。落实国家口岸办主任会议、国家口岸办集装箱进出口环节合规成本专项治理行动电视电话会议和国务院领导同志关于坚持问题导向、优化营商环境的指示精神，深入开展集装箱进出口环节合规成本、通关时间专项治理行动，制定出台22条工作措施，加强部门间协同配合。截至2017年年底，集装箱进出口环节合规成本平均下降7.3%。

协调恢复港口第8、9类危险货物作业。天津港中化危险品物流有限公司恢复港区内第8、9类危险货物仓储作业经营资质，天津港集团6家集装箱作业公司具备了集装箱危险货物的码头作业功能，天津海关批准津港中化公司海关监管场所资质，具备第8、9类集装箱危险货物的作业条件，同时满足天津海事局、天津出入境检验检疫局管理相关要求；津港中化公司已完成恢复第8、9类集装箱危险货物作业的各项准备工作，天津港第8、9类危险货物恢复作业。

推行免除查验没有问题外贸企业吊装移位仓储费用试点取得实效。按照国家部署继续开展免除查验没有问题外贸企业吊装移位仓储费用试点工作，积极向国家争取政策支持。截至2017年12月底，共完成免费查验作业箱量7.93万标箱，免除查验没有问题外贸企业相关费用5 649.05万元，对降低进出口企业成本、减轻企业负担起到积极作用。

【天津国际贸易“单一窗口”升级版建设稳步推进】 实现与国家“单一窗口”标准版全面对接。积极推进国家标准版在天津口岸先行先试，已完成天津国际贸易“单一窗口”与国家标准版在货物申报、舱单申报（海运）、运输工具申报、贸易许可证申报、原产地证书申领、企业资质办理等功能的集成方式对接及数据下发接口等功能对接。实现全国首单进口货物报关、全国首单既报关又报检货物申报放行、全国首单船舶一单三报功能对接和应用，为国家标准版推广应用探索实践、积累经验。此外，实现了天津国际贸易“单一窗口”服务功能延伸至和平区、河东区；与和平区、河西区建立合作关系，发布天津航运指数，为小白楼航运集聚区营造航运营商氛围。

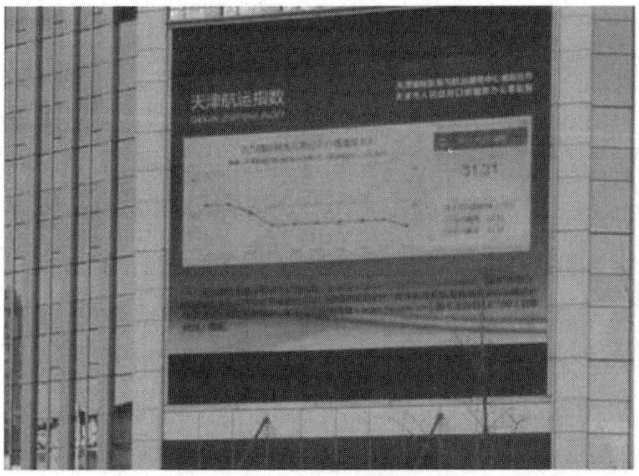

天津航运指数在小白楼航运集聚区发布

天津国际贸易“单一窗口”服务功能不断丰富。升级改造数据库系统，提高“单一窗口”数据查询效率。开发“联合查验，一次放行”信息管理系统，提升现场查验效率。开发移动客户端应用功能，提升用户应用操作体验度。提高安全监测功能，开展7×24小时运行监测，增强“单一窗口”安全防护能力。截至2017年12月底，天津国际贸易“单一窗口”报关应用企业702家，报关单量497.9万票，联检核放出入境船舶达到51 419艘次，实现了全覆盖，直接服务企业4 000余家，间接服务企业10 000余家。

建成天津跨境电商信息化综合服务平台。丰富平台服务功能，开发完成检验检疫撤单、单独报检功能，优化平台易用性和入区申报单查询功能，完善优化数据交换、备份和统计等功能。全力保障京东“4·15”“5·16”“6·18”促销活动，成功保障“双十一”大单量运行，日运行单量突破25万单，保障了来自国外的70多万件货值5 000多万元的跨境电商进口商品从天津口岸发往全国各地。截至2017年12月底，天津跨境电商平台备案企业179家，备案商品21 897种，订单申报量累计达到502万单，货值10.25亿元人民币。

天津跨境电商信息化综合服务平台登录页面

【天津口岸扩大对外开放取得阶段性进展】 加大口岸开放推动力度，组织口岸查验部门与行业主管部门深入现场主动服务，赴国家口岸办及口岸查验部门争取大力支持，组织推动辖区管委会和企业加快项目建设和整改提升，以问题为导向，明确目标，制定措施，倒排工期，精准发力，强化督办，为推动大港港区、高沙岭港区、北塘港区（中心渔港）三大港区口岸具备正式对外开放打下坚实基础。

天津口岸落实已开放港区新建码头泊位未实现正式开放验收前的临时启用服务机制，全力保障企业生产经营。2017年，为新港船舶重工公司办理新船出运2艘次，为南疆港区中海油LNG公司办理国际航行船舶临时停靠4航次，货重18.99万吨，货值8 100万美元。

天津口岸查验单位服务企业现场

【天津空港口岸功能建设和服务模式不断创新】 天津空港开通运行进境水果指定口岸。2017 年 5 月 2 日国家质检总局批准天津空港进境水果指定口岸试运行，7 月 1 日首批自美国进境的 100 吨车厘子顺利通关。天津空港已开通进口药品、进口植物种苗、进境冰鲜水产品、进境水果共 4 个指定口岸。

首批自美国进境的车厘子通关查验现场

空港口岸通关便利化水平有效提升。实现了进出境航空器的 7×24 小时通关服务；实现了进出境旅客行李物品一机双屏联合查验和全天候通关服务；实现了国际普货现场和快件现场常态化延时通关和 7×24 预约通关服务；实现了 90%的进口货物的电子放行服务。实现了全部空运进口货物“空中申报、落地放行”服务；实现了国际转关现场 7×24 小时无预约施拆封作业服务；实现了客户自主选择国际货物进出口操作服务。

建立实施天津空港口岸属地管理协调机制。天津机场片区各查验单位正式纳入空港经济区实行属地化管理。加快推动《天津机场各查验单位纳入区域管理服务保障方案》《天津港保税区（空港经济区）驻区口岸单位沟通协调办法》等机制制度建设和推动落实。

【天津国际贸易与航运服务中心“一站式”服务水平不断提升】 2017 年，航运服务中心共受理报关单 122.0 万票，同比增长 4.1%；因部分手续网上办理，检验检疫窗口受理进出境报检 26.25 万票，同比减少 32.0%；制发进出境通关单 16.93 万批次，同比减少 7.0%；受理海事行政审批事项 6.58 万件，同比增长 41.8%；办理集装箱手续 1 506.90 万标准箱，同比增长 3.8%。坚持规范安全运行保障及提供优质物业服务工作常抓不懈，确保天津国际贸易与航运服务中心安全稳定运行。发挥咨询投诉窗口作用，经常性开展窗口服务质量问卷调查、窗口服务日常巡查、联合检查，严格落实延时服务、预约服务措施，确保法定节假日通关业务正常有序办理，不断提高企业及办事人员对“一站式”通关服务的满意度。主动下调房租标准，为进驻企业节省租房开支 88 万余元，切实减轻企业负担，降低经营成本压力。

【天津口岸工作运行机制不断完善】 进一步完善天津口岸大通关协调工作机制。天津市口岸办、天津滨海新区政府、天津口岸各查验部门及有关管理部门和口岸运营主体单位形成合力，共同推进天津口岸建设发展。

成立由天津市口岸办、天津海关、天津出入境检验检疫局、天津海事局、天津边防检查总站、天津港（集团）有限公司、天津滨海国际机场等部门组成的大通关工作推动组。立足改善口岸环境、提高通关效率、降低企业通关成本、提升天津口岸综合服务水平，重点研究通关难题、调研收集企业意见、协调处理通关问题，推动天津口岸服务水平进一步提升。成立天津空港口岸大通关建设推动组，建立空港口岸大通关协作机制，大力推进空港口岸通关模式创新。建立服务区县共同促进外贸持续稳定增长工作机制，向天津市全部区县政府发放“服务函”，征求口岸服务需求，为各区县量身定制口岸服务措施。

口岸监管与服务

【天津边检总站推动边检管理改革创新】 强化反恐维稳工作。开通公安部反恐信息平台使用权限，扩大公安云搜索、公安出入境综合数据应用平台高级权限范围，打造事前评估预警、事中筛查排疑、事后轨迹跟踪的全过程核查模式。健全入境管控机制，加强每日跟踪核查，强化入境现场显性用警。2017 年，未发生任何错控、漏控事故和因甄别处置不当引起的执法争议。

深化边检改革创新。稳步推进海港勤务改革，探索建立小单元动态转化增补等新型勤务运行机制。健全港方协管机制，协调港航企业建立专职协管队伍。加强邮轮自助通道建设，探索邮轮查验方式创新。扎实开展留存入境外国人指纹试点工作。2017 年，未发生因指纹采集而引起的口岸拥堵、旅客大面积滞留事件，未发生因民警态度、技能问题引起的有效投诉和舆论热点。

扎实推进执法规范化建设。健全执勤执法制度，加强法制教育培训，全力提升执法水平。加强梅沙系统应用维护和应急防范，保障核心业务工作安全运行。加强信息技术应用，研发启用出入境数据分析平台，彻底消除出入境数据核查盲区。

【天津海事局推出多项举措提高监管水平】 积极参与京津冀船舶安全监管一体化建设工作。与河北海事局开展了津冀区域船舶安全监督一体化研究，形成津冀船舶监督区域一体化实施方案》。提出在津冀区域全面实施“四个一”为主要内容的船舶安全监督新模式，即一次性查验、一次性登轮、一次性报备和一次性查询。推动海事管理机构简政放权向纵深发展，提高海事监管服务津冀区域经济发展大局的能力和水平，打造津冀区域船舶安全监督一体化模式。

助推国际贸易“单一窗口”标准版快速建设。积极开展便利运输公约的研究，支持天津国际贸易“单一窗口”建设。全力配合国家口岸办“单一窗口”标准版建设工作，协助国家口岸办完成《国际贸易“单一窗口”标准版建设方案（运输工具、舱单、货物申报）》的起草，指导航运公司有效做好外网申报工作；积极为在全国开展“单一窗口”标准版试点工作提供技术支持和业务指导，提出了合理化建议和措施 20 余项，得到了国家口岸办的采纳和认可。

全面开展国际航行船舶联合登临工作。率先在国内开展国际航行船舶联合登临检查机制研究。印发《天津口岸国际航行船舶联合登临检查工作机制配合办法》，建立联合登临检查的工作机制。先后召集海关、边检和检验检疫开展国内首例联合登临检查，对停靠在东疆邮轮母港的国际航行客船“地中海抒情”轮和停靠在东疆太平洋国际集装箱码头的一艘货轮开展了联合登临检查。

【天津海关加强协作，启动改革，提高监管质量和水平】 天津海关与天津特派办、呼和浩特海关、满洲里海关、乌鲁木齐海关签署《服务“一带一路”建设，加强海关通关协作备忘录》。设置“中欧班列便捷通道”，推动丝绸之路经济带沿线地区的物流节点和枢纽中心建设，优化无水港布局，完善与内陆海关通关业务合作机制，积极发挥天津口岸辐射带动作用。

研究制定《关于协同推动天津“一基地三区”建设的实施方案》，联合石家庄海关制定“运输工具跨关区供油供应联系配合办法”，建立“京津冀海关一线验估岗位常态化沟通机制”，以“开门搞创新，针对问题改”推动自贸试验区制度创新。

积极支持中石化、中石油、三星等重点企业发展。吸引庞巴迪航空落户天津综合保税区开展公务机维修，助推航空产业链向高端维修延伸。东疆租赁产业聚集效应进一步显现，办理租赁贸易飞机突破千架，占全国飞机租赁业务的 90%，创新实现以租赁贸易方式进口贵金属催化剂。

在天津东疆保税港区顺利启动天津口岸通关流程和物流流程综合优化改革，实施“出口提前申报、取消监管场所运抵报告、码头卡口触发布控指令、码头实施查验”。研发海关业务领域首个手机 APP 客户端“中国海关归类化验”，在全国海关产生积极影响。在天津新港开展外籍船舶保税维修业务试点，采取灵活变通的措施，推进体制机制创新。2017 年 8 月，天津海关首本出境加工账册在现场业务处获批，含铂族贵金属出境加工业务在天津市正式落地，有力促进了天津市贵金属循环经济的发展。

积极拓展监管深度和广度，提高监管质量和水平，大力提升口岸管控能力。开展危化品监管场所专项整治，依据监管场所存储货物的类别和业务量等指标进行分类管理，针对性开展日常安全核查管理工作。坚决防范和打击各种渗透颠覆破坏活动、暴力恐怖活动、民族分裂活动等。持续扩大“电子支付”和“汇总征税”范围。

强化打私整体效能。深入贯彻落实全国重点地区打击走私工作座谈会精神，坚持打防结合、标本兼治，有效实施“破大案、打团伙、摧网络”。持续加大强化固体废物监管，严厉打击洋垃圾走私工作力度。

【天津出入境检验检疫局推进合作机制建设，保障国门安全】 全力服务京津冀协同发展。形成京津冀三地推进贸易便利化协同、支持产业转移协同、创新驱动发展协同、监管协同和技术发展协同等“五协同”政策体系和 24 项具体措施，被天津市纳入《全面深化中国（天津）自由贸易试验区改革方案》，会同京冀两地建立“通武廊”检验检疫合作模式。

创新实施以“进企业”“进辖区”“进港区”和“优化机制”“优化流程”“优化服务”为主要内容的“三进三优”工程，创新“一企一策”“空检海放”等监管模式，着力提升天津口岸贸易便利化水平。

全面落实“审单放行”新政。2017 年 11 月 1 日起，按照国家质检总局的统一部署，简化检验检疫流程，提高通关效率。大幅降低抽检比率，在风险分析和加强事中事后监管的基础上，大幅度降低现场和实验室检验检疫比率。实施审单放行模式，对未抽中现场和实验室检验检疫的出入境货物，经审单符合要求直接实施签证放行，天津口岸近六成入境货物享受审单直放的便捷措施。加快推进全程无纸化改革，建立以 e-CIQ 主干系统为核心，以“全国无纸化系统+移动执法系统+单据流转系统”为内容的协同应用平台，企业无纸化报检率接近 100%。深化“双随机”模式改革，建成执法人员库和执法对象库，完成华北五局管理体系认证结果“双随机”联合检查。

国境卫生安全监管严密有力。积极推动天津市创建国际卫生机场（港口），推动成立国际卫生机场（港口）建设工作组。推广“无疫通行”制度，对自贸试验区内船舶给予检疫便利化优惠措施，船舶进出港时间平均缩短 1 小时以上。加强口岸卫生监督，开展口岸食品安全专项清理。加强卫生检疫信息化建设，完成“天津口岸船舶检疫管理系统”的升级，实现船舶检疫无纸化申报。

国门生物安全保障能力持续提升。深入推进口岸动植检规范化建设，完成东疆港区旅检、空港货检规范化建设工作。狠抓消费品安全监管，对自贸试验区平行进口汽车实施召回监管。加强进口食品监管，严格执行进口前、进口时、进口后各项制度，推动进口食品安全监管闭环管理；加强出口食品监管，确立了以原料种植养殖场备案，生产企业备案和监督抽检为主要内容的质量安全监管体系。会同北京、辽宁等地检验检疫局成立全国进出口饮料协作组。

开放口岸

【天津水运（海港）口岸】 天津水运口岸是中国北方对外开放的门户，位于渤海湾海河入海口，地处京津城市带和环渤海经济圈交汇点，天津港是我国北方最大的人工深水港。目前，天津港口岸东疆港区、南疆港区、北疆港区、大沽口港区、海河港区、大港港区、高沙岭港区、北塘港区（中心渔港）口岸均已正式对外开放，形成天津港“一港八区”口岸全线开放经济带。天津港有生产性泊位 198 个，其中已开放 149 个，

2017 年实际运营规模 5 亿吨、1 506 万标箱。

【天津空运口岸（天津滨海国际机场）】 天津滨海国际机场位于天津市东丽区，距天津市中心 13 千米，距天津港 30 千米，距北京 134 千米。天津滨海国际机场是我国区域枢纽机场和国际航空物流中心，是国家开放口岸。2017 年，天津滨海国际机场航线航班营销成效显著，正班航线共 192 条 14 054 班次，通航城市 141 个，旅客吞吐量 2 100 万人次，同比增长 24.5%。天津滨海国际机场 T1 航站楼有进出境人员边检查验通道 28 条，海关出入境申报通道 8 条，检验检疫出境查验通道 1 条、入境查验通道 2 条，设有出入境口岸签证处，公务机出入境查验通道 1 条。天津滨海国际机场飞行区等级为 4E 级，有跑道 2 条，高峰时期每小时可起降 28 架次，可满足各类飞机起降。天津空港口岸现有一级货站 3 家，库房面积合计 7 万平方米，年货运处理能力 73 万吨。天津空港口岸货物出入境查验监管区域共有 7 个。

【渤中水运（海上石油交货点）口岸】 中国海洋石油渤海公司海面交货点作为国家开放口岸，可停靠国际航线船舶，直接出口海面交货点生产的原油。中国海洋石油渤海公司是我国最早从事海上油气田开发、生产的国有大型工业企业。该企业成立于 1966 年 1 月 7 日，是中国海洋石油总公司下属历史最长、规模最大的地区公司。该公司主要负责渤海海域石油天然气资源的勘探、开发、生产、运输与产品销售，并提供基地设施、工程技术和劳务服务。从 1980 年开始实行对外合作以来，成功地坚持合作与自营方针，建立了具有渤海特色的现代油气公司管理体制，能够按照国际惯例组织各类油气田的开发和生产作业。

2017 年天津市口岸大事记

2 月 14 日

天津海关、天津出入境检验检疫局、天津海事局及天津边检总站的 8 名执法人员，同时登上停靠在天津东疆国际邮轮母港的“地中海抒情”号国际邮轮，开始分别对船舶船员证书、船舶安全作业、起卸物料、船员旅客携带物品、医学媒介生物、可疑污染源、擅自上下人员、船舶载有或船员携带违禁物品等方面开展检查，完成了天津口岸第一艘船舶联合登临检查，这也是天津口岸率先在国内建立起国际航行船舶联合登临检查工作机制。

2 月 23 日

海关总署党组成员、国家口岸办主任张广志一行赴天津口岸调研指导工作。天津市副市长赵海山会见调研组一行，双方就进一步支持天津口岸“三互”大通关建设改革工作进行了座谈交流。调研组实地调研了天津机场海关、东疆太平洋国际集装箱码头等地，亲切慰问驻航运服务中心海关接单现场一线干部职工。

2 月 28 日

天津边检总站在天津国际邮轮母港正式启用 9 条自助查验通道，标志着天津邮轮母港成为我国北方首个开通自助查验通道的邮轮口岸，与传统人工查验相比，通关速度提高了近 3 倍。

3 月 24 日

天津市、北京市、河北省三地口岸主管部门在天津国际贸易与航运服务中心召开口岸联席会，共同签署《京津冀口岸深化合作框架协议》，标志着京津冀三地口岸合作进入新发展时期。

4 月 21 日

天津国际贸易“单一窗口”实现与国家“单一窗口”标准版系统对接，按时完成系统部署更新。中国外运天津有限公司与天津市永诚世佳国际货运代理有限公司两家试点企业，第一时间通过天津国际贸易“单一窗口”登录国家“单一窗口”标准版开展功能测试和操作演练，为首单实票申报奠定坚实基础。

4 月 24 日

首批 230 辆国产沃尔沃全新 S90 豪华轿车在天津港环球滚装码头装船启运美国怀尼米港，天津港作为中国北方主要汽车出口口岸地位进一步巩固。

4月

天津市口岸办分别与石家庄、邢台无水港建立指数转载发布合作机制，每个发布日在当地无水港办公大厅屏幕发布天津航运指数信息。

5月1日

天津港集团正式实施进口货物7天内转栈免费措施并对外公示。

5月3日

天津市人民政府批复同意天津港口岸东疆港区天津港国际邮轮码头3号、4号泊位（含滚装平台）正式对外开放，开放岸线长487米，设计年通过能力为旅客42万人次、商品汽车10万辆、集装箱6万标箱。该码头口岸正式对外开放对促进邮轮产业发展、丰富和提升邮轮母港口岸服务功能具有十分重要的作用。

5月8日

国家质检总局批准天津空港进境水果指定口岸试运行。该指定口岸开通启用，使得天津空港指定口岸数量达到4个，即进口药品、进口植物种苗、进境冰鲜水产品、进境水果指定口岸。这些功能的开通对天津市贯彻落实京津冀协同发展战略，服务北方区域经济发展，打造中国北方航空物流中心将起到积极推动作用。

5月10日

天津市永诚世佳国际货运代理有限公司通过天津国际贸易“单一窗口”对接国家“单一窗口”标准版，成功申报首票报关单，并实现货物通关放行，标志着国家“单一窗口”标准版在天津市试点运行成功，天津国际贸易“单一窗口”升级版建设取得重大进展。

5月14日

“礼诺海神”号滚装船停靠天津港国际邮轮码头3号泊位，1 531辆福特品牌进口轿车安全上岸落地，标志着天津港国际邮轮码头3号、4号泊位（含滚装平台）口岸正式投入使用，同时也标志着邮轮母港公司停止作业近两年的滚装汽车业务正式恢复。

5月26日

天津出入境检验检疫局单据流转系统正式运行，对一批来自澳大利亚的进口红酒签发首单入境检验检疫证明，标志着天津检验检疫全程无纸化工作全面展开。该系统改变了以往纸质单据流转方式，实现全部工作档案电子化运行，每批货物平均节约物流时间成本2~3天。

5月31日

驻天津国际贸易与航运服务中心检验检疫局撤销了进口报检科、出口报检科和放行科机构编制，对工作流程进行了大幅度简化，成立了报检一、二、三科，分别受理进境食品类、进境动植物类、进口工业品及其他类货物的报检和放行工作。

6月18日

天津市口岸办全力服务天津跨境电商平台，成功保障京东“6·18”大促销单量稳定运行，平台运行单量突破了10万单/日，订单申报11.58万单，清单申报9.05万单。

7月1日

天津空港进境水果指定口岸开通暨首批水果进境仪式在天津机场检验检疫查验中心举行。当日，自美国西雅图进口的100吨车厘子，随扬子江快运航空有限公司波音747大型全货机直达滨海国际机场并实现快速顺利通关。这是自2017年5月2日天津空港进境水果指定口岸获批试运行以来入境的首批进口水果，标志着天津空港进境水果指定口岸正式投入运营，进一步丰富了天津口岸服务功能，增强了空港口岸的服务能力。

是日

一批通过天津国际贸易“单一窗口”报关系统进行申报并完成税款缴纳的货物仅用22分钟就得到正常放行，这也是全国海关通关一体化改革切换后天津口岸首票进口放行货物。

8月22日

天津市口岸办与内蒙古自治区口岸办和二连浩特市口岸办分别签署《服务“一带一路”国家战略深化跨区域口岸合作框架协议》。天津新港海关与二连浩特海关签署《关于加强“一带一路”通关协作服务多式联运发展的联系配合办法》。

8月

天津航运指数成功在河北交通运输物流公共信息平台上线发布，进一步深化了津冀两地在口岸航运领域的合作共赢。

10月19日

天津港口岸大港港区、高沙岭港区、北塘港区（中心渔港）口岸开放通过国家质检总局预验收，为三大港区口岸实现正式对外开放打下了坚实基础。

10月27日

天津大港港区海关开关仪式在天津南港航运服务中心举行，标志着天津港口岸大港港区对外开放工作取得新进展，为大港港区口岸实现正式开放创造了必要条件。

11月1日

天津某进口货代公司在天津出入境检验检疫局国航办事处设在天津国际贸易与航运服务中心的检务窗口，为一批来自厄瓜多尔的巴尔沙木制拼接块报检，标志着天津口岸正式实施“审单放行”检验检疫监管模式。

是日

海关总署监管司赴天津港口岸大港港区、高沙岭港区、北塘港区（中心渔港）现场检查指导，对三大港区海关监管设施建设给予充分肯定，就完善海关监管设施和监管流程提出意见建议，为三大港区口岸开放验收和规范运行奠定了坚实基础。

11月11日

天津跨境电商平台成功保障了“双十一”大单量运行，国外的70多万件货值5 000多万元的跨境电商进口商品，从天津口岸发往全国各地，当日运行单量250 373单，系统处理能力最高达到18 436单/小时，标志着天津市跨境电商平台提前实现达到峰值30万单/日的能力。

11月30日

天津东疆保税港区通关流程和物流流程综合优化改革正式启动实施，进一步提升了天津口岸贸易便利化水平，占东疆港区进出口货物总量85%的口岸货物实现快速通关，大幅提升进出口货物通关效率。

12月7日

天津市口岸办与西班牙瓦伦西亚市港务局在天津市召开的“一带一路”国际港口城市研讨会上签署《建立口岸交流与合作关系的备忘录》，双方借助海铁联运、中欧班列等多种形式，深化务实合作，提升贸易便利化和通关便利化水平。

12月28日

国务院批准京津冀144小时过境免签政策正式实施。即日起，在北京首都国际机场、北京铁路西客站或天津滨海国际机场、天津国际邮轮母港或河北石家庄国际机场、秦皇岛海港，对奥地利等53个国家持有效国际旅行证件和144小时内确定日期、座位前往第三国（地区）联程客票的外国人，实行过境免办签证政策。过境外国人可选择从上述6个口岸中任意一个口岸入境或出境，在北京市、天津市和河北省行政区域内免签停留144小时。

是日

天津海事局举行政务服务一体化宣贯会暨启动仪式。自2018年1月1日起，天津海事局将全面推行政务服务一体化，行政相对人可自主选择网上或现场任意一种办理方式，到天津海事局所属的任意一个政务窗口，办理天津辖区内的任意一项海事政务业务。

（撰稿人：赵倩）

2017 年天津市口岸流量统计表

口岸类型		口岸名称	货运量（万吨）				集装箱量（万标箱）				人员（万人次）				交通工具（辆、艘、架、列次）			
			出口	进口	合计	同比（%）	出口	进口	合计	同比（%）	出境	入境	合计	同比（%）	出境	入境	合计	同比（%）
空运口岸			4. 87	8. 11	12. 98	1. 70					128. 73	126. 96	255. 69	-8. 30	11 323	11 320	22 643	-14. 30
空运口岸		分计																
陆路口岸	公路口岸																	
陆路口岸	公路口岸	分计																
陆路口岸	铁路口岸																	
陆路口岸	铁路口岸	分计																
水运口岸	海港口岸		26 567. 00	23 489. 05	50 056. 05	-9. 10	761. 69	745. 21	1 506. 90	3. 80	73. 05	74. 77	147. 82	18. 10	8 212	8 220	16 432	-8. 80
水运口岸	海港口岸	分计																
水运口岸	河港口岸																	
水运口岸	河港口岸	分计																
合计			26 571. 87	23 497. 16	50 069. 03		761. 69	745. 21	1 506. 90		201. 80	201. 70	403. 51		19 535	19 540	39 075	
同比（%）			-13. 10	-4. 10	-9. 10		2. 40	5. 20	3. 80		0. 20	-0. 50	-0. 10		-12. 10	-11. 90	-12. 00	

（天津市口岸办提供）

2017 年天津口岸出入境主要数据表

项目			2017 年	2016 年	同比（%）
出入境人员（万人次）	出入境人员总数		403.5	404.0	-0.10
	入境人员		201.7	202.7	-0.50
	出境人员		201.8	201.3	0.20
	出入境旅客		336.2	339.6	-1.00
	出入境员工		67.3	64.4	4.50
	中国公民	小计			
		内地居民（因公）			
		内地居民（因私）			
		港澳居民			
		台湾同胞			
	外籍人员				
	从海港出入境人数				
	从陆港出入境人数				
	从空港出入境人数				
交通运输工具（辆、艘、架、列次）	总计		39 075	44 443	-12.10
	船舶		16 432	18 010	-8.80
	飞机		22 643	26 413	-14.30
	火车				
	机动车辆				

（天津边检总站提供）

2017 年天津海关主要数据统计表

项目		2016 年	同比（%）
进出口货运量（万吨）	合计	50 069.03	-9.10
	进口	23 497.16	-4.10
	出口	26 571.87	-13.10
进出口贸易总值（万美元）	合计	1 872.46	9.90
	进口	970.28	17.00
	其中：江、海运输		
	铁路运输		
	汽车运输		
	航空运输		
	邮件运输		
	其他运输		
	出口	902.18	3.20
	其中：江、海运输		
	铁路运输		
	汽车运输		
	航空运输		
	邮件运输		
	其他运输		
税收（万元）	两税合计		
	关税入库		
	进口环节税入库		

（天津海关提供）

2017 年天津出入境检验检疫业务统计表

项目	货物检验检疫				交通工具				集装箱（标箱）		发现动植物疫情		货物通关		出入境人员查验（人次）	健康检查及预防接种（人次）			
	批次	金额（万美元）	检验检疫不合格																
			批次	金额（万美元）	船舶（艘）	飞机（架）	火车（节）	汽车（辆）	合计	检出问题	种类数	种次	批次	金额（万美元）		健康检查	艾滋病监测	发现病例	预防接种
本年累计	279 579	5 047 948.58	45 567	930 667.11	9 100	19 316	0	0	2 732 763	21 420	428	747	309 804	4 724 590.07	3 927 276	5 518	5 162	81	18 275
其中 出境	57 454	397 594.67	548	4 959.00	4 568	9 447	0	0	326 586	631	0	0	56 612	291 990.55	1 966 447	3 981	3 792	60	18 275
其中 入境	222 125	4 650 353.91	45 019	925 707.91	4 532	9 869	0	0	2 406 177	20 789	428	747	253 192	4 432 599.52	1 960 829	1 537	1 370	21	0
同比（%）	-6.99	18.41	80.96	54.28	-12.53	-16.21	-100.0	0.00	3.27	-15.42	-15.75	-96.66	-12.53	-7.82	-1.53	-45.51	-43.00	-76.32	7.39
其中 出境	-8.88	20.09	11.84	14.32	-12.39	-15.95	-100.00	0.00	96.31	0.00	0.00	0.00	-31.42	-26.54	-0.74	-9.11	-10.10	-76.74	7.39
其中 入境	-6.49	18.26	82.33	54.57	-12.66	-16.45	0.00	0.00	-2.97	-17.91	-15.75	-96.66	-6.79	-6.25	-2.31	-73.25	-71.68	-75.00	0.00

（天津出入境检验检疫局提供）

2017 年天津海事局进出港船舶统计汇总表

船舶类别	进港船舶							出港船舶						
	艘数（艘）	总吨（吨位）	总载重量（吨）	载客量（客位）	船员人数（人次）	货物到达量（吨）	旅客到达量（人）	艘数（艘）	总吨（吨位）	总载重量（吨）	载客量（客位）	船员人数（人次）	货物发送量（吨）	旅客发送量（人）
总　计	8 220							8 212						
中国籍船舶														
其中外贸船														

（天津海事局提供）

河　北　省

河北省口岸分布示意图

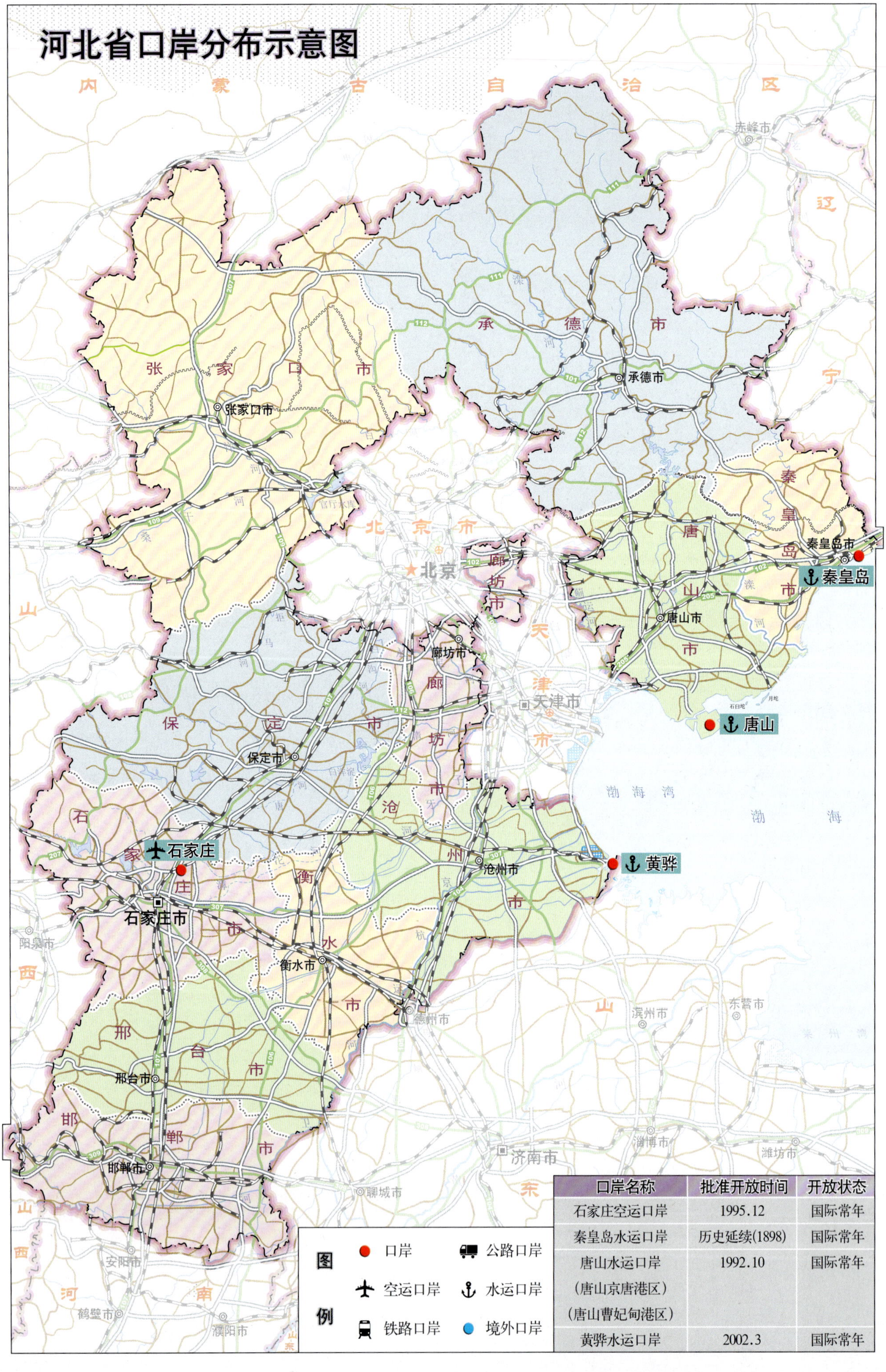

口岸名称	批准开放时间	开放状态
石家庄空运口岸	1995.12	国际常年
秦皇岛水运口岸	历史延续(1898)	国际常年
唐山水运口岸 (唐山京唐港区) (唐山曹妃甸港区)	1992.10	国际常年
黄骅水运口岸	2002.3	国际常年

口岸数量及分布

截至2017年年底，河北省共有经国务院批准的对外开放口岸4个。其中，空运口岸1个，即石家庄空运口岸（石家庄正定国际机场）；水运（海港）口岸3个，分别是秦皇岛、唐山、黄骅海港口岸。

口岸运行数据

2017年河北省港口货运量为10.4亿吨，同比增长11.1%（秦皇岛港2.47亿吨，同比增长32.8 %；唐山港5.20亿吨，同比增长5.61 %；黄骅港2.7亿吨，同比增长10.43 %）；其中外贸货运量3.48亿吨，同比增长2.3%（秦皇岛港1 344万吨，同比下降10.4%；唐山港2.93亿吨，同比增长6.63%；黄骅港4 143万吨，同比增长28.25%）。

2017年海运口岸集装箱吞吐量315.9万标箱，同比增长3.5%（秦皇岛港56.9万标箱，同比增长10.4%；唐山港193.6万标箱，同比增长27.14%；同比黄骅港集装箱65.4万标箱，同比增长8.72%）。其中进出口集装箱27.84标箱，同比下降7.5%（秦皇岛港24.5万标箱，同比下降8.3%；唐山港3.3万标箱，同比增长29.89%；黄骅港380标箱，同比下降64.77%）。

2017年石家庄航空口岸出入境航班2 405架次，同比减少16.6%，出入境人次27.9万人次，同比减少29.9%；货邮201.9吨，同比减少86.4%。

口岸综合管理

【口岸开放进一步深化】 一是连年实现临时开放。2017年，北戴河机场临时开放继续获国家批准，开放期限6个月，并在原有飞独联体航线的基础上增开至日本、蒙古国、越南、泰国航线，这是秦皇岛航空口岸连续第11年实现临时对外开放；全年进出国际旅游包机44架次，运送出入境人员5 165人次。二是泊位启用取得突破。全力推动已开放水域新建码头、泊位的对外启用工作，在精心组织驻冀查验部门现场验收的基础上，经河北省政府批复同意，曹妃甸港区2个集装箱泊位、秦皇岛市渤海船务工程有限公司配套工程3号和4号泊位、曹妃甸综合保税区2个多用途泊位先后对外开放投入使用，河北省水运口岸综合服务能力进一步提升。三是口岸功能不断优化。2017年5月19日，京唐港B型保税物流中心项目经石家庄海关与财政部驻河北省财政监察专员办事处、省国税局、国家外汇管理局河北省分局组成联合验收组的综合评审，顺利通过验收；5月28日，唐山港整车进口口岸资质获得国家批复；黄骅港进口粮食指定口岸已经国家质检总局原则同意，已试运营进境大豆8批次。

【口岸协作成果显现】 2017年3月24日，京津冀三地口岸办共同签署《落实京津冀协同发展国家战略，北京市口岸办、天津市口岸办、河北省口岸办深化口岸合作框架协议》，对于深化京津冀口岸合作、提升口岸服务水平、促进贸易便利化将起到重要的推动作用。河北省以京津冀协同发展战略为契机，积极争取将过境免签政策延伸至河北，会同北京市、天津市政府于2016年5月向国务院申请进一步优化北京口岸签证政策，即将过境免签政策的适用时间从72小时延长至144小时；将适用口岸从目前的北京陆、空港口岸扩大至北京陆、空港口岸，天津海、空港口岸，河北海、空港口岸；将过境外国人活动区域从北京扩大至北京、天津、河北三省（市）行政区域。2017年1月，经国务院同意，明确了过境免签外国人可选择从北京首都国际机场、北京铁路西客站或天津滨海国际机场、天津国际邮轮母港，或河北石家庄国际机场、秦皇岛海港中的任一口岸入境或出境，在京津冀三地免签停留144小时。经过近1年的筹备工作，公安部已完成对京津冀三地6个口岸政策实施前的验收工作，并决定自2017年12月28日起在京津冀地区实施外国人144小时过境免签政策。经河北省政府批准，河北省口岸办组织于12月29日召开了《京津冀地区实施对部分国家外国人144小时过境免签政策》新闻发布会。

【电子口岸建设顺利进行】 “单一窗口”持续优化，在深入推进报检、船舶统一申报、原产地证申报等河北省“单一窗口”自建项目扩大应用的同时，积极对接国家“单一窗口”标准版，报关功能顺利植入，截至2017年10月，河北“单一窗口”报检覆盖率已超过95%，原产地证申报已超过90%，周平均报关覆盖率超过40%。同时，跨境电商综合服务平台搭建完成，经过各部门共同努力于2017年10月30日顺利完成首单跨境电商业务，标志着跨境电商正式在河北省落地。

【口岸辐射能力逐步增强】 围绕融入国家“一带一路”建设，唐山港积极拓展港口腹地辐射服务范围，以蒙冀铁路、林哈铁路开通为契机，在中欧班列沿线加快内陆港布局，在内蒙古（鄂尔多斯、乌兰察布）、新疆（乌鲁木齐）、山西（朔州、五寨）建设的5个内陆港正式投入运营。秦皇岛港开通的韩（仁川）—中—蒙（乌兰巴托）国际集装箱班列继续保持平稳运行，2017年已运行82个班列，集装箱运输1 480标箱。

【口岸共建深入实施】 为进一步增强口岸相关部门的凝聚力和向心力，组织开展了2014～2016年河北省共建文明口岸评比工作，经过严格的考评程序，评选出黄骅港口岸等38家先进单位和106名先进个人，并予以表彰。

口岸监管与服务

【河北省公安边防总队着力提高口岸智能化、信息化水平】 全力打造信息化执勤现场，提高通关效率。进一步加大科技投入，完善边检基础设施建设，不断提升各口岸信息化水平。秦皇岛边检站、石家庄边检站相继完成智能验证台建设，旅客通关时间同比减少17%。黄骅边检站自主研发码头低杆监控和船舶外舷监控等智能管控手段。唐山边检站边检电子围栏、智能卡口等信息化管控服务手段不断丰富，各口岸智能化、信息化水平不断提高，出入境通关效率大幅提升。

【河北省公安边防总队推进“一站式”服务】 主动融入电子口岸建设，推进一站式通关。深入推广集“网上报检、预约办证、旅游团分团申请、国外旅游团预报、代理公司备案”等业务功能于一体的“公安边防网上办事大厅”，实现“让数据多跑腿，让服务对象少跑腿”。积极推进边检机关现有平台与电子口岸的联通对接，多方协调解决网上报检数据权限等问题，力争做到边检数据和电子口岸的完美融合无缝对接，打造“一站式”通关服务模式。

【河北省公安边防总队全面推进港口边检管理改革】 积极推广便民利民举措，简化通关手续。持续推进简政放权，在河北省海港口岸推行边检管理改革，出入港船舶通关时间同比缩减20%，为船方企业减少大量成本。积极推广边检机关行政许可标准化文书，进一步规范和精简船舶“搭靠外轮证”“登轮证”“登陆证”等行政许可的办理及审批流程。各边检站结合口岸实际，出台便民举措30余项，进一步为服务对象提供便利，提高口岸通关效率。

【河北海事局着力提升监管水平】 一是风险管理逐步完善。水上交通安全风险管理体系成果通过评审，已在辖区全面推广试点；持续开展“四防双降保安全”百日专项行动，针对辖区冬季监管难点进行重点部署；针对海上风电、石油开发及新兴旅游等监管新情况，精准制定保障措施；疏解辖区用海矛盾，京唐港、黄骅港、秦皇岛港及周边通航水域规划通过评审，曹妃甸定线制后评估及调整方案编制完成；完善事中事后监管措施，化解签证取消后的监管风险；推进“碧海行动”打捞了4艘沉船，净化了海上通航环境。二是现场监管成效显著。落实水上交通运输安全生产事故隐患排查整治攻坚行动和平安交通专项整治行动要求，积极开展国内航行油船和散装液体化学品船舶专项整治，大型散货船、旅游船艇、船载危险货物运输安全综合治理等专项行动有效推进，现场监管工作得到全面加强；开展航运公司监督检查94次，公司安全管理约谈11次，推进典型事故案例进航运公司、进船员教育培训机构；圆满完成北戴河暑期水上安保和防污染任务，实现了“历史最好暑期”的工作目标；开展环渤海水域船舶排放控制区专项治理工作，现场抽样检查船舶830余次，有效助力京津冀地区打好蓝天保卫战。三是应急保障精准高效。促成《河北省海上搜救应急预案》《河北省船舶污染事故应急预案》正式发布，进一步强化了应急处置协调机制；实现与河北省政府应急平台互联互通和视频会商；引入渔业船舶北斗数据信息和AIS数据信息；建成海上搜救电子沙盘演练系统，在秦皇岛VTS引入溢油监控技术，助力提升现场协调和决策指挥能力；唐山船舶溢油应急设备库、曹妃甸海事监管基地等项目竣工，6项溢油设备库管理制度开始有效运行，基本建成“一中心、四基地”的全辖区溢油应急响应联动新格局；分别在秦皇岛、沧州及曹妃甸水域开展了搜救溢油应急演习。

【河北海事局加大便民惠民力度】 一是服务国家战略实施。落实京津冀协同发展要求，代交通运输部海事局制定了《津冀船舶监督一体化实施方案》，确立了渤海西部水域交通安全监管和服务港口协调发展的12项合作机制；落实放管服要求，继续取消2项海事审批项目；牵头重新启动口岸部门国际航行船舶联合登临检查；完成电子口岸“单一窗口”推广应用，实现国际航行船舶进出口岸网上申报，有效减少船舶通关时间。二是促进经济社会发展。强化辖区重点航道和船舶的安全保障，沧州20万吨级航道通航一年来满载靠泊超过100艘次（计算减载靠泊共197艘），曹妃甸40万吨级船舶满载通航研究通过评审；多措并举，安全保障曹妃甸LNG船高效靠泊，缓解京津冀地区用气紧张局面；推动辖区海域调整，为河北水运业发展拓展了空间；实施港前待泊区和船舶进港排序制度，进一步提高航道和码头利用率；为秦皇岛市承办河北省第二届旅游发展大会提供水上安全保障；为“菲律宾达沃—秦皇岛”直航航线提供高效的海事保障；扶持船员队伍发展，首次开展内河船员考试发证工作，制定了《河北省船员发展规划》，推进船员业务走出河北，覆盖沿海及部分内陆省份；推进退役军人通过从事海员职业实现再就业工作。三是加大便民惠民力度。完成门户网站全面改版，开发了网上业务办理综合平台，80%以上的业务实现了远程办理或预约办理，开创并联办理、诚信受理无缺发放政务服务模式，极大提高了政务办理效率；落实政务公开制度，实现行政执法结果网上全公开，推进“双随机一公开”制度实施，行政过程更加公开透明；建立离港船舶信息与港建费缴讫信息核查机制，实现港口建设费征管系统与港口业务系统数据对接，保证规费应收尽收。

【石家庄海关全力支持雄安新区规划建设】 一是政策研究取得阶段性成果。认真落实海关总署党组书记倪岳峰在雄安新区调研时的讲话精神和河北省关于雄安新区规划建设的有关要求，主动对接，积极开展政策研究，形成了财税政策、对外开放、设立自贸试验区3个方面13项政策措施，2017年9月份围绕“1+N”政策体系又提出了两个方面10项政策措施。二是推动签署署省合作备忘录。围绕雄安新区规划建设和河北省扩大开放需求，石家庄海关积极联系署省有关部门，推动签署新的署省合作备忘录。目前，署省合作备忘录文本已经海关总署和河北省委省政府领导审定批准，具体签署事宜正在联系协调中。下一步，石家庄海关将在新的署省合作备忘录框架下，研究制定一系列细化措施，更加精准地服务河北省扩大开放，促进外贸发展。

【石家庄海关深入推进“放管服”改革】 认真落实河北省深化机关作风整顿工作部署，深入推进“放管服”改革，不断提高进出口企业和人民群众的“获得感”。一是充分对接，精准服务。全面落实河北省领导对海关工作的指示和要求，与各地市党政领导和企业经营者会谈，深入了解需要海关给予的具体支持，将其列入年度重点工作任务推动落实，2017年石家庄海关主要负责同志带队赴各地市调研外贸工作 25 次。二是试点实行企业协调员制度。在部分高级认证企业和省市两级重点项目企业实行企业协调员制度，安排专人为企业提供信息查询、问题咨询、政策推送、协调解决通关疑难问题、指导网上业务办理等服务。三是进一步清理规范涉企收费。取消了预录入服务费和技术服务费两项正面清单涉企收费，完成了进出口环节经营服务性收费项目的全部退出。积极推动“免除查验没有问题外贸企业吊装移位仓储费用”政策的落实，每月将相关数据报送给各市财政部门，协调为企业减免相关费用。2017 年河北省共免除查验没有问题集装箱吊装移位仓储费用 55.76 万元。四是积极推进企业信用管理和信用评价工作，对新申请 AEO 认证的企业进行一对一帮助指导，为 57 家高级认证企业进行重新认证。五是开展重点项目对口帮扶。支持扩大先进技术设备、关键零部件进口，2017 年共为河北省企业办理征免税证明1 412份，减免税款 5.32 亿元，同比增长 45.83%。

【石家庄海关全面深化业务改革，着力提高贸易便利化】 一是顺利实施全国海关通关一体化改革，大幅提高通关效率。2017 年 7 月 1 日，全国海关通关一体化全面铺开，石家庄海关顺利融入并通关放行，河北省企业办理通关手续更加便利。采取多项措施优化通关作业流程，大力推进通关环节“减烦琐”，2017 年平均进口货物海关通关时间 29.8 小时，平均出口货物海关通关时间 1.2 小时，较去年同期大幅缩短三分之一以上。二是积极推广国际贸易“单一窗口”标准版。目前已覆盖河北省内所有地区，顺利实现通关放行，单周报关覆盖率已突破 40%，大大提升了企业通关便利程度。三是大力推进“互联网+海关”建设。选取企业和群众常见常办常用的 21 个项目上线并大力推广，并根据收集到的反馈意见，对系统进行改进，不断完善优化功能，让企业和群众办理海关业务零跑动、零成本、零限制、零等待。四是加强区域通关协作。就深入贯彻落实“京津冀协同发展”战略加强海关通关协作，与天津海关协商签署合作备忘录，进一步提高货物通关效率和便利化水平。

【石家庄海关积极推动海关特殊监管区域建设】 针对河北省海关特殊监管区域发展进行研究，就充分发挥开放平台作用提出建议。实地考察黄骅港综合保税区项目落地情况，先后两次到海关总署汇报有关情况，推动黄骅港综合保税区申报工作取得新的进展。支持廊坊出口加工区整合升级为综合保税区，协助引入 16 万平方米的“京东跨境电商保税区北方中央仓”大型项目；秦皇岛出口加工区二期由于土地审批手续问题申请延期，石家庄海关已将相关材料报告海关总署待批复。海关特殊监管场所建设也取得新进展，邯郸武安保税物流中心（B 型）已封关运作，唐山京唐港区保税物流中心（B 型）通过正式验收。大力推动跨境电子商务进口，并以此为突破口，推动河北省内海关特殊监管区域（场所）扩大贸易规模。石家庄综合保税区、曹妃甸综合保税区顺利开展进口跨境电商业务，实现了河北省跨境电子商务零的突破。做好已复制推广的 23 项制度的督导工作，不断提高海关特殊监管区域通关便利化水平，2017 年共为企业节省运输成本 680 万元。

【河北出入境检验检疫局大力提升口岸通关效率，优化营商环境】 一是提速单证办理时限。严格落实国家质检总局《检验检疫抽批比例及流程时限表》，针对不同产品持续开展通关时长压缩工作，提高检验检疫工作效率；根据国家质检总局部署积极试点开展施检无纸化，简化报检随附单据，加快实现业务全流程无纸化的最终目标。二是创新通关监管模式。全面实施审单放行，大幅简化检验检疫流程，运用风险管理理念和合格评定程序，着力构建“风险分析+抽批检验+审单放行”检验检疫监管方式，提升监管效能，优化作业流程，提高通关效率。三是实施分线检验检疫监管制度。在特殊监管区域实施分线管理，在出入境一线，实施无豁免检疫，仅对废物原料、危险货物及其包装、散装商品、放射性检测等重点敏感货物实施入境检验检测，对其他货物免于检验。在进出口二线，严密开展检验监管工作，从而实现管得住、放得快。四是创新检验检疫监管模式。按照合格假定检验检疫监管理念，以信用管理为基础，全面推行风险管理，强化事中事后监管，完善河北进出口商品质量安全风险预警及快速反应监管体系。全面实施审单放行，直击进出口流程烦琐堵点，大幅简化检验检疫流程。进一步推进行政审批改革，简化审批手续，下放审批权限，有序扩大“双随机”监管覆盖面。五是加快检验检疫一体化进程。继续扩大出口直放范围。2017 年在全国 23 个省份的口岸实施了出口直放，共计直放货物 79 965 批次，惠及企业 3 350 家，货值 29.92 亿美元，同比分别增长 13.42%、11.18% 和 17.85%，共为外贸企业节约通关成本 799.65 万元，节约通关时间 95.96 万小时；全面推广无纸化申报，2017 年无纸化申报 78 119 批，单月无纸化率达到 99% 以上，每批可为企业节省成本约 150 元，节省通关时间 6 个小时。六是不断丰富口岸功能。进一步强化口岸检验检疫基础设施建设，支持河北口岸对外开放。全力服务河北省首个汽车整车进口口岸通过验收，推动黄骅港进口粮食指定口岸通过验收，进口大豆达 52 批次、74 万余吨，保障黄骅进境肉牛项目投入使用，支持曹妃甸进口原木检疫处理区技术改造项目通过验收，指导曹妃甸港进口肉类指定口岸建设方案获国家质检总局批准，推动秦皇岛口岸恢复水果进口，开通菲律宾直航航线，拓展了口岸功能。建成了河北首个检验检疫集中查验场——无极进境皮张集中查验场。8 月 ~ 12 月共查验进境皮张 360 批、702 标箱，货值 2 890 万美元，业务量实现连续 4 个月正增长。七是积极推进京津冀 144 小时过境免签政策实施。经国务院批准，2017 年 12 月 28 日在京津冀地区实施了 144 小时过境免办签证政策。河北出入境检验检疫局在政策落地前积极协调京津检验检疫部门，统一检疫政策。加强对免签国家的疫情收集工作，通过风险分析，确定疫情防控风险等级；加强对实施免签政策的外国人员检疫查验，不断完善口岸传染病预防控制机制与反恐怖措施；加强对交通工具运营者、口岸地区工作人员、出入境人员的检验检疫宣传教育工作，不断强化口岸联防联控机制；加强京津冀三地检验检疫部门的协作机制，强化信息通报，做好联合开展风险评估及突发公共卫生事件的应急处置工作准备。

开放口岸

【石家庄空运口岸（石家庄正定国际机场）】 石家庄空运口岸于 1995 年 2 月建成，当年实现国际通航，1996 年 3 月正式对外开放。2010 年 6 月，国家民航局与河北省签署的《关于加快推进河北民航发展的会谈纪要》，确定石家庄机场为国内唯一一个航空大众化试点机场，是首都机场的备降机场和分流机场，是中国联合航空河北分公司、河北航空有限公司、春秋航空公司、中国货运邮政航空公司基地，是河北省重要的空中交通门户和对外开放窗口，现已发展成中国北方重要的国际航空货运中转基地。

石家庄正定国际机场飞行区等级为 4E 级，跑道全长 3 400 米，可保障世界各类大型飞机起降，世界最大货运飞机安-225、最大客机 A380 曾多次飞抵石家庄机场运送货物和进行飞行展示。石家庄机场 T1 候机楼面积 5.5 万平方米，停机坪总面积 21 万平方米，有停机位 31 个，消防等级达到八级，可满足年旅客吞吐量 500 万人次需要。即将投入使用的 T2 候机楼面积 15.4 万平方米，停机坪面积 40 多万平方米，有停机位 38 个，货运区面积 2.5 万平方米，届时石家庄机场年旅客吞吐能力将达到 2 000 万人次，货邮吞吐能力达到 25 万吨，综合保障能力大幅提升。

“十一五”期间，石家庄机场客流量年均增长 45%，居全国省会机场第一，2010 年客流量同比翻一番，创造了中国民航业内独有的“石家庄机场发展模式”，2013 年石家庄机场客流量突破 500 万人次。

为适应河北省与东亚、东南亚的交流需求，石家庄机场进一步加大了国际和地区航线的开发力度，先后引进了韩国济州航空、釜山航空、真航空、德威航空及捷特亚洲航空公司，开通了石家庄—首尔、石家庄—济州、石家庄—釜山、石家庄—襄阳、石家庄—普吉岛、石家庄—曼谷等17条国际和地区客运旅游包机航线。

按照“零距离换乘”“无缝隙衔接”的综合交通枢纽要求，石家庄机场，在保定、衡水、邢台、沧州等冀中南8个城市（县区）建立了异地城市候机楼，营业部覆盖全省9个城市及北京市，开通直达冀中南7个地（市）的旅客直通班车，免费接送北京、山西等地团队旅客。

2012年12月26日，纵贯南北的京广高铁全线贯通，同日石家庄机场推出国内第一家由机场主导的空铁联运产品——石家庄机场空铁快线。石家庄机场正在成为航空旅客进出北京的第二通道。

“十二五”期间，石家庄机场全力拓展国际货运市场，大力发展独联体国家、欧洲、中东地区国家货运业务，逐步建立覆盖欧洲、俄罗斯、独联体、东亚、东南亚、中东及中国台湾、中国香港的国际和地区货运航线。

2017年石家庄航空口岸出入境航班2 405架次，同比减少16.6%；出入境人员27.9万人次，同比减少29.9%；货邮201.9吨，同比减少86.4%。

【秦皇岛水运（海港）口岸】 秦皇岛水运（海港）口岸开通于1898年，至今已有100多年历史，是以能源运输为主的综合性国际贸易港口，也是当今世界最大的煤炭输出港和干散货港。共有海岸线11.7千米，水域面积222平方千米，陆域面积10.8平方千米。辖秦皇岛港、新开河港、秦山化工港、山海关船厂等4个港区。

秦皇岛港拥有全国第一家煤炭现货交易市场，形成了集煤炭现货交易服务、信息服务、物流服务及金融服务于一体的市场体系，交易市场发布的环渤海动力煤价格指数已成为全国唯一的涵盖国内外的煤炭价格指数，煤炭枢纽港的地位得到了巩固。秦皇岛港东港区以能源（煤炭、油品）运输为主，西港区以杂货、集装箱装卸运输为主。现有泊位55个，可停靠15万吨级船舶。库场面积130多万平方米，拥有专业化的港口设施、高效的装卸机械、先进的生产工艺，可承运各类件散杂货。集装箱码头拥有5万吨级专用泊位3个，可接卸第六代集装箱船，码头堆场宽敞。年设计通过能力达65万标箱。2条总长2 000米的铁路装卸线，可直达码头和场站，货运成本低廉。具备危险品货物作业资质。有集装箱外贸、内贸航线8条，外贸航线有日本、韩国和菲律宾三条直达航线，同时有外贸公共内支线中转到达世界主要港口。内贸航线覆盖全国主要沿海港口，以优质的运输服务，形成了秦皇岛口岸液体、散杂货、集装箱运输的竞争优势。口岸集疏港条件优越，各港区均可与京沈高速路、102国道、205国道及秦承公路相接。秦山、京山、京秦、京沈、大秦铁路集疏港货物可直达港内堆场、仓库、码头泊位船前，最大限度地减少物流环节，降低物流成本。经济腹地包括东北、华北和西北各省、自治区。

新开河港区年吞吐能力达到300万吨，有4个5 000吨泊位，主要业务为装卸、货运、仓储、理货、船代、货代等港口相关服务。

秦山化工港区主营液体化工品装卸业务、散杂货物装卸及堆存业务，进出口货物以硫酸、钢材为主。港区内现拥有泊位5个。

山海关船厂港区以修造船业为主，兼营少量散杂货物。公司年造船能力140万载重吨，有大型干船坞6座，码头19个。

2017年，秦皇岛口岸货物吞吐量累计达2.47亿吨，同比增长32.8%。因冬季取暖用电量增加，下游电厂刚需依然存在，煤炭市场供应偏紧，煤炭价格不断攀升，动力煤采购需求增强，煤炭吞吐量2.17亿吨，同比增长34.3%；因海洋油货源不足，原油吞吐量254.1万吨，同比减少4.8%；杂货吞吐量2 817.7万吨，同比增长27.9%。外贸进出口1 344万吨，同比下降10.4%。集装箱吞吐量56.9万标准箱，同比增长10.4%，其中进出口集装箱24.5万标准箱，同比减少8.3%。口岸出入境旅客4.7万人次，同比减少47.6%；出入境交通工具1 135艘次，同比减少33.4%。秦仁航线吞吐集装箱2.8万标准箱，同比增长13.4%；12月份客运量有了显著回升，单月出入境4 968人次，但全年仅出入境1.66万人次，同比下降68.2%。

【黄骅水运（海港）口岸】 黄骅水运（海港）口岸属国家开放口岸，位于沧州市以东约90千米处，东经117°48′、北纬38°17′，是河北省沿海地区性重要港口，是我国北方主要的煤炭装船港之一。黄骅港由煤炭港区、综合港区、散货港区和河口港区4个港区组成，规划万吨级以上泊位209个。目前，已建成万吨级以上生产性泊位33个，最大靠泊能力20万吨。

黄骅港煤炭港区是由国家能源投资集团（原神华集团）投资建设的国家重点建设工程，现有专业化煤炭装船泊位17个、杂货泊位2个、液体化学品泊位1个，航道水深已达14.0米，航道底宽270米，已满足5万吨级船舶重载双向通航的要求。煤炭港区杂货码头于2000年7月开工建设，2003年年底建成，2004年6月投入运营。规模为两个1.5万吨级泊位，设计年吞吐量90万吨。煤炭港区油品码头由原化学品码头改造而成，规模为1个2万吨级泊位，设计年吞吐量300万吨。

黄骅港综合港区、散货港区共规划泊位101个。综合港区于2009年3月开工建设，现已建成5万~10万吨级泊位11个。其中，沧州渤海港务有限公司8个5万吨级散杂货和多用途泊位于2010年建成运营；河北港口集团2个20万吨级矿石泊位已经建成运营；总投资14亿元的河北钢铁集团2个5万吨级通用散杂泊位于2012年11月22日正式开工建设，2015年开始运营；总投资7亿元的美国嘉吉集团1个10万吨级通用散杂货泊位已建成，各项对外开放手续已经完备，2017年12月份上报河北省政府申请对外开放验收；总投资18亿元的浙江泰地石化集团2个5万吨级液化泊位于2012年11月22日正式开工建设，配套工程同步推进。20万吨级航道工程已完成通航安全核查，实现正式通航。邯黄铁路已正式通车。

黄骅港近年来吞吐量迅速增长，2016年前10个月吞吐量突破2亿吨大关，集装箱自2012年投运一举突破10万标箱，创国内港口集装箱码头当年投运新纪录，2014年以来更是连续突破30万、50万、60万标箱大关，创造了开通5年来，一年一个新台阶的骄人业绩。2017年，黄骅港口岸吞吐量2.7亿吨，同比增长10.43%。其中，外贸吞吐量4 143.47万吨，同比增长28.25%，外贸依托度快速提升。

【唐山水运（海港）口岸】 唐山港位于唐山南部沿海，下设京唐港区和曹妃甸港区，是我国北方新兴的极具活力和发展潜力的现代化国际港口。2013年唐山港全国港口排名第八位，全球港口排名第十位。

唐山港京唐港区位于唐山市东南部，距市区80千米，规划面积88平方千米，规划建设6个港池。于1989年启动开发建设，1992年10月经国务院批准为一类开放口岸，1993年正式对外国籍船舶通航。目前已建成一号、二号两个港池，三号、四号、五号港池部分完工。现有件杂、散杂、多用途等1.5万~2万吨级泊位35个，航线通达国内120多个港口，与50多个国家和地区的港口建立了业务往来关系。运营货种涵盖煤炭、钢铁、矿石、水泥、原盐、粮食、纯碱和集装箱等。

曹妃甸港区，东距京唐港区33海里，北距唐山市区80千米，是渤海沿岸唯一不需开挖航道和港池即可建设30万吨级大型泊位的天然港址。曹妃甸港区于2003年启动开发建设，2005年试通航，2009年1月获得国务院批准扩大开放为一类口岸，2012年8月正式对外开放。依据规划，曹妃甸港区重点建设进口矿石、原油、天然气和煤炭等专业泊化、大型化码头，最终可建成生产性泊位260余个，形成5亿吨以上的综合通过能力，建成中国北方最大的能源原材料集疏港。2013年，4个25万吨级矿石泊位、1个30万吨级原油泊位及22个4万~10万吨级干散货泊位建成并投入试运营。

唐山港水运口岸规划将形成以曹妃甸港区、京唐港区为核心，丰南港区为补充，分工合作、协调互动、共同发展的总体发展格局。曹妃甸港区规划港口岸线长122.6千米，可建设各类泊位428个；京唐港区规划港口岸线长44.5千米，可建设各类泊位140余个；丰南港区规划港口岸线长25千米，可建设各类泊位66个。预计2020年和2030年，唐山港的吞吐量分别为5.8亿吨、7.1亿吨。

截至2017年，唐山港共建成矿石、煤炭、杂货、LNG、原油等生产性泊位126个，使用岸线58.9千米，共68个泊位实现对外开放。2017年，货物吞吐量5.7亿吨（其中外贸吞吐量2.9亿吨），集装箱吞吐量253万标箱（其中外贸吞吐量4万标箱）。货物吞吐量居全国沿海港口第4位，世界港口第6位。

原二类口岸

【石家庄内陆港】 石家庄内陆港是河北省政府批准建立的内陆港口，河北省第一批物流示范项目。石家庄内陆港一期工程占地面积272 000亩，仓储面积19 322平方米，保税监管区14 400平方米，堆场、道路总面积94 744平方米，铁路堆场35 000平方米，海关联检大楼9 585平方米。

目前，石家庄内陆港已基本具备港口口岸功能、现代物流功能、多式联运功能、管理信息系统应用功能和生产生活服务功能，通过联检大楼一站式服务，开展报关、报检、通关、查验、仓储、堆存、订舱、配货、运输等业务。石家庄内陆港是冀中能源峰峰集团控股的由4家股东组成的股份制公司，公司下设河北冀津国际物流有限公司、河北四诚贸易有限公司、报关行公司3个子公司。石家庄内陆港具有突出的资源优势和发展优势。医药、纺织、粮油、钢铁等支柱产业优势明显，可为内陆港提供丰富的物流资源。石家庄内陆港位于石家庄经济技术开发区，区位优势明显，北临石德线、307国道和石黄高速，西临京珠高速和石环线，南临青银高速，距机场25千米，地理位置优越，交通便利。石家庄市地处华北平原，东有天津港、黄骅港，东南有青岛港，是全国25个物流枢纽中心城市之一，也是“环京津”和“环渤海”经济圈的重要节点。

2017年，石家庄内陆港集装箱运量50 790标箱，外贸集装箱42 137标箱。

2017年河北省口岸大事记

1月1日

秦皇岛出入境检验检疫局启用国际贸易“单一窗口”受理进出口货物报检及产地证申报业务。

1月24日

经河北省政府批准，河北省海事局与河北省交通运输厅联合发布《河北省船舶排放控制区实施方案》。

2月6日

黄骅港综合港区总投资约2亿元，由沧州黄骅港钢铁物流有限公司建设的10万吨级通用散货码头正式开工建设。

2月17日

河北省口岸办向国家口岸办上报《关于北戴河机场临时对外开放的请示》，国家口岸办于4月13日批复同意。

2月21日

完成河北辖区首例国际航行船舶联合登临检查，会同海关、边防、检验检疫等口岸单位执法人员共同对香港25万吨级大型散货船“山东新锐”轮进行了联合登临检查。

3月1日

秦皇岛出入境检验检疫局、秦皇岛海事局、秦皇岛海关、秦皇岛边防检查站执法人员组成联检小组，首次试点对“新郁金香”号客轮进行了联合登临检查。

是日

印发《2017年河北省海上搜救和溢油应急工作要点》，分发各搜救分中心及搜救成员单位，抄送中国海上搜救中心和河北省政府应急办。

3 月 15 日

河北省副省长张古江到河北海事局调研，河北省交通厅、秦皇岛市及河北港口集团有关负责人陪同调研。

3 月 30 日

组织召开 2017 年河北省海上应急成员单位联络员会议，并组织相关单位和人员参观秦皇岛海上溢油应急设备库。

4 月 21 日

交通运输部海事局批复秦皇岛兴荣海事学校新增内河船员培训项目，标志着河北海事局辖区内河船员培训实现零的突破。

5 月 9 日

黄骅港出入境检验检疫局在对“汉通一号”外轮装载的铁矿石进行现场查验时发现并捕获活鼠 1 只。河北省鼠疫防治所综合该鼠头骨、牙齿和外部形态及 DNA 条形码检测结果，鉴定为屋顶鼠，该鼠种为河北口岸首次截获。

5 月 11 日

河北检验检疫局参加秦皇岛市渤海船务工程有限公司配套 3 号、4 号泊位对外开放验收。

5 月 18 日

河北海事局和河北省政府应急办完成《河北省海上搜救中心关于水上搜救调研的报告》，经省政府审阅后，报中国海上搜救中心。

5 月 25 日

河北出入境检验检疫局组织对无极进境皮张集中查验场检验检疫设施建设情况进行了确认，这是河北首个获得确认的检验检疫集中查验场。

6 月 1 日

河北省副省长张古江批示《河北海事局关于启动军队退役人员从事海员职业有关工作的请示》并予以肯定，为河北省退役军人再就业拓展新的途径。

6 月 6 日

黄骅港口岸获得 2014~2016 年度河北省文明口岸奖。

6 月 19 日

首列从山西朔州神头元子河发车的装有 100 标箱煤炭的海铁班列重箱列车驶入新港湾集装箱堆场，装上“新武汉号”集装箱班轮，经广州南沙港上水，最终到达目的地广东省云浮市。标志着秦皇岛港—大秦铁路—中远海运煤炭集装箱海铁班列正式开通，由秦皇岛海运煤炭交易市场自行组织的运销一体化全程煤炭供应链服务模式正式启动。

6 月 26 日

在石家庄组织召开河北省海上应急成员单位联席会议，河北省副省长张古江出席会议并做重要讲话。

7 月 6 日

交通运输部副部长何建中、海事局局长许如清、公安局局长李国平一行到秦皇岛督查交通安全保障工作。

7 月 12 日

河北省政府正式批复秦皇岛市渤海船务工程有限公司 3 号、4 号泊位口岸对外开放，这两个泊位成为秦皇岛市自 2002 年以来首例对外开放的新建泊位。

7 月 21 日

成功处置唐山海域“MINGXIN 18”轮沉没险情，5 名遇险人员全部成功获救。

8 月 5 日

完成《河北省海上搜救中心关于“夯实‘三基工作’加强海上应急值守制度体系建设”调研的报告》，报送中国海上搜救中心。

8 月 16 日

全球最大大宗干散货公众码头运营商——秦皇岛港股份有限公司（股票简称：秦港股份，股票代码：601326. SH）在上海证券交易所主板挂牌上市。自 2013 年 12 月登录香港联交所主板，秦港股份时隔 3 年回归 A 股，成为河北省首家布局 A+H 股双资本平台的国有企业，掀开了百年港口发展的新篇章。

9 月 9 日

完成《河北省海上搜救中心关于跨区域应急管理合作开展情况的报告》，报送交通运输部应急办。

9 月 15 日

津冀国际集装箱码头有限公司揭牌仪式暨港口推介会在沧州市渤海新区举行。这既是贯彻习近平总书记关于京津冀一体化的指示精神，落实“加快推进津冀港口协同发展工作方案”的具体举措，也是津冀港口资源整合迈出的关键性一步。

9 月 24 日~26 日

由交通运输部海事局主办、河北海事局承办的 2017 年直属海事系统船舶防污染与应急技能竞赛在北戴河举行，河北海事局获得团体二等奖。

10 月 11 日

新修订的《河北省海上搜救应急预案》和《河北省船舶污染事故应急预案》由河北省人民政府发布实施。

10 月 12 日

河北省副省长张古江到沧州水域调研海上安全管理工作。

是日

河北出入境检验检疫局参加曹妃甸三港池 1 号、2 号通用泊位对外开放验收。

10 月 26 日

106 标箱香蕉搭乘“圣地亚哥”轮，历时 7 天从产地菲律宾抵达秦皇岛港集装箱码头，成为“菲律宾达沃—秦皇岛”首批直航到秦皇岛的进口水果。这是继东京、横滨、名古屋、川崎、仁川之后，秦皇岛港开通的第 8 条集装箱班轮直航航线，也是河北省目前唯一可以直达东南亚的集装箱航线。

10 月 27 日

黄骅港综合港区、散货港区 20 万吨级航道通过通航安全核查验收。

10 月 31 日

组织完成《40 万吨大型船舶靠泊曹妃甸港区安全保障研究报告》专家评审工作。

11 月 4 日

组织完成《曹妃甸船舶定线制后评估报告》专家评审工作。

11 月 9 日

承办召开 2017 年北方 VTS 合作会议，交通运输部海事局和辽宁、天津、山东海事局相关人员参加。

11 月 17 日

交通运输部批复河北海事局船员考试系统改造工程立项。

11 月 20 日

国家质检总局发布公告《质检总局关于公布进境植物种苗指定口岸和进境粮食指定口岸及查验点名单的公告》（2017 年第 100 号），黄骅港口岸正式成为 A 类进境粮食指定口岸。

12 月 8 日

黄骅港进境屠宰牛口岸接受国家质检总局专家组评估。

12 月 18 日~19 日

河北出入境检验检疫局参加唐山港区汽车整车进口指定口岸验收。

12 月 22 日

河北鑫茂公司申请的进境动植物检疫许可证获国家质检总局批准，标志着黄骅进口澳大利亚肉牛项目正式进入运营期。

12 月 28 日

成功处置秦皇岛海域“CSCL MANZANILLO”轮与渔船“鲁潍渔 60012”轮碰撞险情。

是日

沧州黄骅港煤炭港区完成货物吞吐量 20 029.9 万吨，首次突破 2 亿吨大关。

12 月 29 日

经河北省政府批准，召开了《京津冀地区实施对部分国家外国人 144 小时过境免签政策》新闻发布会。

（撰稿人：张栋、成岩、贾智娴、段龙飞）

2017年河北省口岸流量统计表

口岸类型		口岸名称	货运量（万吨）				集装箱量（万标箱）				人员（万人次）				交通工具（辆、艘、架、列次）			
			出口	进口	合计	同比（%）	出口	进口	合计	同比（%）	出境	入境	合计	同比（%）	出境	入境	合计	同比（%）
空运口岸		石家庄机场	0.009 7	0.010 5	0.020 2	-84.40			0.000 0		14.705 1	13.285 0	27.990 1	-29.90	1 207	1 198	2 405	-16.60
空运口岸		分计	0.009 7	0.010 5	0.020 2	-84.40			0.000 0		14.705 1	13.285 0	27.990 1	-29.90	1 207	1 198	2 405	-16.60
陆路口岸	公路口岸				0.000 0				0.000 0				0.000 0				0	
陆路口岸	公路口岸	分计			0.000 0				0.000 0				0.000 0				0	
陆路口岸	铁路口岸				0.000 0				0.000 0				0.000 0				0	
陆路口岸	铁路口岸	分计			0.000 0				0.000 0				0.00 00				0	
水运口岸	海港口岸	黄骅港	272.000 0	1 072.000 0	1 344.0 000	-10.40	11.090 0	13.420 0	24.510 0	-8.30	2.380 0	2.320 0	4.7000	-47.61	572	563	1 135	-33.40
水运口岸	海港口岸	唐山港	1 055.792 9	28 049.228 4	29 105.021 3	-0.96	0.628 1	32 918.0 000	3.919 9	20.11	5.261 9	5.668 0	10.922 9	-3.42	2 488	2 694	5 128	-4.97
水运口岸	海港口岸	秦皇岛港	21.210 0	4 122.260 0	4 143.4 700	28.25	0.019 6	0.018 8	0.038 4	-64.77	0.735 4	0.665 7	1.401 1	17.09	351	315	666	18.72
水运口岸	海港口岸	分计	1 349.002 9	33 243.488 4	34 592.491 3		11.737 7	32 931.4 388	32 943.1 765		8.377 3	8.653 7	17.031 0		3 411	3 572	6 983	
水运口岸	河港口岸				0.000 0				0.000 0				0.000 0				0	
水运口岸	河港口岸	分计			0.000 0				0.000 0				0.000 0				0	
合计			1 349.012 6	33 243.498 9	3 4592.511 5		11.737 7	32 931.438 8	32 943.170 0		23.082 4	21.938 7	45.021 1		4 618	4 770	9 388	
同比（%）			-0.56	0.07	0.02		-0.60	1 265.59	597.96		-0.28	-0.26	-0.27		-0.14	-0.13	-0.14	

（河北省口岸办提供）

2017年河北省口岸出入境主要数据表

项目			2017年	2016年	同比（%）
出入境人员（人次）	出入境人员总数		405 147	605 952	-33.14
	入境人员		202 869	301 493	-32.71
	出境人员		202 278	304 459	-33.56
	出入境旅客		258 155	425 803	-39.37
	出入境员工		146 992	180 149	-18.41
	中国公民	小计	300 383	464 998	-35.40
		内地居民（因公）	56 818	58 172	-2.33
		内地居民（因私）	237 837	399 371	-40.45
		港澳居民	145	175	-17.41
		台湾同胞	5 583	7 280	-23.31
	外籍人员		104 764	140 954	-25.68
	从海港出入境人数		149 846	214 381	-30.10
	从陆港出入境人数		0	0	
	从空港出入境人数		255 301	391 571	-34.80
交通运输工具（辆、艘、架、列次）	总计		8 006	10 164	-21.23
	船舶		6 251	7 714	-18.97
	飞机		1 755	2 450	-28.37
	火车		0	0	
	机动车辆		0	0	

（河北省公安边防总队提供）

2017年石家庄海关主要数据统计表

项目		2017年	同比（%）
进出口货运量（万吨）	合计	37 140.04	-4.0
	进口	35 713.29	-1.6
	出口	1 426.75	-40.6
进出口贸易总值（万美元）	合计	4 219 804.86	19.2
	进口	3 544 223.61	29.9
	其中：江、海运输	3 512 564.51	29.6
	铁路运输	3 501.41	324.8
	汽车运输	1 078.03	181.1
	航空运输	27 068.69	60.5
	邮件运输	0.00	0.0
	其他运输	10.97	-35.7
	出口	675 581.26	-16.7
	其中：江、海运输	646 132.18	-18.3
	铁路运输	24.46	-65.0
	汽车运输	4 218.88	730.4
	航空运输	14 154.81	24.1
	邮件运输	0.00	0.0
	其他运输	11 050.93	28.0
税收（万元）	两税合计	383.09	27.8
	关税入库	16.17	19.8
	进口环节税入库	366.92	28.2

（石家庄海关提供）

2017 年河北省出入境检验检疫业务统计表

项目		货物检验检疫				交通工具				集装箱（标箱）		发现动植物疫情		货物通关		出入境人员查验（人次）	健康检查及预防接种（人次）			
		批次	金额（万美元）	检验检疫不合格		船舶（艘）	飞机（架）	火车（节）	汽车（辆）	合计	检出问题	种类数	种次	批次	金额（万美元）		健康检查	艾滋病监测	发现病例	预防接种
				批次	金额（万美元）															
本年累计		124 728	3 528 879. 44	4 482	610 969. 15	5 348	1 821	0	0	82 297	607	219	671	87 363	3 018 950	384 007	30 642	29 758	19 567	24 853
其中	出境	100 728	429 274. 29	227	1 076. 12	2 383	914	0	0	21 960	0	0	0	78 020	299 928	189 977	26 039	25 199	16 667	24 838
	入境	24 000	3 099 605. 15	4 255	609 893. 03	2 965	907	0	0	60 337	607	219	671	9 343	2 719 022	194 030	4 603	4 559	2 900	15
同比（%）		3. 49	42. 9	45. 24	68. 26	-22. 46	-28. 84	0	0	21. 62	-40. 84	-30. 03	-54. 45	-2. 62	18. 48	-34. 27	-1. 99	-2. 82	-0. 13	-14. 08
其中	出境	3. 33	-0. 73	-49. 89	-30. 69	-30. 48	-28. 03	0	0	28. 55	0	0	0	-0. 5	5. 05	-35. 16	-3. 8	-5. 32	-2. 2	-14. 05
	入境	4. 16	52. 17	61. 60	68. 69	-14. 53	-29. 64	0	0	19. 28	-40. 84	-30. 03	-54. 45	-17. 35	20. 18	-33. 38	9. 7	13. 72	13. 68	-50

（河北出入境检验检疫局提供）

2017 年河北海事局进出港船舶统计汇总表

船舶类别	进港船舶							出港船舶						
	艘数（艘）	总吨（吨位）	总载重量（吨）	载客量（客位）	船员人数（人次）	货物到达量（吨）	旅客到达量（人）	艘数（艘）	总吨（吨位）	总载重量（吨）	载客量（客位）	船员人数（人次）	货物发送量（吨）	旅客发送量（人）
总计	11 307	826 430 058	1 379 569 303	1 164 618	1 997 998	376 937 315. 8	3 406 864	113 505	819 973 522	1 370 533 596	1 153 113	1 947 636	785 316 492. 7	3 374 318
中国籍船舶	109 064	589 317 117	940 531 112	1 164 618	1 919 643	54 156 413. 94	6 406 864	109 498	583 283 074	932 096 107	1 153 113	1 867 052	772 441 667. 9	3 374 318
其中外贸船	281	6 597 705	10 238 083	37 600	6 793	5 625 157. 81	5 507	204	4 228 307	6 000 443	37 600	5 540	600 937. 65	3 410

（河北海事局提供）

山 西 省

山西省口岸分布示意图

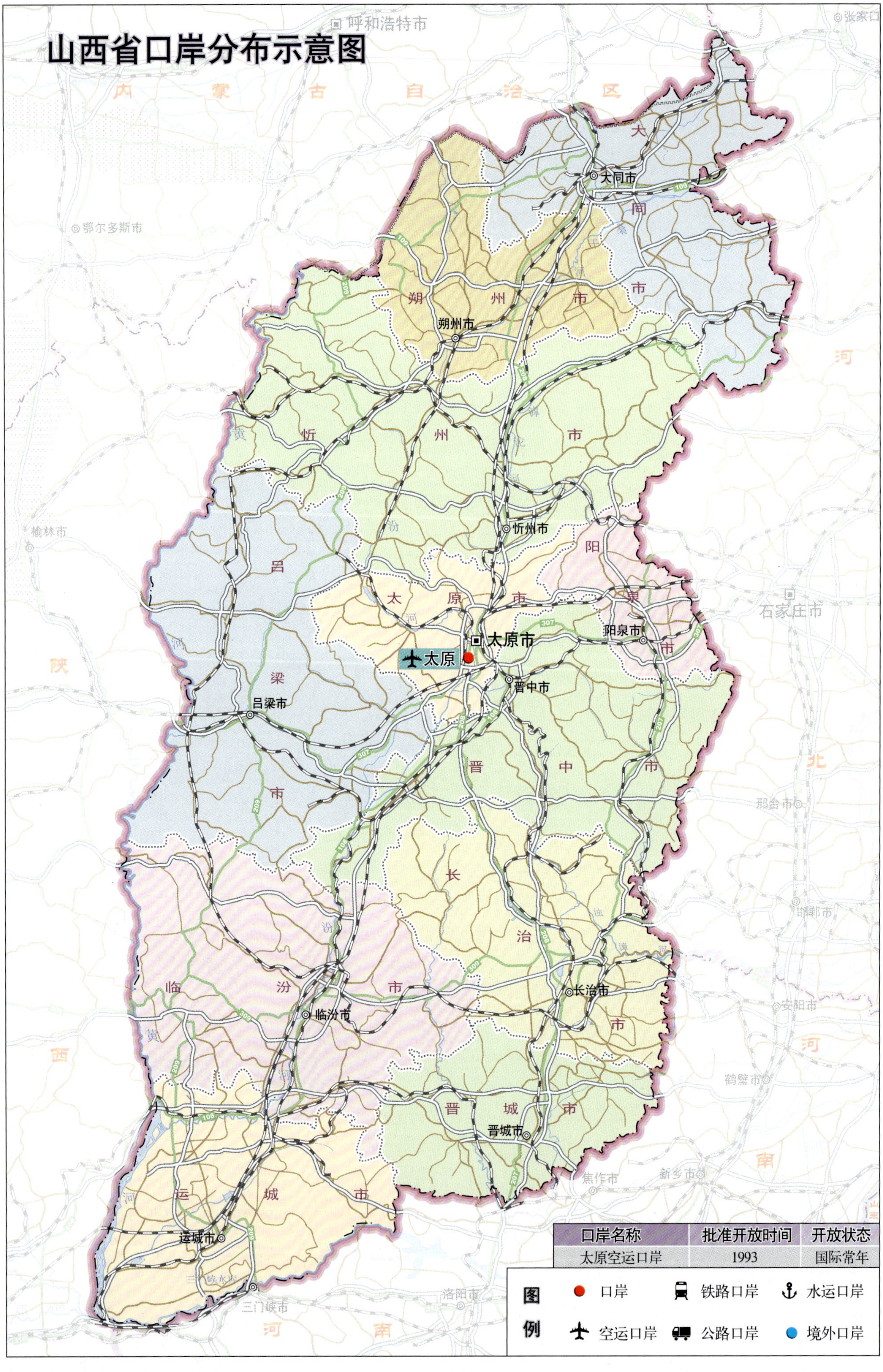

口岸名称	批准开放时间	开放状态
太原空运口岸	1993	国际常年

口岸数量及分布

截至2017年年底，山西省有经国务院批准的对外开放口岸1个，即太原空运口岸（太原武宿国际机场）。

口岸运行数据

2017年，山西空运口岸共出入境人员354 024人次、航班2 704架次，同比分别减少8.25%、5.62%。其中，太原空运口岸出入境人员302 230人次，出入境飞机2 280架次；大同空运口岸（临时开放）出入境人员27 237人次，出入境飞机172架次；运城空运口岸（临时开放）出入境人员24 557人次，出入境飞机252架次。

口岸综合管理

【山西省3个空运口岸1个铁路口岸列入国家口岸发展“十三五”规划】 经国务院批复同意，海关总署（国家口岸管理办公室）印发了《国家口岸发展“十三五”规划》，山西省大同、运城、五台山3个空运口岸和太原铁路口岸列入了国家口岸发展“十三五”规划，数量居全国第一，标志着山西省口岸开放取得了历史性重大突破。

【山西省开行首趟中欧班列】 2017年2月15日，山西省首趟中欧班列开行仪式在中鼎物流园举行，山西省副省长王一新出席并宣布开行。

中欧班列是我国国际物流陆路运输的骨干方式。山西省相关部门有效对接，统筹运力，短时间内促成了山西省首趟中欧班列的开行。本次班列装载太重集团生产的2台具有我国完全自主知识产权的大型矿用挖掘机，从太原中鼎物流园出发，行程6 000千米（国内2 491千米，国外3 509千米），抵达俄罗斯列索西比尔斯克市。不仅运输时间要比走海运缩短20天左右，而且可以有效避免海水侵蚀、晃动碰撞造成的货物损耗。

开通中欧班列，是山西省贯彻落实国家“一带一路”倡议，加快开放型经济建设的重要举措。2016年山西省进出口总值增速居全国第一，这趟中欧班列的开通对加快山西省企业走出去，畅通与欧洲地区的联系渠道，推动山西省与沿线国家的经贸往来发挥积极作用。

【山西吉县苹果首次出口澳大利亚】 2017年2月19日，在山西侯马出入境检验检疫局大力帮扶下，辖区山西澳坤农业科技有限公司的21.3吨鲜苹果从吉县发车，代表吉县苹果首次出口澳大利亚。此次出口的鲜苹果已通过了澳大利亚植物检疫专家的现场预检。澳大利亚是国际水果高端市场，也是全球检疫要求最为严格的国家之一，此次出口澳大利亚是山西吉县苹果继出口美国后的又一突破。

【首趟太原至天津港的多式联运班列从中鼎物流园发出】 2017年2月28日9时16分，首趟太原到天津港的多式联运班列从中鼎物流园发出。这是山西与天津两省市签订“全面深化合作框架协议”后的第一个合作项目，是全面落实京津冀协同发展战略，深化晋津全方位合作，加速环渤海区域一体化进程的重要举措。

【山西兰花保税物流中心（B型）通过验收并封关运作】 2017年3月1日，山西兰花保税物流中心（B型）顺利通过太原海关、山西省国税局、国家外汇管理局山西省分局等单位组成的联合验收组的验收并封关运作。

【太原空运口岸首次截获入境活体寄居蟹】 山西出入境检验检疫局工作人员在对中国台北至太原的MU5012航班进行例行检疫查验时，从一名入境旅客携带行李中截获一盒带有泥土的贝壳和海螺。经过检疫初筛，在2枚海螺里发现2只寄居蟹，为太原空运口岸首次截获。

【山西运城机场获批临时开放】 2017年4月12日，国家口岸办批复山西运城机场临时开放。

【澳大利亚700头羊驼在太原空运口岸入境】

2017年6月6日，澳大利亚700头羊驼在太原空运口岸入境。这是迄今为止我国从澳大利亚进口数量最多的一批羊驼，打破了中国羊驼进口的单笔记录。

【太原空运口岸“一站式作业”试点工作正式启动】 2017年6月6日，太原空运口岸“一站式作业”试点工作在太原武宿国际机场正式启动。该项工作是山西省口岸通关改革的新举措，其主要包括建立运输工具联合检查工作机制，建立进出口货物联合检查工作机制，全面推行关检“一机双屏”等内容。海关、检验检疫、边防将传统的“串联式”执法整合为“并联式”一站作业模式，实现联检单位对国际货物通关实施联合一次查验、一次放行，有效压缩了通关时间，提高了通关效率。

【山西运城空运口岸开通运城—香港航线】 2017年6月22日，山西运城空运口岸首条国际（地区）航线，运城—香港航线正式开通。

【山西口岸首次直接从国外引进赛马】 2017年6月27日，载有82匹赛马的澳大利亚货运包机在太原航空口岸入境。这是山西口岸首次直接从国外引进赛马，也是全国单批进口赛马量较大的一次。

【首发中欧班列（临汾—慕尼黑）】 2017年7月28日，临汾—慕尼黑中欧班列首发仪式在侯马举行，山西省副省长贺天才出席。

【运城机场开通至泰国曼谷航线】 2017年8月3日，运城机场开通至泰国曼谷航线。

【山西省完成国际贸易“单一窗口”标准版首单申报】 2017年8月18日，山西中港茂捷货运代理有限公司通过中国（山西）国际贸易“单一窗口”标准版注册登录货物申报系统，为山西省通过国际贸易“单一窗口”标准版进口报关首单申报。

【大同机场开通至柬埔寨暹粒航线】 2017年8月31日，大同机场开通至柬埔寨暹粒航线。

【大同开通至越南岘港航线】 2017年9月17日，大同开通至越南岘港航线。

【大同开通至泰国曼谷航线】 2017年9月26日，大同开通至泰国曼谷航线。

【大同航空口岸（临时开放）首次截获有害生物T形斑锯谷盗】 山西大同出入境检验检疫局工作人员在对来自柬埔寨暹粒的入境航班实施检验检疫时，从一名中国籍旅客的行李中截获一批用棕榈叶包裹的柬埔寨当地特产。经现场查验，棕榈叶包装盒体上有大量灰白色活体昆虫，工作人员立即按照检验检疫工作流程予以截留，并送至山西出入境检验检疫局技术中心作进一步培养鉴定。经该技术中心植物检疫实验室专家鉴定，灰白色昆虫为T形斑锯谷盗［Monanus concinnulus（Walker）］，系山西口岸首次截获。

【山西省口岸开放培训班在大同举办】 2017年11月17日，山西省口岸办和大同市政府联合举办口岸开放培训班，特邀请国家口岸办专家就空运、陆路口岸开放管理和国际贸易“单一窗口”有关政策解读做专题指导授课。

【山西番茄酱罐头首次出口英国】 2017年12月12日，山西番茄酱罐头出口英国首发仪式暨新闻发布会在大同山西塞北红食品有限公司举行，这是山西番茄酱罐头首次进入英国市场。

【大同进口肉类指定查验场通过验收】 2017年12月22日，由国家质检总局进出口食品安全局带领的进口肉类指定查验场验收专家组，对大同进口肉类指定查验场进行现场审核验收。经过资料审核和现场考察等环节的验收，大同进口肉类指定查验场通过国家质检总局现场审核验收。

口岸监管与服务

【聚焦重大安保任务，提高口岸管控效能】 严格按照公安部边防管理局和山西省公安厅关于做好重大安保维稳工作的部署要求，以开展“固边”系列和“1+8”专项行动为有力抓手，强化组织领导，坚持靠前指挥，梯次部署推进，以最高标准、最严措施、最实作风，圆满完成了党的十九大、“一带一路”国际合作高峰论坛、金砖国家领导人会晤、香港回归20周年系列庆典活动、全国“两会”等边防安保任务。严格规范验证程序，加强信息比对、询问、人身行李物品检查，充分应用边检勤务综合管理平台、公安部出入境综合数据应用平台等信息系统，积极开展“大数据”分析研判，着力加强口岸处突应急力量建设，严格落实勤务带班领导现场跟班作业制度，加大处突防暴装备投入，部署勤务中队处突班战士在执勤现场全程待命，确保出现突发情况迅速反应、有效处置。进一步密切了与国家安全、公安反恐及口岸联检等单位的沟通协作，有效增强了预警能力。积极推动空运口岸出境安检前置的要求，在运城临时开放口岸和正在建设的五台山机场口岸得到落实，主动防范大同、运城临时开放口岸管控风险，先后与两地机场公安、安检等单位签订了联勤联防协议，并多次牵头组织开展了口岸联动处突演练，促使口岸管控合力得到进一步提升。

【着眼优质高效通关，增强边检服务能力】 积极对接山西“打造内陆地区对外开放新高地”战略和口岸发展规划，在人员编制少、警力严重不足的压力下，主动跟进太原、大同、运城三地边检勤务保障需求，结合总队现有警力构成，及时研究制定了太原、大同、运城三地勤务保障方案，细化完善了以前台检查员快速发现问题、后台核查小组辅助决策的“小前台、大后台”勤务模式，构建深化执勤业务科和勤务中队“科队联勤”的勤务运行机制，增强了口岸管控查缉工作的针对性和科学性，确保了三地口岸通关安全顺畅。投入20余万元更新升级了太原口岸执勤现场和总队营区的监控系统，实现了高清摄像头无盲区、无死角、全覆盖的建设目标。前期建设的3条自助查验通道于2017年7月份顺利通过公安部验收，并在2017年年底正式启用1条自助查验通道，为提高太原口岸通关效率和缓解执勤用警压力提供了更加智能化、精准化的科技保障。充分利用“8·19”边检服务品牌宣传日活动，积极走访口岸联检、旅行社和机场公司等单位，坚持开展服务对象满意度评价活动，确保边检服务贴近民意民心。先后为两批次滞留莫斯科机场中国旅客和维和工兵分队提供了便捷高效的边检通关服务，受到了社会各界的一致好评和广泛赞誉。

【紧盯实战任务需求，提升队伍专业素质】 针对官兵勤务任务多、人员难以集中的情况，以“边检业务周课堂”活动为平台，大力推行“微课堂”“小培训”“情景模拟”等小群练兵活动，重点围绕人员甄别、伪假证件鉴别和后台核查等科目开展教学培训，强化查缉技能培训，进一步夯实了检查员的业务基础。同时，及时补充购置了为练兵持续深入开展的充足的装备保障，也有效推动了练兵成效充分转化运用到一线执法执勤工作中，为边检工作科学可持续发展提供了有力的支撑。

【太原海关顺利实施全国海关通关一体化】 2017年7月1日，太原海关全面启动进口全国海关通关一体化改革，10月1日，全面实施出口全国海关通关一体化改革，进出口申报均已纳入一体化改革。7月3日，全国海关通关一体化改革后第一个工作日当天，在山西受理报关单54票，全部为一体化模式报关单，关区所有业务现场通关正常，标志着全国海关通关一体化在山西省顺利实施。

【太原海关积极推进通关无纸化作业】 一是继续推进通关作业随附单证无纸化，太原海关所有业务已实现通关作业无纸化全覆盖；二是推进行审批无纸化操作；三是积极推进税费无纸化改革，扩大税费电子支付比率，推广汇总征税核批作业无纸化、非政策性退税作业无纸化。2017年太原海关通关无纸化放行量占关区报关单总量的99%以上。

【提高海关通关效率，压缩货物通关时间】 按照国家口岸办“压缩货物通关时间三分之一”的工作部署，太原海关主动作为，通过采取“职能把总、现场盯单、协调口岸、宣传企业”的方式，叠加运用各项措施，优化营商环境，压缩货物通关时间成效显著。一是加强组织领导，完善顶层设计，成立了以主管关领导任组长的“太原海关压缩货物通关时间领导小组”，制定了《太原海关关于压缩货物通关时间工作方案》，明确各部门的具体任务。二是拓宽渠道，广泛宣传改革政策，通过张贴公告、走访企业、召开宣讲会等形式，向辖区企业广泛宣传海关最新的各项改革措施。三是加强各通关部门间联系配合，形成工作合力。四是加强关企合作，引导企业积极配合进行海关通关作业。五是按照山西省口岸办《关于制定压缩货物通关时间方案措施的通知》要求，认真分析海关通关当前现状，明确目标任务，积极配合制定太原海关压缩货物通关时间方案措施。六是落实《海关总署关于印发〈压缩货物通关时间实施方案〉的通知》制定太原海关落实方案，按照海关总署统一部署，主动对接各项工作。

【山西出入境检验检疫局确保太原空运口岸核心能力建设得到有效提升】 一是维护国门安全有力。正式运行口岸公共卫生风险监测预警决策系统（PROSAS 系统），口岸公共卫生预警、监测能力进一步提升；加大对来自疫区国家或地区的人员及携带物的查验力度，积极开展“绿蕾”专项行动，开展国门生物安全进校园和“教授博士口岸行”等活动；与山西农业大学和山西财经大学的公共管理学院合作建立“教学实践基地”。二是服务保障有力。太原武宿国际机场作为 2017 年“一带一路”国际合作高峰论坛的备降机场之一，为做好论坛备降航班检验检疫工作，山西出入境检验检疫局采用加强组织领导，强化责任追究，制订方案预案，加强应急演练，一线全勤工作模式等多项举措保障论坛的顺利进行。三是口岸功能拓展。2017 年，成功保障羊驼和赛马入境太原空运口岸，检疫人员登机检疫机组人员身体状况、核查相关单证，对航空器、木质包装及活体动物实施了现场检疫，有效防止外来有害生物入侵的同时，顺利保障活体动物第一时间快速通关。

【山西出入境检验检疫局助力 5 个口岸平台建设成效显著】 为加强对全省对外开放口岸平台建设检验检疫工作的领导，山西出入境检验检疫局成立对外开放口岸检验检疫工作领导组，将各口岸平台建设工作列入本单位 2017 年十项重点（大事）工作，确保口岸开放工作顺利进行。一是运城航空口岸如期实现临时开放。为做好运城航空口岸临时开放工作，密切与运城市政府配合，加强与相关部门联系，克服人员少、业务用房不足等实际困难，在规定时限内完成了检验检疫设施配备、专业人员培训、联防联控机制建立、模拟应急演练等各项准备工作。2017 年 4 月 12 日，运城航空口岸获批临时开放。6 月 22 日，保障运城—香港航班成功首航，运城航空口岸检验检疫设施全部到位，专业人员上岗培训全部完成，口岸疫情疫病联防机制已经建立，运城航空口岸临时开放工作得到了山西省政府和运城市政府的一致好评。二是大同空运口岸正式开放工作进展顺利。积极配合大同市政府做好大同航空口岸正式开放航站楼国际厅改造工程、检验检疫办公业务用房建设、仪器设备采购配置等工作，指导航站楼国际厅检验检疫流程、通道及布局、基础设施建设、仪器设备配置等工作。改造后的大同航空口岸国际厅已投入使用，口岸检验检疫办公业务技术用房已开工建设。三是五台山机场空运口岸开工建设。为做好五台山航空口岸临时开放有关工作，及早介入，科学规划口岸检验检疫查验设施，实地查看五台山机场航站楼口岸开放改造区域，与五台山机场就检验检疫功能设置、区域划分设备购置等进行沟通，确保五台山航空口岸开工建设设计合理、功能齐全，避免和防止造成重复浪费。四是太原中鼎物流园口岸作业区临时开放有序推进。做好太原中鼎物流园口岸作业区的设计、申报、批准等工作，山西出入境检验检疫局领导带队多次赴口岸现场办公，并对太原铁路局业务骨干进行了两次铁路口岸开放检验检疫业务知识培训，确保开园初期具备口岸查验功能；协助调查全省中欧中亚货源，主动开辟绿色通道，为中欧班列建立专门档案，服务保障中欧班列在中鼎物流园顺利发车。在山西出入境检验检疫局的主动协调和沟通下，太原中鼎物流园口岸作业区联检大楼、联检仓库、熏蒸库等基础设施已经完工，已向山西省政府正式提出临时开放申请。五是大同进口肉类指定查验场建设通过验收。山西出入境检验检疫局在大同市政府的积极支持下，积极推进大同进口肉类指定查验场基础建设，多次与大同市政府等协调推进项目进展，实地查看施工进度、质量保障等情况。2017年12月22日，山西大同进口肉类指定查验场顺利通过国家质检总局审核验收。

【“单一窗口”在特殊监管区实现货物报检功能】 为落实国务院和国家质检总局关于口岸信息互换、监管互认、执法互助的要求，山西出入境检验检疫局一直大力支持和积极参与山西省“单一窗口”建设工作，参与完成《山西省“单一窗口”建设方案》及《项目建设可研报告》。按照山西省政府的安排部署，及时配合省口岸办调整山西省“单一窗口”建设模式，向企业宣传“单一窗口”的免费政策和便利作用，组织专业人员对试点企业进行“单一窗口”系统上线培训，积极引导和鼓励企业使用“单一窗口”平台，2017年8月18日，山西出入境检验检疫局综保办通过e-CIQ系统成功受理“单一窗口”标准版系统企业申报的货物报检业务，标志着中国（山西）国际贸易“单一窗口”标准版报检模块成功运行，实现山西省口岸电子数据“一次性递交”“跨系统共享”“多部门共用”。截至2017年12月31日，通过中国（山西）国际贸易“单一窗口”标准版系统实现货物报关报检共5 000多批次。

【口岸通关效率不断提升】 一是压缩检验检疫流程时长。为提升检验检疫通关便利化水平，实现进出口货物通关时间压缩三分之一的目标，围绕“减环节、优流程、压时限、降成本、提效率”的总体要求，在确保检验检疫执法有效性、风险可控性和工作质量的基础上，出台十项举措压缩货物通关放行时间。经测算，山西出入境检验检疫局已实现进出口货物通关时间压缩三分之一的目标。二是实施无纸化申报。组织开展全省全覆盖的无纸化系统局端及企业端培训，2017年6月13日，山西出入境检验检疫局正式上线运行无纸化系统，目前多家单位实现了无纸化报检全覆盖，不仅为企业节约大量的耗材、人工、交通等费用，同时大大提高报检效率。三是在口岸开展“一站式作业”。在旅检通道对旅客携带物全面推行关检“一机双屏”工作模式，实现信息共享；与口岸联检部门共同建立运输工具联合查验机制；建立进出口货物联合检查工作机制。

开放口岸

【太原空运口岸（太原武宿国际机场）】 太原武宿国际机场距太原市区13.2千米。太原空运口岸于2004年经国务院批复同意扩大对外国籍飞机开放，并于2005年1月通过国家正式验收。2007年11月，太原武宿机场更名为太原武宿国际机场，为国内省会级干线机场，是北京首都国际机场的备降机场。太原武宿国际机场场区占地面积为588.7万平方米，飞行区等级为4E级，跑道长3 600米，宽度75米，站坪34万平方米，有机位43个，可起降B747机型，同时满足F类A380机型备降需要。新建的T2航站楼于2008年7月投入使用，面积为5.5万平方米，其中国际厅面积1.8万平方米。T1航站楼经过改造，面积为2.6万平方米，并于2014年1月1日启用。新货运楼于2010年4月投入使用，总建筑面积12 417平方米，其中海关监管货运库约2 000平方米。

【大同空运口岸（临时开放）】 大同空运口岸（大同云冈机场）于2013年7月31日经国家口岸管理办公室批准临时开放，开通大同至香港、仁川、芭提雅、岘港、暹粒、金边航线。大同云冈机场经国务院同意已列入《国家口岸发展“十三五”规划》。2017年8月，大同机场列入国家口岸办印发的《2017年度口岸开放审理计划》。

大同云冈机场于2006年1月正式通航，占地面积144万平方米，飞行区等级为4C级，可起降B737-300及以下机型，跑道长3 000米，宽度45米，站坪2.4万平方米。2013年对T1航站楼进行了全面改造，新建了候检大厅，增设了检验检疫、边检、海关等设备设施，新建后的国际厅航站楼新增面积2 070平方米，达到6 325平方米，能够满足高峰180人次/时客流量需求，达到航空口岸正式开放的基本要求，进一步提升了旅客通关便捷水平和服务质量。

【运城空运口岸（临时开放）】 运城空运口岸（运城张孝机场）于2017年4月12日经国家口岸管理办公室批准临时开放，开通了运城至香港、曼谷和芭提雅国际（地区）航线。

运城空运口岸，位于运城市东北方向11千米处陶村镇张孝村，2005年2月建成通航。跑道长3 000米，宽60米，可起降B767-300以下系列机型。机坪面积6万多平方米，可同时停放10架飞机，飞行区等级为4D。现有两座航站楼，总面积3万余平方米，可满足年旅客吞吐量200余万人次需求。引进国航、南航、东航、深航、厦航5家航空公司，开辟航线26条，通航城市29个。目前运行的航线有10条，通航城市有北京、广州、成都等15个。

海关特殊监管区域

【太原武宿综合保税区】 太原武宿综合保税区位于山西太原经济技术开发区东、武宿国际机场西，规划面积2.94平方千米。于2012年8月26日经国务院批准设立，2013年12月正式封关运营，是山西省首个综合保税区，也是山西省目前唯一的综合保税区，是示范区中部产业整合区的一部分。

2017年，太原武宿综合保税区监管货值240.3亿元，同比增加1.6倍，监管货运量6.7万吨，同比下降48.5%；审核报关单证2万份，同比增加1.2倍；受理报检进出境货物1 011批，货值17 821.97万美元，同比分别增加25.90%、5.73%。其中“一日游”货物947批，货值17 100.6万美元。“一日游”货物主要为不锈钢卷板、冷轧不锈钢板材、包装纸盒、蓄电池、手机用振子、信号传输线等。

当前，综合保税区入区建设项目共4个（另有占地108 000的重大传染病防治项目退区），包括文化保税服务及加工贸易项目占地73 333平方米、祺比欧纯天然椰纤维制品加工项目占地53 333平方米、太钢保税物流基地项目占地33 333平方米、中外运保税仓储物流项目占地52 000平方米。

【山西方略保税物流中心】 山西方略保税物流中心是2008年12月26日经国务院授权，海关总署、财政部、国家税务总局、国家外汇管理局联合审批的全国首批17家扩大试点的保税物流中心之一，也是山西省首家保税物流中心（也是具有民营特色的保税物流中心）。2009年6月16日，山西方略保税物流中心通过国务院验收并封关运营。

该中心具有进口货物保税存储、出口货物入中心退税、进出口货物监管配送、深加工结转货物入中心“一日游”、转口贸易、国际采购、分拨配送及中转、流通性简单加工与增值服务、商品展示等功能。2017年，进出口报关报检901票，进出口货物5 650吨，进出口金额820万美元，上缴税收近亿元。服务客户包括晋城富士康、汇源果汁、西安海升、蓝星化工、北车集团永济电机、山西耀阳贸易、山西汤荣机械制造、深圳中集等110家，进出口业务辐射澳大利亚、巴西、印度尼西亚、墨西哥、菲律宾、哥伦比亚、日本、韩国及欧美、东南亚、我国香港和澳门等20多个国家和地区，产品覆盖铁矿砂、铜精粉等冶炼炉料，果汁生产线，聚苯醚，医疗设备，机电，化工，农副产品，黑色金属，各类建材等20多类150多个品种。

【山西兰花保税物流中心】 山西兰花保税物流中心（B型）位于山西晋城市东部，占地面积0.12平方千米，总仓储面积5.16万平方米，其中，有室内仓库4座，面积2.9万平方米，散货堆场2个，面积2.26万平方米，海关查验区和通关服务中心各1 000平方米。

山西兰花保税物流中心2014年10月13日经海关总署、财政部、国家税务总局和国家外汇总局联合批准设立，2017年3月1日通过了国家四部委的正式验收，2017年6月19号，正式获得海关总署颁发的保税物流中心（B型）验收合格证书、注册登记证书。2017 年 9 月 22 日开展了山西兰花保税物流中心的第一单保税物流业务。

山西兰花保税物流中心属海关监管区，主要特点是可以实现进口缓税缓证，出口提前退税，能够降低进出口企业的资金占压。主要业务功能是为进出口企业开展保税进出口货物存储、流通性简单加工服务及全球采购和国际分拨、配送业务。2017 年 8 月 15 日，山西兰花保税物流中心封关运营。2017 年共开展了 5 笔保税进口业务。

2017 年山西省口岸大事记

2 月 13 日 ~14 日

海关总署党组成员张广志一行在太原、忻州、大同调研口岸工作。山西省副省长王赋陪同调研。

2 月 15 日

山西省首趟中欧班列开行仪式在中鼎物流园举行，山西省副省长王一新出席并宣布开行。

2 月 19 日

山西出入境检验检疫局助吉县苹果首次出口澳大利亚。

2 月 28 日

首趟太原到天津港的多式联运班列从中鼎物流园发出。

3 月 23 日

运城机场航空口岸开展埃博拉出血热联防联控演练。

3 月 27 日

山西省副省长王赋在运城调研运城机场航空口岸临时开放工作。山西省政府副秘书长张文栋，运城市委书记王宇燕、市长陈振亮，山西省口岸办主任韩仲平等陪同调研。

3 月 31 日

山西省政府副秘书长张文栋在太原召开大同机场、五台山机场航空口岸开放第一次工作协调会。

4 月 7 日

根据山西省政府指示要求，山西省口岸办在运城机场召开运城机场临时对外开放验收工作会议。

4 月 10 日

太原航空口岸首次截获入境活体寄居蟹。

4 月 12 日

国家口岸办批复山西运城机场临时开放。

5 月 7 日

为贯彻落实山西省委省政府关于保障“一带一路”国际合作高峰论坛顺利召开的工作部署，山西省口岸办组织太原机场海关、太原机场出入境检验检疫局、山西省公安边防总队召开工作协调会，研究高水平保障高峰论坛外方代表团备降机场通关保障等相关工作。

6 月 6 日

澳大利亚 700 头羊驼在太原航空口岸入境。标志着太原航空口岸“一站式作业”试点工作正式启动。

6 月 22 日

山西运城航空口岸首条国际（地区）航线运城—香港航线正式开通。

6 月 27 日

载有 82 匹赛马的澳大利亚货运包机在太原航空口岸入境。这是山西省口岸首次直接从国外引进赛马，也是全国单批进口量较大的一次。

7 月 4 日

山西省经信委副主任卢秋生一行到五台山机场开展调研工作。

7 月 28 日

临汾—慕尼黑中欧班列首发仪式在侯马举行，山西省副省长贺天才出席。

8 月 16 日

山西省经信委副主任卢秋生赴太重（天津）重件码头进行调研。

8 月 18 日

山西省完成国际贸易“单一窗口”标准版首单申报。

8 月 30 日

山西省经信委组织召开国际贸易“单一窗

口”标准版扩大试点启动工作会议

8月31日

大同开通至柬埔寨暹粒国际航线。

9月17日

大同新开至越南岘港国际航线。

9月26日

大同新开至泰国曼谷航线。

9月28日

全国口岸办主任会议在京召开。山西省政府副秘书长张文栋、山西省口岸办主任韩仲平参加了会议。

11月上旬

国家口岸办组织召开集装箱进出口环节合规成本专项治理行动电视电话会议，动员部署集装箱进出口环节合规成本专项治理行动。

山西航空口岸首次截获有害生物T形斑锯谷盗。

11月17日

山西省口岸开放培训班在大同举办。

12月6日

上海与中部六省口岸大通关合作第十一次联席会议秘书长会议在安徽省召开。山西省口岸办主任韩仲平参加了会议。

12月12日

山西番茄酱罐头首次出口英国。

12月14日

运城航空口岸旅客吞吐量突破两万人次。

12月22日

富士康成为山西省内首家ERP系统对接“单一窗口”标准版的企业。

是日

大同进口肉类指定查验场通过现场审核验收。

（撰稿人：宋晓徽、雁双菲、李盼、乔溪）

2017 年山西省口岸流量统计表

口岸类型		口岸名称	货运量（万吨）				集装箱量（万标箱）				人员（万人次）				交通工具（辆、艘、架、列次）			
			出口	进口	合计	同比（%）	出口	进口	合计	同比（%）	出境	入境	合计	同比（%）	出境	入境	合计	同比（%）
空运口岸		太原空运口岸	3.10	167.90	171.00	-35.00					15.051 1	15.171 9	30.223 0	-8.25	1 135	1 145	2 280	-17.00
		大同空运口岸									1.383 8	1.339 9	2.723 7	98.00	86	86	172	46.00
		运城空运口岸									1.246 3	1.209 4	2.455 7		129	123	252	
		分计									17.681 2	17.721 2	35.402 4	-8.25	1 350	1 354	2 704	-5.62
陆路口岸	公路口岸																	
		分计																
	铁路口岸																	
		分计																
水运口岸	海港口岸																	
		分计																
	河港口岸																	
		分计																
合计																		
同比（%）																		

（山西省口岸办提供）

2017 年山西省口岸出入境主要数据表

<table>
<tr><th colspan="3">项目</th><th>2017 年</th><th>2016 年</th><th>同比（%）</th></tr>
<tr><td rowspan="14">出入境人员
（人次）</td><td colspan="2">出入境人员总数</td><td>354 024</td><td>386 061</td><td>-8. 25</td></tr>
<tr><td colspan="2">入境人员</td><td>177 212</td><td>193 370</td><td>-8. 36</td></tr>
<tr><td colspan="2">出境人员</td><td>176 812</td><td>192 691</td><td>-8. 24</td></tr>
<tr><td colspan="2">出入境旅客</td><td>330 341</td><td>361 813</td><td>-6. 89</td></tr>
<tr><td colspan="2">出入境员工</td><td>23 710</td><td>24 248</td><td>-2. 22</td></tr>
<tr><td rowspan="5">中国公民</td><td>小计</td><td>346 822</td><td>372 473</td><td>-6. 89</td></tr>
<tr><td>内地居民（因公）</td><td>11 816</td><td>7 989</td><td>47. 90</td></tr>
<tr><td>内地居民（因私）</td><td>273 574</td><td>306 463</td><td>-10. 73</td></tr>
<tr><td>港澳居民</td><td>12 218</td><td>10 593</td><td>15. 34</td></tr>
<tr><td>台湾同胞</td><td>49 214</td><td>47 428</td><td>38. 22</td></tr>
<tr><td colspan="2">外籍人员</td><td>10 780</td><td>25 205</td><td>-57. 23</td></tr>
<tr><td colspan="2">从海港出入境人数</td><td></td><td></td><td></td></tr>
<tr><td colspan="2">从陆港出入境人数</td><td></td><td></td><td></td></tr>
<tr><td colspan="2">从空港出入境人数</td><td>354 024</td><td>386 061</td><td>-8. 25</td></tr>
<tr><td rowspan="5">交通运输工具
（辆、艘、架、列次）</td><td colspan="2">总计</td><td>2 704</td><td>2 865</td><td>-5. 62</td></tr>
<tr><td colspan="2">船舶</td><td></td><td></td><td></td></tr>
<tr><td colspan="2">飞机</td><td>2 704</td><td>2 865</td><td>-5. 62</td></tr>
<tr><td colspan="2">火车</td><td></td><td></td><td></td></tr>
<tr><td colspan="2">机动车辆</td><td></td><td></td><td></td></tr>
</table>

（山西公安边防总队提供）

2017 年太原海关主要数据统计表

序号	业务类别	单位	2017 年	同比（%）
1	进出口货运量	万吨	171.0	-35.0
	其中：进口	万吨	167.9	-35.0
	出口	万吨	3.1	-35.2
2	报关单数量	份	42392	145.5
	其中：进口	份	27587	146.1
	出口	份	14805	144.3
3	山西省进出口贸易总额	亿元	1161.9	5.6
	其中：进口	亿元	471.6	6.0
	出口	亿元	690.3	5.3
4	监管进出境航班及包机	架次	2704	-5.62
	监管进出境旅客	万人次	37.9	-5.1
5	加工贸易合同备案	份	49	133.3
	内销征税	万元	10547.0	21.6
	加工贸易手册实际进出口值	亿美元	119.5	4.6
6	本关区企业登记备案	家	4594	13.5
	其中：新增企业备案	家	621	6.5
	高级认证企业	家	7	-36.4
7	征收税款	亿元	13.78	-8.3
	其中：征收关税	亿元	1.70	-45.7
	征收代征税	亿元	12.1	-12.8
8	审核进口减免税货值	亿美元	1.9	6.67
	减免税款	亿元	2.5	21.2
9	立案行政案件	起	68	11.5
	案值	亿元	0.81	-90.8
	涉税	万元	763.1	48.5
10	办结行政违规案件	起	55	-9.8
	补税	万元	417.4	64114.8
	罚款	万元	157.1	911.4
11	立案刑事案件	起	8	100

2017年山西省出入境检验检疫业务统计表

项目	货物检验检疫				交通工具				集装箱（标箱）		发现动植物疫情		货物通关		出入境人员查验（人次）	健康检查及预防接种（人次）			
	批次	金额（万美元）	检验检疫不合格																
			批次	金额（万美元）	船舶（艘）	飞机（架）	火车（节）	汽车（辆）	合计	检出问题	种类数	种次	批次	金额（万美元）		健康检查	艾滋病监测	发现病例	预防接种
本年累计	21 476	153 565	118	3 814	–	2 704	–	–	2 959	0	37	51	12 264	59 797	354 024	7 902	7 755	167	8 704
其中 出境	15 129	71 652	38	74	–	1 350	–	–	488	–	–	–	11 131	46 398	176 812	6 791	–	–	–
其中 入境	6 347	81 913	80	3 740	–	1 354	–	–	2 471	–	–	–	1 133	13 399	177 212	1 111	–	–	–
同比（%）	19.60	18.40	-32.20	43.10	–	-5.62	–	–	28.50	-100.00	0	-45.74	6.14	-7.80	-8.25		18.92	30.50	1.30
其中 出境	-0.50	10.80	-49.30	-77.00	–	-6.00	–	–	-9.29	–	–	–	9.64	18.52	-8.00		–	–	–
其中 入境	131.1	25.90	-19.20	65.10	–	-6.00	–	–	-31.34	–	–	–	-19.24	-47.88	-9.00		–	–	–

（山西出入境检验检疫局提供）

内蒙古自治区

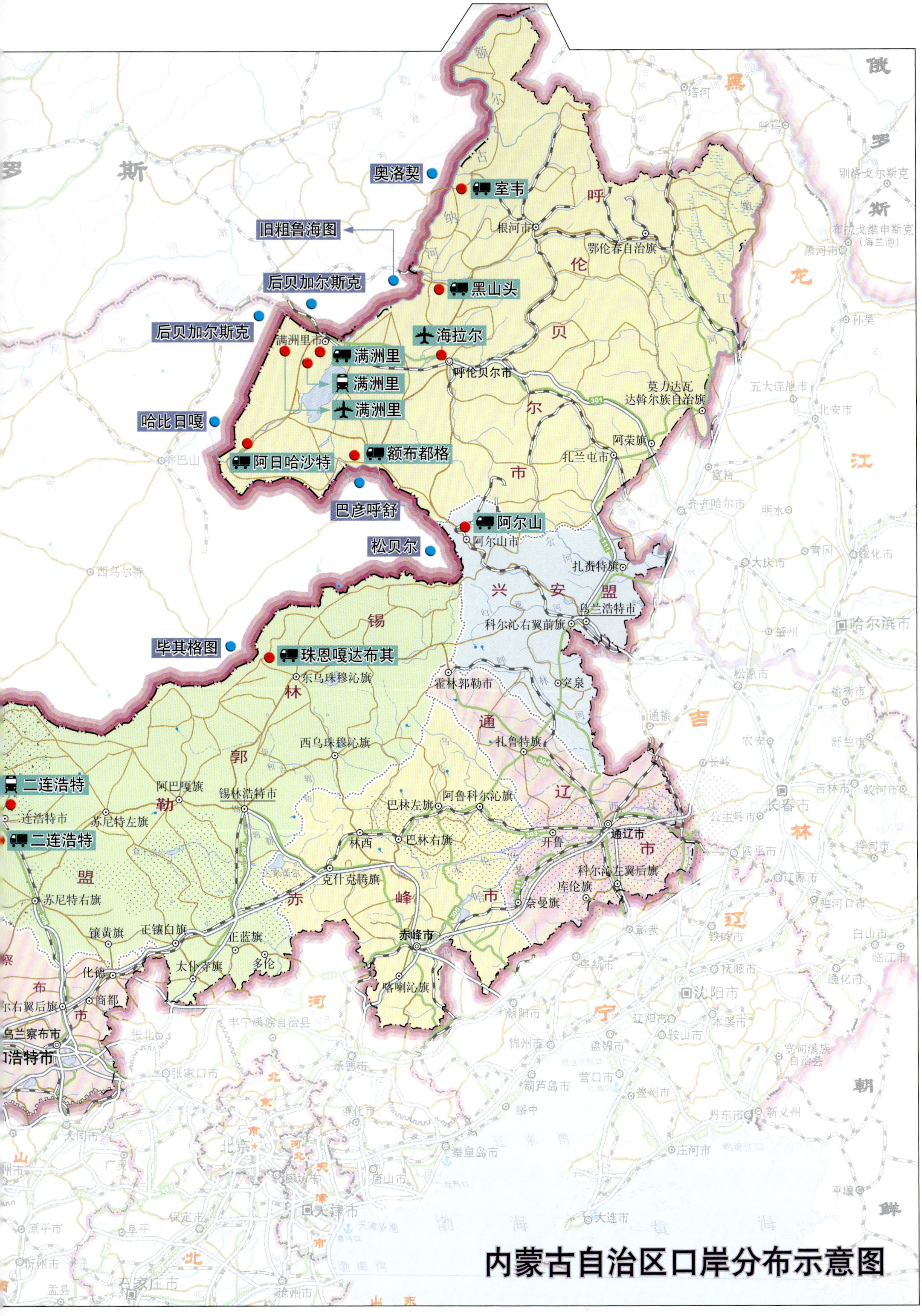

内蒙古自治区口岸分布示意图

口岸名称	批准开放时间	开放状态	国外对应口岸
呼和浩特空运口岸	1991.12	国际常年	
满洲里空运口岸	2009.2	国际常年	
海拉尔空运口岸	1993.7	国际常年	
鄂尔多斯空运口岸	2016.1	国际常年	
满洲里铁路口岸	1989.4	国际常年	后贝加尔斯克
二连浩特铁路口岸	1989.4	国际常年	扎门乌德
满洲里公路口岸	1989.4	国际常年	后贝加尔斯克
二连浩特公路口岸	1990.6	国际常年	扎门乌德
策克公路口岸	2005.6	双边常年	西伯库伦
乌力吉公路口岸	2016.2	双边常年	查干德勒乌拉
甘其毛都公路口岸	2007.9	双边常年	嘎顺舒苏海图
珠恩嘎达布其公路口岸	2006.8	国际常年	毕其格图
满都拉公路口岸	2009.2	双边季节	杭吉
额布都格公路口岸	2009.2	双边季节	巴彦呼舒
阿日哈沙特公路口岸	1992.3	双边季节	哈比日嘎
黑山头公路口岸	1989.4	双边常年	旧粗鲁海图
室韦公路口岸	1989.4	双边常年	奥洛契
阿尔山公路口岸	2012.3	国际常年	松贝尔

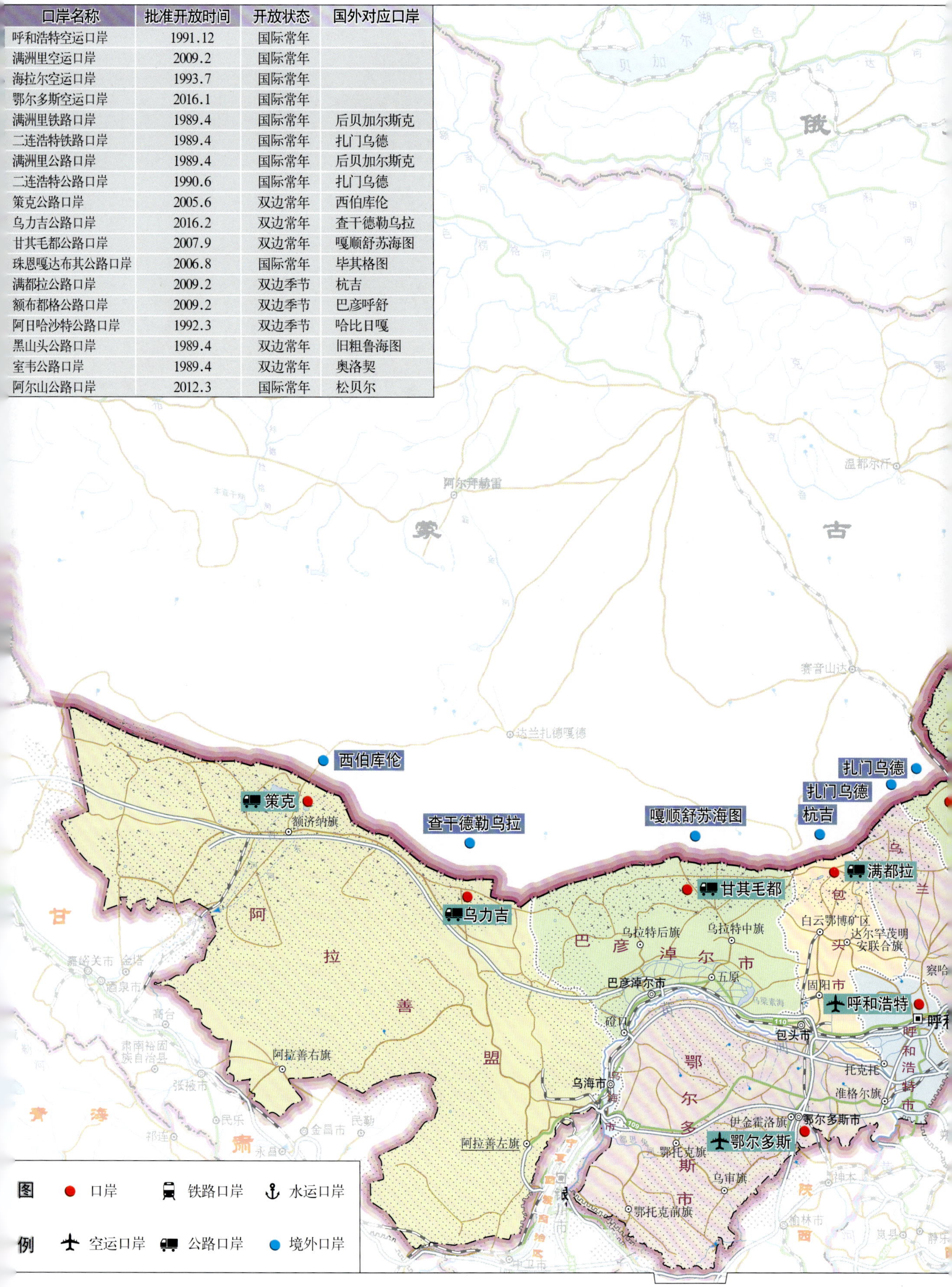

口岸数量及分布

截至2017年年底，内蒙古自治区共有经国务院批准对外开放的口岸18个，其中，空运口岸4个，分别是呼和浩特空运口岸（呼和浩特白塔国际机场）、海拉尔空运口岸（海拉尔东山国际机场）、满洲里空运口岸（满洲里西郊国际机场）、鄂尔多斯空运口岸（伊金霍洛国际机场）；陆路（铁路）口岸2个，分别是二连浩特、满洲里铁路口岸；陆路（公路）口岸12个，分别是满洲里、二连浩特、策克、甘其毛都、珠恩嘎达布其、满都拉、额布都格、阿日哈沙特、黑山头、室韦、阿尔山、乌力吉公路口岸。其中，对俄罗斯口岸有4个，对蒙古国口岸有10个。

口岸运行数据

2017年，内蒙古自治区口岸进出境货运量8 706.88万吨，同比增长10.3%。其中，进境货运量6 476.71万吨，同比增长16.6%；出境货运量1 032.37万吨，同比增长9.6%。转口货运量1 197.80万吨，同比下降14.0%。全区口岸进出境客运量586.32万人次，同比增长10.1%。其中，进境客运量293.42万人次，同比增长10.3%；出境客运量292.90万人次，同比增长9.9%。全区口岸进出境交通工具183.4万列（辆、架）次，同比增长11.6%。其中，进境交通工具91.37万列（辆、架）次，同比增长11.5%；出境交通工具91.66万列（辆、架）次，同比增长11.8%。转口交通工具3 758列次，同比增长1.1%。

口岸综合管理

【口岸开放和建设取得新进展】《内蒙古自治区口岸“十三五”发展规划》正式印发。国务院批复同意额布都格、阿日哈沙特口岸扩大为常年开放口岸。阿尔山公路口岸增加临时开放时间，包头、二连浩特机场实现全年临时开放。鄂尔多斯综合保税区获国务院批复。海关总署批复同意设立包头、巴彦淖尔保税物流中心（B型）。乌兰察布、乌海内陆港开通运营，乌力吉公路口岸开工建设。完成14个口岸视频监控系统即二级指挥中心建设。支持出入境检验检疫局开展“智检内蒙古”建设。指导地方盟市加快推进肉类进口指定口岸建设。

【全面推进国际贸易“单一窗口”建设】出台国际贸易“单一窗口”建设实施方案，编制完成国际贸易“单一窗口”建设三年规划。完成2017年国际贸易“单一窗口”1 600万专项资金招投标工作。在全区10个公路口岸启动运输工具“单一窗口”系统（即智能卡口）建设。开展国际贸易“单一窗口”标准版的推广应用工作，国家标准版与内蒙古电子口岸平台顺利对接，实现口岸全覆盖和业务全覆盖。组织外贸企业开展应用培训工作，外贸企业使用国际贸易“单一窗口”开展报关报检的单量基本达标。

【深入推进“三互”大通关改革】 推动“三互”大通关改革范围由旅检领域全面扩展到货物通关领域。协调联检部门间优化通关流程，减少监管环节，简化通关手续和完善联系配合机制；开展了压缩货物通关时间，集装箱进出口环节合规成本专项治理等行动，并完成下达的任务目标。协调免除查验没有问题外贸企业吊装移位仓储费用。配合完成政府定价进出口环节经营服务收费目录清单，及时更新《内蒙古自治区定价目录》中涉及口岸收费项目的名称。

【为中欧班列运行创造良好环境】 加大对包头、赤峰、乌海和乌兰察布等地陆港的支持力度，开通区内始发的中欧班列。指导满洲里口岸办与有关部门组建了满洲里中欧班列运营平台公司，开行从满洲里口岸始发到俄罗斯的中欧班列。2017年，满洲里铁路口岸进出境班列1 302列，同比增长25.68%，线路42条，货值56.8亿美元。二连浩特铁路口岸进出境班列575列，同比增长246%，线路15条，货值25.1亿美元。

口岸监管与服务

【内蒙古自治区公安边防总队紧跟全区发展大局，全力服务地方经济社会发展】 一是深入落实开放带动战略。积极响应国家、自治区支持沿边重点地区开发开放、深入实施开发带动战略及进一步加快旅游业发展相关政策，研究制定《落实自治区开放带动战略，服务旅游业发展和沿边重点地区开发开放12项措施》，全力提高边境口岸管控水平和服务经济社会发展能力。二是全力助推区域经济发展。高效完成包头、二连浩特2个空运口岸临时开放，甘其毛都、策克等4个公路口岸扩大开放的申报审核、调研论证、验收报批工作，有序推进乌力吉口岸边检各项筹备工作，积极支持满洲里互贸区深度开放试点和二连浩特、额尔古纳等互市贸易区开放建设，分类搞好帮扶指导，确保口岸临时开放、扩大开放和新型跨境贸易形态与边检工作形成良性互动。三是加强口岸通关能力建设。深化与海关、检验检疫部门联勤协作内涵，积极推动“单一窗口”“一站式作业”“并联式通关”等服务。推广以“诚信管理、风险评估、动态监管”为主的能源通道勤务模式，在货运量大的公路货运口岸推行预报预检、会晤磋商、饱和验放、差别查验、快捷通关的“星级”车辆检查模式，累计延长通关时间1 500余小时，增加查验能源运输车辆15万辆次以上。

【内蒙古自治区公安边防总队创新边检服务管理，全力构建和谐顺畅通关模式】 一是提升信息化应用水平。全区9个边检站建成旅客自助查验通道27条，14个边检站53个智能验证台全部启用。在甘其毛都口岸开展陆地口岸货运车辆自助通关研究，在满洲里、二连浩特、鄂尔多斯等口岸部署试用情感预警分析系统，积极推动全区口岸部署使用人脸识别系统，全力提升排查涉恐涉暴人员预警应对能力，积极推进满洲里、二连浩特等口岸立体化高清智能周界防控系统建设，进一步提升口岸限定区域管控能力和“三互”工作水平。二是深化通关便利化举措。加强与对应俄蒙边防部门联系，共同就优化口岸管理、加快通关速度、促进边贸旅游产业发展等磋商交流，促进口岸“双向提速”。建立完善了重大勤务保障机制，圆满完成了“第二届中蒙博览会”等50余个重要勤务通关保障任务，为自治区对外交往合作重点项目出入境提供300余次快捷通关服务，救助中外籍病重旅客180余人，为62条中欧货运班列提供便捷化通关服务。三是圆满完成“《联合国防治荒漠化公约》第十三次缔约方大会”边防检查及安全保卫工作。结合全区边境口岸地区实际，先后制定了工作方案和推进措施，建立健全了指挥运转、统筹推进、工作会议、信息简报、形势分析、对外联络、请示报告等工作制度。先后赴浙江、新疆调研考察承接国家重大活动边防检查和安全保卫工作先进经验和成功做法，选派工作组深入鄂尔多斯边检站对查验场地、人员配置、执勤警力、设备装备、后勤保障等需求进行调研论证，指导鄂尔多斯边检站完成了口岸查验环境和执勤查验处突装备升级改造工作。制定了14种常遇边检勤务问题处置流程，完善了4类14种处突预案。构建了区域联动响应机制，建立全区口岸联动机制，部署全区全面加强边防检查、口岸管控、边境社会面防控、应急处突准备等各项工作。在鄂尔多斯边检站设立前进指挥部，固化并形成了一整套符合实际需要和未来发展趋势的重大活动边防检查和安保指挥模式。

【内蒙古自治区公安边防总队织密口岸防控网络，全力打造北疆安全稳定屏障】 一是全力抓好口岸反恐工作。以维护国家安全、政治安全和政权安全为第一责任，强化“北疆安全屏障”和环京环疆“护城河”使命意识，部署开展全区口岸隐患排查整治专项行动，研究制定加强反恐工作12项具体措施，进一步强化目标、划立标准、明确事项，编制9类业务规范下发一线执行，圆满完成国家和自治区重大活动的安保任务。“十九大”安保期间，满洲里边检站共查获携带暴恐音视频案件3起。二是大力强化人员查控工作。强力推进“小前台、大后台”“前台检查询问，后台审查处理”勤务模式，组建“边检查控中心”，指导全区的查控管理及梅沙系统运维工作，实行24小时值班，进一步增强查控工作水平，先后查获偷渡案件8起8人，查获在控对象575人，查处涉其他违法违规案件730人，为确保口岸安全顺畅运转奠定坚实基础。三是强化口岸联勤联控能力。深化与国家安全、公安国保、驻地军警、联检联运、俄蒙边检等部门在反恐、通关等方面合作，先后查获枪2支、子弹415发及走私肉类及动物冷冻制品7 318.4公斤、废旧金属825公斤、黄羊角1 030根。四是不断强化队伍素质能力水平。举办了3期“全区边检综合业务培训暨反恐培训班”“新任检查员岗前培训班”。组织召开了“边检网络学院”系统运维分中心线下年会，录制上报了10个微课程教学视频，派出专项工作组完成了全区梅沙系统巡检。继续推行各边检站间警力互助支援交流模式，组织阿尔山、海拉尔边检站2批4个岗位18名执勤人员赴满洲里边检站助勤交流，促进全区业务素质建设均衡发展。

【呼和浩特海关推动口岸通关大幅提速】 2017年，呼和浩特海关关区进、出口平均通关时间较2016年分别缩短72.6%、46.9%，均超额完成压缩通关时间三分之一任务。一是去繁就简。加快口岸通关现场非必要执法作业的前推后移，业务流程进系统、信息化；精简进口大宗散装货物落地审批手续，加大非侵入式大型集装箱检查设备检查比率，通关全过程无纸化率达97.31%。进口、出口查验率分别降至4.91%、1.83%。甘其毛都、满都拉、策克口岸进出境车辆实现读秒通关。国际快件24小时通关。二是专窗处理。与兄弟海关签订通关协作配合办法，对中欧班列货物境内通关全程监控，24小时预约通关，专人专岗、专门窗口、最快速度验放。

【呼和浩特海关推广海关优惠政策】 一是打造海关优惠政策抽屉。全面梳理汇总海关现有的支持地方发展相关政策，形成分门别类、动态调整的对外开放政策库。多次实地调研中哈霍尔果斯国际边境合作中心，形成该模式在内蒙古落地的可行性报告报自治区政府。积极向国务院申请下放中蒙间口岸边民自驾车（八座以下）管理审批权限。二是指导用好特殊监管区政策。邀请海关总署专家赴呼包鄂地区向地方政府、外贸企业开展专题政策解读。关党组书记带头赴辖区8个盟（市）调研宣讲，为盟市外贸发展把脉建言。指导鄂尔多斯综合保税区加快建设，派员专门赴郑州综合保税区学习取经。支持呼和浩特出口加工区升级为综合保税区，复制推广上海自贸试验区“11+14”项监管创新措施。申请海关总署增加保税物流中心（B型）名额，推动包头、巴彦淖尔保税物流中心（B型）加快建设，支持乌兰察布市申建保税物流中心（B型）。出台支持设立进境免税商店、申报整车进口口岸等10项措施，助力二连浩特国家重点开发开放试验区建设。

【呼和浩特海关打击走私“稳准狠”】 “国门利剑2017”行动推动有力，全年破获走私刑事案件35起、案值4 190万元、涉税649万元。主动承担自治区反走私组织协调工作，推动出台《内蒙古自治区盟市打击走私综合治理工作考核评分标准》，推动包头市、额济纳旗设立打击走私综合治理领导小组办公室，实现边境口岸地区反走私综合治理协调机构全覆盖。

【呼和浩特海关全面深化海关改革】 一是启动实施业务综合改革，顺利对接全国海关通关一体化改革。全面启动“1+10”业务综合改革，建立覆盖自治区中西部的查验作业监控中心、稽核查中心、风险防控中心，配齐配强专业力量，集中管理资源，服务“呼包鄂”“沿黄”经济带。2017年7月1日，全国海关通关一体化改革顺利切换，自治区外贸企业“关通天下”，可在全国任意一个海关完成申报、缴税等海关手续，实现申报更自由、手续更简便、通关更顺畅。二是大力推动自治区成为国内首个真正实现国家间海关“三互”的省区。对蒙古国公路口岸实现统一载货清单全覆盖，启动电子数据传输共享试点。确定中蒙海关联合监管第二阶段“监管结果互认”试点，共用安全智能锁以实现特定集装箱货物机检图像和称重结果互认。中蒙边境地海关统计数据交换工作顺利推进。三是跨部门一次性联合检查全覆盖公路口岸。货运通道关检合作“四个一”（一杆、一磅、一机、一场）“一站式”作业改革覆盖关区5个公路口岸。借鉴深圳口岸监管模式，以车辆为单位，关检实行“提前申报、卡口验放”的监管作业模式。

【满洲里海关协调推动全国海关通关一体化改革】 稳步推动二级风险防控中心建设，实现风险监控、参数、布控等6项职能集约化运作，风险防控体系基本构建。统筹推进隶属海关功能化建设与后续监管一体化改革。协调推进税收征管方式改革与业务流程再造，自报自缴率位居全国海关第6位，助推通关效率提升。2017年12月关区进口平均通关时间4.12小时，较一体化改革前效率提升40.63%，较同期全国平均水平快4.08小时；出口平均通关时间0.57小时，较一体化改革前效率提升45.71%，较同期全国平均水平快0.34小时。取消行政审批事项2项，清理影响通关效率和办事效率的冗余环节8个。推进信息化管理，各现场取消纸质单证2类，推进税费支付电子化，对保证金退还、转税及转罚没实现“点对点”支付；实行“先机检、再报关”顺势监管和预约查验制度。旅客“并联式通关”、运输工具联合登临检查模式成功推广至关区全部旅检业务现场；在黑山头口岸推动法检商品监管互认；积极协调推进国际贸易“单一窗口”建设。关区进、出口通关时间较2016年分别缩短1.19小时和2.01小时，较全国水平快9.73小时和0.16小时，旅客和运输工具通关环节缩减1/3，完成货物通关时间压缩1/3的预定目标。

【满洲里海关切实加强固体废物进口监管】 成立加强固体废物监管打击“洋垃圾”走私工作领导小组。坚持“管源头”“控节点”同步发力，研判固体废物走私倾向和隐患。加强通关环节风险研判和布控查验，完善风险分析模型，丰富筛选方法应用。推动打击固体废物走私综合治理长效机制建设，加强进口固体废物关检“联合查验”力度。开展打击“洋垃圾”走私“蓝天”专项行动，相继查获走私废旧医疗设备案件4起，走私废旧电瓶、废旧金属进境案件7起。

【满洲里海关深入拓展“双随机，一公开”】 货物监管和稽查领域“双随机”进一步规范，“一单两库”基本建成，关区随机布控查验比率已达到99.42%，常规稽查“双随机”试点与“机动稽查”机制融合推进，已试点对7家企业实行“双随机”机动稽查。旅检领域“三个随机”进一步扩展，实现关区旅检现场全覆盖。“一公开”工作顺利推进，门户网站、业务现场显示屏等海关执法信息公开渠道全面启用。

【满洲里海关全力推进法治海关建设】 规范制度源头，对60项制度开展合法性审查；编制权力运行流程图，链接关区10类64项权责清单，推动权责对应、公开透明。开展执法检查，规范行政审批和内部核批事项办理。落实普法责任制，开展法制宣传5次。加强海关知识产权保护，组织开展“龙腾”行动，办理涉嫌侵权案件1起；建立关区出口知识产权优势企业培塑名单，加强政策宣讲、风险分析和执法联动。加强法治队伍建设，完成海关行政执法人员执法资格考试，通过率达99.72%，积极培养业务一线法律专业人才。

【满洲里海关科技化监管能力进一步提升】 推动监管工作信息化、科技化、智能化“三步走”，第一步，信息化监管体系已基本成型，互市贸易区通关管理系统、公路口岸车辆出入境管理系统上线运行，推动监控指挥中心平台、查验异常结果处置系统等信息化管理系统建设；数字监控系统完成升级，实现关区监管场所、查验场地与海关总署监控指挥中心100%联网，集监管场所、运输工具、实货于一体的监控体系基本建成。第二步，科技化监管体系初具雏形，车号自动识别系统、CT式检查设备、人体X光机、乘用车检查系统配置更为合理，“监管可视化系统”“在途监管系统”启动开发。2017年年内，应用科技设备查获车体夹藏走私玉矿石案、行李物品藏匿濒危动物制品案等 49 起，科技设备实战能力显著发挥。第三步，智能化监管体系启动谋划。

【满洲里海关重点领域安全管控进一步加强】 加强涉枪涉爆专项治理，查获各类子弹 519 枚，枪支、管制刀具等 1 000 余件。相继查获具有团伙走私性质的走私犯罪案件 10 起，成功打掉 5 个影响恶劣的走私团伙。加强加工贸易专项治理，全年查获加工贸易领域木材走私案件 3 起，案值 1 085.8 万元。加强虚假贸易管控，对 3 家高风险企业开展贸易调查，对 44 家企业实施通关锁定、暂缓统计进出口贸易值 9.48 亿元。加强监管场所和口岸安全管控，对 3 家不符合消防规定的保税仓库责令办理了注销手续；优化口岸液化天然气进口通关流程，积极推进地方政府规范危化品进出境运输工具资质管理和设立危化品进口专用通道。“国门利剑”行动战果丰硕，全年查获刑事案件 18 起，同比增长 29 %，案值 2 607.32万元，涉税 378.9 万元；查获行政案件 164 起，同比增长 44%，案值 3 620.79 万元，同比增长 75%，涉税 246.54 万元，同比增长 5.7 倍；罚没入库 996.4 万元。

【满洲里海关积极对接“一带一路”倡议】 中欧班列通关环境进一步优化。着力理顺关铁合作机制，与铁路部门开展班列信息互换，将海关监管嵌入铁路作业环节，做到“随到、随审、随验、随放”，班列通关时间缩短至 3 小时以内。深化“一带一路”通关合作机制建设，与南昌、哈尔滨等启运地海关签署便利化通关合作备忘录，与天津等海关共同启动海铁联运通关合作，目前共与 9 个海关建立了合作机制。向海关总署提出继续为中欧班列适用转关监管模式的建议，破解一体化通关模式下班列通关瓶颈。支持中欧班列特色化发展，主动为汽车出口班列及冷藏班列运行提供对接服务，班列比较优势不断提升。满洲里口岸出境班列贸易值已占满洲里口岸出口贸易值的 73.48%；进境班列贸易值已占满洲里口岸进口贸易值的 33.49%。推动边民互市贸易规范化发展，启用互市贸易信息化管理系统和电子卡口自动验放系统，监管实现全程电子化和无纸化，全年互贸区实现交易额 1.98 亿元，边贸市场繁荣度进一步提升。推进阿尔山口岸、黑山头口岸、额布都格口岸互市贸易区建设运营。推动满洲里综合保税区业务稳定增长，VR 芯片、西伯利亚松子加工等项目顺利投产，综合保税区全年实现贸易值 9.59 亿元。支持跨境电商发展，助推满洲里市国际邮件互换局建设；积极协调快件监管中心申建，赤峰保税物流中心“一中心，两平台”初见雏形。围绕“一带一路”贸易安全与便利，与俄罗斯西伯利亚海关管理局及蒙古国东方省海关进一步深化务实合作，开展边境互访和会晤 6 次；中俄海关监管结果互认合作成功启动，贸易统计数据交换项目实质化运作，数据比对分析结果直接服务于风险管控。中蒙海关共认载货清单合作成功破题，为“联合监管”奠定了基础。协助海关总署成功开展中俄海关防范核及其他放射性物质非法贩运联合演练，安全合作进一步深化。

【内蒙古出入境检验检疫局开展质量提升行动】 2017 年，内蒙古出入境检验检疫局按照国家质检总局部署，开展质量提升行动，组织制定“质量提升行动”实施方案，联合质监部门共同制定落实方案，推进大质量工作格局，推动《中共中央、国务院关于开展质量提升行动的指导意见》在内蒙古落地。加强质量宣传，组织开展“质量月”、质量宣传“五进”活动等。作为组长单位，制定 2017 年度自治区盟市质量工作考核指标，将“三同”、公共服务平台、示范区、口岸检验检疫综合能力建设等 11 项指标列入地方政府年度考核，自治区食药监局官网专门开辟检验检疫板块。

【内蒙古出入境检验检疫局促进特色产品形成出口集群优势】 深挖内蒙古特色产业优势，指导地方政府新建成 2 个国家级出口质量安全示范区，示范企业增加到 89 家，品牌达 39 个。形成螺旋藻、葵花籽仁、冷冻辣椒、乳制品、番茄制品、杂粮杂豆、调味品等 7 大优势出口产业，其中出口灭菌乳、调味品、螺旋藻、籽仁类产品和进口松子、冷冻马肉、熟制牛羊肉等位居全国第一，出口番茄酱和供港活牛位居全国第二，输韩熟制鸭肉占韩国进口市场50%以上。推动巴彦淖尔市创建出口食品农产品质量安全示范市。

【内蒙古出入境检验检疫局推动畜牧业转型升级】 2017年，内蒙古出入境检验检疫局紧扣自治区“建设优质农畜产品产业带，提升乳肉绒等优势特色产业竞争力，打造优质绿色农畜产品品牌”部署，打造进口优良种畜西部空中走廊，服务自治区畜牧业优良品种引进工程，指导地方引进加拿大、美国奶牛冷冻精液，加拿大、英国种猪，西班牙种禽，澳大利亚种羊，蒙古国种马赛马，荷兰驯鹿等优良品种，促进自治区畜牧业产业和品种结构调整、养殖业转型升级和向品牌化、高端化升级。全年进口种禽4.19万只、马173匹、种猪1 027头、驯鹿30头。扶持现代马产业发展，进口马匹和马肉贸易规模居全国首位。

【内蒙古出入境检验检疫局全力保障国门安全】 2017年，内蒙古出入境检验检疫局将口岸核心能力建设纳入政府绩效动态管理，牵头联合制定《内蒙古口岸核心能力动态管理实施方案》。创新构建“口岸核生化反恐监测应急指挥中心”4个平台、15个侦检工作部的反恐工作体系，发现并排除放射性超标47例。评估全区口岸地区外籍务工人员传染病疫情，加强外籍务工人员传染病防控工作，检出传染病452例，先后有自治区政府三位副主席作出批示，出台《境内边境口岸地区外籍务工人员传染病防控工作实施方案》。上线口岸公共卫生风险监测预警决策系统，确诊出入境人员传染病199例。构建国际疫情疫病联合防控防线，推动世界卫生组织国际卫生条例口岸合作中心和国际旅行卫生合作中心落户内蒙古，牵头与俄罗斯等四国检验检疫官员开展交流合作。构建中蒙卫生检疫合作机制，开展中蒙东部边境口岸病媒生物联合监测，全国系统中首次在境外（蒙古国）举行疫情疫病联合防控演练。构建“境外评估+边境查验+口岸联动+群防群控”四道防线体系，全区有7个口岸通过动植检规范化建设验收。健全国门生物安全查验机制，全年截获进境植物疫情231种34 997次，同比分别增长8.45%和85.28%，全国首次从进口加拿大种猪中检出2例猪蓝耳病，检出1例猪传染性胸膜肺炎，首次监测到5种有害生物。首次退运1批次无官方检疫证明文件的进口蒙古国马，退运1批次含牛羊源性成分的进口蒙古国马骨粉，退运11批含未申报转基因成分的油菜子。组织开展各口岸疫情防控培训和应急演练。做好进出口食品安全工作，监督抽查进口俄蒙食品25类334个项目，检出不合格进出口食品2 144批。联合巴彦淖尔市政府开展出口食品本底调查，对6 900平方千米农作物种植地土壤、灌溉水等风险因子进行全面评估，取得7 000余个监测结果，减少出口抽检项目。开展危化品质量安全隐患风险排查，持续强化有毒有害物质、节能环保项目监测，检出进口不合格煤炭8 260批，检出不合格铁矿4 109批，鉴定进口化工矿产品重量不合格3 694批。

【内蒙古出入境检验检疫局推动检管模式改革】 2017年，内蒙古出入境检验检疫局推进“国检试验区”建设，组织制定《创建检验检疫综合改革试验区（简称国检试验区）实施方案》，探索在满洲里、二连浩特等口岸先行先试，加强与自治区政府沟通汇报，并将以自治区政府名义向国家质检总局提出创建申请。深化“三互”改革，创新实施关检现场作业改革，着力打造陆路口岸“三互”升级版。牵头商务厅及满洲里、二连浩特市政府赴浙江、广东等地考察，创新市场采购监管模式，促进口岸经济发展。扩大第三方结果采信范围，试点开展消费品采信第三方检测结果。加快推进“双随机、一公开”进程，梳理随机抽查事项14项，“一单两库”工作全部完成。

【内蒙古出入境检验检疫局服务自治区外向型经济发展】 2017年，内蒙古出入境检验检疫局政策研究课题《检验检疫推进“过境经济”向“边境经济”转变实证研究》获国家质检总局评选的一等奖，大量政研成果被直接应用到自治区开发开放相关文件中。组织开展自治区马产业调研，形成多份调研报告向自治区政府报告。加强政研队伍培养，在全区系统组织开展政策研究评选，建立一套科学的政研体系，逐步培养一支政研骨干队伍。研究制定支持国家重点开发开放试验区、中俄蒙经贸合作先导区、中蒙跨境经济合作区、边民互市区等对外开放平台支持措施。科学谋划进口指定口岸建设，支持农业对外合作和进口农产品“扩品类”，在油菜子、小麦等16种俄蒙农畜产品实现常态化进口，燕麦、荞麦、亚麻籽、葵花籽等4种俄罗斯农产品实现临时进口基础上，推动中国首次进口俄罗斯小麦和常态化进口饲草，进口蒙古国天然饲草11.18万吨，进口俄蒙粮食24.9万吨，进口蒙古国马肉2.3万吨。推动满洲里、二连浩特等口岸建设多个粮食加工园区，吸引多家大型粮油企业落户，年产值达29.82亿元。促进中欧班列扩量增效，参与国家质检总局中欧班列电子监管系统建设，推出检验检疫一体化措施，推行“互为一二线”等监管措施。

【内蒙古出入境检验检疫局加强信息化建设】 2017年，内蒙古出入境检验检疫局推进“智检内蒙古”建设工程，网真视频会议系统、布控指挥中心、新版门户网站、档案管理和档案数字化全部完成验收。全面推广进出境车辆信息管理和卡口自动核放系统。全国率先上线运行“检铁”核放系统，监管效率提升30%以上。开通免费网上申报系统，上线无纸化报检系统，通检时间缩短1/3。推行“互联网+检测”模式，在全区口岸推广有害生物、媒介生物远程鉴定系统，提升检验检测服务便捷化水平。

开放口岸

【呼和浩特空运口岸（呼和浩特白塔国际机场）】 呼和浩特白塔国际机场位于内蒙古自治区首府呼和浩特，距市中心14千米，1958年10月1日建成通航，1991年12月，国务院批准对外开放，1992年3月开通至蒙古国首都乌兰巴托的航线，成为我国起降国际定期航班的机场之一。2004年呼和浩特白塔国际机场进行扩建，新建机场建筑面积37.4万平方米，可供35架飞机同时停放；航站区新建航站楼5.45万平方米，设计年吞吐量为300万人次，新站坪机位达32个，机场飞行区等级为4E级。

截至2017年年底，呼和浩特空运口岸共计开通日本、韩国、泰国、蒙古国、俄罗斯、越南等国家和我国香港、台湾地区的20条国际、地区航线。2017年呼和浩特空运口岸进出境客运量18.14万人次，同比下降11.7%；进出境航班1 472架次，同比下降12.5%。

【满洲里空运口岸（满洲里西郊国际机场）】 满洲里西郊国际机场距满洲里市区9千米，与中俄国界线最近距离约7千米。2004年11月28日启用，2005年2月正式通航并于同年实现临时开放。机场候机楼面积2万平方米，跑道2 800米，机场飞行区等级为4D级，3条廊桥，可满足国内国际进出港旅客200万人次、高峰小时1 400人次的需求。2009年2月4日，国务院批复同意满洲里西郊机场对外开放，2月24日通过自治区验收组预验收，5月22日通过国家验收组正式验收对外开放。2010年9月被中俄双方正式纳入了国际航线直飞点。

截至2017年年底，满洲里空运口岸开通国际、地区航线9条。其中，固定航线8条，季节性航线1条。2017年，满洲里空运口岸进出境客运量3.86万人次，同比增长1.0%；进出境飞机781架次，同比下降19.2%。

【海拉尔空运口岸（海拉尔东山国际机场）】 海拉尔东山国际机场距海拉尔市区5千米。1953年3月，中苏间正式开通并成立了中苏航空股份公司海拉尔航空站，航线为苏联赤塔—中国海拉尔—朝鲜平壤。1955年苏方将股份移交中方，由中方单独经营。1959年该航线取消，口岸随之关闭。1988年，呼伦贝尔盟开展经济体制改革试验区建设，恢复海拉尔空运口岸。1993年7月6日，国务院批复同意海拉尔航空口岸对外开放。1995年9月15日，国家口岸办同意海拉尔航空口岸正式对外开放。经过多年的建设，机场口岸基础设施已日趋完善。海拉尔机场已经成为内蒙古东部地区规模最大、功能最完善、业务最繁忙的机场，飞行区达到4D级标准，跑道达2 800延长米，可起降波音767-300以下机型的飞机。

2017年，海拉尔空运口岸完成国际候机楼维修改造任务，并复航了海拉尔—乌兰巴托、海拉尔—赤塔的国际航班。2016年海拉尔空运口岸共进出境飞机114架次，同比下降44.3%；进出境人数4 420人次，同比下降60.9%。

【鄂尔多斯空运口岸（伊金霍洛国际机场）】 伊金霍洛国际机场坐落于鄂尔多斯市康巴什新区东南方16千米处，机场占地面积5 300亩，飞行区等级为4E级，跑道长度3 200米，宽60米，可满足波音747等大型客货机的起降，2007年7月26日正式通航。鄂尔多斯机场是内蒙古自治区唯一由地方全资建设、自主管理的机场。新航站楼于2013年1月30日投入使用，航站楼建筑面积10.03万平方米，可满足年1 200万人次旅客吞吐量需求。

2012年国务院同意将鄂尔多斯伊金霍洛机场补列入国家“十二五”口岸发展规划。2016年1月18日，国务院批复同意鄂尔多斯伊金霍洛机场作为航空口岸对外开放。2016年11月7日~8日，国家口岸办牵头组成的国家验收组对口岸对外开放进行了验收，一致同意口岸对外开放。截至2017年年底，鄂尔多斯空运口岸开通国际、地区航线14条，季节性航线10条，还开通了法兰克福—鄂尔多斯—天津国际货运包机航线。2017年实现国际旅客吞吐量4.64万人次，同比增长77.1%，完成国际货运1128.5吨。

【满洲里陆路（铁路）口岸】 满洲里陆路（铁路）口岸位于中俄41号界标处，与俄罗斯后贝加尔斯克铁路口岸相对应，是我国规模最大的铁路口岸，换装能力8 000万吨，是中俄贸易最大的通商口岸，承担了中俄贸易60%的货运量。满洲里陆路（铁路）口岸于1901年开通，距今已有百年的历史。2002年，满洲里铁路口岸被国务院确定为重点建设和优先发展的两个铁路口岸之一。现有宽准轨到发编组线51条，其中宽轨24条、准轨27条；口岸站换装线、专用线等线路90余条；宽轨列车会让站一个。满洲里陆路（铁路）口岸查验手段先进，通关作业信息化程度高。配有钴60火车自动检查系统、列车电子监控系统、放射性检测仪等现代化设备设施。建立了覆盖各监管场区的网络系统，实现了进出口货物远程监控和查验信息的同步传输。各货代报关企业与海关、铁路车站实现了微机联网。海关与铁路车站实现了舱单的网络传输。满洲里铁路车站与后贝加尔斯克车站间实现了电子数据交换。配备了多种性能先进的现代化换装设备，能够满足各种进出口货物的换装仓储需求。

满洲里陆路（铁路）口岸进口货物主要有木材、原油、化工、纸类、化肥、铁矿砂、合成橡胶等。货物流向全国29个省、区、市。出口货物以轻工产品、机电产品、矿产品、石油焦、食品、建材等为主。利用口岸优势，满洲里口岸扩大口岸跨区域合作，形成了以“苏满欧”为代表的42条中欧班列线路。2017年9月5日首发了从满洲里口岸始发到莫斯科的班列。2017年，满洲里铁路口岸进口货运量1 487.84万吨，同比增长 13.3%；出口 265.29 万吨，同比增长 34.3%；转口 1 197.80 万吨，同比下降 14%。进出境客运量 2.58 万人次，同比增长 1.6%。进出境列车达 1.38 万列次，同比增长 9.5%。

【二连浩特陆路（铁路）口岸】 二连浩特陆路（铁路）口岸位于内蒙古自治区正北部集二线终端，中蒙 815 号界标附近，与蒙古国扎门乌德市相距 9 千米，是我国与蒙古国接壤的唯一铁路口岸，对应蒙古国东戈壁省扎门乌德铁路口岸。1956 年，随着中、蒙、苏（北京—乌兰巴托—莫斯科）三国国际联运通车，口岸正式对外开放。二连浩特口岸自古就是我国内陆通往北亚、东欧最近最便捷的通道。通过京包线与天津港相连，是日本、东南亚及其他邻国开展对蒙古国、俄罗斯及东欧各国转口贸易的理想通道，是目前蒙古国走向出海口的最便捷通道，也是我国向北开放的前沿阵地和重要的进出口商品集散地。该口岸主要进出口货物有铁矿石、木材、铜矿粉、原油、水泥等，蒙古国 70%的果蔬和日用品经由该口岸运入。

二连浩特陆路（铁路）口岸功能齐全，查验设备先进，现有宽准轨线路 169 条，建有世界上最大的散堆装货场、列车换轮库，拥有世界一流的 H986 货运列车检验系统。2006 年起口岸实行 24 小时通关，年吞吐能力 1 000 万吨。2017 年铁路口岸建设 4 条旅客自助通道，出入各 2 条；自助通道信息采集点 2 套，出入各 1 套。2017 年，二连浩特铁路口岸进出境货运量 1 327.29 万吨，同比增长 7.8%；进出境客运量 14.28 万人次，同比减少 5.4%；进出境列车 9 525 列次，同比增长 10.5%。

【满洲里陆路（公路）口岸】 满洲里陆路（公路）口岸于 1998 年投入使用，是我国唯一实行 24 小时通关的国际公路口岸。口岸分为旅检区和货检区，旅检通关大楼共分为三层，一层为出入境人员的候检大厅、二层为出境大厅、三层为入境大厅，楼内共开设 10 进 10 出人员通道；货检通道北卡口规划为 6 进 6 出 12 条通道，南卡口规划为 3 进 3 出 6 条通道。货检区出口主要是以蔬菜水果为主，占出口总量的 85%；进口主要是以废钢和木材为主，占进口总量的 90%。目前我国有 29 个省区市的蔬菜水果经由这里出口到俄罗斯，成为我国开拓俄罗斯农产品市场的窗口。公路口岸主体建筑有货检大楼、旅检大楼、会晤站等，以及相配套的公路口岸交易市场、海关监管区等。口岸封闭区集通关、查验、仓储运输、生活服务于一体，可一次性完成报检报关、税费征缴业务。

2017 年，满洲里公路口岸中俄蒙口岸合作中心落成，公路口岸新货检通道正式启用，公路口岸货运场区停车场、道路及亮化、绿化等工程全部完工，公路口岸货运场区面貌焕然一新，口岸年通关能力达到人员 1 000 万人次、车辆 100 万辆次、货物 1 000 万吨。2016 年，满洲里陆路（公路）口岸进出境货运量 147.83 万吨，同比增长 4.6%；进出境客运量 152.36 万人次，同比增长 30.4%；进出境车辆 16.65 万辆次，同比下降 6.1%。

满洲里综合保税区于 2016 年 9 月 13 日通过国家十部委联合验收，2016 年 12 月 20 日正式封关运营，是内蒙古自治区首家综合保税区，规划面积 1.44 平方千米，截至 2017 年底，入区企业 17 家，封关运营以来共有 6 家企业建立账册，主要有保税物流业务、保税加工业务、分类监管业务，区内保税加工业务主要为松子加工和芯片加工。进出区商品主要有西伯利亚松子、松子仁、小麦粉、葵花籽油、边境展示仓库小商品、芯片等。2017 年监管货运量 1 317.04 吨、贸易值 9.33 亿元，共征收税款 46.98 万元。

【二连浩特陆路（公路）口岸】 二连浩特陆路（公路）口岸位于中蒙边界 815 号界标处，与蒙古国扎门乌德隔界相望，二连浩特陆路（公路）口岸旧通道于 1992 年开通试运营，是在中蒙两国铁路员工通勤通道的基础上改建的，只有 1 条客货混用通道，基础设施、查验条件非常简陋。2000 年 6 月，为改变二连浩特口岸的落后面貌，经上级批准，二连浩特扩建公路口岸。公路口岸新联检通道位于国门西侧，总占地面积为

34.3 万平方米。设计通过能力为货运 240 万吨，客运 300 万人次。

二连浩特公路口岸主要设施有联检大楼 3 889平方米、海关特检区货检大楼 274 平方米、货运报关楼 534 平方米、边检营房 2 100 平方米，以及相配套的口岸监管区。通道北出口与蒙古国边境相接，南出口经市区与 208 国道相连。东西两条次干线与友谊路相连接，新建联检区设有 4 进 4 出 8 条通道，实现客货分流。公路口岸新联检区集通关查验、仓储运输、生活服务于体，可一次性完成报关报检和稽费征缴工作。新建公路口岸的运营，从根本上改变了老口岸功能单一、设施滞后的状况，极大提高了公路口岸的过货能力和通关效率，为二连浩特市改革开放、经济发展奠定良好的基础。

2017 年，二连浩特公路口岸建设公路口岸通关系统项目，完成公路口岸熏蒸库建设一、二期工程建设。2017 年全年进出境货物 175.82 万吨，同比下降 13.9%；进出境人员 206.23 万人次，同比增长 5.5%；进出境车辆 53.72 万辆次，同比增长 11.9%。

【甘其毛都陆路（公路）口岸】 甘其毛都公路口岸位于中蒙第 703 号界标处，距乌拉特旗政府海流图镇 133 千米，与蒙古国南戈壁省汉博格德县嘎顺舒苏海图口岸相对。1989 年 12 月，自治区人民政府批准甘其毛道为中蒙边境贸易的临时过货点，1990 年 2 月实现了首次过货。1992 年 3 月，国务院批准其为双边季节性开放口岸，并于同年 7 月正式进行首次季节性开关。2007 年 9 月，国务院批复同意甘其毛道口岸更名为甘其毛都口岸，并扩大为中蒙双边常年开放的边境公路口岸。2009 年 6 月通过了国家常年开放验收。口岸设计年过货能力为 3 000 万吨，年旅客通行能力 100 万人次，拥有完善的查验和检测设施设备。2016 年 12 月，甘其毛都口岸被自治区政府批准为自治区级重点开发开放试验区。

2017 年，口岸启动“七出七进”货运通道建设。委托中煤科工北京华宇公司编制《甘其毛都口岸进口蒙古国焦煤综合发展规划》，积极推进中蒙（甘其毛都—嘎顺苏海图）跨境矿产能源合作试验区项目。

2017 年，甘其毛都口岸进出口货运量 1 821.30万吨，同比增长 31.2%；进出口贸易总值 184.8 亿元，同比增长 47.88%；缴纳海关税收 31.6 亿元，同比增长 80%。出入境人员 73.28 万人次，同比增长 30.1%；出入境车辆 57.66 万辆次，同比增长 24.5%。

【策克陆路（公路）口岸】 策克公路口岸位于内蒙古阿拉善盟额济纳旗中蒙 572 号界标处，距额济纳旗府所在地达来呼布镇 60 千米，与蒙古国南戈壁省西伯库伦口岸相对。1992 年 3 月经自治区人民政府批准为对外开放的原二类口岸，2005 年 6 月，国务院批准为中蒙双边性常年开放口岸。策克口岸是中蒙两国最为重要的贸易通道之一，对外辐射蒙古国南戈壁、巴音洪格尔、戈壁阿尔泰、前杭盖、后杭盖 5 个畜产品、矿产资源较为富集的省区，这些地区蕴藏着金、铜、铝、铅等多种丰富的贵金属矿藏资源，距蒙古国那林苏海特煤田仅 46 千米。

2017 年，策克口岸铁路连接线工程项目环评、土地预审、选址、稳评、能评均办理完毕；已完成铁路通道国门的招投标，施工单位已入场；正在与蒙古国就策克口岸跨境铁路由 13.6 千米增加至 43 千米的相关事宜进行磋商；策克进口肉类指定口岸筹建项目前期审批手续均已办理完毕，国际检验检疫中心改造等项目已开工建设。口岸全年进出口货物 1 334.38 万吨，同比增长 6.10%；进出口贸易额 373 848 万元，同比增长 65.49%；出入境人员 34.1 万人次，同比增长 6.17%；出入境车辆 27.8 万辆次，同比增长 5.8%。

【黑山头陆路（公路）口岸】 黑山头公路口岸位于俄罗斯赤塔州和呼伦贝尔市交界的额尔古纳河东岸，中俄边界 91 号界标处，与俄罗斯赤塔州旧粗鲁海图口岸相望，向南连接满洲里口岸，向北与室韦口岸相连，向东距额尔古纳市区 62 千米，距黑山头镇 12 千米，距口岸 22 千米的俄罗斯普里阿尔贡斯克区有公路、铁路通往俄罗斯腹地，口岸临界的俄罗斯后贝加尔边疆区拥有极其丰富的森林、石油、天然气、铅锌矿石、煤炭、木材等矿产资源。1989 年 4 月国务院批准黑山头口岸为双边性常年开放口岸。1991 年正式实现双边性常年开放。根据当时贸易的需要，采取边开通边建设的办法，口岸过货经历了冰上—木桥—永久性水泥桥过货的发展过程。经过 20 多年的发展，逐步形成了以进出口贸易为主，以旅游、服务业为辅的口岸经济发展模式。2009 年，黑山头口岸新建口岸联检楼、货检楼，口岸年过货能力达 100 万吨、过人 100 万人次。

2017 年黑山头公路口岸进出境货运量 12.97 万吨，同比下降 29.7%；进出境人员 5.61 万人次，同比下降 43.4%；进出境交通工具 2.67 万辆次，同比下降 43.8%。

【室韦陆路（公路）口岸】 室韦公路口岸位于中俄界河额尔古纳河中游东岸第 111 号界标处，南距额尔古纳市区 168 千米，北距莫尔道嘎镇 90 千米，西隔额尔古纳河与俄罗斯奥洛契口岸相对，两口岸相距 1 千米，两口岸码头相距仅 200 米。1989 年 4 月国务院批准为双边性常年开放一类口岸。1991 年 2 月 1 日正式对外开放。2001 年 10 月建成室韦—奥洛契口岸界河大桥，实现了常年通关过货。室韦口岸相对应俄罗斯赤塔州东北部 9 个市区，矿产资源十分丰富，以黄金开采最为发达，铅、锌、铁、铜等矿产资源也有相当储量，森林资源更为丰富，木材储积量达 4.5 亿立方米，该地区公路发达，离西伯利亚大铁路相距 200 多千米，内陆交通也十分便利。

2017 年，室韦公路口岸进出口货运量 9.07 万吨，同比下降 36.7%；进出境客运量 1.63 万人次，同比下降 37.3%；进出境车辆 1.27 辆次，同比下降 37.5%。

【阿日哈沙特陆路（公路）口岸】 阿日哈沙特公路口岸位于呼伦贝尔市新巴尔虎右旗阿日哈沙特镇境内，中蒙边界 1495 号界标处，与蒙古国东方省克尔伦县哈比日嘎口岸相对应。1990 年实现了首次过货。1992 年 3 月 11 日，国务院批准为双边季节性开放口岸。2015 年由原来的集中延长开关调整为临时常年开放。2017 年 7 月，国务院批复阿日哈沙特公路口岸为双边性常年开放公路客货运输口岸。口岸年通过能力为货运 150 万吨、客运 50 万人次。阿日哈沙特公路口岸进口货物主要是铅锌粉、铁矿石和民族工艺品服饰；出口货物主要是农蔬、建材、家电、摩托车、机械设备和日常生活用品。

2017 年，进出口货运量 5.75 万吨，同比下降 40.1%；进出境客运量 10.29 万人次，同比增长 2.2%；进出境交通工具 1.89 万辆次，同比增长 8.0%。

【额布都格陆路（公路）口岸】 额布都格公路口岸地处内蒙古自治区呼伦贝尔新巴尔虎左旗阿木古郎镇西南 18 千米，中蒙边界 1423 界标处，与蒙古国巴彦呼舒口岸隔河相望。1991 年 5 月经自治区批准为边境贸易原二类口岸，1995 年升格为一类季节性开放口岸，2006 年 2 月海关总署正式批准额布都格口岸自当年起实行全年临时集中开放，2009 年 2 月国务院批准为双边季节性公路客货运输口岸。2012 年 9 月口岸通过国家验收。2017年7月，国务院批复额布都格公路口岸为双边性常年开放公路客货运输口岸。口岸年通过能力为货运50万吨、客运30万人次。额布都格口岸对应的蒙古国东方省石油、盐、畜产品和水产品等资源极为丰富。口岸进口货物以饲草、水产品、煤炭、废旧金属、大庆塔木察格油田设施设备为主；出口货物以副食品、电器、建材、农机产品为主。

2017年，额布都格公路口岸进出口货运量65.27万吨，同比下降4.8%；进出境客运量7.68万人次，同比增长9.9%；进出境交通工具5.02万辆次，同比增长2.4%。

【阿尔山陆路（公路）口岸】 阿尔山公路口岸位于兴安盟阿尔山市天池镇，距离阿尔山市45千米，在中蒙边境1382号和1383号界碑之间，与蒙古国东方省松贝尔口岸相对应。1992年内蒙古自治区人民政府批准开放为原二类季节性口岸。2012年3月国务院批准阿尔山口岸为国际性季节开放口岸，2012年12月通过国家级验收。2013年7月15日~10月1日，阿尔山口岸实现首次临时集中开放。2016年阿尔山口岸实现延长开放，每年4月1日~11月30日开放。阿尔山口岸区位优势明显，规划建设的阿尔山—乔巴山铁路是第四条连接欧亚大陆的铁路大通道，也是连接东北亚地区的重要枢纽。阿尔山至乔巴山铁路已列入《中国铁路网中长期规划》《中国东北地区振兴规划》和蒙古国铁路重点发展规划。开通“两山”铁路，可以形成东起图们，西连蒙古、俄罗斯，贯通整个东北亚新的欧亚大陆桥。2017年，口岸出入境人次2 362人次、车辆815台次，出入境货物714吨。

【珠恩嘎达布其陆路（公路）口岸】 珠恩嘎达布其公路口岸位于内蒙古自治区锡林郭勒盟东乌珠穆沁旗嘎达布其镇境内，中蒙边境1046号界标处，与蒙古国苏赫巴托省毕其格图口岸相对应。1992年3月11日，国务院批准为双边季节性一类口岸，2004年9月，《中蒙边境口岸及其管理制度协定》确认为国际性常年开放口岸，2006年8月国务院同意扩大为国际性常年开放的边境陆路口岸，2008年1月正式实现国际性常年开放，成为内蒙古自治区继二连浩特、满洲里之后第三个实现常年开放的国际性口岸。珠恩嘎达布其口岸对内辐射东北、华北，具有连接东西、纵贯南北的地缘区位优势。对外辐射矿产和动植物资源极为丰富的蒙古国苏赫巴托省、东方省、肯特省，是蒙古国、俄罗斯等内陆国家便捷的出海口之一，也是京、津、唐地区通往俄罗斯、蒙古国最便捷的通道。珠恩嘎达布其公路口岸进口货物主要是原油，煤炭，出口货物主要是机械设备、建筑材料。

2017年，口岸进出境货运量137.57万吨，同比增长8.3%；出入境人员11.10万人次，同比下降4.6%；出入境车辆7.33万辆次，同比下降8.0%。

【满都拉陆路（公路）口岸】 满都拉公路口岸位于内蒙古自治区包头市达尔罕茂明安联合旗（简称达茂旗）满都拉镇，中蒙边境757界标处。1992年，满都拉口岸被自治区人民政府批准为二类季节性对外开放口岸。2002年12月23日实现首次开放。2009年2月，满都拉口岸被国务院批准为双边性季节性开放公路客货运输口岸。2012年12月满都拉口岸正式通过国家验收。2015年4月，国务院同意满都拉公路口岸扩大对外开放，口岸性质为双边性常年开放公路客货运输口岸，8月28日通过国家验收，12月1日正式开放。口岸建有“五进五出”货运通道，年过货能力达到1 500万吨。

满都拉公路口岸处于呼（和浩特）包（头）鄂（尔多斯）经济辐射圈内，是距自治区首府呼和浩特市最近的陆路口岸，区位优势十分明显。口岸对应的蒙古国杭吉口岸位于蒙古国东戈壁省，矿产资源非常丰富，有额勒苏泰铁矿、阿嘎如特铁矿、杭格呼德尔铁矿、艾勒巴音焦煤矿。口岸主要进出口商品有电煤、焦煤、原材料、铁矿石、无烟煤等，出口货物以机械设备、建材为主。

2017年，满都拉肉类进口指定口岸开工建设。口岸全年进出口货运量226.12万吨，同比增长182.3%；进出口贸易额11.03亿元，同比增长317.8%；出入境人员9.9万人次，同比增长13.0%；进出境车辆4.70万辆次，同比增长47.8%。

【乌力吉陆路（公路）口岸】 2004年，阿拉善左旗开始申报开放乌力吉口岸。2006年7月，乌力吉口岸被列入《国家“十一五”口岸发展规划》。2014年年初，蒙古国政府同意中蒙乌力吉—查干德勒乌拉口岸开放，并照会我国。2014年8月22日，国家主席习近平与蒙古国总统额勒贝格道尔吉在乌兰巴托签署《中华人民共和国和蒙古国关于建立和发展全面战略伙伴关系的联合宣言》，明确提出加快推进乌力吉—查干德勒乌拉口岸开放。2015年4月召开的《中蒙边境口岸及其管理制度协定》执行情况第五轮司局级会晤上，中蒙双方同意增设乌力吉—查干德勒乌拉口岸。2015年12月9日，中蒙两国外交部门负责人在乌力吉口岸634界标处对口岸开放位置进行实地踏勘，并磋商和确认根据水源勘探情况确定口岸坐标。2016年1月31日，国务院批复同意乌力吉公路口岸对外开放，口岸性质为双边性常年开放公路客货运输口岸，目前口岸正在建设中。

2017年内蒙古自治区口岸大事记

1月7日

内蒙古自治区党委常委、政府副主席，呼和浩特市市委书记云光中一行调研了内蒙古自治区电子口岸。

1月22日~23日

海关总署副署长孙毅彪分别到海拉尔海关、额尔古纳海关慰问调研，赴黑山头、满洲里公路、铁路、航空口岸及满洲里综合保税区等海关监管现场，亲切慰问海关一线关警员及口岸联检单位执勤人员。

2月14日

内蒙古自治区口岸办在呼和浩特召开全区口岸工作座谈会。

国务院批复同意设立鄂尔多斯综合保税区。

2月19日

首列“晋满欧”班列在满洲里口岸出境。

2月27日

内蒙古自治区党委书记李纪恒一行视察了鄂尔多斯国际机场。

3月10日

内蒙古自治区党委常委、常务副主席张建民一行到珠恩嘎达布其口岸调研。

3月13日

二连浩特市边民互市贸易区正式封关运营。

4月5日

海关总署、财政部、国家税务总局、国家外汇管理局四部委联合下发《海关总署、财政部、税务总局、外汇局关于准予设立巴彦淖尔市保税物流中心（B型）的通知》，同意设立巴彦淖尔市保税物流中心（B型）。

4月7日

满洲里市口岸委与黑龙江省口岸办签署了《口岸合作备忘录》。

4月8日

由中粮集团组织的共8车500吨来自俄罗斯克拉斯诺亚尔斯克边疆区的小麦从满洲里铁路口岸顺利入境。这是自2015年12月中俄两国政府首脑第二十次会晤框架内签署有关对华出口小麦条件的议定书后，俄罗斯小麦首次进入中国市场。

4月12日~13日

蒙古国驻呼和浩特市总领事馆总领事孟额尔登、副领事刚·巴图苏赫赴甘其毛都口岸考察调研。

4月13日

公安部党委委员、部长助理王俭，内蒙古自治区公安边防总队总队长仲照明、参谋长闫瑞凯，内蒙古自治区公安厅副厅长王来明莅临鄂尔多斯航空口岸，对联合国防治荒漠化公约第十三次缔约方大会安保筹备工作进行视察指导。

5月2日

从厦门启运的首班“厦满欧”班列经满洲里口岸出境驶向莫斯科。本次班列共40个货柜，货值250万元，货运量26.28吨。

5月15日

二连浩特—扎门乌德海关统一公路跨境货运运输车辆备案标志正式启用。

5月29日

中俄海关监管结果互认项目在满洲里—后贝加尔斯克国际公路口岸正式启动。满洲里口岸于当日首次进口货物2票，首次出口货物4票。

5月31日

首列“中国乌兰察布—俄罗斯卡卢加”中欧班列经二连浩特口岸出境，共计44箱，货重807.739吨，货值621.12万美元，主要货物为发动机、服装、打草机等。

6月1日

内蒙古自治区党委书记、人大常委会主任李纪恒陪同国家工商总局局长张茅一行调研内蒙古自治区电子口岸，通过口岸视频会议系统与满洲里口岸负责人进行互动交流。内蒙古自治区党委常委、呼和浩特市市委书记云光中，内蒙古自治区政府副主席常军政陪同调研。

6月7日

自黑龙江省大庆市始发的“庆满欧”班列经满洲里铁路口岸出境，班列货物为123辆沃尔沃S90小轿车，货值约3 186万元人民币，共有41节集装箱，是我国境内生产的整车首次通过整列班列形式进入西欧。

6月12日

满洲里海关关长唐庆涛在满洲里市会见蒙古国海关总局副局长巴图额尔德尼·永登一行。

6月22日

159.4吨俄罗斯燕麦、112.4吨俄罗斯荞麦、220吨俄罗斯葵花籽通过满洲里口岸顺利入境。这是2016年国家质检总局批准开展俄罗斯荞麦、燕麦、亚麻籽、葵花籽4种植物源性食品输华检验检疫试点工作后首次进口我国。

6月25日

内蒙古自治区人民政府副主席艾丽华到满洲里海关视察工作，满洲里海关关长唐庆涛，副关长陆杨、王蔚冰陪同。

7月1日

内蒙古自治区党委常委、纪委书记刘奇凡在二连浩特公路口岸考察调研。

7月10日

中俄蒙口岸合作中心落成暨满洲里公路口岸新货检通道启用仪式在满洲里公路口岸中俄蒙口岸合作中心举行。

7月13日

国务院批复同意阿日哈沙特和额布都格公路口岸扩大开放，口岸性质为双边性常年开放公路客货运输口岸，同时明确了两口岸查验部门的机构编制人员。

7月14日

内蒙古自治区副主席王波一行赴策克口岸视察工作，阿拉善盟盟委书记包钢、盟长赵文亮等陪同考察。

内蒙古自治区党委副书记、政法委书记李佳一行到满洲里公路口岸考察调研。

7月27日

内蒙古自治区党委常委、组织部部长曾一春一行到满洲里公路口岸考察调研。

8月9日

“济满欧”（济南—莫斯科）中欧班列经满洲里口岸出境。本次首发班列由济南南站出发，装载女装、布料、叉车等产品，全程约7 500千米，运行时间15天，比海运节省30天左右。

8月10日

中央政治局委员、国务院副总理、庆祝内蒙古自治区成立70周年中央代表团副团长刘延东率中央代表团视察满洲里公路口岸，慰问联检单位工作人员和边防部队指战员。代表团实地察看了口岸基础设施、通关环境，了解口岸重点业务改革、进出口通关情况和发展前景。内蒙古自治区党委副书记、自治区政府主席布小林，满洲里海关关长唐庆涛陪同视察。

《内蒙古检验检疫局与二连浩特市政府推动融合发展共促二连浩特口岸对外开放新格局合作协议》在二连浩特市签订。

8 月 16 日

全国政协副主席梁振英视察满洲里公路口岸、满洲里中俄互市贸易区。内蒙古自治区政协副主席梁铁城、满洲里海关关长唐庆涛陪同。

8 月 22 日 ~26 日

由天津市口岸办主任朱振宇率领的口岸考察团赴内蒙古呼和浩特、二连浩特和满洲里等地考察。考察期间，双方签署了《深化跨区域口岸合作框架协议》。天津口岸办与二连浩特口岸办签署《跨区域口岸合作框架协议》，天津新港海关与二连海关签署《加强“一带一路”通关协作，服务多式联运发展的联系配合办法》。

9 月 1 日

海关总署驻天津特派员办事处与天津海关、满洲里海关、呼和浩特海关、乌鲁木齐海关在天津市共同签署了《服务“一带一路”建设，加强海关通关协作备忘录》。

9 月 5 日

“满洲里—莫斯科”中欧班列顺利开通，班列共发运 45 车，总货值 550 万美元，全程运行 6 682 千米，班列装载货物为来自辽宁地区的机械设备、纺织品、轻工业产品等。

9 月 8 日 ~9 日

海关总署党组书记倪岳峰在满洲里海关调研，实地察看了满洲里公路口岸旅检业务现场、边民互市贸易区、铁路口岸货运列车在线检测中心及监管货场等地，并听取了内蒙古自治区口岸工作情况。调研期间，倪岳峰书记还会见了内蒙古自治区政协副主席罗志虎。海关总署党组成员、国家口岸办主任、办公厅主任张广志陪同调研。

9 月 11 日

中国驻蒙古国大使邢海明一行赴策克口岸经济开发区考察。

10 月 23 日

内蒙古自治区副主席常军政一行赴策克口岸经济开发区调研。

11 月 8 日

乌海海关正式开关，对外办理海关业务，至此内蒙古所有盟市全部设立海关机构。

11 月 17 日

包头海关荣获第五届全国文明单位荣誉称号。

11 月 19 日 ~25 日

内蒙古自治区口岸办会同联检部门与蒙古国海关总局等联检部门组成中蒙口岸联合检查工作组，赴甘其毛都—嘎顺苏海图、二连浩特—扎门乌德口岸进行实地检查，并与中蒙边境联检单位和口岸所在地政府部门代表召开座谈会。

12 月 12 日

“乌蒙欧”（乌海—蒙古国—欧洲）国际班列到达乌海国际陆港。班列于 2017 年 12 月 1 日从俄罗斯乌兰乌德启运，途经蒙古国，由二连浩特铁路口岸入境，最终到达乌海国际陆港。

12 月 23 日

东北及内蒙古地区海关、检验检疫局（包括呼和浩特、满洲里、大连、沈阳、长春、哈尔滨六海关和内蒙古、辽宁、吉林、黑龙江四省区出入境检验检疫局，简称“六关四检”）在大连研究制定了“落实‘三互’推进大通关建设 2018 行动计划”。

（撰稿人：崔振杰、董素霞、郑广林、包冬梅）

2017 年内蒙古自治区口岸流量统计表

口岸类型		口岸名称	货运量（万吨）				人员（万人次）				交通工具（万辆、艘、架、列次）			
			出口	进口	合计	同比（%）	出境	入境	合计	同比（%）	出境	入境	合计	同比（%）
空运口岸		呼和浩特					9.25	8.89	18.14	-11.7	0.07	0.07	0.14	-12.5
		满洲里					1.98	1.88	3.86	1.0	0.04	0.04	0.08	-22.0
		海拉尔					0.21	0.21	0.42	-58.8	0.005	0.005	0.01	-75.0
		鄂尔多斯					2.32	2.32	4.64	77.1	0.02	0.02	0.04	150.0
		二连浩特（临时开放）					1.47	1.38	2.85	1 195.0	0.025	0.025	0.05	400.0
		分计					15.23	14.68	29.91	5.95	0.16	0.16	0.32	
陆路口岸	公路口岸	满洲里	132.95	25.24	158.37	1.6	89.54	89.96	179.50	17.8	9.34	9.23	18.57	11.5
		二连浩特	168.18	7.64	175.82	-13.9	103.76	102.47	206.23	5.5	26.94	26.78	53.72	11.9
		甘其毛都	15.97	1 805.33	1 821.30	31.2	36.63	36.65	73.28	30.1	28.86	28.80	57.66	24.5
		策克	1.72	1 332.66	1 334.38	6.1	17.05	17.05	34.10	6.2	13.91	13.91	27.82	5.8
		珠恩嘎达布其	39.75	97.82	137.57	8.3	5.47	5.63	11.10	-4.6	3.66	3.67	7.33	-8.0
		黑山头	1.63	11.34	12.97	-29.7	2.80	2.81	5.61	-43.4	1.33	1.34	2.67	-43.8
		室韦	0.94	8.13	9.07	-36.7	0.81	0.82	1.63	-37.3	0.63	0.64	1.27	-35.5
		满都拉	0.42	225.70	226.12	182.3	4.94	4.96	9.90	13.0	2.35	2.35	4.70	47.8
		额布都格	4.31	60.96	65.27	19.9	3.83	3.85	7.68	9.9	2.50	2.52	5.02	2.4
		阿日哈沙特	4.43	1.32	5.75	-40.1	5.15	5.14	10.29	2.2	0.95	0.94	1.89	8.0
		阿尔山	0.06	0.01	0.07		0.11	0.12	0.23	76.9	0.04	0.04	0.08	100.0
		分计	370.30	3 576.15	3 946.45	18.9	270.09	269.46	539.55	10.9	90.51	90.22	180.73	11.67
	铁路口岸	满洲里	265.29	1 487.84	2 950.93	1.6	1.25	1.33	2.58	1.6	0.50	0.51	1.38	9.5
		二连浩特	155.74	1 171.55	1 327.29	7.8	6.32	7.96	14.28	-5.4	0.47	0.48	0.95	10.5
		分计	421.03	2 659.39	4 278.22	3.5	7.57	9.29	16.86	-4.4	0.97	0.99	2.33	9.9

续表

口岸类型	口岸名称	货运量（万吨）				人员（万人次）				交通工具（万辆、艘、架、列次）			
		出口	进口	合计	同比（%）	出境	入境	合计	同比（%）	出境	入境	合计	同比（%）
合计		1 032.37	6 476.71	8 706.38		292.89	293.43	586.32		91.64	91.37	183.38	
同比（%）		9.6	16.6	10.3		9.9	10.3	10.1		11.8	11.5	11.6	

表注：1. 满洲里铁路口岸货运量 2 950.93 万吨，出口 265.29 万吨，进口 1 487.84 万吨；其中转口 1 197.80 万吨和转口交通工具 3 758 列未列入分项表中。

2. 货运量合计数中包括陆港中转货运量 481.97 万吨，其中进口 240.99 万吨、出口 240.98 万吨未列入分项表中。

（内蒙古自治区口岸办提供）

2017年内蒙古自治区口岸出入境主要数据表

项目			2017年	2016年	同比（%）
出入境人员（人次）	出入境人员总数		5 834 557	4 924 955	18.47
	入境人员		2 916 135	2 463 183	18.39
	出境人员		2 918 422	2 461 772	18.55
	出入境旅客		4 575 744	3 902 615	17.25
	出入境员工		1 258 813	1 048 925	20.01
	中国公民	小计	746 736	658 720	13.36
		内地居民（因公）	101 447	103 713	-2.18
		内地居民（因私）	599 567	516 143	16.16
		港澳居民	12 414	6 297	97.14
		台湾同胞	33 308	32 567	2.28
	外籍人员		4 304 097	3 634 253	18.43
	边民		783 724	631 982	24.01
	从海港出入境人数				
	从陆港出入境人数		5 493 370	4 055 689	35.45
	从空港出入境人数		309 221	237 235	30.34
交通运输工具（辆、艘、架、列次）	总计		1 841 988	1 554 330	18.51
	船舶				
	飞机		3 510	2 826	24.20
	火车		20 801	17 557	18.48
	机动车辆		1 817 677	1 533 947	18.50

（内蒙古自治区公安边防总队提供）

2017年呼和浩特海关主要数据统计表

项目		2017年	同比（%）
进出口货运量（万吨）	合计	5 310.5	27.5
	进口	5 167.5	28.8
	出口	143	-5.9
进出口贸易总值（万美元）	合计	783 298	26.9
	进口	644 910	24.9
	其中：江、海运输	85 617	-26.2
	铁路运输	207 465	37.2
	汽车运输	340 157	42.9
	航空运输	10 521	-2.3
	邮件运输	3	65.5
	其他运输	1 148	326.1
	出口	138 388	37.1
	其中：江、海运输	9 398	-7.8
	铁路运输	43 724	52.1
	汽车运输	73 499	45.7
	航空运输	737	-29.6
	邮件运输	57	47.1
	其他运输	10 973	4.9
税收（亿元）	两税合计	83.6	60.6
	关税入库	7.8	82.8
	进口环节税入库	75.8	58.7

（呼和浩特海关提供）

2017 年满洲里海关主要数据统计表

项目		2017 年	同比（%）
进出口货运量（万吨）	合计	1 649. 60	9. 90
	进口	1 510. 50	9. 30
	出口	139. 10	16. 80
进出口贸易总值（亿元）	合计	376. 15	17. 48
	进口	241. 51	16. 55
	其中：江、海运输		
	铁路运输		
	汽车运输		
	航空运输		
	邮件运输		
	其他运输		
	出口	134. 64	19. 18
	其中：江、海运输		
	铁路运输		
	汽车运输		
	航空运输		
	邮件运输		
	其他运输		
税收（亿元）	两税合计	40. 75	16. 57
	关税入库	2. 48	17. 35
	进口环节税入库	38. 27	16. 52

（满洲里海关提供）

2017 年内蒙古自治区出入境检验检疫业务统计表

项目	货物检验检疫				交通工具				集装箱（标箱）		发现动植物疫情		货物通关		出入境人员查验（人次）	健康检查及预防接种（人次）			
	批次	金额（万美元）	检验检疫不合格																
			批次	金额（万美元）	船舶（艘）	飞机（架）	火车（节）	汽车（辆）	合计	检出问题	种类数	种次	批次	金额（万美元）		健康检查	艾滋病监测	发现病例	预防接种
本年累计	310 868	1 041 851. 12	27 049	79 923. 71		3 987	763 734	1 782 935	107 905		144	7 735	299 224	874 412	5 713 162	15 981	16 061	2 449	6 491
其中 出境	64 534	193 467. 56	1 291	399. 06		1 987	309 121	894 058	55 921				58 532	139 765	2 851 771	13 837	13 691	2 071	6 491
其中 入境	246 334	848 383. 56	25 758	79 524. 65		2 000	454 613	888 877	51 984		144	7 735	240 692	734 647	2 861 391	2 144	2 370	378	0
同比（%）	16. 7%	12. 0%	39. 0%	33. 1%		55. 6%	52. 7%	16. 2%	81. 2%		-1. 4%	-50. 2%	19. 1%	20. 6%	17. 0%	-8. 4%	-22. 6%	-0. 5%	-37. 2%
其中 出境	1. 8%	-10. 5%	-5. 0%	42. 3%		56. 5%	68. 3%	17. 9%	61. 6%				10. 4%	3. 8%	17. 1%	-5. 4%	-22. 7%	12. 9%	-37. 2%
其中 入境	21. 3%	18. 8%	59. 8%	34. 7%		54. 8%	43. 6%	14. 6%	89. 8%		-1. 4%	-50. 2%	21. 4%	24. 5%	16. 9%	-24. 1%	-21. 9%	-39. 8%	-100. 0%

（内蒙古出入境检验检疫局提供）

口岸数量及分布

截至2017年年底，辽宁省有经国务院批准的对外开放口岸13个。其中，空运口岸2个，分别是沈阳空运口岸（沈阳桃仙国际机场）、大连空运口岸（大连周水子国际机场）；水运（海港）口岸9个，分别是大连、庄河、旅顺新港、长兴岛、营口、丹东、锦州、葫芦岛、盘锦（海港）口岸；陆路（铁路）口岸1个，为丹东陆路（铁路）口岸；陆路（公路）口岸1个，为丹陆路（公路）口岸。

口岸运行数据

2017年，辽宁省口岸货物吞吐量111 874万吨，同比增长3.3%。外贸进出口货运量完成26 722万吨，同比增长8.3%。其中，外贸进口19 012.6万吨，同比增长7.4%；出口7 709.4万吨，同比增长10.8%。集装箱吞吐量1 949.6万标箱，同比增长3.7%。其中进出口548.6万标箱，同比增长1.9%。口岸进出口货物总值8 218.37亿元，同比增长19.1%。其中，进口4 510.17亿元，同比增长25.9%；出口3 708.2亿元，同比增长11.9%。

2017年，辽宁省进出口总值6 737.1亿元，同比增长18%。其中，出口3 041.7亿元，同比增长7.1%；进口3 695.3亿元，同比增长28.8%。

口岸综合管理

【口岸全面开放的新格局逐渐形成】 2017年，锦州水运（海港）口岸扩大开放获得国务院批复，作为“一带一路”战略中的辽蒙俄、辽满俄能源和国际物流通道的重要节点口岸，锦州水运（海港）口岸进一步扩大开放的战略意义日益明显；经辽宁省口岸办组织验收，锦州水运（海港）口岸、营口水运（海港）口岸（鲅鱼圈港区）已开放水域范围内的21个和48个涉外码头获辽宁省政府批复，解决了长期困扰各港口开放的问题，口岸功能全面提升；长兴岛水运（海港）口岸、营口水运（海港）口岸（仙人岛港区）完成省级预验收工作，已向国家主管机关申请正式验收；沈阳桃仙机场进口肉类指定口岸和沈阳东北国际冷鲜港进口肉类指定查验场获得国家质检总局批复，锦州水运（海港）口岸再次被国家质检总局评为粮食进口指定口岸，大窑湾水运（海港）口岸获得进口水果、木材、汽车、肉类、粮食等资质；大连机场空港获批进境水果指定口岸资质。辽宁省各类特色口岸正在形成。

【口岸通关便利化水平显著提高】 2017年，辽宁省各口岸查验单位以推进“三互”大通关建设为基础，以信息化程度的提高引领口岸监管模式的创新，共享机制不断完善，共享水平不断提高，通关效率不断提升。进一步强化大通关协作机制，落实“三互”，推动建立更加高效的口岸通关模式。2017年12月27日，东北四省区“六关四检”召开会议，深化了“三互”大通关建设合作机制。截至2017年年底，辽宁省各查验机关在水运口岸建立了“三互”机检中心、图像联合分析工作室；在旅检现场建立了共同查验区，实现了一机两屏、一机双岗联合判图分析和联合查验等工作模式。

【辽宁国际贸易“单一窗口”建设走在前列】 2017年，中国（辽宁）国际贸易“单一窗口”标准版推广成效显著，国家考核的4项核心申报业务量指标全部达标，在全部达标的沿海省市中，综合覆盖率排名第2位。按照“政府主导、市场运作、部门参与、高效协同”的原则，进一步完善“单一窗口”工作机制与建设运营体制。形成了由政府主导推动，社会化主体运营，多方参与共建的机制模式。出台了《关于加快辽宁国际贸易“单一窗口”建设的工作方案》《辽宁国际贸易“单一窗口”应用推广工作方案》等政策性文件，联合查验单位发布了《辽宁国际贸易“单一窗口”上线运行的通知》，明确了“单一窗口”建设与推广的时间表与路线图。

为扩大“单一窗口”推广力度，辽宁省采取

了多种举措。一是建立“日通报、周小结”机制。每天通报平台运行状况和上量情况，在各市形成比学赶超的工作氛围。二是多次协调海关、检验检疫等查验单位，争取支持企业使用“单一窗口”标准版申报业务，对使用“单一窗口”企业建立容错机制，并给予使用“单一窗口”相应绿色通道政策。三是坚持问题导向，统筹把握资源，逐一解决重点、难点问题。四是开展“单一窗口”标准版培训，组织两轮、10场“单一窗口”标准版系列培训，对近500户企业、1 000多人次进行了培训，取得较好的效果。五是组成“单一窗口”建设运行考核组，推出《2017年度中国（辽宁）国际贸易“单一窗口”建设运行考核方案》，对各承建单位、共建单位和参建单位的建设与推广工作情况进行考核。六是加强政策宣传引导。通过电视、报纸、微信公众号等多种渠道，多层次、全方位宣传报道“单一窗口”标准版。

【吊装移位仓储费用免除试点工作稳步推进】 为推动落实《国务院关于改进口岸工作支持外贸发展的若干意见》（国发〔2015〕16号）关于“对查验没有问题的企业免除吊装、移位、仓储等费用，此类费用由中央财政负担”等改革事项，根据财政部等六部委《关于免除查验没有问题外贸企业吊装移位仓储费用全面试点工作的通知》（财行〔2016〕10号）和辽宁省政府领导指示精神，辽宁省口岸办、发展改革委、财政厅、交通厅和各查验部门共同研究制订了实施方案，并通过省政府办公厅转发到各市和相关部门。试点工作涉及的大连、丹东、营口、锦州市召开了专题会议，制定了实施细则，按照职责进行了明确分工，对各口岸免除费用标准进行了认真核算，确定免除费用标准，辽宁省口岸办会同各部门对各市上报和试点工作中免除的费用相关项目和标准进行了审核、批复。截至2017年年底，辽宁省共免除吊装移位仓储费用5 149万元，国家预拨资金4 525元。

【压缩货物通关时间和降低进出口集装箱合规成本工作进展良好】 国务院口岸部际联席会议对标国际营商环境标准，组织了压缩通关时间和降低合规成本专项治理行动。为此，辽宁省各口岸查验单位展开压缩货物通关时间和压缩合规成本工作，实现了国家要求的通关时间压缩三分之一、合规费用下降5%的要求。2017年，大连海关进、出口通关时间分别为17.6小时和2.47小时，分别比去年压缩38.2%和33.6%，沈阳海关进、出口通关时间分别为11.67小时和0.93小时，两关货物通关时间均居全国海关前列。辽宁出入境检验检疫局在全国率先成立审单布控中心，全部实施自动化作业，法检货物查验比率降至30%，既缩短了通关时间，又为企业减少成本约2亿元。辽宁省公安边防总队优化丹东陆路（铁路）口岸客运通关模式，将实行近70年的二次查验模式调整为一次查验，通关时间缩短至1小时，强力支持了丹东边境旅游、边境贸易发展。辽宁海事局主动向上级主管部门汇报将海事相关业务实施“并联办理”，推行“先许可、后查验”制度，实现船舶出口口岸查验业务办结“零等待”。

【海关特殊监管区域进一步优化整合】 2017年，辽宁省加大了海关特殊监管区域优化整合力度。围绕自贸试验区建设，沈阳综合保税区区块二从浑南中路调整到桃仙机场附近沈阳片区内，营口综合保税区的设立，与沈阳、营口片区形成区域、政策叠加效应。此外，辽宁省3个保税物流中心、70多个保税仓库和出口监管仓库，在保税、仓储、物流等方面发挥着重要作用。

口岸监管与服务

【辽宁省公安边防总队全面提升服务保障能力，助推营商环境建设】 辽宁省公安边防总队以服务辽宁沿海经济带建设发展和东北老工业基地振兴为己任，巩固深化边检改革创新成果，全力支持服务辽宁营商环境建设工作。积极支持对外开放工作。全力支持国家“一带一路”建设，主动参与辽宁“十三五”口岸发展规划，配合口岸主管部门做好迎接大连长兴岛口岸、营口扩大开放预验收准备工作，完成锦州水运（海港）口岸扩大开放预验收工作，推动盘锦水运（海港）口岸边防检查工作规范有序开展。全力承担丹东机场、大连长兴岛、营口仙人岛等口岸临时开放期间边防检查任务，圆满完成新建鸭绿江大桥警卫工作。大力支持沈阳、大连开放型经济发展，为沈阳、大连部分外国人 72 小时过境免签政策的实施提供优质服务，全面做好沈阳空运口岸（沈阳桃仙国际机场）、大连空运口岸（大连周水子国际机场）实行 144 小时过境免签政策的相关准备及宣传推介工作。持续优化通关服务举措，召开辽宁边检机关提高服务水平 10 周年总结表彰暨服务辽宁国际化营商环境建设工作会议，固化 10 周年边检服务工作成果。全力支持大连邮轮母港建设，精心打造邮轮通关服务新模式，为 61 艘次邮轮、10 余万旅客提供了优质边检通关服务。扩大“一证通”式登轮证件适用范围，最大限度降低登轮作业单位经营成本、便利人员生产作业。优化丹东铁路客运口岸通关模式，将实行近 70 年的二次查验模式调整为一次查验，通关时间缩短至 1 小时，强力支持了丹东边境旅游、边境贸易发展。进一步简化中国公民出国、赴港澳旅游，以及国际航行船舶国内转港手续办理，与口岸联检单位实施船舶联合登临检查，大幅提高口岸通关效率。推动辽宁国际贸易“单一窗口”建设。积极参与辽宁国际贸易“单一窗口”与国家标准版对接工作，确保辽宁国际贸易“单一窗口”一期主要功能如期上线运行。在大连、营口、盘锦等口岸边检机关组织开展国际贸易“单一窗口”船舶申报业务培训推介会，支持和引导服务对象应用“单一窗口”标准版平台申报边检相关业务。积极参与配合“单一窗口”二期建设规划，推进“单一窗口”在邮轮业务、陆地业务的应用，配合做好二期项目可行性研究论证工作。全力做好重大活动通关保障工作，先后圆满完成了第四批在韩志愿军烈士遗骸归国、第五批赴马里维和部队出境、上海合作组织成员主管机关边防部门领导人第五次会议、第十届夏季达沃斯论坛相关出入境通关保障任务。积极推进口岸基础设施建设，按照辽宁省“十三五”口岸整体规划，推动辽宁老旧口岸基础设施升级改造，在丹东边境口岸推进电子围网建设，在大连、营口各海港口岸推进口岸限定封闭区域、卡口、高清视频监控、执勤场所、边检标志等基础设施建设。加大智能化查验设施投入，在有旅客检查任务的口岸推广应用智能化验证台，建设应用边检自助查验通道和自助打印设备，满足出入境旅客多元化通关需求，为自助通关旅客自助打印出入境记录提供便利。

【辽宁海事局多措并举，服务口岸彰显作为】辽宁海事局主动对接“一带一路”倡议、辽宁沿海经济带等国家规划，不断优化营商环境，出台便民服务举措，提升口岸通关便利化水平，服务辽宁自贸试验区建设及地方经济发展。

推进实施国际航行船舶联合登临，提升船舶出入境查验效率。按照交通运输部等四部委联合下发的《关于建立国际航行船舶联合登临检查工作机制的通知》要求，辽宁海事局组织辽宁省公安边防总队、大连海关、沈阳海关、辽宁出入境检验检疫局召开专题协调会，并形成专题会议纪要，建立由海事管理机构牵头的国际航行船舶联合登临检查工作制度。辽宁海事局所属各分支局纷纷据此与当地口岸查验部门制定细化联合登临检查工作实施方案，陆续开展各自辖区联合登临检查。

不断加强体制机制建设，试点建立省内三级海上搜救应急体系。2017 年，辽宁省海上搜救中心在大连试点建立区县级海上搜救中心，逐步完善辽宁省内省、市、区三级海上搜救体系。大连市长海县海上搜救中心、旅顺口区海上搜救中心和普兰店区海上搜救中心已经先后挂牌成立。沿海区县海上搜救中心的建立，可以更好地加强搜救中心、海事与地方政府的协调联动，调动地方搜救力量参与海上搜救行动，提升海上搜救行动效率。

加强“三互”合作，推动港口经济稳定健康发展。辽宁海事局所属各分支局以签订合作备忘录等形式，探索完善与其他口岸查验部门的“三互”合作，在基层执法领域进行了大量尝试探索，深入推进危险品监管与联防联控工作，有效维护了港口生产与作业安全，持续推动港口经济稳定健康发展。2017 年 5 月和 9 月，大连海事局大窑湾海事处分别查处了进口高危品硝酸钾、出口高危品次氯酸钙的谎报、瞒报案件，被中新网、央广网、《辽宁日报》等媒体报道并广泛转载，有力震慑了危险品谎报瞒报行为。

支持并推进辽宁国际贸易“单一窗口”建设，完善国际航运服务功能。辽宁海事局主动融入并大力推进辽宁国际贸易“单一窗口”建设，积极配合开展“单一窗口”系统顶层设计及应用推广，较快提升用户上线率，使得辖区船公司及其代理企业使用“单一窗口”进行国际航行船舶申报的比率已远超国家口岸办预期工作目标。同时从船舶载运危险货物申报，国际航行船舶联网核放，离港证电子化，转运、过境及免税货物信息获取等方面提出建设性意见，大力推进国际航行船舶相关业务向“单一窗口”集成，进一步便利行政相对人，提升口岸通关效率。

切实做好服务，推进港口安全生产。辽宁海事局依托大连危险货物运输研究中心的专业技术力量，认真完善“港口危险货物属性数据库”建设，同时免费为交通港航单位、危险品制造商、托运人、代理人及水运危险货物相关作业单位提供危险货物运输方面的咨询服务，进一步保障危险货物的安全合规运输，保障港口安全生产。2017 年，辽宁海事局在“船载危险货物属性查询平台”更新入库 2 000 条货物数据，并免费向社会开放，同时免费向企业出具 484 份危险货物运输条件鉴定报告。

【大连海关进一步全面深化改革，不断提升口岸贸易便利化水平】 大连海关认真落实中央关于促进外贸稳增长的要求，坚持将服务地方经济发展放在工作的重要位置，以维护良好的口岸秩序，提升通关便利化水平为目标，全面深化改革，持续创新监管制度，通过新技术手段应用等措施，不断简化通关手续，打造透明、公开、可预期的良好营商环境，有力支持地方经济发展，形成全面开放的新格局。

便利通关，打造高效便捷的新型监管模式。积极推动“一次申报、分步处置”通关作业流程，全面加强货物通关监管环节时效管控，着力降低海关进出口平均通关时间，全年进口平均通关时间同比缩短 24. 3%，出口平均通关时间同比缩短 23. 3%。深化“三互”大通关建设，创建了信息互换、监管互认、执法互助、资源共享新型口岸监管模式。实现关检对部分货物“联合查验、一次放行”，通关手续由 10 项缩减为 5 项，对进口废纸和出口稻草查验结果实现互认。着力推动“单一窗口”建设工作，于 2014 年底牵头启动辽宁国际贸易“单一窗口”一期工程。全力配合省市政府组织推进辽宁国际贸易“单一窗口”建设，扎实推进国家标准版在关区应用，舱单在“单一窗口”上的申报数量短时间内得到极大提升。积极支持自贸试验区发展，成立了自贸试验区建设领导小组和专项工作组，研究提出 25 项支持和促进中国（辽宁）自由贸易试验区建设发展的措施，并单独对辽宁自贸试验区提出了支持高端装备制造业发展等 6 项个性化支持措施。主动服务贸易新业态发展，助推东北首个跨境电商综合试验区落户大连，支持中国（大连）跨境电子商务综合试验区建设，全力支持大连国际服务外包保税研发测试中心建设。精准服务助推企业发展，大力推进企业认证工作，建立海关、企业协调员制度。为辖区内高级认证企业配备了海关协调员，以量体裁衣式精准服务帮助企业破解发展瓶颈。

简政放权，积极推动一站式通关体系建设。加快推进简政放权，扎实开展海关行政许可标准化建设，进一步优化公共服务流程。编制了权力和责任清单，明确权责事项 210 项，取消和下放了 34 项对内对外审批和备案权限，优化了 21 项工作机制。完善一站式通关服务体系建设，继港湾、鲅鱼圈、营口、丹东、金普新区一站式通关服务中心之后，2017 年 6 月，大连海关一站式通关服务中心（自贸试验区）正式揭牌。认真做好“主动披露”试点，引导企业守法自律，如对大船集团启动“主动披露”制度。

减少行政干预和减少收费，切实为企业节约通关成本。深化“双随机”改革，深入推进执法领域“双随机、一公开”，发挥风险管理业务运行中枢作用。不断优化查验“双随机”工作，认真开展海关总署常规稽查“双随机”改革试点工作，进一步降低出口商品查验率。实施顺势监管，在大窑湾口岸实施“先入港后报关”出口物流改革，在关区内开通海关舱单系统国际中转货物审核功能，实现国际中转货物的电子审批，建设完善海关物流监控系统。全面清理和规范进出口环节收费，积极落实“三去一降一补”。2017年，进出口环节涉企收费同比下降64.2%。免除了机检查验、转关查验等6项查验相关费用，2016年5月10日~2017年12月底，为企业节省费用3 855万元。

严密监管，维护公平的进出口环境。加强专业打击和综合治理，打私工作捷报频传，组织6次“征程”系列大规模缉私行动，均被列为海关总署挂牌督办案件。针对中央关注、社会关切的洋垃圾走私，突出智慧缉私，形成“情报智能分析模型工作法”。

【沈阳海关助推辽沈国际化营商环境迈上新征程】 2017年，沈阳海关以改革创新为着眼点，全力助推国际化营商环境，主要业务指标实现大幅增长，全年净入库税款120.98亿元、监管进出口货运量1254.8万吨、监管进出口货物总值740.2亿元，为助力区域经济发展增添新动能。

沈阳海关牢固树立“省兴关兴”理念，服务辽沈老工业基地振兴发展取得新成效。一是支持锦州口岸扩大开放。2017年9月8日，沈阳海关首套大型集装箱检查设备（简称“H986设备”）在其隶属锦州海关正式投入使用，使锦州口岸传统集装箱查验作业从人工检查变为机检查验，检查单个货柜的时间缩短至约5分钟。二是主动融入“一带一路”建设。建立跨关区监管协作机制，完善班列监管措施，促进“沈满欧”“沈连欧”班列平稳、双向运行，全年监管中欧班列126列，同比增长147%。2017年9月9日，“沈连欧”（沈阳—二连浩特—杜伊斯堡）中欧班列在沈阳东站首发。2017年9月15日，沈阳海关驻邮局办事处与丹东海关签署《关于对朝铁路运输国际旅客行李监管的联系配合办法》，建立两地海关就加强对朝铁路运输国际旅客行李物品监管的沟通协调机制。2017年10月16日，沈阳海关与呼和浩特海关签署《呼和浩特海关、沈阳海关关于“沈连欧”国际货运班列监管联系配合办法》，完善协作配合机制，严密监管作业，稳步提升通关效率。三是助力辽宁开放平台建设。沈阳综合保税区区块二调规获国务院批复，铁岭保税物流中心（B型）通过正式验收。2017年4月10日，中国（辽宁）自由贸易试验区沈阳片区揭牌，辽宁自贸试验区沈阳片区建设正式启动。研究制定支持辽宁自贸试验区45项海关监管创新制度，其中24项落地生效，支持中德产业园与自贸试验区协同发展。四是帮助企业破解发展瓶颈。坚持“一企一策”帮扶，积极推进“关税保证保险改革”，开展“特殊监管区域+飞机维修”“以企业为单元加工贸易改革”“委内加工”等制度创新。五是促进贸易新业态发展。葫芦岛跨境电子商务、辽阳特色裘皮产业等成为区域外贸亮点。

沈阳海关努力提升监管效能，深入推进“放管服”改革。扎实开展海关行政许可标准化建设，在互联网站和各业务现场公开沈阳海关行政审批事项目录、办理时限及海关行政审批服务指南，进一步优化公共服务流程；推广“互联网+海关”网上办事平台，提高行政审批“一窗受理”“一网通办”服务水平；编制沈阳海关权力和责任清单及权力运行图，完成清单的编写、送审及对外公布工作；配合辽宁省发展改革委编制《沈阳海关市场准入负面清单》，共梳理市场准入管理事项10大类14项，清理7项。积极推进全国海关通关一体化改革。制定《沈阳海关落实全国海关通关一体化改革统筹推进工作方案》《沈阳海关隶属海关功能化建设方案》《沈阳海关风险防控中心建设实施方案》等对接改革任务，加强应急协调处置，建立信息反馈机制，做好改革宣传推介，顺利完成新旧通关模式转换；统筹隶属海关功能类型划分、整合业务资源、完善运行机制、优化机构人员配置，深入开展隶属海关功能化改造，建立备案批核中心、稽查作业中心和风险防控中心3个中心，积极探索关区备案核批、企业稽查、安全准入等业务的集约化管理机制。压缩通关时间，提高通关时效。辖区进口海关平均通关时间10.76小时，同比缩短48.8%；出口海关平均通关时间0.9小时，同比缩短48.6%，完成海关总署“压缩货物通关时间三分之一”目标。推动“三互”大通关建设。实现“三互”在各类业务领域全覆盖；持续深化推进关区空港、海港、邮运口岸及关区各业务现场“三互”大通关建设；沈阳空港“关检‘三互’合作示范区”平稳运行，关检双方共同查验进境行李物品；锦州口岸在行邮渠道移交出入境检验检疫局案件线索50件，包括查获进境濒危植物桃花心木种子等。积极推动“单一窗口”建设工作。辖区企业应用“单一窗口”申报报关的综合覆盖率达到67.1%。

【辽宁出入境检验检疫局抓创新、强质量，着力打造“十个强局”】 2017年，辽宁出入境检验检疫局以服务参与“一带一路”建设为引领，创新监管模式，优化通关环境，坚持以供给侧结构性改革为主线，更加科学务实地抓质量、保安全、促发展、强质检，为服务辽宁新一轮振兴、实现高质量发展作出了新贡献。一是解放思想、重点突破，强力推进改革创新。执法全过程记录国务院试点工作取得积极进展，作为质检系统唯一试点单位，选取5类执法类型，制定16项制度，全力打造“制度规范体系、智慧支撑体系、监督追溯体系”三位一体的执法全过程记录监督模式。推动“豆二”新合约上市交易，与大商所签署战略合作协议，组织路演及政策宣讲会，研发大豆期货信息系统上线运行，交易量单日最高达3.5万手、11.1亿元。助推大连港混矿业务国内首破千万吨大关。加强口岸环境卫生监测和进口铁矿品质量、重量检验，构建“入区监测+加工监管+出区检验”三位一体监管模式，支持大连港开展保税铁矿混矿业务，年净增2 000万吨吞吐量，同比增长210%，创造2亿元经济效益，成为拉动区域经济增长新亮点。检验检疫科技能力不断提升，全年获省部级以上科研立项19项，获各类科技奖励17项，新增检测项目3 609项，总检测项目达15 099项。二是立足职能、精准发力，着力推动质量提升。深入推进“三同”工程，联合省政府八部门印发《辽宁省扩大内外销产品“同线同标同质”范围实施方案》。对821家出口企业实施逐一帮扶。组织188家次企业、千种食品举办“三同”购物节。开展46场次“三同”进万家宣传。加强出口示范区建设，新创建3个国家级出口食品农产品质量安全示范区、5个省级出口食品农产品质量安全示范区、1个省级出口工业产品质量安全示范区，国家级和省级出口质量安全示范区数量分别达24个、47个，居全国第三位。有效应对技术性贸易措施，完成191家出口企业技术性贸易措施影响调查。帮助企业顺利通过日本双壳贝类、韩国水产品、新加坡禽蛋、日本肠衣、蒙古禽类等国外官方检查。辽宁苹果顺利出口“一带一路”沿线国家；辽宁樱桃成功打入港澳高端市场；辽宁玉米时隔10年再次走出国门。三是履职尽责、重拳出击，全力保障国门安全。保障口岸卫生安全，检出传染病症状2 844例，确诊传染病763例。截获医学媒介生物5类29属41种43.1万只。全国首次截获贪食睡鼠，从输入性黑家鼠中检出汉坦病毒。检出3例登革热和1例恶性疟疾确诊病例。成功完成第四批20具在韩志愿军烈士遗骸入境卫生检疫保障工作。保障国门生物安全，截获植物性检疫有害生物67种2 562种次，截获携带、邮寄禁止进境物14 727批，检出国家进境动物二类检疫疫病3种，“绿蕾”行动连续三年获国家质检总局通报表扬。全国首次在进口种薯中检出苜蓿黄萎病菌，在邮寄物中检出布鲁氏菌。旅邮检截获毒蜘蛛等案例5次获央视报道。保障进出口食品、化妆品安全，检出进口不合格食品、化妆品490批，货值722.1万美元。开展国门安全风险隐患排查和专项整治行动。组织开展备案蛋禽养殖场和出口禽蛋“氟虫腈”风险排查，保证供港鲜蛋质量安全。保障进出口商品安全，严格执行安理会朝核问题相关决议。检出进口不合格煤炭 140 批。检出进出口不合格危险化学品 1 405 批。开展进口消费品缺陷调查 60 次，上报召回案例 20 起，连续两年名列全系统第一，进口牙刷缺陷召回案例被国家质检总局评为 2017 年十大典型案例。四是主动服务、积极作为，倾力促进经济发展。积极支持辽宁自贸试验区建设，积极做好国务院及五部委“8+5+2”三批共 15 项自贸试验区检验检疫改革试点经验的复制推广。认真落实国家质检总局关于自贸试验区相关要求和指导意见。开展检验检疫窗口“一站式”服务。争取国家质检总局批复辽宁自贸试验区 6 项针对性支持政策。出台支持辽宁自贸试验区 28 项措施，在省政府召开新闻发布会进行解读。深化区域“三互”合作，加强关检“三互”合作，打造全国关检合作样板，与大连海关联合印发《继续落实“三互”推进大通关建设的通知》，牵头召开东北四省区“六关四检”年度工作会议，深入推进《落实“三互”推进大通关建设行动计划》。牵头召开东北四局年度工作会议，总结推进《重点合作事项推进计划》。建立中欧班列沿线执法互助互认机制，上线“中欧货运班列检验检疫监管系统”，助力“沈连欧”新班列双向开行，支持辽宁 6 条中欧班列扩量增效。支持辽宁扩大开放，指导长兴岛港、营口港完成扩大开放预验收，锦州港完成扩大开放正式验收。支持大连自由贸易港、营口综合保税区、沈阳和营口跨境电商综试区申报筹建。指导鞍山西柳市场集群监管场所建设。帮助沈阳桃仙机场获批进口水果和东北首个内陆进口肉类指定口岸。实现俄罗斯大豆海运过境大连港输往第三国。优化口岸营商环境，深化“放管服”改革，推行“双随机、一公开”工作制度。落实国务院要求，压缩检验检疫流程时长，提高通关效率。推行审单放行新模式。推广报检和原产地签证无纸化，实施原产地签证“一体化”和多种便捷签证服务，连续 7 年获评“大连市政风行风建设先进单位”。

开放口岸

【沈阳空运口岸（沈阳桃仙国际机场）】 沈阳桃仙国际机场位于辽宁省沈阳市东陵区桃仙镇，距沈阳市中心 22 千米，为国家民用一级机场。机场于 1985 年开始筹建，1989 年 4 月 16 日正式启用。机场跑道长 3 200 米、宽 45 米，飞行区等级为 4E，现有停机位 79 个，其中登机桥位 30 个、远机位 47 个、公务机位 2 个。机场净空条件良好、功能齐全、设备先进，可保障国内外大型客、货机使用。机场拥现有 3 座航站楼（T1、T2 航站楼停用）。T1 航站楼设计年旅客吞吐量 90 万人次。1995 年开始二期工程扩建，2001 年 12 月 T2 航站楼投入使用，T2 航站楼设计年旅客吞吐量 606 万人次。2011 年开始 T3 航站楼施工建设，2013 年 8 月 T3 航站楼投入使用，设计年旅客吞吐量 1 750 万人次。

2017 年，沈阳桃仙国际机场航线共有 220 条，其中，国内航线 185 条、港澳台地区航线 3 条、国际航线 32 条。全年新增航线 26 条，其中国内航线净增 31 条、国际航线减少 5 条。国际航线新开通了至越南芽庄、岘港，意大利米兰，菲律宾马尼拉，埃及开罗、阿斯旺，俄罗斯海参崴航班。

2017 年，沈阳空运口岸旅客吞吐量为1 734.2 万人次，同比增长 15.8%。其中，国际和地区出入境旅客为 143.1 万人次，同比减少 13.5%。

【大连空运口岸（大连周水子国际机场）】

大连周水子国际机场位于大连市西北部，始建于1972年10月，从军民合用机场发展建设成为民用机场。1973年4月开航，1985年经国务院批准对外开放。该机场距大连市中心10千米，距沈大高速公路5千米，交通运输网络十分便利，机场占地面积345万平方米，飞行跑道长3 300米，候机楼面积13.5万平方米，停机坪面积66万平方米，符合4E级I类国际机场标准，可供除A380外各种大型飞机安全起降。2017年，新引进桂林航空、重庆航空，新增雅加达、十堰、长治、张家界、松原（查干湖）和恩施6个国内外通航点。目前，大连空运口岸已开通航线210条，国内通航城市95个，国际和地区通航城市21个，国内外48家航空公司在大连周水子国际机场运营。大连周水子国际机场已成为通往日、韩、俄的重要门户，东京、大阪、首尔3条日韩航线占其国际运量的80%以上。

2017年，大连空港口岸旅客吞吐量1 750万人次，同比增长14.7%，其中，国际航线出入境旅客为145万人次（不含港澳台），同比增长2%。纯货邮吞吐量16.5万吨，同比增长10.7%。

【丹东陆路（铁路）口岸】 丹东铁路口岸通过中朝友谊大桥与朝鲜新义州口岸相连。口岸地点设在铁路丹东站，分为客运和货运两部分。1954年中朝两国签订了铁路联运协定，开通北京至平壤、平壤至莫斯科往返直通国际联运旅客列车，经停丹东站，每周二、四、五、日出境，每周一、三、四、六入境，后经中朝协商，每天都有丹东铁路口岸至朝鲜新义州口岸旅客列车。国际联运货物列车每天往返4对。2001年11月24日，中朝两国签订了《中朝边境口岸及其管理制度的协定》，明确规定：铁路口岸允许持有效护照及签证或边境通行证的双方公民、货物和运输工具通过；允许持有效护照及签证的第三国公民、货物和运输工具通过；铁路口岸每日的开放时间按中朝双方间有关协议中的铁路运行时刻表执行，不受双方规定的节假日和边境口岸每天开放时间的限制。2006年8月，铁路丹东站改造建设，2008年年底铁路丹东站口岸竣工并投入使用。

2017年，丹东陆路（铁路）口岸进出口货运量10.3万吨，同比减少24.8%。其中，进口4.2万吨，同比减少22.2%；出口6.1万吨，同比减少26.5%。出入境旅客14.69万人次，同比增长2.6%。其中，进境7.26万人次，出境7.43万人次。

【丹东陆路（公路）口岸】 丹东公路口岸通过中朝友谊大桥与朝鲜新义州口岸相连。口岸地点设在中朝友谊桥旁。丹东公路口岸是于1955年经中朝双方商定批准开放的国家口岸，也是我国与朝鲜半岛接壤的口岸中可通行第三国人员的口岸。丹东公路口岸分为客运和货运两部分，1966年关闭，1981年恢复通关。2004年6月，丹东公路口岸扩建改造，2005年6月20日改造后的公路口岸正式投入使用。丹东公路口岸公路客运班车由中朝双方共同营运，每天往返两次，主要接送两国边民。公务人员、中外客商、出境游客等大多经过这个口岸进出境。

2017年，丹东陆路（公路）口岸进出口货运量161万吨，同比减少16.5%。其中，进口19.9万吨，同比减少65.5%；出口141.1万吨，同比增长4.4%。出入境旅客46.5万人次，同比增长11.1%。其中，进境21.9万人次，出境24.6万人次。

【大连水运（海港）口岸】 大连港始建于1899年，距今已有百余年的历史。1960年6月经国务院批准正式对外开放。大连港居西北太平洋的中枢，是正在兴起的东北亚经济圈的中心，是该区域进入太平洋，面向世界的海上门户。大连港港阔水深，不淤不冻，自然条件非常优越，是转运远东、南亚、北美、欧洲货物最便捷的港口。大连港开放水域346平方千米，陆地面积15平方千米；现有港内铁路专用线150千米、仓库30万平方米、货物堆场180万平方米；拥有45万吨级原油码头和30万吨级矿石码头。大连港与世界上160多个国家和地区、300多个港口建立了海上经贸航运往来关系，开通集装箱航线106条，其中，外贸航线93条、内贸航线13条，航班密度500班/月，基本覆盖全球主要航区，东北地区98.5%以上的外贸集装箱经大连港转运。大连港与美国的奥克兰港、休斯敦港，加拿大的温哥华港，日本的北九州港、横滨港、伏木富山港等港口结为友好港。大连口岸以冷链物流为重点的海铁联运，辐射东北、覆盖全国的冷链物流网络逐步形成。2017年大连港海铁联运量达到41.3万标箱，同比增长1.7%。

大连港按功能划分为6个生产作业区。一是大港区。大连港大港区位于大连市中心区，靠近繁华的人民路地段，是大连港的发源地。拥有生产泊位26个，港区综合通过能力为1 143.4万吨/年，经营杂货运输、内贸集装箱运输、邮轮、滚装等，另外还从事客运生产。二是大连湾港区，有杂货泊位8个、客运滚装泊位1个，年通过能力645万吨，主要经营煤炭、玉米、特资、杂货运输和滚装货。三是大窑湾港区，是我国规划建设的四大国际深水中转港之一，是大连港运输国际集装箱的专业化港区。拥有14个集装箱泊位，码头年设计通过能力420万标箱，有汽车滚装泊位3个，年通过能力80万辆。四是鲇鱼湾港区，拥有原油泊位6个，年通过能力6 908万吨，成品油泊位26个，年通过能力2 966万吨，主要经营进出口原油、出口成品油。五是大孤山南港区，有杂货泊位1个（15万吨级），主要从事钢铁、玻璃、汽车、矿建材料等货物的装卸，码头年通过能力1 000万吨。六是大孤山西港区，主要是货主码头，有泊位24个。其中北良企业码头有泊位6个，是粮食加工运输专业码头，是东北最大的大米综合利用区、粮食中转筒仓区、物流加工区、粮油食品仓储区、粮油食品加工区、物流配送区、综合物流区、配套服务区等，年通过能力1 000万吨；大连石化公司码头有4个泊位，年通过能力1 000万吨；福佳大化石油化工有限公司有2个泊位，年通过能力662万吨；逸盛大化石化有限公司有3个泊位；大连大洋船舶工程有限公司修造船企业有7个泊位；大连东方精工船舶配套有限公司有2个泊位。

2017年，大连水运（海港）口岸货物吞吐量4.55亿吨，同比增长4.3%，其中外贸进出口货运量15 671.8万吨，同比增长12.7%。集装箱吞吐量970.7万标箱，同比增长1.3%，其中进出口534.9万标箱，同比增长2.8%。

【营口水运（海港）口岸】 营口水运（海港）口岸位于渤海湾东北岸、辽河的入海口。口岸包括沿辽河的营口老港区、鲅鱼圈港区和仙人岛港区3个港区。营口老港区于1861年对外开埠。鲅鱼圈港区是营口港的核心港区，以矿石、煤炭、集装箱、钢材、油品、粮食、商品汽车等运输为主，1984 年经国务院批准建设，1988 年对外开放。仙人岛港区于 2008 年经国家批准建设，2017 年 11 月 8 日对外开放通过省级预验收，主要以油品、化工品等液体散货和通用散、杂货运输为主，目前 30 万吨级原油码头已投入运营。

营口港陆域面积 3 980 万平方米，其中鲅鱼圈港区 2 360 万平方米、营口老港区 190 万平方米、仙人岛港区 1 430 万平方米。营口港现有库房 40 万平方米、堆场 830 万平方米、储罐 490 万立方米、筒仓 80 万立方米；拥有占地 65 万平方米的营口港保税物流中心，有集装箱、汽车、煤炭、粮食、矿石、钢材、大件设备、成品油及液体化工品和原油等 9 大货种专用码头，其中矿石码头、原油码头分别为 30 万吨级，集装箱码头可以靠泊第 5 代集装箱船，总通过能力为 15 749万吨。

营口港码头岸线长度 17 107 米，现有泊位 76 个，其中鲅鱼圈港区 55 个、营口港区 14 个、仙人岛港区 7 个，有万吨级以上泊位 57 个。鲅鱼圈港区现有深水航道宽度 270 米，底标高 22 米，长度 32 千米，可满足 15 万吨级以下船舶全天候通航，30 万吨级矿石船舶可乘潮通航，7 万吨级以下的船舶可双向通航。仙人岛港区现有 30 万吨级航道，宽度 350 米，底标高 22.5 米，长度约 27.85 千米。

营口港已经同 50 多个国家和地区 140 多个港口建立了通航业务关系，现有印度尼西亚快航线、日本关东航线、韩国釜山航线、韩国仁川航线（国际客货班轮航线）外贸直航航线 4 条，以及通过大连、宁波等地中转世界各地的外贸内支线 4 条。集装箱内贸航线已覆盖中国沿海 30 个主要港口。散杂货内贸航线主要分布在上海、青岛、江阴、宁波、舟山、温州、泉州、钦州、厦门、深圳、湛江及广州等地。营口港现有到华东、华南的定线船。散杂货外贸航线是韩国、日本、朝鲜、新加坡、伊朗、印度等国家和地区，以及澳大利亚、巴西、美国、荷兰、意大利、英国、加拿大等欧美国家及南北美洲部分国家和地区。内外贸航线达到每月 500 余次航班。

营口港交通便捷，沈大高速、哈大公路沿港区而行，长大铁路直通码头前沿，与港内 30 条 1 050米铁路装卸线相连。现已开通营口港至哈尔滨、大庆、长春、德惠、公主岭、四平、松原、佳木斯、牡丹江、绥芬河等 40 多条海铁联运集装箱班列和经满洲里连接欧亚大陆桥的国际集装箱班列。

2017 年，营口水运（海港）口岸货物吞吐量 3.6 亿吨，同比增长 3%，其中外贸进出口货运量 7 937.6 万吨，同比减少 0.2%。集装箱吞吐量 627.7 万标箱，同比增长 3.1%，其中进出口 9.3 万标箱，同比减少 30.6%。

【锦州水运（海港）口岸】 锦州水运（海港）口岸位于渤海西北部的锦州湾北岸，是渤海西北部 400 千米海岸线重要的对外开放的国际商港，是辽宁省重点发展的区域性重要港口，是中蒙俄新通道最便捷的出海口。锦州港 1985 年 12 月经国务院批准建设，1986 年 10 月开工建设，1990 年 10 月正式通航，同年 12 月被国家批准为开放口岸，成为中国第 49 个对外开放口岸。2017 年 9 月 21 日，国务院下发《国务院关于同意辽宁锦州港口岸扩大开放的批复》，同意锦州港口岸扩大开放。锦州港笔架山港区现有水陆域面积 5 630 万平方米（仅规划水域，不含航道、锚地），规划陆域面积 2 400 万平方米，已建成陆域面积 1 200 万平方米，主要由石化作业区、粮食及件杂货作业区、集装箱作业区、油品作业区、专业化散货作业区、大宗散货作业区、预留发展区等组成。锦州港现有主航道水深 17.9 米，为15万吨级单向航道、5万吨级双向航道。全港规划码头岸线总长14 018米，现有岸线总长6 525米（不含中电投820米），堆场总面积310.7万平方米。全港共有各类泊位24个，其中生产性泊位23个，21个为万吨级以上深水泊位。目前，锦州港有外贸集装箱内支线2条（大连、天津），内贸航线15条，同世界上80多个国家和地区建立了通航关系。

2017年，锦州水运（海港）口岸货物吞吐量10 511万吨，同比增长17.4%，其中外贸进出口货运量1 170.5万吨，同比增长58.5%。集装箱吞吐量121.8万标箱，同比增长47.6%，其中进出口0.7万标箱，同比持平。

【丹东水运（海港）口岸】 丹东水运口岸（丹东港）是中国海岸线最北端的国际贸易商港，是天然不冻良港，辖大东港（海港）和浪头港（河港）两个港区。现有生产性泊位29个，拥有粮食、矿石、煤炭、油品、集装箱、客滚、散杂、通用等专业泊位和配套的专业化、自动化装卸系统及货物存放库场，港口年综合吞吐能力达亿吨。目前已与日本、韩国、俄罗斯、美国、巴西、印度等70多个国家和地区的90多个港口开通了散杂货、集装箱、客运航线。随着2014年1月丹东港30万吨级矿石泊位建成并投入使用，丹东港已步入全国大型港口行列。

2017年，丹东港口岸货物吞吐量14 220.7万吨，同比减少9.9%，其中外贸进出口货运量1 528.6万吨，同比减少8.6%。集装箱吞吐量186.3万标箱，同比减少2.9%。出入境旅客8.8万人次，同比减少46.5%，其中，进境4.3万人次，出境4.5万人次。

【葫芦岛水运（海港）口岸】 葫芦岛水运（海港）口岸位于辽宁沿海最西端，海岸线长261千米。葫芦岛港始建于1908年，1984年经批准开始军民合用，联合开发。2000年4月经国务院批准实现了国轮外运，成为国家对外开放口岸。2005年3月，葫芦岛港移址至柳条沟港区。2010年11月，葫芦岛港通过国家口岸扩大开放验收，实现了对外国籍船舶开放。

2017年，葫芦岛水运（海港）口岸货物吞吐量1 706.1万吨，同比增长14%，其中外贸进出口货运量31.4万吨，同比增长51%。集装箱吞吐量1.4万标箱，同比增长518%。

在葫芦岛水运（海港）口岸柳条沟港区，葫芦岛港集团有限公司已建成投产5座散杂泊位（分别为1个2万吨级、1个3.5万吨级和3个5万吨级）、2个油品泊位（3万吨级成品油泊位和5 000吨级石化泊位），配套罐区工程已完工并投入试运行。

2017年，口岸货物吞吐量1 040.1万吨，同比增长21%，集装箱吞吐量8 249标箱，同比增长909%。

在葫芦岛水运（海港）口岸绥中港区，绥中港集团有限公司已建成投产5个5 000吨级通用泊位，2017年，口岸货物吞吐量216.3万吨，同比增长44%，集装箱吞吐量6 455标箱，同比增长313%；绥中发电有限责任公司现有2个散货泊位（1个3 000吨级、1个1万吨级），2017年，口岸货物吞吐量312.2万吨，同比减少

2.6%。

在葫芦岛水运（海港）口岸北港港区，葫芦岛北龙港口有限公司现有生产泊位3个（2个5 000吨级散货泊位、1个3 000吨级散货泊位），2017年口岸货物吞吐量119.4万吨，同比减少23%。

【盘锦水运（海港）口岸】 盘锦水运（海港）口岸位于辽东湾湾底，是辽宁沿海地区性重要港口和东北及蒙东地区最近的出海口之一。港口规划利用11.7千米自然岸线，形成陆域面积45.5平方千米、岸线36.7千米，可布置泊位超过100个，通过能力超过3亿吨。港口的防波堤、围堰和后方陆域已基本形成。现已建成21个5万吨级泊位（已投入运行9个5万吨级泊位）和22万立方米油品储存罐区，另有11个5万~30万吨级以上泊位及38万立方米石化企业自用罐区正在加紧建设。同时，在现有5万吨级航道基础上进一步疏浚的深水航道工程正在办理前期手续。预计到“十三五”期末，盘锦港年通过能力将突破1亿吨。

港口现有2万平方米查验仓库，6万平方米保税仓库、出口监管仓及50万平方米保税物流中心，保税物流中心于2016年10月通过验收，2017年9月正式开展业务。

盘锦港口岸拥有便利的公路、铁路网络，火车可直接入港，是渤海湾所有港口中铁路物流成本最低的港口。

盘锦港重点发展油品、液体散货、粮食、集装箱等货物运输，将逐步发展成为多功能、现代化的综合性港口。目前港口主要作业货种有粮食、化工原料及制品、化肥及农药、建材、钢铁等。依托港口优势，盘锦港发展多元产业，构建物流、经贸、燃供、保税、仓单质押、大宗商品电子交易等业务为一体的港口综合服务功能。其中，大宗商品电子交易平台可为客户提供辽东湾沿海各港口的煤炭、玉米、钢材、矿石、化工品、油品等大宗商品市场行情及交易信息，可进行交易、仓储、结算业务，享受税收减免等优惠政策。

2015年6月7日，国务院批复同意盘锦港口岸对外开放，2015年12月3日，盘锦港口岸对外开放通过省级预验收，2016年9月6日，盘锦港口岸对外开放通过国家验收。2015年6月16日，盘锦市政府与满洲里市政府签订了口岸合作协议，2015年10月18日“盘满欧”集装箱国际班列正式开通，发出首列盘锦港—满洲里—莫斯科班列。2015年12月21日，盘锦市政府与二连浩特市政府签订了口岸合作协议，2017年5月10日，盘锦港开通东北首班“辽蒙欧”中欧班列。2017年，港口新增盘锦至龙口、太仓、上海等8条集装箱航线，航线总数达到13条，已建成通辽、法库、辽中、齐齐哈尔4个陆港。

2017年，盘锦水运（海港）口岸货物吞吐量3 448.3万吨，同比增长15.2%，其中外贸进出口货运量205.9万吨，同比增长31.5%。集装箱吞吐量41.7万标箱，同比增长9.7%。

【旅顺新港水运（海港）口岸】 旅顺新港水运（海港）口岸位于辽东半岛最南端，与山东半岛隔海相望，是天然不冻港，海岸线长度169千米，是沟通辽东半岛和山东半岛的“黄金水道”。2006年8月16日获得国务院一类口岸对外开放的批复，2009年11月20日通过国家验收，2010年1月6日正式对外开放。目前，旅顺新港口岸有2个开放杂货泊位，辖区内中远川崎船舶工程有限公司、大连今冈船舶工程有限公司、大连滨海船舶修造有限公司码头实现口岸临时开放。

2017年，旅顺新港水运（海港）口岸货物吞吐量 3 002.2 万吨，同比增长 18.8%，其中外贸进出口货运量 113.94 万吨，同比减少 9.47%。

【庄河水运（海港）口岸】 庄河水运（海港）口岸位于辽东半岛东侧南部，是黄海、渤海沿岸距日、韩最近的港口，滨海公路横贯东西，建设中的东北东部边境铁路直达俄罗斯，海岸线总长 235 千米。目前，港口有泊位 10 个，分别是庄河港 1 万吨级杂货泊位 1 个、5 千吨级杂货泊位 1 个、1 千吨级客滚泊位 1 个，庄河电厂煤码头 3.5 万吨级泊位 1 个，陆岛运输码头泊位 6 个。庄河港口岸于 2007 年 9 月 12 日获得国务院批准对外开放，2009 年 11 月 18 日通过国家验收，2010 年 1 月 20 日正式对外开放。

2017 年，庄河水运（海港）口岸货物吞吐量 580 万吨，同比增长 18.4%。

【长兴岛水运（海港）口岸】 长兴岛水运（海港）口岸位于辽东半岛西侧中部，渤海东岸，规划总面积 502 平方千米，由长兴岛、西中岛、凤鸣岛、交流岛、骆驼岛 5 个岛屿组成，是中国第五大岛，长江以北第一大岛。2005 年 11 月 26 日长兴岛临港工业区管委会和党工委挂牌成立，2010 年 4 月 25 日国务院批准长兴岛升级为国家级经济技术开发区。2010 年 6 月 13 日辽宁省政府决定在长兴岛设立辽宁省综合改革试验区。2011 年 7 月 30 日国务院下发《关于同意辽宁大连长兴岛港口岸对外开放的批复》。目前，长兴岛港口岸有公共港区、恒力石化、大连长兴岛 30 万吨级原油泊位及大连船舶重工修造船基地码头实现口岸临时开放。2016 年 11 月 30 日，长兴岛港口岸对外开放通过省级预验收。

2017 年，长兴岛水运（海港）口岸货物吞吐量 2 441 万吨，同比增长 2.6%，其中外贸进出口货运量 992 万吨，同比增长 4.7%。

大连市

【口岸运行数据】 2017 年大连口岸进出口商品总值 5 886.1 亿元，同比增长 18.3%。其中，出口 2 881.95 亿元，同比增长 15.5%；进口 3 004.15亿元，同比增长 21.1%。口岸货物吞吐量 11 235.9 万吨，同比增长 21.7%。其中，外贸出口 3 435.11 万吨，同比增长 41.29%；进口 7 783.49万吨，同比增长 14.7%。出入境检验检疫货物 239 028 批次，同比增长 1.9%。其中，入境 115 071 批次，同比减少 0.7%；出境 123 957 批次，同比增长 4.6%。检验检疫货值总额 456.82 亿美元，同比增长 23.91%。

【大连口岸新增欧洲和美国西部远洋干线】 2017 年 4 月 5 日，全球第三大航运联盟——THE 联盟“大连—欧洲”远洋干线的首航船舶、全球最大集装箱船“商船三井成就”（MOL Triumph）轮靠泊大窑湾集装箱二期码头。“商船三井成就”轮船长 400 米、船宽 58.8 米，满载能力达到 20 170 标准箱，是目前全球最大的集装箱船舶。该轮于 2017 年 3 月 27 日正式交付使用，是全球首艘投入运营的超过 2 万标准箱的集装箱船，率先开启了“2 万标准箱船时代”。2017 年 4 月由 THE 联盟正式运营，在大连口岸首开美西线、欧线各 1 条，其中美西航线填补了大连港航线网络的空白，使原来通过韩国釜山中转的货物可以直航到达美西港口，进一步提升物流服务水平，降低我国外贸综合物流成本，为大连东北亚国际航运中心建设增添了砝码。

【大连口岸建成东北首个海铁联运物联网】 2017 年 5 月 10 日，作为国家物联网重大应用示范工程之一，大连口岸建设的东北首个海铁联运物联网顺利通过验收。大连口岸海铁联运物联网整合船舶卫星定位、码头综合申报、检港联动、多式联运等众多“智慧港口”资源，使舱单、船舶、码头作业、铁路公司、内陆堆场、班列经营人、监管等所有信息全部集中到统一的“大数据仓库”内，形成一个智能化物联平台。正式交付使用后，可大幅提高海铁联运效率和质量，降低企业物流成本，提升客户服务体验。同时，由于全程联网联控，集装箱海铁联运物联网还能分析出货物种类、货物流向及集疏港作业环节是否高效，使港口能够及时调整货源市场、作业流程、腹地规划等。不仅为国家集装箱海铁联运物联网应用提供了示范样本，还将推动大连口岸“一带一路”国际物流通道建设。

【大连市港口与口岸局与上海市口岸服务办公室签订《上海市与大连市口岸对口合作备忘录》】 2017年，大连市港口与口岸局积极对标上海国际航运中心，以国际贸易“单一窗口”等工作为抓手，持续深化大连与上海在国际航运中心建设层面上的交流合作，加快推进大连东北亚国际航运中心建设。2017年10月19日，大连市港口与口岸局与上海市口岸服务办公室签订了《上海市与大连市口岸对口合作备忘录》。此次合作备忘录的签署，是大连市港口口岸局与上海市口岸服务办公室多次协商，就两地国际贸易“单一窗口”建设，达成的合作成果。旨在通过充分发挥政府部门的作用，建立两地国际贸易“单一窗口”建设的高效合作和良好互动机制，共同提高两地口岸通关效率，提升贸易便利化水平，优化营商环境，促进两地贸易共同发展。

【大连口岸“单一窗口”为跨境电商提供服务】 2017年10月12日，大连口岸“单一窗口”正式为跨境电子商务开通，越洋物语（大连）运营管理有限公司成功将海外到达的货物订单、运单及支付信息，通过中国（大连）跨境电子商务综合试验区“单一窗口”平台成功上传海关总署，完成首票电商货物落地通关。国务院下发的《国务院关于同意在天津等12个城市设立跨境电子商务综合试验区的批复》，大连成为东北首个跨境电商综合试验区。大连口岸依托辽宁电子口岸平台，按照“一点接入、一次申报、数据共享”的原则，建设面向跨境电子商务全业务的线上“单一窗口”平台，构建跨境电子商务信息共享体系、系统监测体系和风险防控体系，与各园区跨境电子商务综合服务平台对接，实现互联互通和业务协同，全面支撑跨境电子商务一般出口、特殊区域出口、软件服务外包出口、进口直购（邮）、保税进口、跨境B2B等通关监管需求，通过海关、税务、外汇等部门的信息互换、监管互认和执法互助，构成跨境电商风险防控体系。大连海关、辽宁出入境检验检疫局、大连国税局、大连市工商局等部门积极配合，与辽宁电子口岸公司、安达吉祥物流等企业一道，经过长达半年的多次调试，终于实现企业、中国（大连）跨境电子商务综合试验区“单一窗口”平台及海关总署跨境进口统一版监管系统的无缝对接，并实现“单一窗口”的正式开通。“单一窗口”综合服务平台是跨境电商综合试验区的数据交换枢纽和综合管理服务平台，具有政务和综合服务双重功能。平台坚持“一点接入”原则，建立完善数据标准和认证体系，依托“单一窗口”综合平台，联通海关、国检、国税、外管、商务、工商、质检等政府管理部门，以及电商、物流、金融、保险等企业主体，实现“信息互换、监管互认、执法互助”，做到“一次申报、一次查验、一次放行”，可大大提高通关效率，降低通关成本。平台为跨境电子商务相关企业和个人提供物流、金融、综合服务代理等服务，为跨境电商综合试验区营造高效、便捷、规范、公平的服务环境，推动大连乃至东北地区贸易便利化、规范化。

2017年辽宁省口岸大事记

1月17日

内蒙古通辽至锦州港集装箱海铁联运正式开通。

3月1日

大连港原油码头首次靠泊全球最大的45万吨级油船“泰欧”（TI Europe）轮。

3月13日

锦州港成功获批出口粮仓储资质。

3月16日

沈阳铁路局、锦州港举行物流总包合作签约仪式。沈阳铁路局局长张海涛、锦州市市长王德佳、锦州港股份有限公司总裁刘辉等领导参加签约仪式。

3月22日

辽宁省公安边防总队圆满完成第四批在韩志愿军遗骸回国边防检查通关保障工作。

4月5日

全球第三大航运联盟——THE联盟中国大连—欧洲远洋干线的首航船舶、全球最大集装箱船“商船三井成就”（MOL Triumph）轮靠泊大窑湾集装箱二期码头。中国大连—欧洲远洋干线的开通，填补了大连港全球航线网络的空白。

4月10日

辽宁自贸试验区大连片区、沈阳片区、营口片区同时举行挂牌仪式，正式启动运行，各驻辽宁省查验机关受邀分别出席三地挂牌仪式。

5月3日

俄罗斯经满洲里至锦州港的中俄集装箱海铁联运首次列车开通。列车从俄罗斯库尔库斯克始发，经满洲里口岸进境，途径哈尔滨，发至锦州港集装箱场站，配载安通控股股份有限公司的“仁建广州”号轮到广州。中俄集装箱海铁联运列车的开通，标志着锦州市以推动锦州港为出海口的中蒙俄海铁运输通道建设取得了新进展，也标志着锦州市中蒙俄海铁联运迈向了一个崭新的阶段。

5月10日

大连港建成东北首个海铁联运物联网。

是日

盘锦港开通东北首班“辽蒙欧”中欧班列。

6月27日

海关总署副署长、政治部主任胡伟在沈阳会见辽宁省委常委、宣传部部长范卫平。

6月27日~30日

辽宁省公安边防总队圆满完成上海合作组织成员国主管机关边防部门领导人第五次会议相关人员出入境通关保障工作。

6月28日

海关总署署长于广洲到大连海关调研。听取了大连海关工作汇报，对大连海关各项工作均取得良好成绩予以肯定。随后，于广洲到大连海关隶属丹东海关调研，了解丹东公路口岸监管作业情况，考察新大桥口岸建设情况、鸭绿江水域打私情况。

7月3日

辽宁省公安边防总队圆满完成米兰至沈阳航线首航保障任务。

7月11日

“东北及内蒙古地区检验检疫局支持中欧班列扩量增效，加强检验检疫监管合作研讨会”在辽宁鲅鱼圈召开。

7月26日

辽宁省口岸办协调沈阳海关、辽宁省公安边防总队、辽宁出入境检验检疫局、辽宁海事局、锦州市人民政府等相关单位在锦州召开锦州港口岸已开放范围内涉外码头验收会议。会议同意启用21个口岸已开放范围内涉外码头。锦州港现有23个泊位实现全面对外开放。

8月17日

辽宁省质量大会在沈阳召开。国家质检总局局长支树平、辽宁省省长陈求发出席会议并讲话。

8月18日

辽宁省公安边防总队召开提高边检服务水平10周年总结表彰暨服务国际化营商环境建设工作会议。辽宁省公安厅、辽宁省口岸办、大连海关、沈阳海关、辽宁省出入境检验检疫局、辽宁省海事局等相关领导和企业服务对象代表参加了会议。

8月19日

辽宁省公安边防总队组织全省15个边检站集中开展了主题为“平安国门，天天伴你”的中国边检服务品牌集中宣传活动，有效提高了边检机关的社会影响力、认知度和公信度。

9月4日

海关总署党组书记倪岳峰在大连海关调研。听取了大连海关党组工作汇报，对大连海关主要工作予以充分肯定。随后，倪岳峰到大连海关隶属丹东海关调研，实地考察了丹东公路查验、公路旅检现场和新大桥口岸，察看现场监管通关和口岸建设情况。

9月5日

海关总署党组书记倪岳峰在沈阳关区调研，

到机场海关、邮局办事处视察监管工作情况，了解X光机、进境旅客行李预检系统、辐射物探测门等设备使用情况及重点区域监管情况。

9月21日

国务院下发《国务院关于同意辽宁锦州港口岸扩大开放的批复》，同意锦州港口岸扩大开放。此次锦州港整体水域和全部泊位获得国家批准对外开放，是锦州港发展历史上的一个重要里程碑，使锦州港发展迈入了新时代，为实施“对外开放”“以港兴市”战略，建设亿吨大港提供了有效保障。

10月12日

“东北及内蒙古地区出入境检验检疫局2017年度工作会议”在辽宁召开。

是日

公安部边防管理局局长陈定武一行深入辽宁省边境一线调研指导工作，就十九大边防安保、边境管控工作进行部署与要求。

10月19日

大连市港口与口岸局与上海市口岸服务办公室签订《上海市与大连市口岸对口合作备忘录》。

10月23日

辽宁省副省长、公安厅厅长王大伟到营口鲅鱼圈边防检查站仙人岛分站执勤现场视察指导工作。

11月2日

大连市市长肖盛峰、常务副市长卢林率大连市相关部门主要负责同志到辽宁自贸试验区大连片区、大连港考察散货物流中心保税混矿业务，实地考察了大窑湾局“微波介电加热检疫处理原木”项目，并听取大窑湾局支持辽宁自贸试验区大连片区建设发展相关工作汇报。

11月8日

营口口岸扩大开放通过辽宁省预验收。

11月13日

交通运输部部长李小鹏到大连海事局和尚岛海事处调研指导工作。

11月22日

锦州港集装箱年吞吐量突破百万标箱暨“中国·锦州—俄罗斯”中欧海铁班列开通仪式在锦州港隆重举行。集装箱年吞吐量首次突破百万标箱，标志着锦州港实现了历史新跨越，具有重要的里程碑意义。

11月28日

辽宁省委副书记、代省长唐一军莅临锦州港调研。

12月23日

“东北及内蒙古地区海关、出入境检验检疫局2017年度工作会议”在大连召开。呼和浩特、满洲里、大连、沈阳、长春、哈尔滨海关和辽宁、吉林、黑龙江、内蒙古出入境检验检疫局主要领导、分管领导和相关处室主要负责人出席会议。辽宁省商务厅、大连市港口与口岸局相关负责人受邀出席会议。

（撰稿人：徐雷、关大鹏、王柯苏、赵迪、杨敏、袁川、李光毅、徐林、赵妍、张学忠、陈京雁、李宁、冀旭）

2017年辽宁省口岸流量统计表

口岸类型		口岸名称	货运量（万吨）				集装箱量（万标箱）				人员（万人次）				交通工具（万辆、艘、架、列次）			
			出口	进口	合计	同比（%）	出口	进口	合计	同比（%）	出境	入境	合计	同比（%）	出境	入境	合计	同比（%）
空运口岸		沈阳	0.4	0.3	0.7	-30.0							143.1	-13.5				
		大连	2.5	1.7	4.2	20.0							155.2	-0.7				
		分计	2.9	2.0	4.9	8.8							298.3	-7.3			2.1	-8.7
陆路口岸	公路口岸	丹东	141.1	19.9	161.0	-16.5							27.7	36.5			15.9	3.2
		分计																
	铁路口岸	丹东	6.1	4.2	10.3	-24.8							12.7	-2.3			0.1	
		分计																
水运口岸	海港口岸	大连	5 379.1	10 292.7	15 671.8	12.7			970.7	1.3								
		营口	1 503.6	6 434.0	7 937.6	-0.2			627.7	3.1								
		丹东	278.8	1 249.8	1 528.6	-8.6			186.3	-2.9								
		锦州	347.8	822.7	1 170.5	58.5			121.8	47.6								
		葫芦岛	1.4	30.0	31.4	51.0			1.4	518.0								
		盘锦	48.6	157.3	205.9	31.5			41.7	9.7								
		分计	7 559.3	18 986.5	26 545.8	8.5			1 949.6	3.7			21.2	-40.9			1.5	
合计			7 709.4	19 012.6	26 722.0	8.3			1 949.6	3.7			359.9	-7.9			19.6	1.5

（辽宁省口岸办提供）

2017 年沈阳海关主要数据统计表

项目		2017 年	同比（%）
进出口货运量（万吨）	合计	1 254. 8	66. 2
	进口	882. 1	74. 3
	出口	372. 7	49. 7
进出口贸易总值（万美元）	合计	1 096 774. 2	46. 7
	进口	8 35 853. 1	45. 4
	其中：江、海运输	694 897. 1	56. 6
	铁路运输	62 795. 9	8. 8
	汽车运输		
	航空运输	77 931. 8	6. 5
	邮件运输	221. 2	-9. 1
	其他运输	7. 1	323. 5
	出口	260 921. 1	51. 1
	其中：江、海运输	182 435. 2	57. 9
	铁路运输	32 728. 0	101. 6
	汽车运输	4. 3	-86. 8
	航空运输	34 921. 0	-1. 2
	邮件运输	396. 3	-34. 9
	其他运输	10 436. 3	110. 5
税收（万元）	两税合计	120. 98	25. 4
	关税入库	28. 44	6. 0
	进口环节税入库	92. 54	32. 9

（沈阳海关提供）

2017年大连海关主要数据统计表

项目		2017年	同比（%）
进出口货运量（万吨）	合计	20 705.35	12.6
	进口	15 363.93	9.9
	出口	5 341.42	21.0
进出口贸易总值（万美元）	合计	7 485.53	16.9
	进口	3 954.23	23.5
	其中：江、海运输	3 580.91	23.4
	铁路运输	3.23	22.7
	汽车运输	46.28	-2.8
	航空运输	321.35	30.5
	邮件运输	0.46	-12.8
	其他运输	2.00	-32.2
	出口	3 531.29	10.3
	其中：江、海运输	3 057.04	9.3
	铁路运输	82.94	-15.0
	汽车运输	138.21	12.8
	航空运输	220.90	34.8
	邮件运输	6.34	-11.1
	其他运输	25.86	87.9
税收（万元）	两税合计	607.11	19.8
	关税入库	88.27	3.0
	进口环节税入库	518.84	23.2

（大连海关提供）

2017 年辽宁省出入境检验检疫业务统计表

项目		货物检验检疫				交通工具				集装箱（标箱）		发现动植物疫情		货物通关		出入境人员查验（人次）	健康检查及预防接种（人次）			
		批次	金额（万美元）	检验检疫不合格																
				批次	金额（万美元）	船舶（艘）	飞机（架）	火车（节）	汽车（辆）	合计	检出问题	种类数	种次	批次	金额（万美元）		健康检查	艾滋病监测	发现病例	预防接种
本年累计		336 921	6 857 065.53	15 681	678 274.64	13 516	20 639	8 153	139 807	1 305 532	21 949	489	3 035	333 851	5 442 851.62	3 777 747	74 161	70 772	21 161	49 241
其中	出境	202 609	1 752 930.58	1 319	11 429.39	6 814	10 348	4 062	72 108	181 916	329	0	0	190 203	1 553 942.66	1 909 791	64 013	61 408	18 472	49 133
	入境	134 312	5 104 134.95	14 362	666 845.25	6 702	10 291	4 091	67 699	1 123 616	21 620	489	3 035	143 648	3 888 908.96	1 867 956	10 148	9 364	2 689	108
同比（%）		7.76	33.87	0.38	9.05	-0.86	-10.91	-8.65	6.25	-11.01	-0.54	-28.30	-54.63	3.18	17.10	-10.69	2.93	2.68	2.95	-9.17
其中	出境	11.32	24.94	-56.00	-50.09	-3.82	-11.08	-9.07	0.41	-37.65	-80.11	-100.00	-100.00	4.88	15.41	-10.61	0.44	0.37	-0.99	-9.23
	入境	2.80	37.24	13.77	11.31	2.35	-10.73	-8.23	13.28	-4.39	5.91	-28.30	-54.62	1.00	17.79	-10.78	22.03	20.97	41.75	30.12

（辽宁出入境检验检疫局提供）

2017 年辽宁海事局进出港船舶统计汇总表

船舶类别	进港船舶							出港船舶						
	艘数（艘）	总吨（吨位）	总载重量（吨）	载客量（客位）	船员人数（人次）	货物到达量（吨）	旅客到达量（人）	艘数（艘）	总吨（吨位）	总载重量（吨）	载客量（客位）	船员人数（人次）	货物发送量（吨）	旅客发送量（人）
总计	112 341	787 929 475	933 825 349	16 275 701	1 653 115	303 753 405	5 768 618	111 667	786 598 819	933 308 901	16 214 947	1 662 863	358 276 953	5 570 773
中国籍船舶	102 338	512 628 059	519 020 583	16 194 124	1 506 330	139 760 104	5 679 139	101 659	509 925 641	516 180 947	16 133 370	1 501 418	302 639 377	5 499 867
其中外贸船	577	5 694 219	9 875 280	0	7 491	3 782 829	0	547	5 554 137	8 887 409	0	8 863	1 840 330	0

（辽宁海事局提供）

吉 林 省

口岸数量及分布

截至2017年年底，吉林省共有经国务院批准的对外开放口岸16个，其中，空运口岸2个，分别是长春空运口岸（长春龙嘉国际机场）、延吉空运口岸（延吉朝阳川国际机场）；陆路（铁路）口岸3个，分别是集安、图们、珲春铁路口岸；陆路（公路）口岸10个，分别是南坪、珲春、圈河、长白、临江、三合、开山屯、古城里、沙坨子、集安公路口岸；水运（河港）口岸1个，即大安水运（河港）口岸。中朝边境口岸14个，中俄边境口岸2个。

口岸运行数据

2017年，吉林省口岸进出境货运量482万吨，同比增长9.3%；吉林省口岸进出境人员221万人次，同比下降13.3%；吉林省口岸进出境交通工具24万辆（列节、架）次，同比下降10.7%。

口岸综合管理

【中国（吉林）国际贸易“单一窗口”建设稳步推进】 一是超前谋划做好基础工作。提请吉林省政府召开吉林省口岸工作联席会议专题会议，研究部署“单一窗口”的建设工作，讨论通过了《中国（吉林）国际贸易“单一窗口”建设工作方案》；组织相关部门赴上海、浙江、福建、广西、广东等“单一窗口”建设工作开展较好的省市进行专题调研，为吉林省项目建设提供了先进建设理念和成熟经验做法。二是积极开展规划设计工作。通过公开招标，确定了“单一窗口”总体规划及配套工程规划的中标单位，在依照国家标准建设框架及各共建单位建设需求和意见基础上，审议通过了符合吉林省特色的《吉林国际贸易“单一窗口”总体规划及配套工程咨询规划》。三是积极开展项目建设工作。会同长春海关、吉林出入境检验检疫局、吉林省公安边防总队等省内监管查验部门，按照“共建、共管、共享”原则，督导建设单位扎实推进相关工作。2017年8月，国家确定吉林省为“单一窗口”标准版第3批试点省，先期采用虚拟SAAS模式将标准版镶嵌在吉林电子口岸平台上进行货物申报，目前已实现集成SAAS模式进行货物申报。四是按时完成“单一窗口”建设目标。2017年12月20日，组织各省级相关部门、地方商务局（口岸办）、外贸企业、报关企业等相关单位300余人在长春市举行中国（吉林）国际贸易“单一窗口”上线仪式，该平台采取“省级集中部署、吉林省免费使用”的模式。在实现国家“单一窗口”标准版9项功能全覆盖的基础上，吉林省还结合实际，为平台创新开发和建设了包括数据交换中心、边境口岸特色服务、口岸政务服务、数据决策服务、基础平台服务、监管物流服务在内的“一个中心、五大服务”的吉林特色应用功能。五是积极做好“单一窗口”推广工作。按照国家“单一窗口”标准版推广使用要求，会同长春海关、吉林出入境检验检疫局于2017年12月联合印发《关于加快推广国际贸易“单一窗口”标准版应用的紧急通知》，要求各地口岸办、隶属海关、出入境检验检疫局指派专人做好重点企业的推广工作，引导企业使用“单一窗口”标准版，并组建督察组赴各地督查指导工作；先后在长春市、延边朝鲜族自治州、通化市、吉林市等7个县市，举办了7期培训活动，宣传、推介国家“单一窗口”标准版功能和中国（吉林）国际贸易“单一窗口”平台功能，省内300余家外贸企业、报关企业相关负责人约700余人参加了培训；建立了吉林“单一窗口”标准版微信群，与国家标准版研发团队保持密切联系，7天12小时为企业服务，实时掌握企业使用过程中遇到的问题，及时沟通解决。

【口岸通道建设取得突破进展】 集安公路国境桥开通旅游通道，2017年赴朝鲜旅游人数达到9 240人次；长春兴隆铁路集装箱场站继续临时对外开放；长春航空口岸现有境内外7家航空公司共12条航线，与7个国家（地区）通航运行；延吉航空口岸旺季开通延吉至韩国务安、济州、江原道、大邱，至俄罗斯符拉迪沃斯托克，至朝鲜平壤等国家和我国台湾地区的包机航班；珲春—扎鲁比诺—釜山航线常态化运营，截至2017年年底，已累计运行118个航次，进出口货物共计1917标箱，进出口货值共计6 700万美元；“长满欧”中欧班列实现常态化运营，班列全年运送712批次，进出口货物26 538标箱，货值达8.3亿欧元，已成为吉林省通往欧洲地区的货运大通道。“长珲欧”中欧班列开通工作，正在有序推进；珲春经罗津港到中国南方城市的内贸货物跨境运输航线稳定运营，截至2017年年底，共运行了16个航次，运输15 060吨货。正在谋划开辟珲春—扎鲁比诺港—中国南方城市内贸货物跨境运输航线。

【口岸基础设施建设进一步完善】 新建圈河国际口岸联检楼及附属设施工程项目于2017年4月1日正式开工建设。集安公路口岸建设稳步推进，该项目总占地面积为102 800平方米，总建筑面积为12 138.84平方米，其中口岸国门建设项目于2016年10月25日完成正式验收，已经具备正式投入使用的前提条件。客检、货检和边检营房等其他建设项目已完成，力争总体项目于2018年年底竣工并通过验收。长白口岸升级改造项目相继建成国门、口岸联检楼、标准化监管货场、医学排查室、口岸卫生检疫实验室，完成长惠国际大桥维修改造。配备CT行李/物品查验系统、通道式行人放射性监测系统、热成像式红外线监测仪等查验设施。2017年，启动实施了口岸联检楼及周边设施维修工程、口岸道路重新硬化工程及互市贸易区建设项目，开工建设检疫处理区、熏蒸房、机检用房和边检检查执勤用房，配备了先进的非侵入式车载检查设备。新建的中朝图们—南阳口岸新界河公路桥位于现有口岸桥上游20米处，按一级公路标准建设，全幅式设计，桥面宽23米，桥长497米，2017年8月20日正式开工建设，桥桩基础已全部完成。拟新建的图们铁路口岸联检大楼主体为三层，局部四层，占地面积2 634.3平方米、建筑面积3 940.8平方米，位于现有中朝铁路交接所院内。与沈阳铁路局签署《图们市新建图们铁路口岸联检大楼占用铁路用地协议书》，完成可行性研究报告、环评、能评、规划等工作。

【降低集装箱进出口环节合规成本通关时间专项行动取得实效】 按照国家口岸管理办公室要求，联合长春海关、吉林出入境检验检疫局等部门制定《吉林省集装箱进出口环节合规成本专项治理行动工作方案》，通过建立“周监控、月评估”工作机制，实施预约通关，合理配置现场查验人力资源，定期监督检查等措施的实施，治理行动取得显著成效。目前，各地口岸办已建立本地区集装箱进出口环节“流程账”“时间账”“成本账”的常态化收集整理机制，并提出了降低集装箱合规成本（时间、费用）建议清单，同时建立了集装箱进出口环节合规成本综合治理长效机制。据长春海关统计，2017年1月~12月，长春关区进口平均海关通关时间达到13.33小时，比2016年全年（下同）缩短41%，出口平均海关通关时间达到2.60小时，缩短35%。实现压缩三分之一工作目标。据吉林出入境检验检疫局统计，压缩检验检疫流程时长工作已初显成效，仅10月当月吉林省进出口货物全流程时长仅为上半年平均值的15.8%，比2017年1月下降87.3%，通关时长大大压缩，完成了国务院提出的压缩通关时长三分之一的目标任务，实现了减环节、优流程、压时限、降成本、提效率的新通关特色。

【吉林市保税物流中心正式通关运行】 吉林保税物流中心为吉林省首个B型保税物流中心，2014年10月14日获批，2015年5月24日正式开工。占地7.7万平方米，建筑面积7.1万平方米，于2016年7月28日顺利通过国家联合验收组的验收。2017年1月17日首单货物正式通关运行，截至2017年年末，累计受理报关单675票，监管货运量4.1万吨，监管货值5.6亿元，征收税款4 879万元。截至2017年年末，已有30多家企业在保税物流中心开展了报关业务。通过集成报送大厅，实现海关、检验检疫部门联合办公的“一体化”通关服务，将通关作业无纸化扩大到所有类别企业，实施货物通关“一次申报，分步处置”的管理模式，将货物安全准入与税收征管作业相对分离，加快货物放行。实现大窑湾口岸直通吉林市保税物流中心的进出口货物，报检后无障碍即刻直通放行。

【长春市兴隆综合保税区建设成绩显著】 长春兴隆综合保税区于2011年12月经国务院批准设立，成为我国第19个综合保税区，也是吉林省唯一的综合保税区。规划面积4.89平方千米，分三期建设，一期面积1.536平方千米，配套区面积13.11平方千米。2013年10月31日一期工程通过国家验收，2014年3月封关运营，2014年5月获批跨境贸易电子商务出口业务，2015年7月开通至莫斯科跨境电商货运包机航线，2015年8月开通长春至德国施瓦茨海德“长满欧”中欧班列，2016年5月打通长春至大连海铁联运通道，2016年11月进口肉类指定查验场通过验收，2017年进口冰鲜水产品口岸通过验收。自2014年3月正式运营以来，综合保税区应用和复制了大量上海自贸试验区的海关、检验检疫政策，外向型开放平台功能日益完善，长春兴隆综合保税区积极开展保税加工、保税物流、跨境电子商务等业务，实行24小时“通关全服务”。截至2017年年末签约项目120个，达产后可实现年进出口额22亿美元。跨境电子商务吸引了阿里巴巴、顺丰等企业入驻。全年进出口报关可实现8 800票左右，业务额约66亿元，是2016年的1.5倍；跨境电商实现包机飞行88架次（往返176架次），出口货物2 400万票以上，货值超过1亿美元。

口岸监管与服务

【吉林省公安边防总队筑牢口岸安全发展根基】 一是强化执法执勤专业化建设。抽调业务骨干组成专班，对吉林省边防检查勤务和检查员队伍素质进行全面调研分析，研提切实可行改进工作意见。下发《关于做好2017年度边检业务岗位练兵工作的通知》，指导各边检站强化业务练兵工作，并以考促训，开展互免签证业务视频抽考和业务网络考试7次，编发情况通报7次。指导业务量较大、任务繁重的珲春、圈河边检站推进边检勤务模式改革，下发《勤务改革方案》，有力提高了边检执勤专业化水平。二是加大业务培训力度。在珲春陆路（公路）口岸筹备成立边防检查执法培训实践基地，先后举办了吉林省边检站梅沙系统应用培训班和吉林省新任职检查员培训班，通过系统学习、专题培训、交流解答、实地观摩等切实灵活的方式方法，圆满完成了培训任务。

【吉林省公安边防总队着力提升科技通关水平】 一是全面提升梅沙系统运维能力。加强梅沙系统新五级保障应急体系建设，运维骨干领先在全国现役边检机关高标准、高质量完成梅沙系统主服务器数据迁移工作，并指导完成吉林省梅沙系统服务器更换及数据迁移工作，节省技术保障资金30余万元，实现了“安全、平稳、提高”的工作目标。二是推行申报事项网上办理。各边检站主动上门协助68家旅行社完成网上办事大厅注册，开展网上报检业务培训24期，建立完善旅行社服务档案68份。旅行社利用网上办事大厅提前进行旅游团预约，边检站通过提前预检预录、引导检查咨询、分团查验等方式加快旅游团验放速度，兑现了依托网上办事大厅对旅游团出入境申报实行网上办理承诺。三是着力凸显“微”服务效能。各边检站依托微信公共服务平台、警企微信群、警民QQ群，为旅客提供“口岸视频、通关指南、预报信息”等服务，提供各类咨询服务600余人次，使旅客通关更加便利，切实做到了“让数据多跑腿、让群众少走路”。四是建成启用智能验证台。先后在长春空运口岸（长春龙嘉国际机场）、延吉空运口岸（延吉朝阳川国际机场）、珲春陆路（公路）口岸、圈河陆路（公路）口岸、长白陆路（公路）口岸等建成启用集电动控制闸门、一键上下勤控制、独立LED显示、多语种语音评价、盲区监视、取相补光等多种功能为一体的智能验证台，为旅客快速高效通关提供良好硬件环境。五是建成旅客自助查验通道。在珲春陆路（公路）口岸出入境大厅各新增1条旅客自助查验通道并顺利通过联合验收。启用后，旅客只需持本人护照，根据操作流程，通过指纹、面相识别即可完成自助通关，通关时间由原来的45秒缩短到5~10秒，最大限度地满足了出入境旅客“快捷通关”需求。六是打造“一站式”智能通关精品。南坪边检站积极探索查验新模式，在全国现役制边检机关率先建成启用口岸“一站式”智能通关查验系统，单车通关时间由原来至少10分钟缩短至不到30秒，平均每家外贸公司每天至少增加运量350吨，年增收700余万元。该系统已成为吉林省落实国务院“三互”大通关改革试点工程，被公安部列为落实国务院通关改革首选案例。

【吉林省公安边防总队融入地方开放发展战略大局】 一是着力提高口岸对外开放水平。全力支持对外通道建设，与集安市、安图县、珲春市口岸管理部门多次召开协调会，加强沟通交流，争取上级政策支持，推动开通集安公路大桥，临时进出旅游人员，将双目峰公务通道和防川旅游通道作为临时口岸对外开放。同时，认真做好长白陆路（公路）、古城里陆路（公路）、沙坨子陆路（公路）口岸国家级验收准备工作。二是全力保障跨境旅游发展。协助驻地政府收集新旅游线路基础材料，科学预测通关流量，积极跟进边检服务保障措施，有效优化了口岸发展环境，中朝跨境游衍生产业平稳运行，旅游市场更为活跃，边境县市旅游兴市战略深入实施。珲春、圈河、沙坨子、图们、古城里、南坪6个边检站连续多年获评服务经济发展突出贡献奖或支持县域经济发展先进单位，南坪边检站获评全国民族团结进步创建活动示范单位。三是圆满完成第十一届东北亚博览会服务保障工作。指导各边检站开通专用通道，全力服务保障东北亚博览会与会嘉宾快捷安全通关。指导长春边检站进驻展会现场，为参会中外企业人员提供问询引导等靠前服务。

【吉林省公安边防总队推动边疆经济社会发展】 一是协调朝俄边检机关解决通关难题。充分发挥中朝、中俄边防代表机制作用，利用与朝鲜“三道一市”（咸镜北道、慈江道、两江道、罗先市）保卫局进行年度会谈时机，就提高口岸通关效率，特别是加快吉林省对朝人员和货物量最大的圈河陆路（公路）口岸的查验速度问题，与朝方积极协调。各中朝边检站累计开展口岸会晤85次、信函往来40次，中俄边检站共进行口岸会晤10次、信函往来25次，有效解决了通关难题。二是协同开展中俄朝首次联合调查。2017年7月1日~15日，中俄朝三国共同开展了图们江下游首次联合调查。作为联合调查的中方成员单位之一，累计派出执勤警力64组、640余人次，派出警务巡逻车16组、80余台次，派出巡逻艇16艘次，开展巡航、护航30余次，共检查入出境人员430人次、验放入出境船舶80艘次，圆满完成了联合调查及相关保障任务，得到了吉林省委常委、政法委书记、公安厅厅长胡家福的批示肯定。三是强化国际警务联勤联动。“一带一路”高峰论坛、2017国际足球会杯、厦门金砖峰会、十九大、东方经济论坛等相关国内国际重大活动筹备和举办期间，有效利用边防代表机制，加强与俄朝边防部门沟通协调。特别是与俄罗斯滨海边疆区边防局开展“团结-2017”边防联合行动，将十九大安保作为双边警务合作重点内容，常态化地开展“重点人员和场所摸排、边境巡逻、走访群众、处突拉动、边境会晤”等工作，有力维护了中俄、中朝边境地区和口岸安全稳定。

【长春海关深化改革促进贸易便利化】 积极推进海关通关一体化、通关作业无纸化改革，关区通关一体化业务运行平稳有序、通关顺畅，超过60%的报关单实现自动审单放行。受理跨关区一体化通关报关单8 500票，占关区报关单总量的28.5%，跨关区通关企业节省时间30%以上，转关运输成本降低30%。推进通关作业无纸化改革，全年全程无纸化通关率达到98.9%。一是积极推进关检合作“三个一”。2017年，企业“一次申报”率达100%，符合联合监管条件的进出口货物“一次查验”率达100%。在辖区内具备条件的行邮现场实现关检双方监管设施共用、通道合一、标志统一、政务公开同步、共同查验作业“五统一”。在珲春圈河口岸对进出境车辆开展“一站式作业”模式改革试点，关检“一站式”通关模式共同验放车辆13.92万辆次，高峰期通关时间减少近25%。二是推进“双随机、一公开”改革。关区随机布控查验占比为92.18%，随机布控查验查获率4.44%。关区监管现场全部执行了“随机派员查验”要求。三是结合关区实际，深化“放管服”改革，推进业务管理优化改革创新。按照“集约、专业、统一”的原则，设立“风险防控、监控指挥、审批备案、稽查”4个中心，着力推进机构整合、机制创新、流程优化，同步推进隶属海关功能化建设和综合保障一体化改革，管理集约、协调统一的关区业务管理格局初步形成。

【长春海关全面提升综合监管效能】 一是严格边境口岸管控。加强进出境货物风险防控，推行“日监控、周研判”工作制度，以监控指挥中心实体化运作为手段，定期对重点信息进行联合研判，口岸现场管控有力。二是大力推进通关流程“去繁就简”。强化监督检查，定期通报，对通关时间跟踪问效。采取积极措施，严格控制综合、验估、查验等岗位及结合部作业时间，最大限度提高通关效率。据统计，2017年，进出口海关通关时间分别为14.2小时、2.4小时，比2016年缩短37.9%和39.7%，实现了压缩通关时间三分之一的目标。三是强化综合治税。夯实税收征管基础，完善规章制度建设，规范业务执法操作，构建税收风险综合防控体系，优化税收考核机制，提高税收征管质量。通过政策宣讲、指导现场规范服务，多家企业转为属地报关，增加了税源。四是充分发挥统计监测预警作用。提升监测预警分析深度和广度，统计类信息被省委省政府采用16篇，服务成效明显。

【长春海关保持打击走私高压态势】 一是强化专项打击。全力开展“国门利剑2017”“蓝天”“融冰”“国门雷霆”等联合专项行动，成功侦破“3·15”走私国家禁止进口药品案、“4·18”走私进口海产品案、“CC301”走私旧机动车案，大要案侦办工作取得历史性突破。中央电视台、新华社等中央级媒体先后对“3·15”走私国家禁止进口药品案进行了深入报道，有力提升了打私工作的震慑力。二是推动关区各单位与驻地边防部门层级签订缉私合作备忘录。与大连海关缉私局签订《执法合作备忘录》，建立执法协作联席会议制度。三是深化反走私综合治理。推动吉林省政府于2017年11月15日恢复成立吉林省打击走私综合治理领导小组及办公室，构建吉林省反走私工作新格局。按照统一部署，与吉林省国税局、吉林省公安厅、人民银行长春支行联合开展打击骗取出口退税专项行动，有效保障税收安全。会同吉林省烟草专卖局制定执法协作配合办法，部署开展联合打击香烟走私专项行动，持续遏制香烟走私高发态势。四是落实十九大安保维稳职责。认真开展反恐隐患排查，全面落实24小时值班备勤和领导带班在岗在位及重点岗位值守制度。适时组织开展“国门勇士2017”缉枪专项集中收网行动，查获疑似枪支49支、制式子弹49发、气枪弹3 798发、管制刀具67把，为确保十九大胜利召开及时排除了枪爆隐患。

【长春海关全力服务新一轮吉林振兴发展】 一是深入贯彻落实海关总署支持新一轮东北振兴发展的若干举措。开展“大调研、大宣讲，走遍吉林”专项贯彻落实行动，长春海关党组成员带队分赴省内10个地市州、4个厅局、20余家进出口企业实地宣讲海关总署支持举措，在广泛调查研究基础上，制定了实施海关总署举措的32条意见，并积极推动落实。二是深化放管服改革，积极参与吉林省“一张网”建设和国际贸易“单一窗口”建设。推进“多证合一”改革，取消所有涉企收费。推动AEO认证工作，采取“一对一”方式全年对50家认证企业进行培育，共完成高级认证企业重新认证11家。三是支持吉林省融入“一带一路”建设。“长满欧”国际班列实现常态化运营，已辐射欧洲境内6国18个铁路中心站。2017年全年进出口标箱26 538个，同比增长18倍；货运量21万吨，同比增长20倍；货值65亿元，同比增长15倍。推动长春兴隆铁路场站内陆港口岸临时开放，支持通化内陆港务区启动运营；服务吉林省重点产业、重点项目建设，采用“汇总征税”“自报自缴”征管模式支持企业加快资金周转，提高通关效率。开展税政调研，提出的修订建议被国务院税则委员会采纳5项，预计每年为企业减税达4亿元。帮助吉林化工产业梳理加工贸易产业链条，推动吉林省加工贸易承接梯度转移。通过简化归类，大包过机查验，简化申报、清单核放、汇总统计等便利措施，服务跨境电子商务等新兴业态持续发展。全年监管出口跨境电商包裹1 382万件、货运量1 163吨、货值53 993万元，货运包机76架次。深化中俄边境海关合作，召开“中国吉林·俄罗斯远东”海关贸易便利化研讨会，推动中俄互通小型车辆、“珲春—扎鲁比诺”跨国陆海联运、中欧班列等互联互通项目建设。四是积极推动先行先试项目做大做强。引导吉林省边境地区企业用足用好“出境加工”政策，全年实际进出口值8.7亿元，同比增长89%。全力支持内贸货物跨境运输，扩大运营规模和运输品种，入境地由原来的上海、宁波两个港口，拓展到上海、宁波、黄埔、泉州四大港口，打通了东北东部与长三角流域、珠三角流域之间的黄金通道。2017年内贸货物跨境运输共3个航次，货运量7 539吨，货值904.68万元。

【吉林出入境检验检疫局筑牢国门生物安全防控网】 一是加强口岸动植检疫情防控。开展口岸动植检规范化建设，完成吉林省1个示范口岸、4个达标口岸验收准备。吉林出入境检验检疫局连续3年开展“绿蕾”专项行动，专门打击私自邮寄、携带禁止进境植物种子、种苗等违法行为。在截获的种子、种苗中检出有害生物173种次，其中检疫性有害生物27种次，3种检疫性有害生物在省内首次被发现，在珲春首次监测到马铃薯甲虫疫情，得到国务院领导批示。2017年3月~10月，吉林出入境检验检疫局在“绿蕾”专项行动中在吉林省各航空、公路、铁路等口岸共截获植物种子、种苗1 251批次，重3 188.53千克。结合辖区及周边国家植物疫情近况，对发生过疫情地区开展联合踏查，加强重点地区有害生物监测，共同确定防控措施；定期召开研讨会，加强风险分析，完善植物检疫处理应急处置机制；开展“生物安全口岸行”活动，加强口岸和出口农产品基地植物疫情防控，广泛组织宣传培训；开展实验室检测技术交流和科研项目合作，共享优势资源，促进植检科研工作深入开展。二是加强口岸卫生检疫防控。近年来，检验检疫部门有效防控H7N9禽流感、非洲猪瘟、埃博拉出血热、中东呼吸综合征等疫情传入。审批特殊物品3 493批次，数量位居全国前十。配合省政府有关部门，积极完善应急预案，组织应急演练，有效应对朝核危机。按照《国境口岸病媒生物监测规定》要求，在吉林省重点口岸开展鼠及体表寄生虫、蚊媒、蜚蠊监测工作。深入推进口岸核心能力建设，吉林省15个口岸机构全部通过国家质检总局核心能力达标验收，加强口岸核心能力动态管理，2017年珲春公路口岸、长白口岸通过口岸核心能力复核验收。积极推进“吉林省核生化大数据数据平台”建设，在延吉机场口岸、长春机场口岸、长白口岸、南坪口岸、圈河口岸、珲春公路口岸开展试点运行。

【吉林出入境检验检疫局提升口岸通关便利化水平】 一是加强口岸检验检疫基础建设。大力推动吉林省口岸对外开放水平，加强边境口岸检验检疫基础设施建设，以国家质检总局口岸检验检疫基础设施建设管理要求为依据，协调地方政府共同做好口岸检验检疫配套设施的建设工作，为提升口岸通行能力，提高检验检疫保障国门安全水平打好基础。发挥口岸集聚功能，促进口岸通关效率和综合实力提升。着力提升口岸基础设施、核心能力、指定口岸等方面综合性能，释放特色产品指定口岸功能，吉林省现有冰鲜水产品、食用水生动物、进境粮食、进口肉类四大类型12个指定口岸，分别以珲春、延边、长春为聚集地，将内陆省份延伸转化为开放前沿，从而带动指定产品在吉林省口岸形成集散。强化口岸检验检疫能力建设，协调地方政府加大对重点口岸的检疫处理区改造升级，并加强口岸放射性检测设备、口岸消毒喷淋设备等的申请和配备，提高口岸查验和处理能力，严防外来有害物种入侵，有效保护吉林省地方经济发展。二是助推口岸通关模式改革。借助“互联网+检验检疫”，探索实现“一站式”通关、口岸视频监控，积极参与“单一窗口”建设，与联检部门建立协作机制，降低行政成本，提高申报效率。进一步对吉林省具备条件口岸现场进行改造，集安、珲春、长白、古城里等口岸已实现“五统一”（即监管设施共用、通道合一、标志统一、政务公开同步、共同查验作业），大大提高通关查验速度。加强“三互”合作，进一步加强沟通，密切配合，实行一机双岗、一机双屏，尝试升级换代X光机为CT机，加快口岸放行速度。2017年对长白、古城里、三合等第一阶段10个边境口岸视频监控系统进行统一布点，基本实现口岸远程实时信息传输共享。按照国务院和国家质检总局部署，开展检验检疫通关时长压缩工作，在进出境货物检验检疫全流程加强审单、报检、施检、签证放行等各环节流程控制，实现各口岸通关时长压缩三分之一的目标，体现减环节、优流程、压时限、降成本、提效率的新通关特色。三是提升口岸开放程度。促进吉林省边境口岸兴边富民和稳边固边政策的落实，不断推进沿边各口岸的开放，特别是在近两年新开通的延边和龙古城里口岸广坪通道、防川—豆满江旅游通道、双目峰公务通道支持其作为临时口岸对外开放，支持集安—朝鲜满浦界河公路大桥临时过客通道开放以满足赴朝跨境游需求，并大力支持临江市租借朝鲜楸岛开发、支持珲春边境旅游试验区建设，积极协调地方政府，从实现检验检疫功能，便于开展相关工作方面建言献策共同规划。大力推动长白口岸和古城里口岸申请国家级验收，现已完成两口岸检查预审工作。

【吉林出入境检验检疫局推进边境地区特色服务业发展】 吉林出入境检验检疫局多年来始终大力支持旅游业发展，吉林省延边古城里、三合口岸、图们江桥口岸、集安车站口岸均已开通中朝跨境旅游，珲春口岸开通中俄跨境自驾游项目，各口岸采取预约通关、5+2工作制、延长工作时间等服务举措，减少旅客通关申报环节，开通绿色快速验放通道，大大缩短通关时间。大力支持展会经济发展，按照《国家质检总局关于做好重要展会检验检疫工作的意见》，简化展品相关审批和检验检疫通关手续，结合吉林省现有规模最大的国际展会东北亚博览会，出台《吉林出入境检验检疫局关于东北亚博览会工作实施方案》。为外事贵宾和参展人员开辟专用通道及货物快速查验通道，对于一般性货物实行优先检验检疫、优先通关政策，对于涉及审批项目的入境参展物报检管理提供便利条件，对符合“3C”免办条件的展销品免办申请，大大提升检验检疫通关效率。

【吉林出入境检验检疫局以服务促发展有效保障口岸工作】 一是积极保障维和官兵归国。吉林出入境检验检疫局连续第三年执行维和部队官兵入境保障任务。2017年5月18日，第四批赴马里维和部队第一梯队200余名官兵完成维和任务，乘专机抵达长春龙嘉国际机场入境。提前了解马里近期疫情发生情况，制定检疫查验预案，指导部队进行自检，实施快速登机检疫，对航空器客舱、货仓及垃圾污水等进行严格检疫处理，开辟专检通道快速办理入境手续，保障维和官兵顺利回国。二是保障“2017国际航空飞镖”比赛。7月19日~28日，吉林出入境检验检疫局在四平、双辽两个空军临时入境机场，圆满完成俄罗斯参赛人员入境检疫查验任务。期间检验检疫部门共验放入境航空器46架次，入境机组及参赛、保障人员共计283人次，入境携带行李300余件次，俄方参赛物资200余件，为俄方空天军高级官员参加开闭幕式典礼进出境提供外交礼遇，保障通关便利。三是加强口岸核与辐射应急处置演练。吉林出入境检验检疫局2017年与长春市反恐支队、长春海关、长春市环保局、长春市卫计委、长春市邮政局等部门合作开展“蛇杖-2017”长春邮路口岸核与辐射应急处置演练。加强突发事件应急响应机制，修订吉林出入境检验检疫局核应急和口岸突发公共卫生事件处置的相关预案。针对朝鲜核试验，积极采取应对措施，分别对图们江区域和鸭绿江区域开展了对朝口岸放射性监测工作督导检查。规范口岸卫生许可和卫生处理工作，对各口岸卫生许可工作进行了规范，并制定《吉林出入境检验检疫局口岸卫生处理监督管理办法》，对“卫生处理通知书”“卫生处理业务和用药量数据报表”进行统一和规范。开展“口岸天平”行动，检出重量不合格铁矿598批次，挽回企业损失22万美元。2017年组织开展“清风”行动，查处出口假冒伪劣商品案件3宗、商品120件。

开放口岸

【长春空运口岸（长春龙嘉国际机场）】 长春空运口岸位于吉林省长春市、吉林市之间，地处长春市九台东湖镇与龙嘉镇交汇处，距长春市区32千米，国际联检部门办公楼建筑面积为4 500平方米。

长春龙嘉国际机场为国内干线机场，占地30.67万平方米，飞行等级为4E，跑道长3 200米、宽45米，可起降大中型客机。航站楼面积7.49万平方米，有站坪近机位9个、远机位23个、航空口岸登机桥2个、出境通道10个、入境通道8个。设有海关报关大厅、监管仓库。设计年旅客吞吐量为650万人次。设计高峰小时旅客吞吐2 520人次，典型高峰小时飞机起降24架次。2004年10月，国务院正式批准长春空运口岸开展落地签证业务。

2017年，长春航空口岸出入境旅客达到50.5万人次，同比下降18.5%；起降航班4 151架次，同比下降18.7%；进出口货物2 433.8吨，同比下降34.5%。

【延吉空运口岸（延吉朝阳川国际机场）】 延吉朝阳川国际机场位于延吉市西南郊区，距市区5千米，机场占地面积3 700平方米。跑道长2 600米，道面厚34厘米，现已达到国际4C级机场标准，可飞行MD-82、波音737、TU-154等大中型飞机，波音747等大型客机可减载飞行。航空口岸国际候机楼面积12 187平方米，功能齐全，查验通道设有出入境各6个通道，基本满足目前70余万人次/年的旅客出入境需求。

目前延吉空运口岸已开通延吉至韩国仁川、青州、釜山，至日本大阪定期航班。旺季开通延吉至韩国务安、济州、江原道、大邱，至俄罗斯符拉迪沃斯托克，至朝鲜平壤，以及我国台湾的包机航班。

2017年，延吉空运口岸出入境旅客69.5万人次，同比下降5.4%；起降航班4 488架次，同比下降3.6%。

【集安陆路（铁路）口岸】 集安铁路口岸位于吉林省集安经济开发区，对面是朝鲜满浦铁路口岸，有铁路大桥相连，铁路桥全长589.23米（中方有324米）。过货品种有木材、水泥、金矿粉、钢坯、钢锭、杂货等。

集安市位于鸭绿江中朝经济合作带的中心位置，东与白山市接壤，东南隔江与朝鲜“一市三郡”（满浦市、慈城郡、渭源郡、楚山郡）相望，西南与辽宁省宽甸县、桓仁县毗邻，西北与通化市、通化县以浑江为界。集安陆路（铁路）口岸与朝鲜满浦市隔江相望，距朝鲜平壤市400千米，是我国对朝三大铁路口岸之一。口岸工作时间以国际联运发车时间为准，周一、周三、周五为旅客列车，周二、周四、周六为货物列车，周日停运。

【图们陆路（铁路）口岸】 图们陆路（铁路）口岸位于图们市市区内，长白山东麓，图们江下游，城市因口岸而生，临江而建，因图们江而得名，素有“图们江畔第一城”之美誉，对面是朝鲜南阳铁路口岸。主要出口煤炭、粮食、机械设备、水泥等，进口钢锭、生铁、硅铁等。

图们陆路（铁路）口岸与朝鲜咸镜北道稳城郡隔江相望，距朝鲜罗津港158.8千米，距朝鲜清津港171.1千米，距中俄边境100千米，距日本海130千米，是吉林省发展对朝、对俄贸易和借港出海的主要通道。

【珲春陆路（铁路）口岸】 珲春陆路（铁路）口岸位于珲春边境经济合作区南侧，距市区7千米，对面是俄罗斯马哈林诺口岸。主要进口煤炭、铁精粉、板材、木制品、面粉。

珲春陆路（铁路）口岸是吉林省唯一对俄铁路口岸。距俄罗斯卡梅绍娃亚铁路口岸23.7千米，距马哈林诺口岸约20千米。是继满洲里、绥芬河之后的对俄第三条大通道。2015年12月，国家质检总局批准其为粮食指定进境口岸。

2017年，珲春陆路（铁路）口岸进出口货物252.1万吨，同比增长23.8%；出入境人员0.5万人次，同比增长20.8%；出入境车辆1 664列次，同比增长24.6%。

【南坪陆路（公路）口岸】 南坪陆路（公路）口岸位于和龙市东南部，距市区50千米的南坪镇，对面是朝鲜茂山口岸。主要进口商品包括铁矿粉、淀粉，出口商品包括矿山设备、日杂、建材、车辆。

南坪陆路（公路）口岸距离茂山郡12千米，距离朝鲜北部最大港口城市清津市84千米。

【珲春陆路（公路）口岸】 珲春陆路（公路）口岸位于珲春市区东南部，距市区 14 千米，对面是俄罗斯克拉斯基诺口岸。

2015 年 3 月 25 日，珲春—扎鲁比诺—釜山铁海联运航线正式开通。主要出口服装、水果、蔬菜、日用品、机械、建材等，进口海产品、板材、日用品等。

珲春陆路（公路）口岸是吉林省唯一对俄的国际公路口岸，距波谢特港 43 千米，距扎鲁比诺港 71 千米，距斯拉夫扬卡港 105 千米，距符拉迪沃斯托克（海参崴）直线距离 170 千米（公路里程 285 千米），距纳霍德卡港 340 千米，距东方港 350 千米。

2014 年 10 月，珲春陆路（铁路）口岸被国家质检总局批准为我国第一批进境粮食指定口岸；2015 年 11 月，被国家质检总局批准为进口冰鲜水产品口岸；2016 年 8 月，被国家质检总局批准为全国进境食用水生动物指定口岸。

2017 年，珲春陆路（铁路）口岸进出口货物 18.9 万吨，同比增长 14.3%；出入境人员 35.7 万人次，同比下降 9.2%；出入境车辆 2.2 万辆次，同比增长 2.2%。

【圈河陆路（公路）口岸】 圈河陆路（公路）口岸位于珲春市区东南部，距市区 43 千米，对面是朝鲜元汀口岸。主要出口工业品、建材、五金、食品、服装、日用品、轿车等，进口海产品、山菜、手工艺品、假发等。

圈河陆路（公路）口岸是我国直接进、出朝鲜罗先特别市的唯一陆路通道。距图们江入海口 36 千米，距先锋港 36 千米，距罗津港 51 千米，距清津港 127 千米。

2015 年 12 月，圈河陆路（公路）口岸被国家质检总局批准为粮食指定进境口岸；2016 年 8 月，被国家质检总局批准为全国进境食用水生动物指定口岸。

【长白陆路（公路）口岸】 长白陆路（公路）口岸位于长白朝鲜族自治县长白镇，对面是朝鲜惠山口岸。进口商品主要包括铜、铅、锌、钼等各种矿产品，板方材等木制品，松子、蓝莓等野山果，海产品；出口商品主要包括大米、白面等粮食，电力、机器设备，机电产品，纺织服装，钢铁制品，建材，装饰材料，各种日用品等。

长白县地处鸭绿江开放带的中心地段，是吉林省对外开放的前沿，也是东北亚经济圈的优势据点，发展边境贸易的区位优势十分明显。县城与朝鲜两江道首府惠山市通过长惠国际公路大桥连接，惠山市有铁路直通平壤、开城、清津和朝鲜最大的工业城市咸兴，有国家级公路直通罗津港、清津港，长白口岸至罗津港直线距离为 196 千米、距清津港口 140 千米、距金策港 116 千米、距新浦港 145 千米、距咸兴港口 175 千米、

通过长白口岸与朝鲜腹地相连接，将成为吉林省借港出海的新通道。

【临江陆路（公路）口岸】 临江陆路（公路）口岸位于临江市西南部，对面是朝鲜中江郡口岸。主要进口货物包括盐渍刺嫩芽、盐渍山芹菜、木制雪条棒、硫酸、铜精矿、铁矿粉、其他矿产品、板材（杨木、落叶松、桦木）。主要出口货物包括日用百货、水泥、小麦细粉、精米、建筑材料、钢铁及钢铁制品、矿产机械设备、采矿设备、机电设备及其零部件。

临江市地处鸭绿江中上游的祖国边陲，是吉林省对外开放的前沿，也是东北亚经济圈的优势据点，发展边境贸易的区位优势十分明显。

【三合陆路（公路）口岸】 三合陆路（公路）口岸位于龙井市东南部，距市区48千米的三合镇，与朝鲜咸镜北道会宁市隔江相望，距朝鲜清津港86.8千米，对面是朝鲜会宁口岸。进口商品主要包括铁矿石、铁粉、干鱿鱼，出口商品主要包括食品、药品、瓷制品、纺织品、塑料制品、自行车、汽车及配件。

三合陆路（公路）口岸是从中国进入朝鲜东海、进出日本海和太平洋的理想通道，也是延边朝鲜族自治州与朝鲜咸镜北道进行人员交往和开展边境贸易的首选通道。

【开山屯陆路（公路）口岸】

开山屯陆路（公路）口岸位于龙井市东部，距市区37千米的开山屯镇，与朝鲜咸镜北道稳城郡三峰里隔江相望，对面是朝鲜三峰口岸。

开山屯陆路（公路）口岸进口商品主要包括干鱿鱼、松茸，出口商品主要包括食品、药品、瓷制品、纺织品、塑料制品。

开山屯陆路（公路）口岸距离罗津港96千米，距离朝鲜北部最大港口城市清津市120千米，是朝鲜华侨进出咸镜北道的首选通道，被誉为“华侨口岸”。

【古城里陆路（公路）口岸】 古城里陆路（公路）口岸位于和龙市崇善镇，距和龙市区80千米，对面是朝鲜三长口岸。进口商品主要包括木材、淀粉、蓝莓、蓝靛果、松子仁、芸豆、红小豆，出口商品主要包括日杂、建材。

古城里陆路（公路）口岸距朝鲜大红丹郡24千米，距朝鲜惠山市175千米，是延边朝鲜族自治州通往朝鲜两江道的唯一陆路口岸。

【沙陀子陆路（公路）口岸】 沙陀子陆路（公路）口岸位于珲春市区西部，距珲春市区11千米，对面是朝鲜庆源口岸。主要进口海产品、酒、服装、纸、药品、白垩等，出口办公用品、日用品、服装原料、食品、杂货、建材等。

沙坨子陆路（公路）口岸是传统的民间贸易口岸，对面为朝鲜柳多岛，是一座天然封闭的图们江江心岛，岛屿地形为平原。此处交通便利、地势平坦，适宜修建市场，便于开展互市贸易及各项工作，现已开通柳多岛旅游线路。

【集安陆路（公路）口岸】 集安陆路（公路）口岸位于吉林省集安市太王镇下解放村，距离市区7千米，对面是朝鲜满浦公路口岸。

集安陆路（公路）口岸是2014年12月4日经国务院正式批准对外开放，口岸总占地面积102 800平方米，具体分为4个区域，客检场地占地面积20 000平方米、货检场地占地面积68 000平方米、营房区占地面积约13 333平方米、边境国门区占地面积约1 467平方米；总建筑面积12 138.84平方米，其中，边境国门1 623.3平方米，客检大楼4 001.54平方米，货检大楼1 583.53平方米，边检营房3 536.38平方米，次卡口、查验库房、检查用房、熏蒸房等其他部分1 394.09平方米。建设标准为年进出口货物50万吨、出入境人员20万人次。集安陆路（公路）口岸国门项目于2015年9月7日正式开工建设，2016年10月25日完成正式验收，已经具备正式投入使用的前提条件；客检、货检和边检营房等其他建设项目已完成，目前施工进入室内装修阶段，力争2018年年底总体项目竣工并通过验收。2014年4月13日、8月7日分别2次开通了赴朝5日游，2017年赴朝旅游人数达到9 240人次。

集安市位于鸭绿江中朝经济合作带的中心位置，东与吉林省白山市接壤，东南隔江与朝鲜“一市三郡”（满浦市、慈城郡、渭源郡、楚山郡）相望，西南与辽宁省宽甸县、桓仁县毗邻，西北与通化市、通化县以浑江为界。集安陆路（铁路）口岸与朝鲜满浦市隔江相望，距朝鲜平壤市400千米，集安市作为吉林省通化地区唯一的边境口岸城市，集安陆路（公路）口岸的建成，将使集安市成为全国县级城市中拥有口岸数量、类别最多的城市。

【大安水运（河港）口岸】 大安水运（河港）口岸位于大安市城区北4千米的嫩江右岸，对岸是黑龙江省的肇源县，作为水陆码头已有80多年历史，俗称“老坎子”码头。从大安港顺流而下经嫩江、松花江、黑龙江省的同江港进入黑龙江，上可到达俄罗斯布拉戈维申斯克，下经下列宁斯科耶、哈巴罗夫斯克（伯力）、共青城、尼古拉耶夫斯克（庙街）港进入日本海。航道从每年4月15日开航，至11月5日终航，航期为200天，航期内可往返16个航次；至黑河港（俄方为布拉戈维申斯克港），全程1 800千米，一次往返加在港时间共 18 天，航期内可往返 9 个航次；至俄哈巴罗夫斯克港，全程 1 300 千米，一次往返加在港时间共 14 天，可往返 12 个航次。从 1992 年起，该口岸停止过货。

2017 年吉林省口岸大事记

1 月 24 日

长春兴隆综合保税区进口肉类指定查验场首批肉类进口，实现了吉林省进口肉类的零的突破。

2 月 15 日

15 000 只丹麦种貂在长春机场口岸进境，这是吉林省口岸首次批量入境国外种貂。

3 月 25 日

中朝俄图们江下游联合调查第四次司局级会晤俄方代表团考察中俄珲春口岸、中俄铁路口岸。

3 月 26 日

海关总署署长于广洲会见吉林省委书记巴音朝鲁、省长刘国中。

3 月 29 日

中朝俄图们江下游联合调查第四次司局级会晤朝方代表团前往中朝圈河口岸考察。

4 月 2 日

中共十八届中央委员、十二届全国政协副主席王家瑞赴珲春陆路（公路）、珲春陆路（铁路）口岸调研。

4 月 10 日

珲春口岸办及联检单位等 13 家部门签约“一窗受理、集成服务”联合检查服务公约。

5 月 12 日

吉林珲春出入境检验检疫局与黑龙江东宁出入境检验检疫局签署《深化业务协作促进开发开放合作备忘录》。

5 月 16 日

团中央书记处书记傅振邦赴临江陆路（公路）口岸调研。

5 月 23 日

中央政治局委员、中央党建工作领导小组副组长张春贤同志赴图们陆路（公路）、图们陆路（铁路）口岸调研。

6 月 8 日

公安部边防管理局政治部主任李裕禄到古城里陆路（公路）口岸进行调研。

6 月 9 日

经国家民航局批复，延吉朝阳川机场正式更名为延吉朝阳川国际机场。

6 月 16 日

图们至朝鲜七宝山旅游专列恢复运行。

8 月 4 日

两辆辽宁大连大客车首次从珲春口岸出境直通到俄罗斯海参崴。

8 月 6 日

中国外交部原部长李肇星到临江陆路（公路）口岸调研。

8 月 8 日

长春海关与俄远东海关局共同举办“中国吉林、俄罗斯远东通关便利化研讨会”。

8 月 19 日

边检自助查验通道在珲春陆路口岸落成。珲春陆路口岸因此成为吉林省首个实行出境、入境双向自助查验的口岸，为吉林省边检站起到了示范和引领作用。

9 月 6 日

海关总署党组书记倪岳峰会见吉林省委书记巴音朝鲁。

9 月 6 日

中央纪委驻国务院办公厅纪检组组长、国务院机关党组成员辛维光一行 6 人赴三合陆路（公路）口岸调研。

9 月 9 日

中央电视台《还看今朝》摄制组一行 4 人赴珲春陆路口岸拍摄专题节目。

10 月 26 日

一辆装有一头白鲸的货车经珲春陆路（公路）口岸入境，这是俄罗斯白鲸继 2016 年首次经吉林省口岸入境以来的第二次入境。

11月13日

长春龙嘉国际机场年旅客吞吐量首次突破1 000万人，正式成为全国第30家“千万级机场”。

11月17日

长春海关关区4个海关单位荣获第五届全国文明单位称号。

12月6日

海参崴（符拉迪沃斯托克）—长春—叶卡捷琳堡定期往返航班正式运行。

12月19日

长春兴隆综合保税区获批进口冰鲜水产品口岸，是吉林省腹地唯一的进口冰鲜水产品口岸。

12月20日

吉林省“单一窗口”标准版建设启动仪式和培训会在长春召开。

（撰稿人：王丽春、胡鸣、周婧、谷杨）

2017年吉林省口岸流量统计表

口岸类型	口岸名称	货运量（万吨）				人员（万人次）				交通工具（辆、艘、架、列次）			
		出口	进口	合计	同比（%）	出境	入境	合计	同比（%）	出境	入境	合计	同比（%）
空运口岸	长春空运口岸	2 662	953	3 615	-27.3	253 533	232 860	486 393	-21.6	2 193	2 036	4 229	-18.3
	延吉空运口岸					353 344	341 329	694 673	-5.4	2 244	2 244	4 488	-3.6
	分计	2 662	953	3 615	-27.3	606 877	574 189	1 181 066	-12.8	4 437	4 280	8 717	-11.3
陆路口岸	公路口岸	586 089	1 419 769	2 005 858	-8.8	499 815	502 783	1 002 598	-9.6	111 323	111 445	222 768	-9.8
	铁路口岸	158 577	2 640 400	2 798 977	27.6	6 988	10 081	17 069	-75.9	1 792	1 839	3 631	-50.7
合计		747 328	4 061 122	4 808 450	9.3	1 113 680	1 087 053	2 200 733	-13.3	117 552	117 564	235 116	-10.7

（吉林省口岸办提供）

2017年吉林省口岸出入境主要数据表

项目			2017年	2016年	同比（%）
出入境人员（人次）	出入境人员总数		2 256 421	2 489 429	-9.36
	入境人员		1 125 584	1 244 314	-9.54
	出境人员		1 130 837	1 245 115	-9.18
	出入境旅客		2 001 754	2 212 856	-9.54
	出入境员工		254 667	276 573	-7.92
	中国公民	小计	1 768 057	1 937 146	-8.73
		内地居民	1 726 445	1 901 022	-9.18
		港澳居民	14 383	11 579	24.22
		台湾同胞	27 229	24 545	10.94
	外籍人员		488 364	552 283	-11.57
	从海港出入境人数				
	从陆港出入境人数				
	从空港出入境人数				
交通运输工具（辆、艘、架、列次）	总计		240 346	274 443	-12.42
	船舶		76		
	飞机		8 139	8 979	-9.36
	火车		2 347	2 294	2.31
	机动车辆		229 784	263 170	-12.69

（吉林省公安边防总队提供）

2017 年长春海关主要数据统计表

项目		2017 年	同比（%）
进出口货运量（万吨）	合计	660.6	32.2
	进口	574.2	36.7
	出口	86.4	8.3
进出口贸易总值（万美元）	合计	1 112 421.5	16.5
	进口	868 587.5	8.2
	其中：江、海运输	732 712.5	8.2
	铁路运输	24 390.8	51.7
	汽车运输	57 021.8	3.3
	航空运输	54 028.3	0.6
	邮件运输	108.5	-18.6
	其他运输	325.6	116.6
	出口	243 834.0	60.6
	其中：江、海运输	48 187.8	37.8
	铁路运输	82 625.8	1 351.7
	汽车运输	95 548.0	0.7
	航空运输	17 112.0	10.1
	邮件运输	159.1	-33.7
	其他运输	201.3	-59.4
税收（万元）	两税合计	1 413 766	9.73
	关税入库	411 943	6.74
	进口环节税入库	1 001 823	10.99

（长春海关提供）

2017年吉林省出入境检验检疫业务统计表

项目		货物检验检疫				交通工具				集装箱（标箱）		发现动植物疫情		货物通关		出入境人员查验（人次）	健康检查及预防接种（人次）			
		批次	金额（万美元）	检验检疫不合格																
				批次	金额（万美元）	船舶（艘）	飞机（架）	火车（节）	汽车（辆）	合计	检出问题	种类数	种次	批次	金额（万美元）		健康检查	艾滋病监测	发现病例	预防接种
本年累计		67 351	464 019	1 581	11 728	-	6 279	74 921	210 697	52 136	-	47	567	59 830	268 973	2 162 887	45 617	46 041	6 645	10 849
其中	出境	39 251	212 668	75	248	-	2 249	37 418	105 478	8 139	-	-	-	38 149	177 277	1 091 445	28 309	28 733	4 583	10 849
	入境	28 100	251 352	1 506	11 480	-	4 030	37 503	105 219	43 997	-	47	567	21 681	91 696	1 071 442	17 308	17 308	2 062	-
同比（%）		3.01	12.34	-61.74	-22.75	-	-8.79	24.45	-10.03	6.53	-100	-45.98	-11.82	20.82	5.05	-7.01	4.04	7.65	3.02	-29.44
其中	出境	0.03	-6.82	-94.99	-94.64	-	-3.77	25.8	-9.85	-35.25	-	-	-	38.24	27.52	-6.17	-12.01	-7.60	-4.32	-29.44
	入境	7.48	35.99	-42.85	8.73	-	-11.37	23.13	-10.2	20.98	-100	-45.98	-11.82	-1.10	-21.64	-7.85	48.29	48.29	24.22	-

（吉林出入境检验检疫局提供）

黑 龙 江 省

口岸数量及分布

截至2017年年底，黑龙江省有经国务院批准的对外开放口岸25个。其中，空运口岸4个，分别是哈尔滨空运口岸（哈尔滨太平国际机场）、齐齐哈尔空运口岸（齐齐哈尔三家子机场）、牡丹江空运口岸（牡丹江海浪机场）、佳木斯空运口岸（佳木斯机场）；陆路（铁路）口岸2个，分别是哈尔滨、绥芬河；陆路（公路）口岸4个，分别是东宁、绥芬河、密山、虎林；水运（河港）口岸15个，分别是哈尔滨、佳木斯、桦川、绥滨、富锦、抚远、同江、萝北、嘉荫、逊克、孙吴、黑河、呼玛、漠河、饶河。中俄边境口岸15个。

口岸运行数据

2017年，黑龙江省口岸进出口货物量3 019.3万吨，同比增长11.32%。其中，进口2 920.5万吨，同比增长10.49%；出口98.7万吨，同比增长42.9%。去除原油进口，进出口货运量1 376.69万吨，同比增长25.6%。客运量347.04万人次，同比增长2.7%。其中，入境173万人次，同比增长2.8%；出境174.1万人次，同比增长2.6%。绥芬河铁路口岸货运量首次突破千万吨大关，创历史新高。

口岸综合管理

【大力推动口岸开放工作】 黑瞎子岛客运口岸设立已进行外交换文；同江铁路大桥口岸我方一侧联检设施已开工建设，预计2018年年底建成；黑河国际步行口岸已补充列入《中俄边境口岸协定》，国内相关报批程序已启动；黑河公路口岸建设已纳入大桥总体规划，可行性研究报告、设计等项工作有序推进；抚远莽吉塔江海联运深水港、抚远至哈巴罗夫斯克包机航线临时对外开放均获得国家批准；漠河石油管道作业区和同江水运口岸东部作业区扩大开放，均已征得相关部门同意报国务院批复；漠河—加林达等口岸恢复开通工作已列入中俄口岸工作组20次会议纪要，并加以推进。

【积极推动口岸基础设施建设】 积极推动绥芬河—波格拉尼奇内公路口岸、同江—下列宁斯阔耶水运口岸、虎林—马尔科沃口岸等基础设施和查验配套设施进行扩能改造。我方一侧已基本完工，俄方一侧的规划、设计也已初步形成。绥芬河公路口岸旅检大楼和新国门投入使用，铁路口岸客运综合楼建成运营；哈尔滨航空口岸T2航站楼搞通改造基本完成，铁路口岸新址场站建设已通过专家组验收；黑河口岸储运中心、绥芬河公路口岸枢纽站和国际客运站、东宁公路口岸货运中转站和国际客运站、同江水运口岸储运中心等相继建成并投入运营。密山口岸查验配套设施视频监控系统改造基本完成，覆盖了口岸现场、海关监管仓库、互市贸易区。

【有效推进电子口岸建设】 黑龙江省电子口岸平台建设，经过开发系统功能、完善信息申报系统端口连接、开展应用培训和推广等一系列环节扎实有效推进，2017年4月25日正式上线运行，标志着黑龙江省口岸现代化建设迈出了坚实的一步，为顺利推进以电子口岸“单一窗口”为平台的“三互”大通关建设提供了技术支撑。按照国务院及国家口岸办的有关部署和要求，积极开展了国际贸易“单一窗口”标准版应用全覆盖工作。通过分片组织召开各口岸办及企业相关人员参加的集中培训班，深入基层企业开展现场督促和面对面的技术指导等措施，确保完成国家规定利用“单一窗口”标准版网上货物申报比率达到30%的目标，降低了企业成本，提高了工作效率。

【切实加强了对俄口岸务实合作】 一是建立和完善了省州间口岸工作协调机制，进一步加强与俄地方政府部门的沟通联络，及时协调解决工作中的困难和问题。二是通过推动中俄双方互换外交照会，确认设立黑瞎子岛—大乌苏里岛公路口岸和黑河—布拉戈维申斯克国际步行口岸，并列入《中俄边境口岸协定》。三是经双方边境地区政府和口岸管理部门积极努力，部分边境口岸（包括东宁、同江、黑河）工作时间得到进一步优化调整，提高了通关效率。绥芬河公路口岸货运高峰期实行 16 小时工作制试点正在协调推进之中。四是协调联检部门向国家申请允许执飞抚远至哈巴罗夫斯克航线的俄籍客运包机从抚远机场出入境。五是就边境口岸运营中出现的各种问题，及时与俄口岸管理部门进行会谈协调解决。2017 年，黑龙江省共与俄罗斯边界建设署对应口岸管理部门先后举行了 3 次工作会谈，收到了较好效果。

【强化协调服务，优化口岸通关环境】 一是结合深入开展调查研究和口岸运行分析和综合协调工作，对重点口岸采取“一口一策”“一企一策”措施，并安排专人负责与企业进行对接，形成推进工作合力，充分发挥好全省口岸运行联席会议制度作用，加大对全省口岸工作的协调指导力度。二是强化口岸综合管理和查验模式创新，进一步深化协作共管，推进跨部门一次性联合检查，将现行货物报关报检“串联”流程改为“并联”，探索多环节合一、扁平化的口岸管理新模式，强化风险防控，确保通得快、管得住。三是进一步简化申报流程，凡可通过口岸部门间联网查验的证件、资料，不再要求企业提供，最大限度实现申报、查验、税费支付等各环节无纸化。四是开展集装箱进出口环节合规成本及通关时间专项治理行动，会同有关部门组成联合督导组，深入企业一线，查摆问题，责成整改，不断优化通关环境，降低通关成本。五是为充分发挥资金使用效益，加快资金支出进度，督促各有关边境口岸提报预拨 2017 年免除查验没有问题外贸企业吊装移位仓储费用试点经费，积极协调相关部门尽早拨付到位。

口岸监管与服务

【深度对接大局，助力经济发展】 黑龙江省公安边防总队坚持把边检工作置于国家、全省对外开放战略中去谋划，全面保障同江口岸东部作业区扩大开放、抚远临时执飞国际航班、货检口岸迁址等工作顺利实施；制定优化口岸通关环境 12 项措施，全力保障“冰雪节”“哈洽会”“啤酒节”等重要会议、活动期间口岸通关安全顺畅；靠前服务同江铁路大桥、黑河公路大桥及中俄东线天然气管道穿越等国家重点跨境工程项目建设，有力服务沿边开发开放大局。

【深度对接形势，严密口岸查验】 黑龙江省公安边防总队严格落实查验查控、风险评估、限定区域管理等规定要求，累计验放出入境人员 306 万人次，交通运输工具 16.2 万辆（架、列、艘）；从严落实反恐举措，先后查获非法出入境案件 3 起、在控对象 255 人，持续筑牢反恐防渗的第一关口和最后防线，实现边检执法执勤无事故、无案件、无有效投诉问题的目标，确保开放口岸绝对安全。

【深度对接职能，加强对俄合作】 黑龙江省公安边防总队加大国际执法合作力度，与对应俄罗斯边防机关开展书信往来 48 次，直通电话联系 57 次，联合部署“团结-2017”执法行动，牵头完成黑吉辽公安边防部队和俄滨海边疆区边防局会谈会晤，圆满完成哈巴罗夫斯克边疆区并犹太自治州边防局来访工作，双方中断 3 年的口岸会谈会晤机制正式重启。

【强监督监控，口岸更加安全畅通】 一是强化现场监督，同时加强信息化远程监控。黑龙江海事局严格执行《船舶安全监督规则》，加强事中事后监管，监督船方落实开航前自查等安全管理制度，充分利用 CCTV、AIS 等现代化信息手段实施远程实时监控，要求重点船舶按时进行应急救援演练。二是贯彻落实联合登临检查机制，建立应急救助绿色通道。黑龙江海事局与海关、边检、检验检疫、省口岸办联合制定签发《黑龙江水域国际航行船舶联合登临检查工作机制》，建立国际航行船舶通关查验及应急救助绿色通道，扎实有效的推进实现执法互助、监管互认。三是加强到港俄罗斯籍船舶安全监管，助力“一带一路”建设。海事部门在开展日常现场监督与进出口查验工作的同时，对俄籍船员加强法律法规的宣贯，有力维持界河航行、停泊和作业秩序，切实维护国家主权、安全，保障航运企业的发展利益。四是做好浮箱固冰通道搭建与拆解的安全保障工作，服务“四季通关”。与俄方海事部门、中方查验部门、地方政府及其相关职能部门、浮箱固冰通道营运公司做好工作对接，开展浮箱固冰通道监管服务一体化活动。五是扎实开展界河船舶污染防治行动，建设“美丽中国”。坚持全面科学正确履职，发挥“河长制”成员单位作用。与俄籍船舶签订船舶防污染承诺书，严防船舶向水体或陆域排放倾倒残油、废油、垃圾、油污水、洗舱水和舱底水。

【创新理念服务，口岸开放更加有力】 一是保障国家重大涉水项目建设。佳木斯海事局开展同江中俄铁路大桥建设的监护工作，采取的“两防一反”（防碰撞、防污染和反违章作业）措施取得了较好效果。黑河海事局自黑龙江大桥开工建设以来，努力做好通航安全保障，保证工程顺利推进。在中俄天然气东线黑龙江盾构工程封闭区临时口岸开通后，充分发挥职能作用，全力支持管道建设，多举措服务国家能源战略，确保临时口岸安全畅通，为首条隧道胜利贯通做出贡献。二是坚持“放管服”改革，提升通关效率。黑龙江海事局通过简政放权等举措，简化通关手续，努力搭建中俄“绿色通道”，中俄国际航行客船由每航次一许可转变为每天一许可，实现“公交化”国际旅客运输，形成运转高效、便民利民的监管模式。积极落实压缩货物通关时间措施，同时持续推进口岸通关便利化。利用交通运输部海事局制定的选船标准，科学精准选船检查；整合海事执法力量，做到能够不登轮检查的不再登轮检查，必须登轮检查的事项，一次完成海事监管所有执法检查。各口岸海事单位克服困难，全力配合口岸延长工作时间，助力中俄贸易发展。三是配合做好黑龙江省电子口岸平台建设工作。为了实现口岸各职能部门间信息实现共享，深化数据的挖掘分析，依托海事专业特点，积极配合信息化数据筛选和上报；对船舶基础资料信息和船舶进出港口的实时信息进行筛选，完成海事所需数据的完善，奠定了黑龙江省电子口岸平台船舶数据的基础。四是认真落实国家取消水运涉企行政事业性收费政策。船舶检验和登记费用的取消，切实为口岸航运企业减负。

【发挥区位优势，打造“中俄界河命运共同体”】 建设平安、便捷、开放、和谐、美丽“五界河”是黑龙江海事的重要目标。2017 年，本着共享、高效的原则，海事部门对俄协作更加深入。口岸海事部门与俄港航监督部门加强国际船舶进出口岸查验合作，及时通报涉航信息，定期交换信息，实现合作常态化、机制化。佳木斯海事局与俄罗斯联邦犹太自治州紧急情况事务总局签订了《界河船舶溢油应急协作规程》，并建立了定期联合巡航机制和应急人员物资保障协作机制。黑河海事局不断提高与俄阿穆尔州紧急情况总局协作水平，完善信息交流机制，派员组队参加了由阿穆尔州紧急情况事务总局举办的第二届中俄应急救援船艇技能操作演练。

【哈尔滨海关抓优化服务】 哈尔滨海关主动思考，积极谋划，优化海关服务，为守法企业提供通关便利，支持黑龙江开放型经济发展。一是落实中央新一轮东北振兴战略部署。承办海关支持新一轮东北振兴座谈会，商议海关具体支持政策措施，从海关角度为东北振兴加油、助力、鼓劲。《海关总署关于支持新一轮东北振兴的若干举措》出台后，积极向社会各界宣传介绍，并制定实施包括海关特殊监管区域申建、加工贸易监管改革、跨境电商便利化通关改革、“互联网+海关”建设、深化海关国际合作等 5 方面、24 项内容的细化落实方案，并实行任务分解，强化任务落实。支持哈尔滨综合保税区通过验收封关运营，积极配合哈尔滨内陆港口岸搬迁，推动黑河、牡丹江保税物流中心（B 型）和绥芬河整车进口口岸获批，推进东北地区首单跨境电商保税进口业务在绥芬河综合保税区完成。助力“哈欧”“哈俄”班列和“哈绥符釜”陆海联运、内贸货物跨境运输业务常态化运营，支持开通哈尔滨—明斯克班列，全年共监管中欧班列 461 车次，同比增长 207.3%；进出口标箱 30 940 个，同比增长 361%；进出口货值 8.04 亿美元，同比增长 203.6%。监管内贸货物跨境运输出境集装箱 6 864 个，同比增长 112.90%；货运量 9.37 万吨，同比增长 90.95%；货物总值 2.47 亿元，同比增长 67.05%。与满洲里海关、大庆沃尔沃汽车制造有限公司共同签署联系配合办法，支持沃尔沃轿车专列出口欧洲。全年共监管沃尔沃整车出口 9 394 辆，货值 61 亿元；为中俄东线天然气管道、中俄原油管道二线等国家重点战略项目和中俄同江铁路大桥、黑河公路大桥建设提供高效服务。二是服务支持黑龙江开放型经济发展。落实促外贸稳增长调结构各项部署，推动复制推广自由贸易试验区 26 项制度措施，“统一备案清单”“集中汇总征税”等 12 项制度已在关区内开展实际业务；支持农业走出去，为我国企业劳务项下农产品回运进口提供通关便利；召开省内重点进出口企业座谈会，宣讲海关便利通关政策和守信激励措施，解决并答复企业反映的 9 个问题，特别针对企业资金链短、融资难问题，与中国农业银行黑龙江省分行、人保财险省分公司签署“银关保”合作备忘录，走在了全国海关的前列，省内 1 000 余家中小型进出口企业将享受到实惠；从海关专业角度为地方发展建言献策，报送海关工作情况专报 33 篇，7 篇获省领导批示；对省内重点口岸、重要物流通道、沿边重点工程建设的意见建议和支持举措均得到省领导充分肯定。三是深化对俄海关合作。全年组织、参与各类国际合作活动 36 次。承办第四届“中俄博览会”期间海关系列活动，海关国际合作由中俄双边突破到中俄蒙三方，中俄区域海关合作由“三关三局”扩展“五关五局”，达成“继续深化合作、推进通关便利化、支持国际物流大通道建设、巩固边境海关合作、加强海关与其他政府部门及商界紧密合作等 5 项共识；深化与俄远东海关局定期互访，拓展与俄乌拉尔、伏尔加河流域海关局合作，与俄远东海关局开展缉私信息互换 90 次、统计部门数据互换 5 次，对中俄 4 个对应口岸海关监管结果互认合作项目开展评估；及时解决中俄东线天然气管道工程过境段封闭区中方工程技术人员及设备物资在俄方通关问题，保证项目顺利进行，施工单位向海关发来感谢信，相关工作得到海关总署充分肯定并在全国边境海关推广经验。

【哈尔滨海关抓作风建设】 哈尔滨海关坚决贯彻习近平总书记对纠正“四风”作出的重要批示精神，进一步贯彻落实中央八项规定精神，抓实具体问题，提振“精气神”，争当黑龙江省作风建设排头兵。一是切实转变作风。修订《哈尔滨海关贯彻落实中央八项规定精神、切实纠正“四风”的细化措施》，认真落实中央八项规定，严防四风问题反弹。开展为期 5 个月的纪律作风建设专项整治，党组成员带队 5 个专项督察小组监督检查，关网设立作风建设专栏，“点名道姓”公开通报发现问题；倡导“马上就办，真抓实干”，加强督办落实，切实提高工作效率；提升窗口服务质量，作为首批试点单位，参与黑龙江省“四零”承诺服务创建活动，各业务窗口、12360 热线保持“零投诉”良好状态。二是切实落实“两个责任”。哈尔滨海关党组与关区 49 个单位（部门）签订《党建责任书》和《党风廉政建设责任书》；坚持关区季度业务、廉政形势分析会制度，集中分析执法领域、重点敏感领域风险，职能部门与基层一线共同开展风险联防联控；加强廉政教育，开展“以案为鉴、严明法纪、打造清廉海关”警示教育月活动；强化扶贫领域监督执纪问责，党组纪检组组长带队开展扶贫领域监督执纪问责专项检查；加强纪检监察队伍建设，成立缉私局纪检监察处；完善纪检监察特派员工作报告制度，加强政治监督。三是紧盯巡视问题整改，严肃执纪问责。成立巡视整改工作领导小组，对巡视涉及问题全程跟踪检查。关党组对出现廉政问题和抓巡视整改不力单位、部门主要负责同志专题约谈 13 次。同时，对巡视发现问题、重点敏感领域开展“回头看”专项检查，提升整体工作标准，保证巡视出现问题“不贰过”。全年共处置问题线索 28 条，立案 3 起，给予党政纪处分 6 人。对 6 起违纪违法案件开展责任分析和问责，追究4个领导班子和21名处科级领导干部责任。通过严肃问责，倒逼责任主体履责到位，使管党治党真正从“宽松软”走向“严紧硬”，实现“问责一个、警醒一片”的震撼效果，推动全面从严治党要求在关区落地生根。

【哈尔滨海关抓重大决策部署落实】 哈尔滨海关将落实党中央、国务院、海关总署和黑龙江省委、省政府的决策部署作为重要政治任务落地抓实。一是落实中央“坚决打赢脱贫攻坚战”的决策部署见实效。按照黑龙江省委的统一部署，选派3名优秀处科级干部赴青冈县兴东村驻村扶贫，真抓实干，扶贫工作取得实效。在2017年12月份开展的全省驻村扶贫交叉互检工作中，哈尔滨海关驻村工作队被评为青冈县省派单位先进典型，兴东村成为青冈县昌盛乡2017年唯一合格的脱贫出列村。二是严打“洋垃圾”走私。全面摸排固体废物查验场地设置标准和环保资质，对不符合条件的6个场地停止办理业务，对固体废物和固体废物影子商品全部实施布控，实行“三个100%”查验；办理固体废物退运61批次，共计1 842吨。侦办“洋垃圾”走私案件2起，抓获犯罪嫌疑人7名，涉案固废2 800余吨。三是落实上级调整海关机构的要求，确保队伍稳定和辖区口岸发展。严格落实中编办撤销相关海关机构的要求，裁撤关区5个隶属海关机构，同时积极向海关总署争取设立了佳木斯、逊克、虎林、嘉荫4个海关办事处，保证相关口岸业务正常运转，为打造黑龙江省对外开放新格局提供基础保障。

【哈尔滨海关抓履职尽责】 哈尔滨海关坚持“管得住、通得快”，全面履行监管职责，为黑龙江开放型经济发展保驾护航。一是严密实际监管。全年共监管进出口货物3 021.2万吨，同比增长11.2%；运输工具52万辆（艘、架）次，同比增长17.7%；监管进出境人员350.1万人次，同比增长4%；进出境快件、邮递物品1 734.48万件，同比增长47.1%；关区进出口查验率为5.18%，进出口查获率为8.26%。筑牢安全准入防线，57个监管作业场所、查验场地和行邮现场及75个视频监控摄像头全部接入海关总署业务监控指挥中心，关区业务监控指挥中心实体化运作；开展“严厉打击进出境公路车辆擅自改装行为专项行动”，强化对进出境公路车辆备案、验核管理；加强反恐维稳工作，组织举行“哈尔滨海关旅检现场防范核及其他放射性物质进境演练”；加强边民互市贸易综合监管，制定下发《哈尔滨海关边民互市贸易操作规程（暂行）》；强化后续监管，办结稽核查作业199起，补税901.7万元，专项稽查有效率达100%。顺利组建关区二级风险防控中心，关区风险信息报送应用、布控有效性、随机布控率和预定布控率、预定式布控水平等指标均达到海关总署考核标准。二是保持打私高压态势。开展“国门利剑2017”“清风2017”“蓝天”“国门勇士”缉枪等打私专项行动，在黑龙江、乌苏里江流域，开展“江上巡航”缉私行动，震慑非设关地走私；协调省政府组织召开了全省打击走私联席会议，地方政府打击走私基础作用得到进一步强化。加强与省公安厅、检察院、法院、安全厅、出入境检验检疫局、外事办等单位联系配合，深化在打击走私、维护国家安全等方面合作。全年共立案走私犯罪案件15起，同比增长66.7%；案值16 984.4万元，同比增长40.9%。立案行政违法案件389起，同比增长9.6%；案值143 004.4万元，同比增长8.3倍。其中，立案侦办16起涉枪案件，得到省领导的批示肯定。破获“2·19”走私猛犸象牙、披毛犀角、玉石案，走私工艺品进境及加工贸易渠道走私木制品案等重大案件，中央电视台等主流媒体对相关案件进行了全面报道，产生了良好的社会反响。三是深化综合治税水平。积极推进税收征管方式改革，“自主申报、自行缴税”改革进展顺利，“自报自缴”报关单比率逐月上升，10月份以后比率提高到80%，排名全国海关第5位。不断强化综合治税，应收尽收水平进一步提高，全年税收入库100.61亿元，同比增长38.03%；办理“征免税证明”1 531份，审批货物总值2.09亿美元，审批减免税2.38亿元人民币，有力地支持了黑龙江省企业的发展。四是统计工作稳步推进。发挥统计分析服务经济的作用，累计为省市各级政府部门、外贸企业提供统计咨询服务310次，报送省外经贸情况分析文章20份，编发统计分析80篇，其中，海关总署采用8篇、海关统计资讯网采用22篇；建立进出口贸易数据媒体发布机制，定期在黑龙江省主要媒体发布海关统计数据分析，为地方党政决策和企业开拓国际市场提供重要参考与预警监测。中俄统计数据交换工作开展顺利，通过重点口岸和重点商品比对，为中俄海关监管税收工作提供了有效支持。五是加强海关法治建设。全面清理规范性文件和内部制度，共废止关区各类制度86个；新增公职律师4人，公职律师队伍初步建立；加强知识产权保护工作，开展“中俄海关知识产权联合执法行动”“出口知识产权优势企业知识产权保护专项行动”，与黑龙江省新闻出版广电（版权）局、知识产权局建立联系机制，营造良好的知识产权保护氛围。全年共查获知识产权侵权案件2起；及时更新《行政审批服务指南》，在门户网站和报关厅同步公示。深入开展“七五”普法、法治调研、法治论坛活动，法治人员履职能力不断提升，妥善办理行政及民事应诉案件。

【哈尔滨海关抓深化改革】 哈尔滨海关坚决贯彻全面深化改革要求，强化担当意识，时刻对标中央、海关总署和省委、省政府改革目标，突出落地见效，全力打好重点改革攻坚战。一是全力推进全国海关通关一体化改革。按照海关总署统一部署，组建二级风险防控中心，验估、综合业务、布控查验等业务改革平稳过渡，隶属海关功能化建设方案顺利获得海关总署批复，与一体化改革相配套的机构已建立。按照规定时间，黑龙江省全国海关通关一体化业务全面正式运行。二是积极推进“三互”大通关改革。主动协调省商务部门、口岸办，积极推进黑龙江省国际贸易“单一窗口”标准版应用。截至2017年年底，通过“单一窗口”申报报关单6 515份，覆盖黑龙江省全部口岸，其中，海关报关量占到业务总量的81.66%，“单一窗口”报关日覆盖率34.72%，达到目标要求；紧盯通关流程“去繁就简”，对照中央和海关总署压缩货物通关时间的目标要求，整合通关流程，打通相关节点，全力压缩黑龙江省进出口货物通关时间，自9月份以来连续4个月优于目标值，快于全国平均水平，完成压缩通关时间三分之一工作目标。三是扎实推进关区业务集约化改革。在海关总署规定框架内，针对关区点多线长面广、业务基础薄弱和人力紧张的情况，开展以集中核批、集约稽核、联网审图、业务监控为核心的业务改革。通过专业业务集中办理和流程再造，集约开展加工贸易审批、减免税核批、稽查、核查、H986审图业务，不断优化人力资源配置，提升业务执法水平。黑龙江省通关作业无纸化率达99.19%，执法领域“双随机、一公开”随机派员查验率达到100%，随机布控率达到97.9%。

【哈尔滨海关抓政治建设】 一是深入学习宣传贯彻党的十九大精神。将学习宣传贯彻十九大精神作为首要政治任务，坚持“党组带头示范学、多种方式全员学、依托平台随时学”，党组集中学习7次，党组成员参加所在党支部专题学习并讲授党课，深入基层联系点进行专题宣讲；举办两期培训班对230名处科级干部集中轮训；利用新媒体平台开展“党支部书记谈体会”“十九大报告、党章知识”答题等活动。关区掀起了学习宣传贯彻十九大精神的热潮，各类报纸、电视、广播、网络等媒体刊发、转载哈尔滨海关学习宣传稿件超百篇。通过学习，党员干部“四个意识”进一步增强，政治素质明显提升。二是加强党组班子建设。新一届党组班子开展中心组专题学习23次。党组成员下基层调研32次，实现关区全覆盖。始终坚持“三重一大”制度，科学民主务实决策，及时解决问题，累计召开党组会36次，未发生决策失误；修订《哈尔滨海关党组巡察工作实施办法》，派出3个巡察组对3个隶属海关开展巡察，围绕“六项纪律”，紧盯“三大问题”，突出政治巡察，发现问题49个，提出整改措施和意见建议17条；认真组织开好

2016年度哈尔滨海关党组民主生活会，海关总署第一督导组认为哈尔滨海关党组民主生活会“主题突出、程序规范，氛围很好、质量较高”。三是夯实基层党建基础。推进“两学一做”学习教育常态化制度化。抓“关键少数”，举办两期“关区处级领导干部暨党支部书记培训班”。抓日常学习教育，坚定党员干部政治方向和理想信念，开展“不忘初心，把好国门”主题党日、“重温入党誓词、讲述入党故事、追忆入党初心”等系列活动，引领带动党员干部将学习成果体现在日常工作中；严格“三会一课”，开展基层党建档案、台账督导检查，加强制度建设和组织管理，在个人工资查询系统列明应缴党费数额，推动党员主动自觉交纳党费。积极培树基层党建示范点，设立基层党建专栏，展示党建品牌、典型人物事迹，交流党建经验，确立11个党支部为关区品牌建设示范单位。举办3期关区基层党务工作者培训班，实现全员轮训。根据关区实际，积极探索建立联合党支部，推动基层科室党支部全部建立。四是强化队伍建设。坚持正确选人用人导向，全年推荐选拔副厅级干部4名，提拔处科级领导干部31名。拓展干部成长渠道，遴选20名基层优秀干部充实到哈尔滨海关总关。坚决落实党员领导干部个人有关事项报告制度，严格管理干部；充分发挥工会、群团及各类协会组织作用，丰富关警员精神文化生活，组织义务献血、金秋助学圆梦捐款等公益活动。关区“龙青畅谈”微信公众号年内发布作品328篇、《瑞雪》杂志编发2期，用干部群众喜闻乐见方式传递身边的正能量。2017年，哈尔滨海关总关等4个单位获“全国文明单位”“全国青年文明号”称号，另有5个隶属海关获得“省级文明单位”称号。

【黑龙江出入境检验检疫局质量提升行动深入推进】 黑龙江出入境检验检疫局加强组织领导，细化责任分工，以“四个着力”为目标开展质量提升行动。首次与高校合作举办全省系统宏观质量管理培训班。组织开展“中国品牌日”“世界认可日”“质量月”等主题活动。推动省政府在地市政府质量工作考核中增加检验检疫指标的权重。与辽宁、吉林出入境检验检疫局联合开展管理体系认证结果专项监督检查。加大示范区建设力度，指导农垦红兴隆管理局创建国家级有机产品认证示范区，指导绥芬河建设进口木材落地深加工示范区。在全国出口工业产品示范区会议上作经验介绍。指导5个省级有机示范区成为全国有机产品认证创建区。全省上线“三同”公共服务平台的出口食品企业数量同比增长150%。牵头开展全国系统木制品“三同”规则确认和标准制定工作。

【国门安全得到有力保障】 黑龙江出入境检验检疫局深入开展质量安全隐患排查和专项整治行动，梳理各类政策法规、体系文件、管理制度及工作依据1 497个，强化检验检疫业务督察，狠抓风险隐患整改落实。对5个口岸核心能力建设工作进行督导，绥芬河铁路口岸通过国家质检总局复核。首批上线运行口岸公共卫生风险预警决策系统（PROSAS），探索建立“1+N”口岸传染病防控合作模式，与吉林出入境检验检疫局联合举办口岸传染病排查处置培训演练，联合省反恐办组织全省口岸核生化反恐培训班，在俄远东地区建立国际旅行卫生服务站。加强鼠疫等传染病防控工作，全省口岸未发现输入性病例。3个旅检口岸通过国家质检总局动植检规范化建设考核验收。举办国门生物安全宣传活动60场次，受益人群50万以上，发放宣传材料3万余份，签订合作协议5份。在全国系统首次开展妨害动植物防疫、检疫案立案追诉标准宣传活动。联合12个省直单位有效防范俄罗斯非洲猪瘟疫情跨境传入。“绿蕾3”专项行动截获非法携带、邮寄进境植物种苗565批次1 120千克，检出检疫性有害生物4种20次。被省政府评为“重大动物疫病防控工作先进单位”。加强进出口食品化妆品监督抽检和风险监测，在进口蜂蜜中检出药物成分，在进口麦麸冲剂中检出两种禁止食用原料添加物。开发应用“黑龙江省边民互市贸易检验检疫综合管理系统”。牵头完成《全国进出口畜肉产品安全质量分析报告》。推动完善进出口商品质量安全风险预警及快速反应监管体系，代省政府起草黑龙江省实施方案。制定《国门安全风险预警及快速反应工作指南》和《进出口商品监督抽查工作实施细则》。监督抽查目录外进出口商品 80 批，检测发现不合格 44 批。采集进口不合格风险信息 867 条。对 12 批出口退货开展追溯调查。

【黑龙江出入境检验检疫局服务发展水平持续提升】 国家质检总局局长支树平与黑龙江省省长陆昊分别代表双方在哈尔滨签订《共同促进黑龙江开发开放合作备忘录》。围绕地方经济发展需求，加快改革创新步伐，深入落实“五大服务工程”，为促进全省外向型经济发展提供了有力支持。推行“两随机、一公开”工作，建立随机抽查业务事项清单，印发“两库”及实施细则。深化行政审批制度改革，下放进境（过境）动植物及其产品检疫审批和出口食品生产企业备案权限。自 2017 年 4 月 1 日起，全面停征检验检疫费。优化 e-CIQ 主干系统，全面实施无纸化报检业务。“互联网+国检”服务平台正式上线。检验检疫执法云平台建设水平全系统领先，全省口岸旅检现场推行关检“一次查验”工作，优化检验检疫流程，进一步压缩通关时长。服务对接“中蒙俄经济走廊”建设，哈欧班列运输标箱数量、货值同比分别增长 511.6%、208.9%，哈绥俄亚班列批次、货值同比分别增长 132.6%、385%。支持哈尔滨综合保税区通过国家联合验收。圆满完成第四届中俄博览会暨第 28 届哈洽会、第三届中国国际奶业展览会暨乳业合作大会等重大国际展会服务保障工作。配合国家质检总局加快俄罗斯粮食检疫准入进程，回运“走出去”粮食 51.6 万吨。黑龙江大庄园进口肉类查验场进口牛羊肉 5 587 吨，齐齐哈尔进口肉类指定查验场获国家质检总局批准建设。指导建设进境种猪、种狐、锦鲤等指定隔离检疫场，引进种猪 975 头、种貂 1.98 万只、种狐 6 630 只、锦鲤 794 尾。成功召开中俄标准计量认证和检验监管常设工作组区域合作小组第三次会议，形成多项共识成果并上升到中俄常设工作组十五次会议层面。发挥“欧亚经济联盟技术性贸易措施研究基地”作用，参与国家质检总局“国家技术性贸易措施研究与应用”TTM 项目、“一带一路”沿线国家和地区技术性贸易措施与标准研究项目。力促俄方修订原油中水含量检测标准，入选全国商检 20 大典型案例。监管出入境电子商务商品 1.4 万批次，检出不合格跨境电子商务商品 26 批次。监管互市贸易商品 4 559 批、货值 4.69 亿元。

开放口岸

【哈尔滨空运口岸（哈尔滨太平国际机场）】 哈尔滨太平国际机场是 1987 年 7 月经国务院批准对外开放口岸，1989 年 9 月正式开通使用。该机场位于黑龙江省省会哈尔滨市西郊，距市中心 40 公里处。1994 年开始投资 13 亿元进行了大规模扩建，并于 1997 年 8 月投入使用，成为目前我国东北地区最大，全国先进的国际机场，也是全国十大文明机场之一。

该机场总占地面积 331.7 万平方米，其中储油区 125.5 万平方米。飞机跑道长 3 200 米，宽 45 米，有主滑行道 1 条，滑行联络道 7 条。停机坪面积 33 万平方米，可满足 18 架宽体客机的停放和维修。扩建后的新候机楼面积 67 192 平方米，其中国际候机厅 15 800 平方米（含隔离厅 3 600 平方米、迎送厅 2 100 平方米、出境联检厅 5 000 平方米、入境联检厅 3 800 平方米、现场办公用房 1 200 平方米），已设置 7 部登机桥，并将陆续增至 16 部。新候机楼年设计旅客吞吐量为 666 万人次，高峰每小时接待 3 000 人次，并可满足每日 180 架次飞机起落需要。机场净空状况良好，飞行等级高，有较完备的航行管制、通信导航和气象保障设施，装备了微波通信系统和双向仪表着陆系统，能为波音 757、747、737、707、图 154、麦道 82、空客 A300 等大型飞机提供正常系统服务，保证飞行安全。

该口岸 2017 年出入境人员实现 75.83 万人次，比上年下降 10.06%。

【齐齐哈尔空运口岸（齐齐哈尔三家子机

场）】齐齐哈尔三家子机场，是1993年6月经国务院批准对外开放口岸。该机场位于黑龙江省齐齐哈尔市区东南13千米处，是黑龙江省第二大航空港。

该机场已达到国家二级标准，建有停机坪3.23万平方米，候机楼8 000平方米（其中国际联检厅4 000平方米），储备油库6 000立方米，专用道路1.7万平方米。机场跑道长2 600米，宽45米，可起降麦道82、波音737、空客A320等较大型客机。机场设施先进，有Ⅰ类仪表着陆系统，能保证飞机全天候起降；有全向信标台、远近距导航台、跑道助行灯光系统；有气象自动观测、填图系统。机场现已开通北京、上海、广州、成都、武汉、大连、沈阳、长春、哈尔滨、黑河、海拉尔等国内航线及俄罗斯布拉戈维申斯克、克拉斯诺亚尔斯克国际临时飞行航线，并为每年召开的中国（齐齐哈尔）绿色食品博览会做出突出贡献。

国家实施振兴东北老工业基地战略，给该口岸对外开放带来新的机遇和活力，正式对外开放准备工作加快。2005年12月已通过省里预验收，目前正在向国家请示验收，以利尽早正式对外开通使用，进而开辟更多国际航线。

【牡丹江空运口岸（牡丹江海浪机场）】 牡丹江海浪机场是1996年6月经国务院批准对外开放口岸，1998年12月正式对外开通使用。该机场位于黑龙江省牡丹江市区西南，距市中心约9千米。

该机场为国家4C级机场，占地面积5万平方米，跑道长2 600米，能够满足波音737以下中型客机的起降要求。候机楼面积8 200平方米（含国际联检厅3 644平方米），停机坪面积2.21万平方米，油库设计储量为3 000立方米。配备了Ⅰ类精密进近灯光系统、仪表着陆系统、航班显示系统，可满足年旅客吞吐量50万人次的需要。1998年8月成功试航牡丹江至俄罗斯符拉迪沃斯托克航线，2000年6月正式开通牡丹江至符拉迪沃斯托克包机航线，2002年1月转为定期国际航班，每周飞行2班，机型为图154。2003年11月开通了牡丹江至俄雅库茨克国际航线，每月飞行2班，机型为图154；同时还开通了牡丹江至俄哈巴罗夫斯克的定期国际航班，每周2班，机型为图154。2005年9月开通了牡丹江至韩国首尔的国际航班，目前每周4班，机型为波音737。

该口岸2017年出入境人员实现10.96万人次，比上年下降13.1%。

【佳木斯空运口岸（佳木斯机场）】 佳木斯航空口岸是1992年12月经国务院批准对外开放口岸。该机场位于黑龙江省东北部的佳木斯市东郊9千米处。机场占地面积为4.8平方千米，东西长约3 000米，南北宽约1 600米。新建2 500米长，45米宽的跑道，可以起降麦道82、波音737等中型客机。停机坪100平方米×180平方米，可同时停放C类飞机2架、B类飞机1架。机场内有先进的通迅导航雷达、助航灯光、供电供水、消防救援、储油供油等设备，并且净空条件良好。机场还新建候机楼一座，总面积5 728平方米，其中旅检大厅1 500平方米，内设有出入境旅检场地、查验现场工作间等配套设施。为使该口岸尽快达到国家验收标准，该市新建查验办公用房2 664平方米，购置生活用房1 630平方米。目前，已开通佳木斯至北京、上海、广州、烟台、青岛等多条国内航线及佳木斯至俄罗斯哈巴罗夫斯克临时包机航线。对国际旅客的查验任务，暂由佳木斯水运口岸查验单位承担。

国家实施振兴东北老工业基地战略，给该市经济发展带来新的活力。为早日正式开通使用航空口岸，尽快发挥口岸开放效益，该市加大口岸工作力度。2017年进出口货运量完成0.75万吨，比上年增长34.3%；出入境人员实现3.65万人次，比上年增长22.95%。

【哈尔滨陆路（铁路）口岸】 哈尔滨铁路货运口岸即哈尔滨内陆港，是国务院1996年9月批准的全国第一个作为内陆铁路货运口岸的试点对外开放，办理国际集装箱运输业务，1997年8月正式对外开通使用。该口岸位于哈尔滨市道外区先锋路148号，场地宽阔，环境优美。场区占地面积35万平方米，其中国际集装箱作业区7万平方米，拥有6条铁路到发线，装卸作业便利，堆场能力充足，通关功能完善，可办理20英尺和40英尺国际集装箱运输业务，年吞吐能力10万标箱。该口岸铁路专用线与滨洲、滨绥、滨大、拉滨、滨佳等铁路干线衔接，成为四通八达的铁路货运枢纽。距大连水运口岸约950千米，距满洲里边境铁路口岸约943千米，距绥芬河铁路口岸约555千米。

该口岸作为国家对外开放口岸，是沿海、沿边口岸在内陆城市的延伸，具有沿海、沿边口岸的功能，是外贸运输的目的口岸和起运口岸。现场建有2 000多平方米报关报检大楼，进出口货物报关、报检、报验、结汇等手续均在这里一次进行，沿海、沿边进出境口岸不作重复检验，并为用户提供报关、报检、报验、代理、结汇、保险、签发单证、租船、订舱、中转、仓储、公路、海上运输等“一站式”全方位服务。1997年8月正式开通了至大连集装箱码头的集装箱“五定”班列，每周二、四、六上、下行对开一列，为海运集装箱直接进出内陆地区提供了可靠通道；1998年11月又延伸至满洲里、绥芬河边境铁路口岸，实现了国际集装箱直通过境运输，形成了南接沿海、北连边陲的多式网络，成为黑龙江及周围腹地最大集装箱和铁路货运集散地。

该口岸2017年进出口货运量完成9.8万吨，比上年增长7.4%。

【绥芬河陆路（铁路）口岸】 绥芬河铁路口岸建成于1899年6月，1900年绥芬河至俄乌苏里斯克区间开始通车，1903年7月绥芬河至满洲里全线通车，距今已有百年多历史。1994年1月经中俄两国政府确认为国际铁路客货运输口岸，2003年5月经国务院批准开展口岸签证工作。该口岸在黑龙江省东南边陲重镇绥芬河市，位于滨绥铁路与俄罗斯远东铁路的接轨处，是黑龙江省唯一的对俄边境铁路口岸，也是我国对俄经贸的重要口岸之一。绥芬河站距俄滨海边疆区对应的波格拉尼奇内铁路口岸国境站格罗捷阔沃26千米，距俄方铁路枢纽站乌苏里斯克123千米，距俄方西伯利亚铁路终点、滨海边疆区首府符拉迪沃斯托克230千米，距俄方远东最大的海运港口东方港（纳霍德卡）369千米；距黑龙江省东部中心城市牡丹江193千米，距我国北方重要水、陆、空交通枢纽、黑龙江省省会哈尔滨540千米。该铁路口岸地处要道，陆海联运可到达日本的新潟、横滨，韩国的釜山，美国的西雅图等地区，处于东北亚经济区中心位置，被黑龙江省人民政府确定为对外经贸的主通道，地缘优势十分突出。

该口岸现在是一等铁路车站，主要办理国际联运货物运输和国际、国内旅客运输，以及自站货物的到发、装卸等业务。设有南、北两个站场，管辖绥阳（二等站）、宽沟两个中间站，年设计综合运输能力为1 000万吨。南站场占地10万多平方米，建有线路40条，其中宽轨27条，准轨13条；建有国内、国际旅客候车室各1座，国内候车室为1899年兴建，是原中东铁路较有代表性的历史建筑；国际客运联检大楼为2 800平方米，设有出入境通道16条（出入各8条）；建有国内、国际旅客站台各1个，总面积为4 451平方米；还建有集查验、运输、货代于一体的6 800平方米联合报关报验大楼及铁路口岸电子监控系统，为加快通关速度，提高通过能力，打下坚实基础。

北站场距南站场2.4千米，占地17万多平方米，建有线路44条，其中宽轨14条，准轨30条；设有1组原油换装线、4组机械换装线、17台龙门吊、70余台汽车吊；建有人力站台2个，货物站台1 170平方米，货物仓库697平方米。

该口岸进出口货运量约占全省口岸进出口货运量的80%。1955年进出口货物量为133.7万吨，创当时历史纪录。之后相当一个时期，进出口货运量在百万吨左右徘徊。随着对俄经贸合作的快速发展，1998年进出口货运量完成156.9万吨，再创历史新高。接着从1999年的203.6万吨到2002年的514.9万吨，每年以100万吨速度增长。2005年进出口货运量完成742.5万吨，比上年增长 22.4%；出入境人员实现 55.9 万人次，比上年增长 4.5%，双创历史新高。2017 年进出口货运量 1 157.71 万吨，比上年增长 32.2%，仍为历史新高；出入境人员实现 17.36 万人次，比上年减少 6.44%。该口岸与绥芬河公路口岸一起连续多年被评为"全省文明高效口岸"。

【绥芬河陆路（公路）口岸】 绥芬河公路口岸 1988 年 12 月经国家主管部门批准进行汽车临时过货运输，1990 年 3 月经中国与原苏联两国政府换文确认为汽车运输口岸，1993 年 1 月经中俄两国政府再次换文确认为汽车过往口岸，1994 年 1 月经中俄两国政府确认为国际公路客货运输口岸，2000 年 9 月经国务院批准作为国家对外开放口岸，开展国际客货运输，2003 年 5 月经国务院批准开展口岸签证工作。该口岸位于黑龙江省东南边陲重镇绥芬河市东部，是 301 国道（绥满公路）的起点，距黑龙江省东部中心城市牡丹江 153 千米，距省会城市哈尔滨 460 千米。与俄罗斯滨海边疆区波格拉尼奇内公路口岸相对应，距该口岸所在的波格拉尼奇内区 16 千米，距陆路交通枢纽乌苏里斯克 120 千米，距滨海边疆区首府符拉迪沃斯托克 210 千米，距纳霍德卡和东方港 270 千米。

该口岸 2017 年进出口货运量完成 65.62 万吨，比上年增加 9.0%；出入境人员实现 89.47 万人次，比上年增加 9.49%。

【东宁陆路（公路）口岸】 东宁公路口岸是 1989 年 12 月经国务院批准对外开放口岸，1990 年 3 月经中国与原苏联两国政府换文确认为双边公路汽车运输口岸，同年 5 月正式开通使用。1992 年 11 月经中俄两国政府换文确认开展旅客运输，陆续开通了至俄邻近城市的旅游业务。1994 年 1 月经中俄两国政府再次确认为双边客货公路运输口岸。该口岸位于黑龙江省东南边陲东宁县三岔口朝鲜族镇，与对应的俄罗斯滨海边疆区波尔塔夫卡公路口岸隔瑚布图界河相望。瑚布图河架有永久性桥梁，连接双方口岸过境公路。这里距俄方十月区政府所在地波克罗夫卡 34 公路，距俄滨海边疆区首府、远东最大的海港城市符拉迪沃斯托克 154 千米，距我滨绥铁路绥阳站 75 千米，距绥芬河站 45 千米。

该口岸封闭监管区占地 62 000 平方米，建有旅检综合办公楼 4 210 平方米，内设出境旅检通道 6 条，入境旅检通道 3 条，车检通道 2 条。货检区设出入境检查通道各 2 条，同时配有查验部门现场办公用房及附属设施。口岸年货运通过能力达 120 万吨，客运通过能力达 60 万人次。随着口岸客货运量的增长，该口岸客货通道已经实行 6 天 12 小时无午休工作制，正在准备在客运通道实行 7 天 12 小时无午休工作制。

该口岸 2017 年进出口货运量完成 36.47 万吨，比上年增加 45.3%；出入境人员实现 26.05 万人次，比上年同期增加 10.14%。

【密山陆路（公路）口岸】 密山公路口岸是 1989 年 4 月经国务院批准对外开放口岸，1992 年 10 月经中俄两国政府换文确认为双边公路客货运输口岸，1993 年 5 月正式开通使用。1994 年 1 月经中俄两国政府再次确认为双边客货运输口岸。该口岸位于黑龙江省东南边陲密山市档壁镇，中俄界湖兴凯湖的西北岸 1.5 千米处，距密山市 38 千米，距内陆中心城市鸡西市约 100 千米。与俄罗斯滨海边疆区对应口岸图里洛格隔白棱河相望，相距仅有 1 千米，距俄最近城市卡缅雷博洛夫 64 千米，距俄远东地区重要交通枢纽和贸易中心乌苏里斯克 150 千米，距俄滨海边疆区首府符拉迪沃斯托克 260 千米。

该口岸基础及配套设施日臻完善，功能齐全。市区建有 2.8 万平方米口岸办公楼及附属设施、2.4 万平方米海关监管仓库。口岸现场占地面积 1.4 万平方米，建筑面积 5 000 平方米，其中锅炉房、餐厅、车库 577 平方米，封闭仓储库 305 平方米，简易库、门卫房 263 平方米，封闭铁栅栏 588 米。设有 4 条进出口货物检验通道、2 条出入境旅客查验通道。口岸东侧南北各设一处 2 000 平方米的停车场，东侧 200 米处建有 2 万平方米的货物仓储区。中俄双方共同在白棱河界河上修建了一座长 33 米、宽 12 米的永久性公路桥梁，可常年过客过货。该口岸年过货能力在

50 万吨以上，年过客能力在 30 万人次以上。

该口岸对外旅游购物开展得十分活跃，成为口岸发展独特优势。2004 年以来出入境人员一直保持在 20 万人次以上，2005 年出入境人员实现 28.68 万人次，比上年增长 43.4，创历史新高。2017 年进出口货运量完成 0.75 万吨，比上年下降 51.9%；出入境人员实现 20.88 万人次，比上年增长 39.02%。

【虎林陆路（公路）口岸】 虎林公路口岸是 1989 年 4 月经国务院批准对外开放口岸，1992 年 10 月经中俄两国政府换文确认为双边公路客货运输口岸，1993 年 5 月正式开通使用，1994 年 1 月经中俄两国政府再次确认为双边客货运输口岸。该口岸位于黑龙江省东部边陲虎林市区东南 58 千米处，与俄罗斯滨海边疆区对应口岸马尔科沃隔松阿察河相望，相距仅有 1 千米，与其所在对应城市列索扎沃茨克市相距只有 8 千米。在黑龙江省东部沿边扇状开放口岸群中，该口岸位居中点位置。正当面是俄罗斯滨海边疆区和哈巴罗夫斯克边疆区的结合部，分布着 4 市 7 区。俄罗斯著名的西伯利亚复线大铁路和与之并行的远东干线公路贯穿 4 市，由此向北可深入俄罗斯腹地，向南可到达滨海边疆区首府符拉迪沃斯托克和纳霍德卡港，并可通向韩国、日本及东南亚。虎林市国内交通十分便利，既有省级公路贯穿全境，又有哈东铁路由此经过。

该口岸基础及配套设施日趋完善，客货通过能力不断增强。目前建有 2 600 平方米口岸办公楼、1 600 平方米口岸现场办公楼、1 000 平方米旅检厅、250 平方米双向车道货检厅，修建了 1 640 延长米二级水泥面口岸过境公路、5 万平方米口岸现场仓储设施、近 8 万平方米海关监管仓库基地、2 万平方米硬化地面露天货场。中俄双方共同在松阿察河界河上修建了一座长 207.08 米、宽 13.96 米，桥下可通航的永久性公路桥梁，使口岸不受季节影响，可全天候过客过货。该口岸年过货能力可达 260 万吨，年过客能力可达 100 万人次。

该口岸 1999 年进出口货运量首次突破 10 万吨，2000 年进出口货运量达到 14 万吨，创历史新高。2017 年进出口货运量完成 4.24 万吨，比上年增长 17.1%；出入境人员实现 3.66 万人次，比上年增长 55.52%。

【哈尔滨水运（河港）口岸】 哈尔滨水运口岸是 1987 年 7 月经国务院批准对外开放，并经中国与苏联两国政府确认开通使用的国家开放口岸，1992 年 10 月又经国家批准开通了国际客运业务。该口岸地处松花江中游南岸，黑龙江省省会哈尔滨市区东北部，是我国东北内河最大的水陆换装枢纽港，年营运期 210 天左右，冰封期约为 150 天，是一个典型的季节性生产港口。由哈尔滨港经松花江、黑龙江水道与俄罗斯的哈巴罗夫斯克、共青城、尼古拉耶夫斯克和布拉戈维申斯克等七个大中城市港口相通。根据中俄两国协议，中方国际船舶可经俄罗斯阿穆尔河段由尼古拉耶夫斯克港出海，再经鞑靼海峡进入日本海，开展国际江海联运业务。

该口岸现有人工直立码头 1 454 延长米，生产场区陆域面积 53 万平方米，水域面积 14 万平方米。设有 14 个千吨级泊位，其中木材泊位 3 个，库场面积 13.6 万平方米，昼夜通过能力 3 500 吨；矿建泊位 4 个，库场面积 2.4 万平方米，昼夜通过能力 6 500 吨；杂货、粮食泊位各 2 个，库场面积 1.6 万平方米，昼夜通过能力 1 000 吨；外贸集装箱泊位各 1 个，库场面积 6 万平方米，昼夜通过能力约 2 000 吨，港口昼夜综合通过能力 1.6 万～2.1 万吨。现有各类装卸设备 90 台组，并有铁路专用线 6 股 5 870 延长米，水陆域作业条件较好，设计年通过能力 365 万吨，核定年通过能力 324 万吨。担负客运任务的哈尔滨航运大楼位于货运码头上游 6 公里，建筑面积 4 200 平方米，有人工防汛梯式码头 480 延长米，场区陆域面积 1.3 万平方米，水域面积 1.5 万平方米。设有轮船泊位 3 个，年旅客通过能力为 10 万人次。为适应对外开放需要，还建有查验单位办公楼 5 000 平方米，现场办公用房 750 平方米。

近年来，因松花江枯水停航及边贸政策调整

影响，该口岸无客货运量。

【饶河水运（河港）口岸】 饶河水运口岸是1989年4月经国务院批准对外开放口岸，1993年9月正式开通使用，1994年1月经中俄两国政府确认为双边客货运输口岸。该口岸港口位于黑龙江省东北部边陲饶河县饶河镇南7.5千米，地处乌苏里江中段西岸，为目前中俄乌苏里江流域唯一水运口岸。与俄罗斯哈巴罗夫斯克边疆区比金区市波克罗夫卡口岸隔江对应，直线距离只有760米。俄方对应口岸波克罗夫卡地处哈巴罗夫斯克边疆区和滨海边疆区结合部，距两个边区首府哈巴罗夫斯克市和符拉迪沃斯托克市分别为263千米和520千米，距比金市也只有35千米，是目前俄远东地区建设规模较大，基础设施较完备的口岸之一。明水期开展水上船舶运输，目前以汽车轮渡运输为主，冰封期开展冰上汽车运输。

该口岸建有可停靠2艘千吨级货轮的码头和适应明水期轮渡运输、冰封期汽车运输的两用码头，还备有2艘大马力轮渡船，年吞吐能力在60万吨以上。同时，建有口岸联检厅4 000平方米、海关监管库6 000平方米，查验配套设施完备。该口岸距离两个最近火车站东方红、换新天大约在137千米和150千米，口岸集疏运主要通过公路运输，经依饶公路和饶建公路可分别抵达双鸭山和佳木斯等中心城市。

该口岸开通建设虽晚于周边其他口岸，但客货运输生产发展势头较好。2017年进出口货运量完成0.31万吨，比上年下降57.9%；出入境人员实现2.71万人次，比上年增长1.23%。

【佳木斯水运（河港）口岸】 佳木斯水运口岸是1989年7月经国务院批准对外开放，并经中国与苏联两国政府确认开通使用的国家开放口岸，1991年10月开通了国际客运航线。该港口位于黑龙江省东北部的佳木斯市市区，地处松花江中下游南岸，是该地区较大的水陆换装枢纽港。年航行期在210天左右，为季节性生产港口。港区现有陆域面积10万平方米，立式码头岸线总长510多延长米，拥有千吨级泊位5个，铁路专用线2条，全长740米，装卸设备43台（组）年吞吐能力为100万吨。口岸建有办公业务用房5 000平方米，生活用房587平方米，现场办公用房及附属设施2 050平方米。

该口岸的国际航行船舶，沿松花江上行可达哈尔滨港，下行可达富锦、同江港。进入黑龙江后可直达俄罗斯的下列宁斯阔耶、哈巴罗夫斯克、共青城等开放港口。根据中俄两国协议，中国国际航行船舶可经俄罗斯的尼古拉耶夫斯克港出海，再通过鞑靼海峡进入日本海，开展国际江海联运业务。交通部已确定佳木斯港为江海联运港口，并于1992年7月12日进行了首航。

近年来，因松花江枯水及边贸政策调整影响，该口岸客货运量较少。随着上游大顶子山等航电枢纽工程建设的陆续到位，松花江通航条件将不断改善，该口岸将会得到充分利用。

【桦川水运（河港）口岸】 桦川水运口岸是1994年6月经国务院批准对外开放口岸，开展对外客货运输业务。该口岸位于黑龙江省佳木斯市东部，松花下游南岸的桦川县悦来镇。松花江桦川段水量丰实，河道顺直，水流平稳，上行可到佳木斯、哈尔滨港、下行可至绥滨、富锦、同江、抚远港。

该口岸具有优良天然水域条件，港口深水区域近2千米，建有粮食杂货码头1个，煤炭专用码头2个，石油专用码头1个，明水期码头可停泊千吨级江海联运船舶或内河船舶，天然船坞可停泊千吨驳船10艘，年货物吞吐能力50万吨。港区内设有船站（含候船室）1处，县政府还将1处1 200平方米办公楼划为口岸查验部门办公用房。该口岸检查检验工作暂由佳木斯水运口岸检查检验单位承担，因货源和资金问题目前尚未正式开通使用。

【富锦水运（河港）口岸】 富锦水运口岸是1989年7月经国务院批准对外开放，并经中国与原苏联两国政府确认开通使用的国家开放口岸，1993年10月又经国家批准开通了国际客运业务。该口岸位于松花江下游南岸，黑龙江省富锦市城区北部，为松花江干流中型港口。由此沿松花江上行可达佳木斯、哈尔滨等松花江沿岸各港口，下行距中俄界河黑龙江 78 千米，从三江口入黑龙江（阿穆尔河）可直航俄罗斯的下列宁斯阔耶、哈巴罗夫斯克、共青城等口岸。继续下行可通过尼古拉耶夫斯克入海，进入鞑靼海峡及日本海，江海联运的货物可直达日本、韩国等太平洋沿岸国家和地区。国内交通十分便利，铁路、公路、水路畅通，福前铁路、哈同公路贯穿该市。

该口岸基础及配套设施建设日趋完善，现有码头岸线长 1 000 余米，设有简易趸台 3 处，可同时停靠千吨级驳船 5 艘装卸作业。港区面积近 5 万平方米，拥有各类装卸设备近 30 台套，日装卸能力 3 000 吨以上，年货物吞吐量 30 万吨。港区建有铁路专用线 7.62 千米，已经形成水铁联运一条龙。该口岸建有查验单位办公、业务、生活及查验设施 1 万多平方米。

【同江水运（河港）口岸】 同江水运口岸现由东、西两个作业区组成。西部作业区简称西港，即未扩大开放前的同江水运口岸，是 1986 年 3 月经国务院批准对外开放口岸，同年 5 月正式开通使用，为改革开放以来黑龙江省最早获准开放和开通使用的口岸，1994 年 1 月经中俄两国政府确认为国际客货运输口岸。该港口位于黑龙江省东北边陲同江市境内松花江、黑龙江交汇处南岸，与俄罗斯犹太自治州对应口岸下列宁斯阔耶隔江相距 35 千米，与俄罗斯哈巴夫斯克边疆区哈巴罗夫斯克港口水上距离 272 千米。该港口江面宽阔，水深流缓，是松花江最末端港口，也是中外国际船舶进出松花江河运口岸的必经之路，为江海联运的始发港之一。现有深水泊位 5 个，可停靠 3 000 吨级的船舶，通航期 6 个月。西港港区占地面积 17.7 万平方米，建有货场及道路 2.1 万平方米，仓储库房 1 260 平方米，联检办公用房 2 300 平方米，备有港口装卸设备 23 台套，港内铁路专用线 3 条 1.81 千米，港外铁路专用线 2.62 千米，年吞吐货物能力 70 万吨。

东部作业区简称东港，为该口岸扩大开放港口，1988 年 12 月经国务院口岸领导小组批准进行冰封期临时汽车运输，1995 年经交通部批准开展明水期临时汽车轮渡运输。该港口位于同江市区东北 38 千米的哈鱼岛西北端，距俄对应口岸下列宁斯阔耶港仅 3 千米，距俄哈巴罗夫斯克港 240 千米，有较强的地缘优势。港区占地面积 25 万平方米，现有 3 个泊位和 460 平方米气垫船基地。备有 2 艘 600 吨级滚装船、2 艘 16 客位气垫船、4 艘 8 客位气垫船、3 艘大型客船、1 艘趸船。建有港口业务用房 1 400 平方米、联检楼及附属用房 6 215 平方米、硬化场地道路及查验通道 2 万平方米。港口至同江的 38 千米铁路专用线已完成铺轨，2007 年可正式通车运营。该港口明水期开展船舶运输、汽车轮渡运输，冰封期开展冰上汽车运输，流冰期开展气垫船运输，基本实现了全年通关。目前，东港正在向国家申报正式扩大对外开放，并已纳入《国家“十一五”口岸发展规划》。

该口岸 2017 年进出口货运量完成 34.07 万吨，比上年下降 14.5%；出入境人员实现 4.9 万人次，比上年下降 27.37%。

【抚远水运（河港）口岸】 抚远水运口岸是 1992 年 5 月经国务院批准对外开放口岸，1993 年 2 月正式开通使用，1994 年 1 月经中俄两国政府确认为国际客货运输口岸。该口岸位于黑龙江省东北边陲抚远县抚远镇，为我国最东部的口岸。地处黑龙江、乌苏里江交汇的三角地带，距俄罗斯远东第一大城市哈巴罗夫斯克市航道仅 65 千米。为解决该口岸冬季冰上运输问题，1999 年 11 月又经国务院批准开通抚远口岸乌苏镇至俄罗斯卡杂科维茨沃之间国际客货运输通道。该通道横跨乌苏里江，相距只有 2.5 千米，明水期可开展水上船舶运输（含汽车轮渡），冰封期可开展冰上汽车运输，但由于两国政府未能确认，至今尚未开通使用。抚远港为天然深水良港，可停泊和运行千吨级甚至万吨级船舶。由抚远港出境，沿俄罗斯阿穆尔河经哈巴罗夫斯克、共青城、马戈港可驶入鞑靼海峡和日本海，不仅可以使国际航行船舶直接出江入海，还可以把抚远同内地及东北亚各国连接起来。

抚远口岸基础及配套设施基本可以满足目前客货运量的需要。货运码头可同时停泊 3 艘 3 000 吨级货船，货场条件优越，装卸能力较强，货物吞吐能力可达 50 万吨。新建客运专用码头日平均接纳俄罗斯游客 300 余人次，高峰期可达 700~800 人次，甚至可达千人次。同时建有联检办公楼 3 280 平方米、海关办公楼 2 150 平方米、边检办公楼 2 460 平方米、其他附属设施 1 655 平方米、现场联检大厅 2 560 平方米（设 4 条旅检通道）。该口岸目前对外运输主要依靠水运，对内运输水运和汽运兼有，有 2 条高等级公路通往佳木斯。

该口岸由于距俄远东第一大城市哈巴罗夫斯克很近，对外旅游事业开展得十分活跃。2017 年进出口货运量完成 13.9 万吨，比上年增加 42.2%。客运量实现 12.64 万人次，同比增长 25.05%。

【绥滨水运（河港）口岸】 绥滨水运口岸是 1995 年 1 月经国务院批准对外开放口岸，开展国际客货运输，同年 9 月正式开通使用。该口岸位于黑龙江省东北边陲绥滨县城，地处松花江下游北岸。港口水深流缓，水面宽阔，明水期可停靠千吨级客货轮。上行可通佳木斯、哈尔滨等港口，下行可达富锦、同江等港口，与富锦港隔江相距 15 千米。沿黑龙江继续下行经俄罗斯阿穆尔河，可通过尼古拉耶夫斯克入海，进入鞑靼海峡及日本海，江海联运的货物可直达日本、韩国等太平洋沿岸国家和地区。

该口岸包括船站、摆渡、货运码头、仓储区 4 部分配套设施，占地 3.8 平方千米。货运码头为国家三级立式码头，占地面积 32 万平方米，建有封闭仓库 3 000 平方米，露天货场 5 000 平方米，可停靠千吨以上货轮，年货物吞吐量 50 万吨。该口岸检查检验工作暂由富锦水运口岸检查检验单位承担，近年来由于松花江枯水，加之对外贸易规模较小，进出口货运量不大，均统计在富锦水运口岸。

【萝北水运（河港）口岸】 萝北水运口岸是 1989 年 4 月经国务院批准对外开放口岸，1993 年 1 月经中俄两国政府换文确认为国际客货运输口岸，同年 5 月正式对外开通使用，1994 年 1 月经中俄两国政府再次确认为国际客货运输口岸。该口岸位于黑龙江省东北边陲萝北县名山镇，距县城凤翔镇 20 千米，东北隔黑龙江与俄罗斯犹太自治州阿穆尔捷特口岸对应。该口岸区位优势独特，一是与俄方对应的阿穆尔捷特口岸隔江相距仅有 1.5 千米，明水期乘船只需 7 分钟，冰封期乘车仅用 5 分钟。二是在省内各边境口岸中距省会哈尔滨最近，而且有高等级公路直通口岸现场，并开通了鹤岗市至俄犹太自治州首府比罗比詹的国际汽车直达客货运输。三是处于黑龙江中下游黄金水道有利位置，可以通过江海联运，沿黑龙江（阿穆尔河）出海，开展对第三国的外贸运输。

该口岸基础及配套设施建设齐全，拥有现代化煤炭专用码头、木材专用码头和滚装式轮渡码头各 1 座，3 000 吨级船舶可全航期作业，年吞吐能力达 50 万吨。其中，煤炭专用码头每小时可装运原煤 400 吨，是黑龙江沿岸最大的煤炭输出港。口岸查验设施健全，建有口岸办公大楼 3 975 平方米，联检大楼 2 396 平方米。旅检大厅设 8 条旅检通道，为出入境旅客提供快捷服务；货场辟有 1 万平方米作业区，可同时进行 2 艘千吨级轮装卸作业。大中型气垫船在此投放运营，为春秋两季黑龙江流冰期人员往来提供便利。

该口岸 2017 年进出口货运量完成 6.04 万吨，比上年下降 76.5%；出入境人员实现 2.1 万人次，比上年下降 56.68%。

【嘉荫水运（河港）口岸】 嘉荫水运口岸是 1989 年 4 月经国务院批准对外开放口岸，1993 年 1 月经中俄两国政府换文确认为国际客货运输口岸，同年 5 月正式对外开通使用，1994 年 1 月经中俄两国政府再次确认为国际客货运输口岸。该口岸位于黑龙江省北部边陲嘉荫县城朝阳镇，距县城中心 9.5 千米处的黑龙江南岸，与俄罗斯犹太自治州帕什科沃口岸隔江对应，航道距离 14 千米。帕什科沃口岸距所属奥布卢奇耶市 33 千米，距犹太自治州首府比罗比詹 200 千米，距俄远东铁路干线 17 千米。

该口岸占地面积 9 万平方米，建有立壁式码头 1 座，正常水位可停靠 3 000 吨级驳船，枯水期也可停靠 1 000 吨级驳船，并配备了各种装卸设备，修建了通港道路、输变电线路和通讯线路，年吞吐量为 20 万吨。口岸还建有查验单位办公、业务、生活用房及附属设施 1 万多平方米，以及海关监管货场、仓储库房，还有车检、地中衡、停车场等配套设施。明水期开展水上船舶运输，冰封期开展冰上汽车运输。船舶沿黑龙江上行可达黑河、漠河等港口，下行可达同江、抚远等港口。码头距汤旺河火车站 105 千米，主要依靠公路集疏运，该县境内有通往伊春、黑河、鹤岗等地的公路贯穿。该口岸自 2013 年 6 月，俄方以加强口岸基础设施建设为由单方宣布闭关，至今仍未开通。

【黑河水运（河港）口岸】 黑河水运口岸是 1982 年 1 月经国务院批准对外恢复开放口岸，1983 年 3 月经中国与原苏联两国政府换文确认为边境地方贸易口岸，1986 年 9 月经中国与原苏联两国政府补充换文确认为国家贸易口岸，当月正式对外恢复开通使用，1990 年 3 月经中国与原苏联两国政府换文确认为国际客货运输口岸，1994 年 1 月经中俄两国政府再次确认为国际客货运输口岸。2004 年 4 月经国务院批准开展口岸签证工作。该口岸位于黑龙江省北部边陲，中俄界河黑龙江上游末端南岸黑河市内，隔江与俄罗斯阿穆尔州首府布拉戈维申斯克口岸相对，双方货运码头相距 3 500 米，客运码头相距 750 米，是中俄边境水运口岸中运输距离最近、城市规格最高、通过能力最强的对应口岸。由该口岸经布拉戈维申斯克可与俄罗斯西伯利亚大铁路和贝阿铁路连接，经其空中航线可与俄罗斯国内各大城市相通；由该口岸沿黑龙江水道下行，还可抵达俄罗斯远东各港口直至日本海沿岸各国港口。

黑河水运口岸历史悠久，早在 1858 年即成为我国对俄贸易口岸，进行民间和官方贸易。新中国建立后，1957 年恢复通商，进行边境小额贸易。现已成为国家贸易、地方贸易、边境小额贸易、边民互市贸易及为对外旅游、国际旅客服务的多功能口岸。口岸运输方式随着季节变换，明水期开展水上船舶运输和轮渡运输，冰封期开展冰上汽车运输，流冰期开展气垫船运输和航空运输，可谓运输方式多元，确保四季运行。近些年以来，该口岸对基础及配套设施进行了不断改造和建设。现有货运码头、客运码头及明水期汽车轮渡与冰封期汽车运输兼用码头各 1 处，共有千吨级泊位 12 个。货运码头岸线长 612 延长米，场地面积 8 万平方米，仓库面积 1 万平方米，装卸机械 18 台（套），运输船舶 26 艘，年货物吞吐能力 120 万吨。客运码头岸线长 98 延长米，场地面积 8 000 平方米，旅检大厅 3 600 平方米，候船大厅 2 400 平方米，旅检通道 14 条，年过客能力 100 万人次。

该口岸 2017 年进出口货运量完成 38. 33 万吨，比上年增加 20. 2%；出入境人员实现 76. 47 万人次，比上年增长 6. 12%。

【逊克水运（河港）口岸】 逊克水运口岸是 1989 年 12 月经国务院批准对外开放口岸，1990 年 3 月经中国与原苏联两国政府换文确认为国际客货运输口岸，同年 5 月正式开通使用，1994 年 1 月经中俄两国政府再次确认为国际客货运输口岸。该口岸位于黑龙江省北部边陲，黑龙江中游南岸逊克县城边疆镇，与俄罗斯阿穆尔州对应口岸波亚尔科沃隔江相距 15 千米。波亚尔科沃港口是俄罗斯阿穆尔河（黑龙江）沿岸三大港口之一，口岸设施完善，交通发达，通过铁路、公路与西伯利亚铁路相接，可达俄罗斯内地各大中城市。

该港口被交通部批准为江海联运国际航运港口，建有客货运输立壁式码头 3 座，码头岸线 120 延长米，设有机械化、半机械化装卸设备，可以停泊千吨以上货轮。口岸货物储运方便，建有海关监管仓库和大型货场，仓储面积达 2 万平方米。口岸查验配套设施日趋完善，建有查验单位办公楼 2 200 平方米，货检场地 1 800 平方米，旅检大楼 1 650 平方米，现场封闭围栏、围墙 1 000 延长米，生活用房、战士营房及车库 3 000

平方米。该口岸明水期开展水上船舶运输，冰封期开展冰上汽车运输，年货物吞吐能力达20万吨以上。沿黑龙江上行可达中方黑河港及俄布拉戈维申斯克港，下行可达中方嘉荫、萝北、同江、抚远等港及俄对应开放港。口岸集疏运条件很好，有黑嘉公路贯通，距北黑铁路孙吴站85千米，距我省北部中心城市黑河153千米。

该口岸2017年进出口货运量完成2.18万吨，比上年减少3.9%。出入境人员实现0.35万人次，比上年减少2.33%。

【孙吴水运（河港）口岸】 孙吴水运口岸是1993年6月经国务院批准对外开放口岸，1994年1月经中俄两国政府确认为国际客货运输口岸。该口岸位于黑龙江省北部边陲孙吴县，坐落在黑龙江中游南岸的四季镇，距孙吴县城54千米，距俄方阿穆尔州对应口岸康斯坦丁诺夫卡27千米。上行可达中方黑河及俄方布拉戈维申斯克港，下行可抵中方逊克及俄方波亚尔科沃港。

该港口江面水丰宽阔，为天然深水港，枯水期也可停靠千吨驳船。建有综合性客货栈桥式码头及粮食、石油、煤炭、木材专用码头，可同时停靠5个千吨级驳船作业，装卸及相关设备齐全，年吞吐量30万吨。除明水期开展水上船舶运输外，冰封期可开展冰上汽车运输，流冰期还可开展气垫船运输。口岸集疏运条件较为方便，口岸至县城必经的黑嘉公路已建成水泥路面，黑大公路和北黑铁路通过县城。

由于俄方曾建议暂不开放康坦丁诺夫卡—孙吴口岸，该口岸目前尚未正式开通使用。

【呼玛水运（河港）口岸】 呼玛水运口岸是1993年5月经国务院批准对外开放口岸，1994年1月经中俄两国政府确认为国际客货运输口岸。该口岸位于黑龙江省西北边陲呼玛县城呼玛镇，与俄罗斯阿穆尔州施马诺夫斯克区乌沙科沃口岸隔黑龙江相望，航道距离19千米。这里有呼玛至黑河、呼玛至塔河2条干线公路贯通，距韩家园铁路车站百余千米。

该口岸基础条件很好，港口码头岸线长4 060米，砌有青石护坡，可同时停泊千吨货轮10艘，已实现机械化或半机械化换装，年货物吞吐能力可达50万吨，旅客通过能力可达20万人次。现场2 200平方米联检楼已续建完工，货检楼、货检场、铁围栏基本建成。该口岸除明水期开展水上船舶运输外，冰封期还可开展冰上汽车运输。

1998年12月中俄总理定期会晤委员会运输合作分委会口岸工作组第二次会议上，俄方曾建议暂不开放呼玛—乌沙科沃口岸，该口岸至今仍未开通。

【漠河水运（河港）口岸】 漠河水运口岸是1989年4月经国务院批准对外开放口岸，1990年3月经中俄两国政府换文确认为国际客货运输口岸，1993年9月正式开通使用，1994年1月经中俄两国政府再次确认为国际客货运输口岸。该口岸位于黑龙江省西北边陲漠河县，黑龙江上游的连 ，为我国最北端的口岸。同俄罗斯阿穆尔州斯科沃罗季诺区对应口岸加林达隔江相望，相距只有500米。加林达为连接西伯利亚大铁路和贝阿大铁路的小贝阿干线的终点站，距离阿穆尔州第二大城市腾达市300千米。该处江段水流充沛，可停靠千吨级货轮。港口占地面积近万平方米，建有900平方米联检楼、1 104平方米综合楼、635平方米旅检厅、100平方货检厅，还有1 000平方米全封闭或半封闭仓库各1座，并备有100吨地中衡、8吨和20吨汽车吊各1台，年设计通过能力10万吨以上。明水期开展水上船舶运输，由此下行可达黑龙江沿岸中俄港口，冰封期开展冰上汽车运输，有三级公路同黑漠公路相接。口岸距漠河县城西林吉火车站183千米，距最近的长缨火车站113千米。

2017年黑龙江省口岸大事记

1月21日

绥芬河口岸首次出口大型选矿设备，该设备是由中国（沈阳）有色金属有限公司制作的沈冶牌MQY－4060大型溢流型球磨机一台，价值670 000美元。

3月3日

绥芬河公路口岸首次进口鲜活海产品——带壳活扇贝，重2 000千克。

是日

绥芬河木材加工企业首次利用陆海通道向台澎金马关区出口木材加工产品。

4月19日

绥芬河公路口岸首次开展内贸货物跨境运输业务。共计3个集装箱，装载货物69 620千克，货物总值177 549元人民币。

4月21日

抚远莽吉塔深水港正式获批为对外开放港口。

4月29日

绥芬河海关首次办理干海参进口业务。共69千克。

5月11日

参加庆祝世界反法西斯战争胜利72周年暨中俄"友谊之春"活动的20名自驾游爱好者、6辆私家车组成的中俄跨境自驾游车队从绥芬河公路口岸进境。

是日

海关总署项目验收工作组、哈尔滨海关相关部门对绥芬河海关公路口岸集装箱、车辆检查系统升级改造项目进行了安装检测联合验收工作。

5月26日

绥芬河进口木材落地深加工质量安全示范区获评省级质量安全示范区。

5月31日

绥芬河海关2017年监管电商货物出口总值已达到10 519 753.1美元，首次超过了1 000万美元。

6月6日

东宁市人民政府与黑龙江省交通运输厅签订《黑龙江省东宁公路口岸交接协议书》。

6月13日

十二届全国人大外事委员会主任委员傅莹在黑河市委书记秦恩亭等领导的陪同下，莅临黑河口岸调研指导工作。

6月15日~16日

根据2017年中俄海关国际合作计划，经哈尔滨海关批准，绥芬河、东宁、虎林、密山海关与俄罗斯乌苏里斯克海关在乌苏里斯克市举行联席工作会谈。

6月24日

中共黑龙江省委书记张庆伟就优化对外开放格局、重要基础设施建设等情况到黑河市调研。

7月13日

国家口岸管理办公室将黑瞎子岛公路客运口岸列入《2017年度口岸开放审理计划》;

9月14日

省口岸办与俄联邦边界建设署国家政府机构项目建设使用管理局符拉迪沃斯托克分局在绥召开双边工作会谈。

9月16日

绥芬河公路口岸举行升国旗仪式，新客运联检大楼正式投入使用。

10月12日~13日

根据2017年中俄海关国际合作计划，经哈尔滨海关批准，绥芬河、东宁、虎林、密山海关和长春海关所属珲春海关与俄罗斯乌苏里斯克海关在绥芬河市举行联席工作会谈。

10月20日

饶河水运（河港）口岸通过了国家质检总局专家组对口岸冰鲜水产品进口资质的年度审核。

10月23日

绥芬河海关公路口岸旅检科关员在4名进境俄罗斯籍旅客身体腰部、胸部查获俄罗斯海参，共11公斤。

10月

抚远水运（河港）口岸通过进口冰鲜水产品指定口岸复检工作。

11月10日

俄罗斯乌苏里斯克边防分局邀请绥芬河边防检查站雷鹏站长一行5人赴俄举行工作会晤，中断4年的会谈机制得以重启，并在加强情报共享、查缉管控措施等多方面达成共识。

11月17日

绥芬河海关连续第四届蝉联“全国文明单位”。绥芬河检验检疫局通过全国文明单位符合评审，顺利续评为全国文明单位。

11 月 30 日

绥芬河进出境人员突破 100 万人次，达到 104 万人次，同比增长 12%。

11 月

回运大豆 3 427 吨，抚远粮食口岸实现“零”的突破。

12 月 5 日

绥芬河口岸过货突破 1 000 万吨，达到 1 060 万吨，同比增长 23.2%。

12 月 11 日

萝北口岸浮箱固冰通道经中俄双方验收，确定 12 月 12 日正式开关，冬季运行正式开始。

12 月 31 日

绥芬河口岸累计验放出入境人员 1 068 454 人次，创 8 年来验放最高值；验放交通工具近 7 万辆次。

（撰稿人：刘金成）

2017 年黑龙江省口岸流量统计表

口岸名称	货运量（万吨）						人员（万人次）					
	进出口	同比（%）	进口	同比（%）	出口	同比（%）	进出境	同比（%）	进境	同比（%）	出境	同比（%）
全省	3 019. 26	11. 32	2 920. 52	10. 49	98. 74	42. 89	347. 04	2. 7	172. 98	2. 84	174. 06	2. 57
哈尔滨	9. 8	7. 4	5. 83	-22. 2	3. 97	143. 2	75. 83	-10. 06	37. 78	-10. 39	38. 05	-9. 74
其中：铁路	9. 8	7. 4	5. 83	-22. 2	3. 97	143. 2						
航空												
齐齐哈尔	0. 03	-79	0. 001 6	-30. 4	0. 027	-79. 8	0	-100	0	-100	0	-100
牡丹江	5. 72	-44. 6	5. 71	-28. 6	0. 004 8	-99. 8	10. 96	-13. 1	5. 44	-12. 65	5. 52	-13. 55
绥芬河	1 223. 32	30. 8	1 180. 17	30. 6	43. 15	35. 1	106. 83	6. 62	51. 86	5. 19	54. 97	8
其中：铁路	1 157. 71	32. 2	1 137. 81	32. 3	19. 89	31. 6	89. 47	9. 49	46. 41	0. 31	43. 06	21. 47
公路	65. 62	9	42. 36	-1. 9	23. 26	38. 2	17. 36	-6. 44	5. 45	74. 22	11. 91	-22. 8
东宁	36. 47	45. 3	14. 29	93. 7	22. 18	25. 1	26. 05	10. 14	14. 22	16. 18	11. 83	3. 65
佳木斯	0. 75	34. 3	0. 05	-	0. 7	26. 1	3. 65	22. 95	1. 89	25. 87	1. 76	19. 95
抚远	13. 9	42. 2	13. 45	62. 4	0. 46	-69. 4	12. 64	25. 05	6. 33	24. 75	6. 31	25. 35
同江	34. 07	-14. 5	30. 01	-19. 5	4. 06	57. 8	4. 9	-27. 37	2. 42	-26. 35	2. 48	-28. 34
大庆（管道）	1 643. 34	1. 6	1 632. 35	1	10. 99	—						
密山	0. 75	-51. 9	0. 07	-89. 7	0. 68	-24. 8	20. 88	39. 02	10. 43	37. 58	10. 45	40. 49
虎林	4. 24	17. 1	4. 09	17. 7	0. 15	3. 6	3. 66	55. 52	1. 82	47. 57	1. 84	64. 23
饶河	0. 31	-57. 9	0. 28	-58. 6	0. 02	-48. 8	2. 71	1. 23	1. 35	1. 39	1. 35	1. 06
萝北	6. 04	-76. 5	5. 89	-76. 8	0. 15	-41. 2	2. 1	-56. 68	1. 06	-56. 78	1. 04	-56. 58
黑河	38. 33	20. 2	26. 17	18. 9	12. 16	23. 1	76. 47	6. 12	38. 19	6. 17	38. 27	6. 07
逊克	2. 18	-3. 9	2. 16	-4. 7	0. 02	-	0. 35	2. 33	0. 18	2. 27	0. 18	2. 39
富锦	0. 0181	-	0	-	0. 018 1	-						
漠河							0. 008 4	250	0. 004 2	250	0. 004 2	250

（黑龙江省口岸办提供）

2017年黑龙江省口岸出入境主要数据表

项目			2017年	2016年	同比（%）
出入境人员（人次）	出入境人员总数		3 464 280	3 385 401	2.33
	入境人员		1 726 474	1 689 179	2.21
	出境人员		1 737 806	1 696 222	2.45
	出入境旅客		3 128 478	3 058 869	2.28
	出入境员工		335 802	326 532	2.84
	中国公民	小计	1 748 330	1 790 857	-2.37
		大陆因公	88 018	86 035	2.30
		大陆因私	1 607 380	1 659 958	-3.17
		港澳居民	6 543	3 723	75.75
		台湾同胞	46 389	41 141	12.76
	外国公民		1 715 950	1 594 544	7.61
	从海港出入境人数		742 174	706 362	5.07
	从陆港出入境人数		1 822 405	1 674 317	8.84
	从空港出入境人数		899 701	1 004 722	-10.45
交通运输工具（辆、艘、架、列次）	总计		192 740	186 607	3.29
	船舶		15 581	13 928	11.87
	飞机		7 142	7 954	-10.21
	火车		8 339	7 122	17.09
	机动车辆		161 678	157 603	2.59

（黑龙江省公安边防总队提供）

2017年哈尔滨海关主要数据统计表

项目		2017年	同比（%）
进出口货运量（万吨）	合计	3 021.2	11.2
	进口	2 922.4	10.4
	出口	98.8	40.8
进出口贸易总值（万美元）	合计	1 211 747	28.6
	进口	912 230	27.2
	其中：江、海运输	27 031	51.2
	铁路运输	146 897	33.6
	汽车运输	34 017	2.4
	航空运输	30 239	55.7
	邮件运输	60	-44.3
	其他运输	673 986	25.5
	出口	299 517	33.3
	其中：江、海运输	73 070	228.8
	铁路运输	53 202	68.0
	汽车运输	167 521	3.6
	航空运输	5 154	-25.1
	邮件运输	42	-68.7
	其他运输	528	-76.0
税收（亿元）	两税合计	100.61	38.04
	关税入库	3.17	57.54
	进口环节税入库	97.44	37.48

（哈尔滨海关提供）

2017年黑龙江省出入境检验检疫业务统计表

项目		货物检验检疫				交通工具				集装箱（标箱）	发现动植物疫情		货物通关		出入境人员查验（人次）	健康检查及预防接种（人次）			
		批次	金额（万美元）	检验检疫不合格		船舶（艘）	飞机（架）	火车（节）	汽车（辆）	合计	种类数	种次	批次	金额（万美元）		健康检查	艾滋病监测	发现病例	预防接种
				批次	金额（万美元）														
本年累计		177 764	1 592 187	6 417	20 806	15 274	7 291	322 890	153 470	22 648			171 778	2 067 773	3 254 027	42 612	42 936	15 393	10 036
其中	出境	47 518	206 724	43	34	7 621	3 644	161 445	75 887	8 037			37 984	96 292	1 633 638	40 179	40 550	14 660	9 998
	入境	130 246	1 385 463	6 374	20 772	7 653	3 647	161 445	77 583	14 611			133 794	1 971 481	1 620 389	2 433	2 386	733	38
同比（%）		4.15	69.13	-1.22	48.67	3.52	-16.65	26.83	-5.60	-40.32			9.76	170.89	-2.20	-29.27	-24.61	-27.72	10.03
其中	出境	2.16	-2.31	-72.08	-87.68	3.29	-16.67	26.83	-7.25	-42.92			5.79	-2.77	-2.00	-30.62	-25.79	-28.7	9.81
	入境	4.90	89.85	0.50	51.44	3.74	-16.62	26.83	-3.92	-38.78			10.94	196.78	-2.39	4.38	3.38		137.50

（黑龙江出入境检验检疫局提供）

2017 年黑龙江海事局进出港船舶统计汇总表

船舶类别	进港船舶							出港船舶						
	艘数（艘）	总吨（吨位）	总载重量（吨）	载客量（客位）	船员人数（人次）	货物到达量（吨）	旅客到达量（人）	艘数（艘）	总吨（吨位）	总载重量（吨）	载客量（客位）	船员人数（人次）	货物发送量（吨）	旅客发送量（人）
总计	8 624	2 520 018	674 340. 63	338 951		660 019. 71	338 918	8 606	2 500 964	165 120. 74	333 701		164 160. 74	333 468
中国籍船舶	4 586	1 435 701	215 034. 15	185 758		211 556. 03	185 725	4 596	1 437 876	128 695. 14	186 009		127 775. 14	185 976
其中外贸船	4 028	1 084 317	459 306. 48	153 193		448 463. 68	153 193	4 010	1 063 088	36 425. 6	147 692		36 385. 6	147 492

表注：本表中中国籍船舶仅限内贸船。

（黑龙江海事局提供）

上 海 市

上海市口岸分布示意图

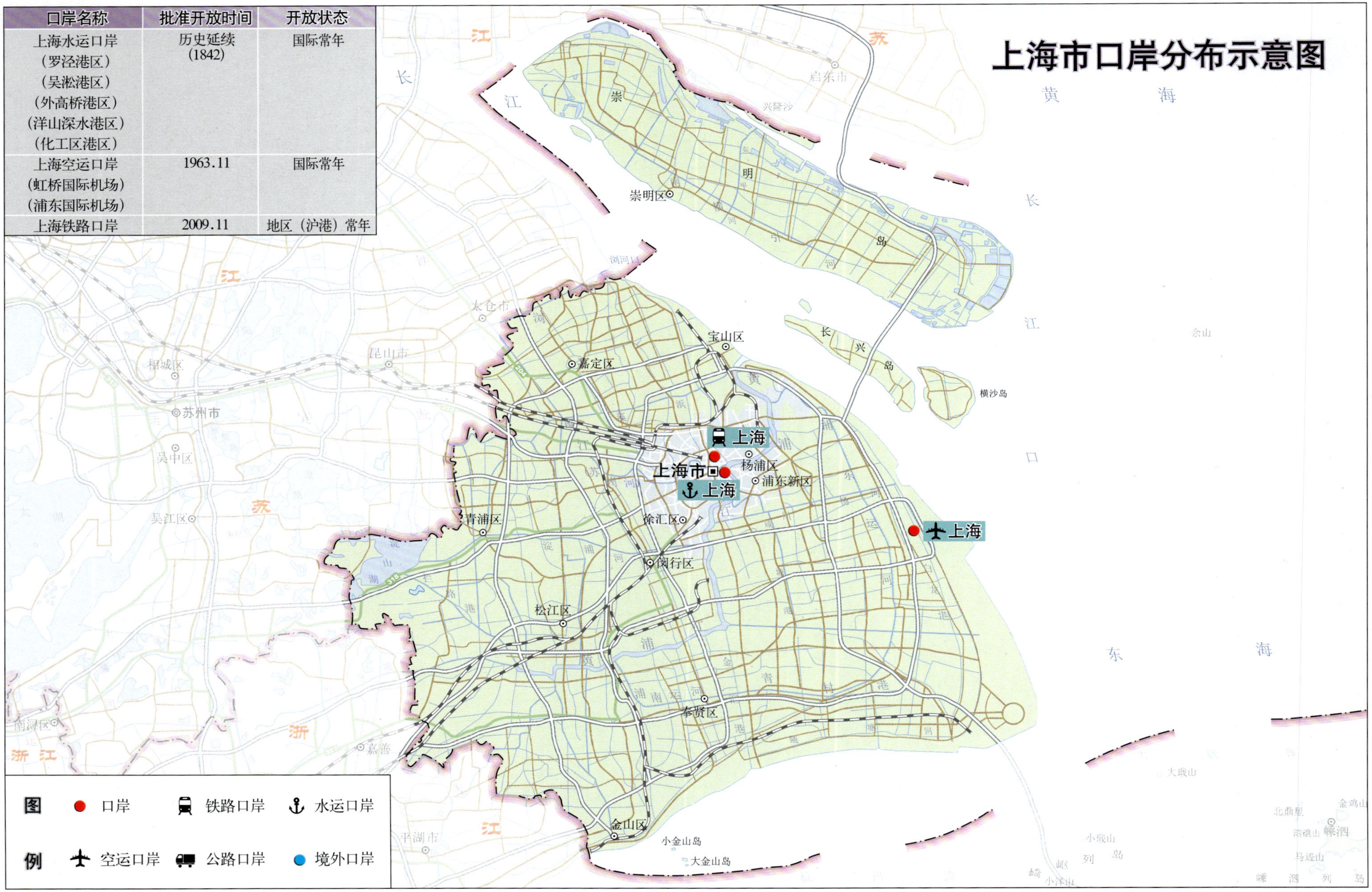

口岸名称	批准开放时间	开放状态
上海水运口岸 （罗泾港区） （吴淞港区） （外高桥港区） （洋山深水港区） （化工区港区）	历史延续 (1842)	国际常年
上海空运口岸 （虹桥国际机场） （浦东国际机场）	1963.11	国际常年
上海铁路口岸	2009.11	地区（沪港）常年

口岸数量及分布

截至2017年年底，上海市共有经国务院批准的对外开放口岸3个，分别是上海空运口岸（上海虹桥国际机场、上海浦东国际机场）、上海水运（海港）口岸和上海陆路（铁路）口岸。上海水运（海港）口岸形成了包括黄浦江沿岸、长江上海段、杭州湾北岸和洋山深水港区四大开放水域、96座码头、310个泊位的开放格局；上海空运口岸形成了包括浦东、虹桥两大国际机场，共3座开放航站楼、6条跑道和1个公务机基地的开放格局；上海陆路（铁路）口岸位于铁路上海站，是连接上海与香港的陆路出入境口岸。

口岸运行数据

2017年，上海口岸运行各项主要指标保持全面增长，货物贸易大幅增加，集装箱吞吐量保持较快增长，出入境旅客和邮轮业务实现平稳增长。

上海口岸进出口货物总值79 211.4亿元（占全国进出口货物总值的28.5%），同比增长15.1%。其中出口45 766.3亿元，同比增长18.9%；进口33 445.1亿元，同比增长12.5%。上海关区进出口货物总值59 690.2亿元，同比增长14.0%。其中出口35 006.0亿元，同比增长19.3%；进口24 684.2亿元，同比增长10.6%。上海市进出口货物总值32 237.8亿元，同比增长12.5%。其中出口13 120.3亿元，同比增长15.4%；进口19 117.5亿元，同比增长8.4%。

上海口岸货物吞吐量41 389.0万吨，同比增长8.0%。其中，水运口岸货物量41 042.7万吨（占上海港货物吞吐总量7.5亿吨的54.7%），同比增长8.0%；航空口岸货邮量346.3万吨（占上海航空港货邮吞吐总量424.3万吨的81.6%），同比增长14.1%；进出口集装箱吞吐量3 418.0万标箱（占上海港集装箱吞吐总量4 023.3万标箱的84.9%），同比增长7.2%。

上海口岸出入境人员总数43 752 565人次，同比增长3.1%（出入境旅客总数39 943 371人次，同比增长3.9%）。其中，航空口岸出入境人员39 086 792人次，同比增长3.1%（出入境旅客36 868 775人次，同比增长3.9%，占上海航空港旅客吞吐总量11 191.6万人次的32.4%）；水运口岸出入境人员4 551 480人次，同比增长3.9%（出入境旅客2 969 957人次，同比增长3.3%）；铁路口岸出入境人员114 293人次，同比增长4.5%（出入境旅客104 639人次，同比增长4.0%）。

上海口岸出入境交通运输工具总数268 495艘、架、车次，同比增长3.3%。其中，上海口岸出入境船舶24 918艘次，同比减少2.8%；出入境飞机243 215架次，同比增长3.9%；出入境列车362车次，同比持平。

口岸综合管理

【《上海国际贸易“单一窗口”(2017~2020年）深化建设方案》发布】 按照党中央和国务院的决策部署，上海国际贸易“单一窗口”自2014年2月启动试点以来，到2016年年底已实现《上海国际贸易“单一窗口”建设工作方案》提出的三年建设任务，实施具有“监管+服务”功能，覆盖口岸通关全流程和贸易监管主要环节，可以跨区域申报的单一窗口3.0版，实现企业普遍应用。根据《国务院关于印发全面深化中国（上海）自由贸易试验区改革开放方案的通知》《国家口岸管理办公室关于国际贸易“单一窗口”建设的框架意见》，上海提出到2020年的深化建设方案，方案还对推进实施工作提出了要求。

【上海国际贸易“单一窗口”深化推进】 上海国际贸易“单一窗口”3.0版自2016年年底上线以来，基本完成三年建设方案的目标任务，功能已覆盖口岸通关、贸易管理及物流等环节，上海口岸100%的货物和船舶申报手续，通过“单一窗口”免费办理。2017年编制印发《上海国际贸易“单一窗口”（2017～2020年）深化建设方案》，提出包括全面覆盖口岸执法和贸易管理应用、推进长江经济带跨区域通关业务办理和推进与国际上“单一窗口”互联互通、实现与国家层面“单一窗口”标准规范融合对接和不断优化平台建设、建设自由贸易港监管服务功能等四方面的任务。全年完成货物状态分类监管业务办理、“三自一重”业务办理、完善加贸业务办理、完善国际展会业务办理、完善邮轮业务办理、企业各类口岸资质证明办理、促进监管信息共享、进口食品检测信息追溯、完善跨区域货物申报的功能应用、建立与亚太示范电子口岸建设协同推进机制、探索国际间交流合作项目、完善申报数据元目录、建立海运口岸“通关+物流”货物跟踪查询应用、查验办理手续无纸化和优化平台数据处理等15个项目上线运行。实现与国家层面“单一窗口”标准规范融合对接，形成中央和地方两级平台、基本共性与口岸特色相互融合的一体化环境。同时，平台的运维管理进一步完善。

【上海虹桥国际机场T1航站楼A楼改扩建对外开通启用】 2017年3月17日，上海市口岸办、上海海关、上海出入境检验检验局、上海出入境边防检查总站组成联合验收组，对上海虹桥国际机场T1航站楼A楼改扩建对外开通启用的查验监管配套设施等进行验收。3月23日经上海市人民政府批准对外开通启用。虹桥国际机场T1航站楼A楼位于虹桥国际机场内，此次改扩建工程总建筑面积12.6万平方米，对外开通启用后满足旅客吞吐量1 000万人次/年。

【上海洋山深水港区四期工程自动化码头开港试运行】 2017年12月5日，上海市口岸办、上海海关、上海出入境检验检验局、上海海事局、上海出入境边防检查总站等单位和上港集团、同盛集团、洋山四期指挥部、上港集团尚东分公司等有关负责同志召开洋山深水港区四期工程码头临时接靠国际航行船舶协调会，同意洋山深水港区四期工程码头1~7号泊位临时停靠国际航行船舶。这标志着洋山深水港区四期工程全自动化码头建成开港，成为全球最大全自动化集装箱码头，代表了港口科技的新突破。洋山深水港区四期工程新建5个5万吨级和2个7万吨级集装箱泊位，以及1个工作船泊位，泊位总长2 800米，设计通过能力630万标准箱/年。

【上海口岸推进优化跨境贸易营商环境改革】 按照党中央国务院要求和上海市委市政府工作部署，市级层面成立由市口岸办牵头，海关、检验检疫等单位组成的跨境贸易营商环境改革工作组。工作组认真对标《世界银行营商环境报告》和国家口岸办印发的《压缩货物通关时间的措施（试行）》，围绕降低合规成本、去繁就简，深入企业，全流程梳理水运口岸集装箱进出口流程时间、费用和单证情况，全面摸清底数，查找差距，分别提出近期和中期涵盖公开与监督、海关和检验检疫专项改革、物流与港口作业、许可证件办理4个领域的各15项改革措施，并提出要进一步对标国际先进水平，争取国家有关部委和国家口岸办的指导和支持，不断深化监管创新。

【上海口岸推进集装箱设备交接单无纸化工作】 推进集装箱设备交接单无纸化，是优化口岸环境，实现提效降费的有效措施。2017年，上海市口岸办联合市交通委和上海港务集团，就集装箱设备交接单无纸化工作开展调研论证，形成方案，推进建设电子化公共平台。集装箱设备交接单自20世纪90年代初使用以来，在规范集装箱作业方面发挥了重要作用，但随着信息化程度的提高，纸质单证模式已成为影响口岸物流效率和成本的重要因素，推行集装箱设备交接单无纸化势在必行。方案提出总体思路是，尊重市场已经形成的基本业务流程，建设电子化公共平台，推行集装箱设备交接单无纸化。设计方案经反复征求行业内不同主体意见和建议，并修改完善后，由上海港务集团进行电子化公共平台开发，覆盖“进口提重送空”“出口提空送重”“空箱调拨”三大业务类型。

【稳步推进货物状态分类监管业务】 在海关特殊监管区域稳步推动“仓储货物按状态分类监

管”制度复制推广工作，非保税货物以非报关方式进入特殊监管区域，与保税货物集拼、分拨后，实际离境出口或出区返回境内，支持特殊监管区域企业更好对接国际国内两个市场。该项业务已推广至自由贸易试验区外的松江、漕河泾、金桥、闵行和青浦5个出口加工区，有56家企业开展该业务，2017年共运作约4.1万批次，货值约64.8亿元，同比分别增长2.2倍和1.7倍。

【深化区域大通关建设】 江浙沪皖口岸办紧密对接，通过长三角区域大通关联络员会议和“单一窗口”专题会议，共同探讨长江“水水中转”和跨区域通关物流信息互联互通等，积极协调转关中的难题。推动“单一窗口”区域功能建设，上海“单一窗口”继在太仓、嘉兴等地成功试点跨区域报关业务后，于2017年第2季度在宁波成功试点跨区域报检业务，上海“单一窗口”跨区申报每月申报量超800票。2017年12月，上海与中部六省口岸大通关合作第十一次联席会议秘书长会议在安徽马鞍山召开，会议主题围绕贯彻全国口岸办主任会议精神，深化大通关合作机制，交流“单一窗口”建设运维经验等，总结各地针对“单一窗口”建设和区域大通关合作等工作的诸多建议措施。2017年川渝沪口岸大通关合作进一步深化，三地海关、检验检疫、海事等部门深入推进区域通关一体化等作业改革，川渝沪口岸大通关合作有力助推“一带一路”和长江经济带战略实施。11月，川渝沪区域大通关合作第十次联席会议在重庆召开。会上，三地口岸办深入交流，一致认为要重视并充分利用好川渝沪大通关合作平台，发挥好合作机制作用，在通关一体化背景下和全面开放新环境下，充分加强区域合作，各地继续保持密切交流。国家口岸管理办公室参加会议，肯定川渝沪区域大通关合作取得的成果。

【上海口岸组织开展2015~2016年度上海同创共建文明口岸先进集体和先进个人评选活动】 为表彰先进、树立典型，弘扬正气、振奋精神，进一步激发上海口岸工作者的积极性、主动性和创造性，上海市文明办、市人力资源社会保障局、市口岸办联合开展2015~2016年度上海同创共建文明口岸先进集体和先进个人评选活动。经各口岸相关单位申报推荐、组织评审和公示，授予上海浦东国际机场海关旅检处中转科等40个单位和部门为“2015~2016年度上海同创共建文明口岸先进集体”，授予上海浦江出入境检验检疫局科员胡春立等60名同志为“2015~2016年度上海同创共建文明口岸先进个人”。

【上海口岸举行“实现新作为，迈向新征程”迎接十九大诗歌朗诵会暨同创共建文明口岸先进表彰活动】 2017年7月28日，上海口岸“实现新作为，迈向新征程”迎接十九大诗歌朗诵会暨同创共建文明口岸先进表彰活动在国际港务大厦举行，这是上海口岸深入开展“看改革、看创新、看发展、看成就”活动，动员引导口岸战线党员干部进一步落实“四个新作为”要求，以实际行动迎接党的十九大胜利召开的一项重要举措。活动通过原创诗歌征集部分获奖作品朗诵的形式，颂扬伟大的党、伟大的时代和五年来的伟大成就，展示口岸单位改革创新、砥砺奋进的精神风貌，抒发口岸人勇当排头兵、敢为先行者、奋力实现新作为的豪迈情怀。会上表彰了2015~2016年度上海同创共建文明口岸先进集体和先进个人。

口岸监管与服务

【上海边检总站“单一窗口”边检许可服务平台上线运行】 2017年12月6日，上海“单一窗口”边检许可服务平台正式上线运行。该平台涵盖WEB端和微信端，登轮单位可通过WEB端进行单位信息登记、登轮搭靠许可申请和登轮搭靠报备，登轮人员可通过微信端进行本航次有效登轮许可申请和登轮搭靠报备，标志着上海海港口岸边检业务已全面纳入上海国际贸易“单一窗口”，实现了“让申请人少走路、数据多跑路”。同时上海边检总站也在全国率先实现了登轮搭靠业务的网上办理和登轮搭靠证件的电子化。

【上海边检总站加强国际执法合作】 上海边检总站与英国、法国、德国、澳大利亚、新西兰、马来西亚、泰国等国移民机关就证件鉴定、打击非法出入境活动等方面开展工作交流，与德国、新西兰、韩国、加拿大、马来西亚等国家驻沪领馆官员进行会晤，扩大共识、深化合作，构建了与相关国家移民机关的良好交流合作关系，深化和推动了国际警务务实合作。年内，配合地方公安机关向美国执法部门遣返2名美籍逃犯，为做好国际追逃警务执法合作工作提供了有力支持。

【上海边检总站强化口岸反恐和追逃追赃工作】 上海边检总站全力围绕党的十九大安保工作，深入开展口岸反恐维稳工作，与相关部门建立管控协作机制，加强协作配合。将大数据信息技术灵活地运用到口岸反恐工作当中，严密防范和坚决打击恐怖分子入境。年内，查获多名恐怖分子及其他危害国家安全和社会政治稳定分子，为维护国家安全和社会稳定做出了贡献，受到了公安部领导的充分肯定。全力防范和打击贪腐人员变换身份从口岸蒙混出入境，对中央反腐败协调小组追逃追赃工作办公室公布的涉嫌职务犯罪和经济犯罪的外逃腐败分子进行深入排查。协助排查发现“百名红通人员”相关线索，为有关方面深入开展劝返工作、促使其回国投案自首发挥了关键作用。

【上海边检总站提升依法行政水平】 上海边检总站下发《关于进一步加强法制工作的意见》，就提升依法履职能力、深化依法决策机制、严格落实规定要求三个方面提出了具体措施，明确了今后一个时期上海边检总站法制工作的着力点。召开法制工作座谈会，邀请上海市第三中级人民法院及闵行区人民法院法官，就工作中面临的涉法涉诉问题进行交流，进一步规范执法工作。全面简化和规范《上下外国船舶许可》《船舶搭靠外轮许可》等4项法定行政许可的受理签发条件和标准，不断深化简政放权，实施行政许可标准化工作。部署开展了贯穿全年的执法突出问题隐患集中治理专项督察，不断提高行政执法水平。全年共办理行政案件4 700余起，各办理1起行政复议和行政诉讼案件。行政诉讼案件经两审法院裁定驳回起诉，以人民法院法律文书的形式，明确了相关行政行为的法律属性，为处理同类型案件提供了判例和参考。开展“12·4”国家宪法日普法宣传活动，借助上海市法制宣传办公室平台，拍摄宣传片并在市宪法宣传活动主会场播放，扩大边检机关社会知晓度和影响力。

【上海边检总站服务上海国际航空枢纽港建设】 2017年，上海空港口岸出入境客流持续增长，浦东机场日均客流近10万人次，出入境人员数量连续15年位列全国空港口岸第一。面对大客流考验，上海边检总站不断推进自助通关设施建设，将浦东机场入境自助查验通道由27条扩容至50条，在虹桥机场口岸建设启用了16条入境自助查验通道。12月1日起，在浦东、虹桥机场实施旅客出境自助通关，其中浦东机场启用38条、虹桥机场启用9条出境自助查验通道。上海浦东、虹桥两大国际机场出境、入境自助查验通道共计达到113条，口岸通关环境进一步优化。年内，顺利完成虹桥机场T1航站楼A楼转场开航工作，在浦东、虹桥机场口岸施行直接往返机组人员免办边检手续，为上海机场年航空货运量首次突破400万吨做出了积极贡献。

【上海边检总站服务邮轮经济发展】 推行针对邮轮的边检单边多船混合验放模式，积极探索单个查验场地混合验放2艘邮轮旅客的查验方式，确保多船同靠期间出入境旅客能够顺畅通关。稳步推进邮轮口岸“通关条码”制度和电子登轮证，取消原有纸质登轮证，进一步简化旅客通关手续，提升通关效率。积极适应上海邮轮产业快速发展态势，对下属边检站的勤务进行调整，优化职责任务分工，整合警力资源，由浦江边检站承担上海港所有邮轮检查和监护任务，着力打造全国最优秀的邮轮边检品牌。

【上海海事局积极融入上海国际贸易“单一窗口”建设】 经与亿通软件公司协调，自2017年3月15日起，全面停止通过原口岸查验EDI申报系统接收国际航行船舶口岸查验申请信息，统一通过上海国际贸易“单一窗口”平台受理相关申请。至此，实现上海口岸国际航行船舶口岸查验海事相关业务100%通过“单一窗口”办理。为了提高国际航行船舶出口岸许可证电子证书的使用率，各口岸查验业务受理点加强宣传与引导，截至2017年年底，共签发国际航行船舶出口岸许可证电子证书10 712艘次，使用率51.33%。

【上海海事局开展长江口深水航道通航能力提升研究】 上海海事局积极探索水运供给侧结构性改革措施，率先提出利用边坡水域提高深水航道通航能力方案，按照“先理论研究，再实船试验，然后试运行”的总体思路，利用长江口深水航道边坡自然水深破解大型船舶超宽交会难题。先后成功组织三次超宽交会实船试验。经交通运输部批准，长江口深水航道利用边坡实施超宽交会由80米增加至90米，自2018年1月1日起试运行。同时，对配套的《长江口深水航道通航安全管理办法》开展修订，为开展超宽交会、进一步提升深水航道通航效率提供法制保障。

【上海海事局创新落实国际航行船舶联合登临检查工作】 根据《交通运输部、公安部、海关总署、国家质检总局关于建立国际航行船舶联合登临检查工作机制的通知》和《交通运输部海事局关于落实建立国际航行船舶联合登临检查工作机制的通知》要求，上海海事局牵头建立上海港国际航行船舶联合登临检查工作机制，2017年4月20日，四家口岸单位联合发布了《上海口岸国际航行船舶联合登临检查工作机制》。为了使联合登临检查前期的沟通更加顺畅、组织协调更加高效，在建立相关工作机制的基础上，上海海事局利用“单一窗口”平台数据优势，会同上海市口岸办、上海市电子口岸共同研究开发国际航行船舶联合登临检查工作模块。在上海市口岸办及各查验单位的大力支持和配合下，经过与查验单位的一对一沟通、对操作流程的多次论证和对功能模块的反复测试后，9月28日，该工作模块正式在上海国际贸易“单一窗口”平台上线运行。截至2017年年底，上海口岸查验单位对国际航行船舶开展联合登临检查21艘次，有效减少口岸查验单位对国际航行船舶检查的次数，提高港口的泊位周转效率。

【上海海事局积极服务邮轮经济发展】 推进邮轮母港交管中心等配套项目建设，完成吴淞口国际邮轮码头船舶交管中心工程施工的通航安全评估和许可办理手续。切实加强吴淞国际邮轮港水域安全保障，设置电子围栏，有效保障邮轮靠泊期间和靠离泊安全，防止他船碰撞邮轮。同时，吴淞海事局持续推行邮轮“五优先”（大型邮轮与超规范船的需求冲突时尽量优先满足邮轮，优先在长江口深水航道交通管制时间给予编队时间，优先安排巡逻艇警戒伴航，邮轮有锚泊需要时优先安排优质锚位，疏港工作优先安排邮轮开航）、“3A工作法”［全网格（All Network）、全跟踪（All-the-way-tracking）、无缝隙（All Connecting）］，宝山海事局推出“七心”管理品牌（安心的航行维护、悉心的通航服务、匠心的科技创新、用心的船舶监管、暖心的政务服务、精心的人才培养、清心的执法机制），保障邮轮安全准点。完善邮轮相关应急联络机制，主动联系各邮轮公司，跟踪搜集邮轮船期动态。加强极端天气预警预防，向邮轮提供极端天气预警信息，特别是做好台风天气邮轮避风应急准备。

【上海海事局风险防控和隐患排查治理持续深入】 不断加大对长江口、吴淞口、长江上海段等重点水域，以及客船、危险品船、砂石船、易流态化固体散装货物运输船舶等四类重点船舶的安全隐患排查及水上交通监管。深入开展船舶载运危险货物安全综合治理等各类专项整治，全面推进内河船舶非法从事海上运输常态化治理，建立船载烟花爆竹安全运输监管长效机制，落实事故调查闭环管理。拓展海事实验室功能，开展24次电子证据分析和事故仿真模拟试验。成功查获“翔舟”轮碰撞沉没事故肇事船舶。推动诚信管理，落实企业主体责任，实施公司审核137家，船舶审核227艘。

【上海海事局危防管理不断加强】 发布《上海港船舶载运外贸烟花爆竹集装箱运输安全管理

办法》，划定烟花爆竹内支线运输船舶临时锚泊区域，对烟花爆竹运输船舶进港、锚泊实施统一调配及总量控制制度，建立船载烟花爆竹安全运输监管长效机制。进一步推进海事行政审批制度改革，落实《防治船舶污染海洋环境管理条例》相关修改要求，将部分船舶防污染作业由行政审批方式调整为报告方式，启用“上海港船舶防污染作业报告系统”，并通过报告系统实现了污染物处置的全流程闭环监管。开展船载危险化学品安全综合治理行动。修订完成《上海海上船舶污染事故专项应急预案》。探索利用无人机、尾气监测吊舱、尾气在线监测系统、固定点监测设备等科技设备加强船舶污染物监视监测。

【上海海事局为法治海事建设插上科技的翅膀】 承办交通运输部海事局海事法制管理系统建设。应用电子印章、高拍仪等信息化技术，开发了海事行政处罚系统，将原先需要20分钟~30分钟的行政处罚手续缩短至10分钟~15分钟，减少了行政相对人的等待时间。稳步推进海事征信管理工作，开发海事信用信息管理平台，实现了80%的海事信用信息自动获取、自动记分、自动生成信用报告，该系统已在全国海事系统推广。推动上海海事局网上政务中心改造升级。简化优化办事流程，逐步推进行政许可事项全流程网上可办理和全过程可查询，同时融入了并联办理、预约办理、限时办理及行政许可结果公示的历年和要求，切实做到“让百姓少跑腿、信息多跑路”，解决办事难、办事慢和办事繁的问题。

【上海海关持续做好自由贸易试验区海关创新制度优化升级】 “先进区、后报关”“批次进出、集中申报”等重点制度的操作模式日趋成熟，业务量逐月增长。货物状态分类监管机制更加简化高效，试点范围从物流型拓展至贸易型企业，复制推广速度不断加快，参与企业已达56家。优化作业模式和通关环境，推动国际中转集拼、平行进口汽车等业务量明显增长。基本形成对标国际贸易通行规则的通关监管制度框架，WTO《贸易便利化协定》总计40项措施中，36项A类承诺和2项B类承诺已在上海自由贸易试验区率先落地实施，其余2项B类承诺按照海关总署统一安排逐步推进中。2017年，上海自由贸易试验区合计完成进出口值1.35万亿元，同比增长14.7%，占同期上海市外贸总值的42%，较上海市同期增速高2.2个百分点。截至2017年年底，区内海关注册企业达2.76万家。

【上海海关深化自由贸易试验区功能培育拓展】 推出保税维修、保税融资租赁、大宗商品期现货保税交易等创新制度，推动传统的保税加工、物流向保税服务领域延伸。推动张江跨境科创监管服务中心投入试运行，为科创企业提供“一站式”服务。积极支持文化艺术品办理“先进区、后报关”“无纸化申报”业务，支持“国家馆”开展保税展示交易。不断推进信息化基础建设，应用“互联网+”模式提升智能化卡口管理效能，打造“货物拼装配载服务平台”，实现多家企业、多票货物自由拼载、自动过卡，帮助企业有效整合“散、小、少”的货源和运输服务资源。

【上海海关深化全国海关通关一体化改革】 2016年6月1日全国海关通关一体化改革在上海率先启动试点，2017年7月在全国范围内正式实施。上海海关从制度建设入手，不断理清一体化作业链条上各主体的功能定位，建立完善关区内协同运行和联系配合机制。同时，对改革实施效果进行整体评估，通过开展专题座谈、实地走访，广泛收集一体化改革纵深推进中的内外部反应，就与改革相匹配的法律制度、运行机制、职责划分等问题，积极向海关总署反映情况、提出建议。

【上海海关完成全年货物通关时间压缩三分之一目标】 根据国务院优化营商环境工作部署，海关年初确定以2016年海关通关时间为基准，2017年年底前将货物通关时间压缩三分之一。1年来，上海海关通过落实全国海关通关一体化改革、持续提升通关无纸化率、推进查验无纸化、优化理货报告传输、加快单证处置等手段，推进货物通关效率有效提升。2017年，上海口岸货物海关进口通关时间较2016年全年缩短（下同）

36.29%，出口通关时间缩短 34.98%，进出口均顺利完成压缩三分之一的目标。

【上海海关积极优化通关给惠机制】 一是简化原产地程序性审核，大力推进已联网 FTA（优惠贸易协定和安排）无纸化通关受惠，推广原产地自主声明制度，压缩相关单证在海关审核环节停留时间，在给予企业降税红利的同时，有效提升贸易便利化水平。二是着力提升政策创新活力，针对上海自由贸易试验区内多样化供应链管理，推动“先进区、后报关”“批次进出、集中申报”等创新制度与 FTA 优惠政策集成，在企业合规管理中有机嵌入海关监管要求，达到监管与服务地“双赢”。三是提升政策服务供给效能，在大数据分析基础上创新政策宣讲形式，实现优惠贸易政策服务精准送达、即时反馈，在推送一般性政策解读的同时，对瑞士手表、澳洲牛羊肉、智利水果等领域的龙头企业量身提供通关受惠一揽子解决方案。2017 年，上海海关关区优惠贸易项下受惠货值继续保持快速增长，累计进口 33.8 万批次，受惠货值 1 791.8 亿元，税款优惠 179.4 亿元，同比分别增长 18.7%、37.1% 和 33.9%。

【上海海关推动守法便利助力高信用企业获益发展】 在信用管理总体框架下，以海关企业认证工作为抓手，指导企业将遵守海关法律法规融入日常管理，帮助企业提高信用等级、争取更大发展空间。一方面加强对海关高信用企业的培育引导，广泛宣讲海关企业信用管理规定和认证企业标准，选取重点企业开展“一对一”辅导，帮助有条件的企业尽快成为 AEO（“经认证的经营者”）企业，扩大 AEO 受益范围。另一方面突出高信用企业的示范引领效应，举办高级认证企业颁证宣传活动，邀请企业代表现身说法介绍守法便利经验，依托上海关区诚信企业集聚效应，辐射带动企业积极提升资信水平。截至 2017 年年底，上海关区 AEO 企业已达 3 497 家，其中，高级认证企业 441 家，居全国首位。2017 年开展的关区 AEO 企业问卷调查显示，92.3%的受访企业对成为 AEO 后的体验表示非常满意，反映货物通关速度加快、查验率下降、通关成本降低的受访企业占比分别达到 93.3%、91.4% 和 78.5%，45.7%的受访企业在成为 AEO 企业后进出口订单量明显增加。

【上海海关推进智能监管，全力支持洋山深水港四期全自动化码头建设】 2017 年 12 月 10 日，洋山深水港四期全自动化码头（以下简称“洋山四期”）开港启用，上海海关对标码头全自动作业及封闭化管理要求，探索建立自动验放、物流零干扰、远程监控、通关零等待的海关智能监管模式，全力支持全自动化码头高效运作。将海关验放指令整合至港区生产管控系统，实现信息实时交互，验放手续全部自动化；充分挖掘 H986、X 光机、辐射探测等非侵入式设备潜力，探索建设大数据智能化集成平台及智能无人卡口，将海关监管要求顺势嵌入码头生产作业流程，最大限度实现对港区物流运作“零干扰”；针对全自动化码头现场无人作业的特征，调整传统海关监管方式，建立“人机结合”智能化风险防控模式，通过前端联网、后台监控等手段监控洋山四期的码头作业情况，实施精准监管；全面推行“提前报关”模式，企业申报可与物流运输同步开展，绝大部分货物在进境船舶抵港或出境货物运抵后即可“瞬时”放行，实现货物在港区放行“零等待”。下一步，上海海关将根据监管实际继续探索完善全自动化码头海关监管模式，结合自由贸易试验区、自由贸易港建设，努力将洋山四期打造成为通关手续最简便、通关效率最快捷、监管最严密有效的贸易便利化高地。

【上海海关加强打击走私口岸综合治理】 深入开展“国门利剑 2017”联合专项行动，取得了较好成效。一是固体废物查缉卓有成效。全程参与海关总署打击“洋垃圾”走私“蓝天”行动，刑事立案 12 起，查获废矿渣、废塑料 1.39 万吨。第一时间启动责令退运程序，敦促企业退运出境禁止进口固体废物 2 310 吨。二是农产品走私势头有效遏制。根据关区农产品走私特点，开展行业性核查和联合打击，立案侦办农产品走私案件 29 起，案值 2.5 亿元，涉税 4 800 余万元。成功开展“SH1604”“SH1605”打击洋酒走私专项行动，刑事立案18起，涉税3 800余万元。三是资源类商品走私打击取得突破。加大对钢铁、煤炭、矿产重点商品走私进口的打击力度，强化对伪报品名逃避许可证、变换申报抬头等走私手法的查缉，共立案侦办资源性产品案件5起，案值230余万元。四是以打促税作用充分发挥。着力打击行业性走私犯罪，立案侦办重点涉税商品案件69起，案值5.9亿元，涉税9 400余万元。五是禁毒缉枪行动深入开展。强化对枪毒走私的精准打击与深挖扩线，全年立案侦办毒品及制毒物品走私案件24起，缴获各类毒品130余千克。参与“国门勇士”行动，联合地方公安核查武器弹药走私线索31起，刑事立案1起，收缴子弹100发。

【上海海关加强知识产权保护工作】 积极组织落实和推进“清风”“龙腾”“中美”等进出口领域打击侵权假冒专项执法行动，集中力量针对出口至“一带一路”沿线国家和地区的假冒侵权行为进行重点严控并布置开展专项打击。进一步深化上海口岸“两法衔接”工作，加强与上海市知识产权人民法院、上海市浦东新区人民法院、上海市人民检察院三分院等司法机关的联系沟通。2017年，共查获侵权案件308起，查获涉嫌侵权货物1 670万件，案值合计2.19亿元，有力优化上海口岸保护环境。上海海关法规处获评全国双打办打击侵权假冒先进集体、国家版权局查处侵权盗版案件有功单位三等奖等荣誉称号。

【上海海关支持上海市境外旅客购物离境退税业态发展】 在上海市离境退税工作联席会议框架平台下，重点聚焦和破解制约政策发挥最大效益的制度瓶颈，进一步加大改革创新的工作力度。一是政策层面积极向海关总署及上海市离境退税工作联席会议各成员单位建言献策，就离境退税流程优化和强化监管存在问题寻求在立法层面予以完善；二是积极配合税务部门推进规范商店开单工作，强化信息联动机制，形成管理合力；三是完善各渠道退税海关验核点建设，遴选具有多语种技能的关员充实验核点、推进正式验核点建设等措施，为境外旅客提供全时段海关验核、咨询应答服务；四是做好离境退税执法记录全程留存，为监管现场配备执法记录仪采集工作站、执法记录仪等设备，做到监管电子留痕，部署现场完善台账记录工作，进一步规范关员执法行为。

【上海海关积极推进中国国际进口博览会筹备工作】 成立上海海关中国国际进口博览会监管服务保障领导小组和专项工作组，全面领导、组织、策划、协调进口博览会海关监管服务保障各项工作。积极提供便利化监管服务举措，提出了开辟专用通道、入驻一站式服务中心等便利化措施。派员分赴广州、深圳海关，学习两地海关服务广交会、科博会的先进经验和做法。加强与上海市商务委、进口博览会承办方等单位的联系，及时提出工作对策，跟踪工作进程。

【上海出入境检验检疫局发布上海自由贸易试验区检验检疫精准服务计划】 提出优化上海自由贸易试验区营商环境，支持上海自由贸易试验区获得更多改革自主权，推动上海自由贸易试验区全面提升质量三个方面10条举措。按照“一企一策一授权”原则，试点“验放分离”，给予企业更多便利，提高通关速度，压缩通关时长工作在自由贸易试验区率先落地，通关时长压缩三分之一以上。国家质检总局也已批复在上海自由贸易试验区对高级认证企业开展便利化精准监管试点工作，强调对高级认证企业开展便利化精准监管试点，落实“风险管理+抽批检验+审单放行”工作要求，切实提高贸易便利化水平。

【上海出入境检验检疫局推进自由贸易试验区动植检改革创新】 一是制定并发布了《免于核查输出国家或地区动植物检疫证书的清单》第三版，对于18类低风险动植物及其产品免于核查输出国家或地区动植物检疫证书。二是改革进境宠物的检疫措施。对进境宠物按照四类情形管理，对于有护照、狂犬病抗体检测结果等能够证明宠物处于高健康状态的情况，允许物主申请居家隔离。建立了包含50个国家和地区的入境宠物证书比对库，积极推进动检实验室狂犬病抗体检测技术储备和 CNAS 项目认证。三是全力推进新西兰猕猴桃亚太分拨中心建设。新西兰新一季全球首船 3 886 吨、84 万箱猕猴桃抵达上海洋山港，打破了近 20 年来首船必出口日本的传统。

【上海出入境检验检疫局推进无纸化改革和信息化建设】 正式上线运行全国检验检疫无纸化申报系统，无纸化报检覆盖率已超过 80%。在全国首次实现无纸化系统与“单一窗口”对接，对低风险货物和诚信企业实行 e-CIQ 全流程自动处理，做到 24 小时受理、秒级归档。主动倡导并牵头推动区域间“单一窗口”互联互通，牵头制定全系统货物申报检验检疫标准数据集，实现主体业务全覆盖，检验检疫流程全导入，服务企业数十万家，全口岸申报信息服务成本因此降低 2.8 亿元。瞄准“互联网+国检”，建成联动指挥中心、国检数据交换平台、进出口食品信息化管理系统、进出口商品质量安全全程溯源平台等多个业务处理系统。全面上线 e-CIQ，报检时间继续保持全国最短。

【上海出入境检验检疫局推进出入境交通工具便利监管】 推进船舶电讯检疫负面清单制度改革，集中审单+风险管理体系初步建成，上海口岸货轮电讯检疫比率达到 75.8%，环比提升 8.6%，较 2016 年同比提升 22.4%。通过在“单一窗口”平台增加入境船舶确报功能，实现了所有船舶代理企业申报和计费无纸化，并开展船舶检疫全程无纸化试点，电讯检疫船舶办理时间缩短至 30 秒。完善航空器电讯检疫模式。拓展“航空器卫生检疫监管系统”范围，该系统运行覆盖率已达 95.6%，缩短非生产性时间，提高航班准点率，方便旅客、物流快速进出。建立国际航行船舶联合登临检查工作机制，有效减少多部门重复登临检查的次数，提升上海口岸国际船舶进出境效率。

【上海出入境检验检疫局提升原产地证签证便利化水平】 制订《上海自由贸易试验区原产地签证精准服务工作方案》，探索以诚信管理为核心的事中事后监管原产地工作制度，充分发挥原产地“先签证后监管”的改革举措的作用，利用信用手段实现从管产品到管企业，用信息化手段实现从人工审核到系统自动审核，营造高效、便利的签证服务环境，以精准服务助推中国制造走出去，推动贸易自由化、便利化。还积极探索全国原产地签证一体化工作模式，在上海自由贸易试验区推出原产地证书一体化申领模式，帮助宝钢、巴斯夫等企业实现了全国范围内各子公司在沪集中申领原产地证书的签证模式，满足企业集约化签证需求，有效降低了企业的成本，国际知名企业将其亚太物流分拨中心从国外转移到上海外高桥保税区和保税物流园区。

【上海出入境检验检疫局深化“放管服”改革优化口岸营商环境】 坚持“需求导向、问题导向、效果导向”，依托信用管理和风险管理，以“四个特定”为突破口，在充分评估的基础上，选择风险可控的进口 CCC 免办产品，尝试进口 CCC 产品认证模式创新和流程再造，经检验检疫和商务部门共同推荐和评定，推出“一次审核、多次放行、诚信监管”的贸易便利化举措，服务全市总部经济和重点行业。目前上海出入境检验检疫局与上海市商务委已批准 41 家 CCC 诚信示范企业，其中自由贸易试验区内企业为 30 家，占比 73.1%；用于科研、测试用途企业 25 家，占比 60.1%；总部经济企业为 12 家，占比约 29.3%。2017 年有超过 7 000 批特定进口 CCC 免办产品通过举措实现了“零等待”直放，诚信企业在通检业务中成为“领跑者”，节约直接经济成本约 2 000 万元。

【上海出入境检验检疫局大力推进植物疫情鉴定新模式】 全面建成了上海口岸“全科医生和专科医生”植物疫情鉴定新体系。口岸一线植物检疫工作室已建成 14 家，部分机构的鉴定能力由原先的 30 种扩大到 70 余种，推进了上海口岸疫情截获能力的提升。2017 年 1 月~11 月，共截获植物有害生物 1 180 种、11.5 万种次，位居系统第 2 位，其中检疫性有害生物 9 355 种次、133 种，同比分别增长 51.84%和 10.83%。全国首次截获 4 种检疫性有害生物，发布 12 个警示通报，占到全国的 31.4 %。截获疫情总数稳步提升，至系统第三位；向上攀登，争取国家质检总局动植司和绩效办修订了考虑到上海口岸特点的绩效考核规则，绩效通报满分。

【上海出入境检验检疫局强化进出口食品安全监管】 2017年，上海口岸进口食品、化妆品、食品添加剂共18万批次，重量522万吨，金额154.16亿美元。严格执行国家质检总局进口食品化妆品安全监督抽检计划和风险监测计划，并研究制定上海口岸跨境电商食品化妆品监测计划，保障上海口岸进口食品、化妆品的添加剂安全，严把质量安全关，全年对2 215批未予准入的进口食品化妆品实施退运和销毁处理。及时研判及上报口岸检验检疫过程中发现的不合格信息，进口巴西肉类产品兽医卫生证书签字官笔迹、印章与备案不符，进口来自日本核辐射地区的矿泉水，面膜微生物超标等问题产品的风险信息均被国家质检总局采纳并下发预警通报。妥善应对“3·15”晚会曝光日本核辐射食品事件，全面部署和加强日本进口食品的核辐射检测工作；积极应对涉嫌使用过期进口原料生产食品事件，配合上海市食药监局进行调查处理；认真应对欧洲“毒鸡蛋”、受沙门氏菌污染的配方奶粉事件，牢牢守住食品安全底线。

【上海出入境检验检疫局积极降低企业成本】 全面贯彻落实国务院、财政部、国家发展改革委出台的行政事业性收费停征政策。根据《财政部、国家发展改革委关于清理规范一批行政事业性收费有关政策的通知》精神，从2017年4月1日停征出入境检验检疫收费，第一时间研究制订实施方案，对停征收费政策进行细化。积极开展停征收费宣传，第一时间在官方网站、微信公众号、对外媒体发布停征收费信息，要求相关单位在各单位报检大厅、收费窗口等处，通过电子屏公示、张贴宣传等方式，广泛宣传国家的停征收费政策，接受社会监督。停征行政事业性收费后，及时开展执行新政检查，确保停征政策落实到位。

开放口岸

【上海空运口岸（虹桥国际机场、浦东国际机场）】 上海空运口岸是中国目前最大的航空口岸，包括虹桥国际机场和浦东国际机场。目前，上海是中国大陆唯一拥有两座对外开放国际机场的城市。截至2017年年底，上海航空口岸形成了虹桥、浦东两大国际机场，3座对外开放航站楼，6条跑道和1个公务机基地的开放格局。

上海虹桥国际机场位于上海西郊，距市中心13千米。虹桥机场始建于1921年，其时主要用于军事用途。1963年11月，经国务院批准上海虹桥机场扩建为国际机场，次年4月开通上海至巴基斯坦卡拉奇国际航线。以后经过多次改扩建。虹桥国际机场拥有两座航站楼（其中T2航站楼为国内航班）、2条4E级跑道、1个国际公务机基地。目前主要开通至日本、韩国等国家和中国香港、澳门、台湾等地区航线。2017年，虹桥国际机场起降飞机26.37万架次，旅客吞吐量4 191.13万人次，货邮吞吐量40.8万吨。

上海浦东国际机场位于上海浦东长江入海口南岸滨海地带，占地面积40平方千米，距上海市中心约30千米。1999年，上海浦东国际机场建成通航，并经国务院批准作为上海航空口岸的重要组成部分对外开放。浦东国际机场拥有两座航站楼、4条跑道，3个货运区，是全球首个同时引进FedEx、UPS、DHL三大集成商入驻建设转运中心的机场。2017年，浦东国际机场起降飞机49.68万架次，旅客吞吐量7 000.43万人次，货邮吞吐量383.56万吨，货邮吞吐量连续第十年位居世界第三。

2017年，上海空运口岸进出口货邮吞吐量346.3万吨（占浦东、虹桥两大机场货邮总吞吐量424.3万吨的81.6%），出入境旅客3 686.8万人次（占两机场旅客吞吐量11 191.6万人次的32.4%）。出入境飞机24.3万余架次（占两机场飞机起降76万架次的31.9%）。上海口岸公务机出入境航班2 727架次，同比增加6%，随机出入境人员 2.1 万人次，同比增加 4.3%。上海航空枢纽在国家“一带一路”倡议中，持续发挥重要作用，在 65 个“一带一路”国家和地区中，上海已经开通了至 35 个国家和地区的直飞航线。

【上海水运（海港）口岸】 上海水运（海港）口岸位于中国大陆海岸线中部，长江与东海交汇处，是中国最大的海港和常年对外开放水运口岸。

上海水运口岸最早形成的一批对外开放码头主要分布在黄浦江中、下游东西两岸，改革开放以后，特别是 20 世纪 90 年代以来，伴随着浦东开发开放和上海新一轮城市发展规划，上海迈开了建设国际航运中心步伐，一些坐落在黄浦江沿岸的老码头逐步退出和外移，先后在长江上海段、杭州湾北岸和小洋山岛新建了一批新港区、码头并对外开放。1993 年 11 月，上海外高桥港区一期码头建成并对外开放，随后二至六期码头陆续建成对外开通启用。2002 年 6 月，作为上海国际航运中心建设的核心组成部分——洋山深水港区开工建设。2005 年 12 月，洋山深水港区一期工程竣工正式对外运营，从此结束了上海没有深水港的历史。接着，洋山深水港二期和三期集装箱码头又先后建成并投入运行。2014 年 12 月，洋山深水港区四期工程正式开工建设，于 2017 年 12 月 10 日正式开港运行。目前，洋山深水港集装箱码头总岸线长 5 600 米、共拥有 16 个深水集装箱泊位，设计吞吐能力达 930 万标准箱。截至 2017 年年底，上海水运口岸形成了包括黄浦江沿岸、长江上海段、杭州湾北岸、洋山深水港区四大开放水域、96 座码头、310 个泊位的对外开放格局。

2017 年，上海水运口岸进出口货物吞吐量 4.1 亿吨（占上海港货物吞吐总量 7.5 亿吨的 54.7%），进出口集装箱吞吐量 3 418.0 万标箱（占上海港集装箱吞吐总量 4 023.3 万标箱的 84.9%）。全年进出上海口岸国际航行船舶 4.15 万艘次，其中进出国际邮轮 1 225 艘次、出入境邮轮旅客 297 万人次。自 2010 年起，上海港集装箱吞吐量已连续 8 年排名世界第一。

【上海陆路（铁路）口岸】 上海铁路口岸位于上海火车站南端。2003 年 9 月，根据 CEPA 协议，上海设立铁路上海站临时口岸。同年 10 月 1 日起，开行上海—香港（九龙）隔日往返直通式旅客列车。2009 年 11 月，国务院批准正式设立上海铁路口岸。2013 年 4 月 27 日，上海铁路口岸通过国家验收宣布对外开放。上海铁路口岸是长三角地区唯一的陆路出入境口岸。截至 2017 年年底，上海铁路口岸全年出入境列车 362 车次，出入境旅客 10.46 万人次。

2017 年上海市口岸大事记

2 月 7 日

上海出入境检验检疫局副局长李晋一行来上海市口岸办交流座谈，双方就通过单一窗口共享航空器信息和旅客信息，结合检验检疫全国一体化工作推进区域“单一窗口”建设，以及配合做好检验检疫相关的通关服务工作等方面展开交流。

2 月 10 日

上海国际贸易“单一窗口”推进组工作会议召开，会议专题讨论上海国际贸易“单一窗口”（2017~2020 年）深化建设方案（审议稿），并提出相关修改建议。

2 月 13 日

2017 年上海口岸工作领导小组会议在市政府召开。市口岸办报告上海口岸 2016 年工作总结和 2017 年工作安排建议，会议讨论审议《上海国际贸易“单一窗口”（2017~2020 年）深化建设方案（征求意见稿）》。

3 月 2 日

长三角区域大通关建设协作 2017 年第一次联络员会在上海召开。会议同意 2017 年长三角区域大通关建设协作工作主要围绕支持区域通关一体化改革、口岸城市群项目合作、区域“单一窗口”建设、区域大通关协作机制优化等方面展开。

3 月 15 日

上海口岸国际航行船舶口岸查验海事相关业务100%通过上海国际贸易“单一窗口”办理。

3月17日

上海相关部门组成联合验收组，对上海虹桥国际机场T1航站楼A楼改扩建对外开通启用的查验监管配套设施等进行验收。3月23日经上海市人民政府批准对外开通启用。

3月23日

中央机构编制委员会办公室副主任魏小东一行在上海亿通公司现场调研座谈“单一窗口”和通关一体化工作。

4月1日

上海口岸停征出入境检验检疫收费，预计为企业减负2.9亿元。

4月20日

上海四家口岸单位联合发布了《上海口岸国际航行船舶联合登临检查工作机制》。

6月22日

香港商务及经济发展局首席助理秘书长罗中女士一行五人来沪调研，沪港双方介绍各自“单一窗口”建设情况，并展开深入交流。

7月28日

上海口岸“实现新作为，迈向新征程”迎接十九大诗歌朗诵会暨同创共建文明口岸先进表彰活动在上海国际港务大厦举行，会上表彰2015~2016年度上海同创共建文明口岸先进集体和先进个人。

8月11日

上海市口岸办副主任武伟会见SITA亚太区高层，双方就航空器入境旅客信息在世界各大航空口岸申报的现状、上海国际贸易“单一窗口”的项目需求进行了深入沟通。

9月4日

上海“单一窗口”邮轮项目建设工作推进会召开，会议确定加快推进2017年单一窗口邮轮项目建设，全面试行“便捷通关条码”，推进实施上海邮轮口岸混合验放通关模式和邮轮口岸诚信管理。

10月10日

上海市委常委、常务副市长周波同志赴上海市口岸办调研座谈，听取了上海市口岸办2017年以来主要工作情况汇报，并对下一步口岸工作重点和方向作了部署和指示。

10月19日

上海市口岸办与大连市港口口岸局在沪签订《上海市与大连市口岸对口合作备忘录》。

11月14日

上海市口岸办全体党员集体瞻仰中共一大会址，回顾建党历史，重温入党誓词，开展“保持初心本色强化使命担当”专题组织生活，将学习贯彻党的十九大精神引向深入。

11月23日

川渝沪区域大通关合作第十次联席会议在重庆召开。三地口岸办分别介绍各地口岸运行情况和一体化工作推进情况。

12月1日

上海浦东、虹桥机场实施旅客出境自助通关，其中浦东国际机场启用38条、虹桥国际机场启用9条出境自助查验通道。

12月10日

中共中央政治局委员、上海市委书记李强宣布上海国际航运中心洋山深水港区四期工程开港。

（撰稿人：韩强）

2017 年上海市口岸流量统计表

口岸类型		口岸名称	货运量（万吨）				集装箱量（万标箱）				人员（万人次）				交通工具（辆、艘、架、列次）			
			出口	进口	合计	同比（%）	出口	进口	合计	同比（%）	出境	入境	合计	同比（%）	出境	入境	合计	同比（%）
空运口岸																		
		分计			346.3	14.1							3 908.6	3.1			243 215	3.9
陆路口岸	公路口岸																	
		分计																
	铁路口岸																	
		分计											11.4	4.5			362	0.0
水运口岸	海港口岸																	
		分计			41 042.7	8.0	1 507.7	1 397.4	3 418.0	7.2			455.1	3.9			24 918	−2.8
	河港口岸																	
		分计																
合计													4 375.2				268 495	
同比（%）													3.1				3.3	

表注：集装箱量合计数 3 418.8 万标箱包括内支线 512.9 万标箱。

（上海市口岸办提供）

2017年上海市口岸出入境主要数据表

项目			2017年	2016年	同比（%）
出入境人员（万人次）	出入境人员总数		4 375.2	4 241.8	3.1
	入境人员		2 179.7	2 114.9	3.1
	出境人员		2 195.5	2 126.9	3.3
	出入境旅客		3 994.3	3 845.3	3.9
	出入境员工		380.9	396.5	-3.9
	中国公民	小计	3 107.0	2 979.1	4.3
		内地居民（因公）			
		内地居民（因私）			
		港澳居民			
		台湾同胞			
	外籍人员		1 268.2	1 262.7	0.4
	从海港出入境人数		455.1	438.1	3.9
	从陆港出入境人数		11.4	10.9	4.5
	从空港出入境人数		3 908.6	3 792.7	3.1
交通运输工具（万辆、艘、架、列次）	总计		26.8	26.0	3.3
	船舶		2.4	2.5	-2.8
	飞机		24.3	23.4	3.9
	火车		0.036 2	0.036 2	0.0
	机动车辆		0	0	0

（上海出入境边防检查总站提供）

2017年上海海关主要数据统计表

项目		2017年	同比（%）
进出口货运量（万吨）	合计	19 559.5	8.6
	进口	9 417.8	11.2
	出口	10 141.7	6.2
进出口贸易总值（万美元）	合计	116 990 615.2	12.2
	进口	49 430 497.3	16.2
	其中：江、海运输	24 157 184.7	15.3
	铁路运输	957.8	176.8
	汽车运输	101.8	6.9
	航空运输	25 255 827.1	17.0
	邮件运输	7 653.1	19.0
	其他运输	8 772.8	16.0
	出口	67 560 117.9	9.5
	其中：江、海运输	47 273 482.7	6.5
	铁路运输		
	汽车运输	0.0	-99.8
	航空运输	20 124 430.5	16.9
	邮件运输	76.6	-81.8
	其他运输	162 128.1	66.7
税收（万元）	合计	4 305.9	19.1
	关税入库	956.5	15.6
	进口环节税入库	3 349.4	20.2

表注：所提供的进出口货运量为监管进出境货运量。

（上海海关提供）

2017年上海市出入境检验检疫业务统计表

项目		货物检验检疫				交通工具				集装箱(标箱)		发现动植物疫情		货物通关		出入境人员查验(人次)	健康检查及预防接种(人次)			
		批次	金额(万美元)	检验检疫不合格 批次	检验检疫不合格 金额(万美元)	船舶(艘)	飞机(架)	火车(节)	汽车(辆)	合计	检出问题	种类数	种次	批次	金额(万美元)		健康检查	艾滋病监测	发现病例	预防接种
本年累计		1 265 283	1 1328 908	122 002	1 042 307	24 835	244 942	4 344	0	9 983 093	252 299	1 022	166 527	1 479 378	9 155 366	42 333 159	69 464	61 558	124 254	81 670
其中	出境	154 157	1 175 605	2 219	23 244	13 209	122 302	2 172	0	252 233	0	0	0	197 700	879 127	20 949 473	27 413	24 657	52 463	81 667
	入境	1 111 126	10 153 303	119 783	1 019 063	11 626	122 640	2 172	0	9 730 860	252 299	1 022	166 527	1 281 678	8 276 239	21 383 686	42 051	36 901	71 791	3
同比(%)		-14.34	0.12	-22.46	-4.11	-1.19	1.17	0.00	0	6.87	-2.96	-19.27	-30.05	-6.48	-11.93	-2.73	0.44	-1.30	-2.67	6.32
其中	出境	-2.10	55.02	-13.86	-54.71	3.03	0.07	0.00	0	2.69	0	0	0	-28.12	-23.56	-4.44	5.18	2.55	1.50	6.33
	入境	-15.80	-3.82	-22.60	-1.60	-5.58	2.29	0.00	0	6.98	-2.96	-19.27	-30.05	-1.93	-10.48	-0.99	-2.42	-3.71	-5.51	-57.14

（上海出入境检验检疫局提供）

2017年上海海事局进出港船舶统计汇总表

船舶类别	进港船舶							出港船舶							进出港单船艘数（艘）
	艘数（艘次）	总吨（吨位）	总载重量（吨）	载客量（客位）	船员人数（人）	货物到达量（吨）	旅客到达量（人）	艘数（艘次）	总吨（吨位）	总载重量（吨）	载客量（客位）	船员人数（人）	货物发送量（吨）	旅客发送量（人）	
总计	134 853	1 220 407 997	1 379 281 550	5 736 579	2 434 394	407 255 098	2 648 984	133 970	1 217 808 540	1 375 394 268	5 695 169	2 420 652	246 886 265	2 632 330	9 652
中国籍船舶	114 872	277 485 601	346 643 675	4 705 792	1 471 358	230 759 292	1 689 038	114 002	275 532 050	343 507 872	4 665 894	1 457 488	87 599 357.8	1 662 126	4 548
其中外贸船	688	10 543 013	12 043 139	33 395	16 528	5 353 411.2	2 100	905	11 952 777	13 049 254	33 050	20 488	3 661 743.08	2 399	238

（上海海事局提供）

江 苏 省

口岸数量及分布

截至2017年年底，江苏省共经国务院批准开放口岸26个。其中，空运口岸9个，分别是南京空运口岸（南京禄口国际机场）、盐城空运口岸（盐城南洋国际机场）、无锡空运口岸（无锡硕放国际机场）、徐州空运口岸（徐州观音国际机场）、常州空运口岸（常州奔牛国际机场）、淮安空运口岸（淮安涟水国际机场）、扬州空运口岸（扬州泰州国际机场）、南通空运口岸（南通兴东国际机场）、连云港空运口岸（白塔埠机场）；水运（海港）口岸5个，分别是连云港水运（海港）口岸、如东水运（海港）口岸、启东水运（海港）口岸、大丰水运（海港）口岸、盐城水运（海港）口岸；水运（河港）口岸12个，分别是南通水运（河港）口岸、如皋水运（河港）口岸、张家港水运（河港）口岸、南京水运（河港）口岸、镇江水运（河港）口岸、江阴水运（河港）口岸、扬州水运（河港）口岸、泰州水运（河港）口岸、太仓水运（河港）口岸、常熟水运（河港）口岸、常州水运（河港）口岸、靖江水运（河港）口岸。

口岸运行数据

2017年，江苏省口岸共完成外贸运量46 446.71万吨，同比增长6.20%；集装箱运量达到7 962 395.25标箱，同比增长8.30%。空运口岸出入境旅客4 419 084人次，同比增长19.70%；货运量198 946.26吨，同比增长45.79%。

2017年江苏省水运口岸外贸运输情况表

	外贸运输量（万吨）		集装箱运输量（标箱）	
	自年初累计	同比增长（%）	自年初累计	同比增长（%）
全省合计	46 446.71	6.20	7 962 395.25	8.30
连云港水运（海港）口岸	11 239.69	0.06	2 687 723.00	5.37
南通水运（河港）口岸	4 311.05	4.50	367 203.50	4.50
如皋水运（河港）口岸	842.79	5.72	–	–
张家港水运（河港）口岸	6 153.80	0.80	574 118.00	11.30
南京水运（河港）口岸	2 234.50	3.10	1 080 000.00	12.00
镇江水运（河港）口岸	3 436.64	15.94	190 200.00	5.14
江阴水运（河港）口岸	3 425.82	44.00	57 249.00	3.50
扬州水运（河港）口岸	1 096.02	19.60	206 921.00	-12.30
泰州水运（河港）口岸	1 475.28	25.50	105 652.00	24.10
靖江水运（河港）口岸	962.30	-9.30	–	–
太仓水运（河港）口岸	7 647.14	2.34	1 901 184.50	10.50
常熟水运（河港）口岸	1 632.50	4.20	236 794.25	-6.50
常州水运（河港）口岸	691.99	22.40	161 362.00	14.90
大丰水运（海港）口岸	1 297.20	2.20	393 988.00	30.50

2017 年江苏省空运口岸外贸运输情况表

	出入境旅客（人次）	同比（%）	货运量（吨）	同比（%）
全省合计	4 419 084	19.79	198 946.26	45.79
南京空运口岸	3 100 000	12.20	195 000.00	45.20
徐州空运口岸	124 334	21.90	324.10	72.10
盐城空运口岸	78 813	-30.30	223.42	-27.60
无锡空运口岸	854 298	32.00	3 140.10	61.00
淮安空运口岸	55 971	65.80	-	-
常州空运口岸	205 668	52.40	258.64	811.40

口岸综合管理

江苏省继续实施沿海开发战略，全面扩大口岸开放，提升完善口岸功能。全省 9 个机场均实现了对外国籍飞机开放，沿海沿江有 17 个港口实现对外国籍船舶开放。2017 年，全省开放水域内共有新建码头 2 个，分别是南京龙翔液体化工储运码头有限公司 3 号码头、江苏洋口港港务有限公司液化品码头；有 10 个泊位获得江苏省政府批准对外开放，分别是常州港口岸录安洲港区 4 号泊位、南京港西坝港区清江码头 3 号泊位、无锡（江阴）港申夏港区件杂货码头扩建工程（泊位）、森松（江苏）重工有限公司（泊位）、江苏海通海洋工程装备有限公司（泊位）、南通瑞泰船务工程有限公司（4 个泊位）、连云港港旗台作业区液体散货泊位。审核申报了设立靖江保税物流中心（B 型）、设立徐州综合保税区。江阴综合保税区（一期）、南京综合保税区江宁片（二期）、泰州综合保税区（二期）、盐城综合保税区（二期）通过了正式验收。

随着口岸开放数量的增加和已开放口岸的功能不断挖掘、拓展，全省口岸管理工作更加规范和完善。凡设立口岸的各市地方政府均成立了口岸综合管理部门，各地口岸查验机构设立也比较健全，建立了相应的口岸管理工作机制，强化了对地方口岸工作的管理与协调，制定出台促进外贸发展的有效措施。按照国家和省有关文件要求部署开展文明共建先进单位的评选工作，推动口岸单位之间的合作与互动，多层面促进全省大通关建设协作，不断改善、优化口岸通关环境。

加强省际大通关对接合作，重点推进长三角口岸城市群大通关合作，洽谈对接干支线“水水中转”新的合作项目。苏皖项目对接会，遴选了重点项目推介，合作项目投资总金额达 23.3 亿元，涉及口岸大通关协作，口岸港口基础设施建设，临港经济园区建设，航运物流，船务、船代、货代企业引进，航线航班开通等。

口岸监管与服务

【江苏边防检查全面加强口岸的安全管控】 2017 年，全省边检机关共检查出入境人员总数 5 183 409人次，同比增长 14.6%；检查出入境交通运输工具 55 546 艘/架次，同比增长 5.06%；查获边控对象 232 人次、不准入境人员 4 人次、持作废证件 181 人次、网上追逃人员 51 人次，分别同比增长 4.5%、100%、29.29%、10.87%。

全力提升反恐维稳能力。依托南京边检站分别成立全省边检后台核查中心和梅沙系统运维服务分中心，24 小时协助全省边检机关开展反恐后台核查和梅沙系统运维保障工作，高效服务一线反恐实战；构建“一套核查机制体系”，规范一线查缉工作流程。研究下发《核查中心建设运行实施办法》，规范各边检站后台核查和申请协查工作流程。同时，部署开展百日攻坚活动，规范核查基本动作。做实“系列联勤保障机制”，打牢反恐工作基础。密切与反恐、机场公安、长航公安、出入境管理等单位交流，围绕重点方向、重要场所和重大节点，细化完善反恐联动事项，建立每周风险评估会商机制，签订人员甄别审查、羁押遣返工作机制，建立务实高效的反恐协作平台。

坚持边检服务创新引领，部署开展“深化边检服务发展、促进企业发展”专项活动。期间，共出动走访警力1 677人次，向地方党委政府汇报工作37次，座谈交流49次，走访企业单位、口岸部门600余家，协调解决问题73件，收集意见建议227条。深度融合“互联网+边检服务”，促进各项简政放权政策落地见效。将随船工作证发放、境外分团备案、出入境记录查询等服务举措统一纳入江苏政务服务网公安“旗舰店”，实现网上在线申办；创新融合新媒介和边检服务，设立“江苏边检”微信公众号，优化完善边检“V通关”平台，在线拉近与服务对象距离，使服务对象通过手机即可实现办证申请、资料备案、咨询服务等在线服务。坚持改革创新，助力建设通关“一体化”新格局。部署港口边检机关推广应用国家标准版“单一窗口”，实现出入境船舶预检“一窗式”申报；升级完善团队旅客出境预申报系统，试点研发零散旅客出境预申报系统，全面打通出境旅客信息获取渠道。协调部局全力推动空港自助通关系统建设验收，年内相继启用南京、南通、扬州等机场自助通关系统，并成功验收淮安、徐州机场自助通关系统。

按照全省边检执法执勤“三统一”暨深化“江苏模式”建设要求，规范建设边检执勤点和执法办案场所。全面确立江苏边检“安全、创新、规范”新发展主题。落实系统规范执法执勤工作流程，指导各边检站严格落实《边检机关行政审批许可标准化文化文书》，及时调整申请材料、审批程序、办理时限等行政审批事项。研究出台《简化船舶停靠特定类型码头期间监管措施的意见》和《暴恐音视频及政治性有害宣传品查缉指引》，优化完善《海港勤务常遇问题处置指引》，全面规范海（江）港口岸监管模式和常遇问题处置流程。研究出台《海港系统应用教材》《梅沙系统基础操作手册》，提升梅沙系统应用实操水平。派员参加六局港口边检综合管理信息系统应用培训班，详细了解系统运转架构和下步港口勤务改革方向。

2017年，全省边检机关严格落实上级系列安保指示要求，圆满完成庆祝建军90周年、香港回归20周年、金砖五国首脑峰会、“一带一路”国际合作高峰论坛、党的十九大等各项重大安保工作。

【江苏海事局服务经济社会发展卓有成效】 聚焦解决长期困扰辖区水上交通的“十大风险”，创新构建“12345”科学安全监管体系，有效提升了长江航运安全。持续深化长江江苏段航路改革，会同港口部门统一规划建设沿江31个锚地和23个停泊区，促进长江江苏段通航条件由江港向海港转型升级，共同打造具备“集群化、海港化、国际化”特征的国际海港区。保障长江南京以下12.5米深水航道工程、沪通铁路大桥、苏通GIL特高压跨江管廊等一大批重点工程施工建设和水域通航“两安全、两不误”，为全省开放型经济发展打造出了一条“水上高速公路”。2017年进出口岸国际航行船舶3.72万艘次（同比增长2%），外贸运输量2.83亿吨（同比增长6%），平均单船载货量7 607吨/艘（同比增长8%）。实施船旗国监督检查61 536艘次，港口国监督检查748艘次。水上安全形势稳中趋好，事故“四项指标”全面大幅下降，长江江苏段“黄金水道”的“黄金效益”得到充分释放。

以便民利民惠民为宗旨，优化口岸查验和现场监管业务流程，简化监管环节，提高通航服务效率，缩减船舶等候时间。高度重视江苏电子口岸和国际贸易“单一窗口”建设，与各查验单位一起在全国率先建成国际贸易运输工具（船舶）“单一窗口”，在2017年年初实现船舶出口岸联网核放和离港证远程打印，打通船舶无纸化通关“最后1公里”。落实国际贸易“单一窗口”标准版试点工作，推动实现系统与“单一窗口”标准版“总对总”对接。

认真围绕党中央、国务院关于“三互”大通关建设要求，扎实推动落实省政府“三互”工作机制和各项部署。以信息互换、监管互认、执法互助为目标，围绕打造共建共治共享格局，与南京海关、江苏出入境检验检疫局等深化战略合作，在资源共享、相互协作、信息交流等方面展开合作，互通有无、各取所需。推进“一站式作业”和“联合查验、一次放行”大通关模式，根据交通运输部、公安部、海关总署、国家质检总局关于实施国际航行船舶联合登临检查工作要求，牵头建立国际航行船舶联合登临检查机制，局属单位与各地相关查验机构共开展国际航行船舶联合登临检查60艘次，有效降低多部门重复登临检查船舶对船方造成的影响，大幅提升船舶通关效率，提升了江苏口岸形象和对外开放水平。

推进实施“一带一路”和长江经济带战略，有效发挥长江黄金水道在国家战略中的主通道作用，在综合立体交通走廊中的主骨架作用，在沿江产业布局中的主支撑作用，在多式联运中的主枢纽作用，在生态文明建设中的主基调作用。支持口岸和码头开放，放大长江江苏段、南通沿海和相关内河开放水域在国家战略中的联动、支撑、集聚和辐射效应。牵头长航局在苏各单位，努力在推进区域协调创新、提升产业整体竞争力、推动基础设施互联互通方面迈出新步伐。发挥专业优势和职能作用，深化与南京、镇江、南通等市战略合作，支持沿江产业和城镇布局优化调整，构建对外开放新优势。支持“江河海”“铁公水”高效多式联运系统建设，服务以南京港、苏州港、南通港为枢纽港的沿江集装箱运输高效中转拼装，2017年南京以下江海联运港区船舶载运集装箱1 030万标箱，同比增长10%。

深化“放管服”和供给侧结构性改革，运用“互联网+”理念，改革海事监管模式，实施航运公司及船舶诚信管理，开辟集装箱船舶“绿色通道”，推进建设“苏冀电煤航线”，促进航运业降本增效。推动沿江沿海港口一体化改革和岸线、航线、锚地等港航资源整合，指导全省67家港口企业、130多个海轮泊位实现提档升级，在不增加港口岸线使用的情况下，货物接卸能力得到成倍提升。支持南京区域性航运物流中心、长江南京以下江海联运港区和南通通州湾建设，助力船舶融资租赁、船舶综合服务、邮轮经济、高端海工装备制造等高端产业发展。支持船舶行业化解过剩产能，开展在建船舶抵押融资，促进船舶制造业发展，2017年，共办理过建造中船舶抵押权登记320艘次，帮助造船企业融资395亿元。

全面贯彻“263”“四个一批”专项行动要求，提高进入长江江苏段从事危险货物运输船舶的准入门槛，对高危险性船舶实施重点监管，并对小型危化品船舶实行夜间禁航。积极参与长三角率先实施船舶污染排放控制工作，推动建成全国首家LNG加注站“海港星01”和“海港星02”。推动建成岸电系统463套，在全国水运岸电推广中走在前列。实施船舶污染物全过程监管，联合环保部门试点建立船舶污染物接收、转移、处置联单管理制度。船舶污染物排放、非法采砂得到有效遏制，非法码头和过驳区清理成效显著，航道与岸线资源得到有效保护。

【连云港海事加强安全监管】 组织开展了船员任解职专项检查、东京备忘录集中会展检查等专项活动。落实水路巡航监控，对航道、码头、海上风电建设等重点水域及客船、渡船、危险品船、旅游船、砂石船等重点船舶进行重点监控。印发了《连云港海事局关于海上客运船舶恶劣天气限制开航条件的通告》，加强了辖区水上客运和旅游船艇管理。具备沿海500吨溢油处置能力的连云港溢油应急设备库工程建成试运行。连云港徐圩、盐城滨海80米海事趸船浮码头工程建成运行。2017年8月24日上午，在连云港新闻发布厅举办“全国首套国产化VTS系统正式运行”新闻发布会，宣布我国自主研发的首套国产化VTS（船舶交通服务系统）在连云港海事局正式运行，打破了国外VTS系统多年在我国海事监管领域上的垄断，成功实现了VTS国产梦。完成堆沟80米海事趸船浮码头、1艘40米级B型巡逻船建造、2艘12米高速巡逻救助艇建造、连云港船员考试系统改造等一系列工程项目前期文件编报和批复工作。

对主港区船舶夜航尺度进行调整，通过新闻发布会向社会公告，实现装载“一带一路”沿线国家货物船舶进出港零待时的目标。开展海上风电监管研究，牵头开展联合登临检查，支持连云港两翼港区对外扩大开放，服务30万吨级航道等重点工程。印发《灌河通航安全管理暂行规定》，推进灌河口航道导堤灯桩增设，开展“平安灌河”建设。国际航行船舶进出口岸手续和临时停靠国际航行船舶实现网上办理。实施“并联办理”、绿色通道和预约服务等政务办理服务制度。简政放权，取消行政许可5项，下放审批业务1项。落实《连云港海事局2017年“两减六治三提升”专项行动实施方案》。发挥职能管理优势，指导帮扶大港中等专业学校升级扩规，拓展培训业务，开展航海类专业五年制大专申报工作，推动了连云港市航海职业教育发展。

【南京海关不断加强实际监管】 以查验、舱单管理、转关监管、监管场所管理“四位一体”物流监控体系为基础，强化安全准入风险分析，提升监管效能，2017年，共监管进出境货物4.1亿吨、进出口货值3 575.2亿美元、进出境人员590.7万人次、进出境邮快递物品1.4亿件，同比分别增长7.7%、18.6%、13.7%和45%。落实监管作业场所安全管理，关区所有危化品监管场所顺利通过海关总署专项检查。征收税款1 702.6亿元、同比增长24.5%，为国家财政作出贡献。切实强化反走私综合治理。发挥打私“主力军”作用，深入开展“国门利剑2017”打私专项行动，先后查获多起走私“洋垃圾”、成品油、农产品、资源性产品等大要案。强化打私合力，与省公安厅、国税局联合开展打击出口骗退税专项行动，与省边防总队共同防范和打击海上偷运走私。

【南京海关主动对接重大发展战略】 融入“一带一路”建设，支持中哈物流基地、上海合作组织出海基地建设；支持省内国际货运班列增班扩源，2017年全省国际班列发运量首次破千，货值达187.1亿元，同比增长59.7%。全力支持江北新区、苏南自主创新示范区等省内重点开放区域建设。全力推进加工贸易转型升级和海关特殊监管区域整合优化。开展了加工贸易及保税监管业务改革，实施全省加工贸易集中审核作业，手（账）册设立（变更）环节从7个减少至3个，耗时缩短至1.5个工作日内，为企业“省时、省事、省钱”。以海关特殊监管区域为载体全面复制自贸试验区制度创新，海关总署推出25项制度中的21项已落地推广。深入推进一般纳税人资格试点，特殊区域吸引力明显提升。积极培育外贸新增长点。大力支持跨境电商发展，全省2017年跨境电商零售出口1.14亿元，同比增长1.6倍。助力海门叠石桥、常熟服装城市场采购贸易方式做大做强，全年出口300.3亿元，同比增长71.8%。为全省高等院校、科研院所、企业技术中心和外资研发中心等办理减免税5.37亿元；完善了知识产权海关保护企业联系点制度，提升企业品牌竞争力。

【南京海关不断提升贸易便利化水平】 全力推进全国海关通关一体化改革，“一次申报、分步处置”通关新模式全面实施，企业税款实行“自报自缴”。多措并举推进通关流程“去繁就简”，压缩货物通关时间三分之一的目标提前5个月实现，2017年12月进出口通关时间较2016年分别压缩63.3%、50%。积极支持全省“三互”大通关建设，“单一窗口”在全省实现全覆盖。优化税收征管方式，税款电子支付比率提升至97.7%，进出口企业缴纳税费更为高效便利。大力营造良好营商环境。深化简政放权，严格落实海关总署取消和下放的行政审批事项。深入推进“双随机、一公开”，促进执法公开透明。开展企业“主动披露”改革，深化企业信用管理。规范涉企收费，有效降低企业成本。加强海关统计监测和预警分析，发挥“江苏出口先导指数”作用。着力优化窗口服务。打造“互联网+海关”办事平台，推出“掌上物流”新模式；开发运用邮递物品监管信息化系统，实现线上查询、线上办理、线上缴税；主动邀请各级人大代表、政协委员来考察调研；“擦亮”12360热线等服务品牌，提升窗口单位服务水平。

【江苏检验检疫工作更加扎实】 2017年，江苏出入境检验检疫局全面贯彻党中央、国务院、国家质检总局和江苏省委省政府的重大决策部署，紧扣年度六大行动计划、五大改革专项和40项重点工作，各项工作成效显著，为建设“强富美高”新江苏作出了新贡献。

实施综合业务模式改革，积极启动国家质检总局赋予的全国系统审单布控中心建设，探索建立“一库一平台五中心”，“菜单式”执法改革实现“一表式”查验和“精准式”执法，“科学检验检疫”大数据平台被评为江苏经济发展与产业升级类大数据应用示范项目。深化口岸标准化建设，卫生检疫监测技术平台和动植物检验检疫规范化两个品牌建设成效明显，首批单兵装备投入使用，得到系统内广泛关注，综合执法监控指挥中心在连云港出入境检验检疫局和张家港出入境检验检疫局上线运行。推进“互联网+政务服务”建设，参与省政府“政务服务一张网”，初步建成线上线下同步运行的“一窗一网一站式”行政审批中心，获省政府法制创新优秀奖。推进“互联网+检测”建设，顺利完成国家质检总局赋予的实验室信息管理系统试点任务，LIMS正式上线运营并与“e检易测”平台成功对接。

主动对接国家重大战略，推动中欧国际货运班列扩量增效，服务国际班列987列，其中打通哈萨克斯坦粮食过境运输安全大通道；推广应用5项自贸试验区改革经验，完善国际贸易“单一窗口”系统功能，“单一窗口”申报覆盖率达80%；开展“一带一路”沿线国家和地区食品生产企业“双向注册”，支持连云港、徐州“一带一路”核心区、重要节点城市和沿东陇海线经济带建设。着眼提升企业获得感，深入推动“三互”大通关合作，无纸化申报实现全覆盖；简化检验检疫程序，提高通关效率，流程时长缩减50%以上；清理规范涉企收费，减免检验检疫行政事业性收费4.5亿元；建立10个省级技贸措施研究评议基地，持续开展检验检测认证服务优惠活动，帮助企业节约成本949.4万元；创新开展“FTA惠苏企”全媒体行宣传活动，签发原产地证书为企业争取关税减免15.2亿美元。支持新兴业态发展，出台促进市场采购贸易发展政策举措，在常熟服装城、南通叠石桥试运行检验检疫管理系统；建立“六个一”入境维修检验监管新机制，苏州国家高新技术产品入境维修检验检疫示范区顺利通过国家质检总局验收；研究制定跨境电商“全备案、全申报、全风控、全追溯、全质保”管理方案，探索完善江苏特色的跨境电商监管模式；积极推进南京、苏州、无锡和常州“一区四园”国家检验检测高技术服务业集聚区创建工作，获得国家质检总局、国家发展改革委正式批复。

积极推进“示范区+”建设，新增6个国家级、4个省级工业品和3个国家级、3个省级食品农产品出口质量安全示范区，以及35个省级食品农产品示范基地，国家级示范区累计26个，继续走在全国前列；健全示范区质量安全责任体系，指导江阴市创建全国出口商品质量安全示范城市。切实加强质量监管，探索“约稿式”调查新模式，对7 703批、2.97亿美元出口退运工业品开展调查，在全国系统首次通过退运调查查获出口不锈钢产品重大假冒伪劣案例；开展质量状况监测，抓好重点商品风险隐患排查和专项整治，质量分析成绩荣获全国系统“五连冠”。持续抓好质量共治，推动完善2017年度“质量强省”、江苏名牌考核指标，协助承办全国纺织行业（家纺）质量提升推进大会、中国质量发展圆桌会议——江阴峰会，对失信企业实施联合惩戒，组织召开进出口产品质量状况等专题发布会16场（次），促进共治共享深入开展。

扎实做好口岸公共卫生，检疫查验出入境人员578.38万人次，确诊病例1 458例，同比分别增长19.08%、11.47%；妥善处置2例输入性寨卡病例，捕获2种全球首次发现的蠓类新物种，查实的环状新病毒得到美国病毒学会命名，入选国家“砥砺奋进的五年”成就展；在全国系统率先开展“三主一动”口岸核心能力建设，启东港、如东洋口港顺利通过国家质检总局达标验收，南通、扬州、常州口岸高分通过国家质检总局复核考核。重视强化国门生物安全防控，大力推进口岸动植物检验检疫规范化和“智慧动植检”建设，开展安全风险排查整治和“清风”“绿蕾3”专项行动，把关成效继续保持较高水平，共截获检疫性有害生物202种、25 744种次，其中检出种次同比增长16.26%，有13种为全国首次检出，获国家质检总局警示通报8次。持续加强进出口食品安全监管，制定7个规范性文件，构建“3个监管+3个放行”新机制，完善“3个环节21项制度”进口食品合格评定管理模式，检出未准入境食品化妆品388批、2 695.1吨、359.4万美元，获国家质检总局警示通报3次。不断优化进出口商品检验监管，落实国家宏观调控政策，口岸煤炭进口批次、重量同比分别下降43.02%、26.49%；积极维护生态环境安全，强化进口产品环境安全监管，联合海关、环保、公安等部门开展打击洋垃圾违法专项行动，南京口岸成功退运排放不合格进口旧机电产品；全年退运、销毁463批，货值1 882.35万美元的进口工业产品，“口岸天平行动”成功索赔753.75万美元，“固垒清蚁”专项行动也取得明显成效。

开放口岸

【南京空运口岸（南京禄口国际机场）】 南京禄口国际机场位于南京市江宁区禄口镇，于1997年7月1日正式通航，是中国重要的干线机场，1997年11月经批准对外开放。2005年4月，南京禄口国际机场被世界卫生组织（WHO）评为国际卫生机场，2008年12月5日通过国家航空安全审计。机场T2航站楼于2014年7月12日正式启用，飞行区等级提升至4F级，可起降包括A380在内的所有机型。2017年，南京禄口国际机场新开辟了米兰、吉隆坡、河内、暹粒、塞班、卡利博等国际客运定期航线，恢复和新开通了南京—台北、南京—芝加哥、南京—大阪货运定期航线。稳步推进禄口国际机场口岸对外国人实行144小时过境免签政策的深入实施，全年通过禄口国际机场口岸享受政策的外国人约有172人次。

2017年，南京禄口机场口岸全年出入境旅客3 100 000人次，同比增长12.2%；空运口岸入出境飞机18 094架次，同比增长14%；外贸货运量195 000吨，同比增长45.2%；国际邮快递累计7 386.9万件，同比增长81.5%。

【徐州空运口岸（徐州观音国际机场）】 徐州观音国际机场是淮海经济区中心机场，1997年正式通航，2008年经国务院批准对外开放。机场位于徐州市东南方向睢宁县双沟镇境内，距离徐州市区45千米，南临104国道，北靠盐徐高速公路，地面交通十分便利。机场占地面积约253.3万平方米，候机楼面积5.8万平方米，跑道长3 400米，新增一条与跑道等长的3 400米平行滑行道；机坪面积14.3万平方米，停机位22个，能够满足年旅客吞吐量460万~500万人次需要。2017年，机场运营航线达到34条，其中国际（地区）航线7条、国内航线27条。进境冰鲜水产品、食用水生动物等指定口岸获批运营，外国人口岸签证、国际货运包机等业务相继开通，进口水果指定口岸于2017年9月11日获得国家质检总局的立项建设批复。

2017年，旅客吞吐量191.65万人次，同比增长28.9%，其中，出入境旅客124 334人次，同比增长21.9%。完成货物吞吐量9 232.9吨，同比增长1.6%，其中外贸货运量324.1吨，同比增长72.1%。

【盐城空运口岸（盐城南洋国际机场）】 盐城南洋国际机场始建于1958年，位于江苏省盐城市亭湖区南洋镇境内，1984年国务院和中央军委批准为军民合用机场，1988年与空军联合成立“江苏盐城联合航空公司”，1996年盐城市人民政府新征土地16.67平方米，自筹资金建设盐城民航站，2000年开通民航班机，2009年正式对外开放。目前，机场飞行区等级4C级，跑道长2 800米，可保障波音737、空客320等中等机型起降。2017年盐城南洋国际机场口岸新增乌鲁木齐、兰州、石家庄、银川、郑州航线，恢复成都、杭州、海口、温州航线，加密北京、天津航班，主要航线均达到每天1班以上。目前，盐城南洋国际机场口岸主要航班航线有首尔、曼谷等国际（地区）和北京、上海、广州、深圳、西安、天津、重庆、昆明、长沙、武汉、贵阳、烟台、厦门、哈尔滨、石家庄、福州、兰州、乌鲁木齐、郑州、杭州、银川、成都、海口、温州等国内航线，机场通航点达到30个。

2017年，盐城机场口岸安全保障航班13 121架次，实现旅客吞吐量1 303 145人次，货邮吞吐量5 540吨，同比分别增长5.8%、7.8%、8.2%。其中，出入境旅客78 813人次，实现外贸货运量223.42吨，同比分别减少30.3%和27.6%。

【无锡空运口岸（无锡硕放国际机场）】 无锡硕放国际机场位于江苏省无锡市东南方硕放镇，距无锡市中心16千米，距苏州市区25千米。始建于1995年，2004年2月18日正式开通民用航班，2007年9月28日启用新航站区。机场飞行等级为4D，可满足波音757及以下机型全载起降。2009年实施跑道加厚工程，可满足波音747型飞机减载起降的要求。2015年1月19日，二期新航站楼全面投入运营。2017年12月26日顺利开通了口岸签证业务。截至2017年年底，机场已先后引进中国东方航空江苏有限公司无锡分公司、深圳航空有限责任公司无锡分公司、中国南方航空股份有限公司、四川航空股份有限公司、深圳东海航空有限公司、九元航空有限公司、上海吉祥航空有限公司、云南红土航空股份有限公司、顺丰航空有限公司、圆通货运航空有限公司、广东龙浩航空有限公司、台湾华信航空、台湾立荣航空、越南捷星太平洋航空、台湾中华航空、台湾虎航、泰国泰新时代航空、韩国真航空、印度尼西亚城市快线航空、新加坡欣丰虎航空、越南越捷航空、越南航空、柬埔寨天空吴哥航空、美国动力航空、马印航空等，航空公司总数达到25家，开辟了包括台北、台中、香港、澳门、高雄、曼谷、大阪、首尔、新加坡、西港、暹粒、芽庄、普吉、岘港、宿务、沙巴、富国岛、塞班、巴厘岛等21条国际（地区）航线，通达56个国内外主要城市，暑运高峰日航班量最高达151架次，平均客座率81.4%，平均载运率77.5%。

2017年，无锡航空口岸共安全保障运输航班起降5.3万架次，完成旅客吞吐量668.5万人次、货邮吞吐量10.8万吨，同比分别增长15.7%、20.2%、12.1%。其中，出入境旅客854 298人次，外贸货运量3 140吨，同比分别增长32%和61%。

【常州空运口岸（常州奔牛国际机场）】 常州奔牛国际机场位于常州市新北区罗溪镇，距市中心20千米，始建于1963年，1986年3月开通民航航班。2014年2月21日，国务院批准对外开放。常州机场飞行区等级为4E，可起降除空客A380以外的所有飞机；停机坪面积16万平方米，可停放飞机20架；航站楼建筑面积3.8万平方米，拥有先进、完善的民航、口岸、安全及其他配套设施，口岸通关服务环境良好，设计年旅客吞吐量490万人次、年货邮吞吐量20万吨、高峰小时起飞19架次，是长三角地区重要的客货运国际机场。2014年9月25日首航中国香港以来，已先后开通了至中国香港、首尔、济州、曼谷、名古屋、中国台北、中国台中、中国高雄、万象、江原道、甲米、大邱、巴厘岛、清州、暹粒、芽庄、普吉岛、中国澳门等10个国家（地区）20条国际航线。

2017年，常州航空口岸进口冰鲜水产品指定口岸顺利通过国家验收，正式获批开放；全年旅客吞吐量251.05万人次，同比增长28.36%；货邮吞吐量18 900吨，同比增长20.27%；起降34 098架次，同比增长30.54%；国际飞机起降1 269架次，同比增长10.16%。其中，出入境旅客205 668人次，同比增长52.36%；外贸货运量258.64吨，同比增长811.4%。

【淮安空运口岸（淮安涟水国际机场）】 淮安航空口岸位于江苏省涟水县保滩镇，距淮安市中心22千米。淮安涟水机场于2009年3月开工建设，2010年9月26日正式通航，2012年11月，国家口岸办批准同意淮安航空口岸实现临时开放；2012年12月23日，开通了淮安至香港包机航班；2013年，淮安涟水机场列入国家口岸开放年度审理计划；2014年8月10日，国务院下发《关于同意江苏淮安涟水机场对外开放的批复》（国函〔2014〕109号），同意淮安涟水机场作为航空口岸对外开放；2015年1月6日，涟水机场航空口岸开放顺利通过国家验收。淮安涟水机场陆续开通至北京、上海、广州、西安、沈阳、大连、天津、成都、厦门、哈尔滨、长沙、西宁、中国香港、中国台湾、日本、泰国和柬埔寨等二十几条航线。

2017年淮安涟水机场二期扩建工程进展顺利。主要建设内容为：跑道向北延长400米，新建2条垂直联络道；扩建站坪，新增11个机位，新建货机坪；改扩建目视助航设施及站坪照明系统；改扩建空管工程；新建货运站、航食楼；消防等级提升至7级等。

2017年，淮安涟水国际机场国际及地区航班起降434架次，同比增长71.5%；出入境旅客55 971人次，同比增长65.8%。

【扬州空运口岸（扬州泰州国际机场）】 扬州泰州国际机场是由扬州、泰州两市按8：2比例投资合建的民用机场，机场飞行区等级指标为4C，预留4D级发展空间，跑道长2 400米（800延长工程正在建设中）、宽45米，站坪机位13个，航站楼面积31 305平方米，其中国际功能区面积8 219平方米，配套建设通信、气象、医疗、消防救援等辅助设施。

2016年2月25日，经中国民航总局（以下简称“民航局”）批复，扬州泰州机场正式更名为扬州泰州国际机场。5月12日，圆满完成了马尼拉押解嫌疑犯包机任务。2017年，机场已累计开通国内外航线42条，其中国际（地区）航线11条。2017年夏秋季执行的国际（地区）航线4条，包括曼谷、大阪、普吉和我国台湾地区航线。2017年，出入境旅客193 000人次。

【南通空运口岸（南通兴东国际机场）】 南通兴东国际机场位于南通市通州区兴东街道境内，1993年正式通航，是江苏最早通航的民用机场，也是上海周边空域条件最优的支线机场，民航局将其总体定位为“上海国际航空枢纽辅助机场”。机场距南通市区10千米、上海虹桥机场100千米。在机场西南端3.5千米处有沪陕高速和沈海高速入口，贯通苏通大桥和崇启大桥。地面交通设施较为发达，出入机场十分便捷。

机场跑道及平滑道长度3 400米，飞行区等级4D，兼顾E类飞机起降要求。配有先进的无线电通信导航系统、双向I类进近仪表着落系统、助航灯光系统和飞机供油系统。候机楼面积1.5万平方米，站坪面积25万平方米，停机位34个，满足客运、货运、通用航空、航空会展等各类保障需求。

近年来，机场客运吞吐量实现六年翻三番。2017年，旅客吞吐量突破200万，达到200.9万人次，迈入全国主要机场行列；货邮吞吐量4.89万吨，同比增长11.52%，位列全省第三位。

目前，机场通达北京、广州、深圳、成都等国内30多个重点经济城市和旅游城市，相继开通大阪、曼谷、芽庄等10条国际（地区）航线。

2017年，全年出入境旅客101 376人次，外贸货运量506.3吨。

【连云港空运口岸（白塔埠机场）】 白塔埠机场位于连云港市东海县白塔埠镇，于1985

年3月26日开航，是1984年经国务院、中央军委批准使用的军民合用机场，是江苏省内第二家开航的机场。机场等级为4D级，跑道全长2 500米，可供波音767以下大中型飞机起降。停机坪4.5万平方米，可同时停放7架飞机。国际、国内候机楼面积1.2万平方米，国内候机楼设计吞吐能力为50万人次，高峰小时400人次。机场配备先进的气象通信导航设施，具备全天候开放条件。2017年5月25日，白塔埠机场获批对外开放，同年12月29日开通到泰国曼谷国际航线。

2017年，白塔埠机场年旅客吞吐量达到109.3万人次，同比增长28%；货运量1 663吨，同比增长34%。出入境旅客158人次。

【连云港水运（海港）口岸】 连云港水运口岸地处我国沿海中部，江苏省东北部、黄海海州湾西南岸。港口始建于1933年，1956年对外国籍船舶开放，1973年开始大规模建设。经过多年的建设与发展，连云港现已成为全国沿海25个主要港口、12个区域性主枢纽港，长三角地区7个国家及综合运输枢纽之一。连云港依托独特的区位优势，成为苏北、鲁南及中西部地区最便捷的出海口岸，对外贸易和交通运输的重要通道，是亚欧大陆间国际集装箱水陆联运的重要中转港口。连云港口岸南连长三角，北接渤海湾，隔海东临东北亚，西连中西部地区以至中亚，是“沟通东西、连接南北”的重要战略枢纽。以郑州为起点，中西部到连云港，铁路运距比到青岛近500千米，比到日照近300千米，比到上海近480千米。从连云港经陆桥运输到欧洲，相比原有的陆上运输通道缩短了2 000千米运距，比绕道印度洋和苏伊士运河的水运距离缩短了1万千米。连云港口岸是江苏最早对外开放的口岸。目前连云港拥有1个国家开放海港口岸、50个开放性生产泊位，赣榆、徐圩、灌河等新建港区实现临时开放。口岸大通关效率全国领先，口岸功能延伸至我国中西部及中亚主要地区。

2017年，连云港水运口岸港口吞吐量23 409万吨，同比增长5.76%；集装箱4 710 000标箱，同比增长0.2%。其中外贸运量11 239.69万吨，同比增长0.06%；外贸集装箱2 687 723标箱，同比增长5.37%。出入境船舶13 029艘次，同比增长60%。

【南通水运（河港）口岸】 南通水运口岸地处长江和沿海“T”字形经济发展带的交汇点上，是我国发展综合运输的沿海主枢纽港、上海国际航运中心北翼的重要组成部分。1982年南通水运（河港）口岸经国务院、中央军委批准对外开放，现与世界上100多个国家和地区的300多个港口通航。作为长江北岸由海入江的第一港，长江上第一座万吨级泊位、5万吨级泊位、10万吨级泊位均在此诞生。2017年，南通港货物吞吐量23 572万吨，同比增长4.2%，除矿建材料、水泥这两大货类有所下降外，其余主要货种均有不同程度增长。作为南通港第一大货种的金属矿石全年吞吐量6 091.1万吨，同比增长5.2%；第二大货种煤炭全年吞吐量5 609.9万吨，同比增长7.8%。这两大货种在全港货物吞吐量中占比达到49.6%，为总量增长打下了坚实的基础。第四大货种粮食吞吐量强势增长，全年完成1 604万吨，同比增长55.7%。可圈可点的是LNG吞吐量，全年完成487.3万吨，同比增长107.7%。集装箱全年箱量达到100.71万标箱，同比增长21.8%。

2017年，南通水运（河港）口岸共有开放码头经营企业24家计41个泊位，其中万吨级以上泊位38个、5万吨级以上泊位28个。

2017年，共完成外贸货物吞吐量4 311.05万吨，同比增长4.5%；完成外贸集装箱367 203.5标箱，同比增长4.5%；进靠国际航行船舶4 552艘次，同比增长4.1%。

【南京水运（河港）口岸】 南京水运口岸地处长江下游，距吴淞口360余千米，港辖区沿长江两岸分布，南岸全长104.2千米，北岸全长91.0千米，航道维护水深至2010年已达10.5米，可满足3万吨级海轮常年通航、5万吨级海轮乘潮通航。长江南京港是我国沿海25个主枢纽港之一。1986年3月，经全国人大常委会批准，南京港对外国籍船舶开放。2017年，南京龙翔液体化工储运码头有限公司3号泊位、南京港清江码头有限公司3号泊位正式对外开放；太古冷链物流（南京）有限公司进口肉类冷链查验与储存一体化设施获国家质检总局验收并投入使用。

2017年，完成货物外贸运量2 234.5万吨，同比增长3.1%；外贸集装箱1 080 000标箱，同比增长12%；水运口岸入出境（港）船舶数1 789艘次，同比增长4.5%。

【张家港水运（河港）口岸】 张家港水运口岸东距上海吴淞口146.5千米，西离南京港219.4千米，南与杭嘉湖地区相连，北通苏北各港。港口面江、傍河、通海，具有“水水中转”优势。可承接钢材、木材、化工品、粮油、煤炭、集装箱、件杂货等不同货种的中转储运。随着全省大交通格局的形成，港口陆路运输网络不断健全，自港口出发，1小时车程可达苏州、无锡、常州、南通，2小时车程可到达上海、南京、杭州。港口岸线西起长山（与江阴交界），东至东沙（与常熟接界），全长80.4千米，其中主江岸线63.6千米、深水岸线约40千米。岸线顺通，深水贴岸，不冻不淤，并有江心福姜沙作天然屏障，是得天独厚的避风良港。口岸年平均气温15.2℃，相对湿度76%，每秒风力3.8米，属亚热带海洋性气候。作为苏州、无锡、常州地区对外开放的重要门户，港口拥有富庶的经济腹地和区港一体的自然条件，是长江内河流域最早对外开放口岸。

2017年，张家港口岸优化服务举措，强化长江经济带港口间的合作，推进“大船大港大物流”战略，提升口岸服务能力，口岸货运量保持稳中有进。全年货物吞吐量2.67亿吨，比上年增长2.5%，其中金属矿石7 770.3万吨、煤炭6 583.5万吨、钢铁2 663.7万吨、化工原料及制品1 327.8万吨、粮食1 119.3万吨、木材579.2万吨、水泥452.3万吨、石油及制品227.1万吨。张家港口岸获批全国首个非自贸试验区同业联合担保改革试点，新增一条韩国近洋航线，张家港海关征收税款213.89亿元，同比增长30.4%。依托进境肉类、整车、粮食、油菜子进口口岸，以及化工品交易中心、纺织原料市场、进口消费品市场等特色载体，张家港口岸全年进口汽车8 753辆，进口红酒2 380.7吨、羊毛17.3万吨、棉花10.1万吨、肉类7.8万吨。整车、羊毛、棉花、肉类等特色货种进口量位居全省同类口岸之首。张家港成为江苏首家解禁进口美国牛肉口岸，牛肉进口约占总进口量的13%。张家港国际贸易“单一窗口”自2016年年9月份正式上线以来，至2017年12月底，累计实现货物报关38 378批次，一般贸易覆盖率月均达90%，货物报检16 598批次，覆盖率月均达99%。张家港国际贸易“单一窗口”的功能完整性、申报量、申报比率全省领先。

2017年，张家港水运口岸共完成外贸运量6 153.8万吨，同比增长0.8%；外贸集装箱574 118标箱，同比增长11.3%。

【太仓水运（河港）口岸】 太仓水运口岸位于江苏省东南部、长江入海口南岸，距上海、苏州市区均约60千米。太仓港是郑和下西洋起锚地，地处长江和沿海交汇处，拥有38.8千米长江岸线和12.5米深水航道，是难得的天然良港，自1992年开发建设以来，先后被国家定位为上海国际航运中心重要组成部分、集装箱干线港、江海联运中转枢纽港，被江苏省确定为重点建设的“江苏第一外贸大港”，是江苏省、苏州市经济社会发展和促进苏南地区现代化建设的重要依托。太仓水运口岸共规划港口岸线28.20千米，分鹿河、新泾、荡茜、浮桥、茜泾五个作业区，主要功能为：重点服务于长三角及长江沿线地区，以集装箱干线运输和铁矿石、煤炭中转运输为主，相应开展石油化工品中转储运，并兼顾临港产业开发。

2017年，太仓港水运口岸已建成码头泊位90个，其中万吨级以上泊位36个，集装箱泊位10个，设计吞吐能力1.485亿吨、435万标箱。2017年，太仓港集装箱吞吐量451万标箱、货物吞吐量2.5亿吨，同比分别增长10.5%和7.8%，贡献全省超50%的集装箱增量，并成为长江集装箱运输第一大港、长江外贸第一大港、全国木材进口第一大口岸、长江进口铁矿石第一大港。已开辟各类集装箱航线191条，其中近洋航线24条，挂靠日本、韩国、东南亚和中国台湾地区20个港口；内贸航线47条，覆盖沿海21个主要港口；长江（运河）航线80条，长江沿线7个省（市）50个港口集装箱集并至太仓港出海；开辟了每8小时1班至洋山港五定“太仓快航”，使太仓港至洋山港集装箱班轮航线达到每周40班，实现定时、定航班的“公交化”运营，远洋集装箱集并太仓港后，及时中转洋山港出运。太仓港已基本建成近洋直达集散中心、内贸转运枢纽、远洋中转基地。争取国家发展改革委、财政部、交通运输部同意，执行与上海外高桥港区同等的管理措施和政策，成为全国唯一一个享受海港管理政策的内河港口。在全省率先开展“先查验、后装箱”拆拼箱监管新模式。获批进口水果、粮食、肉类、食用水生动物指定口岸资质。省政府批准在太仓港开展国际贸易“单一窗口”等4项试点。建成投运了口岸集中查验中心、太仓港电子口岸、危险品堆场，在苏州工业园区、高新区、昆山等地建立“无水港”，与上海港实现通关通检一体化，成为启运港退税扩大试点港口，打造了与上海外高桥同等的口岸通关环境。

2017年，太仓港水运口岸外贸运量7 647.14万吨，同比增长2.34%；外贸集装箱运量1 901 184.5标箱，同比增长10.51%。

繁荣的太仓港集装箱码头

【常熟水运（河港）口岸】 常熟水运口岸位于苏州市北部长江南岸，地处我国长江经济带与东部沿海经济带的两条主轴线“T”字结构的交汇处，东倚上海，南连苏州，西邻无锡，北与南通隔江相望，拥有32.1千米长江主江堤岸线，进港航道总长16.5千米。1995年10月，经国务院批准为开放口岸，是苏州港重要组成部分。常熟水运（河港）口岸以散货、件杂货、集装箱运输为主，建有通用件杂、煤炭、多用途、液体化工等码头泊位59个。其中，万吨级以上泊位24个，对外开放泊位26个（万吨级以上泊位17个），主要为长江沿线及周边地区经济发展和对外物资交流服务，是接轨上海、对接长江经济带建设的重要地带和重要窗口，也是常熟市经济发展和沿江产业布局的重要支撑。

2017年，常熟水运（河港）口岸全面推进长江水上过驳专项整治和全省“263”专项行动，取缔了部分水上非法作业点，规范了市场作业秩序，煤炭等大宗散货过驳量略有下降，纸浆、木材、化工品等特色货种增势明显，全港吞吐量总体增速回调，累计完成货物吞吐量8 828.1万吨，同比增长1.9%；集装箱40.1万标箱，同比下降3.2%；进出港航行国际航线船舶3 058艘次，同比增长9.0%，是长三角区域重要的钢材进出口中转基地和华东地区最大的纸浆集散基地和物流中心。通关一体化建设也取得显著成效，圆满完成国际贸易“单一窗口”二期项目，积极开展“单一窗口”三期项目的调研和立项工作并有序推进。加强了口岸核心能力建设，顺利通过国家口岸核心能力省级复查。积极参与“常熟服装城市场贸易采购”试点建设，完成了海关、国检的申报、报关核对，以及工商、银行、税务及外管等部门的接入，至2017年年底通过平台申报10 010票，申报总货量99 350.579吨，其中集装箱量为12 683标箱，总货值127 669.0018万美元。

2017年，常熟水运口岸外贸运量1 632.5万吨，同比增长4.2%。

建港以来最大的木材船——
巴拿马籍“新想象”轮停靠常熟港

【常州水运（河港）口岸】 常州水运口岸位于常州市新北区境内，长江南岸，北隔长江与泰兴相望，上距南京长江大桥167千米，下至上海吴淞口180千米。2001年4月经国务院批准对外国籍船舶开放，拥有较完善的开放配套设施和良好的口岸通关服务环境，是长江下游地区重要的集疏运进出口通道。拥有对外开放的万吨级长江深水泊位9个。其中，集装箱专用泊位2个，年可接卸集装箱30万标箱；液体化工品专用泊位3个，可接卸液体化工品种类50多个；散货及件杂货泊位4个。

2017年，常州港口岸—日本直航集装箱班轮于5月7日成功开通；常州港进境粮食指定口岸于8月9日通过国家质检总局验收；常州港录安洲港区4号泊位于9月19日通过省级验收，经省政府批复实现对外开放；常州港口岸完成大型集装箱检查系统（H986）项目的建设工作并于9月4日通过海关总署验收组验收正式投入海关监管查验运行。

2017年，常州水运口岸货物总吞吐量为4 714万吨，同比增长16.94%，其中，外贸货运量691.99万吨，同比增长22.4%。集装箱运量253 700标箱，同比增长17.95%，其中，外贸集装箱161 362标箱，同比增长14.9%。国际航行船舶577艘次，同比下降0.52%。

【镇江水运（河港）口岸】 镇江水运口岸位于长江与京杭运河两条黄金水道的十字交汇处，上距南京87千米，下距长江入海口279千米。1986年经国务院批准对外开放，是我国沿海25个主要港口和两岸海上直航大陆63个港口之一，是国家主枢纽港、长江三角洲地区重要的对外开放口岸。

镇江市规划港口岸线总长126千米，其中深水港口岸线75.10千米。截至2017年年底，已利用港口岸线42.713千米，其中深水岸线32.363千米。镇江港拥有码头泊位173个，设计吞吐能力达14 237万吨，其中集装箱通过能力达100万标箱。从泊位等级看，万吨级以上泊位55个，5万吨级以上泊位35个，最大泊位达7万吨级。从泊位性质看，公用码头泊位84个，货主码头泊位89个。

下辖高资、龙门、谏壁、大港、扬中、高桥、新民洲等7个港区，主要经营煤炭、矿石、钢材、豆类、植物油、木材等散杂货及集装箱业务，是长江中上游地区大宗物资江海中转效益最佳区段，具有江海直达和海江河转运的区位优势，12.5米深水航道已基本具备通航能力，5万吨级船舶可常年通航，具备深水码头成片规模开发建设的条件，具有持续发展的广阔空间。镇江港与沪宁城际铁路、京沪高速铁路等铁路主干线相连接，沪宁高速、扬溧高速、沿江高速、312国道、104国道等公路主干线连接各大港区，润扬大桥连接大江南北，泰州长江公路大桥穿越镇江港扬中港区，港口距南京禄口国际机场仅1小时车程，集疏运条件畅通便捷，是多种运输方式交汇的中转枢纽港和物流中心港。

镇江水运（河港）口岸共有对外开放泊位46个，已与世界上70多个国家和地区近300个港口建立外贸运输业务，建有镇江综合保税区、中远物流保税仓库、金东纸业保税仓库、惠龙港务出口监管仓库、李长荣化工液体化学品保税罐等特殊监管区域。

2017年，镇江水运口岸外贸货运量3 436.64万吨，同比增长15.94%；外贸集装箱190 200标箱，同比增长5.14%。

【江阴水运（河港）口岸】 江阴港水运口岸东距上海180千米，西至南京204千米，沿江深水岸线长达35千米，处于长江A、B级航道分界点，是江海河联运、水公铁换装的天然良港，也是无锡地区唯一的出海通道。1992年5月20日，经国务院批准，江阴港水运口岸正式实现对外开放，成为国家一类对外开放水运口岸。2009年江阴港跨入亿吨大港行列。至2017年年底，江阴港水运口岸建有千吨级以上生产性泊位125个，其中万吨级以上泊位39个（10万吨级码头泊位5个），最大靠泊能力达15万吨级，年设计货物总吞吐能力约1.1亿吨，石化仓储能力近300万立方。目前，江阴港口岸共有43个泊位对外国籍船舶开放。

江阴港水运口岸与日本、韩国等国家和我国台湾等地区开通了集装箱直达航线，与上海外高桥和洋山港开通了天天班外贸内支线。截至2017年，江阴港共开通集装箱、件杂货等各类公共班轮航线62条，为上百家江阴及周边规模企业打造了畅通高效的物流通道。

2017年，完成外贸货运量3 425.82万吨，同比增长44%，外贸集装箱运量57 249标箱，同比增长3.5%。

【扬州水运（河港）口岸】 扬州水运口岸位于江苏中部、长江下游北岸、江淮平原南端，地处长江和京杭大运河交汇处。扬州从唐朝开始成为我国对外贸易和国际交往的重要城市，是国务院第一批命名的历史文化名城。扬州是上海经济圈和南京都市圈的节点城市，向南接纳苏南、上海等地区经济辐射，向北作为开发苏北的前沿阵地和传导区域。京沪、沪陕两条高速公路在扬州境内交汇，扬溧、启扬两条高速公路经润扬、上海长江大桥直通苏南和上海，扬州已实现环城贯通高速公路，此外，沿江高等级公路、安大公路、淮江公路、盐金公路、仪邮公路等国省干线公路构筑起400千米的“市域环路”。宁启铁路横穿扬州境内，京杭大运河与长江在扬州南部汇流，构成市域航道主骨，形成了便捷的疏港通道，是长江北岸重要的交通枢纽和货物集散中心。1992年11月29日扬州水运（河港）口岸经国务院批准成为对外开放口岸。

扬州境内长江岸线有81千米，其中开放岸线近70千米。沿江有仪征、广陵、江都、邗江一市三区和国家级扬州经济技术开放区。扬州水运（河港）口岸布局为“一港三区”，主港区为六圩港区，江都港区、仪征港区分列两翼，具有广阔的经济腹地和江海河联运的区位优势，共有各类码头泊位45个，其中万吨级以上泊位31个，开放泊位22个。六圩港区现有万吨级泊位8个，以集装箱运输为主，兼顾木材、煤炭、铁矿石等大宗散货；江都港区距扬州市区36千米，现有万吨级泊位13个，以件杂货为主；仪征港区距扬州市区29千米，现有万吨级以上泊位10个，是一个以液体化工为主的专业港区，近年来，港区后方扬州化学工业园区的迅速崛起，众多大型化工项目落户园区。

目前扬州水运（河港）口岸已与全球50个国家和地区的120个港口有货物中转往来，每周有30多个航班从扬州至上海外贸集装箱支线运输，40多个航班从事内贸集装箱支干线运输，通达世界50个国家120个港口，为江苏苏北、苏中地区从“运河经济”迈向“江海经济”架起了金桥。2017年完成货物吞吐量9 234万吨，集装箱吞吐量48.9万标准箱。外贸运量1 097万吨，外贸集装箱量20.7万标准箱。

2017年，扬州水运口岸外贸货运量1 096.02万吨，同比增长19.6%，外贸集装箱运量206 921标箱，同比下降12.3%。

【泰州水运（河港）口岸】 泰州水运口岸地处江苏中部、长江下游北岸，是长江中上游西部地区物资中转运输的重要口岸，是江海河联运、铁公水中转、内外贸运输的节点，是上海组合港中的配套港、国际集装箱运输的支线港和喂给港。目前，泰州水运（河港）口岸以泰州港高港、泰兴两个港区为主体，共有长江岸线44千米，已全线对外开放。泰州水运（河港）口岸常年通航靠泊万吨级海轮，与世界上60多个国家和地区的70多个港口有运输往来，可承接钢材、木材、化工品、粮油、煤炭、集装箱、件杂货等不同货种的中转储运，是全国木材、钢材、粮油、化工品等货物的重要中转港和国际贸易商港，2017年货物吞吐量达1.92亿吨。

泰州水运口岸于1992年11月经国务院批准设立，原隶属扬州口岸运行。2001年8月，随着泰州各口岸查验机构的设立，泰州水运（河港）口岸经过批准单列运行。

2017年，泰州水运口岸外贸货运量1 475.28万吨，同比增长25.5%；外贸集装箱运量105 652标箱，同比增长24.1%。

【大丰水运（海港）口岸】 大丰水运（海港）口岸位于江苏1 040千米海岸线港口空白带的中心位置，利用此海域特有的潮汐通道“西洋深槽”建设深水码头，“西洋深槽”水深稳定，15米等深线宽3 000米～4 000米，长55千米，与外海深水贯通，可进出10万吨级船舶。大丰水运（海港）口岸区位优势明显，集疏运体系完善，是国家交通部规划填补沿海港口空白带的项目，是江苏省沿海重点建设的三大港口之一，2006年6月13日被国务院批准为国家对外开放口岸，2007年9月20日正式对外开放。

大丰水运口岸目前已建成并对外开放了一期码头、二期码头、大件码头、石化码头、集装箱码头、通用码头6座码头，17个万吨级泊位，已开通至韩国仁川港、釜山港、光阳港、平泽港、木浦港的国际集装箱班轮航线，至日本的门司港、博多港航线，至俄罗斯的木材航线，与台湾基隆港直航，可经上海港、宁波港中转至世界各大港口的国际航线，并开辟了大丰港至宁波港、上海港、青岛港的外贸内支线。

2017年，大丰水运口岸外贸货运量1 297.2万吨，同比增长2.2%；外贸集装箱运量393 988标箱，同比增长30.5%。

【如皋水运（河港）口岸】 如皋水运口岸位于长江三角洲北翼，“长寿之乡”江苏省如皋市最南端，与张家港隔江相望，距上游江阴港36千米、南京港200千米，距下游南通港24千米、上海港120千米，距离入海口223千米。如皋港现有长江岸线48千米，其中深水岸线约17.56千米、人工港池岸线14.20千米。截至2017年年底，共有已开放泊位23个，其中公用泊位8个（散杂货泊位4个，集装箱、件杂货泊位4个）、化工品泊位5个、舾装泊位8个、专用材料泊位2个。保税物流中心仓储利用率达100%，监管进出口货值超10亿美元。2017年12月28日，国家质检总局组织对如皋港进口粮食指定口岸进行现场考核验收。

如皋水运口岸外贸货物主要为散杂货和危化品，散货货种主要为煤炭、金属矿石等，危化品主要货种为基础油、棕榈油等。散货吞吐量主要依托于港务集团码头，该公司建有2个15万吨级公用泊位，2个5万吨级公用泊位，有4043式门座式起重机15台，大型装载机18台，后沿堆场近70万平方米，是长江北岸重要的货物集散地。如皋水运（河港）口岸已经成为华东地区重要的、极具发展潜力的危险品仓储、中转基地，拥有各类大小储罐233个，具有200万立方米的储存能力和每年2 000万吨的吞吐能力。

2017年，如皋水运口岸外贸货运量842.79万吨，同比增长5.72%。

【靖江水运（河港）口岸】 靖江水运口岸地处长江下游北岸，上海与南京中间地段，江苏沿海与沿江经济带T形交汇处，地理位置优越，拥有开放岸线47.78千米，其中宜港岸线40.1千米，分夹港、八圩、新港3个作业区，规划泊位数达110个，总通过能力达2.1亿吨。

靖江水运口岸于2012年11月经国务院批准设立，2013年8月通过国家口岸管理办公室组织的验收后正式对外开放，现有对外开放码头15个，共32个万吨级以上泊位，其中盈利港务、龙威粮油港务分别获批木材和粮食进境指定口岸，口岸形成了船舶修造、粮食、木材、石化、金属、矿石六大产业。

靖江水运口岸管理服务体系完善。靖江海事处、靖江海关、靖江出入境检验检疫局、靖江边防检查站、长江引航中心靖江引航站、长江靖江航道管理处等先后设立，全面实施了长三角区域通关一体化改革。

2017年，靖江水运口岸外贸货运量962.3万吨，同比下降9.3%。

【如东水运（海港）口岸】 如东水运口岸位于江苏东部江海交汇处，地处中国经济最为发达的长三角北翼，距南京约300千米，距上海120千米，位于上海一个半小时经济圈。陆路距苏通大桥70千米，距崇启大桥84千米，海上距上海港约150千米。随着“一带一路”倡议、“长江经济带”“长三角一体化”“江苏沿海开发”四大国家发展规划全面实施，洋口港以独特的区位优势、强有力的发展态势开启了江苏出江入海的新通道，成为集石油化工、能源开发、装备制造、仓储物流、石材产业等为一体的多元化产业型港口。

2014年8月，国务院正式同意洋口港口岸开放，对外开放岸线共6 910米，有15个泊位，2015年11月17日通过国家验收。同时10万吨级LNG码头、万吨级重件码头正式对外开放。2016年，洋口港5 000吨级液体化工码头通过国家验收，正式对外开放。

2017年，如东水运口岸货物吞吐量477.9万吨，比上年增长94.5%，其中外贸运量438.9万吨，比上年增长78.6%。成功靠泊LNG船舶57艘，LNG吞吐量达到437.1万吨；重件码头接卸石材荒料、钢板、机械装备、集装箱等散杂货，吞吐量30万吨；5 000吨级液化码头成功停靠45艘化学品船，装卸丙烯腈11万吨。截至2017年年底，江苏LNG接收站已顺利接卸LNG船196艘，接卸LNG总量1 707万吨，为保障华东地区的能源供应做出了重要贡献。

洋口港港区全景图

LNG接收站生产区夜景

【启东水运（海港）口岸】 2014年8月，国务院正式同意启东水运口岸开放。启东水运口岸地处黄海、东海与长江T形结合部，由沿海吕四港区和沿江启海港区两部分组成。港区与临海高等级公路、崇启大桥、沪陕高速、336省道、宁启铁路等相连成网，是承接江海联运和水陆联运的重要枢纽，具备良好的货物集疏运条件。启东水运口岸与上海相距仅50多千米，有崇启大桥与之相连，直接纳入上海1小时经济圈。2017年国际航行船舶进靠启东口岸67艘/次，新造出口船舶11艘。

2017年江苏省口岸大事记

1月

“张家港—东南亚件杂货出口班轮航线”正式开启。

2月20日

江苏出入境检验检疫局批复同意在如东建立南通出入境检验检疫局石材检测实验室。

4月14日

大丰港物流保税中心（B型）通过国家验收。

是日

大丰港保税物流中心（B型）一次性通过南京海关、江苏省财政厅、江苏省国家税务局、国家外汇管理局江苏省分局等相关部门组织的正式验收。同年12月20日正式封关运营。

是日

南京海关通报，海关总署已正式批复同意在江苏省张家港口岸开展进口整车同业联合担保改革试点。张家港从而成为中国第三家，非自贸试验区第一家获批开展同业联合担保的口岸。

4月27日

“太仓河”号装载52标箱集装箱驶离南通港口集团集装箱分公司码头，标志着南通直达日本的第二条航线正式开通。

5月2日

国家公安部批准同意无锡、常州、徐州、盐城航空口岸开展外国人口岸签证工作。

5月3日

“源友”远洋金枪鱼延绳钓船队从启东港口岸的华滋海工码头正式起航，开赴印度洋公海海域进行金枪鱼捕捞。这是江苏唯一一支捕捞金枪鱼的远洋船队，弥补了江苏远洋渔业的一项空白。

6月30日

“张家港—太仓—仁川”集装箱班轮航线首航仪式在张家港永嘉集装箱码头有限公司16号泊位举行。该航线由中韩18家船公司共舱经营，航线首期投入1艘610标箱左右的集装箱船，预期将为张家港口岸增加箱量10 000标箱。

7月3日

盐城南洋机场开通盐城—泰国航线。

7月28日

从俄罗斯纳霍德卡港出发的1.38万吨级国际货轮首次停泊江苏射阳锦程有限公司通用码头，这是射阳港建港40年来首次进靠国际航线船舶，标志着射阳港正式向国际开放。

9月7日

国务院批准同意江苏盐城港滨海港区对外开放。

10月2日

一架航空波音767-300宽体机满载45吨货物，从南通兴东国际机场出发飞往日本大阪，这是南通空运口岸（南通兴东国际机场）开放以来首条国际全货机航线正式开通。

10月19日

中国民用航空局批准同意盐城南洋机场更名为盐城南洋国际机场。

10月23日

大丰港物流保税中心（B型）获得海关总署的合格证书和注册登记证书。

11月2日

南通边防检查站联合南通海关缉私局，查获一艘擅自入境外籍船舶，查出涉嫌走私冻品约800吨、案值约3 000万元。这是南通口岸近年来查获的最大走私冻品案。

12月5日

盐城南洋机场飞燕班组荣获“全国民航示范班组”荣誉称号。

12月7日

泰州综合保税区二期通过封关验收。

12月19日

盐城南洋国际机场正式开通外国人口岸签证业务。

12月27日~28日

国家质检总局卫生检疫监管司司长郭辉及国家考核组组长、山东出入境检验检疫局副局长朱兆银率考核组，对如东洋口港口岸核心能力建设开展达标考核验收。洋口港口岸核心能力建设通过验收。

（撰稿人：王永忠）

2017年江苏省口岸流量统计表

口岸类型	口岸名称	货运量（万吨）				集装箱量（万标箱）				人员（万人次）				交通工具（辆、艘、架、列次）			
		出口	进口	合计	同比（%）	出口	进口	合计	同比（%）	出境	入境	合计	同比（%）	出境	入境	合计	同比（%）
空运口岸	南京			19.50	45.20		4 127.25					310.00	12.20				
	徐州			0.03	61.00		797.21					12.40	21.90				
	盐城			0.02	-27.60		6 102.60					7.90	-30.30				
	无锡			0.314	61.00		2 166.00					85.42	32.00				
	淮安			-	-		2 964.19					5.60	65.80				
	常州			0.03	811.40							20.57	52.40				
	分计			19.89	45.79							441.89	19.79				
陆路口岸	公路																
	铁路																

续表

口岸类型		口岸名称	货运量（万吨）				集装箱量（万标箱）				人员（万人次）				交通工具（辆、艘、架、列次）			
			出口	进口	合计	同比（%）	出口	进口	合计	同比（%）	出境	入境	合计	同比（%）	出境	入境	合计	同比（%）
水运口岸	海港口岸	连云港			11 239.69	0.06			268.77	5.37								
		大丰			1 297.20	2.20			39.40	30.5								
		分计			12 536.89	0.70			308.17	8.03								
	河港口岸	南通			4 311.05	4.50			36.72	4.50								
		如皋			842.79	5.72			-	-								
		张家港			6 153.80	0.80			57.41	11.30								
		南京			2 234.50	3.10			108.00	12.00								
		镇江			3 436.64	15.94			19.02	5.14								
		江阴			3 425.82	44.00			5.73	3.50								
		扬州			1 096.02	19.60			20.69	-12.30								
		泰州			1 475.28	25.50			10.57	24.10								
		靖江			962.30	-9.30			-	-								
		太仓			7 647.14	234 190.12			190.12	10.50								
		常熟			1 632.50	4.20			23.68	-6.50								
		常州			691.99	22.40			16.14	14.90								
		分计			33 909.83	8.35			488.07	8.47								
合计					46 446.71	6.20			796.24	8.30								
同比（%）																		

（江苏省口岸办提供）

2017年江苏省口岸出入境主要数据表

项目			2017年	2016年	同比（%）
出入境人员（人次）	出入境人员总数		5 593 250	4 818 485	0.16
	入境人员		2 789 084	2 419 569	15.27
	出境人员		2 804 166	2 398 916	16.89
	出入境旅客		4 740 450	4 008 035	18.27
	出入境员工		852 800	810 450	5.23
	中国公民	小计	4 713 117	4 033 055	16.86
		内地居民（因公）	327 136	309 958	5.54
		内地居民（因私）	3 767 786	3 178 020	18.56
		港澳居民	143 049	142 685	0.26
		台湾同胞	475 146	402 392	18.08
	外籍人员		880 133	785 430	12.06
	从海港出入境人数		716 392	608 627	17.71
	从陆港出入境人数		0	0	0
	从空港出入境人数		4 876 858	4 209 858	15.84
交通运输工具（辆、艘、架、列次）	总计		59 979	56 733	5.72
	船舶		29 893	29 368	1.79
	飞机		30 086	27 365	9.94
	火车		0	0	0.00
	机动车辆		0	0	0.00

（江苏省公安边防总队提供）

2017 年南京海关主要数据统计表

项目		2017 年	同比（%）
进出口货运量（万吨）	合计	40 645.9	7.7
	进口	33 515.8	11.2
	出口	7 130.1	-5.8
进出口贸易总值（万美元）	合计	37 275 049.1	18.3
	进口	18 857 893.4	19.8
	其中：江、海运输	11 748 516.9	25.6
	铁路运输	67 725.3	59.4
	汽车运输	472 870.5	-24.4
	航空运输	6 567 403.4	14.9
	邮件运输	1 377.4	-8.5
	其他运输	0.0	0.0
	出口	18 417 155.7	16.9
	其中：江、海运输	10 518 217.4	10.8
	铁路运输	391 214.6	43.1
	汽车运输	744 758.0	3.8
	航空运输	6 758 921.8	28.4
	邮件运输	4 043.8	-52.9
	其他运输	0.0	0.0
税收（万元）	两税合计	17 026 018.7	24.5
	关税入库	2 306 494.1	19.8
	进口环节税入库	14 719 524.6	25.3

（南京海关提供）

2017 年江苏省出入境检验检疫业务统计表

项目		货物检验检疫				交通工具				集装箱（标箱）		发现动植物疫情		货物通关		出入境人员查验（人次）	健康检查及预防接种（人次）			
		批次	金额（万美元）	检验检疫不合格		船舶（艘）	飞机（架）	火车（节）	汽车（辆）	合计	检出问题	种类数	种次	批次	金额（万美元）		健康检查	艾滋病监测	发现病例	预防接种
				批次	金额（万美元）															
本年累计		606 940	10 675 401	34 022	1 805 384	30 915	28 972	–	–	3 764 754	24 450	2 769	182 815	657 845	8 242 571	5 783 818	83 978	83 248	28 489	57 255
其中	出境	340 667	1 923 021	3 655	10 301	16 073	14 507	–	–	1 899 956	41	14	52	306 130	1 615 643	2 897 263	66 790	66 426	22 259	56 963
	入境	266 273	8 752 380	30 367	1 795 083	14 842	14 465	–	–	1 864 798	24 409	2 755	182 763	351 715	6 626 928	2 886 555	17 188	16 822	6 230	292
同比（%）		-10.1	27.0	-14.0	23.7	0.7	8.7	–	–	18.1	-26.9	2.2	-3.1	-8.6	-1.0	19.1	-19.0	-19.3	-18.5	-12.5
其中	出境	-7.0	6.4	-51.7	-75.6	1.2	8.5	–	–	28.8	-40.6	-69.6	-65.3	0.2	-10.8	19.5	-22.9	-22.9	-21.0	-12.4
	入境	-13.9	32.6	-5.1	26.6	0.3	8.8	–	–	8.8	-26.8	3.5	-3.1	-15.1	1.7	18.7	0.7	-1.1	-8.3	-33.5

（江苏出入境检验检疫局提供）

2017 年江苏海事局进出港船舶统计汇总表

船舶类别	进港船舶							出港船舶						
	艘数（艘）	总 吨（吨位）	总载重量（吨）	载客量（客位）	船员人数（人次）	货物到达量（吨）	旅客到达量（人）	艘数（艘）	总 吨（吨位）	总载重量（吨）	载客量（客位）	船员人数（人次）	货物发送量（吨）	旅客发送量（人）
总　计	1 263 336	2 130 734 062	2 755 831 679	182 221 043	6 370 535	1 097 207 953	31 937 224	1 260 567	2 128 018 538	2 761 758 793	184 238 999	6 379 593	615 957 405	33 051 755
中国籍船舶	1 246 024	1 776 490 144	2 163 745 762	182 221 043	6 049 376	810 911 783	31 937 224	1 243 187	1 768 763 483	2 160 749 743	184 238 999	6 051 670	577 967 358	33 051 755
其中外贸船	1 255	8 173 850	11 121 988		25 608	4 940 855		1 173	9 142 697	13 289 371		25 845	2 053 867	

（江苏海事局提供）

2017 年连云港海事局进出港船舶统计汇总表

船舶类别	进港船舶							出港船舶						
	艘数（艘）	总 吨（吨位）	总载重量（吨）	载客量（客位）	船员人数（人次）	货物到达量（吨）	旅客到达量（人）	艘数（艘）	总 吨（吨位）	总载重量（吨）	载客量（客位）	船员人数（人次）	货物发送量（吨）	旅客发送量（人）
总 计	37 502	1. 408 6	2. 549 5	1 462	675 036	2. 167	72 191	37 490	0. 693 5	1. 255 2	1 462	374 822	1. 067	70 953
中国籍船舶	4 125	0. 281 8	0. 509 9	382	135 007	0. 433 4	21 615	4 124	0. 138 7	0. 250 9	382	74 965	0. 213 4	21 958
其中外贸船	33 377	1. 126 8	2. 039 6	2 580	540 029	1. 733 6	50 576	33 366	0. 554 8	1. 004 3	2 580	399 587	0. 853 6	49 355

（连云港海事局提供）

浙　江　省

浙江省口岸分布示意图

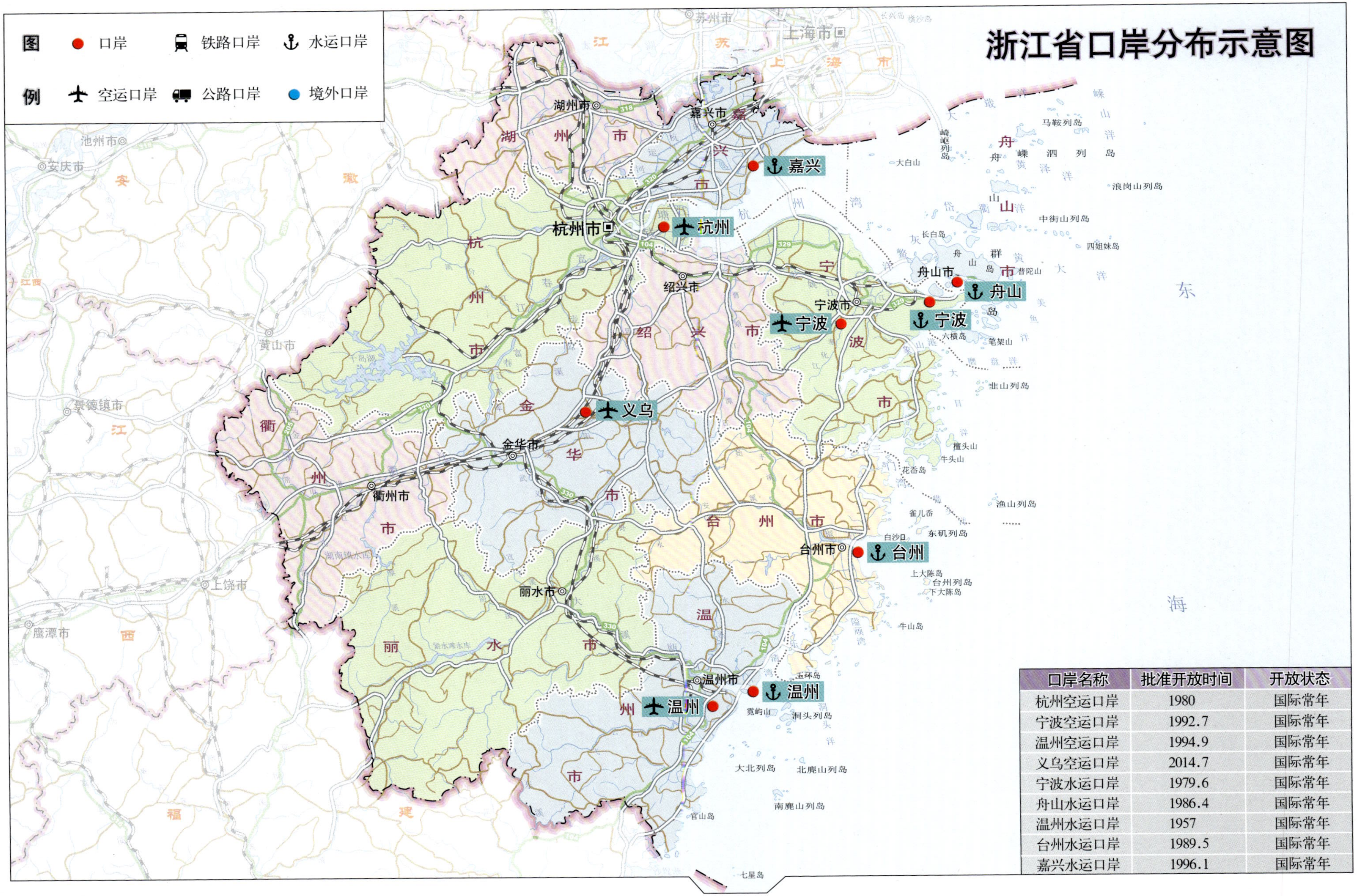

口岸名称	批准开放时间	开放状态
杭州空运口岸	1980	国际常年
宁波空运口岸	1992.7	国际常年
温州空运口岸	1994.9	国际常年
义乌空运口岸	2014.7	国际常年
宁波水运口岸	1979.6	国际常年
舟山水运口岸	1986.4	国际常年
温州水运口岸	1957	国际常年
台州水运口岸	1989.5	国际常年
嘉兴水运口岸	1996.1	国际常年

口岸数量及分布

截至2017年年底，浙江省共有经国务院批准的对外开放口岸9个。其中，空运口岸4个，分别是杭州空运口岸（杭州萧山国际机场）、宁波空运口岸（宁波栎社国际机场）、温州空运口岸（温州龙湾国际机场）和义乌空运口岸（义乌国际机场）；水运（海港）口岸5个，分别是宁波、舟山、温州、台州和嘉兴海港口岸。

口岸运行数据

2017年，浙江省4个空运口岸共完成出入境旅客605.85万人次，同比增长6.7%；出入境飞机41 734架次，同比增长1.29%；进出口货运量16.32万吨，同比增长4.28%。其中，杭州空运口岸完成出入境旅客451.99万人次、出入境飞机29 158架次、进出口货运量14.24万吨，同比分别增长7.73%、3.28%、2.89%；宁波空运口岸完成出入境旅客116.1万人次、出入境飞机9 529架次、进出口货运量1.95万吨，同比分别增长5.3%、2.7%、14.5%；温州空运口岸完成出入境旅客34.23万人次、出入境飞机2 688架次、进出口货运量0.13万吨，同比分别减少15.8%、减少18.1%、增长25.88%；义乌空运口岸完成出入境旅客3.53万人次、出入境飞机359架次，同比分别减少28.2%、14.76%，同期以腹舱带货形式发送国际货物156.1吨。

2017年，浙江省5个水运（海港）口岸共完成进出口货运量48 673.69万吨，同比增长10.02%；进出口集装箱运量2 046.58万标箱，同比增长12.09%；入出境船舶26 480艘次，同比减少12.06%。其中，宁波水运（海港）口岸完成进出口货运量33 148万吨、进出口集装箱运量1 951.9万标箱、入出境船舶11 821艘次，同比分别增长10.6%和12%、减少28.7%；舟山水运（海港）口岸完成进出口货运量13 119.48万吨、进出口集装箱运量27.35万标箱、入出境船舶10 771艘次，同比分别增长10.3%、19.1%、14.4%；温州水运（海港）口岸完成进出口货运量370.19万吨、进出口集装箱运量12.21万标箱、入出境船舶835艘次，同比分别增长9.67和2.27%、减少5.7%；台州水运（海港）口岸完成进出口货运量810.5万吨、进出口集装箱运量8.42万标箱、入出境船舶2 172艘次，同比分别减少7.2%、增长35.3%、减少2.3%；嘉兴水运（海港）口岸完成进出口货运量1 225.52万吨、进出口集装箱运量46.7万标箱、入出境船舶881艘次，同比分别增长5.07%和9.54%、减少0.89%。

2017年，浙江省1个陆路（铁路）临时口岸，即义乌铁路西站，实现“义新欧”中欧班列往返运行168次，运送14 910个标箱，同比增长84.3%。其中，去程班列发运119次11 240标箱，同比增长46.1%；回程班列发运49次3 670标箱，同比增长822%。

2015年浙江省进出口货值统计表

	进出口值（亿元）	出口值（亿元）	进口值（亿元）	同比（%）		
				进出口	出口	进口
全省合计	25 604.18	19 445.95	6 158.23	15.29	10.07	35.56
杭州市	5 085.07	3 455.61	1 629.46	13.32	4.29	38.83
宁波市	7 600.13	4 984.15	2 615.98	21.32	14.35	37.27
温州市	1 327.14	1 157.94	169.20	11.22	9.21	27.31
湖州市	772.11	681.45	90.66	14.55	14.67	13.69

续表

	进出口值（亿元）	出口值（亿元）	进口值（亿元）	同比（%）		
				进出口	出口	进口
嘉兴市	2 469.71	1 775.97	693.74	19.42	14.60	33.82
绍兴市	1 997.42	1 852.04	145.38	9.69	9.84	7.90
金华市	3 404.91	3 311.12	93.79	6.87	6.45	24.27
衢州市	363.91	259.01	104.90	29.30	28.87	30.36
舟山市	783.04	384.19	398.85	12.37	-7.18	40.97
台州市	1 577.89	1 379.47	198.42	20.39	17.99	40.27
丽水市	222.84	205.00	17.84	-1.36	-1.80	3.91

（杭州海关提供）

口岸综合管理

【进一步巩固完善口岸大开放格局】 有序推进重点口岸开放及有关项目启用验收工作。舟山普陀山机场对外开放工作是2017年浙江省口岸的重点工作。省市两级口岸部门克服了时间紧任务重的困难，通过两条线同时申报，在2017年年底前获八部委同意报国务院审批，创造了全国空运口岸开放审批推进时间的新纪录。此外，2017年8月，宁波水运（海港）口岸穿山港区（北）共4个码头8个泊位扩大开放获国务院批复同意。2017年，宁波水运（海港）口岸北仑港区戚家山化工码头、舟山水运（海港）口岸定海港区浙江海洋石油化工有限公司油品码头、温州水运（海港）口岸状元岙港区国际邮轮码头通过验收，正式对外启用。

继续做好口岸临时开放及其他准备工作。一是做好口岸临时开放工作。完成义乌铁路西站，宁波舟山港穿山港区中宅煤炭码头、光明通用码头、浙江LNG码头、港鑫东方码头、石浦港区新港码头、浙台（舟山普陀）经贸合作区客货滚装公用码头，台州水运（海港）口岸三门枫叶船舶修造有限公司码头船坞，温州水运（海港）口岸乐清湾港区浙能乐清发电公司煤码头1号、2号泊位共10个码头（场站）14批次临时开放。二是做好口岸开放的其他准备工作。积极推动宁波舟山港定海、金塘、马岙、白泉、石浦、象山等相关作业区对外开放水陆域范围、进出港航线及锚地申报工作，岱山、衢山、金塘、马岙、白泉等港区相关水陆域扩大开放获得相关主管部门一次性集中同意。

大力推进空运口岸开辟国际航线等工作。2017年，浙江省共开通了至美国芝加哥（全货机）、俄罗斯海参崴和新西伯利亚（全货机）、越南富国岛、日本札幌、柬埔寨金边、菲律宾宿务、美国塞班、葡萄牙里斯本、文莱斯里巴加湾、新加坡、泰国清迈和普吉、德国法兰克福、捷克布拉格等18条国际航线，已形成覆盖全球30多个国家和地区的网络。杭州空运口岸出入境旅客吞吐量继续保持全国第5位，出入境快件业务量位列全国第6位。继续抓好浙江省航线资金管理工作，及时协调解决开辟重要国际客、货运航线资金补助等问题，协调推进杭州空运口岸24小时无障碍通关的有关工作。

【进一步推进和完善口岸监管一体化工作】 浙江省口岸办牵头落实口岸监管一体化工作，印发2017年浙江省口岸监管一体化工作方案，提出了全面实施通关一体化改革等26项具体改革举措。在浙江省内各口岸相关单位通力协作下，15项任务完全落实，11项基本落实，改革在一些制约性问题上取得突破性进展。如积极探索简化宁波舟山港内货物流转转关手续，实现货物“转关如转场”；增加进口直通覆盖面，减少负面清单；实现浙江省内海港边检站“一地办证，多地通行”。各查验单位大力推进相关举措落实。一是杭州海关和宁波海关继续深入推进宁波舟山港内国际航行船舶移动按移泊处理试点等9项业务改革，进一步做好杭甬两关监管系统对接、卡口信息互换、运抵监管互认、改配数据共享，真正落实“同港同标准，两关如一关”。二是浙江出入境检验检疫局和宁波出入境检验检疫局加强区域协作，全面实施“进口直通、出口直放”，自4月10日起取消企业限制，全面实施进口直通。三是浙江省公安边防总队推行全省“出海船舶户口簿”“出海船民证”异地办理工作。四是浙江海事局发布宁波舟山港及嘉兴独山港区相关锚地、航道等划定使用的公告，有效推动统筹使用航道和锚地资源；整合宁波、舟山VTS中心统一对外为“宁波舟山VTS”中心。

【着力推进“三互”大通关建设】 一是切实落实压缩货物通关时间工作任务。2017年7月印发《浙江省压缩货物通关时间实施方案》，共包含4部分18项具体措施。截至2017年年底，杭甬两关货物通关时间均比2016年同期压缩三分之一以上。二是确保完成降低进出口集装箱合规成本专项行动。浙江省口岸办争分夺秒，按照摸清真实底数、重点口岸调研、印发实施方案、督查落实完善4个步骤，下调外贸进出口集装箱装卸费用20%以上，下调重点堆场作业相关费用10%以上，总体超额完成了降低外贸集装箱合规成本5%的任务。三是积极落实免除查验没有问题外贸企业吊装移位仓储费用工作。在各地口岸办积极努力下，2017年浙江省（含宁波）涉及免除费用集装箱数量88 698个自然箱，累计减免费用5 457.34万元，惠及企业24 134家。

【大力推进国际贸易“单一窗口”工作】 一是有效落实国际贸易“单一窗口”国家标准版的试点及推广。按照国家口岸管理办公室的统一部署，浙江省在“单一窗口”国家标准版的试点和推广工作中一路攻坚克难、大力组织推进，取得了良好的效果，实现了“四个第一”，即开展试点全国最早、功能试点全国最多、运输工具和舱单申报两大基本功能超过30%覆盖率全国最快、运输工具业务申报量全国最大。二是顺利完成浙江省国际贸易“单一窗口”二期项目建设。2017年5月正式启动建设“单一窗口”二期项目，在一期项目的基础上重点完善平台基础架构，拓展业务功能服务，完成了货物申报服务等八大功能的建设工作于11月2日顺利通过终验。三是积极推进并启动浙江省“单一窗口”地方特色业务建设。浙江省口岸办统筹协调、指导督促浙江电子口岸做好舟山保税燃油加注“一口受理”平台建设，并将“一口受理”平台纳入浙江国际贸易“单一窗口”。

【积极推动落实浙江省口岸立法相关工作】 一是加强立法前期调研。2017年3月~6月，浙江省口岸办赴上海、河北、广东等地调研，具体了解当地口岸地方性法规、规章出台的背景，立法的过程，具体法条内容的地方性特色及正式实施后取得的效果，为浙江省开展口岸立法工作奠定了扎实的基础。二是推进立法前评估工作。7月，浙江省海港委（浙江省口岸办）与浙江大学签订委托合同，开展《浙江省口岸管理服务办法》立法调研。浙江省海港委与省内立法研究机构紧密配合，倒排时间节点和工作任务，按要求在8月底前完成了立法项目前评估工作。三是加大与浙江省法制办沟通协调。浙江省海港委多次与浙江省法制办沟通，及时汇报立法前期工作推进情况，得到了浙江省法制办业务处室的指导与支持。8月底，浙江省海港委按要求申报了立法项目，该项目已被浙江省法制办列为2018年浙江省政府一类规章项目。

【口岸基础设施、配套设施建设】 宁波空运口岸老货站与通关中心之间的监管场地改造于2017年7月25日完成，成为华东地区首个阳光化、规模化运营的个人类快件通关口岸。温州空运口岸完成口岸签证机构组建、办公场所改建、签证系统建设等工作，并于2017年7月10日通过公安部考核验收，12月1日起正式开通口岸签证业务。义乌空运口岸飞行区改造完工，于2017年11月13日正式启用，飞行区技术等级从4C级提升至4D级标准。新临时国际货站工程于2017年11月3日通过验收，项目总建筑面积4 521平方米，其中临时国际货站占地面积3 867平方米，可满足30吨货运包机的需求。

宁波水运（海港）口岸穿山港区（北）中宅煤炭、浙江省（宁波）液化天然气（LNG）接收站、光明通用、港鑫东方燃供4个码头于2017年8月获国务院批复同意对外开放，4个码头项目设计年吞吐量为2 650万吨。北仑港区戚家山化工码头于12月7日通过对外启用验收，该码头为5万吨级液体化工码头，长505米、宽20米，设计水深14.4米，总投资1.98亿元，设计装卸货种达到45种之多，年吞吐量为200万吨。梅山港区1~5号集装箱泊位工作船码头移建工程于10月27日通过竣工验收，正式投用。该码头位于滚装及杂货码头西侧，码头总长122.5米，移建浮码头1座，建成2个泊位最大可并靠4艘40米级拖轮。温州水运（海港）口岸状元岙港区国际邮轮码头于2017年11月30日通过对外开放启用验收，12月9日完成开港首航。温州国际邮轮港项目总投资约3亿元，建设内容包括7号泊位、旅检大厅、封闭通道及辅助设施设备。其中，7号泊位长340米、宽50米，靠泊等级为5万吨级兼靠10万吨级；旅检大厅总建筑面积6 200平方米，年设计旅客吞吐量22万人次。嘉兴水运（海港）通关服务中心完成土建工程，并于2017年9月通过市级消防验收、竣工验收。独山港区现场监管点项目7月20日正式开工，投资概算4 700万元，面积7 800平方米。嘉兴港口岸第二个H986设备项目在上港集团平湖独山港码头通过竣工验收并交付使用。嘉兴港首家船舶污染海域应急联防体有限公司投资建造的第一艘防污染船舶2017年年初在宁波开建，现已交付，形成一次性应急处理能力360立方米，有效增强嘉兴港处置海上船舶污染海洋环境的应急能力，由企业共同出资建立海上应急联防体系也为浙江省首创。

【电子口岸建设】 2017年，浙江电子口岸有限公司服务浙江口岸信息化基础建设，推进“最多跑一次”改革落地，建设运营维护五大国家级平台，服务保障“四大国家战略”，支持智慧口岸建设。截至2017年12月31日，浙江电子口岸平台累计注册用户19.53万个，累计传输报关单超过5 437万票、提单超过4 155万份，日均处理电子单证量超过19.23万笔，日均处理电子单证交换量超过659万条。门户网站“政务咨询”栏目实时回答企业咨询超过12万条。967 209免费客服热线7×24小时为企业答疑解惑，累计回答问题超过67万个。平台各政务系统正常稳定运行时间始终保持在99%以上。一是服务全国通关一体化改革，建设运营维护浙江省国际贸易“单一窗口”平台。2017年5月，平台率先实现服务集成模式下运输工具和舱单申报与国家标准版的对接，使浙江成为货物报关、运输工具、舱单等标准版基础服务功能推广全面达标的省份，其中运输工具申报量位居全国第一。2017年11月，平台二期上线运行，浙江国际贸易“单一窗口”功能已经基本实现，并覆盖浙江沿海各口岸。二是建设运营维护浙江自贸试验区公共信息平台，支持自由贸易港区先行区建设。2017年4月，浙江自贸试验区保税燃料油加注“一口受理”平台上线运行，完成与浙江省国际贸易“单一窗口”平台对接，成为我国首个保税燃油加注电子申报审批平台，实现保税燃油加注申报“最多跑一次”。该窗口依托浙江国际贸易“单一窗口”，将保税燃油的船舶申报与货物申报集中到一个平台，仓储企业、供油企业、货代、船代等业务相关主体可通过平台一点接入，享受一站式服务。三是优化升级义乌市场采购贸易联网信息平台。2017年6月29日，义乌市场采购贸易联网信息平台二期通过验收，其重点完善了公共信息服务平台系统、通关服务平台、上线商户备案系统、组货装箱系统、检验检疫系统、报关单溯源系统、免税管理系统、外汇结算系统等功能。截至2017年12月31日，平台已备案商户近7万家、外贸企业1 847家，组货记录167

万条，出口申报单量超过167万票，总金额超过806亿美元，自助结汇超过19.51亿美元。四是建设中国（杭州）跨境电子商务综合试验区公共信息服务平台。浙江电子口岸作为综试区“单一窗口”平台的建设运营维护主体，主要建设三个中心（统一认证中心、数据交换中心、大数据中心），提供两类服务。平台已实现覆盖跨境B2C和B2B货物贸易的政务服务，提供一站式服务，基本构建完成支撑综试区建设的“六体系两平台”信息化服务保障体系，并实现与海关总署跨境进口统一版、国家质检总局跨境监管平台对接。截至2017年12月31日，平台已接入天猫国际、银泰网、苏宁易购、网易考拉等700余家电商平台（间接服务入驻电商企业近4 000家），银联、支付宝等50余家支付平台，中国邮政速递、顺丰速运、菜鸟网络等140余家物流企业，汉达、心怡等120余家仓储企业及和达、中远近180家报关企业。五是建设运营维护国家交通运输物流公共信息平台，承接国家级重大物流信息项目落地。浙江电子口岸作为国家交通运输物流公共信息平台的承建单位，承担了平台数据交换标准制定，核心交换中心建设、东北亚物流信息服务网络建设，物流行业主流标准化软件研发等任务。截至2017年12月31日，平台已互联港口31个，覆盖欧亚8个国家，物流园区、供应链上下游等企业40多万家，节约行业信息化投入约5亿元。企业通过平台实现交换数据量累计超过12.71亿条，日均信息交换量近3 000万条，年服务物流货值超13.51万亿元。

【中国（浙江）自由贸易试验区建设】 2017年3月15日，国务院印发了《关于印发中国（浙江）自由贸易试验区总体方案的通知》；4月1日，浙江自贸试验区正式挂牌；7月30日，浙江省人民政府发布了《关于印发中国（浙江）自由贸易试验区建设实施方案的通知》。

浙江自贸试验区的战略定位是“建设成为东部地区重要海上开放门户示范区、国际大宗商品贸易自由化先导区和具有国际影响力的资源配置基地”，发展目标是“经过三年左右有特色的改革探索，基本实现投资贸易便利、高端产业集聚、法治环境规范、金融服务完善、监管高效便捷、辐射带动作用突出，以油品为核心的大宗商品全球配置能力显著提升，对接国际标准初步建成自由贸易港区先行区”。

浙江自贸试验区的实施范围为119.95平方千米，由陆域和相关海洋锚地组成，涵盖3个片区：舟山离岛片区78.98平方千米（含舟山港综合保税区区块二3.02平方千米），舟山岛北部片区15.62平方千米（含舟山港综合保税区区块一2.83平方千米），舟山岛南部片区25.35平方千米。离岛片区鱼山岛重点建设国际一流的绿色石化基地，鼠浪湖岛、黄泽山岛、双子山岛、衢山岛、小衢山岛、马迹山岛重点发展油品等大宗商品储存、中转、贸易产业，海洋锚地重点发展保税燃料油供应服务；北部片区重点发展油品等大宗商品贸易，保税燃料油供应，石油石化产业配套装备保税物流、仓储、制造等产业；南部片区重点发展大宗商品交易、航空制造、零部件物流、研发设计及相关配套产业，建设舟山航空产业园，着力发展水产品贸易、海洋旅游、海水利用、现代商贸、金融服务、航运、信息咨询、高新技术等产业。浙江自贸试验区内的海关特殊监管区域重点探索以贸易便利化为主要内容的制度创新，重点开展国际贸易和保税加工、保税物流、保税服务等业务；非海关特殊监管区域重点探索投资制度、金融制度等体制机制创新，积极发展以油品为核心的大宗商品中转、加工贸易、保税燃料油供应、装备制造、航空制造、国际海事服务等业务。

【特殊监管场所建设】 舟山港综合保税区区块三（空港分区）于2017年9月13日获国务院批复同意设立，是在综合保税区总体规划面积5.85平方千米不变的基础上调整设立。空港分区位于朱家尖普陀山机场南侧，规划面积0.85平方千米，东至329国道、南至石榴江和南塘河、西至机场路、北至普陀山机场。12月28日，空港分区通过国家正式验收。衢山分区（二期）于11月7日~8日通过正式验收。衢山分区规划面积3.02平方千米，分三期建设。衢山分区（二期）主要工程——围堤及陆域形成工程（西三区）主体于8月完工，该项目位于岱山县衢山镇鼠浪湖岛的东南面，规划面积0.97平方千米，总投资约8.4亿元。金义综合保税区于2017年6月30日正式封关运行，总体规划面积1.79平方千米，分两期建设，其中一期规划和开发面积1平方千米，总投资30亿元。

杭州保税物流中心（B型）二期于2017年4月27日通过正式验收。海关特殊监管场所区域面积增加到约18.33万平方米，围网内仓库面积约12万平方米。温州保税物流中心（B型）一期于2017年3月16日正式封关运营，规划总用地约21.33万平方米，分北区和南区两大区域：南区作为一期工程先行启动建设，规划用地约14.07万平方米；北区为二期工程，规划用地约7.27万平方米。义乌保税物流中心（B型）二期工程于2017年10月开工建设规划占地面积约13.33万平方米，建筑面积10.62万平方米，分两期实施，其中一期建有综合业务技术用房、标准仓库4.7万平方米。

杭州萧山国际机场进境水果指定口岸项目于2017年6月7日~8日通过国家质检总局验收，8月1日获批复开通。该项目位于航空货站B区，占地1.5万平方米，拥有约2 000平方米面积的查验场地及4个水果冷处理库和水果储存冷库。义乌国际机场进境水果指定口岸项目于2017年8月16日获国家质检总局批复同意设立。宁波进口澳大利亚肉牛（屠宰用）项目于2017年5月正式通过国家质检总局验收，宁波港口岸镇海港区成为我国南方地区首家海运肉牛进口指定口岸。舟山进境水果指定口岸项目于2017年8月通过国家质检总局验收，该项目位于朱家尖岛，占地面积3万多平方米，其中冷处理库、检疫监管冷库及工作用房约500平方米。舟山进口肉类指定口岸项目于2017年6月15日通过国家质检总局验收，该项目位于舟山港综合保税区内，规划用地总面积74 280平方米，可满足年进口肉类14万吨的查验要求，一期项目冷库总面积约5.06万平方米，总库容量13.4万立方米。义乌进口肉类指定查验场于2017年8月正式开工建设，项目选址在陆港新区义乌陆路（铁路）临时口岸一期，占地15 000平方米，冷库年周转能力2万吨，年进口最大处理量6.76万吨。义乌铁路口岸进境冰鲜水产品指定口岸项目于2017年5月26日获批筹建。浙台（普陀）经贸合作区进口水果指定口岸项目于2017年8月17日顺利通过国家质检总局现场考核验收。温州三盘港对台小额贸易点于2017年8月底正式获批设立。

宁波国际邮件交换站于2017年6月28日顺利开通。义乌国际邮件交换站于2017年12月13日通过杭州海关验收。温州2017年启动国际商业快件试点城市申报。

【中国（杭州）跨境电子商务综合试验区建设】 下沙园区2017年跨境进口累计验放包裹3 655.49万单，交易金额73.62亿元。一是从政策上支持园区企业发展。二是从软硬件上保障园区发展基础。园区场站信息化辅助管理系统平台建设工作完成，实现了跨境电商物品从运输、报关、仓储到订单生产、查验、二次配送等全链条的信息化管理，提升了园区信息化监管水平，为海关大数据应用和监管夯实基础。三是创新跨境保税B2C出口模式。通过试点企业完成“按状态分类”监管下的首单出口测试，成功打通保税出口B2C业务模式，实现保税出口B2B和B2C业务全覆盖，进一步提升了下沙园区创新平台作用。

下城园区（下城区跨贸小镇）实现创新发展。2017年，先后获评中国侨联新侨创新创业基地、杭州跨境电子商务标杆产业园等称号；新引进企业407家，实现进出口贸易总额15.7亿美元，同比增长93.2%；实现税收4.45亿元，同比增长78.7%。成立下城跨境贸易企业联盟，首批联盟会员企业100家，促进跨境外贸企业交流合作。推动跨境园区场站建设，与杭州邮政速递公司合作，开通商业快件项目，完善园区跨境电商物流供应链。创设小镇跨境产品优选平台并上线运行，实现小镇线上线下的优质产品交易。

空港园区在2017年进一步取得发展，快递物流、航空物流业在园区进一步集聚。截至2017年年底，园区内物流电商类等特色企业达120多家，电子商务销售额为22.28亿元，其中进口业务414万单、货值7.9亿元，完成出口额7.21亿元；阿里巴巴产业带上线企业994家，交易金额7.17亿元。保税物流监管货重累计27.64万吨、货值3.8075亿美元。园区上缴国家关税9100万元。

【义乌陆路（铁路）临时口岸建设】 2017年4月18日，义乌铁路口岸检验检疫监管场地顺利通过验收。9月13日，义乌铁路西站再次获国家口岸办批准临时开放。作为“义新欧”国际铁路联运的起点，华东地区通往欧洲的窗口，义乌铁路西站再次获批临时开放，对带动浙江中西部对外经济向纵深发展，推进浙江省开放型经济快速发展具有重要意义。义乌以铁路口岸临时开放为契机，积极融入“一带一路”建设，2017年新开通义乌至伦敦、布拉格货运班列；获批中欧班列运邮试点，相继开行马士基、中远海、地中海船公司铁海联运周班专列。截至2017年年底，已先后开通至西班牙、俄罗斯、白俄罗斯、英国、捷克等9个方向的运行线路，在西班牙、波兰、德国等沿线设立5个物流分拨点、8个海外仓，辐射34个国家。海铁联运班列共发运集装箱重箱24954个标箱，同比增长110%。

口岸监管与服务

【浙江省公安边防总队严密口岸管控工作】 制定出台有关工作制度，组织召开月形势分析会研究口岸反恐工作，部署各边检站开展隐患排查活动，与公安反恐等部门建立情报交流协作和案件协查机制。提升管控能力，维护口岸安全稳定，圆满完成中共第十九次全国代表大会、金砖会晤、第四届世界互联网大会等重大边防安保任务。2017年，各级边检机关共检查出入境人员6892885人次，飞机41734架次，船舶37887艘次。

【浙江省公安边防总队创新通关服务举措】 推进“最多跑一次”改革工作，实施边检“最多跑一次”事项办理标准化，全面梳理行政审批事项，列出13项行政许可的办事清单，制定《群众办事清单和服务指南》，公开办理条件，简化办事流程。积极推进国际贸易“单一窗口”建设，指派舟山边检站作为试点单位，主动参与国际贸易“单一窗口”标准版建设，推广应用边检“全省一证通”，简化边检通关手续办理。指导浙江省有旅检业务的边检站开展验放系统升级改造，先后完成杭州机场、宁波机场、温州机场、义乌机场30个智能验证台建设和10条自助查验通道建设工作。

【浙江省公安边防总队全力支持全省口岸开放】 主动对接浙江自贸试验区建设，从简化通关手续、创新监管模式、保障重点项目、维护口岸辖区安全稳定4个方面入手，研究制定加快推进“单一窗口”建设、行政审批制度改革、出入港手续简化、在港监管模式优化、支持口岸对外开放、保障特色船舶顺畅通关、优化警力配备、加强基层基础建设、推行网格化管理服务、护航重点工程10项具体工作措施。组建舟山机场边检站筹建组，配合做好舟山机场口岸开放的申报、验收及运行等工作，全力保障2018年年底波音飞机的顺利交付。全力支持10个码头对外开放和临时对外开放，全力保障杭州机场、宁波机场和温州机场增开9条国际航线，提升助推地方经济发展建设的合力。

【浙江海事局倾力服务浙江口岸发展】 一是主动融入，全力支持浙江口岸经济发展。主动融入浙江海洋经济发展示范区、舟山群岛新区、舟山江海联运服务中心、浙江自贸试验区和义甬舟开放大通道等国家和浙江省重大战略，研究出台工作举措和意见，深化落实各项海事服务保障举措。二是主动革新，切实提升浙江口岸便利化程度。以基层海事执法改革为契机，推行现场综合执法模式，实现一次登轮完成海事监管所有执法检查。推出港口建设费远程申报和电子支付。以“最多跑一次”改革为依托，将口岸便利化不断推向深入。三是主动担当，积极推动“三互”大通关。牵头驻浙直属查验单位，联合下发关于明确国际航行船舶联合登临检查工作有关事项的通知，进出浙江海港口岸的国际航行船舶联合登临检查工作机制正式建立。积极协调推进“单一窗口”运输工具申报功能试点及正式运行。四是主动作为，优化浙江口岸环境。推动统筹使用航道和锚地资源，优化宁波舟山港一体化通航秩序管理。创新“港口国—船旗国”协作方式，联合利比里亚海事管理当局发布针对浙江沿海气象和通航情况的船舶安全提示，形成外轮航行安全保障合力。推动防污应急能力建设规划落地，推动长三角船舶排放控制区提前扩容，提升口岸竞争力。

【浙江海事局务实举措促进保税燃油产业发展】 保税燃油加注项目是浙江自贸试验区建设国际海事服务基地的重要内容，是自贸试验区推动油品全产业链投资便利化和贸易自由化的重要举措。以海事专业特色引领该产业发展。一是问题导向，综合施策。多次组织开展案头和现场调研，梳理了制约保税燃油加注产业发展的锚地资源紧张、信息沟通不畅、作业效率偏低、应急力量不足、气象因素影响较大等问题，并提出针对性解决建议。二是创新引领，便利通关。以“最多跑一次”改革为契机，在供油船通关已实现“零上门”、加油船通关已实现“一次性申报、一次性审批、一次性办结”简化办理的基础上，推出外国籍船舶进口岸申请网上申报审批。联合5家驻浙直属查验单位建立国际航行船舶联合登临检查工作机制。三是破解难题，强化保障。针对保税燃油加注锚地紧张问题，牵头召集港航、引航、港口、综合保税区管委会及甬舟两地海事机构等单位，在舟山专题研究、论证，拓展日常用于港口生产作业的虾峙门南锚地功能，专门为保税燃油加注开辟3个专用锚位。四是统一规范，协同管理。浙江海事局会同舟山市政府、港航、引航和企业等，共同研究分析海上加注作业的操作流程、主要风险及相应的安全和防污染保障措施，达成各方共识，基本形成坚持科学态度、坚持制度规范、坚持安全投入和坚持统一指挥“四个坚持”的做法，确定了加油船报备、作业申报、气象限制标准、锚泊值班等一系列安全标准和监管要求，为产业稳步做大做强保驾护航。

【浙江海事局服务浙江自贸试验区建设】 一是主动担当先行。主动对接，率先赴自贸试验区管委会上门调研。通过集中办公、集中研讨、召开现场会等形式，统一思想、明确思路，强化主体意识和能动意识，形成服务浙江自贸试验区的工作格局，研究出台服务自贸试验区建设16条举措。二是聚焦建设重点。研究出台加油船通关便利化举措、拓展保税燃油加注锚地、强化供油企业资质和燃油质量管理等多项举措，助推2017年保税燃油加注量大幅提升。提前介入，把脉绿色石化基地建设、开放、投产、运营全过程，推出系统化“一揽子”安全建议和便利化举措，确保基地建设安全顺利推进。三是突出航运特色。积极向上级争取，落地以“浙江舟山”为船籍港的国际船舶登记制度，配套推出“中国宁波舟山港”为船籍港的方便旗船舶回国登记。积极支持邮轮游艇自由行、中资非五星旗船沿海捎带业务通关便利化等，对完善自贸试验区功能设置、提升整体航运服务层次起到了积极的推动作用。四是系统谋划升级。整体把关自贸试验区水上交通和防污染工作，强化安全监管保障，致力于为自贸试验区建设营造良好的水上环境。统筹推进舟山江海联运服务中心、宁波舟山港一体化等，形成多个战略协同联动的局面。深入分析风电产业发展趋势及其对自贸试验区建设的影响，推动建立风电安全监管体系，实现自贸试验区建设与新能源应用共同发展。五是深化职能转变。牵头建立国际航行船舶联合登临检查工作机制，推出进出口岸申请电子化办理，积极推进“单一窗口”建设。实施综合执法工作机制，推行“集约式”登轮和“清单式”执法，不断提高执法效能。

【舟山海事局助力舟山港域2017年度货物吞吐量创新高】 2017年，舟山港域货物吞吐量达到4.58亿吨，同比增长7.49%，占宁波舟山港比重上升到45%，为宁波舟山港货物吞吐量突破10亿吨，问鼎全球首个“10亿吨”大港作出重要贡献。舟山海事局全方位助力以油品、铁矿石、集装箱为主要代表的舟山港域货物吞吐量稳定增长。一是以服务大宗油品中转基地和东北亚保税燃油加注中心为抓手，促进油品吞吐量稳步提升。全面梳理油轮安全监管先进经验，形成“全流程”“全天候”监管模式，进行“全覆盖”式应急演练，全力保障舟山大宗油品中转基地水上危险品运输安全；开展保税燃油加注锚地通航安全评估，根据锚地通航安全条件及燃油加注便利性选定秀山东锚地、马峙锚地、虾峙门南锚地等保税燃油加注作业区，并限定作业风浪和能见度条件，保证加注作业平稳顺利。舟山港域2017年完成油品吞吐量6 993.82万吨，同比增长9.34%，其中实现保税油供应182.8万吨，同比增长71.8%。二是主动融入舟山江海联运中心建设，促进铁矿石吞吐量大幅增长。围绕深入推进江海直达运输发展，依托信息化平台打造“智慧海事”，加快完善江海联运配套服务体系，构建易流态化散固货物运输安全监管框架，建立寒潮大风、台风等恶劣天气预警预控体系，深入研判铁矿石易流态货物中转作业安全风险，积极打造铁矿中转运输“海上驿站”。舟山港域2017年完成铁矿石吞吐量15 852.16万吨，同比增长10.38%。三是紧跟浙江自贸试验区制度创新步伐，助力集装箱吞吐量取得新突破。针对集装箱船舶装卸作业快、靠泊时间短的特点，积极创新服务举措，深入践行一站式服务，提供集装箱船舶口岸查验和报告预约服务“绿色通道”，强化与口岸单位的沟通协作，落实集装箱船舶24小时手续办理。舟山港域2017年集装箱吞吐量达104.11万标箱，首次突破100万，同比增长19.84%。

【舟山海事局助力鼠浪湖矿石中转码头年吞吐量超过3 000万吨】 2017年12月18日，随着装载有310 835吨铁矿的“中海年华”顺利靠泊鼠浪湖矿石中转码头，该码头2017年的吞吐量达到3 031万吨，接卸量达1 643万吨。2017年，鼠浪湖矿石中转码头接靠一程船83艘次、二程船759艘次，已经成为宁波舟山港和舟山江海联运服务中心建设的重要板块、我国长江以南最大的混配矿基地。舟山海事局着力科学监管，全力保障鼠浪湖矿石中转码头生产营运安全高效。一是系统规划，提前部署。组织编写完成《鼠浪湖矿砂中转码头安全监管手册》，落实码头靠泊作业“一船一议”工作机制，组织港航、引航等部门召开安全论证会，编制《40万吨船舶进港、靠泊、稳泊接卸作业指导手册》。二是创新监管模式，提升码头效率。提高口岸通关效率，首次实现40万吨船舶同日接靠和驶离作业；完善引航操作方案，成功突破船舶夜航靠离泊的生产瓶颈，实现300米以内大型船舶的上半夜靠泊和各类船型的上半夜离泊。三是前移窗口，真情服务。考虑到鼠浪湖岛地处偏远，船舶办理手续不便等因素，舟山海事局前移政务办理窗口，主动驻岛为进出港船舶现场办理申报手续，并监督码头作业，严格“码头适靠、货物适运、船舶适装”监管要求，确保船舶作业安全。

【杭州海关全力服务浙江自贸试验区建设】 认真落实海关总署支持浙江自贸试验区建设的25条举措，出台26项监管创新措施，全力服务浙江自贸试验区建设。一是简化保税燃油供应通关手续。支持浙江自贸试验区保税燃油供应“一口受理”平台建设，实现船舶申报、保税燃油审批、供油、报关、核销等多项海关手续一次性办理；出台“跨地区直供”“港外锚地供油”“一船多供”“先供船后报关”“一库多供”等创新支持举措，切实简化企业通关手续。2017年，舟山口岸保税供油总量182.83万吨，同比增长71.7%。二是支持燃料油调和试点。出台支持“同商品编码下燃料油混兑”相关举措，探索开展燃料油和柴油混兑业务，寻求推动保税燃料油混兑的全面解决方案。2017年有5家企业开展燃料油调和业务，调和油品102万吨，货值3.57亿美元。三是提升舟山水运（海港）口岸矿石货源集聚能力。在全国海关率先建立铁矿石混矿监管模式，支持国际矿石中转基地建设，提升舟山港综合保税区的铁矿石集聚能力，2017 年累计实现保税铁矿砂混矿 685.98 万吨。

【杭州海关大力支持舟山群岛新区建设】 一是有力支持舟山港综合保税区新业态发展。助力国际矿石中转基地建设，2017 年，衢山分区接靠 40 万吨级超大型矿砂船 27 艘，完成接卸量 1 694 万吨，同比增长 130%；支持本岛分区发展船配件、铜精矿、进口海盐等业务；主动加强“跨境电商”和“快件中心”项目对接，积极研究提出合理化建议。二是积极支持口岸规范开放。提供政策引导和业务解答，加强监管场所建设指导，保障和充实口岸监管和服务力量，配合地方政府争取舟山空运口岸开放、波音项目和农产品产业基地项目尽早落地。三是助推舟山江海联运服务中心、国际绿色石化基地项目建设。落实大宗商品“提前报关，货到验放”、税款电子支付、集装箱卡口电子放行、24 小时值守等便捷通关措施，为国家战略物资从舟山转运营造高效通关环境；利用船舶自动识别、液体流量计、固体货物皮带秤、远程视频监控等科技手段，提高进出境船舶和货物验放效率。

【杭州海关深入推进浙江省跨境电子商务产业发展】 一是持续推进制度创新，完善跨境电子商务监管体系。全力支持杭州市推进全球电子商务平台（eWTP）建设，开展跨境电商进出口统计试点，先行先试完成杭州市跨境电商货物出口规模测算，为全国规模测算提供样本；对跨境电子商务网购保税进口、直购进口和一般出口等模式进行梳理，修订相关操作指引，便利电商企业通关；积极参与国际规则制定，参加第五次中欧联合海关合作委员会指导小组会议、中瑞（典）海关国际合作和贸易便利化研讨会和海关专员俱乐部“跨境电子商务”专题研讨活动。二是不断强化管理创新，推动跨境电子商务规范发展。协助地方政府推进跨境电子商务社会综合诚信体系和风险防控体系建设，维护综试区跨境电子商务诚实守信的良好经营氛围；试点使用“杭州海关跨境电子商务智能物联网”手持移动设备，强化监管作业智能化水平；顺利完成跨境电子商务进口统一版信息化系统切换工作。三是积极推动海关服务创新，支持综试区“六体系两平台”（“六体系两平台”即信息共享、金融服务、智能物流、电商信用、统计监测和风险防控六体系，以及线上“单一窗口”和线下“综合园区”两平台）建设。加大与国检、外管、国税等部门的管理协作和联系，提升跨境电子商务信息化管理水平，支持综试区“六体系两平台”建设，充分依托信息化手段强化海关数据管理和应用能力；协助地方政府加快推进跨境电子商务智能物流建设，推动监管场所智能卡口改造，实现杭州关区内跨境电子商务进出境商品智能分拨。2017 年，杭州海关共验放跨境零售出口清单 6 977.41 万单，货值 28.2 亿元；验放跨境零售进口清单 4 074.78万单，货值 81.06 亿元。

【杭州海关高效服务义乌国际贸易综合改革】 一是持续深化市场采购贸易改革。与义乌市政府和部分进出口企业签订合作备忘录，推出简化申报、优化查验、引导企业自律等改革举措，加强地方属地管理和海关依法履职的互动协作，进一步优化了通关流程，提升了申报准确率。2017 年义乌小商品出口集装箱 82.46 万标箱，同比增长 12.7%。二是有效提升中欧班列集聚效应。扩展多式联运渠道，推出“公铁联运二次转关”模式，支持企业在周边省市属地申报出口，通过公路转关至义乌，再通过班列转关出口至中亚、欧洲。畅通中欧班列国内段通关，与阿拉山口等口岸海关建立联系配合常态机制，实现铁路国际联运集装箱“报关无纸化”“转关无纸化”，探索使用商业封志取代海关关锁。支持班列回程货物进入保税物流中心仓储，支持跨境电商等非义乌本地回程货物通过中欧班列运输，缓解了班列进出口不平衡现象。三是助推新兴业务类型发展。做好义乌国际邮件进出境和跨境电子商务出口监管工作，稳步推进跨境电子商务公共监管中心建设，促成国际邮件交换站通过海关验收，支持中欧班列（义乌）运邮试点成功。2017 年共计监管进出境邮件和跨境电商出口包裹 4 420 万件，单日峰值达 35.2 万件，义乌国际邮件互换局业务量居全国互换局前列。支持空运口岸业务拓展，开展“腹仓带货”货运业务，配合推进义乌机场空运货栈第二海关监管场所项目的建设和俄罗斯包机业务。2017年共监管进出境航班359架次，监管进出境人数3.85万人次。

【杭州海关有力推动浙江省海港一体化建设】 一是深入推进口岸监管一体化建设。将安全智能锁的试点现场扩大到梅山口岸，安全智能锁每日使用量已达到400次以上。联合探索开展多式联运海关监管工作，开辟“义乌—宁波舟山港”海铁联运快速通道。2017年宁波舟山港海铁联运业务量达40.05万标箱，同比增长59.9%，有力助推义乌陆港与沿海港口间的联动发展。首次召开杭州海关、宁波海关、浙江省海港集团“两关一港联席会议”，就形成更紧密和具体的联系配合机制达成共识。二是深化杭甬两关执法协作。顺利完成杭甬两关执法协作年度17项议题，浙江省内海关执法结果互认机制更加健全，海关操作规范、业务流程和执法标准更加统一。联合落实取消加工贸易保证金台账等新政策，减少杭州关区企业资金占用2.5亿元。完善杭甬两关归类执法互通互认机制，2017年就3项税政议题开展联合调研，新增131项商品实现归类结果互认；协调解决橡胶混合物、水松原纸、聚乙烯薄膜等商品归类执法争议。健全杭甬两关重点企业联合帮扶机制，帮扶389家企业解决信用认证和通关难题。三是有力促进口岸多元化发展。与阿拉山口等口岸海关建立联系配合常态机制，畅通中欧班列国内段通关，支持首趟进境中欧班列（布拉格—义乌）开通。助力以上海为龙头的口岸集疏运体系建设，大力支持上海港—湖州内河港集装箱海河联运业务发展，2017年安吉港与上海港完成内河转运国际集装箱21.7万标箱。以浙江自贸试验区建设发展为契机，支持岙山兴中油品基地、册子原油基地、鼠浪湖矿石中转码头、马迹山铁矿砂码头等大宗商品储运基地辐射范围拓展至全长三角区域。

【杭州海关积极推进改革创新】 一是坚决落实浙江省“最多跑一次”改革。严格落实行政审批“一个窗口”、首问责任、一次性告知、顶岗补位、时限承诺等服务制度，全面实施证照“快递送达”，对外承诺的34个事项已全部实现“最多跑一次”。支持杭州、台州、温州等7个地市形成试点，通过海关与地方政务服务平台间的数据实时传输，在全国海关率先实现“证照联办”，2017年以“证照联办”方式共出具“海关报关单位注册登记证书”1 052份。二是全面推进全国通关一体化改革。根据海关总署的统一部署，全面推进全国通关一体化改革，通过“一次申报、分步处置”、企业税款“自报自缴”、优先实施机检查验、汇总征税货物先放行后征税等便利措施，使货物安全准入风险排查和税收征管作业相分离，进一步提升了海关通关效率及进出口货物在口岸的流转速度，降低企业成本。2017年杭州关区进口货物平均通关时间为23.5小时，出口货物平均通关时间为1.0小时，比2016年平均通关时间分别缩短49.5%、56.5%。三是不断深化“放管服”改革。继续加快通关作业无纸化改革进程，适用通关作业无纸化企业范围扩大到所有信用等级企业，收发货人注册登记、减免税申请、担保作业无纸化全面落地。调整下放关区减免税审核确认权限，简化审批流程，提高减免税审批时效，支持扩大先进技术设备、关键零部件进口。2017年办理减免税货值14.32亿美元，减免两税14.33亿元，同比分别增长28.0%、18.8%。

【杭州海关积极推进海关通关便利化】 一是有效降低企业通关成本。出台帮扶措施，配合浙江省培育、认定加工贸易创新发展示范企业，对符合条件的加工贸易高资信企业免收风险担保金，每年可为企业免除风险担保金近2.5亿元。积极配合财政部门对查验没有问题的企业免除吊装、移位、仓储等费用。二是大力支持浙江省国际贸易“单一窗口”建设。制订应急预案，支持和配合国际贸易“单一窗口”标准版的推广工作，推动标准版申报业务覆盖杭州关区所有口岸，舱单申报、运输工具申报覆盖率居全国海关前列。发布海关预录入系统数据接口标准规范，向浙江省国际贸易“单一窗口”平台开放海关预录入系统数据接口、外贸企业数据查询接口。三是积极助推社会信用体系创建。大力培育海关认证企业，截至 2017 年年底，杭州关区共有认证企业 6 706 家，居全国海关前列。落实各项企业联合激励和联合惩戒措施，及时向外单位提供海关信用信息。建立与杭州跨境电商综试区的数据共享机制，向其提供报关单、企业注册登记、海关行政处罚等相关信息。积极推广企业税款“自报自缴”“汇总征税”“归类尊重先例制度”等惠企措施；深化实施企业“主动披露”制度，对向海关主动报告违规情事的 61 家企业，均按相关政策给予从轻减轻处罚或免于行政处罚。

【杭州海关全面落实总体国家安全观】 一是部署开展“国门利剑 2017”联合专项行动。围绕中央关注、社会关切、群众关心的突出走私问题进行联合打击和集中治理，重点打击“洋垃圾”走私、农产品走私、涉枪涉毒走私，巩固深化“集中办案”模式，全面提升打击走私工作整体效能。2017 年共立案行政违法案件 944 件、走私犯罪案件 121 件，案值分别为 23.99 亿元、23.25 亿元，累计查获洋垃圾 8 956 吨、成品油 39.4 万吨、白糖 7 740 余吨，缴获整枪 24 支、铅弹 1 017 发、毒品 123 千克，查扣各类违禁印刷品、音像制品 1.18 万件。二是加强自主知识产权海关保护。多渠道加强海关普法宣传，与浙江省公安厅共同研究完善海关知识产权行政执法与公安机关知识产权刑事执法协作机制，与阿里巴巴集团、网易集团等开展“信息共享、线索互通、联合打击”的知识产权保护协作，积极引导省内自主知识产权加入海关备案。2017 年，引导浙江省内自主知识产权备案 1 582 项，浙江省年度备案数量居全国各省份首位，查扣侵权货物物品 915 批次 353.53 万件，案值 1 720 万元，有力维护“浙江制造”良好形象。三是着力构建口岸安全联防联控机制。巩固 G20 杭州峰会海关服务保障工作经验，充分发挥海关职能作用，加大与边防、海事、检验检疫等口岸管理部门的管理协作和联系，试点建立边防、海事、海关、检验检疫国际航行船舶联合登临检查机制，在杭州关区全部旅检现场设立关检“一机两屏”X 光机检查设施。加强与商务、国税、外管等部门的虚假贸易管控协作机制建设，扩大数据共享范围，共同开展企业风险排查、联合调研等工作，掌握虚假贸易特点趋势、风险企业收付汇和退税情况等信息，开展联合执法。

【宁波海关深化业务改革，提升贸易便利化水平】 深入推进海关通关一体化改革。2017 年，宁波海关创新性地采用集约化方式将专业验估人员整合到统一受理地点，集中统一承接、处置及反馈税管中心下达的验估指令，从而使验估作业更高效、更统一。全年共审核验放进出口报关单 450.23 万张，同比增长 10.2%。特别是在压缩通关时间上，成绩显著，2017 年，普通货物进口通关时间为 20.53 小时，压缩 23.85%，12 月普通货物进口通关时间为 9.47 小时，较 2016 年平均进口时间压缩 63.58%；货物出口通关时间为 0.71 小时，12 月货物出口通关时间为 0.63 小时。

深化汇总征税改革。汇总征税模式不仅适用企业的范围铺开（除失信企业外所有海关注册登记企业均可适用汇总征税），而且进一步简化备案手续，将企业资格备案和担保备案合并为企业提交税款担保时一次性完成。符合放行条件的汇总征税报关单担保额度扣减成功后海关即可放行。2017 年，宁波关区已有 51 家企业申请办理这项业务，涉及税款 44.6 亿元。实施税费电子支付改革，无论是进出口关税、进口增值税、进口消费税等税款还是滞报金，都可以通过电子支付缴纳。2017 年，“自报自缴”报关单量占应税报关单量为 48.01%，税费电子支付比率为 90.98%。

创新加工贸易模式。2017 年，宁波海关把加工贸易联网监管模式与集中内销征税便利化措施相叠加，实现加工贸易业务全程网上无纸化操作，允许保税货物先销后税，在月度内多次内销一次申报，大大简化了企业国外进口原材料转国内销售的审核手续，也更适应企业电子商务快进快出的发展要求。2017 年宁波市加工贸易联网监管企业集中内销货值 8 385 万美元，同比增长 13%；内销税款 1.2 亿元，同比增长 7.8%。取消加工贸易银行保证金台账制度，“参数判别、分类审核”作业模式下低风险通道快速放行手册达 90%以上。

【宁波海关优化简政放权，践行“最多跑一次”】 升级机检查验模式。不断扩大机检查验的品类，将有些拼箱货物也纳入机检范围。继续推广应用企业备案管理系统，丰富机检查验正面清单，加强与杭州海关的合作联系，将备案企业范围扩大至全省，2017 年扩充至企业 147 家、商品 1 200 余项；新推出“音视频执法记录仪”，通过“视频监控”“语音通话”“远程视频”三大功能，将海关查验的整个作业过程真实地记录在案，为防范执法风险再加上了一道“防火墙”；优化机检查验联络机制，加强对业务现场培训，统一 H986 系控岗位作业模式，有效提高机检作业效能。2017 年，机检一次放行率达 82.16%，同比上升 8.13%；机检查验报关单 5.25 万票、集装箱 6.82 万个，同比分别增长 14.74%、15.28%，其中 12 月份机检票数比率、箱量比率分别为 55.99%、69.14%，创下自 2015 年以来历史新高，实现连续 3 年增长。

大力推行电子化放行。与通关无纸化改革相配套，大力推行出口集装箱电子化放行，通过“互联网+”，实现全程信息跟踪，不仅免去了烦琐的人工操作，也最大限度地压缩了通关及物流时间。无缝对接的物流，还大幅优化了港口作业环境，提升了近 20%的作业效率。

升级转关物流监控模式。通过应用安全智能锁、移动施封、自动验封、自动派单等方式，实现全程信息跟踪，快速核销放行。安全智能锁已升级到第三代，2017 年各类转场业务中应用安全智能锁 13.41 万箱次；依托智能视频技术，将有开箱条件区域设置为“高风险停留区”，开展施验封规范性监控试点，定向识别集装箱施封部位，实现留痕迹、可追溯。此外，还借助转关物联网新模式增强浙江省内宁波舟山港与义乌国际陆港协同合作，通过杭甬两关监管互认，实现资源共通共享，实现“两关如一关”，打通服务区域经济协调发展的“最后一公里”。2017 年，应用安全智能锁的新模式下开展杭甬转关业务共计 13 092 票 11 296 自然箱，自动验封率达 90%。

【宁波海关加大帮扶力度，不断减轻企业负担】 积极配合免除查验没有问题外贸企业吊装移位仓储费用试点改革。配合口岸部门落实免除查验没有问题外贸企业吊装移位仓储费用政策，深入调研、了解政策执行过程中存在的问题。截至 2017 年 12 月，宁波口岸已累计为外贸企业退还、免除“三费”约 6 000 万元，涉及报关单 12 万余票，惠及外贸企业 31 000 余家。

加强税政调研。2017 年，共收集税政调研议题 27 项，重点调研显示薄膜、光电、保险箱等行业议题，已有 16 项议题通过海关总署初审，2 项建议被国务院关税税则委员会办公室采纳，并纳入年度关税实施方案。

切实简政放权。对外公布权责事项 73 项，取消行政许可 2 项，公布行政许可事项服务指南 9 项，实现“最多跑一次”办事事项 34 项；推进业务现场“一个窗口”集中审批和线上行政审批办事平台自助申请双渠道办理，审批平均用时缩短 50%。

加强海关企业信用管理。不断加强政策宣传营造诚信氛围，重点培育提升信用等级。截至 2017 年年底，宁波关区共有高级认证企业 92 家，一般认证企业 2 794 家，高信用的认证企业合计 2 886 家，占海关注册企业总数的 8.14%。对高级认证企业重点帮扶，完善企业协调员制度，签订关企合作备忘录，“一对一”实现无障碍对接，同时深化杭甬两关企业协调员联络配合机制，统一给予重点帮扶。协同地方政府部门开展失信企业联合惩戒，参与“信用浙江”和“信用宁波”建设，推进进出口企业信息资源共享，增加企业失信成本。对国税、检验检疫等部门推送的黑名单企业下调一般认证企业的信用等级 3 家、限制企业申请成为海关认证企业 15 家。

【宁波海关支持新兴业态持续发展】 支持中

国（宁波）跨境电子商务综合试验区发展。优化流程升级系统，优化库存核扣模式，将“实时比对、核扣放行”模式调整为“货物放行、库存核扣并行作业”模式，并同步完成跨境通关辅助系统的升级改造，提升信息流转效率和系统稳定性，2017年系统处理进口申报单验放数量峰值达每小时25万单；优化监管模式，实施嵌入式监管，在一线进境环节探索开展“先进区后报关”通关模式，在二线出区环节精准筛选布控包裹，提升日常监管效能；启用监控指挥中心，发挥集中视频监控优势，集指挥、监控、巡查功能为一体，提升集约化综合管理效率；加强关企沟通交流，通过深入企业走访、召开政策宣讲会、开展“跨境电商开放日”等方式，宣传海关监管政策，解答企业疑难，主动对接企业需求，推进便民高效服务。2017年，共验放跨境电商网购保税进口申报单4 535.94万票，同比增长62.78%；货值78.5亿元，增长51.51%，在全国开展跨境电商网购保税进口业务的15个城市中排名第2位。

助力宁波国际邮路口岸建设。不断完善邮件监管信息化系统，实现邮件的闭路式监管；签订关检合作备忘录，实行“一机双屏”联合监管模式。宁波国际邮件互换局业务范围扩展到跨境电商一般出口试点业务，2017年进出境邮件总量突破1 700万件，达到1 739.4万件，最高峰值单日监管量近10万件，目的地覆盖全球100多个国家和地区。2017年6月28日，国际邮件交换站顺利开通，在栎社国际机场正式运营，完成国际邮件出口邮路调整，实现了邮件通过宁波直飞国（境）外。

助力整车进口再突破。作为浙江省唯一整车进口指定口岸及平行进口试点口岸，宁波梅山保税港区汽车整车进口在2017年迎来新的发展阶段。截至2017年12月20日，已接受企业申报进口汽车5 396辆，货值21.84亿元人民币，其中以保税仓储模式进口汽车3 619辆，货值13.87亿元。宁波海关对整车进口口岸实施事后验估，优化整车进口信息化管理系统，推动整车进口实现数量货值快速增长，2017年共进口整车6 165辆，货值24.3亿元，同比分别增长47.2%、38.6%。

【宁波海关严密管控，维护健康有序的口岸环境】 强化固体废物进口监管，严密防范和打击“洋垃圾”走私活动。坚决贯彻落实海关总署关于强化固体废物监管的要求，严密防范和打击“洋垃圾”走私违法犯罪活动，以电子废物、工业矿渣、生活垃圾等禁止进境的“洋垃圾”和废塑料、废五金、废布等限制类进口废货为打击重点，借助新科技平台，综合运用多种分析手段，加强对相关风险数据的调取、采集、分析和监控，不断强化风险研判、优化布控指令，确保精准打击，并及时将相关线索通过一级风控中心进行全国共享，形成打击合力。2017年2月，宁波海关会同上海、杭州等海关和地方公安机关共180余人，在宁波、上海、温州、义乌、阜阳五地同步开展联合抓捕和搜查，一举端掉3个潜伏在浙江地区的走私废纺织品犯罪团伙，坚决将“洋垃圾”拦截在国门之外。2017年，共查获涉嫌禁止进口固体废物案件69起，涉及再生橡胶、不规则牛皮革、太阳能级多晶硅等商品，重量达4 846.4吨；共开展4轮打击“洋垃圾”走私专项行动，刑事立案35起，查获涉案“洋垃圾”8.28万吨。

加大浙江省内企业知识产权海关保护工作力度。筛选属地自主知识产权品牌企业，开展知识产权海关保护政策宣讲，提升企业品牌保护意识；针对服装、汽配、电子元器件等侵权高发产品，依托“关政企”平台对接制造企业，提供品牌查询服务，协助企业在通关前向权利人进行备案，提升通关效率；将知识产权作为海关查验环节的必查内容，坚持宽严相济原则，“查处一家规范一片”，既保通关又保品牌，有效维护国门秩序和“中国制造”海外形象。截至2017年年底，浙江省权利有效备案（即权利人在海关总署知识产权保护系统备案并且目前仍然有效的权利数量）已达6 645项，占全国的31.7%，权利人（即知识产权的所有人）数量已达2 039个，权利有效备案数、权利人数两者均居全国首位。认真开展出口知识产权优势企业知识产权保护专项行动——“龙腾”行动。依托查验现场“见单见货”和移动查验单兵作业系统的优势，强化对进出口货物侵权手法的研究，精准有力打击“山寨”产品。“龙腾”行动期间，共查获侵犯重点企业的知识产权案件8起，查扣相关侵权货物约37.6万件，案值约244.2万元，涉及“三环”“oppo”“weichai”“ITAL”等知名国内品牌。

【浙江出入境检验检疫局深化通关业务改革】 全力配合推进“单一窗口”国家标准版的部署运行。2017年8月22日，杭州空运口岸首单通过中国（浙江）国际贸易“单一窗口”标准版平台申报的电子报检数据到达浙江出入境检验检疫局杭州机场办e-CIQ中国电子检验检疫主干系统，完成了报检、报关数据的共享和联报。截至12月31日，已有4 068票通过“单一窗口”标准版报检。

全力推进浙江口岸监管一体化改革。3月16日，浙江出入境检验检疫局和宁波出入境检验检疫局在温州召开检验检疫口岸监管一体化专题会议，明确全力扩大进口直通企业范围、积极探索“负面清单”货物的进口直通、加强大宗资源性产品监管互认3项口岸监管一体化重点工作。明确自4月10日起，对从宁波入境的“负面清单”外货物，取消企业限制，全面实施进口直通，所有企业可自愿选择进口直通模式。指导舟山出入境检验检疫局与北仑出入境检验检疫局，强化日常联络机制，在检验检疫通关一体化、大宗散货减载等方面进一步加强协作。5月，会同其他口岸查验单位联合印发国际航行船舶联合登临检查工作的通知，在市级层面也制定相应的工作机制。

深入推进浙沪、浙甬进口直通和出口直放。2017年，实现浙沪出口直放28.54万批，直放率达96.2%；浙甬出口直放19.21万批，直放率达95.9%；浙甬进口直通共1 029批次，货值1.08亿美元，同比分别增长21.78%和48.6%；浙沪进口直通共419批次，货值7 699.51万美元。新增浙沪进口直通备案企业189家，较往年大幅增加。按每批为企业节约4小时、成本100元测算，累计为企业降低通关成本4 800万元，节约通关时间195万小时。

【浙江出入境检验检疫局推进检验检疫信息化改革】 中国电子检验检疫（e-CIQ）主干系统正式运行。2017年1月1日，按国家质检总局工作部署，中国电子检验检疫（e-CIQ）主干系统正式运行。浙江出入境检验检疫局加强主干系统运行组织保障和业务协调，制定维护主干系统业务调度和流程控制规则，发起并创建浙沪、浙甬一体化工作交流群，开展主干系统节假日应急值守，实现内地口岸业务点对点沟通，有效解决内地口岸主辅检配合问题，推进e-CIQ主干系统从“能用”向“好用”迈进，保障各项检验检疫业务经主干系统顺利开展。11月，正式关闭CIQ2000受理报检功能，业务全面切换到e-CIQ主干系统。

中国电子检验检疫网上申报系统顺利上线。广大进出口报检企业和原产地证书申领企业通过该系统可以免费完成报检和原产地证申领业务。

开展智慧口岸建设。全力推进“智慧浙检”建设，开展口岸查验放行综合信息化管理研究，深化内河内陆口岸查验系统应用，积极跟进国际贸易“单一窗口”建设。2017年“智慧口岸”一期建设已完成，包括3个系统平台：船舶检验检疫业务系统、统一版集装箱检验检疫业务系统、卫生监督管理系统。

【浙江出入境检验检疫局服务浙江重大项目建设】 服务浙江自贸试验区建设。成立工作领导小组及其办公室，并成立7个业务工作组。及时跟进国务院总体方案，推出首批3项核心创新制度，推出26项支持浙江自贸试验区发展举措。4月28日，在舟山召开支持浙江自贸试验区发展措施发布会，与舟山市政府签署合作备忘录，建立检地合作机制。2017年召开2次自贸试验区工作推进会，出台工作方案。推出16项自贸试验区检验检疫制度，其中创新制度9项，复制推广制度7项，初步建立浙江自贸试验区检验检疫制度体系。

全力支持波音航空产业园项目建设。参与波音项目对接协调会，就波音方关注的涉检事宜达成共识，同时就波音方尚未关注的相关事项提请注意；策划服务波音项目全流程运营的检验检疫监管模式，初步理清工作流程，提出便利化监管举措，落实波音项目绿皮飞机检疫查验地点从原先计划的机场变更到综合保税区涉及的相关政策法规和监管方案等工作。

聚焦项目服务重大平台建设。支持江海联运重大项目平台建设，服务舟山综合保税区二期衢山鼠浪湖矿砂中转、中澳现代产业园和澳大利亚肉牛进口、新奥LNG、绿色石化基地等项目的建设和运营，推动绿色石化项目配套检测能力建设；向国家质检总局专题汇报，推动澳大利亚肉牛进境加工项目隔离场、屠宰场建设问题得到较好解决，使舟山成为全国唯一的进境屠宰活牛创新监管模式先行先试地区；支持跟进浙台（普陀）经贸合作区物流中心后续建设，帮扶其水果指定口岸顺利通过国家质检总局验收并实现临时对外开放运营。

服务“一带一路”建设。出台了支持进一步深化义乌国际贸易综合改革试点的若干意见，与义乌市政府签署了进一步深化合作的备忘录，结合浙江省政府义甬舟大通道战略，组织辖区内义甬舟沿线5个分支局首次签署了深化一体化合作备忘录，并向浙江省政府报送义甬舟开放大通道沿线出入境质量和安全分析的报告；制定了跨境电子商务行业管理规范、中欧国际货运班列出入境检验检疫工作规范等4个工作规范，进一步创新和规范检验检疫服务“一带一路”建设。

【浙江出入境检验检疫局加强原产地签证工作，助力浙江外贸发展】 加大原产地签证信息化水平，在金华、绍兴、嘉兴、金华试点原产地签证“智慧审签”；对优质企业实行原产地“信用签证”，共授予227家企业信用签证资格，实现申办原产地证书“一次不用跑”。积极服务外贸综合服务平台，对浙江一达通、温州世贸通等外贸综合服务平台给予原产地签证便利化举措，便利企业办证。加强对浙江自贸试验区原产地签证工作研究，制定签证便利性举措，出台了《中国（浙江）自由贸易试验区中转货物产地证明管理办法》和《中国（浙江）自由贸易试验区水海产品实施原产地签证清单制度管理办法》。2017年共签发18种原产地证书100.14万份，签证金额354.7亿美元，同比分别增长8%和9.62%。签证量首次突破100万份，跃居全国第二。其中，签发一般原产地证书23.6万份91.1亿美元，签证量位列全国第三；签发普惠制原产地证书28.6万份112.2亿美元，签证量位列全国第一；签发自贸协定原产地证书47.8万份151.2亿美元，同比分别增长16.63%和14.72%，签证量位列全国第三。

【浙江出入境检验检疫局支持跨境电子商务发展】 成立跨境电商检验检疫工作组，起草并发布相关管理和建设规范，进一步完善了监管制度。积极发挥主观能动性，促成建立电商企业、监管部门、地方政府三方互动的质量监管机制，大力推进跨境电商质量共治。上线国家质检总局跨境电商检验检疫统一版监管系统，实现经营主体、商品备案、交易信息匹配、出入区申报核销、质量安全监测、问题产品召回处置等全流程无纸化，大大提升通关效能。2017年，共监管跨境电商直邮入境313.45万个邮包，货值10.7亿元；监管跨境电商保税入境20046批，货值75.69亿元。从货值来看，直邮入境同比增长39.5%，网购保税入境同比增长71.87%。进境商品主要为洗护用品、保健品、婴幼儿食品、日用消费品、服装等。监管跨境电商出境包裹4894.35万件，货值12.06亿元，货值同比增加67.04%，单个包裹货值同比增长36.67%。出境商品主要为服装、鞋帽、饰品、玩具等。

【浙江出入境检验检疫局辖区邮路口岸截获成绩斐然】 2017年，禁止进境物截获量（共计4710批，包含杭州、温州、义乌三个邮检办数据）居全国第一，有害生物检出量（共计605批，包含杭州、温州、义乌邮检办）居全国第三。

业务工作屡创纪录。全国邮路口岸首次截获

检疫性飞机草杂草籽；浙江邮路口岸首次截获检疫性法国野燕麦和苍耳属（非中国种）杂草籽，首次截获短头叶蝉属昆虫，首次从水生动物中检出吸虫囊蚴和线虫等寄生虫病。2017年共检疫监管进境邮件328.89万件，同比增长10.16%；截获各类禁止进境物4 010批，同比增长29.48%；检出有害生物478批，检出率为11.92%，同比分别增长47.99%、22.01%，其中检疫性有害生物31批，连续截获17批次活体动物、8批科研用菌种及19批非法入境特殊物品。

深入开展“绿蕾”专项行动。2017年，根据国家质检总局“绿蕾3”专项行动通知精神，深入开展以严厉打击非法邮寄植物种子种苗进境为主要内容的“绿蕾3”专项行动，截获非法邮寄进境植物种子种苗217批，重量298.98千克，同比分别增长10.15%、20.98%。对所有进境邮件实施100%核生化监测，检出核辐射严重超标邮件6例，均在第一时间按照应急处置预案进行妥善处置。

全面落实约谈和行政处罚，实施立案处罚7起，约谈45人，纳入黑名单16人。

【宁波出入境检验检疫局推进“三互”大通关建设】 加强口岸内地机构协作，推进检验检疫一体化，实施“进口直通、出口直放”。2017年3月16日，联合浙江出入境检验检疫局召开浙甬检验检疫口岸监管一体化专题会议，制定口岸监管一体化工作计划，明确全力扩大进口直通企业范围、积极探索“负面清单”货物的进口直通、加强大宗资源性产品监管互认等3项一体化重点工作。4月10日起，浙江省全面取消企业限制，所有企业可自愿选择进口直通模式。2017年，宁波口岸出口直放货物22.1万批，货值70.4亿美元；进口直通货物1 029批次，货值1.1亿美元，同比分别增长21.8%和48.6%。加强大宗资源性产品监管互认，浙甬两局指导下属舟山、北仑两局联合发布一体化工作方案，制定原油、粮食、矿产品和卫生检疫4项工作细则。检验检疫口岸监管一体化政策可为企业平均每批节省通关时间1天，节省仓储、物流等通关成本200元，全年可为进出口企业节省时间近500万小时，节省成本约4 400万元。

深化交通、检验检疫、海事、海关合作。8月17日，与宁波海事局、宁波市交通委员会召开三方合作联席会议，明确13项合作任务。与浙江海事局等部门就国际航行船舶联合登临检查事宜联合发文，推进建立浙江海港口岸联合登临检查工作机制，并与宁波边检、海事、海关等口岸管理部门开展数次国际航行船舶联合登临检查。与宁波舟山港集团交流口岸通关时间测定事宜，落实拼箱提货单无纸化、空箱信息互联互通等检港合作任务。与宁波海关共同研究进口超期货物监管事宜，填补了进口超期货物检验检疫监管盲区。推进监管设施共享共用，在所有跨境电商、快件、国际邮件、旅客携带物等业务监管现场全部实现“一机两屏”，推行检关联合执法模式。深化“三个一”工作，2017年完成“一次查验”1.3万批，实施“一次放行”13.9万批。落实《质检总局关于进一步支持国际贸易单一窗口建设的公告》，协助国家质检总局做好国家口岸办“单一窗口”标准版测试工作，参与编写“单一窗口”交通工具和舱单系统需求、申报数据规范；积极参与国际贸易“单一窗口”标准版宁波试点工作，重点试点货物申报功能，并将试点中发现的问题反馈国家质检总局，全力支持和推动国际贸易“单一窗口”建设工作。2017年通过“单一窗口”标准版成功申报4 010批，标准版日均申报覆盖率突破30%。

【宁波出入境检验检疫局对接义甬舟开放大通道建设，支持宁波口岸“全方位”开放】 出台包括加快贸易便利化机制改革创新、推动构建一体化监管协作机制、推动重点区域开发开放、支持对外贸易发展4个方面18项措施的专项行动方案，促进义甬舟开放大通道区域和浙江省域经济发展。支持将义乌陆港口岸纳入宁波舟山港口岸检验检疫一体化监管。

支持戚家山化工码头正式对外启用，推进穿山港区（北）正式开放工作，继续支持国际航行船舶临时进靠中宅、LNG、光明、港鑫4个码头和石浦港区新港码头。支持宁波栎社国际机场T2航站楼建设，拓展空运口岸国际客货运航线。争取国家质检总局批复成立邮检办事处，日均查验量达3.8万件。助力宁波构建“海铁空邮”全方位的开放格局，进一步提升浙江开放能级。

持续推广创建“国际卫生船队”工作，不断拓展创建范围，将创建工作在北仑、大榭、梅山3个港区推广实施，共有3条航线、14艘船舶参与创建，参与创建船舶类型也从集装箱船扩展至散杂货船；研究完善“国际卫生船队”便利化措施，并在北仑口岸开始应用。

【宁波出入境检验检疫局推动宁波检验检疫全程无纸化】 2017年2月19日，宁波出入境检验检疫局上线全国检验检疫无纸化系统，解决全国版与宁波版无纸化系统的同步问题。同时，加强无纸化报检批次覆盖率通报，转变B类以下企业无纸化申报方式，开发报检无纸化覆盖率实时统计。进一步完善放行无纸化，2017年6月1日起全面推行入境拼箱货物提货单放行无纸化。6月6日起在北仑和大榭开展查验无纸化试点，实现现场查验结果回写e-CIQ主干系统。8月8日起，在宁波地区全面推广原产地证备案无纸化工作。9月22日，召开检验检疫全程无纸化现场会，全面部署推进检验检疫全程无纸化。2017年共受理无纸化报检51.5万批，报检无纸化率达95.3%，惠及宁波地区970家报检企业；签发无纸化通关单18.2万批；实施提货单无纸化放行17.58万批，放行无纸化率达100%。共580家企业通过无纸化方式完成原产地证备案，有效落实了“最多跑一次”改革要求。

【宁波出入境检验检疫局支持宁波跨境电子商务发展】 推动国家跨境电子商务质量安全风险监测中心建设。2017年1月22日，国家质检总局正式批复同意宁波保税区筹建“全国跨境电子商务产业知名品牌创建示范区”，这是全国首个也是唯一一个获批的跨境电子商务知名品牌创建示范区。宁波出入境检验检疫局协助宁波保税区制定《工作任务分解表》，明确21项创建指标任务和54项创建要求，推进全国首个跨境电商知名品牌示范区创建工作。加强与保税区市场监管等部门的合作，开展“网络诚信，消费无忧”主题活动，维护保税区跨境电商企业品牌形象。继续推动跨境电商检验检疫制度创新，调整高风险能力认定机制，允许企业开展各类商品跨境业务。建立跨境电商综合试验区流转机制，实现跨境电子商务综试区之间检验检疫一体化。完善跨境电商商品质量安全全程追溯机制，实现消费者与检验检疫机构“双向溯源”。对接国家质检总局跨境电商全国统一版监管系统，实现“一地备案、全国共享”。加大现场突击巡查和网上巡查力度，采取“线上线下并行抽查”等措施，2017年开展跨境电商进口商品区内监测4次，涉及109家电商企业的469批次商品，检出不合格商品20批。2017年，宁波跨境电商交易单量为4 683.4万单，金额为81.8亿元，同比分别增长60.5%和47.9%。

【宁波出入境检验检疫局开展口岸卫生监督和卫生处理监管】 做好口岸卫生许可与日常卫生监督工作。2017年共发放口岸卫生许可证52份（空港口岸24份，海港口岸28份），同比增长73.33%；共对91家口岸卫生许可证获证企业开展口岸卫生监督768次；现场采样检测及快速检测2 179批次，同比下降9.62%，发现问题245批次，同比增长308.33%。其中，对外轮食品、饮用水供应单位卫生监督206次，受理外轮食品饮用水供应申报1 140批次，现场快速检测186次。开展口岸区域及国际航行船舶微小气候监测49次，开展口岸储存场地卫生监督420次。按照卫生安全风险分类、卫生信誉量化评级的原则，共对48家空港口岸企业进行分类分级管理试点，开展卫生监督518次，发现问题211次。不断强化口岸卫生处理监管工作。加强风险排查，结合国门安全风险隐患排查和专项整治活动，督促相关分支结构对自身卫生处理质量安全进行自查，并组织开展专项督导检查，对督查或自查中发现的问题和风险点，督促整改完善；开展常态督查，2017年对宁波口岸4个分支局和1家卫生处理公司进行了卫生处理质量安全督查，共发现主要问题21项。2017年，共对入出境船舶341艘次、入出境航空器304架次、入境集装箱40.2万标箱、散装废五金44.3万吨实施了卫生处理。

【宁波出入境检验检疫局开展口岸疾病监测】 做好口岸疾病监测工作，妥善应对鼠疫、霍乱、黄热、登革热等疫情。2017年完成出入境人员和口岸从业人员传染病监测体检8 303人次，同比增加55.6%；预防接种6 177人次，同比增加12.9%。传染病监测体检中检出各类病例和阳性指标1 628例，同比增长29.8%，其中检出各类传染病124例，与2016年持平。在鼠疫、霍乱、黄热等疫情流行期间，编印并分发相关宣传材料，开展口岸健康宣教。每周定期在宁波出入境检验检疫局综合行政管理系统首页发布《国际传染病疫情风险监测周报》，并同步通报口岸卫生检疫人员和各联防联控单位，做好国际传染病疫情信息监测工作。结合宁波口岸实际，2017年共开展4次传染病风险评估，并形成评估报告函报国家质检总局，为国家质检总局制定有针对性的防控措施提供依据。

【宁波出入境检验检疫局开展宁波口岸病媒生物监测】 扎实做好口岸病媒生物监测工作。在国境口岸区域共监测到鼠形动物57只（分属2目2科4属6种）、蚊类847只（分属3属6种）、蝇类2 019只（分属6科19属33种）、蜚蠊263只（分属2科4属5种）。组织举办了新一轮宁波口岸病媒生物监测与鉴定培训班，共有40余人参加培训，有效提升了宁波口岸一线人员病媒生物监测与控制能力。2017年，在入境船舶中未截获鼠类，截获蚊类5次（阳性率为0.08%），截获蝇类288次（阳性率为4.33%），截获蜚蠊39次（阳性率为0.59%）；在入境航空器中未截获鼠类、蚊类和蜚蠊，截获蝇类1次（阳性率为0.02%）；在入境重箱中截获鼠类4次（阳性率为0.002%），截获蚊类68次（阳性率为0.03%），截获蝇类564次（阳性率为0.24%），截获蜚蠊359次（阳性率为0.15%）；在入境空箱中截获鼠类2次（阳性率为0.002%），截获蚊类237次（阳性率为0.21%），截获蝇类685次（阳性率为0.62%），截获蜚蠊191次（阳性率为0.17%）。

【宁波出入境检验检疫局服务宁波出口产品质量安全示范区建设】 加大对出口产品质量安全示范区建设的财政金融扶持力度。制定示范区建设专项资金使用办法，推动宁波市财政局、宁波市商务委联合发文，下达2017年度市商务促进（出口产品质量安全示范区建设）专项资金500万元。督促各分支检验检疫机构强化资金监管，提高资金使用绩效，按预算执行进度将资金统筹用于出口产品质量安全示范区公共检测平台、公共培训平台等建设项目。2017年，余姚出口蔬菜、象山出口水产品2家省级质量安全示范区升级创建国家级，奉化出口气动元件、鄞州出口服装、宁波出口童车3家省级质量安全示范区通过国家级考核验收；慈溪（观海卫）出口电源连接器、宁海出口模具、北仑出口汽车零部件、宁海出口家具（木制品）4家质量安全示范区通过省级考核验收。至此，宁波市出口产品质量安全示范区数量达到20个，覆盖全市9个县（市）区。按级别分，国家级示范区11个，省级示范区9个；按产品分，工业品示范区12个，农产品示范区7个，食品示范区1个。

开放口岸

【杭州空运口岸（杭州萧山国际机场）】 杭州萧山国际机场位于杭州市东部萧山区，机场面积10平方千米，距杭州市中心27千米，是我国除上海以外华东地区最大的民用机场和干线机场、国际定期航班机场。机场拥有两条跑道，长度分别为3 600米和3 400米，可起降目前世界上最大的民航客机空客A380飞机。航站楼总面积37万平方米，值机柜台204个、自助值机42个；机坪面积140万平方米，其中客机坪面积112万平方米、货机坪面积28万平方米；飞行区等级4F，停机位共175个，其中客机位143个（包括远机位94个，廊桥机位49个）、货机位32

个，能满足年旅客吞吐量 3 300 万人次、货邮吞吐量 80.5 万吨、航班起降量 26 万架次的保障需求。

杭州萧山国际机场于 1997 年 7 月动工新建，2000 年 12 月正式建成通航。2003 年 9 月，国务院批复同意杭州萧山国际机场扩大对外国籍飞机开放。2004 年 3 月，杭州空运口岸通过国家验收正式对外开放。2007 年 11 月，二期扩建工程开工，2013 年 1 月初完工。杭州萧山国际机场内建有独立的口岸工作园区和完善的口岸设施（包括落地签证点、台胞签注点、过境 144 小时免签通道等），实行“5+2”工作制和 24 小时通关。2017 年 8 月 1 日获批进境水果指定口岸资质，是继进口植物种苗指定口岸、进口冰鲜水产品指定口岸、进境食用水生动物指定口岸之后获批的第 4 项指定口岸资质，进一步完善了口岸功能。

2017 年，杭州萧山国际机场共新开国内国际定期航点 22 个，其中国际新开通厦门—杭州—墨尔本、杭州—北京—里斯本、杭州—新西伯利亚（全货机）、杭州—芝加哥（全货机）4 条洲际航线，美国塞班岛、越南富国岛、日本札幌、柬埔寨金边、菲律宾宿务、文莱斯里巴加湾 6 条国际航线，并恢复了马尔代夫马累航点。春运和暑运期间还开通了斐济、大溪地、开罗、阿斯旺、美娜多等包机航线。截至 2017 年年底，杭州萧山国际机场定期通航点共 162 个，其中国内 113 个，地区 6 个，国际 43 个。国际通航点为：阿姆斯特丹、巴黎、马德里、里斯本、新西伯利亚（货机）、洛杉矶、旧金山、芝加哥（货机）、温哥华、悉尼、墨尔本、塞班、多哈、马尔代夫、加尔各答、东京成田、大阪、冲绳、静冈、札幌、首尔仁川、釜山、济州、清州、新加坡樟宜、吉隆坡梳邦、亚庇、文莱、巴厘岛、卡里波（长滩）、宿务、曼谷素万纳普、曼谷廊曼、普吉、清迈、苏梅岛、芭堤雅、岘港、芽庄、胡志明、富国岛、金边、暹粒。地区航线有 6 个通航点，即香港、澳门、台北桃园、台北松山、高雄小港、台中清泉。共 62 家中外航空公司（不包括临时包机航空公司）在杭州萧山国际机场运营定期国际（地区）航线，其中国内 31 家，地区 6 家，国际 25 家。

2017 年，杭州萧山国际机场完成旅客吞吐量 3 557.04 万人次、货邮吞吐量 58.95 万吨，保障航班起降 27.11 万架次，同比分别增长 12.6%、20.8%和 8.0%。在时刻容量没有新增的情况下，客、货量增幅分别排名全国前十大机场第二和第一，总量位居全国第十和第六。当年，杭州空运口岸出入境人员 477.853 7 万人次，同比增长 7.56%。其中出入境旅客 451.986 7 万人次（入境 226.242 9 万人次，出境 225.743 8 万人次），同比增长 7.73%；出入境机组员工 25.867 0 万人次（入境 12.945 2 万人次，出境 12.921 8 万人次），同比增长 4.23%。出入境飞机 29 158 架次（入境 14 597 架次，出境 14 561 架次），同比增长 3.28%。进出口货物量 14.237 8 万吨（进口货物量 2.408 2 万吨，出口货物量 11.829 6 万吨），同比增长 2.89%；进出口快件 458.350 4 万件（其中进口快件 178.536 4 万件，出口快件 279.914 0 万件），同比增长 5.03%；进出口货值（含快件）31.180 5 亿美元，同比增长 18.45%。

【宁波空运口岸（宁波栎社国际机场）】 宁波栎社国际机场位于浙东鄞西平原，距宁波市中心约 12 千米，是国内重要的干线机场。机场占地面积近 2 503 万平方米，现有跑道长 3 200 米、宽 60 米，可满足波音 747 等大型飞机起降。飞行区等级为 4E 级。机坪占地面积 19 万平方米，有 20 个停机位。候机楼总建筑面积 4.35 万平方米，按年旅客吞吐量 380 万人次、高峰小时 1 700 人次的要求建设。机场地下车库达 1.34 万平方米，地面停车场 4.73 万平方米，可同时停靠 869 辆小车和 12 辆大客车。货站临时改扩建工程新建国际货站 11 965 平方米，改建完成国内货站 10 643 平方米、临时货代业务用房 1 748 平方米、国内分拨棚 1 000 平方米、国际分拨棚 960 平方米，扩建卡车监管仓库至 2 270 平方米。2015 年 12 月，宁波栎社国际机场三期扩建工程正式开工，该工程总投资 77 亿元，按照年旅客吞吐量 1 200 万人次、货邮吞吐量 50 万吨的能力设计建造。

1992年7月，宁波空运口岸经国务院批准正式对外开放，宁波—香港直达航班开通；1998年11月，宁波—澳门—台北/高雄航线开通；1992年年底，国际航空货运业务开通；2005年3月1日，宁波—香港全货机航班正式开通。2005年4月1日，宁波空运口岸扩大对外国籍飞机开放获国务院批准，9月2日通过国家验收。2006年4月22日，首条定期国际航线宁波—韩国首尔航线开通。宁波栎社国际机场口岸核心体系能力不断提升，先后获批进境食用水生动物及水果指定口岸，2016年11月10日被国家质检总局及世界卫生组织授予“国际卫生机场”牌匾，成为浙江省首个、全国第11个国际卫生机场。

2017年，宁波栎社国际机场完成旅客吞吐量939.07万人次，货邮吞吐量12.04万吨，总起降航班近7.33万架次，同比分别增长20.51%、12.55%和15.07%。宁波空运口岸出入境旅客116.1万人次、出入境飞机9 529架次、进出口货运量1.95万吨，同比分别增长5.3%、2.7%、14.5%。

【温州空运口岸（温州龙湾国际机场）】 温州龙湾国际机场前身是温州永强机场，位于浙江省三大中心城市之一的温州市龙湾区，地处温州东南瓯江口，濒临东海，距离温州市中心约22千米，辐射浙江温州、台州、丽水和福建宁德4个地区约16万平方千米、2 000多万人口，周边300千米范围内没有大型机场，是大陆离台湾空中航距最近的机场，航程只有50多分钟，具备打造对台湾桥头堡和“跳板城市”的时空条件，具有发展航空运输业得天独厚的区位优势。温州龙湾国际机场是国内二级民用机场，占地面积约278.8万平方米，飞行区等级为4D（兼顾4E），消防保障等级为8级，现有1条长3 200米、宽60米的跑道和1条3 200米的平行滑行道，高峰小时可起降28架次，可保障A330-200及以下机型起降，能够满足年旅客吞吐量1 500万人次的容量要求；候机楼总面积3.65万平方米，其中国内候机楼面积2.3万平方米，国际候机楼面积1.35万平方米；停机坪面积25.4万平方米，停机位36个，登机廊桥8座。温州龙湾国际机场于1987年5月开始建设，1990年7月12日建成通航。设计能力可满足年旅客吞吐量1 300万~1 500万人次的新建T2航站楼暨温州东片综合交通枢纽正在建设中。

1994年9月，温州空运口岸获批准对外开放（限中国籍飞机飞港澳地区），1995年开通温州至澳门航线，1996年开通温州至香港航线。2011年6月，国务院批复同意温州机场对外国籍飞机开放。2012年7月，温州空运口岸通过国家验收正式对外国籍飞机开放。2016年，温州空运口岸获批进境食用水生动物指定口岸资质，并获准实行“落地签”。2017年完成口岸签证机构组建、办公场所改建、签证系统建设等工作，并于7月10日通过公安部考核验收，12月1日起正式开通口岸签证业务。

2017年，温州空运口岸新开通温州至新加坡、俄罗斯海参崴、泰国清迈等国际客运航线，恢复执行温州至韩国首尔正班直航；发挥指定口岸优势，通过中转航班将国际货运航线有效延伸至西班牙、新西兰、爱尔兰等国家。2017年温州空运口岸出入境旅客34.23万人次、出入境飞机2 688架次、进出口货运量0.13万吨，同比分别减少15.8%和18.1%、增长25.88%。

【义乌空运口岸（义乌国际机场）】 义乌国际机场位于义乌市西北，距市中心5.5千米，始建于1970年，1988年经批准为军民合用机场，1991年4月正式开通民用航班。义乌机场历经5次改造和扩建。2017年11月改造完成后，飞行区等级为4D，跑道长3 000米、宽45米，可起降空客300、波音767等大中型客机及波音757货机。停机坪面积6万平方米，11个中型客机机位；国内候机楼1.66万平方米，4个登机廊桥，可满足1 000人次同时候机。国际航站楼面积1.3万平方米，2个登机廊桥，设计年旅客吞吐量30万人次。

从2007年开始，义乌机场连续6年实现临时开放，期间开通义乌至香港客运包机，每次开通时间为3个月或6个月。2014年7月31日，国务院批复同意义乌空运口岸对外开放；10月13日，义乌空运口岸通过国家验收；12月19日正式开通义乌至香港航班。2016年3月31日，开通义乌至台湾航线；12月22日，以腹舱带货形式开展国际航空货运业务。2017年5月1日开通义乌至泰国航线。截至2017年年底义乌空运口岸已开通至中国香港、中国台湾、韩国、泰国4条国际（地区）航线。2017年，义乌空运口岸出入境人员38 581人次、出入境飞机359架次，以腹舱带货形式运输国际货物156.1吨。

【宁波水运（海港）口岸】 宁波港位于我国历史文化名城和著名沿海港口城市——宁波市，地处我国大陆海岸线中部、南北海岸线和长江“T”形结构的交汇点上，是我国著名的深水良港，是我国对外贸易的重要水运（海港）口岸。宁波港自然条件得天独厚，内外辐射便捷。向外直接面向东亚及整个环太平洋地区。海上至香港、高雄、釜山、大阪均在1 000海里之内；向内不仅可连接沿海各港口，而且通过江海联运，可沟通长江、京杭大运河，直接覆盖整个华东地区及经济发达的长江流域，是中国沿海向美洲、大洋洲和南美洲等港口远洋运输辐射的理想集散地。1979年6月，国务院正式批复宁波港对外开放，2017年，穿山港区（北）4个码头获国务院批复同意扩大开放，北仑港区戚家山化工码头通过对外启用验收。

宁波港共有已开放港区7个，分别是甬江港区、镇海港区、北仑港区、大榭港区、梅山港区、穿山港区（临时开放）、石浦港区（临时开放）。截至2017年年底，甬江港区（宁波老港区）共有已开放码头泊位9个，镇海港区共有已开放码头泊位23个，北仑港区共有已开放码头泊位38个，大榭港区共有已开放码头泊位17个，梅山港区共有已开放码头6个，穿山港区共有已开放码头4个、临时开放码头10个，石浦港区共有临时开放码头1个。宁波港已与世界上100多个国家和地区的600多个港口通航，全球排名前20位的国际班轮公司都已登陆宁波水运（海港）口岸。

2017年，宁波舟山港完成货物吞吐量首次突破10亿吨，达10.07亿吨，同比增长9.2%，继续位居世界第一。其中，宁波港域完成货物吞吐量55 151.2万吨，同比增长11.2%；完成外贸货物吐吞量33 148万吨，同比增长10.6%；宁波舟山港完成集装箱吞吐量2 464万标箱，位居世界第四位。其中，宁波港域完成集装箱吞吐量2 356.6万标箱，同比增长13.9%；完成外贸集装箱吞吐量1 951.9万标箱，同比增长12%。国际航行船舶进出港11 821艘次，同比下降28.7%，其中外国籍船舶9 885艘次，同比下降28.5%。2017年主要货种完成情况：煤炭吞吐量5 985.74万吨，同比增长10.90%；铁矿石8 388.45万吨，同比增长9.93%；原油吞吐量6 578.34万吨，同比增长4.60%。

【舟山水运（海港）口岸】 舟山港地处我国东部海岸线与长江水道的交汇处，背靠长三角经济腹地，面向太平洋，是东部地区和长江流域重要的对外开放海上门户和通道。舟山港于1986年4月经批准对外开放。2014年10月13日，舟山群岛国际邮轮港正式开港。2016年1月8日，国务院批复同意舟山港扩大开放；11月23日，舟山港扩大开放通过国家验收。2017年，定海港区浙江海洋石油化工有限公司油品码头通过对外启用验收。

舟山港共有11个已开放港区，分别是定海港区、岑港港区、马岙港区、白泉港区、金塘港区、沈家门港区、六横港区、岱山港区、衢山港区、嵊泗港区、洋山港区。截至2017年年底，定海港区共有已开放码头船坞泊位18个，岑港港区共有已开放码头船坞泊位17个，金塘港区共有已开放码头船坞泊位12个，白泉港区共有已开放码头2个，马岙港区共有已开放码头船坞泊位18个，沈家门港区共有已开放码头船坞泊位12个，六横港区共有已开放码头船坞泊位30个，岱山港区共有已开放码头船坞泊位18个，衢山港区共有已开放码头船坞泊位5个，嵊泗港区共有已开放码头船坞泊位2个。

2017 年，舟山港域货物吞吐量达到 4.58 亿吨，同比增长 7.49%，占宁波舟山港比重上升到 45%，为宁波舟山港货物吞吐量突破 10 亿吨，问鼎全球首个“10 亿吨”大港作出重要贡献；集装箱吞吐量达 104.11 万标箱，首次突破 100 万，同比增长 19.84%。舟山港进出口货运量达 1.31 亿吨，同比增长 10.3%；进出口集装箱 273 531 箱，同比增长 19.1%，其中进口 263 665 箱，增长 22.3%，出口 9 866 箱，同比减少 29.7%；进出境船舶 10 771 艘次，同比增长 14.4%，其中外国籍船舶进出境 8 963 艘次，同比增长 17.2%；办理进出境人员手续 258 838 人次，同比增长 19.5%；外籍船舶修理 1 975 艘次，同比增长 34.4%。保税燃油直供量完成 182.8 万吨，同比增加 71.7 %；完成保税油调拨量 639.6 万吨，同比增加 20.5%。2017 年主要货种完成情况：油品和铁矿石吞吐量分别完成 6 993.82 万吨、15 852.16 万吨，同比分别增长 9.34%、10.38%；煤炭吞吐量完成 2 485.14 万吨，同比下降 4.45%；粮食完成 828.48 万吨，同比下降 4.79%。

【温州水运（海港）口岸】 温州港处于全国海岸线的中间节点，位于全国最早开放的 14 个口岸城市之一的温州市，由状元岙港区、乐清湾港区、大小门岛港区 3 个核心港区及瓯江港区、瑞安港区、平阳港区、苍南港区 4 个辅助港区组成。其中已开放港区 2 个，分别是状元岙港区、瓯江港区。截至 2017 年年底，状元岙港区共有已开放泊位 3 个，瓯江港区共有已开放泊位 3 个。

1957 年，温州港经国务院批准对外开放，1964 年 8 月 27 日首艘外轮日本“东宫丸”号抵达温州。“十一五”时期，温州港开始由“瓯江时代”向“东海时代”迈进，实现由河口型港向近海深水港、地区性港向沿海枢纽港、集装箱喂给型港向重要支线港发展的三大历史性转变。“十二五”期间，温州港加快重点项目建设，为温甬沪“三港”深化合作打下良好基础。2014 年 2 月，温州港扩大开放获国务院批准，这是温州港由“瓯江时代”向“东海时代”全面跨越的重要标志。2014 年 12 月，温州港状元岙港区扩大开放通过国家验收。2017 年，温州海港新开通温州至东南亚地区集装箱班轮航线，并新增日韩等国挂靠港口，航班密度从每旬一班提升至每周一班；温州至台湾集装箱班轮航线运力升级，新增宁波远洋班轮，航班密度从每周 2 班增至每周 3 班；国际邮轮港正式开港，并于 12 月 9 日~13 日完成温州至日本长崎邮轮首航。经过多年的发展，温州港已经逐步成为浙西南、赣东、闽北等地区对外交流的重要海港口岸，外贸集装箱航线通过直达及内支线与德国、英国、意大利、俄罗斯、美国、南非、阿联酋、日本、韩国、印度、新加坡、我国香港和台湾地区等 80 个国家和地区开展航运业务，内贸集装箱航线可抵达全国沿海及长江流域港口。

2017 年，温州港完成货物吞吐量 8 925.62 万吨，同比增长 6.2%。其中，外贸货物吞吐量完成 370.19 万吨，同比增长 9.67%。从主要货种完成情况看，煤炭及制品完成 2 530.62 万吨，同比增长 11.5%；金属矿石完成 183.40 万吨，同比增长 16.4%；钢铁完成 328.59 万吨，同比增长 46.4%；粮食完成 6.17 万吨，同比增长 138.7%。集装箱吞吐量完成 60.09 万标箱，同比增长 6.9%。其中，外贸集装箱吞吐量完成 12.21 万标箱，同比增长 2.26%。台湾航线完成吞吐量 17 911 标箱，同比下降 22.12%；东南亚航线完成吞吐量 6 872 标箱。同期，重箱出口 3 573 标箱，入出境船舶 835 艘次。

【台州水运（海港）口岸】 台州港位于浙江中部沿海，地处我国海岸带中段，是浙中沿海的水运枢纽，海岸线 745 千米，占浙江省的 28%。2001 年交通部批准台州市港口统一更名为台州港，实现“一城一港”、港城同名的发展格局。台州港由海门、大麦屿、健跳、临海、黄岩和温岭 6 个港区组成，其中已开放港区 3 个，分别是海门港区、大麦屿港区、健跳港区（临时开放）。截至 2017 年年底，海门港区共有已开放码头泊位 9 个，大麦屿港区共有已开放码头泊位 5

个，键跳港区共有临时开放泊位 2 个。

台州港原名海门港，海门港于 1983 年 11 月经国务院批准开展国轮外贸运输业务，1989 年 5 月获国务院批准对外轮开放，1990 年 10 月 1 日通过验收正式对外开放。此后，国务院、浙江省政府根据台州对外开放需要，陆续批准临海红光液化气专用码头、大陈岛海上水产品交货点 2 个原二类口岸，现并入台州港口岸统一管理。2008 年 4 月 18 日，国务院批准浙江海门港口岸更名为台州港口岸及大麦屿港区扩大开放。2011 年 9 月，大麦屿港区通过国家对外开放验收，同年 12 月对外开放。2014 年 6 月 30 日，大麦屿港区对台湾海上直航客货滚装码头对外启用工作顺利通过验收，并于 7 月 11 日对外启用，大麦屿港区对台湾客货运直航已实现常态化运行。2017 年 12 月，温岭龙门港区顺利开通至宁波的集装箱内支线业务。

2017 年，台州港口岸实现外贸货物通关量 810.5 万吨，同比减少 7.2%。其中，进口 720.2 万吨，同比减少 8%；出口 90.5 万吨，同比增长 0.6%。集装箱进出口 84 214 标箱，同比增长 35.3%。其中，进口 43 571 标箱，同比增长 38.4%；出口 40 643 标箱，同比增长 32.2%。出入境船舶 2 172 艘次，同比减少 2.3%；出入境人员 46 053 人次，同比增长 19.3%。大麦屿口岸对台湾客货运直航船舶进出港 100 艘次，同比增长 6.4%；查验通关旅客 16 365 人次，同比增长 108.6%。

【嘉兴水运（海港）口岸】 嘉兴港（原名乍浦港），位于浙北地区的杭州湾北岸，地处沪、杭两市中间的嘉兴市境内，是浙江北部唯一的出海门户，是全国海河联运主要港口之一，毗邻上海浦东，陆上距上海 95 千米、杭州 117 千米、嘉兴 43 千米，海上距上海 122 海里、洋山港区 53 海里、宁波港 74 海里。嘉兴港自东向西由独山、乍浦、海盐三大港区组成。其中，乍浦港区 1993 年 3 月经批准开办国轮外贸运输业务，1994 年 5 月获批临时接靠外国籍船舶，1996 年 1 月经国务院同意对外国籍船舶开放，2001 年 4 月正式通过国家验收对外开放。2014 年 12 月 24 日，国务院批复同意乍浦港口岸更名为嘉兴港口岸并扩大开放独山、海盐港区。2016 年 11 月 25 日，嘉兴港口岸扩大开放通过国家验收，基本实现全港对外开放（除乍浦港区九龙山区域）。截至 2017 年年底，乍浦港区共有已开放泊位 12 个，独山港区共有已开放泊位 6 个，海盐港区共有已开放泊位 4 个。

嘉兴港已与日本、韩国、俄罗斯、美国、沙特阿拉伯、伊朗、澳大利亚、英国、荷兰、南非等 40 多个国家和地区的近百个港口建立了运输往来，作为宁波港、上海港的喂给港，嘉兴港集装箱业务可覆盖全球运输网络。2017 年，嘉兴港完成货物吞吐量 8 828.84 万吨，同比增长 29.52%；集装箱完成 144.24 万标箱，同比增长 7.47%。外贸货物吞吐量完成 1 225.52 万吨，同比增长 5.07%。其中，进口货物吞吐量为 907.51 万吨，同比增长 2.07%；出口货物吞吐量为 318.01 万吨，同比增长 14.70%。外贸集装箱完成 46.70 万标箱，同比增长 9.54%。其中，进口集装箱 23.17 万标箱，同比增长 2.07%；出口集装箱 23.53 万标箱，同比增长 18.06%。从进出口货物情况看，嘉兴水运口岸外贸货物以进口为主，出口货物以集装箱运输为主。外贸进出口货物前 3 位的分别为适箱货物 622.99 万吨，化工品 324.58 万吨，油品类 157.13 万吨，同比分别增长 8.31%、减少 6.64 %和 14.47%。

宁波市

【口岸运行主要数据】 2017 年，宁波舟山港完成货物吞吐量首次突破 10 亿吨，达 10.07 亿吨，同比增长 9.2%，继续位居世界第一。其中，宁波港域完成货物吞吐量 55 151.2 万吨，同比增长 11.2%；完成外贸货物吐吞量 33 148 万吨，同比增长 10.6%。宁波舟山港集装箱吞吐量为 2 464 万标箱，位居世界第四位。其中，宁波港域完成集装箱吞吐量 2 356.6 万标箱，同比增长 13.9%；完成外贸集装箱吞吐量 1 951.9 万标箱，同比增长 12.0%。国际航行船舶进出港 11 821 艘次，同比下降 28.7%，其中外国籍船舶 9 885 艘次，同比下降 28.5%。宁波栎社国际机场出入境航班累计 9 529 架次，同比增长 2.7%；出入境旅客 116.1 万人次，同比增长 5.3%；货运量 169 558.7 吨，同比增长 12.1%，其中进出口货运量 1.95 万吨，同比增长 14.5%。宁波铁路监管点完成集装箱监管 138 标箱，同比减少 80.7%。

2017 年，宁波口岸进出口贸易额累计 2 042.2 亿美元，同比增长 15.4%，位居全国第 6 位。以人民币计，进出口总值达 1.38 万亿元，同比增长 18.5%。其中，出口 9 895.9 亿元，增长 12.4%；进口 3 943.6 亿元，增长 37.1%。

2017 年，宁波市外贸进出口总额达 7 600.1 亿元，同比增长 21.3%。其中，进口 2 616 亿元，增长 37.3%；出口 4 984.1 亿元，增长 14.3%。实现贸易顺差 2 368.1 亿元。

【口岸综合管理】 稳步推进口岸开放。2017 年，穿山港区（北）中宅煤炭、浙江省（宁波）液化天然气（LNG）接收站、光明通用、港鑫东方燃供仓储共 4 个码头 8 个泊位扩大开放获国务院批复同意，北仑港区戚家山化工码头通过对外启用验收，象山石浦港区、穿山港区（北）国际航行船舶临时进出延长，大榭港区创卫复核工作通过国家质检总局的测评验收。宁波国际邮件互换局业务范围扩展到跨境电商一般出口试点业务，2017 年进出境邮件总量突破 1 700 万件，达到 1739.4 万件，最高峰值单日监管量近 10 万件，目的地覆盖全球 100 多个国家和地区。6 月 28 日，国际邮件交换站顺利开通，在栎社国际机场正式运营，实现了邮件通过宁波直飞国（境）外。

深入推进口岸大通关建设，提升贸易便利化水平。一是深入推进区域通关一体化改革。启动“两中心三制度”（“两中心”即全国海关风险防控中心和全国海关税收征管中心。“三制度”包括：一次申报、分步处置，改革现行税收征管方式的制度，改变以关区为区块的监管模式）的改革，推动实现全国一体化通关环境下“一次申报，分部处置”的征管新模式。全面实施“进口直通、出口直放”，全力扩大浙江省域进口直通企业范围，积极探索“负面清单”货物的进口直通、大宗资源性产品监管互认。2017 年宁波口岸出口直放货物 22.11 万批、货值 70.4 亿美元，进口直通货物 1 029 批、货值 1.08 亿美元。二是深化通关无纸化改革。简化无纸化审核签约手续，扩大适用企业范围，实施电子支付、电子担保，鼓励引导进口企业采用无纸化申报。2017 年，无纸化报关单比率达 97.88%。推进检验检疫报检、查验、放行全程无纸化，报检无纸化率达 95.34%，放行无纸化率达 100%。三是提升口岸通关效率。提高非侵入式查验比例，推广应用企业产品备案系统、优化口岸机检查验设备部署、规范 5 个品名以下自拼货物的申报等措施；完成“压缩货物通关时间三分之一”工作目标任务，宁波口岸进口平均通关时间 25.98 小时，出口平均通关时间 0.71 小时，继续保持全国领先。四是降低企业物流成本。开展集装箱进出口环节合规成本专项治理行动，实施免除海关查验没有问题外贸企业吊装移位仓储费用全面试点。2017 年，累计退还和免除查验费用 5 900 余万元。全面停征出入境检验检疫费，停止收取边检各类有偿服务费用及检查监护费。

推进国际贸易“单一窗口”建设。积极做好“单一窗口”国家标准版试点工作。2017 年 4 月 26 日，宁波市正式被国家确定为国际贸易“单一窗口”标准版第一批货物申报试点城市。试点项目中标准版货物申报、企业资质办理、原产地证书申领、有毒化学品进出口放行单申领、农药进出口登记管理放行通知书申领等系统已全面上线运行。助力外贸企业“最多跑一次”，“单一窗口”共运行助力加工贸易“单一窗口”、船舶申报等“最多跑一次”项目 20 个，其中“一次都不跑”项目比率达 75%，涵盖货物进出口、运输工具、备案、跨境四大类，为企业提供全方位的通关便利。2017 年，该平台业务量累计突破 60 万票，报关覆盖率达 33.93%，报检覆盖率达

39.81%，运输工具覆盖率达 45.49%，舱单覆盖率达 83.70。

深入推进口岸诚信体系建设。举办口岸领域诚信企业高管研修班，提升企业信用管理水平。开展航运物流企业评价，600 余家企业参评。开展口岸领域诚信企业评选。打造信用管理工作平台，建立航运物流企业信用监管服务特色机制，实施企业差别化管理，助推行业诚信健康发展。扎实开展诚信企业培育、保级工作。鼓励指导信用优良企业向各涉外管理单位申请更高信用等级企业管理类别，进一步提高宁波地区口岸领域企业守法诚信建设整体水平。截至 2017 年年底，宁波市共有海关高级认证企业 102 家，检验检疫 AA 级企业 55 家。

【推进宁波航运交易发展】 加快推进国际航运物流产业集聚区建设向中高端发展。兑现集聚区产业扶持政策，对集聚区产业扶持政策作进一步修订，出台 2017 年航运物流产业扶持政策。开展宁波国际航运物流产业集聚区规划研究。订舱平台启动无车承运人平台交易支付服务项目，解决货代企业流动资金问题；人才市场获得甲级船员劳务派遣资质，新增国际船员劳务派遣业务；创新船舶在线竞拍平台商业化运作模式，拓展船舶拍卖业务。2017 年，宁波航运交易所完成交易额 86.02 亿元，同比增长 27.5%。其中，航运舱位交易市场完成交易量 146 万标箱，同比增长 7.6%，交易额 65.24 亿元，同比增长 25.6%；船舶交易市场完成交易额 20.17 亿元，同比增长 35.6%；航运服务人才市场完成交易额 0.61 亿元，同比下降 4.7%。境内海运费网上支付结算额达 1.61 亿美元。

【加强“海上丝路”指数体系建设】 2017 年 5 月 10 日，国家发展改革委和宁波市政府在北京正式对外发布“海上丝路”贸易指数，并列入“一带一路”国际合作高峰论坛成果清单。2017 年 9 月 8 日，浙江省政府批复同意设立宁波“一带一路”建设综合试验区，《宁波“一带一路”建设综合试验区总体方案》中提出，要完善海上丝路贸易指数体系，提升“海丝指数”国际影响力。该套指数体系由进出口贸易指数、出口贸易指数和进口贸易指数构成，从总体、分区域、分运输货类等不同维度衡量中国与 21 世纪海上丝绸之路沿线重要国家间的经贸发展水平。宁波市着手拓展指数数据源，从指数体系发展、大数据中心建设、平台支撑等方面整体谋划，确保“海丝指数”在业界的公认度和权威性，2017 年基本建成海上丝路航运大数据中心信息化平台。

【中国（宁波）跨境电子商务综合试验区建设】 2017 年 3 月 17 日，宁波市委、市政府召开中国（宁波）跨境电商综合试验区建设工作推进会，跨境电商综试区建设列入宁波市“四梁八柱”重大战略建设内容，明确作为宁波推进城市国际化的战略载体来抓。扎实推进重大项目建设。菜鸟网络“天宫一号”5 万平方米的全国首个专业服务于跨境进口商品的超级仓库园区落户杭州湾新区；网易投资 10 亿打造的 25.6 万平方米全品类跨境母仓已完成 3 个仓主体工程，生态养殖项目和象山县政府签订战略协议，初步确定栏舍红线规划；国际邮件互换局二期扩建全力推进，意向地块确定；海外仓建设覆盖全球主要国家和区域，宁波市三成以上的制造企业和外贸企业在海外使用或建设海外仓。抓好市场主体的引进和培育。招强引大。宁波市政府分别与 eBay、亚马逊签订战略合作协议，同时举办了 1 000 人规模的全球“卖家”峰会。在第四届世界浙商大会举办宁波跨境电商综试区建设专场项目推介会。深化与菜鸟物流在“一带一路”和跨境电商等多领域开展合作。推动综试区“单一窗口”平台与世贸通、中基惠通等 6 家跨境电商服务平台对接。推进海曙服饰家纺等 5 个省级产业集群发展跨境电商试点示范创建工程。2017 年，宁波市实现跨境电商进出口额 636.41 亿元（93.86 亿美元），同比增长 1.36 倍，超额实现 80 亿美元的年度目标任务，拉动宁波市外贸增长 6.27 个百分点。

【中国—中东欧国家贸易便利化国检试验区建设】 2017 年 3 月 8 日，国家质检总局和宁波市政府于签署《关于共建“中国—中东欧国家贸易便利化国检试验区”合作备忘录》，全国首个以服务中东欧经贸合作为主题的国检试验区落户宁波。以“政策透明、监管优化、协同创新、高效便利”为原则，通过实施一系列贸易便利化创新举措，探索开展贸易便利化规则制定，打造功能特色明显、发展优势互补的“五大区块”。宁波出入境检验检疫局与宁波经济技术开发区现代国际物流园区、宁波保税区、梅山保税港区、宁波国际会展中心、中东欧（宁波）工业园“五大区块”所在地政府分别签署合作备忘录，启动建设一批以检验检疫为主导的特色项目。宁波国际会展中心开辟中东欧国家特色商品常年展；宁波保税区打造中东欧物流基地，建设出口商品检验协作监管区；梅山保税港区打造优质进口商品供应链平台；北仑物流园区建设长三角冷链商品集散中心，推动市场采购模式转型升级；杭州湾新区建设中东欧邮政物流园，培育各具特色的中东欧经贸发展基地。11 月 27 日，第六次中国—中东欧国家领导人会晤在匈牙利布达佩斯举行，制定和发表《中国—中东欧国家合作布达佩斯纲要》，将在中国宁波建立中国—中东欧国家贸易便利化国检试验区列入布达佩斯纲要，成为年度重要外交成果。此外，《宁波“一带一路”建设综合试验区总体方案》中，国检试验区建设成为 7 个重大专栏之一，占据重要位置。2017 年 6 月 8 日，第二届中国—中东欧国家质检合作对话会在宁波召开。会议期间发表的《联合声明》达成 6 项合作共识，与罗马尼亚、白俄罗斯签署 2 项议定书，举行“中东欧质检合作办公室”授牌仪式。中国—中东欧国家质检合作对话会已纳入《中国—中东欧国家合作布达佩斯纲要》，成为“16+1”合作机制的重要平台。

2017 年浙江省口岸大事记

1 月 1 日

义乌—伦敦首趟中欧班列在义乌铁路西站发车，驶往伦敦。此趟中欧班列将首次穿越英吉利海峡，抵达英伦三岛。至此，我国开往欧洲的中欧班列又新增一境外到达城市，开行范围覆盖欧洲 10 个国家的 15 个城市。

1 月 6 日

宁波跨境电商综试区领导小组办公室与 eBay International AG 在宁波国际航运中心举行了战略合作签约仪式。双方将从区域政府合作、跨境人才培养、B2C 产业发展、物流仓储支持 4 个方面开展合作，推动宁波跨境电商产业的发展和转型升级。

1 月 11 日

温州港乐清湾港区一期工程通过竣工验收。该项目是浙江省首个“浅水深用”项目，其开发模式及超软地基处理工艺具有示范效应，为浙江省港口岸线的开发建设、沿海码头设计等积累了实际经验。

1 月 12 日

宁波海关缉私局司法鉴定中心获浙江省公安厅颁发鉴定机构资格证书及鉴定人资格证书，成为华东地区海关缉私部门首家具备电子证据检验鉴定资格的司法鉴定中心。中心下设的电子证据实验室软硬件配置达到国家一级实验室标准。

1 月 17 日

亚马逊全球物流到杭州跨境电子商务综合试验区下沙园区调研，介绍亚马逊全球物流团队项目规划及设想，并就公司入区开展跨境电商业务进行座谈交流。

1 月 18 日

匈牙利国家发展部副国务秘书爱迪特・尤哈兹博士带领的政府代表团一行 7 人到宁波市口岸与打私办考察。双方就开展跨境电子商务合作、开通宁波—匈牙利邮政航线和货运航线等事项进行了交流。

1 月 19 日

宁波进口澳大利亚肉牛（屠宰用）项目通过国家质检总局考核评估。

1 月 22 日

国家质检总局正式批复同意宁波保税区筹建“全国跨境电子商务产业知名品牌创建示范区”。

这是全国首个获准建设的跨境电子商务产业知名品牌创建示范区。

1 月 23 日

海南航空开通了杭州—札幌的航线。该航线是杭州萧山国际机场继东京、大阪、冲绳、静冈之后开辟的第五个日本航点。

1 月 24 日

菲律宾亚洲航空开通杭州—宿务航线，该航线为杭州直达菲律宾的第二个航点。

1 月 26 日

柬埔寨百善航空开通杭州—金边航线，该航线是继暹粒后杭州直达柬埔寨的第二个航点。

2 月 13 日

全球最大油船“泰欧”轮挂靠亚洲最大原油码头——宁波舟山港大榭港区实华二期 45 万吨原油码头。“泰欧”轮此次装载 33.96 万吨原油，创下挂靠宁波舟山港单艘油轮实际装载量最大纪录。

2 月 20 日

浙江省委副书记、省长车俊赴杭州萧山国际机场专题调研浙江航空产业。

全国检验检疫无纸化系统在宁波正式上线。当天，宁波地区共有 602 批次报检通过全国检验检疫无纸化系统完成申报。

2 月 21 日

浙江省国际贸易“单一窗口”一期项目成功验收并上线运行。

2 月 23 日~24 日

国家质检总局局长支树平一行来浙江考察调研质检工作。

2 月 28 日~3 月 1 日

第五次中欧联合海关合作委员会指导小组会议在杭州召开。会议对《中欧海关 2018~2020 年合作战略框架》进行磋商，围绕跨境电子商务海关监管、知识产权海关保护、固体废物监管等领域开展研讨。

3 月 3 日

在宁波海事局组织召集下，来自海事、海关、检验检疫、边检执法人员同时登上刚刚靠泊宁波舟山港北仑港区金光码头的“IKAN BERKAS”轮，完成了宁波口岸首次船舶联合登临检查。

3 月 6 日

国际机场协会（ACI）在加拿大蒙特利尔宣布了 2016 年度机场服务质量（ASQ）获奖机场名单。杭州萧山国际机场以年满意度 4.80 分（满分为 5 分）的成绩荣获 2016 年全球旅客吞吐量 2 500 万~4 000 万量级最佳机场第三名。这是杭州萧山国际机场跻身 2 500 万~4 000 万量级机场行列后首次获此殊荣。

3 月 8 日

国家质检总局与宁波市政府在北京签署《关于共建“中国—中东欧国家贸易便利化国检试验区”合作备忘录》，就服务国家“一带一路”倡议和中国—中东欧国家“16+1”合作框架达成多项共识。国家质检总局局长支树平，浙江省委常委、宁波市委书记唐一军出席签署仪式并举行会谈。

宁波海关成功办理浙江省首票渔船整船出口业务。该批渔船共 4 艘，每艘渔船重达 450 吨，总计金额约 460 万美元，在梅西滚装散杂码头由“FRAUKE”轮装载出口至非洲几内亚比绍，系浙江省首批出运的渔船整船。

3 月 9 日

温州港东南亚集装箱班轮航线正式开通。至此，浙江省东南亚航线增至 28 条，进一步巩固了浙江海港“21 世纪海上丝绸之路”重要节点地位。该航线是温州港集团并入浙江省海港集团后开辟的第一条外贸集装箱航线。

3 月 12 日

中国第四支赴利比里亚维和警察防暴队完成为期一年的维和任务后，乘坐飞机从杭州萧山国际机场回国。浙江省委副书记、政法委书记袁家军出席了在杭州萧山国际机场迎宾楼举行的欢迎仪式。

3 月 15 日

来自柬埔寨、老挝、缅甸、菲律宾、泰国和越南等出席第 14 届东盟博览会的东盟部分国家高官参观考察了宁波舟山港。

3 月 16 日

温州保税物流中心（B 型）一期正式封关运营，成为继国际机场、状元岙口岸开放之后，温州市扩大开放进程中的又一个里程碑。

3 月 20 日

“新明洲 68”号轮满载集装箱从嘉兴港乍浦港区扬帆首航日本，标志着嘉兴港首条外贸直航航线正式投入运营，这也是嘉兴港首条国际航线。该航线的开通是浙江省海港集团统筹全省港口和航运资源以来的又一新举措。

3 月 22 日

嘉兴海事局牵头与嘉兴边检、海关和检验检疫部门完成了 2017 年嘉兴港口岸第一次国际航行船舶联合登临检查，标志着嘉兴港口岸国际航行船舶联合登临检查工作正式开展。

3 月 28 日

由宁波跨境电子商务综合试验区管理办公室指导，由宁波世贸通网络科技股份有限公司主办的世贸通跨境电商综合服务平台正式上线，标志着外贸综合服务和跨境电商在同一个平台上进行了首次深度融合。

浙江义乌港有限公司交接暨义乌集装箱管理中心启用仪式在义乌港举行，标志着义乌港公司正式加入浙江省海港集团大家庭，各项业务全面启动，并开始独立运营，点燃了义甬舟开放大通道双核港口的陆港引擎，助力义乌国际陆港与宁波舟山港一体化发展。

4 月 1 日

宁波出入境检验检疫局即日起取消了出入境检验检疫费。此项政策惠及宁波地区进出口企业、原产地申领企业 3.23 万家。

4 月 10 日

满载英国货物的中欧班列（伦敦—义乌）从迪拜环球港务集团伦敦口岸鸣笛启程。这标志着中铁集装箱公司在欧洲的布局覆盖整个西欧国家，并成功实现了往返。

是日

浙江省工商局、浙江省公安厅、浙江省商务厅、杭州海关、宁波海关等 9 个部门联合签署的《关于加快推进“最多跑一次”实行外贸企业“证照联办”的通知》正式发布，实行“一窗受理、集成服务”工作模式，按照“一窗受理、联合审批、统一发证”的操作流程，实现企业办事由跑“部门”到找“政府”、由跑“多个窗口”到“一个窗口”转变。

4 月 12 日

宁波大榭海关顺利监管全球最大集装箱船“商船三井成就”号首航。该船是日本商船三井船公司向韩国三星重工有限公司订造的 6 艘 20 000 标箱型集装箱船舶中的首艘，全长 400 米、宽 58.8 米，运力达 20 150 个标准集装箱。

4 月 18 日

义乌铁路口岸检验检疫监管场地顺利通过浙江出入境检验检疫局验收。

4 月 20 日

杭州海关验放浙江省首票跨境电子商务进口鲜活货物。该票货物为美国野生海捕活珍宝蟹，净重 270 千克、货值 3.7 万元，由浙江达缘供应链管理有限公司以跨境电子商务保税进口模式自美国旧金山空运至杭州萧山国际机场，并转关运至杭州跨境电商综试区下沙园区。

4 月 25 日

宁波机场海关与宁波出入境检验检疫局机场办事处签署合作备忘录，进一步明确双方合作的原则、内容和推进机制，就运用信息化技术和创新管理手段，共同推进宁波空港口岸进出境货物、物品监管工作，优化口岸通关环境，积极支持空港口岸发展制定具体措施。

4 月 26 日

国家口岸管理办公室在北京主持召开国际贸易“单一窗口”试点部署会，正式确定浙江省为全国首批试点省份，重点试运行运输工具申报和舱单申报两项功能。

4 月 27 日

杭州保税物流中心（B 型）二期项目顺利通过验收。

4 月 28 日

浙江出入境检验检疫局在舟山召开支持浙江自贸试验区发展措施发布会，发布了为浙江自贸试验区建设“量身定制”的26条支持举措，与舟山市政府宣布建立共同推进自贸试验区建设发展的合作机制，并签署了《合作备忘录》。

5月1日

由泰新时代航空公司执飞的E37637航班于当地时间17时22分从泰国曼谷起飞，历时约4个小时到达义乌，标志着义乌至曼谷航班正式开通。该航班是义乌机场首个真正意义上的国际正班航班，对促进两地经贸流通、文化交流、旅游往来有重大意义。

5月4日

由越捷航空执飞的宁波—芽庄VJ5307航班从宁波机场顺利起飞，完成首次客机腹舱带货，标志着宁波至东南亚航空货运市场正式打开。

5月8日~12日

宁波海关赴意大利与热那亚大区海关开展关际合作。根据2017年2月22日签署的《中华人民共和国海关总署与意大利共和国海关与专卖署关于宁波海关与热那亚大区海关关际合作的谅解备忘录》，在海关总署国际司的要求和指导下，宁波海关缉私局局长谭佳华一行赴意大利，与意大利热那亚大区海关签订了《中华人民共和国宁波海关与意大利共和国热那亚大区海关2017年~2018年关际合作计划》。

5月10日

浙江省委书记车俊赴舟山考察自贸试验区建设和“最多跑一次”改革情况，查看了浙江国际贸易“单一窗口”特色业务——自贸区保税燃油加注“一口受理”平台系统功能演示，对“一口受理”服务模式给予了肯定和鼓励。这标志着浙江国际贸易“单一窗口”特色业务——自贸区保税燃油加注平台建设取得了阶段性成果。

是日

海上丝路贸易指数发布会在北京举行。国家发展改革委副主任王晓涛，宁波市委副书记、市长裘东耀分别致辞。此次发布的贸易指数是“海上丝路”指数的重要组成部分，丰富了“海上丝路”指数体系，为推进“一带一路”建设提供了中国方案和标志性产品，将成为“一带一路”成果的评价指标之一。

5月16日

2017年两关一港（“两关”指杭州海关、宁波海关，“一港”指浙江省海港集团、宁波舟山港集团）关港联席会议在宁波环球航运广场会议中心召开。

5月17日

浙江完成首单舱单数据实单测试，标志着“单一窗口”标准版服务集成模式下全国首票舱单数据申报成功。

5月22日

宁波市召开“中国—中东欧国家贸易便利化国检试验区”建设动员大会。

5月23日

宁波海关顺利验放首票中欧“安智贸”货物，正式启动了中欧“安智贸”项目。宁波海关可直接与欧洲海关开展监管互认和便利通关合作，将进一步推进宁波开放体系建设。

5月24日

全球最大集装箱船舶“东方香港”顺利靠泊宁波舟山港。该船长399.9米、宽58.8米，载箱量21 413标准箱，是全球首艘超2.1万标箱的集装箱船。

5月25日

浙江完成首单运输工具实单测试，标志着“单一窗口”标准版服务集成模式下全国首票运输工具业务申报成功。

5月28日

满载6.5万吨煤炭的巴拿马籍“深井”号巨轮安全抵靠温州港乐清湾港区码头，这是乐清湾港区实现临时对外开放后迎来的第一艘外轮，标志着乐清湾港区正式迈出对外开放第一步。

6月1日

宁波口岸即日起全面实施入境拼箱货物提货单放行无纸化。至此，宁波口岸所有入境货物提货单放行均已实现无纸化。

是日

《中国（浙江）自由贸易试验区国际航行船舶保税油经营管理暂行办法》即日起正式实施。《暂行办法》统一了各类市场主体准入的条件和标准，精简了准入程序，这意味着将有更多不同性质的企业被允许进入保税燃料油供应市场，从而打破多年来只有少数企业经营的现状。

6月8日

第二届中国—中东欧国家质检合作对话会在宁波召开。本次对话会主题是“食品农产品检疫准入与国际贸易便利化”。会议讨论通过了《第二届中国—中东欧国家及中欧班列沿线国家质检合作对话会联合声明》，并达成6项共识。此外还签署了罗马尼亚输华牛遗传物质议定书及白俄罗斯输华鸡肉的检验检疫合作安排。会议期间还举行了“中东欧质检合作办公室”授牌仪式、“中国—中东欧国家贸易便利化国检试验区”揭牌仪式和“中国—中东欧质检合作信息网”启动仪式。

是日

中国—中东欧国家海关合作论坛在宁波举办。本次论坛是中国海关与中东欧国家海关间的正式合作论坛，对于促进中国和中东欧国家海关间“信息互换、监管互认、执法互助”，进而提升中国与中东欧国家贸易便利化水平具有深远的意义，是中国海关积极参与“一带一路”建设、深化国际海关合作的一次里程碑式的实践。论坛发出的《宁波倡议》将有效建立中国海关与中东欧国家海关的合作平台与联络机制。

6月15日

一艘装载外贸PTA货物的“永骏101”轮成功靠泊嘉兴港海盐港区C1泊位。这是海盐港区口岸开放后首次接卸外贸货物，标志着海盐港区海盐码头国际航行船舶航运工作的正式开通，对进一步推动海盐港区的港口建设和发展具有里程碑意义。

6月20日

2016年度宁波电子口岸政务项目验收评审会在宁波国际航运中心召开。包括宁波海事局航运公司审核发证申报系统、通关货物风险稽核管控系统（二期）在内的7个政务项目通过验收。

6月22日~23日

海关总署党组书记倪岳峰到杭州、义乌调研，海关总署党组成员、国家口岸管理办公室主任张广志等陪同。其间，浙江省委书记车俊、时任代省长袁家军在杭州分别会见了倪岳峰，浙江省委常委、杭州市委书记赵一德参加会见。

6月28日

宁波国际邮件互换局运营一周年之际，宁波国际邮件交换站业务正式开通，首批出口国际邮件货物在宁波空港顺利出运。至此，宁波空港出口邮件转运业务正式上线。

是日

参加首届中欧航空高层峰会的11位代表从北京来到杭州萧山国际机场，沟通交流中欧航空运营管理经验，探索合作新空间。欧洲航空界代表对在杭州萧山国际机场内消费、购物实现无现金支付极为关注，计划未来在欧洲各大机场推广。阿姆斯特丹机场市场总监表示将促成两地机场结为姊妹机场，为中欧航空合作提供新样板。

6月29日

浙江出入境检验检疫局在义乌举行支持深化义乌国际贸易综合改革发布会暨自贸协定实施三年成长计划启动仪式。会上，浙江出入境检验检疫局发布了进一步支持深化义乌国际贸易综合改革试点工作的15条支持举措及自贸协定实施三年成长计划，并与义乌市政府签署了《共同深入推进国际贸易综合改革试点工作合作备忘录》。义甬舟开放大通道沿线浙江出入境检验检疫局辖区内金华、舟山、绍兴、嵊泗、义乌5个局签署了《深化检验检疫一体化合作，助力义甬舟开放大通道建设合作备忘录》。

6月30日

金义综合保税区正式封关运行。金华市市长暨军民、常务副市长陈晓、副市长邵国强等市领导出席封关运行启动仪式。

7月4日

浙江省委副书记、代省长袁家军到金义综合保税区调研，了解金义综合保税区建设基本情况和运行模式，参观综合保税区主卡口和综合服务中心，并组织召开座谈会。

7月6日

杭州—塞班航线正式开通，使杭州成为继北京、上海、广州后，第四个直飞塞班的城市，也是杭州萧山国际机场开通的第八条洲际航线和第三条直达美国的定期航线。

中国（宁波）跨境电商综合试验区与亚马逊签署合作备忘录，并举办亚马逊全球开店千人卖家峰会。

舟山海事局牵头边检、海关、检验检疫等部门登上停泊于金塘大浦口集装箱码头的葡萄牙籍船舶“MINNA”（远东玛雅）轮，完成了舟山口岸首次国际航行船舶联合登临检查，这标志着舟山口岸国际航行船舶联合登临检查工作机制正式建立。

7月7日

宁波保税区跨境贸易电子商务进口商品的质量检测费用即日起全部由政府承担，宁波保税区成为全国首个跨境电商商品质量检测“无费区”。

7月9日

宁波市委副书记、市长裘东耀一行赴宁波市口岸打私办调研。

7月12日

西班牙阿拉贡自治区推介会暨萨拉戈萨物流园区经验交流讲座在义乌举行。

7月14日

国际贸易“单一窗口”标准版浙江省应用推广部署会在杭州召开。

7月19日

大榭港区国际卫生港复核顺利通过国家质检总局专家组的实地测评验收，成为全国首个通过国内测评复核的海港口岸。按照世界卫生组织要求，国际卫生港每五年进行一次复核。

7月20日

宁波舟山港定海港区浙江海洋石油化工有限公司油品码头通过对外启用验收。该码头的对外启用，对于拓宽油品国际市场，进一步促进舟山群岛新区保税燃油加注业务发展具有积极作用。

8月1日

杭州萧山国际机场进境水果指定口岸资质获国家质检总局批复，这是继进口植物种苗指定口岸、进口冰鲜水产品指定口岸、进境食用水生动物指定口岸之后杭州萧山国际机场获得的第四项指定口岸资质。

8月4日

布拉格—义乌首趟中欧班列抵达义乌。该趟班列是中欧班列开通以来第一条先从欧洲发车的班列，也是义乌第九条国际货运班列线路，全程运输时间16天，相比海运缩短一半以上。

8月7日

浙江省委常委、杭州市委书记赵一德率杭州市党政代表团一行赴宁波国际航运服务中心考察。

8月7日~8日

由国家口岸管理办公室牵头，国家发展改革委、交通运输部、海关总署、国家质检总局参加的联合调研组到浙江省开展集装箱进出口环节合规成本调研。

8月8日

全球最大油轮“泰欧”轮顺利停靠大榭实华原油码头。此次靠泊为该轮2017年内第2次靠泊宁波大榭实华原油码头。此次卸载原油37.64万吨，创下单艘挂靠油轮实载量、接卸量两项全国纪录。

8月10日~11日

海关总署加贸司在杭州召开智慧保税监管建设调研座谈会，总结智慧保税监管建设的前期调研情况，并就构建智慧保税监管信息化体系的思路和措施进行交流。上海、南京、杭州、宁波、福州、厦门、青岛、广州、深圳、拱北、黄埔、南宁等海关派员参加会议。

8月11日

杭州—新西伯利亚货运航线正式开通，成为浙江省首条直达欧洲国家的全货机航线。

8月13日

宁波港口岸穿山港区（北）共4个码头8个泊位扩大开放获国务院批复同意。

8 月 16 日

国家质检总局正式批复同意在义乌空运口岸设立进境水果指定口岸。

8 月 17 日

"安德逊桥"轮（航次：1719N/1720S）出口箱量达到 153 标箱，这是东南亚航线在温州港口岸状元岙码头开航至今，单航次出口箱量首次超过 150 标箱，实现年初制定的任务目标。

8 月 19 日

达飞物流与"义新欧"班列合作，成功运营了一趟义乌到欧洲的"达飞"专列。

8 月 22 日

国家口岸办致信宁波市政府，对宁波市口岸打私办全力推进"单一窗口"标准版试点工作，为全国推广应用树立标杆的做法表示感谢。

8 月

海关总署、中国铁路总公司批复同意利用"义新欧"班列开展运邮测试。

9 月 9 日

义乌—布拉格首趟中欧班列顺利发运。

9 月 23 日

"歌诗达大西洋号"国际邮轮靠妥朱家尖国际邮轮码头，这是迄今为止靠泊舟山最大吨位的国际豪华邮轮。

9 月 13 日

杭州—芝加哥货运航线正式开通，成为浙江省首条直达美洲的全货机航线。

9 月 18 日

全国政协副主席杜青林（时任中央书记处书记、全国政协副主席）到杭州跨境电商综试区下城园区调研，察看海关监管作业现场、浙江电子口岸，调研了解跨境电商零售出口发展情况。浙江省委书记车俊、杭州市委书记赵一德陪同调研。

9 月 19 日

马士基义乌—宁波舟山港首趟海铁周班专列正式开通，进一步推进了海港服务功能向义乌港延伸，实现了宁波舟山港与义乌港的物流无缝衔接。

9 月 20 日

宁波出入境检验检疫局正式发布 5 个方面 15 项内容的国际卫生港优惠便利措施，推行非负面清单内入境交通工具 100%实施电讯检疫给予无疫直通放行，入境集装箱空箱即报即审和未抽中批集装箱货物即报即放，口岸卫生许可业务办理"最多跑一次"乃至"一次也不跑"等举措。

9 月 21 日

2017 年长三角区域大通关建设协作第二次联络员会议暨区域"单一窗口"第二次专题会议在台州召开。上海、江苏、安徽、浙江四省市口岸办（电子口岸办）负责人，四省市海关、检验检疫、边检（边防）、海事部门业务负责人，四省市电子口岸公司负责人和台州市口岸办负责人等参加会议。会议议定，进一步完善建立长三角区域"单一窗口"合作共建机制，探索各地监管物流信息互联互通，推进长三角区域大通关建设进一步发展。

9 月 25 日

宁波地区全面实施口岸检疫处理监管无纸化工作。

9 月

义乌市陆港口岸局与阿拉山口口岸办签署合作协议，进一步发挥阿拉山口口岸优势，促进义乌市与阿拉山口市更加紧密合作和互利共赢。

10 月 10 日

全球最大集装箱船舶"东方英国"轮首航靠泊宁波北仑穿山港区，追平了宁波舟山港之前靠泊的同重量级集装箱船"东方香港"轮的记录。

10 月 13 日

浙江口岸创建国际卫生港推进会在杭州举行。推进会上，浙江出入境检验检疫局分别与杭州市政府、杭州萧山国际机场有限公司、舟山市政府、宁波舟山港集团舟山甬舟集装箱码头有限公司、义乌市政府签署了创卫合作备忘录。

10 月 19 日~20 日

根据交通运输部海事局部署，"中国—丹麦港口国监督研讨会"在宁波圆满举办。双方围绕港口国监督经验与实践、智能船舶的挑战和机遇、新能源船舶政策研究、商渔船碰撞事故预防、客渡运管理等内容展开了深入高效的研讨。

10月23日

宁波海关风险防控中心正式启用。该中心将统一负责宁波关区业务风险管理防控，统一对进出口货物、物品开展布控。

10月

国家质检总局批准舟山口岸设立进境水果指定口岸，舟山口岸为浙江省第四个进境水果指定口岸。

11月1日

宁波出入境检验检疫局在宁波口岸启动审单直放工作模式，对未抽中的货物，采用信息化系统自动完成货物的风险过滤、审单布控、部门分单、流程设定、时长监督等工作程序，经审单合格后，予以直接签证放行。该模式极大地简化了检验检疫程序，有效提升了口岸通关效率。

11月2日

浙江国际贸易“单一窗口”平台二期项目顺利通过验收并上线运行。

11月7日~8日

舟山港综合保税区衢山分区（二期）通过验收，空港分区通过预验收。

11月8日~9日

第十四届与驻华执法联络官（FLECC）业务交流活动在宁波举行。本次交流活动的主题为“集思广益、合作共赢”。宁波、厦门、深圳、黄埔、湛江海关缉私局相关代表参加此次交流活动。

11月17日

浙江省机场集团有限公司揭牌仪式在浙江省人民大会堂举行，标志着新时代浙江民航发展踏上新征程。

11月24日

地中海航运（MSC）义乌海铁周班专列从义乌西站首发。

11月25日

义乌空运口岸核心能力建设高分通过国家考核组的验收。

11月28日

交通运输部部长、党组副书记李小鹏到浙江电子口岸有限公司调研浙江国际贸易“单一窗口”平台、杭州跨境电子商务综合试验区线上综合服务平台、浙江自贸试验区公共信息平台等五大平台运行维护情况及政府大数据应用服务情况。

11月30日

温州国际邮轮码头通过对外启用验收。

12月1日

宁波机场边检站正式启用出境自助查验通道。出境自助查验通道的启用，广泛适用于广大出入境人员，旅客只需校验证件、面对镜头按下指纹即可快速通关，人均通关时间缩短至7~10秒，大幅提高了通关速度。

12月6日~7日

国家口岸办、中国电子口岸数据中心组织国家、省、市三级口岸联检单位共同在舟山开展“单一窗口”国家标准版船舶申报业务“一单四报”实单测试集中工作。12月6日，舟山外代通过浙江国际贸易“单一窗口”录入运输工具申报业务相关信息后，一次性向海关、边检、检验检疫、海事4家口岸联检单位成功申报，并且成功收到4家联检单位的审批回执，标志着浙江省顺利完成“单一窗口”国家标准版运输工具申报系统“一单四报”实单测试，也标志着“单一窗口”国家标准版服务集成模式下全国首票“一单四报”业务实单测试成功。

12月7日

宁波港口岸北仑港区戚家山化工码头通过对外启用验收。

7个由宁波舟山港铁路北仑港站出运的冷藏集装箱顺利抵达四川成都城厢站，标志着宁波舟山港首条冷藏箱海铁联运专列（宁波—成都）完成首发，宁波舟山港正式开启了海铁联运冷链新模式。

12月9日

一艘满载着2 517名游客的地中海邮轮“抒情号”缓缓驶离温州港口岸状元岙港区国际邮轮

码头。温州国际邮轮港的开港首航，填补了浙南闽北地区邮轮产业的空白。

12月13日

义乌国际邮件交换站通过杭州海关验收。

12月15日

城市国际航运物流产业创新发展论坛在宁波举办。大连、北京、天津、青岛、西安、南京、上海、宁波、厦门、武汉、重庆、深圳、广州、香港、台湾15个口岸代表共签“一带一路”综合试验区倡议书。同时，还举行了中国—巴基斯坦跨境产业对接合作协议和海上丝绸之路指数合作协议的签订仪式。

12月16日

杭州至墨尔本航线正式首航，标志着杭州和墨尔本两座极具艺术文化气息的友好城市之间架起了便捷的空中桥梁，这也是杭州萧山国际机场第二条直飞澳大利亚的航线（首个航点是悉尼）。

12月18日

义乌西班牙交流基金会在马德里梅里亚皇宫公爵大酒店举办了“义乌西班牙交流基金会2017年会”活动。此次活动是自义乌西班牙交流基金会成立以来，层次最高、参与面最广、与会人数最多的一次活动。

12月21日

舟山光汇石油公司所属供油船舶“光汇629”轮在梅山国际集装箱码头1号泊位对香港“南非木兰杰”轮进行了供油作业，油品为500CST燃料油，数量1 900吨。本次供油作业是宁波舟山港船舶供受油监管一体化试点工作开展以来首起跨港域供油作业，标志着宁波舟山港船舶供受油监管一体化试点建设已迈出实质性的一步。

12月27日

在宁波舟山港穿山港区集装箱码头6号泊位，一个身披“红妆”的集装箱被稳稳吊装至“美瑞马士基”轮，标志着宁波舟山港成为全球首个年货物吞吐量超10亿吨大港，连续9年位居世界第一。

12月28日

舟山港综合保税区（空港分区）通过国家正式验收。该项目将为波音项目的落地运营及舟山航空产业的发展提供有力支撑。

浙江出入境检验检疫局、宁波出入境检验检疫局和浙江省海港集团首次召开“两检一港”三方合作联席会议，共同签署了《深化检港合作建设国际强港合作备忘录》。

（撰稿人：汪岸天、张坚、金志华、陈加恩、陈展、舒昕涛、徐晋、徐益婷、樊诚、王静、魏依琳、周燕华、姚琼、郑江南、汤军、王凉、陈燕燕、陈嘉诚、陈福喜、赵华明、王登科、魏楷容、翟羽佳）

2017 年浙江省口岸流量统计表

口岸类型		口岸名称	货运量（万吨）				集装箱量（万标箱）				人员（万人次）				交通工具（辆、艘、架、列次）			
			出口	进口	合计	同比（%）	出口	进口	合计	同比（%）	出境	入境	合计	同比（%）	出境	入境	合计	同比（%）
空运口岸		杭州空运口岸	11.83	2.41	14.24	2.89	–	–	–	–	238.67	239.19	477.85	7.56	14 561	14 597	29 158	3.28
		宁波空运口岸	1.04	0.91	1.95	14.50	–	–	–	–	60.86	61.55	122.41	4.73	4 652	4 877	9 529	2.71
		温州空运口岸	0.04	0.09	0.13	25.88	–	–	–	–	17.21	17.02	34.23	−15.81	1 344	1 344	2 688	−18.15
		义乌空运口岸	–	–	0.00	–	–	–	–	–	1.91	1.95	3.86	−11.64	179	180	359	2.57
		分计	12.91	3.41	16.32	4.28	–	–	–	–	318.65	319.71	638.35	5.31	20 736	20 998	41 734	1.60
水运口岸	海港口岸	宁波港	12 862.50	20 285.50	33 148.00	10.60	1 006.10	945.80	1 951.90	12.00	10.50	13.18	23.67	−0.11	5 186	6 620	11 806	−1.60
		舟山港	558.01	12 561.47	13 119.48	10.30	0.99	26.37	27.35	19.10	9.23	9.76	18.98	24.67	3 413	3 729	7 142	14.60
		温州港	62.69	307.50	370.19	9.67	6.91	5.30	12.21	2.27	0.76	0.50	1.26	162.91	214	89	303	30.60
		台州港	90.40	720.10	810.50	−7.20	4.06	4.36	8.42	35.30	1.74	2.53	4.27	16.68	718	1445	2163	−2.83
		嘉兴港	318.01	907.51	1225.52	5.07	23.53	23.17	46.70	9.54	1.37	1.38	2.75	1.89	754	774	1528	2.76
		分计	13 891.61	34 782.08	48 673.69	10.02	1 041.59	1 004.99	2 046.58	12.09	23.60	27.35	50.93	11.30	10 285	12 657	22 942	3.46
	河港口岸																	
		分计																
合计			13 904.52	34 785.49	48 690.01	10.02	1 041.59	1 004.99	2 046.58	12.09	342.25	347.05	689.28	5.73	31 021	33 655	64 676	2.25
同比（%）			8.31	10.71	10.02	–	10.65	13.61	12.09	–	5.69	5.77	5.73	–	1.73	2.74	2.25	–

（浙江省口岸办提供，其中人员、交通工具数据由浙江省公安边防总队提供）

2017年浙江省口岸出入境主要数据表

项目			2017年	2016年	同比（%）
出入境人员（人次）	出入境人员总数		6 892 885	6 519 513	5.73
	入境人员		3 470 510	3 281 277	5.77
	出境人员		3 422 375	3 238 236	5.69
	出入境旅客		6 077 925	5 742 655	5.84
	出入境员工		814 960	776 858	4.91
	中国公民	小计	5 802 061	5 501 063	5.47
		内地居民（因公）	268 728	276 732	-2.89
		内地居民（因私）	4 735 459	4 470 643	5.92
		港澳居民	3 014 83	302 347	-0.29
		台湾同胞	496 391	451 341	9.98
	外籍人员		1 090 823	1 018 450	7.11
	从海港出入境人数		509 277	457 566	11.30
	从陆港出入境人数				
	从空港出入境人数		6 383 608	6 061 948	5.31
交通运输工具（辆、艘、架、列次）	总计		64 676	63 251	2.25
	船舶		22 942	22 175	3.46
	飞机		41 734	41 076	1.60
	火车				
	机动车辆				

（浙江省公安边防总队提供）

2017年杭州海关主要数据统计表

项目		2017年	同比（%）
进出口货运量（万吨）	合计	16 958.1	8.48
	进口	15 057.6	9.54
	出口	1 900.49	0.71
进出口贸易总值（万美元）	合计	9 944 641.82	11.25
	进口	4 568 678.8	32.08
	其中：江、海运输	4 148 871.73	32.67
	铁路运输	16 644.13	648.98
	汽车运输	15 296.23	136.31
	航空运输	387 207.66	20.12
	邮件运输	659.04	-0.73
	其他运输		
	出口	5 375 963.02	-1.9
	其中：江、海运输	5 063 039.71	-2.24
	铁路运输	59 803.08	27.29
	汽车运输	3 702.38	8.6
	航空运输	220 197.22	13.35
	邮件运输	29 220.63	-48.58
	其他运输		
税收（万元）	两税合计	4 575 060.38	34
	关税入库	407 415.78	19.64
	进口环节税入库	4 167 644.6	35.6

（杭州海关提供）

2017 年宁波海关主要数据统计表

项目		2017 年	同比（%）
进出口货运量（万吨）	合计	16 418	10.50
	进口	12 155	10.60
	出口	4 263	10.20
进出口贸易总值（万元）	合计	138 330 255.61	18.49
	进口	39 404 011.57	36.92
	其中：江、海运输	37 378 773.53	37.05
	铁路运输	7 370.36	471.07
	汽车运输	143 659.90	48.34
	航空运输	1 872 204.23	38.63
	邮件运输	517.91	57.19
	其他运输	1 485.65	-97.36
	出口	98 926 244.04	12.46
	其中：江、海运输	97 994 083.30	12.38
	铁路运输	7 898.65	-64.91
	汽车运输	232 062.76	-2.36
	航空运输	401 975.27	17.94
	邮件运输	377.34	5196.70
	其他运输	289 846.72	78.62
税收（万元）	两税合计	6 375 579	42.26
	关税入库	571 651	38.03
	进口环节税入库	5 803 928	42.69

（宁波海关提供）

2017 年浙江省出入境检验检疫业务统计表

项目		货物检验检疫				交通工具				集装箱（标箱）		发现动植物疫情		货物通关		出入境人员查验（人次）	健康检查及预防接种（人次）			
		批次	金额（万美元）	检验检疫不合格																
				批次	金额（万美元）	船舶（艘）	飞机（架）	火车（节）	汽车（辆）	合计	检出问题	种类数	种次	批次	金额（万美元）		健康检查	艾滋病监测	发现病例	预防接种
本年累计		761 417	4 657 147	15 489	579 413	10 730	32 344	0	0	1 189 591	3 876	590	4 989	631 627	4 508 478	5 412 825	57 996	57 896	66 434	60 341
其中	出境	654 679	1 622 301	1 387	5 482	4 895	16 165	0	0	406 972	0	0	0	559 053	1 399 406	2 698 913	35 604	35 426	41 973	59 949
	入境	106 738	3 034 846	14 102	573 931	5 835	16 179	0	0	782 619	3 876	590	4 989	72 574	3 109 072	2 713 912	22 392	22 470	24 461	392
同比（%）		16.3	16.1	-12.2	20.5	6.4	-0.07	-	-	19.05	-27.69	-26.16	-18.89	13.27	25.13	6.2	23.29	22.79	20.74	5.5
其中	出境	12.9	-8.8	-53.6	-59.2	7.7	-0.04	-	-	16.08	-100	-	-	11.91	-4.28	6.07	10.98	10.43	11.53	5.7
	入境	42.2	35.9	-3.8	22.8	5.3	-0.1	-	-	20.66	-27.69	-26.16	-18.89	24.94	45.21	6.33	49.69	49.1	40.69	-17.82

（浙江出入境检验检疫局提供）

2017 年宁波市出入境检验检疫业务统计表

项目		货物检验检疫				交通工具				集装箱（标箱）		发现动植物疫情		货物通关		出入境人员查验（人次）	健康检查及预防接种（人次）			
		批次	金额（万美元）	检验检疫不合格																
				批次	金额（万美元）	船舶（艘）	飞机（架）	火车（节）	汽车（辆）	合计	检出问题	种类数	种次	批次	金额（万美元）		健康检查	艾滋病监测	发现病例	预防接种
本年累计		179 245	4 663 298	14 837	300 031	11 933	9 529	0	0	14 269 040	87 935	787	41 015	182 284	4 389 499	1 459 118	7 801	7 517	1 626	6 177
其中	出境	81 519	484 463	519	4 386	5 286	4 650	0	0	6 263 089	0	0	0	83 337	433 233	713 505	3 468	3 328	877	6 040
	入境	97 726	4 178 835	14 318	295 645	6 647	4 879	0	0	8 005 951	87 935	787	41 015	98 947	3 956 266	745 613	4 333	4 189	749	137
同比（%）		-15.40	25.70	-21.10	21.50	-0.30	2.60	-	-	3.70	40.40	16.10	-5.40	-18.40	22.50	4.00	65.50	66.80	33.90	12.90
其中	出境	-28.60	6.40	-18.80	70.10	-4.70	1.70	-	-	-6.00	-	-	-	-38.10	-14.30	3.00	38.60	37.80	24.80	11.90
	入境	-0.10	28.40	-21.20	20.90	3.40	3.50	-	-	12.80	40.40	16.10	-5.40	11.50	28.60	5.00	95.90	100.40	46.60	87.70

表注：2016 年年底 e-CIQ 主干系统上线后，其数据回写 CIQ2000 系统导致货物、木包及集装箱疫情数据存在较大缺失，造成 CIQ2000 系统动植物疫情数据失准，因此采用国家质检总局动植检疫情上报平台的植物疫情数据。

（宁波出入境检验检疫局提供）

2017年浙江海事局进出港船舶统计汇总表

船舶类别	进港船舶							出港船舶						
	艘数（艘）	总吨（吨位）	总载重量（吨）	载客量（客位）	船员人数（人次）	货物到达量（吨）	旅客到达量（人）	艘数（艘）	总吨（吨位）	总载重量（吨）	载客量（客位）	船员人数（人次）	货物发送量（吨）	旅客发送量（人）
总数	774 507	1 754 392 289	2 241 522 745	83 588 117	8 992 272	694 602 069	29 322 509	730 682	1 687 403 485	2 172 431 700	77 662 421	8 464 373	389 109 856	28 075 983
中国籍船舶	755 748	791 639 446	924 459 447	83 503 043	8 608 622	409 201 621	29 269 310	712 660	761 123 843	900 473 776	77 579 487	8 088 169	316 890 365	28 059 483
其中外贸船	1 033	12 164 824	19 806 455	0	18 729	9 597 043	0	866	11 220 912	16 839 357	0	17 314	722 793	0

（浙江海事局提供）

什么是NSK？
慧动，慧心，慧未来
NSK的产品活跃在人们生活的各个领域。无论在汽车、火车、飞机中，或是家用电器中，甚至在医疗、新能源等尖
领域中，轴承使机械驱动摩擦低、更顺畅。展望未来，NSK大有可为。因此，NSK积极进取，以智慧创造更完美的
动。挥洒激情充分想象，将心所想、梦所求——实现。NSK慧动未来！
MOTION & CONTRO
NSK
齐心协力，慧动未来
www.nsk.com

SUBARU
Confidence in Motion
放释自我
新一代 SUBARU XV
导演、作家、职业车手：韩寒
SYMMETRICAL AWD
左右对称全时四轮驱动系统
SUBARU BOXER
水平对置发动机
EyeSight
驾驶辅助系统
SUBARU GLOBAL PLATFORM
斯巴鲁全球化平台
斯巴鲁汽车(中国)有限公司 www.subaru-china.cn
销售热线：400-818-4860 更多经销商信息敬请登录 http: //www.subaru-china.cn/dealer 进行查询。
www.subaru-chi
扫描二维码了解更
LEGACY 力狮
OUTBACK 傲虎
FORESTER 森林人
SUBARU XV
SUBARU

百事饮品事业

百事饮料（广州）有限公司

百事饮料（广州）有限公司成立于2003年，发展至今，有生产线10余条，专注于研发、生产及加工果汁、蔬菜汁、茶饮料及其他运动饮料类产品，主要品牌有果缤纷、佳得乐、纯水乐、都乐果汁、立顿等，产品行销至全国及海外市场。

近年来，公司打造“成为受尊崇的企业”的感景，秉持“诚实、务实、创新”的经营理念，以可持续发展为目标,始终致力于绿色节能环保。2016年，百事饮料（广州）有限公司获得广州市清洁生产企业证书、2016年度广州市清洁生产优秀企业称号。2017年起，公司成立专门的ReCon节能小组（Resource　Conservation资源保护），以降低水耗、能耗及减少废弃物为目标。通过在公司内部大力宣传节能理念，深入实施到各生产线及各部门，使节能行动渗透到公司的日常生产中。2017年，公司累计减少能耗消耗85 807千瓦时，减少费用支出55 105元。2017年全年采用外购蒸汽，停用锅炉，不再产生二氧化硫、氮氧化物、烟尘等废气物，减少对环境的影响。同年7月份，公司完成装机量1 030.32千瓦的光伏发电项目，截至2017年12月份，光伏发电量为566 334.1千瓦时，减少电费支出14万元。另外，公司全面推行ESG（就是Environment环境、Society社会和Governance治理三个单词的缩写）专案，从水电气能源使用量、废气排放量、废物回收量、包装材料使用量等各方面管控，实现能源节省目标。

固邦（东莞）电器有限公司

KUPOINT (DONG GUAN) ELECTRIC CO.,LTD.

固邦（东莞）电器有限公司位于东莞虎门镇怀德工业区，交通方便、环境优雅，是一家独资企业，为海关高级认证企业。公司主要生产和销售圣诞节日灯饰、灯饰配件、塑胶制品。公司占地面积20万平方米，员工2500余人，本着“以质量求生存，以效益求发展，以品种求繁荣”的宗旨，自1970年成立至今，已取得飞速的发展，成为灯饰行业中一颗灿烂的明珠。公司已通过ISO及CQC等认证，产品远销欧洲、美国、加拿大等国家和地区。

为了寻求更大的发展，公司于1991年投资建立了固邦电器厂。到今天已成为拥有近3 000名职工，占地面积5万平方米，建筑面积达23万平方米，年营业额超过4 400万美金的大型企业，一举成为虎门屈指可数的明星企业。

公司投资建设了配套完善的生产生活设施，有园林化的厂区、生活区及多种体育活动场地，较大地丰富了员工的业余生活，并吸引了大批出色的企业管理、产品开发及生产技术人才。

办公大厅

办公室

公司产品

执行副总经理 吴忠志

居安思危，才能立于不败之地。时代在前进，企业要新，公司领导层高瞻远瞩，在“团结、务实、开拓、创新的质量方针前提下，非常注重新产品的开发工作，现已拥比较庞大的专业研发队伍。公司在现有的UL、GS CSA、JAPAN等多种规格产品的基础上，及时顺应现代品的多元化趋势，采用复合材料设计产品。强大的研发实成为公司持续快速发展的强大引擎，保证了产品技术含量世界上的优势地位。公司拥有圣诞灯饰、LED灯饰产品、真圣诞树（PE、PVC）等超过上万种产品。这很大程度丰富了国际灯饰产品的市场，同时也实现了公司可持续发的战略目标。

新的世纪，新的目标。公司同仁正以满腔的热情，继往来，为力争创造丰厚的企业效益而努力奋斗。

上海申能燃料有限公司

SHANGHAI SHENERGY FUEL CO., LTD

上海申能燃料有限公司由申能股份有限公司(SH:600642)、国电电力发展股份有限公司(SH:600795)按60%和40%的比率共同投资，于2008年6月19日正式成立，为上海地区较大的电煤供应商。

公司所属申能（集团）有限公司是上海市国资委出资监管的国有独资有限责任公司，拥有申能股份有限公司、上海燃气集团等全资和控股企业近80家，连续15年入选中国企业500强。申能股份有限公司作为全国电力能源行业较早上市的公司，主业为电力、石油天然气的投资建设和经营管理，目前控股发电机组装机容量904万千瓦时，占上海市总装机容量的30%左右，系统平均供电煤耗低于288克/千瓦时，在国际、国内居于较先进水平。

公司以经营煤炭为主，兼营燃料油、矿产品、金属材料等，经过多年发展，已经建立起了集资源采购、加工、运输、销售为一体的煤炭业务产业链，年煤炭销售量达1500万吨以上，主要客户包括上海外高桥第三发电厂、外高桥第二发电厂、上海吴泾第二发电厂、宁夏吴忠热电厂等高效环保、拥有国际、国内较先进火电技术的大型发电厂。同时公司市场销售规模逐年稳步提升，2017年总销售量近2000万吨。

公司自成立以来，通过诚信、规范、高效的运作管理，与神华、伊泰、中煤等国内主要煤炭供应商，以及BHP、SUEK、ADARO等国际大型矿商建立了长期的战略合作关系。供应煤炭品种丰富，包括内蒙古、陕西、山西等地烟煤、贫瘦煤，东北地区褐煤，环保煤、特低灰煤等特殊煤种，以及产自印尼、俄罗斯、澳洲等地的进口煤炭。同时，公司在东北港口设有煤炭自加工基地，在华东、华南等区域设有专用堆场，满足用户个性化需求，为广大客户提供质优价廉的产品。

公司与铁路、港口、海运等方面深化协作，确保供应链各环节的畅通，目前在秦皇岛港、京唐港、京唐东港共有三条准班轮航线，确保资源优先供应、运力优先保证、船舶优先靠泊。公司系统内航运企业拥有4艘散货船，总运力达18万吨，年运量逾700万吨。同时公司与中国远洋海运集团等国内大型航运集团建立了长期的战略合作伙伴关系，为公司煤炭经营提供了可靠的运力保障。

公司拥有一支技术过硬、管理规范的员工队伍（中、高级技术人员占比超60%），并自行开发了煤炭质量实时管理软件，业务覆盖各主要煤炭下水港。公司充分依托申能系统电厂的技术优势，通过建立融软、硬件于一体的燃煤管理体系，为销售客户提供燃煤使用相关技术支持，切实满足客户煤质需求。2017年,公司再次荣获“中国质量诚信企业”称号，被命名为“2016年度上海市平安示范单位”。

展望未来，公司将按照国资国企改革的精神要求，积极推进市场化经营，为广大用户提供更加稳定可靠的货源、优质贴心的服务，与各界伙伴共同开创合作共赢的美好未来！

上海申能燃料有限公司

地址：上海市杨浦区昆明路518号A座16楼

邮编：200082

电话：021-65656765

传真：021-65656755

网址：www.shsnrl.com

驻秦皇岛办事处

地址：秦皇岛市海港区河北大街西段金海湾森林逸城A区95-1

联系电话：0335-3990802　传真：0335-3990805

集装箱/车辆检查系统

集装箱/车辆检查系统是由上海瑞示电子科技有限公司设计并制造，是一款高品质、多功能的集装箱检测设备；主要用于集装箱检测，并可满足不同客户的定制需求。

民 航

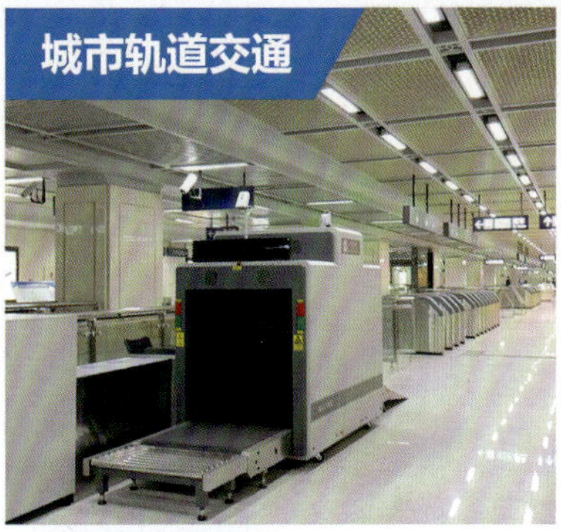
城市轨道交通

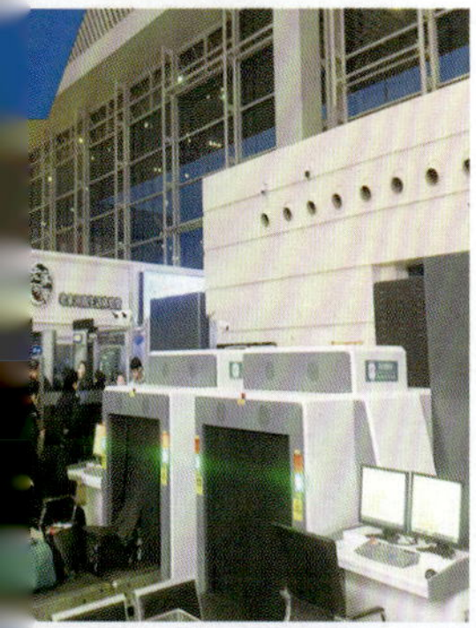

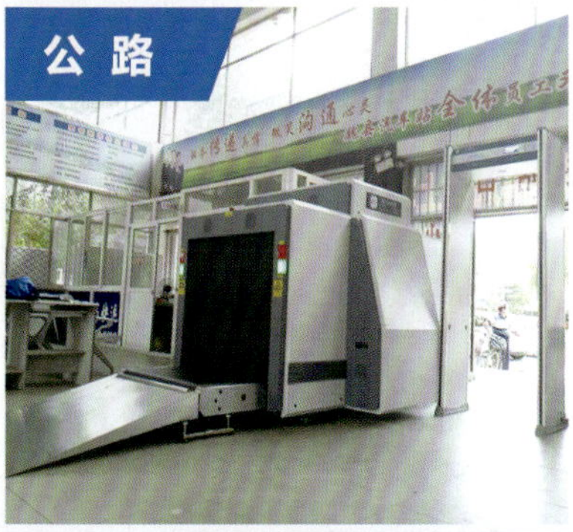
公 路

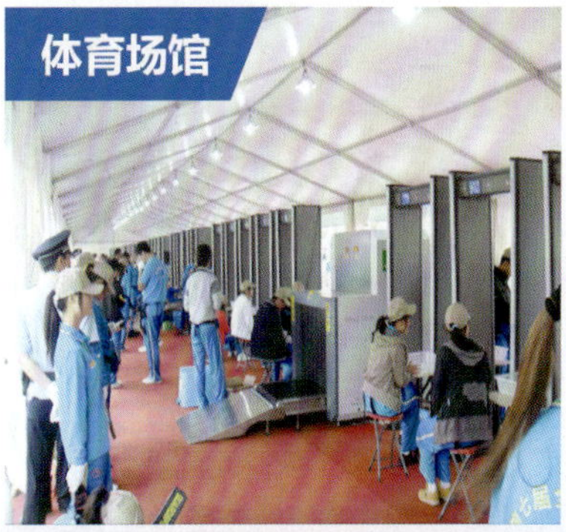
体育场馆

卓越品质 彰显实力

上海瑞示电子科技有限公司客户遍及民航、城市轨道交通、铁路、公路、港口、体育场馆等……

中万印刷（深圳）有限公司

中万印刷(深圳)有限公司是万里印刷有限公司的全资子公司，于2010年12月3日根据相关部门倡导，由原来料加工的万里印业厂原地不停产，转型升级为外商独资企业。主要产品包括科技、医疗、环保、设计、旅游等各类书籍，产品畅销世界各地。

公司于2016年被深圳市印刷学会评为“优秀会员单位”。连续多年通过了有关质量管理体系（ISO 9001:2008）、环境管理体系（ISO 14001:2004 + Cor. 1:2009）及国际玩具工业协会（ICTI）商业实务守则的认证。

万里印刷有限公司于1992年12月23日在香港成立，在短短的20多年时间里，从一家只有38人的小厂发展成为国际一流的现代化印刷企业，公司成立伊始总部就设在香港。公司董事局把握时代脉搏，及时引进印刷业的一流设备、人才，不断创新设计理念，建造优质生产线，使中万印刷（深圳）有限公司成为具有多功能、全方位的大中型印刷厂，并以各类手工加工产品为特色。

公司管理严谨有序，机构、机能齐全，引进管理及专业人才，实行层级管理和技术质量的把关管理，确保企业健康正常发展。

公司为全面满足客户各项独特需要，特别成立专责小组，与客户共同商定印刷品的设计、颜色管理及不同样版。有良好的生产系统及设备，才有高质素服务保证，公司至今已投放大量资源添置最新型号生产线，从欧洲及日本购买印刷机、折书及钉装组合，能应付特急而量大的订单。公司与市场共进，不断更新换代设备，吸纳世界精英，筑建以印刷、包装、广告制作等印刷业为主，兼营附属业务的现代化企业集团。

河北津西钢铁集团股份有限公司

HEBEI JINXI IRON&STEEL GROUP CO., LTD.

津西集团研发中心实景

河北津西钢铁集团股份有限公司（简称津西股份）始建于1986年10月。2004年3月，控股津西股份97.6%股权的中国东方集团控股有限公司在香港联交所主板上市（00581.HK）。2009年12月，注册成立河北津西钢铁集团（简称津西集团），总部位于北京，并在天津、香港和新加坡、美国等地拥有境内外控股公司30多家，总资产300亿元，成为年销售收入超1 000亿元，集钢铁冶炼加工、装备制造、节能环保、国际贸易、金融租赁、投资、高新科技、绿色地产、文化等九大板块为一体的大型企业集团。

津西股份作为集团核心企业，主导产品已形成H型钢、钢板桩、电气化铁路接触网支柱钢及其他型钢产品123个系列、356个规格，现已成为全国较大的专业化、系列化型钢生产基地和全国较早的型钢标准研发基地。产品成功打入央视新台址、广州虎门二桥、高速铁路、杭州湾跨海大桥等多项重点工程，并远销日本、韩国、马来西亚、欧盟、美洲等33个国家和地区，H型钢出口量连续六年位居全国前列。

2017年实施的钢板桩及超大H型钢产品升级项目，被列为河北省“战略性新兴产业”钢铁类项目，现已过钢试车，使津西在现有生产线覆盖80%钢板桩产品规格的基础上，引进国际先进的热轧工艺技术，建设国际一流全自动生产线，生产代表世界先进水平的最大规格达到900毫米的U型钢钢板桩、850毫米的Z型钢板桩和1 100毫米的超大规格H型钢，从而满足国内外对型钢产品大型化的市场需求，不仅填补国内空白，部分产品还填补国际空白，世界大型钢生产基地已见雏形。

未来，津西将继续认真贯彻落实国家供给侧结构性改革总体部署，秉承创新、协调、绿色、开放、共享发展理念，以打造“世界大型钢生产基地，国际一流企业集团”，不断优化产业、产品结构，朝着“百年津西”的梦想伟业持续迈进。

津西型钢生产线

津西产品

“津西牌”H型钢产品正在装船

浙江·杭州出口加工区

浙江杭州跨境电子商务综合试验区（下沙园区）

浙江杭州出口加工区自2001年5月18日通过验收，5月23日正式封关运作以来，已经封关运作多年。2017年，浙江杭州出口加工区围绕努力打造产业国际化、建设现代化、管理智慧化的复合型综合保税区目标，于2018年2月12日获批复整合优化为杭州保税区。2017年全年完成工业总产值98.94亿元，工业销售产值98.64亿元，进出口总值26.57亿美元。跨境电商进口累计验放包裹3 655万单、交易金额73.62亿元。

目前浙江杭州出口加工区内拥有相关部门，为加工区内企业提供现场报关、报检服务。引入银行1家、报关行5家、货运代理6家、平台电商70多家、垂直电商100多家、电商服务企业80家，以及物业、邮政等公共服务机构为杭州出口加工区内企业提供相应的服务。并先后引进了杭州松下住宅电器设备（出口加工区）有限公司、东芝信息机器（杭州）有限公司、杭州矢崎配件有限公司等企业，形成了电子信息、机械制造、家用电器、跨境电子商务等产业集聚区。

浙江杭州出口加工区于2014年1月28日被确定为开展跨境电子商务（进口）试点实施单位，于同年5月7日正式开园。下沙跨境电商产业园立足杭州海关特殊监管区域的政策优势，进一步鼓励企业拓展业务类型，实现园区跨境电商B2C零售进口保税、直邮及保税出B2B和B2C业务全覆盖，并在试点业务覆盖、交易规模、模式新、产业集聚等方面取得明显成效，2017年下沙跨贸园被评为杭跨境电子商务标杆产业园。同时，下沙跨境电商产业园得到开发区度重视，集全区之力，全要素保障试点工作，高效发挥了开发区在位交通、综合实力、产业基础、人才集聚、环境配套等方面的优势按照杭州跨境电子商务综合实验区“新外贸新服务新制造”的要求促进跨境电商线下发展，加速跨境电商与实体经济深度融合，大力展数字经济，努力实现跨境电子商务自由化、便利化、规范化，有推进各项工作。

同年，管委会积极推动园区转型升级，启动升级综合保税区申及规划工作，加快推进园区进口肉类指定查验场、生物医药检验中等平台建设，优化区域投资环境、推动产业转型升级、增强区域经竞争力。大力发展服务于杭州经济技术开发区及周边地区的对外易、国际采购、分销、配送、国际中转、商品展示等现代化贸易、流服务体系，探索物流合作新模式，加大跨境贸易、物流产业链的育，为区域经济发展提供各项服务保障。

园区俯视

宁波梅山保税港区

际物流产业聚集区 国际海洋生态科技城

宁波梅山保税港区于2008年2月24日经批复设立，是国第5个保税港区，规划面积7.7平方千米。2010年，为快推进产业转型升级，以梅山保税港区为核心，设立梅山际物流产业集聚区，总规划面积约240平方千米。区域以代物流商贸与金融创新服务业为主导产业，同时大力发展端基础装备和滨海休闲旅游两大特色产业。2015年9月，积极参与国家“一带一路”和长江经济带建设，以产业集区为基础，设立宁波国际海洋生态科技城，作为打造“港经济圈”的核心载体，规划面积扩大到333平方千米。当，正在积极谋划推进以梅山物流产业集聚区为核心申报创国家“一带一路”综合示范区，全力打造“一带一路”倡议五大枢纽。

近年来，梅山保税港区按照“走在全省产业集聚区前列、打造宁波新一轮经济发展重要增长极”目标，坚持国际化、生态化、高端化发展方向和“港、产、城、景”融合发展理念，围绕“四个岛”建设（千亿级国际贸易岛、千亿级财富管理岛、千亿级科技创智岛和千万级休闲旅游岛），改革创新、攻坚突破，保持了良好的发展势头，创造了开发建设的“梅山速度”和“梅山效应”。

2017年，宁波梅山保税港区固定资产投资245.73亿

元，同比增长4.55%；实现财政收入110.5亿元，同比增长62.87%；实现外贸进出口总额23.74亿美元，同比增长24.09%；完成限上商品销售额2362.83亿元，同比增长17.57%；完成规上工业总产值199.31亿元，同比增长29.05%；完成集装箱吞吐量337.09万标箱，同比增长40.09%，各项主要经济指标继续保持快速发展。

衡阳综合保税区

衡阳综合保税区于2012年10月25日经国务院批复同意设立，2014年9月9日正式封关运行。

衡阳综合保税区位于衡阳市城区南部白沙洲工业园内，总体规划面积2.57平方千米。首期0.845平方千米，总建筑面积88.77万平方米，主卡口、综合楼、查验平台、监管仓库、隔离设施、巡逻通道、信息化系统管理七项海关监管设施按标准建设到位；建成19栋标准厂房共计43.7万平方米，其中南区9栋，总面积为9.4万平方米，均为3层框架结构，北区10栋，总面积为34.3万平方米，均为4层框架结构；保税仓库21 000平方米；此外，综合保税区匹配湘南地区22万伏真武变电站、20万吨日供水能力的城南水厂、10万吨日处理能力的污水处理厂；光缆汇聚机房，千兆入户，百兆到桌，具备高速光纤保证，7个3G站点、3个4G站点，全面满足企业发展需求。

目前区内注册企业32家，入驻企业除享受海关特殊监管区域基本优惠政策外，还可享受国家、省、市多重优惠政策，并享受厂房租金优惠、产业扶持等政策，对企业实行“一事一议，一企一策”。

衡阳综合保税区正全力打造湖南乃至中西部地区内陆开放型经济发展的前沿区、加工集聚区、跨区域经济合作的引领区、新产品新技术的研发区、转型发展的试验区。现已形成以SMT贴片、手机套装为主的电子信息产业链，自2014年9月9日封关至今累计完成进出口额20.55亿美元，其中2014年实现外贸进出口总额6.3亿美元，2015年8.83亿美元，2016年0.27亿美元，2017年3.24亿美元。2018年预计完成外贸进出口总额10亿美元。

广西凭祥综合保税区

GUANGXI PINGXIANG INTEGRATED FREE TRADE ZONE

机构设置

祥综合保税区管委会与中越凭祥一同登跨境经济合作会实行一套人马、两块牌子。主要内设机构：办公室生产监督管理办公室）、经贸和规划处、投资促进处合作处）、行政审批处、机关党委、综合服务中心。

经济指标

017年，凭祥综合保税区进出货值1 440.3亿元亿美元)，同比增长16.7%;入区企业进出口总额完成亿元(40.91亿美元)，同比增长57.5%。在全国60多进出口实绩的综合保税区中排第13名，在广西园区排。友谊关口岸进出境车辆23.48万辆次，同比增加过货量271万吨，同比增长21.5%;集装箱吞吐量达标箱，同比增长73%。

深化改革

祥综合保税区将自贸试验区改革试点经验复制推广工017年度重点工作，与凭祥海关密切对接沟通，完善制和复制推广工作机制，“一次备案，多次使用”货物按状态分类监管”“大宗商品现货保税交易”特殊监管区域间保税货物流转监管模式”等改革事项园区分步实施，进一步增强了综保区发展政策驱动时，与自治区北部湾办共同探索推进园区人事、薪核、内部管理等体制机制改革，正在研究制定综保区联动发展的有关工作实施方案。

两国一检

谊关—友谊国际口岸货运专用通道于2017年9月11日车。友谊关—友谊口岸国际货运专用通道开通后，通E和效率大大提升，很多贸易、物流企业选择从友谊出入境，友谊关口岸进出口量进一步增长，出入境货的600~700辆（次）/天提高到1 200多辆（次）/天高峰达1 500多辆。友谊关—友谊国际口岸货物专用通，为“两国一检”试点奠定了基础，目前已制定一检”试点建设实施方案，完成“两国一检”试点中方区域规划、项目投资估算，初步对接建设资金，先期开展中方一侧“两国一检”区域场地平整工作和联合办公用房的前期工作。

项目建设

二期（筹）项目已完成各项前期工作，征地拆迁基本完成，二期（筹）建设实施方案于2017年4月19日上报自治区政府审批，二期（筹）控制性详细规划初步完成编制。目前，一片区31.6万平方米、二片区25.3万平方米土地先后摘牌并全面开展场地平整和路管网建设，其中一片区完成土石方开挖量约120万立方米，二片区完成40万立方米。其中广西凭祥美洋投资有限公司计划投资24 700万元在农产品加工物流园建设海产品加工项目，项目占地15.8万平方米，已完成设计规划和土地平整，并于2017年9月25日开工建设。

招商引资

开展以商招商、产业链招商、社会化招商、常年性驻外招商。管委会领导分别带队赴区内外和越南招商，5~6月，凭祥综保区分别在重庆、昆山、郑州、深圳举行投资商机说明会，9月份参加中国—东盟博览会招商推介，先后签约了一批项目，取得了较好的招商推介效果；聘请重点入区企业高管和行业知名人士作为园区产业发展顾问，与境内外行业商（协）会或知名人士建立合作关系；扶持已落地的企业继续增资扩能。积极兑现各项招商条件和扶持政策。确保入区企业能够不折不扣地享受到项目报批、用地、财税、金融信贷、交通运输等方面的优惠政策。广西捷递（OTL）、广西华泰等企业还积极申请TAPA认证（高科技资产保护协会安全认证），广西捷递（OTL）已经通过认证，成为广西首家通过TAPA认证的企业。此外，还成功将捷递集团中国总部从深圳迁入至凭祥综保区，促成富士康准时达绿色物流中心落户凭祥综保区。贝斯塔高端层积板材加工项目于2017年10月16日开业，跨境电商监管中心已于12月11日正式运营开展业务，预计每天处理4万票跨境电商进出口业务，新增2 000万美元进出口额和2 000万元人民币年均营收。

2017年9月11日，越南政府常务副总理张和平宣布中越友谊关—友谊国际口岸货运专用通道正式通车，随后中越双方代表共同剪彩。

跨境合作

中越凭祥一同登跨合区第二次定期会晤签署纪要，初步形成双方园区规划“一张图”，成立了驻越办。《跨合区总体发展规划》及《凭祥园区产业发展战略规划》通过专家评审。友谊关口岸签证处揭牌，实现外国人落地签证功能常态化。在友谊关口岸实现广西首次跨境调运越南盾现钞。新建成凭祥综保区跨境电商监管中心。

中新互联互通南向通道建设

继续丰富物流线路体系，主动发展陆铁空多式联运，新开通青岛—凭祥—越南、广州—河内等国际班列专线，大大降低企业物流成本，成为跨国企业重要的贸易通道。积极参与中新互联互通南向通道建设，与重庆、西安、青岛、郑州等内陆重点园区携手合作，共同推进北联“一带”南接“一路”的中新互联互通南向通道建设。开通东盟国家经凭祥—苏州—满洲里—欧洲（苏满欧）、凭祥—郑州—新疆霍尔果斯—欧洲（郑新欧）、凭祥—重庆（成都）—新疆阿拉山口—欧洲（渝新欧）3条国际物流线路，推进丝绸之路经济带与21世纪海上丝绸之路的有机衔接。2017年，广西凭祥综合保税区上榜第二批“国家级示范物流园区”，是目前广西壮族自治区上榜的园区。

广西（青山板业集团）贝斯塔工贸有限公司高端实木板材项目开业仪式在综保区卡凤物流加工贝斯塔公司场房内举行。

重庆东盟国际物流园

重庆东盟国际物流园（以下简称“园区”）位于重庆市巴南区公路物流基地南区，区位交通条件优越，北邻内环高速、南接绕城高速、东连包茂高速（G65）、西邻兰海高速（G75），能与各大高速路实现“无缝”衔接，高速直达重庆水运、航空、铁路枢纽。

重庆东盟国际物流园占地面积约73万平方米，总建筑面积约42万平方米，包括重庆南部货运枢纽、城市物流（渝南）中转站、重庆南彭公路车检场、重庆南彭公路保税物流中心（B型）四大核心功能板块。同时，配备有高档办公区、休闲区、生活区等，设施完善，功能齐备，能够围绕物流经营开展全产业链服务。

海关监管区

园区内重庆南彭公路保税物流中心（B型）占地面积约13.7万平方米，总建筑面积约10.5万平方米，已于2017年4月26日正式封关运行，能满足企业出口退税、进口保税、转口贸易、国际中转等业务需求，伴随着海关监管政策的不断改革开展保税商品展示交易、跨境电子商务、跨境甩挂运输、保税研发、国际物流金融等特色服务。

园区内重庆南彭公路车检场，占地面积约10.6万平方米，总建筑面积约5万平方米，具有“一站式”通关、报检、现场查验等口岸核心功能，可为客户提供更加便捷的服务，提高通关效率，降低物流成本。

主要功能

能够实现保税仓储、出口退税、进口保税、转口贸易、国际中转、跨境电子商务、商品展示等服务功能。

招商对象

主要招商方向：简单及增值加工服务等加工贸易产业、转口贸易产业、一般进出口贸易产业、跨境电子商务产业、国际货代企业等

主要招商对象：国内外物流、配送、仓储、运输企业，国际贸易经营企业，从事国际分拨、国际采购、国际配送的物流企业、国际货运代理企业，为跨国制造企业承担供应商管理库存（VMI）的经营企业，以及与商贸、制造、物流相关的投资咨询、银行保险及担保、报关咨询、法律咨询等服务机构。

中心政策

租金优惠，进出口贸易额增量部分补贴，所得税、增值税税收奖补，装卸、分拣线作业、短驳等操作补贴，其他优惠政策。

CAIL

重庆东盟国际物流园

86-23-88965000

chris.zeng@cail56.com

www.cail56.com

中国电子口岸数据中心乌鲁木齐分中心

中国电子口岸数据中心乌鲁木齐分中心全面贯彻落实关于全面深化改革的各项决策部署和要求，紧紧围绕全面深化改革工作，积极推进全面深化改革重点项目，以党建为引领，深入学习贯彻落实党的十九大精神，以实干促发展，切实推进全面深化改革。

2017年乌鲁木齐数据分中心承担了乌鲁木齐海关集中审像中心、业务集中审核中心和全景业务动态预警指挥平台等改革重点项目，按照改革任务的时间要求圆满完成项目建设。全力配合做好中国（新疆）国际贸易“单一窗口”标准版在新疆的落地推广工作，于2017年8月2日协助新疆电子口岸完成“单一窗口”标准版货物申报功能的实单测试。完成中哈霍尔果斯国际边境合作中心进出物品（货物）联网监管平台软硬件系统开发和建设，经过半年的试运行，于2017年12月4日顺利通过验收。完成中国电子口岸数据中心客户服务中心（乌鲁木齐）的筹备工作，于2018年1月1日起正式承担海关12360和中国电子口岸95198的热线接听工作任务。

乌鲁木齐数据分中心以深入贯彻落实党的十九大精神为引领，以“真抓实干、马上就办”的工作作风，扎实、稳步、高效推进各项改革任务，发挥科技支撑和服务保障作用，全力推进全面深化改革各项重点工作任务落实到位。

新疆易波特科技有限公司

XinJiang Eport Technology Co.,Ltd

新疆易波特科技有限公司以大通关电子政务为基础，通过构筑电子政务、电子商务、电子物流三位一体的跨部门、跨行业、跨地区的公共信息平台，提供口岸通关信息化服务，承建海关特殊监管区域智能电子卡口、视频监控等信息化建设及软件研发与系统集成等。

2017年公司以通关物流应用平台的建设为切入点，实现乌鲁木齐海关物流监控系统优化升级版V2.0在乌鲁木齐关区的落地实施；以科技创新为支撑点，完成乌鲁木齐海关定制版安全准入集中审像系统、铁路智能卡口系统、全景业务预警监测指挥平台信息管理系统，“互联网+E物流”管理系统的研发与实施工作；以信息化项目建设为着力点，参与完成新疆伊宁保税物流中心（B型）信息化建设，完成乌鲁木齐综合保税区、中哈霍尔果斯国际边境合作中心中方配套区、阿拉山口综合保税区等11个进口小麦加工饲料企业的无线网络覆盖和视频监控改造项目；以搭建大运维体系为关键点，高效做好各系统平台运维服务保障工作，同时提高运维服务质量，继续强化技术雇员队伍管理，提高服务技能和业务水平，优化运维服务。

新疆易波特科技有限公司将以党的十九大精神为指导，加强内控机制建设，拓展市场经营模式，提升研发创新能力，强化工程质量管理，优化运维服务水平，用实际行动坚决支持（落实）全面深化改革的各项工作，为落实全面深化改革做出新的更大的贡献。

地址：新疆维吾尔自治区乌鲁木齐市新市区北京南路295号　邮编：830011　电话：0991-3627333　传真：0991-3627771

http://www.xjeport.com

东方物通科技（北京）有限公司

① 公司介绍

东方物通科技（北京）有限公司于2011年成立，是中国电子口岸数据中心全资子公司。

公司秉承科技创新的宗旨，以口岸信息化服务为基础，以跨境电子商务服务为核心，并承建国际贸易“单一窗口”平台、海关特殊监管区域（场所）系统，数据安全与交换系统，移动应用系统。致力于为政府部门、管委会园区、外贸进出口企业、跨境电子商务有关企业提供咨询规划设计和信息化解决方案。在口岸大通关信息化有关电子政和电子商务方面，具备丰富的系统规划、建设实施、运营维护等经验。

公司以中国电子口岸物流商务基地为依托，与全国各地42个中国电子口岸数据分中心形成战略联盟，共同服务企业。

② 资质证书

● **软件产品登记证书**

① 东方物通集成通数据交换软件V2.0
② 东方物通智能视频安全分析系统应用软件V1.0
③ 东方物通智能视频监控管理应用软件V1.0
④ 东方物通智能指挥中心指挥管理应用软件V1.0
⑤ 东方物通区港联动国际物流信息系统应用软件V2.0
⑥ 东方物通智能单兵管理应用软件V1.0
⑦ 东方物通智能移动视频管理应用软件V1.0
⑧ 东方物通智能指挥中心职能管理应用软件V1.0
⑨ 东方物通指挥中心基础管理平台应用软件V1.0
⑩ 东方物通安速通传输软件V1.0
⑪ 东方物通跨境贸易电子商务服务平台V1.0

● **计算机软件著作权登记证书**

① 集成通数据交换软件V2.0
② 区港联动国际物流信息系统应用软件V2.0
③ 智能指挥中心职能管理应用软件V1.0
④ 智能视频安全分析系统应用软件V1.0
⑤ 智能移动视频管理应用软件V1.0
⑥ 智能指挥中心指挥管理应用软件V1.0
⑦ 智能单兵管理应用软件V1.0
⑧ 指挥中心基础管理平台应用软件V1.0
⑨ 智能视频监控管理应用软件V1.0
⑩ 海关特殊监管区域信息化辅助管理系统V2.0
⑪ 安速通传输软件V1.0
⑫ 跨境贸易电子商务服务平台V1.0
⑬ 跨境电子商务安全管理系统V1.0
⑭ 跨境电子商务物流监控辅助系统V1.0
⑮ 跨境电子商务海关监管系统V1.0
⑯ 跨境电子商务综合服务平台V1.0
⑰ 跨境电子商务通关服务系统V1.0
⑱ 跨境电子商务保税展示展销平台V1.0
⑲ 跨境电子商务数据交换平台V1.0
⑳ “单一窗口”系统V1.0

③ 发展大事记

2011年7月 承担《跨境电子商务推进策略和政策研究》项目课题，获得相关部门专家一致好评。
2012年5月 相关部门联合授予“国家跨境贸易电子商务服务试点指定咨询单位”。
2013年8月 协助为郑州、杭州、上海、重庆、宁波5个试点城市编写试点申报方案，并获得相关部门正式批复。
2013年9月 完成郑州跨境电子商务服务试点平台（E贸易项目）建设并上线试运行，作为试点城市中标杆性跨境电子商务试点平
2014年7月 承建金关工程二期重点应用软件项目即全国海关跨境电子商务通关服务平台（一期）系统，率先在广东东莞地区上线
2014年11月 承建平潭跨境电子商务服务平台项目。
2014年12月 承建吉林电子口岸上线运行并完成验收。
2015年11月 承建福州跨境电子商务公共服务平台项目。

2016年 承建太原跨境贸易电子商务海关监管系统和公共服务平台。

2017年 承建珠海电子口岸跨境电子商务通关服务平台。

2018年 承建兰州新区作业区海关监管场所跨境电商监管中心项目；承建平潭跨境电子商务线上线下融合项目。

4 产品介绍

（1）跨境电子商务通关辅助管理平台

跨境电子商务通关管理平台满足跨境贸易电子商务业务中的保税进口、保税出口、一般出口、直购进口四种模式需求，为四种模式通关提供保障，提供灵活的参数设置，实现相关部门的有效监管。

（2）跨境电子商务公共服务平台

跨境电子商务公共服务平台与跨境电子商务参与企业的联网对接，将企业交易、支付、物流等数据向管理部门传输，实现信息流、资金流、物流三流信息合一，保障交易的真实性。提供企业及商品备案、四种业务模式通关申报及管理、账册管理等业务功能。为地方政府部门提供资讯门户、业务统计等管理功能。

（3）国际贸易“单一窗口”平台

基于“单一窗口”标准版实现口岸政务服务基本功能，并结合本地口岸通关业务特色需求，建设和集成本地口岸政务服务项目。提供口岸物流服务功能，促进各方物流信息共享和业务协同。整合通关物流状态和物流作业信息，形成通关物流状态综合信息库，为企业提供数据服务。以信息和用户集聚优势，在金融、保险、信息技术等方面为国际贸易供应链各参与方提供特色服务，有效支持地方口岸新型贸易业态发展。

（4） 数据安全与交换系统

数据安全与交换系统遵循相关部门业务技术规范和数据标准格式。实现企业之间、企业与管理部门的数据安全交换、业务对接协同、实现系统互联互通，安全认证、数据共享整合等服务。

（5）海关特殊监管区域（场所）系统

按照相关部门发布的《海关特殊监管区域辅助管理信息系统基本配置》及金关工程二期特殊区域系统的业务和技术规范。实现保税加工、保税物流、服务贸易、新兴业务（检测、维修、研发等生产性服务业）的辅助管理。实现与金关工程二期特殊区域全国统一版系统无缝对接，为企业及相关单位提供全方位、智能化服务的辅助管理系统。

5 主要客户

☆ 福建省国际电子商务中心	☆ 深圳市南方电子口岸有限公司
☆ 平潭综合试验区岚台物流有限公司	☆ 西安国际陆港保税物流投资建设有限公司
☆ 兰州新区众聚电子商务有限公司	☆ 河南省进口物资公共保税中心集团有限公司
☆ 河南电子口岸有限公司	☆ 厦门自贸试验区电子口岸有限公司
☆ 河北省电子口岸发展股份有限公司	☆ 珠海快通达电子商务服务有限公司
☆ 平潭综合实验区港务发展有限公司	☆ 博大世通国际物流（北京）有限公司
☆ 长春兴隆综合保税区投资建设有限公司	☆ 重庆龙工场跨境电子商务投资有限公司
☆ 太原武宿综合保税区投资开发有限公司	☆ 中远渔业推广示范中心

北京中海通科技有限公司
CHINA CUSLINK CO.,LTD

公司概况 INTRODUCTION

北京中海通科技有限公司（以下简称“中海通”）成立于1998年，属于高新技术企业，致力于以信息技术提升贸易便利化水平，为国际贸易参与方及监管者提供通关信息化解决方案和进出口贸易信息服务。

秉承“科技引领发展、信息助力决策”的理念，中海通在信息化建设及进出口贸易信息服务领域积淀了丰富经验，参与了“金关工程”“金宏工程”等重要信息系统建设，研制出进出口贸易、特殊监管区域、国际通关等信息化平台，形成了涵盖物流、金融、制造等十余个行业的贸易信息应用解决方案。

未来，中海通将继续响应相关发展战略，激活国际贸易数据价值，构建全球贸易大数据生态，探索“互联网+”、物联网、人工智能等技术的应用，为客户提供智能、高效的信息化建设服务和贸易信息服务。

公司资质 QUALIFICATION

★ 高新技术企业认证

★ 信息系统集成及服务（二级）资质

★ CMMI（软件能力成熟度模型）三级认证

★ ISO 9001:2015质量管理体系认证

★ ISO 27001:2013信息安全管理体系认证

★ 软件企业认证

★ ITSS全权成员单位

★ 软件著作权

★ 软件产品

★ 安全专用产品销售许可证

★ 商标

产品体系 PRODUCTS

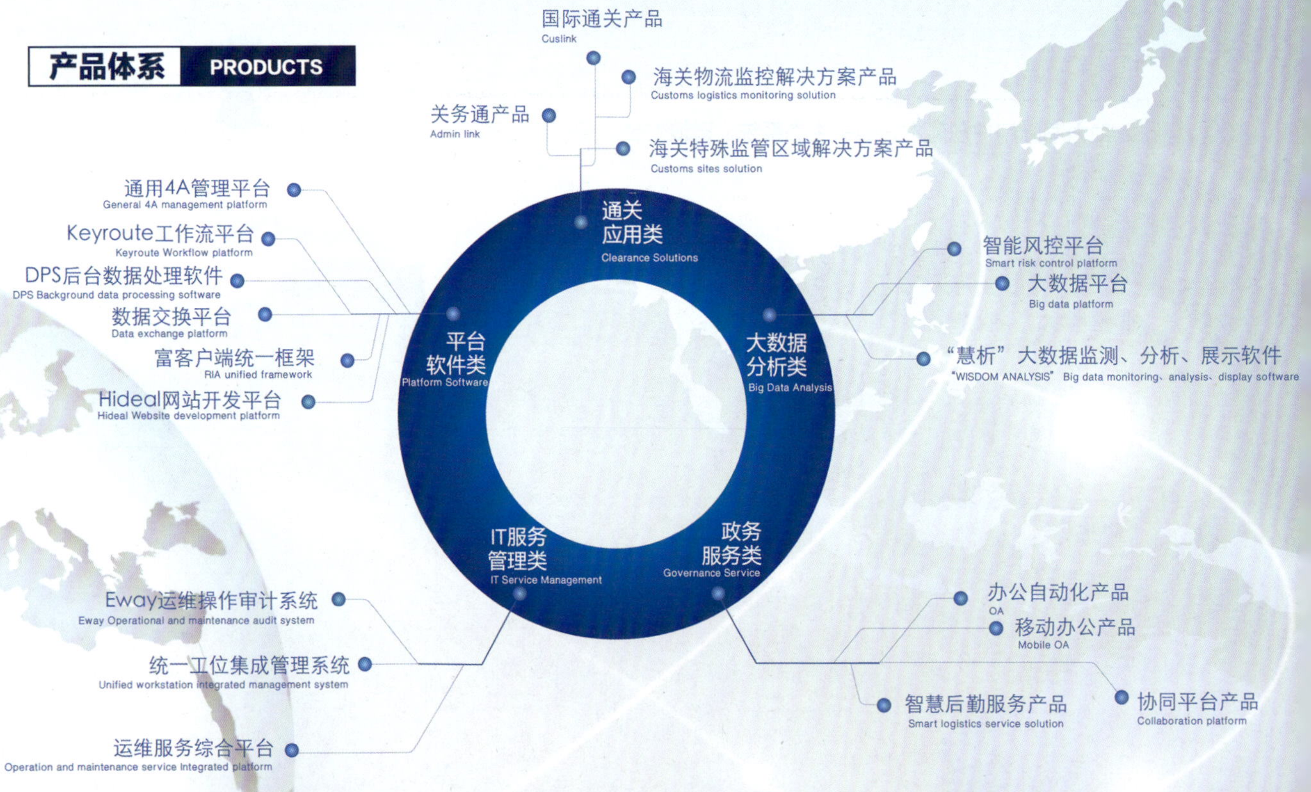

WWW.CUSLINK.CN
400-885-5623

中海通
CUSLINK

服务及解决方案 SERVICES & SOLUTIONS

■ 进出口贸易信息服务

根据客户需求，设计相应的个性化大数据解决方案，包括大数据分析（运行监测）平台、指数产品及其相关衍生品、信用评级产品及其衍生品、课题研究及分析报告等大数据分析方向业务及项目承接。

· 大数据分析（运行监测）平台建设
· 指数产品及相关衍生品设计研究
· 信用评级产品及其衍生品行业应用
· 进出口贸易相关课题研究

典型案例 富国基金、宁波航运交易所、嘉里大通、华夏银行

■ 特殊监管区域政务信息化解决方案

中海通凭借多年的实践经验，逐步形成了套以区域为整体、以企业为单元、以货物流向为主线的一体化、一站式特殊监管区域信息化解决方案。

通过构建监管辅助管理系统、配套硬件系统、智能卡口系统、视频监控系统、机房装修、综合布线等软件系统，硬件系统及工程施工建设，整合物流监控指挥、加工贸易综合管理、统计查询与风险预警等功能，实现了国际贸易监管者“简政集约、通关便利、安全高效”的改革目标，为国际贸易参与方提供“高效、优质、便捷”的通关环境。

典型案例 福建平潭综合试验区信息化建设、福建自贸试验区信息化平台建设

■ 国际通关信息化解决方案

秉承通关管理理念和智慧，中海通继承和总结一系列标准、 技术、服务经验，形成了通关全领域解决方案，可有效提升税收征管、风险防控、经济调控、决策支撑水平。

国际通关信息化解决方案适用于跨境电子商务、自贸园区等当前各种新兴经贸形式、覆盖通关工作全流程，可以满足不同业务及技术需求，助力国际用户创建本国通关生态系统，营造安全、便利的营商环境，提升国际贸易发展质量。

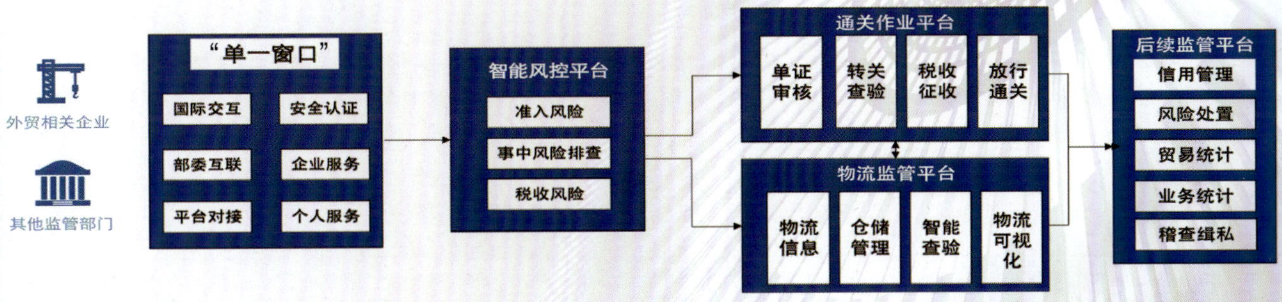

■ 政务信息化服务

中海通专注客户需求，利用20余年的信息化建设经验，搭建起以软件开发、集成实施及运维服务为主体的政务信息化业务架构，为相关单位提供全面的信息化服务，提高工作效率。

· 智能办公平台 · 信息安全系统 · 网站门户集群 · 大数据分析展示平台 · IT运维管理系统

典型案例 金关工程、相关部门的门户网站体系

公司简介

东方口岸科技有限公司（以下简称“东方口岸”）成立于2002年3月，是由中国电子口岸数据中心、中国电信集团和阿里健同出资成立的高新科技企业，注册资本7142.8571万元人民币，是中国口岸协会副会长单位、中国物联网应用与推进联盟副理事位、中国轨道交通卫星应用产业联盟常务理事单位、中国报关协会理事单位。

在中国电子口岸数据中心领导下，东方口岸依托中国电子口岸事业发展，积累了大量人才和资源，为相关行政管理部门、金构、物流行业、信息安全行业及全国50多万家进出口企业用户提供物流电子商务服务和解决方案（产品），促进物流业转型升级持外贸经济发展。

业务及产品架构

◆ 物联网产品（北斗平台）解决方案

由东方口岸开发的北斗物流监管服务系统（北斗平台），通过将分散建立的在途监控、车船管理等系统整合起来，实现对物流控关键环节的可视化监管，将物流监控业务提升到管理流程优化再造、统筹协调的高度。为相关单位提供数据服务，为授权企业提途监控服务。

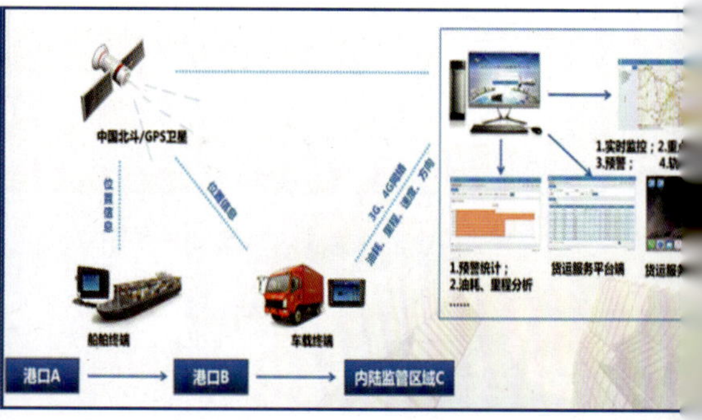

子口岸（国际贸易单一窗口）建设解决方案

东方口岸提供地方电子口岸（国际贸易单一窗口）咨询规划
出标准产品服务，以安全认证、数据交换产品和中国电子口
台应用为依托，整合社会资源共同推进整体解决方案编制及
建设实施，提供以贸易便利化为核心的全链条服务。

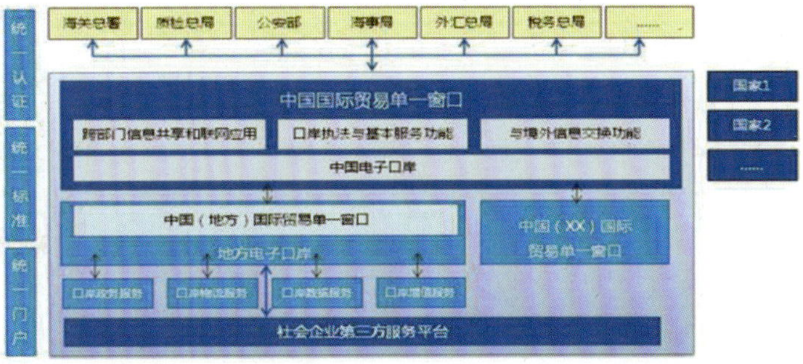

智慧保税区域（场所）解决方案

智慧保税区域（场所）产品按照相关技术规范，针对企业服
本地物流个性化需求及现场业务改革创新要求研发的系列产
包括：分类监管、工单核销、一般纳税人物流可视化、卡口
管理、卡口集中监控管理、物联设备接入管理、移动应用管
机器人辅助作业管理等产品功能。

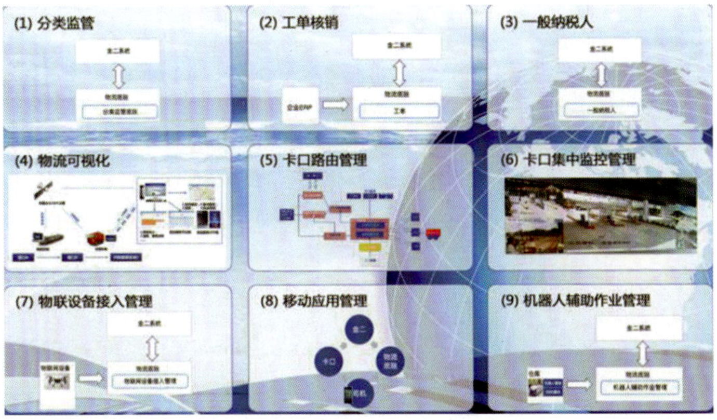

智通数据服务解决方案

安智通数据服务是东方口岸针对整个进出口业务通关链条当
下游之间协作以及通关申报的需要面向各类用户所提供的
据交换服务”、“数据增值服务”和“通关保障服务”。

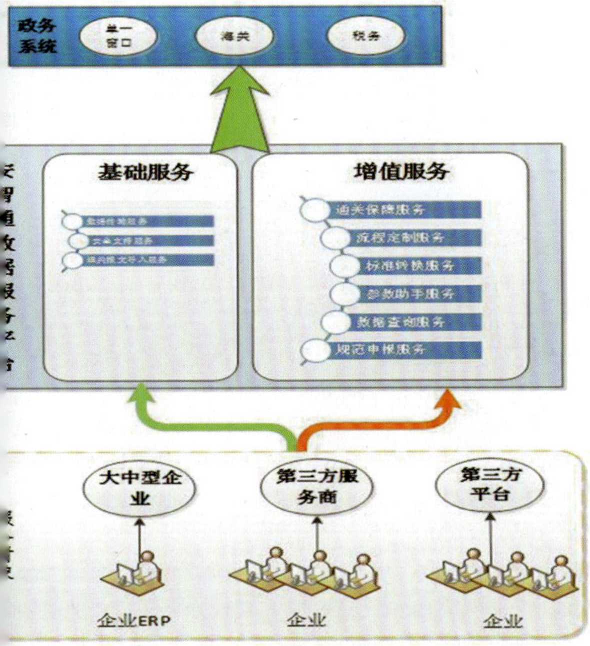

◆ 安全产品及解决方案

手机盾:基于密钥分割、协作签名技术，在移动端实现传统U盾（硬件Key）在身份认证、电子签名方面的全部功能。借助于二维码扫描技术，也适用于PC端。

电子签章系统及组件：将传统印章与电子签名技术结合，采用密码技术、图像处理技术，对word、excel、pdf等格式电子文档做数字签名及签章，确保文档的真实性及完整性，防止未经授权篡改文档，并确保签章行为的不可否认性。

数据安全签名组件:符合W3C数据签名规范和中国电子口岸业务接口规范，满足预录入数据交换和跨境电商数据传输的要求，也可以适用于其他使用XML-Signature签名标准的业务场景

安全设备:包括安全模块、TF卡、蓝牙key、USBKEY/IC卡等安全产品，可在物联网终端、移动终端、PC终端等平台提供身份认证、数字签名、加解密等功能。

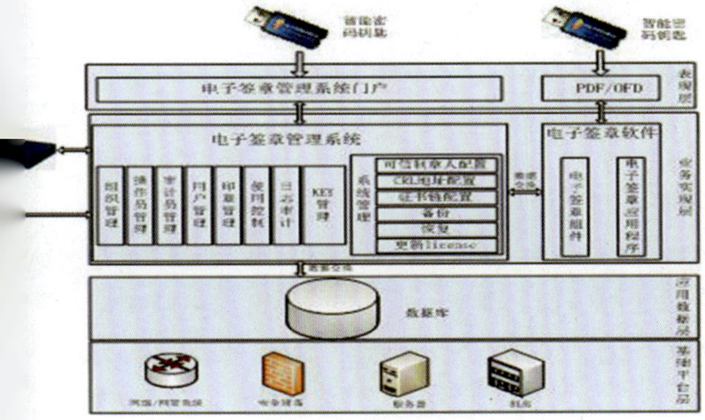

电子签章系统架构图

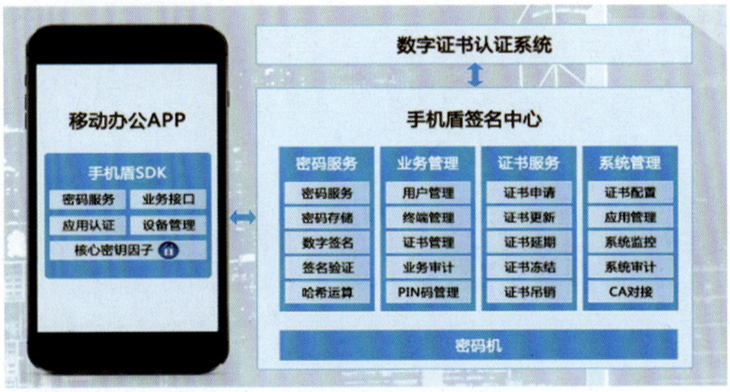

手机盾签名认证系统架构图

上海索广映像有限公司

上海索广映像有限公司（简称索广映像，英文简称SSV）成立于1995年12月，是由索尼（中国）有限公司与上海仪电电子（集公司合资设立的索尼牌视像产品制造企业。公司总投资为4.102 9亿美元，注册资金1.025 8亿美元。公司位于上海市浦东新区金桥区南区，占地面积106 208平方米。

索广映像高度重视企业的社会责任，贯彻“给地球关爱”和“以人为本”的理念，致力于建立完善的环境和安全管理系统，生色环保产品，创造一流的产品质量，树立一流的企业形象。先后通过ISO9001质量管理体系的认证、ISO13485：2003证ISO14001环境管理体系的认证、OHSMS职业健康与安全管理系统的认证、全国电子信息行业优秀境外投资企业、免办CCC诚业、外汇服务绿色通道企业、上海市文明单位、上海市高新技术企业、上海市创新型企业、上海“快检快放”便捷化监管措施企业、外商投资先进技术企业、上海市外商投资双优企业、上海市外商投资销售收入百强企业、上海市外商投资上缴利税百强企业、上海市单位、“安全生产先进”企业、上海市厂务公开民主管理工作先进单位、浦东新区企业研发机构、浦东新区先进制造业突出贡献奖、新区社会责任达标企业等荣誉。

21年磨砺，SSV全体员工同心协力，大展身手，用锲而不舍、善于思考、勇于探索的企业精神迎接机遇与挑战，全面增强市场力，为社会做出更大的贡献。

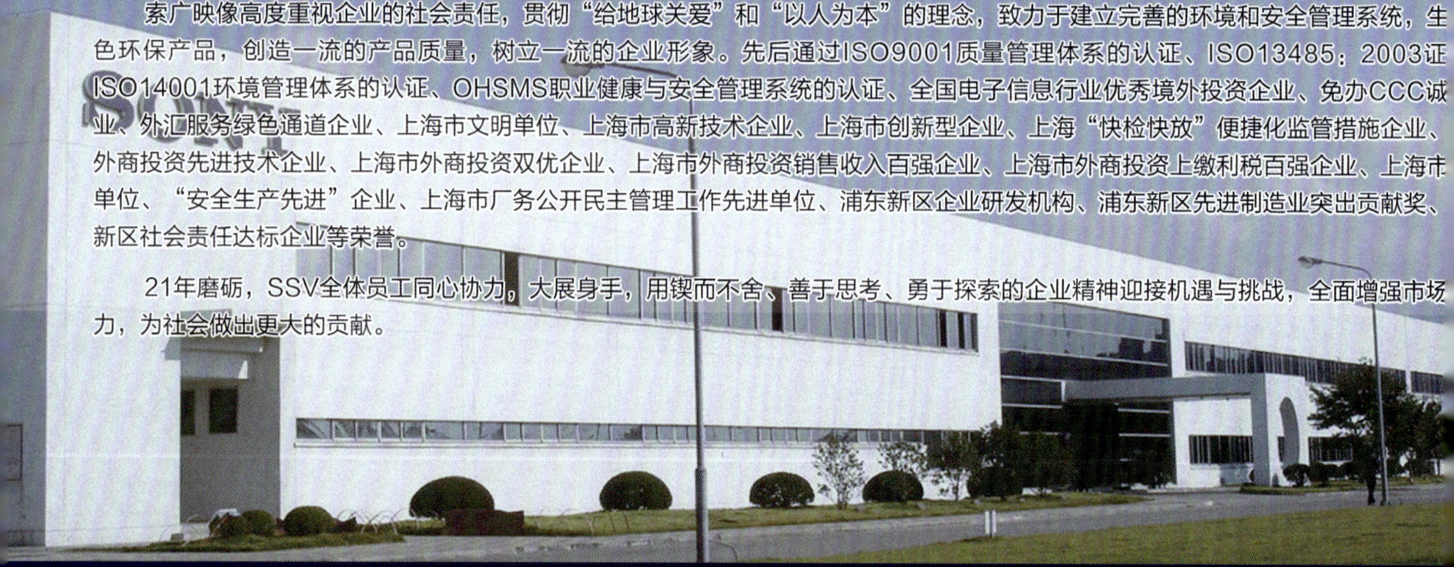

粤兴机电工程（中山）有限公司

粤兴机电工程（中山）有限公司成立于2003年，坐落在珠江三角洲中部的中山市火炬高新技术开发区，总投资近2 000万元，拥有1万平方米的厂区，是广东省属国有大型企业——广东省航运集团有限公司的外派机构香港珠江船务企业（集团）有限公司下属香港珠江集团船厂有限公司的全资子公司（实质为国有企业）。

近年来，公司致力于MTU,MWM,Volvo，Perkins，Cummins，Mercury美国水星机船用、陆用、车用发动机和发电机组，ZF，REINTJES齿轮箱，MJP及KAMEWA船用喷水推进器的专业维修及零配件供应。公司除承接本公司代理的高速客轮的维修工程外，也对外承接其他船只的维修工程，主要有各种船舶的发动机、波箱、发电机组、空调等设备的维修和安装，以及陆用动力发电设备维修保养等。2014年年底，公司获得MTU新的2000/4000系列发动机大修资格。

以人为本，技术为先。公司经过多年的技术积累，已经拥有30多名持有上述设备维修资格证书的工程师及技师，且大部分技师从事MTU机器维修经验达15年以上。公司具有MTU主机W6级认可指定维修工厂资格及MTU主机维修网点资格，近年来完成MTU主机W5级及以上修理工程超过300台次。

地址：广东省中山市火炬开发区十涌路16号　电话：0760-8829380　传真：0760-8828786

安　徽　省

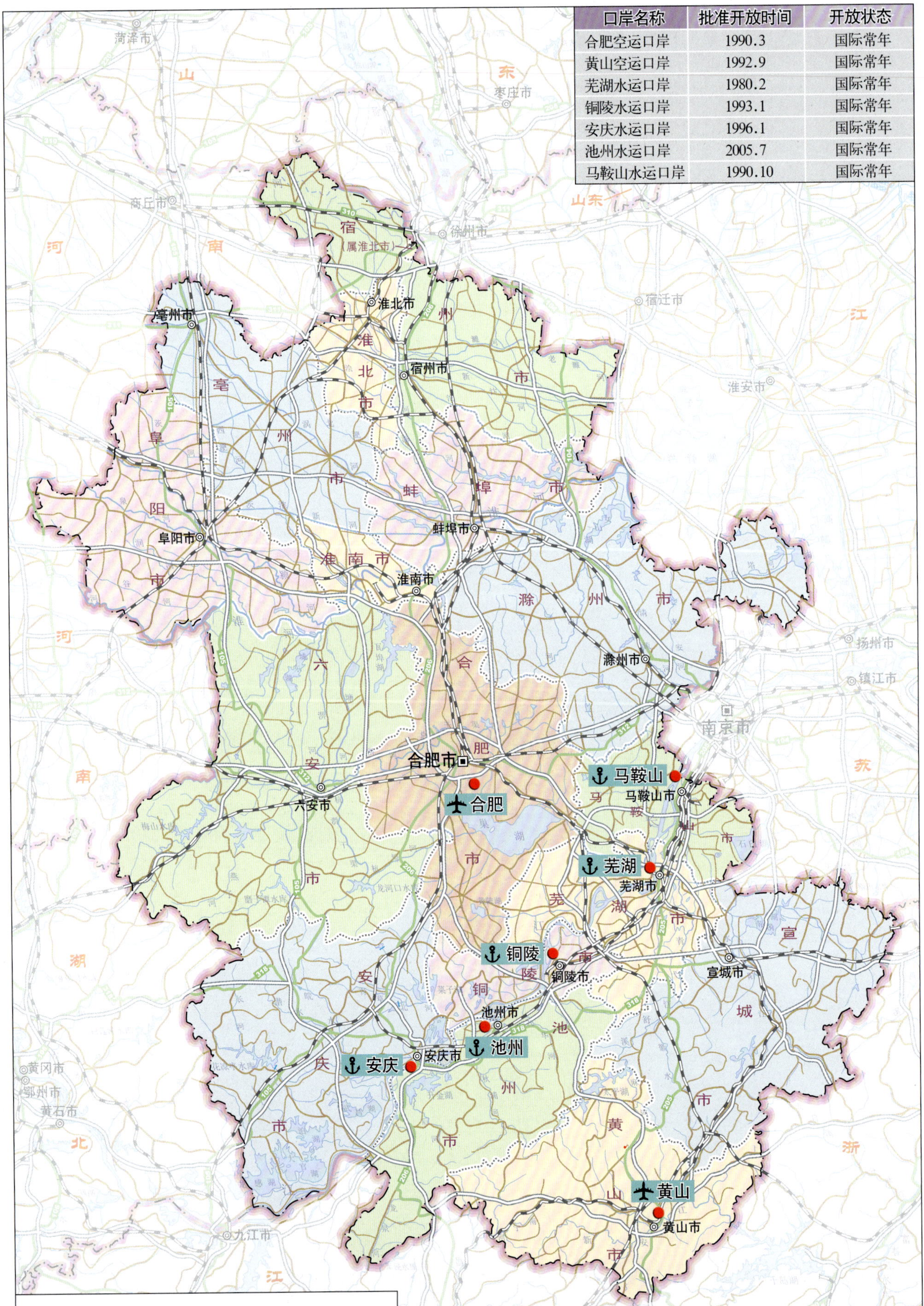

口岸名称	批准开放时间	开放状态
合肥空运口岸	1990.3	国际常年
黄山空运口岸	1992.9	国际常年
芜湖水运口岸	1980.2	国际常年
铜陵水运口岸	1993.1	国际常年
安庆水运口岸	1996.1	国际常年
池州水运口岸	2005.7	国际常年
马鞍山水运口岸	1990.10	国际常年

安徽省口岸分布示意图

口岸数量及分布

截至2017年年底，安徽省共有经国务院批准的对外开放口岸7个。其中，空运口岸2个，分别是合肥空运口岸（合肥新桥国际机场）、黄山空运口岸（黄山屯溪国际机场）；水运（河港）口岸5个，分别是芜湖、安庆、铜陵、池州、马鞍山河港口岸。

口岸运行及数据

2017年，安徽省紧紧围绕深化推进区域通关改革、率先推动长三角区域单一窗口建设以及促进长三角水水中转、空陆联运、铁海联运、铁铁联运、保税货物流转等多式联运发展等方面，务实开展项目化、专题化的合作，推动长三角地区创新发展、一体化发展目标。全省口岸围绕“口岸开放功能提升工程”，扩大对外开放，加快大通道大平台大通关建设，深化区域通关一体化改革，推进口岸物流业项目合作，积极参与长三角区域各项合作，全省口岸运量实现大幅增长。据海关统计，2017年，全省口岸完成进出口货运量3 093.01万吨，同比增长3.07%；口岸进出口货值164.09亿美元，同比增长21.6%；国际集装箱运量122.06万标箱，同比增长20.22%；到港船舶9 112艘，同比增长50.4%。据边检统计，全省航空口岸完成进出境人员58.03万人次，同比增长3.2%。

2017年安徽省口岸进出口（出入境）运量总统计表

类别	单位	累计运量		
		2017年	2016年	同比（%）
1. 货运量	万吨	3 093.01	3 000.88	3.1
其中：进口	万吨	2 705.37	2 621.91	3.2
出口	万吨	387.64	378.97	2.3
2. 货值	万美元	1 640 922.59	1 349 381.84	21.6
其中：进口	万美元	1 055 041.35	813 406.91	29.7
出口	万美元	585 881.24	535 974.93	9.3
3. 客运量	人次	580 327	562 563	3.2
其中：入境	人次	292 052	284 136	2.8
出境	人次	288 275	278 427	3.5
4. 到港船舶	艘	9112	6 060	50.4
其中：外籍轮	艘	340	432	-21.3
5. 集装箱	个	1 220 600	1 015 348	20.2
其中：重箱	个	615 502	445 242	38.2
6. 飞机	架次	4 394	4 454	-1.3
其中：外籍飞机	架次	2 365	2 210	7

2017 年安徽省各口岸进出口（出入境）运量统计表

单位：万吨、人次

口岸名称	累计运量								
	2017 年	2016 年	同比（%）	其中直运			其中转关		
				2017 年	2016 年	同比（%）	2017 年	2016 年	同比（%）
马鞍山	1 890. 68	1 995. 78	-5. 3	96. 74	124. 68	-22. 4	1 793. 94	1 871. 10	-4. 1
铜陵	479. 1	358. 62	33. 6	6. 3	7. 32	-13. 9	472. 8	351. 3	34. 6
芜湖	374. 61	331. 36	13. 1	292. 26	322. 87	-9. 5	82. 35	8. 49	870
池州	98	105. 28	-6. 9	18. 91	21. 15	-10. 6	79. 09	84. 13	-6
安庆	80. 14	69. 47	15. 4	80. 14	69. 47	15. 4	0	0	0
蚌埠	96. 54	102. 78	-6. 1	0	0	0	96. 54	102. 78	-6. 1
阜阳	7. 11	7. 16	-0. 7	0	0	0	7. 11	7. 16	-0. 7
合肥（水运）	66. 83	30. 43	119. 6	0	0	0	66. 83	30. 43	119. 6
合肥（空运）	505 325	461 288	9. 5	–	–	–	–	–	–
黄山	75 002	101 275	-25. 9	–	–	–	–	–	–

2017 年安徽省各口岸进出口集装箱运量统计表

单位：个

口岸名称	累计集装箱运量					
	2017 年	2016 年	同比（%）	其中重箱		
				2017 年	2016 年	同比（%）
合计	1 220 600	1 015 348	20. 2	615 502	445 242	38. 2
马鞍山	128 643	131 443	-2. 1	128 643	131 443	-2. 1
铜陵	12 723	18 213	-30. 1	12 723	12 244	3. 9
芜湖	703 975	601 453	17	267 581	210 273	27. 3
池州	12 193	8 942	36. 4	8 336	6 170	35. 1
安庆	42 083	37 737	11. 5	25 899	22 388	15. 7
蚌埠	9 102	10 796	-15. 7	9 102	10 796	-15. 7
阜阳	5 606	6 471	-13. 4	5 606	6 471	-13. 4
合肥	306 275	200 293	52. 9	157 612	45 457	246. 7

2017年安徽省各口岸出入境船舶、飞机统计表

单位：艘、架次

口岸名称	累计到港船舶、飞机					
				其中外籍船舶、飞机		
	2017年	2016年	同比（%）	2017年	2016年	同比（%）
合计	9 112	6 060	50. 4	340	432	-21. 3
马鞍山	649	904	-28. 2	64	65	-1. 5
铜陵	34	386	-91. 2	20	22	-9. 1
芜湖	5 588	2 403	132. 5	234	320	-26. 9
池州	304	316	-3. 8	22	24	-8. 3
安庆	859	828	3. 7	0	1	-100
合肥	1 678	1 223	37. 2	0	0	0
合计	4 394	4 454	-1. 3	2 365	2210	7
合肥	3 690	3 602	2. 4	1 661	1358	22. 3
黄山	704	852	-17. 4	704	852	-17. 4

2017年安徽省各口岸进出口货值统计表

单位：万美元

口岸名称	累计进出口货值					
				其中进口		
	2017年	2016年	同比（%）	2017年	2016年	同比（%）
合计	1 640 922	1 349 381	22	1 055 041	813 406	30
马鞍山	234 159	185 223	26	181 305	144894	25
铜陵	473 446	411 831	15	456 481	372 262	23
芜湖	603 535	478 201	26	218 907	147 644	48
池州	79 891	65 382	22	75 102	57 095	32
安庆	51 336	46 851	10	28 223	22 262	27
蚌埠	67 209	65 336	3	57 774	4 6708	24
阜阳	37 551	35 580	6	15 947	9 109	75
合肥	93 793	60 977	54	21 301	13 432	59

2017 年安徽省各口岸进出口（出入境）运量统计表

单位：万吨、人次

口岸名称	累计进口（入境）运量			累计出口（出境）运量		
	2017 年	2016 年	同比（%）	2017 年	2016 年	同比（%）
马鞍山	1 796.18	1 902.58	-5.6	94.5	93.2	1.4
铜陵	464.6	328.5	41.4	14.5	30.12	-51.9
芜湖	193.01	149.42	29.2	181.6	181.94	-0.2
池州	79.09	84.13	-6	18.91	21.15	-10.6
安庆	62.81	53.35	17.7	17.33	16.12	7.5
蚌埠	92.74	94.77	-2.1	3.8	8.01	-52.6
阜阳	3.23	1.82	77.5	3.88	5.34	-27.3
合肥（水运）	13.71	7.34	86.8	53.12	23.09	130.1
合肥（空运）	253 879	232 860	9	251 446	228 428	10.1
黄山	38 173	51 276	-25.6	36 829	49 999	-26.3

口岸综合管理

【国际贸易单一窗口建设工作】 安徽省委、省政府高度重视国际贸易单一窗口建设，2017年省政府工作报告明确要求，年内建成中国安徽国际贸易单一窗口。2016年12月1日，张曙光副省长主持召开省政府口岸工作专题会议，决定由省口岸办会同相关单位组织建设安徽省国际贸易单一窗口。8月22日，召开国际贸易单一窗口(标准版)试点启动工作会议。11月29日，举行安徽国际贸易单一窗口标准版全面推广培训会，在全省推广标准版所有申报功能，并全面应用于安徽省境内所有的水运、航空、铁路口岸及口岸功能区。12月20日，安徽国际贸易单一窗口建设和运行维护政府采购项目通过专家组验收。截至2017年年底，报关覆盖率为40%以上，报检覆盖率为100%，报关报检覆盖率双达标。

【压缩货物通关时间三分之一工作】 积极参与全国海关和检验检疫通关一体化改革，深化大通关建设协作，实现海关报关、征税、查验、放行通关一体化作业，检验检疫实行通报、通检、通放。海关制定通关流程“去繁求简”工作改进方案，从简化通关流程、聚合业务核批、加强技术开发、增强信息沟通4个方面推出11项具体措施。截至目前，进口通关时间为11.83小时，出口通关时间1.05小时，进口、出口通关时间均完成压缩货物通关时间三分之一的目标任务。出入境检验检疫出台压缩进出口货物检验检疫放行时间9项措施，配套制定流程时限管理工作规范及流程时限表并向社会公布。

【口岸扩大开放工作】 根据国家口岸发展“十三五”规划，制定下发《安徽省口岸发展十三五规划》。安庆港、铜陵港、池州港口岸扩大开放作为2017年开放年度审理计划经国家口岸办公室。安徽省口岸办多次赴国家口岸办专题汇报口岸扩大开放工作。省政府已向国务院正式上报安庆港口岸扩大开放的请示。

【进境指定口岸建设工作】 合肥空港水果、冰鲜水产品、食用水生动物，安庆港、芜湖港粮食，芜湖港、马鞍山港肉类，铜陵港水果等进境指定口岸建成运营。5月28日，安庆港汽车整车进口口岸获得国务院批准建设。12月29日，合肥空港进境食用水生动物指定口岸顺利通过国家专家组考核验收，成为安徽省首家进境食用水生动物指定口岸，今后鲜活龙虾等高档水产品可直达合肥。

【口岸大通关建设协作工作】 按照长三角区域大通关建设协作第八次联席会议第一次联络员会议纪要，确定2017年长三角区域大通关建设协作主要围绕支持区域通关一体化改革、口岸城市群项目合作、区域单一窗口建设、区域大通关协作机制优化等方面展开。省口岸办按照要点主动推进区域大通关协作，6月30日，长三角区域单一窗口第一次专题会在合肥召开；9月21日，在浙江台州参加长三角区域第二次联络员会议和“单一窗口”第二次专题会，四省市就大通关建设协作和加强国际贸易单一窗口长三角区域对接合作进行了交流。为务实推进长三角区域口岸建设交流协作，分别于11月、12月在安徽省池州和江苏省南京召开长三角口岸城市群大通关合作皖苏、苏皖项目对接会。12月6日，安徽作为轮值方在安徽省马鞍山市召开上海与中部六省口岸大通关合作第十一次联席会议秘书长会议，进一步深化上海与中部六省口岸大通关合作，助推“一带一路”建设及长江经济带国家战略实施。12月15日组织召开了全省口岸通道和物流发展工作座谈会，进一步发挥安徽省水运、航空、铁路口岸和“无水港”等口岸通道和物流平台载体作用，提高江海、空铁、铁海联运和中欧国际货运班列等多式联运效率，降低进出口企业运输成本。

【合肥中欧国际货运班列运营工作】 2017年，“合新欧”国际货运班列实现加密运行，全年共发运70列、6 738标箱，货值20.79亿元。其中，中亚班列18列、1 664标箱，中欧去程班列48列、4 736标箱；中欧回程班列4列、338标箱。2月下旬，省政府组织赴重庆、四川成都、河南郑州开展打造内陆开放新高地学习调研；3月中旬，省政协领导率省政协委员、相关专家专题调研合肥中欧国际货运班列运行情况；6月中旬，省口岸办率合肥市相关单位前往河南郑州调研“郑欧”国际货运班列建设情况，学习“郑欧”国际货运班列的组织机构、运营模式、发展方向等先进经验，扎实推进“合新欧”国际货运班列运营。

【海关特殊监管区域推进工作】 先后到合肥综合保税区、芜湖综合保税区、马鞍山综合保税区和合肥出口加工区进行调研，重点了解管理机构、工作运行、园区建设、问题和建议意见等情况。推进出台海关特殊监管区域（场所）促进政策。马鞍山综合保税区通过省级预验收，安庆（皖西南）、宣城（皖东南）保税物流中心（B型）验收启用，合肥空港保税物流中心（B型）建成申报验收。2017年，全省海关特殊监管区域实现进出口额65.1亿美元，同比增长35.9%；保税物流中心（B型）实现进出口额2.2亿美元，同比增长109.9%；保税仓库实现进出口额5.1亿美元，同比增长42%。

【集装箱进出口环节合规成本专项治理行动】 贯彻落实《国家口岸管理办公室关于开展集装箱进出口环节合规成本专项治理行动的通知》和专项治理行动电视电话会议精神，制订具体实施方案并认真组织开展专项治理行动。通过综合施策，完成2017年年内压缩货物通关时间三分之一和集装箱进出口环节合规成本同比下降5%以上的目标任务。2017年安徽省5个口岸共查验没有问题集装箱2 252个，免除费用48万元，受益企业771家。

【做好口岸信息宣传和全省口岸运量统计工作】 汇编全省口岸运行情况，为各级领导决策提供依据。及时向中国口岸协会及《中国口岸》期刊投稿，反映安徽口岸工作动态、信息。省口岸办荣获2016年度全国口岸信息工作先进集体；在安徽省商务厅公众网和商务部安徽口岸网上及时刊登全省口岸信息，在安徽日报、中安在线等媒体刊登多篇安徽省国际贸易“单一窗口”建设及口岸相关信息，很好地宣传了安徽口岸工作。

【认真做好省商务厅交办工作】 按照商务厅及第十届中国中部投资贸易博览会和2017中国国际徽商大会组委会安排，省口岸办组织完成开幕式暨主旨论坛活动；圆满完成合肥新桥国际机场和合肥高铁南站贵宾通道协调接待工作。根据商务厅外贸督查工作分工安排，做好对口跟踪宿州、蚌埠、淮北、宣城市进出口调度及重点外贸企业帮扶工作。支持安徽省口岸协会开展相关活动，更好地发挥协会桥梁、纽带作用，服务口岸工作。

口岸监管与服务

【安徽省公安边防总队狠抓口岸监管工作，全面打赢十九大边防安保攻坚战】 一是严格落实口岸管控措施。培育大数据思维及全程查缉战法，加大口岸反恐科技化、信息化装备投入。扎实开展隐患排查活动，布控准确率始终保持在100%，前台录入正确率始终高于全国标准。严格落实重点人员审查和飞机机体、船舶船体检查，未发生任何漏控错控、漏放错放事件。

二是深度应用后台核查机制。研究出台《关于进一步加强后台核查工作的意见》，在全国率先组织后台核查岗位技能比武，推动各级深度应用公安部层面12个大数据平台，以百亿条数据为支撑，形成一整套环环相扣的关联数据核查链。各级共排查人员8 822人次，重点核查244人次；向全国口岸布控1 020人次，查获危害国家安全、刑事犯罪等嫌疑人14人。

【安徽省公安边防总队全力助推地方外向型经济发展】 积极对接地方经济发展规划，全力提升口岸通关效率，优化升级“互联网+”边防服务，最大限度便利经贸往来及旅客通关。

一是主动服务外向型经济发展。各边检站主动优化勤务模式，科学调配执勤警力，积极应对口岸扩大开放带来的勤务压力，确保贸易发展健康顺畅。

二是全力推动国际贸易“单一窗口”建设。

贯彻落实国务院《关于支持外贸稳定增长的若干意见》，切实加强与海关、检验检疫及兄弟边防总队的协作交流，全面推动长三角区域大通关、中部六省与上海市口岸大通关和口岸“单一窗口”建设工作开展。

三是不断提升口岸边检通关效率。深入推进边检勤务模式创新，合肥、黄山边检站全面启用13组26条智能验放通道，合肥口岸4条边检自助验放通道顺利通过公安部验收并正式启用。各空港边检站全力服务国际旅游经济发展，全力保障安徽至港澳台、东南亚、美日韩等12条国际（地区）航线航班的边检执勤任务。

【安徽省公安边防总队不断强化官兵专业素质，进一步推动边检业务建设】 一是突出实战练精兵。每季度组织召开业务研讨会和岗位技能培训班，邀请高校教授、现役职业边检专家、办案能手授课，派出业务骨干跟班实习。强化前台检查员工作责任心，应用“检中系统”，开展梅沙系统录入数据大清查等专项督查，不断提升官兵业务技能水平。扎实开展警务实战化训练，全面实行无脚本、临时性应急拉动，有效提升了现场处置水平。

二是广泛开展边检业务研究。积极参与部局重点课题研究，连续3年在部局边检专家重点课题评审中获得2个一等奖、1个二等奖。在训练基地建成现代化电教室和边检模拟培训室，深度应用国际国内先进教学科技，实现了课程播录制一体化、课程生成推送自动化、培训流程环境实战化。2017年，1个网络学院课件被部局专家组评为一等奖，2个被评为三等奖，2篇信息被评为全国十大优秀证研成果。

三是积极回应服务对象需求。优化“皖警e网通”边检服务平台事项及办理流程，将船舶搭靠外轮许可、枪支（弹药）携运许可、上下外国船舶许可等6项边防行政许可事项及出入境记录查询、行政案件查询等便民查询事项全部上线。为江西、湖北相关企业提供异地办证及免费邮寄服务，并协调将办证窗口前移至安庆，全年共办理“出海船舶户口簿”400余本，“出海船民证”4 800余份。

【安徽省公安边防总队扎实推进法治边防建设，执法公信力稳步提升】 一是不断完善执法制度。制定有关信息查询系统平台使用管理规定，进一步规范总队各级数据核查系统平台使用管理，严防发生内部人员泄露公民个人信息事件。芜湖、铜陵等4个边检站编印了《边检执法执勤安全管理指引》《港口边检行政案件案卷制作指引》等规范，进一步提升了官兵执法素质和执法能力。

二是狠抓执法监督管理。紧盯梅沙系统、执法视音频等重点环节，扎实开展隐患排查。各边检站通过实地察看、调阅监控录像等方式对执法办案场所、官兵执勤装备及防护装具佩戴情况进行仔细检查。每季度召开社会执法监督员座谈会，征求社会各界对边检执法执勤的意见建议，部队执法公信力稳步提升。

【芜湖海事局严格把关，完善归档】 芜湖海事局严格按照《长江海事局海事执法业务流程》中的相关要求对国际航行船舶实施进出口岸审批，枯水期重点核查船舶吃水情况，洪水期重点核查船舶水面上最大高度，对不满足行政许可条件的，一律签发《不予海事行政许可决定书》。按照《长江海事局海事执法业务流程》的要求，做好国际航行船舶进出口岸归档工作，做到一船一册，一次进出港审批一档。

【芜湖海事局加强指导，保障安全】 针对洪水期往返航行于芜湖—香港载运海底隧道内构件的大型船舶，如何顺利通过陈家洲过江架空电缆通航水域，芜湖海事局实地走访，就船舶航行安全注意事项等内容对航运企业及承运方进行指导，实地检查运输船舶，要求航运企业整改安全隐患，严格实施靠离泊的安全措施，确保洪水期安全无事故。

【芜湖海事局大力支持，促进开放】 芜湖海事局认真贯彻《国务院关于依托黄金水道推动长江经济带发展的指导意见》的有关精神，积极支持马鞍山口岸郑蒲港、芜湖口岸三山港的建设，数次前往现场核查港口水域通航状况、船舶进出港口安全操作、污染物接收处理设施、联检锚地、保安、船舶修理能力等方面的情况，就船舶航行安全和防止污染提出专业意见，确保马鞍山郑蒲港、三山港基本具备船舶安全进出口岸的通航和作业条件，海事安全监管等配套设施基本满足海事查验及监管需要。

【芜湖海事局分工合作，便利外轮】 贯彻落实交通运输部、公安部、海关总署、质检总局关于建立国际航行船舶联合登临检查工作机制的通知要求，组织召开国际航行船舶联合登临检查工作座谈会，建立国际航行船舶联合登临检查机制。参与并配合地方政府加快“单一窗口”建设，完善芜湖口岸查验配套设施配备，为国际航行船舶提供良好的口岸通关环境。

【合肥海关创新方式，服务打造开放新高地】 一是积极服务全省开放型经济发展大局。制订合肥海关支持安徽省打造内陆开放新高地实施方案，支持全省重点项目建设、新兴贸易业态发展、净化进出口贸易环境等重点工作，将工作目标转化为实际工作举措，将举措细化为清单。全面梳理、比对全国已获批自贸试验区的实施方案和有关政策，结合安徽实际，通过专题调研，形成《安徽省海关特殊监管区域运行建设情况及建议》专题调研报告。

二是着力推进安徽对外开放大平台、大通道建设。在实现海关机构全覆盖的基础上，合肥海关克服业务量大幅增长与人力资源严重匮乏的突出困难，主动对接海关总署，密切联系相关部门，助力全省新增一批对外开放大平台、大通道。助力全省海关特殊监管区域建设步伐，马鞍山综合保税区、安庆（皖西南）保税物流中心（B型）和皖东南保税物流中心（B型）相继通过验收；积极推动合肥空港保税物流中心和机场国际快件监管中心建设，力促安庆港汽车整车进口口岸顺利获批，促进郑蒲港对外扩大开放运营及进境货物指定口岸建设。支持加密直航航班和开展货运包机业务，保障合肥至欧洲货运航线及合肥至东南亚国家9条国际航线；支持九华山机场、安庆港长风港区、皖河口港区对外开放；支持中欧出口班列做大做强增开进口回程班列；支持国际邮件互换局兼交换站开办进口业务，实现国际邮件进出口同步运营，全年监管进出境邮递物品801.6万件、印刷品288万件。

三是超进度完成“压缩货物通关时间三分之一”目标。压缩货物通关时间三分之一是中央的重大决策部署，是2017年海关系统监管通关工作的硬性要求。2017年，合肥海关进口通关时间为11.25小时，出口通关时间1.01小时。进口、出口通关时间均圆满完成“压缩货物通关时间三分之一”的目标。

四是坚定不移落实贸易便利化举措，降低物流成本。简化压缩20项核批项目，取消2项行政审批；严格落实行政许可和行政处罚等信用信息“双公示”，向社会公开合肥海关权责清单，公开透明。结合关区实际，围绕制约口岸通关效率的问题症结，制定去繁就简工作改进措施，从通关流程、业务核批、信息沟通、加强技术开发4个方面提出11项具体措施。全面取消海关行政收费，积极落实国家在水运口岸对查验没有问题的外贸企业免除吊装、移位、仓储等费用优惠政策，切实减轻企业负担，2017年免除相关费用约48万元，受益企业771家。扎实推进《海关实施统一社会信用代码制度改革总体方案》落实，加大海关AEO认证企业培育和认证力度。推进外贸领域诚信体系建设，截至2017年年底，安徽共有AEO企业696家，其中高级认证企业53家，一般认证企业643家。

【合肥海关强化监管，全面履职尽责】 一是大力强化实际监管。高度重视安徽两大空港及其他进出境渠道的安全管控工作，抽调机关警员充实一线现场，加大查控力度，全力以赴确保口岸安全和“平安安徽”建设。按照海关监管场所安全管理要求，推进落实监管场所规范化管理，2017年共计实施口岸查验5 053票。加大非贸领域行邮和旅检业务管控力度，严格执行“选查分离”和“查处分离”，大力推进“双随机”工作，关区“随机布控查验占比”和“预定式布控查验占比”分别为99.1%和82.9%，均高于海关总署规定标准。以风险分析为先导，深入推进知识产权保护“龙腾”行动，2017年共查发涉嫌侵权事项9起，为历史最高。

二是税收征管取得突破。明确责任目标，促进整体联动，合力推进综合治税，2017年税收入库创历史新高。加强税收要素审核，实现归类纠错退补税1 960.3万元，同比增长49.4倍；审价补税4.3亿元，同比增长3.3倍；原产地补税60.6万元，同比增长8.7倍。

三是打击走私成效明显。扎实开展“国门利剑2017”联合专项行动，针对重点货物物品和重点渠道，推动建立“打、防、管、控”反走私立体防控打击体系，切实做到精准打私。2017年侦办走私犯罪案件数创缉私局建局以来历史新高，首次查发成品油、生猪、旧医疗器械类案件，查获固体废物案件3起，抓获犯罪嫌疑人2名。

【安徽省出入境检验检疫局提升口岸核心能力，国门卫生安全屏障作用得到充分体现】 合肥、池州、黄山、马鞍山4个开放口岸高分通过口岸核心能力复核督查。从进境集装箱查验和病媒生物监测中截获或捕获古铜黑蝇、黄色柯蚊等10种病媒生物，均为安徽口岸首次发现。在马鞍山口岸截获的鼠类样本中检出了全国口岸首例博卡病毒，得到国家质检总局通报表扬。选派业务骨干作为国家质检总局首批赴安哥拉境外传染病监测哨点工作组成员之一，圆满完成境外传染病监测任务。2017年实施国际旅行健康检查2.11万人次。

【安徽省出入境检验检疫局推进动植检标准化建设，检验检疫执法把关更加科学有效】 不断完善口岸检验检疫基础设施，全面落实“一机双屏双控”查验平台及“检疫官、X光机、检疫犬”三位一体查验模式。全年截获携带植物疫情货物1 431批次，截获禁止进境物1 484批次，检出有害生物1 421批次，查验进境邮寄物35万余件，截获禁止邮寄进境物454批次，业务量进入全国邮检口岸前10位。

【安徽省出入境检验检疫局加强重点敏感商品监管，有力保障公共安全和人民群众生命健康】 加强进出口食品源头监管，对进口植物油等高风险敏感产品实施严格监管，对进口婴幼儿配方乳粉进行全项目检测。检出出口不合格食品111批、销毁退运进口不合格食品29批。严格实施进口资源性商品环境安全项目监管，对508批检验检疫不合格进口固体废物快速实施风险处置，对7批存在放射性、有毒有害元素超标等环保不合格进口矿产品依法实施退运。与海关、环保、公安等部门联合开展打击洋垃圾违法专项行动，严格实施口岸到货检验和国内收货人审批监管。2017年累计检出进口矿产品品质、重量不合格88批次，帮助企业挽回经济损失。

【安徽省出入境检验检疫局优化服务，助力外贸发展】 一是建设大通道，推进互联互通。完成合肥北站货运中心检疫处理场、查验区和监控系统改造建设，保障合肥中欧班列常态化运行。启用中欧班列检验检疫一体化监管平台，并与新疆、内蒙古出入境检验检疫局建立协作机制，助力合肥中欧班列打通阿拉山口、二连浩特和满洲里东中西三条通道。

二是构筑大平台，拓展服务功能。全省获批及在建进境指定口岸总数达到12个，数量居中部省份首位。其中，安庆进境粮食、合肥空港进境水果指定口岸实现了常态化运行，合肥空港进境冰鲜水产品、芜湖港进境肉类和粮食、铜陵港进境水果指定口岸开启了相关产品直进“第一单”，指定口岸建设效应逐渐凸显。牵头起草《全省进境指定口岸建设指导意见》，并由省开放型经济工作领导小组办公室印发。支持安庆港口岸扩大开放，合肥水运港入驻开检工作顺利完成，推动解决蚌埠原二类水运口岸和进境指定口岸建设相关问题。支持合肥空港保税物流中心、马鞍山综合保税区等海关特殊监管区建设。

三是推进大通关，提升贸易便利。全面上线e-CIQ主干系统和无纸化系统，检验检疫通检再提速。出台压缩通关时长9项措施，流程时长压减幅度超过90%。“单一窗口”报检功能在合肥、马鞍山、芜湖三地成功试点，报检覆盖率跨入全国先进行列。联合合肥海关共同推进“三互”工作，在合肥国际邮件互换局查验场挂牌成立了全省首个“关检三互监管中心”。支持跨境电商发展，合肥综合试验区跨境系统成功与国家质检总局跨境统一版对接。

开放口岸

【合肥空运口岸（合肥新桥国际机场）】 原合肥骆岗国际机场1990年3月经国务院批准对港澳地区开放。2005年4月国务院批准扩大对外国籍飞机开放，2006年6月通过国家验收。2007年10月15日，经批复同意，合肥迁建骆岗国际机场、新建新桥国际机场，并定位机场性质为国内干线机场。2013年5月29日24时，安全运行36年的合肥骆岗国际机场永久关闭。5月30日零点，合肥新桥国际机场正式启用。合肥空运口岸已建成水果、冰鲜水产品指定口岸并实现常态运营，食用水生动物指定口岸于12月29日通过验收。

新桥国际机场位于安徽省合肥市肥西县高刘镇，距合肥市中心31.8千米，是国内4E级枢纽干线机场，按照满足2020年旅客吞吐量1 100万人次、货邮吞吐量15万吨的需要设计。跑道长3 400米、宽45米；航站楼面积11万平方米；站坪面积36万平方米，共设机位27个，其中廊桥机位19个，远机位8个。航站楼外观呈现自然流畅的弧形整体造型。

截至2017年，新桥国际机场先后开通至台北高雄、台北桃园、台北松山、香港、澳门、新加坡、首尔、济州、曼谷、法兰克福、长滩、大阪、清州13个地区的国际航线。

2017年合肥新桥国际机场飞行国际和地区航班3 690架次，同比增长2.4%；出入境50.53万人次，同比增长9.5%。

【黄山空运口岸（黄山屯溪国际机场）】 黄山口岸于1992年9月经国务院批准对港澳地区开放，2009年8月国务院批准其扩大对外籍飞机开放，2010年9月通过国家验收。

屯溪国际机场始建于1958年，可满足B757及其以下机型起降。机场占地面积2 581亩，国内候机楼面积10 000平方米，国际候机楼面积4 600平方米，设计年旅客吞吐量为112万人次(其中国内92万人次，国际20万人次)；新建航管楼和塔台面积为2 200平方米。飞行区等级指标为4D，跑道长2 600米、宽45米。主航方向设I类精密进近仪表着陆系统和助航灯光系统；停机坪面积为48 800平方米，可同时停放8架B－737。

截至2017年，屯溪国际机场已开通至韩国首尔、中国台北、中国香港、泰国曼谷等4个国家和地区的国际航线。

2017年，黄山口岸飞行国际和地区航班704架次，同比下降17.4%；出入境7.5万人次，同比下降25.9%。

【芜湖水运（河港）口岸】 芜湖港于1980年2月经国务院批准为开放口岸；1991年10月，经全国人大批准为对外籍轮开放港口；2008年11月被国家批准为首批对台直航内河港口。2012年5月，芜湖口岸扩大开放水域获批并纳入国家口岸“十二五”规划，标志着芜湖长江水域全部纳入扩大开放范围。2014年9月1日，芜湖朱家桥港正式启动启运港退税政策，是安徽省首个试行启运港退税政策的皖江港口。2017年7月3日，芜湖进境肉类指定口岸开通运营。

芜湖港是全国28个内河主要港口之一和国家对外开放口岸，是安徽省最大的货运、外贸和集装箱中转运输港，是长江溯江而上最后一个深水良港，可常年通航万吨级船舶，中水期可通航2万~3万吨级船舶，是长江干线较早开展集装箱运输的港口之一，集装箱运量一直位居安徽省第一。

芜湖港辖长江岸线总长193.9千米，其中江北121千米、江南72.9千米，划分为7个长江干线港区和5个支流港区，拥有各类生产性码头泊位144个，其中万吨级泊位9个，年设计货物通过能力达到1.1亿吨，对外籍轮开放泊位6个。现已基本形成布局合理、能力适度、门类齐全、功能完善、设施先进的良好格局，码头泊位已向规模化、集约化、专业化发展，并形成煤炭转运、水泥建材发运、集装箱中转、成油品转运、商品汽车滚装运输的特色和优势，已发展成为长江干线重要的能源、水泥、矿石、建材、集装箱运输大港。芜湖港口基础设施日趋完善，远洋货轮可直达日本、韩国、朝鲜、新加坡、马来西亚、泰国、柬埔寨、我国香港和台湾地区等46个国家和地区，口岸运量逐年攀升。目前正在推进三山港区对外开放。

2017年，芜湖水运口岸完成进出口货运量374.61万吨，同比增长13.1%；集装箱运量70.4万标箱，同比增长17%；到港船舶5 588艘，同比增长132.5%。

【铜陵水运（河港）口岸】 铜陵港于1993年1月经国务院批准对外国籍船舶开放，1994年8月通过国家验收；1997年正式开通国际集装箱内支线航班；2009年经交通运输部确立为海峡两岸三通直航港口；2017年12月28日，铜陵进境水果指定口岸正式启动运营。

铜陵港地处长江中下游南岸、八百里皖江中部，素有皖中南及中国古铜都对外开放桥头堡之称。这里陆域平坦，岸线顺直，航道宽阔，水深流缓，河床稳定。铜陵港地理位置优越，区位优势明显，处在上海—武汉、九江—南京、合肥—黄山及安徽长江五港的中心点。沿江高速、合铜黄高速、铜宣杭高速、宁铜铁路、铜九铁路和已经在建的宁宜城铁、京福高铁交汇于港区及腹地边际，水陆交通四通八达，是皖中南物流集散中心和长江干线重要港口企业。港口现有15座码头、17个泊位，分布于大通、横港、兴隆、铜陵县城关四大港区，港区岸线29.1千米，其中对外开放码头4座，开通日本、朝鲜、韩国、我国香港地区、东南亚及欧美等国家和地区的直达或中转航线，常年可通航和靠泊万吨级海轮。主要从事国际、国内集装箱和件杂散货的装卸、仓储、中转，以及理货、船舶代理、水陆运输、旅游服务等物流服务等业务，是一个多功能、综合性、现代化港口。目前正在加快推进永丰港区对外开放。

2017年，铜陵水运口岸完成进出口货运量479.1万吨，同比增长33.6%；集装箱运量1.27万标准箱，同比下降30.1%；到港船舶34艘，同比下降91.2%。

【安庆水运（河港）口岸】 安庆港是全国内河28个主要港口之一。1986年6月安庆港被国务院批准为国家开放口岸，1996年1月对外籍轮开放，2011年7月获准对台直航。2017年5月28日，安庆港汽车整车进口口岸获得国务院批准建设。

安庆港是长江干线上兼有沿海和内陆双重优势对外开放的重要港口，也是安徽省境内长江北岸唯一的深水良港，被称为“皖西南咽喉”。港口岸线总长247千米，占皖江北岸岸线的61%，适合建设港口岸线105千米，其中深水岸线70千米，安庆至芜湖段长江航道日常维护水深为60米，具有建设5 000~10 000吨级海轮深水泊位的优越条件。境内华阳河、皖河、菜子湖、罗昌河四大水系均为长江左岸一级支流，航道总长724千米，与长江干流形成“一干四支”网络水系。目前，安庆港干线港区有各类码头173座、泊位214个，其中生产性泊位136个，5 000吨级以上泊位11个，港口年通过能力3 864万吨。

安庆港中心港区上自皖河农场，下至枞阳县鲟鱼嘴，岸线长67千米，其中港口岸线47.6千米。依据《安庆港总体规划》，中心港区规划有长风铁水联运综合物流基地、马窝散货物流基地、石化油品码头作业区、五里庙集装箱综合物流基地、沙漠洲港口综合作业区、皖河农场作业区。中心港区拥有港口企业25家，各类码头40座，其中公用码头23座，企业自用码头17座、泊位54个，其中生产性泊位39个，5 000吨级以上泊位9个，3 000~5 000吨级泊位4个，3 000吨级以下泊位26个，外贸集装箱泊位2个。拥有公用锚地3处。码头前沿最大靠泊能力10 000吨，最大起重能力40吨，港口年通过能力2 152万吨，集装箱年设计通过能力6.35万标箱。港口实际年货物通过能力超过了货物吞吐量需求。长江游轮靠港实现常态化。2017 年长风港区基础设施大部分已完成建设，皖河农场港区基础设施正在规划建设中。

2017 年，安庆水运口岸完成进出口货运量 80.14 万吨，同比增长 15.4%；集装箱运量 4.21 万标准箱，同比增长 11.5%；到港船舶 859 艘，同比增长 3.7%。

【马鞍山水运（河港）口岸】 马鞍山港于 1990 年 10 月经国务院批准办理国轮外运业务，2007 年 9 月经国务院批准扩大对外国籍船舶开放，2009 年 7 月通过国家验收组验收。马鞍山水运口岸是首批对台湾直航的口岸。2016 年 7 月 5 日，马鞍山港口岸扩大开放郑蒲港区集装箱码头 1~3 号泊位通过国家验收组开放验收正式对外开放。

马鞍山港位于长江下游南岸的马鞍山市，地处安徽省中部东端，与江苏省交界，是皖江的东大门。上毗芜湖，下邻南京，逆江而上至重庆 1 959 千米，顺流而下至上海 440 千米。港辖区上起和县的西梁山，下至乌江的驻马河口，全长 41 千米。港辖区自采石矶翠螺山至慈湖和尚港，全长 15.7 千米。马鞍山港是全国内河主要港口、对外籍轮开放的口岸，是国家首批确定对台直航的港口。港口拥有生产性泊位 160 个，其中 5 000 吨级以上泊位 19 个，可兼靠万吨级海轮泊位 13 个，最大可靠泊 20 000 吨级船舶。港口以中心港区、郑蒲港区为核心，以慈湖港区、采石矶港区、太平府港区、江心洲港区、乌江港区为骨干，当涂港区、博望港区、和县港区、含山港区为补充，形成“一江两岸，双核九区”层次清晰、结构合理、功能明确的布局体系。港口规划发展为以集装箱、矿石、钢铁、能源物资、化工品等运输为主，兼顾旅游客运的现代化、多功能、综合性港口。全港拥有长江及支流港口岸线合计 62.17 千米，已利用港口岸线 14.83 千米，未利用 47.34 千米。辖区长江段航道 36.2 千米，常年维护水深 9 米以上，中洪水位期达 10.5 米，2 万吨级江海轮可常年到港。2017 年 12 月 22 日，安徽首台 H986 大型集装箱检查设备配备到天顺港，该系统的使用对进出口通关货物起到严密监管与高效运作的作用，大大缩短通关作业时间，同时将企业的损失和通关成本降到最低。

2017 年，马鞍山水运口岸完成进出口货运量 1 890.68 万吨，同比下降 5.3%；集装箱运量 12.86 万标准箱，同比下降 2.1%；到港船舶 649 艘，同比下降 28.2%。

【池州水运（河港）口岸】 池州港是国家开放口岸、全国“十佳集装箱港口”、交通运输部长江重点港口，是长江溯江而上南岸最后一个万吨级深水港。2005 年 7 月经国务院批准对外国籍船舶开放，2009 年 7 月通过国家验收。

池州市依江近海，水网发达，长江流经池州市 158 千米，岸线长 162 千米，长江池州段水流平稳，岸坡稳定，常年通航 5 000 吨级船舶，属国家一级航道，江口至梅龙段可建万吨级码头。沿江高速公路贯穿池州，东接上海、西连武汉，合黄高速公路北连合肥、南通杭州，沿江铁路大动脉铜九铁路东接上海、西达重庆，安庆长江大桥连接安庆与池州，池州九华山机场已于 2013 年 7 月 29 日建成通航，发展水陆联运和水铁联运前途广阔。

池州港目前拥有生产性码头泊位 9 个，工作泊位 2 个，其中 10 000 吨级泊位 2 个，5 000 吨级散货泊位 2 个，3 000 吨级件杂货泊位 5 个，货场总面积 31 万多平方米，海关监管仓储面积 15 000 平方米，长江深水岸线 2 460 米，码头前沿水深 11~18 米，各类装卸机械设备 180 余台，最大起重能力 45 吨，年货运综合通过能力 2 000 万吨，年集装箱通过能力 5 万标箱。池州旅游码头是安徽省唯一停靠涉外游轮的旅游码头，每年停靠涉外游轮约 130 航次，接待入境游客约 3 万人次。目前正在加快推进江口港区和牛头山港区对外开放。

2017 年，池州水运口岸完成进出口货运量 98 万吨，同比下降 6.9%；集装箱运量 1.22 万标准箱，同比增长 36.4%；到港船舶 304 艘，同比下降 3.8%。

原二类口岸

【蚌埠陆路（铁路）口岸】 1993年经安徽省人民政府批准设立蚌埠铁路口岸（二类）。口岸功能相对完备，设有蚌埠海关、蚌埠出入境检验检疫局两个查验单位为进出口企业提供通关服务，设有蚌埠站南货场内海关临时监管点和公路集装箱监管点两个海关监管点。区位交通优势明显，蚌埠外贸货物装卸点连接南北、纵贯东西，具有区域中心优势和地位，可以服务淮南、淮北、宿州、凤阳等地。1996年8月，蚌埠铁路国际集装箱堆场挂牌营运，堆场面积1.5万平方米，年吞吐量25万吨，最大起重能力40吨。可办理阿拉山口、满洲里、欧亚大陆桥国际联运和深圳北过轨供港运输及直通式国际集装箱铁海联运业务。目前已开通蚌埠至上海定时定点快线和蚌埠至宁波铁海联运专线。

2017年，蚌埠铁路口岸完善铁路无水港功能，提升铁海联运运量。一是投资建设铁路无水港海关监管辅助系统，提升监管通关效率；二是引进中国外运轮船公司在铁路无水港设立还箱点，目前已有中远、中海、东方海外、中国外运4家轮船公司进驻无水港，增加更多海上航线和到达港口，为企业提供多样比价选择；三是加强与海关、国检、中远集团、铁路等单位协作，引导企业开展铁海联运业务；四是充分利用全省铁路口岸联盟的优势，发挥蚌埠铁路枢纽作用和铁路无水港聚集效应，引导皖北各市利用蚌埠铁海联运通道，发挥辐射带动和货运集聚作用。

2017年，蚌埠铁路口岸完成口岸进出口货运量96.54万吨，同比下降6.1%；集装箱运量0.91万标箱，同比下降15.7%。

【阜阳陆路（铁路）口岸】 阜阳是全国重要的铁路交通枢纽，是以农业生产、加工制造、商贸物流为主的皖西北中心城市。阜阳口岸于1994年4月经安徽省人民政府批准对外开放。

2017年，阜阳铁路口岸完成进出口货运量7.11万吨，同比下降0.7%；集装箱运量0.56万标箱，同比下降13.4%。

2017年安徽省口岸大事记

1月7日

合肥空运口岸国际邮件进口业务正式开展。

1月12日

安徽省口岸工作座谈会在合肥召开。

3月10日

安徽省政协副主席张学平视察合肥中欧国际货运班列货运中心。

5月20日

海关总署、财政部、国家税务总局、国家外汇局联合发文，正式批复同意设立宣城安徽皖东南保税物流中心（B型）。

5月21日

合肥空运口岸冰鲜水产品进境指定口岸正式运行启用。

5月28日

安庆口岸汽车整车进口口岸获得国务院批准建设。

6月7日

安徽省副省长张曙光主持召开国际贸易“单一窗口”建设工作专题会。

6月13日

安庆（皖西南）保税物流中心（B型）正式通过验收。

6月28日

合肥港吞吐量首次突破100万标箱。

6月30日

2017年长三角区域“单一窗口”建设第一次专题会议在合肥召开。

7月3日

芜湖进境肉类指定口岸开通运营。

8月22日

安徽国际贸易“单一窗口”货物申报完成首单报关申报，标志着国际贸易“单一窗口”（国家版）在安徽上线运行。

11月3日

安徽省铁路口岸联盟2017年联席会议暨中

国（安徽）国际贸易“单一窗口”国家标准版推广培训会在合肥召开。

11 月 29 日

安徽和江苏两省口岸办共同主办的 2017 年长三角口岸城市群大通关合作皖苏项目对接会在池州举行。

12 月 6 日

安徽作为轮值方，组织召开上海与中部六省口岸大通关合作第十一次联席会议秘书长会议。

12 月 12 日

安徽国际贸易“单一窗口”报关报检覆盖率双达标。

12 月 14 日

江苏和安徽两省口岸办共同在江苏南京举办 2017 年长三角口岸城市群大通关合作苏皖项目对接会。

12 月 20 日

安徽国际贸易“单一窗口”建设与运行维护政府采购项目通过验收。

12 月 28 日

铜陵进境水果指定口岸正式启动运营。

12 月 28 日

第三届安徽省水运口岸联盟会议在铜陵召开。

12 月 29 日

安徽省副省长张曙光调研中国（安徽）国际贸易“单一窗口”的建设工作。

12 月 29 日

合肥空港进境食用水生动物指定口岸通过验收。

（撰稿人：肖黎）

2017年安徽省口岸流量统计表

口岸类型		口岸名称	货运量（万吨）				集装箱量（万标箱）				人员（万人次）				交通工具（辆、艘、架、列次）			
			出口	进口	合计	同比（%）	出口	进口	合计	同比（%）	出境	入境	合计	同比（%）	出境	入境	合计	同比（%）
空运口岸		合肥	0.15	0.11	0.26	61.39			0.00		25.15	25.39	50.53	9.50			3 690	2.40
		黄山			0.00				0.00		3.69	3.82	7.50	-25.90			704	-17.40
		分计	0.15	0.11	0.26	61.39			0.00		28.83	29.21	58.03	3.17			4 394	-1.30
陆路口岸	公路口岸				0.00				0.00				0.00				0	
		分计			0.00				0.00				0.00				0	
	铁路口岸	蚌埠	3.80	92.74	96.54	-6.10			0.91	-15.70								
		阜阳	3.88	3.23	7.11	-0.70			0.56	-13.40							0	
		分计	7.68	95.97	103.65	-5.72			1.47	-14.82							0	
水运口岸	海港口岸				0.00				0.00				0.00				0	
		分计			0.00				0.00				0.00				0	
	河港口岸	合肥	53.12	13.71	66.83	119.60			30.63	52.90							1 678	37.20
		马鞍山	94.50	1 796.18	1 890.68	-5.30			12.86	-2.10							649	-28.20
		铜陵	14.50	464.60	479.10	33.60			1.27	-30.10							34	-91.20
		芜湖	181.60	193.01	374.61	13.10			70.40	17.00							5 588	132.50
		池州	18.91	79.09	98.00	-6.90			1.22	36.40							304	-3.80
		安庆	17.33	62.81	80.14	15.40			4.21	11.50			0.00				859	3.70
		分计	379.96	2 609.40	2 989.36	3.40			120.59	20.82			0.00				9 112	50.40
合计			387.79	2 705.48	3 093.27	3.10	0.00	0.00	122.06	20.20	28.83	29.21	58.03	3.17	0	0	13 506	28.46
同比（%）			2.30	3.20	3.10				20.20		3.54	2.79	3.17				28.46	

（安徽省口岸办提供）

2017年安徽省口岸出入境主要数据表

<table>
<tr><th colspan="3">项目</th><th>2017年</th><th>2016年</th><th>同比（%）</th></tr>
<tr><td rowspan="14">出入境人员（人次）</td><td colspan="2">出入境人员总数</td><td>584 811</td><td>567 709</td><td>0.03</td></tr>
<tr><td colspan="2">入境人员</td><td>293 298</td><td>285 915</td><td>0.03</td></tr>
<tr><td colspan="2">出境人员</td><td>291 513</td><td>281 794</td><td>0.03</td></tr>
<tr><td colspan="2">出入境旅客</td><td>543 341</td><td>524 714</td><td>0.04</td></tr>
<tr><td colspan="2">出入境员工</td><td>41 470</td><td>42 995</td><td>-0.04</td></tr>
<tr><td rowspan="5">中国公民</td><td>小计</td><td>515 905</td><td>467 695</td><td>0.10</td></tr>
<tr><td>内地居民（因公）</td><td rowspan="2">417 857</td><td rowspan="2">396 787</td><td rowspan="2">0.05</td></tr>
<tr><td>内地居民（因私）</td></tr>
<tr><td>港澳居民</td><td>6 689</td><td>729</td><td>8.18</td></tr>
<tr><td>台湾同胞</td><td>91 359</td><td>70 179</td><td>0.30</td></tr>
<tr><td colspan="2">外籍人员</td><td>68 906</td><td>100 014</td><td>-0.31</td></tr>
<tr><td colspan="2">从海港出入境人数</td><td>4 806</td><td>5 147</td><td>-0.07</td></tr>
<tr><td colspan="2">从陆港出入境人数</td><td></td><td></td><td></td></tr>
<tr><td colspan="2">从空港出入境人数</td><td>580 005</td><td>562 562</td><td>0.03</td></tr>
<tr><td rowspan="5">交通运输工具（辆、艘、架、列次）</td><td colspan="2">总计</td><td>4 757</td><td>4 860</td><td>-0.02</td></tr>
<tr><td colspan="2">船舶</td><td>364</td><td>405</td><td>-0.10</td></tr>
<tr><td colspan="2">飞机</td><td>4 393</td><td>4 455</td><td>-0.01</td></tr>
<tr><td colspan="2">火车</td><td></td><td></td><td></td></tr>
<tr><td colspan="2">机动车辆</td><td></td><td></td><td></td></tr>
</table>

（安徽省公安边防总队提供）

2017年合肥海关主要数据统计表

项目		2017年	同比（%）
进出口货运量（万吨）	合计	3 128.70	0.90
	进口	2 744.10	0.50
	出口	384.60	3.30
进出口贸易总值（万美元）	合计	3 082 111.11	38.70
	进口	1 951 126.98	46.20
	其中：江、海运输		
	铁路运输		
	汽车运输		
	航空运输		
	邮件运输		
	其他运输		
	出口	1 130 984.13	27.40
	其中：江、海运输		
	铁路运输		
	汽车运输		
	航空运输		
	邮件运输		
	其他运输		
税收（万元）	两税合计	1 865 500.00	36.10
	关税入库	130 100.00	43.00
	进口环节税入库	1 735 400.00	35.60

（合肥海关提供）

2017 年安徽省出入境检验检疫业务统计表

项目	货物检验检疫				交通工具				集装箱（标箱）		发现动植物疫情		货物通关		出入境人员查验（人次）	健康检查及预防接种（人次）			
	批次	金额（万美元）	检验检疫不合格 批次	检验检疫不合格 金额（万美元）	船舶（艘）	飞机（架）	火车（节）	汽车（辆）	合计	检出问题	种类数	种次	批次	金额（万美元）		健康检查	艾滋病监测	发现病例	预防接种
本年累计	77 762	524 108	1 206	9 024	359	4 373			144 683	1 886	72	162	63 701	371 175	579 829	21 096	21 336	7 198	20 074
其中 出境	63 534	292 007	112	993	262	2 190			4 073	0	0	0	53 080	227 210	289 161	18 678	18 889	6 298	20 041
其中 入境	14 228	232 101	1 094	8 031	97	2 183			140 610	1 886	72	162	10 621	143 965	290 668	2 418	2 447	900	33
同比（%）	0.49	18.52	18.47	26.77	-11.14	-1.46			0.23	3.34	-56.89	-80.53	2.80	-16.47	4.20	10.46	11.30	11.03	-23.36
其中 出境	-2.27	-3.31	-23.81	49.53	-1.87	-1.31			-39.24	-100.00	0	0	2.03	-4.31	5.65	11.12	11.99	13.60	-23.39
其中 入境	14.93	65.55	25.60	24.43	-29.2	-1.62			2.15	3.80	-56.89	-80.53	6.86	-30.43	2.81	5.59	6.21	-4.15	3.31

（安徽出入境检验检疫局提供）

2017 年芜湖海事局进出港船舶统计汇总表

船舶类别	进港船舶							出港船舶						
	艘数（艘）	总吨（吨位）	总载重量（吨）	载客量（客位）	船员人数（人次）	货物到达量（吨）	旅客达到量（人）	艘数（艘）	总吨（吨位）	总载重量（吨）	载客量（客位）	船员人数（人次）	货物发送量（吨）	旅客发送量（人）
总计	74 909	173 550 000	278 820 000	–	84 025	105 250 000	–	73 992	170 720 000	272 150 000	–	78 820	95 040 000	–
中国籍船舶	74 713	173 040 000	278 000 000	–	82 000	105 160 000	–	73 739	170 000 000	271 000 000	–	76 000	94 180 000	–
其中外贸船	197	510 000	820 000	–	2 025	94 600	–	256	720 000	1 150 000	–	2 820	863 000	–

（芜湖海事局提供）

2017 年安庆海事局进出港船舶统计汇总表

船舶类别	进港船舶							出港船舶						
	艘数（艘）	总吨（吨位）	总载重量（吨）	载客量（客位）	船员人数（人次）	货物到达量（吨）	旅客达到量（人）	艘数（艘）	总吨（吨位）	总载重量（吨）	载客量（客位）	船员人数（人次）	货物发送量（吨）	旅客发送量（人）
总计	131 695	93 391 371	86 960 619	1 677 128	213 057	31 460 528	1 613 144	1 011 671	71 936 597	85 699 553	1 663 135	210 417	60 646 309	1 601 728
中国籍船舶	131 673	93 332 082	86 868 306	1 677 128	212 808	31 456 728	1 613 144	1 011 647	71 871 595	85 597 678	1 663 135	210 149	60 567 893	1 601 728
其中外贸船	22	59 289	92 313	0	249	3 800	0	24	65 002	101 875	0	268	78 416	0

（安庆海事局提供）

福 建 省

福建省口岸分布示意图

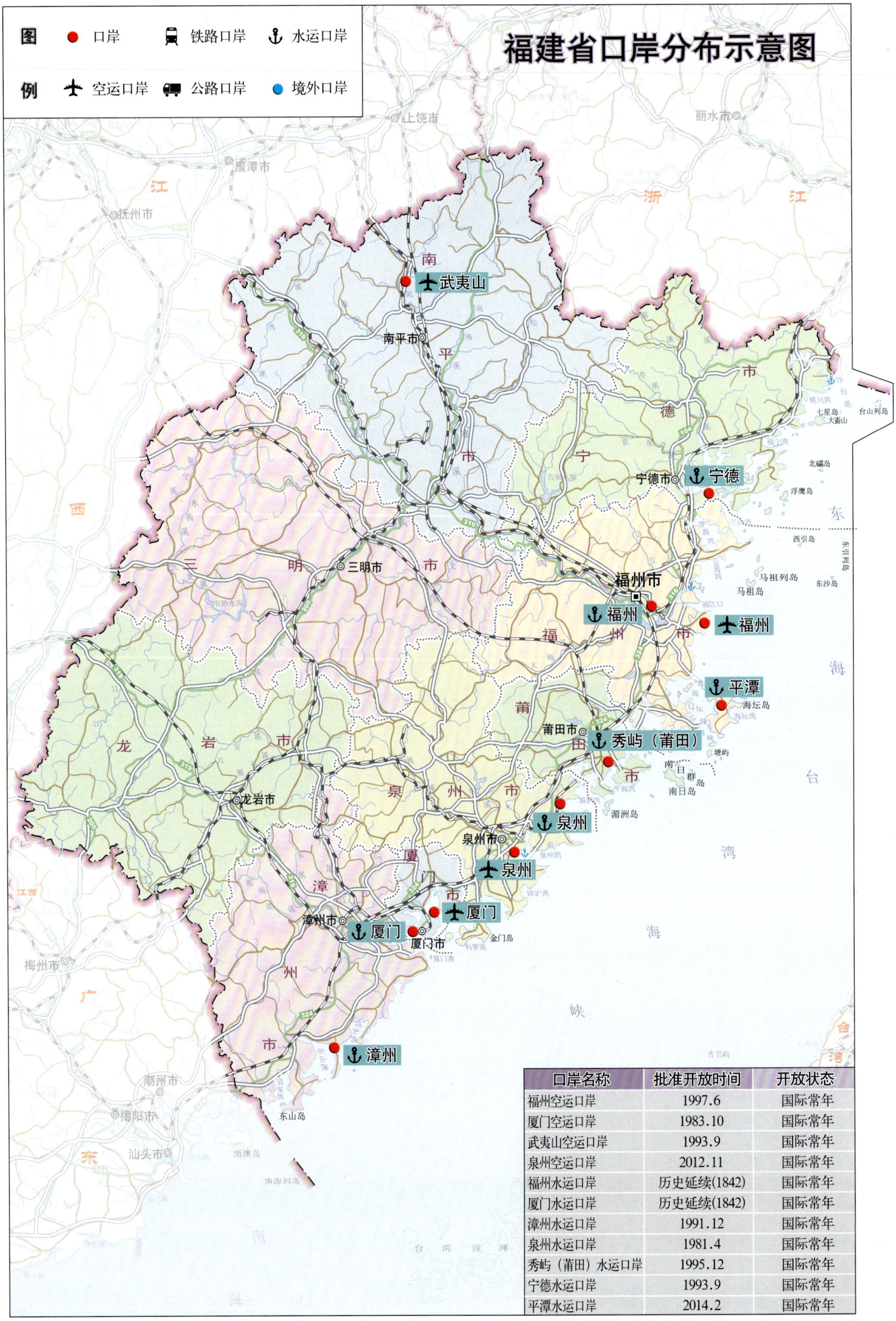

口岸名称	批准开放时间	开放状态
福州空运口岸	1997.6	国际常年
厦门空运口岸	1983.10	国际常年
武夷山空运口岸	1993.9	国际常年
泉州空运口岸	2012.11	国际常年
福州水运口岸	历史延续(1842)	国际常年
厦门水运口岸	历史延续(1842)	国际常年
漳州水运口岸	1991.12	国际常年
泉州水运口岸	1981.4	国际常年
秀屿（莆田）水运口岸	1995.12	国际常年
宁德水运口岸	1993.9	国际常年
平潭水运口岸	2014.2	国际常年

口岸数量及分布

截至2017年年底，福建省共有经国务院批准对外开放口岸11个。其中，空运口岸4个，分别是福州空运口岸（长乐国际机场）、厦门空运口岸（高崎国际机场）、泉州空运口岸（晋江国际机场）和武夷山空运口岸（武夷山机场）；水运口岸7个，分别是福州水运（海港）口岸、厦门水运（海港）口岸、泉州水运（海港）口岸、漳州水运（海港）口岸、莆田水运（海港）口岸、宁德水运（海港）口岸、平潭水运（海港）口岸。

口岸运行数据

2017年，水运（海港）口岸累计完成外贸货运量21 255.3万吨，同比增长0.3%。其中，进口14 174.7万吨，增长2.5%；出口7 080.6万吨，下降3.98%。海运集装箱吞吐箱量累计完成936.5万标箱，同比增长7.4%。其中，进口468.6万标箱，增长7.5%；出口467.9万标箱，增长7.3%。累计出入境旅客211.3万人次，同比增长0.2%。其中，入境105.6万人次，下降0.2%；出境105.7万人次，增长0.5%。

同期，空运口岸累计出入境旅客581.7万人次，同比增长9.5%。其中，入境287.8万人次，增长8.4%；出境293.9万人次，增长10.6%。

对台直航方面，对台海上客运直航运送旅客196.1万人次，同比增长1.3%。全省海港口岸对台进出口货物1 850.9万吨，同比增长-24.6%；对台集装箱吞吐量71.5万标箱，增长0.3%。

口岸综合管理

【推进口岸对外开放】 一是福州港口岸黄岐港区、莆田港口岸东吴港区扩大对外开放获国务院批准。二是泉州港石井作业区扩大通过国家验收，正式对外开放。三是厦门海沧保税港区整车进口口岸获国务院批准，并通过验收，实现开港运作。四是福州港口岸江阴港区10号泊位等9个已开放口岸新增涉外码头泊位通过验收，并由福建省政府公布启用。五是罗源湾港区等全省15个码头泊位临时开放获批延期。

【推进国际贸易“单一窗口”建设】 一是加快对接国家标准版。福建省被国家口岸管理办公室列为国际贸易“单一窗口”国家标准版试点省份，在福建省试点货物申报、舱单申报、运输工具申报、企业资质备案、许可证申请5类业务，并完成试点目标和任务，其中货物申报覆盖率已达90%以上，居全国前列。通过试点，实现中国（福建）国际贸易“单一窗口”与国家标准版在技术架构、业务流、数据流等方面的全面对接。二是持续拓展功能。被国家发展改革委列为信息数据整合试点。在全国率先上线船舶进出境“一单四报”，船舶进出境申报数据从641项减少为384项，重复申报项目减少约40%，船舶进境时间由36小时减少至2.5小时，出境时间由36小时减少至1小时。拓展“单一窗口+”服务功能。先后推出“单一窗口+贸易统计”“单一窗口+金融服务”“单一窗口+便民服务”10余项特色业务，其中企业通过“单一窗口”可办理投保业务，并了解国别风险，咨询相关业务等，被福建省政府列为可复制创新成果在全省复制推广。三是建成口岸监控指挥中心，通过展示屏实时展示货物、船舶申报情况，跟踪船舶实时动态，实现大数据分析等，并对通关相关环节时效进行监控。

【推进“三互”大通关改革】 全面推广关检对进出口货物联合查验和口岸单位对进出境船舶联合登临检查的“一站式”通关新模式。创新关检“一站式”查验平台+监管互认模式，2017年被评为自贸试验区“最佳实践案例”向全国复制推广。海关和检验检疫部门对进出口货物实施联合查验，由“串联执法”转为“并联执法”，实现作业时间上一致，作业空间上合并，作业系统上并行，场所设施、查验设备等资源共享、共用，并以“一次查验”为基础，探索实施关检查验或检验检疫结果和数据互认：一是对关检双方认可的高资信企业，对其进出口的不涉证、不涉税、较低风险商品，关检双方互认对方查验或检验检疫结果和数据；二是对特定商品的查验或检验检疫结果和数据进行互认，互认要素包括品名、数量、重量等。改革后，货物通关时间缩短约40%，查验部门人力资源节省约50%，每标准箱减少物流成本约600元，已在全省推广，全省共节约查验场地22万平方米。

【加快优化营商环境】 一是加快通关环节“去繁就简”，协调查验部门通过优化流程、减少监管环节、简化监管手续等，如海关对出口非拼箱货物实施机检，检验检疫部门实施“审单放行”等，实现“管少、管精、管好”，进出口货物通关时间压缩三分之一。全国首单“审单放行”落地福建省福州市。二是开展集装箱进出口环节合规成本专项治理行动，为期2个月，从11月1日起至12月31日结束，各驻闽口岸查验主管单位、省直交通运输部门、物价部门、重点港口企业和各设区市口岸办上下联动，综合施策，到2017年年底基本完成目标任务，并由此形成了口岸规费不断降低的长效治理机制。三是推进“放管服”改革。福建省商务、检验检疫、贸促主管机构加强合作，3月27日起依托中国（福建）国际贸易“单一窗口”，实施对外贸易经营者备案登记与原产地证企业备案登记合并办理，企业通过“单一窗口”办理对外贸易经营者备案登记，同步授予企业原产地证备案资质，企业办证更方便，大幅提高了原产地证备案企业数量和原产地证利用比率。2017年福建省外贸企业获进口国减免关税约5亿美元。四是推动降低企业负担。面向外贸企业免除口岸海关查验没有问题集装箱吊装、移位、仓储费用，福建省每年免除费用1 200万元；面向“单一窗口”申报企业免除进出口环节部分经营性收费，仅福州关区和福建检区，每年为企业节省近4 000万元直接费用。

【持续实施口岸正向激励】 持续面向福建省口岸一线基层查验单位开展通关便利化评估，持续开展口岸精神文明创建，浓厚争先创优、服务发展的氛围。

口岸监管与服务

【福建省公安边防总队加快业务改革创新】 一是宁德边检站出台“夜航服务+凌晨勤务、靠岸卸货+锚地过驳”服务。有效解决港口夜航条件不足、深水泊位不够的难题，服务省级重点项目进出口船舶600多艘次，专业高效保障重点、服务民生。精选业务骨干担任“边检服务专员”，专属定员服务重点企业，第一时间掌握企业外煤、镍矿船舶进出港动态，实行“站部执勤点双窗同办、靠岸卸货锚地过驳两点通关”，延伸保障青拓、义联、中铝等百亿投资规模的临港依港重点项目发展。二是福州边检站构建“互联网+”边检服务矩阵。深入应用边防网上办事大厅和“网上便民服务平台”，常态落实福建边检综合便民服务机制，整合大型国企诚信“自助办证”、远洋渔船锚地通关查验服务举措。“掌上直通车”服务入选福建省自贸试验区可复制创新成果，“边检网上便民服务平台”获推荐参评省“放管服”改革典型案例。三是福州机场边检站建立完善“企业诚信管理”制度。建立完善“服务对象信用等级评定管理机制”，定期对服务对象进行考评和级别调整，给予差别化的服务，提高服务单位及员工的自律意识。实施出入境交通工具分级管理，综合研判出入境交通工具的预检结果、载运人员及货物情况及不良历史记录等因素，将其管控风险划分为红、橙、黄、绿4个等级，实现科学组织勤务、精确实施管控，提高联防联建水平。四是福清边检站研发“单一窗口”自助申报机。首创申报单证“五表合一”，进一步简化审批环节，提高通关报检效率。五是莆田边检站创新打造“四全服务”品牌。在口岸系统率先推出“一个品牌、多家经营”行动，与其他查验单位联合打造“顺畅通关、服务港城”的服务品牌，2017年检查出入境（港）船舶和员工同比分别增长33.3%、28.49%，推动新增作业点顺利通过省级验收，实现通关速度和满意度“双提升”。

【厦门边检总站实现辖区旅客出入境自助通关全覆盖】 继续扩大边检自助查验通道服务，2017 年在厦门空运口岸（高崎国际机场）、厦门水运（海港）口岸（国际邮轮中心和五通客运码头）扩建 22 条新型边检自助查验通道，厦门口岸边检查验通道总数达到 32 条。自主研发空港旅客“一站式”出境自助通关系统，于 2017 年 12 月 1 日起在高崎机场正式启用，出境旅客只需在通道扫描登机牌、读取证件并完成指纹、人像比对即可快速通关，打造了“一站式”出境自助通关的“厦门模式”。至 2017 年 12 月 31 日，共有 5.3 万名旅客使用自助通关系统办理出境边检手续，占出境旅客的 36.8%，人均自助通关用时不到 10 秒，较人工查验用时缩短近 80%，旅客通关速度成倍提高。

【厦门边检总站优化邮轮查验流程】 针对近年来厦门出入境邮轮运营跨度已由最初每年 3 个月不到延长至全年，运营艘次由最初每年 20 艘次不到发展到每年近 150 艘次，邮轮母港航季跨度拉长、邮轮管控压力持续增大、多轮同靠情况持续增加，多次出现 3 轮甚至 4 轮同靠的情况，以及访问港、母港邮轮查验实际需求，五通客运码头、国际邮轮中心双现场勤务等情况，厦门边检总站认真研究总结邮轮查验工作经验，充分运用自助查验通道、邮轮管控系统及随船验证等方法手段，不断优化邮轮查验流程，推动取消留存邮轮入境外籍旅客指纹，进一步简化改进邮轮出入境边防检查工作。2017 年，厦门边检总站在厦门水运（海港）口岸（国际邮轮中心）新建启用 10 条自助查验通道，当年共查验入出境邮轮 142 艘次，验放入出境人员 22.7 万余人次，邮轮通关效率进一步提高。

【福建海事局加强安全监管】 一是安全形势持续稳定。有针对性地开展了“平安交通”专项整治、内河船常态化治理、船舶载运危险货物安全综合治理等专项行动。加强客流高峰、恶劣气象海况等重点时段、“四类重点船舶”及重点水域、薄弱环节的安全监管。辖区安全监管 4 项指标同比分别下降了 37.5%、33.3%、45.5% 和 49.5%，降幅创历史新高。二是监管机制得到创新。加强现场综合执法机制和与之配套的信息化系统建设。建立运行水上安全风险分级管控和隐患排查治理双重预防工作机制。推动促成权责清晰、综合治理的“非标船”治理工作格局，并纳入福建省安全生产领域改革发展重点任务。优化提升客（渡）船安全监管，建设了客渡船安全管理信息化系统，部分渡口和渡船增配了 CCTV 和 AIS，全面提升客渡船监管水平。三是通航环境和通航秩序持续改善。VTS 交通管理作用进一步发挥，重点跟踪船舶 401 622 艘次，实施交通管制 3 322 次，避免险情 342 次。巡航力度不断加大，组织巡航 22 281 次，完成巡航里程 303 386 海里，巡航发现违反航行规定行为 2 671 次，违法施工行为 144 次，助航标志异常 1 072 次，违法养殖 1 276 次。制定实施《关于进一步做好沉船处置管理工作的指导意见》，强化沉船处置，2017 年共打捞沉船 12 艘。四是现场安全检查与源头管理继续深化。实施 PSC 检查 627 艘次、FSC 检查 3 342 艘次，查处缺陷 30 216 项。厦门会晤期间，协调全国海事系统开展国内船舶源头安检 1 076 艘次，并对 345 艘外国籍船舶实施保安专项检查，对固定水域内的 323 艘船舶实施安全检查。开展公司审核 137 次、船舶审核 350 次，纠正不符合项 919 项。组织船检质量监督检查 568 艘次，查处 24 艘检验质量问题船舶。推行船公司诚信管理，辖区 5 家“安全诚信公司”、17 艘“安全诚信船舶”和 6 名“安全诚信船长”在落实安全管理主体责任上发挥了很好的示范作用。

【福建海事局加强应急能力建设】 一是筑牢应急管理基础。全面评估 VTS 覆盖区事故情况，科学调整 VTS 管理机制体制。在全国率先推动成立省级海上危化品应急处置指挥中心。规范内部海上安全信息的播发提醒，强化责任落实。采取视频点名、重点时段督查等方式，不断强化值班和应急值守。二是提升应急搜救能力。与东海救助局建立空中巡航救助联动机制，实现空中巡航执法常态化。与海洋与渔业厅签署《海上安全与救助合作备忘录》，建立健全应急联动机制。推行无预案、无脚本海上应急搜救演练，组织指导沿海各地市海上搜救中心、分中心举办海上应急综合演练70次。对沿海各地市海上搜救中心的33名搜救骨干进行培训，不断提升应急反应能力。三是彰显搜救社会影响。有效防抗了影响福建省辖区的“纳沙”“古超”“天鸽”等多个台风。成功组织“兴航868”“闽龙渔66822”自沉等重大险情事故应急处置。2017年共组织搜救行动170次，同比增加21.43%；成功救助遇险人员1 188人，人命救助成功率为96.04%，同比上升1.17个百分点；救助遇险船舶122艘，船舶救助成功率为83.56%，同比上升0.64个百分点；挽回直接经济损失约4亿元。

【福州海关强化海关运行效能】 优化行政执法领域内部核批186项。“双随机、一公开”改革深化运用。严格落实“马上就办、真抓实干”和“6个必须”要求，强化督查督办，全年组织督办重要批件151起，确保政令畅通。

【厦门海关创新海关监管制度】 共开展监管制度创新23项，其中16项成果入选福建省“创新举措”，8项被评为全国首创。全面推进申报电子化，通过“单一窗口”实现通关业务互联网全口径自主申报，满足广大企业或个人“足不出户”完成所有通关手续的需求；创新进出境邮件“移动式”通关模式，顺应跨境贸易电子商务、“海淘”等一系列新兴产业发展的监管需求；推行国际航行船舶出入境联检“一次申报”无纸化，船舶进出口岸申报时间由36个小时缩短至2.5个小时。实现“关港贸”查验信息交互全程电子化；研发网上查验预约平台，实现了企业足不出户完成查验准备，查验从准备实施到作业完成时间缩减为原来的50%（约2个小时）。

【驻闽海关加快“智慧海关”建设】 福州海关开展自贸信息化系统二期建设，开发“散货物流监控系统”在关区试点运用。上线“通关预约微信公众平台”，实现查验预约、加班申请和通关情况实时查询；建设“海关监管设备物联网管理平台”，实现对关区361台减免税设备实时监控和可视化管理；借鉴兄弟海关经验移植推广“邮件通关便民服务平台”“企业海关注册登记子系统”，方便企业在线办理海关手续。加大H986等查验设备运用力度，开展保税区海关集中审图试点，与传统的单机机检模式相比节省50%的人力资源。

厦门海关加大第一批18个重点科技项目攻关力度，自主开发的风险大数据应用、旅检智能便捷通道、移动办公应用等平台上线运行，“智慧监管”“智慧缉私”“智慧管理”初具雏形。

【驻闽海关优化海关特殊监管区建设】 福州海关对接福州滨海新城、海上福州发展需求，全力推动福州出口加工区、保税港区整合优化和福州空港综合保税区设立申报。6月福建省首家10万平方米露天保税堆场投入使用，12月福州出口加工区（二期）通过正式验收。

厦门海关统一场所管理规范，规范场所审批资料和监管设施，主动对接海关监管区管理政策调整，做好联网标准、处罚流程、日常管理等业务规范；开展监管场所全覆盖式督导检查，对全关区11个隶属关（办）的77家监管场所的审批资料和实地监管设施设备情况逐一开展专项督导检查，对不符合要求的7家经营企业分别予以限期整改、注销等处理；对关区危化品监管场所、进口固体废物监管场所及查验场地100%开展重点检查，对5家不符合要求的企业暂停其危化品业务；强化卡口管理、机动巡查和视频监控，规范对台小额贸易监管场所管理，提升软硬件水平；积极对接海关总署一级监控指挥中心，牵头推进监管作业现场视频联网接入工作，确保按期按要求实现联网。

【驻闽海关对接全国通关一体化改革】 7月1日起，海关通关一体化全面实施。为落实海关全国通关一体化，福州海关成立以分管领导为责任人的5个专项工作组，完善工作机制，对接“两中心三制度”改革要求，研究细化6项实施方案，建立多层协调、方案审核、工作联络、定期通报、应急协调5项工作机制，推动各项改革落地实施。启动“一次申报、分步处置”，二级风险防控中心成立运作，隶属海关功能化建设平稳完成。属地纳税人管理、自报自缴、汇总征税、同业联合担保、单耗自核等税收征管配套改革成效渐显。加工贸易监管领域深化改革的15项举措正深入推进。8月，福州海关与乌鲁木齐海关签署合作备忘录，强化两个核心区海关协作对接，促进“海丝”“陆丝”的互联互通。

厦门海关组建厦门海关风险防控中心，完善关区“1+4”监控指挥中心体系，建设专业化验估队伍，稳步推进“一次申报、分步处置”“自报自缴”改革，实现一体化改革“完整落地、无缝对接、系统优化”。顺利实施关区隶属海关功能化建设，机动查验、复查复验、企业认证、稽核查业务实现集约化管理。

【驻闽海关加强知识产权保护】 福州海关开展“中国制造海外形象维护‘清风’行动”，坚决打击进出口侵权假冒商品的违法行为，加大自主知识产权保护力度。2017年采取知识产权保护措施共128批次，查扣各类涉嫌侵权货物43.9万件、案值689.7万元。

厦门海关“扫黄打非”工作得到全国“扫黄打非”工作小组肯定，知识产权保护案例再次入选全国十佳。

【驻闽海关加强综合治税】 福州海关开展全方位归类监控核查，拓展实施综合风险审价，2017年审价补税4 251宗，补征税款6 660万元。开展关区税收征管执法检查，针对通关一体化改革新形势及时修订操作指引。在海关总署两次抽核中，福州海关减免税备案、审批正确率均达到100%。做好税收调研谋划，创新税收分析手段，强化涉税部门联动，2017年税收入库171.8亿元，同比增长48.9%，创历史新高。

厦门海关深化税款支付方式创新，推动海关税收担保多元化，税收征管质量全面提升，2017年税收入库364.90亿元，同比增长20.77%。

【驻闽海关开展“国门利剑2017”联合行动】 福州海关2017年刑事立案84起，案值11亿元，涉嫌偷逃税款1.8亿元，其中10起案件被署局列为挂牌督办案件；行政立案583起，案值4.6亿元。破获“7·5”走私象牙系列案件、“6·28”走私麻黄碱案。破获“5·19”走私冻水产品专案，案值约6.4亿元，涉嫌偷逃税款约1.2亿元，中央电视台、福建电视台、《法制日报》、腾讯网等主流媒体先后多次报道。

厦门海关成功破获“2·25”成品油走私案、“5·25”中菲跨国走私毒品案等一批大要案。“猎狐”追逃单次劝返人数创全国海关之最。“井田式”反走私综合治理模式更加完善，查获旧服装走私案得到充分肯定。

【福建出入境检验检疫局创新“四检合一”】 在漳州南部东山、诏安、云霄三县和常山华侨经济开发区，试点将市场监管、农业、海洋渔业和检验检疫等部门下属检验检测机构“四检合一”，实行“一个机构、一套人马、多个牌子”，由检验检疫所属检测机构牵头管理，来自不同机构的人员按需调配、同工同酬，设施设备统一管理、集中共享，事业收入统一入账、统一支出，检测资质共享、业务融合，再造检测流程、企业就近送样多地取证。该项改革实现了体制机制突破，打破部门条块分割，将4个部门检验检测机构“自己办、自己用”转变为“一起办、共同用”，推动了政事分开、管办分离。整合后的检验检测机构集中多方资源，新增业务用房1 520平方米、检测项目300多项，成为区域性中心实验室，规划建设国家级重点实验室。通过让“数据多跑路、样品少跑路”，节约了企业送外检测和重复检测带来的时间、人力成本，惠及500多家企业。该项改革作为构建开放型经济新体制综合试点试验项目，顺利通过商务部、国家发展改革委组织的第三方中期评估。福建省将其作为重点项目在国务院召开的构建开放型经济新体制工作汇报会上作了专题汇报，福建省政府在全省复制推广该项改革项目。

【厦门出入境检验检疫局加强应对技术性贸易壁垒】 一是指导帮扶企业突破植物源性食品、玩具中铅镉重金属含量、健身器材EN957-6等国外技术性贸易壁垒。二是召开厦门市六大行业协会座谈会，加快建立政府、技术机构、商协会和企业等“多位一体”的联合应对机制，精准帮扶企业有效拓展新兴市场。三是开展“一带一路”沿线国家技术性贸易措施培训，比对中东地区国家的卫浴标准、法规，指导企业如何提升应对能力。四是通过网站和微信平台共发布国外技术性贸易壁垒预警信息，年发布量逾 2 000 条，月均点击率近 40 万。

【驻闽检验检疫部门构筑国门安全新屏障】 福建出入境检验检疫局加强马达加斯加鼠疫、黄热病、霍乱、登革热等传染病疫情防控，连续在入境集装箱、船舶中截获 5 只死鼠和 1 只活鼠，妥善处置 1 起在十九大召开期间入境快件夹带可疑白色粉末及无色液体事件。截获动植物疫情 2.35 万种次，其中检疫性有害生物 1 913 种次，全国首次截获有害生物 10 种，截获列入《濒危野生动植物种国际贸易公约》（CITES）附录的濒危植物 7 种，居全国前列。开展“绿蕾”行动获国家质检总局通报表扬。推动福建省五部门联合发文强化红火蚁防控，指导企业在平潭建成进境野生动物指定隔离场。强化食品安全保障工作，指导辖区 6 家企业顺利通过欧盟、韩国、日本厚生劳动省、香港食环署考察。助力辖区出口食品农产品超过百亿美元，其中出口水产品 52.8 亿美元，居全国第一。2017 年共检出不合格出口危险货物 471 批，退运销毁进口不合格产品 232 批，退运进口俄罗斯不合格越野车 81 辆，退运环保不合格进口废塑料 4 批。

厦门出入境检验检疫局推行口岸卫生“精准检疫”，船舶、飞机电讯检疫率分别为 75.4% 和 96.9%，传染病检出率增长 50%；截获入境疟疾 1 例，霍乱弧菌 1 例，食源性疾病 8 例，登革热 9 例。开展“绿蕾 3”行动，截获非法进境植物种苗 828 批次 1.8 吨；截获检疫性有害生物 77 种 1 595 种次，首次检出亚洲柑橘黄龙病菌、菜豆金色花叶病毒属病毒。进出口食品不合格检出率全国排名第 3 位，开展治理“餐桌污染”和“三大一严”专项行动，对 8 类食品安全风险隐患开展排查整治。检出进口不合格废料 2 463 批 586.1 万美元，不合格危化品 326 批 8 519.3 万美元，不合格消费品 1 887 批 8 700 万美元。

【驻闽检验检疫部门推动质量提升】 福建出入境检验检疫局加快推动“质量强省”建设，联合福建省经信委、省质监局开展全国知名品牌示范区创建。建立跨地区跨部门跨领域的守信激励、失信惩戒机制，辖区 4 245 家企业纳入信用管理，登录“同线同标同质”信息公共服务平台企业 120 家，“三同”产品进驻商超和电商平台销售额达 50.42 亿元。开展质量提升行动，贯彻质量提升行动指导意见，首次策划拍摄 5 集大型宣传片并在福建电视台连播，开展福建省“质量月”启动仪式等特色大型活动。推动福建省政府出台品牌农业建设措施，专门出台出口食品农产品品牌培育提升实施意见，培育 33 家出口食品农产品品牌。新指导 4 个出口质量安全示范区通过国家级验收，14 个通过省级验收，2 个国家级示范区通过到期复审，国家质检总局在连城召开现场会推广福建出入境检验检疫局出口农产品质量提升经验。夯实质量技术基础，1 项成果获福建省标准贡献奖一等奖，2 项成果获首届中国检验检疫学会科技奖，1 项国际标准获 ISO 立项。新建成福建食品农产品检测鉴别技术公共服务平台、福建省鞋类舒适性公共服务平台、福安市电机电器产业公共服务协同创新平台。技术中心首次通过 CATL 考核，28 类、414 种产品、2 818 个标准、4 999 个项目获 CMA/CNAS 认可认定。保健中心在全国系统率先通过第三方医学检验实验室设置审批。

厦门出入境检验检疫局做好质量分析并定期发布，获评质检系统质量统计分析典型单位。做好信用信息采集、信用等级评定、评级结果应用等动态管理，6 家企业获得检验检疫 AA 级称号。打击质量违法行为，实施行政处罚 48 件，涉案金额 463 万美元，1 件移送公安机关。加强守信联合激励和失信联合惩戒机制。推进内外销产品“同线同标同质”，“三同”上线企业 82 家、产品 380 种。

【驻闽海关和检验检疫部门压缩进出口货物通关时间】 福州海关借助“两中心三制度”各项方案的实施，逐步实现货物安全准入与税收征管的相对分离，将海关监管重心前推后移，减少通关中的环节，进一步压缩货物通关时间。压缩货物通关时间成效明显，2017 年 12 月关区进口平均通关时间为 8.49 小时，出口为 0.23 小时，分别压缩 70.3%、79.6%，有效降低企业通关成本。厦门海关结合全国海关通关一体化改革，从审单、接单、查验、审价、征税、放行等关键环节入手，采取 19 项具体措施，通过“5 个定期”做好日常督办和监控，深化关检合作进一步优化监管流程。2017 年全年进口货物通关时间为 10.65 小时，出口货物通关时间为 0.78 小时，与 2016 年相比分别减少了 1.55 小时、0.39 小时，同比分别减少了 12.7%、33.33%。

福建出入境检验检疫局出境、入境检验检疫全流程时长均压缩超过 88%，全国首单“审单放行”货物在福州口岸顺利入境。厦门出入境检验检疫局强化检验检疫流程测算及管理，认真分析查找各业务环节影响通关时长问题和原因，在确保国门安全的基础上，切实采取措施，降低通关时长超过三分之一。

【驻闽口岸管理部门深化“放管服”改革】 福州海关推进行政审批改革，优化行政执法领域内部核批事项 186 项，确保目录之外无核批；编制福州海关权力和责任清单，共 10 类 75 项权责事项。实现关区行政执法人员资格考试全覆盖；落实“双随机、一公开”监管，实施风险布控、查验派单、常规稽查等领域“双随机、一公开”。厦门海关推动“互联网+海关”建设，实现 100%审批事项网上办理和现场业务“一个窗口”受理；全面落实“双随机、一公开”，拓展加贸、稽查等多领域“随机+”应用，形成具有关区特色的“随机+”工作机制。福建出入境检验检疫局推出全面深化履职服务“新福建”发展 16 条举措；“多证合一”改革被国家质检总局列为年度通关工作重点任务，服务中小微企业 1 501 家，减免委托检测费用 1 043 万元；实施闽浙跨省原产地签证一体化，创新产地证“检企零见面签证”模式。厦门出入境检验检疫局实施口岸检疫处理前置，通关时间平均缩短 1 个工作日。福建海事局推动“一趟不用跑”和“最多跑一趟”简政放权政策的落实，共完成行政审批事项 99 750 件，办结率为 100%，政务服务满意度在 99%以上。贯彻落实国家降费减负、便民利民举措，2017 年为企业减免船舶登记费 140 万元，退还 14 家港建费代收单位现金担保 373 万元、19 家港建费代收单位银行保函 768 万元和 2 家企业油污基金期结保证金 60 万元，有效减轻了企业负担。

【驻闽口岸管理部门支持福建自贸试验区建设】 关检“一站式查验平台+监管互认”入选自贸试验区新一批最佳实践案例。福州海关全年新出台支持福建自贸试验区建设 29 项创新措施，5 项被评为全国首创，8 项率先实施并在福建省全省推广，其中保税冷链物流中心海关一体化监管服务模式系统集成了 7 项创新举措，为百鲜食品有限公司等试点企业节约 30%以上成本；先后推出海交所预审核和“三优先”支持措施、闽台通关合作机制原产地证书核查、放宽海运集装箱货物直接运输判定标准等，保税冷链物流监管等集成应用为企业节约成本约 30%，政策好评率和受益率均在 90%以上。厦门海关积极探索自由贸易港“厦门模式”，提出的“四项建议”得到重视和落实，2017 年共推出 23 项创新项目，8 项被评为全国首创，16 项被列入福建省创新举措，9 项在福建省内复制推广。福建出入境检验检疫局推出 11 项自贸创新措施，其中全国首创 3 项。厦门出入境检验检疫局 3 项自贸试验区创新措施被评为全国首创，创新邮轮食品“进口直供、保税供船”模式，“会展检验检疫新模式”获第三批全国复制推广，“口岸检疫处理前置”等 6 项举措在福建省全省复制推广。福建海事局实施海事服务福建自贸试验区 6 项创新举措，两项创新举措被初步评估为全国首创，“海事现场综合执法机制”被商务部、交通运输部等五部委确定为自贸试验区第三批全国推广的改革试点经验。大陆首家台商企业取得海员外派资质并落户厦门。

【驻闽口岸管理部门推动建设“海丝”核心区】 福州海关支持宏东渔业、青拓集团等企业赴毛里坦尼亚、印度尼西亚等“海丝”沿线国家建设境外远洋渔业综合基地、镍矿生产基地等，为世海渔业等远洋自捕鱼产品运回境内提供通关指导；积极落实与欧盟、韩国、新加坡、我国台湾地区、我国香港地区等国家和地区的 AEO 互认合作，2017 年 AEO 互认受惠企业 50 家，受惠金额计 120.9 亿元；主动对接福州机场二期扩建工程，强化“海丝”核心区门户枢纽机场作用，全力配合福建省新航线开辟。2017 年，新增进出境空中航线 12 条，2017 年监管进出境旅客 234.5 万人次，促进福建省与“海丝”沿线国家开展各类旅游、文化活动，为相关进出境人员、货物、物品等提供更加便捷、优质的通关服务，探索现代化信息通道建设。推动建设两岸海关原产地电子信息交换系统（用于 ECFA）和中韩海关原产地电子信息交换系统（用于中韩自贸协定），与格鲁吉亚、沙特等“一带一路”沿线国家磋商建设原产地电子信息交换系统，为原产地实施管理提供中国解决方案。厦门海关出台新一轮服务“海丝”核心区建设 15 项措施，全力支持中欧（厦门）班列通达 9 个国家 13 座城市，成为“安智贸”首条铁路专线，并通过海运向越南、我国台湾地区等延伸；培育 51 家高级认证企业，在全球 35 个国家享受 AEO 待遇；支持国际中转直拼、整船换载、沿海捎带等新兴物流做大做强，助推厦门港 2017 年集装箱吞吐量突破 1 000 万标箱；完善国际邮轮船舶配套服务功能，进一步简化中资方便旗船沿海捎带业务监管操作流程，提高沿海捎带业务通关效率。福建出入境检验检疫局牵头推动构建“海丝”沿线 15 个直属局工作新机制。厦门出入境检验检疫局对中欧班列货物实施“双向全申报、互为一二线”“进口直通、出口直放”，支持多式联运中心建设，通过海铁联运对接东盟市场，打造连接欧亚大陆、串联台湾地区及东南亚的国际物流大通道，进一步提升中欧班列检验检疫通关一体化水平。

【驻闽口岸管理部门推动闽台融合交流】 福州海关支持平潭实施“两岸直航客带货”“台车入闽”等便利化措施，指导平潭两岸快件中心落地运营，支持开通平潭至台中、台北 2 条航线，2017 年经平潭口岸往返两岸人员突破 11.3 万人次。支持扩大平潭对台小额商品交易市场商品经营范围，2017 年销售额达 7.8 亿元；做好 ECFA 协议实施，2017 年监管 ECFA 项下货物近 850.2 亿美元，优惠关税金额约 59.7 亿元。支持全国唯一对台水陆路出口邮件总包交换站建设，促使开通马尾—台湾海运邮路和黄岐至马祖航线。促成福清南青屿、莆田湄洲岛等对台小额贸易监管点成为“第四批实行更开放管理措施点”。2017 年福建省对台实现贸易额 774.6 亿元，同比增长 18.3%。厦门海关放宽海运快件业务准入，大力促进对台海运快件发展，简化 ECFA 项下原产地证明提交手续，放宽 ECFA 项下海运集装箱货物直接运输标准。福建出入境检验检疫局两岸检验检疫合作试验区建设方案，获肯定，推动国台办同意两岸检验检疫数据交换中心恢复运行。厦门出入境检验检疫局为台湾慈济骨髓干细胞中心移植用造血干细胞入境开辟绿色通道，实现即报即批、即到即放；对台湾金门空集装箱采取“出境备案+源头管理+快速核放”，平均每个金门空集装箱节约通关时间 1 天以上，节约综合成本 100 元。简化厦金客轮检疫管理程序，降低电讯检疫实施要求，减少递交的单证，允许出入境手续一起办理，厦金航线出入境客流量占两岸直航的近九成。

【驻闽口岸管理部门支持新业态新模式发展】 福州海关支持福建优购、易贝（eBay）、菜鸟网络等跨境电商项目建设，2017 年共验放跨境电商清单 140.3 万票、货值 4.2 亿元，同比分别增长 2.2 倍、2.8 倍。持续推进平潭、福州两片区保税进口及进口直销跨境电商业务、闽台海运快件业务、客滚航线“客带货”业务，推进长乐、平潭购物离境退税试点，推进利嘉集团等重点企业项目落地，促进跨境电商、保税展示交易、整车平行进口等新兴贸易业态发展。厦门海关主动探索跨境电商“智慧监管”新模式，整合跨境电商监管作业场所。探索建立“闽台游艇服务试验区”，率先开展“区域外航空保税维修”改革，支持服务业“补短板”。福建出入境检验检疫局探索实施跨境电商监管新模式，辖区进口包裹成倍增长。厦门出入境检验检疫局支持跨境电商发展，对国际快递或邮寄方式进境的个人自用物品免予检验，并通过专用通道进行申报，实现所有查验现场的“一机双屏双控”，建立健全“电子申报+电子审单+同屏比对+即查即放”的“四位一体”检验检疫监管新模式，合格商品6秒快速验放，与地方政府、电子口岸、海关共同完成跨境贸易电子商务公共信息平台建设，实现各类跨境电商产品、快件、邮件“一次备案、一次申报、一次查验、一次放行”；支持会展经济发展，实施场馆集中查验，改口岸查验为场馆集中查验，对入境展品实行口岸核证直接放行，简化展品审批和备案手续。重要展会入境预包装食品、化妆品，免予加贴中文标签和抽样检验，收发货人可免予备案。部分审批项目实行网上申请和审批。

【驻闽口岸管理部门服务保障金砖厦门会晤】 2017年9月3日至5日，金砖国家领导人第九次会晤在福建厦门举行。为做好金砖厦门会晤服务保障工作，福州海关制订“1+8”专项工作方案，层层签订责任书，开展3批次安全隐患排查，先后组织50次反恐应急演练，制作分发宣传册3 000册，加强与民航、机场、口岸等部门联系配合。厦门海关成立专项领导小组，设立前线指挥部，制订周密保障方案，强化应急演练，严密安保措施，改造提升旅检软硬件条件，统筹人力资源调配，抽调227名关警员支援一线，举全关之力连续奋战，实现各项保障服务工作“零瑕疵”。福建出入境检验检疫局疫情防控口岸反恐工作经受考验，金砖会晤安保维稳工作获肯定，4个集体、14位同志分获国家质检总局、福建省委省政府表彰。口岸反恐怖防范工作获国务院检查组肯定，口岸反恐应急支援力量建设获福建省反恐办肯定。厦门出入境检验检疫局开辟4条专用入境通道，礼遇专包机、公务机48架次，通关礼遇1 500多人次，严格监管供厦门会晤进口食品农产品38个品种90吨，妥善处置放射性超标30例，厦门出入境检验检疫局及下属14家单位和53位个人分别获得国家质检总局、福建省、厦门市先进集体和先进个人通报表扬。厦门边检总站明确海港管控、专机查验等工作重点，全面铺开“补短板、强素质、砺练精兵”全员大练兵活动，全面构建战时统筹指挥、勤务响应、动员激励、队伍管理、综合保障等“五大战时机制”，创新构建“三网一平台”海域管控体系，自主研发海港综合信息管理系统，对重点船舶实行全程监管，全面加强厦金航线安全防控，对4艘载有轻、重火力自备枪支弹药船舶全程监管，为9个国家元首率领的29批947人次与会代表团成员提供礼遇。

【驻闽口岸管理部门加强政策研究】 福州海关积极开展税则调研，支持福建特色产业发展，2017年共有11项税则调整建议被采纳，预计企业年受益1.2亿元。开展港口竞争力、贸易便利化、船舶行业发展等课题研究，60篇次统计监测信息被省委省政府采用。积极参与海关总署“一带一路”署级课题研究，结合福建“海丝”核心区建设实际，加强对“一带一路”相关课题研究，先后对“一带一路”沿线国家海关监管制度、贸易便利化、物流及港口合作等重点方向开展研究，同时积极开展沿线国家的外贸分析和监测预警，为地方政府提供有力的决策参考。厦门海关积极开展监管模式创新，积极承接海关总署加工贸易及保税监管业务改革试点任务，以“供应链”为单元的新型加工贸易监管模式改革获总署批准。福建出入境检验检疫局承担国家质检总局2项、福建省6项政研课题，1项获国家质检总局优秀政研课题一等奖。

开放口岸

【福州水运（海港）口岸】 福州水运（海港）口岸是全国沿海25个主要港口之一，分为闽江口内港区、松下港区、牛头湾港区、江阴港区4个开放港区和罗源湾港区（2014年获得国务院批复）、黄岐港区（2017年获得国务院批复）2个拟开放港区，具备进境肉类、粮食、水果、冰鲜水产品和整车进口指定口岸资质，并拥有福州保税港区、福州保税区、福州出口加工区3个海关特殊监管区。共有生产性泊位113个（包含外贸作业点32个和临时进靠国际航行船舶靠泊点8个），其中万吨级以上泊位46个，5万吨级以上泊位21个，结构按10万吨级以上达到16个，最大可靠泊15万吨集装箱和30万吨级散杂货船舶。目前已开辟至美西、西非、日韩、东南亚、我国台湾地区、我国香港地区、内支线43条外贸航线以及“两马”（福州马尾—台湾马祖）、“黄岐—马祖”2条海上直航客运航线。

2017年3月21日福州港与马来西亚马六甲港在福州签订友好港口合作关系

2017年，共完成外贸货物吞吐量5 056.30万吨，同比增长5.81%；外贸集装箱累计吞吐量174.33万标箱，同比增长14.40%；“马尾—马祖”客运出入境旅客累计20 197人次，同比增长3.10%；“黄岐—马祖”客运出入境旅客累计40 952人次，同比下降15.58%；进口外贸整车10 049辆，同比增长24.89%。福州市外贸进出口额2 336亿元（出口1 482亿元，进口854亿元），主要货种为电子产品、机电产品、纺织产品、鞋帽伞、贵金属、工艺品、镍矿、煤炭、粮食等。

2017年12月28日福州港集装箱吞吐量首次突破300万标箱大关

闽江口内港区位于中国东南部、台湾海峡西岸，是新中国成立后自然延续下来的对外开放口岸。闽江口内港区水路可达我国沿海各港和世界各地主要港口，北距上海433海里，东距台湾基隆149海里、南距香港420海里。港内下辖台江、马尾、青州、筹东、松门、长安、小长门、琅岐8个作业区和一个客运码头，现有开放码头、泊位18个，最大可靠泊2万吨级船舶。

福州港闽江口内港区马尾杂货万吨级码头

松下港区位于福清、长乐市交界处的福清湾内。1994年9月10日经国务院批复对外开放，并于1995年11月20日由国家交通部正式对外公布。其地理位置十分优越，水路位于经济发达的香港和上海之间，北距上海447海里、福州马尾港54海里；南距厦门港130海里、香港395海里、台湾新竹80海里、基隆港125海里。陆路西接324国道和福厦高速公路，东接长乐国际机场专用公路，并经青州大桥与闽江北岸公路网相接。目前港区内开放的码头有2个，最大可靠泊5万吨级船舶。

江阴港区位于福清市江阴镇东南部的兴化湾北岸。2003年3月12日经国务院批复对外开放，2004年7月1日由交通部正式对外公布。江阴港区地处中国海岸线中心点，北上上海、大连、天津，南下广州、深圳、香港，都在800海里以内，且居上海港、深圳盐田港航运线中部，可接受长三角和珠三角两大中国经济增长极的辐射；江阴港区距国际集装箱环球主航线仅24海里，堪称黄金水道的“黄金点”。江阴港区与台湾隔水相望，由此东进100海里是台中，150海里是基隆，170海里是高雄，与台湾各港口有地域相近、功能互补的优势。港区内开放的码头有：5个集装箱码头，最大可靠泊15万吨船舶；1个7万吨级煤码头和2个5万吨级化工码头。

牛头湾港区位于长乐市松下镇，海坛海峡北侧、东洛列岛西南侧。2008年12月11日经国务院批复对外开放，2012年2月14日由国家交通部正式对外公布。牛头湾港区有着便捷的集疏运条件：水路北上距上海447海里，南下距厦门154海里、距香港395海里，东至台湾基隆125海里；陆路距福州中心城区60多千米，距长乐市区、福清市区约30千米；公路主要通过福清北山一级公路，西接324国道和福厦高速公路，东接长乐机场专用公路，并经青州大桥与闽江北岸相接。目前港区内开放的码头有4个，最大可靠泊10万吨级船舶。

罗源湾港区位于福州市区北部。2014年9月9日经国务院批复对外开放。罗源湾港区与台湾、马祖隔海相望，距福州马尾港50多千米、台湾基隆142海里、上海405海里、香港435海里。自狮岐3万吨级码头2005年7月起临时进靠国际航行船舶以来，共有6个码头临时进靠国际航行船舶作业，最大可靠泊30万吨级船舶。

黄岐港区位于福州市连江县黄岐半岛南侧，闽江入海口北岸。2017年8月5日经国务院批复对外开放。黄岐港区面对马祖列岛，最近处仅距4.8海里；距连江县城46千米、省会福州91千米，距马尾港33海里。黄岐港区地处我国南北交通的黄金水道，地理位置特殊，是海西一个重要的对台港口。共有2个码头临时进靠国际航行船舶作业。

【厦门水运（海港）口岸】 厦门水运（海港）口岸是全国25个主要港口、12个区域性枢纽港、9个沿海国际集装箱干线港之一和对台航运重要口岸，范围跨厦门与漳州两个地市级行政区共9个港区（厦门东渡、海沧、翔安港区，漳州市招银、后石、石码、东山、古雷、诏安港区）。目前共有集装箱班轮航线135条，其中国际航线79条、内贸线41条、内支线15条，与世界130多个港口建立业务联系，包括马士基、长荣、中远等世界前20名班轮公司在厦门港都设有分支机构和代理机构。

厦门东渡港区全貌

厦门港区2017年度第1 000万标箱落地

繁忙的海沧港区

2017年，完成货物吞吐量21 116.2542万吨，同比增加0.98%，其中外贸货物吞吐量9 271.12万吨，同比下降4.74%；集装箱吞吐量1 048.12万标箱，同比增长9.02%；厦金出入境旅客163.42万人次，同比增长0.67%；靠泊国际邮轮77艘次，接待出入境旅客16.18万人次。

【泉州水运（海港）口岸】 泉州水运（海港）口岸位于福建省东南部，与台湾一水之隔，毗邻港澳，距香港357海里、距高雄港165海里，石井作业区距金门仅5.6海里。早在6世纪的南朝，泉州就已和国外交往。唐代泉州开埠，宋元时期泉州港海外贸易达到鼎盛阶段，公元1087年北宋设置泉州市舶司，元代的泉州港成为国际重要的贸易港口。泉州港是中国东南沿海不可多得的天然良港之一。

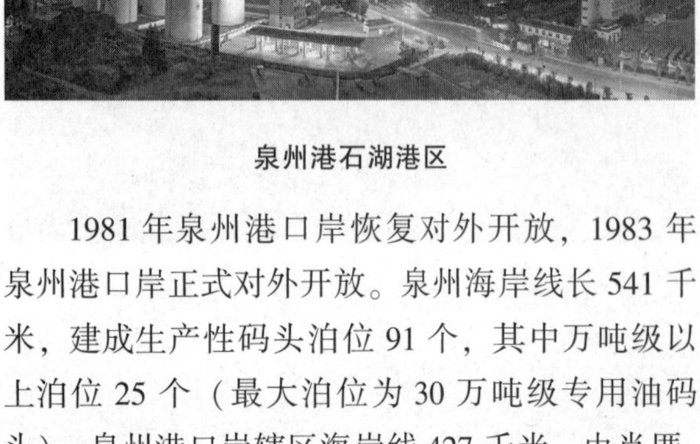

泉州港石湖港区

1981年泉州港口岸恢复对外开放，1983年泉州港口岸正式对外开放。泉州海岸线长541千米，建成生产性码头泊位91个，其中万吨级以上泊位25个（最大泊位为30万吨级专用油码头）。泉州港口岸辖区海岸线427千米，由肖厝、斗尾、泉州湾、围头湾和深沪湾五大开放港区组成，对外开放码头泊位44个。泉州港现已开通航线130多条，外贸航线30多条。其中，外贸集装箱航线20多条，与我国香港、台湾地区和菲律宾等国家通航。另有泉州至金门客运航线1条。

泉州港30万吨油码头

2017年，泉州港口岸外贸进出口吞吐量完成3 865.2289万吨，集装箱进出口完成134 390.75标箱，泉金客运航线运送两岸旅客14.06万人次。

【漳州水运（海港）口岸】 漳州市海岸线长715千米，漳州口岸辖有7个港区，即石码、招银、后石、东山、古雷、云霄和诏安港区。目前已对外开放6个港区，即石码、招银、后石、东山、古雷和云霄港区，其中招银港区、东山港区及古雷港区为开放口岸。石码港区和云霄港区分别位于原东山港和招银港开放水域范围内，尚未有码头通过验收对外开放。漳州口岸初步规划码头泊位岸线长65千米，规划建设码头泊位266个（其中深水泊位154个），通过能力4.12亿吨，陆域面积5 406万平方米。现已建成客货运码头泊位62个，年综合通过能力4 142万吨。其中，万吨级以上泊位16个；在建码头泊位7个，其中万吨级5个；拟建码头泊位10个。

古雷港区：地处中国东南城市带中部，厦门、汕头2个经济特区之间。海上距台湾澎湖98海里、高雄165海里，距香港230海里，距厦门77海里、汕头72海里。古雷港区具有水位深、不淤积、航道宽、风浪小、航泊条件好、紧靠国际航线和拥有充足锚地等突出优点。古雷港区水位最深达38米，航道宽1千米以上，规划码头泊位90个，形成码头岸线长约20.3千米，可建30万吨级油品泊位3个，总通过能力约1.87亿吨以上。因东向和北向的山体掩护，全年作业天数达320天以上。港区南2号码头2017年进口烟煤27.4万吨、精对苯二甲酸（PTA）6.17万吨、凝析油14.29万吨、对二甲苯13.54万吨，合计总进口61.4万吨。

招银港区：地处台胞祖籍地漳州，与台湾隔海相望；处在上海、台湾、香港三大经济区的中间地带，距香港、上海港、台中港分别为287海里、564海里和120海里；位于中国东南沿海厦门湾南岸，与中国最早开放的四大经济特区厦门同处厦门湾，仅3.5海里一水之隔。拥有自然岸线长达28千米，其中8米以下深水岸线13千米，可建万吨级以上泊位33个，形成亿吨以上吞吐能力。2017年招银港区全港吞吐量2 490.96万吨，同比下降15.6%；全港货物吞吐量2 403.34万吨，同比下降15.41%，其中集装箱吞吐量407 963标箱，同比增长17.78%；全港旅客吞吐量262.87万人次，同比下降20.44%。

东山港区：东山港区中心港区位于东山岛东北部的东山湾内，坐标为东经117°31′、北纬23°45′。海路距离厦门77海里、汕头73海里、澎湖98海里，高雄164海里、香港210海里，是祖国大陆距离台湾南部最近的港口。1982年国务院批准设置东山口岸机构，1992年12月28日国务院正式对外公布东山港对外籍船舶开放，东山成为福建省继厦门港、福州港和泉州港之后的第四个国家开放口岸。口岸查验、中介代理、生产服务系统设置齐全。形成了对外、对台港澳交流贸易的口岸开放格局，为东山及周边地区经济发展繁荣发挥了重要作用。

东山港现是厦门港的组成部分之一。港区功能以服务临港工业、城市旅游和地区经济发展为主，积极发展散杂货和对台客滚运输、兼顾油品运输。东山港区辖有铜陵、城垵、冬古3个作业区。港区码头岸线总长5.747千米，规划25个泊位，规划通过能力货运1 000万吨、客运130万人次，港区陆域面积233万平方米。铜陵作业区已对外开放的有1个5 000吨级件杂货泊位，1个5 000吨级集装箱泊位和1个500吨级台轮专用泊位，还有1个3 000吨级液体化工泊位，1个3 000吨级石油专用泊位；城垵作业区建有1个30 000吨级和2个5 000吨级通用泊位，在建的有1个5 000吨级客货滚装泊位；冬古作业区建有1个5 000吨级散货泊位。

东山港主要的运行航线有：东山—厦门的外贸内支线、东山—港澳、东山—金门和东山—澎湖等航线。进出口的主要货物有冷冻水产品、鲜活鱼、水产加工品、机电产品和小食品等。2017年东山口岸共监管进出口货物40万吨，货值23亿美元；检验检疫货物1 600多批，货值近28亿美元；办理进出境船舶508艘次；进出口集装箱21 087标箱。

【莆田水运（海港）口岸】 莆田水运（海港）口岸于1999年11月26日经国家批准正式对外开放。位于福建省沿海中部，地理坐标为东经118°58′57″、北纬25°13′3″。2017年9月27日，国务院批复同意福建秀屿港口岸更名为莆田港口岸并扩大对外开放。现建有外贸客货运码头14个，分别为20万吨级杂货码头、LNG10万吨级化工专用码头、7万吨级杂货码头、5万吨级多用途码头、4万吨级木材码头、万吨级杂货码头、8 000吨级煤炭专用码头、5 000吨级滚装码头、3 000吨级集装箱杂货两用码头、3 000吨客运码头各1座，10万吨级杂货码头、4万吨级杂货码头各两座。港内设有20万吨级、5万吨级、2万吨级、1万吨级浮筒各1座，避风避险应急锚地1座，设计年货物吞吐量达7 500万吨、客运20万人次。在建的万吨级以上深水泊位10多个，码头最大靠泊能力达40万吨，近期将形成近亿吨的吞吐能力。莆田水运（海港）口岸可最大适航40万吨级船舶通航。向莆铁路、沈海高速支线直通港区，可实现无转场铁海联运业务，是福建海西重要战略港口。

莆田水运（海港）口岸已与美国、俄罗斯、加拿大、巴西、阿根廷、韩国、泰国、沙特、印度尼西亚、马来西亚、非洲、欧洲等世界上的28

个国家和地区的 50 个港口建立了海上航运联系，也开通了与我国台湾地区的海上客货运直航业务。

莆田东吴作业区 9 号、10 号泊位全景航拍图

莆田东吴作业区 9 号、10 号泊位近景

2017 年，累计完成外贸货运量 1 145.54 万吨，比 2016 年同期增长 12%。其中，进口货运量 1 131.02 万吨，同比增长 11%；出口货运量 14.02 万吨，同比增长 70%。1～12 月份累计完成集装箱货柜 16 462 标箱，同比增长 9%。其中，进口货柜 9 865 标箱，同比增长 11%；出口货柜 6 597 标箱，同比增长 6%。进出口的主要大宗货物有 LNG、木材、煤炭、转基因大豆、钢材、粮食、化石、鞋服原辅材料及成品、机器设备等。莆田口岸东吴港区东 1 号和东 2 号泊位临时进靠国际航行船舶作业 43 艘次，接卸外贸货物 320.45 万吨，并通过向莆铁路向江西及福建省闽北等地发运 693 列次货运量 195.75 万吨。

【宁德水运（海港）口岸】 宁德水运（海港）口岸位于福建省东北部世界闻名的天然良港三都澳内，东距台湾基隆港 145 海里，南依省会福州，北距上海 390 海里，南至福州 66 海里，地理坐标为北纬 26°30′～26°45′与东经 119°35′～119°58′之间，距离西太平洋西岸国际主航线 30 海里，是连接我国中西部地区“一带一路”的重要出海通道，港口优势、区位优势、对台优势凸显。

宁德港三都澳港区漳湾作业区出入卡口

宁德港三都澳港区漳湾作业区集装箱堆场

宁德港三都澳港区漳湾作业区关检一站式查验平台

2017 年，获得交通运输部批准，漳湾作业区 8 号、9 号码头第三次、第四次延长临时开放，启动申报宁德港口岸扩大开放漳湾作业区。全口岸

共开设外贸作业点20个，临时开放点1个，外贸货物装卸点2个，对台小额贸易点2个，对台货运直航点2个，保税仓库1个。对外运输航线有至韩国、日本、印度尼西亚、越南、菲律宾航线和对台直航。进出口货物品种，有煤炭、镍矿、废物原料进口，水产品、砂石、钢材设备出口。此外，还有外轮维修。

宁德港三都澳港区漳湾作业区8、9号码头

2017年全年完成吞吐量1 046.02万吨，同比下降1.11%。其中，进口873.21万吨，同比下降0.02%；出口172.75万吨，同比下降6.48%。完成对台直航运量97.93万吨，同比下降40.94%；完成外国籍船舶维修256艘次，同比增长79.02%。进出口岸国际航行船舶1 300艘次，同比增长30.0%；进出口岸船员17 307人次，同比增长3.2%。

【平潭水运（海港）口岸】 平潭水运（海港）口岸地处海峡西岸，处于我国海岸线的中心和海峡经济走廊的中心突出部，东濒台湾海峡，具有优越的自然条件和区位优势。对台区位优势突出，平潭综合实验区地处台湾海峡中北部，距台湾新竹仅68海里，是祖国大陆距台湾本岛最近的地区，是两岸交通合作的重要前沿，能够发挥沟通两岸的重要桥梁和纽带作用。规划建设有4个港区，分别为澳前、金井、草屿、流水港区。澳前港区位于平潭主岛海坛岛东部澳前镇，北纬25°27′18″、东经119°47′31″和北纬25°27′26″、东经119°51′05″两点连线间共9 200米岸线。金井港区位于平潭综合实验区金井湾片区北纬25°28′16″、东经119°40′30″和北纬25°25′54″、东经119°41′23″两点连线间，共21 500米岸线。澳前港区开通平潭至台北、台中2条客滚直航航线，金井港区开通平潭至高雄、台中、香港、金门、马祖、台北等多条直航及“三小通”航线。

平潭港口岸澳前港区口岸全貌

平潭港口岸澳前港区口岸全貌

平潭港口岸金井港区口岸全貌

平潭港口岸金井港区口岸全貌

平潭水运（海港）口岸主要进出口岸货物种类为粮油食品、土产畜产、工艺品、轻工业品、医药品、砂石、生鲜产品、冻柜、水果、邮包、快件等。

2017 年，平潭港外贸货物吞吐量为 54.55 万吨，国际集装箱 1.71 万标箱，出入境旅客 11.29 万人次。

【福州空运口岸（长乐国际机场）】 长乐国际机场是我国航空干线网中的重要干线机场，也是东南沿海地区以及对台、对外重要的国际航空港。福州长乐国际机场于 1997 年 6 月 23 日正式通航，距离福州市区约 39 千米，机场到市区约 40 分钟。目前有国内外 31 家航空公司在机场运营，福州长乐国际机场是福州航空、厦门航空的基地机场，中国北方地区前往东南亚的重要中转地之一。福州长乐国际机场目前已被国家民航局确定为“海上丝绸之路”门户枢纽机场，使之成为机场设施互联互通和打造空中交通走廊的核心节点。

福州长乐国际机场飞行区等级为 4E，拥有一条长 3 600 米的跑道、30 万平方米的停机坪、总面积 13.7 万平方米的候机楼、建筑面积 1.8 万平方米的航空货站，以及相应的通信、供油、供水、供电、消防、气象、环保等设施，可起降 B747-400 型等大型飞机。为适应福建省及福州市社会经济快速发展的需要，满足区域航空运输业务量持续增长的要求，提高省会机场航空服务能力，福州机场自 2010 年起启动扩容工程，主要包括候机楼扩容和停机坪扩建。目前机场拥有 36 个停机位、16 条登机桥、17 个安检通道、5 个国际出发厅和 11 个国内出发厅，机场年保障能力达到 1 300 万人次。2014 年年初，福州长乐国际机场已全面启动第二轮扩能改造建设，包括航站楼扩能和站坪配套工程。此外，福州市区至福州长乐机场还将规划建设轨道交通 6 号线和长乐机场城际铁路也将投入使用。届时福州长乐国际机场将满足年吞吐量 2 300 万人次需求。

福州长乐国际机场航拍照

福州长乐国际机场候机楼

福州长乐国际机场是祖国大陆距台湾最近的省会机场，是实现海峡两岸交往的重要门户。自 2008 年 12 月 18 日福州—台北（松山）首次实现空中直航以来，福州长乐国际机场对台航线的快速发展成为一大亮点，目前每周台湾有 26 班运行。2017 年福州长乐国际机场运行有日本东京、泰国曼谷、泰国甲米、泰国清迈、柬埔寨暹粒、马来西亚吉隆坡、马来西亚亚庇、新加坡、菲律宾宿务、印度尼西亚雅加达、印度尼西亚美娜多、澳大利亚悉尼、美国纽约、俄罗斯莫斯科、埃及阿斯旺（开罗）15 条国际航线和香港、澳门、桃园、松山、高雄5条地区航线。2017年福州长乐国际机场的航班量、客流量也在不断攀升，旅客吞吐量约1 247万人次，增速7.4%。2017年福州机场出入境旅客吞吐量达1 808 402人次，同比增长3.9%；完成出入境航班13 105架次，同比增长2.4%；进出口货运量16 070吨，同比增长14.2%。

【厦门空运口岸（高崎国际机场）】 高崎国际机场位于厦门岛的东北端，距厦门市中心10千米，地处闽南金三角的中心地带，与台湾隔海相望，三面临海，环境优美，净空条件优越，具有良好的区位优势。1982年1月10日厦门高崎国际机场破土动工兴建，1983年10月22日建成并对外开放。1992年经国家批准，进行了大规模的扩建，扩建后的厦门空港飞行区等级为4E级，可起降B747-800等大型飞机。厦门空港口岸现为国家一类口岸，在厦门空港营运的航空公司达44家，其中境内航空公司28家，境外航空公司16家，已有航线173条（境外37条），航线网络已覆盖了中国所有省会城市和主要二、三线城市，搭建了直达欧洲的客、货运航线，同时厦门机场的东南亚航线覆盖较广、航班密度较高，在全国位居前列，特别是由于厦门特殊的对台区位优势，厦门两岸直航航班的密度位居大陆地区前3位。目前，厦门机场现有国际及地区通航城市26个（东南亚9个，港澳台6个，东北亚6个，欧洲1个，澳洲2个，美洲2个），航线覆盖欧洲、北美洲、大洋洲及“一带一路”沿线主要国家，使厦门机场由区域性国际航空枢纽向国际性综合交通枢纽转型。

2017年，厦门空港口岸共保障安全飞行18.65万架次，同比增长1.58%。旅客吞吐量2 448.52万人次，同比增长7.69%。其中，出入境旅客333.87万人次，同比增长11.43%；货邮吞吐量33.87万吨，同比增长3.12%，其中出入境货邮12.09万吨，同比增长13.87%。

【泉州空运口岸（晋江国际机场）】 晋江国际机场始建于1955年8月。2012年11月航空口岸正式对外开放。2014年10月更名为泉州晋江国际机场。机场具备全天候飞行条件，飞行区等级为4D级，能起降波音757等同类机型，可满足年旅客吞吐量400万人次、货邮吞吐量4.4万吨的保障需求。

泉州晋江国际机场候机楼

泉州晋江国际机场已有国内外13家航空公司进场运营，开通国际（地区）、国内客货运航线40条，每周进出港航班约420班次。2017年泉州晋江国际机场航空口岸完成5 681架次，出入境旅客662 076人次。

【武夷山空运口岸（武夷山机场）】 武夷山机场位于武夷山市南郊、武夷大道东侧，距离市区及武夷山风景区各7千米。1993年9月22日国务院批准在武夷山设立国家空运口岸，同时批准设立了边防、海关、国检等口岸查验机构。1994年4月1日武夷山空运口岸正式对外开放，1994年6月3日开通了武夷山至香港的旅游包机，2000年3月28日又开通了武夷山至澳门的旅游包机。2005年7月1日武夷山至香港航班转为民航正式航班，从2013年9月复航至2018年2月共飞行831架次，出入境人数达62 124人次。

武夷山国际旅检厅联检单位工作场景

武夷山机场候机楼全貌

武夷山空运口岸新国际旅检厅改建工程于2013年3月开工建设，并于2017年9月29日投入使用。改造后，国际旅检厅出入境通道设有检验检疫查验通道3条，海关查验通道8条，边检查验通道12条，安检通道2条。新增了登机廊桥、电梯、中央空调、行李系统等设备，增设了国际头等舱旅客候机厅、母婴室、吸烟室等，完善了配套服务设施，更新了广播系统、弱电信息系统、引导标志系统、消防报警系统，流程更加合理，旅客通关环境得到了极大改善。目前，武夷山机场跑道长2 400米，停机坪46 600平方米，可供起降B737和MD-82等中型飞机，停机坪可同时停8架飞机，改扩建后的候机楼面积13 544平方米，国际旅检厅面积达5 198.75平方米，年吞吐能力达200万旅客。

香港航线是目前武夷山唯一的关境外航线，2017年共保障飞行205架次，完成旅客吞吐量12 194人次。

厦门市

【口岸运行数据】 2017年，厦门海港口岸完成货物吞吐量21 116.2542万吨，同比增加0.98%，其中外贸货物吞吐量9 271.12万吨，同比下降4.74%；集装箱吞吐量1 048.12万标箱，同比增长9.02%；厦金航线出入境旅客163.42万人次，同比增长0.67%；靠泊国际邮轮77艘次，接待出入境旅客16.18万人次。

厦门空港口岸共保障安全飞行18.65万架次，同比增长1.58%；旅客吞吐量2 448.52万人次，同比增长7.69%，其中出入境旅客333.87万人次，同比增长11.43%；货邮吞吐量33.87万吨，同比增长3.12%，其中出入境货邮12.09万吨，同比增长13.87%。

【口岸开放工作】 空运口岸。推动拓展国际航线网络。做好国际航线拓展工作。研究制定新一轮国际客货运航线扶持政策，促进厦门国际航线发展。2017年推动新开直飞美国本土洲际航线厦门—青岛—洛杉矶、厦门—杭州—墨尔本，加密“一带一路”航线厦门—马尼拉。完成机场国际中转功能提升工作。协调厦门机场出入境混流改造工作，设置中转隔离区，推动旅客流程及管控保障措施等筹备工作。

水运（海港）口岸。2017年，厦门港口岸海沧港区20号、21号泊位（海隆码头）通过新增外贸作业点省级验收，正式对外开放。同时，做好国际邮轮母港、五通码头三期口岸配套设施规划建设工作。一是协调各口岸单位做好国际邮轮母港二期航站楼通关通道及办公用房等方案设计。二是配合做好五通码头三期口岸配套设施规划建设工作，推动查验单位认真研究优化通关流程，进一步改善五通码头口岸通关环境。

【“降成本”改革成效显著】 出台各类惠企政策。从免除集装箱查验服务费到减免进出口申报环节报关报检费用，再到降低货物港务费、港口设施保安费、引航费等一系列港口收费标准，为企业降低了通关成本。截至2017年12月，经与海关数据审核后统计，查验没有问题集装箱20 365自然箱，政府承担集装箱查验费合计补贴金额1 121.63万元，大大减轻了企业负担。

【口岸查验机制创新取得新经验】 创新关检合作机制，率先在全国完成关检合作“一次申报”，建立关检“一站式”查验模式。率先开展关检“监管互认”试点，实现关检双方对进口固体废物、大宗商品查验结果和数据的共享、互认，减少重复移柜、掏箱等操作，每票可为企业平均缩减通关时间1~2天，节省各类物流费用近

50%。开展国际航行船舶联合登临检查行动。2017年3月7日对停靠海沧嵩屿码头2号泊位的“美博马士基”轮开展首次联合登临检查，原本需要的4次登轮检查减至1次，用时不到1小时，提高了船舶出入境检查效率。坚持口岸“5+2”和“24小时预约通关”制度。加大科技设备应用，提高口岸通关效率。2017年以来进口24小时通关率达到87.8%，出口24小时通关率达到99.39%，分别比同期全国平均水平高10.23个、1.91个百分点。

【护航厦门会晤】 顺利保障机场抵离迎送工作。机场是此次厦门会晤最重要的出入境口岸。驻机场各单位在厦门市口岸办的协调安排下，密切关注各国航班最新动态，实时做好相关保障准备工作，抵离迎送保障工作有序开展，各级礼遇到位，各类人、货、航空器通关顺畅。会晤期间保障我国元首及与会各国主宾团共15架专机顺利抵离，共计起降32架次；保障与会各国入出境部级团组39批次，共计105人次；保障工商论坛与会各国入出境部级团组19批次，共计45人次；保障与会各国入出境公务机团组2批次，共计2人次。

顺利做好海港口岸通关保障。加强口岸限定区域人员及货物入境安保相关工作。配合召集厦门市台办、湖里公安分局、边防支队、特警支队等单位落实在邮轮中心、五通码头等各入境通道增设安检门，并配备安检员和专业识机员，加强进出管控措施。同时，配合相关部门对厦门港码头、集装箱拖车、船舶作业情况进行针对性调整。通过对出口集装箱提前进港、提供跨码头集疏港服务及根据航线业务特点适时调整东渡港区部分航线暂时挂靠海沧港区码头作业，增设水路提箱、虚拟水路卡口等措施，确保会晤期间码头的安全有序生产。

保障厦金航线正常运行。牵头与厦门市台办、厦门港口管理局等单位建立“五通客运码头一线工作组”，并与金门方面对口部门建立联络工作机制，及时掌握金门方面的动态，严格按规定处置突发事件，保障厦金航线的正常运行。高效、成功完成突发情况应急处置。厦门市口岸办建立应急处置机制，采取分类应急处置方式，针对不同时间、等级事件，迅速、精准做好相关应急保障工作。对于临时抵离、礼遇等级不明、接待人员不明、记者器材申报等一些列入出境突发紧急情况，积极主动对接各相关单位，确认信息后立即对接机场联检单位采取应急处理。对于部分现场突变状况，启动临时应急处置，经向外交部请示，特事特办，对接各国联络员准备相关材料，先申报通关，事后提请外交部补全相关通关函件，既保障宾客便捷通关，又确保国门安全。

【深化对台工作交流】 支持口岸单位加强与台湾相关部门间的沟通协作，推动建立两岸通关合作机制，进一步简化、优化两岸进出货物、船舶及人员通关手续，全面落实对台各项优惠政策，便利两岸人员往来。认真做好厦金航线的日常通关协调工作。服务两岸文化交流，圆满完成台交会、海峡论坛、文博会、台湾马祖进香团等大型活动的口岸通关协调保障工作。参与厦金两地共同维护海域清洁行动，协同开展海漂垃圾治理和环境综合整治。

【支持电子口岸发展】 主动对接国家口岸管理办公室，取得国家“单一窗口”标准版建设的第三批试点，厦门地方“单一窗口”与国家“单一窗口”标准版顺利对接。标准版于2017年9月14日正式上线，截至12月31日，厦门市参加试点企业70家，注册用户113个；日舱单申报覆盖率最高达到83%，周舱单申报覆盖率为73%；累计申报单量近12万票，日申报单量破1.5万票，舱单申报量和覆盖率居全国口岸前4位。2017年12月4日，成大物产（厦门）有限公司通过国家“单一窗口”标准版成功申报出口退税业务，申报退税金额86.31万元。国家标准版出口退税在厦门首票试点成功，标志着国家标准版出口退税业务功能正式上线运行，厦门市以实际行动助力国家口岸办“单一窗口”标准版在年底前实现了九大业务功能全覆盖。

2017 年福建省口岸大事记

1 月 5 日

福州—开罗航线首航，这是福州长乐国际机场首条非洲航线。

是日

厦门出入境检验检疫局与厦门贸促会签订《关于加强原产地签证工作合作服务“走出去”战略合作备忘录》。

1 月 8 日

香港至平潭集装箱班轮“闽台一号”首航，是平潭综合实验区首条至香港航线。航线计划每周一个班次，周三从香港港口出发，途经福州马尾码头，周五抵达平潭金井码头。

1 月 9 日

平潭金井码头首条香港—平潭航线开通。

1 月 11 日

福州海关办结首票进口货物直接退运网上核批，标志着关区直接退运业务的办理从有纸转为无纸化。

1 月 17 日

福州长乐国际机场开通至印度尼西亚丹戎往返包机航班。

是日

设立厦门出入境检验检疫局翔安办事处。

1 月 22 日

厦门海关关史陈列馆开馆。

2 月 6 日

漳州渔船“闽龙渔 66822”轮在漳州古雷正东约 73 海里遇险自沉，船上共有 11 名渔民。经过福建海事局近两小时的全力救助，11 名遇险渔民分两批被救助直升机成功救起，船舶瞬间沉没，人员安全获救。

2 月 8 日

海关总署关税司批复同意福州海关开展同业联合担保改革试点。

2 月 15 日

福州长乐国际机场开通至美国纽约洲际航线，是福州长乐国际机场首条直飞美国的洲际航线。

是日

厦门出入境检验检疫局“入境大宗工业品联动检验检疫新模式”和“国际航行船舶供水检验检疫‘开放式申报+验证式监管’模式”2 项创新措施被评为全国首创。

是日

平潭港口发展管理委员会正式成立，办公室设在平潭综合实验区管委会口岸工作办公室。

2 月 16 日

厦门出入境检验检疫局发布《厦门出入境检验检疫局关于实施海港口岸检疫处理前置和变更部分舱单申报事项的通告》，决定自 2017 年 3 月 1 日起，在厦门出入境检验检疫局辖区海港口岸实施检疫处理前置和舱单申报事项变更。

是日

全国部分海关促进加工贸易转型升级座谈会在厦门召开。

2 月 22 日

厦门海关与厦门出入境检验检疫局召开关检联席工作会。

2 月 23 日

河南省口岸部门来闽考察国际贸易“单一窗口”建设情况。

2 月 24 日

中欧海关知识产权合作工作组会议在厦门海关召开。

2 月 25 日

中共中央政治局委员、国家副主席李源潮莅临福建平潭综合实验区考察，先后考察了平潭二线卡口、台湾商品免税市场等。

2 月 28 日

厦门海关廉政警示教育室揭牌。

是日

厦门边检总站在厦门空港口岸（高崎国际机场）启动留存入境外国人指纹试点工作。

3 月 3 日

福建出入境检验检疫局启动 2017 年“绿蕾

3”专项行动，打击非法携带、邮寄植物种子种苗进境。

3月5日

厦门海关举办“文明迎金砖，青春勇担当”志愿服务启动仪式暨青年定向挑战赛。

3月6日

经福建省人民政府同意，启用泉州港口岸围头湾港区围头作业区2号泊位，厦门港口岸海沧港区20号、21号泊位，莆田港口岸秀屿港区东吴作业区9号、10号泊位，并予以公布。

3月9日

香港“兆明”散货轮抵平潭金井港区装载砂石运往台湾基隆港，这是平潭港区首条对台散货直航航线，开启了平潭大宗散货对台出口业务。

3月13日

我国东南沿海最大铁矿石码头项目莆田罗屿作业区9号和10号泊位首台即装船机设备成功滚装上岸。

3月15日

交通运输部批复同意国际航行船舶临时进出福州港三都澳港区漳湾作业区8号和9号码头期限延长至2017年9月22日。

3月21日

全国进出境动植物检验检疫工作会在福州召开。

3月22日

福建出入境检验检疫局下属的宁德出入境检验检疫局与浙江出入境检验检疫局下属的湖州出入境检验检疫局在浙江湖州召开示范区区域合作第一次联席会议，启动全国首个出口电机示范区区域合作。

是日

厦门机场出入境检验检疫局从禁止携带进境的柠檬叶中检出亚洲柑橘黄龙病菌，为我国旅检口岸首次检出。

3月27日

国家质检总局函复福建省政府，同意在福州港元洪作业区和泉州港石湖港区各筹建1个肉类指定口岸。

是日

依托中国（福建）国际贸易“单一窗口”面向全省实施对外贸易经营者备案登记和原产地证企业备案登记合并办理，企业在“单一窗口”上通过对外贸易经营者备案登记，直接授予原产地证企业备案资质。

3月28日

厦门海关被纳入“安智贸”计划中方参与海关。

4月1日

根据财政部、国家发展改革委《关于清理规范一批行政事业性收费有关政策的通知》，即日起停征出入境检验检疫费。预计每年可为福建出入境检验检疫局辖区进出口企业免征出入境检验检疫费1.3亿元。

停征船舶登记费、船舶及船用产品设施检验费（中国籍非入级船舶法定检验费）等两项中央设立的行政事业性收费。

4月14日

福建省全省口岸工作座谈会在泉州召开。

4月18日

福州长乐国际机场开通菲律宾宿务航线。

4月20日

福建出入境检验检疫局出台全面深化履职服务“新福建”发展16条措施，从全面深化改革、服务生态省建设、支持扩大出口、促进对外开放四方面出台具体支持措施。

4月21日

交通运输部批复同意国际航行船舶临时进出福建省瀚海船业有限公司码头期限延长至2017年9月30日。

交通运输部批复同意国际航行船舶临时进出福州港黄岐港区黄岐对台客运码头期限延长至2017年11月12日。

中欧（厦门—莫斯科）直达班列开通，班列始发地在海沧，出境站为内蒙古满洲里，终点站为俄罗斯莫斯科的昆采沃，国内段总长4 354千米，国外段总长6 566千米。

4月23日

厦门海关关员方志远随中国海关专家顾问团赴埃塞俄比亚执行为期30天的援助任务，为中国海关历史上首次对外培训诊断援助项目。

5月2日~5日

海关总署广东分署在福建宁德组织开展“泛珠”四省海关区域通关一体化风险审单专家小组成员集中工作。

5月9日

平潭两岸快件中心启动并试运营。

5月19日

厦门机场出入境检验检疫局从厦金航线入境旅客违法携带的扦插枝条中检出菜豆金色花叶病毒属病毒（新种），为全国口岸首次截获该病毒。

5月20日

福州机场恢复运行柬埔寨暹粒航线。

5月22日

福州港江阴港区首航印度尼西亚，该航线每周一班，途经香港、雅加达、泗水等港口。

5月23日

厦门海关启动保税航空维修改革试点。

6月1日

福建出入境检验检疫局技术中心从福州机场局截获的一批台湾甘薯种苗中检出甘薯G病毒，为全国口岸首次检出，已实施销毁处理。

6月7日

厦门海关对国际邮轮“天海新世纪”物供货物采用“进口直供”“保税供船”监管新模式，在全国属首例。

6月14日

国务院批准厦门海沧保税港区等7个口岸作为汽车整车进口口岸。

6月16日

国家构建开放型经济新体制综合试点试验第三方评估组将漳州出入境检验检疫局出口食品“即报即放”模式评估为全国试点工作可操作、有意义、可复制的典型经验。

6月19日

国家口岸管理办公室组织上海、天津、广东、山东、重庆5个省市口岸办来闽调研福建口岸通关便利化评估工作。

6月20日

第九届海峡论坛两岸游艇高峰论坛活动启动厦门五缘湾游艇口岸临时开放，10艘游艇从五缘湾直航金门。

越南参访团访问福州海关。

6月28日~30日

中俄海关合作分委会税费工作组第七次会议在福州海关召开。

6月29日~30日

江西省商务厅组织有关单位来闽，就推动闽赣中欧班列合作及进一步深化赣莆海铁联运合作与福建省相关部门开展对接。

7月2日

福州长乐国际机场开通福州—莫斯科—列日定期航班，是福州机场首条至欧洲洲际航线。

7月6日

福州长乐国际机场开通至泰国清迈往返包机航线。

世界海关组织正式确认在厦门设立亚太地区培训中心。

7月9日

福州长乐国际机场开通至印度尼西亚美娜多航线。

7月10日

漳州台商投资区保税物流中心（B型）获准设立。

7月20日

泉州海关与石狮市政府签订规范国际快件和跨境电商业务发展合作备忘录。

7月25日

平潭两岸快件中心获得海关授牌，正式开展海运快件和跨境电商业务。

8月2日

福州海关与乌鲁木齐海关在乌鲁木齐签署《关于促进“一带一路”核心区建设合作备忘录》。

厦门机场检验检疫局分别从印度尼西亚巴厘岛至厦门航班和加拿大温哥华至厦门航班的入境

人员中，各发现一个输入性金黄色葡萄球菌感染性病例。

8 月 3 日

福建省商务厅（口岸办）组织召开全省扩大“单一窗口”标准版试点工作动员部署会。

8 月 7 日

海关总署批复同意泉州综合保税区通过海关总署验收。

是日

福建省关检“一站式”查验平台+监管模式被国务院自由贸易试验区工作部际联席会议办公室评为“最佳实践案例”。

8 月 22 日

厦门五通客运码头启动入境旅客落地安检，厦门国际邮轮中心启动防爆安检。

8 月 23 日

厦门海关启动“厦门会晤”决战阶段前线指挥部。

8 月 24 日

厦门、沈阳、赣州三市口岸办在厦门签订《加强口岸合作协议》。

8 月 25 日

中欧班列（厦门—莫斯科）建发专列首发，这是厦门开通的首条定期双向国际班列，也是厦门首条国企国际专列。

8 月 29 日

向莆铁路“江西抚州—福州江阴港”海铁联运集装箱班列从江西抚州首发。

9 月 8 日

平潭海关缉私分局揭牌。

9 月 10 日

厦门机场出入境检验检疫局在柬埔寨入境航班上检出福建口岸首例输入性志贺菌感染病例。

9 月 13 日

厦门出入境检验检疫局发布《厦门出入境检验检疫局关于便利台湾造血干细胞入境卫生检疫许可若干措施的通告》，对满足要求的移植用造血干细胞交运抵港前可提前申报完成入境特殊物品审批流程，直接采信台湾慈济医院所提供的供体健康证明、相关检验报告及流行病学调查报告等，不再重复进行实验室检测，对申请人所提交的申请材料进行书面审查，材料齐全真实有效的，不再开展风险评估，实行“即报即批”。

9 月 19 日

厦门海关开展“贴着海关发财”专项整治。

9 月 22 日

厦门机场出入境检验检疫局从来自印度尼西亚雅加达的入境人员中检出 1 例登革热病例。

9 月 25 日

2017 年泛珠行政首长联席会议在湖南长沙召开，福建省商务厅（口岸办）厅长黄新銮代表福建省与其他泛珠三角区域内地九省区口岸综合管理机构及香港、澳门特别行政区相关机构负责人共同签署《泛珠三角区域口岸通关合作协议》。

9 月 26 日

交通运输部批复同意国际航行船舶临时进出福州港三都澳港区漳湾作业区 8 号和 9 号码头期限延长至 2018 年 3 月 22 日。

9 月 27 日

国务院批复同意福建秀屿港口岸更名为莆田港口岸并扩大对外开放。

9 月 30 日

福州长乐国际机场开通越南芽庄往返包机航线。

10 月 1 日

福州机场开通越南岘港往返包机航线。

10 月 17 日

厦门海关与乌鲁木齐海关签署《关于落实〈对口支援合作框架协议〉2017 年度实施方案》。

10 月 23 日

交通运输部批复同意国际航行船舶临时进出福建省瀚海船业有限公司码头期限延长至 2018 年 3 月 30 日。

10 月 27 日

福建省海上危化品应急处置指挥中心成立。

11 月 1 日

由福建奔驰汽车有限公司进口的一批价值 1.2 万元的车用三角窗在福州马尾口岸实现审单

直放，全程用时 13 分钟，该批货物是全国首批采用审单放行工作模式的入境货物。

11 月 4 日

厦门海关查获洋垃圾 1 415 吨，为全国查获单票数量最大的禁止进口固体废物案。

11 月 6 日

厦门海关启动大型集装箱/车辆检查设备联网集中图像分析系统试点。

11 月 16 日

厦门海关首批采用“水路提货”方式的 41 个集装箱货物通过驳船顺利提离海天码头，标志着东渡海关该项创新举措成功落地。

11 月 17 日

福建省口岸办下发《关于开展集装箱进出口环节合规成本专项治理行动的通知》，同步印发《福建省集装箱进出口环节合规成本专项治理行动工作方案》，部署开展集装箱进出口环节合规成本专项治理行动。

是日

海关总署批复同意驻同安办事处更名为驻集同办事处。

是日

在北京召开的全国精神文明建设表彰大会上，福建海事局（机关）荣获第五届全国文明单位称号。

11 月 20 日

海沧海隆码头获批进境散粮检疫指定码头。

11 月 30 日

依托中国（福建）国际贸易“单一窗口”实施对外贸易经营者备案登记和原产地证企业备案登记合并办理拓展至厦门贸促会辖区。

12 月 4 日

在国家质检总局举办的“12·4”国家宪法日主题活动上，由厦门出入境检验检疫局选送的法治微动漫《国检姐姐带您走国门》入围 6 部优秀作品名单并获得质检法治微动漫、微视频二等奖。

12 月 8 日

厦门海沧保税港区汽车整车进口口岸验收通过。

12 月 20 日

厦门出入境检验检疫局邮快办从台湾地区违法入境的新鲜蔬菜邮件中检出检疫性有害生物扶桑绵粉蚧，为厦门口岸首次截获。

12 月 25 日

交通运输部批复同意国际航行船舶临时进出莆田港东吴港区东 1 号和东 2 号泊位，福州港罗源湾港区福建华东船厂有限公司码头，狮岐 3 万吨级码头，碧里作业区 4 号、5 号泊位，可门作业区 4 号、5 号、10 号、11 号泊位期限延长至 2018 年 6 月 30 日。

12 月 28 日

厦门海关漳浦办事处及人员整体划归漳州海关。

是日

“台北快轮”首航平潭综合实验区新增对台直航滚装货运航线。

是日

国家口岸办组织对泉州港口岸围头湾港区石井作业区扩大开放进行验收。

12 月 29 日

国家认监委出口食品生产企业备案管理系统数据接口成功对接厦门国际贸易“单一窗口”，实现出口食品生产企业备案行政许可在地方“单一窗口”上运行审批。

是日

海关总署批准厦门海关“以供应链为单元的加贸保税监管改革试点”。

（撰稿人：胡静、邱阳涛、李永东、李林川、佘永亮、朱华煜、陈润禾、朱洁羚、蔡璐、林键、连子岭、江木秀、周颖杰、何波、毛蒙恩）

2017年福建省口岸流量统计表

口岸类型		口岸名称	货运量（万吨）				集装箱量（万标箱）				人员（万人次）				交通工具（辆、艘、架、列次）			
			出口	进口	合计	同比（%）	出口	进口	合计	同比（%）	出境	入境	合计	同比（%）	出境	入境	合计	同比（%）
空运口岸		福州机场	0.81	0.80	1.61	-3.65					91.45	89.39	180.84	3.88				
		厦门机场	14.98	6.19	21.17	-11.59					170.97	166.46	337.43	13.29				
		武夷山机场									0.60	0.62	1.22	-4.70				
		泉州机场			0.00						30.86	31.36	62.22	6.85				
		分计	15.79	6.99	22.78	-11.08					293.88	287.83	581.71	9.46				
陆路口岸	公路口岸																	
		分计																
	铁路口岸																	
		分计																

续表

口岸类型		口岸名称	货运量（万吨）				集装箱量（万标箱）				人员（万人次）				交通工具（辆、艘、架、列次）			
			出口	进口	合计	同比（%）	出口	进口	合计	同比（%）	出境	入境	合计	同比（%）	出境	入境	合计	同比（%）
水运口岸	海港口岸	福州港	1 707.92	3 348.38	5 056.30	5.81	87.23	87.10	174.33	14.40	2.98	3.14	6.12	-10.21				
		厦门港	4 185.94	5 085.12	9 271.06	-5.33	372.29	371.60	743.89	5.66	89.86	89.98	179.84	-2.03				
		漳州港	419.95	398.18	818.13	-4.79	0.63	0.66	1.29	-1.70			0.00					
		泉州港	534.74	3 330.97	3 865.71	7.05	6.16	7.28	13.44	18.92	7.07	6.99	14.06	18.62				
		莆田港	14.56	1131.10	1 145.66	11.87	0.66	0.99	1.65	8.72			0.00					
		宁德港	172.70	873.25	1 045.95	-7.33	0.03	0.17	0.20				0.00					
		平潭港	44.78	7.71	52.49	660.72	0.88	0.84	1.72	4.91	5.82	5.48	11.30	29.65			0.00	
		分计	7 080.59	14 174.71	21 255.30	0.25	467.88	468.64	936.52	7.37	105.73	105.59	211.32	0.18			0.00	
	河港口岸																	
		分计																
合计			7 096.38	14181.70	21 278.07	0.25	467.88	468.64	936.52	7.37	399.60	393.42	793.02	6.82	0.00	0.00	0.00	
同比（%）																		

（福建省口岸办提供）

2017 年福建省口岸出入境主要数据表

项目			2017 年	2016 年	同比（%）
出入境人员（人次）	出入境人员总数		3 179 636	2 942 398	8.06
	入境人员		1 585 562	1 480 172	7.12
	出境人员		1 594 074	1 462 226	9.02
	出入境旅客		2 800 671	2 608 532	7.37
	出入境员工		378 965	333 866	13.51
	中国公民	小计	2 818 973	2 636 369	6.93
		内地居民（因公）	197 155	178 075	10.71
		内地居民（因私）	1 951 789	1 785 486	9.31
		港澳居民	265 079	269 036	-1.47
		台湾同胞	404 950	403 772	0.29
	外籍人员		360 663	306 029	17.85
	从海港出入境人数		521 271	449 958	15.85
	从陆港出入境人数		0	0	0
	从空港出入境人数		2 657 769	2 492 426	6.63
交通运输工具（辆、艘、架、列次）	总计		33 694	30 941	8.90
	船舶		14 614	12 762	14.51
	飞机		19 022	18 165	4.72
	火车		0	0	0
	机动车辆		58	14	314.29

（福建省公安边防总队提供）

2017年厦门口岸出入境主要数据表

项目			2017年	2016年	同比（%）
出入境人员（人次）	出入境人员总数		5 791 000	5 567 000	4.02
	入境人员		2 871 000	2 770 000	3.65
	出境人员		2 920 000	2 797 000	4.40
	出入境旅客		5 220 000	4 936 000	5.75
	出入境员工		571 000	631 000	-9.51
	中国公民	小计	4 890 000	4 674 000	4.62
		内地居民（因公） 内地居民（因私）	3 244 000	3 013 000	7.67
		港澳居民	269 000	288 000	-6.60
		台湾同胞	1 377 000	1 373 000	0.29
	外籍人员		901 000	893 000	0.90
	从海港出入境人数		2 137 000	2 253 000	-5.15
	从陆港出入境人数				
	从空港出入境人数		3 654 000	3 314 000	10.26
交通运输工具（辆、艘、架、列次）	总计		47 100	46 100	2.17
	船舶		21 200	21 700	-2.30
	飞机		25 900	24 400	6.15
	火车				
	机动车辆				

（厦门边检总站提供）

2017 年福州海关主要数据统计表

项目		2017 年	同比（%）
进出口货运量（万吨）	合计	5 995.03	5.38
	进口	4 665.35	3.35
	出口	1 329.68	13.22
进出口贸易总值（万美元）	合计	3 177 075.48	15.27
	进口	1 610 360.94	37.62
	其中：江、海运输	1 474 703.89	42.06
	铁路运输	48.72	163.61
	汽车运输	8 474.24	-34.37
	航空运输	123 391.33	16.32
	邮件运输	112.49	5.38
	其他运输	3 630.27	-71.94
	出口	1 566 714.54	-1.22
	其中：江、海运输	1 489 553.42	-1.38
	铁路运输	0.00	0.00
	汽车运输	12 434.95	94.51
	航空运输	64 279.97	-5.09
	邮件运输	430.03	31.10
	其他运输	16.17	-98.55
税收（万元）	两税合计	1 718 000.00	46.85
	关税入库	219 600.00	21.96
	进口环节税入库	1 498 400.00	49.77

（福州海关提供）

2017 年厦门海关主要数据统计表

项目		2017 年	同比（%）
进出口货运量（万吨）	合计	9 963. 22	-1. 10
	进口	6 706. 92	4. 03
	出口	3 256. 30	-10. 23
进出口贸易总值（万美元）	合计	12 225 346. 00	8. 15
	进口	3 964 032. 00	15. 15
	其中：江、海运输	2 783 097. 00	18. 48
	铁路运输	1 721. 00	41. 79
	汽车运输	174 953. 00	41. 76
	航空运输	1 003 852. 00	3. 65
	邮件运输	245. 00	-8. 78
	其他运输	164. 00	81. 21
	出口	8 261 314. 00	5. 08
	其中：江、海运输	7 290 524. 00	4. 39
	铁路运输	26 141. 00	40. 46
	汽车运输	323 559. 00	20. 20
	航空运输	611 849. 00	4. 79
	邮件运输	811. 00	-6. 50
	其他运输	8 430. 00	54. 01
税收（万元）	两税合计	3 649 000	20. 77
	关税入库	372 400	16. 23
	进口环节税入库	3 276 600	21. 31

（厦门海关提供）

2017 年福建省出入境检验检疫业务统计表

项目		货物检验检疫				交通工具				集装箱（标箱）		发现动植物疫情		货物通关		出入境人员查验（人次）	健康检查及预防接种（人次）			
		批次	金额（万美元）	检验检疫不合格 批次	检验检疫不合格 金额（万美元）	船舶（艘）	飞机（架）	火车（节）	汽车（辆）	合计	检出问题	种类数	种次	批次	金额（万美元）		健康检查	艾滋病监测	发现病例	预防接种
本年累计		211 080	3 123 551	8 642	657 511. 60	17 055	19 002	0	38	718 497	2 116	807	24 010	210 132	2 884 862	3 180 775	28 375	28 377	16 700	31 519
其中	出境	169 459	1 245 348	1 430	125 412. 80	8 257	9 499	0	15	107 156	0	0	0	161 868	1 090 216	1 593 806	24 188	24 195	14 513	31 481
	入境	42 621	1 878 203	7 212	532 098. 80	8 798	9 503	0	23	611 341	2 116	807	24 010	48 264	1 794 646	1 586 969	4 187	4 182	2 187	38
同比（%）		5. 70	22. 23	-40. 33	68. 08	8. 87	4. 83	0	192. 31	1. 62	-22. 01	-5. 39	-7. 70	7. 25	16. 83	8. 09	-1. 75	-1. 75	4. 78	-10
其中	出境	6. 33	10. 87	-55. 23	31. 26	10. 02	4. 78	0	275	-32. 26	0	0	0	10. 98	5. 21	8. 88	0. 62	0. 64	7. 04	-9. 24
	入境	3. 30	31. 14	-36. 11	79. 98	7. 81	4. 89	0	155. 56	11. 39	-22. 01	-5. 39	-7. 70	-3. 63	25. 23	7. 31	-13. 51	-13. 61	-8. 11	-88. 72

（福建出入境检验检疫局提供）

2017 年厦门市出入境检验检疫业务统计表

项目		货物检验检疫				交通工具				集装箱（标箱）		发现动植物疫情		货物通关		出入境人员查验（万人次）	健康检查及预防接种（人次）			
		批次	金额（万美元）	检验检疫不合格																
				批次	金额（万美元）	船舶（艘）	飞机（架）	火车（节）	汽车（辆）	合计	检出问题	种类数	种次	批次	金额（万美元）		健康检查	艾滋病监测	发现病例	预防接种
本年累计		196 983	1 370 482	16 491	254 842	21 785	26 009			711.59	4.53	540	38 861	220 309	1 119 206	574.87	11 479	11 379	3 931	8 918
其中	出境	108 088	381 084	775	2 675	11 361	12 976			354.40				108 623	311 585	290.27	8 156	8 056	3 034	8 766
	入境	88 895	989 398	15 716	252 167	10 424	13 033			357.19	4.53	540	38 861	111 686	807 621	284.60	3 323	3 323	897	152
同比（%）		-4.96	9.27	-24.00	1.55	-2.37	6.67			4.49	-19.86	-21.63	-34.05	-0.71	-5.71	3.31	5.24	4.33	10.48	0.47
其中	出境	3.71	4.58	-72.67	-81.71	-2.11	6.64			3.99				2.89	-7.66	4.12	7.02	5.71	10.73	0.82
	入境	-13.74	11.19	-16.69	6.71	-2.65	6.70			4.98	-19.86	-21.51	-34.04	-3.97	-4.94	2.50	1.13	1.13	9.66	-16.02

（厦门出入境检验检疫局提供）

2017 年福建海事局进出港船舶统计汇总表

船舶类别	进港船舶							出港船舶						
	艘数（艘）	总吨（吨位）	总载重量（吨）	载客量（客位）	船员人数（人次）	货物到达量（吨）	旅客到达量（人）	艘数（艘）	总吨（吨位）	总载重量（吨）	载客量（客位）	船员人数（人次）	货物发送量（吨）	旅客发送量（人）
总　计	272 328	661 565 808	832 215 907	65 731 266	2 259 739	304 143 314. 9	20 325 179	268 986	657 271 555	827 508 897	63 649 824	2 236 713	157 226 079. 1	19 721 739
中国籍船舶	257 954	306 281 057	380 720 779	64 481 283	1 975 131	189 962 341. 2	19 838 651	254 494	302 253 170	376 674 426	62 365 574	1 955 293	115 581 844. 7	19 269 282
其中外贸船	7 168	11 567 488	11 639 818	1 645 450	74 606	4 422 510. 06	539 487	7 137	9 447 486	8 787 778	1 645 801	75 106	2 094 809. 72	560 929

（福建海事局提供）

江 西 省

江西省口岸分布示意图

口岸名称	批准开放时间	开放状态
南昌空运口岸	1990.3	国际常年
九江水运口岸	1980.2	国际常年

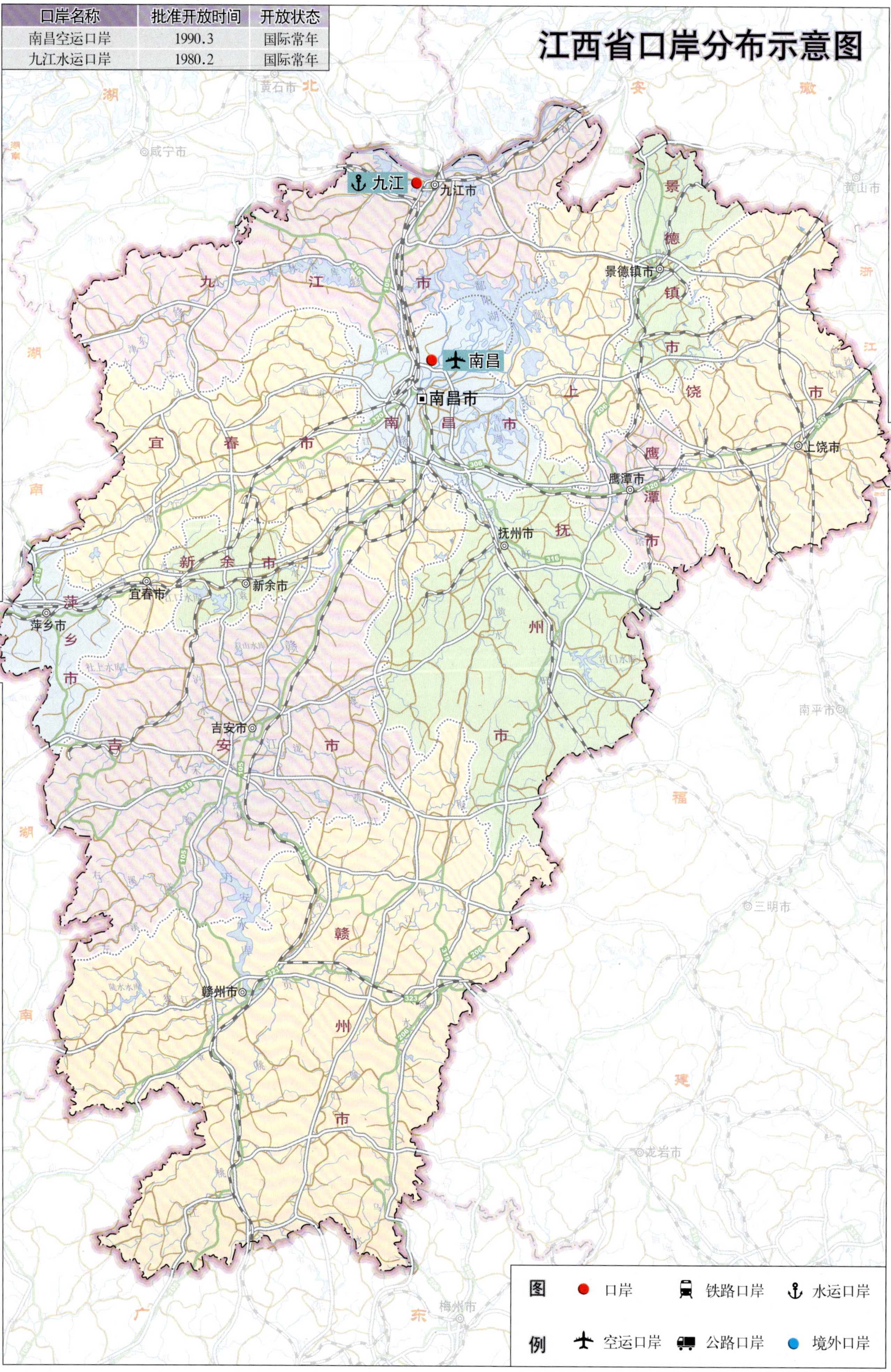

口岸数量及分布

截至2017年年底，江西省有经国务院批准对外开放的口岸2个。其中，空运口岸1个，为南昌空运口岸（南昌昌北国际机场）；水运口岸1个，为九江水运（河港）口岸。

口岸运行数据

2017年，江西省口岸共完成进出口货运量725.57万吨、国际集装箱40.36万重标箱，同比分别增长64.31%和91.92%。其中，九江水运（河港）口岸完成进出口货运324.22万吨、国际集装箱18.55万重标箱，南昌港完成水运进出口货运79.06万吨、国际集装箱5.47万重标箱。此外，南康进境木材监管区共运送货物1.28万吨。

口岸综合管理

【对接“一带一路”建设】 以“一带一路”建设统领口岸开放，2017年江西省在航空、水运上分别实现了历史突破。航空发展上，昌北国际机场旅客吞吐量成功突破千万人次，达到1 093.7万人次，同比增长39%，位列省会城市机场增幅第一，首次进入枢纽机场行列，其中出入境人员65.96万人次，增长12.22%。7月，新开了南昌至美国（塞班）、越南（河内）国际航班；11月，开通了至埃及（开罗）等“一带一路”沿线国家的国际航班。江西航线已通达亚、美、非三大洲。

【对接长江经济带发展】 以支持九江打造江海直达区域航运中心为抓手，全力对接长江经济带建设。九江港上至重庆、下至上海的内支线始发班轮稳定开行。12月，九江城西港集装箱吞吐量超过30万标箱，九江港水运进出口货量和集装箱量双双增长25%以上，九江区域航运中心地位凸显。4月，九江港水运口岸扩大开放瑞昌港区已列入国家口岸年度审理计划，口岸平台功能进一步完善；肉类进口指定进境口岸成功获批；各项建设进展顺利；整车进口指定口岸省政府已上报国务院。

【对接长珠闽发展】 新增开行了南昌至深圳、抚州至福州集装箱快速班列。2017年，江西省铁海联运共承运出口货物4.7万标箱，同比增长66.7%。其中，上饶至宁波的“天天班列”开行了312列，成为全国运行最佳的“明星班列”。

【赣欧（亚）班列运行】 2017年，共开出26趟赣欧（亚）班列，平均每两周发一列，江西省货物坐着火车可直通欧洲、中亚和东盟。11月，赣州港“一带一路”多式联运示范工程成功获批为全国第二批多式联运示范项目工程，这是继上饶—宁波集装箱快速班列列入全国第一批多式联运示范项目工程后的又一重大成果。

【口岸平台建设】 2017年，南昌向塘铁路口岸（一期）项目验收并运营，赣州港进境木材国检监管区建设并运营，宜春海关通过海关总署验收并运营，有力地推动了江西省内陆双向开放新高地的打造。

【江西电子口岸建设】 2017年9月，完善了申报、海关、国检辅助执法等江西地方服务功能，全面实现了“申报单证一体化”和“一次查验、一次放行”，通关效率大幅提升，受到联检单位和企业的好评。

【国际贸易“单一窗口”标准版应用】 自2017年9月国家推广“标准版”以来，共组织24批次培训，培训企业1 400余家、1 800余人次。经过3个月的推进，12月份报关、报检、综合覆盖率均为100%，是全国唯一3项达到100%的省市，位居全国第一，为企业节省申报时间60%以上。

口岸监管与服务

【江西省公安边防总队全面提升综合业务工作水平】 2017年，江西省公安边防总队共检查出入境人员659 613人次（其中船员13人次），交通运输工具 4 282 架（艘）次（其中飞机 4 281 架次，船舶 1 艘次），同比分别增长 12.22%和 8.72%。接布控 172 份 789 人次，查获在控总计 68 人次，查获在逃人员 7 人次；查处违法违规人员 45 起 45 人次、违法交通运输工具 5 架次，办理行政执法案件 7 起，较好地完成了党的十九大、厦门金砖会晤、香港回归 20 周年庆等重大活动边防安保和口岸各项执法执勤工作任务。

【江西省公安边防总队边检服务】 2017 年，江西省公安边防总队主动对接地方党委政府战略规划，不断拓宽服务内涵、创优服务举措、助力经济发展，打造了江西边检服务新品牌。一是瞄准“发力点”，拓展边检服务内涵。围绕地方经济发展需求，充分发挥边防职能优势，坚持做好日常调研走访、信息收集、分析研判，定期向地方党委政府决策提供精准的出入境数据分析，为全省外向型经济发展献计献策；紧密对接江西省“发展全域旅游，建设旅游强省”战略，主动走访省委省政府、省发改委、省商务厅、海关、检疫等单位，在拓展航线、加密航班、吸引入境游客等方面积极作为，先后为第十五届赣台经贸交流团、瓷博会、环鄱阳湖自行车赛及各地市党政代表团等提供优质服务，大力支持地方社会经济发展。二是紧盯“需求点”，创新创优便民举措。坚持把回应民意作为改进边检服务工作的重点，利用“特别通道”为需紧急救助人员及“老、弱、病、残、孕”等特殊出入境旅客提供便捷服务 700 余次，为航空公司、涉外旅行社等提供“送法上门”服务和业务咨询 100 余次，开展“服务品牌暨政策法规宣传”活动 10 余次，发放宣传单 2 000 余份，解答旅客和群众咨询 700 余人次，帮助困难旅客通关 60 余人次。三是抓住“结合点”，主动服务对外开放。积极融入地方发展格局，主动对接昌北国际机场 T1 航站楼改造和赣州黄金机场开放工作，协调边检执勤、办公和生活设施建设事宜，为提升对外开放窗口形象、服务经济社会发展奠定了基础。为进一步发挥典型示范作用，总队组织执法执勤一线女检查员成立了“上官查验组”，以点带面，不断增强旅客群众的安全感、满意度，促进执法执勤和边检服务水平整体提升。

【九江海事局通航秩序管控有力】 2017 年，九江海事局通过深化通航水域分级监管，调整辖区一、二级水域 8 处，实现重点水域差异化管理。采取“满足基本航宽、争取最大水深、方便船舶会让”原则优化航标配备，保障九江港枯水期安全形势稳定；采取重点船舶隐患排查、重点水域现场监管，切实保障九江港洪水期安全形势稳定。固化采砂治理九江模式，全面推动非法采砂入刑工作，立案 2 件，起诉 2 件。配合地方政府开展非法码头治理专项活动，拆除非法码头泊位 64 个，有效清洁了九江港口岸码头环境。

【九江海事局预警预控能力增强】 实施风雾天气安全预警监管流程细则，防范“警照预，船照走，事照出”，实现恶劣气况“禁得及时禁得住”。建立 2 座大型户外 LED 警示屏，加强重点水域过往船舶安全警示。积极发挥电子巡航效能，2017 全年查处 1 起危险品船舶违反航路案件，远程纠正违章 4 340 次，发布安全预警 83 次（一级预警 2 次，二级预警 1 次，三级预警 49 次，四级预警 31 次），安全提示 7 863 条。实施九江港口岸水域预警预控全覆盖，保障辖区船舶安全有序航行。

【九江海事局应急救助保障有力】 2017 年 9 月，九江海事局举全局之力圆满完成 2017 长江—鄱阳湖水上联合应急演习，充分体现了长江航务、长江海事系统与沿江省市搜救力量条块结合、应急联动、协同作战的体制优势，为九江港航运市场蓬勃发展提供坚实安全保障。

【九江海事局“单一窗口”建设卓有成效】 2017 年 1 月，“单一窗口”平台海事口岸协同监管系统上线试运行，九江海事局派专人对该系统进行维护操作，并及时向市口岸办反馈系统操作意见，同时为进一步提高九江口岸船舶及货物作业效率，充分发挥“单一窗口”平台效用。4 月，向长江海事局报告“单一窗口”平台运行情况，并将口岸管理部门希望接入海事业务系统数据的需求进行了汇报。

【九江海事局“联合登临”确保高效通关】 2017年2月，九江海事局召集九江海关、九江出入境检验检疫局、九江边防检查站、九江本地外籍轮代理公司等单位，就关于建立国际航行船舶联合登临检查工作机制进行协调。5月25日，召集有关口岸查验单位，对靠泊九江口岸外贸码头的牙买加籍船舶“SUN RIZHAO”开展了联合登临检查，正式开启九江口岸国际航行船舶联合登临检查工作机制，并在船舶进出口岸过程中，及时对“单一窗口”平台海事口岸协同监管系统进行操作。

【九江海事局大力推进便民服务新举措】 2017年3月，取消国内航行船舶进出港签证，到港船舶采用报港形式进行申报，报港的方式比较便捷，方便船员操作。国内航行船舶进出港签证行政审批改事前审批为事中事后管理，消除船舶因办理审批手续而产生的2~3小时待港时间。

【九江海事局现代化建设夯实基础】 2017年5月，建设完成了海事监管救助基地、溢油设备库、雷达站、VTS中心等。现代化监管设施不断完善，可通过电子巡航系统平台为远程纠章提供有效手段。

【南昌海关支持开放战略，助力口岸形成立体开放新格局】 南昌海关支持江西深度融入“一带一路”建设和参与长江经济带建设，出台支持江西省打造国际物流集散地的13条意见。支持九江打造区域航运中心，九江口岸扩大开放至瑞昌港区纳入国家口岸开放年度审理计划。支持推动江西中欧班列实现了进出双向开行，与满洲里、厦门海关签署了加强通关协作备忘录，全年共监管中欧班列22列、标箱1 886个、货值3.36亿元；验收向塘铁路海关作业场所并支持新开通了南昌至越南赣欧亚班列，至福州、盐田的铁海联运路线。在继支持赣州综合保税区正式开关运行、赣州铁路集装箱场站临时对外开放、赣州黄金机场纳入《国家口岸发展“十三五“规划》之后，指导推动并代表海关总署牵头组织完成对龙南保税物流中心的联合验收，批复同意赣州市设立南康公用型保税仓库、瑞金海关监管场所。支持实施赣江新区加快建设发展，制定实施细则11项，成建制迁入处级海关机构就近服务新区建设；支持南昌综合保税区顺利通过国家验收并封关运作。支持南昌市构建开放型经济新体制综合试点试验，争取海关总署批准同意试点加工贸易自核单耗管理等5项措施。推动宜春海关正式开关并对外办理业务，赣西开放型经济发展进入一个崭新阶段。

【南昌海关支持大通关建设，助力通关效率再创新速度】 深化“三互”大通关建设，配合省口岸办推动江西省在全国首批上线推广国际贸易“单一窗口”标准版，提前2个月实现全省全覆盖，12月报关覆盖率超过60%，稳居全国前列。全国海关通关一体化改革实现进出口领域全覆盖，通关一体化报关单率为35.3%，超出全国平均水平30个百分点。贯彻“去繁就简”要求，进口24小时通关率为95.24%，居全国第2位，上升7位；出口24小时通关率为99.59%，居全国第10位，上升4位。压缩货物通关时间三分之一目标提前2个月实现，进、出口时间分别压缩52.83%和40.86%，均居全国前列。推动“双随机一公开”实现执法领域全覆盖，海关执法更加阳光透明。

【南昌海关依法依规把好国门，维护经济社会稳定发展取得新成效】 2017年，南昌海关税收入库85.98亿元，创历史新高。严密实际监管，规范监管场所管理，全年无安全事件发生。保持打击走私高压态势，开展“国门利剑2017”联合专项行动，严厉打击“洋垃圾”、农产品、资源性产品、涉税商品、涉枪涉毒等走私违法犯罪行为。全年刑事立案18起，案值4 516.95万元；行政立案171起，案值2.96亿元。突出“生态把关”，保护江西青山绿水，加强固体废物监管，严格固体废物转关监管及查验要求，坚决把“洋垃圾”堵在国门之外。全年立案侦办固体废物走私案6起，查获进口固体废物超过1.2万吨，央视《朝闻天下》《新闻30分》《法制日报》等媒体进行了集中宣传报道。

【江西出入境检验检疫局有效保障国门口岸安全】 2017年，江西出入境检验检疫局共检验检疫出入境货物60 937批，计39亿美元，同比分别下降3.6%、增长10.1%；累计签发各类原产地证书54 038份，金额32.6亿美元，同比分别下降0.7%、增长2.6%；检疫出入境飞机4 287架次，同比增长7.6%；查验出入境人员660 429人次，同比增长10.9%；受理集装箱检验检疫146 775标箱，同比增长14.3%。

【江西出入境检验检疫局深入推进国检试验区建设】 2017年6月，九江理文国检试验区为企业节约成本近4 000万元，促成该企业继续在江西投资建设二期工程。九江进境木材国检监管区实现进口木材首次直通运营。南昌933国检监管区首次开出对接“一带一路”“南昌—河内”赣欧亚班列。商务部、国家质检总局、国家发展改革委等五部委联合发文，提出“支持试点地区申报特殊商品指定口岸，建设检验检疫综合改革试验区（国检试验区）”，把江西首创的国检试验区建设模式在全国进行推广。

【江西出入境检验检疫局大力扶持“特、优”产业发展】 积极帮扶江西特色农产品出口打造新优势，把服务特色农产品出口与绿色发展、扶贫攻坚结合起来。新增寻乌县（蜜橘）、信丰县（脐橙）、婺源县（茶叶）3家单位获批国家级出口食品农产品质量安全示范区；帮助资溪、浮梁、瑞金县成为有机产品认证示范创建区；推动分宜“恩达”苎麻制品、会昌米粉、宁都黄鸡等江西特色产品获得国家生态原产地产品保护；指导帮扶江西蜜蜂、井冈蜜柚、上饶马家柚、南丰乌龟等特色产品实现首次出口国外。扎实推进“三同”工程，指导进出口企业质量安全管理提质增效升级。截至2017年年底，全省共52家“三同”上线企业，同比增长26.9%，国内销售总额达17.2亿人民币。

【江西出入境检验检疫局有效保障国门口岸安全】 严防有害生物入侵，首次在内陆查处来自疫区国家的300多立方木材。全年共截获入境外来有害生物1 774批次4 502种次，同比分别增长15.2%、23.2%。其中，截获进境植物检疫性有害生物341批次650种次，同比分别增长38.2%、66.6%。严防登革热等疫情疫病传入传出，查处进出境违规2 035人次，同比增长25.3%；查处违规携带物2 891批，同比增长43%。检出集装箱问题标箱1 829标箱，不合格箱数同比下降82.2%。完成出入境人员健康体检10 830人次，发现病例1 091人次，同比下降20%。完成艾滋病监测10 577人次，同比增长3.3%。完成预防接种7 693人次，同比增长4.6%。首次引进检疫犬，昌北机场“检疫人员、X光机、检疫犬”三位一体综合查验模式正式运行。

【江西出入境检验检疫局扎实开展检验检测基础建设】 加强检测能力建设，形成以6个国家重点检测实验室为龙头、5个区域中心和13个常规实验室为支撑的检测服务体系。加强对外合作交流，与国外知名检测机构西班牙ARS、荷兰BV、德国TUV进行技术交流研讨，推动检测结果国际互认。加强标准等技术服务，WTO-TBT/SPS国家通报咨询中心烟花爆竹研究评议基地落户宜春，参与制订的国际标准组织（ISO）国际烟花标准于4月正式发布，1名专家获得ISO卓越贡献奖。

开放口岸

【南昌空运口岸（昌北国际机场）】 1990年3月5日，国务院批准南昌机场对外开放。南昌昌北国际机场原址在南昌向塘机场，1999年9月搬迁至南昌市新建县境内。南昌昌北国际机场与昌九高速相连，距离市中心23千米，占地面积为15平方千米，跑道3 400米，可起降包括空客A380的所有机型，有46个停机位，近2 000个停车位。T1航站楼为国际候机楼，面积为2.7万平方米。T2航站楼为国内候机楼，面积为9.66万平方米。昌北国际机场在南昌市区设有2个城市候机楼，在九江、抚州、新余、景德镇、上饶等市设有异地城市候机楼，昌北国际机场地空联运网络已基本覆盖昌北机场东、西、北向的主要客源市场。

2017年，南昌航空口岸出入境人员65.96万人次，同比增长12.22%；出入境飞机4 281架次，同比增长8.82%。江西航空旅客吞吐量为122.15万人次，运输架次为8 993架次，货邮吞吐量为4 259.8吨。

【九江水运（河港）口岸】 1980年2月14日，经国务院批准，九江港正式对外开放。九江水运（河港）口岸位于长江中下游结合部南岸、江西省北端的九江市，拥有长江岸线152千米，对外开放口岸线40余千米。

九江水运（河港）口岸现有已开放码头6座，锚地2个。

九江水运（河港）口岸开放码头、锚地一览表

码头名称	类别	开放状态	基本情况
214码头	一类	已开放	多用途5 000吨级泊位1个，年吞吐能力100万吨
三角线港区	一类	已开放	散货3 000吨级、2 000吨级泊位各2个，年吞吐能力220万吨
外贸码头	一类	已开放	散杂件、集装箱5 000吨级泊位3个，年吞吐能力90万吨
油品码头	一类	已开放	油品专用5 000吨级泊位3个，年吞吐能力540万吨
中建万佳码头	一类	已开放	液化气专用3 000吨级泊位1个，年吞吐能力36万吨
城西港码头	一类	已开放	5 000吨级泊位2个，年吞吐能力30万标箱（2014年12月通过国家验收）
联检锚地		已开放	姚港锚地、新港锚地

2017年，九江口岸完成外贸进出口运量1 705.25万吨，同比增长0.54%。其中，水运直接进口146.67万吨，同比增长29.31%；水运直接出口177.6万吨，同比增长26.65%；水运中转进口876.93万吨，同比减少8.72%；水运中转出口472.72万吨，同比增长6.29%。同期，完成铁路中转外贸进出口运量31.327万吨，同比减少15.28%。完成集装箱船舶4 806航次，同比增加445个航次。完成国际直航船舶1艘次，载货447吨。1~12月，九江口岸集装箱吞吐量完成33.47万标箱，同比增长22.19%。其中，进口完成16.99万标箱，增长23.92%；出口完成16.48万标箱，增长20.46%。分码头看，九江城西码头完成29.72万标箱，占比为88.8%；理文码头完成3.01万标箱，占比为9%；九江外贸码头完成0.74万标箱，占比为2.2%。

2017年，九江水运（河港）口岸运行呈现如下特点：一是集装箱吞吐量快速增长，中转箱及本地外贸箱双线拉升，中转箱增长尤为明显。全年九江口岸集装箱吞吐量完成33.47万标箱，同比增长22.19%；二是集装箱班轮稳定运行，2017年集装箱码头经停集装箱船舶4 806航次，同比增加445个航次；三是航线趋于密集，自九江城西港始发班轮9班，其中九江始发至上海洋山港每周4班，九江始发至上海外高桥每周4班，九江始发至重庆每周1班。九江至洋山港集装箱班轮运营情况良好，全年九江至洋山港共计运营156班，共载货16 677重标箱。

2017年江西省口岸大事记

1月3日

江西省委常委、南昌市委书记殷美根到南昌综合保税区调研，实地察看了联检大楼、卡口和围网建设情况。

2月4日

江西省省长刘奇到江西出入境检验检疫局进行调研，对国检监管试验区建设、降成本增效益等工作予以肯定。

3月20日

海关总署党组成员、副署长孙毅彪在南昌调研，视察南昌综合保税区海关报关大厅、监控指挥中心、主卡口、综合服务中心建设工地，并慰问现场关员及口岸联检单位。

3月21日

海关总署党组成员、副署长孙毅彪赴龙南县开展对口支援工作并调研，出席海关总署对口支援龙南县座谈会。

3月28日

南昌海关批准同意在赣州铁路口岸功能区域设立赣南地区首家公用型保税仓库——江西尚祐公用型保税仓库。

4月12日

俄罗斯后贝加尔—赣州中欧班列正式运行。

5月8日

江西省省长刘奇、副省长李贻煌陪同交通运输部部长李小鹏视察南昌港集装箱码头监管场所。

5月11日

南昌综合保税区顺利通过国家联合验收组验收。

5月12日

南昌海关、满洲里海关在赣州签署《"一带一路"通关协作 支持赣南振兴发展合作备忘录》。

5月24日

南昌海关、厦门海关在厦门签署《厦门海关南昌海关全面加强"一带一路"通关协作备忘录》。

6月6日

启动了进境水果指定口岸申报工作。

6月9日

为支持南昌市构建开放型经济新体制综合试点试验，海关总署批准同意试点加工贸易自核单耗管理，支持南昌在全省率先打造水、陆、空、铁口岸立体式开放格局，支持南昌综合保税区健康快速发展，支持南昌产业结构优化升级，优化南昌市营商环境5项措施。

6月10日

赣州—俄罗斯后贝加尔中欧班列正式运行。首发班列自赣州发出，经满洲里口岸出境，最终抵达俄罗斯后贝加尔。首发班列共搭载41个集装箱，商品主要有LED面板灯、PVC人造革、不锈钢水槽、雪地靴、台灯、化妆包、服装等，货值约2 509万元。其中，1个集装箱最终运抵丹麦，商品主要为台灯、壁灯、落地灯，货值约28万元。

7月10日

南昌昌北国际机场至越南芽庄国际包机航线开通，每周一、三、五执飞。

7月24日

南昌昌北国际机场开通直飞美国塞班岛包机航线。

7月31日

江西边防总队举行"八一"建军节座谈会，庆祝中国人民解放军建军90周年。

8月17日

江西省委常委、常务副省长毛伟明听取南昌海关工作介绍。南昌海关党组副书记、政治部主任辛建民代表关党组介绍了南昌海关开展"降成本优环境"专项行动、创新服务江西外贸发展情况。

9月17日

南昌昌北国际机场至越南河内航线正式开通，这是江西省首条执飞越南首都河内的航线。

11月1日

江西省对接"一带一路"首列中欧蔬菜班列在赣州国检试验区（赣州港）发车。

11月7日

江西省委书记鹿心社到南丰县国检监管区调研，考察蜜橘产业发展情况。

11月22日

江西省委常委、南昌市委书记、赣江新区党工委书记殷美根出席江西省对接"一带一路"南昌铁路口岸（一期）项目验收暨首列赣欧（亚）南昌—河内国际货运班列首发车仪式。首列赣欧（亚）南昌—河内国际货运班列共申报5份出口报关单、33个集装箱、840吨食用精制盐等商品，货物由南昌铁路口岸查验作业场所起运，经广西凭祥口岸出境，目的地越南，全程1 700余千米。

11月30日

南昌昌北国际机场直飞埃及航线正式开通，标志着江西及周边省份的游客可以从南昌昌北国际机场直飞埃及。

12月7日

南昌昌北国际机场迎来了第1 000万人次的旅客，这标志着南昌昌北机场正式成为全国第31个千万级枢纽机场。

12月20日

抚州—俄罗斯莫斯科中欧班列正式运行。首发班列由抚州北站始发，途经满洲里、后贝加尔（俄方口岸）、伊尔库茨克、新西伯利亚、叶长捷琳堡，最终到达莫斯科。商品为南丰蜜橘，共计8个40英寸冷藏柜，涉及货值200万元。

12月27日

九江城西港H986通过海关总署验收并投入使用。

（撰稿人：江斌、彭洁、朱翌华、张璐、吴钊）

2017 年江西省口岸出入境主要数据表

<table>
<tr><th colspan="3">项目</th><th>2017 年</th><th>2016 年</th><th>同比（%）</th></tr>
<tr><td rowspan="13">出入境人员（人次）</td><td colspan="2">出入境人员总数</td><td>659 613</td><td>587 936</td><td>12. 20</td></tr>
<tr><td colspan="2">入境人员</td><td>328 086</td><td>293 109</td><td>11. 93</td></tr>
<tr><td colspan="2">出境人员</td><td>331 527</td><td>294 827</td><td>12. 45</td></tr>
<tr><td colspan="2">出入境旅客</td><td>622 794</td><td>553 964</td><td>12. 42</td></tr>
<tr><td colspan="2">出入境员工</td><td>36 819</td><td>33 972</td><td>8. 58</td></tr>
<tr><td rowspan="5">中国公民</td><td>小计</td><td>616 904</td><td>549 396</td><td>12. 29</td></tr>
<tr><td>内地居民（因公）</td><td>606</td><td>558</td><td>8. 60</td></tr>
<tr><td>内地居民（因私）</td><td>504 594</td><td>447 419</td><td>12. 78</td></tr>
<tr><td>港澳居民</td><td>17 179</td><td>14 878</td><td>15. 47</td></tr>
<tr><td>台湾同胞</td><td>94 515</td><td>86 541</td><td>9. 21</td></tr>
<tr><td colspan="2">外籍人员</td><td>5 904</td><td>4 643</td><td>27. 16</td></tr>
<tr><td colspan="2">从河港出入境人数</td><td>4</td><td>75</td><td>-95</td></tr>
<tr><td colspan="2">从空港出入境人数</td><td>659 600</td><td>587 799</td><td>12. 22</td></tr>
<tr><td rowspan="3">交通运输工具（辆、艘、架、列次）</td><td colspan="2">总计</td><td>4 282</td><td>3 943</td><td>8. 70</td></tr>
<tr><td colspan="2">船舶</td><td>1</td><td>9</td><td>-80</td></tr>
<tr><td colspan="2">飞机</td><td>4 281</td><td>3 934</td><td>12. 22</td></tr>
</table>

（江西省公安边防总队提供）

2017年南昌海关主要数据统计表

项目		2017年	同比（%）
进出口货运量（万吨）	合计	1 589.8	-1.74
	进口	1 384.9	1.35
	出口	204.9	-18.52
进出口贸易总值（万元）	合计	30 200 400	14.46
	进口	7 974 753	17.93
	其中：江、海运输	5 081 997	40.78
	铁路运输	20 744	-8.58
	汽车运输	1 662 624	2.34
	航空运输	1 209 237	-19.65
	邮件运输	112	-15.5
	其他运输	40	-87.44
	出口	22 225 647	13.27
	其中：江、海运输	18 137 647	16.76
	铁路运输	223 468	107.67
	汽车运输	2 890 929	9.97
	航空运输	972 319	-27.91
	邮件运输	17	351.2
	其他运输	1 267	-37.75
税收（万元）	两税合计	859 813	21.24
	关税入库	68 045	58.66
	进口环节税入库	791 768	18.83

（南昌海关提供）

2017年江西省出入境检验检疫业务统计表

项目		货物检验检疫				交通工具				集装箱（标箱）		发现动植物疫情		货物通关		出入境人员查验（人次）	健康检查及预防接种（人次）			
		批次	金额（万美元）	检验检疫不合格																
				批次	金额（万美元）	船舶（艘）	飞机（架）	火车（节）	汽车（辆）	合计	检出问题	种类数	种次	批次	金额（万美元）		健康检查	艾滋病监测	发现病例	预防接种
全年累计		60 937	390 349	839	4 542	1	4 287	0	0	146 775	1 319	101	1241	41 805	263 974	660 429	10 801	10 547	1 025	7 727
其中	出境	49 105	239 949	417	961	0	2 140	0	0	86 312	196	0	0	34 209	164 097	331 169	7 208	7 222	911	7 683
	入境	11 832	150 400	422	3 581	1	2 147	0	0	60 463	1 123	101	1 241	7 596	99 877	329 260	3 593	3 325	114	44
同比（%）		-3. 6	10. 1	-43. 5	-32. 5	-88. 9	7. 6			14. 3	-87. 2	-55. 7	-66. 0	23. 2	13. 4	10. 9	3. 6	3. 0	-24. 9	5. 0
其中	出境	-6. 0	-2. 9	-0. 7	-44. 3		7. 4			5. 7				20. 1	23. 0	11. 1%	-6. 1	-5. 5		4. 5
	入境	8. 1	40. 0	-60. 4	-28. 5	-88. 9	7. 7			29. 2		-55. 7	-66. 0	39. 5	0. 4	10. 7	30. 7	27. 8		780. 0

（江西出入境检验检疫局提供）

山 东 省

口岸数量及分布

截至2017年年底，山东省共有国务院批准的对外开放口岸18个。其中，空运口岸4个，分别是青岛空运口岸（青岛流亭国际机场）、济南空运口岸（济南遥墙机场）、烟台空运口岸（烟台蓬莱国际机场）和威海空运口岸（威海大水泊机场）；水运（海港）口岸14个，分别是青岛、烟台、石臼（日照）、威海、龙口、岚山、蓬莱、莱州、石岛、龙眼、东营、潍坊、董家口（暂未启用）、滨州（暂未启用）海港口岸。

口岸运行数据

2017年，山东省水运（海港）口岸货物吞吐量为140 553.47万吨，同比增长8%。外贸进出口货物达80 152.9万吨，同比增长10.12%。其中，进口65 896.21万吨，同比增长12.73%；出口14 256.69万吨，同比下降0.52%。国际集装箱吞吐量完成2 126.71万标准箱，同比增长1.47%。其中，入境1 052.61万标准箱，同比增长1.64%；出境1 074.1万标准箱，同比增长1.3%。从进出口大宗货物看，进口运量最大的是铁矿石，为25 765.3万吨，同比增长0.42%；进口增幅最大的是原油，为13 960.41万吨，同比增长27.69%。出口运量最大的是钢铁，为654.47万吨，同比下降18.98%；出口增幅最大的是食盐，为15.43万吨，同比增长97.31%。

2017年，山东共有空中国际（地区）客货航线63条，其中新增18条。国际航线入出境飞机为39 304架次，同比减少3.72%。山东各口岸积极开辟新的国际航线，增加航班密度。全年入出境旅客717.18万人次，同比减少1.46%。其中，入境358.52万人次，出境358.66万人次。具体来看，空运口岸出入境旅客545.04万人次，同比增长0.76%，其中青岛空港339.83万人次，济南空港81.8万人次，烟台空港67.97万人次，威海空港53.45万人次。国际航线入出境飞机39 304架次，同比减少3.72%。

2017年山东省各市进出口统计表

	进出口		出口		进口	
	金额（亿元）	同比（%）	金额（亿元）	同比（%）	金额（亿元）	同比（%）
总值	17 823.9	15.2	9 965.4	10.1	7 858.5	22.2
济南市	708.1	10.5	451.0	10.5	257.1	10.5
青岛市	5 033.5	15.7	3031.8	7.5	2 001.7	30.8
淄博市	680.0	29.6	374.6	7.8	305.4	72.2
枣庄市	101.0	12.0	89.0	9.2	12.0	39.2
东营市	1 312.1	31.1	334.4	10.8	977.7	39.9
烟台市	3 077.6	6.3	1 740.5	6.1	1 337.1	6.5
潍坊市	1 463.8	17.1	952.9	15.9	510.9	19.4
济宁市	414.3	15.2	240.9	7.5	173.4	27.9
泰安市	154.5	14.5	119.5	9.8	35.0	34.3
威海市	1 404.9	17.8	855.7	8.9	549.2	35.2
日照市	909.6	10.7	350.0	25.4	559.6	3.1
莱芜市	107.2	-5.0	70.4	8.6	36.8	-23.4

续表

	进出口		出口		进口	
	金额（亿元）	同比（%）	金额（亿元）	同比（%）	金额（亿元）	同比（%）
临沂市	677.1	16.6	502.7	25.1	174.4	-2.4
德州市	246.8	16.4	181.9	21.2	64.9	4.7
聊城市	461.0	22.0	238.1	20.4	222.9	23.7
滨州市	672.9	16.4	271.5	8.8	401.4	22.1
菏泽市	399.7	12.9	160.6	-2.2	239.1	25.9

表注：按行政序列排序。数据来源于山东省商务厅。

口岸综合管理

【水运（海港）口岸功能进一步提升】 一是积极推进滨州港对外开放及开放范围内新建码头泊位对外启用。认真组织东营港、青岛港、石岛港、潍坊港和石臼（日照）港5个口岸21个新建泊位对外启用验收，其中石岛港3个新建泊位的对外启用从接到申请到完成验收共用了1个月时间。积极推进滨州港对外开放，按照国家口岸办要求，及时更新滨州港建设发展有关情况，将对外开放请示重新上报国务院。加强调研推动青岛港、董家口港、石臼（日照）港和烟台西港区、海阳港区扩大开放验收前期准备工作，并帮助其完成了共42个码头泊位临时开放。二是加强空运口岸对外开放和指定口岸申报审批。实现临沂机场第四次、第五次临时开放获批，第六次申请进入审批程序；日照和潍坊机场临时开放请示上报待批。完成石臼（日照）港、东营综合保税区等4个进口肉类指定口岸（查验场）上报批准和2个进境肉牛项目评估验收工作。研究梳理“加强进口口岸建设，促进消费品进口”具体措施，协助省食药监局办理济南空运口岸药品进口口岸事宜。三是用规范管理优化服务保障。按照年初确定的口岸工作要点，梳理汇总各口岸开放范围内有开放需求计划的新增涉外作业点。对全省口岸开放运行情况进行调查摸底，与中央驻鲁口岸查验单位对接，汇总形成全省口岸开放运行总体情况，为进一步提升全省口岸管理规范化水平打下基础。

【通关便利化取得新进展】 扎实开展集装箱进出口环节合规成本专项治理行动，提前完成压缩时间三分之一任务。青岛海关开展“智慧监管”改革，在青岛港自动化码头、董家口港、多式联运监管中心开展智慧监管示范点建设“百日会战”，依靠新技术、新装备、新手段，推行先期机检、智能审图等新模式，实现“去烦琐、减动作、优流程、增效能”。“双随机、一公开”改革不断深入，济南海关随机布控查验比率达97.7%，随机派员查验率达100%。山东出入境检验检疫局确定35类商品的最长施检时长、最长出证时长，进行实时监控和统计分析。依托移动终端实现查验、送检、合格评定、放行出证等环节的电子信息化，打造“随检随放”新模式，食品化妆品等平均流程时长缩短120%，进口服装、机床、棉花、铜精矿等工矿产品流程时长同比缩短70%以上。2017年青岛关区进口货物海关通关时间为16.15小时，较2016年下降38.3%；出口货物海关通关时间为0.55小时，仅为全国同期平均用时的49.5%。济南海关明确12个业务门类共计28项具体措施，协同加以推进，2017年全年进口、出口平均通关时间分别为12.4小时、0.4小时，同比提速55.2%、42.9%，实现压缩通关时间三分之一以上的目标，分别快于全国平均通关时间3.5小时、0.7小时。继续开展查验费用免除试点工作。年初组织召开试点工作推进会，进一步明确了免除费用、统计标准、各部门职责义务及操作流程。开发上线并运行查验统计核算平台。截至12月31日，已为全省外贸企业免除费用1.096亿元，惠及企业2万余家。

【电子口岸建设成效显著】 一是深入推进"单一窗口"建设。更新货物申报系统，对接检验检疫e-CIQ主干系统，增加舱单接口和转关提前报关功能，完成货物申报系统与临沂市场采购贸易联网平台无缝对接。协调各查验单位与船舶抵离境系统全面互联互通，在沿海7个市组织操作培训，实现所有抵离境船舶100%通过"单一窗口"山东版申报。跨境电商通关服务平台在海关总署版提供EXCEL导入功能基础上，增加多种对接形式，方便企业灵活选择接入方式。参与国家"单一窗口"标准版运输工具系统开发和出口退税系统前期调研工作。与建行山东分行签署战略合作协议，实现接口直连，为外贸企业提供更加优质高效的融资服务。截至2017年12月底，国际贸易"单一窗口"注册企业4 959家，同比增加4 510家；企业通过"单一窗口"报关240 868票，报检208 080票；办理原产地证77 469票；船舶申报75 609艘次；跨境电商"五单"申报1 205.971 1万票，其中清单申报327.5776万票，舱单2 273 557票。二是积极试点推广"单一窗口"标准版。与中国电子口岸数据中心密切配合，顺利完成标准版和山东版用户体系融合统一。制定标准版试点推进工作方案，明确分工、目标和完成时限，成立工作推进和技术保障组，扎实推进试点方案落实。组织召开全省标准版推进工作部署会，与查验单位联合印发标准版应用通知，制定推广通关保障机制。协调各市口岸办与查验机构联合开展标准版培训，共组织试点轮训22次，覆盖企业906家、1 600余人次。截至2017年12月31日，标准版已运行报关、报检、舱单、农药许可证等8项功能；标准版注册用户1 522家，参与试点企业825家；使用标准版申报量居全国首位。

【空运口岸建设不断增强】 青岛胶东国际机场为新机场建设项目，位于青岛市所辖胶州市中心东北11千米，距市中心约39千米。2017年，工程建设快速推进，实施24小时不间断施工，航站区完成钢构吊装并进行屋面和幕墙施工，飞行区完成土方回填并进行路基填筑，综合管廊、办公楼等重点配套工程正在全面进行主体施工。综合交通重点项目快速推进，机场GTC（综合交通换乘中心）已基本完成主体施工，高铁、地铁机场站已完成穿越段地下主体结构施工。2017年6月，烟台蓬莱国际机场二期工程建设启动。该项目包括建设航站楼20万平方米、停机坪42万平方米，同步建设以机场为中心，环渤海高铁、城市轨道交通等多种交通工具复合的综合交通枢纽。2017年12月11日，由山东航空彩虹国际旅行社以正班包机方式开通了济南—莫斯科航线。临沂机场获批第五次、第六次临时开放，并首次开通了泰国航班，推进临沂机场航空货站国际区验收工作，并积极申请临沂空运口岸对中外籍货运飞机临时开放。2017年8月7日，潍坊机场临时开放获国家口岸办批复，即日起允许中外籍客运飞机从潍坊机场出入境。2017年11月11日，潍坊—曼谷包机航线正式开航，潍坊机场连续3年实现了临时对外开放。

口岸监管与服务

【山东省公安边防总队精准对接开放战略布局，持续发力彰显边检作为】 一是全力支持口岸开放规划。主动跟进对接董家口、海阳港及临沂、滨州、胶州机场等重点项目建设，支持保障日照、潍坊等51个泊位新增、临时开放，服务8条新增加密航线顺利运行。二是不断提升服务保障能力。大力推行"边检先行"战略，研究出台服务经济文化强省建设10项边检举措、"平安惠民生·和谐促发展"12项举措，积极服务邮轮母港、外国人自驾游等新型出入境形态，着力打造行政管理服务升级版，省公安厅刊发专题简报。加强智能验证台、自助查验通道建设，8个旅检口岸29条自助查验通道全部启用，自助通关旅客突破 30 万人次。三是积极融入“单一窗口”规划。主动对接山东国际贸易“单一窗口”建设，积极纳入电子口岸“1+N”共同运行维护机制，顺利实现边检数据与“单一窗口”平台的对接，进一步简化了手续，提高了通关效率。

山东省公安边防总队深化“智慧边检”建设县城推进会

【山东省公安边防总队统筹推进勤务改革创新，智慧边检 2.0 升级】 一是聚力创优新型勤务模式。组织开展“边检勤务模式改革大调研”活动，不断深化勤务改革创新。召开深化“智慧边检”建设现场推进会，围绕“智慧·共享·合成”主题，出台 12 项机制规范，推广“差异化管理”“分区域执勤”“小前台·大后台”模式，建立“分工科学、权责明晰、运转顺畅、复合高效”的勤务布局，打造“智慧边检”升级版，推动边检勤务整体效能实现新提升。二是大力拓宽警力生成渠道。推行“一人多责”“一人多岗”工作模式，严控机关超编配备警力，推行差异化用警、精确化用警、实效化用警，常态化开展勤务支援，警力部署更加合理。举办执法士官培训班，集中培训士官检查员 31 人，并积极争取辅警队伍建设经费支持，推动一般岗位士官化、辅助岗位辅警化、警力调配科学化。三是持续强化科技应用支撑。部署安装岸基海防雷达，完善升级梯口智能管控系统，推动实现海上锚地“拉近管”、港区码头“放大管”、在港船舶“分类管”。研发登轮证自助打印系统，简化服务流程，人均缩短取证等待时间近 1 分钟。科学布设出入境人员人脸识别系统，实现旅客人像即时抓拍和在逃信息自动比对，有效提升口岸管控水平。

【山东省公安边防总队聚焦基础业务指向，夯实队伍发展根基】 一是加强业务基础建设。组建旅检、船检两个实训基地，定期开展业务研讨、人员轮训、勤务支援，编印《常遇勤务问题工作指引》等业务用书，带动提升全省边检业务水平。选拔更新总队专家人才库，常态化开展业务值班，即时答复全省边检业务咨询，收集、汇总常遇业务问题及处置办法。加强梅沙运行维护保障，对全省梅沙硬件设备进行全面摸底，集中更换超期设备，研发部署梅沙服务器实时监控终端，刚性落实运行维护管理措施，确保梅沙系统绝对安全、运行平稳。二是加强素质能力培训。举办业务骨干反恐核查平台深度应用和查控管理培训班，联合省厅物证鉴定中心、出入境管理局举办证件鉴别培训班，组织开展 3 期“边检业务大讲堂”，邀请北京、上海总站业务专家开展专题授课，不断向提高执法能力聚焦、向增强实战本领用力。三是加强勤务督导检查。建立边检业务工作定期讲评机制，总结正反两面经验教训，确保勤务安全规范开展。推行视频点兵和交叉督查两项机制，加大业务考评、勤务督导力度，抽考站、科领导和检查员 350 余人次，通报勤务差错 100 余条，提高学习钻研基础业务的主动性和积极性，促进各项部署、规定落地落实。

【山东海事局扎实推进“两区”建设，海上客运安全基础持续改善】 一是“平安海区”示范区建设取得新进展。不断深化“四联”机制，着力打造共建共治共享海上安全工作格局，推动航运公司落实主体责任，深化安全隐患“大快严”等专项行动，推动海上非法砂石运输治理常态化。二是海事管理现代化示范区建设成果丰硕。积极探索两级协同联动、统一调度的动态指挥体系，建立完善线上线下、业务审批、窗口服务“一体化”政务体系，实施扁平化、网格化、清单化的现场监管新模式，探索大数据应用和智能预警，VTS 监控服务船舶 107 万艘次，避免险情 683 起。三是组织成功救助 820 人、船舶 33

艘。全年共组织救助行动111次，人命救助成功率为92.0%。牵牢客运安全“牛鼻子”，有效落实“五制五关”长效机制，扎实开展客运船舶安全大检查。推广山东沿海客船动态监控系统，对124艘乘员100人以上客船实现覆盖区域全程动态监控。辖区新投入客船43艘，从源头入手推动客船技术标准提升的做法得到上级认可和推广。出台服务邮轮和海上旅游休闲产业8项举措。海上旅客人数、国际旅客人数同比分别增长14.5%、6.3%。

【山东海事局制定实施服务国家战略助力山东经济社会发展八大举措】 举办“一带一路”航运及安全技术研修班。支持自动化集装箱码头建设，服务港口转型升级降本增效，单月货物进出港量首破亿吨大关。全面运行山东国际贸易“单一窗口”和国际航行船舶联合登临检查，服务青岛港等21个新建泊位对外启用、烟台西港区等36个泊位临时开放，完成首艘免税进口中资方便旗船登记。出台加强政务服务6项措施，建立“三集中三统一”长效机制，分支局、海事处政务网上办理率分别达到90%、66%，年办理政务18.2万件。

【山东海事局海事监管保障能力稳步提升，船员管理主要指标稳居全国第一】 船载危险货物安全进出港量再创新高。落实山东省环保整治攻坚方案，完成煤炭运输船舶管控任务，实施环渤海船舶排放控制区。开展船载危险货物安全综合治理，编制超大型油轮现场监管指南，保障2.4亿吨船载散装油类货物安全运输，原油运量居全国首位。成功处置“丰盛油16”（载运汽油6 121吨）汽油泄漏等重大险情，查处危险货物谎报瞒报、船舶非法排污等违法案件90起。有效落实船舶监督规则，开展小型货船和国内航行油船、散化船专项整治。全年FSC检查2 724艘次，滞留276艘次；PSC检查1 170艘次，滞留76艘次。落实海事调查“一案双查三会四促”工作机制，组织指导事故调查41起，与边防海警部门建立案件移交机制。严厉打击航运公司“代而不管”行为，组织安全约谈10次。实施行政处罚1 601件，罚款989.7万元，同比分别增长41.1%、40.8%。完成船员考试14.8万人次，签发证书10万本，占比均超过全国四分之一。规范船员市场秩序，落实4批次23项便利船员服务举措。鼓励引导航海校企招录欠发达地区学生，助力“精准脱贫”。支持山东船员“走出去”，服务外派海员2.6万人次。完善船员维权投诉处置机制，受理咨询投诉4.5万余件次。

【青岛海关严密实际监管，全力推进压缩货物通关时间改革】 认真落实总体国家安全观，从讲政治高度抓实抓细安全准入风险防控，对各监管环节开展“地毯式”安全排查，对危化品监管场所开展5轮专项整治，推动建立危化品安全风险口岸联合管控机制，及时查发并遏制住次氯酸钙航运环节伪瞒报等重大安全风险；圆满完成通关时间再压缩三分之一任务，出台压缩通关时间30项具体措施并开展“点穴式”督导，进口货物海关通关时间降至16.15小时，较2016年下降38.3%；出口货物海关通关时间为0.55小时，仅为全国平均用时的49.5%。2017年，青岛海关监管进出口货物5.16亿吨，总值2 889.0亿美元，同比分别增长7.8%、12.8%；审核报关单465.7万份，同比增长5.2%。严厉打击走私。深入开展“国门利剑2017”联合专项行动，刑事立案146起，同比增长23.7%，其中海关总署挂牌督办案件8起；行政立案3 505起，同比增长14.2%。强化联防联控，打响打击“洋垃圾”走私“蓝天”行动全国海关第一枪，连续组织开展四轮专项打击行动，共退运出境固体废物1.7万余吨，查证走私固体废物6.1万余吨，2017年关区口岸固体废物进口量同比减少23.9%，创近12年以来最低。

【青岛海关强化综合治税，税收征管量质齐升】 2017年，青岛海关实现税收入库1 383.5亿元，同比增长30.4%；强化综合治税，审价补税30亿元，稽查追补税6.82亿元。改革税收征管模式，对86家企业实施汇总征税，在全国率先开展集团财务公司税收担保试点；加大税则调研力度，20项建议被采纳；为海尔、海信等重点企业量身定制税收担保创新、总部式一体化管理等一揽子服务措施，一个生产周期可为企业节约风险担保金 1 000 万元，通关效率提高近一倍；召开关企座谈会，借助省政府新闻发布平台宣讲海关政策，在中国海关门户网站举办在线访谈，主动为企业答疑解惑、排忧解难，打造“省事省时省钱”的营商环境。

【青岛海关强化调研力度，严密海关统计】 围绕山东省新旧动能转换和贸易强省战略，加大课题研究工作力度，积极服务地方外贸发展。先后开展了《山东省去产能重点行业外贸进出口分析》等专题调研分析，年内上报各类海关统计分析信息 450 余篇。服务国家品牌战略，实现成果转化，牵头研究“进出口品牌统计方法”，为实现进出口商品“品牌申报”提供了理论支撑。建立与商务、国税、外管等部门的联合监管机制，加强异动监控分析，防控虚假贸易。

【青岛海关围绕战略大局，服务地方经济社会发展】 坚持聚焦国家战略和地方经济社会发展大局，主动融入、主动参与、主动思考、主动作为。一是主动服务山东新旧动能转换重大工程。围绕中心任务加强调研，积极建言献策；主动对接山东省政府做好新旧动能转换综试区建设方案涉及的政策争取工作，综试区建设总体方案获国务院批复；推动署省签署新形势下合作备忘录工作进展顺利。二是助力做大做强“海”的优势。出台促进海运业健康发展的 10 个方面 30 条措施，27 条已落地并取得阶段成果，青岛港全年办理国际转运集装箱 113 万标箱，同比增长 42%；支持董家口矿石码头公用型保税仓库扩容、助推保税混配矿等临港增值业务快速发展；就青岛申建自由贸易港开展前瞻性研究并提出建设方案；与海洋国家实验室签署备忘录，在服务海洋强国建设、推动海洋产业转型升级、借助海洋科技力量提升海关监管智能化水平等方面合作共建。三是助推产业升级。支持跨境电商、市场采购等新业态快速健康发展；推进海关特殊监管区域整合优化，青岛西海岸出口加工区转型综合保税区顺利启动部委审批程序；加大知识产权海关保护力度，16 家企业入选海关总署“龙腾”行动重点企业，居全国首位。四是主动服务“一带一路”建设。主动协调黄河沿线地市及关、检、港、铁等相关单位共同打造“一带一路”物流供应链一体化模式，开展多式联运监管模式改革试点，多式联运国际班列数量在原有 4 条的基础上新增 6 条，关区口岸对“一带一路”沿线国家进出口增长 25.7%。

【济南海关不断加大监管力度】 济南海关坚决向洋垃圾说“不”，强化固体废物监管。首台 H986 通过验收并投入应用。完成海关监管作业场所清理规范，监管作业场所视频接入及查验场所与海关总署联网率均达到 100%，危化品监管作业场所管理得到总署好评。扎实开展“国门利剑 2017”联合专项行动，深化“智慧缉私”，共侦办刑事案件 30 起，案值 6.24 亿元，涉税 1.41 亿元，同比分别增长 15.4%、3.27 倍和 4.94 倍。2017 年，济南关区共监管进出口货物 12 550.36 万吨，同比增长 17.5%；税收入库 273.54 亿元，同比增长 52.1%；监管运输工具 8 152 架（艘）次、进出境人员 87.3 万人次，同比分别下降 12.9%、10.5%；监管邮递物品 100.4 万件，同比增长 7.9%；监管快递物品 127.03 万件，同比下降 5.6%。

【济南海关不断深化通关一体化改革】 有序落实全国海关通关一体化改革，税收征管方式改革逐步推广，关区自报自缴税单 7 009 票，税款达 14.6 亿元，占同期税款入库的 5.3%；创设的“银关保”新型担保模式在全国海关复制推广。“三互”大通关改革进展顺利，积极参与山东国际贸易“单一窗口”建设，协助上线应用项目 10 个；配合山东省口岸办推广“单一窗口”标准版，全省通过“单一窗口”标准版累计申报量居全国首位，关区整体申报率达 54.16%。全力实现压缩货物通关时间压缩三分之一。2017 年进口、出口平均通关时间分别为 12.4 小时、0.4 小时，同比提速 55.2%、42.9%，分别较全国平均通关时间快 3.5 小时、0.7 小时。“双随机、一公开”改革不断深入。随机布控查验比率高出全国平均水平 1.9 个百分点，随机派员查验率达 100%。2017 年全年审价补税 12.35 亿元，同比增长 2.2 倍，列全国海关第 5 位；归类补税 803.71 万元，同比增长 1.5 倍，列全国海关第 12 位；稽查追补税 5 210 万元，达历史最好水平。

【济南海关主动作为服务区域经济发展】 主动作为精准施策。紧密围绕国家、地方重点发展战略开展调研。主动融入山东新旧动能转换重大工程，研究提出 14 项针对性强的支持措施。组织召开与辖区九市共促开放型经济发展座谈会，面对面宣讲海关政策、征求意见，进一步摸准地方政府的关切与需求。支持企业抢抓“一带一路”机遇，推动石油装备等重点行业企业对外开展产能合作。着力为企业减负增效。税则调研成效明显，腰果、驴皮、三元复合肥等 4 项建议被国务院税则委员会采纳。支持技术改造和科研开发，为辖区企事业单位减免税款 7.29 亿元，同比增长 18%。助推开放平台建设，支持滨州港实现对外开放，潍坊综合保税区“一区两片”顺利获批，“济南—莫斯科”“青州号”“淄博号”等中欧班列开行。支持济南国际邮件互换局发挥好作用，多措扶助邮政企业开展跨境电商直购、商业快件等新兴业务。克服困难、增派人力，保障济南到洛杉矶、米兰等洲际航线如期开通。提升统计服务水平，撰写上报《山东省高端装备制造出口》《进口替代》等统计分析报告，获省政府采用 42 篇；报送统计监测预警分析信息 221 篇。

【山东出入境检验检疫局千方百计保安全更加有效】 正确处理好紧急状态与常态、重大疫病疫情检出与一般性检疫问题检出、重大质量事故与一般性质量问题三大关系。突出保安全重点，严防重大疫情，实现口岸零输入；出口高风险产品实现零通报；从 4 批进口美国花生果中检出黄曲霉毒素超标，为近年来重量最大、货值最高；开展严厉打击“洋垃圾”违法专项行动。夯实保安全基础。出台抓出口食品农产品质量提升指导性意见和增品种、提品质、创品牌“三品”行动方案；持续抓好青岛机场、烟台机场空港口岸和青岛、威海邮检口岸等动植检规范化建设；新增青岛机场水果口岸、潍坊进境屠宰肉牛口岸等指定口岸，建成全国最大的岚山口岸进境木材检疫处理区。创新保安全机制。与省卫计委、疾控中心建立“横到边、纵到底”的联防联控疫情防控网络，在全国率先运行口岸公共卫生风险监测预警决策系统（PROSAS 系统）；成功举办应急演练；开展“口岸天平行动”，短重索赔成功案例 97 个、近 1 000 万美元，均居全国质检系统首位。

【山东出入境检验检疫局一心一意促发展更加积极】 倾力打造速度最快、费用最低、服务最好“三最”口岸，在全国质检工作会议上作典型发言。口岸出入境通关时长较年初分别缩短 95%和 92%，实验室平均法检检测时长缩短 33%，入境通关效率居全国各大口岸首位。全年为进出口企业减少通关时间约 3 400 万小时，减少通关成本近 3 亿元。积极融入地方发展大局，主动对接省第十一次党代会精神和新旧动能转换重大工程决策部署，制定了 16 条措施；推动山东省被国家质检总局确定为全国首个出口食品农产品质量安全示范省，山东食品农产品出口突破 1 100 亿元大关；与省商务厅联合启动“县县通”工程；与金乡县政府共同建设全国首个县域经济国检贸易便利化服务平台；积极落实高访成果，推动保鲜洋葱率先进入新西兰市场，冷冻禽肉率先实现出口美国和恢复对马来西亚出口；在潍坊建立全国首个食品农产品研究评议基地，在济宁建立全国首个大蒜产品研究评议基地。主动帮扶精准施策，建立进出口工业品重大项目数据库，对 68 个重点项目实施“一项一策”，为企业节省成本 1 000 余万元；助推山东地炼行业发展，实施“零待时”验放，促进原油进口 1.42 亿吨，同比提升 27.93%；国际航行船舶“无疫通行”比率提升至 87%，为企业节省费用约 5 000 万元；将原产地证企业备案纳入省政府“多证合一”改革，在全国率先实现统一社会信用代码“一号到底”；建成全国首个原产地签证区域审单中心，企业享受国外关税减免优惠 8.8 亿美元；新增

"三同"企业339家，培育"三同"示范企业20家，总数居全国第一。推荐112家企业获得"中国质量诚信企业"称号，数量居全国第一。

【山东出入境检验检疫局积极稳妥推改革更加主动】 "放管服"改革持续推进。建立"两个清单"动态调整和长效机制，对10类43项职权职责全面梳理并对外公布。持续推进"双随机、一公开"，开展行政执法全过程记录制度试点，在全国率先开展口岸卫生许可及卫生监督"双随机"工作。创新性组建山东检验检疫国检110指挥中心，最大限度拓宽各类诉求信息受理渠道，共办理各类业务投诉求助1 568件。研发应用全国系统首个手机移动客户端"国检窗"。业务管理模式改革持续推进。启动进出口食品农产品检验检疫监管方式改革，实施出口食品备案业务改革，企业平均办理流程缩短24%。全面复制推广自贸试验区新一批5项检验检疫创新制度。优化生物材料类特殊物品监管流程，特殊物品异地审批时间大大缩短，通关时间由原来的20个工作日缩短至1.2个工作日。建立目录外商品"口岸+市场"监督抽查机制，首次实现分支局全覆盖，中央电视台专题报道进口刹车片监督抽查情况。建立集"风险监测、风险评估、进口监管、追溯管理"为一体的进口消费品闭环监管模式，其中召回进口虎牌电饭煲价值3亿元，系日本虎牌企业首次在全球召回电饭煲。对进口汽车、铁矿、原油等大宗商品实施第三方检验结果采信6 222批次，货值181.35亿美元。简化CCC免办办理程序，平均时限缩短60%，比全国平均时限少2天。

【山东出入境检验检疫局聚精会神抓建设更加务实】 将贯彻落实党的十九大精神作为头等大事，省局党组带头学习、带头贯彻。全面推开纪检组分片派驻工作，顺利完成全省系统6个纪检组派驻；对7个单位进行巡察，对6个单位完成离任经济责任审计。坚持全面从严治党、从严治检。潍坊、德州出入境检验检疫局入选全国文明单位。新创国家级青年文明号1个、省级青年文明号集体9个。抓制度严管理成效更加显著。着力推进"五公开"，在门户网站统一整合行政许可和行政处罚"双公示"信息。开展"督查月"活动，对进口食品、动植物产品等重点商品和部分大宗商品通关效率、落实八项规定情况等进行专项督查。对23家综合技术服务中心、11家保健中心、31家检疫处理单位进行全面风险排查。荣获"中国检验检疫学会科技奖"8项；首次主持承担NQI项目1项。积极推进红岛检测基地建设，实验室规划布局更加合理，实验室建设向基层延伸。建设大屏应用系统，利用大数据分析技术，为"国检110"指挥中心提供16 000多条预警信息，开展远程业务调度指挥50余次。门户网站连续4年获评全国质检系统第一。扎实推进胶东国际机场配套检验检疫基础设施建设。政务信息、新闻宣传分别列全国质检系统第一名和第二名，成功举办微电影节。

开放口岸

【济南空运口岸（济南遥墙国际机场）】 济南辖区现有空运口岸、综合保税区、国际邮件互换局兼交换站各1个。济南空运口岸，位于济南市遥墙，距市区20千米。1992年10月经国务院批准对外开放。机场拥有3 600米、2 600米跑道各1条，飞行等级为4E级。2017年共有32家国内外航空公司执飞225条航线，其中国内航线200条，通往74个城市。全年共起降115 529架次，完成旅客吞吐量1 431.9万人次，完成货邮吞吐量9.52万吨。18家航空公司在济南航空口岸开通运营国际（地区）客运航线22条，分别通往洛杉矶、莫斯科、伊尔库茨克、拉缅斯科耶、米兰、东京、大阪、首尔、新德里、新加坡、巴厘岛、曼谷、普吉岛、清迈、甲米、金边、暹粒、塞班、芽庄、岘港、中国台北地区、中国香港地区。2017年，济南航空口岸出入境航班5 901架次，其中出境2 952架次，入境2 949架次；出入境人员81.80万人次，其中出境41.24万人次，入境40.56万人次。

济南综合保税区于2012年5月获国务院批

准，规划面积 5.22 平方千米。一期围网建设 2.02 平方千米，2013 年 12 月通过国家正式封关验收。2017 年，济南综合保税区生产总值为 183 713 万元，同比增加 8.01%；规模以上工业增加值为 74 749 万元，同比增长 6.56%；固定资产投资 1 038 513 万元，同比增长 16.01%；进口额为 17 210 万美元，出口额为 115 767 万美元，同比分别增长 2.53%、2.25%。

济南国际邮件互换局兼交换站 2017 年 3 月 28 日正式启用，主要负责鲁西 11 个地市国际邮件的分拣、封发和查验监管。该互换局紧邻济南机场，占地约 7.2 万平方米，建筑面积 2.3 万平方米，其中国际处理场地 3 600 平方米（监管场地 3 300 平方米，海关、检验检疫办公场地 300 平方米）。海关、检验检疫机构健全。济南国际邮件互换局启用后，济南及周边地市进出口邮件不必再经转青岛、上海、北京等城市，可以与境外直通邮件，实现真正意义的邮政口岸，对济南市扩大对外开放起到积极促进作用。2017 年，济南邮政速递物流处理邮件 7 951.99 万件，其中国际邮件 546.92 万件。

【青岛空运口岸（青岛流亭国际机场）】 青岛流亭国际机场位于青岛市北部城阳区，离市中心约 23 千米。建于 1958 年 7 月，1992 年 9 月 4 日经国务院批准对外开放。飞行等级为 4E 级，拥有 3 400 米跑道 1 条；客机停机坪 44 万平方米，停机位 41 个；货机坪 3.20 万平方米，停机位 4 个；登机桥 14 部。机场候机楼分国内、国际两个航站楼，左右对称，总建筑面积 17.10 万平方米。青岛空运口岸有 47 家航空公司投入运营，山航青岛分公司、东航山东分公司和青岛航空公司为基地公司。国际（地区）航线通达世界 15 个国家和地区的 25 个城市，每周航班 472 架次，直达韩国首尔、釜山，日本东京、大阪、福冈、名古屋、冲绳，新加坡，泰国曼谷，柬埔寨暹粒、金边，越南芽庄，印度尼西亚雅加达，马来西亚吉隆坡，印度新德里，英国伦敦，德国法兰克福，俄罗斯莫斯科，美国旧金山、洛杉矶，澳大利亚墨尔本、悉尼，加拿大温哥华，以及中国香港和台湾地区。青岛空运口岸有进境种苗、食用水生动物、冰鲜水产品和进境水果等 4 种特殊商品进境口岸资质。2017 年，青岛空港口岸飞机起降 17.88 万架次，同比增长 6.45%。旅客总吞吐量 2 321.05 万人次，同比增长 13.19%。入出境飞机 2.33 万架次，同比下降 1.79%。入出境人员 339.83 万人次，同比增长 2.57%。其中，入境 168.77 万人次，同比增长 1.93%；出境 171.06 万人次，同比增长 3.22%。货邮吞吐量 23.21 万吨，同比增长 0.57%。

青岛空港口岸外景

【烟台空运口岸（烟台蓬莱国际机场）】 烟台蓬莱国际机场为山东省民用航空三大干线机场之一，位于烟台蓬莱市潮水镇境内，地理坐标为北纬 37°39′38.06″、东经 121°00′04.83″。该机场为面向日韩及东北亚的前沿城市口岸，距烟台市中心约 43 千米，距威海市中心约 110 千米，距青岛市中心约 240 千米，距潍坊市中心约 250 千米。机场周边交通网络较为完善发达，其中荣乌高速直达候机楼，国道 206 线、省道 302 线通过机场连接线与机场相通，同时与烟大铁路轮渡、龙烟铁路、烟台港西港区和沈海、威乌高速相互依托，构成海、陆、空交通枢纽。市场覆盖烟台全市范围，兼顾威海，最大辐射范围至青岛北部、潍坊东部，与青岛流亭国际机场遥相呼应。

2017 年，共运行至韩国首尔、釜山，日本大阪、名古屋、福冈，俄罗斯伊尔库斯克，泰国曼谷，柬埔寨暹粒，新加坡，香港、台北等 11 条国际（地区）正班或包机客运航线，至韩国首尔1条国际货运航线；主要进出口货种为电子元器件类、机械类、服装及辅料等产品。2017年，烟台蓬莱国际机场共起降国际航班6 632架次，同比下降2.3%。出入境旅客63.6万人次，同比增长4%。其中，出境旅客31.8万人次，增长2.6%；入境旅客31.8万人次，增长5.4%。出入境货物2.4万吨，同比基本持平，其中出境货物0.8万吨，入境货物1.6万吨。

烟台空运口岸鸟瞰图

【威海空运口岸（威海国际机场）】 威海国际机场位于文登市大水泊镇，地处威海市域中心地带，距威海市区45千米，距文登区、荣成市均为19千米。威海机场于1996年1月正式投入运营，2004年9月经国务院批准为空运口岸对外开放。2005年3月，威海国际机场开通至韩国首尔、釜山国际航线。2010年7月，开通至俄罗斯哈巴罗夫斯克国际旅游包机航线。2011年，面积12 000平方米的新国际候机楼投入使用。2013年12月，实现对台直航。2014年5月停航进行适应性改造，同年10月恢复通航。截至2017年年底，威海国际机场有国际及对台航线2条，每周航班36个。2017年，威海国际机场成为山东省内第4个旅客吞吐量超过200万的机场。当年，威海空港口岸运送出入境旅客50.3万人次，同比增长1.9%；飞行航班3 428架次，同比增长2.9%。

威海国际机场

【青岛水运（海港）口岸】 青岛水运（海港）口岸位于山东半岛南岸的胶州湾内，始建于1892年。青岛港是太平洋西海岸重要的国际贸易口岸和海上运输枢纽，是沿黄流域及其腹地外贸物资、能源和原材料运输的重要口岸，是我国重要的大宗原材料进口港、集装箱运输干线港和山东半岛及其腹地重要的物流中心，主要从事集装箱、原油、铁矿石、煤炭、粮食等各类进出口货物的装卸、储存、中转、分拨等物流服务和国际客运服务，与世界上180多个国家和地区的700多个港口有贸易往来。青岛水运口岸有冰鲜水产品、粮食、肉类、水果、种苗、食用水生动物6种特殊商品进境口岸资质。2017年，青岛港货物吞吐量为5.10亿吨，同比增长1.98%，货物吞吐量居全国第6位。外贸进出口货运量为3.69亿吨，同比增长10.73%。其中，进口货运量2.67亿吨，增长14.28%；出口货运量1.02亿吨，增长2.39%。外贸运量与港口吞吐量占比为72.35%。完成集装箱吞吐量1 830.86万标准箱，同比增长1.43%，居全国第5位、全球第8位。其中，外贸集装箱为1 389.63万标准箱，增长14.82%。青岛水运口岸由大港港区、前湾港区、黄岛油港区组成，开放范围内建成运营泊位86个，其中大港港区29个泊位，前湾港区44个泊位，黄岛油港区13个泊位。青岛老港区以一般散杂货物和内贸集装箱为主，兼顾少量液体化工品和成品油运输，开通有青岛至韩国仁川的客货班轮航线，同时加快建设邮轮母港，建成运营可停靠世界最大的22.5万吨级邮轮专用码头。黄岛油港区以接卸外贸进口原油和成品油、液体化工品为主，是我国大陆沿海最大的油品运输、中转、储存基地。前湾港区以国际集装箱干线和铁矿石、煤炭等大宗散货中转运输为主，拥有可停靠1.8万标箱船舶的最大集装箱码头和20万吨级矿石码头、10万吨级的煤炭码头等专业化大型码头，是青岛水运（海港）口岸目前现代化程度最高、规模最大的生产性港区，承担了青岛港80%的吞吐量。

董家口港区为正在开发建设的新港区，承载着青岛港转型升级，向“第四代”港口跨越的历史重任，以大宗散货、液体化工品及杂货运输为主，逐步发展港口现代物流及港口物流与临港产业的联动。港区位于青岛市黄岛区泊里镇，深水岸线及港口资源丰富，规划面积72平方千米，码头岸线长约35.7千米，共规划建设112个泊位，其中琅琊台湾作业区和董家口嘴作业区规划建设79个泊位，全部建成后港口设计通过能力为每年3.6亿吨。目前，董家口港已建成泊位26个，设计通过能力达每年1.2亿吨，其中17个泊位取得外贸作业资质，全年试靠泊外贸船舶549艘次、7 021万吨。随着港口设施的逐步完善和腹地运输需求的增长，董家口港将逐步拓展服务范围，全面发展港口综合物流、专项物流、商贸、信息、综合服务等功能，成为青岛港南翼新的大型综合性港区和大宗干散货运输基地。

2017年青岛水运（海港）口岸运输货种统计表

类别	港口吞吐量（万吨）	外贸运量			
		外贸运输总量（万吨）	同比（%）	进口（万吨）	出口（万吨）
合计	51 030.52	36 862.78	10.73	26 689.30	10 173.48
煤炭	2 388.43	718.96	49.92	529.74	189.22
原油	8 450.38	7 253.01	25.50	7 087.61	165.40
成品油	701.75	261.54	9.33	0	261.54
铁矿石	13 226.11	9 493.72	-5.35	9 493.20	0.52
钢铁	644.18	221.12	-32.06	27.96	193.16
水泥	21.96	2.08	-66.24	1.78	0.30
木材	123.40	123.40	37.44	122.06	1.34
非金属矿	72.85	42.16	-78.14	38.01	4.15
化肥	121.87	117.04	-19.66	77.88	39.16
粮食	827.43	813.80	18.70	804.43	9.37
食盐	32.05	32.05	-	32.05	0
其他	24 420.11	17 783.90	16.11	8 474.58	9 309.32

（青岛市口岸办提供）

【烟台水运（海港）口岸】 烟台港位于渤海湾南岸，扼渤海湾入海口，靠近航运主航道，面向日韩及东南亚地区，背靠京津鲁豫广阔的经济腹地，居于连接环渤海经济区的最佳中转港位置，拥有陆海双向、辐射内外的广阔发展空间。开放岸线范围为自平畅河至养马岛东北端两点间之岸线。截至2017年年底，共有开放泊位58个、临时开放泊位19个，主要进出口货种包括铝矾土、油品、矿石、煤炭等。2017年，烟台港口岸进出口货物6 927.76万吨，同比增长27.61%。其中，出口货物956.76万吨，同比略有下降；进口货物5 971.00万吨，同比增长

36.97%。进出口集装箱49.94万标箱，同比增长10.06%。其中，出境24.46万标箱，同比增长7.60%；入境25.48万标箱，同比增长12.53%。出入境旅客22.03万人次，同比略有下降。其中，出境11.09万人，入境10.94万人。出入境船舶3 381艘次，同比略有下降，其中出境1 609艘次，入境1 772艘次。

目前，烟台港已经基本形成铁路、公路、水路和管道"四位一体"的集疏运网络。其中，在铁路运输方面，通过蓝烟铁路和德龙烟铁路与山东、河北、山西等省内陆腹地相连接；在陆路运输方面，各港区通过疏港公路直接与沈海高速、荣乌高速相连，进而融入山东省及全国公路网，运输条件优越；在水路运输方面，已开通至韩国、日本、东南亚乃至欧美的班轮航线，目前与世界上100多个国家和地区的150多个港口保持着通航和贸易往来；在管道运输方面，烟台港西港区至淄博540千米输管道项目，沿途经过烟台、青岛、潍坊、东营、淄博、滨州六市，设计年输送能力1 500万吨燃料油或2 000万吨原油。2017年，烟台至淄博540千米西港区油品管道项目正式运营；新开通了东南亚集装箱远洋班轮航线；建成了铝矾土全程物流链、能源进口体系、矿石中转体系、煤炭混配体系、集装箱网络体系、商品车出口基地等，其中几内亚铝矾土全程物流链成为烟台港铝矾土进口的重要渠道，进一步夯实了烟台港进口铝矾土全国第一港地位。年内，完成原油外贸吞吐量1 736.00万吨，同比增长1.7倍；完成铝矾土进口4 817.2万吨，同比增长23.4%，占山东口岸进口市场份额74%以上，魏桥市场份额高达90.2%，

烟台保税港区于2009年9月经批复设立，是全国第13家、山东省第2家保税港区，是按照"功能整合、政策叠加"要求，以出口加工区和邻近港口整合转型升级形成的保税港区。2010年7月，一期监管设施通过国家11个部委验收组的联合验收，2011年1月正式开关运作。2017年，烟台保税港区深化落实制度创新，重点围绕贸易通关便利化、服务业开放、事中事后监管等领域加快复制推广进程，先后推动原产地签证管理改革创新、保税展示交易货物分线监管、预检验和登记核销管理模式、入境维修产品监管新模式、免除低风险动植物检疫证书清单制度5项创新制度复制落地，为企业发展注入了新的政策动力。积极推进海关信息化系统配套设施和查验平台建设，"海关特殊监管区域信息化系统""在途监管系统""行政车辆卡口管理系统"完成上线试运行，园区货物、车辆监管的信息化水平进一步提升；加速推进"放管服"改革，区内项目备案手续审核时限由15个工作日缩短到3个工作日，进一步提高了服务效率。2017年，完成外贸进出口819.30亿元，同比增长7.8%。

2017年，烟台市贯彻落实《国务院关于同意山东烟台港口岸扩大开放的批复》文件要求，认真做好烟台港口岸扩大开放国家验收准备工作。扩大开放范围（包括西港区和海阳港区）内，西港区建设完成了建筑面积约0.8万平方米的查验业务用房，已具备入驻条件，根据查验监管要求建设完成了封关围网、卡口、油品实验室和矿石制样室等现场查验配套设施，采制样室及熏蒸库等建设完成在即；海阳港区基本完成建筑面积约1.45万平方米的查验业务用房主体工程、装修等，建成了建筑面积约0.14万平方米的现场业务用房，完成了货物查验区、监管仓库、熏蒸处理区、卡口、监控等查验配套设施建设。

【威海水运（海港）口岸】 威海水运（海港）口岸位于山东半岛东端，北临黄海，东与朝鲜半岛、日本列岛隔海相望，水路距大连港93海里、青岛港200海里、韩国仁川港136海里。口岸港深域阔、不淤不冻，地理和自然条件十分优越。1985年4月1日，经批准正式对外开放。1990年9月16日开通全国第一条对韩客货班轮航线。2010年12月21日在全国率先试点中韩陆海联运汽车运输项目，开启了"门对门"货物直通的物流运输模式。2013年6月27日，威海港整体业务搬迁到南港区（威海湾港区），于2015年10月27日正式通过省政府对外启用验收。2013年7月，威海港口岸三进船业码头作业区通

过省政府对外启用验收。2016年10月，威海港口岸张家埠港区通过省政府验收正式对外启用。2017年9月15日，威海港口岸查验服务中心正式启用，实现了进出口集装箱的集中申报、集中查验、集中放行，优化完善了口岸资源。截至2017年年底，威海港共有11条国际班轮航线，每周19班，与80多个国家和地区的港口建立了贸易往来，基本形成了直达东北亚区域、辐射世界各地的航运体系；共有开放泊位33个，其中万吨级以上泊位22个，码头功能齐全，公路铁路集疏运完善。

威海港

【龙口水运（海港）口岸】 龙口港始建于1914年，地处渤海南岸、胶东半岛西北部，与辽东半岛隔海相望，是距离黄河三角洲最近的15万吨级以上船舶出海口，烟台市和烟台港集团规划建设的三大核心港区和两个亿吨港区之一，首批对台开放直航港口、国内首家拥有原油仓储资质的港口、国家规划建设的北煤外运装船港，1984年12月被批准为开放口岸。目前龙口港口岸辖龙口港集团有限公司、龙口胜利码头、龙口渔港码头和龙口南山屺母岛港发展有限公司，主要进出口业务在龙口港集团有限公司。龙口港集团有限公司码头岸线15 000余米，占地面积6平方千米，生产泊位30个，其中15万吨级1个、10万吨级7个、5万吨级4个、万吨级7个，核定通过能力6 000万吨以上，主航道等级10万吨，水深16米，底宽300米。港区库场面积330万平方米，液化品仓储能力203万立方米，粮食罐存储能力26万吨。龙口胜利码头6个生产泊位，主要为1号、2号船舶维修泊位。龙口渔港码头有12个生产泊位（监管条件尚未达到要求，暂无外贸业务）。龙口南山屺母岛港发展有限公司有1个15万级通用泊位。

龙口港口岸地处环渤海经济圈的中心区域，港湾自然条件良好。北有东西长8千米的连岛天然沙坝为屏障，南有金沙滩环抱，不冻不淤，全年作业天数在300天以上，史有“稳油盆”之称。屺坶岛端部自然水深16米以上，最大水深22米，后方陆域土地广阔，具备优越深水泊位的建设条件。港口直接经济腹地包括龙口市及周边市县区、黄河三角洲地区，自然资源丰富、工农业发达、外向型经济活跃、加工制造业发展势头强劲，是我国经济发展较快的区域之一。龙口港口岸交通条件十分便捷，从此起航可直达全国各港口及世界各地。以大莱龙、益阳、胶济、寿平铁路为骨架，以威乌、济青、东青、滨博、龙青等高速公路为脉络，以青州“无水港”为货源集散中心，以寿光、大家洼、羊口等站点为节点，以环渤海港口至龙口港的转水航线为呼应的集疏运网络将龙口港与腹地客户紧密相连。德龙烟、黄大铁路贯通后，龙口港的发展空间将更加广阔，不仅可承担煤炭下海出口分流的任务，同时港口的货源腹地还将向甘、宁、陕、晋、冀等地区延伸，构成一条连接西北、横贯山东境内的沿海铁路大通道。烟台海关驻龙口办事处、龙口边防检查站、龙口出入境检验检疫局、烟台龙口海事处承担龙口港口岸查验监管任务。2017年，口岸查验单位全力服务港口经济和临港产业发展，积极推进以“速度最快、费用最低、服务最好”为主要内容的“三最”口岸建设，积极探索推进通关新模式，提高通关效率和对外贸易便利化水平，为龙口经济健康顺利发展作出积极贡献。

龙口水运（海港）口岸拥有70多条国内外航线，与世界50多个国家和地区的港口有贸易往来，龙口港现有集装箱航线13条，其中环渤海航线6条，龙口港已经成为山东半岛至渤海湾港口之间航线最密集、服务最完善的港口。具体航线情况见下表。

龙口港航线一览表

航线名称	挂港顺序
环渤海大连支线	龙口—大连内外贸同船。 外贸：通过大连中转世界各地。 内贸： 大连集发箱—接大连及大连中转丹东、营口、锦州、秦皇岛、曹妃甸辐射东北区域。 中谷箱—大连中转江浙、长江内河、福建、广东及广各港。 中远海箱大连中转江浙、福建、广东及广西各港。
中创青岛支线	龙口—烟台—青岛内外贸同船。 外贸：在青岛中转世界各地。 内贸： 安通箱通过青岛中转福建、广东、广西、海南各港。 中远海箱通过烟台中转福建、广东、广西各港。 中谷箱通过青岛中转福建、广东、广西、海南各港。
合德京唐线	龙口—京唐港内贸中转锦州、盘锦两港辐射东北区域及江浙、福建、广东各港口。
港通锦州线	宁波—龙口—锦州—宁波，可中转福建各港。
福海营口线	龙口—营口—锦州不定期加挂福建宁德港。
信风营口线	龙口—潍坊—锦州—营口循环，营口中转江浙及长江内河各港。
龙口寿光支线	龙口—寿光。

港口主要经营铝矾土、煤炭、液体化工、客滚、铁矿石、粮食、木材及木片、集装箱等业务，拥有“大包水泥效率”“中非杂货班轮”“木材全程物流服务”“港口现代物流融资支持平台”“环渤海黄金水道集装箱运输服务”5个山东省级服务名牌。2017年龙口港口岸共实现吞吐量9 153.5万吨，同比增长8.96%。其中，集装箱实现79万标箱。各主要进出口货种吞吐量情况详见下表。

龙口港主要进出口货种吞吐量

货种名称	吞吐量情况（万吨/标箱）
铝矾土	2 980.6
液体化工	1 338.7
煤炭	1 588.1
粮食	242.6
铁矿	518.9
木材（木片）	275.4
化肥	73.4
其他	2 135.8

（龙口市口岸办提供）

【日照水运（海港）口岸】 改革开放后，国家批准日照设立了石臼港和岚山港两个对外开放口岸。其中，石臼港口岸于1986年5月对外开放，岚山港口岸于1989年9月对外开放。2016年12月国务院批复同意将石臼港和岚山港口岸合并为日照港口岸，并扩大开放石臼南作业区和岚山北作业区，共25个泊位、1.54万米岸线。日照港口岸位于山东半岛东南侧，是国家重要的能源和原材料运输口岸、煤炭装船港和沿海集装箱运输支线港，主要从事铁矿石、煤炭、原油、粮食、集装箱等各类进出口货物的装卸、储存、中转、分拨等物流服务，是国家重点发展的沿海主要港口，新亚欧大陆桥东方桥头堡。截至2017年年底，日照港口岸共有生产性泊位73个，总设计年通过能力2.38亿吨，其中开放泊位60个，已与世界100多个国家和地区通航。石臼港区位于我国海岸线中部，东临黄海，北与青岛港、南与连云港港比邻，隔海与日本、韩国相望。1982年正式开工建设，1986年实现对外开放，是我国重点发展的沿海20个主枢纽港之一。石臼港区包括东港区、北港区、西港区，至2017年底已开放煤炭、通用、矿石、散杂、油品、木片、集装箱等泊位38个，开通日照至韩国平泽客箱班轮航线等30余条内外贸集装箱航线。岚山港区位于黄海海州湾北岸，是1977年作为山东省“七五”重点建设项目而兴建的地方港口，1989年实现对外开放，包括南作业区、中作业区、北作业区，至2017年年底已开放油品、液化、通用、散杂等泊位22个。

2017年，港口货物吞吐量完成4.07亿吨，同比增长6.4%，其中外贸货物吞吐量2.81亿吨，同比增长9%。集装箱吞吐量323.78万标箱，同比增长7%，其中外贸集装箱12.67万标准箱，同比增长41.5 %。金属矿石、原油、煤炭、木材、粮食等6个货种吞吐量超过千万吨，其中进口原油4 244万吨，同比增长8.97%。海关监管进出境船舶7 363艘次、进出境旅客97 167人次；引领船舶9 955艘次，实现业务收入1.42亿元。

石臼港区东煤南移工程已全面启动，退港还海工程完成68%，北集南散工程集装箱码头泊位改造顺利推进，铁路集装箱专用线、焦炭装车线建成投入使用，疏港道路实现客货车分离，石臼港区铁路货运“南进南出”、功能布局“北集南散”的目标迈向新阶段。岚山港区北作业区规划调整方案已多次修改完善，调整报告已完成。新增生产性泊位4个，通过能力2 790万吨。岚山港区30万吨级矿石码头、北作业区一期工程投入运营，第3座30万吨级原油码头基本建成，第4座30万吨级原油码头待核准批复。LNG接收站配套3个项目前期工作启动，大船锚地、深水航道工程、进港铁路线等一批港口重点项目也正加紧推进。“一带一路”对外开放形成新格局。6个新建码头泊位正式对外开放启用；万吨大列沿瓦日线成功实现进港接卸，“一带一路”集装箱公铁海联运项目列为省级示范工程；第一个海外码头运行维护项目——巴基斯坦卡西姆港卸煤码头正式运营，成功实现了对“一带一路”国家的管理输出；开通了日照至欧洲、中亚、越南国际集装箱班列，至澳大利亚、中东的件杂货班轮航线，至东南亚的集装箱航线，至日本关东、关西的集装箱航线，“一带一路”互联互通实现重大突破。岚桥集团在租赁澳大利亚达尔文港后，又成功收购了巴拿马玛岛港并开工扩建，新建造的3艘30万吨级油轮全部投入运营。

日照港集装箱专用泊位

【石岛水运（海港）口岸】 石岛港位于山东半岛的最东端，与日本、韩国隔海相望，1988年12月经国务院批准正式对外开放，2001年8月石岛新港正式对外启用，2014年1月石岛港口岸扩大开放至好当家和俚岛港区获国务院批准，2016年10月正式对外启用，辖石岛新港、蜊江港、朱口港、好当家码头、三星码头、伽耶码头、荣喜码头、远通码头、和兴码头9个作业港口和码头。石岛新港码头沿线总长4 780米，对外启用泊位20个，万吨级以上泊位10个，年货物吞吐量1 000多万吨。2017年7月，石岛新港三期新建1个5万吨级、2个2万吨级的通用泊位通过验收，正式对外启用。石岛新港有20万平方米的集装箱堆场和散货场，3 000平方米的国际候船厅。下设国际物流、船舶代理、报关报检、外轮理货、货物装卸运输等专业化服务部门，主要从事货物装卸储运、旅客运输服务、港机设备租赁、港口拖轮经营、船舶港口服务等业务。石岛新港开通石岛至韩国仁川、群山2条客货班轮航线，至韩国釜山和日本门司、博多、关东、关西及青岛、泉州等多条国际国内全集装箱航线。石岛港水运（海港）口岸进出口货物以集装箱、煤炭、钢铁、非金属矿和散杂货为主。2017年石岛港口岸出入境船舶2 008艘次，进出口货运量571.5万吨，进出口集装箱16.13万标箱，出入境旅客32.85万人次。

2011年11月启用石岛港中韩陆海联运汽车货物运输通道，实现了快速直达运输。2014年12月石岛港获批进口冰鲜水产品检验检疫口岸，2015年8月石岛港进境食用水生动物指定口岸通过验收对外启用，2016年9月石岛新港进口肉类指定口岸通过验收。2017年1月首单27吨巴西冷冻去骨肉在石岛新港通关；2016年10月石岛新港通过评估验收获批进境澳牛屠宰口岸，2017年2月和11月共进口2批次3 142头屠宰用澳牛。2015年10月荣成市中韩海运跨境电商工作方案正式获青岛海关批复，11月对韩海运跨境电子商务出口第一单商品在石岛新港荣成海关跨境电商监管中心顺利通关。2016年1月1日，率先推行查验配套服务费改革试点政策，4月6日起全面执行山东省出台的对进出口环节海关查验没有问题的外贸企业免除吊装、移位、仓储费用政策，2017年荣成海关共查验没有问题集装箱20呎的576个、40呎的1 823个。2017年8月全面试点推广国际贸易“单一窗口”标准版。好当家港区由4个作业码头组成，开放岸线长1.13万米，由六段不相连的岸线组成，对外启用26个泊位。其中，好当家老港岸线长1 800米，启用开放泊位8个；新港岸线长1 100米，在建泊位3个。荣喜码头岸线长4 600米，共5个泊位，2个船台，启用泊位2个。远通码头岸线长1 700米，启用泊位6个。和兴码头岸线长1 400米，启用泊位7个，船台3个。俚岛港区由三星码头和伽耶码头组成，开放岸线长7 200米，启用泊位6个。

石岛新港远景图

石岛新港散货码头

石岛水运（海港）口岸航线

分类	航线名称	开通时间	航班情况
客货	石岛—仁川	2002.7	每周三班（二、四、日）
	石岛—群山	2008.4	每周三班（一、三、六）
集装箱	石岛—釜山	2003.4	每周一班（五）
	石岛—日本门司、博多	2003.6	每周一班（一）
	石岛—平泽	2007.6	每周一班（五）
	石岛—日本关西	2005.9	每周一班（日）
	石岛—日本关东	2005.10	每周一班（一）
	石岛—日本东京	2016.10	每周一班（五）
外贸内支	石岛—青岛	2005.3	每周三班（三、五、日）

（荣成市口岸办提供）

【东营水运（海港）口岸】 东营港始建于1984年，位于山东省东营市北部。1995年12月经国务院批准为开放口岸，1997年12月正式对外开放。目前，东营港有已建成泊位56个，其中，中海油2个5万吨、2个3万吨、2个5 000吨泊位，宝港国际4个5 000吨泊位，万通港航2个2万吨、4个3 000吨泊位，胜利油田1个2 000吨液体化工品泊位，万通港航3个3 000吨散杂货泊位；20个泊位实现了对外开放。2017年，港口吞吐量完成5 418.82万吨，进出入境外轮630艘次，进出外轮683艘次，进出口货物560.6万吨、货值为165.6亿元。东营港已成为山东进口丙烯最大港口和外轮业务增长最快的港口，是环渤海地区以石油化工货物运输为主，兼顾散杂货、客货滚装、集装箱运输的区域特色港。东营港主要货种为原油、燃料油、成品油、丙烯、液化气等液体化工品，拥有原油、汽柴油及各类化工品罐560万立方米，保税罐区100万立方米。以东营港口岸为依托的东营综合保税区规划面积3.1平方千米，2015年5月获国务院批复建立，2016年通过了国务院正式验收，2017年顺利投入运营。

2017年，东营港口岸大力推动查验场地、数据网络、视频监控室等查验配套和办公设施建设。2017年9月，广利港区6个5 000吨兼顾10 000吨通用码头开始试运行；10月，顺东公司2个5 000吨、4个10 000吨液化泊位开始泊位内贸试运营。东营港口岸进出境船舶管理服务平台项目正在建设，系统安装完成后，可实现外轮监管智能化、在途监管和动态空间展现。

【蓬莱水运（海港）口岸】 蓬莱港口岸包括蓬莱新港区和栾家口港区两部分，分别于1996年7月、2003年6月经国务院批准对外正式开放。2017年蓬莱港口吞吐量为1 515万吨，进出境船舶650艘次，审核进出口报关单4 623票，监管进出口货运量185万吨。口岸共提供查验办公用房8 000平方米，主要用于货物监管、船舶办检、证件办理等；拥有监管区出入卡口通道9条，封闭式查验场房1 400平方米，平台式查验场地1 200平方米，扣留货物仓库2 400平方米，执勤岗亭18平方米，视频监控室100平方米，熏蒸处理库60平方米。

蓬莱东港区，全称为烟台港集团蓬莱港有限公司，位于山东半岛最北端，黄海、渤海交界处，终年不冻不淤、浪小涌缓，拥有天然的深水航道，是中国少有的天然良港，是烟台港四大港区之一。1992年3月开工建设，1995年12月28日竣工投入使用，1996年7月被国家批准为开放港口，1997 年 12 月 28 日经批准正式对外开放。该港区拥有 8 个泊位，其中 5 万吨级通用泊位 1 个，3.5 万吨级木材专用泊位 1 个，3 万吨级散杂货泊位 1 个，10 000 吨级、5 000 吨级、2 000 吨级通用泊位各 1 个，5 000 吨级客滚专用泊位 2 个。港池航道水深 11.8 米，能满足 5 万吨以下船舶进出港。港口拥有码头岸线 1 445 米，库场面积 55 万平方米，港口机械设备 20 余台（辆），年设计吞吐能力 410 万吨。港口主要业务以客滚运输和散杂货运输为主。客滚运输目前开通了蓬莱—大连航线，现山东渤海轮渡有限公司的“兴鲁”“大华”“英华” 3 艘船舶在线营运。散杂货运输主要以煤炭、木材、水泥为主要货源，港口煤炭运输和木材运输市场已逐步形成特色装卸业务。烟台海关驻蓬莱办事处、蓬莱边防检查站、蓬莱出入境检验检疫局、蓬莱海事局承担该口岸监管任务。2016 年，蓬莱东港口岸港口吞吐量为 1 318 万吨，出入境船舶 628 艘次。

栾家口港区，全称为山东蔚阳栾家口港务股份有限公司，1998 年 5 月经山东省政府批准，是由 5 家法人企业共同发起设立的股份制企业，是山东省首家发起式股份制企业。其前身是山东蔚阳栾家口货主专用码头，始建于 1994 年。主要从事港口装卸、仓储、船舶代理、维修等，并取得“水路运输服务许可证”“危险货物作业许可证”。1995 年 4 月，山东蔚阳集团总公司经省计委批准，在原渔港的基础上，完成了栾家口港万吨级港口的建设。港口拥有万吨级泊位 2 个，5 000 吨、3 000 吨、1 000 吨、500 吨级泊位各 1 个，5 000 吨级滚装码头 2 个，年设计吞吐量 200 万吨。1999 年，港口经山东省交通厅批准启用。2000 年 12 月，山东省人民政府批准同意栾家口港口岸水域对外开放；2001 年 3 月，国家交通部批准实行对外开放；2003 年 2 月 28 日批准正式对外开放。目前港口拥有生产泊位 14 个。其中万吨级以上的 5 个，年设计吞吐量 700 万吨。

【莱州水运（海港）口岸】 莱州港口岸位于山东省烟台市莱州市三山岛街道，主要是为山东省潍坊、淄博、东营、滨州、济南、聊城、德州及莱州相关工业企业服务。莱州港口岸于 1991 年启动建设，1996 年 12 月经国务院批准为对外开放口岸，1997 年 12 月经交通部（现交通运输部）批准正式对外开放。莱州港是国家“八五”重点工程、国家对外开放口岸，位于山东半岛、鲁东与鲁中、黄河三角洲结合部和陆路交通中段位置，近岸自然水深约 10 米，常年不冻不淤，没有持续性雾，大风天气较少。依托由荣乌高速、G206 国道和德龙烟铁路大莱龙段、莱昌输油管道构成陆向集疏运体系，成为鲁中、“黄区”、鲁西北地区大宗物资进出口综合物流效率最高、成本最低的 10 万～15 万吨级深水出海通道。2017 年，莱州港口岸靠泊外籍货轮或运输进出口货物的我国货轮共 352 艘次。装卸进出口货物 1 269.6 万吨，同比增长 4.4%。其中，装卸各类进口货物 1 191.7 万吨，同比增长 6.4%；装卸各类出口货物 77.8 万吨，同比下降 18.6%。装卸进出口石油及液体化工品 696.3 万吨，同比增长 12.8%；装卸铝矾土等干散杂货 573.2 万吨，同比下降 4.2%。

莱州港口岸现有 12 个生产性泊位，已全部对外开放，均位于烟台港莱州港区三山岛作业区西一泊位区，由中海港务（莱州）有限公司经营。

莱州港泊位一览表

泊位类型	泊位号	投产日期	靠泊等级		设计通过能力
			核定	调整	泊位核定
石油及液体化工品泊位	1	2012年10月	1万吨	2万吨	202万吨/年
	2	2012年10月	0.1万吨	0.5万吨	71.6万吨/年
	3	2012年10月	0.1万吨		71.6万吨/年
	4	2012年10月	0.3万吨	0.5万吨	71.6万吨/年
通用泊位	5	2005年1月	0.3万吨	1.5万吨	30万吨/年
	6	2005年1月	0.3万吨		30万吨/年
	7	2008年7月	1万吨	2万吨	47万吨/年
石油及液体化工品泊位	8	2012年6月	10万吨	—	400万吨/年
	9	2006年12月	5万吨	—	150万吨/年
	10	2006年12月	5万吨	—	150万吨/年
通用泊位	11	2008年7月	3.5万吨	7万吨	74万吨/年
	12	2008年7月	5万吨	7万吨	104万吨/年

（烟台市口岸办提供）

边检、海事、海关、出入境检验检疫和港航等口岸管理机构在口岸区域均设有驻港办事机构，港口建设有油化矿实验室等检验设施，实现全高清视频监控和业务系统互通互联，通关条件较为完善、便捷。

【龙眼水运（海港）口岸】 龙眼港位于山东半岛最东端，紧邻著名的海上之路——成山头，与日本、韩国隔海相望，距国际主航道仅5海里，1999年8月经国务院批准正式对外开放，是全国第一家村办对外开放港口，也是中国距韩国最近的一个港口。龙眼港口岸对外启用泊位10个，其中5万吨级泊位3个，5 000吨级以上泊位5个，集装箱专用泊位2个；拥有160吨汽车吊1台，4 000马力拖轮3条，10万平方米货场，3万平方米港口仓库，10万立方米成品油库，并配有大型国际货运集装箱车队、箱站、货代、船代、物流保税库、豪华的国际候船厅。龙眼港港池面积百万平方米，航道广阔，无暗礁、无浅滩，水深30~40米，船舶在夜间、雾天航行安全无险。2001年10月开通至韩国平泽港的客货航线，是中韩两国客货航程最短、最具优势的航线。2006年建设了5万吨级和8万吨级两座干船坞。2009年建设龙眼港东区，新建15万吨和20万吨级两座干船坞，新建829米防波堤，新建8万吨顺岸式舾装码头314米、10万吨突堤式舾装码头482米，泊位4个，配套建设其他附属设施10万平方米，开放后可承修20万吨级以下各类型船舶，年修船能力将达到200艘次、1 000万载重吨，为山东省最大的修船基地之一。2011年1月国务院正式批准开展口岸签证业务，同年11月开通了龙眼港中韩陆海联运汽车货物运输通道，可实现“门到门”直达运输。2014年12月获国家质检总局批准，为进口冰鲜水产品检验检疫口岸，2015年4月实现首单冰鲜鱼通关。2015年8月进境食用水生动物指定口岸通过国家质检总局验收正式对外启用。2016年1月1日，率先推行查验配套服务费改革试点政策；4月6日起全面执行山东省出台对进出口环节海关查验没有问题的外贸企业免除吊装、移位、仓储费用政策。经过十多年运行，龙眼港已成为集修造船、国际航运、港口物流、成品油经营等多种功能于一体的重要人流、物流集散地。

龙眼港水运（海港）口岸进出口货物以钢铁、粮食、煤炭和散杂货为主。2017 年口岸出入境船舶 940 艘次，进出口货运量 176.9 万吨，进出口集装箱 200 个标箱。

龙眼水运（海港）口岸海运航线

分类	航线名称	开通时间	航班情况
客货	龙眼—平泽	2001 年 10 月	每周三班（三、五、日）

龙眼港

【潍坊水运（海港）口岸】 潍坊水运（海港）口岸为国家对外开放口岸，中港区是潍坊港的主体港区。主要建设万吨级以上泊位，是以散杂货运输为主、临港工业所需原材料及产成品运输为辅的综合性港区。主要进出口货物有铁矿粉、煤炭、盐、非金属矿、原油等。现有生产性泊位 24 个（包括对外开放泊位 22 个），其中 5 万吨级泊位 6 个，3 万吨级泊位 6 个，2 万吨级泊位 3 个，1 万吨级泊位 2 个，5 000 吨级泊位 2 个，3 000 吨级泊位 5 个，码头岸线 3 011 米，设计通过能力 1 585 万吨。2016 年，潍坊港口吞吐量累计完成 1 926.61 万吨。其中，外贸吞吐量首次突破百万吨，达到 121.81 万吨，同比增长 37.27%。外贸集装箱首次突破 10 000 标箱，达到 11 584 标箱，同比增长 290%。出入境船舶累计 462 艘次，同比增长 18.16%。

潍坊港集中查验中心建设正式启动，用于海关、检验检疫、缉私、公安等部门对空箱、集装箱货物、集装箱夹层、偷渡藏匿等实现快速不开箱 100%查验，可实现自动辐射报警、自动数据存储、自动抓拍通过车辆照片等功能，极大地提高大宗货物验放效率。海关 H986 项目作为主体工程于 2017 年 6 月 22 日通过海关总署验收。

青岛市

【口岸数量及分布】 截至 2017 年年底，青岛市有经国务院批准的对外开放口岸 2 个，其中空运口岸 1 个（青岛流亭国际机场），水运（海港）口岸 1 个（青岛港）。2016 年 7 月获国务院批复的董家口港口岸加紧开展口岸基础设施和查验配套设施建设。

【口岸运行数据】 2017 年，青岛港货物吞吐量为 5.10 亿吨，同比增长 1.98%。青岛海港口岸外贸进出口货运量 3.69 亿吨，同比增长 10.73%。其中，进口货运量 2.67 亿吨，增长 14.28%；出口货运量 1.02 亿吨，增长 2.39%。集装箱吞吐量 1 830.86 万标箱，同比增长 1.43%。其中，外贸集装箱 1 389.63 万标箱，增长 14.82%。青岛空港口岸货邮量为 23.21 万吨，同比增长 0.57%。其中，外贸货邮量 8.44 万吨，下降 6.83%。青岛口岸进出口总值为 1 638.26 亿美元，同比增长 13.89%。其中，进口总值 704.38 亿美元，增长 21.13%；出口总值 933.89 亿美元，增长 8.97%。

2017 年，青岛空运口岸飞机起降 17.88 万架次，同比增长 6.45%。旅客总吞吐量 2 321.05 万人次，同比增长 13.19%。入出境飞机 2.33 万架次，同比下降 1.79%。入出境人员 339.83 万人次，同比增长 2.57%。其中，入境 168.77 万人次，增长 1.93%；出境 171.06 万人次，增长 3.22%。

【扩大口岸开放】 2017 年 8 月 31 日，位于青岛港口岸开放范围内的青岛红星物流实业有限责任公司 1 号、2 号泊位符合对外启用条件，经批准对外启用。青岛港自动化集装箱码头在建成尚未对外启用的情况下，采用试靠泊的方式进行外贸作业，自2017年5月11日起正式运营，年内累计停靠国际集装箱船舶237艘次、28.6万标箱。董家口港口岸对外开放验收准备工作加快推进，青岛市组织有关单位成立了协调推进小组，建立了推进机制，明确时间表、路线图，统筹推进对外开放工作。

2017年，空港口岸新开通4条洲际直航航线。7月5日，首都航空公司开通青岛—莫斯科客运航线；10月29日，首都航空公司开通青岛—悉尼客运航线；11月17日，首都航空公司开通青岛—伦敦客运航线；12月11日，厦门航空公司开通青岛—洛杉矶客运航线。2017年12月，青岛空港进境水果指定口岸获国家质检总局批复，成为青岛空港继进境种苗、食用水生动物、冰鲜水产品之后获得的第四种特殊商品指定进境口岸资质。

依托青岛多式联运海关监管中心，中铁联集青岛中心站海铁联运功能逐步提升。2017年6月24日开通了青岛—莫斯科班列，2017年7月27日开通了胶州—凭祥—越南班列。

【口岸“大通关”建设与保障】 根据国家对国际贸易“单一窗口”建设的统一部署，自2017年8月起，国际贸易“单一窗口”标准版在全国口岸推行。青岛市口岸办配合山东省口岸办，积极组织企业开展新版本使用培训，走访企业帮助解决实际问题。截至年底，青岛市有150余家外贸企业上线使用，在线申报覆盖率达32%。

海关全国通关一体化全覆盖，企业可在全国任一海关办理全部通关手续，进口事中干预率相比改革前降幅超过50%。检验检疫通关一体化全面实施，实现了“通报、通检、通放”和“出口直放、进口直通”。船舶通关一体化全面实现，推广应用全国统一的船舶安全监督管理系统。海关围绕打造“省事省时省钱”营商环境，推动通关“去繁就简”，进口货物海关通关时间压缩至16.2小时，出口货物海关通关时间降至0.55小时。检验检疫以“速度最快、费用最低、服务最好”为目标，大力改革检验检疫监管模式，入境货物现场查验率降至22%，实验室送检率降至5.2%。海事实施“五环工作法”，疏港效能同比增长37%。据国家口岸办公布的2017年海运口岸进出口集装箱货物口岸放行时间，青岛港出口集装箱货物放行平均耗时84.1小时，居全国海港口岸第3位；进口集装箱货物放行平均耗时148小时，居全国海港口岸第4位。青岛口岸制定实施了免除查验没有问题外贸企业吊装、移位、仓储费用全面试点工作实施办法，试行货物系统自动统计核查，完善协作推进机制，确保查验服务资金及时拨付给企业。2017年总计为外贸企业减免查验费用9 500万元。

【口岸跨区域合作】 青岛口岸与广西凭祥口岸合作，协调解决跨境班列转关问题，推进开通了青岛—凭祥—越南班列。强化与宁夏、青海口岸合作，签署口岸合作框架协议，共建“一带一路”多式联运网络，加快建设合作项目。成功举办了第五届中俄欧集装箱运输便利化论坛，发布了集装箱运输便利化《青岛宣言》，俄罗斯、哈萨克斯坦、波兰、蒙古国、立陶宛、日本、韩国等国家驻华行业代表，国务院发展研究中心对外经济研究部、国家发展改革委综合运输研究所、商务部国际贸易经济合作研究院、国家交通运输部水运科学研究院、中国铁道经济规划研究院等国家有关单位代表，全国各口岸部门、海铁联运单位代表参加论坛。

【重大活动保障】 圆满完成了亚洲媒体峰会、青岛国际标准化论坛、亚欧数字互联互通高级别论坛保障任务。海港口岸实施现场“一站式”通关，为极限帆船赛等重大赛事提供便捷通关服务。

2017年山东省口岸大事记

2月20日

1 195头澳大利亚屠宰用肉牛从石岛新港进境，标志着全国首个进口澳大利亚屠宰牛指定海运口岸正式启用。

3月28日

济南国际互换局兼交换站正式挂牌运行，实现了真正意义上的济南邮政口岸。

4月15日

“照蓉欧”集装箱班列开通，打通了日照至欧洲的通道，实现了港口与欧洲的陆路连接。

4月19日

国务院总理李克强视察威海港口岸。

5月12日

青岛和西安两地海关、检验检疫、港务、铁路等7家单位联合签署“一带一路”物流供应链一体化备忘录，使丝绸之路经济带区域在通关、检验检疫一体化基础上，启动物流供应链一体化建设。

6月23日

威海国际海运快件业务顺利开通，成为全国第二个开通此项业务的城市。

6月24日

国务院批准威海港口岸扩大开放至乳山口港区。

是日

青岛—莫斯科国际直达班列在胶州铁路集装箱中心站首发，经满洲里口岸出境，直达俄罗斯莫斯科，全程7 900千米，运行时间约22天。

8月1日

山东海事局参与的“智能化船用双臂架收油机与油囊研制”项目获得中国航海学会科学技术一等奖。

8月4日

中欧国际铁路集装箱班列正式开通，班列由济南站始发，经满洲里出境，途经西伯利亚铁路至俄罗斯莫斯科地区，全程约7 500千米，运行15天左右。班列货物以山东省及周边地区生产的机械设备、零备件、工艺品、服装、鞋帽、塑料制品及建材类产品为主。

8月16日

山东省口岸办召开“单一窗口”标准版试点推进和培训会，青岛、烟台、威海、日照、潍坊等12个市设分会场，青岛海关、济南海关、山东出入境检验检疫局有关负责人出席会议并发言。

8月25日

交通运输部副部长戴东昌来日照调研港口发展情况，并到日照港退港还海整治修复工程现场、鲁南（日照）航贸中心、日照大宗商品交易中心进行了实地调研。

8月29日

山东省政府在济南举行深化和扩大驻鲁海关业务一体化工作座谈会，副省长任爱荣出席并讲话。会上省口岸办对标准版试点推进情况和国家口岸办的要求进行汇报。会后青岛海关和济南海关签署《关于深化新形势下全方位合作的备忘录》，备忘录明确提出推动“单一窗口”标准版落地目标。

11月10日

山东省贸易便利化工作联席会议暨外贸企业座谈会在济南召开，副省长任爱荣出席会议并讲话。会议对开展集装箱进出口环节合规成本专项治理行动进行动员部署。

11月27日~30日

山东省政府成立由省发展改革委、经济和信息化委、商务厅、交通运输厅、物价局、口岸办等部门组成的督查组，赴青岛、烟台、潍坊、威海等重点口岸地市，对贸易便利化推进情况进行专项督导，对集装箱进出口环节合规成本专项治理行动展开重点督查。

12月20日

山东省口岸和打私工作领导小组召开会议，传达全国通关一体化工作推进现场会精神。

（撰稿人：王董董、国恩松、邱超超、冯磊、朱峰民、田林大、刘欣然、王宏、杨东炜、李艳荣、周丽萍、王颖、刘楠楠、杨栋、李绪双、李新锋、韦昌成、张一鸣、刘春燕）

2017年山东省口岸流量统计汇总表

口岸类型	口岸名称	货运量（万吨）				集装箱量（万标箱）				人员（万人次）				交通工具（辆、艘、架、列次）			
		出口	进口	合计	同比（%）	出口	进口	合计	同比（%）	出境	入境	合计	同比（%）	出境	入境	合计	同比（%）
空运口岸	青岛	0	0	0		0	0	0		171.06	168.77	339.83	2.57	11 784	11 966	23 750	-1.50
	济南	0	0	0		0	0	0		38.40	37.72	76.12	-9.07	3 463	3 456	6 919	-14.70
	烟台	0	0	0		0	0	0		31.40	31.42	62.82	2.75	3 355	3 350	6 705	-3.60
	威海	0	0	0		0	0	0		25.33	24.97	50.30	1.88	1 666	1 664	3 330	5.90
	分计	0	0	0		0	0	0		266.19	262.88	529.07	0.67	20 268	20 436	40 704	-3.7
海港口岸	青岛	10 173.48	26 689.47	36 862.95	10.56	929.04	901.82	1 830.86	1.43	7.21	7.16	14.37	-15.46	5 624	6 142	11 766	6.40
	烟台	927.40	5 951.10	6 878.50	29.03	92.55	98.56	191.11	0.79	10.20	10.03	20.23	-17.11	1 739	1 866	3 605	-6.20
	威海	1 196.00	1 142.00	2 338.00	3.18	36.36	36.98	73.34	2.65	12.19	13.27	25.46	-18.12	967	1 045	2 012	-20.00
	日照	832.69	11 992.86	12 825.55	4.26	7.29	6.92	14.21	17.35	4.91	4.87	9.78	1.43	1 391	1512	2 903	-7.70
	东营	1.21	542.84	544.05	7.75	0	0	0		0	0	0		311	325	636	-0.90
	潍坊	108.38	13.42	121.8	33.83	0.83	0.21	1.04	-26.47			0		224	167	391	18.20
	岚山	373.05	14 771.37	15 144.42	12.71							0		1 649	1 859	3 508	-16.80
	龙口	237.60	3 573.30	3 810.90	0.46	0	0	0				0		1 339	1 370	2 709	-33.40
	石岛	245.60	325.90	571.50	-2.74	8.02	8.11	16.13	21.42	16.57	16.27	32.84	3.43	721	703	1 424	4.90
	龙眼	72.30	104.60	176.90	-9.42	0.01	0.01	0.02	-99.35	0	0	0		491	543	1 034	-4.40
	蓬莱	88.98	143.99	232.97	-29.62	0	0	0		0	0	0		522		522	8.10
	莱州	-	645.36	645.36	6.26	0	0	0		0	0	0		541		541	-21.40
	分计	14 256.69	65 896.21	80 152.90	10.12	1 074.10	1 052.61	2 126.71	1.47	51.08	51.60	102.68	-10.74	15 519	15 532	31 051	-7.5

（山东省口岸办提供）

2017 年山东省口岸出入境主要数据表

项目			2017 年	2016 年	同比（%）
出入境人员（人次）	出入境人员总数		7 171 810	7 277 923	-1.46
出入境人员（人次）	入境人员		3 585 166	3 649 134	-1.75
出入境人员（人次）	出境人员		3 586 644	3 628 789	-1.16
出入境人员（人次）	出入境旅客		6 135 885	6 207 948	-1.16
出入境人员（人次）	出入境员工		1 035 925	1 069 975	-3.18
出入境人员（人次）	中国公民	小计	4 976 607	4 782 700	4.05
出入境人员（人次）	中国公民	内地居民（因公）	467 335	474 910	-1.60
出入境人员（人次）	中国公民	内地居民（因私）	4 188 044	4 011 673	4.40
出入境人员（人次）	中国公民	港澳居民	93 242	99 926	-6.69
出入境人员（人次）	中国公民	台湾同胞	227 986	196 191	16.21
出入境人员（人次）	外籍人员		2 195 203	2 495 224	-12.02
出入境人员（人次）	从海港出入境人数		1 721 438	1 866 766	-7.79
出入境人员（人次）	从陆港出入境人数		0	1 204	-100
出入境人员（人次）	从空港出入境人数		5 450 372	5 409 953	0.75
交通运输工具（辆、艘、架、列次）	总计		68 143	71 980	-5.33
交通运输工具（辆、艘、架、列次）	船舶		28 839	31 159	-7.45
交通运输工具（辆、艘、架、列次）	飞机		39 304	40 821	-3.72
交通运输工具（辆、艘、架、列次）	火车		0	0	
交通运输工具（辆、艘、架、列次）	机动车辆		0	3	-100.00

（山东省公安边防总队提供）

2017年青岛海关主要业务统计表

指标	单位	数量	同比（%）
进出口货运量	万吨	51 623	7.8
进口	万吨	43 073	10.5
出口	万吨	8 550	-4.2
进出口总值	亿美元	2 889.0	12.8
进口	亿美元	1 431.2	17.4
出口	亿美元	1 457.8	8.6
进出口报关单	万份	465.7	5.2
进口	万份	105.2	2.6
出口	万份	360.5	6.0
集装箱量（标箱）	万个	1 098.3	5.6
进口	万个	542.8	4.6
出口	万个	555.5	6.6
进出境运输工具	艘架次	61 408	-4.7
船舶	艘次	27 612	-7.5
飞机	架次	33 796	-2.3
入库税款	亿元	1 383.5	30.4
关税	亿元	122.8	-1.8
进口环节税	亿元	1 260.6	34.7
保税			
备案加工手册	份	24 009.0	-9.8
手册备案金额	亿美元	122.8	-4.0
行邮			
进出境人员	万人次	643.0	-0.8
行邮物品	万件	394.1	146.7

（青岛海关提供）

2017 年济南海关主要业务统计表

指标	单位	数量	同比（%)
进出口货运量	万吨	12 500. 36	17. 5
进口	万吨	11 539. 81	18. 7
出口	万吨	1 010. 55	5. 2
监管进出境运输工具	艘架次	8 152	-12. 9
船舶	艘次	1 357	17. 2
飞机	架次	6 795	-17. 1
入库税款	亿元	273. 54	52. 1
关税	亿元	14. 42	15. 7
进口环节税	亿元	259. 12	54. 80

（济南海关提供）

2017 年山东省出入境检验检疫业务统计表

项目		货物检验检疫				交通工具				集装箱（标箱）		发现动植物疫情		货物通关		出入境人员查验（人次）	健康检查及预防接种（人次）			
		批次	金额（万美元）	检验检疫不合格 批次	检验检疫不合格 金额（万美元）	船舶（艘）	飞机（架）	火车（节）	汽车（辆）	合计	检出问题	种类数	种次	批次	金额（万美元）		健康检查	艾滋病监测	发现病例	预防接种
本年累计		897 906	14 497 350	14 444	1 982 028	28 121	39 237			5 028 552	40 390			906 233	13 293 520	7 015 494	43 766	40 763	19 038	57 383
其中	出境	718 579	3 348 735	815	5 116	13 554	19 713			1 131 350	0			702 163	3 070 608	3 506 166	39 349	36 399	17 275	57 264
	入境	179 327	11 148 615	13 629	1 976 912	14 567	19 524			3 897 202	40 390			204 070	10 222 912	3 509 328	4 417	4 364	1 763	119
同比（%）		3. 07	28. 49			-6. 26	-3. 94			-11. 25	-57. 84			-2. 14	15. 06	-0. 67	173. 54	153. 79	48. 02	-11. 46
其中	出境	4. 99	6. 14			-6. 27	-3. 36			8. 98	-100. 00			1. 36	-1. 58	-0. 63	192. 08	168. 51	50. 48	-11. 45
	入境	-3. 95	37. 16			-6. 26	-4. 51			-15. 79	-57. 82			-12. 53	21. 22	-0. 70	74. 72	74. 14	27. 57	-18. 49

（山东出入境检验检疫局提供）

2017年山东海事局进出港船舶统计表

船舶类别	进港船舶							出港船舶						
	艘数（艘）	总吨（吨位）	总载重量（吨）	载客量（客位）	船员人数（人次）	货物到达量（吨）	旅客到达量（人）	艘数（艘）	总吨（吨位）	总载重量（吨）	载客量（客位）	船员人数（人次）	货物发送量（吨）	旅客发送量（人）
总计	311 716	1 444 764 462	1 828 952 059	31 222 349	3 528 264	813 371 052	14 775 848	309 836	1 438 782 244	1 819 591 936	31 233 847	3 526 326	329 189 159	14 703 676
中国籍船舶	291 460	603 693 041	593 649 513	30 216 959	3 064 692	219 347 602	14 313 843	289 633	601 256 990	590 614 681	30 226 827	3 062 035	248 297 072	14 241 014
其中外贸船	823	13 694 708	22 462 678	392	15 515	11 582 066	58	829	10 680 819	15 691 705	392	15 395	1 419 401	188

（山东海事局提供）

河　南　省

河南省口岸分布示意图

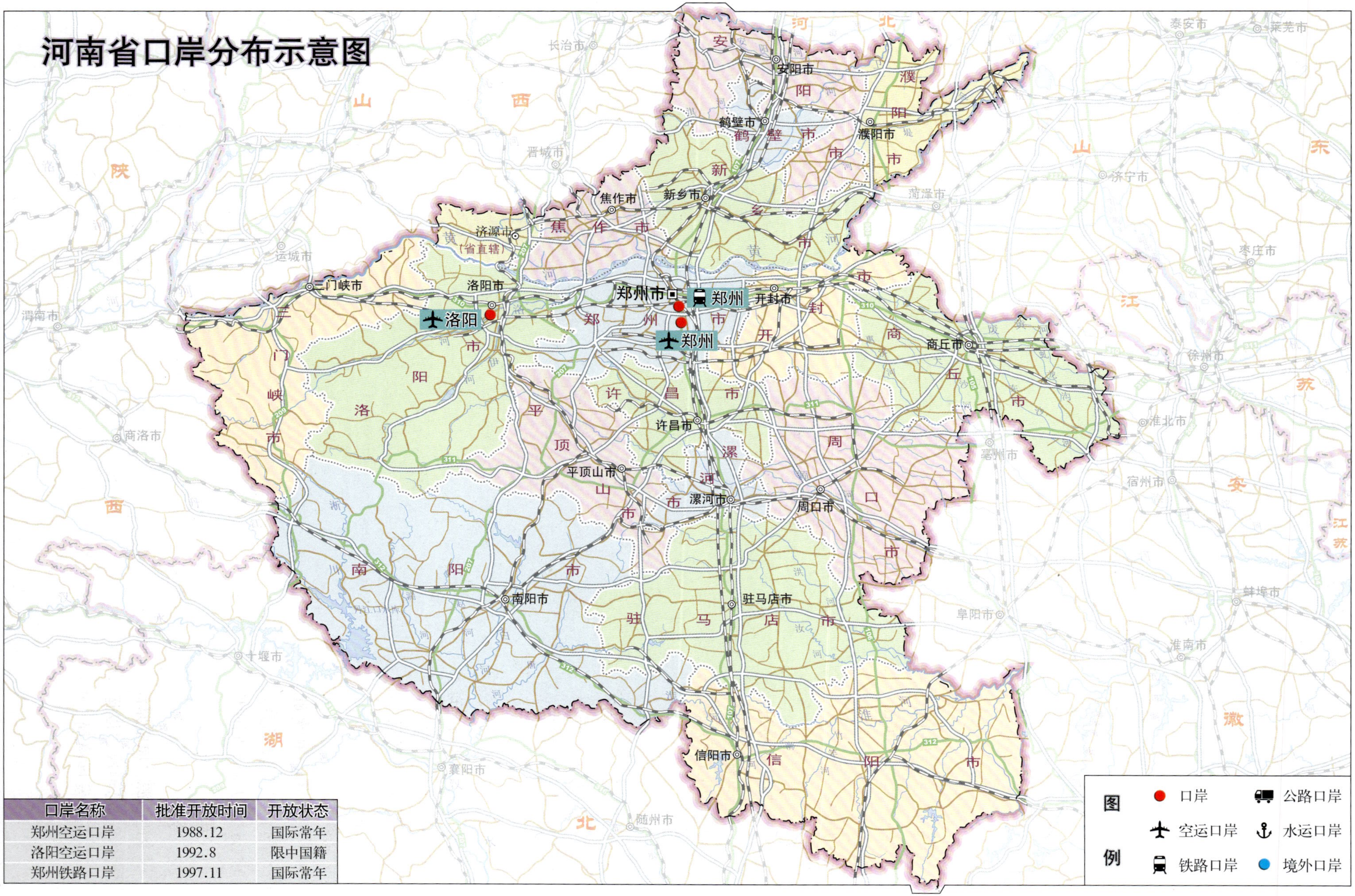

口岸名称	批准开放时间	开放状态
郑州空运口岸	1988.12	国际常年
洛阳空运口岸	1992.8	限中国籍
郑州铁路口岸	1997.11	国际常年

口岸数量及分布

截至2017年年底，河南省共有经国务院批准的对外开放口岸3个。其中，空运口岸2个，分别是郑州空运口岸（郑州新郑国际机场）、洛阳空运口岸（洛阳北郊机场）；陆路（铁路）口岸1个，即郑州陆路（铁路）口岸。

口岸运行数据

2017年，河南全年外贸进出口总额为5 232.79亿元，同比增长10.92%。其中，出口3 171.81亿元，增长11.82%；进口2 060.98亿元，增长9.57%。一般贸易进出口额为1 594.9亿元，同比增长21.4%，占河南进出口总值的30.5%。加工贸易进出口3 501亿元，同比增长8.9%，占同期河南进出口总值的66.9%。

2017年，郑州机场空运口岸完成出入境旅客128.88万人次，同比增长1.81%，占旅客吞吐总量的5.3%；完成国际货邮吞吐量33.67万吨，同比增长22.4%，占货邮吞吐总量的66.9%。截至2017年年底，郑州空运口岸开通国际客运航线27条，通达首尔、曼谷、温哥华等21个境外城市；国际货运航线29条，通达卢森堡、东京、芝加哥等27个境外城市，基本形成横跨欧亚美三大经济区、覆盖全球主要经济体的枢纽航线网络。洛阳空运口岸常态化运行有洛阳至香港、洛阳至曼谷两条国际（地区）航线。2017年共执行境外航线416架次，同比减少20.31%；共运送旅客7.1万人次，同比下降11.8%。

2017年，中欧班列（郑州）开行501班，运载货值27.42亿美元，同比增长52.3%；总货重26.25万吨，同比增加101.92%。依托中欧班列（郑州）开展汽车进口、跨境电商、国际贸易、冷链物流等业务，推出“直采直运直营，全程冷链溯源，原瓶原汁原味”的“欧亚班列进口商品”，已形成“以运促贸、以贸促运”的良性产业互补发展格局，业务覆盖长三角、珠三角、环渤海、东北老工业基地等地区，集疏半径超过1 500千米，形成了以郑州为中心的境内核心物流集疏枢纽。

口岸综合管理

【统筹谋划全省口岸建设】 统筹谋划推进全省口岸开放体系建设，制定实施2017年河南省口岸及各类功能性口岸重点工作推进方案及中国（河南）国际贸易“单一窗口”2017版建设方案，会同海关、检验检疫等有关部门研究制定河南自贸区监管服务体系建设专项方案、郑州机场多式联运数据交易服务平台国际物流数据标准推进方案等，发挥牵头作用，完善管理机制，强化部门协作，明确责任分工，强力推进口岸建设各项工作落实。

【全力推进各类口岸发展】 推进海关特殊监管区域资源整合和业务拓展，成功争取郑州出口加工区和河南保税物流中心整合设立郑州经开综合保税区，实现优势叠加和功能提升。指导新郑综合保税区推进业务多元化，进出口总值保持全国综合保税区首位。督促南阳卧龙综合保税区和商丘、孟州保税物流中心加大产业引进和业务拓展。支持鹤壁、洛阳、信阳等地市申建综合保税区和保税物流中心。协调推动洛阳空运口岸扩大开放列入2017年国家口岸办年度审理计划。支持功能性口岸扩大业务规模，建成进境粮食指定口岸并通过预验收，争取国家质检总局支持三门峡申建铜精矿国检监管区。

【创新监管模式，增强通关服务保障能力】 按照河南省政府推进自贸试验区五大服务体系建设的部署，牵头和参与监管服务体系、多式联运服务体系等专项的研究制定，对标国际通行规则，推进制度机制创新，促进跨境电商、多式联运等提速发展。贯彻落实国务院通关一体化改革和压缩货物通关时间的措施，加快推进口岸优化通关查验流程，实施关检一次性联合执法，开展“提前申报，抵运验放”试点，探索生鲜产品、农产品等快速通关通检模式，为“空中丝绸之路”和中欧班列（郑州）提供高效便捷的通关服务保障。

【加快“单一窗口”建设，提升国际贸易便利化水平】 成功争取列入国家“单一窗口”标准版第二批试点，在中部地区率先实现与国家标准版货物申报、企业资质办理、原产地证书申领、统计查询等7项功能对接和推广应用，全年完成标准版货物申报14 663票。持续提升“单一窗口”跨境电商通关服务等功能，实现对郑州、洛阳、许昌、焦作4个地市8个业务现场的覆盖，全年完成跨境电商零售进出口9 128.7万单、113.9亿元，同比分别增长59%、71%，在全国试点城市中进口稳居首位、出口跻身前列，形成跨境进口、出口竞相发展格局。推进“单一窗口”与郑州机场、国际陆港等专业信息服务平台对接联通，促进监管信息互换共享。

口岸监管与服务

【河南省公安边防总队深化边检改革创新】 围绕“空中丝绸之路”建设，克服人力不足、场地限制等困难，组建郑州边检站首个货检专职科队，建立货运航空公司信息报备预检、全天候全时段轮班备勤等工作机制，努力提供“一站式”“7×24小时”边检通关服务。紧跟郑州空运口岸打造“轮辐式”航线网络，积极与加拿大、澳大利亚驻华使领馆开展业务交流，优质保障郑州至温哥华、墨尔本、莫斯科及埃及等洲际直飞航线开通，航线结构得到优化，郑州机场由区域性航空港向洲际门户枢纽升级迈出坚实步伐。顺应我国出入境证件电子化改革趋势，在郑州空运口岸新建8条边检自助通道，全年自助通关的内地及港澳台居民达36 063人次，口岸职能通关走在内陆省份前列。

【河南省公安边防总队全力维护口岸安全稳定】 扎实开展专项整治行动，建立查获案件点评通报制度，有针对性地强化管控措施。深入探索“八位一体”查缉战法，整合运用有关系统及T2航站楼国际联检厅视频监控，对限定区域实施24小时不间断、无死角巡查监控。

【郑州海关积极参与“空中丝绸之路”建设】 支持河南与卢森堡实施“双枢纽”合作战略，郑州—卢森堡航线进出口货物占郑州机场国际货物吞吐量的三分之一以上。对大宗生鲜、冷链货物、空陆联运重点货源及跨境电商货物等实行“7×24小时”通关常态化。支持加开国际航线，对生鲜、冷链货物实行“提前报关、简化流程、货到验放”快速通关模式。积极研究飞机融资租赁业务海关监管模式，探索开展混装混载业务试点，支持离境退税业务落地实施。

【郑州海关支持郑州铁路口岸建设发展】 推动中欧班列（郑州）拓展跨境电子商务、拆拼箱、冷链物流、商品展示体验、国际铁路运邮业务等增值服务。加强与二连浩特、天津、青岛等口岸海关的协作配合，实现中欧班列（郑州）新线路、多口岸、高密度运行。支持探索开展跨境电商、邮件包机等新业务，新开通郑州—芝加哥、郑州—布鲁塞尔国际邮件包机航线。与邮政公司联合开发运行“互联网+关邮e通”系统，实现邮件通关网上办理，邮件通关更加便捷透明。全年监管进出境邮递物品3 452.8万件，同比增长114.8%，在全国排名升至第9位。

【郑州海关推动关区海关多式联运业务建设】 选取4个业务现场开展海关总署多式联运管理系统试点工作，共办理进出境多式联运货物14票，其中关区内测试12票，跨关区测试2票。参与总署《海关多式联运进出境货物监管办法（修改稿）》研讨完，成立关区空港多式联运信息化建设小组，加强同相关企业的沟通联系，推动相关辅助系统的建设。支持郑州机场拓展“空陆联运”业务，将航空运单作为全程运输的唯一运单号，推动“一单到底”，以卡车运输替代航空运输的续程或前程，将郑州机场的影响力覆盖到国内主要货源地。

【河南出入境检验检疫局打造内陆综合性大口岸】 支持建设郑州—卢森堡“空中丝绸之路”，持续优化口岸布局，推动郑州空运口岸打造国际航空物流中心。提出10项工作措施支持郑州打造中欧班列内陆枢纽核心节点，实现每周去八回八高频往返均衡对开，综合指标在全国领先。联合省口岸办和交通厅推动信阳、周口内河水运口岸建设。

【河南出入境检验检疫局大力推进功能性口岸建设】 积极支持进口肉类、水果、冰鲜水产品、食用水生动物、肉牛、整车等现有功能性口岸发展。2017 年，进口肉类 3.85 万吨、货值 5.85 亿元，是全国进口量最大、货源国最多、品种最全的内陆肉类口岸；进口水果 5 046.91 吨、货值 1.87 亿元，进口量居全国空运口岸首位，郑州成为我国空运进口水果主要集散地和分拨中心；进口水产品 2 932.45 吨、货值 1.12 亿元，居全国各航空口岸前列；进口整车 510 辆、货值 3.18 亿元，居全国各内陆铁路口岸前列。支持粮食口岸、汽车口岸二期工程及焦作孟州进口肉类查验场建设。

【河南出入境检验检疫局支持各地口岸查验区和特殊监管区域建设】 参与洛阳铁路口岸查验区规划、选址，支持商丘铁路口岸查验区建设。积极推动地方政府完善郑州经开综合保税区检验检疫基础设施建设，指导商丘保税物流中心（B 型）完善检疫处理区建设，确保检验检疫设施完全满足要求。支持设立焦作德众综合保税区和调整设立洛阳周山综合保税区，密切跟踪指导驻马店、鹤壁、安阳等地申建特殊监管区域。探索推进国检试验区建设及三门峡进口铜精矿国检试验区建设。

开放口岸

【郑州空运口岸（郑州新郑国际机场）】 郑州空运口岸于 1988 年 12 月经批准开放，当时只限中国籍飞机出入境，2002 年 5 月经国务院批准可供中国籍和外国籍飞机出入境。1997 年建成并通航的河南郑州新郑国际机场位于郑州市东南，距市区 27 千米，占地约 466.67 万平方米，飞行区等级 4E，跑道长 3 400 米，可满足波音 747 机型的顺利起降，是国家对外开放口岸和中国国内干线运输机场，是国家民航局确定的全国八大区域性枢纽之一。建设有高速公路直达机场，交通条件优越。2007 年 T1 航站楼进行了一次改扩建，扩建后航站楼建筑面积达到 12.89 万平方米，客机坪 18.25 万平方米，货机坪 7.6 万平方米，机位 43 个，年旅客和货邮保障能力分别可达 1 200 万人次、15 万吨。2013 年 12 月 19 日郑州机场二期扩建工程开工建设，2015 年 9 月 30 日完成竣工，同年 12 月 19 日 T2 航站楼启用并开始试运行，郑州机场正式步入“双航站楼双跑道”时代。T2 航站楼建筑面积 48.6 万平方米，南北长约 1 128 米，四角拥有 4 条指廊，可以增加 79 个机位，客运吞吐能力每年 3 000 万人次，货运吞吐能力达每年 30 万吨。其中，国际区域建筑面积为 5.5 万平方米，主要包括四层国际办票区、国际出发联检厅，三层国际候机厅，二层国际到达联检厅、国际行李提取厅及国际到达通道，一层国际远机位候机厅等。同时，国际查验通道还包括国际同程航班查验通道及国际贵宾离到港查验通道。T2 航站楼国际值机岛设置 28 个行李托运柜台及 2 个开包间。采用开放式值机，海关及检疫在后台对国际旅客托运行李进行监控。

【洛阳空运口岸（洛阳北郊机场）】 洛阳空运口岸于 1992 年 8 月 1 日经国务院批准为对外开放口岸，为河南省第二个国家对外开放口岸（只限中国籍飞机出入境）。

洛阳是中国古都之一，也是河南省的主要工业城市，具有古文化、重化工、高科技和自然资源等优势。尤其是洛阳古老的文化和悠久的历史对国外旅游者有很大的吸引力，一年一度的洛阳牡丹花会，使洛阳对外联系和交流不断扩大，先后与日本冈山市、须贺川市及法国团尔市等结为友好城市，并与 70 多个国家和地区开展了经济、技术、文化交流活动。

洛阳机场位于洛阳市北部，距市中心 9 千米。该机场净空条件优越，各种设施、设备齐全，可起降 B737、B767、MD82 等大型客机，是北京机场、郑州机场理想的备降机场。机场候机楼面积 17 000 平方米，其中国际部分 12 000 平方米。从 1993 年 2 月 4 日开通以来，运送来自 56 个国家和地区的出境旅客 10 多万人次。除洛阳到香港的直航包机外，还开通了洛阳至日本、韩国、新加坡等国家的不定期直航包机。

【郑州陆路（铁路）口岸】 郑州铁路货运口岸位于郑州铁路东站，1991年3月经河南省批准为原二类铁路口岸，1994年12月开通了郑州东站至香港九龙的直达集装箱专列，1997年11月28日被批准为国家开放口岸。2014年新建了10 660平方米的铁路口岸联检大楼和50 000平方米的监管查验场地及设施。

郑州铁路口岸所在地——郑州铁路集装箱中心站是全国规划建设的18个集装箱中心站之一，目前具有年办理36万标准集装箱的承载能力，并正在扩建铁路专用线线束，预计到2020年具有年处理120万标准集装箱的承载能力。郑州铁路口岸毗邻的郑州圃田站是全国铁路特等货运站，被确定为国际大型集装箱中转站，是国内在新亚欧大陆桥最大的铁路货运站和集装箱集散地。目前，河南依托郑州铁路口岸，正在加快建设汽车整车进口口岸（二期工程）、进境粮食口岸等指定口岸，拓展汽车进口、粮食进口、跨境电商等业务，为郑欧班列进一步提供有效货源支撑。

2017年河南省口岸大事记

1月18日

河南商丘保税物流中心（B型）通过由郑州海关、财政部驻河南监察专员办事处、省国税局、国家外汇管理局河南分局组成的联合验收组的正式验收。

3月1日

郑州空运口岸正式实施境外旅客购物离境退税政策。

4月13日

河南省政府副省长舒庆召开会议专题研究河南“单一窗口”建设工作，审议通过了《中国（河南）国际贸易“单一窗口”2017版本建设方案》并印发实施。

7月7日

河南列入国家“单一窗口”标准版第二批试点省份，启动标准版相关功能建设。

8月21日

河南省委书记谢伏瞻听取河南“单一窗口”建设运行情况汇报，要求扎实推进国家标准版试点，尽早实现9项功能在河南省所有口岸全覆盖。

10月30日

河南商丘保税物流中心（B型）正式封关运营，标志着不沿边不靠海的商丘进入了“无水港口时代”。

12月6日

自墨尔本起飞的一架客机飞抵郑州新郑国际机场（郑州航空口岸），河南首条直飞澳大利亚的国际客运航线正式开通。

12月28日

中原航空融资租赁股份有限公司采购的空客A330-300飞机从法国图卢兹飞抵郑州机场（航空口岸），交付祥鹏航空公司使用，河南飞机租赁业务实现零的突破。

12月31日

郑州空运口岸实现进出口货物通关时间压缩三分之一，通关效率显著提高。

（撰稿人：范会卿）

2017 年河南省口岸流量统计表

口岸类型		口岸名称	货运量（万吨）				集装箱量（万标箱）				人员（万人次）				交通工具（辆、艘、架、列次）			
			出口	进口	合计	同比（%）	出口	进口	合计	同比（%）	出境	入境	合计	同比（%）	出境	入境	合计	同比（%）
空运口岸		郑州	13.89	12.32	26.21						64.32	62.87	127.19	1.49	0	0	12 200	-0.94
		洛阳									3.54	3.53	7.07	-17.58	0	0	416	-20.31
		分计									67.86	66.40	134.26	0.27	0	0	12 616	-1.73
陆路口岸	公路口岸																	
		分计																
	铁路口岸	郑州	18.76	20.73	39.49	51.5	2.71	2.28	4.98									
		分计					2.71	2.28	4.98									
水运口岸	海港口岸																	
		分计																
	河港口岸																	
		分计																
合计			32.65	33.05	65.70	51.5	2.71	2.28	4.98		67.86	66.40	134.26				12 616	
同比（%）																		

（河南省口岸办提供）

2017年河南省口岸出入境主要数据表

<table>
<tr><th colspan="3">项目</th><th>2017年</th><th>2016年</th><th>同比（%）</th></tr>
<tr><td rowspan="14">出入境人员
（人次）</td><td colspan="2">出入境人员总数</td><td>1 342 521</td><td>1 338 926</td><td>0.27</td></tr>
<tr><td colspan="2">入境人员</td><td>663 928</td><td>666 922</td><td>-0.45</td></tr>
<tr><td colspan="2">出境人员</td><td>678 593</td><td>672 004</td><td>0.98</td></tr>
<tr><td colspan="2">出入境旅客</td><td>1 252 973</td><td>1 247 732</td><td>0.42</td></tr>
<tr><td colspan="2">出入境员工</td><td>89 548</td><td>91 194</td><td>-1.80</td></tr>
<tr><td rowspan="5">中国公民</td><td>小计</td><td>1 189 805</td><td>1 161 766</td><td>2.41</td></tr>
<tr><td>内地居民（因公）</td><td>4 414</td><td>5 618</td><td>-21.43</td></tr>
<tr><td>内地居民（因私）</td><td>1 058 250</td><td>1 028 868</td><td>2.86</td></tr>
<tr><td>港澳居民</td><td>23 727</td><td>32 383</td><td>-26.73</td></tr>
<tr><td>台湾同胞</td><td>103 414</td><td>94 897</td><td>8.97</td></tr>
<tr><td colspan="2">外籍人员</td><td>63 147</td><td>85 966</td><td>-26.54</td></tr>
<tr><td colspan="2">从海港出入境人数</td><td></td><td></td><td></td></tr>
<tr><td colspan="2">从陆港出入境人数</td><td></td><td></td><td></td></tr>
<tr><td colspan="2">从空港出入境人数</td><td></td><td></td><td></td></tr>
<tr><td rowspan="5">交通运输工具
（辆、艘、架、列次）</td><td colspan="2">总计</td><td>12 616</td><td>12 838</td><td></td></tr>
<tr><td colspan="2">船舶</td><td></td><td></td><td></td></tr>
<tr><td colspan="2">飞机</td><td>12 616</td><td>12 838</td><td>-1.73</td></tr>
<tr><td colspan="2">火车</td><td></td><td></td><td></td></tr>
<tr><td colspan="2">机动车辆</td><td></td><td></td><td></td></tr>
</table>

（河南省公安边防总队提供）

2017年郑州海关主要数据统计表

项目		2017年	同比（%）
进出口货运量（万吨）	合计	1 350.4	-6.6
	进口	1 286.8	-7.9
	出口	63.6	33.2
进出口贸易总值（亿美元）	合计	691.0	9.3
	进口	293.5	11.1
	其中：江、海运输	39.6	43.8
	铁路运输	9.1	89.5
	汽车运输	4.6	22.3
	航空运输	240.2	5.3
	邮件运输	0.0	
	其他运输		
	出口	397.5	8.0
	其中：江、海运输	23.5	71.7
	铁路运输	13.6	120.4
	汽车运输	5.2	-36.6
	航空运输	355.2	4.5
	邮件运输		
	其他运输		
税收（万元）	两税合计	2 818 429.2	40.6
	关税入库	107 881.8	47.8
	进口环节税入库	2 710 547.4	40.3

（郑州海关提供）

2017年河南省出入境检验检疫业务统计表

项目	货物检验检疫				交通工具				集装箱（标箱）		发现动植物疫情		货物通关		出入境人员查验（人次）	健康检查及预防接种（人次）			
	批次	金额（万美元）	检验检疫不合格																
			批次	金额（万美元）	船舶（艘）	飞机（架）	火车（节）	汽车（辆）	合计	检出问题	种类数	种次	批次	金额（万美元）		健康检查	艾滋病监测	发现病例	预防接种
本年累计	67 568	2 197 990.87	2 227	26 597.50	0	12 503	0	0	27 921	0	95	96	62 651	712 567.17	1 327 018	45 594	44 196	19 418	71 323
其中 出境	48 514	347 608.31	84	660.67	0	6 388	0	0	12 748	0	0	0	39 837	289 764.96	663 630	41 746	40 371	17 284	71 309
其中 入境	19 054	1 850 382.56	2 143	25 936.83	0	6 115	0	0	15 173	0	95	96	22 814	422 802.21	663 388	3 848	3 825	2 134	14
与上年同比（%）	-0.44	19.87	-15.32	-50.29	0	-2.48	0	0	-8.45	-100	23.38	95.92	25.92	-52.63	-0.44	5.37	2.89	3.55	27.95
其中 出境	3.82	5.95	-76.34	-77.46	0	-2.59	0	0	76.15	0	-100	0	18.33	15.98	-0.9	4.05	1.39	1.13	27.96
其中 入境	-9.86	22.9	-5.8	-48.72	0	-2.36	0	0	-34.77	-100	25	95.92	41.8	-66.3	0.02	22.12	21.97	28.48	-12.5

（河南出入境检验检疫局提供）

湖　北　省

湖北省口岸分布示意图

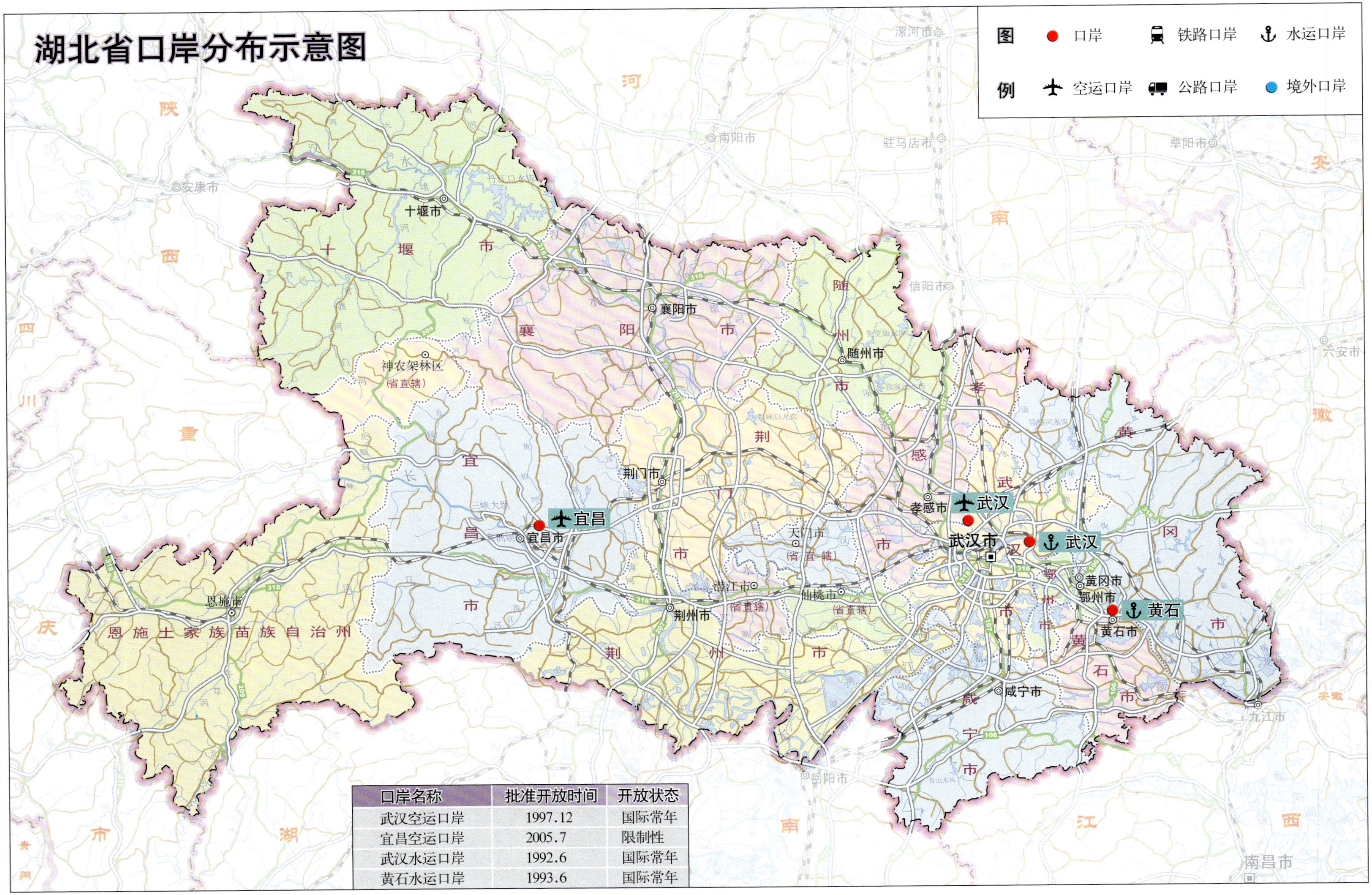

口岸名称	批准开放时间	开放状态
武汉空运口岸	1997.12	国际常年
宜昌空运口岸	2005.7	限制性
武汉水运口岸	1992.6	国际常年
黄石水运口岸	1993.6	国际常年

口岸数量及分布

截至2017年年底，湖北省共有经国务院批准的对外开放口岸4个。其中，空运口岸2个，分别是武汉空运口岸（武汉天河国际机场）、宜昌空运口岸（宜昌三峡机场）；水运（河港）口岸2个，分别是武汉水运（河港）口岸、黄石水运（河港）口岸。

口岸运行数据

2017年，湖北省进出口货运量2 098.62万吨，同比下降10.9%。其中，进口货运量1 567.33万吨，同比下降14.5%；出口货运量531.29万吨，同比增长2.0%。分运输方式，水运进出口运量为2 060万吨，同比下降11.7%，占进出口总运量的98.16%；铁路进出口运量28.46万吨，同比增长100.3%；公路进出口运量1.79万吨，同比增长171.5%；空运8.37万吨，同比增长4.9%；邮运20吨，同比下降31%。

空运口岸出入境飞机17 851架次，同比增长0.45%，其中入境8 930架次，出境8 921架次。出入境人数286.27万人次，同比增长12.26%，其中出境人数143.49万人次，入境人数142.78万人次。

口岸综合管理

【口岸开放】 2月3日，国家口岸办批复同意外籍临时客运包机从湖北宜昌三峡机场进出境，时间为2017年3月22日至2017年9月22日。8月22日，国家口岸办再次批复同意外籍临时客运包机从湖北宜昌三峡机场进出境，时间为2017年9月23日至2018年3月23日。7月20日，交通运输部正式批复同意黄石新港口岸临时开放。8月1日，海关总署批复黄石港水运口岸扩大开放棋盘洲港区、宜昌空运口岸扩大开放正式列入2017年口岸开放审理计划。

【大平台建设】 加快推进海关特殊监管区域和保税物流中心建设和发展。在自贸试验区武汉片区挂牌效应下，武汉综合保税区2017年新增注册企业380多家，同比增长140%；完成进出口总货值1 130.9亿元。其中，出口特色指标再创新高，达到378亿元。全年完成报关单数据约9.3万票，稳居武汉关区前3位。东湖综合保税区二期通过验收，东湖综合保税区面积再添3.36平方千米，区内已建成全封闭隔离围网、第二卡口、监控系统、信息化管理系统和监管配套设施，对外窗口进一步扩大。武汉新港空港综合保税区通过国家验收，成为湖北省第二家综合保税区。首次为武汉阳逻港、中欧班列（武汉）、天河机场等武汉三大国际口岸配齐综保功能，实现了三大国际物流通道的互联互通。襄阳保税物流中心（B型）正式封关运营，面积0.281平方千米，包括查验区、综合办公区和配套服务区等。荆门保税物流中心（B型）成功获批，批准建设面积0.241平方千米，范围为东至东三环，南至下熊家塆，西至麻矿路，北至华科路。推进特种商品进境指定口岸申报建设工作，充分发挥口岸的功能作用。阳逻港进口肉类指定口岸、东湖综合保税区保税物流园进口肉类指定查验场通过验收正式投入运营。这是湖北首个进口肉类指定口岸及查验场，今后进口畜、禽肉可直接从境外经阳逻口岸运抵东湖综合保税区查验场，物流、通关、查验等综合成本有望下降5%左右。武汉天河机场进境水果指定口岸通过验收并投入运营。2017年12月9日，第一批105吨智利车厘子和蓝莓，由智利直飞武汉，实现武汉天河国际机场第一次空运水果进境。武汉铁路口岸获批汽车整车进口口岸，武汉天河机场获批进口肉类指定口岸，正在加紧建设。

【口岸基础设施及配套设施】 2017年8月31日，武汉天河机场T3航站楼正式启用，T1航站楼和T2航站楼所有航班将一次性转入T3航站楼运行。武汉天河机场三期扩建工程按照满足年旅客吞吐量3 500万人次、货邮吞吐量44万吨、飞机起降40.4万架的目标进行规划设计，包括

T3航站楼、飞行区（第二跑道）、交通中心、城铁、地铁、空管、供油七大主体工程和122个单体工程。T3航站楼建筑面积49.5万平方米，是华中地区面积最大的航站楼。从功能设计上看，T3航站楼突出了“空空无缝中转、空地无缝换乘”的特点。在内部，T3航站楼采用航班到港、离港旅客垂直分流、集中候机的方式，实现了国内航班与国际航班间的方便转乘，转乘时间缩短至20分钟。在外部，T3航站楼可无缝衔接地铁、城铁、出租车、长途大巴、公交车、社会车辆6种交通方式。2017年12月20日，湖北国际物流核心枢纽项目开工仪式在湖北省鄂州市举行，该次开工项目包含航空都市区安置小区、花马湖水系综合治理、机场快速通道在内的8个工程。12月28日，阳逻港区集装箱铁水联运一期工程建成并进入试运营，初步形成与吴家山集装箱铁路中心站、滠口货场“一线串三珠”格局，实现武汉地区江海直达、汉欧班列、商贸物流3种集装箱运输方式的有效集并运转，物流成本大幅降低。距离铁水联运工程2千米，紧邻阳逻港集装箱一、三作业区的武汉多式联运海关监管中心项目同时开工建设，将为各种运输方式的货物换装、仓储、中转、集拼、配送提供海关、检验检疫“一站式”监管服务。

【口岸综合管理】 下大力气地推进项目实施，确保项目落地生根，进一步增加湖北开放口岸的数量，提高口岸开放水平。积极推进武汉港口岸扩大开放5个港区、黄石港扩大开放棋盘洲港区，加快宜昌三峡机场国际航站楼改扩建，推动恩施机场国际航站楼建设及联检单位配套设施建设。协调推动仙桃保税物流中心建设进度、荆门保税物流中心（B型）申报、武汉铁路口岸汽车整车进口口岸和武汉天河机场进口肉类指定口岸建设工作。积极支持湖北自贸试验区建设，对接自贸试验区口岸需求。大力优化通关环境。严格落实口岸的供给侧结构性改革，切实为外贸企业减负。积极推动免除查验没有问题外贸企业吊装、移位、仓储费用工作，2017年共减免费用200.51万元，惠及外贸企业1 591家。开展集装箱进出口环节合规成本专项治理活动，对进出口环节、流程、收费、递交单证数等方面情况及各环节时间进行检查。优化流程、提升时效，有效降低集装箱进出口环节成本。积极推动压缩货物通关时间，圆满完成年内通关时间压缩三分之一的目标。全力推动“7×24”小时通关，增强企业获得感。积极参与区域通关一体化改革，推进长江经济带区域通关一体化改革和检验检疫一体化改革，深化湖北与沿海、沿边口岸区域合作，为企业提供更加高效便捷的通关服务。认真履职尽责，积极配合自贸试验区及海关特殊监管区域安全生产专业委员会，开展安全生产大检查，督促运营单位构建口岸安全保障长效机制，确保口岸平稳运营。

【国际贸易“单一窗口”】 国际贸易“单一窗口”初步建成。“单一窗口”的14项主要建设任务有12项完成了开发工作，基本功能已经具备，使用范围覆盖全省口岸。全方位对接国家“单一窗口”标准版，通过“单一窗口”平台办理的各类通关业务超过5万单（票），使用企业累计超过2 000家。以口岸政务服务、口岸物流服务、口岸数据服务和口岸特色应用功能为主线，以提升口岸通关便利化为导向建设了21个特色应用项目。通关流程更优化，智能监管有成效，“三个一”通关模式、“双随机一公开”监管模式已在全省口岸覆盖，入网联合审批实现了让数据多跑路、企业少跑腿；服务湖北自贸试验区建设取得积极成效，出口退税平台上线让湖北成为继上海之后全国第二个上线“单一窗口”出口退税办理系统的省份。湖北加工贸易边角料交易平台上线实现了华中首个加工贸易边角料交易平台。

【中欧班列（武汉）】 中欧班列（武汉）首次实现三线（阿拉山口、满洲里、二连浩特）出关，目前班列线路17条，辐射欧洲、中亚、西亚等29个国家60多个城市。2017年共开行372列，同比增长66.07%，运输3.324万标箱，同比增长62.5%，重箱率高达97.71%。“汉欧通道+各城市”共享模式在湖北省推广，首次开通

"宜汉欧"铁路国际货运班列，宜昌货物直达欧洲。

【内河和近洋航线】 依托长江黄金水道，积极支持长江中游航运中心建设。"江海直达"航线、"泸汉台"集装箱快班稳定运行，武汉至东盟、日韩等近洋航线持续优化，武汉新港辐射力进一步加强。武汉港、黄石港国际直航业务正式启动并常态化运行。8月29日，黄石新港近洋国际直航暨固定始发班轮正式开通。运载着新冶钢钢材的巴拿马籍外轮从黄石新港始发至韩国釜山港，标志着黄石作为国家开放口岸彻底结束多年来没有开展直航业务的历史。

【航空运输网络】 2017年天河机场新开通武汉至宿务、悉尼、圣彼得堡、吉隆坡、西哈努克港等客运航线，武汉直飞芝加哥洲际货运航线。宜昌三峡机场新开通宜昌至曼谷、芭堤雅、芽庄包机航线。截至2017年年底，湖北国际和地区航线达到58条，通达城市分布北美洲、欧洲、大洋洲、亚洲，武汉天河机场的区域性航空枢纽地位不断巩固。

口岸监管与服务

【湖北省公安边防总队全年工作圆满完成】 2017年，湖北省对外开放口岸出入境流量取得新突破，继续领跑中部六省，在内陆12个省份中仅次于四川、重庆位居第三。全年共检查出入境人员2 862 688人次、交通运输工具17 856架（艘）次，同比分别增长12.24%和0.48%。查获一批在控、在逃和违法违规人员，持续保持零事故、零案件、零投诉复议的"三零"目标，群众满意率始终保持在99.9%以上，树立了湖北省对外开放口岸的良好形象。

【湖北省公安边防总队主动跟进全力推动江海直航】 紧跟国家"中部崛起"和"长江经济带"发展规划，对接湖北"建成支点，走在前列"和武汉"建设国家中心城市"战略，积极推动"江海直航"工作。多次走访有关单位，积极汇报相关工作，报送相关材料20余份。2017年，武汉港、黄石港均完成了近洋国际直航任务，结束了武汉阳逻港、黄石棋盘洲港作为国家开放口岸多年来没有出入境业务的历史，为长江中游地区加快发展开放型经济提供了更加便捷高效的水上黄金通道，也为下一步武汉港、黄石港扩大对外开放奠定了基础。

【湖北省公安边防总队创新方式提高便民利民水平】 2017年，部署开展"3·15"边检在行动、国际禁毒日、"8·19"品牌宣传日、"警营初体验"等爱民为民主题实践活动，为服务对象送法上门30余次，征求旅客群众的意见和建议50余条，为旅客提供出入境记录查询服务100余人次。积极推进通关一体化和信息互换、监管互认、执法互助，优化口岸查验流程，适应经济社会发展新常态、新形势。深入贯彻落实公安部"互联网+政务服务"部署，全面推广使用公安边防网上办事大厅，充分发挥旅游团申报、船舶进出口岸申报、领队信息备案和企业信息备案4项功能，制定多项措施推进网上办事大厅的部署应用，实现了网上办事大厅各项功能与执勤执法工作全口径对接，提高了便民服务水平。主动对接专项勤务工作，为智利前总统、智利特命全权大使弗雷·鲁伊斯·塔格莱代表团、俄罗斯和哈萨克斯坦军方代表团、第二届中美省州立法机关合作论坛参会代表团、第十七届"华创会"海外代表团、香港全国人大代表湖北视察团、2017武汉网球公开赛、中国国家男子足球队等重要团队提供边检通关礼遇便利。建成人工智能验放通道、自助通关通道各22条，在华中地区率先实现了1∶1等比例配置，全方位覆盖、智能化运行"一个平台、三个中心、十大系统"，全新启用的边检执勤硬件设施达到全国一流水平。

【湖北省公安边防总队立足本职完成重大安保任务】 十九大安保期间，多次召开视频调度会部署相关工作，细化各项工作措施，扩大重点人员审核范围，查获一批企图偷渡的犯罪分子，实现了湖北对外开放口岸安全稳定的目标。2月23日，法国总理卡泽纳夫率代表团结束对武汉的友好访问，乘专机从武汉天河机场口岸出境返回法国巴黎，总队召开专题会议研究总体工作方案，圆满完成了代表团123人、4支枪支、130发子弹的出境检查勤务和安保任务。3月，举办口岸反恐业务专题培训班，邀请上海总站、新疆总队等业务专家来队授课；4月，选派4名主管业务领导参加部局反恐业务培训班，提升领导反恐工作决策指挥能力；6月，组织调研组前往四川、西藏边防总队开展交流调研，强化反恐工作综合保障能力。

【长江海事局全面推行联合登临检查工作机制】 长江海事局落实“三互”大通关建设改革要求，整合执法力量，联合海关、国检、边防实施国际航行船舶登临检查工作，对到港船舶实现一站式登轮检查，大幅提升了船舶通关效率。按照公安部、交通运输部、海关总署、国家质检总局要求，长江海事局局属各开放口岸海事机构积极争取当地口岸办支持，主动协调口岸相关查验单位，共同建立集中登轮检查工作机制。长江海事局在湖北省境内有国际航行船舶的武汉、黄石口岸已开展集中登轮检查工作，有效优化查验工作流程，规范执法模式，减少多部门重复登临检查船舶的次数，大大减少对船舶正常营运的干扰，提升了口岸船舶检查和通关效率。

【长江海事局助力沿江口岸建设】 长江海事局大力服务湖北省沿江口岸开放，积极为口岸建设出谋划策，在口岸开放认证过程中，提供口岸开放水域确定、锚地划定、通航安全核准、危管防污建设等方面的专业建议，同时积极为口岸建设中的岸线与码头选址、水上水下工程施工作业、施工船舶管理、施工水域交通组织等方面出谋划策。积极服务于地方口岸开放审批，在湖北省现有武汉、黄石两个开放口岸及宜昌、荆州两个原二类口岸的基础上，积极指导局属分支局助推地方政府扩大开放武汉水运口岸花山、金口、汉南、黄州、鄂州港区和黄石水运口岸棋盘洲港区，指导审核上报国际航行船舶临时进出黄石棋盘洲口岸事宜，大力支持宜昌和荆州水运口岸由原二类口岸升级为开放口岸；优化各项许可审批流程，开辟绿色通道，尽可能缩短材料审查时间，努力为口岸开放提供优质快捷服务。

【长江海事局打造“平安长江”】 长江海事局加强安全预警，提高水上安全预防能力，加强与气象、水文和地灾等部门的沟通协作，健全合作共建机制，强化预警服务；严格落实恶劣天气等条件下船舶禁限航管理规定，落实后续管制措施，确保关键时刻“禁得下、管得住”；加大渡运和已建、在建桥梁通航安全隐患排查，严防重大人员伤亡和船舶撞桥等恶性事故的发生，强化水上安全风险预防。加强重点监管，提高水上安全监管水平，突出客船和危险品船舶重点，开展专项整治，强化客船动态监管和危险品船动态监控；突出群众集中出行重点时段监管，确保沿江百姓平安出行。加强巡查管控，维护水上良好通航秩序，进一步完善电子巡航系统，扩大VTS监管覆盖水域，强化现场巡查；完善通航水域分级标准及相应监管措施，优化一、二级水域监管资源和应急力量配备，强化现场管控；强化桥区、施工区、锚泊区等水域的监管巡查，严防走锚、断缆和碰撞事故发生。加强危管防污，增强船舶污染防治能力，按照交通运输部统一部署，组织开展了危险品运输专项整治；在武汉新港核心港区阳逻港建设武汉水上监管救助基地，并配建了岸壁式码头，配置了溢油回收船2艘，提升了口岸开放水域的船舶安全保障和污染事故应急处理能力。

【武汉海关服务口岸大通关】 全国海关通关一体化改革顺利实施。制订7项实施方案，组建改革应急服务队，全国通关一体化改革平稳对接落地。税收征管方式改革扎实推进，专业验估管理模式初步建立。实施隶属海关功能化建设改革，完成机构调整和人员配置，初步建立业务集约化管理模式。贸易便利化水平有效提升。深化“放管服”改革，推进“三互”大通关建设，助推国际贸易“单一窗口”上线。推行“双随机、一公开”，随机布控率、随机派员查验率分别达到97.04%、100%。通关无纸化率为97.65%，高于全国平均水平。全年关区进、出口货物通关时间分别为16.89小时、1.17小时，较2016年缩短40.34%、45.33%，实现货物通关时间压缩三分之一目标。

【武汉海关支持地方创新发展】 制定实施28项支持促进湖北自贸试验区发展的创新举措，有7项入选湖北省十大拟复制推广制度创新成果，经商务部等部委初审，其中2项成果有望向全国复制推广。协助省内6个口岸做好开放和扩大开放准备。推动2个综合保税区通过验收并封关运行，指导做好5个保税物流中心的申报建设和运营工作，助力武汉出口加工区向综合保税区升级。支持武汉开通至欧美航空全货运航线。优化营商环境，为国家存储器基地、华星光电等重大项目提供业务指导和服务。主动加强热点问题的调研分析，为地方发展提供参考建议。全年报送各类监测预警分析报告88篇，被湖北省委省政府采用70余篇次，获各类媒体刊载、转载近百篇次。

【武汉海关创新通关监管模式】 推进“金关”二期智能卡口系统在水运口岸试点应用，在长江内支线率先实现转关监管船舶及货物的智能管理。开发部署旅检智能通关系统，对旅客行李实现全程视频监控、智能风险识别和高风险旅客闸机自动拦截；开设“武易通关”微信公众号，实现行邮物品自助申报、缴税，有效提升顺势监管水平和旅客通关体验。推进税收征管方式改革，落实“自报自缴、汇总征税”政策。通过多种途径开展宣传，指导各业务现场通过张贴公告、召开企业座谈会等方式做好政策宣传解释工作；组织召开税收征管方式改革推介会，积极推介各项税收优惠措施；主动向新闻媒体发声，开展一系列专题宣传报道，扩大影响力，提升社会效应。主动参与归类先例试点，关区2家企业的53项商品成功列入海关总署数据库，帮助同类进口产品提高了通关时效。

【武汉海关支持“一带一路”标志性项目建设】 创新实施“运单归并”“合并转关”“车边验放”等举措，助推中欧班列（武汉）发展，2017年监管班列数、货运量、货运值同比分别增长67.41%、90.51%、47.26%，武汉始发班列的开行线路数、重箱实载率在各节点城市中位居前列。助推长江中游航运中心和多式联运海关监管中心建设，实现武汉阳逻港通关业务全程网上办理。支持武汉天河机场打造中部航空客运枢纽，监管进出境人员278.3万人次，创历史新高，居中部地区前列。跨关区联合执法，知识产权保护“龙腾”行动见成效，为湖北品牌“走出去”保驾护航。

【武汉海关规范进出口贸易秩序】 强化查验管理，达到海关总署要求。深化综合治税，税收征管的质和量同步提升。加工贸易手册报核及时率和结案及时率分别达到99.37%和99.88%，优于全国平均值。稽查企业113家，发现有问题企业63家。2017年监管进出口货值476.17亿美元，同比增长10.60%；已结关进出口报关单45.13万份，同比增长15.37%；监管进出境邮递物品、快件1 324.21万件，同比增长1.44倍；累计税收入库151.11亿元，同比增长16.33%。保持打私高压态势，案件侦办再创佳绩。开展“国门利剑2017”“国门雷霆”等专项行动，查获多起毒品、武器弹药、大米、手机、冻品走私案，有力遏制规模性走私活动。2017年，刑事案件立案36起，案值9.3亿元，同比分别增长12.50%、321.96%；行政案件立案267起，案值3.2亿元。

【湖北出入境检验检疫局推动质量全面提升】 从全面提升产品质量、破除质量提升瓶颈、夯实质量基础、完善质量监管4个方面全面开展质量提升行动。编制完成湖北重点进出口商品质量分析白皮书，为政府决策提供参考。参与地方政府质量工作考核，完成17个地市州口岸检验检疫综合能力建设情况考评，推动武汉、宜昌、鄂州创建“全国质量强市示范城市”。开展“质量月”宣传，举办“进口食品安全知识讲座”“国门生物安全进校园”“实验室开放日”“口岸截获违禁物集中展示与销毁”等系列活动，营造全社会关注质量提升行动氛围，推动形成质量社会共治局面。发挥湖北省农产品出口工作协调领导小组和省出口食品农产品监控中心作用，推动湖北“两区一品”建设（出口食品农产品质量安全示范区、生态原产地产品保护示范区和生态原产地产品保护）。与省食药局、贸促会签署合作备忘录，助力出口食品农产品提升质量。全省建成8个国家级示范区，23个省级示范区，1个生态原产地示范区；共有生态原产地保护产品20个，GAP认证产品57个，有机认证示范区产品1 059个。2017年全省食品农产品出口货值18.97亿美元，同比增长11.8%，其中示范区供应的产品占到全省食品农产品出口总值的60%以上。持续推进“同线同标同质”工程，全省“三同”企业增至52家，“三同”产品销售额过5亿，实现了企业扩量、产品扩容、市场扩展、影响扩大。

【湖北出入境检验检疫局维护国门安全】 开展进出口食品安全监督抽检和风险监测，对国外通报不合格信息进行调查、分析和处置，对13家出口蜂产品企业、9家输美鮰鱼企业集中约谈。对出口螃蟹进行二噁英监测，对出口蛋品进行氟虫腈监测。全年对195批、货值132.2万美元检出不合格进出口食品依法销毁或退运处理。对进口澳大利亚“GW”牌润滑油、日本光敏印章机、韩国鼻腔扩张器等实施退运，对进口不合格日本电缆实施销毁。开展进口日本神户制钢涉假金属材料专项风险排查，组织雷克萨斯两款轿车制动器缺陷问题调查，开展目录外进出口消费品抽查。开展口岸传染病、医学媒介生物、反恐及核生化有害因子监测，严防寨卡、黄热病、埃博拉等重大烈性传染病疫情传入。首次在天河机场截获放射性风险矿石样品。开展口岸“绿蕾3”行动，严厉打击非法携带、邮寄植物种子种苗进境行为。湖北辖区截获各类进境植物疫情32 250种次，同比增长97.1%；截获检疫性有害生物32种次，同比增加10.3%，其中光胸断眼天牛、赤材小蠹等7种检疫性有害生物为湖北辖区首次截获。2017年全省共完成出入境货物检验检疫10.6万批，货值90.2美元，同比分别增长66.17%和83.56%；检验不合格批次1 190批，不合格货值1.95亿美元，同比分别下降11.13%和增长25.00%。集装箱检验检疫29.2万标箱，检疫出入境飞机1.77万架次，出入境人员查验286.2万人次，健康检查3.4万人次，发现病例9 606例。全省共签发原产地证书8.2万份，签证金额43.1亿美元，共帮助企业享受国外关税减免优惠2.0亿美元。

【湖北出入境检验检疫局服务国家战略和重大项目】 出台16项措施服务“一带一路”建设，支持中欧班列双向常态化运行，带动湖北机电产品出口欧洲，为木材等资源性商品进口提供便捷通道。建设“长江经济带”智慧国检平台，服务武汉新港近洋集装箱快班航线，推动武汉新港进口肉类指定口岸及东湖综合保税区保税物流园进口肉类指定查验场通过国家质检总局验收，指导武汉新港空港综合保税区建设并通过国家十部委联合验收。促进武汉天河机场成为国际先进、国内一流枢纽型机场，国际航线达101条，出入境人员286.2万人次。一对一帮扶国家存储器项目、鄂州国际物流核心枢纽项目、松滋车阳河码头进口废纸等项目建设，检验武汉天马微电子有限公司进口成套设备80批、货值1.8亿美元，保障重点工程和项目顺利推进。

【湖北出入境检验检疫局支持湖北自贸试验区建设和汉口北新业态发展】 全面落实湖北自贸试验区总体方案10项改革试点任务，从简政放权、改革监管模式、优化服务3个方面推出首批15项检验检疫改革创新事项，配套印发17个规范性文件和12个企业办事指南文件，组织150余家出口企业举办两次政企对接宣传活动，推动改革创新事项落地实施。借鉴“南沙模式”指导汉口北检验检疫基础设施建设，创新市场采购监管模式，构建货物溯源体系，降低查验比率，提升通检效率。实施“双备案”制度，推行“一机双屏双控”模式，确保跨境电商商品源头可查、质量可溯、全程可控。

【湖北出入境检验检疫局深化检验检疫业务改革】 推进检验检疫一体化改革，推广运用e-CIQ主干系统，完成1 099家进出口企业无纸化系统备案审批，受理无纸化申报14.41万批，基本实现无纸化报检全覆盖。参与省市“单一窗口”建设，申报“湖北省国际快件电子系统”等3个项目纳入湖北省电子口岸建设计划。与武汉新港管委会共建电子口岸“单一窗口”。出台“双随机、一公开”工作方案，制定11项实施细则，运行“双随机”抽签系统实施19项抽查事项，共计1 888家企业、160位执法人员纳入“双随机”规范管理。推行网上审批，实施行政许可信息化工程，全局网上审批项目占到全部行政许可项目的55.5%，加入湖北省信用信息公共服务平台，落实“七天双公示”和“一周零申报”制度。压缩检验检疫通关时长，从提升申报效率等5个方面全方位进行优化，平均检验检疫时长大幅下降。

开放口岸

【武汉空运口岸（武汉天河国际机场）】 武汉空运口岸位于湖北省武汉市黄陂区天河街。天河国际机场被国家民航局定位为全国重要的枢纽机场，1995年4月15日投入使用，1997年8月经国务院批准对外国籍飞机开放，2003年11月经国务院批准开展落地签证业务。2015年5月1日起，武汉天河机场实施72小时过境免签政策。2017年8月，天河国际机场T3航站楼正式启用。

2017年，武汉航空口岸累计出入境283.77万人次，同比增长12.76%，其中出境142.58万人次，入境141.19万人次；客运飞机累计17 546架次，同比增长1.76%。累计完成口岸货运量2.49万吨，同比增长3.89%。其中，进口货运量0.79万吨，同比增长15.25%；出口货运量1.7万吨，同比持平。货运飞机累计143架次。

【宜昌空运口岸（宜昌三峡机场）】 宜昌空运口岸位于湖北省宜昌市猇亭区，距宜昌市中心26千米，距三峡大坝55千米，北接宜黄高速公路，南临长江黄金水道，东临焦枝铁路。宜昌三峡机场，是按4E级标准规划，一期工程按4D级标准建设。跑道全长2 600米，可满足B737、B757、B767、A320等同类及其以下机型起降；停机坪设有6个停机位；航站楼建筑面积14 816平方米。宜昌三峡机场于1996年12月28日正式通航，2004年6月加入海航集团。三峡机场航空口岸于2005年7月获国务院批准对外开放，2007年11月25日通过国家正式验收。

宜昌三峡机场自开放以来，先后开通了至日本茨城，香港，台中、高雄，韩国首尔、釜山、大邱、清州、襄阳，泰国曼谷、芭堤雅，越南芽庄等地区的直航包机。2017年，新增了至泰国、越南等东南亚著名旅游目的地的直达航线，全年完成旅客吞吐量2.38万人次，同比下滑27.9%。同时，机场口岸设施建设不断完善，口岸功能逐步扩展，通关环境日趋优化。三峡机场国际厅完成更新改造，并通过国家质检总局的核心能力建设评审。

【武汉水运（河港）口岸】 武汉水运（河港）口岸一期工程于2004年投入运营，建有2个5 000吨级（兼顾万吨级）集装箱泊位及配套设施，设计年吞吐能力25万标箱。二期工程于2010年投产，拥有4个5 000吨级集装箱专用泊位，设计年吞吐能力75万标箱。三期工程正在规划建设中，共规划17个5 000吨级兼顾万吨级集装箱泊位及配套设施，首批建设4个泊位，设计年吞吐能力80万标箱。

“江海直达”货运量增幅较大，累计开行1 233班次，货运量485.91万吨；集装箱吞吐量26.47万标箱，同比增长36.5%。

【黄石水运（河港）口岸】 黄石是我国中部地区重要的原材料工业基地和国务院批准的沿江对外开放城市，是全国53个重点港口城市和133个客货主枢纽城市之一。1980年9月，黄石港经国务院批准开办对外贸易运输业务，1993年6月15日经国务院批准对外国籍船舶开放，是湖北省两个开放水运口岸之一，海关、检验检疫、边检、海事、国税、外汇和货代、船代公司等口岸执法部门及口岸服务企业齐备。港口位于长江中游南岸，上距武汉143千米，下距上海982千米，常年水深在8~20米之间，水陆域条件良好，河势稳定，地质条件较好，5 000 吨级远洋货轮可常年自由进出，近洋航运可直达日本、韩国、我国香港及东南亚地区。

近年来黄石外向型经济发展迅速，进出口总额在全省名列前茅，坐落在城区原有的老口岸已远远不能满足黄石外向型经济发展需求。2016 年黄石港口岸棋盘洲港区正式启动建设，同年 12 月 18 日棋盘洲港区海关监管场所通过武汉海关验收，正式开展进出口业务。黄石港口岸棋盘洲港区上距黄石市约 29 千米、武汉市 143 千米，下距九江 99 千米、上海 982 千米，水陆交通极为便利。棋盘洲港区常年水深 7.5 米，丰水季水深超 10 米，水陆域条件良好，河势稳定，地质条件较好，是长江中游少有的优良深水港区。

黄石口岸棋盘洲港区一期岸线长 884 米，3 000 吨级兼顾 5 000 吨级泊位共 7 个，后方陆域约 68.8 万平方米。港区配备了一批长江流域先进的信息化系统、集装箱装卸等大型专业化设备，整体建设水平优于内河同类型口岸。现二期工程正在建设，二期岸线长 1 024 米，8 个 5 000 吨级兼顾 10 000 吨级泊位。

黄石市政府出台多项优惠政策，吸引培育一批船代、货代、外贸企业入驻。加大了开辟江海直达内支线固定班轮力度，每周开通了 1 班黄石至上海洋山港和 2 班黄石至上海外高桥的固定航线，提升了黄石口岸货物通江达海的流通速率。

黄石口岸棋盘洲港区已经实现了公路、铁路、水路等多种运输方式无缝对接，并已做好与鄂州顺丰国际物流枢纽机场的对接，将建成现代化综合性港区。湖北地级市首家保税物流中心——黄石棋盘洲保税物流中心紧邻棋盘洲港区，可以实现黄石港口、口岸和保税物流中心“三位一体”的对外开放体系，全方位提升黄石对外开放水平。

2017 年湖北省口岸大事记

1 月 8 日

开通武汉—宿务国际客运航线。

1 月 27 日

开通武汉—悉尼国际客运航线。

2 月 3 日

国家口岸办批复同意外籍临时客运包机从湖北宜昌三峡机场进出境，时间为 2017 年 3 月 22 日至 9 月 22 日。

2 月 23 日

首列法国里昂至武汉中欧班列抵达。

3 月 22 日

开通武汉—吉隆坡国际客运航线。

4 月 2 日

开通宜昌—曼谷国际客运包机航线。

4 月 4 日

开通武汉—圣彼得堡国际客运航线。

4 月 18 日

海关总署复函同意省级联合验收组的验收结果，襄阳保税物流中心（B 型）验收合格，正式封关运营。

5 月 23 日

开通武汉—柬埔寨西哈努克港国际客运航线。

5 月 28 日

国务院批准武汉铁路口岸为汽车整车进口指定口岸，填补了湖北省这一领域的空白。

6 月 1 日

武汉新港阳逻港进口肉类指定口岸及东湖综合保税区保税物流园进口肉类指定查验场，经国家质检总局专家审核验收，认定合格。

6 月 7 日

武汉新港空港综合保税区顺利通过国家验收，成为湖北省继武汉东湖综合保税区后第二家综合保税区。

6 月 20 日

仙桃保税物流中心（B 型）主体工程开工。

7 月 4 日

开通宜昌—越南芽庄国际客运包机航线。

7 月 18 日

《武汉长江中游航运中心总体规划》通过专家评审。

7月20日

交通运输部正式批复同意黄石新港口岸临时开放。

8月1日

海关总署发文明确黄石水运（河港）口岸扩大开放棋盘洲港区、宜昌空运口岸扩大开放正式列入2017年口岸开放审理计划。

武汉海关正式批复同意黄石新港口岸开展内外贸同船运输业务。

8月3日

中欧班列（武汉）开通“四国拼箱”服务。首次开行至匈牙利的拼箱班列。

8月14日

湖北省电子口岸与国际贸易“单一窗口”标准版正式对接。

8月21日

武汉海关办理首票“中欧直取”业务，每批次节省提货时间72小时以上。

8月22日

国家口岸管理办公室再次批复同意外籍临时客运包机从湖北宜昌三峡机场进出境，时间为2017年9月23日至2018年3月23日。

8月26日

中欧班列（武汉）首次实现“三线出关”。从武汉铁路局汉西车务段吴家山车站安全开出，从内蒙古二连浩特出境，途经蒙古国，驶往俄罗斯沃罗滕斯克站，这是中欧班列（武汉）首次经由二连浩特口岸出境开往欧洲。

8月29日

黄石新港近洋国际直航暨固定始发班轮正式开通。运载着新冶钢钢材的巴拿马籍外轮从黄石新港始发至韩国釜山港，标志着黄石作为国家开放口岸彻底结束多年来没有开展直航业务的历史。

8月30日

中国（湖北）国际贸易“单一窗口”铁路拆拼箱辅助管理系统正式上线启用。

8月31日

武汉天河机场T3航站楼正式启用。

9月30日

武汉新港阳逻港进口肉类指定口岸顺利完成进口肉类产品首票入境工作，标志着武汉新港阳逻港进口肉类指定口岸及查验场正式运营。

11月15日

中国（湖北）国际贸易“单一窗口”出口退税平台正式上线运行。

11月20日

首趟“宜—汉—欧”铁路国际货运班列开行，宜昌货物直达欧洲。

12月9日

第一批105吨智利车厘子和蓝莓，由智利直飞武汉，实现武汉天河国际机场第一次空运水果进境，武汉天河机场进境水果指定口岸通过验收并投入运营。

12月18日

武汉海关宣布全面启动减免税申请无纸化改革，并取消减免税备案环节，进一步“让信息多跑路、让群众少跑腿”。

12月20日

湖北国际物流核心枢纽项目开工仪式在湖北省鄂州市举行。

12月26日

财政部、海关总署、国家税务总局、国家外汇局联合下发《关于准予设立荆门保税物流中心（B型）的通知》，正式批复同意设立荆门保税物流中心（B型）。

12月28日

阳逻港区集装箱铁水联运一期工程建成并进入试运营。武汉多式联运海关监管中心项目主体工程开工建设。

（撰稿人：徐一芳、陈宇翔、冯然、胡烈山、韩伟、袁子星、魏玉军、余碧云）

2017年湖北省口岸流量统计表

口岸类型		口岸名称	货运量（万吨）				集装箱量（万标箱）				人员（万人次）			交通工具（辆、艘、架、列次）				
			出口	进口	合计	同比（%）	出口	进口	合计	同比（%）	出境	入境	合计	同比（%）	出境	入境	合计	同比（%）
空运口岸																		
空运口岸		分计	6.43	1.94	8.37	4.90			0.00		143.49	142.78	286.27	12.20	8 921	8 930	17 851	0.45
陆路口岸	公路口岸				0.00				0.00				0.00				0	
陆路口岸	公路口岸	分计	1.03	0.76	1.79	171.50			0.00				0.00				0	
陆路口岸	铁路口岸								0.00				0.00				0	
陆路口岸	铁路口岸	分计	8.15	20.31	28.46	100.30			0.00				0.00				0	
水运口岸	海港口岸				0.00				0.00				0.00				0	
水运口岸	海港口岸	分计			0.00				0.00				0.00				0	
水运口岸	河港口岸																	
水运口岸	河港口岸	分计	515.68	1 544.32	2 060.00	-11.70			0.00				0.00		3	2	5	
合计			531.29	1 567.33	2 098.62		0.00	0.00	0.00		143.49	142.78	286.27		8 924	8 932	17 856	0.48
同比（%）			0.02	-0.15	-0.11						0.12	0.12	0.12		0.01	0.00	0.00	

（湖北省口岸办提供）

2017年湖北省口岸出入境主要数据表

项目			2017年	2016年	同比（%）
出入境人员（人次）	出入境人员总数		2 862 688	2 550 415	12.24
	入境人员		1 427 819	1 270 088	12.42
	出境人员		1 434 869	1 280 327	12.07
	出入境旅客		2 697 619	2 390 371	12.85
	出入境员工		165 069	160 044	3.14
	中国公民	小计	2 515 966	2 241 417	12.25
		内地居民（因公）	84 536	99 392	-14.94
		内地居民（因私）	2 239 551	1 981 250	13.04
		港澳居民	57 804	52 382	10.35
		台湾同胞	134 075	108 393	23.69
	外籍人员		340 191	308 998	10.09
	从海港出入境人数		62		100.00
	从陆港出入境人数				
	从空港出入境人数		2 862 626	2 550 415	12.24
交通运输工具（辆、艘、架、列次）	总计		17 856	17 771	0.47
	船舶		5		100.00
	飞机		17 851	17 771	0.45
	火车				
	机动车辆				

（湖北省公安边防总队提供）

2017 年武汉海关主要数据统计表

项目		2017 年	同比（%）
进出口货运量（万吨）	合计	2 098.62	-10.90
	进口	1 567.33	-14.50
	出口	531.29	2.00
进出口贸易总值（万美元）	合计	2 771 892.71	18.90
	进口	1 338 354.39	20.00
	其中：江、海运输	745 936.89	21.10
	铁路运输	43 577.29	123.90
	汽车运输	243 105.70	37.40
	航空运输	305 545.38	0.80
	邮件运输	189.13	129.00
	其他运输	0.00	0.00
	出口	1 433 538.32	18.00
	其中：江、海运输	875 149.09	20.80
	铁路运输	88 800.40	42.70
	汽车运输	166 656.23	44.80
	航空运输	302 470.86	-3.20
	邮件运输	461.74	-53.60
	其他运输	0.00	0.00
税收（万元）	两税合计	1 511 414	16.34
	关税入库	216 197	10.44
	进口环节税入库	1 295 217	17.38

（武汉海关提供）

2017 年湖北省出入境检验检疫业务统计表

项目	货物检验检疫				交通工具				集装箱（标箱）		发现动植物疫情		货物通关		出入境人员查验（人次）	健康检查及预防接种（人次）			
	批次	金额（万美元）	检验检疫不合格 批次	检验检疫不合格 金额（万美元）	船舶（艘）	飞机（架）	火车（节）	汽车（辆）	合计	检出问题	种类数	种次	批次	金额（万美元）		健康检查	艾滋病监测	发现病例	预防接种
本年累计	106 210	796 935	1 190	19 490		17 681			291 663	1 148	17	10	68 260	486 897	2 861 954	34 295	32 412	9 606	28 977
其中 出境	88 158	545 152	78	260		8 838			185 717				52 470	342 223	1 429 945	26 181	25 980	9 335	28 923
其中 入境	18 052	251 783	1 112	19 230		8 843			105 946	1 148	17	10	15 790	144 674	1 432 009	8 114	6 432	271	54
同比（%）	66.07	62.04	-11.13	33.63		1			62.38	266.77	-77.33	25	12.89	16.34	12.96	-3.2	-3.58	57.76	-12.4
其中 出境	70.52	57.95	-66.23	-86.92		1.14			76.48	-100			21.47	33.27	-5.04	-5.16	61.03	61.03	-12.28
其中 入境	47.3	71.67	0.36	52.69		0.86			42.43	-269.13	-77.33	25	-8.58	-10.54	3.24	3.38	-7.19	-7.19	-49.53

（湖北出入境检验检疫局提供）

2017 年长江海事局进出港船舶统计汇总表

船舶类别	进港船舶							出港船舶						
	艘数（艘）	总吨（吨位）	总载重量（吨）	载客量（客位）	船员人数（人次）	货物到达量（吨）	旅客到达量（人）	艘数（艘）	总吨（吨位）	总载重量（吨）	载客量（客位）	船员人数（人次）	货物发送量（吨）	旅客发送量（人）
总计	71 195	3 865 935	5 231 334		12 193	1 817 834		1 148	3 792 438	5 136 559		11 623	1 823 650	
中国籍船舶	71 195	3 865 935	5 231 334		12 193	1 817 834		1 148	3 792 438	5 136 559		11 623	1 823 650	
其中外贸船														

（长江海事局提供）

湖　南　省

湖南省口岸分布示意图

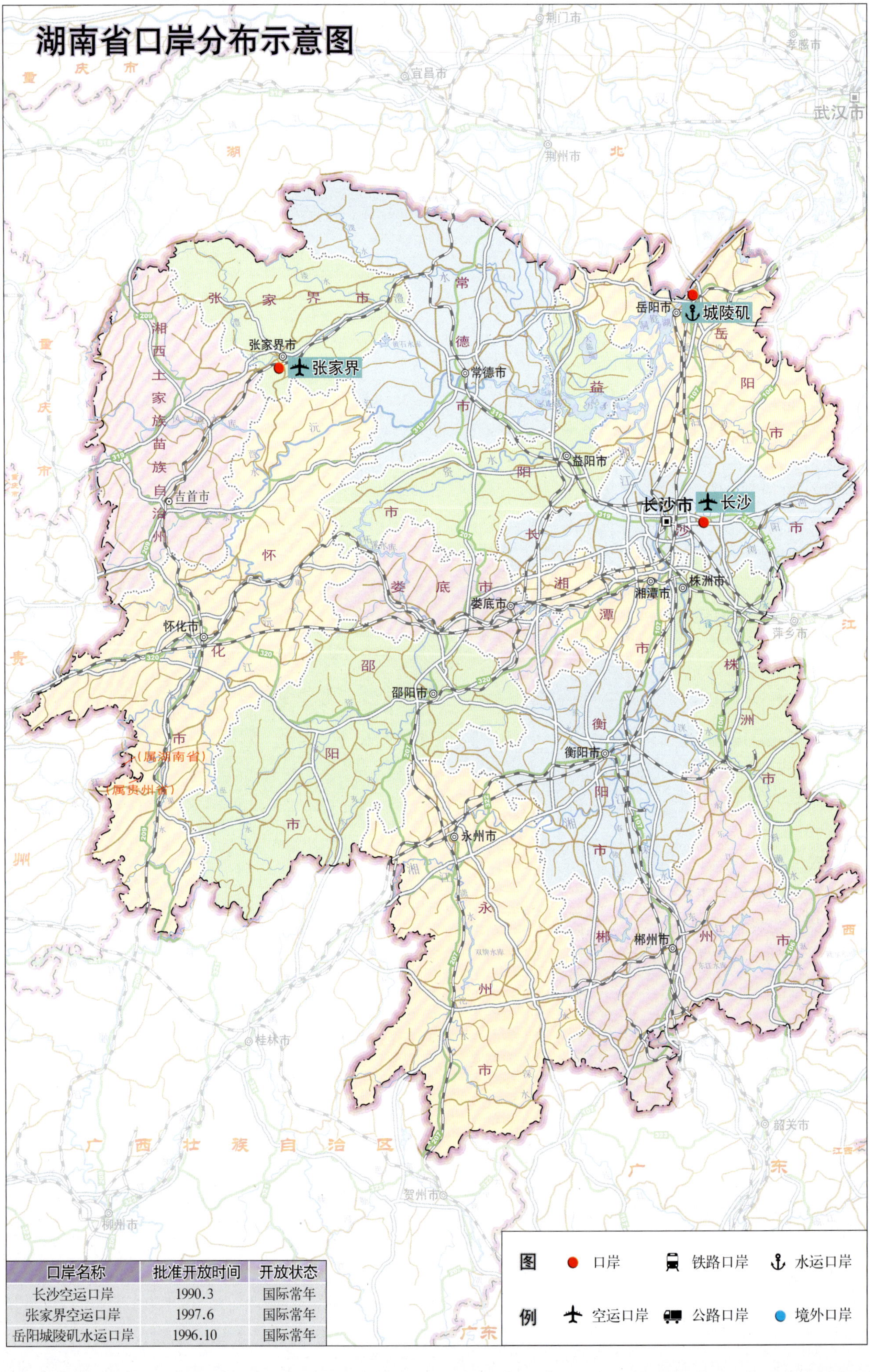

口岸名称	批准开放时间	开放状态
长沙空运口岸	1990.3	国际常年
张家界空运口岸	1997.6	国际常年
岳阳城陵矶水运口岸	1996.10	国际常年

口岸数量及分布

截至2017年年底，湖南省共有经国务院批准的对外开放口岸3个。其中，空运口岸2个，分别为长沙空运口岸（长沙黄花国际机场）和张家界空运口岸（张家界荷花国际机场）；水运（河港）口岸1个，即城陵矶水运（河港）口岸。

口岸运行数据

2017年，湖南省外贸进出口360.4亿美元，同比增长37.3%。其中，出口231.7亿美元，同比增长31.0%；进口128.7亿美元，同比增长50.4%。

按运输方式分，水路运输230.72亿美元，同比增长29.7%；铁路运输2.72亿美元，同比增长97.1%；公路运输94.02亿美元，同比增长48.6%；航空运输25.91亿美元，同比增长45.4%；邮件运输46万美元，同比减少39.2%；其他运输方式7.01亿美元，同比增长227.6%。

从进出口货物情况看，2017年进口货值排前3位的商品是：铁矿砂及其精矿，17.51亿美元；同比增长46.5%；集成电路，10.92亿美元，同比增长245.4%；汽车零配件，7.81亿美元，同比增长11.2%。进口量较大的有铁矿砂及其精矿、汽车、金属加工机床等。出口货值排前3位的商品是：服装及衣着附件，14.66亿美元，同比增长27.0%；鞋类（鞋），10.24亿美元，同比增长26.9%；扬声器，9.09亿美元，同比减少101.8%。出口量较大的有圣诞用品、扬声器、蓄电池和电话机等。

2017年，湖南省口岸出入境人员251.75万人次，同比增长2.17%；出入境交通运输工具1.6万架（艘）次。其中，空运口岸出入境人员251.74万人次，同比增长2.16%。从具体口岸看，长沙空运口岸出入境人员238.87万人次，同比增长11.2%；张家界空运口岸出入境人员12.87万人次，同比减少59.3%。全省口岸出入境旅客为237.45万人次，同比增长2.48%。

口岸综合管理

【口岸平台建设全面提速】 参与制订和推进对接自贸试验区提升大平台开放行动，加快口岸平台设施完善和功能提升。长沙空运口岸国际快件中心建成，开通离境退税业务，保税航油业务获批。城陵矶水运口岸滚装码头、进口汽车检测线、疏港道路建设加快推进。张家界空运口岸国际货站、丰泽保税仓建成运营。永州农产品验放场、湘西公路口岸、娄底铁路口岸、怀化铁路口岸、岳阳公路口岸等建设完成，长沙霞凝铁路货场二期、邵阳公路口岸等项目建设进展顺利。长沙、郴州、湘潭进口肉类查验场获批，长沙、郴州项目建成提请验收。

【国际客货运输通道开拓取得积极进展】 空运口岸新增国际（地区）客运航线16条（定期航线6条，包机航线10条），新开长沙至莫斯科及至埃及开罗、阿斯旺洲际航线，初步实现五大洲国际客运航线全覆盖。开通长沙至越南胡志明全货机航线，实现湖南省国际全货机定期航线零的突破。相继组织开通湘欧快线长沙—明斯克、长沙—布达佩斯、汉堡—长沙、布达佩斯—长沙、长沙—伊朗5条线路。累计开行线路12条（10去2回），直接途经国家14个，物流服务实际覆盖国家27个。开行长沙、常德等地至城陵矶水上穿梭巴士，促进省内外货源向岳阳港汇集。恢复岳阳至洋山港直航，提质开行岳阳至上海五定快轮，加强至东盟、澳大利亚接力航线组织，国际水运时效显著提升，2017年，城陵矶口岸完成集装箱吞吐量422 843标箱，同比增长43.65%。

【各类指定口岸发展初现成效】 加强肉类、粮食、固废、整车、食用水生动物、冰鲜水产品进口指定口岸运营培育，促进货运吞吐量提升和岳阳城陵矶综合保税区、长沙黄花综合保税区关联业务发展。2017年，城陵矶口岸汽车整车口岸成功打通平行进口汽车从上海转关进口的关键环节，多家企业布局城陵矶港着手进口汽车业务，全年共进口汽车 456 台，同比增长 70.79%；全年进口粮食及其制品 104.4 万吨，同比增长 90.8%，“百万粮港”目标顺利实现；实现冻肉进口 3 931 吨，同比增长 28.6%，总量稳居全国内河口岸第 3 位；实现固体废物进口 16.1 万吨(废纸)，与 2016 年基本持平。长沙空运口岸进口食用水生动物 52 吨，同比增长 481.2%；进口冰鲜水产品 2.65 吨，同比增长 131.6 倍。

【综合保税区百亿级外贸平台建设顺利推进】 全省综合保税区、保税物流中心建设全面收官，长沙黄花综合保税区、郴州综合保税区、株洲铜塘湾保税物流中心如期建成运营，湘西吉首华泰保税仓和华南蓝天航油“两仓”顺利建成，邵阳经开区“两仓”项目于 2017 年 10 月正式开工。加强招商引资和发展统筹，入驻企业和进出口业绩实现大幅增长，各区域场所有进出口实绩的企业达到 214 家，共完成进出口 44.64 亿美元，同比增长 107.3%。开展全省海关特殊监管区域发展情况调研，起草调研报告，推进海关特殊监管区域创新发展。

【中国（湖南）国际贸易“单一窗口”全面推广】 依托湖南省电子口岸信息平台，全面部署对接国际贸易“单一窗口”国家标准版，开通货物、交通工具申报等 9 项功能。举办推广培训会 17 场，培训服务进出口、报关、物流企业 800 余家近 1 200 人次，报关覆盖率超过 50%，实现全省口岸、海关特殊监管区域全覆盖。截至 2017 年年底，湖南省“单一窗口”申报业务量在第二批试点地区名列前茅，顺利完成国家制定的目标。

【重大涉外活动通关服务保障水平持续提升】 组织协调边防、海关、国检等联检单位，为重大外事活动、重点经贸活动提供口岸通关服务。为英国安妮公主、罗马尼亚副总理等贵宾提供礼遇通关或通关便利 31 批次 750 人次。为“泛珠论坛”“矿博会”“食餐会”等 9 个重大涉外会展活动提供人员、货物通关服务保障。制定特殊通关模式，圆满完成中国足球队长沙赛后转赴德黑兰参赛、“枭龙”战机入境维修、“2・12”电信诈骗专案 74 名犯罪嫌疑人境外押回、“5・24”涉台专案人员通关等特殊通关任务。圆满完成 1012 头北美种猪直接进境通关保障任务，并推动形成常态化工作机制。

【口岸国际、国内交流合作明显加强】 积极对接“一带一路”建设，牵头组织赴德国、荷兰、英国等地交流访问，广泛拜会当地航空、铁路、港务、物流机构和贸易协会，推动增开国际客货运航线、湘欧班列线路，促进双边经贸往来和国际物流合作。牵头组织在长沙、郑州召开口岸检验检疫业务培训班，取得热烈反响和丰硕成果。全面加强口岸跨区域合作，牵头组织起草并成功签署《深化泛珠三角区域合作协议》，系香港、澳门特别行政区海关组织首次与内地口岸管理机构签署类似协议。就湖南省货物出口通道、粤港澳直通车管理、空运口岸保税航油进口等事宜，与广东、福建、上海、江苏、湖北、河南、江西等地口岸单位积极沟通协调。

【口岸大通关改革全面深化】 牵头组织海关、国检、交通等单位研究部署，采取有效措施压缩货物通关时间，推动通关流程“去繁就简”，实现压缩货物通关时间三分之一的工作目标。组织开展降低集装箱进出口环节合规成本专项治理行动，清理口岸不合理收费，健全落实合规收费项目清单管理和公示制度，通关成本进一步降低，专项整治取得初步成效。实现海关、检验检疫全国通关一体化。签署《泛珠三角区域口岸通关合作协议》。长沙、郴州开通至香港跨境一锁“湘粤港直通快车”，将湖南省至香港公路运输全程时间缩短 10 小时，湖南省成为内地首个纳入粤港澳快速通关体系省份。

口岸监管与服务

【边防积极延伸服务管理】 一是便利通关实现新突破。张家界边检站启用自助通道，长沙边检站优化直通式全自助通道的硬件设施，拍摄《长沙边检入境通关指南》宣传片，并通过各大旅行社、航空公司、机场广泛宣传，扩大边检各项入境查验政策的社会认知度。长沙、张家界边检站进一步改进现场提示标志、警示标志和服务标志，使各项指引更加醒目、规范，方便旅客快速通关。近45万人次旅客享受到“拍拍证、刷刷脸、摁摁指纹”即可通关的自助查验便利，超过入境旅客总数的40%，人员往来更加便利、高效。二是促进口岸发展提质出实招。总队各单位积极走访省市职能部门，推动口岸协作事项实体化运行。坚持“任务牵引”，不断完善执勤勤务模式，推进跨站警力互援和基层领导跨站交流挂职机制，向上级申请10名执法士官从事重点执法岗位，进一步充实重点方向警力配置，破解警力短缺难题。优质高效完成了专项勤务30余次，提供通关礼遇及便利300余人次，保障备降航班9架次、公务机96架次，紧急救助旅客10人次。三是服务开放崛起积极建言献策。主动融入服务湖南省“开放崛起”战略大局，围绕进一步深化湖南省外向经济发展、推进开放崛起战略，向各级职能部门报送意见建议报告十余次。专题汇报总队服务开放型经济发展情况和工作举措，分析湖南省出入境口岸接收境外遣返人员情况，研究提出了省级层面优化服务改革、加快航空运输发展畅通“大通道”、打造张家界门户口岸工作等十项工作意见，提出加大口岸72小时过境免签便利政策宣传力度，支持因外事、公务等紧急事由需要办理口岸临时入境手续等优化通关环境建议近20条，进一步发挥了边检工作在湖南省开放型经济发展中的重要作用。

【边防筑牢口岸反恐防线】 一是口岸立体化管控建设再上台阶。及时收集掌握全国口岸查获的典型案例，指导一线科学评估口岸管控风险。提升重点航线的管控等级，对外籍入境人员进行全面的姓名筛查，重点关注旅客身份背景审查，定期分析研判全国口岸反偷渡工作情报信息，及时向一线发布预警信息。二是边检基础工作进一步夯实。总队高度重视查控管理和现场查验核查等基础工作，紧盯核心数据核对、前台录入、后台核查、联合排查等重点关键环节。启用梅沙系统数据监控软件，坚持每日进行差错预警提示。自主开发勤务监控预警系统跟控临时入境人员和重点对象出境情况，及时发现通报异常动向，最大限度降低外籍人员失管漏控的隐患。

【长沙海关积极强化实际监管】 全面推行“双随机”制度，开展外勤查验移动单兵作业试点，切实运用好H986、CT机等监管设备提升监管效能，通过H986检查发现问题15个，移交案件线索3条。加强监管场所安全管理，组织整改各类问题11个；推行“顺势监管”，率先在浏阳烟花出口和岳阳废纸进口等领域试点。强化后续监管，办结稽查作业67起，追补税款9 227.7万元。稽查查发5家企业涉嫌倒卖固体废物许可证走私固体废物，涉及货物26 963吨、货值2.09亿元；监管退运固体废物2批次。

【长沙海关扎实推进全面深化改革】 一是推进全国海关通关一体化改革。按照海关总署统一部署，长沙海关分别于7月1日和10月1日，全面实施进口、出口业务全国通关一体化，完成了二级风险防控中心建设，风险防控中心正式成立，隶属海关功能化建设方案获总署批复同意。截至12月31日，长沙海关共受理一体化报关单16.83万票，其中进口6.67万票，出口10.16万票；“自报自缴”报关单2 569票，涉及税款8.21亿元。二是推进“三互”大通关建设。联合湖南省口岸办积极推进湖南省国际贸易“单一窗口”建设，11月1日开始，通过湖南“单一窗口”标准版申报的报关单占比近40%，达到国家口岸办考核要求。积极推进关检合作“三个一”，共计一次申报16.83万票，一次查验647票，一次放行3.16万票。与检验检疫部门在旅检、邮检现场推行“一机双屏”，对进出境飞机和国际船舶实行联合登临检查和“一站式作业”。就推进全国通关一体化改革、推动国际贸易“单一窗口”建设、推行关检“一站式作业”、探索“联合查验、分别处置”查验模式、共享共用各类监管场所、强化安全防控协作等9个方面，分别与湖南出入境检验检疫局和湖南省边防总队协商，拟签订第二轮合作备忘录。三是推进“放管服”和“双随机、一公开”改革。简化、优化内部核批事项177项，并全部实现一个窗口对外受理业务；认真落实“随机派员查验”要求，随机布控查验占比为94.07%，常规稽查随机选取率95.56%；将“双随机”向财务后勤等非执法领域延伸，全年对15个工程结算项目实施了随机确定审核单位。四是推进“跨境一锁”快速通关改革。9月和11月分别在长沙市和郴州市启动试点，相比传统转关模式，湘粤港直通车往来香港长沙时间缩短10小时，可实现当天往返，每车节约物流成本1 000余元，湖南成为除广东省外第一个实现“跨境一锁”快速通关的省份。

【长沙海关大力服务湖南开放型经济发展】 一是贯彻“去繁就简”要求，提高通关效率。关党组成员带队开展通关效率调研，召开关企座谈会10余场次，深入分析影响通关效率的原因，制定提高通关效率10项措施并强化督办落实。实现了压缩货物通关时间三分之一以上的工作目标。其中，进口海关平均通关时间8.62小时，较2016年同期压缩71.4%，出口时间1.04小时，较2016年压缩54.4%。二是大力支持湖南融入“一带一路”建设和长江经济带等国家战略。重点在支持畅通国际物流渠道，促进湖南在发挥“一带一路”区位优势上下工夫。支持中欧班列（湘欧快线）业务发展，目前已实现每周4趟常态化运营。2017年进出口货运量41.9万吨，同比增长3.9倍；进出口总额46亿元，同比增长1.1倍。支持湖南空运口岸建设发展，目前在飞国际客运航线已增至66条，航线遍布19个国家和地区，新增长沙市至胡志明市全货机航线。三是积极支持搭建开放平台。指导长沙黄花综合保税区顺利封关运行，株洲铜塘湾保税物流中心（B型）顺利验收，郴州出口加工区获批整合优化为综合保税区并于12月7日完成验收。目前，湖南共有3个开放口岸、5个综合保税区、2个保税物流中心（B型），海关特殊监管区域数量居中西部第1位。四是全力帮助企业减负增效。争取海关总署同意银精矿加工贸易配套政策建议，使10余家相关企业的银精矿加工贸易业务重获生机。充分利用国家税收优惠政策，为湖南省企业、高校、科研院所等减免税款4.47亿元，同比增长23%。取消所有涉企行政事业性收费，免费提供电子口岸预录入QP系统，降低企业报关成本。积极开展税政调研，长沙海关建议的智能机器人研发与制造等5条产业条目被新版《中西部地区外商投资优势产业目录》采纳；加工车辆用关键模具等2项商品税率调整建议被国务院关税税则委员会采用，每年可为湖南省企业实现税收优惠300余万元。

【检验检疫部门着力提升口岸通关服务水平】 积极贯彻落实国务院关于“2017年压缩货物通关时间三分之一”的决策部署，在口岸实施“口岸与目的地的通关联动机制”和“优化检验检疫流程”等系列措施有效压缩货物通关时长，完成口岸通关时间压缩三分之一以上的工作目标。严格落实国家质检总局集装箱查验规定，联合口岸部门开展集装箱进出口环节合规成本专项治理行动，有效推动临港经济发展。推动开放平台建设，有效指导长沙黄花综合保税区加快建设并顺利通过验收，支持郴州出口加工区升格为综合保税区。长沙、湘潭和郴州市获批3个进口肉类指定查验场，长沙查验场已经通过验收。城陵矶港进口粮食104.4万吨，成为“百万粮港”。疏通开放通道，全省首条全货机国际定期航班长沙—胡志明国际货运专线正式开通，首次实现货运包机进口海鲜。中欧班列新增长沙至德黑兰、布达佩斯等线路，全年发运进出口货物7 246车，同比增长91%。在全国率先建立进境种用动物检疫协作机制，中牧进口种猪隔离场落户湘潭，美国1 012头、加拿大584头原种猪两次通过货运包机从黄花机场顺利入境，拓展了湖南口岸辐射力。推动我国出口烟花新通道打通，中欧班列运输出口烟花完成可行性研究，成功实现烟火燃放设备国际联运。

【检验检疫部门全力支持湖南外贸发展】 实施保姆式服务，对澳优、华乐食品、湖南省茶叶集团等重点企业针对性给予“一地一策、一企一策、一品一策”110余项支持措施；实施“三破一翻”增量计划，推动进出口企业破亿、破万、破零和翻番；直接帮扶省内外贸企业完成破亿目标9家、破千万目标23家，翻番88家，实现企业出口破零115家、产品破零46次、国别破零80次，有力地支持了全省外贸增长。实现黔阳冰糖橙首次出口加拿大，张家界“茅岩莓茶”首次出口韩国，祁东黄花菜首次出口欧盟，洞庭湖小龙虾首次出口东南亚、汉寿甲鱼首次出口香港。积极推荐企业对外注册，首次有鱼子酱、剁辣椒企业成功对美注册，多家肉类企业成功对新加坡和吉尔吉斯斯坦等国注册，产品全部通过。

【检验检疫部门有效保障口岸公共卫生安全】 检疫查验出入境人员251.4万人次。确诊登革热、诺如病毒感染等传染病235例，同比增长14.2%。建立出境旅游、劳务人员健康保障联动机制，口岸公共卫生风险监测预警决策系统顺利上线。有效保障国门生物安全，截获禁止进境物12 528批，检出有害生物241种、1 137种次，其中检疫性有害生物21种、227种次，首次检出地中海白蜗牛、具条实蝇等检疫性有害生物。查验进出境国际邮件突破1 000万件，查获人胎素等多批禁止进境物。“绿蕾3”行动截获濒危物种25种次。从长沙机场入境旅客携带物中截获7只熊掌，为全国空运口岸首次，依法予以行政处罚并对其涉嫌走私完成移送。有效保障进出口食品安全。检出不合格进出口食品化妆品93批、货值124.8万美元。查处2起外籍入境航空器食品过期案件。开展进口婴幼儿奶粉、食用植物油专项监测，跨境电商零售进口日本食品专项排查，有效保障进出口商品质量安全。检验检疫出入境货物8.17万批、52.31亿美元，同比分别增长9.3%、25.7%；检出不合格货物1 947批、7 121万美元。发现处置核生化有害因子137起。首次发现跨境电商进口消费品不合格并约谈电商平台，国家质检总局专门发布警示通报。持续推进出口烟花爆竹、打火机及进口医疗器械等重点行业领域专项整治，有效防范重特大事故风险。

【检验检疫部门深化一体化改革】 2017年全省保持“出口直放”率100%，实现省内跨机构入境检验检疫业务“一号到底”，为进出口企业节省一半的申报时间和费用，降低30%的口岸查验比率，每批进出口货物节省物流时间0.5天，节省费用每箱200元。改革报检审核受理方式，由窗口审核受理改为24小时电子集中审单受理，自动机审率提升至97.4%。推出“我们在用心、希望你有意”系列行动（包含网上申报培训、无纸化培训），组织网上申报系统在湘上线，鼓励企业一次申报，大力简化申报放行手续和要求，减少申报数据项目。实现网上申报10.8万单，无纸化批次覆盖率达97.7%，平均每批货物节省3天时间，累计降低企业成本2 200万元。出台压缩检验检疫流程时限14项措施，启动流程改革，实施审单放行，全省口岸出境、入境货物24小时放行率分别达100%、91%。

【检验检疫创新监管模式】 空港口岸推行“预申报、预评估、预检验”工作模式。创新跨省协作有效服务北汽汽车出口。创新跨境电商监管方式，对出口跨境电商商品以检疫监管为主，对符合条件的一般工业制成品不再检验；对直购进口跨境电商商品实施以“入区检疫、核查放行”为核心的“边检边放”快速核放模式，实现合格商品6秒快速验放。大力复制推广自贸试验区改革试点经验，15项改革试点经验在湖南全面落地。推动湖南“单一窗口”建设，实现进出口货物、原产地证书和交通工作等检验检疫免费申报全覆盖。推进“互联网+检验检疫”，加快智检湖南建设，移动执法办公系统正式上线，探索运用机器人查验、无人机监管。创新原产地证工作，报检企业备案、原产地申报企业备案纳入湖南省多证合一改革。实施“百企帮扶”计划，签发各类原产地证书8.49万份、37.8亿美元，同比分别增长41%、49%，增幅居全国检验检疫系统前列，签发的自贸协定原产地证书为企业减免进口国关税约1.5亿美元。

开放口岸

【长沙空运口岸（长沙黄花国际机场）】 长沙空运口岸位于长沙县黄花镇，距长沙市中心24.2千米，于1990年对外开放，目前飞行区等级为4E级，是湖南省规模最大的民用机场，也是湖南首个开放口岸。机场每周航班执行密度超过2 300架次，航班可供座位数每周超过30万个。长沙空运口岸实行24小时通关，推行无纸化通关、“属地报关、口岸验放”、风险分级管理等措施及“10-5-3-1”边检服务法（10步远时面带微笑，5步远时主动问候，3步远时引导提示，1步远时热情服务）、4S（微笑Smile、真诚Sincerity、规范Standard、满意Satisfaction）服务模式。

2017年，长沙空运口岸国际快件中心建成，开通离境退税业务，药品指定口岸通过国家验收，保税航油业务正式获批。长沙黄花国际机场新开通至莫斯科、河内等定期国际客运航线10条，至开罗、阿斯旺等不定期客运航线4条，国际和地区通航城市由2016年的25个增加到39个，洲际直达航线由2016年的4条增加到7条，初步实现五大洲国际客运航线全覆盖。新开通长沙至越南胡志明市全货机航线，实现湖南省国际全货机定期航线零的突破。平均每周定期出入境航班283余架次。出入境人员中，占比最大的是内地居民，超过七成。内地居民由长沙空运口岸出境的前三位目的地依次为泰国、越南、马来西亚，由长沙空运口岸入境的外国籍旅客前3位的依次为韩国、泰国、马来西亚。

长沙黄花综合保税区于2016年5月获批设立，规划面积1.99平方千米，一期建设0.77平方千米，是湖南省唯一的临空综合保税区。仅6个多月时间，建成通关大楼、综合大楼、监管仓库等建筑面积近20万平方米，打通巡逻道、保税大道、综一路等市政道路12千米。2017年6月25日正式封关运行，2017年实现外贸进出口7.69亿美元。

【张家界空运口岸（张家界荷花国际机场）】 张家界空运口岸地处湖南张家界，是湖南第二个空运口岸。张家界地处湖南西北部、武陵山腹地，拥有第一个国家森林公园、世界自然遗产、世界地质公园、国家5A级旅游景区等多项桂冠，旅游资源富集，是国内外重要的游客集散地，首批国家旅游综合改革试点城市之一。张家界空运口岸于1997年经国务院批准设立，1999年4月正式对外开放，1999年4月16日实现口岸首飞。

2017年，张家界空运口岸国际货站、丰泽保税仓建成运营，口岸出入境客流量与2016年基本持平，新开通往来香港的定期客运航线，通航城市达到10个。全年出入境人员12.87万人次，出入境航班944架次，同比分别减少59.3%和58%。张家界空运口岸是实现湖南东西开放、两翼齐飞航空口岸布局的重要组成部分，承载着张家界“旅游胜地梦”，架起了湖南西部和武陵山区通向世界的“桥梁”。

【城陵矶水运（河港）口岸】 岳阳城陵矶水运口岸位于岳阳城陵矶港，1996年获国务院批准正式对外籍船舶开放，是目前湖南唯一的国家水运开放口岸。处于长江与洞庭湖交汇处的城陵矶港是“长江八大良港”之一，距岳阳市中心区7.5千米，主航道通航水深4.5米，全港岸线22 340米，堆场总面积45万平方米，各类泊位15个，其中3 000～5 000吨级深水泊位5个。2005年，城陵矶被交通部列为全国主要内河港口；2008年，被国家定为内河对台水运直航口岸；2009年城陵矶松阳湖新港正式开港运营；2010年，长江干线武汉至城陵矶河段海轮航道开通；2011年，开通至宁波、上海等港口“五定”始发班轮航线，并开启宜昌、川江、重庆等地货物在城陵矶新港中转的新模式；2012年，城陵矶口岸至香港、澳门直达航线正式开通，成为长江中上游首条直达港澳航线；2013年，岳阳城陵矶进口肉类指定口岸获批建设，并于2014年11月3日获准正式投入运营；2014年10月9日，岳阳城陵矶口岸的新港码头、老港码头、华粮码头3个查验点获批为湖南第一批进境粮食指定口岸，2015年进口粮食实现高效运营；2014年7月5日，国务院正式批复岳阳城陵矶综合保税区建设，2015年12月22日通过国家十部委的正式验收；2015年7月1日，国务院批准同意岳阳城陵矶港口岸为汽车整车进口口岸，2015年12月30日首批38台平行进口汽车抵达城陵矶口岸，开创了我国内陆水运口岸平行进口汽车的先河；2015年1月7日，城陵矶固体废物进口指定口岸获批建设，2015年4月30日通过验收投入运营；2015年4月23日，城陵矶口岸至上海洋山港直航开通，启运港退税政策正式落地实施；2015年5月23日，岳阳—东盟接力航线正式开通，打造了一条湖南与东盟国家、东南亚航运物流的“高速路”；2015年12月28日，省政府同意在城陵矶设立岳阳航运交易所；2015年11月15日，岳港公司两艘本土江海轮“岳港017”“岳港018”正式下水投入港澳直航运营，开启了岳阳新的航运历史；2016年9月20日，130台平行进口车由岳阳本土江海轮“岳港017”运达城陵矶口岸；2017年4月21日，岳阳海事、边检、海关、检验检疫等部门的执法人员一起登上装载62个标准集装箱烟花鞭炮的“岳港017”船舶，首次完成对港澳直航船舶联合登临检查；年内完成粮食进口超过百万吨，成功迈入“百万粮港”。同时，城陵矶水运口岸滚装码头、进口汽车检测线、疏港道路建设不断加快推进。

岳阳城陵矶综合保税区于2014年7月5日经国务院正式批复设立，规划面积2.98平方千米，于2016年8月9日正式封关运营，2017年实现外贸进出口14.8亿美元。

2017年湖南省口岸大事记

1月17日

国家质检总局正式批准长沙机场空运口岸叠加进境食用水生动物指定口岸功能，这也是湖南首个进境食用水生动物指定口岸。

1月18日

受副省长何报翔委托，省政府副秘书长熊方平主持召开省政府口岸工作部门联席会议，部署推进全省国际贸易“单一窗口”建设，审议通过《中国（湖南）国际贸易“单一窗口”建设工作方案》。

湘欧快线长沙—明斯克班列正式开通，13天后抵达明斯克，并于2月28日实现常态化运行。

1月23日

湖南省副省长何报翔前往长沙霞凝铁路口岸作业区、长沙空运口岸，走访慰问口岸一线工作人员。

2月8日

国家质检总局正式批复同意设立长沙、湘潭、郴州进口肉类指定查验场。

3月11日

越南越捷航空公司正式开通长沙—河内定期航线航班。

3月16日

湖南省委书记、省人大常委会主任杜家毫调研张家界空运口岸，实地考察机场新航站楼建设、运营情况。

4月6日

长沙—莫斯科定期往返航线正式开通。

4月21日

岳阳边检、海事、海关、检验检疫等部门的执法人员一起登上装载62个标准集装箱烟花鞭炮的“岳港017”船舶，首次完成对港澳直航船舶联合登临检查。

5月26日

湖南省委书记、省人大常委会主任杜家毫调研长沙黄花综合保税区。

5月27日

湘欧快线长沙—布达佩斯首发。

6月8日

依托空运口岸发展的张家界丰泽国际公用保税仓开工建设。

6月18日

中国牧工商（集团）总公司从美国直接引进的1 012头种猪在长沙空运口岸顺利通关。

6月25日

长沙黄花综合保税区正式封关运行，海关总署加贸司副司长李志辉、副省长何报翔出席验收活动。

7月6日

按照公安部统一部署安排，湖南省政府口岸办协调组织长沙空运口岸各单位，简化创新通关流程，确保“2·12”跨国电信诈骗专案组170名警力快速出境，赴柬埔寨金边押解74名犯罪嫌疑人顺利返回。

7月8日

G20汉堡峰会举办期间，湘欧快线汉堡—长沙回程班列发车，标志着湘欧快线回程班列进入常态化运行。

7月20日

湖南邮政速递快件监管中心挂牌，邮政国字号品牌通关平台试运营启动。

7月27日

湖南省委常委、常务副省长陈向群赴岳阳市专题调研城陵矶港建设发展，并召开现场办公会。

7月28日

湖南省副省长何报翔调研张家界空运口岸，要求张家界致力于打造武陵山片区口岸开放试验区。

8月7日

湖南远洋报关行通过中国（湖南）国际贸易“单一窗口”对国家“单一窗口”标准版货物申报功能成功进行了实单测试，标志着中国国际贸易“单一窗口”标准版落地湖南试点工作全面启动。

8月18日

土库曼斯坦驻华大使齐娜尔·鲁斯捷莫娃一行访湘，商谈湘欧快线开通由长沙经土库曼斯坦至伊朗德黑兰线路事宜。

8月31日

湖南省副省长何报翔在衡阳市调研，围绕衡阳综合保税区发展、打通国际物流通道等主题与衡阳市委、市政府进行交流。

9月1日

长沙空运口岸和张家界空运口岸开始实施境外旅客购物离境退税政策。

9月8日

株洲铜塘湾保税物流中心（B型）项目通过验收。

9月25日

泛珠三角区域九省区口岸综合管理机构及香港、澳门海关负责人齐聚长沙，共同签署《泛珠三角区域口岸通关合作协议》。签约仪式由湖南省委副书记、省长许达哲主持，泛珠“9+2”各方行政首长及国家口岸办主任张广志等见证签约。

是日

海关总署党组成员、国家口岸办主任张广志率团来长沙考察开放平台和口岸建设工作，走访调研了霞凝铁路货运中心、湖南中部进出口商品展示交易中心、长沙新港码头、湖南跨境电商产业园联检大厅等地。

9月26日

"湘粤港直通快车"在长沙金霞保税物流中心正式启动，湖南成为中部首个实现"跨境一锁"快速通关的试点省份。

9月30日

长沙黄花机场保税航油"两仓"建设获批。

10月17日

中国（湖南）国际贸易"单一窗口"国家标准版推广会在长沙举办。

10月18日

张家界—香港往返定期航线开通首航。

11月20日

长航系统捐赠岳阳水运（河港）口岸2艘公务艇已经完成装备交接，并正式命名为"岳阳口岸1号"和"岳阳口岸2号"。

11月21日

郴州"跨境一锁"快速通关系统在郴州国际快件监管中心正式启动，这标志着湖南省继长沙之后又一城市建立了对接粤港澳的快速通道，实现湖南省融入香港全球物流体系的又一突破。

11月26日

湖南省口岸检验检疫业务培训班在长沙、郑州两地成功举办。此次培训班是由湖南省政府口岸办与湖南出入境检验检疫局首次联合举办的业务培训班。

11月27日

中国与中东欧"16+1"峰会期间，湘欧快线布达佩斯—长沙回程线路正式开通。

12月2日

长沙—胡志明市国际货运专线举行首航仪式，湖南国际航空货运发展全面起航。

12月7日

郴州综合保税区正式通过国家验收，副省长何报翔出席验收活动。

12月23日

老挝驻长沙总领事馆正式开馆，这是新中国成立后外国政府在湖南设立的第一家领事机构。

12月28日

湘欧快线长沙—德黑兰班列首发仪式暨湘欧快线发展论坛在长沙举行。

（撰稿人：罗专、段凌）

2017 年湖南省口岸流量统计表

口岸类型		口岸名称	货运量（万吨）				集装箱量（万标箱）				人员（万人次）				交通工具（辆、艘、架、列次）			
			出口	进口	合计	同比（%）	出口	进口	合计	同比（%）	出境	入境	合计	同比（%）	出境	入境	合计	同比（%）
空运口岸		长沙黄花口岸											238.88	11.19			14 721	6.00
空运口岸		张家界荷花口岸											12.87	-50.31			944	-57.97
空运口岸		合计											251.75	2.16			15 665	-2.91
陆路口岸	公路口岸																	
陆路口岸	公路口岸	分计																
陆路口岸	铁路口岸																	
陆路口岸	铁路口岸	分计																
水运口岸	海港口岸																	
水运口岸	海港口岸	分计																
水运口岸	河港口岸	城陵矶口岸			2420.00	12.60			42.28	43.65								
水运口岸	河港口岸	分计																
合计																		
同比（%）																		

（湖南省口岸办提供）

2017 年湖南省口岸出入境主要数据表

项目			2017 年	2016 年	同比（%）
出入境人员（人次）	出入境人员总数		2 517 494	2 464 357	2. 16
	入境人员		1 257 664	1 233 270	1. 98
	出境人员		1 259 830	1 231 087	2. 33
	出入境旅客		2 374 540	2 317 037	2. 48
	出入境员工		142 954	147 320	-2. 96
	中国公民	小计			
		内地居民（因公）	52 224	61 406	-14. 95
		内地居民（因私）	1 627 675	1 385 591	17. 47
		港澳居民	26 495	23 483	12. 83
		台湾同胞	202 645	240 531	-15. 75
	外籍人员		608 455	753 346	-19. 23
	从海港出入境人数		37	130	-71. 54
	从陆港出入境人数			2	-100. 00
	从空港出入境人数		2 517 457	2 464 225	2. 16
交通运输工具（辆、艘、架、列次）	总计		15 668	16 144	-2. 95
	船舶		3	10	-70. 00
	飞机		15 665	16 134	-2. 91
	火车				
	机动车辆				

（湖南省公安边防总队提供）

2017 年长沙海关主要数据统计表

项目		2017 年	同比（%）
进出口货运量（万吨）	合计	2739.5	24.4
	进口	2545.8	27.5
	出口	193.7	-5.7
进出口贸易总值（万美元）	合计	1 869 593.1	58.6
	进口	1 031 051.1	65.8
	其中：江、海运输		
	铁路运输		
	汽车运输		
	航空运输		
	邮件运输		
	其他运输		
	出口	838 542.0	50.4
	其中：江、海运输		
	铁路运输		
	汽车运输		
	航空运输		
	邮件运输		
	其他运输		
税收（万元）	两税合计	1 043 100.7	49.5
	关税入库	132 580.0	17.1
	进口环节税入库	910 520.7	55.8

（长沙海关提供）

2017年湖南省出入境检验检疫业务统计表

项目	货物检验检疫				交通工具				集装箱（标箱）		发现动植物疫情		货物通关		出入境人员查验（人次）	健康检查及预防接种（人次）			
	批次	金额（万美元）	检验检疫不合格																
			批次	金额（万美元）	船舶（艘）	飞机（架）	火车（节）	汽车（辆）	合计	检出问题	种类数	种次	批次	金额（万美元）		健康检查	艾滋病监测	发现病例	预防接种
本年累计	81 747	523 088	1 947	7 121	2	15 626			95 464	4 938	147	515	44 097	258 477	2 514 006	15 473	15 461	1 108	16 599
其中 出境	72 440	317 641	375	809	1	7 807			47 024				35 786	151 048	1 256 816	12 195	12 193	974	16 579
其中 入境	9 307	205 447	1 572	6 312	1	7 819			48 440	4 938	147	515	8 311	107 429	1 257 190	3 278	3 268	134	20
同比（%）	9.3	25.7	74.8	102.3	-71.4	-2.9			-17.4	226	18.6	7.1	-22.0	-15.2	2.3	4.1	5.4	-19.3	32.5
其中 出境	9.9	8.6	23.4	-12.2	-66.7	-3.0			-28.9				-25.9	-34.0	2.3	6.1	7.5	-12.2	32.6
其中 入境	4.4	66.2	94.1	142.9	-75.0	-2.9			-1.9	226	18.6	7.1	1.4	41.1	2.2	-2.6	-1.9	-49.2	-20.0

（湖南出入境检验检疫局提供）

2017 年岳阳海事局进出港船舶统计汇总表

船舶类别	进港船舶							出港船舶						
	艘数（艘）	总吨（吨位）	总载重量（吨）	载客量（客位）	船员人数（人次）	货物到达量（吨）	旅客到达量（人）	艘数（艘）	总吨（吨位）	总载重量（吨）	载客量（客位）	船员人数（人次）	货物发送量（吨）	旅客发送量（人）
总计	67 803	77 531 567	60 594 919	2 649 085	352 576	58 351 624	2 298 626	59 181	74 093 033	49 490 618	1 021 783	319 577	47 759 632	913 689
中国籍船舶	67 803	77 531 567	60 594 919	2 649 085	352 576	58 351 624	2 298 626	59 181	74 093 033	49 490 618	1 021 783	319 577	47 759 632	913 689
其中外贸船														

（岳阳海事局提供）

口岸数量及分布

截至2017年年底，广东省有经国务院批准对外开放的口岸60个。其中，空运口岸5个，分别是广州空运口岸（广州白云国际机场）、深圳空运口岸（深圳宝安国际机场）、梅州空运口岸（梅县机场）、湛江空运口岸（湛江机场）、揭阳空运口岸（揭阳潮汕国际机场）；陆路（铁路）口岸5个，分别是广州、佛山、东莞、肇庆、深圳铁路口岸；陆路（公路）口岸11个，分别是文锦渡、沙头角、皇岗、罗湖、深圳湾、福田、拱北、横琴、珠澳跨境工业区、青茂、港珠澳大桥珠海公路口岸；水运（海港、河港）口岸39个，其中海港口岸27个，分别是广州、莲花山、南沙、蛇口、赤湾、妈湾、东角头（暂停运作）、盐田、西冲（未开通使用）、梅沙（暂停运作）、大亚湾、大铲湾、珠海、九洲、湾仔（暂停运作）、万山、汕头、潮阳、南澳（未建使用）、惠州、汕尾、广海、阳江、湛江、水东、潮州、揭阳；河港口岸12个，分别是新塘、斗门、虎门、江门、新会、三埠、鹤山、中山、南海、高明、容奇、肇庆河港口岸。

口岸运行数据

2017年，广东省口岸出入境人员4.06亿人次，同比增长2.1%，约占全国的67.89%；进出口货运量4.70亿吨（加上水出口达12.4亿吨），同比增长10.7%，约占全国的29.04%；出入境交通工具2 035.2万辆（艘、列、架）次，同比增长1.2%，约占全国的65.70%；进出口集装箱2 842.1万标箱，同比增长3.5%；海关征收入库税款4 127.4亿元，同比增长18.7%。

广东省2017年口岸运行主要特征有3个。一是出入境人员首次突破4亿人次，内地公民、澳门居民出入境增长明显，香港居民出入境有所减少。2017年经广东省口岸出入境人员首次突破4亿人次。其中，内地公民因私出入境比2016年增加841.9万人次，澳门居民入出境比2016年增加215万人次，增幅明显；香港居民入出境减少265万人次，为近年来首次下降；外国人入出境1 460.9万人次，比2016年增加17.8万人次。二是进出口货运量和集装箱量回稳向好态势明显。在广东省对外贸易回稳向好态势支撑下，2017年广东省口岸进出口货运量达4.70亿吨，同比增长10.7%，为近10年来增幅首次达到双位数。进出口集装箱量也结束多年来在2 700万标箱左右徘徊的局面，首次超过2 800万标箱，深圳港和广州港口岸集装箱量吞吐量位居全国第二和第四。三是枢纽空运口岸、邮轮口岸客流量保持快速增长态势。广州白云国际机场全年出入境人员突破1 500万人次，同比增长15.3%；出入境飞机突破10万架次，同比增长14.4%。深圳宝安国际机场出入境人员389.5万人次，同比增长25.8%；出入境飞机3.5万架次，同比增长23.6%。广州南沙邮轮口岸出入境旅客突破40万人次，同比增长超过20%。深圳蛇口邮轮中心启用第二年口岸客流量已达18.9万人次。

口岸综合管理

【落实国家“一带一路”倡议，支持推进中欧班列常态化运营和枢纽口岸拓展国际航线】一是推动中欧班列常态化运营。落实省政府要求，会同省财政厅、广铁集团、中外运、广物集团等单位深入研究协商，妥善解决建立合作运营机制、推动运价下降和财政扶持政策等问题，促进中欧班列稳定运行和发展。二是协调支持新路线开通。协调促成石龙“中欧班列”恢复行使和双向启动中欧（石龙—沃尔西诺）班列，成为国内首趟对开的中欧班列；新开通深圳盐田港—德国杜伊斯堡中欧班列、广州大朗—越南河内的中越班列；支持拓展经二连浩特、蒙古国、俄罗斯往欧洲方向的铁路运输，以及广州至东盟的铁路货运等新线路；推动东莞中外运石龙码头通过验收对外开放，促进“水铁联运”业务开展。组织有关单位赴“一带一路”沿线国家开展广东省口岸环境推介及拓展中欧班列站点活动，支持帮助运营企业加强返程货源组织，提高运营效益。2017年，广东省中欧班列共运行174列，出口货值9.4亿美元；东莞石龙、广州大朗和深圳盐田至欧洲方向均为“一周一列”，东莞石龙至中亚方向为“一周两列至三列”，并按市场化组织货源实现常态化运作，满载率及通关效率明显提升。三是支持促进重点口岸拓展国际航线。协调推进广州、深圳、珠海、湛江等重点口岸新建、扩大开放项目通过验收启用，为进一步拓展国际和地区航线提供支撑。2017年，广州白云国际机场新增、复航国际客货运航线23条并加密部分国际航班，深圳宝安国际机场新开及加密国际客运航线25条，揭阳潮汕机场新增国际航线3条，广州港口岸新增国际集装箱班轮航线12条。

【推进完善广东省统一的电子口岸平台建设】 一是进一步夯实广东电子口岸基础平台。充分利用省电子政务外网云平台资源，进一步完善夯实广东电子口岸基础平台，为“单一窗口”扩大推广搭建基础运行环境。二是扎实推进广东省电子口岸资源整合发展。协调明确除广州、深圳市外广东省各地“单一窗口”建设由广东电子口岸提供平台支撑，避免各地地方电子口岸重复建设和无序发展；加强与各方协调沟通，积极推动建立政府购买来往港澳小型船舶公共服务平台相关服务机制。三是推进完善广东电子口岸和省域“单一窗口”通道体系建设。继续推动广东电子口岸与中国电子口岸、驻粤口岸查验单位及省直相关部门业务系统对接，逐步完善数据通道体系建设；对广东电子口岸数据交换平台实施升级改造，并为东莞车检场“三互”改革、粤港澳车牌数据共享等业务提供数据交换服务。四是加强运行维护管理。协调落实广东电子口岸平台运行维护管理经费，制定年度运行维护任务清单，指导、督促省电子口岸公司按照任务清单要求切实做好各项运行维护工作。

【“单一窗口”标准版扩大试点】 实现“单一窗口”标准版地市全覆盖、口岸全覆盖、功能全覆盖，以及报关、报检、舱单、运输工具申报4个主要功能模块业务覆盖率30%的年度目标；广州、深圳原有“单一窗口”实现与标准版对接。一是加强组织领导和顶层设计。按照省委、省政府部署要求，牵头会同驻粤口岸查验单位等相关部门成立“单一窗口”建设推广领导小组；根据不同阶段任务要求，先后组织召开3次广东省专题会议进行动员部署，统筹推进广东省扩大试点工作。二是强化协调联动。走访驻粤口岸各查验单位，就广东省扩大试点工作进行研究协商、听取意见建议；驻粤口岸各查验单位主动作为，先后配套出台指导文件，采取建立容错机制等措施鼓励、引导企业使用“单一窗口”标准版；各地市政府和口岸主管部门加强统筹协调和组织推动。形成广东省上下联动、部门联动工作格局，协同推动“单一窗口”标准版在各地落地实施。三是加强服务保障。在广东省各地组织开展业务技术培训120多场，参训人员1万多人次；加强与国家层面“单一窗口”运行维护服务保障团队衔接，派出业务技术人员进驻试点企业靠前进行技术指导和服务，及时反馈和解决试点企业遇到的问题。四是加强检查督导。定期对各地“单一窗口”标准版推广情况进行通报，推广好的经验做法。截至2017年年底，标准版推出的主要功能模块均在广东省上线运行，广东省累计申报420.67万票，反馈问题量占全国的28%。

【口岸通关制度创新】 一是国务院批复同意在珠澳通道实施“合作查验、一次放行”“入境查验、出境监控”查验模式，相关工作已协调明确并推进落实。总结推广珠海查验机制创新试点经验，落实与澳门商定在港珠澳大桥口岸珠澳通道针对不同旅客实行“合作查验、一次放行”和“入境查验、出境监控”的查验模式，召开了多次驻珠海查验单位协调会，多次赴京争取国家有关部门的支持，协调解决具体实施及查验设施设备设置、珠港查验大厅海关封闭查验区设置等问题。会同珠海市制订了24小时通关具体实施方案并与港澳方对接，三方共同商定了完成各项工作的时间节点。二是广深港高铁“一地两检”合作安排协议正式签署并经全国人大常委会批准。

完成了与香港的“三级”对接机制并就相关事项开展对接。与香港运输及房屋局对接，召开粤港建设维修专责小组会议，协调解决有关设施设备经费、查验单位设施设备安装调试、赴香港安装统筹及非查验区域日常管理等问题并就相关问题达成基本共识。

【推进重点口岸项目开放建设和口岸资源整合】 一是协调落实重点项目对外开放和临时对外开放运作。积极争取国家主管部门和驻粤口岸查验单位支持，推进完成揭阳港口岸神泉港区、湛江港口岸扩大开放通过国家验收正式对外开放，广州港口岸南沙港区三期工程等8个项目通过省级验收正式对外开放，珠海机场等7个项目临时对外开放运作7批次。二是加大对在建和规划建设重点口岸项目协调推进力度。推进解决广州白云国际机场2号航站楼口岸建设涉及的场地安排、建设资金等问题，确保按计划推进；协调完成茂名港、阳江港口岸扩大开放征求意见并经省政府审核后上报国务院审批，广州港、珠海港口岸扩大开放等项目申报工作有序推进。三是务实推进口岸资源整合优化。根据国家部署和广东省口岸实际情况，对广东省部分符合国家口岸退出条件标准的口岸，包括深圳市东角头、梅沙、西冲口岸和汕头市南澳港口岸，经协调并报省政府同意，启动口岸退出机制并上报国家口岸管理办公室审核办理，为下阶段推进口岸资源整合优化探索新的办法和路径。

【推进口岸通关提效率、降成本工作】 一是认真推进落实压缩货物通关时间措施。研究制订广东省压缩货物通关时间实施方案，在广州、东莞先行试点，支持配合驻粤口岸查验单位落实压缩货物通关时间各项措施，实现压缩货物通关时间三分之一的目标。二是全面推广口岸通关时效评估系统。2017年8月底推广至佛山、东莞等8个地市18个口岸现场，并于年底启动在广东省全面推广。三是务实开展集装箱进出口环节合规成本专项治理行动。以南沙港区为示范点，按照依法依规、企业自主自愿原则，协商研究制定降低集装箱进出口合规成本工作具体措施。四是继续推进落实免除查验没有问题外贸企业吊装、移位、仓储费用工作，2017年累计免除费用约1.02亿元，惠及企业约4.3万家。

【加强粤港、粤澳口岸合作】 一是全力推进港珠澳大桥珠海口岸建设。支持配合建设单位同步推进港珠澳大桥珠海口岸查验监管配套设施建设；会同珠海市政府及驻珠查验单位制订了24小时通关具体实施方案并与香港、澳门对接达成基本共识；与澳门相关部门协调落实在珠澳通道实施“合作查验、一次放行”和“入境查验、出境监控”查验模式有关安排；牵头完成“跨界车辆规管及配额制度”和“通关便利化及出入境管理”的政策研究及口岸限定区功能定位划分等工作；配合省直有关部门会同港方制订大桥跨境车辆规管及配额分配方案、大桥穿梭巴士营办商招投标方案及粤港过境出租车配额分配方案等。二是稳步推进广深港高铁“一地两检”方案实施及内地口岸区设置建设工作。协调明确口岸开放申报及管理主体、总体统筹牵头单位、查验单位设施设备安装调试方案、工程技术人员赴港办法、内地口岸区建设等口岸建设及运营管理前期基础工作，推进完成内地口岸区设立申报工作；推动与港方“三级”对接机制的建立并就相关事项开展对接。三是协调推进珠海青茂口岸及深圳莲塘口岸建设。青茂口岸获得国务院批准对外开放，会同有关单位研究制定青茂口岸建设方案并与澳门方面达成共识；协调落实莲塘口岸开放问题并由省政府上报国务院审批。四是推进落实粤港、粤澳通关便利化措施。会同香港落实2017/2018学年增加粤港跨境学童校巴班次，为跨境学童提供安全通关便利；会同澳门落实供澳鲜活产品在拱北口岸提前通关措施，保障澳门居民生活物质供应；协调落实粤港澳游艇“自由行”在南沙实现首航。

【强化口岸安全防范和检查督导】 一是贯彻落实“管行业就要管安全”的要求，把口岸通关安全作为全省口岸长期基础性工作统一研究部署，并将其列为口岸对外开放验收、临时对外开放运作的前提条件。二是加强对全省口岸通关安全管理的协调指导，指导督促各地建立健全口岸通关安全管理、节假日通关疏导等各项规章制度和应急处置预案，定期组织开展应急演练，不断提高安全管理水平和应急处置能力。

口岸监管与服务

【广东省边防总站坚守底线严密管控全力维护口岸安全稳定】 一是完成了重大节点安保工作。积极适应当前口岸反恐高压管控态势和重大安保工作贯穿全年的高标准工作要求，坚持以口岸维稳管控为中心，加强保障力度，科学调整勤务，合理使用警力，圆满完成“一带一路”高峰论坛、香港回归20周年、“金砖”会晤等各项安保任务和各节假日客流高峰勤务保障，确保了各重要敏感节点口岸全面安全稳定。二是巩固反恐工作部署和实战水平。召开全省边防部队反恐工作专题部署电视电话会议，学习贯彻部局口岸反恐现场观摩会精神，细化总队口岸反恐工作措施，强调部署口岸反恐工作。组织开展“边检勤务巩固月”活动，围绕3个方面48项重点内容，组织各边检站开展勤务安全隐患排查整顿，确保查缉工作严密开展。坚持将一切优势资源向口岸反恐工作聚焦，研究制定落实部局口岸反恐工作现场推进会精神措施，组织开展2期反恐和边检业务培训，推动提升口岸反恐实战能力水平。三是确保了口岸查缉严密开展。进一步突出前台查验和后台核查功能，强化后台核查岗位建设，培养专兼职后台核查岗位人员137人，完善“小前台、大后台”核查处理机制，建立边检反恐数据核查小组，增强口岸管控综合信息研判的预警性。8个旅检口岸推动实现旅客购票实名制，9个旅检口岸推动设置限定区域安检设备，有效提升旅客身份信息预查预判效率和口岸安全防护水平。总队和各边检站与各地公安等84个部门建立了信息沟通和协作机制，提高口岸联管联控合力。

【广东省边防总站固本强基、提质增效，深入推进边检业务建设】 一是强化岗位练兵培训。坚持落实“日学、周练、月考”培训制度，巩固提升总队边检岗位人员业务能力水平。针对口岸业务类型和防控重点，举办2期边检业务培训班，强化各级执勤人员边检基础知识、勤务组织、梅沙系统应用、人像识别、辨伪证件、常规业务问题处置等实战化技能。修订下发相关指引，强化一线发现和查缉处置能力。江门、南海、梅州、汕尾、茂名、佛山、湛江、高明等边检站通过“每周一讲”“边检微课”等形式，有针对性开展培训，强化反恐意识和专业技能。二是提升边检信息化建设水平。通过公安部自助查验通道联合验收，完成佛山、江门、高明站12条新建自助查验通道启用，建成并启用湛江、江门、梅州站14台智能验证台，口岸通关智能化、信息化水平得到大幅增强。总队下达重点建设任务指导顺德站完成梅沙实战训练平台功能升级，提升梅沙系统运维保障和培训应用效果。三是规范执法执勤。总队和各边检站坚持24小时查控值班，落实每日数据核查比对、梅沙系统巡检制度，全面部署应用梅沙系统监控程序，确保查控数据第一时间发布到位，查控事件第一时间处置完善，在控对象严密管控到位。制定相应措施，为开展口岸出入境管控等各项任务提供准确参考。组织分类编写出入境旅客、国际航行船舶、航行港澳小型船舶、验讫章管理、查控工作勤务规范化操作指引，推进勤务精细化、标准化建设。

【广东省边防总站围绕中心、服务大局，提升边检服务保障水平】 一是服务地方经济发展。积极参与地方社会经济发展，响应国家粤港澳大湾区建设方略，出台取消边检行政项目收费、推行口岸出入境人员自助通关、设立中国公民出入境记录查询专窗、推行出入境船舶24小时边检通关和鲜活产品“绿色通道”、简化边检行政许可办理手续5项服务粤港澳大湾区建设发展工作举措，并纳入省公安厅总体举措。积极加强与驻地党委政府及其相关职能部门的沟通联系，借助口岸验收、扩大开放、临时开放等时机，有力助推完成湛江港口岸扩大开放验收及东莞宏业、海昌、中外运石龙码头对外开放项目落地，助推梅州机场、阳江港口岸扩大开放项目申报。二是增强口岸建设水平。主动对接省政府国际贸易“单一窗口”建设，深化口岸通关模式改革，推动国际贸易“单一窗口”交通运输工具边检申报模块在湛江试点落地。规范统一各执勤现场标志设置，全面升级完善口岸执勤点硬件设施和软件设施，打造口岸边检基础设施建设样板。三是边检服务品牌建设成效显著。通过举办2017年边检服务品牌集中宣传主会场活动、边检服务品牌集中宣传晚会、开展警营开放日、开设城市商圈集中宣传点、派遣宣传服务小分队等多重形式，围绕“平安国门，天天伴你”主题，开展中国边检服务品牌集中宣传活动。总队和各边检站在执勤现场、会展中心、旅游景点、文化广场、居民小区等地点设立“中国边检·阳光服务咨询台”“边检文化站台”“边检宣传展台”35个，发放宣传手册14 000余份、调查问卷3 000余份、宣传品9 000余份，制作宣传海报80余张，为群众提供咨询3 300余次。派出43个服务小分队，深入口岸港区码头，开展边检服务品牌宣传和法律宣讲。广泛宣传提高边检服务水平工作10年成效、边检便利通关措施、边检服务品牌定位及党的十八大以来边检机关创新发展成果。

【广州边检总站把好反恐国门关，推进边检管理改革】 一是推行出入境船舶无纸化申报试点工作。出入境船舶代理公司通过公安出入境网上办事平台或国际贸易“单一窗口”平台向边检机关一次性申报船员名单等电子信息，无须再提交纸质申报单据，节约了费用，节省了时间。二是简化航行港澳小型船舶边检手续。对已经边检机关事先采集电子信息的航行港澳小型船舶及船员，无须再到边检机关执勤点报检，由边检机关直接在内部系统办理手续并在国际贸易“单一窗口”平台反馈，实现了“让数据多跑路，让老百姓少跑腿”的转变。三是简化珠江口水域锚地边防检查工作。对在珠江口锚地候泊超过24小时且不装卸作业和不上下人员的国际航行船舶试行在目的港办理入境边检手续，进一步提高了通关效率，降低了企业生产成本。四是落实取消口岸以外边防检查监护费用政策。自2017年4月1日起，边检机关派员到国家正式对外开放以外的地方对人员、交通运输工具进行检查、监护及对外国交通运输工具进行监护，不再收取任何费用。

【广州边检总站不断完善服务措施，营造良好通关环境】 一是主动服务广州国际航运枢纽发展战略。配合广州白云国际机场T1航站楼东二指廊的启用调整勤务组织，提供便利快捷的通关服务；跟进T2航站楼建设，稳步推进警力调剂、勤务改革、设施设备配置等事宜。服务邮轮经济、游艇业发展，南沙边检站成立邮轮检查队，2017年查验出入境邮轮240艘次；推动粤港澳游艇“自由行”政策在南沙新区落地实施，采取“定点停靠、就近联检”模式，为港澳籍游艇办理出入境边检手续。二是全力保障顺畅通关。加强边检自助通道建设，2017年扩建自助通道15条，安装28套旅客出入境记录凭证自助打印设备，为自助通关旅客提供出入境记录凭证自助打印服务。

【深圳边检总站推动边检服务创新】 深圳边检总站着力提升旅客通关体验，全面更新边防检查执勤现场标志，完善口岸引导标志和通关隔离设施，在自助通道候检区域配置智能机器人进行指引，引入义工、社工等社会力量维护秩序，实现旅客分类快速通关。认真落实便利赴港澳旅游团出境措施，结合实际设置专门区域，引导持电子往来港澳通行证及“L”签注的团队旅客经自助通道办理出境手续，优化查验区域和通道设置，在客流高峰期实施团队旅客、赴港上班人员和跨境学童专区查验管理措施，努力满足不同人群快速通关需求，总站“深港跨境学童专用查验系统”荣获全国公安机关改革创新大赛铜奖，并获评深圳市“百佳市民满意项目”。统筹推进广深港高铁西九龙站口岸和莲塘公路口岸筹建工作，积极参与“单一窗口”平台建设、粤港澳大湾区规划建设、粤港澳游艇“自由行”等涉边检工作，为地方经济发展提供优质高效出入境服务。

【深圳边检总站加强口岸安全防控】 根据不同时期安保工作要求，严密组织等级勤务，下沉警力充实一线，加强一线执勤督导，压实压牢各级责任，先后完成多次重大活动和敏感节点的边检安保工作任务。针对暴恐事件和非法出入境活动的新动向、新特点，优化完善口岸反恐联巡工作机制，积极推动地方公安、反恐等力量全面进驻陆路口岸，建立口岸反恐联勤指挥部，实现口岸反恐巡逻常态化、实战化；推动实现口岸保安人员常态化进驻陆路口岸限定区域，使用手持金属探测仪对旅客实施抽检；定期开展口岸安全管理风险排查，建立健全台风暴雨天气、停电失火等突发情况应急响应机制，不断提升各类突发情况的应急处置水平。

【深圳边检总站提升管控工作水平】 深圳边检总站整合集调研执法、证件研究、数据分析、应急处突于一体的后台保障体系，确保执法执勤工作各环节严密衔接、高效运转。充分发挥大数据分析排查工作效能，建立健全数据分析排查、案件线索查办及群防群治工作等“四位一体”工作体系，及时发布伪假证件、非法出入境活动等预警信息，为一线执勤人员实施针对性查验提供指引，有效提升精准管控水平。进一步加强警务协作，与港方优化完善重大节假日客流疏导、突发事件联合处置应对、人员遣返（遣送）、查获非法出入境案件通报等工作机制，与地方公安部门建立对接处置机制，加强对藏匿车体偷渡等非法出入境活动的打击力度，联合部署“0505”越南人借道口岸偷渡香港专案收网行动，配合有关单位开展打击走私涉毒违法犯罪活动、整治口岸“水客”走私专项行动，有效提升联防联控工作合力。

【深圳边检总站深化边检管理改革】 深圳边检总站积极推行勤务管理改革，在皇岗、深圳湾、文锦渡、沙头角口岸推进实施小汽车乘客下车查验措施，在蛇口太子湾邮轮母港部署实施邮轮船员3D面相查验措施，增加“快捷通”司机证件核验环节，努力消除通关查验安全隐患。根据部署，自2017年2月10日起深圳机场边检站在全国边检系统率先推进留存入境外国人指纹工作试点，并于年内在各边检站全面部署实施。

【深圳边检总站创新科学技术应用】 深圳边检总站大力推广自助通关模式，全年完成124条新版自助通道、38条新版“快捷通”通道、37条人工半自助查验通道的增建改造工作，自助通道人工干预率由原来的1.5%降至0.17%，全年经由自助通道查验出入境旅客1.38亿余人次，占全总站查验出入境旅客总数的57.5%，同比增长6.3%；经“快捷通”查验出入境车辆1 500万余辆次，同比增长1.2%。进一步推进现代科技手段与边检基础工作深度融合，研发部署新版“快捷通”通道车底反偷渡系统，累计查获17起藏匿车底非法出入境案件。积极发挥边检技术研发支持（深圳）中心职能作用，完成珠海青茂口岸“合作查验，一次放行”自助通道系统研发及功能联调测试、外国人生物特征前后台采集一体机系统的全国标准制定及研发、入境外国人留存指纹自助采集机研发、出入境记录自助查询打印机设计研发等重要工作任务，并为全国边检系统提供技术支持。

【深圳边检总站加强能力素质建设】 深圳边检总站按照推进国家治理体系和治理能力现代化的要求，把素质兴警放在更加突出的位置，进一步明确各岗位职责要求，开展验证警力建设和非验证警力考核，制定验证警力建设三年规划，量化建设指标，明确达标标准，推动全警能力建设。更新升级反恐处突警械装备，选派处突业务骨干参加反恐处突培训，按照“从难从严、贴近实战”标准开展处突应急演练，加强反恐处突专业力量。深入学习全国公安系统英雄模范立功集体先进事迹，积极开展创先争优活动，皇岗边检站十三队获评“2015～2016年度全国青年文明号”，文锦渡边检站民警吴铁民获评“全国优秀人民警察”，等等。

【珠海边检总站加强口岸管控力度，圆满完成党的十九大出入境安保任务】 一是加强对来自重点国家和地区人员的检查、核查力度，强化出入境交通运输工具和行李物品检查，推进前台照片查控试点和留存入境外国人指纹工作。二是强化处突演练。组织开展海上联合执法实战演练，提升海上管控效能；通过开展无告知紧急拉动及防砍杀、冲闯关、嫌疑人员脱逃等演练，联合地方公安等开展暴恐事件处置演练等方式，加强口岸应急处突能力。三是构筑立体防线。先后同地方公安机关签订工作协议，明确将珠海各口岸作为地方公安机关的“核心处置圈”；积极协调拱北口岸综治、安检部门在拱北口岸外围安检闸口新增配并启用新型爆炸物探测仪，有效弥补传统安检手段短板；协调地方治安支队安排反扒小组进入口岸开展反扒工作，有效净化口岸通关环境。

【珠海边检总站加强执法执勤规范化建设，进一步提高边检服务水平】 一是强化客流疏导。加强客流分析预测，密切与澳门边检部门沟通对接，协调运营部门加大运力，防止旅客在口岸内长时间滞留，确保口岸安全顺畅。积极推进拱北口岸自助通道迁建、九洲口岸自助通道新建工作，进一步提高珠海口岸自助通关比例，便利旅客出入境。二是抓好便民措施落实。认真落实内地旅游团赴港澳出境便利措施，加强现场宣传指引力度，便利团队旅客通行。指导拱北边检站简化和优化内地居民遗失证件紧急返回手续办理流程，赢得旅客广泛好评。推进口岸实时通关视频网上查看措施，方便旅客随时了解口岸动态及客流情况。三是做好台风灾后复产工作。积极配合地方政府做好台风“天鸽”灾后救灾复产，协调解决九洲港口岸临时查验区边检设施设备需求，及时向九洲港口岸做好调拨调剂查验设备装备，完善勤务组织方案及限定区域围蔽方案，确保了九洲港口岸临时查验区的顺利建成启用和口岸恢复通关通航。

【珠海边检总站加强查验监管政策研究，全力做好新口岸开通筹备及政策改进创新】 一是做好港珠澳大桥口岸开通筹备工作。积极做好边检执勤查验设施设备建设，确保口岸满足开通条件。围绕珠澳边检执法合作细节与澳门警方进行沟通，细化合作查验模式事宜；联合澳方顺利完成合作自助通道样机生产、业务验证测试工作；积极与香港入境事务处进行沟通，推动建立了港珠澳大桥口岸珠港边检部门执法联络协调机制，为大桥口岸通行管理工作顺利开展奠定基础。二是做好横琴自贸区政策创新研究推进。总站认真做好澳门单牌车辆入境横琴政策实施后的查验管理工作，协调有关部门优化管理系统，完善保障措施，配合横琴新区进一步简化澳门单牌车申请管理流程，研究扩大申请准入条件，保证该政策持续顺利实施。积极配合横琴新区开展横琴永久性口岸创新通关模式研究，就推进的整体思路和具体步骤积极提出意见建议。三是认真做好口岸通关查验政策改进工作。积极就湾仔轮渡客运口岸重建、供澳鲜活产品提前通关、扩大拱北口岸出境随车厅使用人员范围、粤港游艇“自由行”等事宜进行研究，提出边检机关的意见建议，使供澳鲜活产品在拱北口岸提前通关及供澳鲜花集中通关工作顺利落地实施。

【汕头边检总站聚焦防控风险圆满完成十九大安保工作】 2017 年，汕头边检总站突出抓管控守国门、抓改革求突破、夯基础促发展，从严从实从细狠抓各项工作落实，实现了“业务零投诉、安全零事故、队伍零案件”的“三无”目标，奋力开创了总站发展建设新局面。加强组织领导，成立十九大安保领导小组，研究制订安保工作总体方案，主要领导在安保重要时段、敏感节点深入一线、靠前指挥，督导安保措施落实情况，倒逼责任落实，着力营造紧抓不懈的思想氛围。始终将反恐“防回流”“防渗透”作为安保工作的头等大事，进一步完善后台核查工作机制，积极完善信息共享、排查协作的警务机制，着力构建闭环式口岸管控格局。全面开展安全隐患风险排查工作，定期开展现场联合演练，在维护口岸秩序中发挥主导作用。

【汕头边检总站优化服务举措，助力地方经济】 主动延伸服务触角，立足汕头作为“华侨经济文化合作试验区”和“海上丝绸之路重要门户”的规划定位，积极研究探索助推地方发展的通关举措。主动参与汕头、揭阳口岸项目建设，积极配合地方政府推动揭阳利鸿基码头和揭阳港口岸神泉港区LNG码头对外开放运作，完善机场口岸自助通道应用，进一步提升通关效率。扎实开展提高边检服务水平工作，积极对接省市口岸局和其他口岸联检单位，有序推进“单一窗口”标准版试点工作并顺利完成广东省首单边检申报审核，为驻地服务对象提供优质高效的通关服务。推进信息化建设，强化技术保障。推进新版视频监控系统建设，进一步优化总站网格拓扑结构，不断提高信息化工作效能，实现向科技要警力、向信息要效力。在自主技术研发上实现新突破，研发推出总站梅沙监控平台和公安网监控可视化平台，将虚拟化技术运用到梅沙系统中，为中心工作提供了强力高效的科技支撑。

【广东海事局水上交通安全形势持续稳定】 一是深入开展水上交通安全大巡察。扎实开展“平安西江”行动，与沿江六地市、省相关部门签订合作共建协议，推进西江智慧海事建设，构建统一执法联动机制，打造“平安西江”严管品牌，“平安西江”行动成效初显。与省交通运输厅联合开展防范船碰桥专项治理行动，督促航运公司和桥梁管理单位落实安全主体责任，全面排查七级以上航道桥梁1 027座，排查出不满足规范要求的桥梁515座，为下一步综合施策、综合治理奠定了基础。二是水上交通安全管控全面加强。评估公布辖区一级风险源清单，实施“一险一策”监管。开展“特别防护期安全大检查”，实施“平安船舶”专项检查，累计检查“四类重点船舶”6万余艘次。积极为港珠澳大桥、深中通道、西北江航道扩能升级等重大涉水工程提供优质海事服务。深化琼州海峡客滚船“六方一链”安全管理机制。推动处置船舶污染事故应急预案颁布实施，联合省交通运输厅开展船舶与港口污染物接收处置专项整治行动。加强船舶诚信管理体系建设，注销东莞市丰海海运有限公司符合证明（DOC）和安全管理证书（SMC），对广东粤电航运等企业开展安全约谈。2017年，辖区港口货物吞吐量23.21亿吨（其中危险品3.7亿吨），同比上升17.2%；集装箱吞吐量3 993.19万标箱，同比上升19.1%；船舶进出港394.36万艘次，同比上升53.9%；旅客运送量1.06亿人次，同比上升21.7%。三是应急抢险处置能力稳步提升。全力防抗“天鸽”“帕卡”等台风。科学处置“南辉68”“顺鑫996”等多起重大险情事故。成功组织救出侧翻沉没的“锦泽轮”9名船员，创造了海上搜救奇迹。牵头编制广东省应急防台锚地规划建设方案和加强海上应急救助力量建设方案。联合地方公安开展打防“江盗水匪”实战演习，落实省水路治安联勤联防工作机制，珠江航运治安形势持续稳定。2017年，省海上搜救中心共接报海（水）上遇险事件413宗，遇险船舶430艘，遇险人员3 598人，经全力组织救援，获救3 487人，人命救助成功率达96.9%。

【广东海事局海事服务效能更加彰显】 一是“放管服”引向深入。全面落实船舶签证改报告制。牵头开展船舶联合登临检查。推动创设粤港澳游艇“定点靠泊、就近联检”口岸管理新模式。支持全省5处口岸水域开放。与地方签署广东自贸试验区海事创新服务合作备忘录。促成广东自贸试验区国际船舶登记中心揭牌，广东航运人才市场落户南沙。协助部局制定自贸试验区国际船舶登记制度。落实海事政务服务规范，推行“马上就办”“即时办结”新举措。二是港建费便利缴费系统在肇庆成功试点运行，相关工作走在系统前列。积极开展涉水项目施工期通航安全保障费用计算方法研究，推动研究成果纳入公路工程行业标准。举办船员、船检分委会全体会议。海船船员模式改革研究报告、船舶检修检测服务机构资质标准研究报告顺利通过评审。在2014~2016年度国际履约优秀提案评选中，广东海事局荣获4个一等奖，占直属海事系统近一半。三是航海保障成效显著。南海5座灯塔竣工验收，南沙航标处在美济礁挂牌成立。配合三亚市政府开展崖洲湾“丝路之塔”重点灯塔工程建设。航标遥测遥控平台全面建立，形成“统一标准、统一接入、统一监控”、上下联动的航标远程监控新格局。

【广东海事局海事治理能力不断提升】 一是法治体系有效构建。颁布广东海事局辖区船舶安全航行规定。实施行政执法责任制、执法依据公开制、执法行为评议制。推行法律顾问和公职律师制度。在海事系统内率先运行电子行政处罚系统。全年行政处罚案件 11 059 宗，同比增加 5.5%。加快海事行政审批标准化建设。制定业务流程 15 份，废止 23 份。二是改革攻坚持续深入。完成基层执法机构改革，基本建立以海巡执法大队为基本执法单元，现场监管实行综合执法的基层执法模式。筹建港珠澳大桥水域海事管理机构。组建汕头、湛江通信中心。稳妥推进海事公安改革。三是科技创新力度加大。深化智慧海事创新引领，稳步推进二级云中心建设，云中心数据处理能力处于系统领先地位。高度重视信息安全，实现信息分区分级保护。开发危险品筛查、船舶报告核查等新系统新功能。开展船检大数据分析。完成西江大桥至羚羊峡段全景采集测试。

【广东海事局对外交流合作成果丰硕】 一是“朋友圈”不断扩大。积极融入粤港澳大湾区建设，与香港海事处召开粤港海事机构第 25 次定期会议，与澳门海事及水务局举行水上交通安全与航道管理工作联席会议，开展粤港澳三地海上搜救联合演练。建立粤港防治船舶大气污染联动机制，落实船舶排放控制区相关规定。拓展粤闽琼桂海事交流合作，形成流域、区域监管合力。深化粤赣川渝海事结对共建，发挥海事整体优势。二是“海事声音”更加响亮。受部局委托推进“中国—澳大利亚”海事管理对标研究，率团参加国际海事组织人的因素、培训和值班分委会第 4 次会议（HTW 4），《2006 年海事劳工公约》专门三方委员会（STC）工作组会议，第 34 次东盟海运工作组会议，第 13 届亚洲海岸警备机构首脑会议（HACGAM）高级别会议。广东海事局主导或参与的 9 个提案被提上议程，其中邮轮安全船检履约提案在国际海事组织船舶设计与构造分委会第 4 次会议（SDC4）上通过，进一步提升了中国海事影响力。三是“海事方案”更加瞩目。圆满承办中国—东盟国家海上联合搜救实船演练。承办东盟地区论坛渡运安全研讨会，发布首份东盟地区论坛渡运安全声明。承办中菲海事局长双边会谈，确立中菲渡运安全治理、船舶安全技术标准、航运业界交流等多项合作成果。

【深圳海事局实施国际航行船舶进出口岸查验新模式】 2017 年，深圳海事局试点并全面实施网上查验、进出口岸许可远程自助打印。全年通过网上查验系统办理进出口岸查验手续船舶共 2 万余艘次，初步测算可为船舶代理企业节约 5 万小时时间成本和 500 万元的交通成本，社会效益显著。

【深圳海事局优化海事业务流程，压缩船舶通关时间】 2017 年，在自贸试验区内试点部分海事业务“并联受理、同步办理”，对国际航行载运危险货物的船舶，通过实行船舶进出口岸查验业务和危险货物申报业务并联受理、同步办理，改变了以往进口岸申请、危险货物申报、船舶进出口岸手续办理等业务逐步受理的工作机制，通过优化海事业务流程，达到压缩船舶通关时间的目的。同时，通过实施“安检+”监管模式，以船舶安全检查队伍为班底，辅以“危防检查”“危险品隔离检查”等执法人员，一次性完成所有的海事监管检查，避免重复登轮，最大限度减少对船舶在港作业影响。经初步测算，单船平均靠泊时间可缩短 1 小时，有效提高了港口运行效率。

【深圳海事局建立深圳辖区国际航行船舶联合登临检查工作机制】 组织召开深圳辖区口岸单位联席会议，详细了解深圳港口岸查验单位登临检查工作实际情况及对联合登临工作机制建立的需求，牵头制定并联合印发《关于实施国际航行船舶联合登临检查有关事项的通知》，建立联合登临检查工作机制，推动了查验单位间“信息互换、监管互认、执法互助”，有效提升深圳港国际航行船舶通关效率。

【深圳海事局打造优质邮轮监管服务平台，助力邮轮游艇经济发展】 2017 年，为助力自贸试验区邮轮经济发展，采取多项优质监管服务保障措施：一是开通邮轮游艇“政务绿色通道”，邮轮进出口岸手续优先办理、“当场办结”；二是克服深圳港铜鼓航道限制条件和西部水域进出港船舶通航密度大的困难，在确保船舶安全前提下优先保障邮轮进出港口，同时通过设立 VTS 专台、现场监护服务，保障邮轮进出港安全；三是制定邮轮海事监管服务工作方案，全面提升海事监管服务能力。截至 2017 年年底，太子湾邮轮母港累计进出邮轮 162 艘次，安全发送旅客 20.8 万人次，有力促进了深圳市邮轮经济发展。全力支持 2017 年中国（深圳）国际游艇展和“中国杯”帆船赛活动，组织做好参展参赛的境外船艇临时进出非开放水域的报批工作，保证了展会和赛事连续 11 年顺利举行，有效带动了深圳的海上休闲旅游业，促进深圳游艇旅游经济发展。

【海关总署广东分署（以下简称广东分署）落实重大决策部署，服务广东构建开放型经济新体制】 2017 年，广东分署充分发挥职能作用，全力支持广东“一带一路”建设实施，加强沿线海关间通关合作协调，提升广东国际货运班列业务量和开行频率，实现中欧、中亚班列常态化运营。协调广东省内海关推动多式联运监管模式改革，支持企业发展过境、转运等业务，推动广东陆铁、海铁、陆空联运等多式联运业务发展。支持广东保持跨境电子商务全国领先优势，支持符合条件地市申报跨境电子商务综合试验区，加快推广应用跨境电子商务进口统一版信息化系统，完善优化零售出口监管模式，实现全程通关无纸化作业。广东分署加快海关特殊监管区域整合优化，充分运用“保税+”政策优势，支持符合条件地市申报建设综合保税区，拓展保税物流新型业务。积极参与广东自贸试验区建设，加快自贸试验区创新制度复制推广，支持广东申建自由贸易港，支持和引导企业依托海关特殊监管区域政策，开展生产性服务业发展。完善市场采购海关监管模式，支持符合条件地市用好广州花都皮革皮具市场采购政策。支持外贸综合服务企业发展，指导符合条件高新技术企业用好用足减免税优惠政策，支持扩大进口。2017 年，广东省外贸进出口 6.82 万亿元，比 2016 年同期增长 8%。

【广东分署全力推进重点口岸项目建设，优化口岸布局】 2017 年，广东分署注重加强与国家口岸管理办公室（以下简称国家口岸办）、广东省口岸办及广东省内海关的沟通联系，充分发挥好综合协调职能作用，全力协调广东省内海关开展口岸规划设置和建设，及时向广东省口岸办和地方政府反映并协调督促解决广东省内海关在口岸开设中遇到的实际问题和困难。积极推进港珠澳大桥、广深港高铁及深圳莲塘国家及省重点工程所涉口岸的建设、开放工作。多次派员赴珠海市迅速配合拱北海关落实《珠海口岸查验机制创新试点工作实施方案》及派员赴深圳落实协调推进西九龙内地口岸区、深圳莲塘口岸的设置工作，积极参加口岸调研及相关会议。全力支持“一带一路”项目建设，重视对东莞中外运石龙码头对外开放的验收，广州港口岸南沙港区三期码头的开放，深圳机场福永客货码头泊位及深圳港蛇口、赤湾、妈湾港区新建泊位开放验收，湛江遂溪进出境货运车检场的开放等。配合广东省口岸办推进已列入国家和省“十三五”口岸发展规划重点项目的组织实施。配合国家口岸办、广东省口岸办完成对揭阳港神泉港区、湛江港宝满港区和东海岛港区及茂名港、阳江港及湛江机场口岸的扩大开放。2017 年，广东分署及时向广东省政府提出省内设立、调整或撤销开放口岸的建设性意见，做好对外开放码头、车检场及新建码头的征求意见反馈和检查验收工作；支持江门市高沙、外海两口岸整合迁建码头，落实国家启动退出工作的部署，支持国家口岸办、广东省口岸办关闭汕头南澳港口岸、深圳市东角头口岸、梅沙旅游专用口岸、西冲（南澳）旅游专用口岸一批不达标口岸，实现口岸效能最大化，促进口岸健康发展。全年参加口岸调研、验收会、协调会 20 次，办理专用码头口岸、航空口岸、车检场开放验收等项目 9 个，实施临时对外开放运作 7 个项目约 10 批次。

【广东分署推进加工贸易边角废料内销网络

交易改革，规范加工贸易边角废料内销市场】2017年，广东分署与淘宝软件（中国）公司合作开发“广东省加工贸易边角废料内销网络交易系统”，试点范围已扩大到全省各直属海关，参与改革试点的企业遍及珠三角发达地区和粤东西北地区，取得良好的效果。推动出台《广东省加工贸易边角废料内销网络交易管理办法》，为改革提供立法保障，并对网络交易系统进行完善升级，为改革提供了技术支持。在“单次交易”模式逐渐成熟的基础上试点成功“集中交易”模式，实现了边角废料内销“集中交易，期货式交割”，大幅降低了企业的交易成本。该交易系统进一步简化了加工贸易边角废料内销征税和核销手续，搭建了公开、透明的加工贸易边角废料内销平台，有助于加工贸易企业拓展内销渠道，营造法制化营商环境，有力服务了广东深化改革和扩大开放大局，企业反响良好。

【广东分署深化粤港澳海关合作，支持粤港澳大湾区建设】 2017年，广东分署稳步推进与香港海关间跨境快速通关对接项目，协调广东省内海关扩大“粤港跨境货栈”适用范围，海关监管货物在口岸的平均停留时间由31分钟减少至5分钟以内，进一步便利了粤港跨境物流，并成功将合作成果拓展到长沙海关关区。推动粤港澳海关就开展港珠澳大桥三地口岸合作达成初步共识，明确粤港跨境车辆加签政策，制定通行车辆海关备案流程。积极配合国家口岸办和广东省口岸办推进广深港高铁建设，莲塘/香园围口岸、青茂等重点新建口岸开放工作；协调内地海关与香港海关、澳门海关合作和机制创新，研究实现“一地两检”模式下的通关方案，推进粤港澳海关通关合作项目及粤港两地陆路货物电子数据交换措施的实施，扩大粤港、粤澳海关查验结果互认，统一载货清单合作，完善“跨境快速通关对接”等合作项目，借助安全智能锁、卫星定位系统等科技手段，实现全程智能化监管，实现三地海关监管协同合作。支持广东省粤港澳大湾区建设思路和具体措施，将顺畅大湾区人员往来和物流通道的具体工作项目列入2018~2019年度粤港、粤澳海关合作要点。

【广东分署推进海关法治建设保护知识产权】 2017年，广东分署积极按照海关总署的要求，做好司法改革，主动加强与广东省检察院和广东省高级人民法院的沟通联系，充分发挥广东省“两法衔接”工作联席会议成员单位职能作用，协助成员局解决重大案件管辖、强制措施、移送审查起诉及二审中的执法疑难问题，共协调各类疑难案件26宗，均取得积极成效。促进省内海关“两简”案件办理不断规范化，并在全国海关率先建立与最高人民法院巡回法庭的经常性工作联系机制，与最高人民法院第一巡回法庭和广东省高级人民法院联合召开广东省内海关执法疑难问题研讨会，为广东省内海关执法提供指引和支持。年内与广东省高级人民法院联合制定印发有关通知，规范了法院处置海关监管货物和进境运输工具的程序和方式，为全国海关处理类似情况提供有益经验。全年办理行政复议案件18起，做到了案结事了，切实发挥复议应诉规范执法、化解纠纷的功能作用；指导广东省内海关行政诉讼案件34起。2017年，广东省内海关共查获侵权嫌疑货物3 816批次，涉案货物数量2 149万件，案值约3.2亿元。其中，查获侵犯商标权货物3 607批次，侵犯专利权货物192批次，侵犯著作权货物17批次；进口环节查获侵权货物169批次，出口环节查获侵权货物3 647批次。同时，广东省内海关密切开展与香港、澳门海关的知识产权保护合作，开展情报交流、信息通报和联合执法行动。2017年，广东省内海关共查获涉及香港、澳门的侵权货物947批次，货物327万件，案值近2亿元；粤港海关开展知识产权产权专题交流活动2次，粤港、粤澳海关相互通报案件信息80余份；粤港、粤澳海关开展保护知识产权联合执法行动4次，共查处涉及香港、澳门的侵权货物38批次11.6万余件，有效遏制了粤港、粤澳两地进出口侵权违法活动。

【广东分署全力推进大通关建设，实施贸易便利化】 广东分署配合全国通关一体化“两中心、三制度”改革落地实施，充分发挥协调职能，协助海关总署解决“全通”模式下广东关区的通关疑难事项，助推广东省内各海关顺利实现隶属海关功能化改造。全力做好国际贸易“单一窗口”标准版在广东省内地市的复制推广，争取在口岸和现场覆盖面、系统业务量上取得更大突破，复制推广“口岸通关时效评估系统”。全力推动“智慧海关”建设，推进通关流程“去繁就简”，部署全国海关统一的“互联网+海关”一体化平台，实现省内海关全覆盖。深化口岸通关一体化改革，以“三互”大通关、国际贸易“单一窗口”标准版为突破，促进口岸管理相关部门数据共享、卡口共管共用、查验设施区域共用、各单位通关一体化改革协同联动，在有条件的口岸推进“跨部门”一次性联合检查、“合作查验、一次放行”等通关模式改革。

【广东分署对标国际标准，推进自贸区海关制度创新】 2017年广东分署牵头对接广东省自贸办，协调广东省内自贸试验区海关，推动20项广东省内海关制度创新成果纳入广东省三批改革创新经验在全省复制推广；主动承接了制定自贸试验区海关业务统计规范、保税监管场所立法等海关总署专项工作。积极推动粤港澳游艇“自由行”项目落地实施，协调首航仪式在广州南沙顺利启动，牵头制定管理办法。完善“自贸试验区贸易便利化绩效评估体系”，作为广东自贸试验区三大官方评估指数之一，已成为自贸试验区建设成效的“指标”和“标尺”。

【广东分署持续保持打击走私高压态势】 2017年，广东分署加强统筹协调，推动广东省内海关缉私部门积极组织成立第三缉私战区“国门利剑2017”联合专项行动工作小组。深化反走私综合治理，推动地方政府充分发挥反走私综合治理的基础性作用。依托走私犯罪大要案件跨警种联合侦办机制，加强与公安机关协同配合，不断提升打击走私整体合力。推动广东海关缉私部门与公安禁毒部门建立“全链条”打击毒品案件管理模式。联合广东省公安厅开展打击走私贩卖枪弹犯罪专案行动。组织召开广东省内海关水上缉私工作会议，加强与广东省海警总队筹备组的密切合作。完善与国税、公安等部门的联系配合机制，协调广东省内海关开展打击骗取出口退税和虚开增值税专用发票专项工作。协同深圳海关实施综合治“水”10项措施，“水客”走私势头得到有效管控。协同汕头海关联合公安、边防、海警等部门坚决打击整治碣石地区非法加工经营走私旧服装，收缴旧服装1 500多吨，捣毁多个旧服装储存点。2017年1～12月，广东省内海关共立案走私犯罪嫌疑案件1 389起，案值179亿元，涉税26亿元；立案调查走私行为案件19 121起，案值11.33亿元，涉税2.16亿元；立案调查违规及其他违法案件34 746起，案值121.56亿元。打击走私取得明显成效，很好地维护了广东对外贸易发展及口岸执法环境的健康。

【广东分署促进广东关区税收应收尽收】 广东分署坚决贯彻落实海关总署党组决策部署，加大综合协调力度，认真指导省内各关开展税收工作，年内开展税收宏观监控分析及税收入库协调通报，发挥泛珠区域税收监控牵头、协调作用，强化规范申报，促进区域通关手续规范统一，开展区域内海关税收征管新机制及税收政策执行效果评估调研。2017年，广东省内海关税收入库4 127.38亿元，同比增收了650.89亿元，同比增长18.72%，占同期全国税收入库的21.76%；税收开单数4 170.96亿元，比去年同期增长了642.43亿元，同比增长18.21%。

【广东分署强化大数据应用，发挥辅助决策作用】 广东分署主动服务各级领导决策，针对广东外贸发展面临的问题，积极开展调查研究，出台8项措施支持广东省外贸回稳向好。广东分署参与“离岸贸易海关监管制度研究”“构建海关特色智库问题研究”“海关支持推动农业供给侧结构性改革课题研究”“贸易便利化评估指标体系研究”“构建全球主要经济体贸易动态监测体系研究”5个署级课题研究工作。主动承担广东省重大决策咨询研究委托课题“引进结算中心发展离岸贸易和离岸金融，推进广东外贸供给侧结构性改革”，并定期向广东省委省政府报送《海关统计快报》《广东外贸分析报告》《外贸数据旬报》，按时保质提供80余批次数据服务，报送专题分析报告20余篇。利用大数据对广东对美国贸易现状进行分析，建立模型估算美国提高关税后对广东省外贸形势的影响，向广东省政府提出预警及对策建议，为各级领导决策提供了重要的参考依据。根据广东省内各关实际业务需求，利用技术资源优势，开发、完善管理系统，为广东省内各关提升口岸管控能力提供了有力的技术支持。广东分署利用数据资源优势，推动大数据应用办公室成立并探索开展实体化运作，组织开展了内港贸易数据比对分析，为打击管控虚假贸易提供数据支撑，加大对舱单分析力度，做好危化品的监测预警工作。

【广州海关落实总体国家安全观强化行邮渠道正面监管】 2017年，广州海关主动融入国家安全和社会治安防控体系，建立案件台账、档案库，提炼风险要素，严查严控枪支弹药等走私进境，全年在行邮渠道查获涉嫌走私枪支弹药（含仿真枪）案件超过50起。持续保持打击毒品走私高压态势，深入推动源头治理和口岸联查联控，加强风险研判分析、查缉经验交流，提升现场查缉毒品的精准度，全年查获海洛因、大麻、冰毒、新精神活性物质等各类毒品案件70余宗，净重超过320千克。深入打击濒危动植物制品走私行为，综合运用机检、开拆、巡查等查缉方法严打伪装夹藏走私，查获国家限制进出境的濒危动植物及其制品案件超过120宗。扎实开展“清源”“固边”专项行动，严密查堵邪教类、淫秽类等各类违禁印刷品及音像制品，全年查扣违禁印刷品及音像制品近34万件，同比增长32.4%。

【广州海关关际合作工作亮点纷呈】 2017年，广州海关形成了覆盖重点海、陆、空口岸和境外海关“点对点”合作格局。立足关区在“一带一路”建设中独特的区位优势和对外合作底蕴，相继建立与荷兰史基浦机场海关、澳大利亚边境执法署战略指挥部和英国费利克斯托港口岸等非接壤国家海关“点对点”跨关境关际合作，在全国海关中实现项目数量和合作成效“双领先”。着眼广州白云国际机场作为“空中丝绸之路”重要节点定位，与荷兰史基浦机场海关在空运货物、无纸化通关等领域开展业务合作，国内第一条中欧空运“安智贸”航线（广州—阿姆斯特丹）已进入常态化运营阶段，年底新开南沙港与荷兰鹿特丹港“安智贸”海运航线，推动构建国际贸易供应链无缝监管。发挥广州空邮中心作为国内三大国际邮件互换局之一的优势，持续推进与澳大利亚海关在国际邮件监管、空运货物方面的合作，在全国范围首创中外双向交流的实操性业务跟班、与澳方联合主办“中澳海关X光机查验技术研讨班”等合作形式，借力技能培训、毒品查获情况通报、最新风险要点分析、技术应用等双向交流，进一步提高执法效能。对接南沙港作为粤港澳大湾区港口群重要枢纽海港和建设“海上丝绸之路”合作战略支点，与英国费利克斯托港海关开展技术、信息、能力建设的“点对点”关际合作，积极探讨在南沙港与费利克斯托港之间开展“重点商品监管联合行动”，就港口海关风险管理、自贸试验区建设等深化合作，进一步提升区域贸易安全便利水平。

【广州海关提高科技应用水平，提升通关效率】 发挥快速验放模式优势，依托H986大型集装箱检查设备和海港智能化系统等信息化手段，将3次吊装移位优化为1次，同步完成申报、查验、放行等环节；全面对接查验管理系统，实现机检查验作业指令系统发送、单证传输和图像审核、作业流程的线上作业，试行机检查验任务不收取纸本单证、完全线上作业的模式，企业足不出户完成全部作业流程；探索形成机检直放模式，通过建立标准图像库等方式，梳理形成适合机检查验的进出口货物目录6类28种，全年机检查验集装箱比重占整体查验的60%以上，机检直接放行比重达55%，指令下达到放行用时可压缩至3小时以内；推动FS6000地磅投入使用，同步进行机检查验和重量采集，平均每柜可节约调运时间6小时以上。

【广州海关全力支持广州跨境电子商务综合试验区发展】 2017年，广州海关跨境电子商务各项业务继续领跑全国，顺利完成12项综合试验区创新举措，创新开展“去繁就简”7项措施，积极支持打造以南沙保税港区、机场综合保税区为核心区域的跨境电商产业集聚区建设，唯品会、京东、亚马逊等大型电商平台运作顺畅。全面提升通关信息化系统处理能力，进一步打造“物流畅顺、通关便捷、监管有效”的新型跨境电子商务进出口海关监管模式。持续拓展邮政渠道零售出口汇总报关业务，自主开发并上线“广州海关跨境电子商务零售出口监管系统”，顺利解决零售出口及特殊区域出口业务的通关难题。全年共监管跨境电子商务零售进出口清单超过2.1亿份，计征税款15.8亿元，监管进出口货值超过210.0亿元，同比分别增长31.7%、1.8倍和33.5%。

【广州海关扎实推进“去繁就简”工作】 切实解决通关流程烦琐等突出问题。减环节，减少无效干预，报关单事中处置环节大幅压缩，预归类和预审价答复时间分别压缩30%以上和10%以上；降成本，进、出口通关时间分别较全国海关2016年通关时间压缩49.01%、62.08%，开展口岸查验配套服务费改革惠及企业约1万家，助力海关总署出台对医疗用品、水产品、水果、日常用品等187项消费品的降税政策；提效能，通关无纸化比率达到98.95%，实现减免税申请无纸化、企业注册登记无纸化，企业注册备案业务领域先行试点成功启动电子印章，“两简”案件平均办案周期缩短至1天以内；优服务，建成邮件通关、政务服务“线上海关”样板间，在广州政务服务中心海关驻点率先实行95项行政审批“一个窗口”全覆盖，辖区7个行政市已实现“单一窗口”标准版“全覆盖”，同时自主研发的“互联网+会展e通”系统在全国率先实现会展业务全流程无纸化办理。

【广州海关全力促进广州国际航空枢纽建设】 积极助推广州国家级临空经济示范区快速发展。旅客通行更顺畅，“通程航班”业务在南航国际航线实现全面放开，为264万经停广州的国际旅客人均节约半小时以上中转时间，惠及旅客人数领先各大机场，同比增长51.7%；主动对接白云机场新航站楼建设，推动实现关检航空器联合登临检查，平均节约航班准备时间半小时以上。货物通关更便捷。通过“智慧空港海关”建设，空运货物实现线上快速分流、线上自动传输、线上自动放行，通关时间较2016年压缩49.58%、49.33%；中欧“安智贸”项目不断扩大，我国第一条中欧空运“安智贸”航线进入常态化运营。新型贸易业态发展更迅速。跨境电商业务量质齐升，“零售进口”业务增长104.57%，居全国空港首位；保税融资租赁飞机23架，货值125.25亿元，同比增长1.3倍；“市场采购”机场口岸出口货值228.6亿元。机场主要业务快速增长。2017年1月~12月，进出境航班10.35万架次，同比增长16.5%；进出境旅客1 589.88万人次，同比增长16.6%；进出口空运量116万吨，同比增长8%，位居全国主要机场第2位。

【广州海关推动空运货物监管信息化建设助推电子货运发展】 深化空运监管信息化建设，主动对接2家国际货站的货运管理系统，从货物运输作业环节自动采集进出境航空器货运舱单数据，实现货运舱单数据线上自动传输，建立全程线上作业工作模式；扩大提前申报比例，建立出口货物“提前申报，收运分流”的模式，通过电子数据提前申报，实现货物线上快速分流，货物到达货站即可获得查验/放行指令，放行货物可直接办理“装载、出运”手续；对进出口货物、国际中转货物和进出口转关货物全面实施电子放行管理，实现查验通知电子数据自动送达、“例行核查、空车检查、电子关锁检查”等电子指令直接下达、卡口自动抬杆放行，推动卡口线上智能管理，系统线上自动放行。已实现进出口空运货物电子放行、物流全流程无纸化管理，日均监管进出境货物约2 100吨。

【广州海关抓细抓专推动“通程航班”业务纵深发展】 完善“通程航班”中转行李转运流程，清理“通程航班”航线备案表，通过后台X光机“非侵入式”行李检查实现中转行李“即到即检”，根据中转旅客转机衔接时间长短对中转行李实行分类验放，压缩中转旅客等待时长约半小时；深化与边检、检验检疫、安检等部门的协同监管，协调完善东区行李中转线建设，优化行李同屏比对等功能，单件行李转运时间平均压缩8分钟；加强与机场、航空公司的合作，主动向航空公司寻求信息数据支撑，利用进出境旅客数据拓宽信息来源，结合视频监控系统实现对中转旅客的信息对碰和地理位置信息的实时监控。2017年共监管进出境“通程航班”中转旅客人264万人次、航班5.1万架次、托运行李超过270万件，同比分别增长51.7%、54.5%、36.6%。

【广州海关全力支持南沙自贸试验区创新发展】 全面退出涉企收费，实现“线上”申报全覆盖，并涵盖查验、征税、放行、注册备案等业务，每票货物的通关时间压缩0.8~5.4小时，企业办事效率提升80%以上。对接“一带一路”建设继续走在前列。粤港跨境货栈成为连接大湾区的快速通道，物流运输时间压缩二分之一以上；帮助南沙企业在全球33个互认国家（地区）享受便利通关待遇，培育海关高级认证企业49家，同比增长53.1%。国际航运枢纽建设取得新的突破。全球前21强班轮公司均落地南沙，共开辟外贸航线85条，与世界100多个国家和地区的400多个港口有海运贸易往来；支持以南沙港为母港在南沙建立“无水港”31个，形成辐射内陆腹地的物流体系；邮轮旅客通关速度与香港不相上下，邮轮产业规模稳居全国前三，成为全国增速最快的邮轮母港。新型贸易业态实现快速发展。南沙保税网购进口货值继续领跑全国；平行进口汽车到港量突破1万台，成为全国第二大平行汽车进口口岸；融资租赁业务快速增长，开展保税融资租赁飞机22架，价值120.75亿元。

【广州海关深入推进“互联网+关邮e通”改革】 邮件通关样板间顺利建成，优化升级“关邮e通”2.0版本，完善22项服务功能，在全国海关率先实现进出境邮件通关业务全天候、全流程的在线办理；超过99%的低风险邮件进入“秒放”时代，全年监管进出境邮递物品突破2.75亿件，在连续3年跃居全国首位的基础上，再创全国海关行邮现场邮件监管量的历史新高。“智慧邮件”建设初见成效，优化邮件通关智能审单、智能征税功能，建立邮件通关自动归类征税模式，加载自动归类征税参数1.1万条，无人工干预征税邮件比重已逾85%。推动“关邮e通”与支付宝、微信、银联的对接嵌入，网上自助缴税率达到83%，建成全国首个真正意义上的海关通关业务手机“一点通”。

【广州海关全力支持广州中欧班列快速发展，助推“一带一路”建设】 推动中欧班列和市场采购有效融合，“穗满俄”班列自2017年3月起实现每周一列的满编组运营，每编组达82个标箱，平均实际装载率位居全国中欧班列前列；优化班列监管，建立“点对点”服务机制，实行24小时“预约通关”，完善“花都申报，大朗通关”监管模式，全面铺开“自报自缴”报关，全年出口报关单平均通关时间从11.3小时下降1.5小时，压缩时长86.7%；与口岸部门建立专项协调机制，简化交接流程，统一数据标准，从广州至莫斯科运输时间压缩至15天以内；指导企业优化货物结构，开拓省外货源渠道，出口货物从初期传统劳动密集型产品逐渐发展到以手机、平板电脑等高附加值产品为主。2017年共开行中欧、中越班列46列，监管4 130个标准箱，报关单为3 800余份，货物毛重超过2万吨，货值约3亿美元。

【广州海关“四个持续”不断发力，推动市场采购试点健康稳定发展】 2017年，主要业务量大幅增长，报关单份数增加5.9倍，监管货运量增加2.3倍。针对市场采购出口新业态发展过程中不断出现的新问题、新需求，坚持“四个持续”，推动市场采购试点健康稳定发展。一是持续强化服务，优化市场采购出口的营商环境。通过设立市场采购专项工作小组、业务大厅专窗、接单专岗、咨询专线等方式，做好市场采购政策解读和接单服务，积极引导企业参与市场采购试点，为试点企业办理海关业务全流程全方位保驾护航。二是持续规范管理，推动市场采购贸易的“综合管理”。强化数据监控及风险分析，建立价格监控制度及专报制度，对接单、审单、查验等环节开展风险分析，发现价格异常报关单及时进行核实处置，通过规范申报和后续监控处置有效管控虚假贸易。三是持续强化监管，坚持守住风险的底线。针对市场采购贸易货散、量大，涉嫌侵权及夹藏违禁品风险较大情况，加强对易侵权货物特征及物流的分析，有重点的加强对输往重点国家、地区货物的布控查验力度，对查获的疑似侵权货物及时按规定处理。四是持续做好市场采购的复制推广，助力市场采购健康发展。向地方政府建言献策，推动注册制度的改革创新，简化供货商注册操作流程，提高企业注册效率；对市场采购出口试点的运行情况、存在问题、企业参与情况、企业需求、辐射作用等建立"回头看"制度，及时开展综合评估，为复制推广提供信息和决策参考意见。据统计，2017 年花都皮革皮具城市场采购试点出口 815.1 亿元，圆满完成全年 500 亿出口目标，排名全国第二。同时，市场采购出口在广东全省的复制推广在继佛山、清远之后实现新的突破，已扩展至汕头、河源、珠海；进出口岸扩展至全国 20 个直属海关的 33 个口岸现场，"多点开花"的分流态势初步显现。

【广州海关全面推进"去繁就简"部署创新会展监管服务新模式】 一是深化拓展"线上海关"建设，提升通关便利化水平。首创研发"会展 e 通"信息化系统，在全国海关率先实现进出口会展业务全程在线办理，相关清单均由系统自动计核生成，有效简化企业办理展会业务审核环节，企业递交资料减至最少 2 项，并通过系统与检验检疫部门实现电子化信息共享和监管互动，实现"一次申报、一次查验、结果互认"。第 122 届广交会申报的 2 300 多项、8 万多件展品全部实现线上办理，展会商品进出口平均通关时效仅为 1.36 小时，与 2016 年相比缩减 92.6%。推动企业使用电子支付，首票展览品保证金电子支付于 9 月 13 日成功实现，企业节省办理打印保证金收据、银行柜台支付、财务部门确认、保单核注等环节时间，整个流程的时长从原来平均约 23 小时缩短至半个小时以内。在全国海关率先实现临时进境展览品报关单无纸化通关，实现无纸化全覆盖，提高展品通关效率。二是创新升级定制监管服务，支持广州会展业发展。在广交会、国际橡塑展期间，统筹展会备案、保证金减免审批、驻会监管、展中巡查、后续核销等工作，实行 24 小时预约通关，提供"门到门"式监管，确保各类展品通关手续快速办理，保障展览品全天候无障碍通关。通过"一个窗口"对外，一站式办理展会备案、申报、接单审核、转关、查验、征税、核销等手续，提升业务办理效率。积极引导、培育展览业重点企业成为海关高信用企业，适用海关通关便利措施，支持引导展览行业中重点企业按照海关认证标准进行自我完善，成为海关认证企业，适用较低进出口查验率、简化单证审核、优化通关手续等便利措施。三是加强与各部门协同配合，形成合力促进会展业提升国际化水平。先行先试深化行政审批制度改革，就商务主管部门取消对境内对外经济技术展览会办展项目的审批问题，在确保监管到位的前提下争取最大限度简化审批手续。按照依法把关、监管有效、资源共享、协同发展的原则，与广州市政府协同推动形成以会展经济为核心，总部经济、高新技术和商贸服务业共同发展的广州琶洲经济圈现代产业体系。加强与广东省港澳办的联络，推进与香港展会实行"一展两区"的合作模式，推动琶洲客运码头口岸建设，提供通关便利和优质服务，积极支持琶洲国际会展中心区作为广东省首批粤港澳服务贸易自由化重点示范基地的建设。

【广州海关全面推进以自由贸易港为核心的自贸试验区改革创新】 立足南沙实际，主动探索包括先行先试自由贸易港政策在内的全面深化南沙自贸试验区改革创新措施，全力支持广州市新一轮开放型经济新体制建设。研究并初步提出了"不申报、不查验、不征税、不统计、不设账"（简称"五不"）的自由贸易港海关监管制度，同时以"6 个走在前面"为目标，进一步细化推出全面深化南沙自贸试验区改革的 40 项具体措施，按照"不以区域为限、急用先上、实用为先”的思路全力推进落实。一是精准发力，率先实现重点领域取得突破。把握南沙新型贸易业态发展的需求和特点，按照“一线放开、区内自由、二线管住、协同共管”的思路，对已具备自由贸易港特点的粤港跨境货栈和国际中转业务，先行先试“五不”海关监管模式。对粤港跨境货栈一线入区货物，海关综合运用现行保税物流、跨境快速通关等海关制度，对来自香港口岸的多式联运货物实现香港机场与南沙保税港区之间一站式的“空陆联运”，在该模式下，海关通关环节减少三分之一，耗时缩短至6小时以内。对国际中转业务采用数据提前申报、数据自动转换、全程无纸化等方式，实现国际转运货物理货报告和运抵报告由码头即时卸船数据自动生成，有效提升了转运效率。二是主动研究，紧跟形势推动完善海关监管模式。将前期提出的“五不”海关监管思路优化为“探索实施有限重点检查，创新‘不申报、不征税、不统计’的一线进出境模式，实行‘隐形、精准、自由’的监管模式”。自由贸易港与境外实施“一线放开”，境外与自由贸易港之间进出的货物，不向海关办理申报手续，不缴纳关税和进口环节海关代征税，不纳入贸易统计。自由贸易港区内实施“区内自由”，除因公共安全和公共利益对市场主体实行直接管理措施外，海关对区内企业不进行常规监管。自由贸易港区与境内区外实施“二线管住”，海关对自由贸易港区与境内区外之间进出的货物，按照口岸进出境货物进行常规监管，纳入全国通关一体化管理。三是需求导向，贴身服务推动新型业态集聚发展。支持境外汽车维修及零部件再利用项目落地南沙。针对众德汽车销售有限公司提出在南沙保税港区内开展境外汽车维修和零部件资源再利用业务的需要和特点，全新设计以“动态转换底账”为理念的海关监管模式，量身定做相关监管方案及信息化系统，并叠加采用“先进区、后报关”“货物按状态分类监管”“批次进出、集中申报”等多项海关监管创新制度，解决现行保税账册管理无法满足企业多样化交叉运作需求的难点问题，为项目落地提前做好监管准备。支持国际优品全球中心仓项目建设。结合梅西百货进驻南沙保税港区的迫切需要，提出了“分类管理、自由进区、安全准入、便利流转”的监管思路，支持企业在区内开展国内货物转电商零售、保税物流货物转跨境电商、跨境货栈货物转直购进口等多元商业运作模式。四是深化改革，多措并举提升贸易便利化水平。按照“先易后难、成熟一项、试点一项”的推进原则，推动除自由贸易港外的其他33项深化改革措施在南沙新区实施，已落地22项，有效提升南沙自贸试验区贸易便利化水平。在加工贸易及保税监管领域启动“双随机、一公开”改革，营造公开透明、公平公正、诚信自律的监管环境。继续加大“自报自缴”改革推进力度，改变原有“先审核后放行”的作业模式，实现货物放行时间提前，进一步缩短货物通关时间，降低企业贸易成本。持续推进海关行政许可标准化和规范化建设，提升“一窗受理”“一网通办”服务水平，继续保持行政许可“零超时”“零差评”。

【广州海关多措并举助力广州国际航运中心建设取得明显成效】 一是以通关便捷为目标，优化监管流程，切实提高口岸通关效率。广州海关在全国首创货物到港快速验放机制，以顺势监管为导向，实现进口货物即卸即放、出口货物即放即装，减少货柜重复装卸，进出口货物流转时间由2~3天缩短为1天以内，通关效率提升50%以上。二是以企业需求为导向，创新物流监管模式，支持现代集疏运体系建设。通过粤港跨境货栈项目实现香港机场与南沙港一站式空、陆联运，促使更多境外机场的空运货物运至南沙进行分拨处理，拓展空陆联运物流业；大力推进以南沙为中心的江海联运、铁海联运、公水联运、海空联运等多种物流模式，配套制定海关监管措施、优化监管流程，充分发挥南沙的物流集聚效应；支持以南沙港为母港，发展无水港业务，不断拓展南沙枢纽母港的经济腹地。三是以营造国际航运枢纽建设生态环境为己任，大胆改革保税油供船业务模式，支持国际航运服务业发展。充分利用运输工具信息共享，优化国际航行船舶保税油供船监管业务流程，把“船等油”改成“油等船”，将船舶在港停靠时间由原来的2～3天缩短到4～8个小时，切实解决企业开展跨区供应船舶燃料油、燃料油过驳等业务的老大难问题。针对船舶服务业中举足轻重的造船、修船等业务，采取尊重行业特点，个性化订制造船、修船行业监管模式，为企业提供“一站式”服务。四是以口岸信息化建设为重要抓手，推进“单一窗口”建设，落实“三互”大通关改革。在南沙自贸试验区率先实施“互联网+易通关”改革，致力于打造全流程“线上海关”，先后推出“自助报关”“互动查验”“自助缴税”等18项措施，覆盖货物通关、邮件通关、物品通关、加工保税四大领域97项业务。南沙“单一窗口”建设也走在全省前列，目前货物申报、国际航行船舶舱单传输、运输工具申报等业务已实现100%经“单一窗口”办理，船舶联合登临检查、跨境电子商务等16个业务模块在南沙海关实现功能全覆盖。五是以支持邮轮旅游和粤港澳游艇“自由行”为目标，加强政策指导与沟通协调，推动相关管理制度出台，并为邮轮及粤港澳游艇提供快捷、高效的通关监管服务。

【深圳海关持续深化改革】 深圳海关全面落实海关总署重大改革部署，以一体化思维和信息化手段，压茬推进两轮“二建四改”。一是全面落实总署重大改革部署。落实全国海关通关一体化改革。推进“三互”大通关建设，与检验检疫部门联合出台措施22条。推进海关、海事、边检、检验检疫对国际航行船舶的联合登临检查。旅检口岸全部实施关检“一机两屏”。推出报关报检“并联”作业，实现公路口岸和主要进口商品两个全覆盖。在文锦渡、大鹏、大铲湾海关开展跨部门一次性联合检查试点，关检合作一次查验率达100%。推动国际贸易“单一窗口”建设，深圳市地方版与国家标准版成功对接，报关单覆盖率提升至48.8%。落实“双随机、一公开”，在通关、查验、稽查、行邮等领域全面铺开，执法透明度进一步提升。二是持续深化第一轮“二建四改”。业务运行监测平台启动二期建设，运行管控中心实体运作，关区新型管控格局初步形成。网上办事大厅可在线办理8类92项业务，实现企业“零跑动”“零收费”。通关业务处置集中改革进一步完善，“通受通办”窗口叠加“远程面洽系统”，验估作业时间缩减60%以上。加贸业务审核集中改革稳步推进，手册设立、变更智能审核通过率达70%。查验监管集中改革推广到公路、海运口岸，新型查验作业方式实现关区全覆盖，探索查验作业全程无纸化。后续监管集中改革向纵深推进，“多查合一”衔接“两中心”更为顺畅。三是压茬推进第二轮“二建四改”。建设二级风险防控中心，现场风险分析布控作业集中切换至二级中心，实现专业化分析作业。实施旅检监管方式改革，启用164条智能旅客通道，大数据、面部识别、探针技术辅助监管，正常旅客通关更加便捷。实施快件作业方式改革，推动建成深圳国际快件运营中心，创新快件监管“1+N”模式，缩短快件通关时间三分之一，日均处理能力达17万件，成功吸引顺丰国际快件转运中心等重大项目落地深圳。实施特殊监管区域业务综合改革，摸清4个特殊监管区域企业底数，统一账册管理、卡口配置，以规范管理促转型升级。实施海关监管场站规范化建设改革，规范“三惠”地区3个车检场经营主体，实现视频监控业务现场、场所类型全覆盖。

【深圳海关支持外贸稳增长】 2017年，深圳市进出口2.8万亿元，比2016年增长6.5%，占同期全国进出口总值的10.1%。其中，出口1.65万亿元，增长5.5%，占同期全国出口总值的10.8%，连续25年位居全国中大城市第一；进口1.15万亿元，增长7.9%，占同期全国进口总值的9.2%。一是优化深圳营商环境。深入推进通关环节提效率、降成本。推动“货物通关时间”和“对外服务办事作业时间”双压缩。全年进、出口通关时间压缩幅度分别达45%、43%，132项对外办事作业时间压缩二分之一。降低进出口制度性成本，落实对查验没有问题的外贸企业免除吊装、移位、仓储等费用，惠及企业超过2.5万家。推动深圳华南物流园二程转关向一体化转型，每年为企业节省转关接驳等费用约 1 800万元。率先实现海关经营服务“零收费”，每年为企业减负约 1.7 亿元。二是服务深圳全面开放。助力“一带一路”建设，支持深圳始发中欧班列常态化运营，全年验放“鹏新欧”班列 18 趟次，货值约 2.8 亿元。启动“深港陆空联运”改革试点。落地实施自贸区监管创新制度 18 项，7 项创新经验在全省推广。加强深港海关合作，建立两地原产地标准磋商机制，推动 CEPA 原产地证书全程电子化。协调推进广深港客运专线、莲塘口岸建设。三是支持深圳实体经济发展。用好减免税政策。提供点对点通关、定制式辅导和归类预审核等服务，全年减免税款 239 亿元。

【深圳海关强化监管打私】 2017 年，监管进出口货运量（不含水）10 587.5 万吨，同比增长 29%；监管进出境运输工具 1 507 万辆（艘架次），同比增长 2.2%；监管进出境海运集装箱 2 308.9 万标箱，同比增长 2.3%；监管进出境快件 8 873.3 万票，同比增长 5.4%；监管进出境邮递物品 15 512.9 万件，同比增长 33.6%；办结进出口报关单 1 282.1 万份，同比增长 10.6%；征收税款入库 1 702.23 亿元，同比增长 15.74%。一是落实“政治保卫年”部署，顺利完成海关安保维稳工作。联合地方打私办、宣传等部门开展反宣品走私专项整治，查获非法出版物 4.3 万件。加强协同治理，强化与口岸联检单位、香港海关、地方公安的执法合作，加强重点口岸综合整治，净化通关环境。二是强化正面监管，提升监管效能。正面管控和重点案件查发的实战效集不断提升，货运渠道查获移送缉私案件 4 878 宗，同比增长 37.14%。推动建立管控虚假贸易四方联动机制，维护进出口贸易秩序。实施“综合治水”10 项措施，建立口岸现场、外围联动打击模式，福田口岸当日入境 3 次以上重点旅客降幅超过 90%，“水客”治理取得阶段性胜利。三是强化打击走私，保持高压严打态势。以“国门利剑 2017”联合专项行动为主线，围绕“洋垃圾”、重点涉税商品、毒品、枪支走私，开展“使命”系列行动 17 次。查缴毒品 355 千克、枪支及仿真枪 1 259 支，查获涉案废物 3.8 万吨，粮食、冻品 4 485.78 吨，活体龟、穿山甲等 4 288 只，象牙制品、穿山甲制品、珊瑚制品等一批，有力维护国门安全。

【拱北海关服务口岸通关】 2017 年，拱北海关扎实开展“强化实际监管”专项整治，出台并严密推进 90 项措施，报关单查验指令实现集中细化，查获率和风险防控能力有效提升。全年共监管进出口货物 18 亿吨、货值 41 629 亿元，同比分别增长 27.1%、59%；监管进出境人员 14 亿人次、进出境运输工具 406 万辆（艘）次，同比分别增长 3.3%、0.7%。推进快件专项整治，规范危化品监管，加快卡口系统建设，关区水路口岸全部实现卡口放行无纸化，完成关港联网期建设。

【拱北海关支持地方外经贸发展】 2017 年，拱北海关积极服务“一带一路”建设，支持珠海高栏港开通至巴西等 8 条国际班轮航线，助力打造珠江西岸先进装备制造产业带，高栏港综合保税区申建取得重大进展；大力推广国际贸易“单一窗口”标准版，实现试点口岸和业务覆盖率“双达标”。主动融入粤港澳大湾区建设，加强港珠澳大桥、青茂口岸海关机构筹建工作，召开支持港珠澳大桥口岸开通百日冲刺誓师动员大会，全力以赴推进落实港珠澳大桥建设 82 项重点工作；落实中央 19 项惠澳措施，全面支持澳门“一中心一平台”建设，探索构建珠港澳海关新型合作机制。大力支持地方区域经济发展，主动服务珠海市“创新驱动开放引领”、中山市“一中心、四组团”发展战略，推出支持珠海、中山市外贸回稳向好 16 项重点工作。主动建言献策，研究提出推进珠海开放型经济发展“4+2”重点课题，申报设立国家跨境电子商务综合试验区、机场保税物流中心等建议被珠海市政府工作报告采纳。积极支持横琴自贸片区制度创新，压茬推进 8 方面重点工作和 10 项重点创新项目，积极打造 AEO 国际互认合作升级版，大力支持关区跨境电子商务等新兴业态发展。

【拱北海关推动口岸通关改革】 2017年，拱北海关抽调精兵强将充实改革办，实行虚拟机构、实体运作，扎实推进隶属海关功能化建设等11项重点改革项目。深入调研充分论证形成关区“四中心、四整合、一智慧”重点改革框架，在全国海关率先成立二级风险防控中心，“风险缉私”联动效果初显，成功查获“11·22”团伙走私钻戒和奢侈品案、“水客”走私化妆品进境案等大案8宗。加速推进旅检智能化改革，抓好拱北口岸“人脸识别系统”等海关总署试点任务落实，积极打造横琴口岸旅检智能化监管“样板间”。

【拱北海关创新通关监管模式】 2017年，拱北海关推动落实关区通关流程“去繁就简”50项措施成效显现。优化完善中山、高栏2个综合信息平台，提前完成压缩通关时间三分之一，免除查验没有问题相关费用719万元。深化“双随机、一公开”改革，年内关区人工查验报关单共3.2万票，随机布控占比为96.9%，随机查验占比为100%，常规稽查随机选取率为96.8%，达到海关总署考核要求。保税监管改革不断深化，在全国海关率先实施“单一窗口”工单式核销。

【拱北海关提高口岸规范化管理】 “三互”大通关不断深化。大力推进粤港澳三地海关合作机制等12个合作项目，珠澳“一站式”通关系统全面升级，车辆通行更加高效。关检“一机一台”“海关—海事”数据共享等合作持续深化，拓展原产地封志验核结果、部分查验/检验检疫结果2项互认合作及指定货物共同取样、国际航行船舶联合登临检查等4项执法合作。全年关检联合查验一次放行329次，与海事部门交换数据9 300余万条。

【拱北海关税收工作】 2017年，拱北海关全年税收入库141.40亿元，同比增长12.86%。强化税政调研，深入企业、基层调研30家次，解决问题152项，出台税收征管措施7项。扎实推进减免税、汇总征税核批等6项无纸化作业改革，在全国率先建立关区验估工作机制，大力推广“自报自缴”“汇总征税”等制度。应税“价外费用”备案管理成效显著，补征税款1 763.4万元，同比增长52.1%。稽查企业299家，常规核查728次，稽核查追补税入库2.3亿元，创历史新高，各项主要绩效考核指标在全国海关排名前列。保税物流监管进步规范，信息化建设不断完善，珠海保税区围网调整取得进展。加大海关企业信用管理体系建设力度，办结认证企业152家，调整信用等级269家。进一步强化虚假贸易联防联控，查发“注册登记内容失实”企业285家，将172家下调为失信企业。

【拱北海关打击走私战果丰硕】 出台“1+3”打私制度，推进“全员打私”，优化“两筒”案件办理、缉私执法监控体系等制度机制。全年查获各类走私违法案件1.2万起，列全国海关第2位，案值26.4亿元，涉税4.6亿元，同比分别增长34.2%、23.5%、55.4%。一是重大案件侦办再创佳绩。查获海关总署挂牌督办案件13宗，创历史新高，列全国海关第2位。查办案件数、千万元大案数、打掉较大走私团伙数量等多项指标破历史纪录，2宗案件入选全国海关十大典型案例。全年刑事、行政执法质量年度考评保持“优秀”等级。二是重点领域打击坚决有力。打击“洋垃圾”、象牙及其制品等走私活动成效突出，查获走私进口废塑料约5万吨、粤澳直通车走私进境象牙129.7千克等系列大案。落实中央金融工作会议精神，查获货币类案件案值3.4亿元，破获涉嫌洗钱大案案值7.9亿元。出台“水客”综合治理措施34项，查办“水客”案件数量同比增长12.2%。强化反走私综合治理，全面推进“智慧缉私”建设。

【拱北海关落实法治海关工作】 2017年，拱北海关法治海关建设持续深化。扎实推进知识产权保护，查获各类侵权案件176起，侵权货物18.37万件。深化简政放权，加大行政审批和内部核批检查整改力度，制定拱北海关权力和责任清单，废止规范性文件35份，珠海、中山两市行政服务中心集中受理海关行政审批事项3.05万票。扎实开展“8·8”“12·4”系列普法宣传活动，办理复议案件15宗，完成执法资格考试1 799人。

【黄埔海关积极支持东莞构建开放型经济新体制综合试点】 黄埔海关以探索推进开放型经济新体制建设的新模式、新路径、新机制为重点，积极支持东莞市综合试点试验工作。创新加工贸易核销管理模式，允许自核单耗试点的加工贸易电子装配行业企业根据规定向海关申报工艺损耗，并按边角料的规定进行处理，推进单耗管理方式由单耗标准向单耗参数转变；开发“加工贸易边角料网上拍卖管理系统”，与东莞市废料交易平台对接，采取实物拍卖与“定期资格”拍卖相结合的方式，适应企业生产管理实际；率先开展“以企业为单元”加工贸易监管改革试点，研究细化执行措施及操作细则，建立与企业生产经营实际相适应的“进、出、转、存、销”保税监管体系。2017 年 7 月 20 日，黄埔海关开出全国首本“以企业为单元”加工贸易监管模式电子账册。全力支持东莞市“倍增计划”战略发展布局，为龙头企业提供“一对一”精准服务、优先适用商品归类等预裁定业务；建立高资信企业境内外通关“绿色通道”，并通过“地方推荐、前置培育、动态监控”的高信用共建模式及“一对一”培育方式，大力培育“经认证的经营者AEO”企业；支持企业开展保税维修新业务助推东莞市加工贸易产业链延伸；拓展水铁联运业务至东莞港所属的其他码头，启用“属地申报，运抵换乘”监管新模式，货物可“自行选择”运输方式径行运抵广东（石龙）铁路国际物流中心并直接办理装车离境手续，减少中间环节实现“一站式”办理，助推石龙中欧班列快速发展；大力压缩货物通关时间，提高关区企业“自报自缴”模式应用水平，加强通关时效监控处置。

【黄埔海关积极服务“一带一路”建设】 着力推进广东（石龙）铁路国际物流基地及中俄贸易产业园等重大平台建设，从项目培育、整体规划到落地实施始终全程融入，协同广东省委省政府、东莞市有关部门及其他口岸单位、关联企业，从拓展贸易功能、畅通物流渠道两方面入手，实行海关通关“一站式”办理，助力国际货运班列通关提速。改进、优化和推广“属地申报、运抵换乘”国际货运班列监管模式，与乌鲁木齐海关建立了长效联系配合机制，共同加强对“东莞石龙—阿拉山口（霍尔果斯）”国际货运班列的协同监管与服务。推动东莞国际邮件互换局兼交换站开展中欧班列运邮试点，支持平台做大做强；加强与满洲里海关、乌鲁木齐海关的联系配合，进一步简化国际货运班列境内运输监管手续。重点支持广州国际航运中心、东莞海上丝绸博览会、中国加工贸易产品博览会、广东国际机器人及智能装备博览会智博会等平台建设，支持企业深化国际经贸合作网络。积极推进扩大与“一带一路”沿线贸易，一方面支持扩大高新技术、手机等优势产品出口，鼓励先进技术和项目设备进口，增强对“一带一路”沿线进出口贸易的预警指导；另一方面报请海关总署与中欧班列沿线国家海关开展“三互”大通关合作。扩大AEO 互认便利措施覆盖面，将“一带一路”沿线进出口生产企业纳入海关 AEO 管理。

【黄埔海关大力支持粤港澳大湾区建设】 黄埔海关深入贯彻国家建设粤港澳大湾区城市群发展规划战略，围绕“促进各生产和生活要素在大湾区区域内更加便利流动和优化配置”的目标，坚持改革创新，优化监管服务，着力提高贸易便利化水平，积极营造稳定公平透明、可预期的营商环境，全力支持粤港澳大湾区发展。全面承接、落地全国海关通关一体化改革各项措施，落实“去繁就简”，畅通湾区物流通道。制定深入推进通关流程“去繁就简”的 45 项措施，聚焦关键环节，打通通关流程堵点难点，着力提高物流速度、降低物流成本。对接地方需求，助力湾区重点产业发展。落实“放管服”改革要求，支持辖区重点产业发展，为大湾区发展提供支撑落实粤港海关通关合作项目，在海关总署、海关总署广东分署协调指导下，为辖区手机产业打造“粤港跨境直通快线”通关模式，将航空打板等物流业务前置，实现载货卡车跟香港航班直接对接，跨境作业环节减少 8 个，物流时间减少40%。

【黄埔海关加快推广应用国际贸易“单一窗口”】 黄埔海关紧紧围绕海关总署关于加快推广应用国际贸易“单一窗口”标准版的工作要求，扎实推进辖下东莞地区海关国际贸易“单一窗口”标准版推广应用。主动加强与有关部门的沟通协调，确保推广工作按时、有序、高效开展；联合地方商务部门、口岸管理部门在东莞召开了16场“单一窗口”宣讲培训会，向千余家企业宣讲“单一窗口”的功能优势、操作流程并现场答疑。线上通过关企微信群、报关客服QQ群等平台及时宣传相关公告和试点企业先进经验；密切关注企业应用“单一窗口”申报动态，结合企业协调员机制，对未使用“单一窗口”的企业开展专题宣讲，提供“量体裁衣”式的业务支持。对申报量大的重点企业主动上门开展“一对一”贴身服务和技术指导。对企业在使用“单一窗口”过程中因经验不足、操作失误等原因造成的申报差错，及时受理企业疑义，为其提供救济途径。为重点企业打造“批量导入暂存”模式，实现报关单数据由逐份录入到批量导入的跨越，大幅节约企业时间成本，减少申报工作量，增强企业使用“单一窗口”的意愿。深化拓展“三互”大通关建设，在东莞二线车检场和海运口岸，通过“单一窗口”进一步提高地方政府、口岸查验单位和企业对货物申报信息、物流监控信息、查验信息、放行信息等数据的共享程度，实现一次申报、执法结果统一反馈、一站式联合查验、口岸查验设施设备共享共用，大幅减少监管部门重复作业，货物查验时间总体压缩近50%，有效降低企业成本。

【黄埔海关推动“互联网+海关”平台建设】 黄埔海关紧扣供给侧结构性改革的主题主线，大胆先行先试，以用户思维推动“互联网+海关”平台建设。所有子平台使用统一的用户界面，界面视觉效果、操作方式一致，用户熟悉一项功能的界面操作后，能熟练切换到其他功能界面。根据“在线办理为原则、非在线办理为例外”的理念，对照服务事项目录，进一步明确服务事项的编码名称、设立依据、申请条件、申办表格、随附资料、作业流程、办理时限等要素，并通过“互联网+海关”平台正式对外发布，推动主要业务领域和重点事项“能上尽上、应上尽上、全程在线”。根据网上办事的服务特点，着力减环节、简手续、压层级、优流程，取消非必要的办事环节、办事手续和随附单证，原则上取消必须当面办理的线下作业环节和现场提交的纸质材料。平台融合升级了海关业务运行网、行政管理网、海关门户网站、电子口岸专网、12360微信公众号等多个网络平台，同步对接广州、东莞国际贸易“单一窗口”，社会公众只需通过“互联网+海关”一个平台就能实现“单点登录、一网通办”。依托“互联网+海关”平台建立了企业、海关、码头三方查验信息实时交互共享空间。企业无须到海关现场，即可得知查验柜号、查验要求等具体信息，并可通过该平台进行报验。监管场所在同步获知查验信息后，可即时安排调柜，查验准备时间大为缩减，通关效率大幅提高，查验过程各环节的状态及最终处置结果也可通过该平台向企业即时推送。通过互联网+海关”平台实现了关企远程交互功能，提供“一对一”或“一对多”视频、音频交互，必要时可发起座谈、协调、研讨等形式的多方会谈，支持企业通过个人PC、手机、PAD等多种设备与海关进行远程视频会议，实现多方实时视频、音频、电子资料交流。

【汕头海关加强实际监管，提升正面监管效能】 成立机检审像中心，采用“跨隶属海关集中模式”开展H986联网集中审像工作，非侵入式查验优势大幅提升，关区机检报关单数占查验总数的46.4%，提高近16%；机检直接放行报关单占机检查验报关单的59.7%，提高近1倍。相关线索及时移交缉私部门，筑牢监管防线。关区二级风险防控中心正式投入使用，与稽查、缉私联动强化正面监管效能，确保可控，落实好总体国家安全观。加强监管场所规范化建设。在全国海关率先实现监管作业场所与总署监控指挥中心联网100%全覆盖。制定监管场所巡查作业操作规程，运用巡逻检查、实地监管、视频巡查等方式，全年开展监管场所巡查994次。对关区固体废物进口限定口岸、涉及危险化学品业务监管作业场所等进行专项核查，提请海关总署撤销1个环保不达标口岸资格。加强硬件配备，新建18个防暴防护设备器材库，实现进出境通道全口径辐射探测。强化日常演练，在货运、邮递和旅检等现场开展反恐演练活动15场。全关反恐处突能力明显增强，较好完成十九大期间安保维稳任务。2017年汕头海关监管进出口货物2 744.9万吨，同比增长17.5%；经汕头海关报关进出口总值1 177亿元，同比增长11.1%；集装箱71.5万个箱次；进出口报关单283万份。

【汕头海关推进“去繁就简”】 精准“选”“查”“管”。运用视频监控、智能卡口、电子关锁、GPS轨迹实时监控等手段，构建智能化监管体系。建立异动企业及异动商品实时监控模型，加强安全准入监控分析。全覆盖推进“布控查验指令细化集约化”改革，实现作业全程进系统、留痕迹、可追溯。建立高级认证企业电子档案，配合地方政府推动社会信用体系建设。深入调研优化通关环境。关领导深入职能部门、业务一线实地指导、调研，广泛征询企业建议，促成作业流程精简27项。自主开发“业务现场通关查验信息公开系统”，通过扫二维码推送海关政策，组建涵盖通关环节各单位和企业的微信群，以信息化手段促进多部门“串联”操作变“并联”作业，实现信息共享、同频共振。建立“报关单日清制度”，保障查验货物“零积柜”，打造无间断服务链。关区进、出口货物海关通关时间分别为9.95小时和0.32小时，同比大幅缩短56.5%和83.4%。

【汕头海关多措并举推进综合治税】 着力提升纳税便利化水平，电子支付比率达95%，比年初提高21%。全年税收入库551亿元，同比增长393%。税政调研取得新突破，“提高一体机智能坐便器出口退税率”被海关总署采纳并报送至财政部和税务总局参阅；“玩具商品归类简化”被国务院税则委员会采纳，玩具商品税号从12个锐减到7个，2018年1月1日正式实施，全国玩具出口企业因此获益。

【汕头海关重点领域和关键环节改革取得突破】 “单一窗口”建设成效突出。通过举办宣讲会、建立疑难处置机制、组织专家深入现场答疑解惑、建立容错机制等行之有效的举措，实现海关、地方口岸部门和企业有效互动，在广东省率先实现进出口、海陆空、粤东口岸“三个全覆盖”，申报报关单量平均覆盖率达100%，“单一窗口”运输工具进出境全流程申报省内占比近七成，持续名列省内前茅。“三互”大通关建设取得实效。推动建立粤东口岸联席会议制度，推动联检单位在监管设备共享共用等方面达成共识；推进“一站式作业”，推动口岸跨部门协作，开展口岸综合执法、联合执法，实现汕头口岸对国际航行船舶跨部门一次性联合登临检查。全国海关通关一体化改革顺畅对接。完善应急预案，强化对内培训和关员思想发动，扭转传统各关“自成一体”思维、习惯做法，融入全国海关一体化的整体监管链条中。目前“业务运行平稳有序，关区最快报关单从申报到货物放行仅用6秒。通关无纸化率达99.07%，名列全国海关前茅。“双随机、一公开”实现全覆盖。已完成对常规稽查、加贸保税监管执法、复查复验、机动查验等业务环节全部实行“双随机”。

【汕头海关隶属海关功能化建设顺利进行】 实现人力资源“二八比例”配置，初步完成对隶属海关的功能化改造，开展集约化管理，有效破解隶属关（办）布局点多面广的历史难题。推进“多查合一”，创新思路实行关区稽查业务集约化、核查属地化管理，成效初显，稽查核查作业办结数、办结率、有效率明显提升，核查有效率和移交缉私作业增长率名列全国海关前茅。积极开展“稽查单兵移动应用平台”试点工作，在321个执法作业中顺利使用。

【汕头海关法治海关建设得到加强】 将法治海关建设贯穿深化改革全过程。全面梳理内部业务文件，废止61份、修订23份。全员完成执法资格考试。推广运用执法疑难问题处置平台，处理业务疑难问题90宗。落实“谁执法、谁普法”

普法责任制，多形式开展“以案说法”系列活动，2个案例分别入选海关总署和广东分署的案例选编。实施“管办分离”，强化职能管理和监管评估作用，解决职能部门既当“运动员”又当“裁判员”的问题。深化“放管服”、行政审批制度改革，进一步压缩核批层级，简化制度环节，制度性交易成本有效降低，法治的引领、规范、服务和保障作用充分发挥。

【汕头海关有序推进智慧海关建设】 一是发挥科技对业务的支撑作用。建设业务运行监测平台，开发16个通关时效监控分析模型，运用大数据分析手段加强对报关单的实时监控和超时报关单的分析，列出预警问题台账清单。举办“科技活动周”系列活动，邀请海关总署科技专家专题授课，组织人员赴华为集团参观了解新科技应用前景，科技强关已成全关共识和不懈追求。二是推广“互联网+海关”一体化平台，自主开发“网上制卡”系统，简化办理IC卡程序，推进实现网上办卡申领。开展“互联网+互动查验/价格预审核/提前归类/加工贸易边角废料网络交易”等改革试点，190余家企业使用互联网客户端开展自助报关业务，实现了“数据多跑腿，企业少跑路”。三是完善网络基础建设。试点管理网桌面云，运行网与管理网合二为一，为有效节约资源和信息化项目安全稳定运行奠定坚实基础。提升技术保障信息化，完成关区核心网络升级改造，关区网络数据传输实现从百兆级到千兆级的跨越。强化信息安全保障，建立网络安全责任制，完成机房监控中心建设，加强和规范网络安全信息汇集、分析和研判，关区网络安全工作切实加强。

【汕头海关智慧缉私多元共治成效显著】 一是强化智慧缉私。推进指挥中心建设，高度集成“三网”和单警系统等平台资源，开展缉私专项高分辨率卫星系统试应用，完善“粤东非设关地反走私智能信息APP系统”，自主研发指挥中心值班管理系统，为智能查缉和智能指挥提供支撑。二是依托“四联”推进多元共治。通过信息“联通”、市场“联管”、基层“联防”、宣传“联手”，推进多元共治。联合地方打私部门，上渔船、进渔村、进学校，加强反走私宣传。推动走私重点地区综合治理，先后多次联合地方海防与打私办、公安、工商、消防等部门，累计出动警力100多人次，在陆丰碣石等地开展联合行动，查缉收缴旧服装1 541捆、废旧摩托车417辆，捣毁旧服装储存点、非法组拼经营摩托车店铺/装卸点76个。在福建省打私办的支持下，查办全国海关缉私部门首宗对擅自转移变卖海关依法扣押财物的行为予以治安处罚案件，为促进闽粤跨区域反走私综合治理积累宝贵经验。三是打击走私战果丰硕。依托缉私第三战区作战，特警队作用有效发挥，“正面堵侧面联后面打”战果丰硕，查获案件410宗，案值4 665亿元。自侦自办“1701”特大固体废物走私案，查实涉嫌走私固废达24万吨，案值30亿元，累计摧毁走私固废犯罪团伙34个，为汕头海关建关以来查获的最大一宗废物走私案件。邮递渠道查获恰特草18千克，被监管司转发供各直属海关借鉴。针对关区走私特点深入开展“国门利剑2017”联合专项行动，持续加大对成品油走私打击力度，查获成品油案件150宗，查获成品油约4 100吨，案值约2 440万元。将案值逾8亿元、涉税额约3.06亿元的“1501”走私棉花专案依法移送检察院审查起诉。打私工作成效在南宁举办的“全国打击走私成果装备展”中头版刊出。

【汕头海关推动粤东经济开放发展有力有效】 一是搭建开放平台。支持粤东积极融入“一带一路”建设，推动与潮州市签订共建21世纪海上丝绸之路合作框架协议。落实三方合作备忘录，主动服务深汕特别合作区建设。指导汕头保税物流中心（B型）建设并通过验收，推动汕头保税区和广澳港区实现区港联动。支持梅州市申报综合保税区。为地方党政领导推送海关进出口监测预警信息近100篇次。二是培育发展新动能。积极扶持跨境电子商务、外贸综合服务企业等新业态，推动粤东首个跨境电商监管中心投入运行。开展市场采购贸易试点对接工作，共有4 871票报关单通过一体化方式从汕头关区口岸出口，货值3.37亿美元。服务港口经济发展，启动“舱位互换”“内外贸同船运输”等试点。三是推动减负增效。开通“汕企AEO”微信群，零距离服务企业。联合地方政府设立“加工贸易企业转型升级培训中心”，为企业解决内部管理不规范和海关政策法规推送不及时、服务不到位的问题。建立知识产权企业联络员制度，为5家入选海关总署“龙腾”行动重点企业名录的企业提供精准服务。实施企业“主动披露”制度，对企业非主观故意差错并主动配合海关调查的，依法减责、容错纠错。全年关区累计享受优惠原产地协定税率进口货物货值16.24亿美元，同比增长41%；企业享受税款优惠金额约6.67亿元，同比增长43%。对查验没有问题的外贸企业免除吊装、移位、仓储等费用83万元，涉及标箱7 034个。

【江门海关对接落实全国通关一体化改革】 2017年7月1日起，江门海关在关区各口岸全面启动对接全国通关一体化改革。运行以来，验放报关单16.2万票，现场人工处置比率为21.14%。年内，江门关区出口24小时通关率为99.89%，进口24小时通关率为91.2%；出口平均通关时间为0.3小时，进口平均通关时间为9.7小时，比2016年全年平均水平分别压缩42.97%和44.27%，出口及进口平均通关时间均达到压缩三分之一的要求。

【江门海关推进“一窗通”业务改革】 在深入研究论证的基础上，在推出“一窗通”改革。各现场海关设立16个“一窗通”实体窗口，明确企业可申办的102项服务事项；实施“集中办结”简化办事流程，关区减免税和加工贸易业务数据实现集中审核；实现“关区通办”，企业可不受属地管理限制自主选择就近的现场窗口申请；开发上线“一窗通”网上服务系统，作为16个直属海关特色政务服务项目之一被纳入海关总署“互联网+海关”一体化平台。自2017年1月4日全面启动“一窗通”业务改革以来，各现场“一窗通”窗口在线下受理企业申请事项共870件，线上“集中办结”模式办理保税业务6 104件。

2017年1月16日，江门海关现场业务一处启动“一窗通”业务改革

【江门海关推进国际贸易“单一窗口”建设】 2017年8月8日、2017年8月17日，“单一窗口”标准版分别在江门海关、阳江海关试点推广上线启用。截至2017年12月31日，江门市“单一窗口”标准版录入申报110 184票，报关申报单量逐月提高；阳江市“单一窗口”标准版录入申报5 539票，日均报关覆盖率超100%，稳居全省前列。实现了“业务量覆盖”“口岸覆盖”和系统已上线的项目“功能覆盖”，推广效果显著。

【江门海关深化“卡车航班”改革】 相比于传统的转关方式，运用跨境快速通关模式的“卡车航班”主要有三大特点。一是高效、便捷。减少了传统转关递交资料、验核盖章等转关作业环节，最大限度降低对车辆的人工干预，节省企业通关时间和物流成本。从香港至江门的每辆车平均缩短时间约2小时，节省成本约300元。二是安全、一锁。粤港海关双方以“跨境一锁，分段监管”为原则，使用同一安全智能锁，减少香港海关、口岸海关的重复施加封锁、查验作业等操作，有助于加快货物运转效率。三是智能通关。该模式打破当前转关模式的口岸海关人力资源和时间的限制，通过口岸海关无人值守的电子通道，实现进境物品全年24小时自动通关，提高通关便利化。2017年，江门海关共监管进出口“卡车航班”1 471车次，货值约2.4亿元，为企业节省物流时间2 942小时、成本约44.13万元。

【江门海关推进快件、跨境电商集中审核改革】 以“通关一体化”理念为依托，江门海关创新监管作业机制，于2017年5月22日启动快件、跨境电商集中审核改革。一是整合功能布局，由“小而全”的现场监管转变为“大而专”的中心管理；二是优化审核作业模式，由“事中监管”向“事前、事中、事后”联动；三是实现立体风险防控，由“各自为战”向“联防联控”转变。通过整合现场海关人力资源，集聚7个快件清关分拣中心物流数据和风险信息，集约开展专业审核。建立“三位一体”快件集中审单作业模式，形成“全覆盖、递进式、闭合型”的风险要素集中处置机制。建立以风险式管理为基础、以物流监控为重点、以通关数据监控为关键的快件全程监管模式，联防联控快件综合风险。改革以来，集中审核报关单295.05万票；B类快件审单时间缩短至0.65个小时，缩短比率为66.7%；跨境电商审单时间缩短至1小时，缩短比率为33.3%。

【广东出入境检验检疫局全面深化改革，促进贸易自由化便利化】“放管服”改革推向纵深。按照“放管服”要求，开展业务规范性文件集中清理，进一步下放行政许可权。将报检单位备案和原产地企业备案纳入“多证合一”改革，商事注册登记效率进一步提升。创新实施进口婴幼儿配方乳粉注册过渡期“首检后放”监管模式，为企业节省费用6 000万元。原产地签证量、签证金额双居全国第一，减免关税约20亿美元。严格执行收费减免政策，减免检验检疫费5.3亿元。智慧检验检疫建设蹄疾步稳。实施全智能化通检，构建随机布控、风险布控、稽查布控相结合的审单布控体系，设置审单布控规则700余条。全面推广使用“旅客携带物智能管理系统”，推出全国首批检验检疫智能执法辅助机器人并正式上岗测试。自贸试验区制度改革创新继续走在前。“会展检验检疫新模式”被确定为全国第三批复制推广经验，为全国第三批两项检验检疫创新举措之一；“进口成套设备检验监管新模式”被国家质检总局采纳并在全国自贸试验区复制推广。三批共20项检验检疫创新举措在全省复制推广。自由贸易港区政策研究先行先试，推出五大方面共9项自由贸易港区支持措施，进一步推动全面对外开放。优化检验检疫流程成效明显。推出20条优化检验检疫流程工作措施，在佛山口岸试点“效率提升阳光工程”并复制推广。优化检验检疫流程长效机制初步建立，入境通关时长缩短86.8%，出境缩短89.6%，圆满完成年度压缩三分之一通关时长任务，通关效率位居全国前列。一体化改革扎实推进。继续深化“三互”大通关建设，率先开展7×24小时在线货物通关改革。全面协调推进“单一窗口”建设，提前完成口岸覆盖率和业务量目标任务，受理批次居全国首位。完善监管机制力促国际货运班列扩量增效，共发班列168趟，货值55.4亿元。率先实现无纸化系统与“单一窗口”的无缝对接，无纸化申报覆盖率达98.5%。

【广东出入境检验检疫局强化履职把关，构筑国门安全防护屏障】 全面开展国门安全风险隐患排查整治。制订41份细化工作方案，派出32个专业督查小组，发现风险隐患231个（次），处置了229个（次）风险。筑牢口岸公共卫生防线。检出基孔肯雅热、疟疾等输入性传染病病例2 338例。作为全国唯一有直航马达加斯加口岸的直属局，实现马达加斯加鼠疫疫情“零输入”。成功从全国首例输入性病例样本中分离出中东呼吸综合征冠状病毒毒株，受到国家质检总局通报表扬。两次派出人员承担国家质检总局驻外传染病监测哨点监测，推动“检疫关口前移”。严守国门生物安全。从进境植物及其产品中截获疫情疫病2 455种、15.6万次，其中截获检疫性有害生物173种、1.4万次，有力保障了广东省农业和生态安全。在全国首次从截获入境旅客携带的辣木籽中检出六斑月瓢虫；在全国首次截获黑颜实蝇等检疫性有害生物6种次，占全国的20%，推动国家质检总局发布警示通报13份。严控食品安全风险。强化食品化妆品监督抽检和风险监测，承担国家质检总局抽样任务3.22万个，占全国的29.3%。以香港回归20周年为契机举办“保障供港食品农产品质量安全二十年成就展”，连续20年高质量保障供港食品。严抓敏感商品监管。检出不合格货物 9.1 万批、212.1 亿元。检出一批进口起亚汽车存在严重安全风险并推动全国召回 1 760 辆，国家质检总局据此发布警示通告。检出不合格危化品 7 322 批、88.1 亿美元，同比增加 112%。依法退运环保项目不合格进口废物原料 3 258.9 吨。开展口岸“天平行动”，检出被国家质检总局采纳通报的重大短重案例 85 个；成功实施全国首例国际货轮贸易欺诈处罚，为国家和企业挽回重大经济损失。

【广东出入境检验检疫局发挥职能优势，推动地方经济转型升级】 助力构建开放型经济新体制可圈可点。进一步推进东莞开放型经济新体制综合试点试验工作，支持汕尾港、阳江港等口岸扩大对外开放，力推湛江港集装箱码头等 10 个码头通过对外开放验收，推动南沙邮轮母港和广州白云机场改扩建。积极以对外合作交流促开放发展，围绕发挥职能优势开展外事活动 26 次。服务“一带一路”倡议和粤港澳大湾区建设力度加大。深入研究粤港澳大湾区建设框架协议，成功推动“粤港澳大湾区经香港中转食品监管便利化模式”“国际邮轮随船检疫”等 5 个广东省政府大湾区建设重大合作项目立项。积极推动大湾区国检试验区建设，大力扶持生物医药大健康产业和赛马产业发展。帮扶广东清远英德红茶等广东优势产品布局“一带一路”沿线国家，产值大幅提升；有力支持市场采购出口“一带一路”沿线国家，推动广州花都皮革皮具市场采购出口 129.2 亿美元，跃居全国第二。助力优势产品“走出去”成效突出。培育扶持新增 4 个国家级技术性贸易措施研究评议基地，总数占全国的 30%，为陶瓷企业挽回损失近 10 亿美元。推进出口食品竞争力提升工程，帮助企业实现产品和管理升级。新增获得 HACCP 认证企业 129 家，同比增加 50%；新增 69 家企业获得国外备案注册。发挥职能优势，助推广东顺德介质蝴蝶兰在全国首次成功出口加拿大和美国，帮扶茂名鲮鱼罐头重新打入美国市场，有力唱响“中国品牌”。支持新业态发展进展加快。“十百千”帮扶行动全方位推进，助力重塑广东营商环境新优势。协调指导各地跨境电商监管场所建设，推动肇庆大旺车检场等跨境电商园区建成运营，全年辖区跨境电商进出口 346.2 亿元，同比增长 157%。

【广东出入境检验检疫局聚焦质量监管，全面提升质量安全水平】 质量监管机制建设全面推进。以全球视野和国际思维加快完善全球质量溯源体系建设，构建溯源体系国际新规则，完善全链条闭环监管，目前已在黄埔、机场、江门、花都等口岸全面复制推广，并与湖南省共建合作。截至 2017 年年底，溯源体系发码 4 487 万个，货值达 504 亿美元，查询 448 万人次，遍布全球四大洲。进一步深化与地方质量合作共治，推动进出口领域质量提升、示范区建设等作为广东质量强省建设和地方绩效考核评价重要指标，助力广东省质量工作在全国考核中连续 3 年获评 A 级。质量安全监管水平全面加强。强化正向激励效果显著，累计建成 19 个国家级、11 个省级出口质量安全示范区和 42 家“中国质量安全示范企业”，其中 2017 年新增 5 个国家级、8 个省级质量安全示范区，辖区质量安全水平呈现“四升一降”良好态势。辖区 351 家出口食品备案企业上线“三同”信息公共服务平台，占出口企业的 30%，同比增加 80%，实现内销增长超过 53 亿元；率先在广东东莞、顺德开展消费品“三同”，相关做法被商务部等 13 个部委列为试点经验在全国复制推广。突出反向惩戒力度加大，探索口岸打假“广东模式”，获国家质检总局检验司高度肯定并复制推广。深入开展“清风行动”，查获假冒伪劣商品案件 134 宗，涉案金额数千万元。实行失信惩戒，对 3 家失信企业实施了联合惩戒措施。加大重点敏感商品抽查力度，完成抽查 1 082 批次，成功实施全国首例目录外商品监督抽查处罚。质量基础支撑能力全面夯实。实验室提质培优成效明显，牵头组建国家进出口化妆品检测实验室联盟，实蝇检疫、化学品等 7 个重点实验室入选国家质检总局“百家特色实验室”。进一步整合开放公共服务平台资源，为中小企业减免检测费 3 160 多万元。标准体系建设不断加快，2017年获行业标准立项28项，牵头组建婴童用品、空港口岸检验检疫服务2个广东省标准化技术委员会，成功开展全系统首个空港口岸公共服务标准化试点。

【深圳出入境检验检疫局推动集成协同创新】 坚持创新驱动发展战略，全面推进全国“一体化通关”及“区港一体化”改革，其中“区港一体”模式已覆盖所有辖区，建成企业自营货物查验场站11个，实施批次和货物总值约为5万批、30亿美元，涉及企业约2 400家，平均压缩检验检疫放行时长近60%，货物周转效率提高近10%。加快e-CIQ主干系统的完善应用，入境货物e证书实现全种类、全覆盖，国际贸易“单一窗口”货物申报覆盖率达50%左右。率先研发“智慧卫生检疫系统”，实现了业务全链条电子化运行、智能化操作、智慧化提示，并在全国上线；智慧实验室管理系统在全国推广应用，实现全国检验检疫实验室信息系统统一规范。加快智慧检验检疫建设，扩充数字动植检平台建设，推动跨境电商监管平台试点运行，加快大鹏进口LNG智慧监管系统建设，加大智能穿戴设备、人脸识别红外测温系统、可视化手持测温仪等新成果研发应用，探索利用智能化装备设备提高了监管效能。

【深圳出入境检验检疫局服务外贸经济发展】 深入推进自贸试验区改革创新。推出了自贸协定原产地证书智慧审签等15项创新措施，9项纳入片区年度制度创新成果；“打造跨境电商质量安全试验区”纳入商务部等14部门复制推广经验，“会展检验检疫监管新模式”纳入商务部等五部门改革试点经验。深化“一企一策”检企共赢合作模式。与招商局集团、深国免集团等7家重点企业签署合作备忘录，实地解决企业问题40余个。持续优化营商环境，及时出台力促深圳质量提升、服务外贸增长系列举措，全年出入境全流程时长压缩比达60.73%，企业直接通关成本降低2.06亿元。深度融入地方经济发展，向省市政府报送各类报告40多份，在当好参谋的同时，将检验检疫植入地方发展大局，智慧口岸被写入深圳市政府工作报告，生态港创建成为重点工作，口岸改造加速推进。技贸措施公共服务供给持续优化，围绕“一带一路”倡议等实施需求，深入开展技术性贸易措施研究应对；前瞻性发布信息通讯、无人机、广播电视、新能源汽车动力电池四大产业风险预警研究报告；整理出版近100万字的《金砖国家技术法规汇编——南非篇》和《美国联邦通讯委员会市场技术准入管理要求》等图书，有效拓展了成果输出渠道；持续跟进美国FCC新规影响，力促FCC研讨会及2018信息通讯产业技术贸易措施国际研讨会在深召开，助力全国66家实验室重获FCC认可，保障近890亿美元相关产品顺利输美。

【珠海出入境检验检疫局落实国务院开展质量提升行动指导意见，着力推动质量提升】 一是出台质量提升行动实施意见及任务分解落实计划，制定了5个方面25项的具体措施。推进实施2017年出口商品质量提升暨打假维权和质量强省、强市等行动，配合广东省开展质量工作考核，协助珠海市获得全省4个A级考核等级城市之一的荣誉。抓住首个“中国品牌日”“3·15”“质量月”等时机，面向企业、政府和社会各界，广泛开展质量宣传，推动质量共建共治。二是坚持需求和问题导向，党组带队分赴25家中小企业深入调研，抓住企业质量关键要素，打造“一站式”公益性技术服务，促进中小企业质量提升和技术创新成效凸显。累计服务企业5 950家，帮助企业节省成本2 600多万元，新增营业收入近3.5亿元，发布技术信息4 434条，支持研发项目2 664项，成功举办首届科技成果转化推介会。三是突出珠海产业优势，大力推动国家级现代打印设备及其耗材产品出口质量安全示范区创建并高分通过现场考核评估。强化企业质量主体责任，协助企业查找产品退运原因和完善质量管理体系60家（次），示范区2家企业荣获“中国质量诚信AA级企业”称号，促进耗材产业出口质量整体提升。推动全国首批制冷设备、办公设备及耗材两个技术性贸易措施研究评议基地落地珠海，提高企业预警和应对能力。

【珠海出入境检验检疫局转变监管理念，构建运行以风险管理为核心的监管体系】 珠海出入境检验检疫局在制定监管体系指南和建立风险分级标准、风险分级处置运行程序和各业务监管领域的分级处置规则的基础上，开发运行“一检通”平台风险分级处置管理系统，利用“单一窗口”监测进出口商品全数据，实现风险信息的采集、分级、统计、预警自动化。在洪湾港试运行来取得积极成效：一是查验和送检更有针对性，部分商品在查验率同比下降50%的前提下，检出率较前3年平均水平提高近15倍，实现监管效能和通关效率大幅双提升；二是试点货物放行时长比试点前压缩了47%，出入境货物检验检疫全流程时长分列全系统第一名和第二名。全局对构建以风险管理为核心的监管体系的重要性和必要性认识明显提高，形成了一支强有力的风险管理队伍。

【珠海出入境检验检疫局服务珠海经济全面深化改革开放】 珠海出入境检验检疫局落实“一带一路”倡议，抢抓粤港澳大湾区建设机遇，做好港珠澳大桥、青茂口岸等新开口岸“一站式”信息化系统等基础配套设施建设。配合地方推进中拉经贸合作平台建设，保障珠江西岸至巴西首条海运航线开通。促进珠海加快外贸转型升级，出台支持现代物流业发展意见，推出简化检验检疫报检手续、进一步压缩放行等7项措施促进监管便利化，规范物流集中地检验检疫查验场及设施配套建设，支持斗门广丰物流园建设。支持跨境电子商务发展，与珠海电子口岸搭建“源头可溯、去向可查、责任可究”的跨境电商溯源平台系统，实现数据交换与互联互通，国内快递当天即可通关送达澳门。全年经珠海口岸进出口直购货物和货值同比增长182%和178%。推进“三互”大通关建设，通过机制创新、流程优化、信息化应用，落实“双随机、一公开”监管、信用体系建设等手段，积极营造良好营商环境。

【珠海出入境检验检疫局优化服务保安全，维护港澳繁荣稳定发展】 一是保障供港澳食品农产品质量安全和稳定供应。严密检验检疫监管，深化产地与口岸监管协同机制，保障供港澳食品农产品安全稳定供应。助力供澳鲜活产品提前通关，妥善处置多次禽流感疫情，适时停止活禽供澳，紧急增加冰鲜禽肉供应，平抑澳门市场需求。完善大闸蟹“二噁英”管控方案，力促河南民权大闸蟹首次供澳。针对超强台风灾情，及时搭建应急协作互助平台，保障稳定供澳。2017年，经珠海口岸供港澳食用活畜禽和水生动物1.9万吨、货值5 592万美元，供澳蔬果、冻禽和水产品14.6万吨、货值2.6亿美元。二是助力澳门经济多元化发展。贯彻中央19项惠澳措施，支持澳门建设“三个中心”。实现全国首批澳门含蛋月饼输往内地。与葡萄牙经济和食品安全局签署合作框架协议，率先对经澳门输内地食品实施“进口食品检验前置”新模式。三是推进检验检疫交流合作。与澳门民署合作开展供澳食用水生动物安全性、活食用动物应用电子卫生证书、花卉苗木电子植物检疫证书应用等项目研究，深化珠澳在食品暂存仓储、供澳冰鲜冷冻禽产品联合监管等方面的合作。组织提交2017年粤港澳深珠卫生检疫、动植物检疫与食品安全控制会议7项议题。持续落实与香港中检公司的战略合作，共促珠港贸易发展。

【珠海出入境检验检疫局深入推进机制改革】 一是持续开展口岸查验机制创新。在港珠澳大桥珠澳通道首创实施跨境合作查验、一次放行的检疫查验监管新模式，实现通关效率、旅客体验的双提升。固化和规范旅检通道“入境查验、出境监控”模式，全面在旅检口岸推行“人—机—犬—仪”四位一体查验模式。二是推进自贸试验区政策创新。推动珠海获批粤港澳游艇“自由行”试点口岸，参与制定检验检疫监督管理工作细则，实施“定点停靠、就近联检”监管模式，全力保障粤港澳游艇“自由行”早日落地实施。推出支持特色食品澳门展销、对种苗花卉便利监管等5项创新措施，释放自贸试验区改革红利。三是力促通关便利化，缩短通关时长。实施检验检疫一体化，全面应用无纸化报检系统，推进“三互”大通关建设。推广应用国际贸易“单一窗口”国家标准版货物报检、舱单申报等项目，报检覆盖率达100%。落实“互联网+质检”行动计划，e-CIQ主干系统顺利上线应用，开发“一检通”平台，千方百计减环节、优流程，大幅缩短通关时长，促进贸易便利化。

开放口岸

【广州空运口岸（白云国际机场）】 广州空运口岸（白云国际机场）属国家开放口岸、国际性航空口岸，位于白云国际机场。该机场飞行等级为4F，位于广州市白云区人和镇以北、花都区新华镇以东交界处，距市中心海珠广场30.7千米，是我国首个按中枢理念规划建设的航空港，大型国际航空枢纽，国内三大枢纽机场之一，华南地区最大的空运口岸，是中国南方连接国内各省份及世界各地，特别是中国至东南亚各国的航空交通枢纽。2004年8月5日正式投入使用，现有3 800米×60米跑道2条、3 600米×45米跑道1条，是国内第三个拥有3条跑道运营的机场，可满足A380飞机在内的各类大型飞机全载起降。商务航空服务基地于2017年12月建成启用，国际旅客设计容量为每年2.5万人次。按设计要求，一号航站楼、二号航站楼和商务航空服务基地具备口岸功能，可以满足约50万架次、8 000万旅客量和250万吨货邮量的运营需求。2017年，广州白云机场进出境旅客1 589万人次，进出境货邮78万吨，国际航线飞机起降10.7万架次，同比分别增长17.6%、15.9%、16%。新增国际及地区通航点10个，达到87个；新开及复航国际客运货运航线23条，达到117条。24小时临时入境9.3万人次，72小时临时入境0.6万人次，24小时直接过境76.7万人次。2017年实现旅客吞吐量6 583.69万人次，全球机场排名第13位。

广州白云机场综合保税区于2010年7月3日获国务院批准设立，批复面积7.385平方千米（包括中区、北区、南区3个区块），一期建设规划面积1.645平方千米，已于2014年4月17日通过国家验收，2014年7月29日正式封关运作。2016年6月1日起，白云机场综合保税区开展免除进口环节海关部门查验没有问题外贸企业吊装、移位、仓储费用工作，属全国空港范围首创。

2017年，广州空运口岸（白云国际机场）客运航线国家（地区）共45个，城市（航点）共88个，其中新增的10个分别是加拿大克罗斯莱克、墨西哥城机场、澳大利亚凯恩斯、俄罗斯多莫德多夫、法国利摩日、阿塞拜疆阿里耶夫、菲律宾卡利博、缅甸曼德勒、泰国苏梅岛和乌塔保。货运航线国家（地区）共18个，城市（航点）共计23个其中新增至荷兰阿姆斯特丹史基浦航线。

【深圳空运口岸（深圳宝安国际机场】 深圳宝安国际机场位于深圳市宝安区，距深圳市南山区前海市中心20千米，距深圳福田区市民中心32千米，配套水陆交通运输网络，是集海、陆、空、铁于一体的空运口岸。深圳宝安国际机场是我国第一家以地方投资为主兴建的机场，一期工程于1989年5月动工兴建，1991年10月正式开通国内航线。1992年2月经国务院批准正式对外开放。深圳宝安机场拥有中国现代化程度最高的航空货站和24万平方米的货运停机坪，货站内建有现代化的立体散货及集装货处理系统，启用了货物存放、存取机械化自动系统，并配备了电脑自动化语音查询系统，可提供规范、流畅、便捷的服务。口岸开放时间为7：00至次日凌晨2：00（国际航班24小时通关）。

2017年深圳宝安国际机场新增13个国际航班，分别为金边、墨尔本、河内、莫斯科、美娜多、马尼拉、兰卡威、米兰、布里斯班、琅勃拉邦、万象、清莱、甲米航班。其中，由于深圳赴马尼拉、兰卡威、米兰的航线上座客率低，2017年年底前已取消这三条航线。

2017年深圳宝安国际机场客运航线国家（地区）共17个，城市（航点）共39个，其中新增的10个，分别是泰国清莱和甲米、印度尼西亚美娜多、越南河内、柬埔寨金边、老挝琅勃拉邦和万象、俄罗斯莫斯科、澳大利亚墨尔本和布里斯班。货运航线国家（地区）共10个，城市（航点）共计12个。

2017年，深圳机场空港口岸出入境旅客359.8万人次，同比增长25.7%；国际空运货物28.2万吨，同比增长11.6%。

【梅州空运口岸（梅县机场）】 梅州空运口岸位于梅州市梅江区三角镇境内，地处闽、粤、赣三省交界处，1985年6月动工兴建，1987年9月建成投入使用。梅州空运口岸于1989年3月经国务院批准对外开放，1989年11月28日梅州至香港直航包机航线正式通航。梅县机场占地面积约118.33万平方米，停机坪面积20 400平方米，机场跑道为2 400米长、45米宽，飞行区等级为4C级，可以满足A320、B737-800等主力机型的起降要求。停机坪设有5个机位（3个B型和2个C型），机场规模设计为每年旅客吞吐量30万人次，飞机起降4 860架次，货邮吞吐量450吨。梅县机场已开通梅州至广州、南宁、海口、上海、郑州、天津、北京、长沙、西安国内航线，以及至我国香港和台湾地区、泰国、印度尼西亚等国外和地区航线。截至2017年年底，梅县机场共计有航线11条（航点16个）。其中，国际（地区）航线4条，香港航班每周两个往班，台湾航班每周往返两班，泰国航班每周往返三班，印度尼西亚每五天一个往返航班（暂停），运营航空公司7家。

2017年7月6日经国务院批复同意，梅州航空口岸扩大开放正式列入2017年国家口岸扩大开放审理计划方案。2017年11月13日开通了泰国芭堤雅—梅州的国际航线。

2017年，梅州航空口岸出入境旅客2.8万人次，同比增长3.7%；飞机441架次，同比下降2%。

【湛江空运口岸（湛江机场）】 湛江空运口岸位于广东、广西、海南的交界处，是湛江唯一空运口岸，是连接广东、广西和海南的重要交通枢纽。湛江机场始建于1936年，1953年国家民航局批准“中国民用航空湛江站”成立，1987年7月7日国务院批准湛江机场对外开放。湛江机场飞行区等级标准为4D级，拥有2个停机坪，总面积4万平方米；货运中心面积2 700平方米，年处理货物能力10万吨；口岸国际联检厅面积2 868平方米，综合业务楼面积4 616平方米。

2017年湛江机场新增至武汉、重庆、石家庄、宁波、天津、金边6条航线，参与运营航空公司10家，与国内通航城市30个，旅客吞吐量214.87万人次。

2017年，湛江机场口岸出入境旅客68 483人次，同比增长1.9%。其中，湛江—香港航班每周7个航班往返，出入境旅客44 824人次，同比增长18.3%；货邮行412.4吨，同比增长11.4%。湛江—曼谷航班每周2个航班往返，出入境旅客15 700人次，进出港行李115.6吨；湛江—金边国际航线为新增航线，每周2个航班往返，出入境旅客7 959人次，货邮行66吨。

【揭阳空运口岸（揭阳潮汕国际机场）】 揭阳空运口岸是根据承接原汕头外砂机场口岸出入境业务需要，于2011年12月15日以临时开放的形式与机场同步投入使用，汕头外砂机场口岸原有查验机构转设入揭阳空运口岸；2013年12月16日获国务院批准对外开放，2014年7月10日通过国家验收正式对外开放。2014年9月12日，揭阳潮汕机场更名为揭阳潮汕国际机场。

揭阳潮汕国际机场位于揭阳市空港经济区登岗镇，地处汕头、揭阳、潮州三市中心，距离揭阳、汕头、潮州市区分别为22千米、28.5千米、24千米，服务总面积3万多平方千米的粤东地区，辐射闽南、赣南部分地区，与宝岛台湾隔海相望。机场占地339万平方米（含场外8.34万平方米），定位为国内中型机场，规划以2020年为目标年，飞行区等级指标为4E级，本期按4D级标准建设，现有长2 800米、宽45米的跑道1条，停机坪面积16万平方米，停机位21个（其中廊桥机位12个），航站楼面积5.5万平方米（其中国际区域面积约1.25万平方米），值机柜台39个，安检通道14条，行李转盘4座，可满足B767型等级飞机的起降要求和年旅客吞吐量

450万人次使用需求（其中可满足年吞吐量100万国际旅客场地需求）。截至2017年12月31日，开通国内外定期航线51条，运营航空公司18家。其中，国际及地区定期航线7条（至台北、新加坡、曼谷、吉隆坡、普吉岛、金边、暹粒），另有国际及地区不定期国际航线3条（至韩国仁川、缅甸内比都、越南岘港）。2017年出入境国际及地区旅客36.6万人次，同比增长19.2%；国际及地区航班2 852架次，同比减少0.9%；国际及地区货邮量707吨，同比增长42.3%。

揭阳空运口岸查验配套设施由航站楼旅客出入境查验现场、国际货运站查验设施、口岸查验综合办公楼三部分组成。航站楼旅客出入境查验现场位于航站楼东侧，分为三层。第三层为国际出发厅，按照出境检查流程顺序，设置检验检疫、海关、边检检查区域；第二层和第一层为国际到达厅，按照入境检查流程顺序，设置检验检疫、边检、海关、动植物检疫检查区域。国际货运站查验设施位于揭阳潮汕机场西北侧，分为二层。首层为国际到港、国际出港查验区，设有海关、检验检疫现场业务用房；二层为海关、检验检疫申报大厅。口岸查验综合楼及附属楼位于揭阳潮汕机场西南侧，建设用地1.44万平方米，建筑面积1.34万平方米。

2017年揭阳潮汕国际机场客运航线国家（地区）共8个，城市（航点）共10个，其中新增3个，分别是柬埔寨金边和暹粒、泰国普吉岛。

【罗湖陆路（公路）口岸】 罗湖陆路（公路）口岸位于深圳罗湖商业中心区南侧，与香港新界一河之隔，深港两地由一座双层人行桥和一座铁路桥相连，是改革开放前深圳仅有的两个陆路口岸之一。现联检大楼于1984年1月开始动工兴建，1985年6月14日竣工启用。占地面积9 106平方米，总建筑面积70 623平方米。楼内地下B层和一层为入境（北行）查验场地，建筑面积18 107平方米；二层和三层为出境（南行）查验场地，建筑面积17 558平方米。口岸出入境验证通道共有187条，其中人工查验通道108条，自助查验通道79条。口岸设计通过能力由20世纪80年代每天20万人次，提高到2002年以来每天40万人次。

罗湖陆路（公路）口岸开放时间为每天6:30开闸，24:00关闸。2017年，罗湖陆路（公路）口岸出入境旅客8 163.54万人次，日均22.37万人次。

【皇岗陆路（公路）口岸】 皇岗陆路（公路）口岸位于深圳市福田区南端，与香港新界落马洲隔河相望，口岸南面的皇岗—落马洲大桥横跨深圳河连接深港两地。

皇岗陆路（公路）口岸是配合广深高速公路建设开设的口岸。1985年5月开始建设，1988年11月30日经国务院批准对外开放，1989年12月29日货运部分启用通车，1991年8月8日客运部分开通使用。1994年11月3日起，开辟两条货检通道试行24小时通关，并设置了空车验放专用通道。1997年3月20日开通了皇岗—落马洲穿梭巴士服务，为方便旅客过境开辟了一条新的途径。1999年10月，实行货车自然分流通关，即除部分货物、车辆按照有关规定维持现行做法从指定口岸进出境外，其他行走文锦渡、沙头角陆路口岸的货车在原行走口岸晚上关闸以后，可行走皇岗陆路口岸24小时通关的货车通道。2003年1月27日零时起，皇岗陆路口岸实行旅检通道24小时通关。2003年10月8日始，允许持有文锦渡、沙头角陆路口岸两地牌的私家车、公务车和商务车在零时至6:30从皇岗陆路口岸出入境。皇岗口岸是我国唯一全天候通关的口岸。

皇岗陆路口岸区域占地面积101.6万平方米，其中监管区65.3万平方米，生活区6.8万平方米，商业服务区29.5万平方米。监管区分东、西两个场地，东场为货检场地，西场为客车和旅检场地。共设有出入境小汽车、客车检查通道10条（出入境各5条），货车检查通道40条（出入境各20条）；旅客检查通道50条（出入境各25条）。设计通过能力为每日车辆5万辆次

（标准车）、旅客5万人次。

2017年，皇岗陆路口岸出入境旅客3 204.6万人次，日均8.78万人次；出入境车辆863.3万辆次，日均2.37万辆次。

【文锦渡陆路（公路）口岸】 文锦渡陆路（公路）口岸是以供港鲜活产品及进口水果通关为特点的客、货运综合性公路口岸，位于深圳市罗湖区南面、香港新界北面，由一座公路桥与香港新界相连。

文锦渡口岸是改革开放前深圳仅有的两个陆路口岸之一，1978年经国务院批准对外开放。改革开放前，文锦渡只是供港鲜活商品的贸易口岸，1978年10月建成公路桥，1985年2月新建一座公路桥，实行出入境车辆分桥行驶。为配合深圳河治理工程，原出入境桥被拆除，新建一座出入境双向桥于2005年2月正式投入使用。口岸区域占地面积13万多平方米。

文锦渡口岸每日7时开闸，22时关闸，运行15小时。2017年，文锦渡口岸出入境旅客432.3万人次，日均1.18万人次；出入境车辆185.0万辆次，日均0.51万辆次。

【沙头角陆路（公路）口岸】 沙头角陆路（公路）口岸位于深圳市盐田区沙头角西面，东接沙头角保税区和盐田港，北邻梧桐山公路隧道。1984年9月经国务院批准对外开放，1985年3月建成使用，2005年1月28日启用新的口岸跨境大桥。口岸管理区占地面积约4.2万平方米，其中出入境旅客查验场地5 700平方米，出入境货物查验场地3.6万平方米。旅检大厅设在口岸区中间，东侧是出境货检场，西侧是入境货检场。共设有出入境车辆检查通道10条（出入境各5条），查车台15个；出入境旅客检查通道22条（出入境各11条）。此外，还建有专门供香港灵柩入境的检查服务设施，为港澳同胞前往大鹏湾“华侨墓园”办理安葬和扫墓活动提供方便。设计通过能力每日车辆1 500辆次、人员1 500人次。

旅检和货检场地的通关时间均为每日7时开闸，22时关闸，运行15小时。

沙头角口岸重建项目已列入深圳口岸发展“十三五”规划和深圳市政府投资项目计划。

2017年，沙头角陆路口岸出入境旅客341.9万人次，日均9 367人次；出入境车辆68.2万辆次，日均2 243辆次。

【深圳湾陆路（公路）口岸】 深圳湾陆路（公路）口岸位于深圳市南山区蛇口东角头，经深圳湾跨海大桥连接香港鳌勘石。深圳湾陆路口岸是国家“十五”重点建设项目，1997年12月经国家批准立项，工程于2003年8月奠基，2007年7月1日正式开通启用，是国内首个实施“一地两检”查验新模式的现代化、智能化口岸，深港双方口岸区域均在深圳境内，双方口岸查验单位均在一栋大楼内完成查验工作。口岸占地117.9公顷，其中深圳为76.3公顷，香港为41.6公顷；口岸联检大楼建筑面积5.4万平方米，其中深圳2.9万平方米，香港2.7万平方米。

深圳湾陆路口岸原设计通关时间为24小时通关，经深港双方商定，从2007年口岸开始运行起，通关时间暂定为6:30至24:00。口岸设计通过能力为每日车辆5.86万辆（其中货车4.32万辆次，小汽车1.39万辆次，大客车1 500辆次），设计旅客流量为每天6万人次。

2017年，深圳湾陆路口岸出入境旅客4 375.2万人次，日均11.99万人次；出入境车辆454.8万辆次，日均1.25万辆次。

【福田陆路（公路）口岸】 福田陆路（公路）口岸位于福田区裕亨路（福田保税区东侧）。福田陆路口岸工程建设于2004年12月正式开工，2007年8月15日开通启用，总占地面积62 962平方米，总建筑面积84 198平方米。福田陆路口岸由人行通道桥和旅检大楼组成。人行通道桥连接福田陆路口岸联检大楼和香港九广铁路落马洲管制站，桥长240米，深圳116米，香港124米，桥宽16.5米。旅检大厅面积约12 000平方米，二层为入境旅检大厅，三层为出境旅检大厅。出境大厅内设有边检通道78条（自助式通道22条，人工验放通道56条），入境大厅内设有边检通道75条（自助式通道38条，人工验放通道37条），出入境通道共153条。设计日过境旅客通过能力为25万人次。设计通关时间为每日6:30至24:00。经深港双方商定，从2007年口岸开始运行起，通关时间暂定为每日6:30至22:30，运行16小时，与深圳地铁的运营时间相衔接。

2017年，福田陆路口岸出入境旅客5 945.4万人次，日均16.29万人次。

【拱北陆路（公路）口岸】 拱北陆路（公路）口岸地处珠海经济特区境内，距市政府所在地香洲区9千米，北面是北岭工业区，西北面是前山镇，西南临近湾仔口岸，东临南海，南与澳门相连。1999年10月2日，迁建后的拱北口岸作为广东省政府迎澳门回归重点工程之一，建成投入使用。

拱北陆路口岸占地16.2万平方米，建筑面积12.8万平方米。其中，联检楼（三层半）3.5万平方米，改扩建联检楼（四层，含负一层）4.32万平方米，免税商场及走廊1.3万平方米，进境查验场5 000平方米，出口报关楼及货物查验场1万平方米，其他配套设施建筑2.18万平方米。拱北口岸设计通关能力为每日50万人次、车辆8 000辆次。

拱北陆路口岸设有出入境旅客通道共308条（联检楼出境大厅54条，其中人工22条，自助32条；联检楼入境大厅69条，其中人工21条（含工作人员通道），自助48条；新联检楼出境大厅84条，其中人工28条，自助56条；新联检楼入境大厅91条，其中人工30条，自助61条；出境随车人员验放厅4条，其中人工2条，自助2条；入境随车人员验放厅6条，其中人工4条，自助2条）。“一站式”客车通道共13条，其中出境7条（包括工作人员通道1条），入境6条。

拱北陆路口岸设有闸口海关、出入境边防检查站、出入境检验检疫拱北办事处三家查验单位及签证处部门，经营单位主要有中国银行、珠海免税、岐关车路、口岸中旅等10多家服务单位。

近年，拱北陆路口岸以其优越的地理位置和便捷的通关环境，成为越来越多的中外旅客入出我国内地的首选口岸，经此口岸出入境的客流量迅猛增长，由1999年的3 000万人次大幅增加到2016年12 400多万人次，成为世界上最繁忙的旅检口岸之一。据统计，近年经拱北口岸出入境旅客均达每日34万人次。2017年，经拱北陆路口岸出入境旅客1.28亿人次，同比增加3.7%；出入境车辆309.6万辆次。2017年4月30日，当日经拱北陆路口岸出入境旅客突破42.5万人次，创单日历史新高。

2017年12月，根据拱北陆路口岸的实际情况及通关需求，口岸（含客车通道）开放时间定为上午6:00至次日凌晨1:00，鲜活商品通道为7:00至10:00。新联检楼出境一层大厅开放时间为7:00至12:00，新联检楼入境一层大厅开放时间为16:00至21:00。

【横琴陆路（公路）口岸】 横琴陆路（公路）口岸位于珠海市横琴经济开发区十字门东南侧，与珠海莲花大桥相接，与澳门路氹隔海相望。珠海横琴口岸于2000年3月建成并投入使用。经过三期工程的建设，目前横琴过渡期口岸总建筑面积约4.2万平方米，占地面积24万平方米。主要建筑物有临时联检楼，内设出入境各16条人工验放通道和28条自助验放通道（其中出境16条，入境12条）；出入境客货车查验通道各10条；出入境货检场、报关楼及附属配套设施等。三期工程过渡期口岸于2014年12月18日建成并投入使用，通关设计能力为每日旅客8万人次、车辆2万辆次。目前横琴口岸的人流量日均为22 361人次，车辆为2 402辆次，为促进珠三角地区经济发展起到了重要的桥梁和纽带作用。随着中国（广东）自由贸易试验区横琴新区片区的挂牌成立，并根据国务院批准通过的横琴总体发展规划有关创新通关制度的规定，按口岸的总体规划，横琴口岸实行分线管理，在横琴大桥设立二线通道。广珠城际轻轨横琴站将与澳门莲花口岸对接。今后横琴口岸将建设成以货运为主，大型物流与客流相匹配的大型客货运枢纽口岸。

2017年，横琴陆路口岸出入境客运量8 161 889人次，出入境交通工具876 723辆次，货运量1 742 366吨，进出口总值183 929万美元，关税环节税13 717万元。

【珠澳跨境工业区陆路（公路）口岸】 珠澳跨境工业区专用口岸地处前山水道内港，东与澳门相接，北临石角咀水闸，西临前山水道，东侧临近拱北口岸。2003年12月5日，国务院正式批准建设珠澳跨境工业区；2003年12月9日，珠澳跨境工业区正式动工建设；2005年，珠澳跨境工业区专用口岸开始建设；2006年6月28日，珠澳跨境工业区珠海园区专用口岸通过国务院五部委联合验收；2006年9月22日，珠澳跨境工业区珠海园区通过海关总署等九部委联合验收；2006年12月8日，珠澳跨境工业区及专用口岸正式开通启用。珠澳跨境工业区专用口岸用地面积为27 863平方米，总建筑面积3 350平方米。2014年12月18日跨境工业区专用口岸临时扩大开放正式通关，扩大开放项目的建筑面积为1 579平方米，其中新扩建旅客查验厅326平方米，旧旅客查验厅改造423平方米，出入境风雨廊及配套建筑约800平方米。改造后出入境查验通道共16条，其中出境人工通道2条、自助通道6条，入境人工通道2条、自助通道6条，出入境客、货车通道各1条。跨境工业区专用口岸是珠海市对外交往的门户之一，对珠海、广东省乃至全国的经济发展起着重要的作用。

2017年，珠澳跨境工业区专用口岸出入境客运量193万人次，出入境交通工具41 800辆次，货运量10万吨，进出口总值2.9万美元，关税环节税9 000万元。

【广州陆路（铁路）口岸】 广州陆路（铁路）口岸是广州直通香港九龙的开放口岸。广九直通车于1979年经国务院批准在原流花车站开通。1991年，广州市政府和广铁集团共同投资在天河新建广九直通车站，并于1996年9月28日正式启用。位于广州市天河区中心地带，有大型地铁、公交车站等公共交通配套设施，规模大、设备先进、建筑新颖。口岸现日发广九线列车12对，旅客检查手续分别在2个出入境大厅办理，其中出境大厅有13个人工通道、9个自助通道，入境大厅有13个人工通道、9个自助通道。

2017年，出入境列车8 760列，出入境人数315.1万人次，外贸货物吞吐量约219吨。

【佛山陆路（铁路）口岸】 佛山陆路（铁路）口岸1993年经国务院批准正式对外开放，位于禅城区文昌路12号，开设的固定班次为九龙至佛山及佛山至九龙的直通列车，是我国直通香港的第二个铁路口岸，也是佛山市唯一的铁路口岸。

2017年，经佛山铁路口岸出入境旅客数为2.7万人次，同比增长10%。其中：入境旅客1.6万人次，同比增长11%；出境旅客1.1万人次，同比增长10%。

【东莞陆路（铁路）口岸】 东莞陆路（铁路）口岸位于东莞市东部的常平镇内，地处京九、广梅汕、广深准高速铁路三线交汇点，是我国南方新兴的铁路交通枢纽，是东莞市对外开放的重要通道之一。1994年8月国务院批准开设东莞常平铁路客运口岸，10月正式对外开放。经国务院批准，1997年5月至2003年9月京九、沪九直通旅客列车经停东莞常平铁路客运口岸，并在此办理出入境手续。1997年12月，国务院批准常平铁路客运口岸更名为东莞陆路（铁路）口岸。

目前东莞陆路（铁路）口岸每天停靠广九直通车“10进10出”共20班，铁路部门提供给常平的票额每班车是1~2节车厢，每天共2 145坐席。

2017年，经东莞铁路口岸出入境40.45万人次，同比增长3.9%。

【肇庆陆路（铁路）口岸】 肇庆陆路（铁路）客运口岸于1996年8月6日经国务院批准对外开放。1995年3月28日建成并开通肇庆至香港九龙客运直通列车。自开通20多年来，对加强肇港两地经济、文化交流作出了积极的贡献。为配合举办2018年广东省第十五届运动会，肇庆铁路口岸于2017年10月开始在原址改造。为确保肇庆火车站综合体项目顺利建设，经批准，肇庆铁路口岸在肇庆火车站改造期间暂停运行。目前，肇庆火车站综合体项目仍在施工建设中，肇庆铁路客运口岸仍维持暂停运行状态。

【广州水运（海港）口岸】 广州水运口岸历史悠久，早在秦汉时期，广州古港就是中国对外贸易的重要港口，是中国古代“海上丝绸之路”的起点之一。唐宋时期，“广州通海夷道”是世界上最长的远洋航线。至清朝，广州成为中国唯一的对外通商口岸和对外贸易的最大港口。改革开放以来，广州港发展成为国家综合运输体系的重要枢纽和华南地区对外贸易的重要口岸。广州（海港）口岸地处珠江入海口和我国外向型经济最活跃的珠江三角洲地区中心地带，濒临南海，毗邻香港和澳门，东江、西江、北江在此汇流入海。通过珠江三角洲水网，广州港与珠三角各大城市及与香港、澳门相通，由西江联系我国西南地区，经伶仃洋出海航道与我国沿海及世界诸港相连。广州港由内港港区、黄埔港区、新沙港区、南沙港区和珠江口水域组成。2017年，外贸货物吞吐量完成1.3亿吨，同比增长1.93%；外贸集装箱吞吐量完成756.69万标箱，同比增长1.4%；新开辟外贸班轮航线12条，达到91条。2017年，广州港完成货物吞吐量5.9亿吨，集装箱吞吐量2 037万标箱。2016年1月3日，“处女星号”邮轮顺利挂靠南沙三期码头运营国际邮轮航线。2017年，南沙邮轮母港开通运营7条国际邮轮航线，累计靠泊邮轮122艘次，到离港旅客40.4万人次，旅客吞吐量同比增长24%，继续稳居全国第三。

南沙保税港区于2008年10月18日获国务院批准设立，批复面积7.06平方千米（包括口岸作业、保税物流和保税加工3个区块），一期建设规划面积3.7平方千米，已于2009年7月9日通过国家验收，当年8月31日正式封关运作。2018年1月，国务院批复同意南沙保税港区整合方案，核减后规划面积4.99平方千米，分4个区块。

2017年，广州（海港）口岸客运直接通航国家（地区）共5个，城市共计10个。货运直接通航国家（地区）共80个，城市共计233个，其中新增7个，分别是黎巴嫩贝特鲁港，斐济劳托卡和苏瓦港，法国属地留尼汪港，西萨摩亚阿皮亚，瓦努阿图维拉港，新西兰惠灵顿港。

【南沙水运（海港）口岸】 广州南沙水运口岸于1992年2月正式对外开放，2005年4月28日新客运码头投入使用。口岸位于珠江的入海口河段西侧低岸，虎门大桥以南1.6千米，西临南沙蒲洲高新技术开发区、南沙会议展览中心，南依五星级的南沙大酒店。距香港40海里，距澳门41海里，航程70分钟，设计标准为年客运量160万人次，设计旅客聚集量1 600人，为二级国际客运港。南沙客运港建筑群包括主楼和副楼，基地面积67 264平方米，其中主楼建筑面积10 712平方米，副楼建筑面积2 230平方米。口岸出入境检查大厅设置验证通道14条，码头设顺岸式客船泊位3个，码头岸线长292米，每天往返香港5个航班。

【莲花山水运（河港）口岸】 广州莲花山水运（河港）口岸于1985年6月正式对外开放，属双边性口岸（广州与香港），位于广州市番禺区石楼莲花山联围村。拥有岸线171米，水深5米，泊位2个，码头吨位1 200吨。该口岸是广东省最早开放的粤港水陆口岸之一，距香港61海里，双体高速客轮4艘往返香港航程只需1小时45分，每天往返7个航班，其中莲花山港至香港中港城码头4个航班，莲花山港至香港机场3个航班。

【盐田水运（海港）口岸】 盐田水运（海港）口岸位于深圳大鹏湾海域西北部，南与香港九龙半岛隔海相望，分为盐田港区、下洞港区和广东大鹏液化天然气（LNG）专用码头，共有32个对外开放泊位。

盐田港区于1990年6月经国务院批准对外国籍船舶开放，1994年7月正式开港。该港区距深圳市区13千米，距大鹏湾口12海里。岸边水深15~20米。由于大鹏半岛与九龙半岛天然的屏障掩护，湾内水深浪小，无淤积，大型船舶可以自由进出锚地，是少有的天然良港，并被列为中国沿海重点发展的四大国际深水港之一。盐田港区划分为西、中、东3个港区，共有20个对外开放泊位。2017年，盐田港集装箱吞吐量1 270万标准箱，同比增长8.6%。

下洞港区位于大鹏湾畔，为深圳市东部石油、液化气等危险品码头专用作业区。2002年12月国务院批准下洞港区作为盐田水运口岸危险品作业区对外开放，港区内建有3个独立的栈桥式码头共9个对开开庭泊位。

广东大鹏液化天然气（LNG）专用码头位于深圳东部大鹏半岛秤头角，是“十一五”期间广东省口岸发展规划中主要建设项目之一。2007年3月经国务院批准盐田水运口岸大鹏液化天然气专用码头对外国籍船舶开放。LNG码头建有1个靠泊能力为8万吨级的LNG船专用的栈桥式码头泊位和1个5 000吨级的工作船舶。

此外，深圳液化天然气项目（迭福站址）是深圳市政府与中国海洋石油总公司战略合作重点内容，列入深圳市“十二五”能源基础设施重大建设项目。该项目位于深圳东部大鹏湾东北岸迭福片区，毗邻广东大鹏LNG项目，接收站占地约27公顷，达产后天然气年周转量为400吨，项目配套建设1个可靠泊8万~26.6万立方米LNG船舶的专用码头。2016年11月18日，深圳液化天然气专用码头通过了由广东省口岸办牵头组织的对外开放前准备工作验收，2016年11月21日对外开放。

【大铲湾水运（海港）口岸】 大铲湾水运（海港）口岸位于珠江口伶仃洋矾石水道东南部，深圳西部妈湾港区以北的大铲湾内。港区地理位置优越，水、陆路交通便捷：水路南距香港20海里，北至广州40海里；陆路通过广深高速、机荷高速、107国道及在建的广深沿江高速公路联系腹地。大铲湾港区岸线总长为11.6千米，陆域面积为10.28平方千米，设计年吞吐能力为1 250万标箱。港区整体工程分四期建设。其中，大铲湾港区集装箱码头（一期）工程于2005年9月正式开工兴建，其建设规模为5个10万吨级集装箱专用泊位，设计年吞吐能力250万标箱。2009年5月，经国务院批准大铲湾港区对外国籍船舶开放，2011年11月通过验收组的验收，2011年12月正式对外国籍船舶开放。

2017年，大铲湾港区集装箱吞吐量为132.39万标准箱，同比增长0.55%。

【大亚湾水运（海港）口岸】 大亚湾核电站专用码头位于深圳市东部大亚湾畔的大坑村麻岭角。距深圳市直线距离约45千米，距香港岛约50千米。经国务院批准，大亚湾核电站专用码头于1986年1月1日起对外国籍船舶开放。1987年3月和1989年6月，核电站专用码头和相关配套设备相继竣工投入使用，码头建有4个泊位。

【梅沙水运（海港）口岸】 梅沙水运（海港）口岸位于深圳东部梅沙旅游区内，西距深圳市区30千米。1984年7月经国务院批准为对港、澳地区旅游专用口岸，同年8月实现对外开放。梅沙水运口岸专用码头水深4米，建有4个泊位，可靠泊高速气垫船和飞翔船。梅沙水运口岸因客源不足等原因，于1985年5月暂停使用至今。

【蛇口水运（海港）口岸】 蛇口水运（海港）口岸于1981年1月经国务院批复对外开放，是我国改革开放初期第一个由企业自筹资金建设、管理和经营的国家开放口岸，目前已发展成为集铁路、公路、水路等运输方式为一体的大型综合性的客货运港口口岸。蛇口口岸共有31个对外开放泊位，其中10个集装箱专用泊位。

蛇口水运口岸位于珠江口东岸、深圳市西部南头半岛南端，东临深圳湾，南与香港隔海相望，西邻珠海、澳门及深圳机场，北靠南山内陆腹地。陆路距深圳市区27千米，水路距香港22海里。陆路可通过广深、广惠公路干道及广深高速公路、平南铁路进而由广深线、广九线与国内衔接。

招商港务（深圳）有限公司客货运码头。该码头拥有陆域面积75万平方米，岸线总长4 100

米（其中客运岸线 1 050 米），是拥有 35 个客、货运泊位的中国沿海大型综合性港口，年货物通过能力 2 000 万吨、集装箱 100 万标箱、客运 500 万人次，成为珠三角及华南地区重要的海上门户。

蛇口集装箱码头。该码头建有 10 个泊位。其中，一期工程建设规模为 2 个集装箱专用泊位，年设计吞吐能力为 100 万标箱，于 1991 年 8 月建成投产。蛇口集装箱码头二、三期工程项目，于 2001 年上半年动工兴建，共建成 8 个集装箱专用泊位，其中二期工程 2 个集装箱专用泊位已于 2003 年建成并投入使用，三期工程 6 个集装箱专用泊位于 2010 年 3 月前建成并陆续投入使用。

太子湾邮轮母港。邮轮码头建设 22 万吨级邮轮泊位 1 个，10 万吨级邮轮泊位 1 个，新建 800 吨级客轮泊位 12 个（其中港澳线泊位 6 个），2 万吨级客货滚装泊位 1 个，共计 15 个泊位，其中 8 个对外开放泊位。蛇口邮轮中心大楼工程占地面积约 4. 26 万平方米，总建设面积为 13. 8 万平方米。出境大厅位于二层，边检出入境查验通道包括 16 条人工查验通道（出入各 8 条）和 20 条自助查验通道（出入各 10 条）。邮轮母港于 2016 年 9 月基本完工，2016 年 10 月 11 日通过由广东省口岸办牵头组织的对外开放前准备工作验收，2016 年 10 月 12 日正式对外开放。2016 年 10 月 31 日起，蛇口客运码头搬迁至太子湾邮轮母港客运码头运作。

香港友联船坞（深圳）有限公司专用码头。该码头可为中外客商提供 30 万吨级的修船业务，是深圳市西部港区唯一的修船基地，建有 4 个泊位（其中 2 个干船坞、2 个浮船坞）。

2017 年，蛇口港区集装箱吞吐量为 613. 33 万标箱，同比增长 3. 41%；进出口货物共 45. 49 万吨，同比下降 34. 26%。

【赤湾水运（海港）口岸】 赤湾水运（海港）口岸位于前海蛇口自贸片区范围内，位于珠江口东岸、深圳市西部的南头半岛西南端。东连蛇口港，位于蛇口港西侧；南面向伶仃洋，与香港、澳门、珠海隔海相望；西接妈湾电厂和妈湾港区；北靠南山半岛。陆路距深圳市中心 30 千米，可与广深、广惠公路干道及广深高速公路、平南铁路衔接；水路与香港、澳门、珠海均在 20 余海里范围。

赤湾码头于 1982 年 8 月动工兴建，1983 年 10 月建成 1 个 1 万吨级泊位并开港，1984 年 5 月经国务院批准对外国籍船舶开放。赤湾港区共有 13 个对外开放泊位，其中 6 个集装箱泊位。赤湾水运口岸是中国主要的散装化肥及粮油进出口中转基地之一，是深圳西部港口群中规模仅次于蛇口港，功能集铁路、公路、水路等运输方式为一体的大型综合性口岸。

2017 年，赤湾水运口岸集装箱吞吐量为 504. 77 万标箱，同比增长 0. 25%；进出口货物 449. 49 万吨，同比增长 23. 72%。

【妈湾水运（海港）口岸】 妈湾水运（海港）口岸位于前海蛇口自贸片区范围内，地处珠江口东岸，深圳市西部的南头半岛西侧，东接赤湾港，南面向伶仃洋，西邻深圳机场，北以南山半岛为腹地。陆路距深圳市区 24 千米，可与广深、广惠等公路干道及广深高速公路、平南铁路衔接。水路距香港、澳门、珠海约 20 余海里。

妈湾水运口岸于 1987 年开始建设，1990 年 7 月建成第一个 3. 5 万吨级多用途泊位，1990 年 2 月经国务院批准对外国籍船舶开放，码头岸线总长 3 877 米。该港区现有泊位 11 个，其中集装箱专用泊位 3 个，煤码头专用泊位 2 个。

2017 年，妈湾水运口岸进出口货物 2. 51 万吨，同比下降 91. 10%。

【东角头水运（海港）口岸】 东角头水运（海港）口岸位于深圳市西部南头半岛东南端，于 1985 年 3 月又建。1986 年建成 3 个 1 000 吨级泊位投入使用，堆场面积 2 万平方米。1987 年 1 月正式对外开放。已暂停运作多年。

【珠海水运（海港）口岸】 珠海港高栏港区（原名珠海港口岸）于 1994 年 6 月经国务院批准设立，1996 年 7 月 28 日正式对外开放。高栏港区地处珠海市西部，位于珠江三角洲西侧、黄茅海东部沿岸及高栏列岛海域，东距澳门 23 海里，至香港 45 海里。该口岸地理优势得天独厚，处于珠江出海口的虎跳门、崖门和鸡啼门之间，外临南海，靠近国际航线大西水道仅 1 海里，内通西江，具备发展江海联运、南北航运和近远洋运输的优越条件，主要贸易有石化、集装箱、煤炭、铁矿石、先进装备及能源等业务。

珠海水运口岸目前已启用码头 14 个、泊位 32 个，包括珠海国际货柜码头、珠海华南联合石油有限公司码头、新海能源（珠海）有限公司码头、珠海一德石化有限公司码头、珠海恒基达鑫国际化工仓储有限公司码头、龙华集团有限公司码头、珠海发电厂码头、珠海粤裕丰钢铁有限公司码头、中化珠海石化储运有限公司码头、珠海港鑫和码限公司码头、广东珠海金湾液化天然气（珠海 LNG）有限公司码头、珠海港弘码头有限公司码头、珠海巨涛海洋石油服务有限公司码头、神华粤电珠海港煤炭码头有限责任公司码头。

2017 年，珠海港直接通航国家（地区）共 3 个，航点（航线）7 个；高栏港区监管进出口货物 2 118.4 万吨。

【九洲水运（海港）口岸】 九洲水运（海港）口岸是客、货运综合性口岸，位于珠江口西岸，距香港 36 海里，距澳门 4 海里。1981 年 9 月经国务院批准对外开放，客、货运口岸分别于 1982 年和 1984 年建成通航。唐家大坞湾危险品作业区于 1991 年 11 月经国务院批准对外开放。

九洲水运口岸客、货运码头全长 1 442.58 米，其中客运码头长 436.70 米，航道长 10.5 海里，水深 5.5～6.5 米，港区航道设有灯光等标志，日夜均可通航，可供 8 艘大型双体快速客船同时靠泊，设计年客运量为 200 万人次；货运码头长 1 005.88 米，可供 2 艘 5 000 吨货轮同时靠泊。港区东面有一条长达 450 米的防浪堤，西南面有呈月牙形 6 千米长的海岸线保护着港池，是船舶停靠的良港。

目前，九洲水运口岸香港航线日进出航班 36 班次（其中九洲港至香港国际机场航班每天 8 班），逢节假日视情况增加航班，最多一天可达 60 多班次。九洲水运口岸货运码头设有一座 2 400 平方米货检大楼及 400 平方米的货运中心，海关、边检、港监、检验检疫等查验部门及国际货柜公司、外轮代理公司、外轮理货公司均在现场办公，实行一次开箱、联合查验，手续简化，运作高效。九洲水运口岸货运码头已于 2015 年搬迁至洪湾港。

2017 年，九洲水运口岸出入境人员 209 万人次，出入境船舶 1.2 万艘次。

【湾仔水运（海港）口岸】 湾仔水运（海港）口岸位于珠海市湾仔镇西南面，与澳门一水相隔，水面距离只有几百米。湾仔水运口岸于 1984 年经国家批准开设，1984 年 12 月 23 日正式通航，2016 年 1 月 17 日因建筑危房报国家批准临时关闭。

【万山水运（海港）口岸】 万山水运（海港）口岸位于珠海市万山群岛港区，包括桂山岛、外伶仃岛和大万山岛三大作业区，1995 年 4 月 6 日经国务院批准对外国籍船舶开放。万山群岛处于珠江出海口下游，是船舶由南海进出珠江三角洲的必经之地，紧临香港和澳门，多条国际航线从港区通过。港区有特殊的地域优势，适合开展大型油品储存和集装箱、大宗散货水运中转业务。

万山水运口岸的建设按“一次规划，分步实施；简易入手，逐步完善；先中心港桂山，后其他岛屿；成熟一个，开放一个”的原则进行。该港口是客货运综合性港口，货运码头建有 3 000 吨级泊位 1 个，设计年吞吐量为 60 万吨；客运联检楼占地面积 1 164 平方米，建筑面积 1 785.7 平方米。万山港口岸桂山十三湾第一、第二作业区客货运口岸于 2003 年 4 月正式对外开放。2015 年桂山一湾的口岸新联检楼和新码头建成投入使用。

2017 年，万山口岸出入境客运量 566 人次，出入境交通工具 176 艘次，货运量 389 900 吨，进出口总值 7 589 万美元。

【斗门水运（河港）口岸】 斗门水运（河

港）口岸于1991年1月28日建成，并开通了斗门至香港的客运航线。斗门港占地面积38万平方米（含客、货运区），码头岸线长970米，旅客联检大楼4 700平方米，使用252座豪华快速双体喷射客轮。目前，斗门港至香港每日进出2航班。

1993年，经广东省政府批准，斗门港新环装卸点为对外开放的二类口岸，1994年6月18日建成试航，主要从事港区内货物装卸、仓储和道路货物运输（集装箱）业务，为客户提供珠海地区到香港乃至世界各地的门到门全程陆路、水路联运服务。货运码头目前拥有岸线203米，4个1 000吨级泊位，堆场面积达11万平方米，进出口仓库面积3 726平方米，以及一大批大型先进的装卸、运输设备。扩建工程完成后港口的通过能力大幅度提高，集装箱年通过能力由6万标箱增加到15万标箱，货物年通过能力由60万吨增加到100万吨。

2017年，斗门水运口岸完成出入境客运量37 996人次，出入境交通工具1 661辆次；进出口货运量273 390吨，总值571 079万元；税收57 571万元。

【汕头水运（海港）口岸】 汕头水运（海港）口岸位于广东省东部沿海，美丽富饶的潮汕平原的南部，居福州至广州黄金海岸中央。东临台湾海峡，距高雄214海里，西距香港187海里，扼韩江、榕江、练江之出海口，素有“岭东之门户，华南之要冲”的称誉。

汕头港是中国华南地区对外贸易的重要口岸，是沿海25个国家级主要港口之一，是广东省东翼的主要港口。汕头港历史悠久，是中国最早对外开放的港口之一，于1861年开埠，是一个有150多年的历史老港，至今已与世界57个国家和地区的268个港口有货物往来。汕头港主航道通航水深为9.5米，全港岸线总长9 444米，堆场总面积126万平方米。拥有500吨级以上泊位79个，其中万吨级以上泊位18个，综合通过能力2 690万吨，集装箱吞吐能力73万标箱。近年来，汕头市大力发展港口物流和海运业，与我国香港地区、泰国、日本等地有集装箱定期货运班轮。

汕头港的直接经济腹地是汕头、潮州、揭阳、梅州4个市所辖14个县的广大地区，其间接腹地包括闽西南及赣南部分地区。腹地经该港吞吐的主要货物有煤炭、石油、钢铁、水泥、化肥、木材、粮食等。

2017年，汕头水运（海港）口岸完成货物吞吐量3406.6万吨，同比下降6.96%；外贸进出口量303万吨，同比增长3.20%；集装箱吞吐量130万标箱。

【潮阳水运（海港）口岸】 潮阳水运（海港）口岸位于广东省汕头市潮阳区海门镇，距香港161海里，距台湾恒春港210海里。1996年8国务院批准潮阳港对外国籍船舶开放。2005年7月通过验收，同年11月正式对外开放。已建成码头5座8个泊位，年设计货物吞吐能力1 460万吨及集装箱3万个标箱。

2017年，潮阳水运（海港）口岸货物吞吐量为1 483.4万吨，同比增长12.1%；外贸进出口量为758万吨，同比增长20.64%。

【南海水运（河港）口岸】 1996年经国务院批准，南海客运港与三山装卸点合并为南海水运（河港）口岸，位于南海区三山港经济开发区。港区码头岸线长420米，3 000吨级泊位7个。港区总面积42万平方米，堆场面积23万平方米。开通接驳航线有南海—香港/蛇口/赤湾/南沙/大铲等班轮。港区配备CCTV、X光机货物查验系统，闸口集装箱自动识别系统等查验设备；进出口货物种类主要为废五金、木材、家电、洗车零配件等；口岸实行“6+1”工作制(即星期一至星期六正常上班，星期天预约上班)。现由和记黄埔三角洲港口与佛山市南海区交通建设投资公司共同投资设立的南海国际货柜码头有限公司负责经营。

2017年，南海水运口岸进出口货运量290.15万吨，与去年同期增加45.10%。其中，出口货运量70.90万吨，进口货运量219.25万吨；集装箱吞吐量28.58万标箱。

【顺德水运（河港）口岸】 顺德水运（河港）口岸位于顺德大良德胜河板沙尾，东经111.3度，北纬22.3度。距香港约114.82千米，陆路距广州和佛山各40千米，距东莞50千米，距珠海90千米，城际轻轨经港口而过，水路、陆路交通十分便利。1986年，顺德水运（河港）口岸经国务院批准开设，1987年12月通过国家验收正式对外开放。1995年9月，经广东省政府批准（粤府口函〔1995〕114号），将容奇港搬迁至现址并易名为顺德港。港口岸线长260米，港区占地72 800平方米，建筑面积29 300平方米。顺德水运（河港）口岸现建成有10条自助查验通道及一套信息采集系统。顺德水运（河港）口岸是佛山市内最大的水路客运口岸，平均每天有8个以上航班往返顺德港和香港中港城码头，全年进出境航班3 038航次。

2017年，经顺德港出入境人数630 240人次，同比增长18.74%；其中出入境旅客为544 251人次，同比增长20.76%；入境旅客270 397人次，出境旅客273 854人次。

【高明水运（河港）口岸】 高明水运（河港）口岸位于佛山市西翼的西江之滨，分为高明港客运口岸、高明外贸货物装卸点。高明港客运口岸是国务院于1992年12月14日批准的对外开放口岸，位于高明区荷城沿江路303号，水路距香港约187.05千米，可辐射邻近的南海、肇庆、新兴、高要等广大地区。驻高明港口岸海关、边检、海事等三家检查检验单位齐全，现由佛山市高明区明珠客运联营有限公司负责经营。高明水运口岸现有直接通航航点（航线）到香港中港城。

2017年，通过高明水运（河港）口岸入出境人员34 392人次，同比下降50.53%。

【惠州水运（海港）口岸】 惠州水运（海港）口岸位于南海大亚湾西北隅，地处我国华南沿海经济中心珠江三角洲东部，毗邻港澳，面对东南亚和中国台湾，处在以香港为核心的航运中心地带，依傍国际环球和环太平洋航线，是华南沿海便捷的海上门户和京九铁路的出海口。惠州港拥有超大型原油接卸泊位，并且具有可建大型干散货泊位的自然条件及丰富的土地资源，对发展石化、电力等能源型临港工业有独特优势。惠州港于1993年4月16日正式对外国籍船舶开放。

惠州港包括荃湾港区、东马港区、碧甲港口作业区和亚婆角作业区，建有17座码头，其中货运码头16座，客运码头1座，共有49个泊位，其中万吨级以上泊位18个，设计年吞吐能力为9 573万吨和90万标箱。荃湾港区是惠州港的起步港区，是多功能综合性的港区，以承担大宗散货物资转运和集装箱运输为主。东马港区是惠州港的大型石化港区，建有30万吨级和15万吨级石化泊位各2个，主要承担大亚湾石化区内生产企业的原材料及产成品装卸和广石化原油接卸服务，同时也为周边地区提供石化货物运输服务，以及为海上石油钻井平台提供物资输送服务。碧甲港口作业区主要为临港工业区提供港口配套服务，以承担临港工业所需的工业煤炭、矿石等大宗散货接卸任务为主。亚婆角作业区为砂石出口作业点，主要提供矿建材料和非金属矿石等装卸服务。惠州港开通有日本及中国香港、中国台湾货运航线。

2017年，惠州水运口岸进出口货运量为2 810.47万吨。

【汕尾水运（海港）口岸】 汕尾水运（海港）口岸位于广东省汕尾市城区，地理坐标为东经115度、北纬22度，距太平洋国际航线约22.22千米，水路距香港仅150.01千米、距澳门207.42千米、距广州331.51千米，水、陆交通四通八达，是我国政府首批公布对外开放口岸之一。汕尾港港区面积13万平方米，有5 000吨级泊位2个，年吞吐能力100万吨，集装箱处理能力2万标箱。汕尾港功能齐全、设施完善，监管机构配套完整，设有海关、海事、边防检查等口岸查验单位，施行“地方电子口岸”系统，通关便捷安全。随着汕尾市经济社会的进一步发展，汕尾水运口岸也在不断地扩大对外开放水域范围；汕尾水运口岸红海湾港区对外开放已于2009

年11月20日获得国务院批准同意，2014年10月16日通过国家验收正式对外开放。

2017年，汕尾水运口岸出入境船舶182艘，其中入境122艘，出境60艘。货运量467.2万吨，其中进口466万吨，出口1.2万吨。

【虎门水运（河港）口岸】 虎门水运（河港）口岸位于珠江口东岸，处于广州—东莞—深圳—香港城市发展轴带的中间和珠三角经济区中心位置，拥有珠江口53千米的深水岸线，海域面积79平方千米，航道水深13米，包括虎门港（太平）客运口岸和虎门港货运口岸。目前，客运口岸开通虎门至香港机场航线，每日“5进5出”共10个航班2 863个坐席。纳入虎门港口岸对外开放的货运码头有24座，泊位49个。

虎门水运口岸于1997年6月27日经国务院批准对外开放，2003年9月28日正式对外开放。虎门水运口岸的开放范围自北向南分别是麻涌港区、沙田港区、沙角港区、长安港区。纳入虎门水运口岸对外开放的货运码头有26座，泊位51个。

2017年，虎门水运（河港）口岸客运量22.98万人次，同比下降13.6%；货运量3 151.98万吨，同比增长12.4%；进出境船次20 367艘次。货运客运通航国家（地区）共3个，航线6条。

【中山水运（河港）口岸】 中山市地处珠江口西岸，是粤港澳大湾区的重要组成部分，接驳南沙自贸试验区、横琴自贸试验区和前海自贸试验区的枢纽，区位优势明显。清康熙二十四年（1685年）中山就已设置口岸，距今已有300多年的历史。

中山港于1985年建成通航，2016年8月10日，中山水运（河港）口岸扩大开放通过国家验收，其中，中山港区、神湾港区（含盛世游艇码头）对外籍船舶开放，小榄港区、黄圃港区对国内船舶开放。经过30多年的发展，到2016年初步形成东有中山港区和中山保税物流中心车检场、南有神湾港区和盛世游艇码头、北有黄圃港区、西北有小榄港区和小榄车检场的环型码头布局。

（1）中山港港区。该港区对外籍船舶开放，位于中山市火炬开发区，水路距香港约100千米、距澳门约94.45千米，向东进入伶仃洋与国际航线相通，内河接珠江水网，公路以广珠东线、京珠高速公路为骨干线，中山港港区平均河宽400米，水深7~10米，现可通航3 000吨级江海轮。港区内设客运码头1个，经营方为中港客运联营有限公司；公共货运码头2个，分别是中山港航运码头和中外运码头，经营方分别是中山港货运联营有限公司和中山中外运仓码有限公司。

中山港港区已开设的固定航线有：中山港—香港、中山港—深圳、中山港—南沙，已发展为集客货运一体、年均入出境旅客100多万人次、进出口货物600多万吨的综合性水运口岸，服务区域覆盖了全市各个镇区及中山周边城市。2017年，中山港区进出口货物427.3万吨，其中集装箱54.6万标箱，客运口岸进出境旅客123.48万人次。

（2）神湾港区。该港区对外籍船舶开放，位于中山市南部神湾镇，陆路距中山港区48千米，水路距香港约96.30千米，主要辐射神湾、三乡、坦洲、板芙4个镇。神湾港区内设公共货运码头1个和游艇码头1个，货运码头经营方为中山市神湾港货运联营有限公司；游艇码头为盛世国际游艇码头，位于神湾镇磨刀岛磨刀门水道东岸，经营方为广东盛世游艇会有限公司。该码头拥有齐全的查验配套设施供游艇进出境查验使用，2016年11月23日，举行了游艇自由行开通仪式，标志着中山与澳门游艇自由行正式通航。2017年，神湾港进出口货物50.2万吨，其中集装箱9.8万标箱。

（3）小榄港区。该港区对国内船舶开放，位于中山市西北部的小榄镇，陆路距中山港区35千米，水路距香港138.90千米，主要辐射中山市小榄、南头、古镇、东凤、黄圃、阜沙、东升7个镇。小榄港码头岸线长达364米，建有1 000吨级货轮泊位8个，经营方为中山市小榄港货运联营有限公司。2017 年，小榄港进出口货物103.8 万吨，其中集装箱 30.9 万标箱。

（4）黄圃港区。该港区对国内船舶开放，位于中山市北部的黄圃镇洪奇沥水道南岸，主要服务于中山市北部五镇区，同时辐射佛山市顺德区和广州市番禺区。年设计吞吐能力 190 万吨，其中集装箱 9 万标箱、件杂货 100 万吨，经营方为中山市黄圃港货运联营有限公司。

2017 年，中山水运（河港）口岸进出口货物 611.48 万吨，其中集装箱运输 101.01 万标箱；经中山市口岸进出境旅客 123.48 万人次。

【江门水运（河港）口岸】 江门水运（河港）口岸是广东江门五邑地区具有百年悠久历史的客运口岸（通航香港、澳门），原位于江门北街，1997 年 6 月，迁至西江河段江门外海大桥下游 1.50 千米处新港，江门市江海区金瓯路 1 号。水路距香港 175.94 千米、距澳门约 81.49 千米。口岸占地面积 8 万平方米，码头长度 133 米，500 吨级泊位 3 个，设计年客运通过能力 100 万人次。查验综合大楼建筑面积 4 万平方米，大楼内出入境查验通关大厅、候船厅、免税商场、地下车库等口岸功能设施齐全，港口广场及绿化面积 6.50 万平方米。新中国成立以来，该口岸大部分时段保持通航澳门，1982 年 5 月扩大开放通航香港。口岸客运公司现有高速豪华客轮 1 艘，客位 354 个，与珠海斗门港挂港联运，日常每天 2 个航班往返于江门至香港，直航单程只需 2 小时 30 分钟左右，节假日进出境客流高峰时，每天进出航班会增开到 4 个。2017 年，江门水运口岸出入境旅客 6.3 万人次，同比增长 5.4%

【新会水运（河港）口岸】 新会水运（河港）口岸包括天马货运港区及口岸开放水域范围的双水发电厂进口煤专用码头、银湖船舶维修专用码头、宜大化工品专用码头和客运码头（2003 年暂停运行）。天马货运港区位于潭江下游的银洲湖左岸，新会今古洲江裕路 2 号。其航道经崖门出南海，天然水深 8～13 米，是少有的内河优良建港水域，交通便利，水路距香港约 181.50 千米、距澳门 87.04 千米，陆路紧靠广东西部沿海高速公路和广珠铁路。2001 年 12 月，该港首期全面建成并获准开放，可靠泊外国籍船舶。目前，3 000 吨级海轮可全潮、5 000 吨级海轮可乘潮进出港。待第二期航道浚深工程完工后，500 吨级海轮可全潮、10 000 吨级海轮可乘潮进出港。首期建成使用的港区占地面积 12.80 万平方米，基本设施建有长 323 米的码头，含 5 000 吨级泊位 2 个、500 吨级泊位 1 个，仓库 4 800 平方米，集装箱及件杂货堆场共 5 万平方米，建筑面积近 4 000 平方米的综合联检办公大楼，进出港道路为 6 车道一级水泥公路。港口运作配套设施较先进、齐备，装钾运输设备主要有门座起重机 4 台（最大起重能力 45 吨），各型集装箱牵引车、叉车和运输车 50 多辆，港口作业船 1 艘。目前已投入使用的港区，设计年货物吞吐能力 100 万吨，其中集装箱 10 万标箱。2017 年，该港区进出口货物 145.7 万吨，比上年增长 31%。

【广海水运（海港）口岸】 广海水运（海港）口岸 1985 年 10 月经国务院批准正式对外开放，该口岸位于台山市广海湾华侨投资开发试验区，面临南海，原址在台山广海镇海港码头，距澳门 96.30 千米、距香港 177.79 千米。客运于 1988 年 8 月开通香港客运航线，年客运量曾超过 10 万人次；1996 年 11 月，该口岸客运迁往公益港，自 2007 年起暂停运行。货运于 1996 年规划迁建可靠泊万吨级轮船的鱼塘货运港区，目前该港区基本完成了码头泊位、堆场及进港道路等主体工程；2014 年，台山市政府根据大广海湾的规划发展，拟将该港区规划调整升级为建设 5 万吨级泊位、规模更大的广海湾货运港区。广海水运口岸开放水域范围增开的国华粤电台山电厂进口煤专用码头，于 2012 年 12 月获准正式对外开放，该码头位于台山市广海湾东侧铜鼓湾内，建有 2 个 5 万吨级泊位（水工设计为 10 万吨级），港口接卸能力达到 1 300 万吨，2017 年暂无进口煤。同期，广海水运口岸还通过申报临时开放等方式，为台山核电厂重大建设项目解决进口物资在本项目重件码头就地进口问题，2017 年暂无进口设备物资。

【鹤山水运（河港）口岸】 鹤山水运（河港）口岸位于广东省鹤山市西江河段、325国道九江大桥侧的沙坪河口与西江的汇合处（通航香港），鹤山沙坪镇口岸路，1988年4月27日经国务院批准对外开放，1989年1月28日开通鹤山至香港的水路客运航线。港区岸线长260米，码头长48米泊位1个；建有旅检大楼300平方米，内设6条旅客进出境通道，候船厅、免税商场、停车场等设施齐备。目前，由佛山高明港高速客轮挂港联运，每天一进一出共2个航班，每航次约需2小时30分钟。2017年，该口岸出入境旅客4.43万人次，比上年增长1.10%。

【三埠水运（河港）口岸】 三埠水运（河港）口岸位于广东省开平市三埠镇长沙港口路7号、潭江中下游左岸，距香港270.39千米，距澳门148.16千米，于1984年4月建成并开放使用，通航港澳。码头长度82米，泊位2个；旅检大楼面积4 049平方米。年客运量曾达到20多万人次，自2007年10月起暂停运行。

【阳江水运（海港）口岸】 阳江水运（海港）口岸位于阳江市西南方向的海陵湾。海上北距广州约335.21千米，东距香港约264.84千米，距澳门约238.91千米，西距湛江约231.50千米。公路距广州210千米，距湛江230千米，在珠三角经济圈和北部湾经济圈两大板块中间，是连接两大经济圈的桥梁和纽带，同时，也是广湛水陆交通线的中心点，在广州、湛江港两大主枢纽港之间，与主枢纽港一起构成层次分明的水运体系，成为粤西中部和内陆地区重要出海口。

阳江水运口岸现有对外开放泊位7个。其中，万吨级泊位2个（6、7号泊位，设计年吞吐量100万吨）；3.5万吨级泊位1个（8号泊位，设计年吞吐量195万吨）；3万吨级泊位1个（10号泊位，水工结构按靠泊5万吨级设计，设计年吞吐量180万吨）；5万吨级泊位2个（11、12号泊位，水工结构按靠泊5万吨级和预留10吨级散货船设计，设计年吞吐量380万吨）；3 000吨级油气专用泊位1个（阳江港闸坡蝴蝶洲油气专用码头，设计年吞吐量24万吨）。

阳江港主航道水深12米，港池和码头前沿水深8.5~14.5米。目前已按5万吨级航道进行疏浚改造，可满足载重7万吨船舶航行。2017年，往来航线主要有马来西亚、菲律宾、阿拉伯联合酋长国、伊朗伊斯兰共和国、印度、印度尼西亚、美国、巴西、南非共和国、莫桑比克、马普托、俄罗斯、新喀里多尼亚、澳大利亚等国家和地区。进出口货物种类主要有镍矿、铁矿、煤炭、黄大豆等。

2017年8月，阳江口岸出台《阳江市国际贸易“单一窗口”国家标准版扩大试点工作方案》，阳江水运口岸列入试点口岸，广东省指定的货物申报和舱单申报两个项目都在阳江市上线运作，实现口岸和应用项目全覆盖。截至2017年年底，阳江市业务量共5 541票，报关覆盖率达100%，报检覆盖率达100%。2017年9月16日，阳江口岸入出境船舶检疫开启移动查验新模式。2017年，阳江港进出口货运量1 145.65万吨，同比增长24.10%；其中，进口1 137.46万吨，增长24.50%；进出境人员0.83万人次，同比增长9.12%；进出境船舶约0.04万艘次，同比增长5%。

【湛江水运（海港）口岸】 湛江水运（海港）口岸位于中国大陆最南端的雷州半岛，是汉代“海上丝绸之路”的始发港，是中国大陆通往东南亚、非洲、欧洲和大洋洲海上航程最短的港口，已与世界100多个国家（地区）通航。自1956年开港以来，历经60多年的建设，已成为全国沿海12个战略枢纽港和原油、铁矿石物流集散中心，是西南沿海港口群的龙头港和我国中西部地区货物进出口的主通道，是广东省连接东盟自由贸易区的最佳海上物流平台，是国家建设“一带一路”重要支点口岸，是国家的重要远洋门户，在亚太经济圈中具有重要的战略地位。湛江海港口岸主要包括霞山港区、调顺港区、霞海港区、宝满港区、东海岛港区、南海西部石油公司专用码头等港区和5个原二类口岸，拥有对外开放码头泊位43个，年设计吞吐能力1.53亿吨。

霞山港区岸线长6 387米，陆域纵深1 500米，用地面积约3.93平方千米，生产性泊位29个（其中万吨级以上泊位26个、30万吨级陆岸原油码头2个、25万吨级陆岸铁矿石码头1个）。开通航线主要是原油运输航线（中东航线、非洲航线、新加坡中转航线）、铁矿石运输航线（东盟航线、南亚航线、非洲航线、美洲航线）。进出口货物有铁矿石、原油、成品油、集装箱、杂矿、化肥、粮食、钢材、木材等。

调顺港区岸线长1 315.4米，陆域纵深660米，用地面积约0.80平方千米，生产性泊位6个，开通航线主要是煤炭运输航线（东盟航线、非洲航线），进出口货物有煤炭、杂矿等。

霞海港区拥有对外开放码头泊位5个，开通航线主要是湛江—香港货运班轮及东盟航线，进出口货物有散货、集装箱等。

宝满港区岸线长10 290米，陆域纵深1 000米，用地面积约0.67平方千米。规划重点发展集装箱运输业务，已完成一期工程，建成2个5万吨级集装箱专用泊位，年设计吞吐能力80万标箱。2017年，集装箱外贸航线14条（东南亚航线、东北亚航线，经香港、南沙和蛇口等港口中转全球驳船航线），其中直达东南亚航线6条，2017年新增湛江—马来西亚关丹/丹戎帕拉帕斯航线和湛江—泰国/越南集装箱快线等2条航线。

东海岛港区岸线长34 110米、泊位27个，系湛江钢铁基地和中科合资广东炼化一体化项目生产配套的港区，已建成生产性泊位6个（其中30万吨级泊位、25万吨级泊位各1个，7万吨级泊位2个、5万吨级杂货泊位和1万吨级杂货泊位各1个），以大宗能源、原材料运输为主。

南海西部石油公司专用码头岸线长384米，陆域纵深584米，用地面积约0.18平方千米，生产性泊位5个，主要业务是进口大型海上钻井平台配件。

2017年，湛江水运（海港）口岸进出口货运量7 854万吨，同比增长13.99%；集装箱进出口运量20.10万标箱，增长10.80%；出入境交通工具6 052艘（架）次，下降2.43%；出入境人员12.81万人次、增长3.64%。

【潮州水运（海港）口岸】 潮州水运（海港）口岸位于广东省东南部沿海，是广东省最东端的一个天然良港，它包括三百门、西澳、金狮三个港区，海岸线总长136千米，港区规划水域面积230平方千米，1994年11月国务院同意将三百门港更名为潮州港，并列为独立对外开放口岸，2003年12月28日经广东省政府（受国务院委托）验收合格正式对外开放。对外开放水域115平方千米。潮州港可利用建码头、泊位岸线长39千米，其中可建10万~30万吨级码头、泊位岸线长10.40千米，目前已拥有对外开放码头5座，泊位8个。分别为：位于三百门港区的三百门港务码头；位于金狮湾港区的广东大唐潮州三百门电厂5万吨级专用煤码头，华丰5万吨级和2千吨级油气专用码头，亚太通用码头一期工程3万吨级、5万吨级两个泊位。

2017年，潮州港港口吞吐量达1 272万吨，同比增长39.80%。其中外贸货运量达700万吨，同比增长45.80%，货值12亿美元，同比增长9.10%；验放船舶421艘次，同比增长35.40%；检查出入境人员7 410人次，同比增长20.10%。

【茂名水运（海港）口岸】 茂名港水东港区1998年10月28日经国务院（国函〔1998〕130号）批准对国轮开放，1993年2月24日经（国函〔1993〕22号）批准对外轮开放的国家开放口岸。地处粤西地区，位于广东省茂名市东南角，东经111度，北纬21度，是南海伸入内陆的一个面积为32万平方千米的泻湖湾。

1998年经交通部批准，茂名市水东港更名为茂名港（交水批〔1998〕437号），茂名港地处东南沿海铁路与洛湛铁路交会点，包括水东港区、博贺新港区、吉达港区和博贺港区。是我国西南地区与外界沟通的重要门户。陆路至广州380千米，距湛江100千米；水路东距香港329.66千米、距广州约455.59千米，西距湛江约125.94千米、距海口约248.17千米。

茂名港水东港区是我国南方重要的油品中转、集散基地和石化产品进出口基地，也是海产品和农副产品进出口基地。共有各类生产性泊位15个，码头货运通过能力总计2 217万吨/年，现有对外开放码头泊位12个。其中，3万吨级、1万吨级、3千吨级成品油码头泊位各1个；3千吨级液体化工码头泊位1个；7千吨级液化气码头泊位1个；5千吨级囤船化工码头泊位1个；2万吨级重件码头泊位1个，1万吨级杂货码头泊位2个；5百吨级杂货码头泊位2个；3万吨级通用码头泊位1个。茂名港水东港区航道水深9.80米。目前已按3万吨航道进行疏浚改造，乘潮可满足载重3万吨船舶航行。

2017年1~12月，茂名港水东港区进出口货运总量1 321.80万吨，同比增长1.50%（其中进口1 167.80万吨，增长1.70%，出口154万吨，增长2.60%）；集装箱21 959标箱，下降17.80%（进口12 950标箱，下降12.40%，出口9 009标箱，下降24.60%）；进出境船舶1 132艘次，增长13.70%（其中进境562艘次，增长16.40%，出境570艘次，同比增加11.10%）。

深圳市

【口岸概述】 深圳拥有经国务院批准对外开放口岸15个。其中，陆路（公路）口岸6个，分别是罗湖、文锦渡、皇岗、沙头角、深圳湾、福田陆路口岸；水运（海港）口岸8个，分别是盐田、大亚湾、梅沙、蛇口、赤湾、妈湾、东角头、大铲湾水运口岸；空运口岸（深圳宝安国际机场）1个。经广东省政府批准对外开放的原二类口岸3个，即蛇口装卸点、沙鱼涌装卸点和莲塘起运点，形成了海、陆、空全方位的口岸开放大格局。

罗湖陆路（公路）口岸是我国目前客流量最大的旅客入出境陆路口岸之一；皇岗陆路（公路）口岸是我国货车入出境数量最多的客货综合性公路口岸，也是我国率先实行24小时通关的口岸；深圳湾陆路（公路）口岸是我国第一个按照“一地两检”查验模式运作的客货综合性公路口岸；文锦渡陆路（公路）口岸是我国最早对外开放的口岸；福田陆路（公路）口岸是我国首个内地与香港无缝接驳的地铁口岸；盐田水运（海港）口岸是我国四大国际深水港之一；蛇口水运（海港）口岸是第一个由企业自筹资金建设、管理和经营的海港口岸；赤湾水运（海港）口岸是第一个中外合资港口企业建设和经营的海港口岸；深圳宝安国际机场是我国第一家以地方投资为主兴建的机场，是我国四大航空港之一。

【口岸运行数据】 2017年，经深圳各口岸出入境人员2.41亿人次，日均66万人次，同比增长0.80%；出入境车辆1 586.50万辆次，日均4.30万辆次，同比增长1.10%。深圳海港口岸集装箱吞吐量2 520.80万标箱，同比增长5.13%；进出口货物18 776.60万吨，同比增长4.07%。深圳空运口岸出入境旅客359.80万人次，同比增长25.70%，国际空运货物28.20万吨，同比增长11.60%。

2017年广东省口岸大事记

1月3日

深圳海关在罗湖海关试点运行“两简”案件自动处置系统。

1月4日

海关总署副署长、政治部主任胡伟出席汕头海关关长任职仪式，向新任关长王胜同志颁发任命书。海关总署人教司、汕头市委市政府、汕头商务局等部门相关领导出席任职仪式。

1月6日

深圳海关加工贸易业务审核集中改革范围扩大至沙湾海关、驻深圳出口加工区办事处，实现加工贸易手册业务审核在深圳地区全覆盖。

1月9日

深圳海关与招商局集团举行战略合作备忘录签署仪式。

深圳海关微信公众号推出预约验估、“四风”问题举报新功能，企业可直接预约办理“货物放行前验估”“货物放行后验估”“磋商”等海关业务。

1月10日

深圳海关在福田、罗湖、深圳湾口岸旅检进境现场的110条自助通道启动试运行。粤海关博物馆荣获“广东十大海上丝绸之路文化地理坐标”称号。

1月13日

全国公安机关改革创新大赛颁奖仪式在北京举行，深圳边检总站技术创新类项目“深港跨境学童专用查验系统”荣获铜奖，深圳边检总站相关研发人员参加颁奖仪式。

1月25日

海关总署副署长李国在深圳海关隶属皇岗海关、蛇口海关慰问一线关警员及执勤武警，代表海关总署党组向全体关警员和执勤武警致以新年问候。

1月26日

中山港开通“南下挂港”航班（即船舶由中山港开出，中途靠泊香港国际机场海天码头，让海空联运过境旅客到机场转驳国际航班，船舶再开往最终目的地中港城码头），成为广东省首个开通“南下挂港”的客运口岸，使航班资源得到充分利用，最大限度地满足旅客需求。

1月

湛江保税物流中心（B型）实行全流程一体化管理后，首票货物顺利通关。

2月6日~7日

由国家口岸管理办公室副主任白石带队，由国家口岸管理办公室、公安部出入境管理局、交通运输部海事局、海关总署监管司、国家质检总局通关司等单位组成的验收组，在揭阳市惠来县对广东揭阳港神泉港区对外开放进行了国家验收。

2月13日

珠海出入境检验检疫局局长黎庆翔、副局长汪先富会见到访的澳门治安警察局副局长吴锦华一行。

2月17日

印度尼西亚海关与消费税总局局长一行到广东自贸试验区深圳前海蛇口片区调研。

2月21日

经广东省人民政府批准雷州市乌石港对台小额贸易点启用。

珠海水运口岸高栏港区珠海巨涛海洋石油服务有限公司码头1号泊位作为珠海港高栏港区新建码头正式对外开放。

深圳海关所属罗湖海关被评为2016年全国“扫黄打非”海关先进集体，行邮监管处朱永钢被评为先进个人。

2月22日

广东省口岸办主任吴军与澳门警察总局局长马耀权在珠海共同召开港珠澳大桥粤澳口岸开放专责小组粤澳双方相关成员单位的专题会议，研究港珠澳大桥口岸珠澳通道检验检疫设备的设置问题。会议通报了近期粤澳双方推进此项工作的进展情况，对下一步双方通过检验检疫信息互换、信息共享实现有效执法达成了共识。

2月24日

国家质检总局与澳门特区政府就港珠澳大桥珠澳通道卫生检疫合作查验事宜在珠海出入境检验检疫局召开会议。

澳大利亚联邦警察助理总警监高宁一行前往盐田港调研，了解集装箱货物监管流程。公安部党委委员、部长助理王俭到深圳边检总站调研视察工作，公安部出入境管理局局长曲云海、政治处主任朱雷、外管处副处长李涛，公安部办公厅秘书朱彦，深圳边检总站总站长李长友等陪同。

2月26日

国家质检总局党组成员、国家标准委主任田世宏莅临珠海考察，听取了珠海局工作汇报并充分肯定了工作成绩。

2月27日

深圳海关所属驻邮局办事处业务二科荣获2016年广东省"扫黄打非"先进集体，缉私局侦查二处民警曾远桂荣获先进个人。

中央政治局委员、时任广东省委书记胡春华，广东省委副书记、省长马兴瑞，广东省委副书记、广州市委书记任学峰一行到南沙口岸调研自贸试验区建设发展情况，并听取了各部门积极深化业务综合改革、全力支持自贸试验区发展工作情况。

2月28日

深圳海关所属罗湖海关启用全部进境"海关自助通道"。

3月6日

花都皮革皮具市场采购贸易方式试点启动；广东省首票市场采购贸易方式试点货物在广州花都顺利通关。

3月8日

东莞市海昌船务有限公司新建5万吨级散杂货码头8号泊位经验收批复同意正式对外开放。

3月9日

美联邦通讯委员会实验室认证新规研讨会在深圳出入境检验检疫局召开。国家质检总局国际司、认监委、中国出入境检验检疫协会、深圳出入境检验检疫局、深圳市检验检疫科学研究院及华为、中兴通讯、华测、莱茵等14家生产企业和第三方检测机构参加会议。

3月14日

深圳出入境检验检疫局副局长赵新柳会见美国农业部动植物检疫局亚太区主管 Dr. Murali Bandla 一行。

3月15日

深圳海关正式启动风险分析布控集中作业切换工作，将机场、大铲湾海关的H2010预定式、预警式、智能卡口系统特设布控和风险参数加工工作切换到风险管理处集中处置。

深圳海关所属缉私局刑事技术处荣获共青团中央2015~2016年度全国青年文明号。

3月16日

广州白云机场海关旅检处监控科、现场业务处获评"广东省巾帼文明岗"。省直工委书记李学同出席活动并为获奖单位颁奖。

3月17日~19日

深圳海关顺利启动通关业务处置集中改革第二阶段切换工作。切换已覆盖皇岗、文锦渡、大鹏、大铲湾、罗湖、深圳湾、沙头角、蛇口、深圳机场海关和驻邮局办事处等隶属单位。

3月18日

湛江海关成功办理乌石对台小额贸易点正式启用后首票对台小额贸易进口业务。

3月21日

世界海关组织研究室主任罗伯特·爱尔兰（Robert ireland）一行到蛇口海关调研跨境电商业务开展情况。

3月23日

深圳海关顺利完成关区首票全国海关通关一体化企业自主申报、自行缴税业务。

3月30日

深圳海关所属皇岗海关福田口岸进境大厅东侧监管区旅客自助通道正式启用，截至当日，福田、罗湖、深圳湾口岸127条旅客自助通道已全面启用。

3月31日

由国家口岸管理办公室在珠海牵头，国家口

岸办副主任白石主持召开港珠澳大桥口岸通道设置建设急需推进主要工作专题协调会议，国务院港澳办交流司，公安部出入境管理局，海关总署政法司、监管司，质检总局通关司，广东省口岸办、珠海市政府及驻珠海口岸有关查验单位相关负责同志参加会议。

3月

深圳海关所属缉私局制作的微电影《战地记者影像日记：擒私枭》获得中央政法委、中央综治委联合举办的全国首届“平安中国”微电影微视频大赛一等奖和优秀摄影奖。

4月6日

湛江海关首票全国海关通关一体化汇总征税模式报关单顺利通关。

4月10日

深圳海关完成风险分析布控集中作业切换工作，已将涉及海运、空运、陆运的11个隶属海关的H2010预定式、预警式、智能卡口系统特设布控和风险参数加工等业务切换至风险处负责。

4月11日

江门海关审单处验核工作室获团中央、海关总署联合命名为“2015~2016年度全国青年文明号”。

4月14日

深圳出入境检验检疫局副局长赵新柳会同德国经济与能源部数字与政策创新司司长施诺一行，双方就信息通讯产业技术性贸易措施公共服务平台合作等事宜进行了深入交流并达成合作意向。

4月27日

广东省委书记胡春华出席广东省庆祝“五一”国际劳动节暨劳模表彰大会并为获奖单位和个人颁奖，广州海关所属河源海关陈俊平获评全国“五一”劳动奖章、邮局办事处获评广东省“五一”劳动奖状在会上接受表彰。

4月28日

南沙港区三期码头作为广州港口岸新建码头正式对外开放。

2017年深圳市庆祝“五一”国际劳动节暨劳模表彰大会在深圳市民中心礼堂举行。深圳边检总站技术处民警刘卫获颁深圳市“五一”劳动奖章。

4月30日

深圳海关智能旅客通道面部识别功能试运行。

4月

湛江海关驻机场办空港口岸现场被授予2015~2016年度“全国青年文明号”荣誉称号。

深圳边检总站民警左蕾、深圳海关所属深圳湾海关干部宋芸被授予“全国巾帼建功标兵”荣誉称号。

广州海事局大桥海事处执法大队获中华全国总工会全国工人先锋号。

5月2日

国家口岸管理办公室主任张广志在广州组织召开口岸通关时效评估系统研讨会。

5月3日

深圳海关陈伟锋同志被共青团中央评为2016年度“全国共青团优秀团干部”。

5月8日

海关总署副署长孙毅彪在深圳海关调研。

5月10日

深圳海关所属审单处完成深圳海关纳入全国海关通关一体化改革试点扩大范围后首票实物验估作业。

5月12日

深圳海关转移定价案例通过世界海关组织（WCO）估价技术委员会审议，实现中国海关在估价技术领域提交案例及参与国际海关估价规则制定零的突破。

5月18日

湛江水运口岸扩大对外开放通过验收。

5月19日

汕头海关江锋获公安部授予“全国优秀人民警察”。

白云机场缉私分局获评“全国优秀公安局”并在全国公安系统英雄模范立功集体表彰大会上接受表彰。

5月23日

深圳海关加工贸易联网监管业务审核集中改革扩大至梅林海关。至此，该项改革已实现深圳市298家联网监管企业全覆盖。

深圳海关缉私局民警刘浩获评“全国公安系统优秀人民警察称号”。

5月26日~27日

深圳海关联合地方公安、香港警方开展“国门勇士2017”缉枪专项行动，同步在深圳、香港、惠东等地，对枪支藏匿、收发货窝点和涉案人员实施查缉抓捕，成功打掉一个走私武器弹药团伙，现场抓获犯罪嫌疑人10名（均为香港人），查获疑似火药动力枪支8支、气动力枪支29支。经查，该团伙通过网络接收境内买家订单，在境外采购枪支，通过“水客”走私入境，再通过快递方式将涉案枪支发往国内买家。

5月28日

海关总署党组成员、国家口岸管理办公室主任张广志实地调研深圳莲塘口岸建设工地，听取口岸整体规划、功能设计、建设进展等方面情况汇报。

5月31日

广东省委副书记、省长马兴瑞到广东出入境检验检疫局调研慰问，广东省政府秘书长李锋参加调研。

5月

湛江海关简雨桐荣获“广东省优秀共青团员”荣誉称号。

湛江海关“12360”统一服务热线获得“全国巾帼文明岗”荣誉称号。

广州出入境边防检查总站白云边检站八队被公安部评为“全国优秀公安基层单位”。

广州出入境边防检查总站民警姚宇被公安部评为“全国优秀人民警察”。

广州海事局大桥海事处获广东团省委广东省五四红旗团支部。

广州海事局祝溥程获广东团省委广东省优秀共青团员称号。

6月8日

交通运输部部长李小鹏视察广州港珠澳大桥海事处。

6月8日~9日

2017年全国出口工业产品质量安全示范区工作推进会在广东东莞召开，国家质检总局检验司与国家级示范区地方政府代表共同签署了《出口商品质量提升倡议书》。国家质检总局检验司司长孙文康、东莞市市长梁维东出席会议。广东出入境检验检疫局原局长詹思明出席会议并致辞。

6月9日

全国科普讲解大赛在广州举行，深圳边检总站民警黄婧娴代表公安部参赛，作题为《国门线上的技术“大咖”——电子证件和自助通道》的科普宣讲，荣获三等奖。

6月13日

经海关总署批准湛江水运口岸扩大开放，标志着湛江港宝满港区、东海岛港区正式对外开放。

6月14日

海关总署署长于广洲在广州会见广东省省长马兴瑞，调研广州南沙自贸试验区建设情况。

6月16日

海关总署署长于广洲在广州会见广州市市委书记任学锋并出席电商企业座谈会。

交通运输部党组书记杨传堂视察广州海事局辖区水域。

6月17日

公安部出入境管理局局长曲云海到皇岗边检站检查指导边检工作，深圳边检总站总站长李长友，副总站长、皇岗边检站站长陈宏军等陪同。

6月19日

中央政治局委员、广东省委书记胡春华在广州会见国家质检总局党组书记侯建国一行，双方就加强质量提升和检验检疫，共促广东经济社会持续健康发展进行座谈。

由海关总署主办、广州海关承办、广州市人民政府支持的“一带一路”沿线国家（地区）海关贸易便利化高级研讨会在广州举办，中国及中东欧、西亚、中亚地区的12个国家逾60名中高级海关关员代表出席。

6 月 20 日

深圳海关率先在旅检监管现场研发应用 CT 机“智能判图”功能，并在深圳湾口岸旅检入境现场投入使用。

国家质检总局党组书记侯建国到广东出入境检验检疫局调研并出席广东出入境检验检疫局干部大会。会议宣布施宗伟同志任广东出入境检验检疫局局长、党组书记，免去詹思明同志广东出入境检验检疫局局长、党组书记职务。

6 月 21 日～22 日

国家质检总局党组书记、副局长侯建国一行来珠海调研，听取珠海出入境检验检疫局局长黎庆翔代表珠海局作工作汇报，全体党组成员、机关处室主要负责人参加会议。

6 月 27 日

公安部出入境管理局局长曲云海、边检处处长金伟程到深圳湾边检站检查指导边检工作，深圳湾边检站主要负责同志陪同。

6 月 28 日

东莞铁路（客运）口岸成功开通旅客往来香港团体旅游签注业务。

6 月 30 日

深圳海关所属盐田综合保税区海关正式启动跨境电子商务业务试点。

深圳海关缉私局侦查二处被公安部评为 2016 年全国缉枪治爆专项行动成绩突出集体。

6 月

广州沙角海事处党总支获交通运输部海事局直属海事系统先进基层党组织称号。

7 月 1 日

广东省全国通关一体化改革实现进口领域全覆盖。海关总署税收征管中心（广州）全面运作正式启动。

7 月 3 日

全国海关首票通过查验管理系统（二期）移动单兵作业终端实施查验的报关单在南沙海关南沙保税港区完成作业。

7 月 6 日

全国人大常委会副委员长张平一行赴广东就标准化法修订进行调研，国家质检总局党组书记侯建国，国家质检总局党组成员、时任国家标准委主任田世宏参加调研，广东出入境检验检疫局局长施宗伟陪同调研。

7 月 10 日

全国首票“无纸化”澳门中转确认书货物在横琴口岸顺利通关。

7 月 11 日

海关总署党组书记倪岳峰在广州会见广州市委书记任学锋，调研广州南沙自贸试验区建设情况，调研黄埔海关工作。

7 月 12 日

广东省委书记胡春华在广州会见海关总署党组书记倪岳峰。

7 月 13 日

深圳海关缉私局民警刘威鹏获评广东省“雷霆扫毒”专项行动先进个人。

广州白云机场海关缉私分局侦查二科、邮局办叶蕾分别获评广东省“雷霆扫毒”专项行动先进集体和先进个人。

7 月 15 日～16 日

揭阳空运口岸（揭阳潮汕国际机场）顺利通过国家质检总局口岸核心能力复核督导组的检查。标志着揭阳潮汕国际机场口岸核心能力建设再上新台阶，防止公共卫生风险跨境传播和口岸突发公共卫生事件应急处置能力得到进一步提高，将有力地助推地方经济社会发展。

7 月 27 日

深圳海关所属蛇口海关成功办理首票以非保税方式监管入区仓储的“全球中心仓”改革试点货物，共监管数字式手机 100 台，货值约 6 000 美元。

7 月 28 日

汕头市首份成功通过“单一窗口”国家标准版发送的出口报送单从申报到放行用时仅 12 秒，标志着车际贸易“单一窗口”国家标准版在汕头关区的试点工作顺利启动。

7 月 31 日

广州天河车站海关首次作为中转地海关办理“穗满俄”中欧班列二次转关出口货物通关手续。

8月2日

深圳海关正式启动金关工程（二期）加工贸易手册管理系统试点。该系统支持无纸化、集约化、智能化运作，有效提高手册备案工作效率。

8月3日

交通运输部在深圳召开“船舶排放控制区”方案落实现场推进会，交通运输部副部长何建中现场考察了深圳港在船舶大气污染治理方面的主要举措和成果，对深圳海事局推动“绿色航运”发展、规范开展船舶燃油质量监督检查和探索应用先进船舶排放监管技术方面所取得的成绩表示高度肯定。

8月9日

首趟中越班列“广州—河内”启运，该班列为国内首趟整列中越班列。

8月11日

深圳海关所属大鹏海关顺利办理首票“先放行，后改单”试点业务

8月14日

深圳海关所属惠州港海关成功办理关区首票经国际贸易“单一窗口”国家标准版系统申报的进口业务。

8月15日

深圳海关正式启动“三惠”地区通关业务处置集中改革切换工作，“三惠”地区一般贸易、特殊贸易加工贸易、两仓业务等通关业务集中至审单处办理，减免税业务集中至现场业务一处办理。

8月16日

香港保安局局长李家超一行到深圳湾口岸现场参观考察，深圳边检总站总站长李长友陪同。

8月18日

深圳海关快件监管中心业务信息管理系统顺利上线运行。

8月22日

深圳海关正式启动“三惠”地区海关加贸业务审核集中改革。

8月24日

海关总署署长于广洲在广州会见市委书记任学锋，主持召开通关流程“去繁就简”现场会。

8月25日

潮州港三百门码头迎来来自西班牙的“惠金桥08号”货轮，首批5个集装箱133吨的冻猪肾和冻猪横膈膜在该码头进口肉类指定口岸顺利通关。

8月26日

广东省委书记胡春华在广州会见海关总署署长于广洲。

8月30日

深圳海关查验监管集中改革实现公路、海运岸海关全覆盖。

8月31日

深圳海关加工贸易业务审核集中改革实现关区全覆盖。

9月5日

深圳海关智能旅客通道面部识别功能在罗湖海关启动。

9月8日

广州海关首票“市场采购”贸易方式下的中欧班列公铁联运货物成功通关。

9月10日

珠海九洲水运口岸自8月23日受强台风“天鸽”重创停航后，经过持续19天的口岸抢险和复建工作，于9月10日17时起，以设置临时通道方式实现复航通关。

9月11日

中国—智利双边植物检疫会谈在深圳出入境检验检疫局召开。来自国家质检总局动植司、中国生物安全研究会、消费品质量促进会、深圳出入境检验检疫局，以及智利驻华使馆、智利农业牧局、智利水果协会的30余名专家参加了会谈。

9月20日

深圳海关、深圳邮政管理局联合推出“关邮通”微信服务号，实现国际邮件通关进度查询、补发申报单申请退运、缴纳税款等4类业务掌上办理。

9 月 21 日

广州市首个“关检联合查验”口岸启动仪式在番禺莲花山客运港举行；全国首批保税交易转加工贸易毛坯钻石在南沙保税港区通关。

9 月 22 日

海关总署党组成员、国家口岸管理办公室主任张广志在珠海召开港珠澳大桥口岸工作专题协调会，听取港珠澳大桥管理局关于大桥建设情况的汇报，实地察看港珠澳大桥东、西人工岛、海底隧道和海中桥面实际工程进度。

9 月 27 日

珠海边检总站总站长涂林、政委陆志桃陪同澳门警察总局局长马耀权、治安警察局局长梁文昌一行到拱北口岸参观，并到总站就进一步加强双方协调配合，共同做好口岸反恐、打击非法出入境活动及港珠澳大桥口岸筹建等工作开展交流。

9 月 29 日

广东省口岸办主任吴军与澳门警察总局局长马耀权在珠海共同主持召开港珠澳大桥粤澳口岸开放专责工作小组第三次会议。会议通报了粤澳口岸的建设进展情况，并就“合作查验，次放行”设施设备采购招标等工作达成了共识。

10 月 13 日

广东省口岸办主任吴军与澳门警察总局局长马耀权在珠海共同主持召开港珠澳大桥粤澳口岸开放专责工作小组第四次会议。会议就珠澳口岸相关工作进行了研究，并就相关工作达成了共识。

深圳国际快件运营中心升级后正式启用。

广州海事局张展获交通运输部海事局的全国海事系统“海事调查先进个人”称号。

10 月 18 日

广州海关依托“线上海关”在全国率先实现企业注册登记全程“无纸化”自助办理。

10 月 24 日

广州海关首票通过“自报自缴”模式申报的 ECFA 优惠贸易协定报关单申报成功。

10 月 25 日

广州关区首票中瑞 FTA 项下原产地自主声明货物于瑞士享惠通关。

10 月 26 日

深圳海关微信公众号“深圳海关”上线车管业务预约功能，包括车辆年审（延期）筛查、预约验车、车辆电子识别卡安装预约等三项业务。

10 月 27 日

深圳海关所属蛇口海关成功办理首票进口查验异常报关单“先放行，后改单”后续处置业务。

11 月 2 日

广东铁路国际物流基地的重要项目——东莞中外运石龙码头（水运二类码头）顺利通过口岸对外开放验收，进一步促进了“水铁联运”业务开展。

11 月 3 日

中央政治局委员、广东省委书记李希到南沙调研自贸试验区建设发展情况，并听取广东检验检疫局支持自贸试验区建设有关工作情况。

11 月 9 日

深圳海关在深圳国际快件运营中心开展《海关小姐姐带你体验“海淘”通关全程!》网络直播，向公众展现海关监管服务情况，解答网友“海淘”货物通关疑问。直播得到共青团中央微博、海关发布、12360 海关热线、中国海关杂志等海关新媒体转载，当日微博阅读人次突破 50 万，直播收看人数超 20 万。

11 月 13 日

海关总署署长于广洲在广州海关召开全国通关一体化现场调研座谈会。

11 月 14 日

海关总署署长于广洲调研海关总署风险防控中心（黄埔），听取海关总署风险防控中心（黄埔）建设及业务开展情况汇报，对该中心围绕风险态势分析、货到前分析、“双随机”运用、信息数据拓展、“两中心”联系配合机制等工作予以充分肯定，并提出下一步工作要求。

11 月 15 日

深圳海关在蛇口海关启动海运口岸查验“无

纸化”试点。

广州海关缉私局荣获全国海关缉私部门警务实战技能比武先进单位称号。

11月20日

广州海关所属白云机场海关旅检处、邮局办获评第五届“全国文明单位”。

11月23日

深圳海关在深圳湾口岸启动报关单修改“先放行，后改单”试点。

深圳海关运行管控中心正式启动试运行。

粤江地区首个保税物流中心（B型）通过国家正式验收。

11月29日

深圳海关所属蛇口海关完成首票查验后续处置案件“无纸化”移交业务。

11月

深圳海关缉私局刑事技术处、鹤山海关、黄埔海关机关和驻广州经济技术开发区办事处荣获“全国文明单位”称号。

12月1日

深圳海关完成“单一窗口”标准版海运舱单业务主体切换，当日舱单申报量为55 702票，覆盖率达到69.30%。

深圳海关实现企业“主动披露”网上申报模式关区全覆盖。

12月4日

深圳海关在前海湾保税港区正式启动特殊监管区域查验监管集中改革试点工作。

深圳海关所属惠州海关顺利完成该关首票中欧国际班列直转进口货物通关业务。

12月5日

全国海关通关一体化工作推进现场会在广州海关召开，国务院副总理汪洋出席会议并讲话。

国家质检总局局长支树平在广州出席全国海关通关一体化工作推进现场会、2017广州《财富》全球论坛，并赴广东出入境检验检疫局开展贯彻落实党的十九大精神专题调研。

深圳海关在前海湾保税港区正式启动金关工程（二期）特殊监管区域管理系统试点工作。

12月6日

海关总署署长于广洲、海关总署党组成员张广志在广州出席2017广州《财富》全球论坛开幕式。

国家质检总局局长支树平赴港珠澳大桥、珠海进出口公共技术服务平台、珠海出入境检验检疫局、珠海市质监局，了解质检部门服务珠海经济发展情况。在听取珠海出入境检验检疫局领导班子有关工作汇报后，支树平充分肯定了珠海出入境检验检疫局在维护国门安全、服务地方经济社会发展、加强自身建设等方面的工作。

深圳海关成功设立全国海关首本金关工程（二期）海关特殊监管区域管理系统账册。

12月12日

珠海边检总站与澳门治安警察局《港珠澳大桥口岸珠澳边检执法合作协议》签署仪式在珠海边检总站举行。

全国首票审价作业“无纸化”作业单在广州海关通过审核。

12月14日

深圳海关正式启动金关工程（二期）加工贸易手册管理系统试点和切换工作。

12月18日

海关总署副署长王令浚在深圳海关调研。

深圳海关所属南头海关审核通过关区首票金关工程（二期）特殊监管区域外保税核注清单。

12月21日

国家口岸管理办公室主任张广志与越共中央委员、中将、越南国防部边防部队司令、越方口岸管理委员会主席黄春战在广州共同主持召开中越陆地边境口岸管理合作委员会第五次会议。

12月22日

深圳海关在罗湖口岸完成全国海关系统首票线上支付案件罚款。

12月25日

国家边海防委员会副主任、中央军委国防动员部边防局局长黄晓东在广东省省海防与打击走私办公室副主任王立新陪同下，对珠海市的海防工作、海防基础设施建设和遭受台风损毁情况进行检查调研。

12月29日

深圳海关推动深圳、惠州完成“单一窗口”业务覆盖率全年任务目标。深圳市进出口报关单、海运舱单、运输工具覆盖率分别达到48%、77%、62%，在全国34个试点省市中名列前茅。

12月

湛江海关“霞光青年”服务队荣获广东省“最佳志愿服务组织”称号。

（撰稿人：沈锐、赖清梅、潘小玲、唐国轩、赵也然、凌虹、万海螺、唐楚娇、张冰慧、刘洋、程淳、周营、卜海龙、张太一、林友伟、李新杰、王枣、林逸风、陈艳）

2017 年广东省口岸流量统计表

口岸名称		合计				入境		出境	
		人员（万人次）	同比（%）	交通工具（万艘、架、列次）	同比（%）	人员（万人次）	交通工具（万艘、架、列次）	人员（万人次）	交通工具（万艘、架、列次）
公路口岸	罗湖口岸	8 164.00	0.50			4 108.7		4 055.2	
	皇岗口岸	3 689.40	4.10	839.2	-0.7	1 700.5	411.8	1 988.9	427.4
	文锦渡口岸	598.80	4.90	185.1	3.0	284.5	91.3	314.2	93.8
	沙头角口岸	385.70	9.00	87.4	7.1	194.2	47.9	191.5	39.5
	深圳湾口岸	4 510.20	5.30	455.5	3.8	2 268.2	232.7	2 242.0	222.9
	福田口岸	5 945.90	-6.20			2 989.9		2 956.0	
	福田保税区	26.06	-4.10	25.3	-5.1	13.4	12.7	13.2	12.6
	拱北口岸	12 808.80	3.70	309.7	4.7	6 537.3	152.4	6 271.5	157.2
	横琴口岸	816.20	-4.10	87.7	-12.6	398.3	46.2	417.9	41.5
	珠澳跨境工业区口岸	214.00	26.90	4.3	17.6	107.4	2.3	106.7	2.0
	合计	37 159.60	1.50	1 994.2	1.1	18 602.4	997.2	18 557.2	997.0
铁路口岸	广州客运东站	335.30	-0.40	0.8	0.1	167.9	0.4	167.4	0.4
	笋岗铁路口岸	0.30	33 062.50	0.0		0.1	0.0	0.1	0.0
	东莞常平铁路口岸	40.30	3.40			19.7		20.6	
	佛山铁路口岸	7.40	2.40	0.6	-13.8	4.0	0.3	3.5	0.3
	肇庆端州铁路口岸	1.60	-68.00	0.0	-71.1	1.0	0.0	0.7	0.0
	合计	385.00	-0.80	1.4	-7.7	192.7	0.7	192.2	0.7
空运口岸	广州白云机场	1 524.70	15.30	10.9	14.4	758.7	5.4	766.0	5.4
	深圳机场	389.50	25.80	3.5	23.6	192.5	1.8	197.0	1.8
	揭阳潮汕机场	38.40	17.20	0.2	-7.0	19.2	0.1	19.2	0.1
	梅州机场	2.80	2.60	0.0	-2.7	1.4	0.0	1.4	0.0
	湛江机场	7.80	3.40	0.1	4.9	3.8	0.0	4.0	0.0
	合计	1 963.20	17.20	14.8	15.9	975.6	7.4	987.6	7.4

续表

口岸名称		合计				入境		出境	
		人员（万人次）	同比（%）	交通工具（万艘、架、列次）	同比（%）	人员（人次）	交通工具（万艘、架、列次）	人员（万人次）	交通工具（万艘、架、列次）
港口口岸	广州莲花山港客运口岸	40.00	-1.30	0.9	16.6	18.4	0.4	21.6	0.5
	广州南沙港客运口岸	81.80	40.50	0.4	-44.5	40.9	0.2	40.9	0.2
	广州开发区口岸	1.40	-96.10	0.1	-90.7	0.6	0.0	0.8	0.0
	蛇口口岸	355.50	10.40	6.3	4.5	157.2	3.1	198.3	3.1
	福永码头	76.00	1.40	1.4	3.8	37.2	0.7	38.8	0.7
	珠海九洲港客运口岸	209.10	-6.90	1.2	-10.4	105.5	0.6	103.6	0.6
	珠海湾仔客运口岸	18.60	-2.50	2.0	8.1	8.8	1.0	9.8	1.1
	珠海斗门港客运口岸	2.90	-4.90	0.1	-11.9	1.5	0.0	1.4	0.0
	汕头港	1.00	-15.60	0.2	-15.3	0.5	0.1	0.6	0.1
	潮阳港	1.00	158.80	0.1	99.2	0.4	0.0	0.6	0.0
	揭阳港								
	东莞太平口岸	29.30	-9.00	0.5	6.1	10.5	0.3	18.8	0.2
	中山港	144.30	7.70	2.1	3.1	70.9	1.0	73.4	1.1
	江门港	10.30	-3.70	0.6	1.7	5.4	0.3	5.0	0.3
	鹤山港	5.80	-6.60	0.2	-12.8	2.9	0.1	2.9	0.1
	高明港	6.10	-5.40	0.4	-6.4	3.0	0.2	3.0	0.2
	顺德港	63.00	-0.30	1.0	-8.8	31.4	0.5	31.7	0.5
	合计	1 046.20	1.40	17.3	-3.3	495.0	8.6	551.3	8.7
总计		40 554.00		2 027.7		20 265.7	1 013.9	20 288.3	1 013.8

（广东省口岸办提供）

2017 年广东省口岸出入境主要数据表

项目			2017 年	2016 年	同比（%）
出入境人员（万人次）	出入境人员总数		358.2	351.03	2.034
	入境人员		174.5	169.1	3.182
	出境人员		183.7	181.9	0.968
	出入境旅客		271.8	265.2	2.493
	出入境员工		86.4	85.9	0.617
	中国公民	小计	321.9	316	1.888
		内地居民（因公）	77.6	78.5	-1.059
		内地居民（因私）	124.2	121.6	2.143
		港澳居民	100.8	96.7	4.265
		台湾同胞	19.2	19.1	0.348
	外籍人员		36.2	35.1	3.349
	从海港出入境人数		302	29.4	2.601
	从陆港出入境人数		45.6	46.5	-1.811
	从空港出入境人数		10.6	10.2	3.189
交通运输工具（万辆、艘、架、列次）	总计		9.1	9.1	0.415
	船舶		8.9	8.9	0.390
	飞机		0.1	0.1	2.334
	火车		0.1	0.1	0.000
	机动车辆		—	—	—

（广东省公安边防总队提供）

2017 年广州市口岸出入境主要数据表

项目			2017 年	2016 年	同比（%）
出入境人员（万人次）	出入境人员总数		2 020	1 811	11. 54
	入境人员		1 004	901	11. 43
	出境人员		1 016	910	11. 65
	出入境旅客		1 832	1 635	12. 05
	出入境员工		188	176	6. 82
	中国公民	小计	1 442	1 270	13. 54
		内地居民	64	1 091	15. 86
		港澳居民	131	134	-2. 24
		台湾同胞	47	45	4. 44
	外籍人员		578	541	6. 84
	从海港出入境人数		162	153	5. 55
	从陆港出入境人数		334	337	-0. 89
	从空港出入境人数		1 524	1 321	15. 37
交通运输工具（万辆、艘、架、列次）	总计		15. 8	14. 4	9. 72
	船舶		4. 2	4. 2	0
	飞机		10. 8	9. 4	14. 89
	火车		0. 8	0. 8	0
	机动车辆		0	0	0

（广州边检总站提供）

2017 年深圳市口岸出入境主要数据表

<table>
<tr><th colspan="3">项目</th><th>2017 年</th><th>2016 年</th><th>同比（%）</th></tr>
<tr><td rowspan="15">出入境人员
（万人次）</td><td colspan="2">出入境人员总数</td><td>24 164</td><td>23 971</td><td>0.81</td></tr>
<tr><td colspan="2">入境人员</td><td>11 957</td><td>11 881</td><td>0.65</td></tr>
<tr><td colspan="2">出境人员</td><td>12 207</td><td>12 090</td><td>0.97</td></tr>
<tr><td colspan="2">出入境旅客</td><td>23 171</td><td>22 986</td><td>0.81</td></tr>
<tr><td colspan="2">出入境员工</td><td>993</td><td>985</td><td>0.84</td></tr>
<tr><td rowspan="5">中国公民</td><td>小计</td><td>23 485</td><td>23 288</td><td>0.85</td></tr>
<tr><td>内地居民（因公）</td><td>339</td><td>314</td><td>7.89</td></tr>
<tr><td>内地居民（因私）</td><td>8 096</td><td>7 704</td><td>5.09</td></tr>
<tr><td>港澳居民</td><td>14 823</td><td>15 043</td><td>-1.46</td></tr>
<tr><td>台湾同胞</td><td>228</td><td>227</td><td>0.40</td></tr>
<tr><td colspan="2">外籍人员</td><td>679</td><td>683</td><td>-0.60</td></tr>
<tr><td colspan="2">从海港出入境人数</td><td>453</td><td>419</td><td>8.20</td></tr>
<tr><td colspan="2">从陆港出入境人数</td><td>23 322</td><td>23 242</td><td>0.34</td></tr>
<tr><td colspan="2">从空港出入境人数</td><td>390</td><td>310</td><td>25.75</td></tr>
<tr><td rowspan="5">交通运输工具
（万辆、艘、架、列次）</td><td colspan="2">总计</td><td>1 605.3</td><td>1 584</td><td>1.37</td></tr>
<tr><td colspan="2">船舶</td><td>9.3</td><td>8.8</td><td>5.56</td></tr>
<tr><td colspan="2">飞机</td><td>3.5</td><td>2.9</td><td>23.56</td></tr>
<tr><td colspan="2">火车</td><td>0</td><td>0</td><td>0</td></tr>
<tr><td colspan="2">机动车辆</td><td>1 592.5</td><td>1572.0</td><td>1.31</td></tr>
</table>

（深圳边检总站提供）

2017 年珠海市口岸出入境主要数据表

项目			2017 年	2016 年	同比（%）
出入境人员（万人次）	出入境人员总数		14 074.84	13 645.05	3.15
	入境人员		7 161.32	6 919.08	3.50
	出境人员		6 913.52	6 725.97	2.79
	出入境旅客		13 993.25	13 558.55	3.21
	出入境员工		81.59	86.50	-5.68
	中国公民	小计	13 912.43	13 472.14	3.27
		内地居民（因公）	140.64	143.22	-1.80
		内地居民（因私）	8 257.00	7 977.62	3.50
		港澳居民	5 421.03	5 257.42	3.11
		台湾同胞	93.76	93.88	-0.13
	外籍人员		162.41	172.91	-6.07
	从海港出入境人数		235.85	251.57	-6.25
	从陆港出入境人数		13 838.99	13 393.43	3.33
	从空港出入境人数		0.003	0.05	-93.41
交通运输工具（万辆、艘、架、列次）	总计		405.30	403.75	0.38
	船舶		3.66	3.66	-0.04
	飞机		0.0005	0.007	-93.42
	火车		-	-	-
	机动车辆		401.64	400.09	0.39

（珠海边检总站提供）

2017 年广东海关主要数据统计表

项目		2017 年	同比（%）
进出口货运量（亿吨）	合计	12. 38	9. 86
	进口	3. 11	9. 42
	出口	9. 27	10. 01
进出口贸易总值（亿美元）	合计	11 747. 03	5. 30
	进口	4 708. 56	8. 01
	出口	7 038. 47	3. 56
税收（亿元）	两税合计	4 127. 39	18. 72
	关税入库	586. 51	13. 90
	进口环节税入库	3 540. 88	19. 56

（海关总署广东分署提供）

2017 年深圳海关主要数据统计表

项目		2017 年	同比（%）
进出口货运量（万吨）	合计	75 711.5	6.1
	进口	5 011.2	2.7
	出口	70 700.3	6.4
进出口贸易总值（万美元）	合计	67 008 219.0	5.5
	进口	24 087 495.1	4.5
	其中：江、海运输	2 717 011.8	18.6
	铁路运输	41.6	-79.0
	汽车运输	20 596 450.5	3.0
	航空运输	429 359.7	16.0
	邮件运输	638.7	3.4
	其他运输	343 992.8	-10.1
	出口	42 920 723.9	6.1
	其中：江、海运输	22 015 927.6	15.5
	铁路运输	8 655.1	212.5
	汽车运输	19 905 351.6	-3.1
	航空运输	482 711.3	23.2
	邮件运输	17.3	-99.9
	其他运输	508 061.0	14.4
税收（万元）	两税合计	17 022 325.4	15.7
	关税入库	1 290 423.6	15.2
	进口环节税入库	15 731 901.8	15.8

（深圳海关提供）

2017年拱北海关主要数据统计表

项目		2017年	同比（%）
进出口货运量（万吨）	合计	17 562.5	27.1
	进口	2 150.1	12.3
	出口	15 412.4	29.4
进出口贸易总值（万美元）	合计	2 975.4	4.6
	进口	1 275.0	10.8
	其中：江、海运输	1 189.6	11.2
	铁路运输	0	
	汽车运输	85.3	6.7
	航空运输	0	
	邮件运输	0.1	53.7
	其他运输	0.1	-91.7
	出口	1 700.4	0.4
	其中：江、海运输	1 494.8	-0.1
	铁路运输	0	
	汽车运输	144.6	-13.5
	航空运输	0	
	邮件运输	0.1	-34.0
	其他运输	60.9	105.3
税收（万元）	两税合计	1 413 936	12.9
	关税入库	182 950	1.1
	进口环节税入库	1 230 986	14.8

（拱北海关提供）

2017 年黄埔海关主要数据统计表

项目		2017 年	同比（%）
进出口货运量（万吨）	合计	8 363.5	10.1
	进口	6 265.6	8.3
	出口	2 097.9	16.2
进出口贸易总值（万美元）	合计	22 207 642.8	1.5
	进口	11 487 878.5	7.9
	其中：江、海运输	5 223 688.9	16.2
	铁路运输	7 494.1	-96.9
	汽车运输	6 205 421.9	5.8
	航空运输	51 273.3	26.9
	邮件运输	—	—
	其他运输	0.3	-99.0
	出口	10 719 764.3	-4.5
	其中：江、海运输	5 362 466.9	-12.6
	铁路运输	43 932.0	-84.1
	汽车运输	5 227 163.6	9.7
	航空运输	53 507.0	66.7
	邮件运输	—	—
	其他运输	32 694.8	125.3
税收（万元）	两税合计	13 120 217.2	14.8
	关税入库	2 899 562.3	10.6
	进口环节税入库	10 220 654.8	16.1

（黄埔海关提供）

2017 年汕头海关主要数据统计表

项目		2017 年	同比（%）
进出口货运量（万吨）	合计	2 744.9	17.5
	进口	2 481.4	20.5
	出口	263.5	-5.1
进出口贸易总值（万美元）	合计	1 736 083.36	8
	进口	527 468.08	14.5
	其中：江、海运输	347 767.23	34
	铁路运输	0	0
	汽车运输	177 508.51	-10.9
	航空运输	2 073.65	12.6
	邮件运输	118.69	-31.4
	其他运输	0	0
	出口	1 208 615.28	5.5
	其中：江、海运输	979 388.78	8.5
	铁路运输	50.78	638.1
	汽车运输	226 790.99	-5.5
	航空运输	2 352.49	-12.8
	邮件运输	32.24	25
	其他运输	0	0
税收（万元）	两税合计	551 218.8	39.3
	关税入库	52 423.8	17.8
	进口环节税入库	498 795.0	42.0

（汕头海关提供）

2017 年江门海关主要数据统计表

项目		2017 年	同比（%）
进出口货运量（万吨）	合计	1 850.7	16.5
	进口	1 453.6	19.2
	出口	397.1	7.8
进出口贸易总值（万美元）	合计	1 846 844.1	7.7
	进口	536 922.0	10.9
	其中：江、海运输	479 422.9	12.7
	铁路运输		
	汽车运输	51 893.9	1.7
	航空运输	5 565.0	-29.8
	邮件运输	40.2	1273.2
	其他运输	0.0	
	出口	1 309 922.1	6.4
	其中：江、海运输	1 088 133.5	7.7
	铁路运输	15.5	-
	汽车运输	188 086.1	-1.4
	航空运输	383.8	-39.1
	邮件运输	0.0	-100.0
	其他运输	33 303.1	130.8
税收（万元）	两税合计	533 463	24.9
	关税入库	71 934	1.2
	进口环节税入库	461 529	29.6

（江门海关提供）

2017 年湛江海关主要数据统计表

项目		2017 年	同比（%）
进出口货运量（万吨）	合计	9 216.51	12.47
	进口	8 684.92	11.92
	出口	531.59	22.30
进出口贸易总值（万美元）	合计	2 349 415.34	30.69
	进口	1 938 458.28	33.51
	其中：江、海运输	1 919 501.68	32.80
	铁路运输	48.21	
	汽车运输	2 542.80	-44.92
	航空运输	16 365.59	783.15
	出口	410 957.06	18.87
	其中：江、海运输	393 200.23	15.63
	汽车运输	4 700.76	4.67
	航空运输	13 056.08	1000.80
税收（万元）	两税合计	2 031 456.57	32.57
	关税入库	76 453.76	-4.37
	进口环节税入库	1 955 002.81	34.60

表注：按海关总署统计口径，表中进出口货物量为接受申报的货运量。

（湛江海关提供）

2017年广东省出入境检验检疫业务统计表

项目		货物检验检疫				交通工具				集装箱（标箱）		发现动植物疫情		货物通关		出入境人员查验（万人次）	健康检查及预防接种（人次）			
		批次	金额（万美元）	检验检疫不合格																
				批次	金额（万美元）	船舶（艘）	飞机（架）	火车（节）	汽车（辆）	合计	检出问题	种类数	种次	批次	金额（万美元）		健康检查	艾滋病监测	发现病例	预防接种
本年累计		1 445 177	12 085 723	92 017	2 124 592	134 155	112 237	86 052	183 036	7 473 973	75 270	1 448	40 863	1 259 777	10 634 818	2 541. 2	43 854	44 098	13 826	28 580
其中	出境	867 030	2 754 760	3 205	18 540	66 448	56 211	43 014	143 153	3 191 392	6	0	0	649 065	1 811 655	1 286. 3	31 399	30 804	10 218	27 841
	入境	578 147	9 330 963	88 812	2 106 052	67 707	56 026	43 038	39 883	4 282 581	75 264	1 488	40 863	610 712	8 823 163	1 254. 9	12 455	13 294	3 608	739
同比（%）		-13. 88	8. 73	-15. 87	22. 29	2. 26	14. 11	-0. 43	-11. 28	-15. 14	-16. 67	-22. 28	-46. 90	-20. 33	-5. 83	10. 19	-32. 87	-27. 71	-54. 69	-52. 41
其中	出境	-20. 25	-16. 71	-75. 29	-61. 24	3. 38	13. 84	-0. 45	-10. 32	-26. 98	-92. 11	-100. 00	-100. 00	-30. 31	-45. 11	9. 82	-32. 70	-25. 43	-50. 19	-52. 06
	入境	-2. 14	19. 51	-7. 88	24. 65	1. 19	14. 39	-0. 41	-14. 58	-3. 47	-16. 61	-22. 19	-46. 89	-6. 04	10. 38	10. 56	-33. 32	-32. 49	-63. 92	-62. 62

表注：本表数据不含深圳、珠海出入境检验检疫局。

（广东出入境检验检疫局提供）

2017年深圳市出入境检验检疫业务统计表

项目		货物检验检疫				交通工具			集装箱（万标箱）		货物通关		出入境人员查验（万人次）	健康检查及预防接种（人次）			
		批次（万）	金额（万美元）	检验检疫不合格													
				批次	金额（万美元）	飞机（万架）	火车（万节）	汽车（万辆）	合计	检出问题	批次	金额（万美元）		健康检查	艾滋病监测	发现病例	预防接种
本年累计		72.6	3 963 408	26 853	262 227	3.5	0	1 488.4	2 102	105 767	815 158	3 392 360.87	23 401.6	19 484	18 571	4 559	23 656
其中	出境	41.0	1 448 146	405	312	1.8	0	742.6	1 048.9	0	425 720	1 295 811.5	11 851.6	2 527	7 620	1 237	23 656
	入境	31.6	2 515 262	26 448	261 915	1.7	0	145.8	1 053.1	105 767	390 038	2 096 549.37	11 550.0	10 897	10 897	3 322	0
同比（%）		-10.42	-13.1	-46.12	-52.74	23.18	-	-0.4	5.77	29.73	-3.05	-28.51	0.64	70.97	62.49	9.75	-35.28
其中	出境	-12.79	-18.6	-53.34	-92.48	23.04	-	-0.78	16.54	-	-1.67	-33.39	0.02	66.77	47.99	2.15	-35.28
	入境	-7.15	-9.57	-46	-52.44	23.32	-	-0.02	-3.15	29.73	-4.51	-25.11	1.28	74.44	74.4	12.88	-

（深圳出入境检验检疫局提供）

2017 年珠海市出入境检验检疫业务统计表

项目	货物检验检疫				交通工具				集装箱（标箱）		发现动植物疫情		货物通关		出入境人员查验（万人次）	健康检查及预防接种（人次）			
	批次	金额（万美元）	检验检疫不合格																
			批次	金额（万美元）	船舶（艘）	飞机（架）	火车（节）	汽车（辆）	合计	检出问题	种类数	种次	批次	金额（万美元）		健康检查	艾滋病监测	发现病例	预防接种
本年累计	86 554	734 538	1 350	141 910	34 123	4	-	3 975 472	379 900		258	12 622	85 898	449 470	13 937.1	18 692	18 606	5 499	20 69
其中 出境	55 887	142 727	74	199	17 641	1	-	1 976 507	17 8621				55 372	78 717	6 867.5	16 921	16 837	5 026	2 028
其中 入境	30 667	591 811	1 276	141 711	16 482	3	-	1 998 965	201 279		258	12 622	30 526	370 753	7 069.6	1 771	1 769	473	41
同比（%）	-20.98	-24.99	29.06	191.09	1.23	-90.24	-	0.68	5.71	-100	-5.49	57.07	-11.57	-9.31	2.77	-15.42	-15.74	23.2	-12.63
其中 出境	-0.2	20.38	196	49.76	3.71	-96.97	-	1.14	10.97				-7.1	-22.54	2.68	-17.4	-17.77	22.08	-12.25
其中 入境	-42.71	-31.24	24.98	191.47	-1.29	-62.5	-	0.22	1.45	-100	-5.49	57.07	-18.67	-5.89	2.85	9.66	10.08	37.9	-28.07

（珠海出入境检验检疫局提供）

2017年广东海事局进出港船舶统计汇总表

船舶类别	进港船舶							出港船舶						
	艘数（万艘次）	总吨（万吨位）	总载重量（万吨）	载客量（万客位）	船员人数（万人）	货物到达量（万吨）	旅客到达量（万人）	艘数（万艘次）	总吨（万吨位）	总载重量（万吨）	载客量（万客位）	船员人数（万人）	货物发送量（万吨）	旅客发送量（万人）
总计	27.2	126 468.8	153 278.4	3 515.9	412.4	77 049.4	1 247.4	26.5	124 915.5	151 030.2	3 558.6	404.4	34 093.3	1 323.7
同比（%）	26.66	17.98	20.66	7.98	31.24	17.73	-3.74	23.37	18.33	20.96	8.93	29.37	47.89	-1.26
中国籍船舶	26.1	85 237.9	96 522.1	3 463.9	374.8	54 973.3	1 234.7	25.4	83 668.2	94 194.5	3 506.4	366.7	31 238.3	1309.9
其中：外贸船	2.2	32 944	4 255.5	492.4	23.4	2 665.7	161.1	2.6	3 917.9	5 310.4	573.7	28.8	731.1	201.5

（广东海事局提供）

2017 年深圳海事局进出港船舶统计汇总表

船舶类别	进港船舶							出港船舶						
	艘数（万艘次）	总吨（万吨位）	总载重量（万吨）	载客量（万客位）	船员人数（万人）	货物到达量（万吨）	旅客到达量（万人）	艘数（万艘次）	总吨（万吨位）	总载重量（万吨）	载客量（万客位）	船员人数（万人）	货物发送量（万吨）	旅客发送量（万人）
总计	18.2	92 922.5	105 999.5	1 149.4	167.3	10 576.8	344.4	18.5	94 033.4	107 079.3	1 166.5	175	12 856.5	378.9
同比（%）	17.37	-0.04	0.33	4.70	40.75	7.14	-10.26	19.38	-0.52	-0.37	8.76	39.52	39.78	-16.85
中国籍船舶	16.8	16 050.2	21 613.1	1 120	135.2	5 597.7	340	17.1	15 984.5	21 444.6	1 137.6	142.6	6 692.5	373.8
其中：外贸船	2.1	1 628.4	1 296.3	418.8	14.8	228.4	109.6	2.2	1 838.3	1 499.2	454.1	17.8	179.4	150.9

（深圳海事局提供）

广西壮族自治区

口岸数量及分布

截至2017年年底，广西壮族自治区（以下简称广西）共有经国务院批准的对外开放口岸20个。其中，水运（海港）口岸5个，分别是防城港、北海（含石头埠）、钦州、江山、企沙海港口岸；水运（河港）口岸3个，分别是梧州、贵港、柳州河港口岸；空运口岸3个，分别是桂林空运口岸（桂林两江国际机场）、南宁空运口岸（南宁吴圩国际机场）、北海空运口岸（北海福成机场）；陆路（铁路）口岸1个，为凭祥铁路口岸；陆路（公路）口岸8个，分别是友谊关、东兴、水口、龙邦、平孟、爱店、峒中、硕龙公路口岸。

口岸运行数据

2017年，广西口岸进出口货运量累计1.048亿吨，同比增长5.00%。其中，进口0.89亿吨，同比增长6.90%；出口0.15亿吨，同比下降4.80%。进出口货运值1 174.60亿元，同比增长21.60%。其中，进口货值1 378.40亿元，同比增长25.80%；出口货值1 796.20亿元，同比增长16.50%。口岸出入境人员数量1 719.40万人次，同比增长27.30%。其中，出境859.20万人次，同比增长27.14%；入境860.20万人次，同比增长27.50%。出入境交通工具80.50万辆（艘、架、列）次，同比增长36.63%。水运口岸集装箱吞吐量55.52万标箱，同比增长16.27%。其中，入境27.39万标箱，同比增长22.41%；出境28.12万标箱，同比增长10.83%。

口岸综合管理

【口岸开放工作全面推进】 2017年，广西扎实有序推进口岸开放和升格工作，友谊关口岸扩大开放至浦寨、弄尧通道，东兴口岸扩大开放至北仑河二桥，峒中口岸（含里火通道）升格为开放双边性口岸，硕龙口岸升格为开放双边性口岸接连获得国家批复，实现国家开放口岸在广西边境线全面覆盖。此外，柳州白莲机场获国家批复临时对外开放，南宁空运口岸获批为广西首个进境食用水生动物指定口岸。同时，完成一批口岸验收工作。北海口岸铁山港扩大开放通过国家正式验收，北海水运口岸国投北海电厂码头对外实现开放、友谊关口岸国际货运专用通道正式开通，钦州水运口岸鹰岭作业区9个泊位验收启用。

【口岸基础设施建设进展顺利】 2017年，友谊关口岸国际货运专用通道建成并投入使用，东兴口岸北仑河二桥、凭祥铁路口岸、水口口岸、龙邦口岸、硕龙口岸基础设施建设全面推进。同时，积极推进水口、龙邦、东兴国检试验区建设。

【广西国际贸易“单一窗口”建设稳步推进】 2017年，广西国际贸易“单一窗口”功能不断完善，应用效果显著提升。一是海港口岸运输工具百分百使用“单一窗口”申报。截止到2017年12月，广西国际贸易“单一窗口”服务企业800多家，企业通过广西“单一窗口”平台进行运输工具申报11 131票，舱单申报11 693票。二是全面推广应用标准版货物申报系统。2017年10月，广西与国家标准版“单一窗口”对接成功，并正式推广应用标准版货物申报系统，目前企业已使用标准版办理报关业务1 316票，企业注册用户持续增加。三是积极推进建设陆路口岸“单一窗口”。交通运输管理、海关、边检等查验部门就跨境运输车辆联合监管数据共享与业务协同达成共识，进一步便利国际道路运输企业，实施联网备案与核查。

【促进区域口岸通关合作】 探索提升“南向通道”对内对外通关一体化水平。自2017年2月以来，广西与重庆、贵州、甘肃合力推动“南向通道”建设，全力构建纵贯我国西部地区，有机衔接西南与西北、东南亚与中西亚、“一带”与“一路”的国际陆海贸易新通道，目前取得积极进展。为确保南向通道出海、出边通关便捷，

8月31日，广西、重庆、贵州、甘肃关检正式签订《渝桂黔陇海关、检验检疫支持服务中新互联互通项目南向通道建设合作备忘录》；9月下旬，中新互联互通南向通道海铁联运常态化班列、班轮（重庆—北部湾港—新加坡）首发，标志着我国西部地区第一条南北纵向国际贸易物流大通道正式运行。11月27日，南向通道四地海关合作推进会在南宁召开，进一步确定建立四地海关常态化联系沟通协调会议机制、通关联通机制、风险联控机制、业务专项工作协同机制和联合调研机制等五项机制。

【优化口岸通关环境】 集装箱进出口环节合规成本治理效果初显。组织各口岸查验单位和口岸经营单位采取多种措施“去繁就简”和“降本增效”。南宁海关研究探索北部湾区域海关功能化改革。启动“北部湾港集疏运一体化”改革，使得集装箱通关时间缩短1~3天，企业平均成本降低20%~30%。广西出入境检验检疫局推进沿边地区全国首个国检试验区建设，开发和应用国检试验区边民互市贸易检验检疫管理系统，边民通过指纹识别、身份证刷卡验证、移动手机等方式开展快捷申报，合格的入境产品最多只要20秒内就可以实现快速验放。广西壮族自治区公安边防总队适应口岸“大进大出，快进快出”要求，加快推广应用人员和车辆自助查验系统，同时，在东兴、友谊关、水口、南宁、桂林、北海机场和浦寨等口岸和互市通道建设了28条边检自助通道，人员通关速度由45秒缩短至15秒，年内自助通关人数达157万人次。广西海事局积极参与“单一窗口”建设，推动业务流程再造，减少监管作业环节，全部91项数据均通过网络提交和审核；同时实施“海事电子认证通关”，船舶通关时间由7小时减至2小时以内，通关的人工成本、交通成本节约30%~50%。继续全面开展免除查验没有问题外贸企业吊装移位仓储费用试点工作，规范免除费用机制和操作办法，提高查验现场实时免除查验没有问题外贸企业吊装移位仓储费用比例，截至2017年年底，共免除相关费用约51万元，惠及企业306家。完善口岸收费公示制度。2017年12月，广西物价局、财政厅、商务厅联合下发了《关于进一步做好口岸收费公示工作的通知》，对收费公示范围、种类、内容和方式，以及公示牌的外观尺寸、颜色、字体等提出了明确要求，使收费公示工作更加规范和完善。

口岸监管与服务

【广西壮族自治区公安边防总队倾力服务对外开放发展】 2017年，面对全区口岸“大进大出、快进快出”的发展形势，广西边防总队坚持以口岸维稳管控为重点，以服务经济社会发展为己任，深入推进边检专业化、信息化、法治化建设，充分发挥边检职能作用，主动作为、靠前服务，全年检查出入境人数突破1 700万人次、出入境交通工具81.1万辆（艘、架、列）次，有力维护了全区口岸安全稳定，有效保障了口岸通关高效顺畅。广西壮族自治区公安边防总队积极跟进重大开放项目建设，分类制定配套服务措施，协调推进边检配套设施建设，有力助推友谊关口岸货运专用通道启用通车、北海港口岸扩大开放项目通过验收、柳州白莲机场临时开放顺利实施、龙邦边民互市区对外开放运营。主动跟进中越德天—板约瀑布跨境旅游合作区开放新形态，先期协助自治区专程赴京汇报协调，取得了重要成果，后期深度参与合作区人员出入、证件管理、游客查验模式研讨设计和完善论证，为推进合作区建设奠定坚实基础，得到广西壮族自治区副主席张晓钦批示肯定。积极争取公安部政策支持，推动将边民纳入全国自助通关对象范围，并成为我国与周边国家自助通关合作的首个试点，探索与越南边防部队推进中越边民双向自助通关，便利人员往来，增进双边互信，服务国家经略周边和广西开放发展大局。

【广西壮族自治区公安边防总队坚持需求导向，不断提高通关服务水平】 2017年，广西壮族自治区公安边防总队分别在东兴、友谊关、南宁、桂林、水口、北海机场、爱店口岸和浦寨互市通道建设了 32 条边检自助查验通道，人均通关时间从 45 秒缩短至 15 秒，大幅提升了口岸通关效率，便利口岸顺畅通关、缓解人员不足压力的作用成效凸显。公布 24 小时“边检服务热线”，推行鲜活农产品优先验放、开通跨境直通车专用通道、口岸流量联动平衡验放、跨境救助、保障旅客权益等通关便民利民举措，在海河港口岸推出电话预约办证制度，有力保障口岸安全、高效、快速通关，服务对象满足度明显提升。在海港、空港口岸研发启用集无线查验、移动监护、突发事件处置、便民服务等多功能于一体的边检移动车，创新“移动查验”服务，为服务对象办理出入境手续提供便利，进一步提高口岸通行查验保障能力。

【广西壮族自治区公安边防总队加强探索实践，深入推进边检管理创新】 总结服务国际汽车拉力赛、国际马拉松赛等大型活动边检勤务组织经验，创新推出分团预检预录、分组编号检查的快速查验模式，形成了便捷高效、通关顺畅的大型团队通关专勤服务模式，连续 14 年圆满完成中国—东盟博览会边检专项勤务，得到各级领导充分肯定，尤其是 2017 年中国—东盟博览会期间，主动研究制订外方代表团边检通关礼遇意见，妥善处置文莱苏丹未持护照入境突发情况，得到广西壮族自治区副主席张晓钦批示肯定。依托中越边防三级合作机制，深入推进边检国际合作，协调当面越南边防部队清理口岸收费，在中越边境广西段当面 13 个口岸公示收费项目和标准，进一步净化口岸通关环境。面对“大进大出，快进快出”的口岸出入境流量增长态势，以及警力编制不增的现实挑战，推行全员练兵、机关协勤、科队联勤、分片驻点、全区调配等勤务机制，努力适应开放发展新需求，有力保障了口岸顺畅通关。

【广西海事局支持口岸开放，服务广西经济发展】 广西海事局协助交通运输部完成了对北海口岸扩大开放的验收工作，并根据授权，对外发布了《中华人民共和国广西海事局关于北海港口岸铁山港区 1 号、2 号泊位和中石化北海 LNG 码头对国际航行船舶开放的公告》。受交通运输部海事局委托完成了广西壮族自治区人民政府上报国务院的防城港口岸扩大开放申报材料审查，推动了防城港口岸扩大开放的提速。指导了中船钦州项目、梧州赤水港开放预验收工作。完成钦州港、北海港新建对外开放码头（泊位）的验收工作，推动北部湾新增开放码头（泊位）12 处。

【广西海事局创新海事监管方式】 全面使用“单一窗口”平台办理国际航行船舶进出口岸查验手续，2017 年共计审批 11 301 艘次，91 项船舶申报数据全部通过网络提交和审核，节省了船舶递交、补交申报材料的时间和交通成本。船舶通关时间由 7 小时减至 2 小时以内，通关的人工成本、交通成本节约了 30%～50%。实现了“海事电子认证通关”，解决了国际航行船舶进出口岸查验的“最后一公里”问题，不仅实现了 24 小时办理，也实现了行政审批全过程的网上远程办理。推动内河口岸港澳航行船舶进出口岸查验、海运危险货物筛查、外贸集装箱重量验证、港建费稽核、国际航行船舶联合登临信息交换、文档图像处理、船舶进出口岸差异化管理等功能列入广西壮族自治区规划。

【广西海事局助力港口航道建设，优化北部湾海域通航环境秩序】 积极参加钦州 10 万吨级东航道扩建和 20 万吨级集装箱船双向航道工程改造的审查，针对通航审批手续及开工事宜及时协调港口、业主、施工及分支海事机构等各方，督促各方完善项目建设前期海事监管的相关手续，确保工程进展顺利。积极落实《南海海区航海保障工作协调机制合作协议》。与南海航保中心（广州海事测绘中心）共享航海保障信息，联合修编出版了《北部湾广西水域船舶航行指南》，为航运企业和船舶提供了专业可靠的航海保障服务。

【广西海事局提升海事服务质量】 参加 2017 年华南四省（区）海上搜救工作会议，与海南省海口市海上搜救中心交流海上搜救工作经验。先后走访南海救助局、南海第一救助飞行队，深入探讨在广西沿海地区设立直升机起降点的可行性，共同研究救助直升机、专业救助船舶参加广西海上搜救演习和广西沿海空中巡航搜救一体化联合行动常态化方案。组织人员深入北海、防城港市与地方政府探讨在广西沿海地区设立直升机起降点的可行性，为下一步开展海上搜救工作夯实基础。力行北部湾海区空中巡航救助联动机制建设，与交通运输部救助打捞局在北海港海域举办“2017 年救捞系统国防交通战备应急保障演练”，与南海救助局在“南海救 102”轮上举行沿海空中巡航救助联动首飞仪式，北部湾海区空中巡航救助联动机制建设工作正式启动。

【广西海事局以“放管服”改革为中心，加快海事职能转变，服务“向海经济”发展】 组织业务部门全面梳理海事监管事项清单和支持性文件，编制印发了《广西海事局海事行政审批事中事后监督管理指导手册》，规范了海事行政审批事中事后监管行为。针对下放事权，修订完善体系文件和业务制度。印发了《关于进一步规范船员服务机构管理的通知》《关于个人申办海员证有关事项的通知》。稳步推进行政审批制度改革。认真落实《中华人民共和国海事局第四批便利船员服务清单》，提供了船员证书信息公开查询功能，实现了船员准考证或考试通知书电子化。开设船员安全教育网上课堂，船员可以免费学习相应的安全知识、事故案例。缩减了船员业务办结时限，船员适任证书的办结时限由 15 个工作日缩短至 10 个工作日，培训机构从事船员（引航员）培训业务审批的办结时限由 30 个工作日缩短至 20 个工作日。取消了“从事海船船员服务业务审批”的行政许可审批。

【南宁海关全面深化改革成效明显】 扎实推进南宁海关 26 项改革任务，全国海关通关一体化改革顺利实施，隶属海关功能化方案获海关总署批复，二级风险防控中心挂牌运作，“自报自缴”“汇总征税”红利逐步释放。深化“双随机”布控查验改革，随机布控查验占比 98.81%。促进广西边境贸易转型升级，边民互市贸易综合管理更加优化，监管移动查验作业改革成效明显。“互联网+海关”应用持续深化，海关总署统一版“一体化平台”1.1 版顺利上线，自主开发建设关级应用项目 14 个并已正式上线 8 个，物流管理平台一期升级完善，智能化途中监管系统逐步应用，广西国际贸易“单一窗口”二期沿边项目等系列科技应用顺利推进。北部湾集疏运一体化海关监管改革成效显著，企业平均成本降低 20%～30%。

【南宁海关精准监管效能不断提升】 全力推进“去繁就简”，完成压缩货物通关时间三分之一的任务。开发试点 H986 智能辅助查验系统，推进大型集装箱检查设备集中审像，加大监管设备配发及日常应用，查验绩效不断优化，平均查验率、查获率均优于全国平均水平。加强危险化学品监管，落实监管作业场所管理新办法，关停 2 家不符合要求的监管作业场所。依法征收、应收尽收，2017 年入库税收 233.78 亿元，增长 34.95%，创 2015 年以来新高。强化后续管理，稽查追补税 1 161.97 万元、增长 83.39%，风险管理绩效位居系统前列，风险情报联合研判机制有效运作，顺利完成企业认证工作目标。综合防控虚假贸易卓有成效，煤炭、固体废物等综合治理显著加强。全年监管进出口货运量 1.05 亿吨、货值 1 174.59 亿元。执勤武警协助监管运输工具 9.80 万辆（艘）、集装箱 2.90 万个，协助查获走私违规案件 598 起，贡献突出。

【南宁海关高压打击走私战果丰硕】 坚决落实习近平总书记重要批示指示精神，严厉打击洋垃圾、象牙等重点商品走私。协助召开全国重点地区打击走私工作座谈会并落实会议精神，深入开展“国门利剑 2017”等系列专项行动，“两个战场”同时发力，辖区走私势头得到有效遏制。坚决铲除幕后团伙，侦办“GN”系列走私大要案 30 起，案值 40.78 亿元、涉税 2.64 亿元，打掉走私犯罪团伙 40 余个。深化反走私综合治理，促成广西党政出台《关于建立大协同多锁链反走私综合治理体系的意见》，反走私“广西经验”得到时任国务院副总理汪洋充分肯定。举办中越“两国四方”会谈，启动打击跨境走私联合行动。

全年立案查办各类走私违法犯罪案件 1 508 起，案值 50. 80 亿元，涉税 3. 68 亿元，其中立案查办非设关地各类走私违法犯罪案件 860 起，案值 39. 20 亿元，涉税 2. 59 亿元；立案查办监管渠道各类走私违法犯罪案件 648 起，货值 11. 60 亿元，涉税 1. 09 亿元。反走私绩效位列全国海关第二、沿边组第一。中央等各级媒体 390 余次报道关区打私成效，打私宣传报道数量质量及社会效果显著增强。

【南宁海关全力服务广西发展成效突出】 南宁海关出台支持广西外贸回稳向好 15 项措施，积极推动中新互联互通南向通道建设，牵头建立渝桂黔陇海关、检验检疫一体化工作机制，推动形成南向通道建设海关合作新局面。进出口环节经营服务实现零收费，免除查验没有问题外贸企业吊装移位仓储费用政策实施以来，免除海关查验费用 49. 60 万元、惠及外贸企业 297 家。深化 AEO 高级认证，支持服务广西重大项目，全年减免税款 2. 15 亿元。高效监管服务第 14 届中国—东盟博览会等重大活动，得到各界充分肯定。助推加工贸易“倍增计划”，广西全年加工贸易进出口 804. 30 亿元、增长 25. 50%。促成北海港、友谊关、东兴、峒中口岸扩大开放，硕龙公路口岸对外开放，柳州白莲机场航空口岸临时开放。加强统计监测预警分析和报告，中办、国办采用 9 篇，海关总署要情采用 44 篇次。全年广西外贸进出口 1 866. 30 亿元，同比增长 22. 60%，增幅较全国平均水平高 8. 40 个百分点。

【广西出入境检验检疫局加强质量监管和口岸疫病疫情防控】 2017 年，广西出入境检验检疫局检验检疫出入境货物 11. 97 万批次、货值 268. 85 亿美元，同比分别减少 13. 40% 和增加 30. 59%；口岸检疫查验出入境人员 912. 02 万人次、交通工具 183. 41 万艘（架、节、辆）次，同比分别增长 16. 21%和 30. 17%；检出不合格商品 3 335 批次、货值 74. 92 亿美元，同比分别减少 23. 05%和增加 11. 98%；截获有害生物 1 013 种、11 557 次，同比分别增长 3. 20 和 4. 40%，其中 40 种为全国首次检出，5 种检疫性有害生物为广西首次检出；在出入境人员中检出传染病确诊 570 例，同比增长 89. 37%；各保健中心对出入境人员实施传染病监测体检 1. 96 万人次，同比增长 3. 21%，检出传染病 415 例，检出其他传染病病原携带者 1 389 例；签发原产地证书 9. 95 万份、签证金额 31. 85 亿美元，同比分别增长 46. 32%和 22. 03%。

【广西出入境检验检疫局大力推动口岸通关便利化】 大力推进“单一窗口”建设，完成“检验检疫陆路口岸运输工具系统”等开发和测试，并在防城港、北海、钦州等口岸全面上线运行；全面排查制约检验检疫通关时长问题，制定和出台具体措施，通关流程时长压缩达 50% 以上；推进新业态发展，与多部门协调推动广西首家东盟跨境电商监管中心顺利运营，支持广西凭祥综合保税区跨境电商监管中心项目建设，支持广西邮政公司跨境电商系统平台建设；推行“多证合一”“互联网+质检”业务改革，成功启动中国检验检疫网上申报和无纸化系统，目前无纸化报检率已达 94. 10%，全年为企业节约成本约 1 200 万元。持续加强原产地签证工作，联合商务厅深入开展“百家走访、千企座谈、万人征询”活动，开展专题座谈或培训 24 场。全年共签发各类原产地证书 9. 95 万份，签证金额 31. 85 亿美元，企业可享受关税减免约 1. 59 亿美元，成为助推广西外贸稳步增长新亮点。

【广西出入境检验检疫局全力探索建设全国首个国检试验区】 协调地方政府研发打造智能化信息平台，全力推进试验区“三创两优”新模式，凭祥国检试验区初步实现运行“六化”即边贸监管智能化、查验监管集中化、检验检测现场化、产业发展集聚化、政策措施优惠化和边贸扶贫精准化，推动边境地区“通道经济”向“口岸经济”“产业经济”转型升级，扩大产业集聚效应。得到国务院领导、国家质检总局和广西壮族自治区党委、政府的充分肯定及社会各界的广泛关注。2017 年 1 月 19 日，广西壮族自治区主席陈武专程赴国检试验区调研视察并给予充分肯定；2 月 9 日，国家质检总局局长支树平作出

"把国检试验区进一步建设好、完善好、运用好"的重要批示。4月7日，商务部等五部委出台《关于进一步推进开放型经济新体制综合试点试验的若干意见》，明确把国检试验区列入综合改革开放型经济新体制内容，并支持在全国各口岸推广，形成了"广西方案"。8月4日，国检试验区建设正式列入国务院批复的《广西凭祥重点开发开放试验区建设总体规划（2016~2025）》。目前，龙邦、那坡、水口、东兴口岸国检试验区建设正在有条不紊地推进和申报中。

【广西出入境检验检疫局推动广西口岸重点项目和重大业务的发展】 2017年，广西出入境检验检疫局参与渝、桂、新战略性南向通道建设，联合重庆、贵州、甘肃等四省区检验检疫局及海关共同签署关检4地8方合作备忘录。支持北部湾港口扩大开放，北海铁山港和LNG码头已顺利通过国家层面验收，钦州水运口岸金谷港区鹰岭作业区7号泊位（油气码头）、龙邦边民互市区和中越友谊关—友谊口岸货运新通道通过广西验收并对外开放。推动凭祥综合保税区二期建设及北海出口加工区升格为综合保税区。支持并配合做好柳州白莲机场临时开放各项工作。配合广西政府推动全国首个跨境旅游合作区——中越德天—板约瀑布跨境旅游合作区建设。全力做好服务第14届中国—东盟博览会各项工作并保持服务工作"零投诉"，服务对接东盟国际展会工作，如马来西亚榴莲及热带水果节、越南（平顺）火龙果销售、推介会等，助推广西进一步提升开放发展潜力。

开放口岸

【桂林空运口岸（桂林两江国际机场）】 桂林空运口岸位于桂林市西南方向临桂县境内，距市中心26千米，中心点地理方位为北纬25度、东经110度。2012年，桂林空运口岸被国家质检总局授予"世界卫生组织口岸核心能力建设达标单位"，成为广西首个符合《国际卫生条例》要求的空港口岸。目前已开通国际（地区）定期航班13条（新加坡、马来西亚吉隆坡、日本大阪、泰国曼谷、泰国廊曼、韩国首尔、韩国济州、韩国釜山、韩国大邱、韩国清州、中国台北、中国高雄、中国香港）。2017年，桂林空运口岸出入境人员38.84万人次，同比下降12.00%；出入境飞机2 811架次，同比下降10.00%；进出口货物4.99万吨，同比下降55.30%。

【南宁空运口岸（南宁吴圩国际机场）】 南宁空运口岸位于南宁市良庆区，距南宁市区32千米。目前，南宁机场已开通21条国际（地区）航线。2017年，南宁空运口岸出入境人员118.11万人次，同比增长6.21%；出入境飞机1 834架次，同比增长0.48%；进出口货物12.81万吨，同比增长321.38%。

【北海空运口岸（北海福成机场）】 北海空运口岸位于北海市银海区境内，占地面积约1.07平方千米。机场飞行区等级为4D标准，可全天候起降B737、A320等同类机型。北海机场新航站楼投资3.08亿，面积2.70万平方米，三层，高度24米，值机柜台6个，VIP候机室6个，廊桥5个，远机位2个，行李传送系统1套，设计年旅客吞吐量270万人次，高峰小时吞吐量1 350人次。2017年，北海空运口岸出入境人员2.87万人次，同比增长31.05%；出入境飞机237架次，同比增长1.28%。

【友谊关陆路（公路）口岸】 友谊关陆路（公路）口岸距离凭祥市区18千米，距离越南谅山18千米，与越南友谊口岸相对，为常年开放的国际性口岸，1951年开通，1979年一度关闭，1992年4月经国务院批准恢复对外开放。2012年9月，友谊关公路口岸荣获世界卫生组织口岸核心能力达标单位。2013年，先后完成了友谊关口岸边检站的查验设施维修工程、友谊关口岸联检楼三楼会议室、卫生间的改造工程、友谊关口岸限定区域内广场部分地板砖的更新工程等工程，极大地改善了友谊关口岸通关环境，对加快口岸的通关速度和发展口岸经济起到积极的推动作用。2017年，友谊关（公路）口岸进出口货物272.06万吨，同比增长33.55%；出入境人员178.60万人次，同比增长41.50%；出入境车辆234 945辆次，同比增长27.35%。

广西凭祥综合保税区于2008年12月经国务院批准设立，规划控制面积8.50平方千米，位于广西凭祥市友谊关。2011年6月，一期通过正式验收，封关面积1.01平方千米。2017年11月，国务院同意凭祥综合保税区核减规划面积，核减后规划面积为1.01平方千米。目前凭祥综合保税区友谊关口岸已发展成为我国装备制造业整车出口东盟地区的主要陆路口岸、中越电子产品物流供应链的关键节点及广西高附加值产品进出口的主要口岸。2017年，进出口贸易额1 440.30亿元，保税货值271.21亿元。

【东兴陆路（公路）口岸】 东兴陆路（公路）口岸位于东兴市繁华市区，地处我国西南陆地边境线与大陆海岸线的汇合处，在中越边境的最东端，东南濒临北部湾，北面背靠十万大山，通过北仑河大桥和越南芒街口岸连接，为常年开放的国际性口岸。1958年，经国务院批准对外开放，1978年一度关闭，1994年4月17日恢复对外开放。2011年，国务院批准设立东兴开发开放试验区，东兴口岸同东盟各国的贸易、旅游交流将进一步发展。2013年11月，广西壮族自治区公安厅口岸签证处入驻东兴口岸现场，东兴口岸正式启动外国人口岸签证业务，成为广西第一个陆路口岸签证处。2013年，投资870万元建设的出入境大厅调换改造工程竣工投入使用，口岸形象得到了很大的提升。2017年，东兴口岸进出口货物38.01万吨，同比下降5.71%；出入境人员993.91万人次，同比增长38.90%；出入境车辆36 070辆次，同比增长0.48%。

【水口陆路（公路）口岸】 水口陆路（公路）口岸位于龙州县的西端中越边界西路中越边界943（1）号界碑处，水口镇境内，距龙州县城34千米，与越南驮隆口岸仅一河之隔，为常年开放的双边性口岸，1978年曾一度关闭，1992年10月，经国务院批准恢复对外开放。水口口岸主要进出口货物有冻海产品、腰果、核桃、机电配件及日用品等。2013年，完成水口口岸联检楼改扩建工程的主体工程建设。2017年，水口口岸进出口货物3.59万吨，同比增长76.85%；出入境人员35.90万人次，同比下降32.86%；出入境车辆19 292辆次，同比下降20%。

【龙邦陆路（公路）口岸】 龙邦陆路（公路）口岸位于百色市靖西县龙邦镇，地处中越边境741~742号界碑，与越南茶岭口岸对应，距靖西县城42千米，距越南茶岭县城5千米。2003年1月，国务院批准龙邦口岸对外开放。2007年10月，龙邦陆路（公路）口岸通过验收正式对外开放。龙邦口岸进出口货物主要有腰果、核桃、冷冻海产品、铁矿、锰矿、钢筋、搅拌机、打谷机、电器、电子产品、照明装置等。2017年，龙邦口岸进出口货物8.41万吨，同比下降32.16%；出入境人员12.44万人次，同比下降22.64%；出入境车辆6 017辆次，同比增长55.24%。

【平孟陆路（公路）口岸】 平孟陆路（公路）口岸位于中越边界第647号界碑处，与越南朔江口岸相对应，是广西最西端的陆路口岸。2011年10月9日，国务院正式批复平孟公路口岸对外开放，口岸性质为中国和越南双边公路客货运输口岸。目前，平孟口岸尚未通过国家验收正式对外开放。平孟口岸进出口货物主要有水果、海鲜、中药材、纺织品、建材、土特产品、矿产品和小五金等。2017年，平孟口岸进出口货物16.30万吨，同比增长18%；出入境人员42.50万人次，同比增长41%；出入境交通工具301 260辆次，同比增长47%。

【峒中陆路（公路）口岸】 峒中陆路（公路）口岸位于广西防城港市防城区峒中镇旧街，中越边境1317（1）号界碑处，处于防城区最西端，距离防城区124千米，北靠十万大山，西南与越南广宁省平辽县横模关口接壤。峒中口岸于20世纪50年代就已对外开放，1979年一度关闭，1991年恢复贸易往来。2009年，中越两国政府在签订的《关于中越陆地边境口岸及其管理制度的协定》中同意“峒中—横模”口岸在条件具备时开放。2013 年年底，广西壮族自治区政府向国务院申请将峒中口岸正式开放。2014 年 2 月，峒中口岸申请开放里火通道。截至 2017 年 6 月 16 日，国务院正式批复峒中口岸（含里火通道）升格为国家开放口岸，口岸性质为双边性常年开放公路客货运输口岸。峒中口岸主要从越南进口农副产品、海产品和药材，出口我国日用五金百货产品和轻工机械建筑材料等产品。2017 年，峒中口岸进出口货物总量 39.48 万吨，同比增长 13.78%；出入境人员为 8.36 万人次，同比下降 33.86%；出入境交通工具 22 444 辆次，同比下降 1.56%。

【硕龙陆路（公路）口岸】 硕龙陆路（公路）口岸位于广西崇左市大新县硕龙镇，中越边境 847 号界碑处。距大新县县城 45 千米，距靖西龙邦口岸 150 千米，距龙州水口口岸 130 千米。西与越南高平省接壤，距越南高平省 105 千米，距高平省重庆城 38 千米，距下琅县城 30 千米，对应越南里板口岸。该口岸于 1954 年作为原二类口岸对越开放，1978 年一度关闭，1991 年恢复贸易往来。2009 年，中越两国政府在签订的《关于中越陆地边境口岸及其管理制度的协定》中同意"硕龙—里板"口岸在条件具备时开放。2015 年 4 月，向国家申请口岸升格为双边性口岸并扩大开放岩应通道。2017 年 10 月 8 日，国务院就广西硕龙公路口岸对外开放作出批复，同意位于中国和越南边境的广西硕龙公路口岸对外开放，口岸性质为双边性常年开放公路客货运输口岸。硕龙口岸出境货物主要有化肥、农药、布匹、服装，以及其他生活日用品、建材、机电产品等，入境货物主要有锰矿石、林木、果类、中草药材等。2017 年，硕龙口岸出入境人员 8.82 万人次，同比增长 129.72%。

【凭祥陆路（铁路）口岸】 凭祥陆路（铁路）口岸位于凭祥市南区，与越南同登口岸相对应，为常年开放的国际性口岸，于 1953 年经国务院批准对外开放，是湘桂铁路的终点，也是广西唯一的一个铁路口岸。凭祥铁路口岸站区内设立 40 股道标准轨，窄轨铺轨总长 13.20 千米，站线铺轨 21.61 千米，占地 1.80 平方千米，货物站台 1 500 平方米，旅客站台 1 840 平方米，候车室 280 平方米，货仓 420 平方米，准轨客车 1 397 辆，窄轨客车 142 辆，换装能力 111.80 万吨。2013 年 9 月，凭祥陆路（铁路）口岸顺利通过世界卫生组织口岸核心能力达标单位检查验收。2017 年，凭祥陆路（铁路）口岸进出口货物 17.26 万吨，同比减少 37.41%；出入境人员 7.17 万人次，同比增长 0.14%；出入境火车 1 574 列次，同比减少 0.25%。

【爱店陆路（公路）口岸】 爱店陆路（公路）口岸位于广西崇左市宁明县爱店镇，中越边境 1223 号界碑处，北距宁明县城 51 千米，东距东兴市 195 千米，西距凭祥市友谊关 92 千米，南距越南首都河内 180 千米、凉山省府 34 千米、禄平县 17 千米，与越南峙马口岸相对。爱店口岸于 1957 年作为原二类口岸对越开放，1979 年一度关闭，1991 年恢复贸易往来。2009 年中越两国政府在签订的《关于中越陆地边境口岸及其管理制度的协定》中同意"爱店—峙马"口岸在条件具备时开放。2012 年广西壮族自治区政府向国务院申请将爱店口岸正式开放。爱店口岸主要进出口商品有：中草药材、机电产品、针织品、日常用品、水果、干杂货等。2017 年，爱店口岸进出口货运量为 32. 33 万吨，同比下降 60. 84%；出入境人员 10. 73 万人次，同比减少 28. 94%；出入境交通工具 44. 06 万辆次，同比减少 19. 21%。

【防城水运（海港）口岸】 防城水运（海港）口岸位于广西南部沿海北部湾北岸，是我国沿海 11 个主要港口之一及西部第一大港。1983 年 7 月，经国务院批准对外国籍船舶开放，为常年开放国际性口岸。口岸地理位置和建港条件得天独厚，北靠云、贵、川，南濒北部湾，东邻粤、琼、港、澳，西接越南，地处华南经济圈、西南经济圈与东盟经济圈的结合部，是中国通往东盟、南亚、西亚、欧洲、非洲、大洋洲及南美洲海上运距最短的口岸。经过 40 多年的发展，口岸所在港口防城港已经拥有泊位 41 个，其中万吨级以上深水泊位26个，泊位最大靠泊能力为20万吨级，是广西港口中码头泊位最多，功能最齐全的港口。防城港20万吨级矿石码头两边均能靠船，是国内唯一的前沿吃水最深，既可卸船又可装船的20万吨级码头。防城港硫磷专用码头是全国目前唯一一个现代化硫磷专用泊位。铁路、高速公路直达港口，各类仓储和装卸设备齐全。与100多个国家和地区的250多个港口有业务往来。防城港进口产品主要有煤炭、铁矿石、黄豆、化工、农林产品等，出口产品主要有煤炭、铁矿石、非金属矿石、化肥及农药等。2017年，防城港进出口货物6 361.42万吨，同比增长9.14%；出入境人员4.65万人次，同比减少6.55%；集装箱1.89万标箱，同比减少67.77%；出入境船舶9 076艘次，同比增长295%。

【北海水运（海港）口岸】 北海水运（海港）口岸位于广西南端、北部湾东北部的北海半岛西段北岸，以环北部湾的中心城市北海为依托，水域地域宽广，背靠大西南，面向东南亚，南与海南隔海相望，西濒越南，处于“一城系四南”的中枢位置，为常年开放的国际性口岸。现有9个泊位，其中2个万吨级泊位，1个2万吨级，1个3.50万吨级；设计年吞吐能力215万吨。1998年4月，经广西壮族自治区政府同意开通北海至越南下龙海上旅游航线业务，2013年6月，北海港客运口岸联检大楼投入使用。2017年，北海水运口岸进出口货物1 103.49万吨，同比增长7.75%；集装箱吞吐量1.82万标箱，同比下降61.12%；出入境船舶937艘次，同比减少15.36%。

【钦州水运（海港）口岸】 钦州水运（海港）口岸于1994年6月经国务院批准设立，1997年6月18日通过验收正式宣布对外开放，是常年开放的国际性口岸。钦州港位于广西钦州市境内，北部湾顶端的钦州湾内，地处广西南部沿海南（宁）北（海）钦（州）防（城）沿海经济区的中心位置，面向东南亚，背靠大西南，三面环山，南面向海，是天然的避风良港，水深，港池宽，潮差大，回淤少，建港条件优越，是大西南地区通向东南亚最便捷的出海口之一。钦州港口岸出口货物种类主要有化肥、碳电极，磷酸、磷酸氢钙等化工原料，进口货物种类主要有铁矿、锰矿等金属矿石、原油、煤炭、淀粉、生牛皮、机械设备等。2017年，钦州水运口岸进出口货物3 032.83万吨，同比增长1.35%；出入境人员5.74万人次，同比增长4.74%；集装箱41.96万标箱，同比增长34.71%；出入境船舶3 217艘次，同比增长4.89%。

钦州保税港区于2008年5月29日经国务院批准设立，是我国西部沿海唯一的保税港区，规划总面积10平方千米，由码头作业区、保税物流区、出口加工区和综合服务区组成。于2011年2月16日全面开港运营。2011年11月1日，钦州保税港区整车进口口岸顺利通过国家验收并对外开放，汽车进口业务已正常开展。2017年11月，国务院同意钦州保税港区核减规划面积，核减后规划面积为8.81平方千米。目前，钦州保税港区主要开展铁海联运班列、海运通航、加工贸易、冷链物流、跨境电商、整车进口等业务。2017年，进出口贸易额334.72亿元，保税货值35.75亿元，集装箱吞吐量177万标箱。

【江山水运（海港）口岸】 江山水运（海港）口岸于1994年10月经国务院批准对外开放，1995年2月通过验收正式对外开放，为仅限中国籍和越南籍船舶开展运输业务的常年开放的口岸。江山港位于防城港市防城区江山半岛西南端，其东北部是防城港，西南与越南隔海相望，

海路距越南鸿基不足148.16千米，陆路距防城区38千米，是一个水深、避风、不淤积的天然良港。江山港边地贸口岸开放以来，凭借其距离越南较近，航道状况良好，水路便利等优势，主要进口越南的煤、菅草、木材等货物，出口产品主要有钢材等。

【企沙水运（海港）口岸】 企沙水运（海港）口岸于1994年10月经国务院批准对外开放，1995年5月通过验收正式对外开放，为仅限中国籍和越南籍船舶开展运输业务的常年开放的口岸。企沙港口岸位于防城港市港口区的企沙镇内，地处北部湾西北部的企沙半岛南端，东面和南面濒临北部湾，东北面与钦州港相邻、西面为防城港，北面背靠大西南。企沙港口岸现有5个业主码头，建有泊位37个。口岸进口货物主要是矿产品、无烟煤、原木，出口货物主要是白水泥、石膏、建筑用玻璃和机电产品。2017年，企沙水运口岸进出口货物10.89万吨，同比增长830%；出入境人员0.08万人次，同比增长309%；出入境船舶76艘次，同比增长280%。

【梧州水运（河港）口岸】 梧州水运（河港）口岸位于广西东部，是广西乃至西部地区毗邻粤港澳地区最近的口岸，地处珠江流域中游的桂江、浔江、西江交汇处，与粤港澳一水相连。经梧州沿江而上，可至贵港、南宁、柳州、桂林、百色等地，连接资源丰富的大西南地区；经梧州沿江而下，可达广州、深圳、珠海、香港、澳门，连接沿海经济发达地区，因而梧州口岸素有“广西水上门户”“两广咽喉”之称。梧州口岸具有百年通关历史，据《梧州市志》记载，早在1897年梧州便作为通商口岸对外开放，凭借着天然水运优势，与130多个国家和地区有经贸往来，成为广西最大的内河港口，是常年开放的限制性内河水运口岸。梧州口岸进出口货物主要包括船舶、人造宝石、电池、松香及其深加工产品、钛白粉、纺织品、服装、玩具、回收固体废料、电子设备、机电产品及配件等。2017年，梧州港进出口货物73.25万吨，同比增长59.52%；出入境人员1 243人次，同比增长12.07%；集装箱7.05万标箱，同比增长58.53%；出入境船舶872艘次，同比增长11.08%。

【贵港水运（河港）口岸】 贵港水运（河港）口岸于1992年3月经国务院批准对外开放，1994年1月通过验收正式对外开放，是常年开放的限制性内河水运口岸。贵港口岸位于广西贵港市珠江干流西江中游黎湛铁路与西江航道的交汇处。目前罗泊湾码头作业区堆场面积16万平方米，仓库面积11 500平方米，码头岸线长900米，5股道专用线长1 000米。拥有3个1 000吨级集装箱泊位、4个1 000吨级件杂货及多用泊位，年通过集装箱20万标箱和件杂货180万吨能力。2013年3月，贵港口岸开通贵港至香港定期班线。贵港口岸主要出口商品是胶合板、办公家具、白砂糖等；主要进口商品是柴油发动机零配件、小型挖掘机零配件、废纸等。2017年，贵港水运口岸进出口货物123.29万吨，同比增长13%；出入境人员1 376人次，同比减少16.46%；集装箱1.07万标箱，同比减少23.33%；出入境船舶310艘次，同比减少18%。

【柳州水运（河港）口岸】 柳州水运（河港）口岸于1988年经国务院批准对外开放，1990年5月通过验收正式对外开放，是常年开放的限制性内河水运口岸。柳州港位于广西柳州市区内，距离西南出海通道口约400千米，距离中越边境约450千米，交通运输十分方便。鹧鸪江码头是目前柳州口岸唯一对外开放的监管场所。由于鹧鸪江码头升级改造，该监管区从2011年初开始拆除重建，2013年恢复通关业务，在鹧鸪江码头作业区恢复建成口岸简易通关监管设施，并按国家质检总局的标准要求完成口岸卫生检疫核心能力建设，顺利通过国家质检总局考核组的验收。2017年，柳州口岸进出口货物146.63万吨，同比增长21.07%。

【石头埠水运（海港）口岸】 石头埠水运（海港）口岸于1994年10月经国务院批准对外开放，1995年4月通过验收正式对外开放，为仅限中国籍和越南籍船舶开展运输业务的开放口岸。2017年，石头埠口岸进出口货物1.97万吨，同比下降46.38%；出入境船舶22艘次，同比下降68.57%。

原二类口岸

【平而关陆路（公路）口岸】 平而关陆路（公路）口岸位于广西崇左市凭祥市西北端，中越边境1036（1）号界碑处，距凭祥市区23千米，西南面与越南隔河相望，与越南平宜口岸对应，平而关口岸是凭祥市唯一的公路、水路口岸。1979年一度关闭，1991年恢复贸易往来。2009年，中越两国政府在签订的《关于中越陆地边境口岸及其管理制度的协定》中同意“平而关—平宜”口岸在条件具备时开放。

【科甲陆路（公路）口岸】 科甲陆路（公路）口岸位于广西崇左市龙州县武德乡，中越边境911号界碑处，与越南高平省下琅县山水相连，距龙州县城39千米。与科甲口岸对应的是越南的下琅口岸。科甲口岸于1953年对越开放，1978年一度关闭，1991年恢复贸易往来。2009年，中越两国政府在签订的《关于中越陆地边境口岸及其管理制度的协定》中同意“科甲—下琅”口岸在条件具备时开放。科甲口岸进出口的货物主要是农产品、土特产品、日用品和药材等。2017年，科甲口岸出入境人员2.27万人次，同比增长147.47%；出入境交通工具达611辆次，同比减少80.16%。

【岳圩陆路（公路）口岸】 岳圩陆路（公路）口岸位于广西百色市靖西县，中越边境791号界碑处，离靖西县城28千米，与百色市相距209千米，距首府南宁258千米。岳圩口岸与越南重庆县相连，对应越南坡标口岸，分别与越南重庆县城、高平市、首都河内相距22千米、72千米、342千米。岳圩口岸于1952年10月对越开放，1979年一度关闭，1991年恢复贸易往来。2009年，中越两国政府在签订的《关于中越陆地边境口岸及其管理制度的协定》中同意“岳圩—坡标”口岸在条件具备时开放。岳圩口岸进出口货物主要有水泥、饲料、锰矿、药材等50多种。2017年，岳圩口岸进出口货运量为2.86万吨，同比增长273.92%；口岸出入境人员为11.94万人次，同比增长31.96%。

【南宁内河水运外贸货物装卸点】 1987年正式对外开放，位于南宁市邕江河段。上溯左江可达龙津港，溯右江可通百色；下航可抵贵港、梧州、广州、香港、澳门等地。1992年，有码头泊位23个，年吞吐能力115万吨，港口有铁路专线与南宁火车站相接。南宁港经过几十年建设，已具备了发展成为一个吞吐量达1 000万吨以上的现代化内河大型港口的基本条件。南宁水运外贸货物装卸点开通了直达香港、澳门的外贸货物运输。西江航运贵港枢纽二期工程建成通航后，千吨级船队可从南宁直达港澳，可进行散装和集装箱运输。铁路进出口运输由南铁南宁站和南宁南站承当装卸和编组任务，验关点设在南宁南站的沙井外贸仓库专用线。随着南宁市的逐步发展，南宁内河水运外贸货物装卸点现有的软硬环境设施已逐渐不能满足南宁市水运业发展的需要，南宁港码头已于2008年下半年拆除，南宁内河水运外贸货物装卸点因为码头拆迁而暂停业务。“十三五”期间，广西申请新开南宁水运口岸，口岸新址定于南宁港六景港区八联联营厂作业区。

2017年广西壮族自治区口岸大事记

1月1日

北海、钦州、防城港VTS系统正式对外开通运行。

1月10日

内河40米级海事巡逻船“海巡1012”在柳州进行首次船舶航行试航，并顺利完成试航检验。

1月19日

广西壮族自治区主席陈武赴国检试验区调研视察；

广西壮族自治区副主席张晓钦到南宁海关调研慰问。

1月22日

海关总署副署长李国在南宁会见广西壮族自治区副主席张晓钦。

海关总署副署长李国在南宁慰问海关执勤武警部队。

1 月 23 日

海关总署副署长李国到凭祥海关及缉私分局调研慰问。

3 月 9 日

40 米级海事巡逻船“海巡 1012”列编仪式在贵港海事局新港办事处码头举行。

3 月 17 日

广西壮族自治区副主席张晓钦组织召开会议听取打私工作介绍。

3 月 23 日~24 日

2016 年度中国海（水）上搜救奖励及 IMO 特别勇敢奖评审会在广西北海召开，中国海上搜救中心副主任、交通运输部应急办主任智广路出席会议。

3 月 31 日

广西海事局按照《交通运输部海事局关于贯彻落实国家停征有关行政事业性收费政策的通知》，开始停征船舶登记费等中央设立行政事业性收费政策。

4 月 13 日

广西壮族自治区副主席张晓钦出席南宁综合保税区封关运营仪式。

4 月 16 日

武警总部副司令员杨光跃少将到北海海关执勤武警驻出口加工区办事处执勤点视察调研。

4 月 20 日

广西海事局“今日头条”政务头条号集体入驻、组建头条号新媒体传播矩阵的仪式在南宁举行，成为全国海事系统首家集体入驻单位。

5 月 9 日~10 日

珠江水系首期内河 LNG 燃料动力船舶船员特殊培训考试在梧州举行。

5 月 11 日

广西壮族自治区副主席张晓钦到东兴考察打击走私工作。

6 月 7 日

海关总署副署长胡伟、广西壮族自治区副主席张晓钦等领导到南宁国际会展中心检查指导全国打击走私成果展备展工作。

6 月 8 日

海关总署署长于广洲在南宁会见国家烟草专卖局局长凌成兴。

6 月 9 日

重点地区打击走私工作座谈会在南宁召开。中共中央政治局委员、国务院副总理汪洋出席重点地区打击走私工作座谈会并作重要讲话。

重点地区打击走私工作座谈会海关系统贯彻部署会在南宁召开。

北海港口岸扩大开放通过国家验收。

6 月 16 日

东兴公路口岸扩大开放和峒中公路口岸对外开放获国务院审批通过。

6 月 19 日~23 日

海关总署缉私局在越南参加第十一次中越署级边境执法会晤。

6 月 23 日

首批邮包从南宁空港口岸发运出境。这是南宁国际邮件互换局取得邮政总局批准对外邮件直接封发关系后，首批从南宁机场直接发往境外的邮包。

7 月 17 日

广西壮族自治区副主席张晓钦与越南谅山省委执行委员、省人民委员会副主席阮功长在南宁进行工作会谈。

7 月 21 日

广西海事局港口建设费缴纳全面实现远程申报及电子支付。

7 月 25 日~26 日

全国人大财经委主任委员李盛霖、副主任委员乌日图和交通运输部副部长戴东昌率调研组在广西北部湾沿海开展《海上交通安全法》修订立法工作专题调研工作并慰问一线海事执法人员。广西海事局局长黄军根、副局长林奎陪同。

8 月 16 日

全国人大常委会副委员长、民建中央主席陈昌智到凭祥调研边贸扶贫情况。

8 月 16 日 ~18 日

南宁海关与越南广宁、谅山、高平边境三省海关局在越南广宁下龙市举行“两国四方”第四次边境会谈。

8 月 23 日

海关总署党组书记倪岳峰到东兴调研。

8 月 24 日

海关总署党组书记倪岳峰在南宁会见广西壮族自治区主席陈武及党委常委、副主席蓝天立。

海关总署党组书记倪岳峰在南宁海关调研并听取南宁海关党组工作汇报。

8 月 29 日 ~30 日

广东、广西、海南海事局在广西海事局开展区域新闻宣传协作联动工作会议，签订《华南片区域海事新闻宣传协同联动合作协议》。

9 月 1 日

新加坡（广西南宁）综合物流产业园项目正式启动。

9 月 11 日

马来西亚驻中国首家保税仓兼电商实训基地启动仪式在南宁综合保税区举行。

9 月 12 日

国务院副总理张高丽出席第十四届中国—东盟博览会和中国—东盟商务投资峰会开幕式并发表主旨演讲。文莱苏丹哈桑纳尔、柬埔寨首相洪森、越南副总理张和平、老挝副总理宋赛等东盟国家领导人发表主题演讲。海关总署副署长李国在南宁参加第十四届中国—东盟博览会和中国—东盟商务投资峰会开幕式。

9 月 13 日

交通运输部部长李小鹏主持召开了防御第 18、19 号台风视频会议，广西海事局局长黄军根及防台领导小组成员参加了会议。

9 月 18 日

中越陆路边界口岸管理合作委员会调研组到龙邦—茶岭口岸开展联合调研。

9 月 20 日

广西壮族自治区政府副主席黄伟京乘“海巡 11581”船到梧州桂江河段调研河长制工作落实情况。

9 月 22 日

国家口岸管理办公室副主任白石到柳州口岸调研。

钦州保税港区、粤桂合作特别试验区、北海出口加工区等成为广西第一批 CEPA 先行先试示范基地。

9 月 28 日

广西壮族自治区党委书记彭清华，主席陈武，党委常委、秘书长王可，副主席张晓钦在钦州出席中新互联互通南向通道海铁联运常态化班列（北部湾港—重庆）首发仪式。

柳州白莲机场获国家口岸管理办公室批复同意中外籍客运飞机临时出入境。

10 月 10 日

广西壮族自治区副主席张秀隆乘“海巡

1011”船深入邕江河段开展河长巡河工作。

10 月 31 日~11 月 2 日

广西海事局防城港海事码头工程、大化港等八处内河监管浮码头工程、12 米高速玻璃钢巡航救助艇建造项目、内河渡口监管系统工程通过交通运输部海事局组织的竣工验收。

11 月 13 日

广西壮族自治区党委副书记孙大伟乘坐海巡船对红水河部分河段进行考察调研。

11 月 20 日

交通运输部海事局局长许如清、副局长李世新带队对广西海事局学习贯彻落实党的十九大会议精神情况进行督导。广西海事局黄军根、吕文伟、林奎、陈佳云参加。

11 月 27 日

中新互联互通项目南向通道建设南宁、重庆、贵阳和兰州四地海关合作推进会在南宁召开。

中越“两国四方”海关打击跨境走私联合行动启动仪式及执法交流会在钦州举行。

12 月 11 日

凭祥综合保税区举行跨境电子商务监管中心运营启动仪式。该中心是我国西南地区第一家沿边的跨境电商监管中心。

国务院批准钦州保税港区和凭祥综合保税区核减规划面积。

12 月 15 日

国务委员王勇、国家质检总局局长支树平赴国检试验区视察。

（撰稿人：方中群、韦思维、梁力丰、谭青青）

2017 年广西壮族自治区口岸流量统计表

口岸类型		口岸名称	货运量（万吨）				集装箱量（万标箱）				人员（万人次）				交通工具（辆、艘、架、列次）			
			出口	进口	合计	同比（%）	出口	进口	合计	同比（%）	出境	入境	合计	同比（%）	出境	入境	合计	同比（%）
空运口岸		桂林港	4.59	0.40	4.99	-55.30			0.00		19.62	19.22	38.84	-12.00	1410	1 401	2 811	-10.00
空运口岸		南宁港	7.61	5.20	12.81	321.38			0.00		58.96	59.15	118.11	6.21	4 398	4 436	8 834	0.48
空运口岸		北海港	0.00	0.00	0.00	0.00			0.00		1.45	1.42	2.87	31.05	120	117	237	1.28
空运口岸		分计	12.20	5.60	17.80	21.17			0.00		80.03	79.79	159.82	2.04	5 928	5 954	11 882	1.23
陆路口岸	公路口岸	友谊关	174.66	97.40	272.06	33.55			0.00		89.41	89.19	178.60	41.50	117 473	117 472	234 945	27.35
陆路口岸	公路口岸	东兴	19.83	18.18	38.01	-5.71			0.00		496.90	497.01	993.91	38.90	18 055	18 015	36 070	0.48
陆路口岸	公路口岸	水口	0.28	3.31	3.59	76.85			0.00		17.92	17.98	35.90	-32.86	9 638	9 654	19 292	-20.00
陆路口岸	公路口岸	龙邦	5.03	3.38	8.41	-32.16			0.00		6.17	6.27	12.44	-22.64	3 007	3 010	6 017	55.24
陆路口岸	公路口岸	平孟	4.95	11.35	16.30	18.00			0.00		21.25	21.25	42.50	41.00	150 630	150 630	301 260	47.00
陆路口岸	公路口岸	爱店	0.71	31.62	32.33	-60.84			0.00		4.33	6.40	10.73	-28.94	22 034	22 034	44 068	-89.84
陆路口岸	公路口岸	峒中	19.90	19.58	39.48	13.78			0.00		4.18	4.18	8.36	-33.86	11 222	11 222	22 444	-1.56
陆路口岸	公路口岸	硕龙	0.00	0.00	0.00	0.00			0.00		1.99	6.83	8.82	129.72	0	0	0	0.00
陆路口岸	公路口岸	分计	225.36	184.82	410.18	10.12	0.00	0.00	0.00		642.15	649.11	1 291.26	37.14	332 059.00	332 037.00	664 096	15.82
陆路口岸	铁路口岸	凭祥	16.39	0.87	17.26	-37.41			0.00		3.74	3.43	7.17	0.14	785	789	1 574	-0.25
陆路口岸	铁路口岸	分计	16.39	0.87	17.26	-37.19			0.00		3.74	3.43	7.17	4.06	785	789	1 574	-0.25

续表

口岸类型		口岸名称	货运量（万吨）				集装箱量（万标箱）				人员（万人次）				交通工具（辆、艘、架、列次）			
			出口	进口	合计	同比（%）	出口	进口	合计	同比（%）	出境	入境	合计	同比（%）	出境	入境	合计	同比（%）
水运口岸	海港口岸	防城港	489.97	5871.46	6 361.43	9.14	0.86	1.03	1.89	-67.77	2.23	2.42	4.65	-6.55	4 145	4 931	9 076	295.00
		北海港	186.10	917.39	1 103.49	7.75	1.09	0.73	1.82	-61.12	0.00	0.00	0.00	0.00	494	443	937	-15.36
		钦州港	413.91	2 618.92	3 032.83	1.35	21.22	20.74	41.96	34.71	2.60	3.14	5.74	4.74	1 470	1 747	3 217	4.89
		江山港	0.00	0.00	0.00	0.00			0.00		0.00	0.00	0.00	0.00	0	0	0	0.00
		石头埠港	0.00	0.00	0.00	0.00			0.00		0.00	0.00	0.00	0.00	0	0	0	12.90
		企沙港	0.00	10.89	10.89	830.00			0.00		0.04	0.04	0.08	309.00	38	38	76	280.00
		分计	1 089.98	9 418.66	10 508.64	6.56	23.17	22.50	45.67	9.49	4.87	5.60	10.47	0.00	6147	7 159	13 306	103.80
	河港口岸	梧州港	37.90	35.35	73.25	59.52	3.40	3.65	7.05	58.53	0.35	0.37	0.72	12.07	431	441	872	11.08
		贵港港	10.04	113.25	123.29	13.00	0.72	0.35	1.07	-23.33	0.15	0.08	0.23	-16.46	198	112	310	-18.00
		柳州港	0.21	146.42	146.63	21.07	0.00	0.00	0.00	0.00	0.00	0.00	0.00	0.00	0	0	0	0.00
		分计	48.15	295.02	343.17	24.62	4.12	4.00	8.12	39.04	0.50	0.45	0.95	9.20	629	553	1182	6.39
合计			1 392.08	9 904.97	11 297.05	7.07	27.29	26.50	53.79	13.12	740.67	738.38	1479.05	34.31	345 548	346 492	692 040	16.38
同比（%）			-7.10	9.42	7.07		7.74	19.26	13.12		34.96	33.66	34.31		16.35	16.42	16.38	

（广西壮族自治区口岸办提供）

2017年广西口岸出入境主要数据表

项目			2017年	2016年	同比（%）
出入境人员（万人次）	出入境人员总数		1 737.8	1312	32.45
	入境人员		869.4	656.4	32.45
	出境人员		868.4	655.6	32.46
	出入境旅客		1 634	1 252.4	30.47
	出入境员工		103.8	59.6	74.16
	中国公民	小计	880.9	707.9	24.44
		内地居民（因公）	11	11.7	-5.98
		内地居民（因私）	844.9	670.7	25.97
		港澳居民	4.8	5.9	-18.64
		台湾同胞	20.1	19.7	2.03
	外籍人员		856.9	604	41.87
	从海港出入境人数		13.7	13.2	3.79
	从陆港出入境人数		1 563.3	1 140.1	37.12
	从空港出入境人数		160.8	158.7	1.32
交通运输工具（万辆、艘、架、列次）	总计		81.1	39.9	103.26
	船舶		0.73	0.75	-2.67
	飞机		1.19	1.21	-1.65
	火车		0.15	0.17	-11.76
	机动车辆		79	37.7	109.55

2017 年南宁海关主要数据统计表①

项目		2017 年	同比（%）
进出口货运量（万吨）	合计	10 477. 5	5
	进口	8 935. 6	6. 9
	出口	1 541. 9	-4. 8
进出口贸易总值（亿元）	合计	3 540. 1	27. 9
	进口	1 790. 5	37. 7
	其中：江、海运输	1 464. 5	45. 5
	铁路运输	0. 3	1 265. 7
	汽车运输	3 03. 3	15. 2
	航空运输	13. 9	9. 8
	邮件运输	2. 2	4 685. 6
	其他运输	6. 3	-65. 1
	出口	1 749. 6	19. 3
	其中：江、海运输	417. 5	3. 9
	铁路运输	64. 5	8. 5
	汽车运输	1 259. 1	26. 1
	航空运输	7. 8	14. 3
	邮件运输	0. 7	157. 9
	其他运输	0. 007	-92. 8
税收（亿元）	两税合计	233. 8	35. 0
	关税入库	18. 5	-9. 5
	进口环节税入库	215. 3	40. 9

表注：进出口贸易总值指广西口岸进出口总值。

（南宁海关提供）

① 不含边民互市贸易。

2017 年广西壮族自治区出入境检验检疫业务统计表

项目		货物检验检疫				交通工具				集装箱（标箱）		发现动植物疫情		货物通关		出入境人员查验（人次）	健康检查及预防接种（人次）			
		批次	金额（万美元）	检验检疫不合格																
				批次	金额（万美元）	船舶（艘）	飞机（架）	火车（节）	汽车（辆）	合计	检出问题	种类数	种次	批次	金额（万美元）		健康检查	艾滋病监测	发现病例	预防接种
本年累计		119 719	2 688 458	3 335	749 246	10 281	12 056	10 544	1 803 606	393 747	360	254	306	113 631	1 986 887. 07	9 120 228	19 636	19 481	4 202	9 636
其中	出境	75 960	550 586	857	3 697	4 959	6 029	5 272	907 351	201 735	0	0	0	74 236	503 972. 74	4 561 890	15 113	15 070	3 650	9 628
	入境	43 759	2 137 872	2 478	745 549	5 322	6 027	5 272	896 255	192 012	360	254	306	39 395	1 482 914. 33	4 558 338	4 523	4 411	552	8
同比（%）		-13. 40	30. 59	-23. 05	11. 98	-7. 32	-1. 69	-32. 39	31. 64	3. 81	30. 91	-60. 19	-6. 99	-13. 68	-1. 45	16. 21	3. 21	3. 89	-0. 87	-5. 33
其中	出境	-6. 38	2. 14	-26. 18	-19. 62	-7. 84	-1. 55	-32. 39	32. 43	2. 70	0	-100	-100	-0. 34	-0. 70	16. 80	-1. 86	-1. 35	-4. 38	-4. 61
	入境	-23. 37	40. 68	-21. 90	12. 20	-6. 83	-1. 82	-32. 39	30. 85	5. 01	30. 91	-60. 19	-6. 71	-31. 07	-1. 70	15. 63	24. 74	26. 90	30. 81	-90. 59

（广西出入境检验检疫局提供）

2017 年广西海事局进出港船舶统计汇总表

船舶类别	进港船舶							出港船舶						
	艘数（艘）	总吨（吨位）	总载重量（吨）	载客量（客位）	船员人数（人次）	货物到达量（吨）	旅客到达量（人）	艘数（艘）	总吨（吨位）	总载重量（吨）	载客量（客位）	船员人数（人次）	货物发送量（吨）	旅客发送量（人）
总计	40 003	188 659 253	290 200 734	5 217 495	529 501	156 244 546	3 521 327	39 663	188 105 300	289 292 284	5 210 660	525 108	73 058 435	3 522 740
中国籍船舶	36 858	98 773 861	136 132 055	5 208 495	467 641	64 299 179. 6	3 519 994	36 488	98 037 366	135 129 592	5 201 660	462 928	60 986 810	3 521 253
其中：外贸船	515	2 894 565	5 259 897		6 123	4 860 312. 62		497	2 990 594	6 137 773		6 611	1 970 669	

（广西海事局提供）

海　南　省

海南省口岸分布示意图

口岸名称	批准开放时间	开放状态
海口空运口岸	2003	国际常年
三亚空运口岸	1995	国际常年
海口水运口岸	1962	国际常年
三亚水运口岸	1984.7	国际常年
洋浦水运口岸	1991	国际常年
八所水运口岸	1988.9	国际常年
清澜水运口岸	1996	国际常年

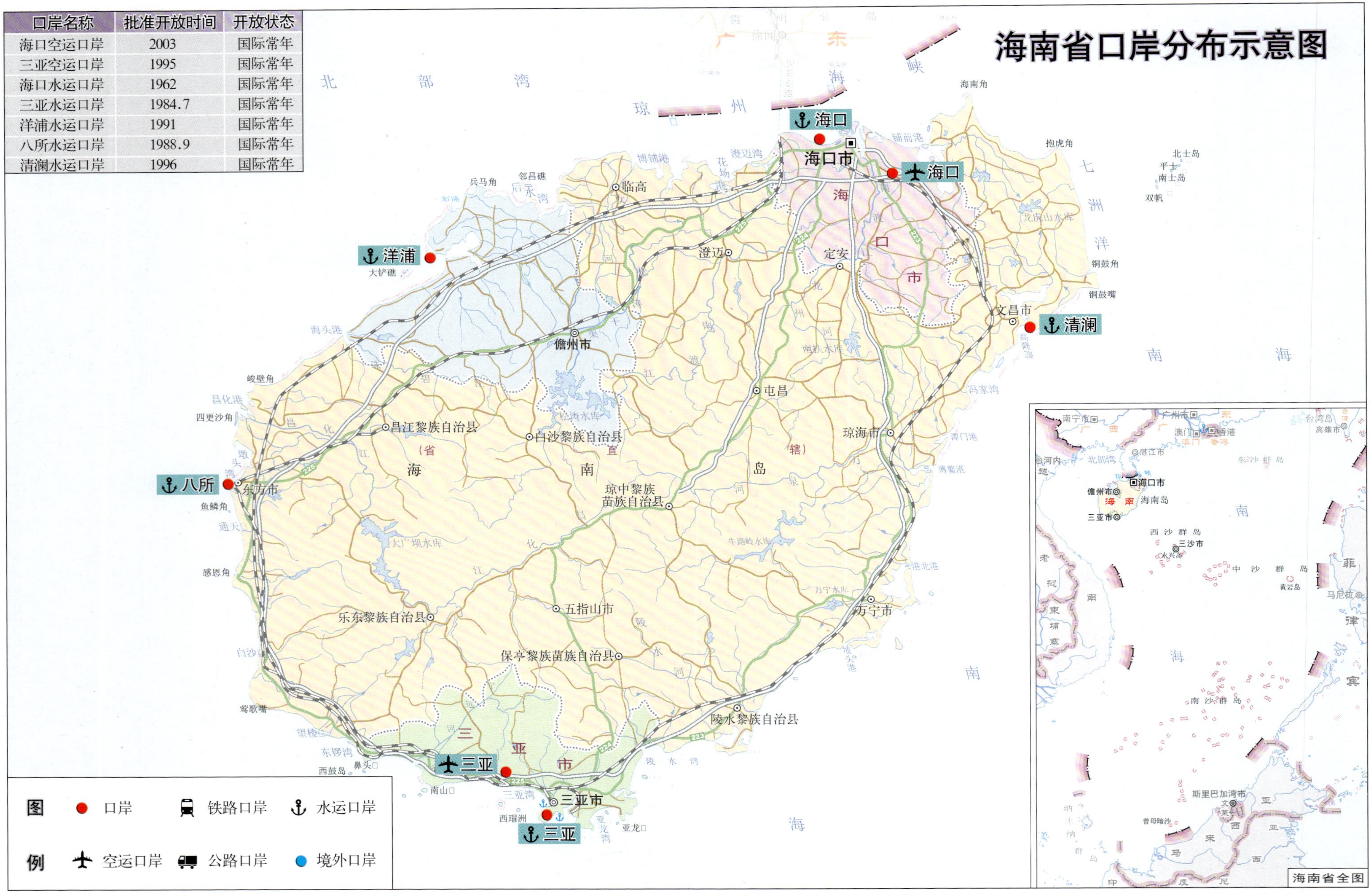

口岸数量及分布

截至2017年年底，海南省共有经国务院批准的对外开放口岸7个。其中，空运口岸2个，为海口空运口岸（美兰国际机场）、三亚空运口岸（凤凰国际机场）；水运口岸5个，为海口水运（海港）口岸、三亚水运（海港）口岸、洋浦水运（海港）口岸、清澜水运（海港）口岸和八所水运（海港）口岸。

口岸运行数据

2017年，海南口岸共有出入境人员1 809 248人次，同比增长49.20%。其中，入境197 319人次，同比增长44.90%；出境911 929人次，同比增长53.70%。出入境船舶3 933艘次，同比增长23.60%。其中，入境船舶1 977艘次，同比增长18.90%；出境船舶1 956艘次，同比增长28.80%。出入境飞机13 462架次，同比增长50.65%。其中，入境飞机1 716架次，同比增长51.50%；出境飞机1 735架次，同比增长50.90%。进出口货物2 915.79万吨，同比增长7.80 %。其中，进口货物1 375.24万吨，同比增长9.90%；出口货物540.55万吨，同比下降0.60%。出入境集装箱157 811标箱，同比增长33.30%。其中，进口73 196.50标箱，同比增长33.10%；出口84 614.50标箱，同比增长33.40%。出入境邮轮80艘次，同比下降25.20%；出入境游艇40艘次，同比下降40.30%。离岛免税购物80.20亿元，同比增长32%；离岛免税品1 050万件、购买人数233.40万人次，同比增加41.80%、34.80%。

口岸综合管理

【扩大口岸开放】 2017年4月24日，国务院发文批复同意海口水运口岸马村港二期扩大开放（国函〔1017〕52号）；国家口岸管理办公室于2017年10月13日组织并通过对海口水运口岸马村港区扩大开放验收；交通运输部于2017年11月2日宣布扩大对国际航行船舶开放，海南海事局于2017年11月22日发布正式对外开放公告，标志海南省对外开放口岸又增新成员。博鳌机场对外临时开放分别于2015年12月15日~2016年6月15日、2016年12月15日~2017年6月15日、2018年1月1日~4月30日三次获批；海南省东营、博鳌、石梅湾神州半岛、海棠湾、南山、龙沐湾、棋子湾、临高角等8个海上游览景区获交通运输部第7次批准临时对境外游艇开放，期限为2017年7月17日~2018年1月18日。

【推进口岸通关改革】 海南省海防与口岸办会同海南海事局研究制定《海南口岸国际航行船舶联合登临检查实施办法》，继续做好免除查验没有问题外贸企业吊装移位仓储费用全面试点工作；海南省海防与口岸办制定《海南口岸集装箱进出口环节合规成本专项治理行动实施方案》，于2017年11月1日~12月31日开展为期2个月的集装箱进出口环节合规成本专项治理行动，缩减进出口环节合规成本，提升贸易便利化水平；落实《国务院口岸工作部际联席会议办公室关于印发压缩货物通关时间的措施（试行）的通知》（口岸联办〔1017〕1号）和国家口岸管理办公室关于印发《压缩货物通关时间的措施（试行）》重点任务分工方案的函（国岸函〔1017〕57号）有关要求，海南省海防与口岸办研究制定《海南口岸压缩货物通关时间实施方案》以海南省人民政府办公厅名义印发（琼府办函〔1017〕289号），指导督促海口、三亚、文昌、东方、澄迈、洋浦口岸管理部门及驻琼各查验单位抓好工作落实，压缩货物通关时间，提高口岸通关效率。

【加强口岸设施建设】 一是根据《海南省政府办公厅转发〈海南省海防与口岸办公室关于进一步提高海南空港口岸通关效率的报告〉的通知》（琼府办〔1017〕58号）要求，海口美兰国际机场、三亚凤凰国际机场、琼海博鳌机场通关场所和设备设施进行升级改造，改善口岸通关环境。二是海南省海防与口岸办协调驻琼口岸查验单位、澄迈县政府、海南港航控股和瑞今公司等单位加快推进马村港二期澳洲活牛进口口岸建设准备工作。三是组织口岸查验单位检查指导完善洋浦港口岸小铲滩新建码头口岸查验配套设施建设，扎实做好对外启用验收前的各项准备工作。四是推进三亚凤凰岛邮轮港一期联检大厅的系统平台软硬件改造，配备包括 6 个智能验放台、1 个督导台、1 个咨询台、3 块 LED 显示条屏、22 部验放电脑等硬件设备，改造验放台 20 个验放通道管控系统后端软件和身份识别接口等系统，通关效率和服务质量显著提升。

【深化口岸区域合作】 2017 年，签订《泛珠三角区域口岸通关合作备忘录》《海南省邮轮游艇协会新加坡 1 度 15 分游艇会战略合作协议》等有关协议。先后协调开通了海口—广州—罗马、海口—清莱、海口—清迈、海口—槟城—吉隆坡、三亚—海参崴、三亚—暹粒、三亚—芭堤雅、琼台两岸直航常态化定期航班等国家和地区的国际航线 16 条，区域合作取得明显成效。

【服务保障口岸通关】 圆满完成 2017 年博鳌亚洲论坛年会、海南国际旅游贸易博览会、老挝国家政要团来琼参会、“活力澳门”推广周、环海南岛国际公路自行车赛、中非合作圆桌会议第 7 次大会、第 15 届世界海南乡团联谊大会、海南国际美食博览会、海南世界休闲旅游博览会、海南省冬交会、海南国际旅游岛欢乐节、越南舰船访问海口、第八届环海南岛国际大帆船赛事等重大活动，以及爱达贝拉号、云顶梦号等邮轮靠泊的通关服务保障。交通运输部批复（交海批〔1016〕59 号）同意国际航行船舶临时进入海南三亚、陵水、万宁、文昌等非开放水域装运鱼苗，期限自 2017 年 2 月 1 日 ~ 2017 年 6 月 30 日。共完成特批外轮临时进入海南省临时靠泊外籍装运鱼苗船舶 34 艘次，出口鱼苗 710 万尾，创汇 1 745 多万美元。

【加大口岸信息化建设】 一是“单一窗口”（一期）建设已完成并推广运用国家标准版，达到国家规定的运行目标，货物申报可实现一次录入、分别申报，申报录入项从原来的 143 项缩减到 84 项，申报时间缩短 20%以上。截至 2017 年 12 月底，共通过“单一窗口”标准版申报 1 581 单，其中货物申报报关 1 515 单、货物申报报检 405 单、运输工具申报 488 单，舱单申报 109 单、企业资质申报 13 单，原产地申报 51 单，报关覆盖率最高达到 100%、报检覆盖率最高达到 100%、交通工具申报覆盖率最高达到 39.70%，海南“单一窗口”标准版试点推广工作效果明显。正在推进的“单一窗口”（二期）建设主要用于空港口岸。二是出入境邮轮管理信息系统项目于 2017 年 10 月份验收运行，境外游艇管理信息系统正积极推广应用。三是指导各口岸单位全面推行“三个一”（一次申报、一次查验、一次放行）服务，优化口岸通关模式，“三个一”查验放行系统已在海口秀英港、三亚凤凰机场、洋浦小铲滩码头、海口美兰机场等进行推广。四是海南省跨境电子商务公共服务及监管平台建设项目于 2018 年 6 月 30 日实现功能性上线试运行。五是根据《海南省政务信息整合共享专项行动实施方案》的部署，完成非涉密业务系统对省政务信息资源共享采集云开放授权，海南国际贸易“单一窗口”、离岛免税等 7 个系统（网站）已全部开放使用授权，有效推进信息整合共享工作。

【扩大口岸宣传】 一是在海南省政府门户网站上开设“海南口岸”专栏；在海南网络电视台设立口岸打私频道。二是编辑《海防口岸打私动态》17 期，主动向各级领导、兄弟省市报送海南口岸重点工作事项。三是根据海南省委省政府关于开展“深入学习贯彻习近平总书记视察海南时重要讲话精神，建设美好新海南大研讨大行动活动”的决策部署，2017 年 9 月 18 日 ~ 9 月 23 日，海南省海防与口岸办牵头与海口海关、海南出入境检验检疫局、海南海事局、海口出入境边检总站、海南省边防总队共同组成“口岸改革政策宣讲团”，在海口、洋浦、三亚、东方、文昌 5 个口岸片区开展服务和支持海南口岸改革发展政策宣讲活动。

【推进邮轮游艇产业发展】 2017年1月18日，省文体厅、海南省海防与口岸办公室共同起草的《海南省帆船赛事组织服务管理办法（暂行）》以海南省人民政府办公厅名义印发；启动修订《海南省游艇管理办法》；组织制定并印发了《海南省加快推进“琼港澳游艇自由行”工作方案》；2017年11月27日，海南省人民政府批准清水湾游艇会码头临时对外籍游艇开放；在洋浦经济开发区和海口举办了海南国际游艇产业园投资发展座谈会，在海口举办了游艇产业发展论坛暨推介招商活动；组织海口新埠岛游艇会、三亚鸿洲国际游艇会、三亚半山半岛游艇会、万宁华润石梅湾游艇会、陵水清水湾雅居乐游艇会、詹尼斯游艇会等6家游艇企业推出游艇婚礼、游艇培训、帆船培训、游艇蜜月套餐等13个项目参加广州旅游博览会。会同海南省住建厅、海南省海洋与渔业厅及陵水县政府在陵水县清水湾共同举办1017雅航盛世海洋休闲生活博览会及“1017海南游艇特色小镇建设论坛”。支持并协助举办第八届“海天盛筵”，与三亚鸿洲集团共同举办了“欧亚陆间海游艇目的地国际交流论坛”。积极参与了第十三届中国邮轮产业发展大会、中国国际游艇展览会、中国大连国际游艇展及中国青岛国际邮轮峰会，加强与意大利、新加坡游艇业界交流和合作，积极宣传游艇文化，大力推进游艇大众化消费市场培育和开发。

口岸监管与服务

【海口出入境边防检查总站美兰边检站被国务院授予“模范边检站”荣誉称号，成为基层党建工作的示范标杆】 2017年5月19日，在全国公安系统英雄模范立功集体表彰大会上，海口美兰边检站被国务院授予“模范边检站”荣誉称号。中共中央总书记、国家主席、中央军委主席习近平亲切会见了全国公安系统英雄模范立功集体代表并发表重要讲话，美兰边检站站长常振夫作为代表参加了会见。2017年5月25日，海口美兰边检站隆重举行了国务院“模范边检站”荣誉称号揭牌仪式，海南省省委常委、政法委书记肖杰，公安部出入境管理局党委书记、局长曲云海出席揭牌仪式并作讲话。海口美兰边检站是全国边检机关、公安部直属单位、海南省公安系统中唯一获得此殊荣的边检优秀基层单位。海口美兰边检站始终坚持政治建警，以党建工作统领队伍建设促进中心工作，建立党员队伍单元化网格化教育管理模式，规范党组织生活制度，充分发挥基层党组织战斗堡垒和党员先锋模范作用，按照习近平总书记对于政法队伍的要求，锻造了一支信念坚定、执法为民、敢于担当、清正廉洁的边检队伍，创建了具有边检特色的基层党建工作品牌，成为了海南省基层党建工作的示范标杆，赢得了人民群众的支持和肯定，先后获得全国文明单位、全国优秀公安基层单位、公安部集体一等功、海南省机关党建示范点、海南省人民满意的公务员集体等荣誉。

【海口出入境边防检查总站开展“三抓一保”百日专项行动】 2017年，为党的十九大胜利召开营造安全稳定出入境环境的总目标，切实提高民警岗位履职能力，着眼于梳理解决民警岗位适任能力、工作制度落实、口岸安全稳定上存在的隐患和问题，海口边检总站决定利用100天集中开展“三抓一保”（抓能力提升、抓规范执行、抓责任落实、保口岸安全）百日专项行动。对后台核查、证件鉴别、行政案件办理、技术保障等特殊岗位，采取小范围交流研究、跟班学习和集中研讨的方式开展培训，有效提升基层关键岗位民警业务能力。美兰边检站一线执勤队上台民警比率从50%提升到95%；秀英边检站交检队具备办理船舶出入境手续岗位能力的民警比率从20%提升到90%，执法调研队具备办案能力民警比率从50%提升到100%；马村边检站克服执勤队平均年龄超过47岁，大部分民警从未从事过船检岗位、业务基础较弱等困难，努力把独立办理船检手续的民警比率从35%提升到75%。

【海口出入境边防检查总站严密构建海港口岸“海空”一体防控体系】 为有效解决和弥补

海口港口岸码头点多线长、港口及锚地监管难度大等突出问题，海口边检总站在海口港采取了多项边检管控措施，初步形成了码头巡查、信息动态预警监管、远距离监控、无人机巡查、海事与边检应急处置联动为一体的立体化港口管控模式，有效强化提升港口和锚地安全监管能力。一是通过20千米远程视频监控系统对锚地船舶实施定位监控，并与海南海事局签订协作机制，发现异常情况立即派出船艇实施联合登船检查。二是接入10千米、5千米、2千米、1千米高清热敏成像监控雷达，实现在夜间、大雾等极端天气情况下亦能对锚地船舶实施有效监管，及时准确发现情况问题。三是在秀英港和马村港部署边检执法执勤无人机，启用无人机投入港口执法执勤监管工作。通过无人机接、送船，做到出入境船舶进、出港全程动态监控，出警时间由1小时左右缩短到10分钟，增强了口岸巡查监管的机动性和灵活性，为第一时间发现和处置非法搭靠、无证登轮、未按申报航线航行、逃避边防检查等非法出入境活动提供有力的证据支撑，也在一定程度上避免和减少了民警外海执勤及船舷攀爬带来的风险和企业海上交通运行成本。

【海南省公安边防总队稳步推动勤务模式改革】 一是积极参加服务贸易创新发展试点工作。通过研发推广海上游艇定位系统及掌上便民服务平台、推行诚信优待服务等方式优化办检手续，进一步简化登轮登陆手续并实时提供自动化、远程化互动管理服务，为境外游艇省内自由行提供了便利，共办理登轮、搭靠、随船工作等证件11 000多份，平均每航次为船方节省将近50分钟。二是大力推行企业、船方自管模式，强化船方、港航企业等单位内部管理与边检管理的衔接。先后在洋浦、八所港等8个码头实行企业自管、边检视频监管的警企联动勤务模式，有效调动各方参与口岸管理的积极性，码头服务管理效能得到进一步提升。三是召开游艇管理座谈会，对游艇管理的重点难点问题进行研究探讨，明确境内、境外游艇的管辖范围，出台《境外游艇省内自由行管理办法》，进一步规范境外游艇的管理方式。四是不断完善“公务机一站式”查验模式，整合公务机预报、清舱及旅客、机组手续办理等流程，精简舱单复核、机体检查时间，在确保管控安全的基础上实现了公务机旅客随到随检、零等待、零停留，共检查公务机100余架次，每航次查验时间比原来缩短40%以上。

【海南省公安边防总队主动服务口岸开放】 一是积极参与推动海南省“单一窗口”试点建设和推广应用。二是按照规范标准，完成博鳌机场新国际航站楼执勤现场、8所华能码头执勤点及洋浦港执勤点等项目建设，主动跟进指导乐东国电码头、洋浦小铲滩码头、陵水清水湾游艇码头等拟开放码头边检执勤设施建设，确保符合标准。三是投入建设资金500余万元在凤凰国际机场执勤现场建设7个智能验证台及8条自助查验通道，在洋浦试点建设口岸限定区域智能管控系统，口岸边检通关保障能力显著提升。

【海南省公安边防总队口岸管控工作成效显著】 一是抽调业务骨干建立后台核查队伍，拓宽各类数据平台应用深度，建立全程查缉工作体系，形成“小前台、大后台”的勤务模式。二是分别派出2批次9人次边检骨干赴杭州、乌鲁木齐交流学习口岸管控经验，组织召开一、二级检查员等级评定、边防专业技术兵培训班，分享兄弟总队先进工作经验，提高口岸查缉能力。三是制作《海港勤务流程图》对各海港站勤务模式进行规范，严格落实接送船及巡视巡查工作制度，加强船舶检查力度，严密口岸限定区域管控，确保口岸管控取得实效。四是2017年博鳌亚洲论坛年会期间，制作下发《博鳌亚洲论坛年会指引》，为一线执勤科队开展年会专项勤务工作提供有力指导，圆满完成了12架次80余名参会贵宾的出入境边防检查任务。

【海南海事局创新海事监管服务举措，实现口岸通关提速增效】 一是建立国际航行船舶联合登临检查工作机制。根据交通运输部、公安部、海关总署、国家质检总局《关于建立国际航行船舶联合登临检查工作机制的通知》要求，推动海南各口岸查验单位联合下发《关于明确国际航行船舶联合登临检查工作有关事项的通知》，明确职责层级分工、联合登临检查情形、具体工作要求等事宜，完善工作机制、推进信息共享、执法互助和监管互认，进一步压缩通关时间，提高通关效率，提升执法效能，提高港口口岸查验能力和服务水平。二是采取集约登轮检查工作方式，解决内部多头执法、存在重复登轮可能性问题。海南海事局各分支局在实施港口国监督检查的同时，对船舶防污染、危险品现场作业等内容一并实施检查，一次性完成海事监管所有执法检查事项，降低检查对国际航行船舶营运可能产生的影响，提高港口运营效率。三是实施港口国监督新检查机制（Tokyo MOU NIR）。通过对国际航行船舶的风险评估，对不同风险船舶采取差异化的检查策略，提升港口国监督检查的针对性。同时，运用“港口国监督决策支持系统”，进一步提高检查工作效率，降低港口国监督检查对船舶在港时间影响。四是积极推行海事“互联网+政务服务”新模式。在互联网上已实现船舶抵港前预报预检功能，并提供24小时口岸查验申报审批服务，提高船舶抵港后的通关效率。五是研究提高通关信息化水平新举措。积极参与配合国际贸易“单一窗口”项目建设，落实《海南口岸压缩货物通关时间实施方案》等文件，研究制定了提高海南省口岸通关信息化水平的方案，提出建立国际航行船舶联合登临检查协同系统的信息化建设需求。

【海南海事局主动服务，海事口岸管理工作显成效】 一是积极配合完成了海口港口岸马村港区扩大开放工作，实现了马村港二期对国际航行船舶的正式开放。二是做好国电乐东码头、洋浦小铲滩码头、境外游艇临时进出海南省8大水域、鱼苗船临时进出海南省部分水域的临时对外开放工作。三是完成海南国际贸易“单一窗口”标准版的全面推广应用工作。四是参与环岛大帆船赛的协调组织与安全保障工作。五是推动“中国三沙”成为海南省中资方便旗船舶回归登记的船舶登记港，支持三沙航运经济发展，得到海南省领导批复肯定。六是协调解决中国华粮物流新良海运有限公司船舶异地登记问题，为解决国家北粮南运船舶运力问题作出了贡献。

【海南海事局深化体制机制改革，船舶监管效能上新台阶】 一是全面实施船舶进出港电子报告制。2017年3月，在已实施国内航行海船进出港报告制度基础上，交通运输部海事局印发关于内河航行船舶施行进出港报告制度的相关通知。自此，我国全面进入国内航行船舶进出港报告制度时代。二是全面实施《中华人民共和国船舶安全监督规则》（以下简称“《规则》”），将船舶安全检查转变为船舶安全监督。原《中华人民共和国安全检查规则》同时废止。《规则》的出台是为了适应取消船舶进出港签证、新《中华人民共和国安全生产法》对海事管理机构履行水上安全监管职责的要求和借鉴东京备忘录组织实施的港口国监督新检查机制。全文分为七章共五十七条，亮点主要体现在准确定义船舶安全监督的概念和行为，明确航运公司、船舶、船长、船员、船舶检验机构、海事管理机构等相关方应当履行的责任和义务，明确船舶建立开航前自查制度，施行船舶进出港报告制度，实施船舶综合质量管理和完善船舶安全监督检查选船标准等六个方面。三是船舶安全监督系统正式上线运行。为配合《规则》的顺利实施，提高船舶监督工作效率，交通运输部海事局开发的船舶安全监督系统于2017年12月1日起正式上线。新船舶安全监督管理系统投入使用后，原船舶动态系统（2.0）中办理的船舶进出口岸、船旗国检查、船舶分类分级管理等船舶监督相关业务将全部使用新船舶安全监督管理系统办理。同时，新系统还支持现场监督录入与查询、船舶动态监控、目标船选择与任务指派等功能。海南海事局稳步积极推进实施，保证船舶监督的改革和监管模式，进一步规范船舶安全监督执法行为，使船舶安全监督工作在构建海上安全责任链中的重要作用得到了有效发挥。

【海口海关支持海南省用好用足国家重大开放政策】 一是支持海南省全面融入国家“一带一路”战略。大力支持海南省内重点口岸开放建设，推动海口港口岸马村港区二期正式获得国家批准扩大开放，海口海关驻三沙办事处正式挂牌并对外开办业务。推动海南省加快提升互联互通水平，支持海口美兰国际机场国际快件中心正式运营，结束海南省没有国际快件业务的历史。做好博鳌机场等监管服务工作，成功保障海南省先后开通“海口—菲律宾”“海口—柬埔寨”等海运外贸航线和38条空运航线，2017年监管进出港航班1.50万架次、进出境旅客177.70万人次，同比分别增加35.40%和44.80%。二是主动服务海南省服务贸易创新发展试点。坚持为博鳌乐城国际医疗旅游先行区提供“靶向”服务，主动配合海南省政府研究论证向国家争取进口药品和医疗器械政策，批准区内设立药品公共型保税仓库，运用《中西部地区外商投资优势产业目录》为区内进口医疗设备办理减免税手续，海口海关工作得到国务院督查组充分肯定。支持海南省会展产业发展，为2017年博鳌亚洲论坛年会、海天盛筵、雅航盛世、环海南岛大帆船赛等会展赛事提供高效通关保障服务。三是全力以赴推动国际旅游岛开放政策。支持海南省游艇产业先行先试，推动海关总署将“差别化海关担保”纳入署级课题，研究提出以“总担保+第三方担保”模式降低游艇进境担保成本，支持境外游艇临时进出省内8个游艇游览景区，成功争取海关总署批准拓展游艇保税仓库功能，试点仓内展示和保养维护业务。推动离岛免税政策效应放大，保障火车离岛旅客免税购物模式顺利实施，成功培育“线上购物、线下提货”新业态，支持美兰国际机场免税店新增营业面积1 500平方米，试点推行离岛免税购物提货“无纸化”，完成海关监管系统升级改造，实现免税品进口平均通关时间缩短65%以上。2017年，海南省海口、三亚两家离岛免税店实现销售金额80.20亿元人民币、离岛免税品1 050万件、购买人数233.40万人次，同比增长32%和增加41.80%、34.80%。

【海口海关支持海南省加快培育外贸发展新动能】 一是发挥好海关特殊监管区域新优势。支持海南省复制推广“保税展示交易”“出境加工监管”“委内加工监管”等13项自贸试验区海关监管创新制度，成功争取海关总署批复海南省开展的海关特殊监管区域间钻石通关试点延期两年，2017年，监管钻石进境1 109克拉，货值1 974万元。积极配合推进设立海口美兰空港综合保税区，探索叠加海关特殊监管区域政策和离岛免税政策，推动海关特殊区域保税仓储货物转为离岛免税商品。开发线上跨境电商管理平台，支持海南省依托海口综合保税区正式启动跨境电商业务，实现“双十一”“双十二”期间业务平稳运行。二是培育好海南省外贸产业新亮点。支持海航集团开展境外飞机进境维修业务，优化“保税仓库+进境维修”的飞机维修监管模式，全年监管进境维修飞机10架、货值4.30亿美元。支持汽车进出口业务加快发展，服务省内汽车龙头企业打造“万台整车出口菲律宾计划”，推动海口港口岸整车进口首次突破1 000辆大关。支持洋浦能源基地建设，2017年洋浦口岸保税监管场所保税油品进出仓总量达1 325.72万吨、货值59.84亿美元，同比增长30.12%和49.98%，进出仓量值均创新高。推动做大保税仓库成品油转口贸易。2017年，海口海关为海南省内企业实际减免税款21.04亿元，同比增长112.91%。三是谋划好海口海关建言献策新作为。积极配合海南省委省政府研究探索建设自由贸易港，受到海南省委省政府主要领导同志高度肯定。全面落实海南省委开展“大研讨大行动”活动，集中两个月时间在海南省范围内开展“大走访、大宣讲、优服务”专项行动，海口海关领导带队走访6个重点市县、7家重点园区和46家重点企业，收集问题建议100余条。组织召开海南省进出口企业座谈会，出台进一步支持外贸发展、促进海南对外开放20条措施，开展支持海南扩大开放系列课题研究，成功推动外贸业务量纳入海南省各市县考核指标体系。强化海关进出口统计分析，聚焦离岛免税、离境退税及海南省重点产业走势，2017年向海南省委省政府报送《海关工作专报》100余篇，海口海关工作先后获得省领导批示30余次。

【海口海关推动海南口岸贸易实现安全与便利】 一是全方位推进海关通关改革。自2017年7月1日起，在海南省启动全国通关一体化改革，10月1日进出口全部实现通关一体化，为全省1 500余家外贸企业提供“全国海关如一关”的通关便利，年内受理全国海关通关一体化报关单2.04万票。稳步推进“三互”大通关、“双随机、一公开”、国际贸易“单一窗口”、隶属海关功能化建设等重点改革。实现所有信用等级企业适用通关作业“无纸化”，报关单“无纸化”率居全国海关第8位。推动海南国际贸易“单一窗口”正式上线运作并实现口岸全覆盖，标准版货物报关日覆盖率达到75%以上。深入推进“放管服”改革，海口海关驻海南省政务服务中心审批办实现4个事项审批时限再提速21%。落实对查验没有问题的外贸企业免除吊装、移位、仓储等费用政策，2017年为符合条件的344家企业、763个进出口集装箱免除费用。提前实现“通关时间压缩三分之一”目标，出口平均通关时间高居全国海关第5位，进一步为企业提供便利。二是全方位强化海关实际监管。主动发挥海关风险情报信息监控中心作用，实现海南省海关监管场所、作业现场监控全覆盖，年内成功通过风险布控查获金属硅、游戏机主板、再生橡胶等固体废物案件，查证废橡胶、硅渣等各类涉案固体废物1 000余吨、废旧机电产品近万件，责令退运固体废物1 500吨，有效封堵废物走私入境通道。强化知识产权海关保护，推荐4家企业入选海关“龙腾”行动重点保护企业名录，首次联合海南省“双打办”等部门举办“海南省外商投资企业知识产权保护行动联合宣讲会”，与海南省知识产权局、版权局签订执法协作备忘录，成功查获关区首宗货运渠道出口货物涉嫌侵犯知识产权情事，大力营造良好的营商环境。三是全方位打击走私维护贸易秩序。深入落实全国重点地区打击走私工作座谈会精神和全省“禁毒三年大会战”部署，全力开展“国门利剑2017”、全省禁毒三年大会战“秋冬攻势”等专项行动。年内先后成功侦办“hk1701”特大走私宝石原石案件、“4·26”特大骗取出口退税、骗取地方政府补贴走私案、枪毒走私团伙案等大要案，1宗案件被列为海关总署一级挂牌督办案件及公安部部级督办案件，提前超额完成省“秋冬攻势”行动任务目标，全年各项主要业务指标均创历史新高，刑事立案42宗，案值20.65亿元，涉税2.17亿元，同比分别增长40%、6.10%和43%；行政立案289宗，案值1 883.90万元，涉税378.20万元，案值、涉税同比分别增长457.90%、158.30%。

【海南出入境检验检疫局筑牢口岸检疫防线】 2017年，海南出入境检验检疫局持续提升口岸核心能力建设水平，强化检疫查验与联防联控，联合海南省委宣传部、海南省卫计委等17家单位共同建立海南口岸传染病联防联控工作机制，代拟全省口岸传染病和突发公共卫生事件联防联控合作机制相关文件；联合海南省卫生计生委妥善处置3起入境登革热病例，防止疫情输入及传播；检出核生化放射性有害因子超标案例44例，有效维护口岸安全。推进口岸动植物检验检疫规范化建设，与海南省林业厅联合开展“林安”专项行动，开展“绿蕾3”专项行动，截获非法携带、邮寄的种子种苗89批次、126.70千克，在上述截获物中检出有害生物39种类、60种次，同比增加457.14%和757.14%；其中检疫性有害生物3种类、3种次。2017年，各口岸共截获检疫性有害生物28种类、85种次，同比分别增加100%和77.08%。

【海南出入境检验检疫局筑牢产品质量安全防线】 一是完善质量安全机制。2017年，海南出入境检验检疫局推进“进口食品安全放心工程”“出口食品竞争力提升工程”，实施进出口食品安全会商制度，建立进出口食品化妆品安全监督抽检和风险监测常见问题应对库并实施动态更新，确保了海南口岸全年食品安全“零事故”。牵头协调30多个省直单位，起草《海南省完善进出口商品质量安全风险预警和快速反应监管体系切实保护消费者权益工作实施方案》，为海南科学防范质量安全风险、推动质量安全治理体系和治理能力现代化发挥积极作用。探索构建以

"出口合格假定，进口风险管理"为核心的进出口产品合格评定新机制，实施进口汽车缺陷消除1 725辆；持续开展"口岸天平"行动，构建进出口危险化学品闭环监管工作体系，检出重量短少商品25批、184.31万美元，3例被国家质检总局作为范例在全系统推广。严厉打击洋垃圾违法行为，及时处置进口再生橡胶中夹带的禁止进口固体废物519吨。与兄弟省检验检疫局建立联动机制，约谈企业对存在缺陷的16 240余支儿童软毛牙刷在全国范围内实施召回，顺利实施海南口岸首次进口消费品召回工作。二是狠抓产品质量提升。2017年，海南出入境检验检疫局聚焦海南重点产品和重点产业，建立展会质量安全联动机制，开展"质量月""质量提升行动""3·15""质检科技周""食品安全宣传周"等活动，营造浓厚的质量提升氛围。推动出台《海南省出口食品农产品质量安全示范区考核实施办法》，构建"检+政+企"示范区协同共建机制，主动推行8项措施鼓励示范区创建，帮扶指导澄迈县以"零问题项"获批国家级出口食品农产品质量安全示范区，培育海南热带高效农产品国际竞争新优势。与科技、农业、财政等部门构建生态原产地产品保护工作联络机制，推动实现海南省生态原产地产品保护零突破。联合多部门全力推进"同线同标同质"工程，为企业牵线4家国内知名电商平台及5家商超，新增8家企业、14种产品上线"三同"平台，促进海南省"三同"企业内外销金额21亿元人民币，为消除国内市场与国际市场产品"质量高差"发挥积极作用。三是筑牢质量制度防线。2017年，海南出入境检验检疫局加大人事改革机构力度，以财务部门为试点开展"瘦上强下，抽肥补缺"行动，获得国家质检总局和海南省政府批复支持设立海口检验检疫局。加大制度建设力度，实施"提升制度建设质量获得感工程"，清理近20年来的1 542份规范性文件，梳理现行有效规章制度531个，修订75个，废止276个，新制定规章制度45个，形成一套系统完备、机制合理、设置科学、便于监督的制度体系，促进队伍素质和工作质量双提升。

【海南出入境检验检疫局通关改革成效显著】 一是压缩检验检疫流程时长。2017年，海南出入境检验检疫局出台6个压缩流程时长指导意见，科学实施"至简施检"模式；出台12项压缩行政许可审批流程时长措施，推行"无纸化"、"不见面"审批，将审批时长压缩至5.90个工作日；全面推广应用"e-CIQ主干系统""中国电子检验检疫网上申报系统"，海南省"无纸化"报检率达98.70%，参与建立全省国际贸易"单一窗口"平台，实现检验检疫电子放行信息和海口港电子闸口自动放行功能；与海关、边检、海事等建立联合登临检查工作机制，将进口汽车关检"串联"流程优化为"并联"检验，大大压缩检验检测时长，促进海口港区整车进口量首次突破千辆，同比增长341%，增幅居全国前列；对以海口港为母港的邮轮及海口美兰国际机场进出境航空器实施电讯检疫，构建便捷高效的进出境旅游廊道；全力支持海南申报跨境电商试点城市，创新中文标签加贴方式，服务新业态发展；出台检验检疫流程时长执纪问责措施，发挥分片派驻纪检组"探头"优势；严格专项督查和结果通报机制，定期召开局务会议通报流程时长监测情况。2017年12月，海南口岸进出口货物检验检疫平均时长0.44天，时长较1月大幅缩短。二是实现检验检疫审单放行。审单放行新模式是国家质检总局全面贯彻落实党的十九大精神，提升企业通关便利获得感的重大改革举措。该模式是在企业提供质量安全合格保证基础上，结合产品风险和企业信用等级，通过审单方式进行合格评定放行。自2017年11月1日起，海南口岸八成入境货物实现检验检疫审单放行，海南省检验检疫通关放行进入"秒通关"时代。

【海南出入境检验检疫局服务海南国际旅游岛建设】 一是支持海南特色产业建设。2017年3月，海南出入境检验检疫局狠抓《国家质检总局海南省人民政府共同促进海南创建全域旅游示范省合作备忘录促进海南创建全域旅游示范省合作备忘录》任务落实，服务特色旅游标杆产品做大做优，积极争取国家质检总局支持，与海南省商务厅联合召集17家单位会商，达成4项协调解决进口椰子问题共识，促进海口港申请建设进境水果指定口岸获批，助力海南口岸进口去皮毛椰子31.48万吨，增长23.06%，保障海南传统加工业进口椰子足量供应。同时帮扶琼中绿橙、幌伞枫、番木瓜、椰果等十多个特色产品首次打入国际市场，促进海南优势农产品价值链升级，牵头协调推进省重点项目“海南进口澳洲屠宰牛项目”建设。二是服务旅游产业发展。全力支持博鳌乐城国际医疗旅游先行区建设，试行进口游乐设施“风险评估+过程控制+分类监管+关键控制点”检验监管模式，保障亚特兰蒂斯酒店等海南3大游乐项目顺利建设；将热带植物隔离检疫中心文昌基地打造为国门安全教育示范点，融入全域旅游“美丽海南百千工程”，为海南省生态旅游景点增添一抹亮色。三是保障重大活动。保障2017年博鳌亚洲论坛年会及质检分论坛、越南海警舰船来访等重大外事活动，以及环海南岛国际大帆船赛、海南冬交会等重要赛事展会的成功举办。四是支持中小微企业发展。2017年，海南出入境检验检疫局用心用力打好“技术牌”，念好“服务经”，促进企业质量提升。与洋浦管委会签署合作备忘录，共建检验检测公共技术服务平台；开展标准比对及标准提升活动，完成6家企业19个企业标准备案，遴选出翔泰渔业、勤富食品、春光食品等5个高标准“领跑者”企业，其企业标准经比对共有45项指标高于国家标准；积极开展技术性贸易措施应对，收集比对中国、美国、日本及CAC荔枝农残标准，帮助企业打破进口国技术贸易壁垒，开拓国际高端市场，将主要出口国家由马来西亚等拓展至美国、加拿大等，促进荔枝扩大出口。实施针对性服务，通过组织实验室间比对、检测技术培训交流、技术人员“传帮带”等方式，提高中小微企业自检能力，减免检测费用，并帮助其完善质量体系，提高质量管控水平，推动中小微企业提质增效。

【海南出入境检验检疫局实施科技兴检】 2017年，海南出入境检验检疫局大力实施“提升技术进步获得感工程”，注重信息化顶层设计，着力打造信息化“一张网”，努力实现检验检疫全部网络和数据互联互通，在全国系统内率先开发通关放行时长测算系统，开发“双随机、一公开”监管系统，建立“双随机”名录库；实现e-CIQ主干系统与国际贸易“单一窗口”、跨境电商平台、现场移动查验APP、实验室管理系统互联互通，不断增强行政效能。大力提升检测实力，技术中心检测项目扩项认可617项、同比增加32.75%，技术中心成为全国首批土壤污染状况详查检测实验室、省农产品质量安全指定检测机构，加入“国家供港食品检测实验室联盟”等4个实验室联盟；保健中心积极推进国家热带虫媒传染病检测重点实验室建设；隔检中心顺利通过CNAS监督评审和扩项评审，认可检测能力项目增加至137项，其中8项填补海南省转基因项目检测领域空白。科研能力不断提升，申报省部级项目32项，同比增加52.4%；行业标准立项6项，同比增加50%，积极利用科技成果转化，建立文心兰切花新品种示范栽培基地，构建“公司+基地+农户+标准生产”的热带花卉产业化模式，帮助农民脱贫致富。

开放口岸

【海口空运口岸（海口美兰国际机场）】 海口空运口岸位于海口市美兰区演丰镇，占地面积5.83平方千米。1999年建成使用，2003年正式对外开放。国际航空4E级标准园林式机场，跑道长3 600米、宽45米，可满足波音747-400等大型飞机全载起降要求，设计年客运能力930万人次、货物15万吨。机场航站楼总面积9.93万平方米，站坪总面积38.40万平方米，站坪机位33个，已启用的新国际航站楼占地面积1.32万平方米，可满足年出入境旅客吞吐量105万人次。2017年，共执飞航线249条，相比去年同期增加18条；通航境内外城市达到139个，比去年同期增加21个。其中，开通境外航线26条，通航境外城市 26 个。2017 年，海口空运口岸（美兰国际机场）出入境人员 88.30 万人次，同比增长 30.00%；进出境飞机 1 644 架次，同比增长 42.90%。

2017 年，美兰国际机场荣膺全球第八家、国内首家（除港澳台地区）“SKYTRAX 五星级机场”，荣获“2016 年度全球最佳机场 1 500 万～2 500 万规模组 ASQ 旅客满意度第一名”“2016 年度全球最佳机场亚太区域 1 500 万～2 500 万规模组 ASQ 旅客满意度第一名”“2016 年度全球最佳区域机场亚太区域第三名”三项世界大奖，荣获“2016 年度中国民用机场服务质量评价十佳优秀机场”。

【三亚空运口岸（三亚凤凰国际机场）】 三亚空运口岸位于三亚市凤凰镇，占地面积 66.67 万平方米，航站楼总面积 8.50 万平方米（其中，国内 T1 航站楼 4.20 万平方米、T2 航站楼 2 万平方米、国际航站楼 1 万平方米，贵宾航站楼 1.30 万平方米）。1994 年建成使用，1995 年正式对外开放。三亚凤凰国际机场为国际航空 4E 级标准热带海岛滨海花园式机场，跑道长 1 400 米、宽 45 米，可满足波音 747、空客 340 等大型飞机全载起降的要求，设计年吞吐量 650 万人次、年出入境客流量 50 万人次，停机坪可同时停放 66 架大中型客机。2017 年，共执飞航线 249 条，相比去年同期增加 18 条；通航境内外城市达到 139 个，比去年同期增加 21 个。设计年出入境客流量 50 万人次。2017 年，三亚空运口岸（凤凰国际机场）出入境人员 86.28 万人次，同比增长 113.90%；进出境飞机 5 807 架次，同比增长 63.80%。

2017 年，三亚凤凰国际机场荣获国际机场协会（ACI）“2016 年度全球 1 500 万～1 500 万旅客吞吐量机场 ASQ 旅客满意度第二名”，荣膺 SKYTRAX2017 年全球机场 TOP100 中第 78 名、最佳区域机场（亚洲）TOP10 中第 9 名、最佳区域机场（中国）TOP10 中第 5 名。

【海口水运（海港）口岸】 海口水运（海港）口岸位于海南省海口市北部，地处南海航运中枢，是交通运输部规划的 25 个沿海主枢纽港之一，由海口港区和马村港区组成。其中，海口港区 1957 年对外开放，是海南进出货物的重要集散地，素有琼州门户之称，主要经营大宗散杂货、集装箱、车客滚装运输等。海口港现有码头泊位 37 个，其中 5 万吨级集装箱泊位 2 个，万吨级散杂货泊位 3 个，1 000 吨级以下杂货泊位 13 个，其他车客滚装泊位 19 个，开通海口—香港、海口—越南集装箱固定航线 2 条。海口港现与东亚、东南亚、西亚等二十多个国家和地区有贸易运输往来；开通海口—越南邮轮旅游航线；国内主要开通海口至海安、北海、广州等车客滚装运输航班，以及海口至广州、湛江、北海等集装箱航线。马村港区位于海南岛西北部，琼州海峡澄迈湾之西，在省级开发区海南澄迈县老城经济开发区内，2005 年对外开放，马村港水深浪平，拥有得天独厚的自然条件。马村港区现有 4 个锚地，13 个泊位。其中，3.50 万吨级泊位 2 个，2 万吨级泊位 5 个，1 000 吨级泊位 5 个，500 吨级泊位 1 个。2017 年，海口水运（海港）口岸出入境旅客 2.57 万人次，同比下降 59.00%；出入境集装箱吞吐量 11.56 万标箱，同比增长 34.70%；出入境船舶 377 艘次，同比增长 19.70%；出入境货物 370.37 万吨，同比增长 40.10%。

海口综合保税区位于海南老城经济开发区内，占地面积 1.93 平方千米，2008 年 12 月 22 日经国务院批准设立，海口综合保税区是海口保税区转型发展、区位调整升格获国务院批准设立的开放层次更高的海关特殊监管区域。海口综合保税区依托省会城市海口、海南老城开发区、马村港口岸等地理区位优势，重点发展具有海南特色、轻型的外向型加工业、物流业，为海南旅游业、航空航天产业、热带高效农业、水（海）产品出口加工业服务配套的专业园区，形成以口岸为依托的高度开放的加工贸易和现代物流园区。一是海口综合保税区于 2017 年 8 月 18 日首票跨境电商业务测试取得成功，“双十一”首个跨境电商业务高峰期顺利通关 492 票，截至 2017 年年底，共审核放行商品清单 1 232 票，涉及货值 106 042.89 元、税款 12 904.62 元。二是完成复制推广自贸试验区“保税货物分类监管”“保税展示”等创新监管制度 13 项。深入推进沪琼两地海关特殊监管区间钻石通关试点业务，2017 年 4 月获准该试点业务延期进行，实现与上海钻石交易所海关办事处之间单证数据“点对点”传输，减少单证来回邮寄传递的时间成本和经营成本，提高企业通关效率；扶持企业晋升高级认证企业（AEO），放大钻石通关试点政策红利；进一步拓展“保税仓储转离岛免税”业务范围，在原钻石及其饰品的基础上，海口综合保税区奶粉、钙粉等保税货物也顺利上线离岛免税平台销售；截至 2017 年年底，拓展办理“保税仓储转离岛免税”新兴业务，钻石通关试点报关单 12 票，监管钻石 11 373 颗，货值 1 974 万元，税款 93 万元；办理“保税仓储转离岛免税”的钻石及其饰品 1 311 件，货值 187 万元；奶粉、钙粉货值 723 万元。共受理报关单 836 份，监管进出口货物 168.80 万吨，货值 3.50 亿美元；监管进出境运输工具 190 艘次，监管进出境服务人员 1 750 人次，同比分别增长 21.00% 和 16.60%；税收入库 3.16 亿元，同比增长 11.10%，超额完成年度税收任务。

【三亚水运（海港）口岸】 三亚水运（海港）口岸位于海南岛南端三亚市内，以国际客运为主、货运为辅，是著名的盐海港口，1953 年改为商港，1984 年对外开放，是海南省东南部对外贸易和游客往来的主要口岸，与世界三十多个国家和地区通航。三亚水运（海港）口岸现有客运泊位、15 万吨级邮轮泊位各 1 个，1 个 8 万吨级邮轮泊位。货运泊位有 7 个：2 个 5 000 吨级泊位，2 个 3 000 吨级泊位，1 个 1 500 吨级泊位，2 个 500 吨级泊位。目前主要为客运口岸。2017 年，三亚水运（海港）口岸出入境旅客 3.78 万人次，同比下降 44.00%；出入境船舶 150 艘次，同比增长 21.00%；游艇出入境 40 艘次，同比下降 40.30%。

【清澜水运（海港）口岸】 清澜水运（海港）口岸位于海南省东岸北部，文昌市清澜镇内，1996 年对外开放，是海南省东北部唯一的对外开放窗口。主要经营矿产、天然气、海产品、航天发射、文昌鸡及椰子产品进出口等，也是三沙市主要的保障基地。清澜港拥有渔业码头 1 座、5 000 吨级泊位 1 个和 500 吨级泊位 2 个，年设计吞吐能力 50 万吨，开通航线 8 条。清澜新港码头港口设计吞吐量 50 万吨。1 000 吨货轮可安全进出，1 000 吨货轮可乘潮水满载进出。按照文昌市清澜港总体规划，文昌清澜港占地面积为 75.73 万平方米。其中，清澜新港首期建设用地 41.01 万平方米，码头岸线长 942 米，已建 5 个 1 000 吨级码头，包括油气码头 1 个，通用码头 2 个，旅游码头 1 个，火箭发射场设备运载码头 1.5 万吨 1 个。2017 年，清澜水运（海港）口岸出入境船舶 70 艘次，同比下降 4.10%；出入境货物 4.63 万吨，同比增长 26.50%。

【洋浦水运（海港）口岸】 洋浦水运（海港）口岸位于海南岛西北部洋浦经济开发区境内，是规划与建设中的区域国际航运枢纽和物流中心，由洋浦、神头等两大港区组成，港口年吞吐量突破 9 474 万吨，开放海域面积扩大到 142.49 平方千米，开通国内外航线 20 多条。其中，洋浦港区 1991 年对外开放，素有“天然深水良港”之称，以集装箱和通用件杂货为主。国投洋浦港已建成码头泊位 9 个，其中 2 万吨级通用散杂货泊位 5 个，3.5 万吨级集装箱泊位 1 个，2 万吨级多用途泊位 2 个，3 千吨级工作船泊位 1 个。神头港区位于洋浦湾内，北依洋浦开发区，南面隔海与白马井港区相望。神头港水深浪平，拥有很好的自然条件，是海南省的重要能源进出口港口，2012 年正式对外开放。神头港区现有 3 000 吨级至 30 万吨级码头泊位 26 个。2017 年，洋浦水运（海港）口岸出入境船舶 1 180 艘次，同比增长 27.30%；集装箱 4.22 万标箱，同比增长 29.50%；出入境货物 2 202.29 万吨，同比增长 5.00%。

洋浦保税港区位于海南省洋浦经济开发区内，占地面积约 9.11 平方千米，2007 年 9 月 24

日经国务院批准对外开放，是我国在华南地区设立的首个保税港区。主要规划为4个区：港口作业区、仓储物流中转区、出口加工区、研发加工制造区，具有口岸、物流、加工三大功能。洋浦保税港区制定《洋浦保税港区产业发展规划》编制工作。立足实际已复制推广自由贸易试验区海关监管创新制度3项。推广应用安全智能锁和智能卡口管理系统；完成保税港区的视频监控升级改造；加快洋浦保税港区外贸堆场建设，并于2017年6月投入使用。巩固清理规范进出口环节收费成果，加强与查验单位、港口企业和外贸企业三方面的协调配合，落实对查验没有问题的外贸企业免除吊装、移位、仓储等费用政策。2017年，共查验没有问题的进出口集装箱重柜90个，累计免除7家外贸企业吊装移位仓储费用3.27万元。积极应用国际贸易“单一窗口”标准版，完善“单一窗口”信息互换平台功能，拓展关检“三个一”“一站式作业”“监管互认”等合作，扩大进口货物“无纸化”放行范围，积极实施出口货物“无纸化”放行。2017年，通关开展联合查验，与关检部门实施“一次查验”110票，大大加快货物的通关速度。

【八所水运（海港）口岸】 八所水运（海港）口岸位于海南省西部东方市八所镇境内，北黎湾的西南部，1958年对外开放。八所港是海南省重要的工业港，集装卸、仓储、运输、配送、贸易为一体，是功能齐全的综合性深水良港，也是环北部湾经济圈主要的贸易港口，主要输出海南铁矿石。现有3个作业区共11个泊位，万吨级以上泊位9个，千吨级以上泊位2个，年设计综合吞吐能力1 263万吨。开通国内、国际航线，与国内沿海各港口及20多个国家和地区通航。2017年，八所水运（海港）口岸出入境船舶156艘次，同比下降9.30%；出入境货物338.45万吨，同比下降0.30%。

2017年海南省口岸大事记

1月10日

海南省委副书记、省长刘赐贵听取海口海关主要负责同志工作介绍，充分肯定海关2016年海南离岛免税监管服务、火车离岛免税提货新政实施准备，以及支持海南华信石油基地公司业务发展等工作，希望海关继续主动作为，积极支持推动重点政策有效实施和重点企业加快发展，为促进海南外贸稳增长作出更大贡献。

1月13日

国家质检总局印发《关于同意设立海南出入境检验检疫局三沙办事处有关事宜的批复》（国质检人〔1017〕4号）。同意撤销海南出入境检验检疫局马村港办事处，设立中华人民共和国海南出入境检验检疫局三沙办事处。

3月2日

海南省海防与口岸办公室制定下发了《海南口岸“十三五”发展规划实施意见》（琼海防口岸办〔1017〕22号）。

3月21日~26日

国家质检总局局长、党组书记支树平看望慰问海南出入境检验检疫局一线干部职工。支树平深入琼海市、定安县、保亭县等地，实地考察海南全域旅游美丽乡村建设及旅游标准化工作，到三亚游艇出入境联检厅看望一线检验检疫人员，调研邮轮游艇口岸查验工作，听取海南出入境检验检疫局负责人关于机关文化建设和检验检疫工作情况的汇报，要求海南质检部门要充分发挥技术优势，为海南经济社会发展特别是外向型经济发展作出贡献。

3月22日

海南出入境检验检疫局三沙办事处揭牌仪式在三沙永兴岛举行。国家质检总局党组书记、局长支树平与海南省副省长李国梁共同为三沙办事处揭牌。

3月23日

国家质检总局局长、党组书记支树平和海南省省长刘赐贵分别代表国家质检总局和海南省政府在海南博鳌论坛签署《国家质检总局海南省人民政府共同促进海南创建全域旅游示范省合作备忘录》。

《国家质检总局、海南省人民政府共同促进海南创建全域旅游示范省合作备忘录》签署仪式

3月

海南边防总队圆满完成第八届环海南岛国际大帆船赛边检通关保障任务，连续8年被海南省政府授予“卓越贡献奖”。

4月12日

洋浦出入境检验检疫局检验鉴定监管科荣获2015~2016年度“全国青年文明号”称号。

4月22日

海关总署署长于广洲和海南省委常委、常务副省长毛超峰出席海口海关在三沙市永兴岛召开的驻三沙办事处正式对外开办业务会议。

5月19日

在全国公安系统英雄模范立功集体表彰大会上，美兰边检站被国务院授予“模范边检站”荣誉称号。

7月10日

海口海关缉私局侦结全国最大宗宝石走私系列案件。经计核，该案案值6.78亿元，偷逃税款1.10亿元。

7月13日

海口海关与湛江海关正式签署《保税油跨关区供船业务联系配合办法》。

8月18日

海口海关关区完成首票跨境电子商务网购保税进口业务，标志着海南省跨境电商业务在海口综合保税区成功落地。

8月29日

海南省省长沈晓明在三亚鸿洲国际游艇会主持召开海南省游艇产业发展专题会，提出把海南打造成为中国一流的游艇消费目的地、世界一流的游艇品牌展示窗口和中国游艇产业发展改革创新示范区。

9月18日~23日

海南省海防与口岸办公室牵头与海口海关、海南出入境检验检疫局、海南海事局、海口出入境边检总站、海南省边防总队共同组成“口岸改革政策宣讲团”，在海口、洋浦、三亚、东方、文昌等5个口岸片区开展服务和支持海南口岸改革发展政策宣讲活动。

9月28日

海南省海防与口岸办公室牵头组织召开了各查验单位参加的“单一窗口”标准版推广工作部署会，确定了海南省“单一窗口”标准版试点采取“地方门户+标准版虚拟SAAS”对接模式，通过了《海南国际贸易“单一窗口”标准版推广工作方案》，成立了“单一窗口”标准版推广工作组，有序推进国家“单一窗口”标准版的对接工作。

海口海关纪检监察特派员孔令文获评“海南省纪检监察系统先进工作者”称号。

10月13日

国家口岸管理办公室组织对海口水运口岸扩大开放马村港区验收并通过；2017年11月2日，交通运输部宣布扩大对国际航行船舶开放，海南海事局于2017年11月22日发布正式对外开放公告，标志着海南省对外开放口岸又增新成员。

11月1日

国家质检总局发布2017年第90号公告，准予海南省澄迈县洪安无籽蜜柚（洪安牌、柚子夫妇牌）使用生态原产地产品保护标志，并从10月26日起对其实施生态原产地产品保护，标志着以生态立省的海南岛实现生态原产地产品保护的零突破。

11月3日

洋浦出入境检验检疫局对一批产自美国的集装箱黄松原木进行查验时，截获多种活虫。经该局隔检中心鉴定，共有西部松大小蠹等10余种有害生物。其中西部松大小蠹、红翅大小蠹和美雕齿小蠹为海南口岸首次截获检疫性有害生物，黑角树蜂为全国口岸首次截获非检疫性有害生物，新屋梗天牛为海南口岸首次截获非检疫性有害生物。

11月5日~7日

第十二届中国邮轮产业大会暨国际邮轮博览会在三亚红树林国际会展中心召开。

11月28日

海口海关关区首家快件运营企业通过海关总署备案。

海南省委书记刘赐贵在《海南出入境检验检疫局关于落实〈省部备忘录〉情况的报告》上批示："诚挚感谢国家质检总局和支树平局长、侯建国书记等局领导的大力支持。对海南出入境检验检疫局的工作努力，省委省政府表示肯定和感谢！"

11月

美兰边检站顺利通过中央精神文明建设指导委员会"全国文明单位"复查，继续保留"全国文明单位"荣誉称号。

12月

海口秀英边检站荣获公安部集体三等功。

（撰稿人：罗贵生、张振豪、卢荔、符千聪、梁文辉、林海涛）

2017年海南省口岸流量统计表

口岸类型		口岸名称	货运量（万吨）				集装箱量（万标箱）				人员（万人次）				交通工具（辆、艘、架、列次）			
			出口	进口	合计	同比（%）	出口	进口	合计	同比（%）	出境	入境	合计	同比（%）	出境	入境	合计	同比（%）
空运口岸		海口									44.56	43.74	88.30	30.00	3 810	3 834	7 644	42.90
空运口岸		三亚									43.43	42.85	86.28	113.90	2 925	2 882	5 807	63.80
空运口岸		分计									87.99	86.59	174.58	61.30	6 735	6 716	13 451	51.20
陆路口岸	公路口岸																	
陆路口岸	公路口岸	分计																
陆路口岸	铁路口岸																	
陆路口岸	铁路口岸	分计																
水运口岸	海港口岸	海口	61.3	309.07	370.37	40.10	5.83	5.73	11.56	34.70	1.30	1.27	2.57	59.00	202	175	377	19.70
水运口岸	海港口岸	八所	46.94	291.51	338.45	-0.30							0.00		84	72	156	-9.30
水运口岸	海港口岸	三亚	0.05		0.05						1.90	1.87	3.78	44.00	71	79	150	21.00
水运口岸	海港口岸	洋浦	427.63	1 774.66	2 202.29	5.00	2.63	1.59	4.22	29.50			0.00		1 562	1 618	3 180	27.30
水运口岸	海港口岸	清澜	4.63		4.63	26.50							0.00		37	33	70	-4.10
水运口岸	海港口岸	分计	540.55	2 375.24	2 915.79	7.80			15.78		3.21	3.14	6.35	51.20	1 956	1 977	3 933	23.60
水运口岸	河港口岸																	
水运口岸	河港口岸	分计																
合计			540.55	2 375.24	2 915.79	7.80	8.46	7.32	15.78	33.30	91.20	89.73	180.92	49.20	8 691	8 693	17 384	81.46
同比（%）			-0.61	9.90	7.80		33.22	33.09	33.30		53.72	44.91	49.20		80.95	81.97	81.46	

（海南省海防与口岸办公室提供）

2017 年海南省口岸出入境主要数据表

<table>
<tr><th colspan="3">项目</th><th>2017 年</th><th>2016 年</th><th>同比（%）</th></tr>
<tr><td rowspan="15">出入境人员
（人次）</td><td colspan="2">出入境人员总数</td><td>2 015 679</td><td>1 437 623</td><td>40. 21</td></tr>
<tr><td colspan="2">入境人员</td><td>1 000 576</td><td>742 897</td><td>34. 69</td></tr>
<tr><td colspan="2">出境人员</td><td>1 015 103</td><td>694 744</td><td>46. 11</td></tr>
<tr><td colspan="2">出入境旅客</td><td>1 809 257</td><td>1 211 325</td><td>49. 36</td></tr>
<tr><td colspan="2">出入境员工</td><td>206 422</td><td>226 316</td><td>-8. 79</td></tr>
<tr><td rowspan="5">中国公民</td><td>小计</td><td>1 092 605</td><td>791 938</td><td>37. 97</td></tr>
<tr><td>内地居民（因公）</td><td rowspan="2">720 160</td><td rowspan="2">654 566</td><td rowspan="2">10. 02</td></tr>
<tr><td>内地居民（因私）</td></tr>
<tr><td>港澳居民</td><td>213 880</td><td>204 082</td><td>4. 80</td></tr>
<tr><td>台湾同胞</td><td>158 835</td><td>133 290</td><td>19. 16</td></tr>
<tr><td colspan="2">外籍人员</td><td>923 074</td><td>445 703</td><td>107. 10</td></tr>
<tr><td colspan="2">从海港出入境人数</td><td>162 821</td><td>285 563</td><td>-42. 98</td></tr>
<tr><td colspan="2">从陆港出入境人数</td><td>0</td><td>0</td><td>0. 00</td></tr>
<tr><td colspan="2">从空港出入境人数</td><td>1 852 858</td><td>1 152 078</td><td>60. 83</td></tr>
<tr><td rowspan="5">交通运输工具
（辆、艘、架、列次）</td><td colspan="2">总计</td><td>18 090</td><td>12 647</td><td>43. 04</td></tr>
<tr><td colspan="2">船舶</td><td>4 628</td><td>3 711</td><td>24. 71</td></tr>
<tr><td colspan="2">飞机</td><td>13 462</td><td>8 936</td><td>50. 65</td></tr>
<tr><td colspan="2">火车</td><td>0</td><td>0</td><td></td></tr>
<tr><td colspan="2">机动车辆</td><td>0</td><td>0</td><td></td></tr>
</table>

（海口出入境边防检查总站、海南省公安边防总队提供）

2017 年海口海关主要数据统计表

项目		2017 年	同比（%）
进出口货运量（万吨）	合计	3 275.19	5.3
	进口	2 534.76	3.2
	出口	740.43	13.3
进出口贸易总值（万美元）	合计	1 324 369.57	11.8
	进口	916 970.24	6.6
	其中：江、海运输	712 208.84	4.0
	铁路运输	0.00	0.0
	汽车运输	8 320.37	69.9
	航空运输	196 433.37	18.2
	邮件运输	7.68	-8.2
	其他运输	0.00	0.0
	出口	407 399.32	25.6
	其中：江、海运输	389 765.70	25.1
	铁路运输	0.00	0.0
	汽车运输	218.81	1129.3
	航空运输	4 277.82	56.6
	邮件运输	0.00	0.0
	其他运输	13 136.99	32.3
税收（万元）	两税合计	745 613.00	32.7
	关税入库	98 536.40	25.9
	进口环节税入库	647 076.60	33.7

（海口海关提供）

2017 年海南省出入境检验检疫业务统计表

项目	货物检验检疫				交通工具				集装箱（标箱）		发现动植物疫情		货物通关		出入境人员查验（万人次）	健康检查及预防接种（人次）			
	批次	金额（亿美元）	检验检疫不合格																
			批次	金额（万美元）	船舶（艘）	飞机（架）	火车（节）	汽车（辆）	合计	检出问题	种类数	种次	批次	金额（万美元）		健康检查	艾滋病监测	发现病例	预防接种
本年累计	18 459	82.32	1 144	23 412.60	4 581	13 484	–	–	124 084	6	334	3 174	16 394	667 208	201.02	6 146	6 149	1 097	1 997
其中 出境	9 377	20.02	14	79.85	2275	6 745	–	–	62 239	3	–	–	8 161	201 912	101.29	2 669	2 675	567	1 983
其中 入境	9 082	62.30	1 130	23 332.76	2 306	6 739	–	–	61 845	3	334	3 174	8 233	465 296	99.72	3 477	3 474	530	14
同比（%）	19.31	9.44	–21.54	56.52	22.68	50.39	–	–	23.37	–88.46	–2.34	–46.84	7.57	–5.24	38.60	34.02	34.17	12.05	6.00
其中 出境	10.92	–10.92	–12.50	–29.05	21.98	50.29	–	–	18.35	50.00	–	–	3.59	–11.02	44.49	37.36	37.82	20.64	5.99
其中 入境	29.41	18.11	–21.64	57.17	23.38	50.49	–	–	28.88	–94.00	–2.34	–46.84	11.82	–2.50	33.08	31.56	31.49	4.13	7.69

（海南出入境检验检疫局提供）

2017 年海南海事局进出港船舶统计汇总表

船舶类别	进港船舶							出港船舶						
	艘数（艘）	总吨（吨位）	总载重量（吨）	载客量（客位）	船员人数（人次）	货物到达量（吨）	旅客到达量（人）	艘数（艘）	总吨（吨位）	总载重量（吨）	载客量（客位）	船员人数（人次）	货物发送量（吨）	旅客发送量（人）
总计	164 092	373 517 475	221 657 388	31 249 586	2 020 675	105 973 890. 51	13 524 567	163 620	371 269 624	219 619 202	31 140 996	2 012 656	74 995 332. 04	13 497 336
中国籍船舶	162 072	343 825 670	174 450 949	31 188 974	1 976 049	81 516 557. 83	13 510 618	161 600	341 345 662	171 990 609	31 080 142	1 967 702	68 635 187. 03	13 483 397
其中：外贸船	469	1 756 615	2 587 413		5 764	1 300 300. 05		489	2 126 828	3 198 278		6 239	985 026. 28	

（海南海事局提供）

重 庆 市

重庆市口岸分布示意图

口岸名称	批准开放时间	开放状态
重庆空运口岸	1994	国际常年
重庆水运口岸	2010	国际常年

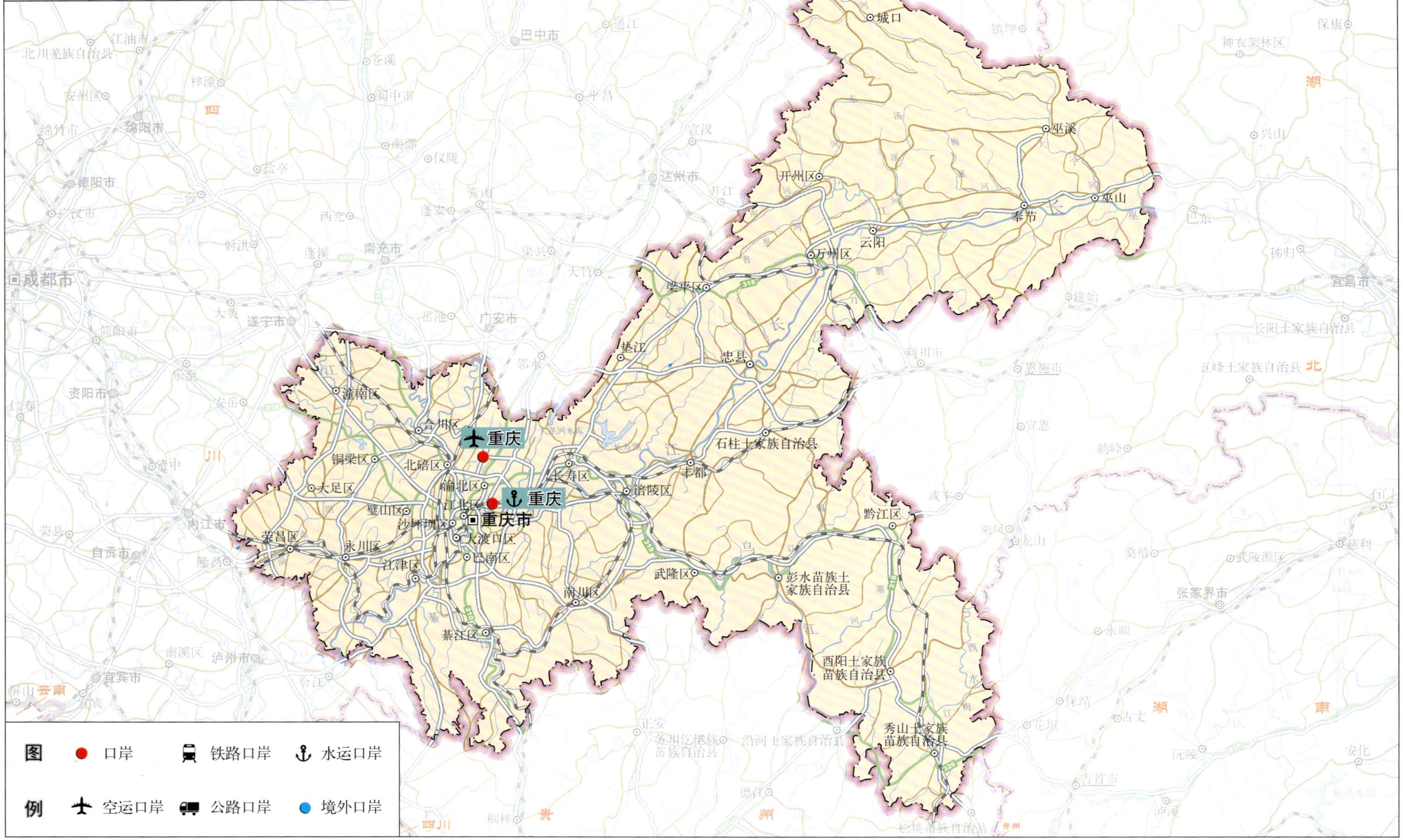

口岸数量及分布

截至2017年年底，重庆市有经国务院批准的对外开放口岸2个，分别是重庆空运口岸（重庆江北国际机场）、重庆水运（河港）口岸。

口岸运行数据

2017年，重庆市各口岸各项业务指标快速增长，口岸规模不断扩大。

空运口岸方面，国际（地区）客货运航线68条，每周执飞的航班数超过240班。江北国际机场空运口岸出入境人员286.95万人次，同比增长5.78%，占机场整体吞吐量的7.41%；检查出入境航班18 903架次，同比增长2.76%，占机场整体吞吐量的6.57%。全年查验出入境货运航班1 477架次，同比增加5.05%；国际货邮吞吐量13.30万吨，同比增长10.70%。

水运口岸方面，全市完成外贸集装箱运输66.50万标箱，同比增长9.57%。其中，寸滩港完成46.90万标箱，同比增长11.88%。

铁路口岸方面，完成外贸集装箱运输6.10万标箱，同比增长67.30%。中欧班列（重庆）开行663列（去程406列、回程257列），同比增长53.50%；累计开行超过1 500列。“渝黔桂新”南向铁海联运通道开行48列（去程30列、回程18列），完成外贸集装箱运输2 484标箱。汽车整车进口3 288辆、同比增长61.00%，进口数量和货值均居内陆整车口岸首位。

重庆国际贸易“单一窗口”于2017年10月31日正式上线运行，注册企业686家，参与国家标准版试点企业123家。通过“单一窗口”累计申报25.99万票，其中报关25.76万票、报检2 086票、运输工具16票、原产地证236票、企业资质25票，申报单量在全国34个试点省市中排名第8位。

跨境电商平台全年共完成交易1 266.81万单，同比增长56.42%；交易额32.09亿元，同比增长52.75%；征收税金3.89亿元，同比增长128.92%。

口岸综合管理

【积极推进口岸开放】 一是加快推进重庆水运（河港）口岸扩大开放果园港区，启动口岸开放申报工作。国家口岸管理办公室将此项目纳入2017年度开放审理计划并进入审理过程。二是有序推进区县相关口岸开放工作。继续实施万州机场临时开放。积极协调有关部门和单位，推进万州机场和万州港、丰都港开放前期工作。多次会同重庆海关、原重庆出入境检验检疫局、武警重庆市边防总队、重庆海事局等部门研究江海直达船舶运输澳洲进口活牛，为丰都港开放创造条件。

【持续完善开放通道体系】 一是积极促进长江黄金水道的外贸运输主通道作用发挥。针对制约长江水运效用发挥的三峡船闸拥堵问题，研究推进开通水运外贸专轮、开行铁海联运班列等举措，提出促进外贸货运发展的意见建议，进一步提高外贸船舶通行效率；积极促进国际货运发展，协调解决影响国际航空货运发展的瓶颈问题，推动形成促进国际航空货运发展的便利化举措。二是助推中欧班列（重庆）功能发挥，推动完成中欧班列（重庆）国际运邮的市场化邮包测试和进口药品的首次测试。中欧班列（重庆）果园港班列成功首发，实现中欧班列（重庆）与长江黄金水道的无缝衔接。三是推进空运口岸建设。重庆空运口岸（重庆江北国际机场）T3A航站楼国际厅建成投用，查验流程进一步优化，实现设施共享和联合查验。四是常态化运行重庆—东盟公路班车，全年开行100车次（去程99车次、回程1车次），运输货物1 027吨、货值1.68亿元。完成中欧班列（重庆）与重庆—东盟公路班车双向运输测试。开通重庆南彭—泰国曼谷班车（中线），南彭公路保税物流中心（B型）获得国家部委验收合格批复，并于2017年4月正式封关运行。

【不断增强口岸支撑能力】 一是持续拓展指定口岸功能。推进重庆水运（河港）口岸进口水果、粮食、肉类口岸功能延伸至重庆陆路（铁路）口岸、进口肉类功能延伸至重庆空运口岸（重庆江北国际机场）；重庆空运口岸（重庆江北国际机场）冰鲜水产品、食用水生动物功能延伸至重庆陆路（铁路）口岸。争取原国家质检总局同意水陆运输方式共用两路寸滩保税港区进口肉类冷链查验和存储设施，进口肉类口岸功能成功延伸到铁路口岸。二是争取新设更多口岸功能。申报首次进口药品和生物制品功能。加快推进重庆陆路（铁路）口岸植物种苗指定口岸申报工作。启动永川进境木材监管区、巴南进境木材监管区建设。

【建成重庆国际贸易“单一窗口”】 一是在推广应用标准版基础上一体化建设和拓展地方“单一窗口”功能应用，建设政务服务、物流协同、数据服务和特色应用4大板块，建成32项功能，实现申报直通、系统联通、信息互通、业务畅通目标。二是印发重庆国际贸易“单一窗口”的《运行管理办法（试行）》《信息数据管理办法（试行）》《信息数据目录（第一期）》，搭建起“单一窗口”一揽子制度框架，为标准版试点和地方“单一窗口”建设推进提供了重要的制度保障。三是推广应用虚拟SaaS、集成SaaS、导入客户端和服务集成等多种标准版服务模式，满足不同类型报关业务需求。加大宣传推广力度，截至2017年年底，累计培训企业500余家1 000余人次；上门服务200余次，现场解决问题500余个。四是以服务企业和监管部门为目标，以便利企业和便利监管为宗旨，推出《重庆国际贸易“单一窗口”便利通关一百条》。2017年10月31日，重庆国际贸易“单一窗口”上线运行，进一步促进业务流程优化，压缩通关时间10%、降低企业成本10%。截至12月31日，“单一窗口”地方版特色访问量74万余次，申报量25.88万票。

【持续推进大通关改革】 一是推行7×24小时通关保障。积极协调重庆海关、原重庆出入境检验检疫局、武警重庆市边防总队等口岸联检单位，在重庆口岸实行7×24小时通关保障，全天候保障重庆空运口岸（重庆江北国际机场）进出境航班、旅客和鲜活产品等通关通检，对跨境电商货物实行7×24小时通关，对特殊监管区域笔电产品和零部件提供7×24小时进出区服务。二是简化口岸通关查验模式。依托重庆国际贸易“单一窗口”，在重庆空运口岸（重庆江北国际机场）创新实行了“联合查验、一次放行”通关新模式，实现海关、地服公司、收货人、银行相互之间的业务协同。在旅检、邮递和快件监管环节基本实现“一机两屏”，针对跨境电商货物开展“一次申报、一次查验、一次放行”联合作业。三是推进监管查验设施共享共用。协调推进全市范围内各口岸查验部门通关通检一体化，按照“一站式作业”布局要求，推进重庆空运口岸（重庆江北国际机场）T3A航站楼、江津综合保税区等新建口岸监管设施建设，改造提升已建成口岸查验设施。四是推进口岸区域通关合作。在重庆召开川渝沪区域大通关合作第十次联席会议，增强了与四川、上海两省市口岸系统沟通协调。深化与广东、广西、宁夏、浙江、湖北宜昌、江西赣州等兄弟省、市口岸系统沟通交流，促进区域通关合作。

【持续提升口岸通关保障能力】 一是有力保障口岸通关服务。积极协调空运口岸各联检单位，共协调落实2017年金砖国家劳工就业部长会议、中新互联互通项目联合实施委员会第三次会议、市长国际经济顾问团第十二届年会等与会政商界重要人士19批次、500余人次通关礼遇服务工作，为加拿大总督戴维·约翰斯、韩国总统文在寅、俄罗斯副总理罗戈金等近400余名政要、学者及工商界人士提供了高效、便捷的通关礼遇。二是规范有序配备口岸协管员。协调组织全市17家联检单位、相关管委会和口岸经营单位联合签署口岸协管员管理权责协议，会同有关开放平台管委会及重庆机场集团等单位做好口岸协管员后勤保障工作。针对重庆空运口岸（重庆江北国际机场）T3A航站楼国际厅投用，口岸联检单位口岸协管员配备不足问题，协调有关开放平台管委会增配口岸协管员。

【持续推动降本增效落地】 一是扎实推进专项治理行动。按照国家口岸管理办公室要求，积极开展集装箱进出口环节合规成本通关时间专项治理行动。印发实施《重庆口岸集装箱进出口环节合规成本通关时间专项治理行动工作方案》，确保2017年年内货物通关时间压缩1/3，实现集装箱进出口环节合规成本下降5%以上。会同重庆海关、原重庆检验检疫局等有关口岸单位，引入第三方机构，积极开展工作，摸清重庆口岸集装箱进出口环节综合成本和总体通关时间现状，提出去繁就简、降本增效的举措，综合施策降低重庆口岸集装箱进出口环节合规成本、压缩货物通关时间。二是落实降低物流成本减轻企业负担政策。贯彻落实财政部等六部委《关于免除查验没有问题外贸企业吊装移位仓储费用全面试点工作的通知》，做好免除查验没有问题外贸企业吊装、移位、仓储费用试点工作，切实降低物流成本，减轻企业负担。2017年免除费用335.71万元，惠及外贸企业1 000余家。

【保障跨境电商健康发展】 一是全面升级重庆跨境贸易电商公共服务平台。深度优化硬件、软件、接口体系，指导相关企业完成接口改造。系统报文处理能力由12个/秒提升至120个/秒，日均单量承载能力由30万单/天提升至300万单/天，报文吞吐能力和稳定性提升10倍以上。二是搭建跨境电商融资服务平台。创新跨境电商企业融资模式，发挥企业存量交易数据融资优势。该服务平台建成投用后，企业可凭借跨境公共服务平台真实交易数据向银行进行融资贷款，切实降低企业融资难、贷款难问题。三是健全完善跨境电商数据统计分析系统，更好促进跨境电商产业发展，提升开放平台招商引资软环境。

口岸监管与服务

【重庆市公安边防总队力推“智慧边检”建设】 在重庆空运口岸（重庆江北国际机场）T3A航站楼建成智能验证通道36条、自助通道30条。自助查验通道试运行以来，选择自助通关旅客占入境总人数20%，旅客使用自助通道人均用时8秒左右，通关效率提高近6倍，边检智能化水平显著提升，口岸“智慧边检”建设成效初显。

【重庆市公安边防总队大力维护口岸安全稳定】 2017年，共查获各类涉嫌违法违规人员253人次，同比增长42.14%，查获非法出入境人员34人次，同比增长161.54%，查获其他违法违规人员112人次，同比增长67.16%。成功查获3名外籍人员携带暴恐音视频、1名中国籍重点人员携带非法极端音视频入境重大案件；查获4名涉嫌危害国家安全利益的相关人员，实现了口岸反恐相关工作“查在国门、堵在境外”的目标。

【重庆市公安边防总队执法服务再上新台阶】 全年执法工作实现了“零投诉、零诉讼、零复议”。在2017年国际机场协会公共服务ASQ认证中，涉及重庆边检工作的护照/身份证检查及等候时间、检查人员是否有礼貌乐于助人等3项指标，在全球22个2 500万~4 000万同层级参评机场中均稳居第1位。

【重庆海事局大力落实监管服务工作】 一是强化集装箱及船舶的安全监管工作，严把船舶登记和现场监督关，确保船舶适航、船员适任；出台相关通航安全管理规定，确保船舶航行安全。二是落实各项便民利民服务措施，开辟集装箱船签证绿色通道；积极研讨和推动外贸集装箱江海直达运输模式。截至2017年年底，共收到集装箱船舶进出港报告5 631艘次；安全运送集装箱109.30万标箱；对集装箱船舶开展安全检查215艘次，查出并督促整改缺陷1 353项。其中，载运包装（集装箱）危险货物船舶进出港88艘次，危险货物集装箱吞吐量1 770标箱，载运包装（集装箱）危险货物船舶现场检查13艘次，检查率14.80%，确保了集装箱危险货物的运输安全。

【重庆海关深入推进大通关建设】 成立了以关领导为组长的推进“单一窗口”建设领导小组

和专家工作小组，积极配合重庆各部门前期的需求调研和平台的建设实施。依托中国（重庆）国际贸易“单一窗口”，顺利在航空口岸启用“联合查验、一次放行”功能，实现了“线上预约、指令对碰、联合查验、一次结费、一次放行”，进一步简化了通关手续，提高了通关效率。在中国（重庆）国际贸易“单一窗口”建设背景下，整合各口岸监管场所、海关特殊监管区域场站监管资源，统一设置了“关检联合查验场地”，在铁、空、水口岸和特殊监管区实现了查验场所整合共用。

【重庆海关积极促进内陆物流通道发展】 一是推动西向国际物流大通道建设，助推中欧（重庆）班列运邮规模化测试，在全国海关率先开展以安全智能锁和数据交换平台为基础的“关铁通”中哈合作试点。二是成功打通“渝黔桂新”南向铁海联运通道，促成渝、桂、黔、陇四地海关在渝签署《支持推进中新互联互通项目南向通道建设合作备忘录》，建立了关际联系配合机制，于2017年8月实现“渝黔桂新”南向铁海联运通道常态化运行。截至2017年年底，重庆海关监管“渝黔桂新”南向铁海联运通道班列13趟次，集装箱共331标箱，货重1 709吨。三是大力支持国际航空货运通道体系建设，打造内陆地区国际航空门户和枢纽，在全国率先开展国际航班境内续驶段混载业务试点，在“莫斯科—上海—重庆—莫斯科”航线，实现国内段混载进口货、出口货，极大释放航空运力，提升航班装载率。

【重庆海关大力压缩通关时间】 一是按照“压缩货物通关时间三分之一”工作要求，制发《重庆海关2017年压缩货物通关时间工作方案》。二是采取优化特殊区域运抵报告系统发送机制、改善查验报关单作业流程、动态调整时效考核标准、每月定期制发业务情况通报、试点出口提前申报通关模式、加强对报关单实时监控等系列措施。三是全面保障关区7×24小时通关需求，完善业务保障方案，进一步提高通关便利化水平。

2017年，重庆海关进口平均通关时间为11.28小时，同比压缩28.60%，比全国平均水平快4.59小时，在全国海关排名第14位；出口平均通关时间为1.05小时，同比压缩8.70%。同期，进口24小时通关率为88.90%，比全国平均水平高出3个百分点；出口24小时通关率为99.10%，与全国平均水平持平。

【重庆出入境检验检疫局着力保障重庆口岸国门安全】 一是全力维护口岸卫生安全。指导江北国际机场口岸核心能力建设通过国家质检总局复核督导检查，全年确诊登革热等传染病170例。首次检出了副溶血弧菌感染、乙型流感合并人偏肺病毒感染等4种病例，截获违法入境特殊物品150批、1 129支，首次在重庆地区截获幼小库蚊、妮玛蠊等8种病媒昆虫。二是全力维护国门生物安全。开展“美丽中国绿蕾护航”专项行动，截获禁止进境物品1 496批次、检出真菌、杂草、昆虫等各类有害生物595种、2 111次，其中8种有害生物为全国首次截获，250种有害生物为重庆口岸首次截获。与重庆市林业局签署合作备忘录，共同推进“林安行动”。三是有效保障消费品安全。成功获得国家质检总局批准建立西部唯一的国家进出口商品质量安全风险评估区域中心和实验室。先后开展进口保健食品欺诈和虚假宣传专项整治、进口消费品联合执法、重点产品质量风险专项抽查工作和进口汽车等缺陷产品召回管理工作。

开放口岸

【重庆空运口岸（重庆江北国际机场）】 重庆空运口岸位于中国重庆市渝北区两路街道，距离市中心19千米。于1990年1月22日正式建成通航；1987年开通香港包机航班；1995年，国务院批准对外国籍飞机开放，重庆空运口岸（重庆江北国际机场）正式开放。重庆江北国际机场为4F级民用国际机场，于2005年10月完成二期扩建工程，2010年12月完成三期扩建工程，2017年8月完成四期扩建工程。现拥有T1、T2、T3航站楼共3座，共计73万平方米；跑道3条，长度分别为3 200米、3 600米、3 800米；

停机坪166万平方米、机位209个、货运区23万平方米，可保障年旅客吞吐量4 500万人次、货邮吞吐量110万吨、飞机起降37.30万架次。

万州五桥机场（简称万州机场）位于重庆市万州区长江南岸毡帽山顶，距万州城区直线距离约5千米，公路距离约15千米。万州机场于1997年11月由国务院等相关机构批准立项，2000年初正式开工建设，2003年5月29日建成通航，2015年3月1日首次获批临时对外开放。万州机场按4D级规划，按4C级建设。海拔高程为567米，属高挖高填类机场，飞行区长3 000米，宽300米。机场跑道全长2 400米，宽45米，停机坪19 200平方米，停机位5个，可满足A320、B737同类及其以下机型的起降，航站楼面积5 780平方米，设计年吞吐旅客50万人次。

【重庆水运（河港）口岸】 重庆水运口岸地处长江上游，位于重庆市江北区寸滩镇，重庆朝天门下游约6千米的长江北岸。港区水域条件优越，陆域开阔，通过重庆内环快速干道与成渝、渝黔、渝遂、渝临、渝宜、渝武等多条高速公路相连，紧邻渝怀铁路唐家沱铁路货运站，距重庆江北国际机场约16千米，是长江上游内河深水港区。重庆水运口岸（寸滩港）始建于2003年，2010年获批对外开放。

2017年重庆市口岸大事记

3月8日

重庆江北国际机场金伯利进程国际证书制度（毛坯钻石）指定实施口岸验收通过。

4月1日

中国（重庆）自由贸易试验区正式挂牌。

4月26日

重庆南彭公路保税物流中心（B型）正式封关运行。

5月5日

成功运行首票中国国际贸易“单一窗口”标准版申报功能。

7月3日

首列“渝满欧”返程班列顺利抵达重庆。

7月26日

首票重庆国际贸易“单一窗口”线上联合查验一次放行在航空口岸运行成功。

8月3日

召开新闻发布会，宣布重庆口岸实行7×24小时通关保障服务。

8月11日

“渝桂新”铁海联运大通道开行首趟测试公共班列。

8月29日

重庆江北国际机场T3A航站楼正式启用。

9月25日

首列“渝黔桂新”南向铁海联运通道常态化运行班列于重庆铁路口岸沙坪坝区团结村中心站始发。

10月31日

重庆国际贸易“单一窗口”上线运行。

11月21日

重庆水运口岸寸滩港区查验点进境粮食指定口岸获批。

11月23日

沪渝川区域通关合作第十次联席会议在渝召开。

12月28日

中欧班列（重庆）首次在果园港开行。

（撰稿人：邓诗、许理想、彭宇、沈珈羽、汪宏达）

2017年重庆市口岸流量统计表

口岸类型		口岸名称	货运量（万吨）				集装箱量（万标箱）				人员（万人次）				交通工具（辆、艘、架、列次）			
			出口	进口	合计	同比（%）	出口	进口	合计	同比（%）	出境	入境	合计	同比（%）	出境	入境	合计	同比（%）
空运口岸			13.20	3.60	16.80	7.70	0.00	0.20	0.20	-26.18	144.30	142.65	286.95	5.78	9 524	9 379	18 903	2.76
空运口岸		分计			0.00				0.00				0.00				0	
陆路口岸	公路口岸				0.00				0.00				0.00				0	
陆路口岸	公路口岸	分计			0.00				0.00				0.00				0	
陆路口岸	铁路口岸		13.50	6.50	20.00	81.80	2.24	1.71	3.95	58.14			0.00				0	
陆路口岸	铁路口岸	分计	13.50	6.50	20.00	81.80	2.24	1.71	3.95	58.14			0.00				0	
水运口岸	海港口岸				0.00				0.00				0.00				0	
水运口岸	海港口岸	分计			0.00				0.00				0.00				0	
水运口岸	河港口岸		261.90	579.80	841.70	23.60	26.14	15.67	41.82	-6.04			0.00		112 698	113 012	225 710	62.19
水运口岸	河港口岸	分计	261.90	579.80	841.70	23.60	26.14	15.67	41.82	-6.04			0.00		112 698	113 012	225 710	62.19
合计			288.60	589.90	878.50	23.44	28.39	17.59	45.97	-2.77	144.30	142.65	286.95	5.78	122 222	122 391	244 613	54.85
同比（%）			0.87	38.60	23.44		-1.86	-4.21	-2.77		5.52	6.04	5.78		54.81	54.88	54.85	

表注：因取消船舶申报制度，采取船舶登记备案制度，故出入境船舶大幅增长。

本表中的数据为监管数量。

（重庆市口岸办提供）

2017年重庆市口岸出入境主要数据表

项目			2017年	2016年	同比（%）
出入境人员（人次）	出入境人员总数		2 869 491	2 712 747	5.78
	入境人员		1 426 501	1 345 196	6.04
	出境人员		1 442 990	1 367 551	5.52
	出入境旅客		2 697 227	2 550 013	5.77
	出入境员工		172 264	162 734	5.86
	中国公民	小计	2 587 572	2 423 518	6.77
		内地居民（因公）	89 536	74 301	20.5
		内地居民（因私）	2 269 220	2 150 548	5.52
		港澳居民	77 751	71 953	8.06
		台湾同胞	151 065	126 716	19.22
	外籍人员		281 919	289 229	-2.53
	从海港出入境人数		0	0	0
	从陆港出入境人数		0	0	0
	从空港出入境人数		281 919	289 229	-2.53
交通运输工具（辆、艘、架、列次）	总计		18 903	18 395	2.76
	船舶		0	0	0
	飞机		18 903	18 395	2.76
	火车		0	0	0
	机动车辆		0	0	0

（重庆市公安边防总队提供）

2017 年重庆海关主要数据统计表

项目		2017 年	同比（%）
进出口货运量（万吨）	合计	878. 50	23. 437
	进口	589. 90	38. 604
	出口	288. 60	−2. 533
进出口贸易总值（万美元）	合计		
	进口		
	其中：江、海运输		
	铁路运输		
	汽车运输		
	航空运输		
	邮件运输		
	其他运输		
	出口		
	其中：江、海运输		
	铁路运输		
	汽车运输		
	航空运输		
	邮件运输		
	其他运输		
税收（万元）	两税合计	1 526 103. 13	18. 264
	关税入库	218 216. 01	12. 110
	进口环节税入库	1 307 887. 12	19. 357

（重庆海关提供）

2017 年重庆市出入境检验检疫业务统计表

项目	货物检验检疫				交通工具				集装箱（标箱）		发现动植物疫情		货物通关		出入境人员查验（人次）	健康检查及预防接种（人次）			
	批次	金额（万美元）	检验检疫不合格																
			批次	金额（万美元）	船舶（艘）	飞机（架）	火车（节）	汽车（辆）	合计	检出问题	种类数	种次	批次	金额（万美元）		健康检查	艾滋病监测	发现病例	预防接种
本年累计	40 767	369 373.85	1 222	8 558.84	0	19 035	0	0	459 715	1 469	595	2 111	34 216	288 814.83	2 768 530	17 389	15 961	11 265	21 099
其中 出境	18 991	157 623.02	15	32.68	0	9 517	0	0	283 855	0	0	0	6 896	41 238.59	1 391 178	13 148	12 577	9 095	21 046
其中 入境	21 776	211 750.83	1 207	8 526.17	0	9 518	0	0	175 860	1 469	595	2 111	27 320	247 576.24	1 377 352	4 241	3 384	2 170	53
同比（%）	93.42	81.19	22.44	-35.61	0	3.78	0	0	-2.77	92.53	7.21	-6.92	10.95	-23.01	4.46	-8.01	-11.06	-8.77	0.8
	158.66	225.49	-89.21	-96.43	0	3.55	0	0	-1.86		0	0	21.28	-1.81	4.4	-15.59	-16.75	-13.21	0.98
其中 出境	58.54	36.23	40.51	-31.11	0	4.01	0	0	-4.21	95.61	7.21	-6.92	8.61	-25.68	4.52	27.51	19.24	16.1	-41.76
其中 入境																			

（重庆出入境检验检疫局提供）

2017 年重庆海事局进出港船舶统计汇总表

船舶类别	进港船舶							出港船舶						
	艘数（艘）	总吨（吨位）	总载重量（吨）	载客量（客位）	船员人数（人次）	货物到达量（吨）	旅客到达量（人）	艘数（艘）	总吨（吨位）	总载重量（吨）	载客量（客位）	船员人数（人次）	货物发送量（吨）	旅客发送量（人）
总计	113 012	290 996 489	142 024 793	2 541 789	1 243 132	122 986 133	1 850 977	112698	290342 431	119 409 918	2 616 231	1 239 678	105 369 115	1 938 060
中国籍船舶	113 012	290 996 489	142 024 793	2 541 789	1 243 132	122 986 133	1 850 977	112698	290342 431	119 409 918	2 616 231	1 239 678	105 369 115	1 938 060
其中：外贸船														

表注：重庆未区分中国籍、外贸船舶。

（重庆海事局提供）

四 川 省

四川省口岸分布示意图

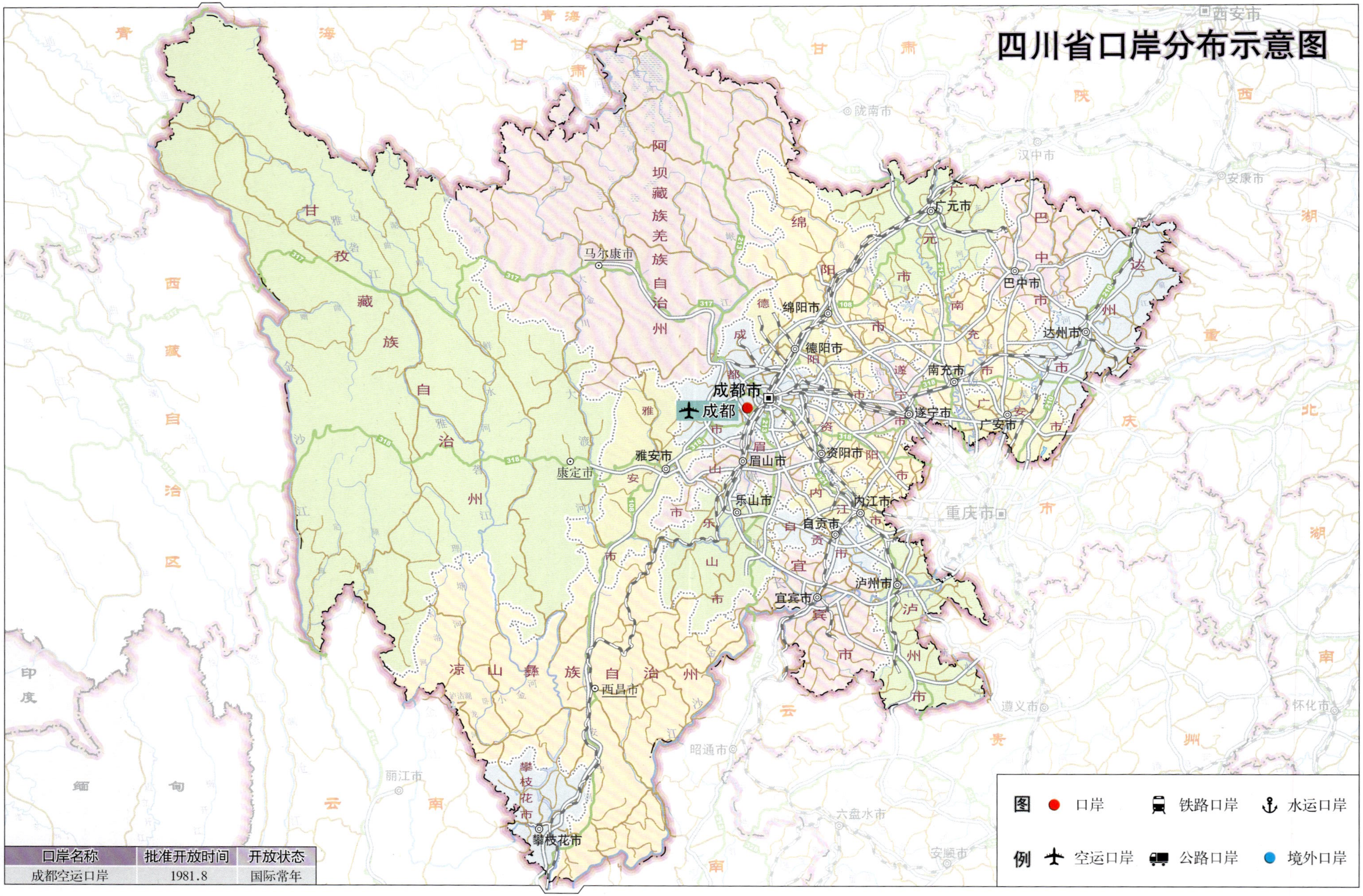

口岸名称	批准开放时间	开放状态
成都空运口岸	1981.8	国际常年

口岸数量及分布

截至2017年年底，四川省经国务院批准的对外开放口岸1个，即成都空运口岸（成都双流国际机场）。

口岸运行数据

2017年，成都空运口岸共验放出入境飞机及国际航班3.04万架次，同比增长7.08%；共验放和运送国际旅客539.86万人次，同比增长8.73%；共监管验放、运输进出口货物42.22万吨（含转关2.59万吨，航油28.97万吨），同比增长25.95%。办理中国台湾居民来往大陆通行证（一次入出境有效）563人次、同比增长5.03%，办理外国人72小时过境免签632人次、同比增长24.65%。

口岸综合管理

【加快建设口岸服务体系】 申请泸州港、宜宾港设立临时开放水运口岸，完成成都天府机场和九黄机场的口岸流程设计工作。成都空运口岸成功获批筹建进口肉类指定口岸，成都陆路（铁路）口岸设立进境粮食指定口岸积极推进。成都高新西园综合保税区和天府新区成都片区保税物流中心（B型）申建工作有序推进。推进四川国际贸易“单一窗口”成功对接国家标准版，纳入国家试点城市。截至2017年年底，四川国际贸易“单一窗口”报关覆盖率44%（单日最高值），报检覆盖率100%，累计注册用户达195家，总业务量为4.45万票，已覆盖成都、绵阳、泸州、宜宾等13个城市。全面完成国家关于国际贸易“单一窗口”标准版试点、压缩货物通关时间、降低集装箱进出口环节合规成本通关时间专项治理行动任务目标。

【积极拓展口岸物流通道】 航空物流能力提升，2017年11月1日起，成都双流国际机场高峰小时容量从每小时48架次调整为50架次。截至2017年年底，成都双流国际机场共开通国际（地区）航线104条，较2016年增加9条。“蓉欧+”战略稳步实施，推动成都市班列公司与广元市开展战略合作，设立广元中欧班列组货站。中欧班列（蓉欧快铁）实现北、南、中的三线稳定运行。2017年，国际班列共完成开行1 012列，其中中欧班列开行858列，平均重载率67.10%；中亚班列开行154列。国际班列开行数量位列全国中欧班列首位，总货值约为41.62亿美元。航运资源进一步优化配置和协同发展，宜宾港、泸州港与长江中、下游港口形成战略伙伴关系，开通至上海等集装箱班轮航线8条，每周发班32班左右。

【积极深化口岸物流开放合作】 成功举办“第三届国际口岸经贸物流合作大会”，吸引包括荷兰、波兰、吉尔吉斯斯坦、德国等国家（地区）在内的国内外政要、客商近400人参会。推动成都国际陆港运营有限公司、敦豪全球货运（中国）有限公司等7家企业发起成立四川省“蓉欧+”建设工作协作委员会并签署合作协议。推动成都工投与德国杜伊斯堡港在国际物流运作和跨境供应链管理上开展合作。

【扎实推进口岸安全工作】 口岸管理和查验执法单位、运输服务部门（企业），高度重视口岸安全和管理。为确保党的十九大召开期间安全稳定，召开口岸安全专题会议，加强对口岸安全检查。成都海关保持打击走私高压态势，严厉打击口岸走私和毒品犯罪。四川出入境检验检疫局重视口岸疫情防控工作，严控各类病毒、疫情输入。四川省公安边防总队加强口岸管控措施，严控偷渡、潜逃人员进出境，妥善处置突发性事件。四川省机场集团重视机场安保工作，加强口岸安检和空域管控。各部门加强应急值班，及时处置各类突发性事件，确保全省口岸安全运行。

【着力提高口岸服务保障水平】 成都空运口岸为进出境的党和国家领导、国外政府首脑等重要客人，联合国世界旅游组织第22届全体大会、第54届亚广联大会暨第14届四川电视节、第2

届西博会国际投资大会、第16届“海科会”、第五届四川农博会、天府金融博览会等重大会议（活动）的重要嘉宾提供口岸礼遇。2017年，为465批次、2 380人次重要客人、嘉宾及所乘专（包）机、班机提供口岸礼遇和服务保障；为进出四川省航空及水陆邮口岸539万多人次、498.66万吨货物、17.5万个集装箱、788万件国际邮件提供查验监管服务。

【深入考察调研】 2017年，四川口岸管理单位组织多批次查验执法、四川省机场集团、运输服务部门（企业）相关人员赴省外上海、广州等口岸物流企业考察，学习借鉴口岸监管开放经验。深入四川省、市、州相关单位及航空、铁路、水运、公路口岸、物流企业调研，听取口岸建设管理和物流业发展的意见建议，协调解决问题。

口岸监管与服务

【四川省公安边防总队始终遵循“应势而谋、应时而动、乘势而上”理念，全力服务保障地方经济社会发展】 2017年，共检查出入境人员539.86万人次，同比增长8.74%；检查出入境航班3.05万架次，同比增长7.08%。出入境人员流量仅次于上海浦东、北京首都、广州白云国际机场，居全国对外开放空运口岸第四位。

认真贯彻落实党中央、国务院“一带一路”战略、“国家级航空枢纽”建设等决策部署，严格落实“7×24小时”通关制度，积极推进天府国际机场建设、九黄机场对外开放等重大事项，确保了边检工作需求与口岸开放建设同心同力、同向同调、同频共振。主动加强与外国移民机关和航空公司的沟通交流，为信誉良好的企业提供“优先查验、优先放行”等便利服务，有效提高了通关速度，树立了边检窗口文明开放印象。先后为联合国世界旅游组织第22届全体大会、第二届西博会国际投资大会及第十六届“海科会”等国际盛会的圆满成功举办作出了积极贡献，充分展现了“国门卫士、文明使者”的良好形象，赢得了各级领导的高度赞誉。

【四川省公安边防总队始终践行“数据导侦、要素查缉、全程管控”方略，全力打赢口岸边防安保攻坚战】 面对巨大的出入境流量压力和日益严峻的口岸管控形势，着力在强化数据核查和全程查缉上下工夫，切实以细之又细、实之又实的措施筑牢口岸维稳防线，圆满完成了党的十九大、“一带一路”高峰论坛等重大安保任务，营造了安全稳定顺畅的口岸通关环境。坚持数据导侦导战，打造“智慧边检”。积极改变传统查验模式，抽调业务骨干成立了数据核查中心，全面提高精准打击水平。坚持定岗定责定员，打造“精细边检”。立足目前反恐维稳出现的新情况、新特点，全面贯彻“全程查缉理念”，进一步提升边检工作专业化水平。坚持依法高效管控，打造“法治边检”。加大对入境涉恐重点国家人员的审查和研判，对无法排除涉恐嫌疑的重点国家人员一律不准入境。2017年，共查获偷渡人员21人，查处违法违规人员870人，接收审查境外遣返280人次，对18名“三非”人员作出不准入境处理，有力夯实了口岸管控阵地，确保了口岸绝对安全稳定。

【四川省公安边防总队始终坚持“法治边检、法治思维、依法执法”导向，全力提升边检执勤执法公信力】 强力推进“法治口岸”建设，深入推进《中华人民共和国出境入境管理法》贯彻落实，制定下发《双流国际机场口岸限定区域管理规定》《直接过境中转旅客查验规范》等系列制度规范，并在全国空港口岸中率先建立了限定区域人员进入需由“边检机关审核—培训—考试—查控—发证”的一套完善流程体系，有效提升了口岸限定区域管理智能化、法制化、专业化、规范化水平，进一步强化了边检机关对口岸限定区域管理的法定职权。突出抓好执法监督评价，坚持“执法公正、服务人民”的执法初衷，强力抓好边检执法执勤常态监督评价，以《执勤执法工作绩效管理实施细则》为牵引，坚持每月对案件办理情况进行检查和考评，每季度对执法执勤情况进行讲评和通报，着实建立起了执法日常考核与阶段考评并重、办案数量和执法质量并重、执法工作量与群众满意度并重的综合考评机制，切实提升了部队整体执勤执法工作质量和水平。

【成都海关加强特殊监管区域建设，提高口岸通关效率】 2017 年，四川外贸进出口总值 4 605.90 亿元，同比增长 41.20%，创历史新高。成都海关办理进出口报关单 82.60 万份，同比增加 22.30%；监管进出口货值 4 046.80 亿元，同比增加 56.70%；监管进出口货运量 455.50 万吨，同比增加 42.30%；监管进出境人员 562.70 万人次，同比增加 12.20%；监管进出境快件 644.90 万件，同比增加 45.60%；征收“两税” 163.80 亿元，同比增长 45.70%。

【成都海关以支持中国（四川）自由贸易试验区建设为抓手，全力助推四川开放型经济实现新发展】 全面贯彻落实四川自贸试验区总体方案涉及海关的改革任务和海关总署支持措施，在此基础上勇于创新、大胆试验、自主改革，制定出台了成都海关 30 条具体支持举措，形成了一批符合发展需要、具有四川特色的海关监管创新制度。同时，成都海关竭力向海关总署争取特殊政策支持，境内外航空发动机维修等四川有迫切需求的制度成功落地。涉及海关事权的 33 项改革任务已落地 14 项，其余 19 项正在稳步推进，国际化、法治化、便利化的营商环境逐步形成。

全力支持双流空港打造航空“第四城”。积极实施“智慧旅检”改革，成都双流国际机场海关是全国首个使用 CT 机开展行李预检的空港海关，旅客通关便利化水平进一步提升。积极提升空港货运能力，支持四川率先开展全货运国际航班境内续驶段混载业务。深化临空经济示范区功能，空港保税物流中心（B 型）和快件中心联动运行，进境免税店正式运营，离境退税有序开展。与此同时，成都海关与四川省政府共同努力，想方设法克服人力资源紧张等困难，实现了 7×24 小时客运口岸通关、货运口岸预约通关。2017 年，成都空运口岸开通国际（地区）航线 104 条，监管进出境航班 3.90 万架次、同比增加 19.60%，监管进出境人员 562.70 万人次、同比增加 12.20%，普货吞吐量 13.30 万吨、货值 2977.50 亿元，进一步实现了“客货并举、双轮驱动”发展，成为中西部地区通往全球的最大门户枢纽。

全力支持成都铁路口岸建设“内陆国际铁路第一港”。积极拓展口岸功能，多式联运海关监管中心挂牌运行，铁路保税物流中心（B 型）发展迅速，整车口岸转关运输更加便利。大力支持中欧班列（成都）稳定运行，新开行成都至莫斯科等城市及“蓉欧+”东盟国际铁海联运班列 9 条线路。为进一步支持班列扩容增效，成都海关主动联合乌鲁木齐海关在全国首创中欧班列“集拼集运”内外贸货物同列运输模式，被海关总署定为试点向其他地区推广。2017 年，中欧班列（成都）开行 1 012 班次，货值 268.2 亿元，开行数量居全国第 1 位，占全国总数量的 1/3，重载率达 66.90%，同比大幅增长 48.30%，成为辐射“一带一路”沿线国家（地区）最广、产业带动效应最明显的中欧班列。2017 年，成都陆路（铁路）口岸监管进出口货运量 38.8 万吨，同比大幅增长 100%。

全力支持川南临港片区建设南向开放门户。支持泸州港、宜宾港开行通达日韩的近洋国际（地区）班轮，实现与成都铁路口岸、成都公路口岸的水铁、水公联运。创新实施“江上申报，抵港验放”作业模式，平均为企业节省 1~2 天通关时间。进口保税、离港退税功能充分发挥，泸州港、宜宾港保税物流中心（B 型）监管进出境货物激增近 10 倍。2017 年，两港进出境货运量 54.70 万吨，货值 65.80 亿元，“新丝绸之路”与长江“黄金水道”进一步对接。

全力支持打造西部最强海关特殊监管区域（场所）。支持成都高新综合保税区发挥四川外贸发展“第一平台”作用，2017 年实现进出口值 2 731.20 亿元，在全国综合保税区中排名第 3 位，增长 58.40%，占同期四川外贸进出口总值的 59.30%。支持四川水陆空保税物流体系作用发挥，全省 4 个保税物流中心进出境货物 56.50

亿元，激增7倍，共入驻企业30家。成都海关大力支持天府新区申建保税物流中心（B型），已上报海关总署进入审批；积极推动绵阳出口加工区完成整改；为推动格罗方德项目落户，全力支持申建成都高新西园综合保税区，并被海关总署列为优先考虑项目。四川空、铁、水保税物流中心与综合保税区等开放平台的整体联动、协调发展格局进一步形成，保税监管布局进一步完善，充分适应了“多点多极”战略布局和国家级新区建设发展需要。

全力支持新兴贸易业态发展。大力推动融资租赁、保税维修等新兴领域服务贸易发展，境内外航空发动机保税维修业务在四川落地，飞机融资租赁取得实质性进展，切实打造“成都服务”国际品牌。支持跨境电子商务发展，正式开展保税备货模式业务，2017年成都跨境电商零售进口清单数量共计26.60万份，货值0.80亿元。进一步拓宽“川货出川”渠道，支持中欧班列运输跨境电商保税备货商品。

全力支持重点项目发展。建立重大项目专员服务制度，指定专人全程跟踪地方招商引资重点重大项目，集中研究回复各类疑难问题，配合地方政府营造良好投资环境。全力支持企业用准、用好、用足各项税收优惠政策，2017年审核确认减免税货值27.30亿美元，同比增长110%，减免关税和增值税共计13.40亿元，同比增长15.50%。支持京东方第6.5代柔性面板生产线项目建设，通过增值税分期缴纳等优惠政策，助力企业新产线提前量产。支持英特尔“骏马”项目产能释放，全年该公司出口集成电路3.96亿颗，增加3倍，货值425.4亿元，同比增长2.70倍。支持富士康产能转移，为四川加工贸易发展持续增长注入活力。

全力做好建言献策服务。强化政策研究和统计分析，围绕国家重大战略及省委省政府关心关注的重点工程、重点项目开展深入研究，从海关角度重点就四川如何降低口岸物流成本、承接加工贸易转移、建设开放口岸等先后向四川省、成都市提交调研报告10余篇，提交统计监测预警分析文章100篇，很多建议被省市领导肯定和采纳。大力开展“大兴调查研究之风，百名党员干部走基层”活动，深入企业察实情、问实效、谋实策、出实招，开展调查研究200余次，收集问题建议362个，并全部建立台账清单，明确时限对账销号。积极开展“送政策、送服务”活动，联合商会、协会、领事馆等举办企业专题宣讲会，进一步提升地方开放意识和发展外贸主动性。

成都海关着力推动已列入国家“十三五”口岸发展规划的成都陆路（铁路）口岸、泸州港加快实现对外开放，积极参与天府国际机场建设，努力实现以大通道促大流通带大产业，变交通走廊为经济走廊。

【成都海关以全面深化改革为动力，贸易便利化水平实现新提升】 全力推进全国海关通关一体化改革在川落地。认真落实海关总署“两中心、三制度”各项改革措施，最大程度减少通关中海关作业时间。全国海关通关一体化已实现对四川省内所有进出口报关单的全覆盖，企业可选择任意地点进行报关，真正实现“关通天下”。2017年，四川企业属地报关率达78.70%，较2016年提升5.90个百分点。

全力推动税收征管方式改革。积极推动企业自主申报、自行缴税，全年采用“企业自报、自缴税款”方式申报纳税10.50亿元。进一步扩大汇总征税适用范围，除失信企业外的所有企业均可优先放行货物、定期汇总征税，2017年68家企业采用该方式申报纳税33亿元，同比增长84.90%。积极探索创新税收担保模式，推广实施税收总担保，进一步缓解企业资金压力。

全力推动以企业为单元加工贸易监管改革。成都海关被海关总署列为全国首批7个试点海关之一，在关区5个现场稳步推进该项改革，有效减少试点企业50%以上的办事工作量，实现试点企业程序性违规零发生。

全力深化关区“简化手续、优化流程”改革。在2016年取消核批事项6项、优化通关流程13项、减少作业环节26个的基础上，继续围绕降低制度性交易成本、简化通关流程等，研究实施了16项具体的“减繁琐”措施。

全力配合推动国际贸易“单一窗口”标准版试点。研究制订建设工作方案，明确任务，落实责任。探索建立容错机制，对非主观故意造成的申报失误不予追究责任，鼓励企业大胆运用。积极争取海关总署向四川国际贸易“单一窗口”提供申报、查验、放行等数据查询功能。推动成都高新综合保税区“一单两报”等业务系统与“单一窗口”对接。2017年年底，四川省标准版日报关覆盖率稳定在35%以上，达到了30%的考核目标。

全力推进“互联网+海关”建设。成功实现了企业申报、单证审核、货物放行等通关作业及海关相关事务审批与备案的全部网上办理，进一步缩短了企业通关时间。

全力构建以信用为核心的新型海关监管机制。加强进出口企业信用管理，开展联合激励、联合惩戒，对联合激励范围内的高信用企业适用海关便利措施，对联合惩戒范围内的失信企业实行分类对待、开展惩戒。

2017年年底，海关进口平均通关时间7小时，位列全国第3，出口平均通关时间0.6小时，位列全国第10，分别较2016年压缩53.50%和49.60%。

【成都海关以总体国家安全观为基石，海关履职尽责有新发挥】 成都海关主动担负起在口岸全面落实总体国家安全观的政治职责和使命，始终将把好国门作为第一职责，加强与公安、国安和口岸联检单位的联系配合，共同构建维护国家安全合作战略机制，努力形成联防共治、协同监管的大安全格局，坚决把各类危害国家利益、政治稳定、经济安全、社会和谐、人民健康、生态友好的威胁拒于国门之外。维护政治安全。坚决防范和打击各种渗透颠覆破坏活动、暴力恐怖活动、民族分裂活动、宗教极端活动，切实发挥好“扫黄打非”和维稳等职能作用，为十九大顺利召开做好政治保卫，查获“黄反非”宣传品4 093件盘（份、张）；立案侦查走私武器弹药案5起，查获疑似枪支9支、子弹复进机1台。维护人民生命安全。“精、准、狠”打击涉毒走私，共立案侦查走私毒品案33起，查获各类毒品185.50公斤。打击农产品走私成果斐然，2017年立案走私大米案3起，查证涉案走私大米1 600吨，案值670万元，涉嫌偷逃税210万元。至此，成都海关2016年以来的“打击大米走私系列案”共立案16起，已被海关总署缉私局列为一级挂牌督办案件，涉案大米总重2.60万吨，案值1.15亿元，涉嫌偷逃税4 252万元。打击冻品走私取得突破，全年立案侦查走私冻品案7起，查获各类走私冻品0.30万吨，案值6 287.30万元，中央电视台《新闻联播》对此作专题报道。维护生态安全。坚决贯彻习近平总书记重要指示精神，重点针对“洋垃圾”等固体废物进行专项风险防控，强化进口全过程监管，切实为“美丽四川”把好关。维护经济安全。加强知识产权海关保护，开展四川出口知识产权优势企业“龙腾”行动，为“万企出国门”保驾护航。2017年，成都海关共立案侦查走私犯罪案件51起，案值7 521万元，立案调查走私行为案件76起，案值438.8万元，均实现大幅增长。

【四川出入境检验检疫局加强口岸监管，确保国门安全】 2017年，共检验检疫监管出入境货物285 403批次、货值434.26亿美元；检验检疫进出口商品72 619批次、货值104.48亿美元；检出不合格产品2 044批，货值1.55亿美元。签发各类原产地证书25 482份、签证金额15.30亿美元。检疫、查验出入境飞机31 994架次、旅客528.89万人次、集装箱76 784标箱，为出入境人员健康体检30 575人次，发现传染病584例。

【四川出入境检验检疫局推进内陆开放口岸建设】 四川出入境检验检疫局立足职能优势，进一步拓展内陆口岸功能。加强汇报，国家质检总局出台《支持四川省成都市建设西部门户枢纽城市的意见》，成都市委主要领导作出肯定批示。争取省委省政府支持，“推进国检试验区建设”纳入未来五年四川发展蓝图。积极参与天府国际机场规划设计，泸州水运口岸、九黄机场对外开放等工作，大力支持四川建设各类开放平台。助力临空临港经济发展，服务新开国际航线9条，成都国际航线已达104条。用好进境指定口岸平台，双流国际机场进境肉类指定口岸获批筹建，成都国际铁路港进境粮食指定口岸加快建设；双流国际机场成为全国四大三文鱼进口口岸之一；食用水生动物指定口岸进口批次、货值同比分别增长528.26%、726.75%；整车口岸进口整车批次、数量同比分别增长250%、43.48%，整车进口实现常态化，有力促进了成都市平行汽车进口试点工作。出台十二项措施支持中欧班列（成都）扩能增效，中欧班列开行列次全国第一，进口食品货值同比增长269.30%；继2016年在全国率先打通欧亚冻肉制品铁路运输大通道后，2批荷兰猪肉制品再度直运入川。

【四川出入境检验检疫局全力保障国门口岸安全】 四川出入境检验检疫局强化口岸把关，建立“人—机—犬”综合查验模式，疫病疫情检出率、截获率不断提升。

严密防控口岸疫病疫情。完善口岸疫病疫情联防联控机制，有效防控马达加斯加鼠疫等重点疫情疫病，检疫查验出入境旅客536万人次，发现有传染病症状者2 082例，确诊传染病517例，四川口岸重点疫情疫病“零输入、零感染、零传播”。

有效防范动植物疫情传入。开展国门生物安全系列活动，首次在电视台投放公益广告和“互联网+检疫犬”在线直播。开展“绿蕾3”专项行动，检出有害生物235种、2 153种次，其中，检疫性有害生物14种、261种次。在邮检口岸一次性截获413只昆虫标本，国家质检总局据此发布警示通报。四川出入境检验检疫局专家代表国家质检总局赴意大利开展疯牛病解禁谈判。配合外交大局，做好国家领导人赠外大熊猫检疫工作；入境大熊猫隔离检疫工作被中央电视台报道。实施进口食品安全放心工程，开展供港蔬菜等13项专项检查。创新建立全川进出口危险化学品“一图五清单”，建成重大危险源数据库。

【四川出入境检验检疫局持续提升口岸通关便利化水平】 打造高效口岸通关模式。加快推进通关一体化，实现四川进出口货物出口直放、进口直通。全面实施“无纸化”报检和“无纸化”通关，“无纸化”覆盖率达90%，每批可节省作业时间4~5小时。2017年，“无纸化”报检总批次达62 282批，“无纸化”报检率达91.77%，超额完成国家质检总局目标任务。按平均每批节省4~5小时作业时间，节省各类成本费用150~200元测算，累计为四川进出口企业节约费用近1 246万元。优化通关模式，压缩通关流程时长。出台十项压缩检验检疫流程时限的工作措施，细化出入境货物检验检疫流程时限管理规定，制修订口岸作业工作规程59个。截至2017年年底，四川出境检验检疫时长0.44天，入境检验检疫时长0.6天，平均流程时长较年初压缩了98.20%。大力推进审单放行改革，自11月1日起，对进出口货物实施检验检疫审单放行工作模式，近60%的进出口货物在报检信息审核后可直接通关放行，最快可20秒通关，四川大部分入境货物口岸查验比例降低50%以上，可为企业节约成本120余万元人民币。

推进自贸试验区检验检疫制度创新。四川获批第三批自贸试验区后，迅速行动，在省级部门中做到“五个率先”，率先出台支持四川自贸试验区建设工作方案，率先推出20项支持措施，率先明确涉及检验检疫的30项改革事项任务分工，率先制定检验检疫10项创新制度，率先汇编成册并分项解读。《四川出入境检验检疫局国际展会检验检疫管理办法》被四川自贸办作为首批拟在全国复制推广的两项创新制度之一，向中央部委推荐。支持500多家企业，来自25个国家和地区的1 200多种展品顺利参展，展品口岸通关时间缩短50%。对进口汽车、服装和餐具实施检验结果采信，为9批进口整车采信第三方检验机构成都陆港机动车检测有限公司的检验结果，货值为76万美元，平均每批节省通关时间2天。支持全球维修产业发展，监管维修用途入境机电料件3 036批，货值3.77亿美元；服务富士康全球理货中心运行，查验入境维修平板电脑

4 040 批，63.70 万台，通关时间平均缩短 1～2 天；自贸试验区出口食品生产企业备案时间缩短 59%。检验检疫 10 项创新制度全部落地见效，政策红利不断释放。

推进国际贸易“单一窗口”建设。制定《四川出入境检验检疫局国际贸易“单一窗口”建设实施方案》，着力推进“单一窗口”检验检疫信息化建设。建成四川出入境检验检疫局公共服务统一数据交换平台，实现 e-CIQ 主干系统与四川省“单一窗口”相关口岸服务平台间的数据交换。支持泸州“长江物流信息服务公共平台”上线运行，实现进出口货物申报、原产地签证及“无纸化”报检与放行功能，企业申报数据由以前的 169 项压缩到 106 项。出台《四川出入境检验检疫局支持四川“单一窗口”建设工作措施》，提出了八条支持措施和容错机制。截至 12 月 31 日，四川共计 195 家企业使用“单一窗口”报检 9 286 批次，货物报检批次居全国第 5 位，中西部第 1 位，日报检覆盖率自 10 月 24 日以来持续达到 100%，并已推广到全川所有分支机构，实现口岸全覆盖，顺利通过国口办督察，工作成效得到分管省长肯定性批示。

【四川出入境检验检疫局主动服务地方外向型经济发展】 推动跨境电商等新业态发展。配合成都市政府完善跨境电商公共服务平台，成都综合保税区双流园区、成都双流国际机场、成都双流国际快件中心（邮办）、成都陆路（铁路）口岸跨境电商查验设备已到位，成都综合保税区双流园区跨境电商检验检疫系统已上线运行，该系统正在与国家质检总局统一版跨境电商系统进行对接，目前基本完成对接工作，下一步将要进行实单测试。2017 年 3 月，与遂宁市商务局联合对遂宁市 70 多名商务部门领导、工作人员和企业人员进行跨境电商培训，反响良好。相关分支机构制定跨境电商工作规程，进一步细化跨境电商检验检疫监管措施。2017 年，四川跨境电商备案企业 35 家，商品备案 12 种；跨境直邮进境 48.96 万单，货值 1.10 亿元；跨境网购保税进境 389 批次，货值 593.19 万元，出区入境包裹 6 200 单，货值 291.32 万元；跨境直邮出境 67 批次，货值 78.18 万元。

支持中欧班列（蓉欧快铁）扩能增效。支持成都市政府加快实施“蓉欧+”战略，持续推进蓉欧班列沿线通关一体化进程，积极配合政府做好中欧班列成都场站对外开放建设，出台《四川出入境检验检疫局支持中欧班列（蓉欧快铁）扩能增效的工作措施》，服务成都中欧班列全年开行 1 000 列的目标。支持成都铁路口岸开展平行汽车进口试点和转检业务，2017 年累计进口整车 89 批次、465 台、货值 1 280.80 万美元，同比分别增长 493.30%、374.50%、266%，整车进口实现常态化，有力促进了成都市平行汽车进口试点工作。积极支持和配合地方政府到广东东莞、杭州空港保税物流中心（B 型）开展调研，9 月 1 日陆运办顺利入驻成都陆路（铁路）口岸保税物流中心（B 型），为 2017 年中欧班列（蓉欧快铁）开行列次全国第 1 位（1012 列,）作出了贡献。

深化原产地签证改革。优化调整原产地签证工作流程，在全川范围内开展原产地代理申办、“无纸化”签证、一体化签证和预签工作，降低企业办证成本，提高工作效率。制定了《原产地助力优进优出开展企业帮扶工作方案》，开展重点帮扶企业的“增十、清零、破壁”活动，重点帮扶的 30 家企业已全部达到帮扶预期目标。及时更新印制了《四川出入境检验检疫局原产地证业务指南》并向企业免费发放。加大自贸协定宣传培训，2017 年共发表自贸协定利用相关信息 81 篇，在《四川日报》、新华网等新闻媒体刊登各类新闻宣传稿件 68 篇。举办鞋类、电子信息产品等各类自贸协定宣传培训 50 余次，培训人数达 400 余人次。2017 年，共签发各类原产地证书 25 482 份，签证金额 15.30 亿美元，同比分别上升 4.08% 和 1.88%，为企业减免进口方关税 6 040.45 万美元，帮扶成效显著。2017 年，国家质检总局对四川出入境检验检疫局原产地签证工作进行了督查，国家质检总局督察组对四川出入境检验检疫局在推动创新发展、信息宣传、政策研究等工作给予了充分肯定。

推动生态原产地产品保护。加强生态原产地产品保护和地理标志产品保护的监督管理。组织9家生态原产地产品企业参加四川出口示范区食品农产品对俄罗斯推介会，达成采购意向近100万美元。截至2017年年底，四川共有生态原产地产品58个，生态原产地产品保护示范区6个。与西南六省（区、市）出入境检验检疫局签署《生态原产地产品保护合作备忘录》。对四川出入境检验检疫局辖区获得国家地理标志保护的22个产品开展地理标志保护产品专用标志使用情况监督检查工作。推荐五粮液申报“中欧100+100”产品，指导企业修订完善中英文产品质量技术规范，扩大品牌国际影响力。

开放口岸

【成都空运口岸（成都双流国际机场）】 成都空运口岸位于成都市双流区，距离成都市区16千米。机场设有直达成都市区的地铁和专用公交车、通往省内主要城市的长途汽车、开往著名旅游景区乐山的城际列车、旅游景区直通车和出租车服务站。成都双流国际机场正努力推进国家级国际航空枢纽建设。机场现有2条平行跑道，其中西跑道长3 600米，宽45米，等级4E，具备Ⅱ类着陆标准；东跑道长3 600米，宽60米，等级4F，按Ⅲ类A着陆标准建设，可供A380等大型飞机起降。机场现有两座航站楼，面积50万平方米，设有登机廊桥74条，候机楼内安检通道共计72条，值机柜台227个。成都空运口岸的国际旅检现场设在T1航站楼A指廊，设有8个廊桥登机口，6个远机位登机口（含一个虚拟航班登机口），国际值机柜台58个，边检出境通道19条（17条旅客通道，1条机组人员通道，1条工作人员自助闸机），入境通道17条（含11条旅客通道，1条机组人员通道，4条自助通道，1条工作人员自助闸机）；海关出境通道5条（2条无申报通道，1条申报通道，1条外交礼遇通道，1条工作人员通道），入境通道11条（含自助通关闸机通道8条，无申报人工通道1条，外交礼遇通道1条，工作人员通道1条）；检验检疫出境6条通道（5条旅客通道。1条工作人员通道），入境7条通道（含6条旅客通道，1条外交礼遇/无障碍/工作人员通道）。2017年，成都双流国际机场旅客吞吐量达到4 980.20万人次，位居中国大陆机场第4位。截至2017年年底，成都双流国际机场通航航线315条（国内193条，经停国内转国际18条，国际地区104条）。2017年，成都双流国际机场货邮吞吐量为64.30万吨，位居中国大陆机场第5位。机场建有三座航空货运站，货站库区总面积约10万平方米，年处理货物能力达130万吨，其中，机场货站库房及营业用房面积达7.10万平方米，是中国中西部较大、功能完善、实行国际货物全天候通关的综合货运站。成都空运口岸经国务院批准，2013年9月1日起正式实施部分国家外国人过境72小时免办签证政策（53个国家）。2014年1月29日，成都空港保税物流中心（B型）获批建设，2014年10月23日，正式通过国家验收，对外服务。2014年12月22日，国家质检总局批准成都双流国际机场为“进口冰鲜水产品检验检疫口岸”。2016年7月29日，国家质检总局下发了《国家质检总局关于实施进境食用水生动物指定口岸制度的公告》，成都双流国际机场成为“进境食用水生动物口岸”。2016年10月27日，成都双流国际机场进境水果指定口岸通过国家质检总局验收，2016年11月24日，成都空港进境水果指定口岸对外开放。

【成都陆路（铁路）口岸（临时开放）】 2014年4月21日，国家口岸管理办公室批准成都铁路口岸为国家临时开放口岸。成都陆路（铁路）口岸于2010年5月由四川省人民政府批准设立，位于成都市青白江区，距离成都30千米，毗邻成都铁路集装箱中心站，2011年10月通过验收，2012年4月正式封关运行。2014年4月，经国家口岸管理办公室批复同意为临时口岸对外开放。口岸占地面积约22万平方米，总建筑面积3.7万平方米，拥有标准化的监管场所、一流的监管环境、无缝对接的物理卡口，通过与铁路等部门的深入合作，实现海关、铁路等部门物流信息资源的有效共享，与长江流域12个关区实现了“多点报关、多点验放、自主运输”全域大通关模式，是四川省“贯通南北、连接东西、通江达海”辐射整个西部的国际化平台，承担了成都范围内70%的进出口货物通关。成都铁路集装箱中心站是原铁道部在全国范围内规划的18个中心站之一，是亚洲规模最大的铁路集装箱中心站，于2008年开工建设，2010年建成投入使用。占地142.67万平方米，总投资11亿元。近期设计年吞吐量100万标箱，远期400万标箱，规模为亚洲第1位。中心站已开通成都至上海、深圳、武汉、厦门等13个城市的货运五定班列，全方位打通了新丝绸之路经济带与长江流域经济带的海铁、水铁、公铁多式联运通道。国际端现已开行14条线路。通道方面，成都经铁路至钦州并通过海铁联运方式至东南亚的通道已于2017年11月3日正式开通，标志着成都通往泛东南亚的南下物流通道打开了新大门。从成都向西至欧洲、向北至俄罗斯、向南至东盟的“Y”形国际物流通道实现了互通。2014年9月获批进口肉类指定口岸，2016年3月通过国家质检总局组织的正式验收。肉类口岸建有1 000平方米冷冻（冷藏）集装箱堆场、3 450平方米冷链查验和储存一体化设施，储存能力达3 000吨。2015年1月获批汽车整车进口口岸，2015年11月通过海关总署等部委正式验收，铁路口岸内规划了约3 000平方米的进口汽车海关专用存放监管区，同时配备2条检测线，满足进口汽车检测需求。

海关特殊监管区域——成都铁路保税物流中心（B型）项目总投资约3.60亿元，占地面积18.33万平方米，仓储面积6.5万平方米，2016年9月通过由海关总署、财政部、国家税务总局、外汇管理局四部委组织的正式验收，2016年11月封关运行。2015年6获批多式联运海关监管中心，中心可实现保税商品与普通商品共同仓储、中转、集拼、配送。在中心通关商品，国内段运费不计入关税缴纳基数。中心的设立将降低进出口商品运输成本，提升运输效率。

原二类口岸

【绵阳外贸货物装卸点】 绵阳外贸货物装卸点位于四川省绵阳火车货站西货场，距离成都市93千米，服务川西北地区外向型经济发展，是川西北地区通往世界的门户。拥有出口加工区（现整改申建综合保税区）、综合监管平台（含出口监管仓和公共型保税仓库）等海关监管场所2处。该口岸基础设施、设备完善齐全，可满足川西北地区外贸货物进出境查验、验放的需求。2014年4月，四川省人民政府批准绵阳铁路口岸由绵阳火车货站搬迁至涪城区新皂镇，预计2018年正式启动规划建设工作。2017年共验放运输进出口货物6.84万吨，同比增长15.15%；国际集装箱0.28万标箱，同比增长3.7%。

【攀枝花外贸货物装卸点】 攀枝花外贸货物装卸点位于川南地区攀枝花市渡口火车站，地处川滇结合部，距离成都637千米。是四川通往东南亚沿边、沿海口岸的最近点，为“南方丝绸之路”上重要的交通枢纽和商贸物资集散地。其独有的地域位置，凸显了在四川建设西部综合交通枢纽和发展开放型经济、建设面向东南亚“桥头堡”的重要使命。该口岸查验、监管设施、设备、堆场面积、监管仓库等基础设施、设备完善齐全，可满足攀西地区外贸货物进出口查验、验放的需求。2017年共验放进出口货物199.75万吨，同比增长56.50%。

【乐山外贸货物装卸点】 乐山外贸货物装卸点位于四川省川南地区，乐山市夹江县火车站，距离成都136千米。货场面积65 014平方米，仓库面积1 150平方米，监管仓库面积320平方米，吊车3台，叉车6台。

【成都外贸货物装卸点】 成都外贸货物装卸点位于成都市龙泉驿区成都（国家）经济开发区物流中心内（成都经开区南四路325号），距离成都市中心20千米。该口岸总占地约15.47万平方米，总建筑面积约12万平方米，包括3.80万平方米联检大楼、3进3出智能卡口、2.40万平方米集装箱堆场、0.50万平方米海关查验平台，3.20万平方米公共保税仓库，以及0.24万平方米货车服务站，设计年货物吞吐量约40万标箱。2015年7月29日，海关总署批准同意设立成都海关驻龙泉驿办事处。

2016年11月21日，成都市龙泉驿区人民政府连续三年购买成都公路口岸国际业务操作服务，减免企业通过成都公路口岸合法通关报检的全部操作费用，优化口岸通关环境，促进区域外向型经济发展。2017年4月18日，成都海关批准设立了成都陆路（公路）口岸公共保税仓，完善了保税仓储功能，沃尔沃等汽车企业使用仓库开展汽车零部件保税仓储业务。2017年11月1日，正式启动“单一窗口”标准版的推广应用工作。截至2017年12月底，龙泉驿区共完成注册企业14家，通过“单一窗口”报关826票，报检155票，公路口岸“单一窗口”报关覆盖率为60%，报检覆盖率为100%，超额完成省市下达的30%报关报检覆盖率目标任务，在成都5个口岸（海关特殊监管区）中位列第2位。沃尔沃成为四川省首批“单一窗口”报关接口开发试点企业。2017年11月21日，海关总署批准成都海关驻龙泉驿办事处为综合性海关。2017年12月，成都海关批准开展跨境电商业务，国加电商公司等平台公司入驻成都公路口岸开展跨境电商业务。2017年，成都陆路（公路）外贸货物装卸点共验放进出口货物24.99万吨，同比增长39.60%；国际集装箱4.92标箱，同比增长57.72%。

【泸州外贸货物装卸点】 泸州外贸货物装卸点位于四川省南部地区，地处长江上游泸州市龙马潭区罗汉镇泥大坝，距成都251千米。是全国28个内河主要港口之一，是国家“两大发展战略”（“丝绸之路经济带”和“长江经济带”）的物流节点，是四川内陆开放的水上门户，是四川自贸试验区的对外窗口。在国务院《关于依托长江黄金水道推动长江经济带发展的指导意见》中，泸州被确定为全国重要区域性综合交通枢纽（节点城市），泸州港被确定为长江上游重点建设的主要港口。泸州港现已累计投资超10亿元，已建成6个3 000吨级直立框架式泊位、1个散货及件杂货泊位、1个商品汽车滚装泊位，堆场面积近40万平方米，已形成集装箱100万标箱/年、商品车滚装30万辆/年、散货及件杂货300万吨/年的吞吐能力，最大单件吊装能力120吨。成自泸赤高速公路（成都—自贡—泸州—赤水）与港区毗邻，进港铁路专用线直达港区堆场，铁公水多式联运无缝连接，港区内部功能完善，外部集疏运体系健全。泸州港现已开通了泸州—昆明、泸州—成都、泸州—攀枝花等经济腹地的铁水联运班列10班左右/周；开通了泸州—武汉、泸州—南京、泸州—上海的集装箱班轮航线30班左右/周，其中“天天直航快班”直发南京、太仓、上海，沿途不挂靠或最多挂靠1至2个港口，运行时间缩短为8~10天；开通了泸州—武汉—台湾、泸州—南京—韩国、泸州—南京—日本等近洋航线。2014年10月9日，国家质检总局批准泸州水运口岸为国家进口粮食指定口岸，并通过国家验收，对外开放。2014年10月13日，海关总署等部门批准设立泸州港保税物流中心（B型），2015年11月19日，正式通过国家验收，对外开放。2017年，泸州河港外贸货物装卸点共验放进出境货物41.68万吨，同比减少16.28%，国际集装箱2.99个，同比减少13.33%。

【宜宾外贸货物装卸点】 宜宾河港外贸货物装卸点（宜宾港）位于四川省南部地区，地处四川宜宾港志城作业区，长江上游北岸，距离成都市242千米。依托长江黄金水道，促进四川省及川滇黔区域开放型经济发展，2007年7月经省政府批准，在宜宾港安阜作业区设立了宜宾二类水运口岸，2011年1月，宜宾水运口岸由安阜作业区迁至新建的宜宾港志城作业区，2012年12月正式对外开放。口岸总投资3 150万元，按照二类口岸建设标准全面建成口岸隔离围网、卡口、查验平台、监控系统等基础设施和监管设施。2014年，为支持宜宾市名优白酒产业和饲料加工业的发展，又投资上千万元建设进境粮食指定口岸，2014年10月9日，获得国家质检总局批准，宜宾水运口岸成为国家进口粮食指定口岸，并通过国家验收，对外开放。2015年12月17日，海关总署等部门批准设立宜宾港保税物流中心（B型）。2016年7月15日，正式通过国家验收，对外开放。2016年9月19日，宜宾港保税物流中心（B型）正式投入运营。宜宾水运口岸有以下的特点：一是港口条件优良。宜宾港是国务院《关于依托黄金水道推动长江经济带发展的指导意见》确定的长江十大加快建设港口之一，位于长江、岷江、金沙江三江汇合处，有"万里长江第一港"之称，划分为4个港区，11个作业区，可利用岸线75.70千米，规划到2030年货物吞吐量达7 537万吨，其中集装箱吞吐能力达400万标箱。宜宾港主港区——志城作业区为四川省最大的港口作业区之一，由宜宾市政府与上海国际港务集团共同出资建设，2012年建成投运，有1 000吨级（兼顾3 000吨级）多用途泊位4个，年吞吐能力达到集装箱50万标箱、件杂货190万吨；重载滚装泊位3个，通过能力30万辆；额定起升能力1 000吨重大件泊位1个，年吞吐能力33.80万吨；在建1 000吨级（兼顾3 000吨级）散货泊位3个，年通过能力588万吨。是长江上游唯一同时具备集装箱、重大件、滚装、散货、件杂装卸作业功能的现代化综合枢纽港。二是集装箱班轮、航线开行良好。目前宜宾港每周开行15班集装箱班轮，其中，宜宾—南京、上海直航班轮5班，宜宾—重庆中转班轮10班；自开港以来，先后与上海港、南京港、武汉港、重庆港合作开行了8条集装箱航线，其中，内支线4条，近洋内贸航线1条，近洋外贸航线3条。三是口岸辐射范围广阔。宜宾水运口岸是成渝经济区连接南贵昆、长江中下游地区的重要"节点"，其辐射范围以四川省、云南东北部、贵州西北部、甘陕地区为主。四是口岸条件较为完善。宜宾水运口岸严格按照《中华人民共和国海关监管场所设置标准》《国家对外开放口岸出入境检验检疫设施建设管理规定》进行规划和建设，全面建成口岸隔离围网、卡口、验货场、查验平台、查验仓库、外贸货物专用堆场、出入境货物检疫处理区及配套设施、监控系统、办公楼、实验室、网络和计算机管理系统等基础和监管设施，开通了口岸查验和数据上传系统。2017年共验放进出口货物19.68万吨，同比增长39.17%，国际集装箱1.15个，同比增长38.55%。

【成都国际邮件】 成都国际邮件下辖两个海关监管场所：成都国际邮件互换局、成都双流国际快件中心。位于成都市双流区航空港经济开发区、机场高速公路旁，距成都双流国际机场5千米。成都国际邮件互换局，独立的海关监管区域，实施封闭式管理，面积3 200平方米。成都国际邮件互换局是支撑全省特快、普邮等所有进出口国际邮件的清关、转运口岸，主要产品有进出口EMS、出口E邮宝、E特快、E包裹、进出口国际函件、进出口国际小包、进出口国际包裹。并同新加坡、韩国、日本、美国、英国、德国、俄罗斯7个国家和中国香港建立了国际及地区邮件直航直封关系，其余国家和地区通过北上广互换局中转进出口。成都双流国际快件中心，经成都海关批准，将位于成都双流航空港黄河中路389号2号仓库其中3 500平方米作为成都双流国际快件中心非邮国际快件和跨境电商监管场所，旨在为非邮国际快件及跨境电商提供国际快件通关服务平台。2017年，成都国际邮件互换局、成都双流国际快件中心共交换、查验国际邮件788.15万件，同比增长2.70%；非邮快件8 954.90吨，同比增长52.81%。

2017年四川省口岸大事记

2月22日

旅美大熊猫"宝宝"乘坐美国联邦快递专机抵达成都双流国际机场。

3月15日

海南航空公司开通成都至美国洛杉矶国际航线。

4月4日

泰国公主诗琳通一行乘坐 TG618 次航班从成都入境，对中国政府进行正式友好访问。

4 月 6 日

缅甸总统廷觉应习近平主席邀请，乘专机从成都空运口岸入境，对中国进行国事访问。

4 月 10 日

国家质检总局局长支树平出席四川质量发展大会。

4 月 11 日

国家质检总局局长支树平赴新希望乳业有限公司、成飞集团调研。

5 月 21 日

埃塞俄比亚总理海尔马里亚姆偕夫人于 5 月 12 日~21 日访华并出席“一带一路”国际合作高峰论坛，访问结束后乘专机从成都航空口岸出境。

5 月 22 日

埃塞俄比亚航空公司开通埃塞俄比亚亚的斯亚贝巴至成都的国际航线。

6 月 13 日

四川航空公司开通成都至新西兰奥克兰的国际航线。

6 月 19 日

四川出入境检验检疫局与四川省农业厅签署《关于服务农业供给侧结构性改革共促农产品扩大出口合作备忘录》。

6 月 21 日~23 日

国家质检总局副局长陈钢率队莅川开展十二届全国人大五次会议质量提升行动重点督办建议调研。

6 月 28 日

祥鹏航空公司开通成都至俄罗斯伊尔库茨克的国际航线。

7 月 5 日~6 日

四川出入境检验检疫局与国家质检总局发展研究中心签署战略咨询协议。

7 月 13 日

四川自贸试验区成都青白江铁路港片区与川南临港片区签订战略合作协议。

7 月 21 日

海关总署党组成员、国家口岸管理办公室主任张广志到四川口岸调研。四川省副省长朱鹤新对海关总署、国家口岸管理办公室对四川外贸发展的大力支持表示感谢，双方就国际贸易“单一窗口”建设、四川省口岸开放等事宜交换了意见。

海关总署党组成员、国家口岸管理办公室主任张广志听取成都海关工作汇报。

8 月 8 日

国家质检总局局长支树平对四川九寨沟县发生 7.0 级地震，质检机构受灾情况、灾区质检机构干部职工表示慰问。

9 月 16 日

海关总署副署长李国出席四川绵阳科技城建设部际协调小组第十三次会议。

10 月 2 日

四川航空公司开通成都至泰国清莱的国际航线。

10 月 26 日

海南航空公司开通成都至美国纽约的国际航线。

11 月 1 日

四川省副省长朱鹤新赴泸州调研（四川）自贸试验区川南临港片区建设推进情况，四川出入境检验检疫局局长孙颖杰陪同。

11 月 6 日

湖南长沙市政府考察团到成都空港国际快件中心、空港保税物流中心（B 型）考察调研。

11 月 15 日

四川省委书记王东明到成都铁路保税物流中心（B 型）调研。听取中欧班列（蓉欧快铁）开行、国际铁路港发展、自贸试验区建设等工作汇报。

12 月 14 日

成都空运口岸年度出入境流量突破 500 万人次，标志着成都空运口岸成为全国第 4 个，中西部唯一 1 个出入境突破 500 万人次的对外开放口岸。

12月27日

中欧班列第1 000列发车仪式在成都铁路口岸举行。四川省副省长朱鹤新，成都市市长罗强、副市长刘筱柳及省、市相关部门领导，意大利驻重庆总领事、波兰驻成都领事、荷兰贸促委成都代表处代表等外宾，部分企业代表参加发车仪式。

（撰稿人：刘礼明、龙飞澜、解苏、黄涛）

2017 年四川省口岸流量统计表

口岸类型		口岸名称	货运量（万吨）				集装箱（万标箱）				人员（万人次）				交通工具（辆、艘、架、次）			
			出口	进口	合计	同比（%）	出口	进口	合计	同比（%）	出境	入境	合计	同比（%）	出境	入境	合计	同比（%）
空运口岸		成都空运口岸	7	3.66	10.66	25.95					269.79	270.07	539.86	8.73	14 921	15 553	30 474	7.08
分计			7	3.66	10.66	25.95					269.79	270.07	539.86	8.73	14 921	15 553	30 474	7.08
陆路口岸	公路口岸	成都陆路（公路）口岸	2.09	22.9	24.99	39.6	0.059	4.86	4.92	57.72								
	分计		2.09	22.9	24.99	39.6	0.059	4.86	4.92	57.72								
	铁路口岸	成都陆路（铁路）口岸	117.72	77.8	195.52	54.08	4.9	3.24	8.14	54.16								
		绵阳陆路（铁路）口岸	0.43	6.41	6.84	15.15	0.028	0.252	0.28	3.7								
		攀枝花陆路（铁路）口岸	4.68	195.07	199.75	56.5												
		乐山陆路（铁路）口岸																
	分计		122.83	279.28	402.11	54.38	4.928	3.492	8.42	51.43								
水运口岸		泸州水运（河港）口岸	14.31	27.37	41.68	−16.28	1.3	1.69	2.99	−13.33								
		宜宾水运（河港）口岸	2.82	16.86	19.68	39.17	0.16	0.99	1.15	38.55								
	分计		17.13	44.23	61.36	−3.97	1.46	2.68	4.14	−2.97								
合计			149.05	350.07	499.12	58.39	6.447	11.032	17.48	55.48	269.79	270.07	539.86	8.73	14 921	15 553	30 474	7.08
同比																		

备注：航空口岸进出境货物 10. 66 万吨，不包括 2. 59 万吨转关货物、28. 97 万吨航油。

（四川省口岸办提供）

2017年四川省口岸出入境主要数据表

项目			2017年	2016年	同比（%）
出入境人员（人次）	出入境人员总数		5 398 680	4 964 757	8. 74
	入境人员		2 694 376	2 487 594	8. 31
	出境人员		2 704 304	2 477 163	9. 17
	出入境旅客		5 078 487	4 665 715	8. 82
	出入境员工		320 193	299 042	7. 45
	中国公民	小计	4 707 300	4 310 734	9. 20
		内地居民（因公）	180 351	162 949	10. 77
		内地居民（因私）	4 133 947	3 744 362	10. 38
		港澳居民	172 072	175 639	-2. 03
		台湾同胞	220 930	227 784	-3. 00
	外籍人员		691 380	654 023	5. 71
	从海港出入境人数				
	从陆港出入境人数				
	从空港出入境人数		5 398 680	4 964 757	8. 74
交通运输工具（辆、艘、架、列次）	总计		30 474	28 459	7. 08
	船舶				
	飞机		30 474	28 459	7. 08
	火车				
	机动车辆				

（四川省公安边防总队提供）

2017年成都海关主要数据统计表

项目		2017年	同比（%）
进出口货运量（万吨）	合计	4 555 548	42.3
	进口	3 611 398	49.3
	出口	944 150	20.7
进出口贸易总值（万元）	合计	40 467 962	56.7
	进口	20 737 767	54.0
	其中：江、海运输	—	—
	铁路运输	—	—
	汽车运输	—	—
	航空运输	—	—
	邮件运输	—	—
	其他运输	—	—
	出口	19 730 194	59.7
	其中：江、海运输	—	—
	铁路运输	—	—
	汽车运输	—	—
	航空运输	—	—
	邮件运输	—	—
	其他运输	—	—
税收（万元）	两税合计	1 637 667	45.7
	关税入库	279 703	53.3
	进口环节税入库	1 357 964	44.2

（成都海关提供）

2017 年四川省出入境检验检疫业务统计表

项目	货物检验检疫				交通工具				集装箱（个）		发现动植物疫情		货物通关		出入境人员查验（人次）	健康检查及预防接种（人次）			
	批次	金额（万美元）	检验检疫不合格																
			批次	金额（万美元）	船舶（艘）	飞机（架）	火车（节）	汽车（辆）	合计	检出问题	种类数	种次	批次	金额（万美元）		健康检查	艾滋病监测	发现病例	预防接种
本年累计	72 619	1 044 800	2 044	15 479		31 994			76 784		79	177	52 322	413 037	5 288 858	30 575	29 402	21 936	32 255
其中 出境	19 142	140 692	230	2 090		16 015			11 739				14 041	87 885	2 680 148	24 926	24 629	18 541	32 168
其中 入境	53 477	904 126	1 814	13 389		15 979			65 045		79	177	38 281	325 152	2 608 710	5 649	4 773	3 395	87
同比（%）	10. 51	46. 53	32. 73	28. 40		6. 19			58. 58		−49. 03	−81. 41	11. 31	−12. 57	16. 02	3. 22	2. 37	−17. 13	−12. 01
其中 出境	9. 29	13. 36	7. 48	77. 09		4. 87			−24. 15				22. 03	11. 33	25. 77	1. 45	0. 88	−17. 06	−11. 99
其中 入境	10. 96	53. 52	36. 80	23. 12		7. 55			97. 45		−49. 03	−81. 41	7. 84	−17. 37	7. 46	11. 79	10. 82	−17. 52	−20. 91

（四川出入境检验检疫局提供）

贵 州 省

贵州省口岸分布示意图

口岸名称	批准开放时间	开放状态
贵阳空运口岸	1992.9	国际常年

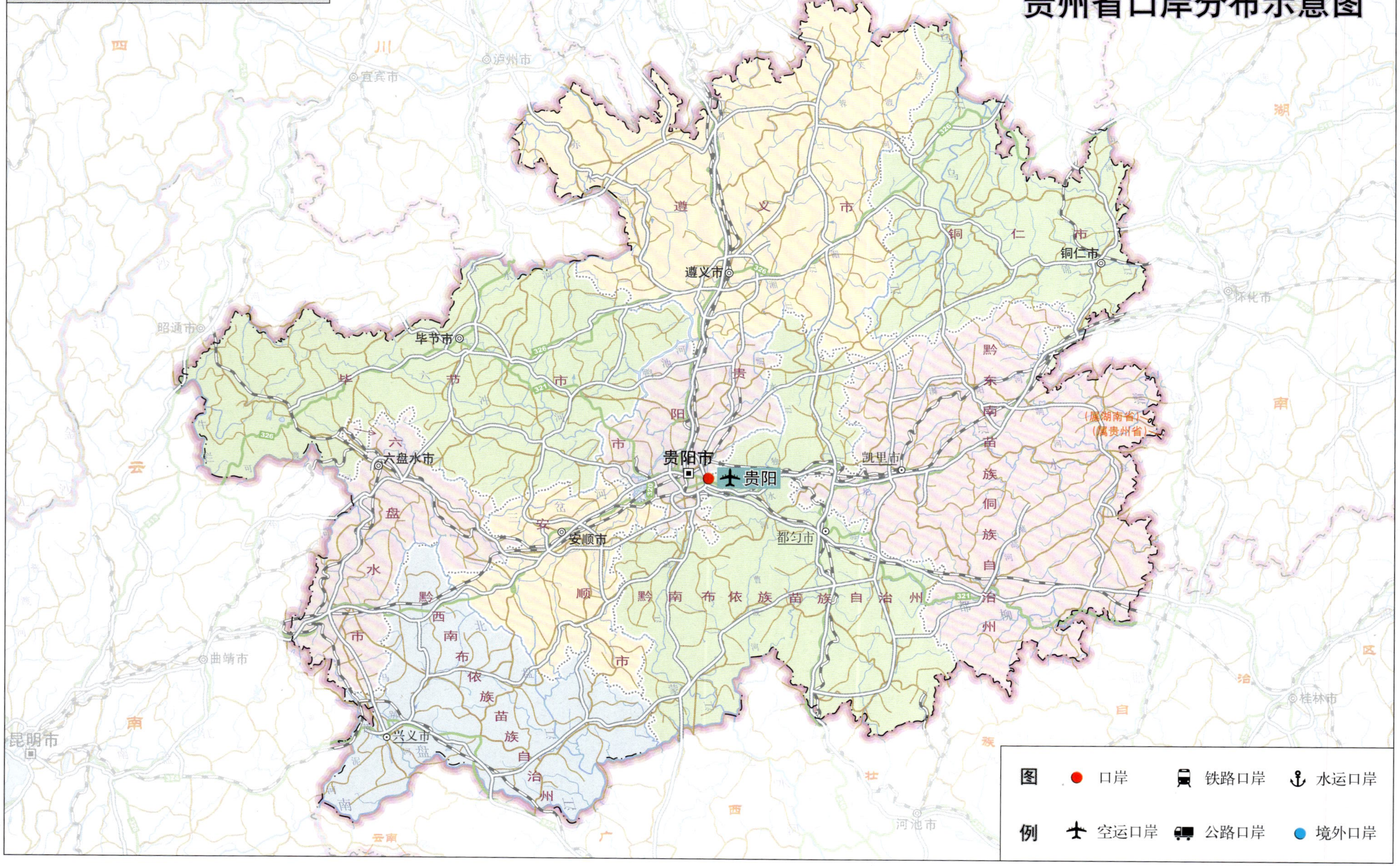

口岸数量及分布

截至2017年年底，贵州省有经国务院批准的对外开放口岸1个，即贵阳空运口岸（贵阳龙洞堡国际机场）。

口岸运行数据

2017年，贵州省空运口岸出入境人员共计523 655人次，同比增长2.84%，其中旅客487 954人次，机组员工35 701次。贵阳机场口岸查验491 247人次，遵义新舟机场口岸查验324 08人次。

贵阳龙洞堡国际机场口岸和遵义新舟机场临时开放口岸共查验出入境航班4 268架次，包括出境2 078架次、入境2 190架次，架次同比下降1.34%，出境同比下降2.44%，入境同比增加2.15%。其中，贵阳龙洞堡国际机场口岸查验航班4 026架次，同比下降3.20%，遵义新舟机场口岸查验航班242架次，同比增加44%。平均每月达43 638人次。查验旅客行李96.70万件，截留禁止进境携带物4 529批次，同比上升36.50%。海关监管进出口货物396.12万吨，同比减少10.60%。其中，进口366.23万吨，同比增加2.20%；出口29.89万吨，同比减少64.70%。

口岸综合管理

【提高口岸开放程度】 2017年，贵州省空运口岸发展迅速，开放程度大幅提高，国际及地区航班迅速发展，2017年出入境人员再次突破50万大关。贵州省空运口岸自2010以来出入境人数稳步增长，2011年5.5万人次、2012年11.4万人次、2013年21万人次、2014年30万人次，2015年40万人次、2016年50万人次；2017年开通了中国台北、中国香港、中国澳门、韩国、日本、泰国、越南、马来西亚、柬埔寨、印度尼西亚、新加坡、意大利等多个国家和地区共21条航班航线。

【加大内陆口岸开放建设力度】 明确构建内陆开放型经济新体制的发展目标，依托多式联运，建设以空运口岸为主导，以铁路、水运口岸为延伸，以综合保税区等口岸功能区为补充的全省口岸发展体系，打造布局合理、功能齐全、重点突出的立体化口岸系统，形成以黔中地区为重点、东西翼协调发展的全面对外开放格局。加快贵阳、遵义、毕节、兴义、铜仁凤凰机场、安顺黄果树、六盘水月照空运口岸，贵阳改貌、黔西南德卧、黔南贵定、毕节国际内陆港、黔东南州碧波陆路（铁路）口岸，遵义港漩塘码头、铜仁思南、兴义望谟蔗香水运口岸建设，完善口岸基础设施和配套服务功能。

【遵义新舟机场获临时对外开放】 2014年12月30日，遵义新舟机场经国家口岸管理办公室批准临时对外开放，并通过国家民航总局行业验收和以贵州省口岸办牵头组成的口岸查验设施设备验收组验收；截至2017年，已获第6批次临时对外开放，遵义临时口岸年出入境人数有了相当大的增幅，同比增长208%，全年共达到32 487人次，航班242架次。其中遵义至越南106架次、遵义至泰国82架次、遵义至香港32架次、遵义至新加坡15架次。

【铜仁凤凰机场机场获批临时对外开放】 2017年11月11日，国家口岸管理办公室已批复同意铜仁凤凰机场临时对外开放。2017年，铜仁凤凰机场借助航站区改扩建工程项目（项目占地面积22 170平方米，总建筑面积为20 090平方

米），目前，国际航站楼主体工程已全部建设完成，海关、公安边防等联检单位的配套办公、生活用房也完成建设并顺利通过口岸联检单位验收组验收。

【合作共建中新互联互通项目南向通道】“南向通道”建设是响应国家“一带一路”倡议的具体落实，是在中新（重庆）战略性互联互通示范项目框架下，连接我国西北、西南与中西亚、东南亚的一条南北交通大动脉，渝桂黔陇四省已于2017年8月31日签署《关于合作共建中新互联互通南向通道的框架协议》，为加快落实四地关于合作共建南向通道框架协议的工作部署要求，商讨确定政策创新和运营平台组建等相关工作，务实解决南向通道建设过程中出现的重点、难点问题，按照《渝桂黔陇四地关于合作共建中新互联互通项目南向通道的协同办法》，经四地牵头部门商议，在商务部等国家部委的统筹协调和指导下，将南向通道作为中新互联互通项目合作框架下的重点项目，按照“政府引导、企业主导、市场运作”原则，推进通道建设。得到贵州省各级领导的高度重视，多次召集贵州省内各职能部门和部分物流及配套企业进行座谈交流，汇总需求，达成共识，进一步梳理和找准贵州省参与建设“南向通道”的优势和切入点，拟将贵阳改貌货运站作为下一步中欧班列铁路场站与南向通道建设的具体站点，打通贵州省北上南下出境出海的战略通道，让贵州省更多外贸进出口企业享受更多优惠和便捷。2017年11月9日，中新互联互通项目南向通道工作推进会在贵州省贵阳市召开。

【口岸开放平台建设取得突破性进展】 继获批贵阳、贵安综合保税区之后，在中央部委的关心支持下，遵义综合保税区申报建设取得突破性进展，2017年7月1日遵义综合保税区获批，遵义综合保税区获批是国务院设立贵州内陆开放型经济试验区的重要举措和现实需要，对于贵州和遵义构建内外联动、互利共赢的内陆开放型经济发展新模式具有重大意义。完成保税物流中心（B型）的规划。按照海关总署、财政部、税务总局、外汇总局关于印发《保税物流中心（B型）设立指导意见》和《2015~2017年保税物流中心（B型）设立规划的通知》文件精神和贵州省政府工作安排，综合贵州省城市空间结构布局、产业、商贸物流和综合交通运输等发展规划，在贵州省范围内规划建设贵阳、六盘水、铜仁、黔南州四个市（州）保税物流中心（B型），形成以贵阳为核心，西部、东北部、南部三点环绕发展的空间布局，目前，贵州省政府已批复同意六盘水市、铜仁市和黔南州按流程向贵阳海关和海关总署申报建设保税物流中心（B型），六盘水、铜仁和黔南州保税物流中心（B型）正在建设当中，遵义新浦新区、毕节大方县、安顺经开区、黔南独山县、铜仁大龙经开区、黔东南碧波高新技术开发区、六盘水盘州市等地已分别申报建设公用型保税监管场所。

【依托贵州电子口岸平台建设中国（贵州）国际贸易“单一窗口”】 贵州省认真贯彻落实《关于改进口岸工作支持外贸发展的若干意见》（国发〔2015〕16号）、《关于国际贸易“单一窗口”建设的框架意见》（署岸函〔2016〕498号）和《国际贸易“单一窗口”标准版扩大试点工作方案》等文件精神，特别是国务院第174次常务会议提出的加快推进国际贸易“单一窗口”建设，2017年年底前实现全国所有口岸全覆盖的决策部署，坚持贸易安全与便利并重，以建立健全工作机制为保障，以标准版落地部署为抓手，以便利企业、提高企业应用体验为目标，全力加快推进贵州省国际贸易“单一窗口”建设工作。2017年7月26日，贵州省国际贸易“单一窗口”正式上线运行，截至 2017 年 12 月 29 日，中国（贵州）国际贸易“单一窗口”已完成了货物报关报检、企业资质申请、国检原产地证、机电许可证申请和查询统计等功能的开通使用，同步实现企业报关批量导入和电子化传输，完成各类申报办结单据共计 2 425 票，其中报关 2 233 票，报检 128 票，企业资质办理 27 个，原产地证 29 个，机电许可证 8 个，报关报检量均达到国口办要求的本地区业务 30%覆盖率目标。

【强化协调提升服务】 为充分发挥口岸协作机制的作用，切实做好口岸的建设、管理和协调工作，充分发挥口岸优势，整合口岸资源，提高通关效率和服务水平，共同推进“口岸大通关”建设，构建和谐文明口岸，贵州省人民政府口岸办公室认真组织贵州省公安边防总队、原贵州出入境检验检疫局、贵阳海关、贵州省公安厅出入境管理局及贵州省机场集团有限公司等单位定期召开口岸现场通关协调工作例会，专题研究解决口岸建设、管理及运行中出现的各方面问题，协调、统一相关单位的意见，推动口岸建设、管理工作有效开展。同时，在贵阳空运口岸设立办公室，与口岸查验单位共同现场办公，及时协调解决相关突发性问题，有效提高口岸联检单位协同作战能力。为缓解贵阳空运口岸查验单位人员不足与航班大幅增长的突出矛盾，2017 年在贵州省编委办的大力支持与配合下，批复同意贵州省商务厅加挂贵州省人民政府口岸办公室牌子，以进一步强化统筹职能，增强口岸管理干部自身综合素质水平，全力推进、保障和改善口岸管理队伍建设，进一步加强贵州省口岸管理服务工作力量。经贵州省委、省政府研究，2017 年 8 月 9 日贵州省编委办批复同意设立贵州省口岸服务中心，按程序公开招聘 30 余人，进一步配齐配强现场口岸协同人员队伍，解决口岸监督管理单位人员欠缺、执法力量不足等问题，辅助联检单位增强一线管理力量，有效促进地方政府与中央驻黔单位的互助配合和共同发展，同时，也增强了部门之间的系统性、整体性和协同性，提升了贵州省口岸建设发展服务能力，一定程度地缓解了联检单位人员不足的问题。

口岸监管与服务

【贵州省公安边防总队不断拓展边检执法保障职能】 贵州省公安边防总队积极向省、市各级领导汇报口岸工作进展，结合边检工作实际，对航空市场开发、口岸建设和临时口岸发展等方面提出建设性意见；助推贵州省经济发展规划，重点保障了生态文明国际论坛年会、大数据产业峰会、国际酒博会、第五届亚太世界地质公园大会等年度重大经贸文化交流活动的口岸通行和安保任务，为 1 300 多名政商要客和嘉宾提供了优质通关服务保障；在现有警力紧张的情况下，协调保障了遵义新舟机场临时口岸开放运行，积极为铜仁临时口岸的筹备建设提供技术支持和规划建议，持续推进贵州口岸发展一盘棋的总体规划目标。

【贵州省公安边防总队不断提升服务水平】 贵州省公安边防总队始终将深化提高边检服务水平作为首要任务，制定并实现了“顺畅通关零等待、便民服务零距离、服务对象零投诉”的工作目标，坚持优质高效地服务旅客通关；精心组织“提服回头看”“边防法制讲堂”等培训活动，进一步强化检查员队伍的边检业务技能，先后派出 90 余人次赴宁夏、青海、杭州等地学习取经，提炼、扩展、延伸“7S”边检服务法，强调先服务后执勤、先文明后执法的理念，不断提升口岸服务水平和履职能力。通过在口岸现场制作摆放边检文明使者展板，向第 50 万名出入境人员赠送纪念品等方式，在记录口岸高光时刻的同时，积极树立贵阳边检服务品牌形象。

【贵州省公安边防总队不断筑牢维稳防线】 严格落实公安部边防局关于防范打击恐怖主义的指示要求，定期对口岸可能面临的各类风险进行分析评估，以“大后台”建设为重点，抓好口岸维稳管控，注重勤务大数据整合，积极摸索“大数据+勤务研判”的新型模式，加强勤务不同来源数据间的分析、碰撞，狠抓应急处突准备，不断完善反恐处突预案，增强模拟实战演练力度。健全完善与公安各警种、国家安全等部门联系机制，畅通信息共享平台，在情报信息、身份核查、案（事）件查处等方面加强协作，提高整体防控能力，确保口岸稳控工作的万无一失，为维护口岸安全、保障社会稳定、服务贵州经济建设发挥了积极作用。

【贵州省公安边防总队持续增强综合保障能力】 贵州省公安边防总队主动衔接中央和地方财政投向，进一步拓宽经费来源渠道，争取地方财政对部队支持力度的持续加大。在部队发展规划中，坚持开源节流、规范管理，始终把基层发展放在第一位，向基层倾斜、向一线靠拢，加大基层基础设施建设，有效改善了官兵工作、训练条件。坚持围绕重点，有力推进基建营房工作。完成总队勤务中队营房及公寓楼项目建设，按照政策规定调整分配公寓住房；紧抓“水、暖、电”等与官兵生活息息相关环节，定时巡检维护，对总队勤务中队及单身干部宿舍楼供暖系统进行升级改造，进一步优化官兵生活环境。坚持“三个第一”，主动为官兵办实事。为官兵及家属进行健康体检，最大限度消除官兵后顾之忧；主动协调驻地政府教育、民政等部门，按照官兵意向，及时为干部子女中的适龄儿童解决了入学入托优待问题；为官兵购买商业医疗保险，将官兵家属及子女纳入军队商业医疗保险范围，较好地满足了官兵及家属就医问题，从优待警三项刚性措施全部落实到位。

【贵阳海关深化海关业务改革】 一是完成隶属海关功能化改造，结合贵州内陆开放的紧迫需求，确立了职能与执行相分离、集约与制约相统一、专业化与扁平化相结合、机构与人员配置相适应、实现方式与信息系统相匹配的改革思路，打造以“航空口岸+特殊监管区域+多式联运”为主的内陆海关业务框架，对各隶属海关、派驻机构进行功能化定位、定岗、定责，科学配置监管资源，有效缓解关区人力资源紧张的现状。二是压缩通关时间立竿见影。采取“每日监控、每周通报、排序警示、督促整改”的方式全力压缩关区通关时间成效明显。2017 年 1 月~12 月，进口 12.66 小时（全国平均 15.87 小时），比 2016 年同期缩短 66.94%，全国排名第 19 位；出口 0.58 小时（全国平均 1.11 小时），比 2016 年同期缩短 75.42%，全国排名第 9 位。三是智慧航空口岸建设推进有力，制定完善《贵阳龙洞堡国际机场（海关旅检）智慧口岸建设方案》，与清华同方威视达成战略合作意向，取得口岸联检单位、机场集团的支持，建设思路逐步明确、改革措施从无到有，全力在贵阳龙洞堡国际机场打造“高科技技术装备+数据综合分析处理平台”的智慧航空口岸。积极推动立项实施，争取海关总署支持，强化科技装备的投入和专业技术的保障，将海关总署配发的 3 台 CT 监管设备投入到铜仁凤凰机场进行先期试点，为最终实现在贵阳龙洞堡机场打造国内领先、智能化程度较高的航空口岸奠定基础。四是推广汇总征税、电子支付、自报自缴、通关作业无纸化改革成效明显。积极开展政策宣讲、主动上门服务推广。12 月电子支付税款比例急速提升至 93%，关区 12 月通过自报自缴申报占比 77.50%，远远超过全国 14%的平均水平。五是国际贸易“单一窗口”“互联网+海关”进展顺利。密切与地方口岸主管部门的联系配合，研究解决“单一窗口”项目在数据结构、业务流程等方面存在的问题，积极推进项目建设。

【贵阳海关助推海关特殊监管区和海关机构申建】 科学引导省内三个综合保税区根据自身区位优势、功能定位、产业基础等特点进行错位发展，避免同质竞争。优化措施吸引加工贸易产业向贵州省梯度转移，主动跟进重点项目招商工作，加强对入区项目的政策指导服务。全力支持遵义综合保税区尽快封关运行，成立贵阳海关推动遵义综合保税区建设工作领导小组，选派两名业务骨干赴遵义挂职锻炼，实际参与综合保税区建设，牵头组织 10 个省级部门开展预验收工作，为遵义综合保税区尽早投入运行、发挥作用奠定基础。便利企业办理海关业务，实施 24 小时预约通关制，采取现场办公、特事特办、优先受理等方式第一时间解决企业实际困难，以高效能监管、高质量服务保障了诺基亚“王者归来”手机等重点项目的顺利实施。分设现场业务处、驻贵安新区办事处就近监管，更近、更快、更好地为贵阳综合保税区和贵安综合保税区的区内企业提供服务。支持在条件成熟的地区设立保税监管场所服务开放型经济发展，促进区域经济优化。目前已批准设立保税仓库7个，其中6个已通过验收并开展保税仓储业务，1个已批准待验收。稳步推进六盘水、铜仁、双龙等地保税物流中心（B型）申建工作，重点配合做好园区建设和“入园项目”引进工作。

【贵阳海关打击走私违法，维护经济秩序】 2017年，打击走私“国门利剑2017”“蓝天”“国门勇士2017”“缉枪治爆”“融冰”等专项行动，围绕重点领域、重点渠道、重点商品，突出“专项+联合”，加大对农产品、毒品、枪支弹药、洋垃圾走私等的打击力度。全年共立案查办案件36起，案值2.09亿元，涉税额0.68亿元，抓获走私犯罪嫌疑人10人。打私工作取得良好的社会效应，缉私整体效能有效提升，有力维护了国家政治安全、经济安全、全省人民“舌尖上的安全”，保护多彩贵州美丽生态环境。

【贵阳海关进一步支持口岸建设】 推动航空口岸开放，加强向海关总署和国家口岸管理办公室的请示汇报，支持拓展欧洲（米兰）、东南亚（芽庄）等国际新航线；延长遵义新舟机场临时对外开放期限，做好口岸正式对外开放准备；铜仁凤凰机场实现临时对外开放，口岸建设被纳入国家口岸工作“十三五”规划；支持龙洞堡国际机场申建水果、生鲜、肉类进境指定口岸。强化个人物品快件业务的监管服务，将快件监管场所搬迁至贵阳龙洞堡国际机场，实现了“背靠国际机场、近邻邮政互换局”，物流交通环境得到显著改善。

【贵州出入境检验检疫局加强口岸艾滋病防控】 2017年，贵州出入境检验检疫局共实施艾滋病监测4 377人次，出境2 749人次、入境1 628人次，同比分别增加10.89%、6.92%、18.31%；出入境人员传染病监测体检检出各类传染病73例，其中，艾滋病抗体阳性病3例。贵州出入境检验检疫局持续加大口岸艾滋病防控知识的宣传教育力度，加强对各类重点人群的教育，宣传覆盖率达100%；完善口岸艾滋病监测体系，加强专业队伍建设，提高检测水平；深化联防联控的合作机制，努力探索更加科学有效的合作模式，寻求口岸艾滋病防控在体制机制上的新突破。

【贵州出入境检验检疫局为出入境人员健康体检】 2017年，贵州出入境检验检疫局共完成出入境人员健康检查4 444人次，其中出境2 798人次，入境1 646人次，同比分别增加了14.24%、11.21%、19.8%；发现病例1 262人次，其中出境849人次，入境413人次，同比分别增加了34.97%、26.53%、56.44%；全年共完成预防接种2 225人次，同比下降27.92%，包括出境2 221人次，同比下降28.01%，入境4人次，同比增加100%。严格执行证书拟制规程和签发程序，体检和预防接种全年未发生任何检验检疫事故。

【贵州出入境检验检疫局继续做好卫生监督工作】 2017年，贵州出入境检验检疫局在国境口岸共监管企业124家，其中食品生产2家、餐饮34家、食品流通36家、二次供水1家、服务行业51家。新签、换发许可证55份，其中食品类38份、公共场所类17份。完成行政处罚2例。对50个航班架次开展综合评定工作，对270架次航班开展日常卫生监督。发现非关键项目问题23次；发现输入性摇蚊1只，输入性飞蛾1只，输入性家蝇1只，航空公司配餐卫生不达标2家，全部进行妥善处置。按照国境口岸病媒生物监测要求，开展国境口岸鼠、蚊、蜚蠊监测。投放各类监测器械数3 396个，其中鼠类器械数1 800个（鼠夹1 600个、鼠笼200个），捕获鼠类11只，其中针毛鼠2只（汉坦病毒阴性、鼠体表寄生虫毒厉螨2只）、小家鼠5只、褐家鼠4只；诱蚊灯36个，伊蚊诱卵器900个，捕获蚊类202只，其中致倦库蚊79只，白纹伊蚊27

只，淡色库蚊1只，羽摇蚊18只，未鉴定77只；蝇类35只；蜚蠊器械数660个，捕获蜚蠊124只，其中黑胸大蠊73只，美洲大蠊7只，东方蜚蠊1只，德国小蠊43只。

【贵州出入境检验检疫局保障首批出口烟花爆竹安全】 2017年1月，贵州出入境检验检疫局积极探索内地出口烟花爆竹集中审单和进驻产业园区集中监管模式，在出口烟花爆竹“产地检验+口岸查验”的基础上，着力将贵州提升打造成西南地区出口烟花爆竹集散地，并逐步探索出一条“物流园集中监管区+产地检验检疫+CIQ封箱+口岸查验”的监管之路。随着贵州烟花爆竹产业园区的快速发展，大力推进产业园区查验场站建设，积极探索从分散封箱的粗放型传统模式转变为在符合要求的场站集中监管的集约型新模式，保证了出口烟花爆竹储运安全，给予了生产和物流企业极大信心。同时有利于货物统一储运、减少出口环节、缩短物流周期，实行集中报检、随到随检等快速查验措施，为企业节省通关时间2~3天。贵州烟花爆竹产业园区实现首批烟花爆竹出口1 200箱，货值3.80万美元。

【贵州出入境检验检疫局全面实施航空器卫生监督“分级管理”新模式】 2017年，贵州出入境检验检疫局创新航空器卫生监督模式，在贵阳龙洞堡国际机场口岸全面实施“一个关口、两个重点、三个结合”的航空器卫生监督“分级管理”新模式，实施卫生监督内容及频次的动态管理，有效预防携带病媒传播疾病。新增航线备案审批，以航空器卫生监督综合评定为基础强化日常卫生监督，结合疫情分析、随机抽取、微生物精确检测有效维护航空器卫生安全。

【贵州出入境检验检疫局全面开展“质检利剑”打假专项行动】 2017年4月，针对国家质检总局通报的消费品质量国家监督抽查情况结果，贵州出入境检验检疫局开展专项打假行动。强化重点进口消费品监督抽查，共抽查了包括汽车刹车片、润滑油、纸尿裤、针织内衣等8种重点进口消费品，抽查种类占比95%，抽查批次占比98.50%；加大跟踪监测力度，对存在安全隐患产品以市场抽查实施质量安全监测为手段，通过风险管理实施重点布控，主要在机场口岸、市场流通领域、货物集散地及通过跨境电商平台开展重点布控、重点检查；突出抽查市场集中区，结合产品进口区域分布特点，重点对产品流通领域集中的销售商家和进口企业进行了重点抽查。此次共监督抽查进口消费品32批次，监督抽查合格率为93.80%，其中3批次进口车用润滑油存在液压油的泡沫性项目检测不符合标准要求情况，已约谈商家并对同一品牌的润滑油就涉及安全和关键性能进行全项目抽样检测。

【贵州出入境检验检疫局首次应用荧光探鼠仪对入境航空器实施探查】 2017年5月9日，贵州出入境检验检疫局首次对贵阳龙洞堡国际机场口岸入境航空器使用便携式荧光探鼠仪开展鼠迹探查。荧光探鼠仪使用LED紫外光源，能够在较小的功耗下提供较强的特定波长的紫外光，航检人员佩戴紫外防护眼镜在3米的有效距离内探测可能有老鼠活动痕迹的区域，并通过对可疑荧光斑点的判定进行鼠类活动痕迹的初步筛查，再结合鼠粪、鼠咬痕等其他鼠类活动的痕迹来推断是否有鼠的存在，提高鼠类探查的效能。目前，荧光探鼠仪已成为出入境检验检疫局有效监测输入性病媒生物的“护港”法宝。

【贵州出入境检验检疫局检出2017年首例输入性恶性疟感染病例】 2017年5月10日，贵州出入境检验检疫局贵州国际旅行卫生保健中心确诊了1例输入性恶性疟原虫感染性病例。流行病学调查显示，该患者为非洲劳务归国人员（2016年2月13日前往加纳至2017年4月24日回国）。2017年5月1日，该患者出现发热（间隔不明显）、头痛、肌肉痛等症状，自行就诊于当地地区医院，经医院一周抗生素治疗后症状无明显好转。5月10日，经贵州国际旅行卫生保健中心传染病监测实验室进行血涂片及病原体分子生物学检测，并结合该患者临床症状和流行病学调查情况，确诊为2017年以来首次输入性恶性疟原虫感染。检验检疫人员已及时将该病例情况通报地方疾控中心，并联系贵阳市公共卫生救治中心，保证患者及时得到救治。

【贵州出入境检验检疫局助力 1 520 只澳洲种羊首次从贵阳龙洞堡国际机场口岸入境】 2017 年 5 月 30 日，1 520 只杜泊种羊乘 B747-400F 型飞机从澳大利亚抵达贵阳龙洞堡国际机场，并在贵州出入境检验检疫局和相关部门的监督护送下，转运至修文县扎佐镇进境种羊隔离场开始为期 45 天的隔离检疫。这是贵州史上首次大型活动物直接从贵阳龙洞堡国际机场口岸入境，标志着贵州省对外开放和口岸公共服务水平又迈上了一个新的台阶。贵州出入境检验检疫局人员在一周内完成了 1 520 头种羊抽血和防疫接种工作，45 天内完成 1 520 头种羊布氏杆菌病、副结核病、黏膜病和边界病、蓝舌病、鹿流行性出血症、羊衣原体病、赤羽病等中澳检疫和卫生条件规定的检测项目 12 160 项。

【贵州出入境检验检疫局助力贵阳龙洞堡国际机场口岸首条洲际航线顺利起航】 2017 年 7 月 25 日，贵阳直飞米兰的洲际航班正式起航，贵州出入境检验检疫局提前部署洲际航线开通保障工作。安排专人指导航空公司完成航线备案工作，做好技术指导和业务咨询，并根据该航班的路线、人员构成等制定了有针对性的监管方案，保障进出境人员的高效快速通关；搜集并分析欧洲疫情流行现状，以及贵阳龙洞堡国际机场口岸面临的防控风险，及时更新监测数据，做好信息上报和风险分析，筑牢疫情防线；针对洲际航线航程长（11~12 小时）等特点，对入境段外航国外餐食配给情况进行摸底备案，对出境段国内餐食配给企业进行专项督查，还对航空器机上食品安全制定了督查方案，助力洲际航线顺利起航。

【遵义出入境检验检疫局助力遵义新舟机场口岸越南国际航线顺利开通】 2017 年 8 月 5 日，遵义新舟机场口岸开通遵义至越南岘港客运包机航线。遵义出入境检验检疫局积极围绕正式口岸建设，大力推进口岸核心能力建设，多措并举全力确保临时口岸安全开放，夯实正式口岸申报基础。严密部署，严防疫情输入；加强管理，落实源头防控；对标正式口岸，夯实基础建设。越南航线的成功开通为下半年新舟机场完成 2.20 万人次出入境旅客量力争 2018 年获批正式口岸奠定了基础。

【贵州出入境检验检疫局助力贵阳龙洞堡国际机场口岸取得创建国际卫生机场“通行证”】 2017 年 11 月，为推进贵阳龙洞堡国际机场口岸创建国际卫生机场进程，贵州出入境检验检疫局积极作为，提升口岸卫生检疫工作能力，主动申请在 2017 年进行口岸核心能力建设复核。经过国家质检总局口岸核心能力复核督导专家组的督导检查，最终以 95.23 分的优异成绩顺利通过复核，这标志着贵阳龙洞堡国际机场口岸顺利取得了创建国际卫生机场的通行证。

开放口岸

【贵阳空运口岸（贵阳龙洞堡国际机场）】 贵阳空运口岸距离市区 11 千米，交通便利。机场于 1997 年 5 月 28 日正式投入空运，是西南地区一个重要的航空枢纽。机场管理机构为贵州省机场集团有限公司，距贵阳市中心约 11 千米，车程约 25 分钟。该机场占地面积约 4 平方千米，机场跑道长 3 200 米、宽 45 米，三条快速脱离道和两条端联络道，是可接受波音 747，空中客车 A330 等同类及其以下机型的全重起降，具有先进导航系统和设施的 4E 级现代化机场。新航站楼满足年旅客吞吐量 1 550 万人次、货邮吞吐量 22 万吨、飞机起降量 14.60 万架次，主要建设规模为新建航站楼 11 万平方米，停机坪 26 万平方米，货运站 2.10 万平方米，停车场（楼）10.50 万平方米，配套有空管、供油、供电、给排水、供冷、供热、燃气、消防救援和辅助生产设施，用地规模约 0.72 平方千米，是西南地区一个重要的航空枢纽。贵阳机场是以中型飞机为主、小型飞机配套、长短航线互补的航空运输，目前该机场直飞航线 112 条，每周航班起降 2 240 余架次。直飞航线和包机航线遍及国内 69 个大中城市和韩国、新加坡、泰国、柬埔寨、越南等 14 个国家和地区。包括 4 家基地公司在内，总共有 35 家航空公司在该机场营运。

2006 年 1 月 19 日，贵阳龙洞堡机场更名为贵阳龙洞堡国际机场，成为中国西南地区第四家国际机场。此前，该机场已通过国家有关部门的综合评估和验收，并获得民航总局的正式批复。2013 年，启动了贵阳机场 T1 航站楼扩容改造工程。改扩建工程国际区域的投用，将使贵阳机场 T1 航站楼和 T2 航站楼连为一体，实现双楼运行，新建成的高架桥贯穿 T1 航站楼和 T2 航站楼，乘坐国际、地区航班的旅客进出港将更便捷。2015 年 2 月，完成 T1 航站楼改扩建工程，总建筑面积 80 768 平方米，总投资 6.55 亿元人民币，可满足年旅客吞吐量 600 万人次需求，其中，国际厅面积从 9 000 平方米增加到 1.8 万平方米。改造后贵阳机场航站楼总规模达 21 万平方米，可满足年旅客吞吐量 1 850 万人次的需要，有效提升机场硬件保障水平。

2017 年 2 月 27 龙洞堡国际机场举行三期扩建工程全面开工，本次工程将在现有跑道东侧中心 365 米间距平行新建 1 条长 4 000 米，宽 45 米的跑道；将现有跑道向北延长 300 米达到 3 500 米；新建 16.50 万平方米航站楼，62 个机位的站坪，总机位将达到 114 个，同时还将建设 0.90 万平方米的货运站，以及机务维修、航空食品、消防救援、空管塔台、供油工程等辅助生产生活设施。按照 2025 年旅客吞吐量 3 000 万人次、货邮吞吐量 25 万吨、飞机起降量 24.30 万架次的目标设计；飞行区等级指标为 4E，项目总投资为 196.59 亿元；总工期 42 个月，预计 2019 年 6 月竣工。

2017 年贵州省口岸大事记

2 月 28 日

贵阳空运口岸 2 月的出入境旅客创新高，验放人员突破 5 万人次大关。

3 月 28 日

贵阳海关第一单汇总征税无纸化核批成功。

4 月 25 日

贵阳海关首单“自报自缴”报关单申报顺利并计税打印成功。

5 月 25 日~5 月 28 日

贵阳空运口岸圆满完成 2017 年中国国际大数据产业博览会通关保障工作。期间，共监管进出境航空器 46 架次，进出境旅客 4 376 人次，机组 386 人次，保障要客通关 12 人次，记者 4 人次，采访器材 16 件。累计出勤 63 人次，党员应急备勤 22 人次。

6 月 14 日

川渝黔边检机关区域警务合作第四次联席会议在贵州省边防总队召开，各成员单位共同签署了警务合作协议。

7 月 1 日

国务院批复同意设立遵义综合保税区。

贵阳海关全面实施进口通关一体化。

7 月 4 日

贵阳海关全国通关一体化模式下企业实现“自报自缴”“自动放行”。

7 月 25 日

圆满完成贵阳至米兰首条洲际航线出入境查验任务。

7 月 26 日

贵州国际贸易“单一窗口”货物申报正式上线投入使用。

8 月 9 日

贵州省编办批复同意设立贵州省口岸服务中心。

8 月 11 日

海关总署署长于广洲在贵阳会见贵州省委书

记、省长孙志刚。贵州省委常委、秘书长唐承沛，副省长卢雍政，海关总署办公厅、加贸司、科技司、政工办主要负责同志，贵阳海关关长沈扬参加会见。

8月18日

贵阳海关与贵州出入境检验检疫局签署共同推进贵州内陆开放型经济试验区建设合作备忘录。贵州省副省长卢雍政、贵阳海关关长沈扬出席会议并讲话。

8月31日

渝桂黔陇四地海关、检验检疫部门在重庆签署《支持推进中新互联互通项目南向通道建设合作备忘录》，并列席中新（重庆）战略性互联互通示范项目联合实施委员会第三次会议。

9月2日

遵义新舟机场开通遵义至岘港往返航线。

9月9日

国家口岸管理办公室副主任蔡青一行赴遵义市、铜仁市指导口岸建设工作。

9月22日

贵阳海关在贵安综合保税区率先成功复制推广自贸试验区“委内加工”监管创新制度。

10月1日

根据《海关总署关于全面实施全国海关出口通关一体化的通知》的要求，按照全国海关通关改革一体化推进部署，贵阳海关全面实施出口通关一体化。

10月20日

遵义新舟机场开通遵义至芭提雅往返航线。

11月19日

海关总署同意贵阳海关驻高新技术产业开发区办事处更名为贵阳海关驻贵安新区办事处，机构规格、领导职数不变。

11月29日

遵义新舟机场开通遵义至新加坡往返航线。

12月13日

经中央编委和省编委办批复同意贵州省商务厅加挂贵州省人民政府口岸办公室牌子。

12月19日

遵义综合保税区预验收工作取得成功。

12月29日

贵州省公安边防总队发布《贵阳龙洞堡国际机场口岸限定区域管理规定（试行）》。

12月30日

遵义临时口岸出入境旅客流量突破3万人次大关，达32 408人次。

（撰稿人：陈亮、蔡艺、沈星啸、宋双秀）

2017年贵州省口岸出入境主要数据表

项目			2017年	2016年	同比（%）
出入境人员（人次）	出入境人员总数		523 655	509 207	2.84
	入境人员		262 534	254 622	3.11
	出境人员		261 121	254 585	2.57
	出入境旅客		487 949	474 305	2.88
	出入境员工		35 706	34 902	2.30
	中国公民	小计			
		内地居民（因公）	2 869	1 522	88.50
		内地居民（因私）	367 452	342 415	7.31
		港澳居民	27 800	26 619	4.44
		台湾同胞	59 428	54 855	8.34
	外籍人员		49 063	48 894	0.35
	从海港出入境人数				
	从陆港出入境人数				
	从空港出入境人数				
交通运输工具（辆、艘、架、列次）	总计		4 268	4 326	-1.34
	船舶				
	飞机				
	火车		4 268	4 326	-1.34
	机动车辆				

（贵州省公安边防总队提供）

2017年贵阳海关主要数据统计表

项目		2017年	同比（%）
进出口货运量（万吨）	合计	396.12	-10.6
	进口	366.23	2.2
	出口	29.89	-64.7
进出口贸易总值（万美元）	合计	493 012.30	43.2
	进口	178 096.66	63.2
	其中：江、海运输	40 870.1	20.4
	铁路运输	10.18	-89.2
	汽车运输	109 224.27	10 744.8
	航空运输	27 919.41	-62.3
	邮件运输		
	其他运输	72.70	-
	出口	314 915.64	33.9
	其中：江、海运输	60 296.28	-24.0
	铁路运输	537.25	-2.8
	汽车运输	227 647.62	456.8
	航空运输	26 434.49	-76.9
	邮件运输		
	其他运输		
税收（万元）	两税合计	8.09	62.5
	关税入库	0.38	-67.1
	进口环节税入库	7.71	101.6

（贵阳海关提供）

2017 年贵州省出入境检验检疫业务统计表

项目	货物检验检疫				交通工具				集装箱（标箱）		发现动植物疫情		货物通关		出入境人员查验（人次）	健康检查及预防接种（人次）			
	批次	金额（万美元）	检验检疫不合格																
			批次	金额（万美元）	船舶（艘）	飞机（架）	火车（节）	汽车（辆）	合计	检出问题	种类数	种次	批次	金额（万美元）		健康检查	艾滋病监测	发现病例	预防接种
本年累计	3 962	149 239. 29	338	9 729. 06	0	4 268	0	0	807	0	14	211	2 732	105 188. 03	522 978	4 444	4 377	1 262	2 225
其中 出境	3 064	112 193. 86	107	1 786. 34	0	2 078	0	0	0	0	0	0	2 261	88 743. 93	261 056	2 798	2 749	849	2 221
其中 入境	898	37 045. 43	231	7 942. 72	0	2 190	0	0	807	0	14	211	471	16 444. 1	261 922	1 646	1 628	413	4
同比（%）	26. 58	69. 26	48. 25	232. 21	0	-0. 14	0	0	-74. 31	0	-57. 58	6. 57	61. 75	61. 73	3. 22	14. 24	10. 89	34. 97	-27. 92
其中 出境	29. 56	49. 53	-17. 05	30. 26	0	-2. 44	0	0	-100	0	0	0	87. 17	43. 37	2. 97	11. 21	6. 92	26. 53	-28. 01
其中 入境	17. 39	181. 96	133. 33	410. 04	0	2. 15	0	0	41. 08	0	-57. 58	6. 57	-2. 08	423. 46	3. 47	19. 8	18. 31	56. 44	100

（贵州出入境检验检疫局提供）

云 南 省

口岸数量及分布

截至2017年年底，云南省有经国务院批准的对外开放口岸18个。其中，空运口岸4个，分别是昆明空运口岸（昆明长水国际机场）、西双版纳空运口岸（西双版纳嘎洒国际机场）、丽江空运口岸（丽江三义国际机场）、芒市空运口岸（德宏芒市国际机场）；陆路（铁路）口岸1个，即河口铁路口岸；陆路（公路）口岸11个，分别是瑞丽、畹町、孟定清水河、腾冲猴桥、打洛、磨憨、勐康、河口、天保、金水河、都龙公路口岸；水运（河港）口岸2个，分别是景洪、思茅河港口岸。

口岸运行数据

2017年，云南省口岸货运量突破3 000万吨大关，达到3 140万吨①，同比增长58.60%；口岸进出口额首次突破150亿美元，达到187.90亿美元，同比增长36.10%，占云南省外贸进出口的80%；口岸出入境人员首次突破4 000万人次大关，达到4 170万人次，同比增长12.20%；出入境交通工具达到856万辆（艘、架、列）次，同比增长9.50%。

2017年，云南省对越南口岸进出口额完成30.40亿美元，同比增长19.40%，占云南省口岸进出口总额的16.20%；口岸货运量完成625万吨，同比增长83.30%，占云南省口岸货运总量的19.90%；出入境人员达到625万人次，同比增长12.10%，占云南省口岸出入境人员总量的15%；出入境交通工具达到47万辆（列）次，同比增长48.20%，占云南省口岸出入境交通工具总量的5.40%。

2017年，云南省对老挝口岸进出口额完成21亿美元，同比增长24.70%；口岸货运量完成212万吨，同比增长32.50%；出入境人员达到156万人次，同比增长20.10%；出入境交通工具达到47万辆（列）次，同比增长13.80%。

2017年，云南省对缅甸口岸进出口额完成89.50亿美元，同比增长26.50%，占云南省口岸进出口总额的47.60%；口岸货运量共计完成1 272万吨，同比增长64.80%，占云南省口岸货运总量的40.50%；出入境人员共计达到2 621万人次，同比增长9%，占云南省口岸出入境人员总数的62.80%；出入境交通工具共计达到673万辆（列）次，同比增长12.30%，占云南省口岸出入境交通工具总量的78.70%。

2017年，云南省公路口岸进出口额完成141亿美元，同比增长24.70%；口岸货运量完成2 108万吨，同比增长65.60%；出入境人员合计3 092万人次，同比增长10%；出入境交通工具合计672万辆（列）次，同比增长14.10%。

2017年，云南省空运口岸随着昆明机场口岸7×24小时通关保障的实施，航空口岸迅猛发展，进出口额首次突破20亿美元，达到20.20亿美元，同比增长87%；口岸货运量首次突破4万吨，同比增长113.40%；出入境人员首次突破300万人次大关，达到357.18万人次，同比增长32.54%；出入境交通工具达到2.80万架次，同比增长33.51%。

2017年，云南省水运口岸（景洪港）进出口逐步回稳，进出口额达到2亿美元，同比增长19.20%；货运量13万吨，同比增长29.10%；出入境人员达到6万人次，同比增长25.80%；出入境交通工具达到4 126艘次，同比增长12.50%。

2017年，云南省铁路口岸（河口）进出口大幅回升，口岸进出口额为1.30亿美元，同比增长30.60%；口岸货运量为63万吨，同比增长62.20%；出入境人员3万人次，同比增长109.60%，出入境交通工具1 929列次，同比增长57.20%。

① 口岸运行数据中云南省口岸货运量与流量统计表中货运量的差额，是其他非口岸通道的货运量。

口岸综合管理

【科学布局，构建立体口岸集群】 一是向国家口岸管理办公室申请，将条件成熟的口岸、重要通道列入国家口岸发展“十三五”规划，国家已将田蓬口岸、勐满通道、香格里拉机场、关累港、中欧班列昆明铁路场站列入了国家口岸发展“十三五”规划。二是结合《国家口岸发展“十三五”规划》，进一步修改完善了《云南省口岸“十三五”发展规划》。向国家口岸办汇报，争取将列入《云南省口岸“十三五”发展规划》的口岸（重要通道）纳入国家口岸发展规划。三是结合云南省口岸发展现状，着力发展铁路口岸、拓展航空口岸和水港口岸，优化陆路口岸。协调云南省外办，趁中缅修改双边协定之机，共同推动对缅6个二类口岸纳入转新开口岸。协调相关州市、省直有关部门做好口岸具体规划和建设，优化口岸布局，构建更为完善的口岸集群。

【破解口岸发展难题，全力推进口岸重点工作向前发展】 一是中国、老挝两国签署中老磨憨—磨丁跨境经济合作区协议后，老方请求中方援建磨丁货运通道。在云南省政府大力支持下，磨憨—磨丁口岸货运通道（老挝段）建设基本完成，配套查验货场和货检楼建设项目已启动。二是加强与云南省发改委、云南省财政厅、云南省住建厅等有关部门协作配合，统筹瑞丽、河口、磨憨等重点口岸基础设施建设与沿边城市发展规划建设相融合，着力发挥口岸在沿边经济社会发展中的引擎作用，提升沿边城市在云南开放型经济社会发展中的地位和作用。三是全力推进勐满、勐龙（240）和弄岛通道开放为偶蹄类活体动物进口指定通道及通道查验场所规划建设工作，已完成三个通道查验区域、隔离区、屠宰区规划编制及功能布局工作。四是开展瑞丽、河口、磨憨、腾冲口岸建设进出口危化品查验场所工作。五是推进磨憨、天保口岸货运通道、查验场所和口岸联检查验设施设备建设；指导帮助8个边境州市建设口岸边民互市场（点）及其选址；协助临沧有序推进孟定清水河口岸迁址新建；指导推进瑞丽口岸第四边民通道建设；牵头组织省级相关部门完成沧源永和口岸联检楼、查验货场功能验收，完成孟定清水河口岸规范化边民互市场所验收和景洪港关累作业区指定肉类进口口岸国家级验收。六是指导帮助瑞丽市完成畹町口岸国门联检楼规划设计和开展建设前期准备工作，指导帮助芒满通道持续申请临开和完善货运通道附属设施建设。七是积极帮助有国家开放口岸的州市向发改委争取口岸建设补助资金。帮助临沧市、红河州、德宏州、文山州等州市向发改委争取国家开放口岸项目建设补助资金。八是开展口岸建设项目资金绩效评价。为保证口岸资金使用安全高效，充分发挥口岸专项资金使用效益，结合财政体制改革要求，以政府购买服务方式，聘请第三方对云南省下达的口岸建设资金进行全面绩效评价。通过采取一系列扎实有效措施，加快推进重点项目建设进度，提升口岸通关便利化水平。

【强化协作，扎实推进口岸开放申报工作】 云南省口岸办注重加强与昆明海关、云南出入境检验检疫局、云南省公安边防总队、云南省外办、云南省发改委、云南省财政厅等各有关部门的沟通协调和协作配合，注重加强向海关总署（国家口岸管理办公室）、外交部、国家发改委等有关部委汇报，共同推进田蓬、勐满、关累、芒市机场、香格里拉机场、大理机场、腾冲机场、磨憨铁路和昆明铁路等口岸申报开放和建设工作进程。其中，芒市空运口岸已获国务院批准；都龙口岸于2017年8月12日正式通过国家验收；勐康口岸扩大开放已经列入国家2017年度审理工作计划；关累港正在改扩建口岸联检查验配套设施，申报开放已进入国家部委审核程序；勐满、田蓬、香格里拉机场、中欧班列铁路场站昆明站已列入《国家口岸发展“十三五”规划》；田蓬、勐满口岸联检楼、查验货场正在抓紧建设，香格里拉机场国际联检查验设施正在抓紧改扩建，为申报开放打下了基础；大理机场、腾冲机场正在抓紧改造建设口岸联检查验设施，拟申请临时开放。

【开展口岸通关便利改革工作】 一是为贯彻落实国务院口岸工作部际联席会议办公室关于印发《压缩货物通关时间的措施（试行）》的通知，制定和印发《云南省人民政府口岸办公室关于印发云南省压缩通关时间措施的重点任务分工方案的通知》，会同各州市和各职能部门制定本地区压缩通关时间的措施，圆满完成国务院关于压缩通关时间 1/3 的目标任务。二是深入贯彻落实财政部等六部委《关于免除查验没有问题外贸企业吊装移位仓储费用全面试点工作的通知》，会同云南省财政厅积极开展免除查验没有问题外贸企业吊装移位仓储费用试点工作。三是全面开展口岸进出口环节合规成本专项治理工作，成立云南省进出口环节合规成本专项治理行动领导小组对云南省各口岸报关、报检、货代、口岸服务等环节收费进行了全面清理整顿。四是与昆明海关、云南出入境检验检疫局共同在磨憨开展关检合作试验区有关工作，建立了申报、查验、通关 3 个"一体"的新型通关模式。五是推动昆明机场口岸实现 7×24 小时通关保障，显著提高了昆明机场口岸的通关保障能力，有力支持和服务昆明机场口岸新开和加密国际航线、航班，口岸客运和货运通关量大幅提升，成效突出。

【与毗邻国家的口岸国际交流合作取得较大突破】 一是应越南社会主义共和国老街省口岸工作组委会邀请，组织昆明海关、云南出入境检验检疫局共同出访越南，建立中国（云南）—越南（老街）联络机制，与越南有关省的口岸管理部门、边防、海关、检验检疫、交通运输等相关单位广泛深入地磋商，实地解决当前存在的问题。二是组织昆明海关、西双版纳州商务局和昆明长水国际机场有限责任公司共同出访老挝、泰国、柬埔寨，加强与大湄公河次区域国际的通关便利化交流协作。三是参与筹备和陪同国家口岸管理办公室，赴越南参加中越陆地边境口岸管理合作委员会会议，加强对越口岸交流合作顶层设计。四是通过中国云南省—老挝北部合作工作组会议、中国云南—缅甸合作论坛等平台，推动解决双边口岸通关便利化实际问题。

【国际贸易"单一窗口"建设取得重大进展】 根据国务院关于 2017 年年底前在全国所有口岸建成国际贸易"单一窗口"的要求，云南省提前启动国际贸易"单一窗口"相关准备工作，出台《中国（云南）国际贸易"单一窗口"建设总体方案》，编制项目建设可行性研究报告和建设方案，并严格按程序完成项目立项、公开招投标、项目建设等工作。经共同努力，中国（云南）国际贸易"单一窗口"于 2017 年 8 月 28 日建成并上线运行，提前建成中国（云南）国际贸易"单一窗口"，综合覆盖率达到 81.70%，超额完成国家要求年底前综合覆盖率达 30%以上的工作目标，"单一窗口"上线以来累计完成业务量 18 779 票，业务综合覆盖率为 81.70%（其中报关覆盖率为 83.73%、报检覆盖率为 77.24%）。中国（云南）国际贸易"单一窗口"开通了企业资质办理、货物申报、许可证件申领、原产地证书申领、运输工具申报、舱单申报、公共查询等主要功能，创新开发了云南省边民互市管理系统和跨境自驾游管理系统等云南特色应用功能。据统计，通过中国（云南）国际贸易"单一窗口"，报关每票节省约 15 元，报检每批节省 15~20 元，原产地证申报每单节省约 30 元，企业货物申报时间从 4 个小时减少至 5~8 分钟，企业成本大幅下降，通关效率明显提升。

【口岸边民互市贸易增长迅速】 2017 年，云南省口岸办会同昆明海关、云南出入境检验检疫局等部门继续推进孟定清水河、都龙、片马、关累等口岸边民互市贸易场所规范建设等工作，通过共同努力，口岸边民互市加速增长、成效明显。口岸所在地各部门通过进一步完善贸易政策，加快规范化场所建设，实施快速便捷通关，延长口岸通关时间，合力推进云南省口岸边民互市贸易繁荣发展。2017 年，云南省口岸边民互市进出口额共计完成人民币 199 亿元，同比增长 24%。口岸边民互市进口商品主要为火龙果、香蕉、芭蕉、绿豆等农产品，出口商品主要为纸箱、水泥、瓷砖、水泥制成品等。

【跨境经济合作区建设如火如荼】 中老磨憨—磨丁经济合作区是中国与毗邻国家建立的第二个跨境经济合作区。2013年，云南省政府根据国家“桥头堡”战略部署，提出在云南省率先推进中老磨憨—磨丁跨境合作区建设。2015年8月31日，在中国国家主席习近平和老挝国家主席朱马里·赛雅颂的见证下，中老两国政府正式签署《中老磨憨—磨丁经济合作区建设共同总体方案》。2016年3月4日，国务院批复设立中国老挝磨憨—磨丁经济合作区，面积21.23平方千米（中方区域面积4.83平方千米，老方区域面积16.40平方千米）。2016年11月28日，中老两国政府在北京签署《中国老挝磨憨—磨丁经济合作区共同发展总体规划（纲要）》。将中方区域规划面积扩展为34.67平方千米，划分为“核心区、拓展区、辐射区、境外区”四区融合发展的空间布局（核心区为两国签署总体方案时的4.83平方千米）。依据《中老磨憨—磨丁经济合作区建设共同总体方案》和《中国老挝磨憨—磨丁经济合作区共同发展总体规划（纲要）》和云南省委主要领导指示要求，合作区（中方区域）规划了约11平方千米的产城融合发展区，合作区建设实施方案（中方区域）、产业发展（中方区域）、产城融合区土地利用、产城融合专项规划等规划（方案）也已经基本编制完成。将努力发展以跨境旅游、现代物流、商贸金融、进出口加工为主导产业，打造外向型特色优势产业基地。

中越河口—老街跨境经济合作区建设。2010年6月，云南省政府与老街省人民委员会共同签署了《关于加快推进中国河口—越南老街跨境经济合作区建设合作的框架协议》。2013年10月，李克强总理访问越南期间，中国商务部与越南工贸部共同签署了《关于建设中越跨境经济合作区的谅解备忘录》，标志着中越跨境经济合作区建设上升到国家层面。2015年4月，习近平总书记访问越南，两国签署了《中越联合公报》，一致同意“尽快协商并确定跨境经济合作区建设共同总体方案”。2017年1月，越南共产党中央委员会总书记阮富仲来华访问期间，中越双方签署了《中越联合公报》，达成“加快签署中越跨境经济合作区建设共同总体方案”意见。2017年5月，越南国家主席陈大光来华访问，两国签署了《中越联合公报》，达成“加快商签中越跨境经济合作区建设共同总体方案”重要共识。2017年11月12日，中越两国签署《加快推进中越跨境经济合作区建设框架协议谈判进程的谅解备忘录》，明确将河口—老街跨境经济合作区列入中越跨合区试点建设。跨境经济合作区规划总面积21平方千米，中方区域11平方千米，越方区域10平方千米，并根据发展需要有序推进、逐步拓展实施范围。围网区经由专门通道（拟建中国坝洒—越南巴刹跨境公路大桥2座，前期先启动建设1座）连为一体。中方区域主要是加工制造业、跨境商贸、国际金融、现代物流、跨境旅游、国际会展6个方面的主导产业。越方区域主要是现代物流业、进出口加工业、金融服务业、商贸服务业4大产业。

中缅瑞丽—木姐边境经济合作区建设。2017年5月，中缅两国签署了《中国商务部与缅甸商务部关于建设中缅边境经济合作区的谅解备忘录》，意味着中缅边境经济合作区建设在国家层面取得实质性进展。截至2017年年底，完成《中国瑞丽—缅甸木姐边境经济合作区的研究报告》，并通过了云南省省级评审；聘请新加坡邦城规划顾问公司在商务部研究院编制研究报告的基础上编制完成了《中国瑞丽—缅甸木姐边境经济合作区产业规划》和《中国瑞丽—缅甸木姐边境经济合作区总体规划》。中缅边境经济合作区规划（中方区域）面积64.29平方千米（围网区面积13平方千米），包括“1+3+1”五个片区。“一核心”为姐告国际商务核心区，规划面积12.24平方千米（含拓展面积），主要发展国际贸易、跨境电商、金融服务、总部经济、教育培训、咨询服务、旅游服务、文体休闲、会议会展等产业。“三配套”为芒满—芒棒国际产业合作区16.55平方千米，主要发展成汽车、机械、电子产品制造、生物医药、食品制造、现代物流和针对农产品与海产品的商贸业，并依托畹町河两岸发展跨境休闲旅游业；芒令国际港务区 14 平方千米，主要发展为铁路货物相适应的大众货物铁路物流、保税物流、保税加工、大宗商品展示交易、多式联运等；环山进出口装备制造区规划区面积 10.55 平方千米，主要发展摩托车及零部件、电子信息、机械制造零部件、木材家具制造等。“一拓展”为弄岛产业拓展区规划面积 10.85 平方千米，主要发展农畜产品流通、肉产品交易、冷链物流、检验检测、质量认证、食品加工。

缅甸商务部部长吴丹敏到瑞丽口岸调研

【云南空运口岸蓬勃发展】 2017 年，国际（地区）航空市场方面，昆明机场国际（地区）旅客吞吐量 415 万人次，国际（地区）旅客占比达到 9.30%。航线布局方面，已初步形成以昆明为中心，覆盖全国大部分城市及东南亚、南亚主要国家城市（除不丹及巴基斯坦）的航线网络结构，提升了昆明作为面向东南亚、南亚辐射中心的国家门户枢纽作用。2017 年，新开昆明—合艾、昆明—马尼拉、昆明—宿务、昆明—斯里巴加湾等国际航线。截至 2017 年年底，已开通巴黎、温哥华、旧金山、悉尼、莫斯科 5 条洲际航线。国际通航点 48 个，覆盖东南亚 10 国（越南、老挝、柬埔寨、缅甸、泰国、马来西亚、新加坡、印度尼西亚、文莱、菲律宾）、南亚 5 国（尼泊尔、孟加拉国、印度、斯里兰卡、马尔代夫）、东北亚 2 国（韩国、日本）、西亚 2 国（沙特阿拉伯、阿联酋）、西欧 1 国（法国）、东欧 1 国（俄罗斯）、北美 2 国（加拿大、美国）；地区通航点 3 个，主要集中在中国台湾和中国香港。国际货运方面，开通昆明至达卡、德里、孟买、河内、马德拉斯、班加罗尔 6 条国际货运航线。航班频次方面，根据 OAG 数据，2017 年，昆明机场每周国际（地区）航班 295 班，平均每天近 42 班；其中，242 班为昆明始发至南亚、东南亚航班，占国际（地区）航班总量的 82%，相比 2016 年同期每周国际地区航班 215 班，同比增长 27.10%。

口岸监管与服务

【云南省公安边防总队创新推出服务开放发展民生措施，边检职能和地位更加凸显】 云南省公安边防总队主动对接国家“一带一路”倡议和云南省委省政府“三个定位”发展要求，创新研提服务跨境经济合作区、边境经济合作区、开发开放试验区等新经济形态 52 项措施，助推云南省经济社会跨越发展；牢固树立以人民为中心的理念，改革推出免填“机动车辆查验卡”、实施跨境救助维权、开设跨境学童专用通道、专设绿色救助通道、迟到免排、网上报检等 8 项便民利民措施，并被云南省公安厅纳入《云南省公安机关 35 项便民利民措施》统一实施，为涉外企业挽回经济损失 3 000 余万元；主动对接云南省“十三五”口岸发展规划，精准研提 17 项口岸开放意见，助力芒市机场、都龙口岸成功获批对外开放，助推大理、腾冲、香格里拉、瑞丽姐告滨江通道和畹町芒满通道等申报对外开放，在昆明长水机场口岸实行 7×24 小时通关新模式，配合推进国际贸易“单一窗口”“三互”“三个一”通关一体化改革，云南省边检通关更加便利化和惠民化，构建了“人享其行、货畅其流”的新型边检通关服务模式。

【云南省公安边防总队建立全国首支数据分析员队伍，研判预警和查缉成果显著】 云南省公安边防总队在全国现役边检机关率先组建了边检数据分析员队伍，17 个边检机关创新增设后台核查岗位，建立后台核查岗位准入机制，遴选政治素养高、业务能力强、思想动态稳的42名后台核查人员，定人、定岗、定位开展实体化运行，健全24小时值班备勤、日通报、周分析、月研判、重大案件线索及时核研等制度，综合运用信息、实物、证件“三位一体”印证核查法，第一时间将研判预警信息推送至执勤一线，为口岸精准反恐提供了强有力的情报信息支撑，实现了边检查验由被动等待检查向主动预警防范的创新变革，重点国家人员从普遍查验到精准查验的根本性转变。

【云南省公安边防总队高位谋划口岸智能管控系统，信息化服务实战能力大幅提升】 云南省公安边防总队以应用为核心，制定《电子口岸建设三年规划》，突出人、车、物品、证件四大出入境核心要素的信息化建设，按年度、分批次、有计划地在云南省口岸建设安装一系列先进、实用的信息化查缉管控装备，新建44条人员自助查验通道、6条车辆自助查验“快捷通”和启用56套智能验证台，安装132套口岸限定区域电子围栏周界防控系统，配发18台大中型证件鉴别仪器、169台证件阅读机、17台证件快速识别仪、16套暴恐音视频检测平台和329个证件电检测鼠，口岸信息化程度得到大幅提升，“信息化+边检”的配套管控模式初步形成，“鼠标跟控+探头值班”式的数字边检初步实现；成立总队边检科技应用中心，统一规范边检信息化辅助查验软件的研发、管理和应用，自主研发旅游团队数据批量导入、跨境学童及机动车辆信息采集、易制毒化学品查询和重点人员核查信息管理等辅助查验系统，推广使用电子签证查验平台、外国人停留期计算器、机读码校验工具、逾期居留计算器等辅助软件，借力边检最新前沿信息化软件助推口岸管控效能提升和缓解执勤警力紧张的问题，前台查验更加精准快速，后台查控更加严密安全。通常情况下人员通过自助查验通道仅需5~8秒、车辆通过“快捷通”自助查验系统仅需8~10秒，通过智能验证台查验通道不超过15秒均可完成查验，边检通关效率得到了质的提升和飞跃。

【云南省公安边防总队创新改革边检勤务组织模式，勤务运行更加规范扁平高效】 云南省公安边防总队合成化、集约化、精细化探索边检管理模式，制定《边检勤务改革创新总体方案》《边检业务常遇问题处置指引（试行）》和《出入境边防检查10条刚性措施》，确保边检勤务改革创新正确的政治和业务方向；按照分类指导、精准施策的思路，在昆明、西双版纳、丽江等3个空港边检站开展“前台专属查验、后台集成处理”和灵活机动小单元执勤的边检勤务模式改革，在瑞丽、河口、磨憨、畹町、打洛、清水河、天保、腾冲、金水河、勐康、马关等11个陆地边检站开展建立综合集成中枢、建强专业查缉队伍、科学编配执勤单元、构建协作联动模式的边检勤务创新；在景洪港河港边检站开展依托勤务指挥中心和港区警务室实施扁平化指挥、利用诚信管理和风险评估手段开展分级管理、建立科队联勤和警企联动实行网格化管理改革，创新驱动勤务模式变革的成效初步显现，“大勤务、小单元”的旅检勤务运转模式，“大轮班、小单元”现场勤务模式、“小分队、大协调”警力增援模式和“分专业、大综合”的后台保障模式已建立并逐步完善，以大数据应用为核心的新型勤务运行模式正在形成，服务与管控、规范与安全“四项指标”实现了双提升、双促进，总队在昆明边检站重点打造的“小前台+大后台”“大科队+小分队”“士官检查员+边检协检员”的“三位一体勤务运行”模式和大勤务指挥、大数据研判、大后台核查的“三大平台一体化合成作战防控运行”体系。

【昆明海关促改革稳增长，服务云南跨越发展取得实效】 2017年，昆明海关认真落实海关总署党组及云南省委、省政府全面深化改革部署，重点领域和关键环节改革取得新突破。一是全国海关通关一体化改革在关区落地生根。积极对接、全面融入全国海关通关一体化。风险防控中心建成运行，隶属海关功能化建设有序推进。“一次申报、分步处置”通关模式运行正常，税收征管方式改革稳步推进，企业“自报自缴”报关单占比由10月份的5%提升至12月的69.67%。协助推进云南国际贸易“单一窗口”全国标准版正式上线运行。二是稳步推进关检合作试验区建设。在磨憨口岸推动试点关检合作试验区建设，整合海关与出入境检验检疫的查验、监管、技术等资源，口岸通关效率进一步提升。三是全面实施边民互市贸易改革。以信息化、无纸化和场所化管理为基础的边民互市贸易改革推广至全关区，全面实行边民互市贸易商品负面清单管理，进一步规范边民互市贸易管理。2017年，边民互市贸易额达199.50亿元，增长24.50%。四是有力推进边关特色改革项目。围绕管理、执行、量化考评等管理难题，开发运行“综合保障内控管理平台”“专项督查管理系统”“日常管理系统”等一批系统平台，推动责任落实情况进系统、留痕迹、可追溯，综合管理效能不断提升。“云关通”统一信息平台建成，实现综合保税区、保税物流中心与口岸现场区区、区港业务联动。进出口收发货人报关注册登记纳入“多证合一”改革目录。

昆明海关认真落实促进云南经济持续平稳发展的22条措施，支持云南外贸形势逐季改善、趋稳向好，出口实现止降转增，进口持续快速增长。2017年，云南外贸进出口实现1 578.70亿元，增长19.90%。一是全力支持“大通道”建设。认真落实“压缩货物通关时间三分之一”要求，制定8项措施并强化督办落实，2017年12月，关区进、出口通关时间分别为3.05小时、0.12小时，较去年压缩89.34%、92.36%。做好中缅油气管道建设运行监管服务，2017年，监管进口原油386.80万吨、价值109.90亿元，进口天然气251.70万吨、价值79.40亿元，原油、天然气占云南省进口总额的23.50%。全力保障中老铁路建设，快速验放各类物资。在昆明机场口岸实施7×24小时通关保障，开通航油保税业务。做好昆蓉欧快线、商洽会监管服务工作，继续深化与越南、老挝、泰国等海关务实合作。二是全力支持“大平台”建设。推进海关特殊监管区申报建设、整合优化，助推昆明综合保税区、高新保税物流中心（B型）通过验收，复制推广10项自贸试验区海关监管创新制度。三是全力支持“大产业”发展。为鲜活易腐商品、农产品提供定制服务，推动高原特色农产品成为云南省外贸出口重要支柱，出口额居西部省区市之首。积极支持承接中东部产业转移，2017年，云南省实现加工贸易额197.40亿元，同比增长73.40%。

【昆明海关多措施支持海关特殊监管区域等开放合作载体建设】 昆明海关按照国务院关于加快海关特殊监管区域整合优化方案，发挥云南资源优势、区位优势和“一带一路”、长江经济带、辐射中心战略优势，以支持云南经济结构调整和承接东部产业转移为切入点，推进云南省特殊监管区域整合优化，持续优化红河综合保税区产业结构、业务形态、贸易方式和监管服务；规范统筹推进昆明综合保税区和昆明高新、腾俊国际陆港两个保税物流中心建设，顺利牵头完成“一区两中心”验收工作，昆明综合保税区已顺利封关运行，两个保税物流中心即将封关运作；在尚不具备设立综合保税区的地区积极支持设立保税仓库、出口监管仓库等保税监管场所。通过上述措施，推动云南省形成加工贸易、保税物流和保税服务聚集，错位发展、优势互补的战略格局。

昆明海关进一步加快职能转变，结合通关一体化改革任务和自贸试验区海关创新制度复制推广要求，高标准推动“放管服”改革任务具体落实，积极营造国际化、法治化、便利化的营商环境。搭建海关信息化管理系统，推动“简化通关作业随附单证”“一次备案，多次使用”“批次进出、集中申报”“海关特殊监管区域间保税货物流转”等12项创新制度落地运行，实现对企业日常经营，商品进、销、存及货物进出口区域、跨区域流转的规范化、便利化管理；推动“区内企业货物流转自行运输”“智能化卡口验放”“先进区、后报关”、三项关键的创新制度落地运行，解决企业物流成本“痛点”、海关监管资源配置“难点”和货物监管业务“堵点”问题，变传统单一专管运输管理为多式联运管理，进一步适应保税监管货物物流自行运输要求，变传统人工验核为智能化分类验放，进一步适应压缩通关时间的管理要求，推动货物监管时空“前推后移”，实现监管资源科学化、集约化配置。

【昆明海关全力服务地方经济健康发展】 一是在磨憨口岸启动“关检合作试验区”试点。全面落实云南省关检合作备忘录，与云南出入境检验检疫局共同研究制定了云南“关检合作”试验区工作方案。2017 年 6 月，在勐腊海关磨憨口岸正式启动“关检合作”试验区试点，货物通关由“串联”链条式作业改为“并联”立体监管模式。二是全面推进全国通关一体化改革要求。加强与试点单位及海关总署联系，成立应急协调中心，严格落实海关总署工作部署和“两中心三制度”作业要求，按期完成“一次申报，分步处置”通关模式以及 H2010 通关系统切换，组织召开专题关企座谈会，做好政策宣传，梳理研究解决关区实行全国通关一体化遇到的问题。自 2017 年 7 月 1 日正式启动全国通关一体化改革以来，关区相关业务运行正常。三是做好商洽会监管服务。加强协调布置、服务保障、通关监管等工作，提出 11 项具体通关便利措施，协调省外各相关海关给予展商通关便利，积极做好 2017 年洽谈会监管服务，共监管来自 11 个国家和地区的进境参展品 71 票，共 12 288 件，27.40 万美元。四是大力推进云南省跨境电商平台建设。加强与省商务厅、跨境电商平台运营方及物流辅助系统开发方的沟通对接，适时开展业务指导和线下测试、场站运维，研究制定《昆明海关支持云南省跨境电子商务试点工作机制及业务职责分工方案》，推动建立相关业务流程。目前已完成公共服务平台搭建，并通过海关总署统一版系统联调联试。五是助力空港强省战略，做好全天候通关服务。2017 年 6 月 8 日，配合机场各部门正式启动 7×24 小时通关服务，昆明成为全国第 6 个实现全天候通关保障的航空口岸。开通 5 个国际城市和 48 个国内城市的“通程航班”，国际航班国内段已达 52 条。

【云南出入境检验检疫局保障国门安全水平进一步提升】 云南出入境检验检疫局立足“开放式”边境实际，以“疏堵结合”破解边境管控难题，力求“保安全”与“促发展”共赢。推动跨境动物疫病区域化管理试点和泰国禽肉输华取得重大进展。进一步提出优化“分线查堵”等综合措施，促成四部委支持云南正式开展试点工作。主持制定的 4 份规范和技术性文件通过审定，指定口岸、隔离检疫场规范化建设有序推进，进口老挝屠宰用牛检疫议定书草案背书确认，试点政策进入实质落地阶段。在统筹解决边境走私和疫情防控难题的同时，开启“准入”大门，培育新的经济增长点，成为“用特殊思维解决云南特殊问题”的最好诠释和注脚。同时，积极疏通泰国冷冻禽肉及副产品正规进口途径，完成泰国输华冷冻禽肉安全管理体系评估和输华议定书草签，关累肉类指定口岸通过考核验收，贸易开通在即。探索多层次重大传染病防范机制取得新成效。促成云南出台《外国人服务管理工作职责和协作机制暂行规定》，“一站式”外籍劳务人员管理全面推广，体检监测人数同比大幅增长 37.55%，强化了传染病管控，规范和培育了边境劳务市场。推进疫情防控体系建设，传染病检出能力明显提升，检出寨卡、诺如等病例获国家质检总局通报表扬。与越南、老挝卫生部门联合开展跨境传染病监测预警平台建设，举办 3 次中老、中越边境卫检工作会谈，协作提升双边防控能力。多渠道参与和联合开展媒介生物监测、重点疫病监测防控等工作，防控科学性和有效性不断提升。妥善应对“3·6”缅甸武装冲突难民涌入事件，对 5 万余难民进行传染病监测，消毒面积达 64 万平方米，保障了国门安全和口岸及时恢复运转。边境质量安全管控得到切实强化。强化宏观质量管理，持续开展进出口商品质量跟踪调查，针对国产摩托车越、缅市场占有率严重下滑形势，以瑞丽出口不合格摩托车案件和西安地铁“问题电缆”为警示，联合多部门开展质量提升专项行动。开展打击“洋垃圾”专项行动，截获洋垃圾 123 批、1 100 余吨。深化进出口食品安全治理体系建设，科学制定和实施监督抽检计划，加强部门联动，探索边境进境食品溯源管理，使进口食品更安全，出口食品更便利。开展“绿蕾 3”行动，截获非法携带、邮寄植物种、苗 1 189 批次，检出全国首次截获有害生物 4 批次。开展“清风”“口岸天平”“国抽和地抽”等行动，查获出口假冒伪劣商品 1 200 多件，实施行政处罚 19 起，查获出口不合格电扇和锰矿短重案，被国家质检总局列为典型案例。

【云南出入境检验检疫局“放管服”改革有力促进云南开放型经济发展】 云南出入境检验检疫局深入落实“放管服”改革部署和沿边重点地区开发开放政策，力促外贸提速增效、产业转型升级发展。关检合作试验区建设取得扎实成效。与昆明海关联合在 5 个领域开展 18 项合作，启动磨憨口岸关检合作试验区建设试点，“三个一”升级版，申报、查验、通关由“一次”升级为“一体”。企业申报数据重复录入减少 30%，节约企业通关成本 20%，压缩货物查验时间 80%，旅检流程时限缩短 60%。促成省政府出台《云南省建设关检合作试验区实施方案》，被列为云南省持续深化改革、扩大开放的一项重要工作措施。专业化国检试验区建设注入边贸新活力。针对边贸“小散弱”瓶颈，推动建立 5 个进口水果、矿产品国检试验区，引导产业聚集，向专业化管理、集约化经营、产业化发展转变。特别是推动瑞丽建成占地 0.27 平方千米“进口水果国检试验区”，施行“源头控质量、口岸快验放、场所优监管”模式，实现进口水果通关“零滞留”，2017 年水果进口量突破 70 万吨。文山天保口岸以进境水果指定口岸引导产业聚集，进口水果货值同比增长 88.10%，成为边贸名优品牌和当地支柱产业。实践经验有力配合了国家质检总局国检试验区建设指导意见和工作方案的出台实施。强化质量引领力促“云品”提质增效。紧扣质量提升行动部署，主动参与政府质量考核，推动外向型产业质量工作纳入地方综合考评。与曲靖等州市共同搭建出口和质量促进平台。推动新增蒙自国家级、泸西省级出口食品农产品示范区；昌宁省级出口茶叶质量安全示范区；普洱咖啡、凤庆红茶知名品牌示范区，示范区不断“增点、连线、扩面，提档升级”。帮扶云锡冶炼企业应对“冲突矿产”壁垒，促使云锡重回国际市场。促成“三同”工程列入质量强省规划，推动 40 家企业在“三同”平台上线，拓展国内外市场。帮扶罗平菜籽油、罗平姜等获生态原产地保护，大理黑蒜、丽江黑山羊、香格里拉青稞啤酒打入欧盟、日本等国际市场。

【云南出入境检验检疫局通关业务改革促工作效率明显提升】 云南出入境检验检疫局深入贯彻落实国家质检总局关于提高检验检疫工作效率的工作部署，梳理公布 30 项公共服务事项，方便企业及群众办事。复制推广自贸试验区经验，推进“三互”“三个一”、检验检疫一体化改革。结合云南检验检疫工作实际，从改进工作模式、简化工作环节、压缩工作时间、建立长效机制、强化监督检查等 5 个方面着手，制定了 20 条工作措施，进一步优化检验检疫流程、缩短工作时限，切实发挥“降本增效”作用，提前实现进出口货物通关时间压缩三分之一的工作目标。同时强化信息化平台应用，在克服困难全力确保 e-CIQ 主干系统正常运行的基础上，围绕企业信用等级实行多样化、差异化通关管理，结合云南实际梳理制定 57 条审单规则，简化受理报检 2 个环节，把人工审单转变为系统智能审单。着力推行“检验检疫一体化+无纸化”改革，实现了电子数据代替纸质单证、网上申报代替现场交单、系统布控代替人工审核，每批货物通关时间平均缩短 0.5 天以上。截至 2017 年 12 月，云南进出口报检无纸化覆盖率已达 98%，超出了国家质检总局要求的 18 个百分点，检商“三证合一”在云南省推广。实施产品分级、企业分类、监管分层管理，合理设置检测项目，压缩业务时限。探索边民互市“并批申报、并批施检”管理，提高把关服务效能。对中缅管输油气实行“先检后报、集中申报、质量追溯”监管，保障国家重大能源战略实施。主动服务中欧班列“扩量增效”，货值同比增加 500%。在确保检验检疫执法有效、质量安全风险可控的基础上，以优化检验检疫流程为切入点，以提升贸易便利化水平为目标，将部分检验检疫工作前移，采取与州市人民政府合作共建的形式在出口企业集中地设立检验检疫服务窗口，支撑滇中州市外向型产业发展。

开放口岸

【昆明空运口岸（昆明长水国际机场）】 昆明空运口岸位于昆明市官渡区大板桥街道长水村，1955年经国务院批准对外开放。昆明长水国际机场国际旅客吞吐量居西南地区第2位，国际航线开通数量位居全国第7位，是我国面向东南亚、南亚和连接欧亚的国家门户枢纽机场，也是全国继北京首都国际机场、上海浦东国际机场、广州白云国际机场之后第4家实现双跑道独立运营模式的机场。长水国际机场建设总投资233亿元，工程建设规模为飞行区按照4F标准规划。截至2017年年底，已开通巴黎、温哥华、旧金山、悉尼、莫斯科5条洲际航线。国际通航点48个，覆盖东南亚10国（越南、老挝、柬埔寨、缅甸、泰国、马来西亚、新加坡、印度尼西亚、文莱、菲律宾）、南亚5国（尼泊尔、孟加拉国、印度、斯里兰卡、马尔代夫）、东北亚2国（韩国、日本）、西亚2国（沙特阿拉伯、阿联酋）、西欧1国（法国）、东欧1国（俄罗斯）、北美2国（加拿大、美国）；地区通航点3个，主要集中在中国台湾和中国香港。国际货运方面，开通昆明至达卡、德里、孟买、河内、马德拉斯、班加罗尔6条国际货运航线。航班频次方面，根据OAG数据，2017年，昆明机场每周国际（地区）航班295班，平均每天近42班；其中242班为昆明始发至南亚、东南亚航班，占国际（地区）航班总量的82%，相比2016年同期每周国际地区航班215班，同比增长27.10%。

【西双版纳空运口岸（西双版纳嘎洒国际机场）】 西双版纳空运口岸位于景洪市郊4千米，1990年4月建成通航，1995年12月3日经国务院批准为国家一类航空口岸，1996年12月10日通过国家验收，1997年1月1日正式对外开放。西双版纳嘎洒国际机场占地1.08平方千米，机坪面积20 400平方米，航站楼面积7 859平方米，停机位4个，跑道长2 200米，设计年旅客吞吐量350万人次，货物吞吐量1.09万吨，飞行区指标为3C，可满足波音737、A300系列类型飞机，配有I类灯仪表着陆系统及夜航灯光设备。西双版纳国际机场是国内重要的干线机场和连通东南亚、南亚的中型枢纽机场，同时也是国际著名的具有傣族民俗特点的热带雨林花园机场。先后开通了23条国内航线和泰国（曼谷、清迈）、老挝3条国际航线。

【丽江空运口岸（丽江三义国际机场）】 丽江空运口岸位于丽江市古城区七河乡，距离市区约28千米，2012年5月31日正式通航，机场占地面积1.20平方千米，机场飞行区等级为4D，跑道长度3 000米、宽45米，成南北向，可供波音737-700型及以下机型起降，国际候机楼建筑面积5 300平方米，有3座登机廊桥。拥有平行滑行一条、仪表着陆系统、助航灯光等通信导航设备，可保障A300/B767-300同类型及以下的机型起降机场。2011年11月11日，国务院正式批准丽江三义国际机场对外开放。2012年2月22日，丽江海关正式挂牌成立。3月15日，丽江边防检查站正式挂牌成立。4月26日，丽江出入境检验检疫局正式挂牌成立。目前，开通了香港和泰国两条航线，中国东方航空公司和四川航空公司经营这两条航线。

【芒市空运口岸（德宏芒市国际机场）】 芒市空运口岸位于德宏州芒市坝子中部，距芒市6.60千米。2016年5月17日，国务院正式批准芒市机场对外开放。芒市机场始建于1937年，是著名“驼峰航线”主要起降机场之一，曾起降过C46型战斗机、C47型运输机，抗日战争胜利后停飞荒废。1990年4月10日，经国家民航局批准，芒市机场正式运营通航。通航后，芒市机场于2009年年底完成第一次改扩建，机场等级由3C升格为4C级，机场占地1.74平方千米，机坪面积56 400平方米，航站楼总面积达13 000平方米。随着西部大开发、桥头堡战略和瑞丽国家重点开发开放试验区的建设，机场航班量迅猛发展。为确保德宏芒市机场航班安全，开辟更多航线，更好地为地方经济发展提供服务，芒市机场于2016年5月启动改扩建工程，截至2017年年底改扩建工程基本完成。

【景洪水运（河港）口岸】 景洪水运（河港）口岸是澜沧江—湄公河国际航道上重要的港口口岸，是一个可以辐射三个以上国家的国际性口岸。景洪港辖景洪港区中心码头和勐罕、关累两个开放码头，景洪港区中心码头位于云南省西双版纳州政府所在地景洪市区澜沧江北岸，占地面积98 000平方米，设计规模年货运量40万吨，客运量150万人次，共6个泊位（2个客运泊位、4个货运泊位）。关累码头是景洪港重要的货运码头，设计规模年货运量20万吨，客运量10万人次。景洪港于1993年7月24日经国务院批准为国家一类口岸，2000年4月20日，中国、老挝、缅甸、泰国四国签署《四国商船通航协定》，2001年6月13日，通过国家正式验收，2001年6月21日，宣布对外开放，2001年6月，交通部批准对外国籍船舶开放，港口与老挝、缅甸、泰国多个港口开通了散杂货、集装箱、客运航线。

景洪港边检站圆满完成澜湄水路昆曼公路水陆连运环游金三角首航边检工作

【思茅水运（河港）口岸】 思茅水运（河港）口岸位于普洱市思茅港镇，距离普洱市区87千米，1993年7月，国务院批准为开放口岸，2001年4月1日起，正式对外国籍船舶开放。思茅港是澜沧江—湄公河国际航运中国境内的第一港，可达老挝、缅甸、泰国、柬埔寨、越南五个国家，是东南亚地区最便捷的一条黄金水道，是云南乃至大西南通往东南亚的重要通道。港口规模为年货运30万吨、客运10万人次。有大小船只43艘，国际航运船只31艘，载货能力3 000吨，客位449个，查验设施配套齐全。思茅港边防检查站、思茅海关承担口岸的监管任务。由于修建国家重点项目——小白塔电站，从2005年1月起暂停航运。

【瑞丽陆路（公路）口岸】 瑞丽陆路（公路）口岸位于云南省西部、德宏傣族景颇族自治州的西南，与缅甸木姐口岸对接，边境线长141.40千米。距云南省会昆明750千米、距缅甸木姐市4千米、腊戍160千米、缅甸仰光900千米，它是中缅铁路通道（昆明—大理—瑞丽—腊戍—曼德勒—印度洋）、中缅公路通道（昆明—瑞丽—仰光）和中缅陆水联运大通道（昆明—瑞丽—八莫港）上的重要口岸。瑞丽口岸还是全国唯一一个实行“境内关外”（入境：货物、车辆可入境不入关，出境：货物、车辆出关不出境）特殊管理的口岸。

瑞丽口岸是云南省较早开放的国家开放口岸，1978年经国务院批准开放，1985年经德宏州政府批准为边境贸易区。1991年2月，云南省政府批准瑞丽姐告设立边境贸易经济区。1992年6月，国务院批准为沿边开放城市，1993年撤县设市，国务院特区办批准在瑞丽口岸设经济合作区。2000年，经国务院批准按照“境内关外”的方式设立“姐告边境贸易区”，2001年10月26日，经国务院批准瑞丽口岸对第三国人员开放，2010年，国务院将瑞丽批准为瑞丽开发开放试验区。

瑞丽口岸是中缅边境口岸中人员、车辆、货物流量最大的口岸，其东、南与缅甸棒赛、木姐、南坎三个城市相毗邻，东有畹町经济开发区国家一级口岸，西有章凤口岸。姐告是起于上海320国道的终点，是昆瑞公路与缅甸的“史迪威”公路相接点，是云南省实施国际大通道战略的试验区和示范区，是中国大西南沿边开放的主要城市，是通往南亚、东南亚的重要门户。近年来瑞丽口岸边民互市贸易、边境小额贸易、一般贸易有了长足的发展，出口商品达 2 000 多种，进口 200 多种。不少中国商品通过缅甸转口到孟加拉、泰国、新加坡、印度和中东国家，国外各种商品也源源不断通过瑞丽口岸进入我国内地。

瑞丽口岸

【畹町陆路（公路）口岸】 畹町陆路（公路）口岸位于云南省西部德宏傣族景颇族自治州南部。1992 年 5 月，畹町经国务院批准为沿边对外开放城市，1992 年 9 月国务院特区办批准设立 5 平方千米的国家级边境经济合作区；1999 年 1 月区划调整，国务院批准撤销畹町市，并入瑞丽市，设立畹町经济开发区。畹町南与缅甸相邻，西北与瑞丽隔江相望，与缅甸的九谷口岸对接，两国村寨相望，山水相连，国境线长 28.60 千米。

畹町是中国历史上较早通向东南亚、南亚的主要贸易通道是“南方丝绸之路”的重要驿站。1993 年，畹町—九谷新桥建成，畹町口岸的优势得到进一步发挥。从畹町口岸出境，可直达缅甸中部，水、陆、空设施齐全的曼德勒市。由昆明经畹町、曼德勒至仰光和印度的加尔各答运距要比从昆明经广州绕马六甲海峡到仰光和加尔各答分别缩短 4 651 千米和 4 331 千米，是中国大西南通往东南亚、南亚和西亚的捷径。畹町口岸服务功能齐备，基础设施完善。

畹町桥新景

【河口陆路（公路）口岸】 河口陆路（公路）口岸位于红河哈尼族彝族自治州河口瑶族自治县，与越南老街口岸对接，国境线长 193 千米。2011 年 7 月，国务院批准河口公路口岸对外开放。河口公路口岸具有“口岸就是县城，县城就是口岸”的天然优势，是滇越铁路、昆河公路、红河航道与越南乃至东南亚地区铁路、公路、航道连接的交通枢纽，距昆明市 469 千米，距越南首都河内 296 千米，距出海口—越南北方最大的海防港 416 千米，是中国西南进入东南亚、南太平洋的便捷通道。在中国—东盟自由贸易试验区和“昆明—河内—海防”经济走廊的规划中，处于“咽喉”的重要地位，是西南地区与东南亚国家发展对外贸易的窗口，是云南省建立国际大通道中越铁路、中越公路四条出境通道上的重要口岸。目前，河口口岸联检楼、公路口岸北山配套查验场已建设完成投入使用。中国河口—越南老街跨境经济合作区、国际物流园区、河口口岸免税商品城、海产品交易市场等项目正在快速推进。

河口公路口岸国门

【磨憨陆路（公路）口岸】 磨憨陆路（公路）口岸位于云南省西双版纳州勐腊县城南 58 千米的磨憨经济开发区。1992 年 3 月，被国务院批准为国家一类口岸，是国家首批列为沿边开放的地区之一。1993 年 12 月 22 日，中老两国共同宣布正式开通磨憨—磨丁国际口岸。2000 年 6 月，云南省人民政府批准磨憨口岸为边境贸易区，并赋予优惠政策。2004 年 9 月 6 日，国务院批准磨憨口岸开展口岸签证工作，并对第三国人员实行开放。

中国磨憨口岸与老挝磨丁口岸对接，允许中老双方人员、车辆持有效证、照出入境和第三国人员持有效证、照通行及各种贸易货物开放。磨憨口岸距老挝南塔省会南塔 60 千米 、距北本码头 240 千米、距首都万象 700 千米。从磨憨口岸出境经老挝可直抵泰国、越南、柬埔寨等国，是我国通往东南亚各国最大的陆路通道。目前，磨憨口岸基础设施日益完善，配套功能日益健全，产业培育初见成效。磨憨口岸国际物流客运中心、云维西双版纳大为商贸中心、西部货场、五国商贸城、新联检楼等一大批项目建成投入使用；西双版纳至老挝琅勃拉邦边境旅游环线经国家旅游局批准开通；磨憨国家级边境经济合作区和中老跨境经济合作区的建设工作正在稳步推进。

磨憨口岸联检楼

【金水河陆路（公路）口岸】 金水河陆路（公路）口岸位于红河哈尼族彝族自治州金平苗族自治县城西南 38 千米金水河镇。金水河口岸于 1954 年 12 月 17 日经中越双方会谈同意正式开放为边民互市口岸，1978 年 12 月关闭。1993 年 2 月 25 日，经国务院批准设立开放口岸，1993 年 11 月 10 日正式对外开放。金水河口岸与越南马鹿塘口岸对接，允许中越双方人员、车辆持有效证、照通行和开展各种贸易。

金水河口岸距越南莱州省会封土 25 千米、距河内 590 千米、距老挝边境 230 千米，是国家西南战略安全节点的重要组成部分，云南省主要对越通道和红河州对越开放口岸“桥头堡”之一。金水河口岸重点开展以进口玉米、木薯、稻谷、茶叶、咖啡为主的对外贸易。从金水河口岸出境，可达越南西北部旅游重镇奠边府和沙巴，充分领略越南的异国风光、开展中越民俗旅游文化交流和品尝越南风味饮食。

金水河口岸联检楼

【天保陆路（公路）口岸】 天保陆路（公路）口岸位于云南省文山州麻栗坡县南端，距麻栗坡县城 40 千米，与越南河江省清水河口岸对接，口岸距越南河江省省会河江市 23 千米，距首都河内 341 千米，距海防港 441 千米。该口岸 1954 年 3 月 1 日开通，1960 年 12 月关闭。1963 年 3 月，口岸恢复对外开放。1978 年，口岸关闭。1993 年 2 月 25 日，经国务院批准恢复天保口岸正式对外开放。2011 年 6 月 12 日，国务院同意天保口岸扩大对外开放，口岸性质为国际公路客货运输口岸，2013 年 12 月，天保口岸扩大对外开放通过国家级验收。天保口岸联检楼及查验货场等基础设施已建成投入使用，边防、海关的办公、生活等基础设施和配套设施已完善。

天保口岸

【腾冲猴桥陆路（公路）口岸】 腾冲猴桥陆路（公路）口岸位于腾冲县猴桥镇的槟榔江

畔，距腾冲县城65千米，距中缅边界南4号界桩19千米，与缅甸甘拜地口岸对接。口岸距缅甸北部重镇密支那133千米，从该口岸经密支那到西印度雷多（里多）仅687千米。1991年8月，云南省政府批准腾冲为二类口岸。2000年4月，经国务院批准为对外开放口岸，2003年1月，正式对外开放。该口岸是历史上“南方丝绸之路”的重要通商口岸，是抗日战争时期“史迪威公路”（中印公路）的枢纽，是云南省通向南亚的大通道之一。

腾冲猴桥口岸

【孟定清水河陆路（公路）口岸】 孟定清水河陆路（公路）口岸位于耿马傣族佤族自治县孟定镇人民政府所在地，与缅甸掸邦第一特区接壤，边境线长47.35千米，与缅甸清水河口岸对接，距耿马县城83千米，平均海拔510米。该口岸是我国西南地区通往缅甸和东南亚的重要陆路通道，面积350平方千米。1957年，孟定口岸正式对外开展边境贸易进出口业务，1991年8月，被云南省政府批准为二类口岸，2004年10月，国务院批复同意开放。2007年11月8日，经国家验收正式对外开放，允许中国和缅甸双方人员、车辆持有效证、照、签证或边境通行证通行，并对各种贸易货物开放。目前，孟定清水河口岸联检楼和配套查验货场已建成投入使用。口岸得天独厚的地理位置优势、热带的自然风光、古朴文雅的民俗风情、丰富的旅游资源和热带经济作物使孟定口岸有“黄金口岸”之称。孟定口岸边境贸易辐射面广，公路通往国内外，交通十分便利。从清水河到缅甸重镇户板、滚弄分别为15千米和24千米，到缅北重要商品集散地腊戍161千米，到缅甸首都仰光1 136.9千米；从盘姑公路到昆明750千米。孟定清水河口岸自建成投入使用以来，一直是国内外经济贸易活动的窗口，对缅甸边境贸易的辐射面主要是第一特区、第二特区、清水市、滚弄镇区、户板镇区、腊戍、佤城、仰光等5省1市10个镇区，经营方式也由以易物货贸易发展为边境贸易、转口贸易、一般贸易。

孟定清水河口岸

【打洛陆路（公路）口岸】 打洛陆路（公路）口岸位于云南省西双版纳州勐海县西南端打洛镇，距勐海县城66千米，与缅甸掸邦东部第四特区勐拉县接壤，国境线长36.50千米。由打洛出境经缅甸，可达泰国、越南、马来西亚、新加坡、印度等国家，距缅甸掸邦东部首府景栋86千米，经东枝到仰光1 270千米，到泰缅边界重镇大其力240千米，距泰国清迈550千米，是云南省国际大通道的重要口岸之一。1950年11月，成立海关打洛支关；1956年，打洛口岸正式对外开展边境小额贸易进出口业务；1991年8月10日，云南省人民政府批准打洛为二类口岸，1992年，被列为国家首批沿边开放的地区之一。1997年3月25日，中华人民共和国政府和缅甸联邦政府签订《关于中缅边境管理与合作的协定》，中国打洛—缅甸勐拉口岸被列为对第三国人员开放的口岸；2007年11月13日，经国务院批准为对外开放口岸；2009年8月19日，海关、检验检疫、边防检查站正式进驻口岸新联检楼。

打洛口岸

【勐康陆路（公路）口岸】 勐康陆路（公路）口岸位于云南省普洱市江城县，与老挝丰沙里省兰堆口岸对接。距约乌县城 52 千米，距省城丰沙里 186 千米，距首都万象 830 千米，是云南省通往老挝及通向东南亚最便捷的陆路通道，是普洱市对外开放的重要“桥头堡”。2011 年 7 月 24 日，国务院批准勐康口岸对外开放，口岸性质为双边公路客货运输口岸，2013 年 11 月 12 日，勐康口岸通过国家级验收。结合“一城连三国”的特殊区位优势，江城县提出把江城建成云南省对越南、老挝开放的黄金前沿门户，普洱市面向东盟的商贸流通基地，努力构建以江城为中心，辐射老挝、越南三国边境经济圈的发展战略，加快勐康口岸、龙富通道建设，实现口岸活县。目前，勐康口岸联检楼、查验货场已建设完成，口岸物流配套设施正在规划建设中，口岸正成为中老边界上一个集边境贸易、生态休闲、民俗文化为一体的边境旅游小镇。

勐康口岸联检楼

【都龙陆路（公路）口岸】 都龙陆路（公路）口岸位于马关县都龙镇茅坪村委会东南面、中越边境线二段五号界碑老国门处，距茅坪村委会近 2 千米，距都龙镇政府所在地 23 千米，距马关县城 47 千米，距文山州州府文山市 97 千米，距昆明市 390 千米。距越南箐门县城 40 千米，河江省省府河江市 200 余千米，首都河内 500 余千米，是马关县通往越南的重要通道。

1953 年 8 月 25 日，中越两国政府在北京签订了《关于开放两国边境小额贸易的议定书》，双方同意开放中国都龙—越南箐门和漫美边境通商口岸，并于 1954 年 3 月正式开通；1974 年，都龙口岸关闭。中越关系正常后，两国政府于 1991 年签订临时协定，决定在条件具备时逐步开放 21 对陆地出入境口岸，“中国都龙—越南箐门”口岸就是其中之一。2015 年 1 月 12 日，国务院正式批准都龙口岸开放为国际性常年公路客运货运口岸。

【河口陆路（铁路）口岸】 河口陆路（铁路）口岸位于云南省东南端，与越南社会主义共和国老街省山水相邻，国境线长 193 千米。河口铁路口岸具有“口岸就是县城，县城就是口岸”的天然优势，是滇越铁路、昆河公路、红河航道与越南乃至东南亚地区铁路、公路、航道连接的交通枢纽，距昆明市 469 千米，距越南首都河内 296 千米，距出海口—越南北方最大的海防港 416 千米，是中国西南进入东南亚、南太平洋的便捷通道。在中国—东盟自由贸易试验区和“昆明—河内—海防”经济走廊的规划中，处于“咽喉”的重要地位，是西南地区与东南亚国家发展对外贸易的窗口。河口历史上就是我国与越南、东南亚各国进行经济文化交流的门户和咽喉，是“南方丝绸之路”的第二条通道。1895 年，河口被辟为商埠，1910 年，随着滇越铁路的建成通车，云南省进出口物资有 80%以上经河口口岸进出，河口成为中国西南对外商贸的最大集散地。1992 年，河口被国务院批准为沿边开放县，同年 12 月，国务院特区办批准在河口设立 4. 02 平方千米的边境经济合作区。1996 年，河口口岸复通，河口迎来了千载难逢的发展机遇，进出口贸易焕发出勃勃生机与活力，带动了河口经济社会事业快速发展。

河口铁路口岸

原二类口岸

【田蓬陆路（公路）口岸】 田蓬陆路（公路）口岸于1954年3月1日对外开放，与越南苗旺、同文两县接壤，国境线长60千米。对内距富宁县城80千米、距文山州州府235千米、距昆明680千米、距广西南宁市480千米、距北海港750千米。对外距越南同文县24千米、距苗旺县35千米、距河江省会110千米、距河内451千米。通道有公路通往国内外，交通便利。1979年口岸关闭。1996年9月27日，该口岸经云南省政府批准对外开放。2016年，被纳入国家“十三五”口岸发展规划，恢复开通以来，对越边境贸易逐年活跃。

正在建设中的田蓬口岸

【片马陆路（公路）口岸】 片马陆路（公路）口岸位于怒江傈僳族自治州泸水县正西66千米的片马镇人民政府所在地，地处高黎贡山西麓，属边境陆路通道，与缅甸大田坝口岸对接。边界线长64千米，距泸水县城96千米，距缅甸北部城市密支那224千米，通道有三条公路通向国外，交通十分便利。1991年8月10日云南省人民政府批准对外开放，是中缅边界北段10号至47号界碑638千米长的边界线唯一的通道，成为中国滇藏两省、区通往南亚的一个重要通道。片马是中国古西南丝绸之路的重要组成部分，边境贸易源远流长。

片马口岸

【盈江陆路（公路）口岸】 盈江公路口岸位于云南省德宏傣族景颇族自治州西部的盈江县城，与缅甸拉咱口岸对接，属边境陆路通道，与缅甸克钦邦第二特区接壤，国境线长214.60千米，距缅北八莫150千米，距密支那180千米，距仰光1 200千米，距印度雷多540千米。口岸有公路通往国内外，交通十分便利，成为西南地区通往缅甸的一个重要通道。1991年8月10日，经云南省人民政府批准对外开放。自对外开放以来，成为国内外经济贸易活动通道，对缅甸边境贸易的辐射面逐步扩大，由原来边境一线的集镇，发展到八莫、密支那、仰光、印度雷多等重镇，形成了以边境贸易、一般贸易、对外经济技术合作和转口贸易等多种贸易相结合、多渠道并举的大经贸新格局。

盈江口岸联检楼

【章凤陆路（公路）口岸】 章凤陆路（公路）口岸地处德宏傣族景颇族自治州陇川县人民政府所在地章凤正西4千米的拉影，与缅甸雷基（洋人街）口岸对接，距缅甸重镇八莫80千米。章凤自古以来就是南方丝绸路上的重点门户之一，1991年8月10日，云南省人民政府批准批准对外开放。章凤通道是中缅两国重要陆路通道之一，也是缅甸政府唯一指定进口棉纺织通道。

章凤口岸联检中心

【南伞陆路（公路）口岸】 南伞陆路（公路）口岸位于云南省临沧市镇康县南伞镇，与缅甸掸邦第一特区接壤，国境线长47千米。距缅甸首都内比都750千米，距第一大城市仰光1 142千米，距第二大商业城市曼德勒484千米，距缅北重镇腊戌197千米，距掸邦果敢自治区老街仅9千米。距昆明784千米，距临沧232千米，距保山市龙陵县城238千米。北上保山，南往普洱，公路四通八达，是通往南亚、西亚的内陆通道之一。1991年8月，云南省人民政府批准对外开放，1996年列为边境经济开发实验区。2002年，开始把通道建设纳入新县城规划统筹进行建设，逐步改善了基础设施和联检部门办公条件。

南伞口岸国门及查验中心

【孟连陆路（公路）口岸】 孟连陆路（公路）口岸位于普洱市孟连县西南部，地处南马河与南卡江的汇合处，以南卡江心为界，江东岸为中国，江西岸为缅甸。距云南省会昆明690千米，距普洱市230千米，距孟连县城51千米。通道与缅甸掸邦第二特区政府（佤邦）邦康市隔江相望，自然条件优越，地理位置独特，区位优势明显，从邦康市经丹阳、腊戌、曼得勒达缅甸原首都仰光约1 300千米，勐阿是普洱市客、货吞吐量最大的通道，对缅贸易占全市的三分之二以上，是中缅两国交往的通道之一，也是我国通往东南亚各国的陆路通道之一。1991年，云南省人民政府批准对外开放。孟连通道具备较为完善的联检查验功能和设施，金融、通信、市政、交通等配套设施齐全，通道人流、物流通关顺序流畅。中缅双边友好往来频繁，边民互市、经贸交流与合作不断深入，孟连县对外贸易得到了迅猛发展。进口货物以木材、矿产品为主，出口货物以建材、百货、成品油、机电产品、生活用品等为主。

孟连口岸国门联检楼

【沧源陆路（公路）口岸】 沧源陆路（公路）口岸位于临沧市沧源县，1996年9月27日，云南省人民政府批准对外开放，有芒卡和永和两个出境通道。与缅甸掸邦第二特区接壤，国境线长达147.08千米。芒卡贸易区位于沧源县南腊乡人民政府所在地，中缅边界146号界碑处，距县城110千米，距缅甸佤邦南登特区4.07千米。永和贸易区距县城14千米，距缅甸佤邦绍帕区3千米，永和连接着班歪—龙潭—中国西盟，班歪—营盘—邦康—大其力或瓦城，班歪—勐冒—腊戍等境外公路干线，是云南省通往缅甸的通道之一。两个贸易区都有公路通往国内外，交通十分便利，是西南地区通往东南亚的一个重要通道。

沧源永和口岸联检楼主体工程建设

2017年云南省口岸大事记

1月10日

中国—东盟中心秘书长杨秀萍到河口口岸调研。

2月10日

中央政治局委员、中央书记处书记杨晓渡到德宏银井通道、瑞丽口岸视察指导工作。

2月13日

云南省副省长陈舜赴河口口岸调研。实地察看南溪河联检中心、北山国际货场、河口县边民互市交易市场。

2月24日

云南省副省长陈舜到德宏章凤、瑞丽、猴桥口岸调研。

2月28日

云南省口岸办组织相关部门对都龙口岸对外开放省级预验收。验收组实地察看都龙口岸联检楼、查验货场等功能设施建设情。

3月29日

云南省副省长陈舜赴勐康口岸调研。实地了解勐康口岸建设和进出口贸易情况。

3月30日

云南省副省长董华赴红河综合保税区调研。

5月26日

云南省省长阮成发到德宏章凤、瑞丽、畹町、清水河口岸调研。

6月7日

昆明空运口岸实行7×24小时通关新闻发布会召开。新闻发布会向社会各界通报了昆明机场口岸实行7×24小时通关相关事宜。

6月16日

云南省副省长陈舜在磨憨口岸出席云南省关检合作试验区启动仪式并授牌。

6月21日

云南省副省长陈舜到片马口岸调研。

7月20日

云南省政协副主席黄毅到孟连口岸调研。实地察看口岸规划建设和边民互市货场，了解口岸进出口货物及税收情况。

7月21日

云南省省长阮成发、常务副省长宗国英、副省长何金平到河口口岸调研指导工作。

8月9日

国家口岸管理办公室组织对都龙口岸对外开放进行国家验收。实地察看都龙口岸联检楼、查验货场等功能设施建设情况，召开口岸国家级验收会，通过国家级验收。

8月25日

海关总署党组书记倪岳峰在昆明与云南省副省长陈舜会谈。会谈内容围绕继续加大对云南口岸扩大开放、海关特殊监管区域建设、优化监管服务提升通关便利化水平、打击走私方面的支持力度进行。

9月5日

全国政协常委、港澳台侨委员会副主任、台盟中央副主席吴国祯到瑞丽口岸调研。

10月10日

云南省政协副主席黄毅一行到腾冲猴桥口岸调研，了解猴桥口岸边民互市业务改革及腾冲边境经济合作区规划建设情况。

10月25日

云南省政协副主席黄毅到河口铁路口岸调研。

11月11日

国家禁毒办常务副主任、公安部禁毒局局长梁云到孟连口岸（勐阿）调研。

11月14日

云南省口岸建设管理工作领导小组会议在昆明召开。

12月18日

中亚（中国—开远—越南—海防）国际货运班列正式开通。

（撰稿人：杨镇宇、黄红霞、杨晓霞、李媛）

2017 年云南省口岸流量统计表

口岸类型		口岸名称	货运量（万吨）				集装箱量（万标箱）				人员（万人次）				交通工具（辆、艘、架、列次）			
			出口	进口	合计	同比（%）	出口	进口	合计	同比（%）	出境	入境	合计	同比（%）	出境	入境	合计	同比（%）
空运口岸		昆明机场	3. 4383	0. 8088	4. 2471	113. 40					175. 9234	177. 0617	352. 9851	32. 90	13739	13726	27465	34. 40
		西双版纳机场	0. 0000	0. 0000	0. 0000	0. 00					0. 3124	0. 3255	0. 6379	−27. 80	103	106	209	−18. 90
		丽江机场	0. 0000	0. 0000	0. 0000	0. 00					1. 8066	1. 7475	3. 5541	17. 60	166	155	321	16. 70
		分计	3. 4348	0. 8088	4. 2471	113. 40					178. 0424	179. 1347	357. 1771	32. 54	14 008	13 987	27 995	33. 51
陆路口岸	公路口岸	瑞丽	133. 0960	655. 2424	788. 3384	86. 60					870. 8776	897. 5114	1 768. 3890	12. 20	2 259 370	2 093 351	4 352 721	9. 50
		畹町	2. 3208	28. 7738	31. 0946	59. 50					44. 4483	45. 7154	90. 1637	21. 80	212 462	224 274	436 736	90. 20
		磨憨	103. 5210	98. 4508	201. 9718	34. 50					73. 6737	72. 1968	145. 8705	22. 00	217 263	211 643	428 906	16. 00
		金水河	0. 2369	0. 9303	1. 1672	−36. 30					21. 5213	21. 5718	43. 0931	−32. 90	20 247	14 837	35 084	14. 90
		河口	155. 7001	372. 2126	527. 9127	104. 80					233. 5782	236. 9937	470. 5 719	24. 70	174 544	174 534	349 078	74. 90
		天保	3. 8257	20. 7470	24. 5727	−27. 40					53. 5337	53. 6976	107. 2313	−6. 40	39 956	39 951	79 907	−3. 80
		腾冲猴桥	16. 4810	261. 9982	278. 4792	76. 20					21. 3722	22. 6320	44. 0042	14. 90	73 918	73 099	147 017	40. 50
		孟定清水河	19. 2111	36. 6997	55. 9108	22. 00					45. 1325	46. 7324	91. 8649	13. 20	109 339	106 182	215 521	−8. 60
		打洛	5. 3837	2. 9780	8. 3617	−18. 70					51. 2560	50. 9230	102. 1790	−0. 70	191 311	188 763	380 074	30. 40
		勐康	7. 9524	2. 3831	10. 3355	2. 70					5. 4342	5. 5409	10. 9751	−0. 40	17 569	17 862	35 431	−7. 80
		孟连	13. 6783	46. 5098	60. 1881	−12. 40					79. 1179	80. 4920	159. 6099	28. 00	163 113	162 856	325 969	62. 40
		章凤	3. 2445	11. 2715	14. 5160	−20. 50					54. 9061	60. 4135	115. 3196	3. 20	185 690	199 796	385 486	7. 40
		田蓬	3. 8455	3. 8455	7. 6910	−8. 30					0. 4951	0. 6176	1. 1127	0. 00	0	0	0	0. 00
		南伞	5. 1936	13. 3407	18. 5343	−5. 50					71. 6725	72. 3531	144. 0256	−24. 20	141 659	141 045	282 704	−29. 90
		沧源	0. 6242	3. 7266	4. 3508	4. 70					12. 4221	12. 9394	25. 3615	3. 50	50 831	51 844	102 675	1. 50
		盈江	0. 0195	1. 7539	1. 7734	77. 10					32. 2360	33. 0514	65. 2874	−6. 60	17 644	17 651	35 295	−9. 00
		片马	0. 2120	9. 7713	9. 9833	170. 10					7. 1332	7. 1780	14. 3112	28. 70	35 387	34 959	70 346	20. 80
		分计	474. 5463	1 570. 6352	2 045. 1815	65. 79					1 678. 8106	1 720. 5600	3 399. 3706	−1. 22	3 910 303	3 752 647	7 662 950	−1. 67
	铁路口岸	河口	29. 1019	34. 1208	63. 2227	62. 20					1. 5432	1. 5432	3. 0864	109. 60	966	963	1 929	57. 20
		分计	29. 1019	34. 1208	63. 2227	62. 20					1. 5432	1. 5432	3. 0864	109. 60	966	963	1 929	57. 20

续表

口岸类型		口岸名称	货运量（万吨）				集装箱量（万标箱）				人员（万人次）				交通工具（辆、艘、架、列次）			
			出口	进口	合计	同比（%）	出口	进口	合计	同比（%）	出境	入境	合计	同比（%）	出境	入境	合计	同比（%）
水运口岸	海港口岸																	
		分计																
	河港口岸	景洪港	6.839 4	5.723 3	12.562 7	29.10					2.922 1	3.013 0	5.935 1	25.80	2 052	2 074	4 126	12.10
		思茅港																
		分计	6.839 4	5.723 3	12.562 7	29.10					2.922 1	3.013 0	5.935 1	25.80	2 052	2 074	4 126	12.10
合计			513.922 4	1 611.288 1	2 125.210 5	65.47					1 861.318 3	1 904.250 9	3 765.569 2	1.30	3 927 329	3 769 671	7 697 000	-1.56
同比（%）			26.42	83.55	65.47	65.47					1.17	1.43	1.30	1.30	-0.90	-2.19	-1.56	-1.56

（云南省口岸办提供）

2017 年云南省口岸出入境主要数据表

项目			2017 年	2016 年	同比（%）
出入境人员（人次）	出入境人员总数		41 702 392	37 170 883	12. 19
	入境人员		21 176 394	18 756 204	12. 90
	出境人员		20 525 998	18 414 679	11. 47
	出入境旅客		36 111 640	32 069 246	12. 61
	出入境员工		5 590 752	5 101 637	9. 59
	中国公民	小计	12 898 108	13 151 172	-1. 92
		内地居民（因公）	235 592	175 309	34. 39
		内地居民（因私）	7 829 630	8 164 235	-4. 10
		港澳居民	113 590	107 604	5. 56
		台湾同胞	139 119	114 518	21. 48
	外籍人员		28 804 284	24 019 711	19. 92
	从海港出入境人数		59 275	47 165	25. 68
	从陆港出入境人数		38 200 937	34 428 921	10. 96
	从空港出入境人数		3 442 180	2 694 797	27. 73
交通运输工具（辆、艘、架、列次）	总计		8 561 158	8 099 517	5. 70
	船舶		4 120	3 669	12. 29
	飞机		28 360	20 968	35. 25
	火车		1 922	1 227	56. 64
	机动车辆		8 526 756	8 073 653	5. 61

（云南省公安边防总队提供）

2017 年昆明海关主要数据统计表

项目		2017 年	同比（%）
进出口货运量（万吨）	合计	2 473	79.5
	进口	1 940	103.6
	出口	533	25.6
进出口贸易总值（万美元）	合计	1 878 542	36.1
	进口	952 318	41.7
	其中：江、海运输	68 702	52.1
	铁路运输	4 882	95.4
	汽车运输	304 399	49.4
	航空运输	34 513	-55.4
	邮件运输	7	-41.7
	其他运输	539 814	57.3
	出口	926 224	30.8
	其中：江、海运输	14 866	32.4
	铁路运输	9 023	17
	汽车运输	666 027	22.5
	航空运输	185 482	91
	邮件运输	15	-94.6
	其他运输	50 812	5.9
税收（万元）	两税合计	609 416.09	79.59
	关税入库	28 234.87	-10.17
	进口环节税入库	581 181.22	88.75

（昆明海关提供）

2017 年云南出入境检验检疫业务统计表

项目		货物检验检疫				交通工具				集装箱（标箱）		发现动植物疫情		货物通关		出入境人员查验（人次）	健康检查及预防接种（人次）			
		批次	金额（万美元）	检验检疫不合格																
				批次	金额（万美元）	船舶（艘）	飞机（架）	火车（节）	汽车（辆）	合计	检出问题	种类数	种次	批次	金额（万美元）		健康检查	艾滋病监测	发现病例	预防接种
本年累计		96 829	977 910. 73	5 686	37 294. 03	774	27 490	27 424	2 452 557	18 712	0	264	8 037	93 630	653 542. 83	26 349 445	100 980	99 265	15 422	68 030
其中	出境	64 935	509 209. 43	111	701. 15	382	13 753	13 780	1 036 469	4 749	0	0	0	66 661	290 001. 68	9 375 438	17 867	16 924	8 678	66 946
	入境	31 894	468 701. 3	5 575	36 592. 88	392	13 737	13 644	1 416 088	13 963	0	264	8 037	26 969	363 541. 15	16 974 007	83 113	82 341	6 744	1 084
同比（%）		13. 49	39. 28	33. 54	28. 88	-1. 40	31. 85	61. 37	12. 51	21. 12		-8. 33	45. 84	2. 42	10. 27	13. 72	7. 24	7. 68	-9. 05	-17. 52
其中	出境	8. 62	14. 49	-65. 53	-69. 01	-1. 55	32. 39	50. 93	7. 58	-9. 28		-100. 00	-100. 00	3. 99	-9. 23	14. 23	4. 21	6. 70	-18. 32	-17. 81
	入境	24. 91	82. 14	41. 64	37. 18	-1. 26	31. 30	73. 48	16. 41	36. 70		-8. 01	45. 89	-1. 27	33. 07	13. 44	7. 92	7. 88	6. 49	5. 34

（云南出入境检验检疫局提供）

西藏自治区

西藏自治区口岸分布示意图

口岸名称	批准开放时间	开放状态	国外对应口岸
拉萨空运口岸	1993.6	国际常年	
普兰公路口岸	1961	国际常年	雅犁
吉隆公路口岸	1961	国际常年	热索瓦
樟木公路口岸	1961	国际常年	科达里

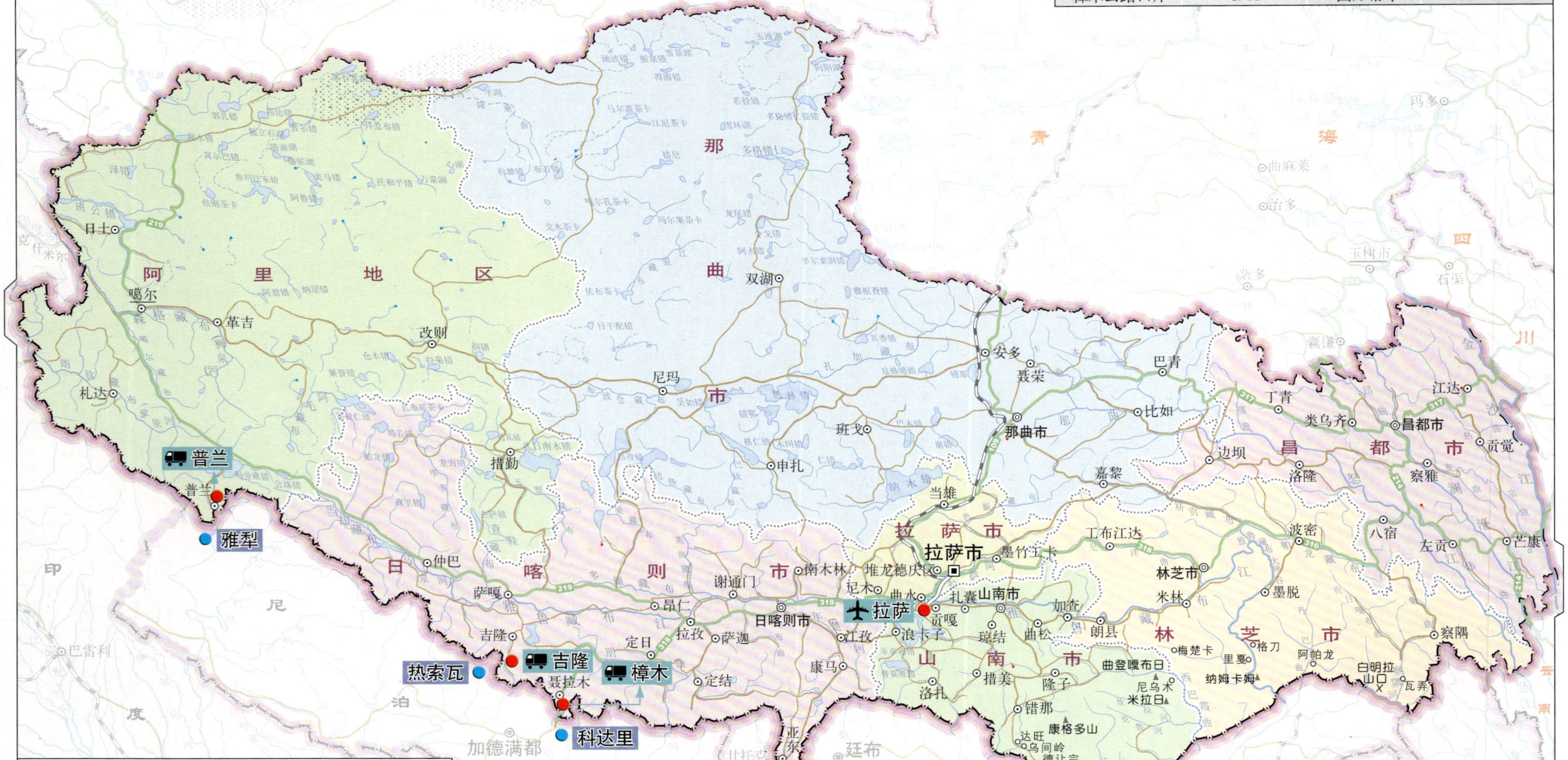

图例
- 口岸
- 铁路口岸
- 水运口岸
- 空运口岸
- 公路口岸
- 境外口岸

口岸数量及分布

截至2017年年底，西藏自治区有经国务院批准的对外开放口岸4个。其中，空运口岸1个，即拉萨空运口岸（拉萨贡嘎机场）；陆路（公路）口岸3个，分别是樟木、吉隆、普兰公路口岸，均为中尼边境口岸。

口岸运行数据

2017年，西藏自治区口岸进出口货运量11.76万吨，同比增长8.89%。其中，出口11.67万吨，同比增长9.68%；进口0.10万吨，同比减少37.50%。同期，西藏自治区口岸进出口额43.34亿元人民币，同比减少2.57%。其中，出口28.05亿元人民币，同比减少20.99%；进口15.29亿元人民币，同比增长70.18%。西藏自治区口岸（含亚东）出入境人员22.15万人次，同比减少14.32%。其中，出境人员11.69万人次，同比减少14.29%；入境人员10.47万人次，同比减少14.35%。陆路口岸进出境15.73万人次，同比减少16.41%；空运口岸进出境5.91万人次，同比减少8%。西藏自治区口岸（含亚东）出入境交通运输工具3.47万辆（架）次，同比减少9.16%。其中，陆路口岸进出境交通工具（机动车辆）3.38万辆次，同比减少9.78%；空运口岸进出境交通运输工具（飞机）826架次，同比增长18.51%。

口岸综合管理

【口岸发展规划】 2017年，《西藏自治区口岸发展“十三五”规划》印发执行。《西藏自治区日屋—陈塘口岸发展规划（2016~2025）》和《西藏自治区里孜口岸发展规划（2016~2025）》编制完成。

【吉隆口岸扩大开放】 2017年4月13日，吉隆口岸扩大开放顺利通过国家验收。6月29日，尼泊尔外交部复照同意吉隆—热索瓦口岸正式扩大开放为国际性公路口岸。8月30日，吉隆口岸扩大开放新闻发布会在拉萨召开，中国吉隆—尼泊尔热索瓦口岸作为国际性公路口岸正式启用。

【口岸查验基础设施不断完善】 2017年，西藏自治区投资建设吉隆口岸货物查验二期仓库、里孜口岸国门及联检楼建设、普兰口岸斜尔瓦国门及联检楼基础设施建设项目、陈塘口岸出入境检查检验附属设施等19个项目，口岸基础设施不断完善。

【特定商品进口指定口岸】 2017年，普兰、吉隆口岸获批中药材进口指定口岸。

【国际贸易“单一窗口”建设扎实推进】 西藏自治区商务厅结合西藏自治区实际形成《国际贸易“单一窗口”对接实施方案》。同时会同拉萨海关、西藏出入境检验检疫局开展国际贸易“单一窗口”试点，协助西藏自治区进出口企业通过国际贸易“单一窗口”开展进出口业务申报工作，提高申报效率，缩短通关时间，降低企业成本。按要求于2017年年底完成了覆盖西藏所有口岸，并超额完成了申报量覆盖30%的目标，受到国家口岸管理办公室肯定和表扬。截至2017年12月29日，西藏自治区外贸企业通过“单一窗口”报关1 461单、报检52单、办理企业资质1单。

口岸监管与服务

【加强自身建设打响边检品牌】 西藏自治区公安边防总队不断深化服务理念、升级服务水平、加快队伍转型、提升通关效率、完善基础设施、优化勤务组织和提升“窗口”形象，以提高边检服务水平十周年和“8·19”边检服务品牌集中宣传活动为契机，深入开展具有西藏边检特色的边检服务品牌建设。不断加大自治区内外交流力度，拓宽边检视野，聂拉木、吉隆、拉萨边检站多次派员赴自治区外现役、职改边检站交流学习，为樟木口岸恢复开通、吉隆口岸扩大开放和限定区域建设、空港口岸发展建设、边境经济合作区建设储备好的经验和做法。根据工作实际开展检查员交流轮岗，建立尼泊尔语培训基地，培养储备尼泊尔语人才，为下一步更好地维护边境口岸安全稳定和服务地方经济社会发展需要打下坚实语言基础。

【履职尽责筑牢国门防线】 拉萨海关以查堵各类违禁品、反宣品为监管重点，为各现场增配双视角X光机、人体X光机、门户式辐射探测设备、手持式监管物项识别仪等设备，充分发挥机检查验作用，完成进出境邮递物品监管场所规范化改造工作，稳步提升监管质效。2017年，查获各类违禁品1.34万件。依托“缉私战区”强化内联外合，坚持智慧引领，突出情报“三导”作用，开展“国门利剑2017”“国门勇士2017”“融冰”“蓝天”等一系列打击走私专项斗争和联合行动，全年刑事立案8起，案值457万元；行政立案21起，案值289万元；抓获犯罪嫌疑人9人；查获穿山甲鳞片13.50千克、檀香紫檀2 135.60千克、银制品和佛珠161件、黄金11.90千克。狠抓税收征管，着重在商品归类、价格审核、原产地审核和减免税管理等方面逐步提升关区税收工作质量，全年实征入库税款2.75亿元，同比增长70.85%。强化后续监管，深入推进常规稽查“双随机”改革，“双随机”率达100%。引入中介机构参与海关稽查工作，持续提升专项稽查力度，完成关区首次针对“特许权使用费”专项稽查补税，全年稽查补税109.75万元，创历史新高。

【助力外向型经济发展】 拉萨海关与西藏口岸办公室密切配合，主动协助西藏自治区各级领导调研拉萨综合保税区规划建设选址等工作，指定专人跟进任务落实，主动同拉萨经开区管委会建立联系机制，派员与经济开发区、“八通一平”承建方到成都双流综合保税区实地调研，全力配合海关特殊监管区域申建工作。坚持用好用足减免税政策，共出具减免税证明206票，增长96.19%；审批减免税货物总值3.68亿美元，增长33.49%；减免税款总额3.17亿元，增长39.22%。集中完成“十二五”时期西藏自用物资关税返还，涉及报关单3 248份，受惠企业21家；大力支持西藏航空事业的发展，监管进口飞机6架，审批减免税货值3.63亿美元，减免税款3.13亿元，提升了西藏企业的竞争力。

【提质增效推动通关改革】 拉萨海关于7月1日与全国海关同步切换全国通关一体化模式；重点推进“两中心三制度”改革，形成“关党组总体负责，深化改革领导小组全面负责，各工作小组具体负责”的责任链条，撤销审单处和风险管理处，成立风险防控中心；隶属海关功能化改造有序推进，完成4个隶属海关和各业务现场口岸类型定位划分、机构设置和人员调整；税收征管改革稳步实施，实现业务现场和海关总署税收征管中心直接对接。拉萨海关和西藏出入境检验检疫局深化“三互”大通关业务改革，配合西藏口岸办公室指导区内企业完成“单一窗口”上线、并从8个方面实现通关流程优化和时限缩减。进一步加强通关无纸化工作，共审结无纸化报关单2 689份，无纸化报关单比重达98.99%，较2016年提升11个百分点。推动自报自缴工作，2017年完成自报自缴报关单187票。继续推进执法领域“双随机、一公开”，随机布控查验占比94.81%。通关效率持续提高，2017年进口平均海关通关时间52.58小时，缩短38.47%；出口平均海关时间3.06小时，缩短82.12%，完成压缩货物海关通关时间三分之一工作任务。进一步完善边民互市贸易管理相关制度，顺利完成“边民互市贸易统计数据规范报送系统”推广应用工作。

【执法把关践行国门安全卫士职责】 西藏出入境检验检疫局履行职能，集中销毁问题食品81批次，112种、2 070件。大力开展“绿蕾3”专项行动，首次截获检疫性杂草紫茎泽兰，建成西藏自治区首个国门生物安全教育基地。首次截获来自日本核辐射区域的进口食品。妥善处置了7例甲型H1N1流感病例。一般贸易出口食品检出不合格率实现零的突破。首次开展输尼产品质量调查。吉隆口岸进口食品、化妆品数据库初步建成。首家检验检疫信用管理AA级企业获证。首次开展食品生产经营单位的分级管理。

【主动作为服务外贸发展】 西藏出入境检验检疫局出台《服务“丝绸之路经济带”建设的十项工作措施》，助推西藏加快融入“一带一路”建设步伐。紧扣南亚大通道建设实际和检验检疫职能，向政府提交《加快指定口岸建设 打造差异化口岸新格局》的科学建议，助推林芝建成苹果和茶叶的国家级出口食品农产品质量安全示范区，指导日喀则市开展有机产品示范市建设，争取2018年通过国家验收。加强出口食品企业备案监管，助推西藏天然水产品“卓玛泉”顺利上线“三同”平台，西藏自治区生态原产地产品保护获国家质检总局公示。

【规范化管理促进通关便利化】 西藏出入境检验检疫局全面推行e-CIQ主干系统和无纸化报检系统，通过承办2017年西南六省（区，市）检验检疫区域合作联席会议，进一步深化检验检疫区域合作和通关一体化。建成领先于全系统陆路口岸的境外疫病疫情监测网络，及时准确预警尼泊尔境内的口蹄疫、山羊小反刍疫情。启动口岸公共卫生风险监测预警决策系统，完成“藏检云”平台扩容搭建，吉隆口岸率先试点口岸电子化管理系统，实现区内进出口货物全程无纸化和电子监管。拉萨空运口岸核心能力建设复核顺利达标。

开放口岸

【拉萨空运口岸（拉萨贡嘎机场）】 拉萨贡嘎机场位于西藏自治区山南市贡嘎县甲竹林镇，距西藏自治区首府拉萨市60千米，是西藏自治区唯一对外开放的机场。拉萨空运口岸以人员出入境为主，只开通了成都—拉萨—加德满都往返全年飞行国际航线，由中国国际航空公司和四川航空公司执飞。2017年，进出口贸易总值11.79亿元人民币，同比增长110.94%；进出口货运量0.03万吨，同比增长45.10%；出入境人员5.91万人次，同比减少7.90%；进出境飞机826架次，同比增长18.51%。

【樟木陆路（公路）口岸】 樟木陆路（公路）口岸位于西藏自治区日喀则市聂拉木县樟木口，与尼泊尔科达里口岸相对，距日喀则市470千米，距西藏自治区首府拉萨市780千米。樟木口岸是中尼两国政治、经济、文化交往的重要门户，在中国周边外交战略中扮演着重要角色。2014年以前，樟木口岸是西藏自治区最重要的国际性公路口岸，对西藏及尼泊尔的经济社会发展发挥着重要的作用。但受尼泊尔2015年“4·25”地震波及，樟木口岸损毁严重，被迫中断运行，中尼经贸合作严重受挫。2017年8月21日，国务院办公厅召开专题会议对恢复樟木口岸开通工作做了部署，决定成立由海关总署（国家口岸管理办公室）和西藏自治区人民政府双牵头，国家相关部委组成的樟木口岸协调小组。8月31日，国务院副总理汪洋在国务院口岸工作部际联席会议第三次全体会议上明确要求要落实国务院部署和国务院领导指示精神，加快推进樟木口岸恢复开通工作。9月14日，海关总署（国口办）召集召开樟木口岸协调小组第一次会议。会议结束后，自治区各部门制定了路线图、时间表，明确了责任人。10月16日，西藏自治区主席助理罗梅助理主持召开西藏自治区人民政府专题会议研究部署樟木口岸恢复通关相关工作，会议要求按照樟木口岸恢复通关的10个方面的具体工作任务，紧密配合、团结协作，真抓实干，稳妥有序地做好樟木口岸恢复通关各项工作，确保2018年中央领导访尼前取得实质性进展。

【吉隆陆路（公路）口岸】 吉隆陆路（公路）口岸位于西藏自治区日喀则市吉隆县吉隆镇，距日喀则市560千米，距拉萨市830千米。吉隆口岸自古就有商道、官道、战道之称，历史上曾是西藏与尼泊尔最大的陆路通商口岸之一，是中尼双方政治、经济、文化交流的主要通道，也是中尼间的传统边贸市场。2015年，国务院正式批准吉隆口岸扩大开放，但在尼泊尔“4·25”地震中，吉隆公路口岸受损严重。为保障对尼物资供应，2015年10月13日，吉隆口岸恢复双边性通关。2017年，吉隆公路口岸灾后恢复重建工作基本完成，口岸基础设施条件有效改善。4月

13日，吉隆口岸扩大开放顺利通过国家验收。6月29日，尼泊尔外交部复照同意吉隆—热索瓦口岸正式扩大开放为国际性公路口岸。8月30日，吉隆口岸扩大开放新闻发布会在拉萨召开，西藏自治区主席助理罗梅和尼泊尔驻拉萨总领事卡尔基共同宣布中国吉隆—尼泊尔热索瓦口岸扩大开放为国际性公路口岸。《吉隆边境经济合作区建设总体规划（2017～2025）》于2017年2月通过自治区人民政府常务会议审查。吉隆口岸出口货物查验场通过海关监管场所验收投入使用。2017年，吉隆口岸进出口货物总量11.74万吨，同比增长12.40%，货物总值28.35亿元，同比减少17.10%。其中，进口货物735吨，同比减少42.80%，货值0.23亿元，同比减少38.00%；出口货物11.67万吨，同比增长13.10%，货值28.11亿元，同比减少16.90%。进出境车辆3.26万辆次，同比增长18.50%。其中，进境1.63万辆次，同比增长25.90%；出境1.63万辆次，同比增长23.7%。经吉隆口岸出入境人员11.91万人次，其中，出境6.27万人次，入境5.64万人次。

【普兰陆路（公路）口岸】 普兰陆路（公路）口岸位于西藏自治区阿里地区普兰县普兰镇，县域西南与印度毗邻，南与尼泊尔接壤，普兰陆路（公路）口岸与尼泊尔和印度两国接壤，对尼为正式开放的国际性口岸，对印为印度官方香客朝圣和边民互市贸易通道。随着口岸基础设施的不断完善，口岸通关环境得到大幅提升。2017年，普兰口岸出入境人数4.04万人次，同比增长11.10%，其中入境2.03万人次，出境2.01万人次；出入境人员中第三国游客、印度民间香客出入境2.73万人次，同比增长24.86%，其中入境1.36万人次，出境1.37万人次；出入境人员中边民出入境1.03万人次，同比增长13.71%，其中入境0.52万人次，出境0.51万人次。

原二类口岸

【日屋陆路（公路）口岸】 日屋陆路（公路）口岸位于西藏自治区日喀则市定结县日屋镇，定结县历史上有西安堂嘎、日屋、古荣堂嘎3个边贸互市点。1963年8月，3个边贸互市点集中到日屋，形成了民间自由发展的日屋边贸市场。日屋公路口岸尚未正式开展双边性运行，仅限边境居民通行的出入境，互市贸易商品主要由羊毛、茶、粮食、牲畜、木材、日用百货等。

2017年西藏自治区口岸大事记

1月13日

中国驻尼泊尔大使于红调研樟木口岸。

4月13日

吉隆口岸扩大开放顺利通过国家验收。

5月3日~4日

西藏自治区党委副书记、自治区主席、拉萨市委书记齐扎拉率西藏自治区人民政府副主席石谋军、日喀则市委书记张延清赴吉隆调研口岸建设情况及吉日铁路线路规划情况。

5月8日

拉萨边检站“格桑花”女子旅检科成立五周年，特邀海关、出入境检验检疫和民航等相关部门参加庆祝活动。

6月19日

西藏自治区口岸建设管理和边境贸易发展领导小组召开2017年第1次会议。

6月24日

西藏自治区口岸业务培训班在普兰口岸开班。

6月25日

普兰口岸首届马拉松挑战赛“跑上冈底斯”举行。

“跑上冈底斯”普兰口岸首届马拉松挑战赛

6月29日

尼泊尔外交部复照同意吉隆—热索瓦口岸正式扩大开放为国际性公路口岸。

8月30日

西藏自治区人民政府召开新闻发布会宣布吉隆—热索瓦口岸国际性公路口岸正式启用。

8月30日，西藏自治区人民政府召开新闻发布会

8月

西藏自治区党委副书记、人大常委会主任洛桑江村一行莅临普兰口岸调研。

西藏自治区党委副书记、人大常委会主任洛桑江村一行莅临普兰口岸调研

9月7日

西藏龙达尔报关有限公司成功完成第一单报关报检业务，实现西藏自治区国际贸易“单一窗口”申报零突破。

9月12日

吉隆口岸迎来首批第三国入境旅客。

9月19日

尼泊尔体育基础设施和运输部德文德拉·卡基率公务会晤团到普兰县参加中尼斜尔瓦界河公路桥建设项目设计方案征求意见会。

9月30日

西藏自治区党委副书记、政府主席齐扎拉一行莅临普兰口岸调研。

西藏自治区党委副书记、政府主席齐扎拉一行莅临普兰口岸调研

（撰稿人：张文鹏、江志宏、郭雄、蒲永岗、益西卓嘎、谢昆帆、周泽）

2017年西藏自治区口岸流量统计表

口岸类型		口岸名称	货运量（万吨）				集装箱量（万标箱）				人员（万人次）				交通工具（辆、艘、架、次）			
			出口	进口	合计	同比（%）	出口	进口	合计	同比（%）	出境	入境	合计	同比（%）	出境	入境	合计	同比（%）
空运口岸		拉萨空运口岸	0.000 0	0.025 1	0.025 1	45.10			0.000 0		3.236 6	2.668 4	5.905 0	-7.9	413	413	82 600	18.5
空运口岸		分计	0.000 0	0.025 1	0.025 1	45.10			0.000 0		3.236 6	2.668 4	5.905 0	-7.9	413	413	826	18.5
陆路口岸	公路口岸	樟木口岸	0.000 0	0.000 0	0.000 0	-100.00			0.000 0		0.000 0	0.000 0	0.000 0	-100.00	0	0	0	-100.00
陆路口岸	公路口岸	普兰口岸	0.000 0	0.000 0	0.000 0	-			0.000 0		2.014 4	2.025 8	4.040 2	11.1	0	0	0	0
陆路口岸	公路口岸	吉隆口岸	11.670 0	0.070 0	11.740 0	12.40			0.000 0		5.636 8	6.272 7	11.909 5	-4.9	16 296	16 319	32 615	18.5
陆路口岸	公路口岸	日屋口岸	0.000 0	0.000 0	0.000 0	-					0	0	0	-	0	0	0	-
陆路口岸	公路口岸	分计	11.670 0	0.070 0	11.740 0	-			0.000 0		7.651 2	8.298 5	15.949 7	-	16 296	16 319	32 615	-
陆路口岸	铁路口岸								0.000 0				0.000 0				0	
陆路口岸	铁路口岸	分计			0.000 0				0.000 0				0.000 0				0	
水运口岸	海港口岸				0.000 0				0.000 0				0					
水运口岸	海港口岸	分计			0.000 0				0.000 0				0.000 0				0	
水运口岸	河港口岸				0.000 0				0.000 0				0					
水运口岸	河港口岸	分计			0.000 0				0.000 0				0.000 0				0	
合计			11.670 0	0.095 1	11.765 1	8.89			0.000 0		10.887 8	10.966 9	21.8547	-14.32	16 709	16 732	33 441	-9.16
同比（%）																		

（西藏自治区口岸办提供）

2017 年西藏自治区口岸出入境主要数据表

项目			2017 年	2016 年	同比（%）
出入境人员（人次）	出入境人员总数		221 549	258 585	−14.32
	入境人员		104 697	122 255	−14.36
	出境人员		116 852	136 330	−14.29
	出入境旅客		106 231	126 708	−16.16
	出入境员工		8 288	7 464	11.04
	中国公民	小计	47 605	68 958	−30.97
		内地居民（因公）	846	1 587	−46.69
		内地居民（因私）	46 332	66 876	−30.72
		港澳居民	352	406	−13.30
		台湾同胞	75	89	−15.73
	外籍人员		58 626	57 750	1.52
	从海港出入境人数		0	0	−
	从陆港出入境人数		162 499	194 403	−16.41
	从空港出入境人数		59 050	64 182	−8.00
交通运输工具（辆、艘、架、列次）	总计		34 661	38 200	−9.26
	船舶		0	0	−
	飞机		826	697	18.51
	火车		0	0	−
	机动车辆		33 835	37 503	−9.78

（西藏自治区公安边防总队提供）

2017 年拉萨海关主要数据统计表

项目		2017 年	同比（%）
进出口货运量（万吨）	合计	12.04	11.50
	进口	0.25	53.10
	出口	11.79	10.90
进出口贸易总值（万元）	合计	433 370.80	-2.57
	进口	152 911.93	70.18
	其中：江、海运输	16 277.54	2169.86
	铁路运输		
	汽车运输	2 173.24	-29.06
	航空运输	134 389.59	56.29
	邮件运输	71.57	-14.64
	其他运输		
	出口	280 458.86	-20.99
	其中：江、海运输		
	铁路运输		
	汽车运输	280 458.86	-20.99
	航空运输		
	邮件运输		
	其他运输		
税收（万元）	两税合计	27 531.51	70.85
	关税入库	8 942.75	47.82
	进口环节税入库	18 588.76	84.69

（拉萨海关提供）

2017年西藏自治区出入境检验检疫业务统计表

项目	货物检验检疫 批次	货物检验检疫 金额（万美元）	检验检疫不合格 批次	检验检疫不合格 金额（万美元）	交通工具 船舶（艘）	交通工具 飞机（架）	交通工具 火车（节）	交通工具 汽车（辆）	集装箱（标箱） 合计	集装箱（标箱） 检出问题	发现动植物疫情 种类数	发现动植物疫情 种次	货物通关 批次	货物通关 金额（万美元）	出入境人员查验（人次）	健康检查及预防接种（人次） 健康检查	艾滋病监测	发现病例	预防接种
本年累计	375	1 447	6	5		835		27 938					1 093	3 681	109 609	673	666	7	11
其中 出境	129	518	5	5		445		13 355					862	3 559	60 641	74	74	0	11
其中 入境	246	929	1	-		390		14 583					231	122	48 968	599	592	7	0
同比（%）	32	53	200	619.41		30.47		19.14					-28.61	-36.40	-36.65	21.70	20.43	-75	-84.51
其中 出境	-2.27	-0.59	-	-		25.71		20.78					-36.80	-36.23	-35.31	-48.25	-48.25	-100	-84.51
其中 入境	62	118	-50	-99.67		36.36		17.67					38.32	-41.12	-38.23	46.10	44.39	-65	/

（西藏出入境检验检疫局提供）

陕　西　省

陕西省口岸分布示意图

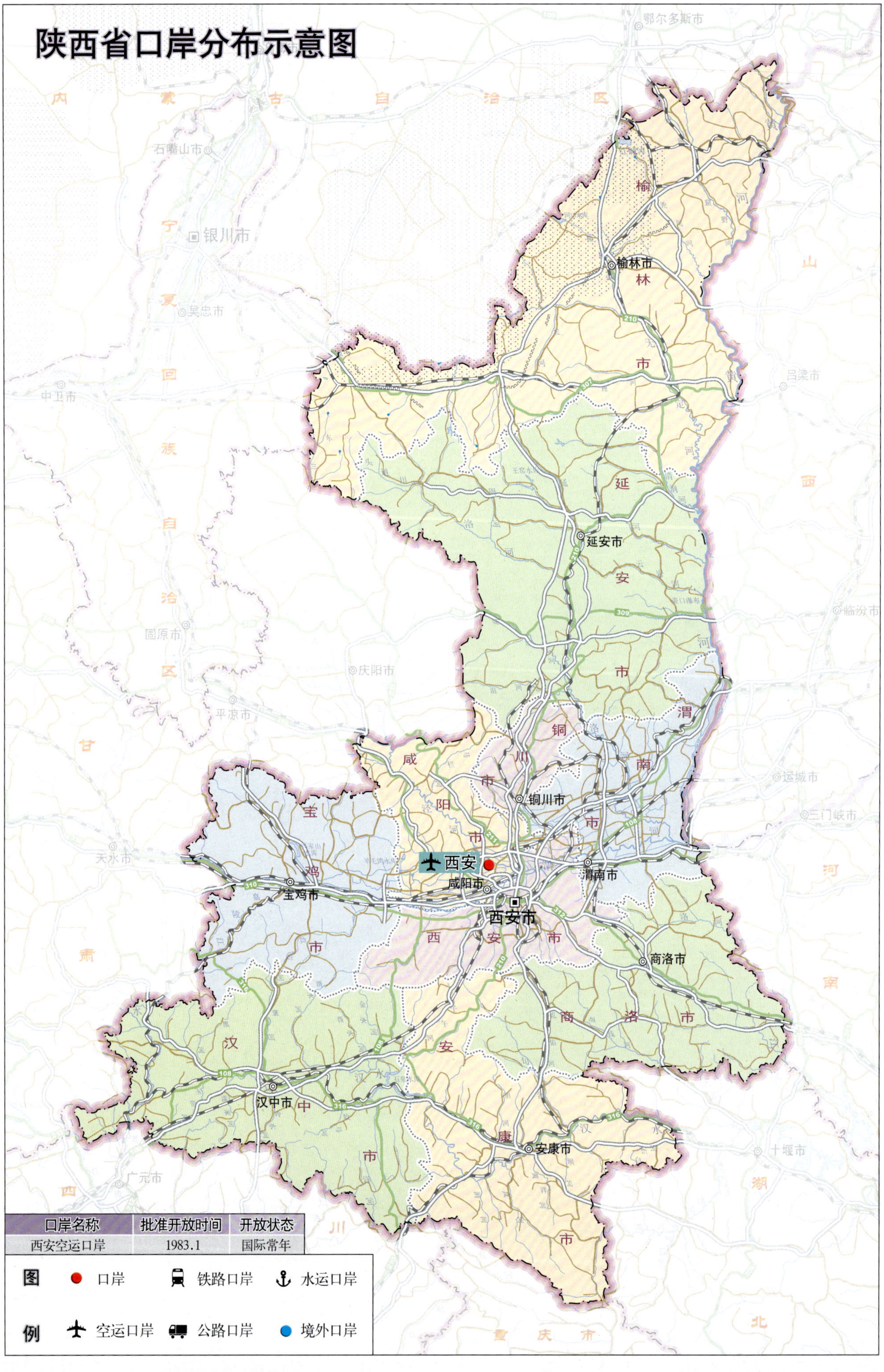

口岸名称	批准开放时间	开放状态
西安空运口岸	1983.1	国际常年

图例

- ● 口岸
- 铁路口岸
- 水运口岸
- 空运口岸
- 公路口岸
- ● 境外口岸

口岸数量及分布

截至2017年年底，陕西省经国务院批准的对外开放口岸1个，即西安空运口岸（西安咸阳国际机场）。

口岸运行数据

2017年，西安航空口岸共验放出入境飞机及国际航班包机1.53万架次（海关统计数据），同比下降1.90%，共验放和运送出入境人员203.50万人次（边防统计数据），同比增长1.55%，共验放监管运输进出口货物165.40万吨（海关统计数据），同比下降63.70%，货物总值2 714.90亿元，同比增长37.40%。

西安陆路（铁路）口岸（临时开放）共发送集装箱138 366标箱，同比增长0.20%，发送53 641标箱，同比增长24.70%，到达69 844标箱，同比下降0.30%。2017年共开行中欧班列（长安号）194列，其中，中亚方向99列，中欧班列49列，回程班列46列，发运货物近23.20万吨。

口岸综合管理

【全面加强对口岸工作的组织领导】 陕西省政府办公厅召开了两次省口岸工作联席会议和五次联席会议专题会议，有力地指导和推动了陕西省口岸的建设发展。编制并印发了《陕西省口岸发展“十三五”规划》，分解落实省委、省政府提出的口岸工作任务，有效支撑了陕西省实施“一带一路”战略、构建开放型经济新体制和自贸试验区加速建设。

【有序推进陕西电子口岸建设和国际贸易“单一窗口”推广应用】 2017年4月，陕西省被国务院口岸工作部际联席会议办公室列为中国国际贸易“单一窗口”标准版首批试点的5个省之一。试点工作开展以后，成立了“单一窗口”试点工作领导小组，建立“单一窗口”运维保障机制。已在13个市（区）举办培训班27期，共培训外贸企业988户、报关报检人员1 216人。并在外贸企业推广应用“单一窗口”标准版全部7项功能，其中报关业务覆盖率基本保持在全国第15位左右，报检业务覆盖率持续保持在全国前5位。

【加速推动国际航线发展，拓展国际客运航线】 2017年，已开通西安至布拉格、阿斯旺、加德满都、苏梅岛、冲绳、宿务、沙巴、河内、文莱、清迈等10条航线。其中，开通陕西省第一条中东欧航线（布拉格）、第一条非洲航线（阿斯旺）、第一条南亚航线（加德满都）及第一条菲律宾航线（宿务），初步实现了陕西省国际航线“联通五大洲、连接中东欧”的阶段性目标。截至2017年年底，陕西省已开通23个国家、44个城市、53条国际地区航线（其中客运航线49条，货运航线4条），连接14个“一带一路”国家的26个城市，初步显现出“向西开放的大型国际枢纽”的网络雏形。

【推进设立出境入境免税店和开展离境退税服务工作】 已在西安咸阳国际机场航空口岸设立运营了660平方米的出境免税店。完成了576平方米进境免税店的规划装修和招商工作。在西北首家实施了境外旅客购物离境退税政策，目前已全面运营服务。

【开展了以集装箱进出口环节合规成本综合治理为重点的“降本增效”和口岸综合治理】 协同推进“三互”大通关建设改革，实现了国务院确定的年内通关时间压缩三分之一的改革目标，实现了降低集装箱进出口环节合规成本5%的工作目标。

【加强通关便利化和深化区域口岸合作】 陕西省口岸办公室先后与新疆、山东、江苏、内蒙古、广西、云南、天津等7个省（区、市），签署了一系列大通关关检合作协议，初步构建了陕西省发挥丝绸之路经济带与海上丝绸之路交汇点作用的对接机制，拓展了与沿海沿边口岸、通航境外口岸的合作途径。2017年11月，在新加坡举办了国际贸易“单一窗口”建设与物流发展对接会，加强了陕西与新加坡在电子口岸建设方面交流与合作。

西安国际港务区与上海港、天津港、青岛港、宁波港、连云港等14个国内港口开展港区口岸战略合作，西安陆港集团与6家港口企业签署全国首个《服务国家“一带一路”战略多式联运企业联盟式合作框架协议》，强化了陕西省口岸与沿海沿边口岸的合作，有力提高了通关效率和口岸公共卫生安全保障能力。

【航空、铁路口岸进一步扩大开放，服务上新台阶】 积极服务“一带一路”高峰论坛、金砖国家领导人会晤，2017丝绸之路国际博览会暨第八届中国东西部合作与投资洽谈会首次启用移动查验车现场执行任务，设置三台等线查验终端在机坪开展查验工作，为柬埔寨首相洪森一行62名代表、22名机组人员办理出境手续，仅用时50分钟。2017年2月22日，首单从哈萨克斯坦进口的1 795吨小麦抵运西安铁路口岸。2月23日，西安航空口岸获批进境食用水生动物指定口岸。5月24日，国务院正式批准西安铁路口岸为整车进口指定口岸。9月29日，西安航空口岸再次获批进境水果指定口岸。12月18日，国家质检总局正式批复在西咸空港国际冷链转运中心设立进口肉类指定口岸。

【协调推进设立综合保税区和开放航空口岸】 在调研的基础上，2017年9月22日，陕西省口岸办公室会同西安海关赴北京向海关总署和国家口岸管理办公室汇报，推动加快设立西安航空基地综合保税区、宝鸡综合保税区；将西安出口加工区B区整合优化并入西安高新综合保税区，实行“一区两址”；将西安出口加工区A区整合升级为西安经开综合保税区。协调支持设立西咸空港综合保税区、杨凌综合保税区和开放延安、榆林航空口岸。

【加强和改进口岸信息、宣传和培训工作】 以陕西省政府办公厅名义印发了《进一步加强和改进口岸信息工作的实施意见》，利用电视、广播、报纸等传统媒体和电子口岸公共服务网络平台、电子口岸微信公众号等新媒体，进一步加强了口岸信息宣传工作，使广大企业和公众更加了解、广泛参与支持口岸建设。组织开展多层次、多形式的口岸经济文化、口岸招商引资、口岸信息、口岸物流、口岸旅游业务培训，培养发展口岸工作队伍，助推“一带一路”战略实施，助力陕西自贸试验区建设。

【地市口岸功能保税仓建设进入快车轨道】 渭南市首家保税仓库，韩城市陕西世纪易汇汽车贸易有限公司保税仓库设立；宝鸡市正式启动宝鸡综合保税区申报审批工作，按照原国土资源部、住建部的意见，宝鸡市政府相继完成了整改工作，由陕西省政府正式报住建部等七部委审核审批。宝鸡口岸查验部门已具备了全国通关一体化功能，外贸企业可以自由选择报关海关和通关口岸，通关无纸化办公已覆盖全部通关企业，并实现24小时预约报关服务。积极推进进出口领域信用体系建设，提升进出口贸易安全与便利，保障口岸通关高效运行。汉中口岸查验场所建设已进入规划审批阶段，口岸查验办公及查验设施，现场用地133 333平方米，建设一条铁路专用线，10 000平方米口岸储运仓库，可一次性接纳车皮40节，年货运量可达到100万吨。

口岸监管与服务

【陕西省公安边防总队探索创新查缉战法，发挥数据预警作用】 以边检勤务综合管理平台和出入境信息数据平台为支撑，充分利用查缉战法，有针对性地开展非法出入境人员、网追涉恐人员等变换身份数据信息的分析排查。2017年4月，连续查处2起斯里兰卡籍人员非法出入境案，并通过数据关联深挖抓获1名组织非法出入境人员。8月10日，通过数据深度关联比对，成功抓获1名变换身份人员。9月11日，充分利用多个数据平台及远程视询等手段，在新疆驻陕口岸工作组等单位协同支持下，查获1名非在控涉恐人员，实现了西安口岸查获非在控涉恐人员的零突破。按照公安部边防局统一部署，开展“固边”系列专项行动，以防范涉恐人员潜入潜出为重点，打牢口岸风险管控基础。

【陕西省公安边防总队深化警务协作，增强口岸管控能力】 充分发挥与陕西省安全厅、公安厅反恐总队、公安厅出入境管理局建立的协作机制作用，重大情报信息做到第一时间反馈并有效联动，形成合力。2017年4月，组织召开陕西省公安边防查控工作协调会，对省政府、公安厅、安全厅等7家有权布控单位，进一步明确责任分工，规范工作流程，提高查控效率。定期参加省公安厅情报会商研判，共享信息资源。融入川渝黔边防警务合作机制，与内蒙古边防总队签订《重大安保活动期间工作协作机制》，构建区域防控体系，互通情报，扩大数据资源共享，实现警务合作交流。与新疆维吾尔自治区驻陕口岸工作组协同作战，在现有排查工作程序、采集推送、视询查缉工作机制的基础上，商定7项工作措施，明确协作流程，增强总队口岸管控能力。

【重大勤务保障取得成效，服务地方经济再上台阶，便民利民措施不断创新】 2017年，陕西省公安边防总队共完成意大利总统赛尔焦·马塔雷拉、柬埔寨首相洪森、法国前总理拉法兰、几内亚国务部部长福法纳、日本首相福田康夫等外国元首和政要的入出境专（包）机礼遇检查任务11批次183人次。积极服务陕西自贸试验区建设发展，为韩国三星电子集团、美国美光科技公司等世界500强企业来陕投资人员、参加经贸洽谈的嘉宾和知名经济人士共161人次提供了通关便利，着力营造陕西省良好投资环境。同时，积极服务“一带一路”高峰论坛、金砖国家领导人会晤、“戊戌年清明公祭轩辕黄帝典礼活动”“2017丝绸之路国际博览会暨第21届中国东西部合作与投资贸易洽谈会”等商贸文化会展活动，为陕西经济发展作出贡献。积极与省旅游发展委员会协作，借助公安边防网上办事大厅，研发“一站式”报检功能，达到取消纸质旅游团名单表，减少旅游企业报关环节，提高通关效率，全省81家旅行社可完成出境旅游一次性申报，总队实现100%预检功能，数据显示，已有3.50万个出境旅游团使用网上办事大厅完成网上报检，位列全国空港口岸第1位，并在此基础上，自行研发软件，实现了提前获取出境旅游团成员航班号的功能。于8月19日启用出境自助通道，成为全国第三家、现役第一家在空港口岸启用出境自助通道的边检站，获得了上级部门的通报表扬和各级媒体的广泛关注。9月，总队与省政府办公厅联合向省政府上报的《关于加快全省航空口岸建设发展的调研报告》获得了陕西省副省长魏增军的批示肯定。

【深入开展部队基础建设，推动边检执法执勤和队伍管理迈上新台阶】 一是基础工作信息化稳步推进。总队争取地方支持，采购装备1台移动查验车，以强化实战保障为目标，组织技术人员认真开展边检移动查验车应用培训，并于2017年5月17日在柬埔寨首相洪森一行62人出境检查任务中，首次启用移动查验车现场遂行任务，设置3台无线查验终端在机坪开展查验工作，仅用时50分钟办理了62名代表团成员和22名机组人员的出境手续，极大地提高了工作效率和边检对外形象。与陕西省公安厅深度合作，完成公安网与省厅互联网+综合服务平台各功能的校核确认并投入使用，进一步拓展了边检对外服务渠道。二是警务实战化建设显著提高。总队牢牢把握边检中心工作重点方向，着力打造过硬边检队伍。依托边检网络学院和业务考核系统，扎实开展业务培训。派遣9名业务骨干赴乌鲁木齐、成都边检站学习调研反恐工作经验。邀请西北政法大学副校长，加拿大、美国移民联络官等专家来总队授课交流，举办反恐法讲座等共5次。组织2期后台核查培训，提升重点人员核查能力。派员参加部局查控管理及反恐核查平台深度应用培训班，进一步加强总队查控及数据排查工作。组织12名院校毕业学员及新调入人员进行了为期2个月的业务培训，打牢新警岗前理论基础。2017年共组织各类业务培训10余次。定期召开勤务例会，发现勤务工作中存在的不足，分析边检工作形势变化，及时解决问题，制定应对措施，全年总队共召开勤务例会13次，规范各类勤务问题处置流程30余条。三是深化执法规范化建设。强力推进执法突出问题排查整治工作，及时发现和整改执法隐患3类8项。梳理完善总队7项执法规章制度，严格落实执法全程记录、办案区“四个一律”等制度规定。开展法制业务技能专项培训6次，2次组织官兵参加执法资格证考试，努力提升法制队伍综合素质。将执法监督渗透到执法活动的全过程，聘请包括人大、政协代表在内的社会各界共27名执法监督员，召开联席会议，开门纳谏，提高执法水平和执法公信力，夯实口岸“两防”的法制基础。2017年共开展执法检查7次，案卷评查12次，评查案卷89卷，发现执法问题5处，案卷瑕疵31处，执法问题通报12次，执法办案进一步规范。四是推进队伍管理正规化。加强部队的教育管理和督查，抓好两个经常性工作，规范部队执勤、训练、工作和生活秩序；坚持党管干部，采取考核与考试相结合的办法，公开选人用人；完善干部考评工作机制，探索试行不称职干部退出办法，严格干部日常管理。

【推进陕西自贸试验区建设】 西安海关争取海关总署在自贸试验区挂牌后第一时间出台支持措施、批复监管方案，2批25项海关监管创新制度复制推广取得良好效果。积极参与自贸试验区“多证合一、多项联办”改革，远程在线办理企业注册149家。完成整改海关特殊监管区域任务，验收面积9.55平方千米，进出口总值占全省进出口总值近7成。升级上线关区统一、高度可用的海关特殊监管区域辅助系统，新增多项业务改革模块。探索以研发设计为龙头的全程保税监管模式，将集成电路产业链上的设计、芯片制造、封装测试等企业全部纳入加工贸易保税监管范围，通关时效提升95%，减少企业资金成本600万元。

【落实全国海关通关一体化改革任务】 制定西安海关关税收征管改革、“一次申报、分步处置”、风险防控中心建设、隶属海关功能化建设等改革实施方案。再造通关监管流程，无纸化申报率达到98.7%，进出口平均通关时间均优于全国海关平均水平。税收征管方式创新升级，建立关区集中验估作业模式，“自报自缴”征税占比超过5成，汇总征税3.1亿元，税收电子支付率达到94%，税收入库核销及时率保持100%。税收担保方式改革创新，首票专业机构非担保货物顺利通关，降低小微企业费率近60%。二级风险防控中心建成运行，95%的普货查验指令、65%的快件查验指令由风险防控中心统一下达。修订《海关特殊监管区域盘库作业操作规程》，压减人工作业量50%。推行海关特殊监管区域加工贸易中期作业环节无纸化改革，压减人工作业量三分之二。出口加工区B区与重庆西永综合保税区间保税货物实现自行运输自由流转，通关效率提升70%、物流成本降低30%。

【深化“大通关”推动“一带一路”建设】 联合陕西出入境检验检疫部门与青岛海关、出入境检验检疫部门共同签署“供应链一体化监管合作备忘录”，积极开展多式联运监管试点。助推整车进口口岸获批建设，进境免税店通过验收正式运营、出境免税店面积扩大1倍。监管保障中欧班列“长安号”开行进出境班列194列，累计进出口货运量6.50万吨，货值约13亿元。支持西安空港开通至阿姆斯特丹、哈恩、芝加哥全货运航线，全省进出口总值72.50%通过空运完成。国际快件和跨境电子商务增势迅猛，空港国际快件监管中心投入运行，累计监管跨境电商进出口货物442.40万单，2017年3月，单月出口超过100万单，累计监管国际快件190.90万件，增长8倍。开展与阿拉木图国家收入局数据交换等务实合作，中俄知识产权工作组会议、中哈海关统计专家工作会议、中欧海关固体废物监管工作组会议相继在西安海关召开。国际贸易“单一窗口”标准版投入运行，注册企业超过300家，申报率超过30%。

【实际监管更加严密】 全面清查监管场所监控设备，监管场所监控信号全部接入海关总署指挥中心，查验场地85%监控信号接入海关总署指挥中心。常规稽查、进出口货物查验实现“双随机、一公开”，“双随机、一公开”常规稽查企业

10家，占比达到83.30%，随机布控查验占比达95%，查验人员全部实现随机派单。依托HZ2011定制数据分析功能，建立3个布控查验模型，进口随机布控查验率、查获率分别为2.80%和4.90%，出口随机布控查验率、查获率分别为0.80%和5.80%。开展国际快件风险分析，动态调整国际快件商品价格参数。严格管控虚假贸易，与商务、外汇等部门共享信息联合防控风险，对近50家不收汇企业、“空壳”企业开展实地核查。开展货运渠道固体废物、禁限管制、知识产权及快件渠道等安全准入专项风险分析，查获货运渠道涉及安全准入（出）报关单2票、邮件渠道涉及安全准入情事43起。“扫黄打非”工作获全国“扫黄打非”工作检查组充分肯定。

【综合治税取得明显成效】 2017年税收入库39.10亿元，较上年增收4.20亿元，增长12%。审批减免税货值约96.50亿元，增长2.5倍，减免税款5.60亿元（不包含手工单减免），增长8.6%，减免税审批在海关总署抽样考核中连续保持零差错。定期开展税收分析，对重点税源商品开展专项调研，动态掌握税收进度。税收风险防控涵盖税收征管各环节，归类和审价补税1 256.20万元。落实税收优惠政策支持重大技术装备、大飞机研发等重大项目建设，开展进口设备增值税分期纳税试点支持西部首个新型超高清液晶显示器项目建设，涉及增值税26.40亿元将分6年分期缴纳，已办理首期进口设备分期纳税14.50亿元，为企业节省贷款利息近3亿元。《建议我省大力发展融资租赁促进制造产业升级》获省领导高度重视，《建议我省积极运用国家税收优惠政策促进航空制造业集群发展》获省领导批示5次，直接推动将航空制造业纳入“陕西省综合利用税收政策加快新型产业发展规划”。开展税则调研降低企业成本。增值税核查实现联网电子化办理，减免税申请实现无纸化办理。中瑞“原产地自主声明”启动试点，2家备案企业出口货物在瑞士享受通关便利。

【“由企及物”理念进一步落实】 大力推广“关企合作平台”，企业通过网上办理相关业务7 000余次。积极参与共建社会信用体系，上调企业信用等级9家，下调企业信用等级42家，落实守信联合激励和失信联合惩戒措施。修订《企业协调员工作实施细则》，增设企业协调员15人。参加AEO企业跨关区联合认证，新增AEO企业1家，开展AEO政策宣讲辅导26次。对12家企业开展特许权专项稽查，补征税款555.40万元。接受企业“主动披露”77次，免除行政处罚金额约7万余元。制定《推进加工贸易及保税监管业务改革工作方案》，推进13项重点改革任务，获批开展以企业为单元、以账册为主线的加工贸易监管模式改革。

【“国门利剑2017”联合专项行动成效明显】 刑事立案8起，案值4 577.20万元，同比增长21.40%；行政立案129起，案值2.70亿元。破获首起走私冻品案件，抓获嫌疑人4名；查获旅检渠道走私珍贵动物制品犀牛角进境案件；首次在行邮渠道查获活体毒蜘蛛64只；破获“10·18”涉嫌走私普通货物案。“国门勇士2017”缉枪专项行动查获涉枪走私案件20起，缴获枪支、枪管、装弹器等枪支零件一批。破获走私毒品案件1起。在海关总署指挥下开展打击大米走私“6·12”联合行动，捣毁涉嫌走私大米团伙1个，涉嫌走私大米298吨。警务训练扎实开展，1名同志获得第一缉私战区“个人实战能手”称号。

【陕西出入境检验检疫局完善把关机制，国门安全保障有力】 一是口岸公共卫生管理机制更加完善。融入地方大卫生体系。与陕西省疾控中心、西安市卫计委、原第四军医大学等开展交流合作，提升联防联控能力。联合反恐、海关等部门，共同开展口岸生物有害因子突发事件应急处置演练。组织口岸卫生检疫风险排查和专项整治，有效防控寨卡、马达加斯加鼠疫等疫情。查验出入境人员202.01万人次，检出阳性病例120例。2017年监管出入境货物2.51万批，检出不合格945批，不合格批次同比增长10.79%。累计监管进口小麦91批、5 695吨。肉类口岸正式启用，进口肉类产品 15 批、30 标箱、341 吨。空港口岸截获旅客禁止携带入境物品 6 688 批，邮检口岸截获禁止进境物 420 批，“绿蕾 3”专项行动截获种子、苗木等 58 批。查验出入境飞机 11 299 架次、集装箱 9 111 标箱。

二是国门生物安全保障机制更加完善。推动口岸动植物检规范化建设，基层初筛实验室建设有序推进。纪念《中华人民共和国进出境动植物检疫法》实施 25 周年，开展国门生物安全系列宣传，组织口岸行、进校园、进街道、进机关等活动，举办多场（次）现场主题新闻发布会。与陕西省林业厅共同开展“林安”行动，加强了濒危野生动植物种保护工作。制作法制宣传片《战螂》《迟到的玫瑰》分别获得国家质检总局三等奖和优秀奖，并在陕西电视台播出，国门生物安全理念得到广泛传播。

三是进出口食品安全监管机制更加完善。强化进口食品安全监管和注册验证，开展进口食品收货人备案和进口销售监督核查。强化进口商主体责任意识，验证进口注册食品 34 批、273.59 万美元。实施出口动物源性食品风险监测，开展进出口食品风险监测和监督抽检。扎实做好出口食品备案工作，新增备案企业 23 家，增长 23.47%。运用视频监管放行新模式，监管供港澳活牛 4 256 头，数量居全国之首。圆满完成香港食环署对 3 个供港澳活牛注册育肥场的寻访接待工作。开展“进口食品安全社区行”活动，参加陕西省食品安全宣传周主场活动，营造食品安全社会共治局面。

四是进出口商品检验监管机制更加完善。组织开展进出口危险品及其包装质量安全隐患排查和专项整治行动。加强对进口医疗器械等重点敏感商品检验监管。探索进出口商品监督抽查常态化工作制度，组织开展首次自主抽查，促成首例缺陷进口消费品召回。加强风险管理，检出不合格进口儿童服装，配合国家质检总局发出警示通报。完善质量安全约谈机制，通过约谈国外设备制造商，为设备进口商挽回损失 1 500 余万元。

【陕西出入境检验检疫局大胆改革创新，服务陕西开放发展】 一是支持自贸试验区建设，高质量完成试点任务。率先出台 4 个方面 20 条支持措施。与西安海关联合出台《支持陕西自由贸易试验区建设监管服务实施方案》。对接自贸试验区“多证合一、多项联办”平台，实现“一口受理”。九成进口强制性产品免办实现全程网上办理。与西安市卫计委签署《陕西自贸试验区西安区域传染病联防联控方案》，建立多部门共同参与的联防联控机制。与国家质检总局发展研究中心合作，完成《中国（陕西）自由贸易试验区出入境检验检疫改革创新研究报告》，提出 32 项改革建议。

二是不断完善口岸功能，对外开放基础更加坚实。累计开放 5 个指定口岸，为我国与丝绸之路经济带沿线国家（地区）合作交流与经贸往来提供了有利平台。指导开放水果指定口岸，指导冷链仓库国际货运区、快件监管库和保税物流中心建设。推动关检联合“一线双屏双通道”查验模式。优化国际快件查验流程，在陆港口岸着力解决长安号回程货源不足难题，确保进境肉类、进境粮食指定口岸运转有序。首批哈萨克斯坦小麦顺利进境，实现了内陆地区首次进口中亚粮食，在特殊监管区，对口岸入境转至特殊监管区的货物实施直通模式，帮助三星、美光公司等多家企业解决通关等多项问题。

三是创新通关便利化措施，优化外贸发展环境显著。出台深化检验检疫改革优化外贸营商环境 18 条措施。简化检验检疫流程，大幅降低抽批比例，八成入境货物通过审单合格评定后直接通关放行，平均检验检疫全流程时长压缩 90%。与山东省政府、关、检、港建立区域物流供应链一体化机制。对 14 家企业实施陕沪“进口直通”。建成以“大项目+货物封闭堆场+直通放行”为特色的国检监管区。参与陕西省电子口岸建设，“单一窗口”报检覆盖率 75.83%。实现报检企业、原产地证书申领企业备案两证合一。作为全国第一批试点单位，上线移动查验 APP，实现移动施检，快速放行。出台 4 项创新举措，便利企业备案和申领原产地证书，新增备案企业

158家。签发原产地证书20 393份、14.92亿美元，同比分别增长7%和29.25%，企业可享受国外关税减免约9 600万美元。

四是做好“长安号”运行保障工作。为确保“中欧班列”返程货物的运输，积极争取国家质检总局支持，通过外交渠道在《进口哈萨克斯坦小麦植物检验检疫要求》增加了西安陆运口岸；允许初榨植物油从口岸运至内地精炼加工，扩大了“长安号”回程货源，促进了陕西省相关企业的发展。与新疆出入境检验检疫局、内蒙古出入境检验检疫局分别签订《新陕两地进出口货物实施直通放行合作备忘录》和《陕蒙两地进出口货物直通放行合作备忘录》，实现边境口岸直通放行，通过与阿拉山口、满洲里等口岸协调进口粮食、食用油、出口农产品等检验检疫事宜，确保陕西农产品进出口顺利，保障了“长安号”的常态化运行。

2017年陕西省口岸大事记

2月22日

首单从哈萨克斯坦进口的1 795吨小麦运抵西安铁路口岸，标志着西安进境粮食指定口岸正式运营。

2月23日

西安航空口岸获批进境食用水生动物指定口岸。

3月1日

陕西省口岸工作座谈会在西安召开，会议全面总结了2016年工作、安排部署了2017年重点工作。

3月16日

陕西省政府办公厅印发《关于进一步加强口岸信息工作的通知》。

4月26日

陕西省被列为国际贸易“单一窗口”标准版第一批试点省份。

5月19日

柬埔寨首相洪森一行由西安航空口岸离境回国。

5月24日

首单从加拿大进口的77吨肉制品抵达西安铁路口岸，标志着西安进境肉类指定口岸正式运营。

5月28日

国务院正式批准西安铁路口岸为整车进口指定口岸。

6月6日

几内亚国防武装部部长福法纳一行由西安航空口岸离境回国。

8月26日

马来西亚首相对华特使兼马来西亚商务理事会主席一行6人由西安航空口岸入境。

10月9日

法国前总理拉法兰由西安航空口岸入境。

10月11日

日本首相、博鳌亚洲论坛理事长福田康夫由西安航空口岸出入境。

11月20日

陕西省推进国际贸易“单一窗口”建设及物流发展推介会在新加坡举行。

12月14日

陕西省政府办公厅印发《陕西省口岸发展“十三五”规划》。

12月18日

国家质检总局同意在西安咸阳国际机场筹建进口肉类指定口岸。

12月29日

陕西省企业通过“单一窗口”标准版共完成报关7 235单，报检1 388单，累计在“单一窗口”办理业务10 483单。如期完成了2017年年底前报关、报检业务覆盖率达到30%以上的推广目标。

（撰稿人：马东、王丹清、杨晨）

2017年陕西省口岸流量统计表

口岸类型	口岸名称	货运量（万吨）				集装箱量（标箱）				人员（人次）				交通工具（辆、艘、架、次）			
		出口	进口	合计	同比（%）	出口	进口	合计	同比（%）	出境	入境	合计	同比（%）	出境	入境	合计	同比（%）
空运口岸	西安威阳国际机场	38.7	126.7	165.4	-63.7					1 021 912	1 012 838	2 034 750	1.55				

（陕西省口岸办提供）

2017年陕西省口岸出入境主要数据表

项目			2016年	2017年	同比（%）
出入境人员（人次）	出入境人员总数		2 003 597	2 034 750	1.55
	入境人员		999 387	1 012 838	1.35
	出境人员		1 004 210	1 021 912	1.76
	出入境旅客		1 888 887	1 918 201	1.55
	出入境员工		114 710	116 549	1.60
	中国公民	小计	1 606 949	1 674 729	4.22
		内地居民（因公）	47 583	38 469	2.36
		内地居民（因私）	1 422 964	1 479 778	3.99
		港澳居民	57 471	61 996	7.87
		台湾同胞	78 931	94 486	19.71
	外籍人员		396 648	360 021	-9.23
	从海港出入境人数				
	从陆港出入境人数				
	从空港出入境人数		2003 597	2 034 750	1.55
交通运输工具（辆、艘、架、列次）	总计		12 303		
	船舶				
	飞机		12 303	11 902	-3.26
	火车				
	机动车辆				

（陕西省公安边防总队提供）

2017年西安海关主要数据统计表

项目		2017年	同比（%）
进出口货运量（万吨）	合计	165.4	-63.7
	进口	126.7	-69.9
	出口	38.7	10.4
进出口贸易总值（万美元）	合计	3 590 484.7	32.8
	进口	1 531 765.6	12.5
	其中：江、海运输	299 221.7	42.0
	铁路运输	7 888.2	12.1倍
	汽车运输	1 202.5	20.0
	航空运输	1 223 346.7	6.5
	邮件运输	106.5	1.5
	其他运输		
	出口	2 058 719.1	53.4
	其中：江、海运输	138 657.3	-7.9
	铁路运输	17 617.7	-15.3
	汽车运输	8 742.2	-50.5
	航空运输	1 891 580.6	64.4
	邮件运输	2121.3	-12.1
	其他运输		
税收（万元）	两税合计	390 648	12.0
	关税入库	80 233	31.4
	进口环节税入库	310 415	-12.1

（西安海关提供）

甘 肃 省

甘肃省口岸分布示意图

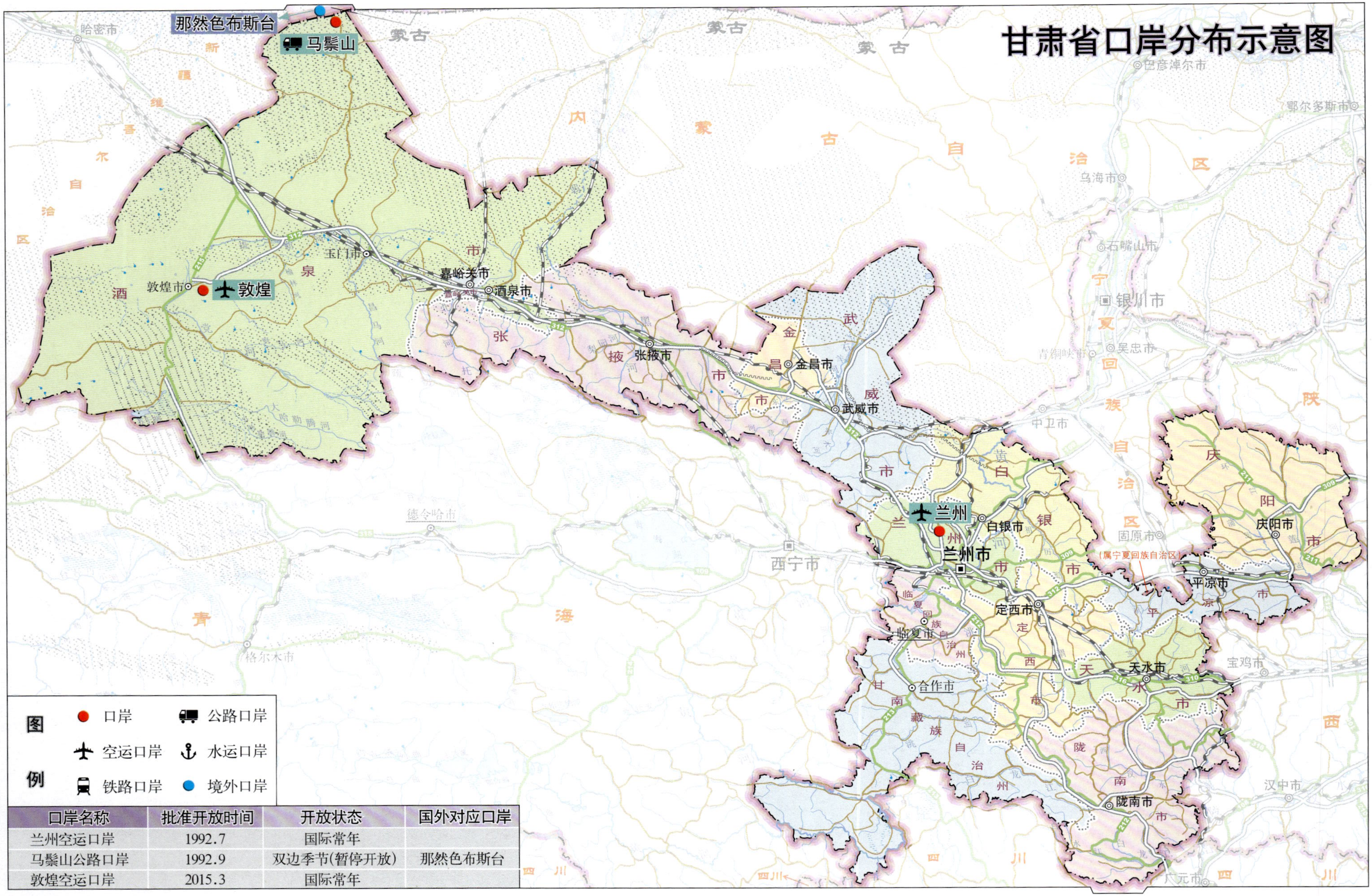

口岸名称	批准开放时间	开放状态	国外对应口岸
兰州空运口岸	1992.7	国际常年	
马鬃山公路口岸	1992.9	双边季节(暂停开放)	那然色布斯台
敦煌空运口岸	2015.3	国际常年	

口岸数量及分布

截至2017年年底，甘肃省共有经国务院批准的对外开放口岸3个，分别为兰州空运口岸(兰州中川国际机场)、敦煌空运口岸（敦煌机场)、马鬃山陆路（公路）口岸。

口岸运行数据

据兰州海关统计，2017年，兰州海关监管货运量224.16万吨，同比增长31.25%，货值229.77亿元，同比增长15.64%。按口岸类别来看，兰州空运口岸（兰州中川国际机场）出入境人员157 762人次，同比下降6%；出入境航班1 076架次，同比下降12.80%；其中出境人员79 201次，同比下降5.10%，出境航班534架次，同比下降13.30%，入境人员78 561人次，同比下降6.80%，入境航班542架次，同比下降12.20%。敦煌空运口岸（敦煌机场）积极组织旅游包机，培育航空市场，6月10日，国家口岸管理办公室正式批复同意敦煌至香港、日本大阪旅游包机航线，8月21日，敦煌至香港旅游包机开始执飞。2017年，敦煌至香港旅游包机执飞26个架次，共计出入境3 754人次。2017年，兰州陆路（铁路）口岸累计发运“兰州号”中亚国际货运班列241列10 777车，货重19.80万吨，货值8.90亿美元；发运中欧国际货运班列1列40车，货重827.90吨，货值189.40万美元；发运南亚班列46列1 964车，货重2.640万吨，货值1.86亿美元。2017年9月29日至2017年年底，南向通道货运班列从兰州成功发出5列155车，货重4 960吨，货值人民币5 250万元。

口岸综合管理

【兰州中川国际机场三期扩建工程启动】 兰州中川国际机场三期扩建工程项目已列入国家《交通基础设施重大工程建设三年行动计划》和2017年甘肃省政府工作报告。这是加快甘肃省口岸建设、促进口岸发展、扩大对外开放和带动口岸经济发展的重要举措。该项目近期规划目标：到2025年，旅客吞吐量3 000万人次，货邮吞吐量20万吨，飞行区等级4E，跑道2条，航站楼面积34.30万平方米，站坪机位数69个，配套建设T3综合交通枢纽。远期规划目标：到2045年，旅客吞吐量6 000万人次，货邮吞吐量100万吨，跑道4条，航站楼面积约58.70万平方米，站坪机位数119个。近期规划还需要在现跑道东侧2 030米处新建一条4 000米远距跑道，在东航站区新建约34万平方米T3航站楼，在T3航站楼南侧建设5万平方米综合交通枢纽，配套建设通信、导航、气象、供水、供电、供暖、供气、通信等生产辅助设施，项目估算总投资约230亿元。

2017年3月，机场总体规划（2016年版）获批，项目预可行性研究报告6月底上报国家民航局，7月完成专家评估，12月上报国家发改委审批。同时，工程勘察、T3航站楼方案设计、综合交通枢纽设计、建设用地收储、建设资金筹措等工作同步开展。按照甘肃省政府要求，项目计划2018年开工建设，2020年主体工程基本完成。

【兰州陆路（铁路）口岸继续获批临时对外开放】 自2016年12月6日兰州铁路口岸获批对外开放以来，在国口办的大力指导下，甘肃省高度重视，不断完善口岸基础设施，将兰州铁路口岸的建设管理作为甘肃省贯彻国家“一带一路”战略的重大举措，大力推进兰州新区中川北站作业区、兰州东川铁路物流中心作业区建设，圆满完成了各项建设任务，顺利通过了兰州海关、甘肃出入境检验检疫局验收投入运营。2017年6月29日，《国家口岸管理办公室关于同意甘肃兰州铁路集装箱场站作为临时口岸对外开放的批复》（国岸发〔2017〕9号）批准兰州铁路口岸继续对外开放。甘肃省按照国家相关要求，圆满完成了兰州铁路口岸两个作业区查验和监管设施建设，通过兰州海关、甘肃出入境检验检疫局的验收并投入运营，实现了“兰州号”中欧、中亚、南亚国际班列常态化运营。2017 年 12 月 27 日，《国家口岸管理办公室关于同意甘肃兰州铁路集装箱场站继续临时对外开放的复函》（国岸函〔2017〕155 号）同意甘肃兰州铁路集装箱场站继续临时对外开放，具体包括兰州新区中川北站、兰州东川铁路物流中心两个作业区，临时开放时间为自批复之日起 1 年。兰州铁路口岸继续获批临时对外开放，极大地促进甘肃省落实“一带一路”战略，构建“丝绸之路经济带”甘肃黄金段，提升甘肃省对外开放水平。

【加快兰州陆路（铁路）口岸通关便利化建设】 按照海关总署、国家质检总局关于全面推进关检合作“一次申报、一次查验、一次放行”的通关模式改革要求，结合兰州铁路口岸监管查验工作实际，甘肃省积极推进口岸相关部门落实“三互”（信息互换、监管互认、执法互助）大通关，不断优化和整合口岸监管设施资源和查验场地，完善口岸信息化系统，对铁路口岸监管查验设施建设采用“共用场地、共用视频、共用卡口”的监管模式，通过机制优化、模式创新和执法合作，打造关检联合查验平台，实现了口岸资源的共享共用，努力将兰州铁路口岸打造成为通关手续便捷、作业流程简化、通关成本节约、通关效率高速的关检合作示范平台。同时，针对目前口岸海关、检验检疫工作量迅速增加的实际，结合口岸查验单位需求，在两个作业区分别配备了一定数量的协勤、协检人员，加强和充实了口岸监管力量，确保口岸监管有效、通关便利。

【压缩货物通关时间取得实效】 根据《国家口岸管理办公室关于印发〈压缩货物通关时间的措施（试行）〉重点任务分工方案的函》（国岸函〔2017〕57 号）文件精神，甘肃省成立了压缩货物通关时间工作领导小组，建立了口岸通关时间监督常态化机制，加强对口岸通关时间的监督检查。甘肃省口岸办从提高通关效率、降低贸易成本、优化口岸业务流程、减少监督作业环节，提高口岸整体通关效率、加快中国（甘肃）国际贸易“单一窗口”建设等方面深入进行了工作部署。甘肃省各口岸管理部门和经营单位根据国家压缩通关时间要求，认真研究本单位的工作环节，结合各自实际，研究制定了本单位压缩货物通关时间工作方案。

兰州海关按照海关总署关于压缩货物通关时间三分之一的部署要求，以问题为导向，针对通关时间较长的报关单专题逐票进行分析，认真梳理分析通关各环节节点，从 4 个方面制定压缩货物通关时间 9 条措施，优化业务流程，提高信息化、无纸化水平，多措并举压缩通关时间。2017 年 1~10 月，进口货物通关时间为 3.18 小时，较 2016 年 8.84 小时减少 64.03%；出口货物通关时间 1.67 小时，较 2016 年 15.48 小时减少 89.21%，均达到压缩货物通关时间三分之一的目标。

甘肃出入境检验检疫局结合 e-CIQ 部署运行，压缩流程时限，出入境货物检验检疫放行时长在全系统排名第 5 位。2017 年 11 月 1 日，检验检疫全面实施“审单放行”制度，对于抽检未抽中货物，经审单符合要求的，直接由检务部门完成证单审核、综合评定、签证放行等检验检疫全流程工作。经测算，11 月，甘肃出入境检验检疫局流程时限较之 2017 年 1 月压缩三分之二以上。无纸化报检及通关单无纸化各项制度实施以来，检验检疫出证时长较之以往也有大幅度下降。

【全力保障穆斯林朝觐及中国赴刚果（金）维和部队通关】 兰州空运口岸（兰州中川国际机场）是我国穆斯林信众赴沙特朝觐出入境最重要的口岸之一。2017 年，兰州海关、甘肃出入境检验检疫局、兰州边检站共监管穆斯林朝觐包机 16 架次，验放甘肃、西藏两省（区）穆斯林群众2 722人，行李物品 3 637 件。兰州海关、甘肃出入境检验检疫局、兰州边检站及中川国际机场制定了口岸朝觐人员出入境保障方案，制作了印刷宣传板、宣传册等开展有针对性的宣传和教育咨询，并召开专题会议，组织开展应急演练活动，通过多项措施保证朝觐工作顺利进行。甘肃出入境检验检疫局认真开展了朝觐体检及预防接种工作，分别赴朝觐群众集中的地区上门服务，避免朝觐穆斯林同胞往来奔波。2017 年 9 月 12~20 日兰州空运口岸各联检单位通力协作圆满完成了中国赴刚果（金）维和分队第 20 次轮换的包机保障任务。

【中国（甘肃）国际贸易“单一窗口”正式上线运行】 根据国口办“单一窗口”标准版扩大试点部署会议精神，甘肃省于 2017 年 8 月召开试点工作推进会，部署试点工作，研究制定了《中国（甘肃）国际贸易“单一窗口”标准版试点运行工作方案》，同时成立由甘肃省口岸办、兰州海关、甘肃出入境检验检疫局分管领导组成的试点工作领导小组，负责指导试点企业做好标准版的试点运行工作；成立由甘肃省口岸办、兰州海关、甘肃出入境检验检疫局及运维保障企业有关人员组成的运维服务保障工作组，负责及时受理并解决试点企业推广应用中遇到的各类问题。

在国口办的大力支持下，2017 年 8 月中国（甘肃）国际贸易“单一窗口”正式上线运行，实现了货物申报、企业资质申报、原产地申报等功能。为调动企业使用积极性，提高“单一窗口”覆盖率，甘肃省口岸为、兰州海关、甘肃出入境检验检疫及运维保障等单位密切配合，通过为“单一窗口”申报企业提供绿色通道，举办“单一窗口”业务培训班，政策宣传，辅导解疑，逐户走访，一对一指导企业使用，帮助企业安装调试办法，全力做好“单一窗口”标准版推广应用保障工作。此外还建立了甘肃申报企业微信群，及时发布更新通知，快速解决企业申报中的问题，坚定企业使用“单一窗口”的信心，不断提升企业的获得感。截至 2017 年年底，通过标准版申报 2 693 票，2017 年 12 月实现 1 919 票，当月报关 1 267 票（专业版 564 票，标准版 703 票），报检 641 票，当月报关、报检业务覆盖率分别为 86%、63%，超额完成国家要求年底前覆盖本地区 30%以上业务量的目标任务。

【加强跨区域口岸合作】 2017 年 2 月 17 日，浙江省海港委和甘肃省商务厅签订合作备忘录，旨在加强国际物流和口岸管理方面的合作。两省发挥各自优势，集散两地特色商品，集中两地进出口资源，加强国际物流合作。合力推进“属地申报、口岸验放”等通关模式，实现两地口岸信息互换、监管互认、执法互助，为两地进出口货物在申报、查验、放行等方面提供通关便利。12 月 11 日，甘肃（兰州）国际陆港与天津港签署了战略合作协议，并举行了天津港（集团）有限公司兰州无水港和天津港（集团）有限公司驻东川货运办事处揭牌仪式，标志着甘肃、天津两地联袂打造“兰州无水港”拉开帷幕。这一举措旨在贯彻落实国家“一带一路”倡议，进一步深化甘肃、天津两地间的国际贸易和物流服务合作，畅通环渤海出口，通过铁海联运通道形成无缝对接的合作模式，促进两地经济协调发展。

口岸监管与服务

【兰州边防确保口岸安全畅通】 兰州边防检查站在出台并落实便民利民措施基础上，严格按照上级反恐工作要求，全力维护口岸地区社会稳定，得到了上级领导的一致认可。同时，结合各敏感时期、敏感节点，及时修订完善处突工作预案，适时开展模拟演练，有效提升了队伍快速反应、整体协调和联合作战能力。定时搜集信息，发布伪假证件信息预警，进一步提升情报主导警务和预警预判能力，先后查获临重控不准出境人员 1 名、政治类有害宣传品 9 本，发布证件预警信息 5 条。针对兰州中川国际机场口岸长期以来硬件设施条件较为落后的现况，及时采购边检人像采集设备，对接梅沙系统实现了人像比对自动化、智能化。配备了“反恐利剑”数据采集和查缉设备，解决了兰州边防涉恐数据采集和查缉工作的“短板”，使兰州边防数据采集、应用、取证和暴恐音视频查缉能力大幅提升。兰州边检工作和边检队伍建设成效显著，正确引导舆论，自觉接受社会舆论和人民群众监督，进一步密切边检机关与社会公众联系沟通。

【甘肃省集装箱进出口环节合规成本专项治理行动取得实效】 根据《国家口岸管理办公室关于开展集装箱进出口环节合规成本专项治理行动的通知》要求和11月3日集装箱进出口环节合规成本专项治理行动电视电话会议精神，甘肃省口岸管理办公室立即组织兰州海关、甘肃出入境检验检疫局和各口岸管理部门、运营单位，开展专项整治工作。为扎实开展专项治理行动，甘肃省口岸办与各口岸查验单位和价格主管部门成立了甘肃省集装箱进出口环节合规成本专项治理行动领导小组，制定了甘肃省降低集装箱进出口环节合规成本的落实方案，对集装箱进出口环节存在的问题进行全面排查，并制定了切实可行的有效措施，形成了甘肃省口岸集装箱进出口环节合规成本综合治理的长效机制，进一步提高了通关效率和降低企业成本。一是积极推行“自报自缴”政策，实行企业自行缴纳税费，企业得到极大的通关便利。兰州捷时特物流有限公司通过“自报自缴”方式，自主申报、自行缴税，快速通关181票进口货物，通关时间得到有效压缩。二是建立对代理报关企业申报差错情况的反馈机制，进一步提升报关单申报的规范化水平，优化自身业务流程和人力资源，强化现场与职能部门的联系配合，提升了整体通关效率。三是加快实现口岸通关流程“去繁就简”，加大对口岸违法违规收费行为的惩戒力度，集中整治借助检验检疫权力和地位强制服务、捆绑收费等行为，缩减检验检疫进出口环节成本，提升贸易便利化水平。

【兰州海关深化全国通关一体化改革，提高口岸规范化管理】 一是兰州海关全国通关一体化改革平稳运行。隶属海关功能化改造方案获海关总署批复同意。通关无纸化作业报关单占比99.89%。制定“双优一提一降一配套”压缩货物通关时间实施方案，2017年进口通关时间为3.90小时，比2016年同期的8.80小时压缩了55.7%，出口通关时间为2.20小时，比2016年同期的15.50小时压缩了85.80%，实现压缩货物通关时间三分之一的目标。二是“三互”大通关建设有新进展。以兰州铁路口岸项目为依托，积极打造“关检合作示范区”，试点整合监管设施资源，监管查验场地统一规划建设、共享共用，共同配置使用智能卡口、视频监控、X光机等监管查验设备。三是有序推进“放管服”改革。清理涉企经营服务性收费，全面停止进出口申报、IC卡制卡等环节的收费项目。协助推广国际贸易“单一窗口”，选择重点报关企业逐一开展业务推广和宣传。四是切实维护国家安全。加强对进出境禁、限类物品的查控及反恐、维稳、防扩散和贸易的管制力度。定期开展监管场所安全检查，限期整改存在的问题。兰州海关6个监管场所摄像头联网接入海关总署监控指挥中心。持续深化“扫黄打非”工作，坚决封堵境外反宣品的渗透，查获违禁印刷品214份，同比增长20.20%。后续监管有力推进。集中力量开展专项稽查行动，2017年查发进口货物低报价格，漏报运输费用、特许权使用费，擅自销售副产品及边角料、串换保税料件等情事共15起，追补税款471.5万元。围绕商贸企业虚假贸易风险管控，加大联防联控工作力度，对22家企业实施通关锁定。五是持续保持打私高压态势。2017年刑事立案2起，查获各类走私违法枪支18支，疑似枪支零部件、铅弹等涉案物品一批。行政立案24起，案值2.14亿元，涉税61.40万元，罚没款入库64.80万元。全力打击出口骗税、骗汇不法行为，向公安移交涉嫌出口骗税线索4条，地方公安刑事立案1起，涉案案值2.92亿元，涉嫌骗退税4 427万元。

【甘肃出入境检验检疫局优化服务，提高进出口通关效率】 一是推进无纸化申报。在加强企业诚信管理的基础上，全面推行检验检疫电子申报，简化申报数据项目，减少随附单证种类，截至2017年年底，无纸化报检覆盖率已达90%，节省了通关成本和时间成本，营造了更加良好、便捷、高效的检验检疫通关环境。二是全面推动“通报通检通放”检务改革举措，以企业需求为立足点，最大限度按照企业的自主选择，实现“就近申报、就近放行、就近取证”的目标，在全省范围内实施“通报通检通放”。三是积极支持地方政府涉企证照事项改革，将“报检企业备案”与“原产地签证企业备案”纳入甘肃省“多证合一”整合，实现了“一套材料、一表登记、一窗受理、一网通办、一档管理”。四是按照国家质检总局部署，全面上线检验检疫 e-CIQ 主干系统，根据企业诚信等级、产品风险特性、监管属性等因素，进一步优化了检验检疫工作流程、实现了进口货物从企业申报到通关放行、出口货物从检验合格到通关放行的“零等待、秒计算”，从技术上进一步压缩了甘肃出入境检验检疫局通关放行流程及全流程时长，实现了企业通关时间和通关成本的“双降低”，以及检验检疫把关和服务能力的“双提升”。五是按照国家质检总局统一部署，自 2017 年 11 月 1 日起，实施“审单放行”，主要涉及苹果、浓缩苹果汁、冻干脱水蔬菜、中欧班列出口集装箱等产品。“审单放行”模式能够有效压缩检验检疫流程时限，极大提高出入境货物的通关效率，甘肃出入境检验检疫局 2017 年检验检疫全流程时长较之 2016 年压缩近三分之二。六是依照财政部《关于清理规范一批行政事业性收费有关政策的通知》，甘肃出入境检验检疫局通过门户网站、报检大厅、在线服务 QQ 群等多种形式及时告知企业，于 2017 年 4 月 1 日起 全面停征出入境检验检疫费，同时按时完成应计收费业务单据的后续收尾与清理工作，确保甘肃省外贸企业切实享受政策红利。七是积极参与中国（甘肃）国际贸易“单一窗口”（标准版）系统的试运行，以及对企宣传、协助推广、状况跟踪、问题解决等工作，为企业提供了更多的申报方式选择，便利了进出口企业及时办理检验检疫业务。

开放口岸

【兰州空运口岸（兰州中川国际机场）】 兰州中川国际机场位于中国甘肃省兰州市兰州新区中川镇，距市区 75 多千米，飞行区等级 4E，是西北地区主干机场之一，甘肃省省会兰州市的空中门户、西北地区的重要航空港、国际备降机场。兰州中川国际机场始建于 20 世纪 60 年代末，于 1970 年 7 月正式建成通航，定名兰州中川机场；2001 年完成一期扩建工程；2013 年正式提升为国际航空口岸，更名为兰州中川国际机场。2015 年初完成二期扩建工程。2017 年 9 月，国家质检总局第三督导检查组对甘肃省口岸核心能力建设工作进行了复核督导检查，中川国际机场口岸顺利通过复核。为了更好地打造西部区域枢纽机场，促进甘肃省对外贸易的快速发展，2017 年，甘肃省委、省政府正式启动兰州中川国际机场三期扩建工程，该项目是列入国家重点基础设施建设三年滚动计划（2018~2020 年）的重点实施项目、国家民航“十三五”发展规划的区域枢纽机场扩建项目和省列重大建设项目。截至 2017 年年底，兰州中川国际机场共开通国际（地区）客运航线 23 条，运营国际（地区）客运航线 17 条，完成运输起降 10.26 万架次，旅客吞吐量 1 282 万人次，货邮吞吐量 6.09 万吨，较 2016 年同期分别增长 13.86%、17.61% 和 2.44%。其中，出入境航班 1 076 架次（出境 534 架次、入境 542 架次），同比下降 12.80%，出入境人员 157 762 人次（出境 79 201 人次、入境 78 561 人次），同比下将 6%。

【敦煌空运口岸（敦煌机场）】 敦煌机场，位于甘肃省酒泉市敦煌市，机场设施齐备，功能完善，是乌鲁木齐国际机场的主要备降机场。敦煌机场始建于 1982 年 2 月，机场等级为 3C 级，之后机场不断扩建，2015 年 3 月 6 日，国务院下发《国务院关于同意甘肃敦煌机场对外开放的批复》（国函〔2015〕45 号），标志着敦煌空运口岸获批临时对外开放。T3 航站楼扩建工程于 2015 年 12 月 31 日开工，2016 年年末完工。其中，新建航站楼 10 200 平方米，跑道向东由 600 米延长至 3 400 米，飞行区等级由 4C 提升为 4D 并满足 E 类飞机备降，总投资达 10 亿元。2017 年 6 月 15 日，国家口岸管理办公室批复同意敦煌至香港、日本大阪旅游包机航线，8 月 21 日，敦煌至香港旅游包机开始执飞。2017 年，敦煌至香港旅游包机执飞 26 个架次，共计出入境 3 754

人次。

【马鬃山陆路（公路）口岸】 马鬃山陆路（公路）口岸位于甘肃省酒泉市肃北蒙古自治县马鬃山镇。西邻新疆，南接酒泉玉门市、酒泉瓜州县，东靠内蒙古自治区的额济纳旗，西北部与蒙古国戈壁阿尔泰省相连，边境线长约 65 千米。马鬃山口岸是甘肃省唯一对外口岸，向西约 300 千米与新疆哈密老爷庙口岸相邻。向东 350 千米与额济纳旗克口岸相邻。1992 年 9 月，国务院批准设立马鬃山口岸正式对外开放。1993 年 8 月，由于蒙古国单方面原因，关闭了那染色布斯台口岸，致使马鬃山口岸关闭。甘肃省委、省政府和外交部特别重视马鬃山口岸的复通工作，全力推动马鬃山口岸早日复通。在 2017 年 10 月举行的中蒙边境口岸及其管理制度协定执行情况第六轮司局级会晤上，中方提出重新开放马鬃山口岸，但蒙方表示马鬃山口岸所在区域属世界自然保护区，重新开放该口岸确实存在困难。目前马鬃山口岸复关还在积极争取当中。

2017 年甘肃省口岸大事记

1 月 9 日

兰州中川国际机场出境免税店正式通过验收。

2 月 8 日

兰州中川国际机场三期扩建工程启动。

2 月 13 日

甘肃省副省长夏红民到甘肃（兰州）国际陆港和兰州新区综合保税区调研，实地考察陆港建设情况和综合保税区运行情况。

3 月 15 日

甘肃省商务厅编制印发了《甘肃省口岸发展“十三五”规划》。

6 月 8 日

甘肃出入境检验检疫局兰州机场办、敦煌机场局在中川国际机场 T1 航站楼国际厅入境通道开展了兰州机场口岸核辐射突发事件应急处置联合演练。

6 月 10 日

国家口岸管理办公室同意中外籍临时客运飞机从甘肃敦煌机场进出境。

7 月 26 日

兰州海关驻天水办事处正式开关。

8 月 14 日

甘肃省商务厅副厅长任福康主持召开了中国（甘肃）国际贸易“单一窗口”标准版试点工作推进会，研究审定《中国（甘肃）国际贸易“单一窗口”标准版试点运行工作方案》，对“单一窗口”标准版推广应用工作进行了部署。

8 月 16 日

实现首单货物申报成功，标志着甘肃省“单一窗口”正式上线运行。

9 月 4 日~6 日

国家口岸管理办公室副主任白石一行，到甘肃省对兰州铁路口岸临时开放和敦煌航空口岸对外开放等有关工作进行调研。

9 月 6 日

甘肃出入境检验检疫局召开新闻发布会，通报提高口岸通关便利化压缩流程时限情况。

9 月 11 日~13 日

国家质检总局考核督导组一行对中川国际机场口岸卫生检疫核心能力建设情况进行复核检查，兰州中川国际机场口岸以 90.65 分的优异成绩通过口岸卫生检疫核心能力建设复核检查。

9 月 27 日~29 日

甘肃出入境检验检疫局兰州机场办事处承办的“第二届西北片区空港口岸检验检疫业务交流会”在兰州新区举行。

10 月 10 日

载着从澳大利亚进口的 861 只羊驼的国际货运包机从兰州中川国际机场空运口岸顺利入境。

10 月 17 日

兰州中川国际机场冰鲜水产品指定口岸、兰州新区综合保税区进口肉类指定查验场顺利通过了国家质检总局的验收。

11 月 8 日

甘肃省常务副省长黄强赴兰州新区对甘肃省

国际贸易“单一窗口”建设运行情况进行调研。

11 月 10 日

甘肃省兰州新区空铁海公多式联运示范工程获批国家第二批多式联运示范工程项目。

11 月 27 日

甘肃省政府建立了甘肃省口岸工作联席会议制度，并下设甘肃省国际贸易“单一窗口”建设协调推进领导小组。

12 月 7 日

兰州海关驻中川机场办事处正式上线境外旅客离境退税业务。

12 月 15 日

兰州中川国际机场进口冰鲜水产品指定口岸获国家质检总局批准运行，成为甘肃首个进口冰鲜水产品指定口岸。

12 月 27 日

国家口岸管理办公室批复同意兰州铁路集装箱场站继续临时对外开放。

兰州中川国际机场综合交通枢纽顺利通过验收。

甘肃省委常委、常务副省长黄强前往甘肃（兰州）国际陆港调研，主持召开甘肃省国际陆港和国际空港工作推进会。

（撰稿人：王潇乐、甘振杰、金赟、杨雯菲）

2017年甘肃省口岸流量统计表

口岸类型	口岸名称	货运量（万吨）				集装箱量（万标箱）				人员（万人次）				交通工具（辆、艘、架、列次）			
		出口	进口	合计	同比（%）	出口	进口	合计	同比（%）	出境	入境	合计	同比（%）	出境	入境	合计	同比（%）
空运口岸																	
空运口岸	分计									7.92	7.86	15.78		534	542	1 076	
陆路口岸 公路口岸																	
陆路口岸 公路口岸	分计																
陆路口岸 铁路口岸																	
陆路口岸 铁路口岸	分计																
水运口岸 海港口岸																	
水运口岸 海港口岸	分计																
水运口岸 河港口岸																	
水运口岸 河港口岸	分计																
合计		9.38	214.78	224.16						7.92	7.86	15.78		534	542	1076	
同比（%）		23.50	27.85	31.25						-5.10	-6.80	-6.00					

（甘肃省口岸办提供）

2017年甘肃省口岸出入境主要数据表

项目			2017年	2016年	同比（%）
出入境人员（人次）	出入境人员总数		157 762	167 833	-6.00
	入境人员		78 561	84 307	-6.80
	出境人员		79 201	83 526	-5.10
	出入境旅客		148 275	157 377	-5.70
	出入境员工		9 487	10 456	-9.00
	中国公民	小计	147 539	154 805	-4.60
		内地居民（因公）	4	88	-95.40
		内地居民（因私）	129 873	136 859	-5.10
		港澳居民	4 745	6 724	-29.40
		台湾同胞	12 181	11 134	9.40
	外籍人员		736	2 572	-71.30
	从海港出入境人数				
	从陆港出入境人数				
	从空港出入境人数		157 762	167 833	-6.00
交通运输工具（辆、艘、架、列次）	总计		1 076	1 234	-12.80
	船舶				
	飞机		1 076	1 234	-12.80
	火车				
	机动车辆				

（甘肃省公安边防总队提供）

2017年兰州海关主要数据统计表

项目		2017年	同比（%）
进出口货运量（万吨）	合计	224.16	31.25
	进口	214.78	27.84
	出口	9.38	237.48
进出口贸易总值（万美元）	合计	324 978.20	32.48
	进口	260 536.92	32.37
	其中：江、海运输	77 254.36	-0.59
	铁路运输	84 700.24	116.04
	汽车运输	1 786.69	52.27
	航空运输	60 524.19	-6.19
	邮件运输		
	其他运输	36 271.44	155.27
	出口	64 441.29	32.93
	其中：江、海运输	1 075.90	-46.07
	铁路运输	21 861.29	383.76
	汽车运输	102.57	425.99
	航空运输	41 401.52	-1.29
	邮件运输		
	其他运输		
税收（万元）	两税合计	104 735.32	-18.45
	关税入库	854.65	-47.29
	进口环节税入库	103 880.67	-18.08

（兰州海关提供）

2017 年甘肃省出入境检验检疫业务统计表

项目		货物检验检疫				交通工具				集装箱（标箱）		发现动植物疫情		货物通关		出入境人员查验（人次）	健康检查及预防接种（人次）			
		批次	金额（万美元）	检验检疫不合格																
				批次	金额（万美元）	船舶（艘）	飞机（架）	火车（节）	汽车（辆）	合计	检出问题	种类数	种次	批次	金额（万美元）		健康检查	艾滋病监测	发现病例	预防接种
本年累计		16 346	214 280.2	115	610.1	0	3 047	6 880	0	2 489	1	9	19	714	4 682.35	187 595	6 362	6 362	169	8 028
其中	出境	9 804	50 316.1	45	268.1	0	1 558	6 480	0	2 447	1	0	0	702	4 506.08	93 544	5 480	5 480	145	8 025
	入境	6 542	163 964.1	70	342	0	14 89	400	0	42	0	9	19	12	176.27	94 051	882	882	24	3
同比（%）		77	56	0	-56.5	0	-16.26	35.43	0	2 863	0	-0.72	-0.76	-	-	-10.51	11.36	11.36	-23.18	3.00
其中	出境	32.1	26.9	2.3	-1.1	0	-14.63	29.60	0	-	0	0	0	-	-	-9.92	12.55	12.55	-28.22	3.07
	入境	260.8	67.7	-1.4	-69.8	0	-17.92	400.00	0	-50	0	32	79	-	-	-11.09	4.50	4.50	33.33	-62.50

（甘肃出入境检验检疫局提供）

青 海 省

青海省口岸分布示意图

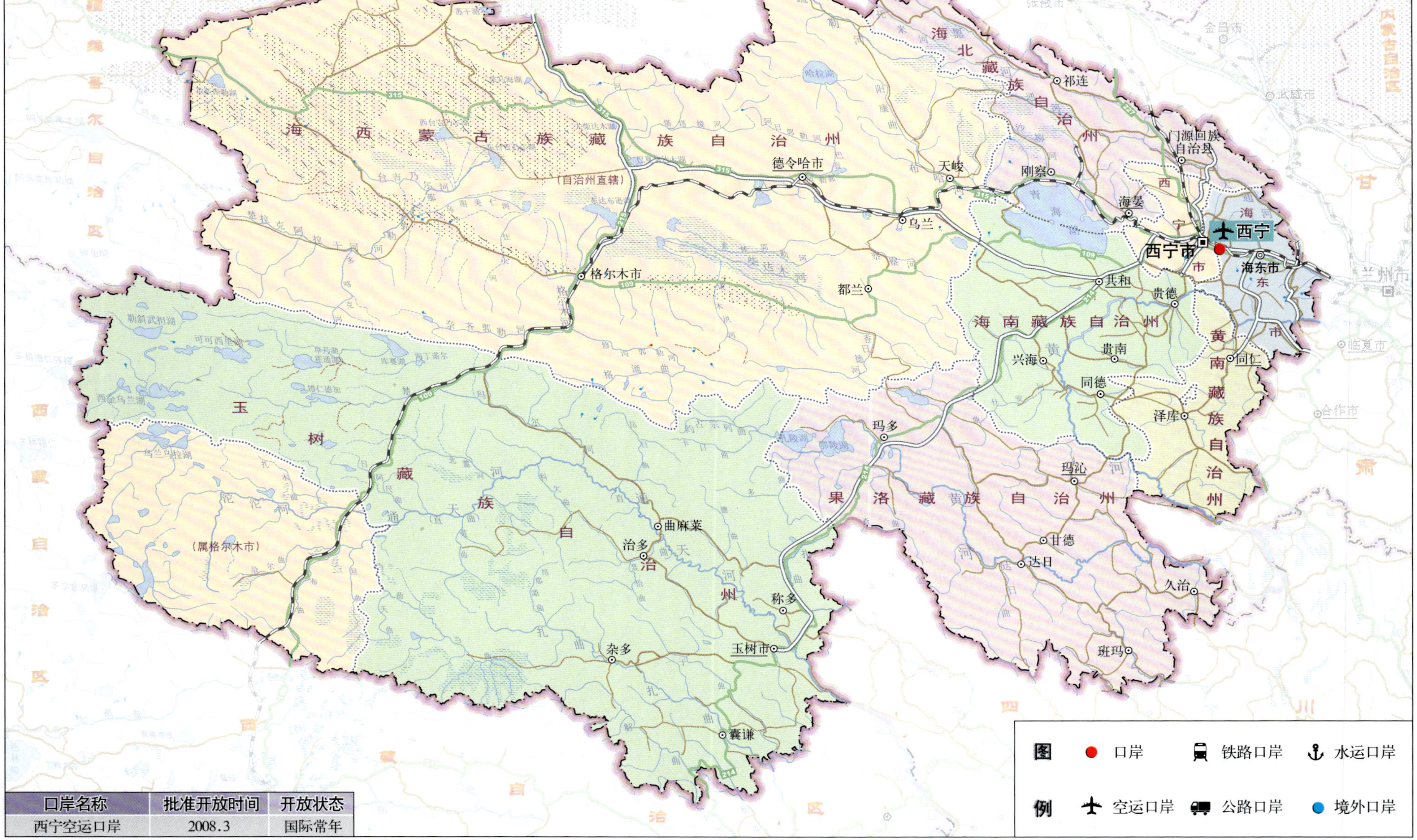

口岸名称	批准开放时间	开放状态
西宁空运口岸	2008.3	国际常年

口岸数量及分布

截至2017年年底，青海省有国务院批准的对外开放口岸1个，即西宁空运口岸（西宁曹家堡机场）。

口岸运行数据

2017年，青海省口岸出入境人员34 174人次，保障国际（地区）航班929架次。其中，直航国际（地区）航班212架次，进出境人员28 708人次；中转国际（地区）航班717架次，进出境人员5 466人次。

2017年，保障朝觐航班28架次，其中进境15架次、出境13架次；保障朝觐进出境人员4 397人次（进境2 197人次、出境2 200人次）。

口岸综合管理

【完善口岸基础设施】 为加快通关速度，提高通关效率，积极与青海机场公司等单位协商，对现有T1国际航站楼内行李转盘进行升级改造。改造原有转盘形状，由T形改为U形。西宁海关支持西宁航空口岸建设，合理布局进出境海关旅检监管区域通道设置，扩容改造曹家堡机场旅检视频监控系统，增配辐射探测门，不断完善监管设施设备；青海公安边防总队投入180余万元，对口岸现场进行改造，建设智能验证通道10条，不断改善通关环境，强化口岸管控能力。

【推进国际贸易“单一窗口”建设】 按照国际贸易“单一窗口”建设要求，搭建青海省统一的口岸管理和服务平台，全面推进进出口环节审批、监管和服务平台业务系统建设，真正实现“一个平台、一次申报、一同受理、一口反馈”，实现贸易和运输企业通过“单一窗口”平台一点接入、一次性递交满足监管部门要求的格式化单证和电子信息，监管部门处理状态（结果）通过“单一窗口”平台反馈给申报人。监管部门按照确定的规则，共享监管资源，实施联合监管。

【加强口岸跨区域合作，建立大通关合作机制】 青海省先后与上海、连云港、深圳、青岛、天津等口岸办签订了口岸合作备忘录、口岸合作议定书。在此基础上，围绕融入丝绸之路经济带，开拓中亚及欧洲市场，进一步加强与新疆、西藏、广西等口岸在运量、货物通关、物流通道和电子口岸的互联互通，实现口岸“大通关”等事宜寻求合作，为打通青海省向西进出口贸易通道创造条件。同时，加强与周边及相关省、市区域合作，建立多部门、多层次、全方位的合作机制，努力把青海省口岸建设成“安全、高效、廉洁、和谐”口岸。

口岸监管与服务

【青海省公安边防总队加强联合执法，圆满完成边防检查任务】 2017年，青海省公安边防总队执行西宁至台北、西宁至曼谷、西宁至吉隆坡、西宁至麦地那航班共212架次，验放出入境人员28 708人次，未发现重点人员和在控对象，未发生任何其他违法违规案件，圆满完成航班边防检查任务。

青海省公安边防总队按照公安部对十九大安保工作一系列指示精神，结合公安部边防管理局有关2017年重大活动边防安保动员部署电视电话会议精神和“迎接十九大忠诚保平安”主题活动，总队及时成立十九大安保领导小组和办公室，拟定了《青海边防总队十九大安保工作方案》和《青海边防总队十九大安保政治工作方案》，定期召开党委会和首长办公会对安保工作进行分析，每季度召开业务形势分析会和安全工作例会，深入分析安保工作和安全工作面临的严峻形势，强化部署和层层发动，切实将全体官兵思想提升到上级决策部署上来，确保了“口岸稳定、部队稳定”及“三个不发生”目标的实现。一是全力做好反恐“防回流”和反偷渡工作。口岸检查以反恐“防回流”和打击非法出入境为首要，以做好十九大安保任务为牵引，强化实训实备，认真开展口岸风险评估，严格落实勤务、查控等工作规范。加强与联检单位和各警种的沟通交流，建立常态化协作机制，努力挖掘情报，强化情报共享，为反恐“防回流”和反偷渡工作提供有力支撑。开展为期3个月的执法突出问题排查整治活动，对执法执勤中的重点问题逐一对照检查，逐步规范官兵执法秩序。二是强化岗位技能练兵，边检业务能力水平有效提升。主动走出去学习培训，先后派员5批40余人次前往乌鲁木齐、青岛等边检站进行跟班学习，切实提高检查员实战能力和执法水平。有针对性开展反恐“防回流”和反偷渡业务培训，2017年举办识别伪假证件识别授课15次，组织开展人像比对培训5次，切实增强了检查员前台查缉能力。开展边检和法制业务比武竞赛活动，通过以考促学的方式，实现了“在实战中训练，在实干中提高”的目的。狠抓反恐军事实战练兵，有针对性地开展武器警戒训练和使用，定期组织会操、评比、检查及考核等活动，全面提升官兵反恐作战的实战能力。三是强化服务，社会认知度得到有效提升。总队于8月19日在口岸现场开展了边检服务品牌集中推介宣传活动，召开专题会议进行研究部署，制定《青海边防总队“8·19”边检服务品牌集中推介宣传活动实施方案》，迅速部署推进。主动参加西宁广播电视台的“警务在线”直播节目，通过与电台主持人访谈的方式，详细介绍了青海边防总队口岸管控和打击偷渡工作开展情况。积极邀请《青海日报》等多家新闻媒体对活动进行宣传报道，努力营造媒体舆论环境，确保了活动取得实效。四是圆满完成朝觐保障工作。制定了《西宁—麦地那朝觐航班出入境边防检查勤务组织实施方案》，明确职责分工和工作流程。提前选派2批20余人次赴兰州、银川边检站进行朝觐航班边防检查专题学习。对朝觐人员出入境证件进行审查，避免因出入境证件差错导致旅客无法通关情况的发生。加强与海关联合执法，设置隔离区、专用消毒室，重点加强对中东呼吸综合征等疾病的发现、防疫处置，加强检查员防护工作，确保自身安全。

【西宁海关不断优化口岸监管机制】 2017年，西宁海关征收行邮税21.10万元，收缴限制进出境管制刀具50把，查获涉嫌违禁政治类印刷品多份。西宁海关不断优化口岸监管机制，主要在以下几方面取得突破：一是大力支持青海省国际贸易“单一窗口”建设。作为青海省国际贸易“单一窗口”建设的参建单位之一，西宁海关以强化监管、优化服务为着力点，主动参与、大力支持青海省国际贸易“单一窗口”的建设。青海省国际贸易“单一窗口”统一版上线后，西宁海关积极联系报关企业，宣传相关政策法规，及时解决报关企业使用“单一窗口”遇到的问题，并协助青海省口岸办开展相关培训，使进出口企业和报关企业熟悉相关操作，熟练使用系统开展报关业务。2017年，青海省6家报关企业已全部注册开通中国（青海）国际贸易“单一窗口”系统。二是持续推进海关特殊监管区域建设。积极支持青海曹家堡保税物流中心（B型）招商、运营工作，加强对入驻企业的业务指导，促进“保税+”模式发展，推进进出口贸易多元化发展；2017年11月10日，顺利办理首票海关特殊监管区域向保税监管场所保税货物的流转业务。2017年，该中心申报一线进口报关单4票、二线进口报关单业务5票，进出报关单货值1 287万元，监管货物34.75吨；其中，自境外进口货值90万美元，中心内货物转境内（含特殊监管场所之间流转）申报货值1 196万美元。三是积极助力西宁航空口岸发展。支持西宁航空口岸建设，合理布局进出境海关旅检监管区域通道设置，扩容改造曹家堡机场旅检视频监控系统，增配辐射探测门，不断完善监管设施设备；完善口岸协作机制，推进进境行李“先期机检”模式，深化关检“一机两屏”工作机制，旅检工作逐步实现智能化、信息化、网络化，与检验检疫、边防等口岸联检单位基本实现进出境航班联合登舱检查，最大限度减少了通关作业时间。四是积极做好中欧班列服务保障工作。西宁海关召开专题会议，研究中欧班列服务保障工作，指定人员具体负责与口岸海关、承运企业，以及相关部门联系沟通，及时协调解决货物通关遇到的各种问题。2017年，青海省共开行中欧班列2列，均为格尔木至俄罗斯彼尔姆，货运量3 366.91吨，货值329.87万元。五是压缩货物通关时间。成立压缩货物通关时间工作小组，制订了实施方案，加强通关时间、通关效能职能管理和监控核查，坚持通关流程“去繁就简”，进一步优化通关作业无纸化、电子口岸、税费电子支付等业务办理流程，加大对科技手段的运用，逐步提高非侵入式查验比例，对需查验的非法检货物进行随验随核，对需查验的法检货物积极与检验检疫部门合作，严格落实“一次查验”制度；深入推进“卸地封存，上门验放”服务，简化监管流程，将海关监管顺势嵌入物流运转。2017年，西宁海关共监管货物8 355吨，同比增长1.40倍；货物平均进境通关时间同比增加5.91%，平均出境通关时间同比减少34.73%。

【青海出入境检验检疫局加强口岸综合管理】 2017年，共检疫查验航空器927架次，出入境旅客共计31 462人次，发现有发热症状旅客23人，传染病疑似病例7例，确诊呼吸道病毒感染阳性10例，查验行李携带物28 825件，截获国家禁止进境携带物763批共2 083件。截获国家质检总局“绿蕾”行动禁止携带入境的种子、种苗共计53批次，包括丁香、山香草等种子以及柯子、佛手草、人参等中药材植株，均已依法予以截留、做销毁处理。对口岸区域20家食品生产经营单位开展了日常卫生监督175次，发现问题并提出整改意见90余项；开展食品卫生快速检测11次/110余项；对食品及生活饮用水进行抽检，发现不合格5次，责令按期整改；开展各类病媒生物监测30次，其中鼠类监测3次，成蚊监测12次，幼蚊监测6次，蜚蠊监测9次。在口岸综合管理方面主要做法有：一是完成公共卫生风险监测预警决策平台（PROSAS系统）上线运行工作。二是与西宁海关签署关检合作备忘录。推动实现信息互换、监管互认、执法互助，支持青海省海关特殊监管区域科学发展，支持复制、推广上海等自贸试验区监管制度创新；推动通关一体化改革相关措施落实；加强口岸监管合作；打击走私、逃避检验检疫监管和查处进出口假冒伪劣商品合作等方面紧密合作，共同为青海地区进一步开放开发发挥更大作用。三是与中国贸促会青海分会签署合作备忘录。响应国家质检总局倡议，与中国贸促会青海贸促分会签订合作备忘录，实现原产地签证企业备案信息、签证数据、培训合作、业务研究等领域合作共享，进一步拓展签证范围，便利出口企业原产地签证。

开放口岸

【西宁空运口岸（西宁曹家堡机场）】 西宁曹家堡机场距市中心28千米，坐落在湟水河畔，小峡之中。西宁曹家堡机场是国内4E级干线机场，是青藏高原重要交通枢纽和青海省主要对外口岸。2017年，青海机场公司累计完成运输起降55 312架次、旅客吞吐量625.50万人次、货邮吞吐量29 592吨，同比分别增长为21.90%、22.40%、15.70%。

2017年，西宁曹家堡机场累计指标为48 136架次、旅客吞吐量562.77万人次、货邮吞吐量27 687吨，同比分别增长为19.10%、20.20%、13.30%。西宁曹家堡机场通航城市63个，累计开通航线104条，运营航空公司21家，其中运营西宁至台北、香港、首尔、曼谷、吉隆坡、东京、麦地那7条国际（地区）航线。

青海省运营“一主五辅”共6个机场。分别是甘肃省会干线机场（西宁曹家堡机场），格尔木、玉树、德令哈、花土沟、果洛等5个支线机场。在建机场1个，为祁连机场。开展前期工作机场2个，分别是青海湖和久治机场。

格尔木机场为4D级高原支线机场，2017年，机场累计指标为2 141架次、旅客吞吐量17.20万人次、货邮吞吐量861.70吨，同比分别增长为16%、15.40%、26.80%。开通至西安、西宁、成都三个城市航线。

2017年，玉树机场累计指标为3 075架次、旅客吞吐量26.40万人次、货邮吞吐量722.10

吨，同比分别增长为 48.80%、45.50%、86.50%。开通至西宁、西安、成都、拉萨四个城市的航线。

2017 年，德令哈机场累计指标为 896 架次、旅客吞吐量 8.2 万人次、货邮吞吐量 228.5 吨，同比分别增长为 27.5%、29.7%、254.8%。开通至省会西宁航线。

2017 年，花土沟机场累计指标为 420 架次、旅客吞吐量 3.90 万人次、货邮吞吐量 7.40 吨，同比分别增长为 72.10%、61.70%，2016 年无货邮量。

2017 年，果洛机场累计指标为 644 架次、旅客吞吐量 7.1 万人次、货邮吞吐量 85.40 吨，同比分别增长为 455.20%、472.70%。

2017 年青海省口岸大事记

3 月 28 日

青岛港—青海推介会暨青岛港捷运通西宁分公司揭牌仪式在青海宾馆举行。

青岛港—青海推介会暨青岛港捷运通西宁分公司揭牌仪式

5 月 2 日~9 日

在台北、高雄举行了“走进宝岛台湾 感受文化传承”航线宣传推介活动。通过宣传推介，吸引更多的游客走进青海，了解青海，增进青海与世界各地区的互动，进而推动和拓展青海省入境旅游客源市场，持续提升丝绸之路青海旅游知名度和影响力，为青海加强对外开放步伐及社会经济发展做出贡献。

“走进宝岛台湾，感受文化传承”航线宣传推介活动

5 月 23 日

召开了青海省国际贸易“单一窗口”可研报告评审会，评审通过《青海省国际贸易“单一窗口”建设项目可行性研究报告》。

6 月 21 日

青海省发改委下发了《青海省发展和改革委员会关于青海省国际贸易“单一窗口”建设项目可行性研究报告的批复》（青发改高技〔2017〕422 号），同意建设青海省国际贸易“单一窗口”硬件基础平台及青海出入境检验检疫局与“单一窗口”对接的配套接入系统。

6 月 23 日

青海省口岸办与兄弟省份口岸办共同签署了“2017 中俄欧集装箱运输便利化《青岛宣言》”。

与兄弟省份口岸办共同签署《青岛宣言》

7 月 6 日

青岛市人民政府口岸办公室在西宁与青海省人民政府口岸管理办公室签署了“口岸跨区域合作框架协议”，标志着两地正式开启在“一带一路”建设中，充分利用口岸资源开展跨区域大通

关战略合作。

青岛市人民政府口岸办公室在西宁与青海省人民政府口岸管理办公室签署了“口岸跨区域合作框架协议”

8 月 11 日~9 月 22 日

圆满完成西宁—麦地那、吉达—西宁的往返朝觐包机保障任务。朝觐期间共保障航班 28 架次，其中进境 15 架次、出境 13 架次；保障进出境人员 4 397 人次。

朝觐航班保障现场

8 月 29 日

某企业成功通过“单一窗口”标准版完成申报货值 8 万美元的藏毯，标志着国际贸易“单一窗口”标准版在青海的推广应用工作全面启动。

现场召开青海曹家堡保税物流中心（B 型）推介招商暨中国（青海）国际贸易“单一窗口”标准版推广培训会

9 月 22 日

青海省国际贸易“单一窗口”建设项目完成招投标工作。

（撰稿人：陈彬）

宁夏回族自治区

宁夏回族自治区口岸分布示意图

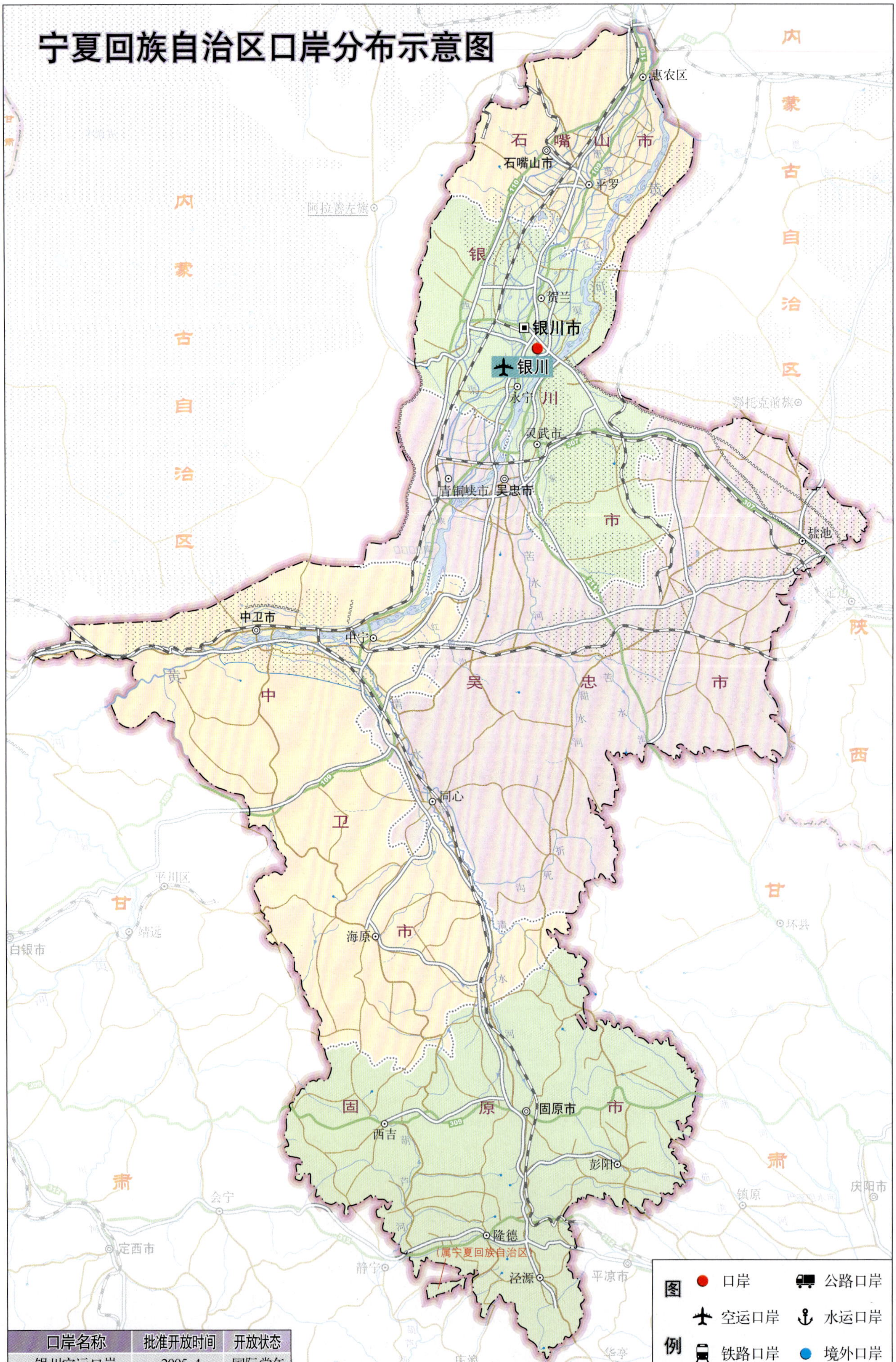

口岸名称	批准开放时间	开放状态
银川空运口岸	2005.4	国际常年

口岸数量及分布

截至2017年年底，宁夏回族自治区（以下简称宁夏）有经国务院批准的对外开放口岸1个，即银川空运口岸（银川河东国际机场）。

口岸运行数据

2017年，宁夏回族自治区进出口总值341.30亿元人民币，同比增长58.90%，高于全国进出口增速44.70个百分点，其中出口247.70亿元，同比增长50.50%，高于全国出口增速39.70个百分点；进口93.60亿元，同比增长86.70%，高于全国进口增速68个百分点，贸易顺差154.10亿元。

2017年，银川河东国际机场运输机起降6.64万架次、旅客吞吐量793.67万人次、货邮吞吐量4.22万吨，同比分别增长25.66%、25.14%和13.80%。出入境旅客吞吐量19.15万人次，同比增长17.26%。

口岸综合管理

【科学制定发展规划】 围绕加快完善银川河东国际机场国内外航线网络，进一步明确航线网络建设发展目标、发展思路、实施步骤、保障措施和任务分工，宁夏回族自治区人民政府口岸办公室（以下简称“宁夏口岸办”）联合宁夏回族自治区发展改革委、财政厅、民航宁夏监管局、西部机场集团宁夏机场公司共同制定印发了《银川河东国际机场航线网络建设方案》（宁岸发〔2017〕1号）。明确提出将以建设面向丝绸之路经济带沿线国家和地区门户枢纽和西部地区区域性枢纽机场为目标，加强国内外航线网络建设，规划在国内航线方面，以银川河东国际机场为中转枢纽，建成西北地区经停银川前往东北、华北地区，西南地区经停银川前往华北、东北地区，中南地区、华东地区经停银川前往西北地区的“米字形”国内航线网络；在国际航线方面，逐步开通直飞中东、亚洲主要枢纽机场及东北亚、东南亚热点城市的航线，形成面向丝绸之路经济带沿线国家和地区为主，连通东北亚、东南亚为核，辐射欧洲、美洲和大洋洲为辅的“一主两核三辅”国际航线网络，基本建成我国面向丝绸之路经济带沿线国家和地区的门户枢纽。

【不断拓展航线网络】 围绕加速空中通道建设，宁夏将增开国际、国内航线作为扩大对外开放重要抓手，不断拓展银川河东国际机场航线网络。特别是阿联酋航空和四川航空公司成功开通运营迪拜—银川航线后，使西部地区旅客前往迪拜的飞行时间缩短为6.50小时，形成了一条中西部地区商旅客西向出境的便捷通道。目前，银川河东国际机场航空口岸运营航空公司29家，通航城市75个，航线94条，驻场运力12架。其中，开通了银川至台北、大阪、曼谷、芭提雅、迪拜、新加坡、吉隆坡、芽庄、甲米的10条国际航线和84条国内航线，初步形成了连接全国大中城市和部分国际都市的航空网络。

【升级改造口岸基础设施】 围绕持续提升银川空运口岸通关保障能力，银川河东国际机场T2航站楼国际厅改造工程于2017年3月正式启动，并于7月27日、8月25日分别通过了工程竣工验收和民航业验收。工程包括T2航站楼北侧1.54万平方米改造为国际流程，共设置值机柜台10个、安检通道7条、出境边防通道10条、入境边防通道12条、中转边防通道8条、海关出入境通道各4条，新国际厅将有效解决当前宁夏高速增长的国际旅客吞吐量和原有通关设备严重不足之间的矛盾，全面提升宁夏国际航班保障能力和出入境旅客服务水平。

【加快培育航空支撑产业】 围绕不断夯实银川航空枢纽建设的产业基础，借助宁夏西向低成本空中通道的加速形成，航空相关产业项目逐步落地宁夏，有力地带动了银川货邮吞吐量快速增长，带动了宁夏外贸进出口额的增长。特别是宁夏高附加值产品的出口，货物品类主要为羊毛面料、羊绒制品、毛皮制品、黄金珠宝、鲜切花、高品质蔬菜。2017 年，黄金产业进出口贸易总额累计达 7.23 亿美元，从丹麦、芬兰、多伦多经迪拜至银川进口高档裘皮近 10 万张，累计通关国际快件 6.40 万件 92 万美元，物流总量 145 吨。

【稳定运行银川至中亚（德黑兰）国际货运班列】 围绕积极拓展中西亚细分市场，以回程货源组织为重点，稳定运行银川至中亚（德黑兰）国际货运班列，带动了宁夏本地货品出口，实现了中亚五国全覆盖。截至 2017 年年底，宁夏中亚（德黑兰）国际货运班列共计发运 68 列 2 802 车，出口货重约 11.68 万吨，出口货值约 4 827.50 万美元。班列的开行，开辟了宁夏沿中卫—武威—阿拉山口铁路线至中亚、西亚的西向国际铁路运输通道；形成了以银川为中心，覆盖陇海线以北、京包—临哈线以南的区域性国际物流中心市场格局。

【建立货运班列国际合作机制】 围绕推动银川—德黑兰—银川国际货运班列常态化、品牌化运行，中铁集装箱总公司、哈铁快运股份公司、土库曼斯坦铁路封闭式集资股份公司、伊朗 PTB 公司主要负责人于 2017 年 9 月 5 日赴宁夏银川召开四方闭门会谈，明确了银川—德黑兰国际货运班列的营销宣传、运行价格、运输组织、运输服务模式、发展铁海联运、实施便利化通关、推进信息化建设等具体内容，并成功签订了四方合作协议。银川—德黑兰国际货运班列国际会议的召开和四方协议的签订标志着我国中欧班列南通道合作机制正式建立，为畅通我国与中亚、西亚国际物流通道提供有力地保障。

【全面推广应用“单一窗口”】 围绕完善口岸功能，促进贸易便利化，宁夏回族自治区商务厅积极引导外贸企业推广应用“单一窗口”，于 2017 年 8 月在官方网站公共服务条目中增设“中国（宁夏）国际贸易‘单一窗口’”登录模块，正式上线运行国际贸易“单一窗口”标准版，实现货物报关报检、运输工具、舱单、企业资质、原产地等九大功能的在线申报，有效解决了企业重复申报、多头申报等问题，降低了企业运营成本，营造了良好的营商环境。截至 2017 年年底，宁夏企业已通过“单一窗口”报关 418 单，报检 4 单，企业资质注册 56 家，原产地申报 7 单，农药放行单 2 单，实现申报业务覆盖率达 30%。

【积极推进口岸大通关建设】 围绕推动口岸查验单位业务流程再造，减少监管作业环节，进一步优化口岸通关作业，宁夏口岸办制定印发了《关于降低集装箱进出口环节合规成本通关时间的实施方案》（宁岸函〔2017〕15 号），确定了推进通关作业改革、推进查验流程再造、密切口岸部门协作、推行口岸电子放行、推进“单一窗口”建设、加强监管流程管理六项工作措施，以及成立专项工作小组、建立分析评估机制、优化人力资源配置、加强政策宣传指导、规范日常业务操作五项保障措施，明确了各项重点任务分工。银川海关、宁夏出入境检验检疫局全面推进“一站式查验”工作模式，积极推进通关业务改革，不断细化工作措施，定期监控、密切跟进，检验检疫综合技术中心实验室检测时间一次性压缩 50%，海关全面完成了压缩货物通关时间三分之一的工作任务。

【深化跨区域合作】 围绕加快形成多式联运全程物流供应链，促进区域经济一体化，实现沿海港口与宁夏内陆的无缝对接，宁夏口岸办与连云港港口控股集团、威海港集团有限公司，分别就合作开行班列、开展口岸大通关、推动两地物流园区业务合作、班列运营主体合作、进出境贸易合作、建立班列信息共享机制等方面签署了战略合作协议。标志着宁夏国际货运班列将与东部港口实现海铁联运，将为韩国、日本以及华北地区企业拓展与中亚、西亚国家的合作提供“宁夏通道”。

口岸监管与服务

【宁夏回族自治区公安边防总队以反恐维稳工作为核心，全面加强口岸查缉管控】 一是严守国门安全防线。严格按照审查工作相关处置流程、出台工作指引和操作规范等规章制度，利用各类信息平台、技术侦察等手段，逐条比对验放数据，加强数据排查、询问盘查和行李物品检查，确保查验环节准确无误，严密身份审查工作。同时，严格口岸限定区域管理，细化勤务组织各个环节，实行到场即清场、台外巡检、台后复检、候机区抽检、实时监控的限定区域管理模式，防止不法分子从口岸“潜入潜出”。二是实行跨部门协查合作。积极与机场公安局、银川市公安局、安全部门、驻口岸工作组等单位联合开展协作执法，在国际（地区）候机楼内与机场公安局联合进行警戒巡查，在临时看管、押送、移交等工作中给予便利；将重点人员资料信息推送至银川市公安局，对嫌疑人社会关系进行综合研判，出具处理意见；与安全部门建立定期会晤及情报交流机制；紧密对接驻口岸工作组，在对重点人员的深度询问、行李物品检查、与驻地公安机关联系核实等工作中密切配合，全面促成口岸打防合力。

【银川海关全力服务宁夏内陆开放和外向型经济发展】 银川海关认真贯彻执行《海关稽查条例》，做好企业信息核对工作，强化注册企业属地管理，进一步优化查验机制，管控虚假贸易，促进自治区对外贸易健康发展。2017年，监管进出口货物总值15.07亿美元，同比增长91.10%；监管货运量171.13万吨，同比增长55.70%；监管进出境国际航班4 148架次，同比下降10.70%；监管进出境旅客及运输工具服务人员24.64万人次，同比增长18.90%。

深化综合治税，依法征管，应收尽收。为各地市、园区和企业提供“点菜式”政策宣传培训服务，支持宁夏企事业单位用好用足税收优惠政策，2017年实现税收入库8.82亿元，同比增长72.90%，核批减免税1.06亿元，同比增长43.70%。深入开展反走私综合治理，始终保持打私高压态势。2017年立案办理多起刑事、行政案件，有效维护了进出口市场环境。

协同推进“三互”大通关改革。落实全国海关通关一体化改革，深化关检合作“三个一”，加大监管资源共享共用。2017年年底，“单一窗口”系统报关覆盖率达到94.30%，综合覆盖率达84.60%。

制定促进外贸稳定增长10项具体措施。积极落实《国务院关于促进加工贸易创新发展的若干意见》要求，认真推进“去繁就简”“放管服”改革措施，进一步简化手续，降低企业制度性交易成本，促进加工贸易创新发展。2017年开展加工贸易业务企业13家，同比增长8.30%；新设立手册77本，同比增长42.60%；进口料件备案总值4 505万美元，同比增长37.80%；内销补税812万元，同比增长612.60%。

优化银川空运口岸旅客便利化通关。自觉树立窗口意识和服务意识，克服人力资源紧缺困难充实旅检队伍，优化口岸联检单位衔接配合，简化旅客进出境通关流程，减少旅客行李开箱检查频次，提升进出境旅客便捷舒适度和满意度。

促进离境退税政策落地见效。2017年，银川海关共验核离境退税业务申请单92票，验核申请单金额84 404元，验核申请单退税额9 285元。

【宁夏出入境检验检疫局全面提升检验检疫工作效率】 以疫情防控为基础，围绕监管模式创新和通关业务改革任务，压缩出入境检验检疫流程时长，助力银川空运口岸稳定高效运行。一是积极推进口岸无纸化报检。6月12日，宁夏全面上线全国出入境检验检疫无纸化系统，截至2017年年底，无纸化报检覆盖率达96.60%，预计可为企业节省2.40万小时作业时间，节约交通、耗材、人工成本48.70万元。二是实施审单放行业务改革。对于未抽中查验的货物，经审核报检信息符合要求后，即可签证放行；对于抽中查验的货物，按规定实施现场查验和实验室检验检疫，截至2017年年底，进出境货物审单放行比例约为51.30%。三是深化与边境口岸出入境检验检疫合作。与内蒙古、新疆等地口岸检验检疫机构合作创新监管方式，对进出境货物实施“全申报”，采取“进口直通、出口直放”通关模式，出境货物由边境口岸出入境检验检疫部门实施查验放行，入境货物直接运抵宁夏实施商品检验，避免重复检验检疫。同时，为大幅提高通关放行效率根据货主或代理人的信用等级，实行风险评估，差别化监管，近八成入境货物实施“审单直放”。此外，专门开设绿色通道，实施“优先申报，优先检验检疫、优先放行”和“零等待”等便利化服务举措，保障国际货运班列定点、定时、定线运行。四是推进口岸动植检规范化建设。启动“口岸动植检数字化标本馆及动植检专家鉴定系统”建设工作，与厦门出入境检验检疫局技术中心合作，进一步提升鉴定人员业务技能水平，提高检出率，扎实开展口岸动植检规范化建设工作。五是建立口岸联防联控机制。按照国家质检总局和宁夏出入境检验检疫局疫情防控部署要求，制定了完善鼠疫防控方案，与海关、边检、卫计委、自治区疾控中心、机场公司等单位部门，共同建立对重点航班提前申报、提前预警、提前防控的“三提前”制度，强化联防联控机制，实现了信息互换、执法互助。严格检疫性有害物防控。银川空运口岸 2017 年共截获禁止携带物 2 318 批次，重 2 150.80 千克，同比分别增长 89.53%和 177.08%，共办理退运 16 批次，同比增长 15 倍。从中截获有害生物 29 批次，同比增长 480%。

【重大活动通关保障】 2017 年 8 月 1 日~9 月 16 日，银川空运口岸圆满完成朝觐包机通关保障工作。期间共保障朝觐包机 18 架次，出入境各 9 架次；朝觐旅客 6 048 人次，其中，出境 3 025 人次、入境 3 023 人次，行李 7 000 余件，共计约 850 吨，抽取圣水 45 份。2017 年 9 月 4 日~13 日，宁夏口岸办组织各口岸联检单位建立多部门协调机制，研究实施通关便利化措施，做好出入境航班保障工作，全程通关时间从原来的半天缩短为 10 分钟，圆满完成 2017 年中阿博览会口岸保障工作。2017 年 12 月 2 日、15 日，圆满完成参加中俄联合反恐演习任务的 50 余名俄罗斯参演部队队员乘坐的军机出入境保障工作。宁夏口岸办要求所有参与保障工作的联检人员严格执行保密纪律，本着既严格执法，又方便军方的原则，开辟专用绿色通道，最大限度地保障演习人员快速通关。

开放口岸

【银川空运口岸（银川河东国际机场）】 银川空运口岸于 2005 年 4 月 1 日批准设立，位于宁夏回族自治区银川市下辖的灵武市临河镇黄河东岸，即银川河东国际机场，占地面积 5.04 平方千米，其中飞行区 2.28 平方千米，航站区 2.77 平方千米；现有航站楼 3 座，共 12.90 万平方米，其中新建 T3 航站楼 8.20 万平方米；停机坪总面积 39.42 万平方米；停机位共 47 个，包括近机位 22 个，远机位 25 个，E 类机位 5 个；飞行区等级为 4E 级，跑道长 3 600 米，宽 45 米；三期新建货运库 9 205 平方米。银川河东国际机场可满足除空客 A380 外所有机型起降，以及年旅客吞吐量 1 600 万人次、货邮 10 万吨的保障需求。

2017 年，银川河东国际机场国际（地区）通航点达到 11 个，航线 13 条。国内通航城市达到 74 个，航线 89 条，直航比例达到 76.30%，同比提高 1.70 个百分点；银川至京津冀、长三角、珠三角通航点达到 14 个，航线 39 条，旅客吞吐量占比达到 37%；通航 28 个省会城市，建成银川至广州、郑州和乌鲁木齐“准快线”；新开吐鲁番—银川—西安和银川—杭州 2 条全货机航线航班。

2017 年，银川河东国际机场运输机起降 6.64 万架次、旅客吞吐量 793.67 万人次、货邮吞吐量 4.22 万吨，同比分别增长 25.66%、25.14% 和 13.80%。全年出入境旅客吞吐量 19.15 万人次，同比增长 17.26%。

2017 年宁夏回族自治区口岸大事记

2 月 24 日

银川河东国际机场新航空货站正式投运。

4 月 10 日

开通银川—郑州—普吉岛航线。

4月12日

银川河东国际机场首批无纸化报检货物顺利通关，标志着银川空运口岸实现“检验检疫无纸化通关”。

5月8日~10日

银川河东国际机场、固原机场圆满完成中共中央政治局常委、全国政协主席俞正声专机保障工作。

5月10日

银川月牙湖通用机场正式投运，并全面承接银川河东国际机场通航业务。

5月17日~18日

宁夏机场公司与郑州机场公司签订战略合作框架协议，正式启动银川、郑州航空快线建设，标志着宁豫两省“航空+旅游”深度合作模式开启。

5月26日

银川河东国际机场旅客吞吐量达25 131人次，刷新单日旅客吞吐量历史纪录。

5月31日

银川河东国际机场月累计完成旅客吞吐量67.16万人次、运输起降5 534架次、货邮吞吐量3 089.50吨，同比分别增长33.00%、34.80%和13.40%，单月旅客吞吐量33.00%的增幅，创2011年以来新高。

6月12日

宁夏地区全面上线全国检验检疫无纸化系统。

7月29日

银川机场出入境检验检疫局自国家质检总局《出入境尸体骸骨卫生检疫管理办法》实施后，妥善处置首例海外尸体棺柩入境检疫查验工作。

8月1日~5日

宁夏机场公司顺利完成2017年朝觐包机出港保障任务，共计保障出港朝觐包机9架次，旅客3 024人次，行李3 245件。

8月17日

宁夏回族自治区党委书记石泰峰、常务副主席张超超视察银川机场综合交通枢纽项目。

8月18日

银川国际航空港综合交通枢纽工程正式动工。

8月21日

银川空运口岸突发公共卫生事件应急处置演练活动圆满完成。

8月25日

银川河东国际机场T2航站楼国际厅改造工程国内流程区域正式启用。

8月29日

2017年，中阿博览会首批境外直运参展食品顺利通关入境，货品包括红酒、橄榄油、坚果、咖啡，货值1 049.50美元，由黎巴嫩起运，经迪拜直达银川空运口岸。

8月29日~30日

第四届中国民航支线航空论坛在银川成功举办。

9月5日

银川—德黑兰国际货运班列首发。

2017年中阿博览会首架包机入境。

银川—德黑兰国际货运班列国际会议在宁夏银川召开，中铁集装箱总公司、哈铁快运股份公司、土库曼斯坦铁路封闭式集资股份公司、伊朗PTB公司成功签订四方合作协议，标志着我国中欧班列南通道合作机制正式建立，为畅通我国与中亚、西亚国际物流通道提供有力的保障。

9月6日

银川河东国际机场投运20周年系列活动顺利开展。

10月1日

开通银川—芭提雅航线。

10月10日

首条全货运航线西安—吐鲁番—银川—西安正式开通。

10月16日~17日

民航西北管理局局长柴多山一行督导检查银川河东国际机场十九大安保工作。

11月16日

银川河东国际机场旅客吞吐量首次突破 700 万人次庆典仪式成功举行，并与重庆机场、吉祥航空签订战略合作协议。

12 月 15 日

银川河东国际机场使用 HUD 实施特殊Ⅱ类着陆及低能见度起飞运行验证试飞取得圆满成功。

12 月 19 日

银川河东国际机场年货邮吞吐量突破 4 万吨。

12 月 20 日

银川空运口岸年旅客吞吐量突破 800 万人次。

（撰稿人：赵和壁、吴文涛、唐莉丽、关天龙、张茜）

2017年宁夏回族自治区口岸出入境主要数据表

项目			2017年	2016年	同比（%）
出入境人员（人次）	出入境人员总数		202 890	179 259	0.13
	入境人员		102 007	90 383	0.13
	出境人员		100 883	88 876	0.14
	出入境旅客		189 729	166 270	0.14
	出入境员工		13 161	12 989	0.01
	中国公民	小计	191 212	169 815	0.13
		内地居民（因公）	5 694	5 385	0.06
		内地居民（因私）	168 378	147 769	0.14
		港澳居民	108	69	0.57
		台湾同胞	17 032	16 592	0.03
	外籍人员		11 678	9 444	0.24
	从海港出入境人数				
	从陆港出入境人数				
	从空港出入境人数				
交通运输工具（辆、艘、架、列次）	总计		979	1 089	-0.10
	船舶				
	飞机		979	1 089	-0.10
	火车				
	机动车辆				

（宁夏回族自治区公安边防总队提供）

2017年银川海关主要数据统计表

项目		2017年	同比（%）
进出口货运量（万吨）	合计	171	54.8
	进口	166	64.4
	出口	5	-43.3
进出口贸易总值（万美元）	合计	150 665	91.1
	进口	103 185	96.9
	其中：江、海运输	56 077	38.4
	铁路运输	8 667	12 107.0
	汽车运输		
	航空运输	38 441	237.4
	邮件运输		
	其他运输		
	出口	47 480	-43.3
	其中：江、海运输	8 304	11.3
	铁路运输	56	-98.8
	汽车运输	328	-
	航空运输	38 792	168.2
	邮件运输		
	其他运输		
税收（万元）	两税合计	88 217	72.9
	关税入库	9 611	52.4
	进口环节税入库	78 606	75.8

（银川海关提供）

2017 年宁夏出入境检验检疫业务统计表

项目	货物检验检疫				交通工具				集装箱（标箱）		发现动植物疫情		货物通关		出入境人员查验（人次）	健康检查及预防接种（人次）			
	批次	金额（万美元）	检验检疫不合格																
			批次	金额（万美元）	船舶（艘）	飞机（架）	火车（节）	汽车（辆）	合计	检出问题	种类数	种次	批次	金额（万美元）		健康检查	艾滋病监测	发现病例	预防接种
本年累计	7 859	93 592.9	45	1 564.2	–	4 096	–	–	3 797	0	0	0	6 126	44 350.1	247 447	2 921	2 921	86	1 102
其中 出境	6 990	5 466.3	15	96.6	–	2 051	–	–	0	0	0	0	5 806	39 409.2	123 740	1 859	1 859	61	1 102
其中 入境	869	38 929.7	30	1 467.6	–	2 045	–	–	3 797	0	0	0	320	4 940.9	123 707	1 062	1 062	26	0
同比（%）	-18.9	14.3	-79.3	-51.2	–	10.6	–	–	65.0	–	–	–	-30.5	-17.7	19.1	33.0	33.0	41.0	15.4
其中 出境	-22.6	-17.5	-84.9	-91.5	–	10.7	–	–	100.0	–	–	–	-31.7	-22.9	19.6	10.1	10.1	27.1	15.4
其中 入境	30.3	150.0	-74.6	-29.0	–	10.4	–	–	65.7	–	–	–	-0.9	79.4	18.6	10 950.0	109.5	100.0	0

（宁夏出入境检验检疫局提供）

新疆维吾尔自治区

口岸数量及分布

截至2017年年底，新疆维吾尔自治区（以下简称新疆）有经国务院批准对外开放的一类口岸19个。其中，空运口岸3个，分别是乌鲁木齐空运口岸（乌鲁木齐国际机场）、喀什空运口岸（喀什国际机场）和伊宁空运口岸（伊宁国际机场）。陆路（铁路、公路）口岸16个，其中，中蒙（蒙古）边境口岸4个，分别是老爷庙公路口岸、乌拉斯台公路口岸、塔克什肯公路口岸和红山嘴公路口岸；中哈（哈萨克斯坦）边境口岸8个，分别是阿黑土别克公路口岸、吉木乃公路口岸、巴克图公路口岸、阿拉山口铁路口岸、霍尔果斯公路口岸、霍尔果斯铁路口岸、都拉塔公路口岸、木扎尔特公路口岸；中吉（吉尔吉斯斯坦）边境口岸2个，分别是吐尔尕特公路口岸和伊尔克什坦公路口岸；中巴（巴基斯坦）边境口岸1个，即红其拉甫公路口岸；中塔（塔吉克斯坦）边境口岸1个，即卡拉苏公路口岸。

对外开放的19个口岸中，阿黑土别克口岸和木扎尔特口岸未开通使用；伊宁空运口岸于2016年8月3日经国务院批准对外开放，未正式运营。

口岸运行数据

2017年，新疆维吾尔自治区进出口货运量4 958.90万吨，同比增长13.20%。其中，进口货运量4 510.96万吨，同比增长12.90%；出口货运量447.94万吨，同比增长15.50%。

进出口贸易额406.59亿美元，同比增加9.30%。其中，进口贸易160.88亿美元，同比增长23.30%；出口贸易额245.70亿美元，同比增长1.80%。

出入境人员1 619 177人次，同比减少18.94%。其中，入境人员806 587人次，同比减少18.62%；出境人员812 590人次，同比减少19.25%。出入境旅客1 235 321人次，同比减少25.08%。出入境员工383 856人次，同比增长10.14%。

出入境交通工具279 327辆（列、架）次，同比增长13.87%。其中，机动车辆257 805辆次，同比增长14.04%；火车13 568列次，同比增长30.32%；飞机7 954架次，同比减少9.98%。

口岸综合管理

【积极做好口岸开放工作】 一是指导吐鲁番机场临时对外开放设施建设及申报工作。二是指导乌鲁木齐市做好乌鲁木齐铁路口岸临时开放工作和正式对外开放申报工作。三是协助国家验收组做好老爷庙公路口岸扩大开放验收工作。四是乌鲁木齐铁路西站作为临时口岸对外开放。

【口岸增加临时开放及开关时间】 一是老爷庙公路口岸增加临时开关时间。2017年，增加临时开关时间为双月1日~10日。二是根据《中蒙边境口岸管理合作委员会第二次会议纪要》精神，中蒙红山嘴—大洋口岸开关时间调整为每年6月1日~9月25日。5月，为确保红山嘴口岸顺利开关，新疆维吾尔自治区口岸办工作组与红山嘴口岸委负责人进行了对接，要求口岸委会同口岸查验单位按新时间表做好开关工作。三是8月蒙方提出老爷庙—布尔嘎斯台口岸在9月临时开放的建议。根据国家口岸管理办公室（以下简称“国口办”）通知要求，新疆维吾尔自治区口岸办经征求新疆公安边防总队、乌鲁木齐海关、新疆出入境检验检疫局意见后，同意蒙方提出的老爷庙—布尔嘎斯台口岸在9月临时开放的建议，并确定采取预约通关模式。

【适时做好口岸管理工作】 督促新疆维吾尔自治区口岸节日闭关遵守双边协定。根据《中哈边境口岸及其管理制度协定》和《中巴边境口岸及其管理制度协定》中关于双方国家法定节假日和重大事项闭关的相关规定，针对中哈个别口岸、中巴红其拉甫口岸有时单方面闭关的情况，及时向国口办报告情况，请国家口岸管理办公室通过外交途径敦促哈方、巴方一侧口岸严格遵守双边协定。

【口岸通关能力得到新提升】 一是2017年9月协调驻疆查验单位解决吐尔尕特口岸委出境车辆在吐尔尕特口岸边检站前哨区域滞留事。二是保障国口办开展了中哈霍尔果斯铁路口岸24小时通关会晤工作。保障国口办、相关部委及新疆维吾尔自治区部分单位与哈萨克斯坦代表团于4月26日在霍尔果斯国际边境合作中心中方一侧就霍尔果斯—阿腾科里铁路口岸实行24小时工作制进行了会晤，并签署会晤纪要。为落实霍尔果斯铁路口岸24小时通关，进一步改善口岸查验设施，明确各相关单位职责，中方召开内部协调会并形成会议纪要加以督促。为推动落实两个会议纪要精神，新疆维吾尔自治区口岸办组成工作组赴霍尔果斯就相关工作落实情况进行了检查，并将有关情况报告了国口办、新疆维吾尔自治区人民政府。三是组织落实了2017年丝绸之路国际汽车越野拉力赛（新疆段）的通关工作。7月14日~29日，为贯彻落实新疆维吾尔自治区人民政府2017年丝绸之路国际汽车越野拉力赛（新疆段）协调会精神，新疆维吾尔自治区口岸办制定了通关工作方案，迅速召开协调会，明确工作任务，派出两个协调小组分赴巴克图口岸和克拉玛依机场，组织开展查验工作，细致、周到地做好国际汽车拉力赛人员、汽车、飞机及物品由口岸入出境通关工作，确保全面查验、快速通关、特事特办、高效有序，新疆维吾尔自治区口岸办、驻疆"一关两检"、自治区运管局、新疆机场集团、塔城地区行署、克拉玛依市政府高度重视，密切配合、有力落实，圆满完成了本届国际汽车拉力赛入出境查验任务，共保障赛事入境人员982人次、车辆266辆、飞机7架，出境人员227人次、车辆171辆、飞机1架。

【口岸管理服务水平迈上新台阶】 一是协调"一关两检"等有关部门做好新疆维吾尔自治区饲料进口工作。二是积极推进塔克什肯口岸货运专用通道建设相关工作。三是督促指导各口岸落实《压缩货物通关时间的措施（试行）》工作。四是做好口岸集装箱进出口环节合规成本摸底、治理工作。

【扎实落实口岸安全工作】 一是协调驻疆查验单位，积极做好长距离孔道口岸国门H986查验监控工作。为切实贯彻落实新疆维吾尔自治区党委关于加强长距离孔道管理，打击非法出入境的相关工作部署。3月、9月、10月先后三次会同有关单位赴5个长距离孔道口岸对查验管控设施建设、查验业务开展情况进行检查、指导、协调、督办，就存在的问题及工作建议专题报告新疆维吾尔自治区政法委和新疆维吾尔自治区人民政府，有效地推动了长距离孔道查验管控工作的开展。二是认真开展口岸安全生产大检查。按照国务院《关于开展全国生产大检查的通知》的精神要求，以及新疆维吾尔自治区安委会《关于开展安全生产大检查的通知》精神要求，成立了由口岸办领导任组长的口岸安全生产大检查领导小组，于9月赴自治区17个口岸督促落实安全生产大检查活动。检查中重点对各口岸查验大厅、旅检通道、货运通道、办公生活区、口岸区域内的在建项目、安全生产配套设施、应急预案、监管区域内经营服务单位的消防设施进行了排查。对检查工作落实不认真、安全设施老化等问题，检查组现场指出，对问题较多的单位给予严肃批评，并限期整改，有力促进了工作落实。三是认真做好吐尔尕特、阿拉山口、吉木乃3个指定口岸危险品监督仓库建设督促、检查、指导工作。根据新疆维吾尔自治区人民政府2016年专题会议要求和《关于研究规范新疆口岸危险化学品进出口管理有关问题的会议纪要》（新政阅〔2016〕92号）的责任分工，新疆维吾尔自治区口岸办先后三次赴3个指定口岸就危险化学品监管仓库建设工作进行督促、检查和指导，明确任务完成期限。针对该项工作严重滞后于新疆维吾尔自治区危险化学品进出口形势发展，不符合新疆维吾尔自治区人民政府要求的现状，多次致函口岸所在地、州政府，反馈督查情况，并将有关工作情况、存在的问题及建议上报新疆维吾尔自治区人民政府。四是制订《综治维稳和平安建设考核

（反恐维稳进步奖励）口岸专项工作评分标准（试行）》。根据新疆维吾尔自治区社会治安综合治理委员会《2017年地、州、市综治维稳和平安建设（反恐维稳进步奖励）考核细则》的通知要求，新疆维吾尔自治区口岸办结合口岸工作实际，在征求了基层口岸委及“一关两检”、道路运输管理局意见建议的基础上，制定了《综治维稳和平安建设考核（反恐维稳进步奖励）口岸专项工作评分标准（试行）》，下发各地州（市）口岸委（办）执行。

【推动新疆国际贸易“单一窗口”建设】 2017年1月~5月，完成了货物申报系统，报关业务完成申报测试，报检业务完成1单实报；跨境电商通关服务平台正常运行，并向下对接了5个二级平台；完善了乌鲁木齐海关跨境电商监管系统及新疆出入境检验检疫跨境电商监管系统；完成了统一用户权限管理及身份认证平台、统一数据交换平台、综合信息查询系统；派技术人员赴自治区各口岸进行“单一窗口”和跨境电商的宣讲培训。7月6日，国际贸易“单一窗口”标准版试点扩大部署会暨建设领导小组第五次会议明确新疆等7个省（区）为第二批试点地区。随后新疆维吾尔自治区完成了与国家“标准版”的融合对接，开始使用国际贸易“单一窗口”标准版。联合海关、商务部门要求相关单位以上量为目标，积极鼓励企业使用标准版，加大了推广力度；组织驻口岸外贸、货运代理、物流企业集中开展了推广培训工作，基本实现了“单一窗口”在新疆维吾尔自治区所有口岸全覆盖、主要业务系统全覆盖。

口岸监管与服务

【新疆维吾尔自治区公安边防总队深化边检改革创新】 一是推进制度机制建设，积极搭建协作交流平台。通过联席办公会议、工作座谈研究完善协作措施，着力强化在口岸查缉、服务通关、信息共享等方面的全方位合作。二是推动设施设备共用，着力构建一站式通关模式。与海关共用旅检现场X光机，对出入境旅客行李物品施行“一机共享、联合审图”的一站式作业模式。三是优化通关服务举措，促进人员、贸易往来。积极推行自助查验通关；刚性落实“绿色通关”服务举措，巴克图、吐尔尕特、伊尔克什坦、老爷庙、卡拉苏等边检站与口岸联检单位共同开设绿色果蔬出口专用通道和资源进口专用通道，推行“随到随检”“集中验放”通关模式；着力提升边民互市通关服务水平，阿拉山口、巴克图、吉木乃、塔克什肯等边检站与口岸联检单位建立了边民互市贸易通关服务保障机制，固化互市贸易“绿色通道”；陆地口岸边检站全面推行“延时通关”“紧急救助”等服务保障机制。

【乌鲁木齐海关落实全国通关一体化改革要求】 制定贯彻落实方案，调整岗位职责，明确操作流程，协调解决跨区域疑难问题，实施以通关办理网联化、风险防控智能化、监管服务便利化为目标的通关业务改革，建立全景业务动态监测预警指挥平台、网上办事大厅平台和监管通关中心、风险防控中心、稽核查企业认证中心、业务集中审核中心，打造“集约化”“扁平化”的监管体制机制，有效简化企业通关流程，降低企业通关成本，持续优化营商环境，提升贸易便利化水平。

【新疆出入境检验检疫局改善大通关环境】 一是全面推行“一站式作业”模式。出入境检验检疫各分支机构与口岸海关、边检制定了符合实际的“一站式作业”的具体实施措施，确定了联合查验作业流程模式、实现查验设施设备的共享共用。对进出境货物和运输工具进行联合查验，对出入境旅客进行联合监管。二是推进监管资源“共建共用共享”。本着“开放、共享”的原则，与口岸相关查验单位相互配合统一配置口岸集中查验场所，制定了监管设备联合使用工作规程，积极推动监管设备和监管场所等资源的“共建共用共享”三是大力推进检验检疫无纸化。2017年5月，出入境检验检疫主干系统无纸化申报平台上线以来，无纸化报检覆盖率达到89%以上。四是简化检验检疫流程，审单放行进一步缩短流程时限。从 2017 年 11 月 1 日起，检验检疫审单放行新模式在全国正式实施，新模式是加强检验检疫流程管理提高出入境货物通关效率的重要举措之一。五是清理进出境环节收费。从 2017 年 4 月 1 日起，新疆出入境检验检疫局全面停征进出货物检验检疫费。六是综合运用企业信用管理为企业带来便利。加强出入境企业管理系统的综合运用，在全系统实现了异地采集、产地布控等措施及时采集评估企业的失信行为，加强布控、降级等惩戒措施的综合运用，提升检验监管效果。

【加强“三互”大通关建设】 一是落实全国通关一体化改革要求。按照既定工作方案主动思考、积极探索，制定贯彻落实方案、调整岗位职责、明确操作流程，协调解决跨区域疑难问题；二是乌鲁木齐海关与新疆出入境检验检疫局、新疆公安边防总队联合研究制定并印发《全面落实“三互”推进大通关建设改革实施方案》。进一步加强海关、检验检疫、边检通关监管协作，实现监管设施资源共建、共享、共用，建立健全口岸安全联合防控机制。三是积极探索海关与边检部门共享 H986 设备图像数据，分别在巴克图、霍尔果斯、五个长距离孔道口岸开展 H986 设备共享共用试点；四是乌鲁木齐海关与出入境检验检疫部门全面实施 X 光机“一机两屏”。

开放口岸[①]

【乌鲁木齐空运口岸（乌鲁木齐地窝堡国际机场）】 乌鲁木齐地窝堡国际机场位于新疆维吾尔自治区首府乌鲁木齐市郊地窝堡，距市区 16 千米。1970 年 7 月，乌鲁木齐地窝堡国际机场经国务院批准进行扩建，于 1973 年建成并对外开放。乌鲁木齐空运口岸开通国际（地区）客运航线 29 条，主要与哈萨克斯坦阿斯塔纳、阿拉木图、奇姆肯特，巴基斯坦伊斯兰堡，吉尔吉斯比什凯克、奥什，塔吉克斯坦杜尚别、胡正特，格鲁吉亚第比利斯，伊朗德黑兰，阿塞拜疆巴库，土耳其伊斯坦布尔，土库曼斯坦阿什哈巴德，俄罗斯莫斯科、新西伯利亚、圣彼得堡，乌兹别克斯坦塔什干，韩国仁川，日本大阪等地通航。货运包机航线主要有阿塞拜疆巴库、土库曼斯坦阿什哈巴德、巴基斯坦伊斯兰堡。临时包机航线泰国曼谷、普吉、甲米，印度尼西亚巴厘岛，哈萨克斯坦卡拉干达，巴基斯坦卡拉奇等。出入境人员主要以旅游、购物、中转为主。进出口货物主要为百货、精密仪器、旅客随身物品等。

2017 年，口岸进出口货运量 0.46 万吨，同比减少 64.10%；其中，进口货运量 0.12 万吨，同比减少 59.90%；出口货运量 0.34 万吨，同比减少 65.40%。

进出口贸易额 3.22 亿美元，同比减少 67.20%。其中，进口贸易额 1.10 亿美元，同比减少 64.50%。出口贸易额 2.13 亿美元，同比减少 68.50%。

出入境人员 822 529 人次，同比减少 13.20%。其中，出入境旅客 743 279 人次，同比减少 13.55%；出入境员工 79 250 人次。同比减少 9.72%。出入境交通工具 7 845 架次，同比减少 9.43%。

【喀什空运口岸（喀什国际机场）】 喀什国际机场位于新疆维吾尔自治区喀什地区喀什市北郊，距市中心 8.8 千米。1993 年 4 月 23 日，经国务院批准喀什空运口岸对外开放。2004 年 4 月，海关总署批准喀什机场临时对外开放。2006 年 1 月正式对外开放，2010 年 12 月开通伊斯兰堡至喀什货运包机，2013 年 8 月 14 日实现喀什至伊斯兰堡直航。2013 年，国务院批复同意在喀什国际机场开办口岸签证业务。2016 年 9 月 19 日，开通喀什至比什凯克航线并于同日开办口岸签证业务。喀什国际机场开通国际航线 2 条（巴基斯坦伊斯兰堡、吉尔吉斯比什凯克）。

2017 年，口岸出入境人员 2 980 人次，同比

① 以下各口岸数据由各地、州口岸委提供，因铁路口岸统计口径不同，统计结果与乌鲁木齐海关统计数据有差异。

减少52.27%。其中，出入境旅客2 341人次，同比减少57.15%；出入境员工639人次，同比减少18.18%；出入境交通工具109架次。

【伊宁空运口岸（伊宁机场）】 伊宁机场位于伊宁市，距伊宁市中心5千米。伊宁机场始建于1936年，根据航空业务量不断增长，多次对机场进行改扩建。伊宁机场站坪总面积89 824平方米，跑道长2 400米，消防等级为6级，可停放4架D类和10架C类，拥有三座现代化廊桥，航站楼建筑面积约16 000平方米，停车场11 000平方米，货运区建筑面积约810平方米。2016年8月3日，国务院批复伊宁机场对外开放。为加快伊宁机场对外开放进程，推动开放前各项准备工作顺利进行，2017年5月，新疆维吾尔自治区口岸办赴伊宁机场进行现场调研，协调解决问题，并将有关情况上报新疆维吾尔自治区人民政府。2017年10月，将伊宁机场边防检查站查验设施建设项目纳入2018年中央预算内补助资金建设项目，并报新疆维吾尔自治区发改委。

【老爷庙陆路（公路）口岸】 老爷庙陆路（公路）口岸位于新疆维吾尔自治区哈密地区巴里坤哈萨克自治县境内，与蒙古国戈壁阿尔泰省毗邻。从老爷庙口岸入境至巴里坤县城172千米，至哈密市308千米，至乌鲁木齐市773千米。出境至蒙古布尔嘎斯台口岸57千米，至布格特县280千米，至戈壁阿尔泰省阿尔泰市484千米。1991年6月24日，中蒙两国政府达成协议，开放老爷庙口岸。1991年12月，根据《国务院关于同意开放新疆老爷庙、乌拉斯台、塔克什肯和红山嘴口岸的批复》，批准开放老爷庙口岸，为双边季节开放口岸。1992年3月，口岸正式开放，每年3月、6月、8月、11月15日~30日开关。2005年，每年双月11日至30日开放。根据新疆维吾尔自治区人民政府2012年2月2日批复，口岸向北迁移14千米，与三塘湖工业园区互为依托，规划总占地面积约6.12平方千米，口岸开放应具备的作业区和综合服务区面积约1.94平方千米，2015年8月查验新区正式启用。2014年8月10日，国务院下发《关于同意新疆老爷庙公路口岸扩大对外开放的批复》（国函〔2014〕106号），同意老爷庙公路口岸扩大为国际性常年开放口岸。2016年1月，国家质检总局批复老爷庙公路口岸为进口肉类指定口岸。2016年8月9日，老爷庙口岸国际性常年开放通过新疆维吾尔自治区验收组预验收。口岸主要进口铁矿石及铁精粉。2017年9月，老爷庙公路口岸扩大开放通过国家验收。

2017年，口岸进出口货运量115.03万吨，同比增长52.40%。其中，进口货运量114.94万吨，同比增长52.70%；出口货运量0.08万吨，同比减少49.90%。

进出口贸易额0.64亿美元，同比增长90.70%。其中，进口贸易额0.63亿美元，同比增长91.90%；出口贸易额约0.02亿美元，同比增长50.70%。

出入境人员22 757人次，其中，入境人员11 383人次，出境人员11 374人次。出入境交通工具19 270辆次。

【乌拉斯台陆路（公路）口岸】 乌拉斯台陆路（公路）口岸位于新疆维吾尔自治区昌吉回族自治州奇台县北塔山地区，土地使用权属新疆生产建设兵团农六师北塔山牧场。地处中蒙边界73号界标正西方4.30千米处。距边防会谈会晤站通道界线4.80千米，距奇台县城248千米，距乌鲁木齐市450千米，距昌吉市485千米，距蒙古国北塔格口岸6.50千米。1991年6月24日，中蒙两国政府达成协议，批准开放乌拉斯台口岸，为双边季节开放口岸。1995年3月，随着中蒙两国边境贸易的发展和口岸开放的需要，开放时间调整为每年3月、6月、9月、12月1日~20日。2004年9月，开关次数由4次减为3次，开关45天，即每年3月、5月、9月的16日~30日。2012年5月，开放时间调整为每年5月、7月、9月的16日~30日，开关45天。

口岸进出口货物主要为钢材、模板、山羊绒、面粉、清油、煤、建材、水泥、大米等。

2017年，口岸进出口货运量1.50万吨，贸易额107万美元。出入境人员616人次，其中，出入境旅客106人次，出入境员工510人次。出入境交通工具510辆次。

【塔克什肯陆路（公路）口岸】 塔克什肯陆路（公路）口岸位于新疆维吾尔自治区阿勒泰地区青河县境内，与蒙古国科布多省布尔干县毗邻。距青河县城90千米，距阿勒泰市380千米，距乌鲁木齐市510千米。口岸距中蒙边界线15.5千米，距蒙古布尔干口岸25千米，距布尔干县城65千米，距科布多省会265千米。1989年7月20日，塔克什肯口岸经国务院批准对外开放，属国家一类双边季节开放口岸。2011年1月，正式成为国际性常年开放口岸。

口岸进口货物主要为焦煤、木材、铅锌精粉、铁矿石、畜产品等；出口货物主要为成品油、建材、机电设备、日用百货、蔬菜瓜果、服装等。

2017年，口岸进出口货运量62.83万吨，同比增长83%。其中，进口货运量60.59万吨，同比增长101%；出口货运量2.24万吨，同比减少45%。

进出口贸易额0.65亿美元，同比增长56%。进口贸易额0.48亿美元，同比增长200%；出口贸易额0.17亿美元，同比减少33%。

出入境人员119 668人次，其中，出入境旅客97 873人次，出入境员工21 795人次。出入境交通工具21 905辆次。

【红山嘴陆路（公路）口岸】 红山嘴陆路（公路）口岸位于新疆维吾尔自治区阿勒泰地区福海县境内，与蒙古国巴彦乌列盖省萨格赛县毗邻。距福海县城240千米，距阿勒泰市192千米，距乌鲁木齐市896千米，至中蒙边界线2千米，距蒙古巴彦乌列盖省乌列盖市180千米，距萨格赛县城160千米，从红山嘴出境至蒙古国大洋口岸12千米。1991年6月24日，中蒙两国政府签订协议开放红山嘴口岸。1992年2月，经国务院批准对外开放，属双边性季节开放口岸。1992年7月，红山嘴—大洋口岸正式开放，每年开关50天，即6月21日~7月5日、8月1日~20日、9月1日~15日。2014年，为适应中蒙双边贸易、旅游等发展的需要，红山嘴口岸延长开放时间，每年开关100天，即6月1日~6月20日、6月26日~7月10日、7月15日~8月9日、8月15日~9月25日不间断开放。

口岸以出口为主，出口货物主要为水泥、蔬菜水果、建材、日用百货。进口货物主要为羊毛。

2017年，口岸全年出口货运量64吨，同比减少60%；出口贸易额3.42万美元，同比增长20%。

出入境人员1 111人次，其中，出入境旅客1 071人次，出入境员工40人次，出入境交通工具243辆次。

【阿黑土别克陆路（公路）口岸】 阿黑土别克陆路（公路）口岸位于新疆阿勒泰地区哈巴河县西部，与哈萨克斯坦共和国东哈州毗邻；口岸距哈巴河县城117千米，距阿勒泰市284千米，距乌鲁木齐市829千米。口岸区驻有新疆生产建设兵团农十师185团一营。1992年8月，中哈两国政府签订协议，同意开放阿黑土别克口岸，允许中哈两国人员、交通工具和货物通行。1994年3月，经国务院批准对外开放。截至2017年年底，该口岸尚未开通。

【吉木乃陆路（公路）口岸】 吉木乃陆路（公路）口岸位于新疆维吾尔自治区阿勒泰地区吉木乃县境内，地处阿尔泰山南麓，与哈萨克斯坦共和国东哈萨克斯坦州毗邻。从吉木乃口岸入境至吉木乃县城24千米，至阿勒泰市198千米，至乌鲁木齐市650千米；出境至哈方迈哈布奇盖口岸0.5千米，距斋桑60千米，至东哈萨克斯坦州首府乌斯季缅约500千米。吉木乃口岸历史上就是新疆的通商口岸，1962年口岸关闭。1991年中哈两国政府签订协议，批准吉木乃口岸开通临时过货。1992年8月，中哈两国政府签署协定，同意吉木乃口岸对外开放，为双边常年开放口岸。1994年3月，经国务院批准对外开放。1997年11月，正式通过国家验收批准对外开放。2002年3月1日，批准向第三国开放。2013年6

月，外交部批准吉木乃口岸对哈萨克斯坦公民进入边民互市贸易区实行“三日免签”政策，2014年8月12日，通过公安部验收正式实施。

2017年，口岸进出口货运量38.02万吨，同比增长21%。其中，进口货运量34.25万吨，同比增长18%；出口货运量3.77万吨，同比增长47%。

进出口贸易额24.35亿美元，同比增长39%。其中，进口贸易额4.40亿美元，同比增长8%；出口贸易额19.95亿美元，同比增长49%。

出入境人员65 639人次，同比减少26%。其中，入境旅客32 456人次；出境旅客33 183人次。出入境交通工具5 316辆次，同比减少10%。

【巴克图陆路（公路）口岸】 巴克图陆路（公路）口岸位于新疆维吾尔自治区伊犁哈萨克自治州塔城地区境内，与哈萨克斯坦共和国东哈州毗邻。从巴克图口岸入境至塔城市17千米，至乌鲁木齐市621千米；出境至哈方巴克特口岸800米，至马坎赤市60千米，至乌尔加尔机场110千米，至阿亚库斯车站250千米，至东哈州首府乌斯季缅市800千米。巴克图口岸已有200年通商历史，是中国西部通往中亚及欧洲的交通要道，1962年以后中断贸易和人员往来，口岸关闭。1990年10月，巴克图口岸恢复开放成为临时过货口岸，允许边境双方经贸、人员和交通工具过往。1992年8月，中哈两国政府达成协议，同意巴克图口岸向第三国开放，具有国际联运地位。1994年3月，经国务院批准对外开放。1995年5月，巴克图口岸通过国家正式验收。1995年7月1日，正式向第三国公民、交通工具和货物开放。2010年12月28日，外交部同意巴克图边民互市贸易区对哈公民由“一日免签”延长至“三日免签”。2013年12月23日，中哈巴克图—巴克特口岸农产品快速通关“绿色通道”开通。2014年10月，巴克图口岸获得全国首批进境粮食指定口岸资质。

2017年，口岸进出口货运量18.04万吨，同比增长30.60%。其中，进口货运量5.90万吨，同比增长12.90%；出口货运量12.14万吨，同比增长41.30%。

进出口贸易额6.42亿美元，同比增长40.70%。进口贸易额0.40亿美元，同比增加66.30%；出口贸易额6.02亿美元，同比增长39.30%。

出入境人员74 133人次，其中，出入境旅客56 640人次，出入境员工17 493人次。出入境交通具17 826辆次。

【霍尔果斯陆路（公路）口岸】 霍尔果斯陆路（公路）口岸位于新疆维吾尔自治区伊犁哈萨克自治州霍尔果斯市境内，与哈萨克斯坦共和国阿拉木图州毗邻。距伊犁哈萨克自治州首府伊宁市90千米，距乌鲁木齐市670千米。联检厅（第五代公路口岸）距中哈边界线210米，距哈萨克斯坦霍尔果斯口岸1.50千米，距阿拉木图378千米。自1881年起，是中俄两国间的正式通商口岸。1950年~1962年，中苏贸易进入兴盛时期。1962年以后，口岸除保持通邮外，停止进出口贸易。1983年11月16日，经国务院批准，口岸恢复开放。自1986年起，开通地方和边境贸易。1992年8月，中哈两国政府同意霍尔果斯口岸向第三国开放，具有国际联运地位。1992年11月，正式对外开放。在中哈两国“双西公路”对接点的南部联检区（第六代公路口岸联检区），占地58.77万平方米，总建筑面积5.56万平方米，与哈方“阳光大道计划”“东大门经济特区”战略相呼应，是丝绸之路经济带陆路通道上的综合枢纽工程，项目总投资5.59亿元，已完成总工程量的90%，2017年年底前投入使用。

霍尔果斯口岸获批指定口岸种类有：（1）整车进口口岸。2015年9月，霍尔果斯口岸平行进口整车试点获批。2017年，进口整车554辆，主要为丰田埃尔法、路虎览胜越野车、路虎揽胜运动版HSE、路虎览胜运动版HST、经典览胜、拉达尼瓦、英路览胜等车型。（2）进境粮食指定口岸。2015年12月，国家质检总局批准霍尔果斯为粮食进口口岸。2016年，该口岸进口小麦

4 414 吨。(3) 进口活畜许可口岸。(4) 肉类指定口岸。2016 年 7 月 8 日，霍尔果斯口岸获批肉类指定口岸。

口岸进口货物主要为返程空集装箱、尿素、红花籽、铁矿石、棉花、红酒等；出口货物主要为重集装箱、工程机械、食品、百货、建材等。

2017 年，口岸出入境人员 5 848 825 人（次），同比增长 7.71%。其中，入境 2 922 229 人（次），同比增长 7.71%；出境 2 926 596 人（次），同比增长 7.70%。出入境交通工具 162 212 辆，同比增长 8.60%。其中，入境 78 520 辆，同比增长 6.58%；出境 83 692 辆，同比增长 10.57%。

进出口货运量 2 898.80 万吨，进出口贸易额 173.58 亿美元。

公路口岸货物量 61.90 万吨，同比增长 51.94%。贸易额 228.64 亿元，同比增长 68.04%。

合作中心货物量 9.11 万吨，同比增长 230.44%。贸易额 117.11 亿元，同比增长 179.94%。

进口天然气 2 792.58 万吨。

【都拉塔陆路（公路）口岸】 都拉塔陆路（公路）口岸位于新疆维吾尔自治区省道 313 线伊犁河谷最西端，南倚乌孙山，北邻伊犁河，西与哈萨克斯坦阿拉木图州春贾区接壤。距伊宁市 70 千米，距哈萨克斯坦阿拉木图 247 千米，距哈方科里扎特口岸 3.80 千米。1992 年 8 月，中哈两国政府签署协议同意都拉塔口岸为双边常年开放口岸。2006 年 2 月 15 日，口岸经批准对外开放，同年 12 月底实现旅客通关。2014 年 8 月 31 日，中哈两国政府同意都拉塔口岸扩大为向第三国开放。2015 年 7 月 15 日，新疆维吾尔自治区口岸办组织验收组对都拉塔口岸扩大向第三国对外开放进行了预验收。

2017 年，口岸出口货运量 34.39 万吨，同比增加 14.60%。出口贸易额 35.07 亿美元，同比增长 6.20%。

出入境人员 33 312 人次。其中，出入境旅客 7 818 人次，出入境员工 25 494 人次。出入境交通工具 25 510 辆次。

【木扎尔特陆路（公路）口岸】 木扎尔特陆路（公路）口岸位于新疆维吾尔自治区伊犁哈萨克自治州昭苏县西南 109 千米处，地处天山北麓，特克斯河上游，与哈萨克斯坦共和国阿拉木图州纳林果勒区毗邻。距新疆生产建设兵团农四师 74 团机关西北 9 千米，距伊宁市 296 千米。对方口岸为纳林果勒口岸，两口岸相距 4 千米，距阿拉木图 320 千米。1953 年，口岸曾作为中苏两国临时过货点，一度是边民易货贸易进出口货物集散地。1962 年以后，中断贸易和人员往来，口岸关闭。1992 年 8 月，中哈两国政府签订协议，同意开放木扎尔特口岸。1994 年 3 月，经国务院批准对外开放。截至 2017 年年底，该口岸尚未开通。

【吐尔尕特陆路（公路）口岸】 吐尔尕特陆路（公路）口岸位于新疆维吾尔自治区克孜勒苏柯尔克孜自治州乌恰县境内，地处图噜噶尔特山口，海拔 3 795 米，与吉尔吉斯斯坦共和国纳伦州毗邻。中华人民共和国成立后，根据中苏两国签订的贸易协定和换货合同，1950 年 4 月，正式对前苏联开放。1958 年 5 月，中苏两方开展了边境贸易。1969 年，口岸通商贸易停止。1983 年 12 月 23 日，口岸重新恢复通关。1995 年 11 月，经国务院批准口岸下迁至现址托帕（下迁后仍沿用吐尔尕特口岸原名称）。现口岸海拔 2 010 米，地处北面的阿克塔格山和南面托帕塔格山之间的谷地上，沿 S309 省道沿线布局。北距吐尔尕特前沿国境线 109 千米，东距阿图什市 62 千米，南距喀什市 57 千米，西至乌恰县及伊尔克什坦口岸 42 千米，距吉尔吉斯首都比什凯克 620 多千米，距奥什 440 千米。2014 年 9 月 20 日，吐尔尕特口岸开始从吉国进口饲草，截至 2016 年年底，进口饲草 66 车 617.60 吨。2015 年 5 月 12 日，国家质监总局与吉尔吉斯相关部门签署了进口马属动物、鲜食樱桃的协议。2015 年 12 月 16 日，口岸开通了中吉两国农产品快速通关“绿色通道”。

口岸出口货物主要为百货、机械设备、轮胎、布匹、服装、肉类、建材、果蔬等；进口货物主要为皮毛、蚕茧、甘草等。

2017年，口岸进出口货运量30.10万吨，同比减少13.10%。其中，进口货运量3.10万吨，同比增长11%；出口货运量27万吨，同比减少15.20%。

进出口贸易额22.70亿美元，同比减少0.80%。其中，进口贸易额0.50亿美元，同比增长67.90%；出口贸易额22.20亿美元，同比减少1.80%。

出入境人员38 785人次。其中，出入境旅客4 140人次，出入境员工34 645人次。出入境交通工具34 908辆次。

【伊尔克什坦陆路（公路）口岸】 伊尔克什坦陆路（公路）口岸位于新疆维吾尔自治区克孜勒苏柯尔克孜自治州乌恰县境内，与吉尔吉斯共和国奥什州毗邻，距阿图什市250千米，距吉尔吉斯奥什州210千米。伊尔克什坦口岸是“古丝绸之路”上重要通道和驿站。1998年1月26日，国务院批准开放伊尔克什坦口岸。2001年7月1日，口岸通过国家验收。2002年5月20日，口岸正式对外开放。2011年12月9日，口岸下迁146千米至乌恰县新址运行，设计年过货量200万吨，年客流量50万人次，下迁投资3.50亿元。2011年9月，国务院出台《关于支持喀什、霍尔果斯经济开发区建设的若干意见》（国发〔2011〕33号），2013年5月，国家发展改革委印发《喀什经济开发区总体发展规划》（发改地区〔2013〕914号），批准喀什特殊经济开发区规划面积50平方千米，其中伊尔克什坦口岸园区10平方千米。产业布局规划四大功能区：通关区（2.37平方千米）、进出口产品加工区（5平方千米）、进出口商品物流仓储集散中心（2.7平方千米）、金融商贸综合服务区（2.3平方千米）。

伊尔克什坦口岸是一个贸易顺差口岸，出口占比达90%以上，出口货物主要为五金、日用百货、陶瓷制品、服装布匹、水泥、建材、机电产品（电视机、冰柜等）、车辆、大型机械设备等。进口货物主要为干果、煤炭、矿产品、废旧金属等。

2017年，口岸进出口货运量42.38万吨，同比增长40.33%；进出口贸易额31.60亿美元，同比增长55.34%；出入境人员30 931人次。其中，出入境旅客5 187人次，出入境员工25 744人次。出入境交通工具25 886辆次。

【红其拉甫陆路（公路）口岸】 红其拉甫陆路（公路）口岸位于新疆维吾尔自治区喀什地区塔什库尔干塔吉克自治县境内，口岸海拔高4 500米，与巴基斯坦北部地区吉尔吉特毗邻。距塔什库尔干县城130千米，距喀什市420千米，距乌鲁木齐市1 890千米。从口岸出境，距巴基斯坦首都伊斯兰堡870千米，距苏斯特125千米，距吉尔吉特市270千米。1981年9月，中国和巴基斯坦政府达成协议，同意开放红其拉甫口岸，为双边季节开放口岸。1982年8月27日，红其拉甫口岸对中巴两国公民正式开放。1986年5月1日，正式向第三国开放。由于红其拉甫口岸海拔较高，严重缺氧，气候恶劣，1993年，口岸检查检验机构下迁至塔什库尔干县城办公，新联检区于2011年10月建成启用，联检区占地约12.67万平方米。

2017年，口岸进出口货运量7.66万吨，同比增长43%。其中，进口货运量0.64万吨，同比增长45%；出口货运量7.02万吨，同比增长43%。

进出口贸易额5.32亿美元，同比增长124%。其中，进口贸易额0.33亿美元，同比增长183%；出口贸易额4.99亿美元，同比增长121%。

出入境人员15 264人次。其中，出入境旅客9 217人次，出入境员工6 047人次。出入境交通工具6 054辆次。

【卡拉苏陆路（公路）口岸】 卡拉苏陆路（公路）口岸位于新疆维吾尔自治区喀什地区塔什库尔干塔吉克自治县境内，在西昆仑山和萨雷阔勒岭之间，海拔高4 050米，与塔吉克斯坦戈尔诺—巴达赫尚自治州毗邻。距塔什库尔干县城62千米，距喀什市225千米，距塔吉克斯坦首都杜尚别850千米，距穆尔加布市89千米。2004年5月25日，口岸临时对外开放。2007年9月12日，国务院批准《关于同意新疆卡拉苏口岸对外开放的批复》（国函〔2007〕83号），同意卡拉苏口岸对外开放，为国际性公路客货运输口岸。2014年5月30日，口岸通过国家正式验收并对外开放。2009年7月，卡拉苏口岸联检区开工建设，于2012年4月建成启用。

2011年12月29日，中塔两国政府签署《关于边境口岸及其管理制度的协定》，确定卡拉苏口岸为国际性常年开放口岸。因当地自然环境和天气状况，每年开放的具体时间及工作时间由中国新疆维吾尔自治区人民政府和塔吉克斯坦戈尔诺—巴达赫尚自治州政府根据各自国内法及实际情况协商确定。自2012年以来，每年4月20日~11月30日对外开放，12月1日~4月19日实行预约开关。预约开关期间，每月开关2次，每次3~4天。2016年11月，经中塔双边地方政府签订《中塔卡拉苏—阔勒买口岸冬季开放运行协议》，同意卡拉苏口岸从2016年12月1日试行常年开放。

2017年，口岸进出口货运量20.15万吨。其中，进口货运量0.14万吨，同比减少39%；出口货运量20.01万吨。

进出口贸易额11.74亿美元，同比减少5%。其中，进口贸易额0.02亿美元，同比减少72%；出口贸易额11.72亿美元，同比减少4%。

出入境人员10 956人次，其中，出入境旅客1 605人次，出入境员工9 351人次。出入境交通工具9 354辆次。

【阿拉山口陆路（公路、铁路）口岸】 阿拉山口陆路（公路、铁路）口岸位于新疆维吾尔自治区博尔塔拉蒙古自治州阿拉山口市境内，是集铁路、公路、管道三种运输方式于一体。与哈萨克斯坦共和国阿拉木图州毗邻。距博乐市79千米，铁路、公路分别距乌鲁木齐市477千米和500千米，距哈萨克斯坦多斯特克口岸12千米，距中哈两国边防会晤点即接轨点4.40千米，距阿拉木图580千米。1990年6月27日，经国务院批准阿拉山口口岸对外开放。1991年7月，铁路口岸临时过货运营。1992年12月1日，正式向第三国开放。1995年12月，公路口岸正式对外开放。2006年7月，中哈原油管道一期工程建成运营。2012年12月，国务院批准设立阿拉山口市。2011年5月，经国务院批准设立阿拉山口综合保税区，2014年6月正式封关运营。口岸已建成集铁路口岸区［铁路站场为二级三场混合式，设有准轨场2个，宽轨场1个，共有站线66条（准轨41条、宽轨25条），换装线20组，年换装能力20万标箱］、公路口岸区、边境互市贸易区、商业区、仓储区、行政办公区、生活服务区、绿化环保区和综合保税区［总规划面积10.90平方千米，一期围网5.61平方千米，已开发4.60平方千米，投资11.70亿元，二期规划面积5.30平方千米。综合保税区建成并投入使用20条铁路专用线（13条宽轨和7条标准轨）］等九大功能区，建成了“九纵十五横”城市道路网，城市框架初步形成，已发展成集通关、贸易、物流、加工、仓储、金融、旅游等多功能于一体的沿边新兴口岸。

阿拉山口口岸获批指定口岸种类有：（1）整车进口口岸。2014年7月，国务院批复阿拉山口口岸为汽车整车进口口岸，2015年8月通过国家验收。2017年，进口整车1 007辆，贸易额1.70亿元，占全疆75%以上；（2）进境粮食指定口岸。2014年10月，获批进境粮食指定口岸，主要进口小麦、红花子、葵花籽、麦麸等粮谷。（3）阿拉山口国际邮件交换站。2015年6月，获批国际邮件交换站。2015年12月4日，由乌鲁木齐发往莫斯科的首批试运邮件在阿拉山口检验、换装并出境，邮件1 100总包，4万余件，总30吨左右。（4）进口活畜许可口岸。2016年1月，阿拉山口口岸活畜进口动物隔离场经新疆出入境检验检疫局验收通过。3月28日，从俄罗斯首批进口的25匹汗血宝马，在隔离场隔离检疫后，运往湖北武汉赛马俱乐部。（5）进口肉类指定口岸。2015 年 11 月 17 日，国家质检总局批准阿拉山口筹建进口肉类指定口岸。(6) 进口植物种苗指定口岸。2016 年 8 月 2 日，国家质检总局考核验收了阿拉山口口岸申报进境种苗指定口岸资质。

经阿拉山口口岸出境的中欧、中亚班列共有 31 种，分别为“渝新欧”“汉新欧”“郑新欧”“蓉新欧”“合新欧”(中欧、中亚班列)、“义新欧”“粤新欧”“厦蓉欧”“长安号”“昆明班列”(昆明—鹿特丹)“临新欧”“湘新欧”“乌北班列”(乌鲁木齐—俄罗斯)“宁波—中亚班列”“连云港中亚班列”“南京—中亚班列”“天马号”“洛新欧”“兰州号”“青岛号”“鲁新欧”“滨新欧”“奎屯班列”(奎屯—格鲁吉亚)“西行班列”(乌鲁木齐—中亚)“中东班列”“中阿号”“义乌—阿富汗班列”“南通—阿富汗·海拉顿”班列、“青海—比利时”中欧班列、阿拉山口“丝绸之路”号货运专线班列。班列出口货物主要为化工产品、钢材、建材、汽车零配件、各类机械及其配件、家具及室内装饰材料、笔记本电脑、服装百货、打印机、通信设备、液晶彩电配件、玻璃制品等；进口货物主要为汽车整车及其零配件、食品、婴幼儿用品、家具、酒(德国啤酒、法国红酒)、饮品(果汁、咖啡)等。

2017 年，口岸进出口货运量 2 112.50 万吨，同比增长 19%。铁路完成 852.40 万吨，同比增长 14.10%，公路完成 28.20 万吨，同比增长 19.40%；管道完成 1 232 万吨，同比增长 22.50%。

铁路口岸进出口货物总计 852.40 万吨，同比增长 14.10%。其中，进口货物 465.47 万吨，同比增长 40.20%；出口货物 281.33 万吨，同比减少 2%。中欧中亚班列通行 1 755 列，增长 43.80%。

公路口岸进出口货物 28.20 万吨，同比增长 19.40%。其中，进口货物 17.48 万吨，同比增长 98.50%；出口货物 6.14 万吨，同比减少 31.30%。

中哈原油管道进口原油 1 232 万吨，同比增长 22.50%。

进出口贸易额 107.26 亿美元，同比增长 37%；其中，进口贸易额 77.67 亿美元，同比增长 34%；出口贸易额 29.59 亿美元，同比增长 45.50%。

出入境人员 74 599 人次，同比减少 7.08%。其中，入境 37 489 人次，同比减少 6.94%；出境 37 110 人次，同比减少 7.21%。出入境交通工具 35 967 辆(列)次，同比增长 15.32%。其中，火车 10 305 列次，机动车辆 25 662 辆次。

【霍尔果斯陆路(铁路)口岸】 位于新疆维吾尔自治区伊犁哈萨克自治州霍尔果斯市境内，与哈萨克斯坦共和国阿拉木图州毗邻。地处兵团农四师 62 团团部以南，东接精伊霍铁路，西至中哈铁路接轨点。2011 年 12 月 2 日，中哈霍尔果斯—阿腾科里口岸站接轨。2012 年 12 月 22 日，实现临时开放并通车过货。2014 年 2 月 21 日，国务院下发《国务院关于同意新疆霍尔果斯铁路口岸对外开放的批复》(国函〔2014〕23 号)，霍尔果斯铁路口岸为国际性常年开放铁路客货运输口岸。口岸批准建设用地总面积 377.78 平方米，建设投资总额 19.29 亿元。2016 年 6 月 7 日，口岸通过国家验收，正式对外开放。

口岸出口货物主要为汽车配件、百货、机械产品、纺织品、建材、家具、钢材、化工材料及电子产品等。抵达霍尔果斯铁路站列车始发点主要来自连云港、青岛、郑州、胶州等地。进口货物主要为返程空集装箱、尿素、红花籽、铁矿石、棉花、红酒等。

2017 年，口岸出入境交通工具 3 272 列次。其中，入境 1 638 列，出境 1 634 列，同比增长 59.61%。

进出口货物量 35.21 万吨，同比增长 48.20%。进出口贸易额 38.44 亿元。

2017 年新疆维吾尔自治区口岸大事记

1 月 6 日

新疆维吾尔自治区口岸办与财政部新疆专员办对接了2016年度自治区关于免除查验没有问题外贸企业吊装移位仓储费用全面试点工作的实施情况。

2月27日

新疆维吾尔自治区口岸办在阿拉山口口岸组织召开危险品监管仓库规划建设推进会。

4月26日

为落实中哈合作委员会第八次会议期间两国副总理的要求，中哈两国相关部门在中哈霍尔果斯边境合作中心中方一侧就中哈霍尔果斯—阿腾科里铁路口岸实行24小时工作制进行工作会晤，会晤就敦促哈国外交部落实该口岸正式开放复照程序、近期实现24小时通关、完善口岸查验设施建设、提高口岸查验效率、建立口岸协调机制等事项达成了共识。

5月24日~26日

国家口岸办在海关总署苏州外事培训基地举办了国际贸易“单一窗口”标准版培训班。新疆维吾尔自治区口岸办派业务处室及技术人员参加培训。

6月6日~8日

新疆维吾尔自治区口岸办在乌鲁木齐举办全区口岸干部培训班。

6月8日

首趟新疆乌鲁木齐—霍尔果斯—阿斯塔纳国际旅客列车开行，新疆霍尔果斯铁路口岸举行首趟国际联运换乘客车班列开行仪式。

7月6日

新疆维吾尔自治区口岸办向国家口岸管理办公室报请关于建设塔克什肯口岸货运专用通道事，请国家口岸管理办公室通过外交途径与蒙古国确认选址和建设事宜，争取尽早开工建设。

7月7日

国家口岸管理办公室牵头召开了国际贸易“单一窗口”标准版试点扩大部署会暨建设领导小组第五次会议，会议明确在第一批“单一窗口”标准版试点地区的基础上，进一步扩大试点范围，新增北京、上海、山东、湖南、贵州、新疆、河南为试点地区。

7月14日~29日

新疆维吾尔自治区口岸办与有关单位密切配合，积极落实，圆满完成2017年丝绸之路国际汽车越野拉力赛（新疆段）赛事口岸通关任务。

7月25日

新疆维吾尔自治区人民政府党组成员黄三平同志主持召开自治区电子口岸（“单一窗口”）建设领导小组全体成员会议。自治区电子口岸（“单一窗口”）建设领导小组成员单位领导及相关业务处室负责人参加了会议。

9月17日~31日

新疆维吾尔自治区口岸办派遣检查组赴全区17个口岸检查安全生产、《压缩货物通关时间的措施（试行）重点任务分工方案》的落实情况。

9月18日~23日

为落实新疆维吾尔自治区维稳办《关于进一步加强和改进边境防控工作的意见》《关于进一步加强长距离孔道管控工作的实施方案》要求，继2017年3月16日~21日起，新疆维吾尔自治区口岸办再次组织驻疆查验单位派出检查组赴红其拉甫、卡拉苏、吐尔尕特、伊尔克什坦、老爷庙五个长距离孔道口岸对查验监控设施建设和查验业务情况进行了现场检查与指导。

9月22日

国家质检总局批准阿拉山口口岸设立进境水果指定口岸。

9月25日

向乌鲁木齐市政府、乌鲁木齐海关、新疆出入境检验检疫局、乌鲁木齐铁路局转发国口办《关于批准乌鲁木齐铁路西站继续临时开放的通知》。国口办批准乌鲁木齐铁路西站（集装箱场站）继续临时开放至2018年9月。

10月29日~30日

派员陪同越南外交部国家边界委员会副主任阮英勇一行赴霍尔果斯口岸考察、座谈。

11月4日

全区口岸工作会议在乌鲁木齐召开。会议旨在深入贯彻党的十九大精神，传达贯彻国务院口岸工作部际联席会议第三次全体会议精神，落实全国口岸办主任会议工作部署，明确新疆维吾尔自治区今后一段时期的口岸工作任务。新疆维吾尔自治区口岸工作领导小组成员单位及各地、州、市口岸委（办）主要领导参加了此次会议。新疆维吾尔自治区人民政府副秘书长帕力外 · 木沙主持会议，新疆维吾尔自治区人民政府分管领导黄三平出席会议并讲话。

11 月 14 日 ~30 日

新疆维吾尔自治区口岸办赴全区各口岸，与各隶属海关及办事处、出入境检验检疫局共同做好“单一窗口”标准版推介培训工作。

11 月 14 日 ~16 日

组织验收组赴吐尔尕特口岸对新建联检大厅进行验收。

11 月 30 日 ~12 月 31 日

新疆维吾尔自治区口岸开展为期 1 个月的集装箱进出口环节合规成本专项治理行动。

（撰稿人：贯芳）

2017 年新疆维吾尔自治区口岸流量统计表

口岸类型		口岸名称	货运量（万吨）				集装箱量（万标箱）				人员（万人次）				交通工具（辆、艘、架、列次）			
			出口	进口	合计	同比（%）	出口	进口	合计	同比（%）	出境	入境	合计	同比（%）	出境	入境	合计	同比（%）
空运口岸		乌鲁木齐空运口岸	0.34	0.12	0.46	-64.10			0.00		412 655	409 874	822 529.00	-13.20			7 845	-9.43
空运口岸		喀什空运口岸									1 277	1 703	2 980	-66.70			109	-48.60
空运口岸		分计	0.34	0.12	0.46				0.00		413 932	411 577	825 509				7 954	
陆路口岸	公路口岸	老爷庙口岸	0.08	114.94	115.03	52.40					11 374	11 383	22 757	32.00			19 270	16.40
陆路口岸	公路口岸	乌拉斯台口岸			1.50	7 400.00					308	308	616	147.40			510	880.77
陆路口岸	公路口岸	塔克什肯口岸	2.24	60.59	62.83	83.00					59 846	59 822	119 668	-30.60			21 905	61.10
陆路口岸	公路口岸	红山嘴口岸			0.01	-50.00					554	557	1111	17.40			243	-2.00
陆路口岸	公路口岸	吉木乃口岸	3.77	34.25	38.02	8.60					33 183	32 456	65 639	-25.78			5 316	-9.60
陆路口岸	公路口岸	巴克图口岸	12.14	5.90	18.04	30.60					36 794	37 339	74 133	-32.16			17 826	14.80
陆路口岸	公路口岸	阿拉山口口岸	6.14	1 249.48	1 260.20	22.45					37 110	37 489	74 599	-7.38			35 967	57.60
陆路口岸	公路口岸	霍尔果斯口岸	71.01	2 792.58	2 863.59	13.48					2 926 596	2 922 229	5 848 825	7.70			68 624	32.82
陆路口岸	公路口岸	都拉塔口岸	34.39		34.39	14.75					16 840	16 472	33 312	16.23			25 510	15.84
陆路口岸	公路口岸	吐尔尕特口岸	27.00	3.10	30.10	-13.26					19 248	19 537	38 785	-15.12			34 908	-1.96
陆路口岸	公路口岸	伊尔克什坦口岸			42.38	40.33					15 378	15 553	30 931	-22.76			25 886	1.09
陆路口岸	公路口岸	红其拉甫口岸	7.02	0.64	7.66	43.18					7 612	7 652	15 264	-14.46			6 054	17.28
陆路口岸	公路口岸	卡拉苏口岸	20.01	0.14	20.15	-10.12			0.00		5 458	5 498	10 956	-25.37			9 354	-23.59
陆路口岸	公路口岸	分计			4 493.90				0.00				6 336 596				271 373	
陆路口岸	铁路口岸	阿拉山口口岸	386.93	465.47	852.40	14.14											10 305	22.99
陆路口岸	铁路口岸	霍尔果斯口岸			35.21	48.20											3263	60.58
陆路口岸	铁路口岸	分计			887.61				0.00								13 568	

续表

口岸类型		口岸名称	货运量（万吨）				集装箱量（万标箱）				人员（万人次）				交通工具（辆、艘、架、列次）			
			出口	进口	合计	同比（%）	出口	进口	合计	同比（%）	出境	入境	合计	同比（%）	出境	入境	合计	同比（%）
水运口岸	海港口岸									0.00								
		分计						0.00										
	河港口岸									0.00								
		分计							0.00									
合计			447.94	4 510.96	4 958.90	13.20	0.00	0.00	0.00				1 619 177		0	0	279 327	
同比（%）																		

（新疆维吾尔自治区口岸办提供）

2017年新疆维吾尔自治区口岸出入境主要数据表

项目			2016年	2017年	同比（%）
出入境人员（人次）	出入境人员总数		1 997 445	1 619 177	-18.94
	入境人员		991 148	806 587	-18.62
	出境人员		1 006 297	812 590	-19.25
	出入境旅客		1 648 919	1 235 321	-25.08
	出入境员工		348 526	383 856	10.14
	中国公民	小计	1 112 484		
		内地居民（因公）	162 052		
		内地居民（因私）	883 790		
		港澳居民	1 111		
		台湾同胞	62 602		
	外籍人员		877 263		
	从海港出入境人数		-	-	-
	从陆港出入境人数		920 001	793 668	-13.73
	从空港出入境人数		1 077 444	825 509	-23.38
交通运输工具（辆、艘、架、列次）	总计		245 307	279 327	13.87
	船舶		-	-	-
	飞机		8 836	7 954	-9.98
	火车		10 411	13 568	30.32
	机动车辆		226 060	257 805	14.04

（新疆维吾尔自治区公安边防总队提供）

2017 年乌鲁木齐海关主要数据统计表

项目		2017 年	同比（%）
进出口货运量（万吨）	合计	4 959	13.2
	进口	4 511	12.9
	出口	448	15.5
进出口贸易总值（万美元）	合计		
	进口		
	其中：江、海运输		
	铁路运输		
	汽车运输		
	航空运输		
	邮件运输		
	其他运输		
	出口		
	其中：江、海运输		
	铁路运输		
	汽车运输		
	航空运输		
	邮件运输		
	其他运输		
税收（亿元）	两税合计	144	26.7
	关税入库	5	14.6
	进口环节税入库	139	27.2

（乌鲁木齐海关提供）

2017 年新疆维吾尔自治区出入境检验检疫业务统计表

项目	货物检验检疫				交通工具				集装箱（标箱）		发现动植物疫情		货物通关		出入境人员查验（人次）	健康检查及预防接种（人次）			
	批次	金额（万美元）	检验检疫不合格																
			批次	金额（万美元）	船舶（艘）	飞机（架）	火车（列）	汽车（辆）	合计	检出问题	种类数	种次	批次	金额（万美元）		健康检查	艾滋病监测	发现病例	预防接种
本年累计	45 499	1 428 542	4 929	19 993		7 766	587 344	248 538	336 966		197	39 323	44 478	1 082 304	1 561 361	9 654	9 337	3 431	11 116
其中 出境	19 630	121 541	7	99		3 886	297 727	124 496	228 716				22 532	98 990	777 520	6 510	6 480	2 345	11 109
其中 入境	25 869	1 308 001	4 922	19 894		3 880	289 617	124 042	108 242		197	39 323	983 314	983 314	783 841	3 135	2 857	1 086	7
同比（%）	2.42	15.71	-9.68	-9.13		-11.98	38.91	13.22	57.19		-24.23	-40.98	1.96	1.96	-21.73	-27.77	-29.38	-32.42	-47.9
其中 出境	29.74	18.79	-85.42	-64.39		-12.26	31.34	13.22	49				12.59	12.59	-22.22	-40.98	-40.98	-43.2	-47.9
其中 入境	-11.69	15.43	-4.15	-8.42		-11.7	47.67	13.22	77.86		-24.23	-41	1	1	-21.23	34	27.43	20.13	48

（新疆出入境检验检疫局提供）

台 湾 地 区

2017年台湾地区口岸工作综述

一、北捷、高捷运载客数及收入同为通车来新高

2017年轨道及汽车运输平均每日载客646万人次，较2016年增长2.30%。其中，汽车运输平均每日载客338.30万人次（+1.30%），为仅次于2014年的高点；另轨道运输平均每日载客308万人次（+3.40%）其中，台北捷运平均每日载客204.40万人次（+1.10%）全年客运收入162亿元（+0.50%），高雄捷运之平均每日载客18万人次（+2.20%）客运收入16亿元，台北捷运与高雄捷运双创历年新高。另桃园机场捷运自2017年3月2日正式营运后运量持稳，平均每日载客约5.70万人次，全年客运收入13亿元。

观察2017年机场捷运21个车站进出旅客量，以台北车站最多，平均每日进出3.00万人次，机场第二航厦站1.40万人次及第一航厦站1.30万人次分居第2、3位，3站合计平均每日进出旅客5.70万人次，占进出旅客总量50.20%；另位居商业活动繁荣及交通相对便捷区的高铁桃园站（高铁机捷共构）及长庚医院站（机捷直达车停靠点）进出人数亦多。

铁路客运部分，2017年，台铁平均每日载客63.80万人次，同比增长1.30%，运量持稳；另高铁平均每日载客增至历年新高16.60万人次，较2016年增加7.30%，增长幅度也明显大于其他轨道运输工具及汽车运输。

2017年台湾地区交通各业主要统计指标

各业施政指标		统计值	较上年增减率	成果
铁公路	1. 台铁每日载客量	63.80万人次	1.30%	历年次高
	2. 北捷每日载客量	204.40万人次	1.10%	历年新高
	3. 高捷每日载客量	17.60万人次	2.20%	历年新高
	4. 桃捷每日载客量	5.70万人次	-	-
	5. 高铁每日载客量	16.60万人次	7.30%	历年新高
	6. 汽车客运每日载客量	338.30万人次	1.30%	历年次高
	7. 高速公路每日通行费收入	6 493万元	2.00%	历年新高
港埠	8. 港埠货柜装卸量	1 491万标箱	0.30%	历年次高
	9. 港埠货物装卸量	7.30亿计费吨	-1.10%	历年第3高
	10. 港埠进出港旅客人数	142.70万人次	16.10%	历年新高
航空	11. 各机场进出旅客人数	6 598万人次	4.30%	历年新高
	12. 各机场两岸航线客运量	1 044万人次	-7.20%	-
	13. 桃园国际机场旅客人数	4 488万人次	6.10%	历年新高
观光	14. 来台旅客人数	1 074万人次	0.50%	历年新高
	15. 来台观光目的旅客人数	765万人次	1.20%	历年新高
	16. 国人出国人数	1 565万人次	7.30%	历年新高

续表

各业施政指标		统计值	较上年增减率	成果
邮政	17. 邮政储金结存金额（12月底）	6.10兆元	1.20%	历年新高
	18. 邮政储金结存户数（12月底）	3 591万户	0.80%	历年新高

说明：本表港埠系指国际商港（基隆港、高雄港、台中港、花莲港、苏澳港、安平港及台北港）。

近6年轨道及汽车运输平均每日载客数

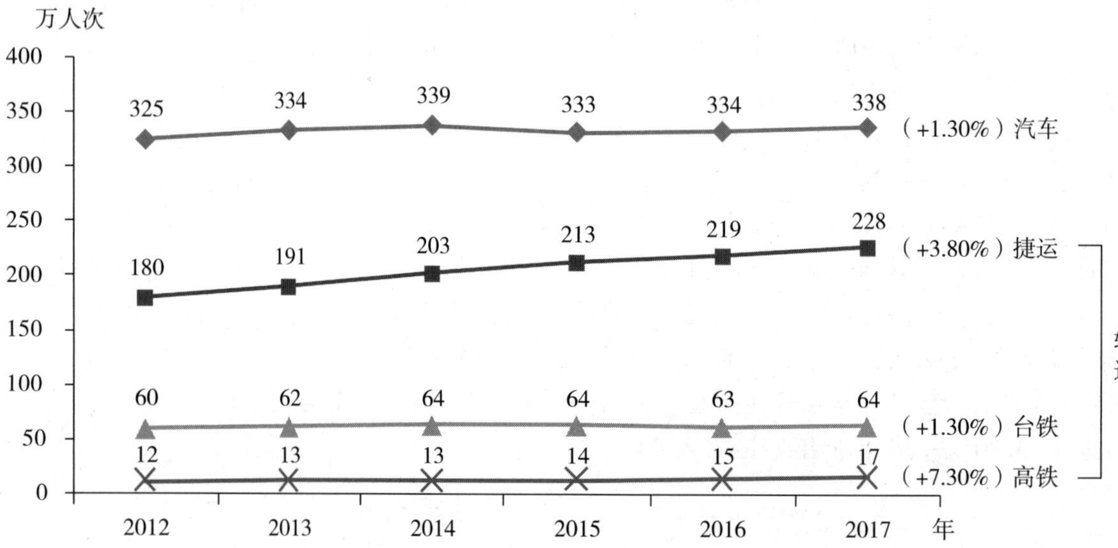

二、高雄港国际柜量续达千万标箱，年减1.9%

2017年台湾地区商港国际航线货柜装卸1 479万标箱，较2016年微增0.20%，其中进、出口货柜装卸量分别增至475万标箱（+4.60%）及473万标箱（+4.80%），均为历年新高；占比最大的转口柜量受海运联盟航线调整影响，减为532万标箱（-6.90%），致整体装卸量仅微幅增加。

主要港口中，仍以高雄港1 021万标箱，占比69.00%为最多，该港转口部分较2016年减少30万标箱（-5.90%），致整体装卸柜量减少1.90%，该港为争取柜源回流，并配合货柜船大型化趋势，已积极推动奖励措施，并规划港口扩建工程；台中港162万标箱（+8.10%）、台北港154万标箱（+5.70%）及基隆港142万标箱（+2.20%），仍稳健成长。

海峡两岸直航部分，2017年总计装卸250万标箱，年减4万标箱（-1.60%），其中转口已连续3年减少，为71万标箱（-9.40%），出口亦略减为100万标箱（-1.00%），进口则年增4万标箱（+5.70%）为78万标箱。

近6年台湾地区商港国际航线货柜装卸量

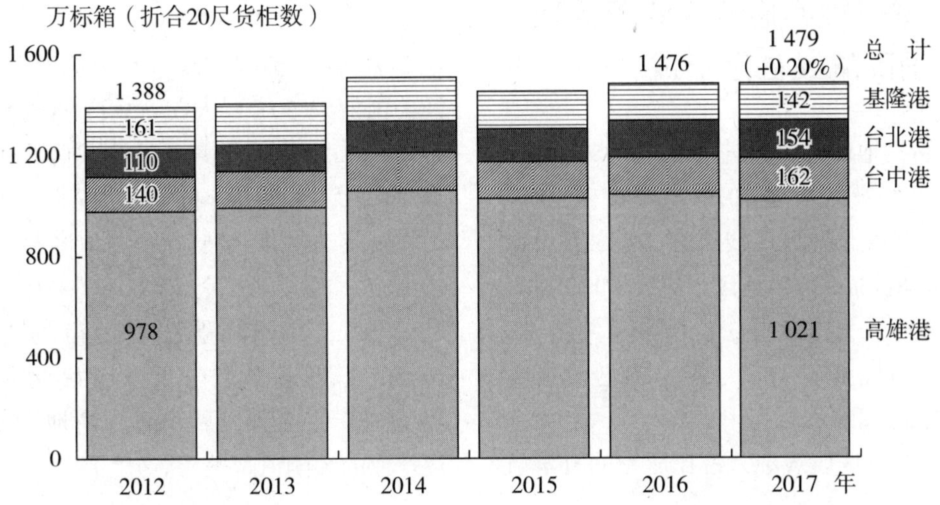

三、台湾商港旅客量突破140万人次，年增长16.10%

近年，邮轮观光由传统欧美市场延伸聚焦于亚洲地区，加以台湾地区积极协助发展邮轮观光产业，推升2017年台湾地区邮轮旅客数为98.00万人次，较2016年增加22.90万人次（+30.50%），使台湾商港进出旅客量142.70万人次，年增19.80万人次（+16.10%），展现佳绩。

2017年，台湾地区商港进出旅客量按航线别观察，国际及两岸航线进出旅客分别为97.40万人次及15.80万人次，较2016年增加23.70万人次（+32.20%）及2.90万人次（+22.20%）；其中，国际航线以往返基隆—日本（含琉球）的76.00万人次（+30.30%）最多。台湾地区内航线部分，因丽娜轮岁修及受台风毁损停航等因素影响，降为29.50万人次，年减6.90万人次（-18.80%）。

2017年，在基隆与高雄为邮轮双母港策略下，吸引了643艘次（+29.90%）国际邮轮弯靠，其中挂靠基隆与高雄两港的艘次及旅客占台湾地区整体国际邮轮比率均达95%以上，显示双母港营运模式渐具成效。

近6年台湾商港进出港旅客人次

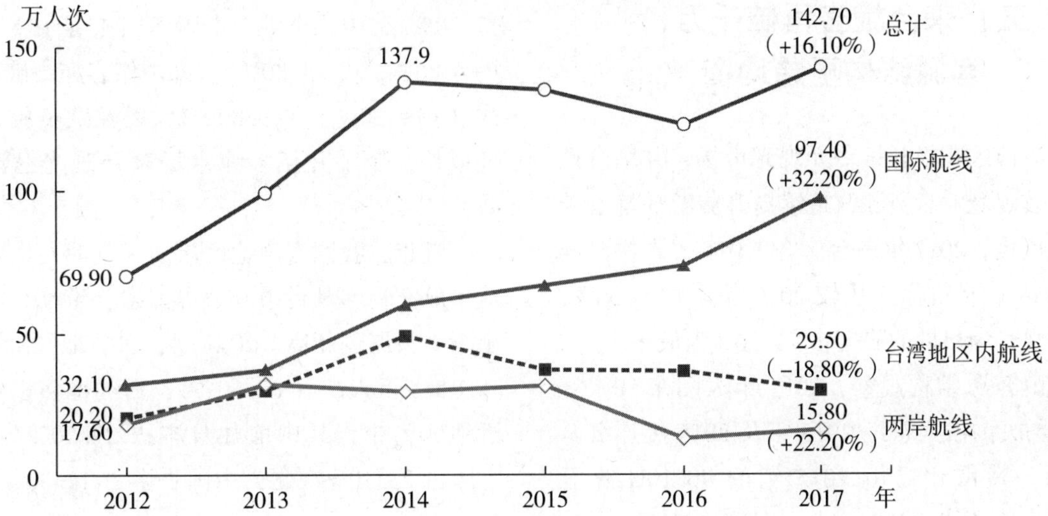

四、机场进出旅客逾 6 500 万人次，国际航线占近七成

2017 年台湾地区各机场进出旅客 6 598 万人次，刷新历年纪录，并较 2016 年增长 4. 30%。其中，以国际航线、地区航线旅客 4 403 万人次为最多，年增 8. 1%；台湾地区内航线 1 110 万人次，亦增 2. 30%；另占比第 3 位两岸航线 1 044 万人次，以及过境旅客 41 万人次，则分别减少 7. 20%、5. 70%。

国际航线、地区航线中，占比居首的日本航线 1 290 万人次（+3. 80%），已连续 3 年逾 1 000 万人次，其次依序为中国香港航线 903 万人次（-0. 80%）、韩国航线 398 万人次（+15. 00%）及美国航线 307 万人次（+11. 00%），皆逾 300 万人次。另欧洲及美洲长线载客量亦分别增长 44. 80%及 13. 80%，机场服务量明显增加。

观察 2017 年年底在台湾地区营运的 21 家低成本航空公司，全年载客 902 万人次（+25. 20%），其国际航线客运市场占有率升至 16. 60%。低成本航空近 5 年客运量平均增长 48. 50%，其未来发展及对台湾地区整体航空客运产业的影响值得关注。

近 6 年台湾地区机场进出旅客人数——按航线别

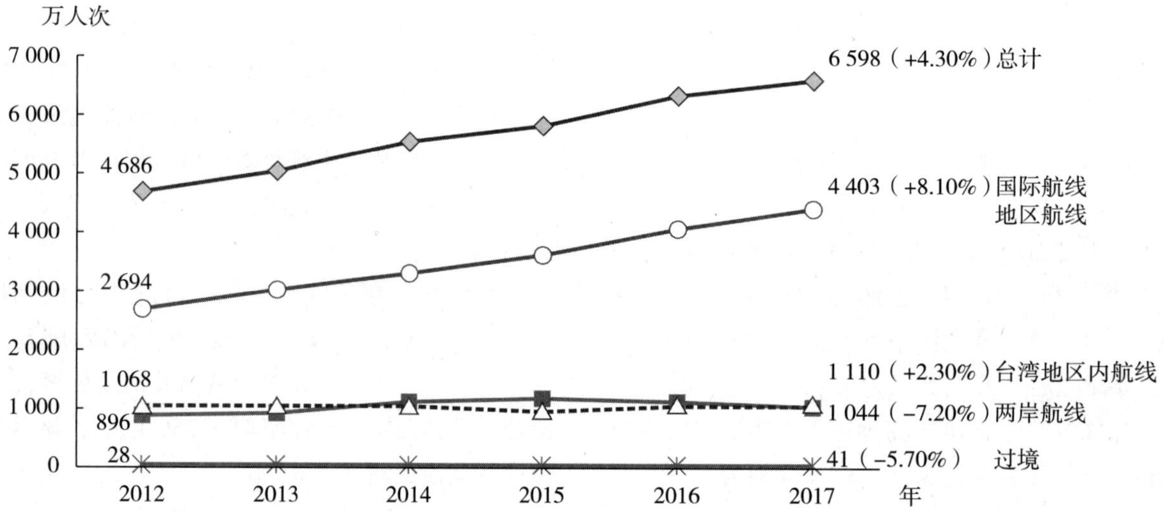

五、来台旅客再破千万，客源结构更趋均衡

台湾地区积极开拓多元观光市场，并结合地方政府及观光业者资源，持续提升旅游环境友善度与特色化，2017 年来台旅客 1 074 万人次已连续三年达千万目标，并较 2016 年微增 0. 50%，其中以观光为目的的旅客占 71. 20%为最多。

另由客源结构观察，2017 年大陆来台旅客 273 万人次仍占大宗经 2015 年及 2016 年连续两年缩减，其占比已由 2015 年的 40. 10%降至 25. 40%，部分缩减幅度改由东南亚客源补足。2017 年，日本旅客 190 万人次（+0. 20%，占 17. 70%），中国香港、中国澳门旅客 169 万人次（+4. 80%，占 15. 80%），韩国旅客亦突破百万人次（+19. 30%，占 9. 80%），以及欧美旅客皆稳健成长，显示开拓多元市场来台观光已渐显成效。

近年，我国台湾地区旅游风气盛行，加之低成本航空兴起及台币升值等因素，带动台湾地区出境人数屡创新高。2017 年，台湾地区出境人数达 1 565 万人次（+7. 30%），目的地多以短程邻近地区为主，其中前往日本占 29. 50%为最多，大陆占 25. 10%次之，中国香港占 11. 30%居第 3 位。

近 6 年来台旅客人数按居住地分

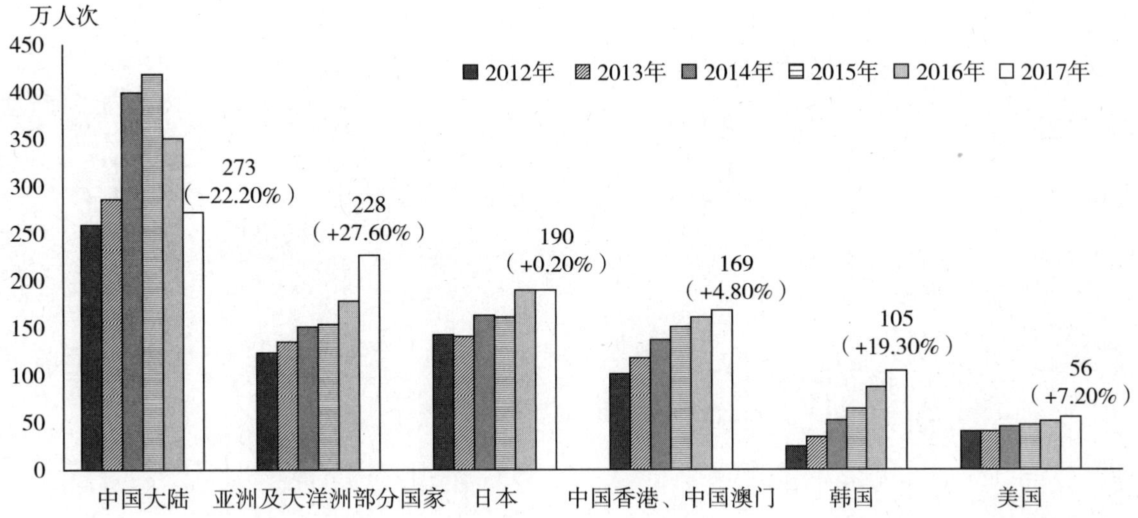

香 港 地 区

2017 年香港地区口岸工作综述

香港地区对外贸易包括香港地区的对外商品贸易及服务贸易。香港地区的对外商品贸易统计是根据进出口报关单上的资料编制。《中华人民共和国香港特别行政区基本法》说明，香港特别行政区为单独的关税地区。香港地区与中国内地之间的贸易，亦须办理进出口报关，有关的统计资料包括在香港地区的对外商品贸易统计数字内。香港地区与中国内地之间的服务贸易视作对外交易，并包括在香港地区服务贸易统计数字内。

总体商品贸易

单位：百万港元

贸易种类	2015 年	2016 年	2017 年
整体出口	3 605 279	3 588 247	3 875 898
同比（%）	-1.8	-0.5	8.0
进口	4 046 420	4 008 384	4 357 004
同比（%）	-4.1	-0.9	8.7
贸易总额	7 651 699	7 596 631	8 232 902
同比（%）	-3.1	-0.7	8.4
商品贸易差额	-441 141	-420 137	-481 106

港口货物吞吐量

单位：千公吨

项目		2015 年	同比（%）	2016 年	同比（%）	2017 年	同比（%）
港口货物总吞吐量	合计	256 559	-13.8	256 730	0.1	281545	9.7
	卸下	152 808	-17.0	150 774	-1.3	174578	15.8
	装上	103 751	-8.6	105 956	2.1	106 967	1.0
海运货物吞吐量	合计	168 586	-14.6	164 084	-2.7	176 889	7.8
	卸下	112 180	-14.1	110 291	-1.7	118 873	7.8
	装上	56 406	-15.6	53 794	-4.6	58 017	7.9
河运货物吞吐量	合计	87 973	-12.4	92 646	5.3	104 656	13.0
	卸下	40 628	-24.3	40 483	-0.4	55 705	37.6
	装上	47 345	1.3	52 163	10.2	48 951	-6.2

按主要国家（地区）划分的商品贸易

单位：百万港元

贸易种类/主要国家（地区）		2015 年	2016 年	2017 年
进口	总量	4 046 420	4 008 384	4 357 004
	同比（%）	-4.1	-0.9	8.7
中国内地		1 984 048	1 916 831	2 030 145
日本		260 294	246 698	253 394
中国台湾		274 385	292 072	329 678
新加坡		245 867	261 694	288 107
美国		210 933	206 645	213 737
韩国		172 085	196 228	252 056
马来西亚		94 084	90 584	114 877
印度		82 913	92 773	107 412
泰国		84 910	82 586	89 641
菲律宾		56 477	59 768	76 275
整体出口	总量	3 605 279	3 588 247	3 875 898
	同比（%）	-1.8	-0.5	8.0
中国内地		1 936 515	1 943 469	2 105 829
美国		342 193	324 040	330 198
日本		122 772	116 746	128 474
印度		101 831	116 702	158 636
中国台湾		65 029	74 516	89 371
德国		70 269	66 717	73 912
韩国		54 380	54 040	56 672
越南		76 612	72 173	79 632
新加坡		58 451	61 285	61 023
荷兰		52 024	57 378	63 982
贸易总额	总量	7 651 699	7 596 631	8 232 902
	同比（%）	-3.1	-0.7	8.4
中国内地		3 920 564	3 860 300	4 135 974
美国		553 126	530 684	543 935
日本		383 067	363 444	381 868
中国台湾		339 414	366 587	419 050
新加坡		304 318	322 979	349 130
韩国		226 465	250 267	308 728

续表

贸易种类/主要国家（地区）	2015 年	2016 年	2017 年
印度	184 745	209 474	266 047
马来西亚	123 283	117 857	143 539
泰国	134 003	130 535	143 777
越南	127 522	126 437	141 277

按产品所属工业划分的产品出口统计表

单位：百万港元

主要货物类别	2015 年	2016 年	2017 年
食品	3 346. 5	3 503. 5	4 146. 9
饮品	757	634. 9	759. 4
烟草制品	3 452. 3	3 318. 5	3 119. 4
纺织制品	597. 5	562. 8	605. 3
成衣制品	878. 5	524. 7	318. 3
纸及纸制品和印刷及已储录资料媒体的复制	3 070. 9	2 790. 6	2 991. 3
非金属矿产制品	1 112. 4	1 018. 0	1 168. 5
化学品及化学产品	5 678. 6	5 154. 1	5 252. 7
药品、医药化学剂和植物药材产品	2 917. 6	3 028. 6	3 347. 4
橡胶及塑胶制品（家具、玩具、体育用品及文具除外）	1 193. 8	1 039. 8	823. 4
基本金属制品	5 201. 2	5 126. 9	7 213. 2
金属制品（机械及设备除外）	385. 3	153. 0	144. 1
电脑、电子及光学产品	3 541. 7	3 373. 0	3 073. 4
电器设备制品	872. 8	741. 1	448. 0
其他机械设备	3 953. 3	3 474. 4	977
珠宝首饰及相关制品	7 007. 6	6 202. 2	7 175. 5
其他制造业	2 017. 7	1 250. 6	904. 4
总计	45 984. 8	41 896. 8	42 468. 9

商品贸易指数

指数类别	贸易种类	2015 年	2016 年	2017 年
货值	进口	100.9	100.0	108.7
	同比（%）	-4.1	-0.9	8.7
	整体出口	100.5	100.0	108.0
	同比（%）	-1.8	-0.5	8.0
单位价格	进口	101.7	100.0	101.9
	同比（%）	-0.4	-1.7	1.9
	整体出口	101.7	100.0	101.8
	同比（%）	0.1	-1.7	1.8
货量	进口	99.0	100.0	106.8
	同比（%）	-3.2	1.0	6.8
	整体出口	98.6	100.0	106.2
	同比（%）	-1.7	1.4	6.2
贸易价格比率		100.0	100.0	99.9
	同比（%）	0.5	0	-0.1

澳 门 地 区

2017 年澳门地区口岸工作综述

2017 年，澳门经济实质增长 9. 1%，终止了过去三年的经济收缩；上半年经济上升 11. 2%，下半年则增长 7. 2%。整体经济虽恢复正增长，但内部需求依然疲弱，同比倒退 2. 7%；当中私人消费及政府最终消费分别上升 1. 6%及 1. 7%，而固定资本投资则同比跌 10. 0%。外部需求止跌回升，入境旅客人数及旅客消费同时增加，令总体服务出口上升 15. 4%，其中博彩服务出口及其他旅游服务出口分别增加 16. 4%及 15. 4%，而货物出口亦上升 12. 3%。

2017 年本地生产总值为 4 042 亿澳门元，人均本地生产总值为 622 803 澳门元（约 77 596 美元）。另外，2017 年本地生产总值内含平减物价指数上升 2. 3%。

澳门地区本地生产总值主要指标

年　份	2013	2014	2015	2016	2017
本地生产总值—当年价格（亿澳门元）	4 119	4 421	3 622	3 623	4 042
本地生产总值实质增长率（%）	11. 2	-1. 2	-21. 6	-0. 9	9. 1
人均本地生产总值—当年价格（澳门元）	692 501	710 895	564 635	560 913	622 803
人均本地生产总值实质增长率（%）	6. 5	-5. 5	-24. 0	-1. 5	8. 6

关于各主要组成部分占本地生产总值百分比方面，2017 年货物及服务净出口占本地生产总值的比重上升至 47. 4%，较 2016 年的 41. 6% 增加 5. 8 个百分点。相反，内部需求所占比重则减少 5. 8 个百分点至 52. 6%，主要是投资及私人消费支出的比重分别较 2016 年减少 3. 2 及 2. 1 个百分点所致，而政府最终消费支出所占比重则微降 0. 5 个百分点。

本地生产总值主要组成部分结构

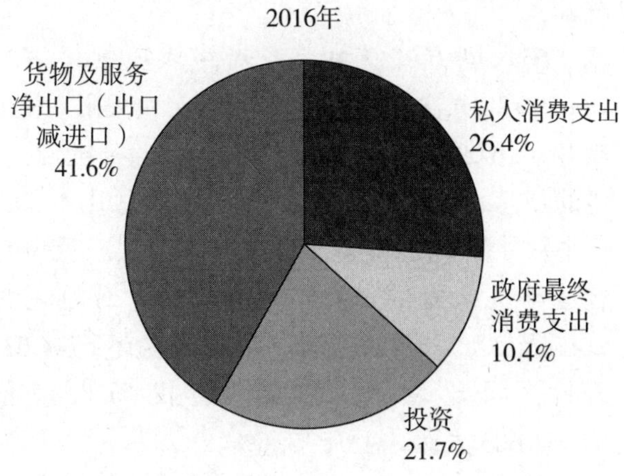

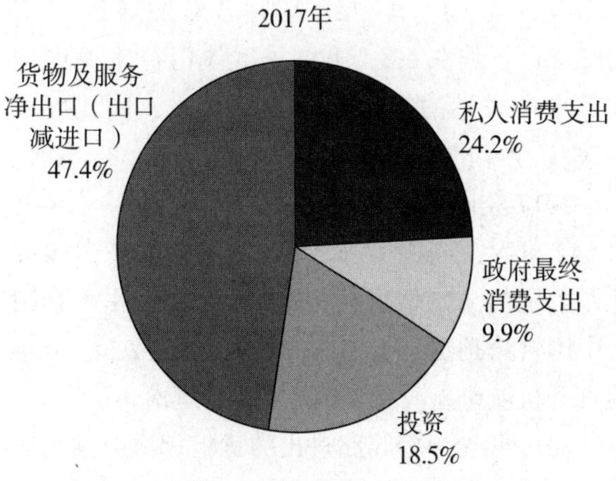

2017 年全年总出口货值 112. 8 亿元，同比增加 12. 3%；再出口（95. 0 亿元）增加 17. 5%，本地产品出口（17. 9 亿元）则减少 9. 0%。由于手袋及银包（+ 33. 3%）、小客车及电单车（+27. 8%）及黄金制首饰（+16. 3%）等货物的需求增加，带动 2017 年总进口货值同比上升 6. 3%至 758. 5 亿元。全年货物贸易逆差 645. 7 亿元。

按出口目的地分析，全年输往中国内地货值（21. 2 亿元）同比上升 21. 1%，其中泛珠三角九省（19.0 亿元）增加 15.8%；与此同时，出口至中国香港（66.0 亿元）、欧洲联盟（1.9 亿元）与美国（1.9 亿元）分别增加 18.7%、8.6%及 18.9%。另外，出口往葡语系国家（82 万元）同比下跌 85.9%。非纺织品出口为 104.2 亿元，同比增加 11.4%；机器设备与零件（13.3 亿元）上升 59.8%，电子元器件（7.4 亿元）则下跌 35.6%。纺织品及成衣出口为 8.6 亿元，上升 24.3%。

按货物原产地统计，全年由中国内地（257.0 亿元）与葡语系国家（6.5 亿元）进口的货值同比分别下跌 0.6%及 2.7%，而由欧洲联盟（190.9 亿元）进口的则上升 12.0%。按货物来源地分析，来自中国内地的（121.1 亿元）上升 0.7%，其中泛珠三角九省（115.3 亿元）增加 1.6%。消费品进口上升 10.6%至 495.0 亿元，其中手袋及银包（34.8 亿元）与小客车及电单车（16.9 亿元）分别增加 33.3%及 27.8%；建筑材料（18.5 亿元）的进口货值则有 5.6%的跌幅。

2017 年对外商品贸易总额共 871.3 亿元，较 2016 年的 814.0 亿元增加 7.0%。

第四季度跨境汽车流量为 1 233 691 车次，同比微升 0.8%；全年流量则下跌 5.0% 至 4 818 794 车次，其中经关闸口岸的车次（占 72.3%）下跌 9.2%。第四季度澳门往来中国内地及中国香港的客轮共 34 255 班次，同比减少 4.7%；全年的班次亦下跌 1.4%至 138 684 班次。

2017 经国际机场升降的商业班机，全年共 54 842 班次，同比上升 2.3%；当中往来中国内地及韩国的分别增加 4.3%及 64.2%，往来泰国及中国台湾地区的则减少 24.9%及 7.2%。全年的直升机航班上升 9.3%至 12 744 班次。

2017 年全年经陆路进出的货柜货物毛重同比下跌 33.1%至 13 892 公吨，当中经路氹城的（12 918 公吨）占 93.0%。全年海路货柜货物毛重亦减少 10.6%至 160 483 公吨，经内港的（86 139 公吨）占 53.7%；海路货柜总吞吐量为 129 798 标准货柜单位，较 2016 年微升 0.3%，进出的货柜亦增加 1.4%至 90 318 柜次。2017 年空运货物同比上升 14.0%至 37 493 公吨，其中进口（6 643 公吨）、出口（23 356 公吨）及转口货物（7 494 公吨）的升幅分别为 3.4%、19.0%及 9.5%。2017 年全年空运货物的主要进出口地点为中国台湾地区，分别占进出口货物 54.9%及 45.4%；而出口往越南的货物（2 987 公吨）有 50.4%升幅。

2017 年全年入境旅客达 32 610 506 人次，同比增加 5.4%；留宿旅客（17 254 838 人次）上升 9.9%，不过夜旅客（15 355 668 人次）微增 0.7%。旅客平均逗留 1.2 日，与 2016 年相同；留宿及不过夜旅客的平均逗留时间维持在 2.1 日及 0.2 日。按国家/地区划分，中国内地旅客（22 196 203 人次）同比上升 8.5%，韩国旅客（874 253 人次）上升 32.0%；中国香港（6 165 129 人次）及中国台湾地区旅客（1 060 107 人次）则分别下跌 4.0%及 1.3%。此外，来自美国、澳洲、加拿大及英国的旅客亦有跌幅。

按入境方式统计，经陆路入境的旅客有 18 629 788 人次，同比上升 4.9%，由关闸入境的旅客（16 098 629 人次）增加 4.0%。经海路入境的旅客（11 236 083 人次）同比上升 4.3%，当中从外港客运码头（6 888 952 人次）及氹仔客运码头入境的（4 347 131 人次）分别增加 5.4%及 2.8%。取道空路入境的旅客有 2 744 635 人次，同比增加 13.7%，经机场入境的（2 731 605 人次）上升 13.6%。

对外商品贸易主要指标

单位：百万澳门元

年份	货物进口	同比（%）	货物出口	同比（%）	本地产品出口	同比（%）	再出口	同比变动（%）
2015	84 663.2	-6	10 692.1	8	1 820.8	-10	8 871.2	12
2016	71 351.6	-16	10 046.6	-6	1 962.9	8	8 083.8	-9
2017	75 851.1	6	11 283.1	12	1 785.6	-9	9 497.6	17

澳门地区对外商品贸易指数

2016=100

年份	出口			本地产品出口			再出口			进口			贸易价格比率
	价值	单位价格	数量	价值	单位价格	数量	价值	单位价格	数量	价值	单位价格	数量	
2013	90.5	103.0	87.9	102.4	98.9	103.5	87.6	104.7	83.7	113.5	103.8	109.3	99.2
2014	98.7	101.5	97.3	103.1	99.6	103.5	97.6	101.4	96.2	126.1	102.8	122.6	98.7
2015	106.4	100.8	105.6	92.8	99.5	93.3	109.7	100.9	108.8	118.7	101.4	117.1	99.5
2016	100.0	100.0	100.0	100.0	100.0	100.0	100.0	100.0	100.0	100.0	100.0	100.0	100.0
2017	112.3	100.0	112.3	91.0	100.1	90.8	117.5	99.9	117.6	106.3	99.8	106.6	100.2

货柜货物毛重

单位：公吨

通道		2007年	2012年	2015年	2016年	2017年
总数		405 123	237 961	278 201	200 306	174 375
	进口	267 733	198 927	242 740	170 792	145 516
	出口	65 319	21 985	18 514	21 109	22 912
	转口	72 071	17 050	16 947	8 405	5 947
内港		162 237	131 916	104 394	94 340	86 139
	进口	140 213	116 648	95 699	83 732	78 188
	出口	17 155	13 928	7 612	9 405	6 920
	转口	4 869	1 339	1 082	1 202	1 032
关闸		4 357	1 416	757	733	702
	进口	3 758	678	-	-	-
	出口	-	27	-	17	5
	转口	599	711	757	716	697
九澳港		167 051	75 364	147 766	85 217	74 344

续表

通道		2007 年	2012 年	2015 年	2016 年	2017 年
	进口	89 858	66 907	132 857	72 856	59 252
	出口	37 725	3 732	8 367	9 361	13 350
	转口	39 468	4 725	6 542	3 001	1 742
路凼城边检站		70 888	25 136	20 328	18 251	12 918
	进口	33 812	14 088	14 091	13 969	8 011
	出口	10 040	4 225	2 376	2 180	2 545
	转口	27 036	6 823	3 861	2 101	2 362
跨境工业区		591	4 130	4 955	1 766	272
	进口	92	606	93	235	65
	出口	399	72	158	146	93
	转口	100	3 452	4 705	1 384	114

海路货柜总吞吐量

单位：标准货柜单位

通道		2007	2012	2015	2016	2017
总数		138 685	119 927	149 726	129 416	129 798
	进口	67 010	73 056	91 932	80 922	81 958
	出口	63 741	46 705	57 508	48 413	47 631
	转口	7 934	165	287	82	209
内港		88 472	95 214	100 124	93 237	93 351
	进口	48 055	60 206	67 436	63 369	63 717
	出口	39 272	34 921	32 569	29 850	29 617
	转口	1 146	87	119	18	17
九澳港		50 213	24 712	49 602	36 179	36 447
	进口	18 956	12 850	24 496	17 553	18 241
	出口	24 469	11 784	24 939	18 563	18 014
	转口	6 789	78	168	64	192

表注：标准货柜单位为 20 尺×8 尺×8 尺。

货柜流量

单位：柜次

通道		2007	2012	2015	2016	2017
总数		106 724	91 885	105 098	92 867	93 047
	进口	52 260	56 188	63 415	56 954	57 781
	出口	47 641	35 082	39 947	34 906	34 585
	转口	6 823	615	1 736	1 007	681
内港		64 604	71 247	69 427	65 339	65 827
	进口	35 413	45 804	46 403	43 539	43 954
	出口	28 463	25 381	22 947	21 787	21 861
	转口	728	62	77	13	12
九澳港		32 120	16 584	31 500	23 697	24 491
	进口	12 394	8 449	15 474	11 345	12 110
	出口	15 772	8 073	15 938	12 319	12 270
	转口	3 954	62	88	33	111
关闸		115	90	82	96	74
	进口	54	19	–	–	–
	出口	–	–	–	–	–
	转口	61	71	82	96	74
路凼城边检站		9 750	2 994	3 390	3 388	2 621
	进口	4 345	1 403	1 125	1 901	1 696
	出口	3 334	1 173	777	622	442
	转口	2 071	418	1 488	865	483
跨境工业区		135	970	699	347	34
	进口	54	513	413	169	21
	出口	72	455	285	178	12
	转口	9	2	1	–	1

表注：货柜流量指载货货柜及空柜进出澳门的总次数。

空运货物毛重

单位：公吨

来源地及目的地		2007	2012	2015	2016	2017
来源地		22 758	6 393	7 410	6 427	6 643
	中国内地	581	323	300	414	305
	中国台湾	19 374	4 108	4 561	3 593	3 648
	菲律宾	79	716	853	830	876
	日本	3	165	281	423	553
	马来西亚	203	104	203	125	152
	韩国	519	86	140	191	279
	新加坡	1 385	85	24	34	50
	泰国	267	638	810	651	598
	越南	–	–	12	10	22
	其他	347	168	226	156	160
目的地		69 625	16 348	16 278	19 622	23 356
	中国内地	8 619	1 491	1 863	2 001	1 999
	中国台湾	43 623	9 089	7 116	8 995	10 593
	美国	3 523	–	–	–	–
	菲律宾	85	57	578	954	930
	日本	21	529	366	1 057	1 601
	卢森堡	5 464	–	–	–	–
	马来西亚	587	1 205	1 049	1 230	1 642
	韩国	611	555	618	498	655
	新加坡	–	842	799	673	623
	泰国	1 235	2 338	2 272	2 107	1 995
	越南	–	–	1 617	1 986	2 987
	其他	5 857	241	–	121	332

按证件签发地统计之入境旅客

	2017 年		2016 年		同比（%）
	人次	结构（%）	人次	占比（%）	
总数	32 610 506	100.0	30 950 336	100.0	5.4
中国内地	22 196 203	68.1	20 454 104	66.1	8.5
个人游	10 615 471	32.6	9 579 412	31.0	10.8
中国香港	6 165 129	18.9	6 419 839	20.7	-4.0
中国台湾	1 060 107	3.3	1 074 525	3.5	-1.3
菲律宾	307 139	0.9	287 025	0.9	7.0
印度	148 121	0.5	165 278	0.5	-10.4
印度尼西亚	197 139	0.6	182 467	0.6	8.0
日本	328 990	1.0	300 613	1.0	9.4
马来西亚	218 301	0.7	222 809	0.7	-2.0
韩国	874 253	2.7	662 321	2.1	32.0
新加坡	143 068	0.4	155 763	0.5	-8.2
泰国	198 222	0.6	236 169	0.8	-16.1
越南	6 895	0	11 103	0	-37.9
亚洲其他	73 620	0.2	70 551	0.2	4.4
巴西	11 012	0	9 974	0	10.4
加拿大	74 287	0.2	75 173	0.2	-1.2
美国	186 378	0.6	190 885	0.6	-2.4
美洲其他	24 422	0.1	23 817	0.1	2.5
德国	28 719	0.1	29 977	0.1	-4.2
西班牙	9 303	0	9 659	0	-3.7
俄罗斯	27 037	0.1	25 147	0.1	7.5
法国	40 374	0.1	42 650	0.1	-5.3
荷兰	10 854	0	11 395	0	-4.7
意大利	13 861	0	13 802	0	0.4
葡萄牙	16 259	0	15 624	0.1	4.1
英国	57 121	0.2	61 301	0.2	-6.8
瑞士	7 445	0	7 719	0	-3.5
欧洲其他	57 078	0.2	55 159	0.2	3.5
澳洲	88 988	0.3	93 286	0.3	-4.6
新西兰	13 707	0	13 731	0	-0.2
大洋洲其他	1 388	0	1 372	0	1.2
南非	5 416	0	5 218	0	3.8
其他	19 670	0.1	21 880	0.1	-10.1

按贸易类别及运输方式统计之货值及毛重

单位：百万澳门元/公吨

贸易类别	2015 年				2016 年			
	总数	海运	陆运	空运	总数	海运	陆运	空运
出口	10 046. 6	6 830. 1	1 609. 1	183. 4	11 283. 1	7 795. 7	1 791. 6	96. 3
	418 450	209 005	33 116	801	692 839	459 083	36 373	224
本地产品出口	1 962. 9	1 652. 0	286. 5	3. 6	1 785. 6	1 482. 8	279. 4	6. 9
	171 995	166 832	5 105	56	426 600	421 287	5 238	73
再出口	8 083. 8	5 178. 0	1 322. 6	179. 8	9 497. 6	6 312. 9	1 512. 2	89. 4
	246 455	42 173	28 011	745	266 239	37 796	31 135	151
进口	71 351. 6	60 141. 1	5 824. 1	1 679. 0	75 851. 1	64 488. 2	5 753. 7	1 841. 2
	102 718 979	4 201 527	1 482 050	5 231	102 756 308	3 482 865	1 461 282	5 248
暂时出口	1 014. 5	314. 8	597. 3	102. 4	1 110. 2	245. 9	741. 8	122. 5
	930	313	600	17	1 055	310	729	16
再进口	596. 7	200. 1	393. 0	3. 5	721. 4	110. 7	577. 5	33. 1
	462	161	3000#	502	158	341	3	
转运（进入）	11 253. 0	5 257. 2	4 323. 4	1 672. 3	13 006. 7	6 184. 6	5 551. 4	1 270. 7
	23 291	5 024	17 286	981	27 241	3 273	22 812	1 156
转运（离开）	11 253. 0	2 079. 9	7 730. 5	1 442. 6	13 006. 7	2 329. 8	8 843. 3	1 833. 6
	23 291	3 437	8 134	11 721	27 241	2 041	10 381	14 820

第五篇

口岸相关法规

中华人民共和国国务院

中华人民共和国国务院令
第 676 号

现公布《国务院关于修改和废止部分行政法规的决定》，自公布之日起施行。

总　理

2017 年 3 月 1 日

国务院关于修改和废止部分行政法规的决定

为了依法推进简政放权、放管结合、优化服务改革，国务院对取消行政审批项目、中介服务事项、职业资格许可事项和企业投资项目核准前置审批改革涉及的行政法规，以及不利于稳增长、促改革、调结构、惠民生的行政法规，进行了清理。经过清理，国务院决定：

一、对 36 部行政法规的部分条款予以修改。（附件 1）

二、对 3 部行政法规予以废止。（附件 2）

本决定自公布之日起施行。

附件：1. 国务院决定修改的行政法规

2. 国务院决定废止的行政法规

附件 1

国务院决定修改的行政法规

一、删去《城市绿化条例》第十一条第三款、第十六条。

第二十二条改为第二十一条，修改为："在城市的公共绿地内开设商业、服务摊点的，应当持工商行政管理部门批准的营业执照，在公共绿地管理单位指定的地点从事经营活动，并遵守公共绿地和工商行政管理的规定。"

第二十四条改为第二十三条，修改为："为保证管线的安全使用需要修剪树木时，应当按照兼顾管线安全使用和树木正常生长的原则进行修剪。承担修剪费用的办法，由城市人民政府规定。

"因不可抗力致使树木倾斜危及管线安全时，管线管理单位可以先行扶正或者砍伐树木，但是，应当及时报告城市人民政府城市绿化行政主管部门和绿地管理单位。"

第二十六条改为第二十五条，修改为："工程建设项目的附属绿化工程设计方案，未经批准或者未按照批准的设计方案施工的，由城市人民政府城市绿化行政主管部门责令停止施工、限期改正或者采取其他补救措施。"

第二十七条改为第二十六条，第二项修改为："（二）擅自砍伐城市树木的"。

第二十九条改为第二十八条，删去第一款。第二款修改为："对不服从公共绿地管理单位管理的商业、服务摊点，由城市人民政府城市绿化行政主管部门或者其授权的单位给予警告，可以并处罚款；情节严重的，可以提请工商行政管理部门吊销营业执照。"

二、删去《中华人民共和国海洋倾废管理条例》第十二条第三款。

三、将《防止拆船污染环境管理条例》第十一条第二款修改为："废油船在拆解前，必须进行洗舱、排污、清舱、测爆等工作。"

四、将《中华人民共和国河道管理条例》第十一条第一款修改为："修建开发水利、防治水害、整治河道的各类工程和跨河、穿河、穿堤、临河的桥梁、码头、道路、渡口、管道、缆线等建筑物及设施，建设单位必须按照河道管理权限，将工程建设方案报送河道主管机关审查同意。未经河道主管机关审查同意的，建设单位不得开工建设。"

第二十九条修改为："江河的故道、旧堤、原有工程设施等，不得擅自填堵、占用或者拆毁。”

五、删去《实验动物管理条例》第二十三条、第二十四条第一款、第二十七条。

六、将《放射性药品管理办法》第四条修改为：“国务院药品监督管理部门负责全国放射性药品监督管理工作。国务院国防科技工业主管部门依据职责负责与放射性药品有关的管理工作。国务院环境保护主管部门负责与放射性药品有关的辐射安全与防护的监督管理工作。”

删去第五条。

第六条改为第五条，第三款修改为：“放射性新药的分类，按国务院药品监督管理部门有关药品注册的规定办理。”

第七条改为第六条，修改为：“研制单位研制的放射性新药，在进行临床试验或者验证前，应当向国务院药品监督管理部门提出申请，按规定报送资料及样品，经国务院药品监督管理部门审批同意后，在国务院药品监督管理部门指定的药物临床试验机构进行临床研究。”

第八条改为第七条，将其中的“卫生部”修改为“国务院药品监督管理部门”，“能源部”修改为“国务院国防科技工业主管部门”。

第九条改为第八条，将其中的“卫生部”修改为“国务院药品监督管理部门”。

删去第十条。

第十一条改为第九条，修改为：“国家根据需要，对放射性药品的生产企业实行合理布局。”

第十二条改为第十条，修改为：“开办放射性药品生产、经营企业，必须具备《药品管理法》规定的条件，符合国家有关放射性同位素安全和防护的规定与标准，并履行环境影响评价文件的审批手续；开办放射性药品生产企业，经国务院国防科技工业主管部门审查同意，国务院药品监督管理部门审核批准后，由所在省、自治区、直辖市药品监督管理部门发给《放射性药品生产企业许可证》；开办放射性药品经营企业，经国务院药品监督管理部门审核并征求国务院国防科技工业主管部门意见后批准的，由所在省、自治区、直辖市药品监督管理部门发给《放射性药品经营企业许可证》。无许可证的生产、经营企业，一律不准生产、销售放射性药品。”

第十三条改为第十一条，将其中的“卫生行政”修改为“药品监督管理”，“第十二条”修改为“第十条”。

第十四条改为第十二条，修改为：“放射性药品生产企业生产已有国家标准的放射性药品，必须经国务院药品监督管理部门征求国务院国防科技工业主管部门意见后审核批准，并发给批准文号。凡是改变国务院药品监督管理部门已批准的生产工艺路线和药品标准的，生产单位必须按原报批程序提出补充申请，经国务院药品监督管理部门批准后方能生产。”

第十六条改为第十四条，第二款修改为：“经国务院药品监督管理部门审核批准的含有短半衰期放射性核素的药品，可以边检验边出厂，但发现质量不符合国家药品标准时，该药品的生产企业应当立即停止生产、销售，并立即通知使用单位停止使用，同时报告国务院药品监督管理、卫生行政、国防科技工业主管部门。”

第十七条改为第十五条，修改为：“放射性药品的生产、经营单位和医疗单位凭省、自治区、直辖市药品监督管理部门发给的《放射性药品生产企业许可证》、《放射性药品经营企业许可证》，医疗单位凭省、自治区、直辖市药品监督管理部门发给的《放射性药品使用许可证》，开展放射性药品的购销活动。”

第十八条改为第十六条，修改为：“进口的放射性药品品种，必须符合我国的药品标准或者其他药用要求，并依照《药品管理法》的规定取得进口药品注册证书。

“进出口放射性药品，应当按照国家有关对外贸易、放射性同位素安全和防护的规定，办理进出口手续。”

第十九条改为第十七条，修改为：“进口放射性药品，必须经国务院药品监督管理部门指定的药品检验机构抽样检验；检验合格的，方准进口。

“对于经国务院药品监督管理部门审核批准的含有短半衰期放射性核素的药品，在保证安全使用的情况下，可以采取边进口检验，边投入使用的办法。进口检验单位发现药品质量不符合要求时，应当立即通知使用单位停止使用，并报告国务院药品监督管理、卫生行政、国防科技工业主管部门。”

第二十三条改为第二十一条，第一款修改为：“医疗单位使用放射性药品，必须符合国家有关放射性同位素安全和防护的规定。所在地的省、自治区、直辖市药品监督管理部门，应当根据医疗单位核医疗技术人员的水平、设备条件，核发相应等级的《放射性药品使用许可证》，无许可证的医疗单位不得临床使用放射性药品。”

第二十四条改为第二十二条，修改为：“医疗单位配制、使用放射性制剂，应当符合《药品管理法》及其实施条例的相关规定。”

第二十五条改为第二十三条，修改为：“持有《放射性药品使用许可证》的医疗单位，必须负责对使用的放射性药品进行临床质量检验，收集药品不良反应等项工作，并定期向所在地药品监督管理、卫生行政部门报告。由省、自治区、直辖市药品监督管理、卫生行政部门汇总后分别报国务院药品监督管理、卫生行政部门。”

第二十七条改为第二十五条，将其中的“卫生部”修改为“国务院药品监督管理部门”。

第二十八条改为第二十六条，修改为：“放射性药品的检验由国务院药品监督管理部门公布的药品检验机构承担。”

第二十九条改为第二十七条，修改为：“对违反本办法规定的单位或者个人，由县以上药品监督管理、卫生行政部门，按照《药品管理法》和有关法规的规定处罚。”

删去第三十条。

七、删去《学校体育工作条例》第十四条第二款。

八、将《中华人民共和国防治海岸工程建设项目污染损害海洋环境管理条例》第七条第一款修改为：“海岸工程建设项目的建设单位，应当依法编制环境影响报告书（表），报环境保护主管部门审批。”第二款修改为：“环境保护主管部门在批准海岸工程建设项目的环境影响报告书（表）之前，应当征求海洋、海事、渔业主管部门和军队环境保护部门的意见。”

九、删去《中华人民共和国档案法实施办法》第十七条。

十、将《中华人民共和国计量法实施细则》第二十九条第一款修改为：“国家法定计量检定机构的计量检定人员，必须经考核合格。”

第三十一条第一项修改为：“（一）被授权单位执行检定、测试任务的人员，必须经考核合格”。

第五十八条第五项修改为：“（五）未经考核合格执行计量检定的”。

十一、将《城市市容和环境卫生管理条例》第三十三条修改为：“按国家行政建制设立的市的市区内，禁止饲养鸡、鸭、鹅、兔、羊、猪等家畜家禽；因教学、科研以及其他特殊需要饲养的除外。”

删去第三十五条中的“未经批准擅自”。

十二、将《食盐加碘消除碘缺乏危害管理条例》第二十条第一款修改为：“为防治疾病，在碘盐中同时添加其他营养强化剂的，应当符合《中华人民共和国食品安全法》的相关规定，并标明销售范围。”

十三、将《中华人民共和国中外合作经营企业法实施细则》第四十四条第一款修改为：“中外合作者在合作企业合同中约定合作期限届满时，合作企业的全部固定资产无偿归中国合作者所有的，外国合作者在合作期限内，可以在按照投资或者提供合作条件进行分配的基础上，在合作企业合同中约定扩大外国合作者的收益分配比例，先行回收其投资。”

删去第四十五条第一款。

十四、将《城市道路管理条例》第十条第二款修改为：“单位投资建设城市道路的，应当符合城市道路发展规划。”

删去第三十二条第二款、第三款。

十五、将《广播电视管理条例》第十三条第一款修改为：“广播电台、电视台变更台名、节目设置范围或者节目套数，省级以上人民政府广播电视行政部门设立的广播电台、电视台或者省级以上人民政府教育行政部门设立的电视台变更台标的，应当经国务院广播电视行政部门批准。”

十六、将《饲料和饲料添加剂管理条例》第十二条第一款中的“应当委托中国境内代理机构向国务院农业行政主管部门申请登记”修改为“由出口方驻中国境内的办事机构或者其委托的中国境内代理机构向国务院农业行政主管部门申请登记”。

十七、删去《印刷业管理条例》第五条第一款中的“会同国务院公安部门”。

增加一条，作为第十三条：“出版行政部门应当按照国家社会信用信息平台建设的总体要求，与公安部门、工商行政管理部门或者其他有关部门实现对印刷企业信息的互联共享。”

第十四条改为第十五条，删去第一款中的“并按照国家有关规定向公安部门备案”。

第三十条改为第三十一条，第一款修改为：“印刷布告、通告、重大活动工作证、通行证、在社会上流通使用的票证的，委托印刷单位必须向印刷企业出具主管部门的证明。印刷企业必须验证主管部门的证明，并保存主管部门的证明副本 2 年，以备查验；并且不得再委托他人印刷上述印刷品。”

第三十八条改为第三十九条，第二款修改为：“单位内部设立印刷厂（所）违反本条例的规定，没有向所在地县级以上地方人民政府出版行政部门、保密工作部门办理登记手续的，由县级以上地方人民政府出版行政部门、保密工作部门依据法定职权责令改正，给予警告；情节严重的，责令停业整顿。”

第四十二条改为第四十三条，修改为：“有下列行为之一的，由出版行政部门给予警告，没收印刷品和违法所得，违法经营额1万元以上的，并处违法经营额5倍以上10倍以下的罚款；违法经营额不足1万元的，并处1万元以上5万元以下的罚款；情节严重的，责令停业整顿或者吊销印刷经营许可证；构成犯罪的，依法追究刑事责任：

（一）印刷布告、通告、重大活动工作证、通行证、在社会上流通使用的票证，印刷企业没有验证主管部门的证明的，或者再委托他人印刷上述印刷品的；

（二）印刷业经营者伪造、变造学位证书、学历证书等国家机关公文、证件或者企业事业单位、人民团体公文、证件的。

印刷布告、通告、重大活动工作证、通行证、在社会上流通使用的票证，委托印刷单位没有取得主管部门证明的，由县级以上人民政府出版行政部门处以500元以上5000元以下的罚款。”

十八、删去《地震安全性评价管理条例》第十二条、第十三条、第十五条。

十九、删去《中国公民出国旅游管理办法》第十条第二款。第三款修改为：“领队在带团时，应当遵守本办法及国务院旅游行政部门的有关规定。”

第二十九条、第三十条、第三十一条、第三十二条中的“领队证”修改为“导游证”。

二十、将《地质资料管理条例》第十五条第二款修改为：“前款规定以外的地质资料，自汇交之日起90日内，由地质资料馆或者地质资料保管单位予以公开。需要保护的，由接收地质资料的单位按照国务院地质矿产主管部门的规定予以保护。”

二十一、将《中华人民共和国内河交通安全管理条例》第十八条修改为：“船舶进出内河港口，应当向海事管理机构报告船舶的航次计划、适航状态、船员配备和载货载客等情况。”

第六十八条第二项修改为：“（二）未按照规定向海事管理机构报告船舶的航次计划、适航状态、船员配备和载货载客等情况的”。

二十二、将《中华人民共和国文物保护法实施条例》第二十条第一项修改为：“（一）有4名以上接受过考古专业训练且主持过考古发掘项目的人员”。

第二十二条修改为：“考古发掘项目实行项目负责人负责制度。”

第三十五条修改为：“为制作出版物、音像制品等拍摄馆藏文物的，应当征得文物收藏单位同意，并签署拍摄协议，明确文物保护措施和责任。文物收藏单位应当自拍摄工作完成后10个工作日内，将拍摄情况向文物行政主管部门报告。”

第四十三条第一款中的“核准其销售、拍卖文物的文物行政主管部门”修改为“省、自治区、直辖市人民政府文物行政主管部门”。

第四十四条修改为：“国务院文物行政主管部门指定的文物进出境审核机构，应当有5名以上取得中级以上文物博物专业技术职务的文物进出境责任鉴定人员。”

第四十五条中的“文物进出境责任鉴定员”修改为“文物进出境责任鉴定人员”。

删去第五十八条中的“拍摄”。增加一款，作为第二款：“文物收藏单位违反本条例规定，未在规定期限内将文物拍摄情况向文物行政主管部门报告的，由文物行政主管部门责令限期改正；逾期不改正的，对负有责任的主管人员和其他直接责任人员依法给予行政处分。”

二十三、将《中华人民共和国进出口关税条例》第十六条第三项中的“暂准”修改为“暂时”。

删去第四十二条第一款中的“经海关批准”，将“经纳税义务人申请，海关可以根据海关总署的规定延长复运出境或者复运进境的期限”修改为“需要延长复运出境或者复运进境期限的，纳税义务人应当根据海关总署的规定向海关办理延期手续”。第二款、第三款中的“暂准”修改为“暂时”。

二十四、将《直销管理条例》第十一条修改为：“直销企业有关本条例第八条第一项、第二项、第三项、第五项、第六项、第七项所列内容发生重大变更的，应当依照本条例第九条第一款规定的程序报国务院商务主管部门批准。”

二十五、将《中华人民共和国进出口商品检验法实施条例》第六条第一款中的“暂准”修改为“暂时”。

二十六、删去《取水许可和水资源费征收管理条例》第十一条第二款中的“由具备建设项目水资源论证资质的单位编制的”。

第二十一条修改为：“取水申请经审批机关批准，申请人方可兴建取水工程或者设施。”

删去第四十七条第一款第四项。第二款中的“（六）”修改为“（五）”。

二十七、删去《防治海洋工程建设项目污染损害海洋环境管理条例》第十条第三款、第四款。

删去第十三条第二款。

二十八、将《期货交易管理条例》第二十二条修改为：“其他期货经营机构从事期货投资咨询业务，应当遵守国务院期货监督管理机构的规定。”

二十九、将《中华人民共和国船员条例》第七十条修改为：“引航员的培训依照本条例有关船员培训的规定执行。引航员管理的具体办法由国务院交通主管部门制订。”

三十、删去《中华人民共和国水文条例》第二十四条第二款第二项中的“并经考试合格”。

三十一、删去《对外承包工程管理条例》第二章。

删去第二十四条。

第二十五条改为第二十条，第二十六条改为第二十一条，均删去其中的“商务主管部门可以吊销其对外承包工程资格证书；对工程建设类单位”。

三十二、将《公共机构节能条例》第二十条第二款修改为：“国务院和县级以上地方各级人民政府负责审批固定资产投资项目的部门，应当严格控制公共机构建设项目的建设规模和标准，统筹兼顾节能投资和效益，对建设项目进行节能评估和审查，未通过节能评估和审查的项目，不得开工建设；政府投资项目未通过节能评估和审查的，依法负责项目审批的部门不得批准建设。”

删去第三十九条第一款中的“或者核准”。

三十三、将《旅行社条例》第三十一条修改为：“旅行社为接待旅游者委派的导游人员，应当持有国家规定的导游证。

取得出境旅游业务经营许可的旅行社为组织旅游者出境旅游委派的领队，应当取得导游证，具有相应的学历、语言能力和旅游从业经历，并与委派其从事领队业务的旅行社订立劳动合同。旅行社应当将本单位领队名单报所在地设区的市级旅游行政管理部门备案。”

第五十七条修改为：“违反本条例的规定，旅行社委派的导游人员未持有国家规定的导游证或者委派的领队人员不具备规定的领队条件的，由旅游行政管理部门责令改正，对旅行社处 2 万元以上 10 万元以下的罚款。”

删去第五十九条中的“或者领队证”。

删去第六十三条中的“领队证”。

三十四、将《防治船舶污染海洋环境管理条例》第十七条修改为：“船舶污染物接收单位从事船舶垃圾、残油、含油污水、含有毒有害物质污水接收作业，应当编制作业方案，遵守相关操作规程，并采取必要的防污染措施。船舶污染物接收单位应当将船舶污染物接收情况按照规定向海事管理机构报告。”

第十八条修改为：“船舶污染物接收单位接收船舶污染物，应当向船舶出具污染物接收单证，经双方签字确认并留存至少 2 年。污染物接收单证应当注明作业双方名称，作业开始和结束的时间、地点，以及污染物种类、数量等内容。船舶应当将污染物接收单证保存在相应的记录簿中。”

第二十二条修改为：“载运污染危害性货物进出港口的船舶，其承运人、货物所有人或者代理人，应当向海事管理机构提出申请，经批准方可进出港口或者过境停留。”

删去第三十条第一款中的“并经海事管理机构检查合格，方可进行船舶拆解作业”。

删去第三十二条第一款。

删去第四十二条第二款、第三款。

第六十条修改为：“违反本条例的规定，船舶污染物接收单位从事船舶垃圾、残油、含油污水、含有毒有害物质污水接收作业，未编制作业方案、遵守相关操作规程、采取必要的防污染措施的，由海事管理机构处 1 万元以上 5 万元以下的罚款；造成海洋环境污染的，处 5 万元以上 25 万元以下的罚款。”

第六十一条修改为：“违反本条例的规定，船舶污染物接收单位未按照规定向海事管理机构报告船舶污染物接收情况，或者未按照规定向船舶出具污染物接收单证，或者未按照规定将船舶污染物的接收和处理情况报海事管理机构备案的，由海事管理机构处 2 万元以下的罚款。”

第六十二条第一项修改为：“（一）船舶未按照规定保存污染物接收单证的”。

删去第六十四条中的“进行装卸”。

第六十九条中的“未经海事管理机构批准”修改为“未按照国家规定的标准”。

三十五、将《中华人民共和国招标投标法实施条例》第十二条修改为：“招标代理机构应当拥有一定数量的具备编制招标文件、组织评标等相应能力的专业人员。”

删去第七十八条。

三十六、将《国内水路运输管理条例》第十四条第三款修改为：“海事管理机构在现场监督检查时，发现从事水路运输的船舶不能提供有效的船舶营运证件的，应当通知有关主管部门依法处理。”

此外，对相关行政法规中的条文序号作相应调整。

附件 2

国务院决定废止的行政法规

一、城乡集市贸易管理办法（1983 年 2 月 5 日国务院发布）

二、工资基金暂行管理办法（1985 年 9 月 24 日国务院发布）

三、国家体育锻炼标准施行办法（1989 年 12 月 9 日国务院批准 1990 年 1 月 6 日国家体育运动委员会令第 10 号发布）

国务院关于促进外资增长若干措施的通知

国发〔2017〕39 号

各省、自治区、直辖市人民政府，国务院各部委、各直属机构：

积极利用外资是我国对外开放战略的重要内容。当前经济全球化呈现新特点，我国利用外资面临新形势新任务。为深化供给侧结构性改革，推进简政放权、放管结合、优化服务改革，进一步提升我国外商投资环境法治化、国际化、便利化水平，促进外资增长，提高利用外资质量，现将有关事宜通知如下：

一、进一步减少外资准入限制

（一）全面实施准入前国民待遇加负面清单管理制度。尽快在全国推行自由贸易试验区试行过的外商投资负面清单，进一步增强投资环境的开放度、透明度、规范性。（国家发展改革委、商务部负责）

（二）进一步扩大市场准入对外开放范围。持续推进专用车和新能源汽车制造、船舶设计、支线和通用飞机维修、国际海上运输、铁路旅客运输、加油站、互联网上网服务营业场所、呼叫中心、演出经纪、银行业、证券业、保险业对外开放，明确对外开放时间表、路线图。（中央宣传部、中央网信办、国家发展改革委、工业和信息化部、交通运输部、商务部、文化部、人民银行、银监会、证监会、保监会、国家铁路局、中国民航局、中国铁路总公司按职责分工负责）

二、制定财税支持政策

（三）鼓励境外投资者持续扩大在华投资。对境外投资者从中国境内居民企业分配的利润直接投资于鼓励类投资项目，凡符合规定条件的，实行递延纳税政策，暂不征收预提所得税。（财政部、税务总局按职责分工负责）

（四）发挥外资对优化服务贸易结构的积极作用。将服务外包示范城市符合条件的技术先进型服务企业所得税优惠政策推广到全国，引导外资更多投向高技术、高附加值服务业。（财政部、商务部、税务总局等按职责分工负责）

（五）促进利用外资与对外投资相结合。对我国居民企业（包括跨国公司地区总部）分回国内符合条件的境外所得，研究出台相关税收支持政策。（财政部、税务总局按职责分工负责）

（六）鼓励跨国公司在华投资设立地区总部。支持各地依法依规出台包括资金支持在内的吸引跨国公司地区总部的政策措施，积极参与全球产业格局调整。（各省级人民政府负责）

（七）促进外资向西部地区和东北老工业基地转移。充分发挥现有财政资金作用，积极支持西部地区及东北老工业基地的国家级开发区（含经济技术开发区、高新技术产业开发区、海关特殊监管区域等，下同）科技创新、生态环保、公共服务等领域建设，改善招商环境，提升引资质量，承接高水平制造业转移。（科技部、财政部、商务部、海关总署按职责分工负责）

（八）支持重点引资平台基础设施和重大项目建设。鼓励省级人民政府发行地方政府债券支持国家级开发区、边境经济合作区、跨境经济合作区基础设施建设。加快试点发展项目收益与融资自求平衡的地方政府专项债券品种，优先保障上述区域符合条件的重大项目融资需求。（科技部、财政部、商务部、海关总署、各省级人民政府按职责分工负责）

三、完善国家级开发区综合投资环境

（九）充分赋予国家级开发区投资管理权限。支持国家级开发区开展相对集中行政许可权改革试点。指导国家级开发区进一步推进简政放权、放管结合、优化服务改革，在营造外商投资优良环境等方面发挥示范引领作用。（中央编办、科技部、商务部、海关总署、国务院法制办按职责分工负责）

（十）支持国家级开发区项目落地。允许各地在符合经济社会发展规划、土地利用总体规划、城市总体规划的前提下，对国家级开发区利用外资项目所需建设用地指标予以优先保障，做到应保尽保。（科技部、国土资源部、住房城乡建设部、商务部、海关总署、各省级人民政府按职责分工负责）

（十一）支持国家级开发区拓展引资空间。对符合条件的国家级开发区，经国务院批准后允许调区、扩区，整合区位相邻、相近的开发区，建立飞地园区，对收储的低效用地，相应提供规划调整、简化审批等便利。（科技部、国土资源部、住房城乡建设部、商务部、海关总署、各地方人民政府按职责分工负责）

（十二）支持国家级开发区提升产业配套服务能力。在条件成熟的地区，引进生产服务型外资企业，试点开展高技术、高附加值项目境内外维修业务，促进加工贸易向全球产业链、价值链中高端延伸。（商务部、海关总署负责）

四、便利人才出入境

（十三）完善外国人才引进制度。在全国实施外国人来华工作许可制度，采用“告知+承诺”、“容缺受理”等方式，为外国人才办理工作许可提供便利。2018年，制定出台外国人在中国工作管理条例，建立标准统一、程序规范的外国人才来华工作许可制度。（外交部、公安部、国务院法制办、国家外专局等按职责分工负责）

（十四）积极引进国际高端人才。2017年下半年，制定出台外国人才签证实施细则，完善外国人才评价标准，扩大发放范围；放宽外国人才签证有效期限，对符合条件的外国人，签发长期（5年至10年）多次往返签证，并可凭该签证办理工作许可、申请工作类居留证件。制定出台外国人永久居留管理条例，明确外国人申请和取得永久居留资格的条件和程序。（外交部、公安部、国务院法制办、国家外专局等按职责分工负责）

五、优化营商环境

（十五）抓紧完善外资法律体系。加快统一内外资法律法规，制定新的外资基础性法律。清理涉及外资的法律、法规、规章和政策性文件，推动限期废止或修订与国家对外开放大方向和大原则不符的法律法规或条款。（有关部门和各省级人民政府按职责分工负责）

（十六）提升外商投资服务水平。完善中央及地方外商投资企业投诉机制，协调解决境外投资者反映的突出问题，加大对外商投资企业享有准入后国民待遇的保障力度，努力营造统一开放、竞争有序的市场环境。建立行政事业性收费和政府性基金、政府定价的涉企经营服务性收费等涉企收费目录清单制度。（国家发展改革委、财政部、商务部等有关部门、各省级人民政府按职责分工负责）

（十七）保障境外投资者利润自由汇出。对于境外投资者在境内依法取得的利润、股息等投资收益，可依法以人民币或外汇自由汇出。（人民银行、国家外汇局按职责分工负责）

（十八）深化外商投资企业管理信息共享和业务协同。积极推进“互联网+政务服务”，进一步完善“双随机、一公开”监管机制，构建高效便捷的外商投资事中事后监管与服务体系。加大商务部门与工商、海关、质检、外汇等部门之间信息管理系统的互联互通力度，实现外商投资企业从设立到运营的有关信息跨层级、跨部门共享。试点外商投资企业商务备案与工商登记“单一窗口、单一表格”受理新模式。（商务部、海关总署、工商总局、质检总局、国家外汇局等有关部门负责，各地方人民政府按职责分工负责）

（十九）鼓励外资参与国内企业优化重组。简化程序，放宽限制，支持境外投资者以并购方式设立外商投资企业。支持国内企业多渠道引进国际先进技术、管理经验和营销渠道。鼓励外资参与国有企业混合所有制改革。（国家发展改革委、商务部、国务院国资委按职责分工负责）

（二十）完善外商投资企业知识产权保护。针对网络侵权盗版、侵犯专利权、侵犯商标专用权等知识产权问题开展集中整治，强化司法保护和行政执法，加大对侵权违法行为的惩治力度。（全国打击侵权假冒工作领导小组办公室、工商总局、新闻出版广电总局、

国家知识产权局等按职责分工负责）

（二十一）提升研发环境国际竞争力。为研发中心运营创造便利条件，依法简化具备条件的研发中心研发用样本样品、试剂等进口手续，促进外资研发投入。（海关总署、质检总局等按职责分工负责）

（二十二）保持外资政策稳定性连续性。地方各级人民政府要严格兑现向投资者及外商投资企业依法作出的政策承诺，认真履行在招商引资等活动中依法签订的各类合同。（各省级人民政府负责）

各地区、各部门要高度重视新形势下利用外资工作，按照职责分工，主动作为，密切配合。商务部要会同有关部门加强督促检查，确保各项措施落到实处，不断提升我国引资新优势，促进利用外资实现稳定增长。

国务院

2017年8月8日

（本文有删减）

国务院办公厅转发国家发展改革委、商务部、人民银行、外交部关于进一步引导和规范境外投资方向指导意见的通知

国办发〔2017〕74号

各省、自治区、直辖市人民政府，国务院各部委、各直属机构：

国家发展改革委、商务部、人民银行、外交部《关于进一步引导和规范境外投资方向的指导意见》已经国务院同意，现转发给你们，请认真贯彻执行。

国务院办公厅

2017年8月4日

关于进一步引导和规范境外投资方向的指导意见

近年来，我国企业境外投资步伐明显加快，规模和效益显著提升，为带动相关产品、技术、服务“走出去”，促进国内经济转型升级，深化与相关国家互利合作，推进“一带一路”建设和开展国际产能合作发挥了重要作用。当前国际国内环境正在发生深刻变化，我国企业开展境外投资既存在较好机遇，也面临诸多风险和挑战。为加强对境外投资的宏观指导，进一步引导和规范境外投资方向，推动境外投资持续合理有序健康发展，有效防范各类风险，更好地适应国民经济与社会发展需要，现提出以下意见：

一、指导思想

全面贯彻党的十八大和十八届三中、四中、五中、六中全会精神，深入贯彻习近平总书记系列重要讲话精神和治国理政新理念新思想新战略，认真落实党中央、国务院决策部署，统筹推进“五位一体”总体布局和协调推进“四个全面”战略布局，坚持以人民为中心的发展思想，坚持稳中求进工作总基调，牢固树立和贯彻落实创新、协调、绿色、开放、共享的发展理念，坚定奉行互利共赢的开放战略，不断创造更全面、更深入、更多元的对外开放格局，以供给侧结构性改革为主线，以“一带一路”建设为统领，深化境外投资体制机制改革，进一步引导和规范企业境外投资方向，促进企业合理有序开展境外投资活动，防范和应对境外投资风险，推动境外投资持续健康发展，实现与投资目的国互利共赢、共同发展。

二、基本原则

——坚持企业主体。在境外投资领域充分发挥市场在资源配置中的决定性作用和更好发挥政府作用，以企业为主体、市场为导向，按照商业原则和国际惯例开展境外投资，企业在政府引导下自主决策、自负盈亏、自担风险。

——坚持深化改革。创新体制机制，提高境外投资便利化水平，深入推进简政放权、放管结合、优化服务改革，坚持以备案制为主的境外投资管理方式，在资本项下实行有管理的市场化运行机制，按“鼓励发展+负面清单”模式引导和规范企业境外投资方向。

——坚持互利共赢。引导企业充分考虑投资目的国国情和实际需求，注重与当地政府和企业开展互利

合作，创造良好的经济社会效益，促进互惠互利、合作共赢。

——坚持防范风险。坚持稳中求进工作总基调，统筹国家经济外交整体战略，坚持依法合规，合理把握境外投资重点和节奏，积极做好境外投资事前、事中、事后监管，切实防范各类风险。

三、鼓励开展的境外投资

支持境内有能力、有条件的企业积极稳妥开展境外投资活动，推进“一带一路”建设，深化国际产能合作，带动国内优势产能、优质装备、适用技术输出，提升我国技术研发和生产制造能力，弥补我国能源资源短缺，推动我国相关产业提质升级。

（一）重点推进有利于“一带一路”建设和周边基础设施互联互通的基础设施境外投资。

（二）稳步开展带动优势产能、优质装备和技术标准输出的境外投资。

（三）加强与境外高新技术和先进制造业企业的投资合作，鼓励在境外设立研发中心。

（四）在审慎评估经济效益的基础上稳妥参与境外油气、矿产等能源资源勘探和开发。

（五）着力扩大农业对外合作，开展农林牧副渔等领域互利共赢的投资合作。

（六）有序推进商贸、文化、物流等服务领域境外投资，支持符合条件的金融机构在境外建立分支机构和服务网络，依法合规开展业务。

四、限制开展的境外投资

限制境内企业开展与国家和平发展外交方针、互利共赢开放战略以及宏观调控政策不符的境外投资，包括：

（一）赴与我国未建交、发生战乱或者我国缔结的双多边条约或协议规定需要限制的敏感国家和地区开展境外投资。

（二）房地产、酒店、影城、娱乐业、体育俱乐部等境外投资。

（三）在境外设立无具体实业项目的股权投资基金或投资平台。

（四）使用不符合投资目的国技术标准要求的落后生产设备开展境外投资。

（五）不符合投资目的国环保、能耗、安全标准的境外投资。

其中，前三类须经境外投资主管部门核准。

五、禁止开展的境外投资

禁止境内企业参与危害或可能危害国家利益和国家安全等的境外投资，包括：

（一）涉及未经国家批准的军事工业核心技术和产品输出的境外投资。

（二）运用我国禁止出口的技术、工艺、产品的境外投资。

（三）赌博业、色情业等境外投资。

（四）我国缔结或参加的国际条约规定禁止的境外投资。

（五）其他危害或可能危害国家利益和国家安全的境外投资。

六、保障措施

（一）实施分类指导。对鼓励开展的境外投资，要在税收、外汇、保险、海关、信息等方面进一步提高服务水平，为企业创造更加良好的便利化条件。对限制开展的境外投资，要引导企业审慎参与，并结合实际情况给予必要的指导和提示。对禁止开展的境外投资，要采取切实有效的措施予以严格管控。

（二）完善管理机制。加强境外投资真实性、合规性审查，防范虚假投资行为。建立境外投资黑名单制度，对违规投资行为实施联合惩戒。建立部门间信息共享机制。指导境内企业加强对其控制的境外企业的监督和管理，建立健全境外投资决策、财务管理和违规责任追究制度。建立国有企业境外投资资本金制度。完善国有企业境外投资审计制度，维护境外国有资产安全。

（三）提高服务水平。制定境外投资经营行为规范，引导企业建立健全境外合规经营风险审查、管控和决策体系，深入了解境外投资合作政策法规和国际惯例，遵守当地法律法规，合法经营。加强与有关国家在投资保护、金融、人员往来等方面机制化合作，为企业开展境外投资创造良好外部环境。支持境内资产评估、法律服务、会计服务、税务服务、投资顾问、设计咨询、风险评估、认证、仲裁等相关中介机构发展，为企业境外投资提供市场化、社会化、国际化的商业咨询服务，降低企业境外投资经营风险。

（四）强化安全保障。定期发布《国别投资经营便利化状况报告》，加强对企业赴高风险国家和地区投资的指导和监督，及时警示和通报有关国家政治、经济和社会重大风险，提出应对预案和防范措施，切实维护我国企业境外合法权益。督促企业开展境外项目安全风险评估，做好项目安全风险预测应对，建立完善安保制度，加强安保培训，提升企业境外投资安全风险防范能力。

各地区、各部门要按照本意见要求，合理把握境外投资的方向和重点，切实加强组织领导和统筹协调，落实工作责任，抓紧制定出台配套政策措施，扎实推进相关工作，确保取得实效。

国务院办公厅关于印发自由贸易试验区外商投资准入特别管理措施（负面清单）（2017年版）的通知

国办发〔2017〕51号

各省、自治区、直辖市人民政府，国务院各部委、各直属机构：

《自由贸易试验区外商投资准入特别管理措施（负面清单）（2017年版）》已经国务院同意，现印发给你们。此次修订进一步放宽外商投资准入，是实施新一轮高水平对外开放的重要举措。各地区、各部门要认真贯彻执行，增强服务意识，提高监管水平，有效防控风险。实施中的重大问题，要及时向国务院请示报告。

《自由贸易试验区外商投资准入特别管理措施（负面清单）（2017年版）》自2017年7月10日起实施。2015年4月8日印发的《自由贸易试验区外商投资准入特别管理措施（负面清单）》同时废止。

国务院办公厅

2017年6月5日

自由贸易试验区外商投资准入特别管理措施（负面清单）（2017年版）说明

一、《自由贸易试验区外商投资准入特别管理措施（负面清单）（2017年版）》（以下简称《自贸试验区负面清单》）依据现行有关法律法规制定，已经国务院批准，现予以发布。负面清单列明了不符合国民待遇等原则的外商投资准入特别管理措施，适用于自由贸易试验区（以下简称自贸试验区）。

二、《自贸试验区负面清单》依据《国民经济行业分类》（GB/T 4754—2011）划分为15个门类、40个条目、95项特别管理措施，与上一版相比，减少了10个条目、27项措施。其中特别管理措施包括具体行业措施和适用于所有行业的水平措施。

三、《自贸试验区负面清单》中未列出的与国家安全、公共秩序、公共文化、金融审慎、政府采购、补贴、特殊手续、非营利组织和税收相关的特别管理措施，按照现行规定执行。自贸试验区内的外商投资涉及国家安全的，须按照《自由贸易试验区外商投资国家安全审查试行办法》进行安全审查。

四、《自贸试验区负面清单》之内的非禁止投资领域，须进行外资准入许可。《自贸试验区负面清单》之外的领域，在自贸试验区内按照内外资一致原则实施管理。

五、香港特别行政区、澳门特别行政区、台湾地区投资者在自贸试验区内投资参照《自贸试验区负面清单》执行。内地与香港特别行政区、澳门特别行政区关于建立更紧密经贸关系的安排及其补充协议，《海峡两岸经济合作框架协议》，我国签署的自贸协定中适用于自贸试验区并对符合条件的投资者有更优惠的开放措施的，按照相关协议或协定的规定执行。

自由贸易试验区外商投资准入特别管理措施（负面清单）（2017 年版）

序号	领域	特别管理措施
一、农、林、牧、渔业		
（一）	种业	1. 禁止投资中国稀有和特有的珍贵优良品种的研发、养殖、种植以及相关繁殖材料的生产（包括种植业、畜牧业、水产业的优良基因）。 2. 禁止投资农作物、种畜禽、水产苗种转基因品种选育及其转基因种子（苗）生产。 3. 农作物新品种选育和种子生产须由中方控股。 4. 未经批准，禁止采集农作物种质资源。
（二）	渔业	5. 在中国境内及其管辖水域从事渔业活动，须经中国政府批准；不得注册登记中国籍渔业船舶。
二、采矿业		
（三）	专属经济区、大陆架和其他管辖海域勘探开发	6. 对中国专属经济区、大陆架和其他管辖海域的勘查、钻探、开发活动，须经中国政府批准。
（四）	石油和天然气开采及开采辅助活动	7. 投资石油、天然气、煤层气的勘探、开发，须通过与中国政府批准的具有对外合作专营权的油气公司签署产品分成合同方式进行。
（五）	有色金属矿和非金属矿采选和开采辅助活动	8. 禁止投资稀土勘查、开采及选矿；未经允许，禁止进入稀土矿区或取得矿山地质资料、矿石样品及生产工艺技术。 9. 禁止投资钨、钼、锡、锑、萤石的勘查、开采。 10. 禁止投资放射性矿产的勘查、开采、选矿。
（六）	金属矿及非金属矿采选	11. 石墨的勘查、开采。
三、制造业		
（七）	航空制造	12. 干线、支线飞机设计、制造与维修，须由中方控股；6 吨 9 座（含）以上通用飞机设计、制造与维修，限于合资、合作；地面、水面效应飞机制造及无人机、浮空器设计与制造，须由中方控股。
（八）	船舶制造	13. 船舶（含分段）修理、设计与制造须由中方控股。
（九）	汽车制造	14. 汽车整车、专用汽车制造，中方股比不低于 50%；同一家外商可在国内建立两家以下（含两家）生产同类（乘用车类、商用车类）整车产品的合资企业，如与中方合资伙伴联合兼并国内其他汽车生产企业可不受两家的限制。
（十）	通信设备制造	15. 卫星电视广播地面接收设施及关键件生产。
（十一）	有色金属冶炼和压延加工及放射性矿产冶炼、加工	16. 钨冶炼。 17. 稀土冶炼、分离限于合资、合作。 18. 禁止投资放射性矿产冶炼、加工。
（十二）	中药饮片加工及中成药生产	19. 禁止投资中药饮片的蒸、炒、炙、煅等炮制技术的应用及中成药保密处方产品的生产。

续表1

序号	领域	特别管理措施
（十三）	核燃料及核辐射加工	20. 核燃料、核材料、铀产品以及相关核技术的生产经营和进出口由具有资质的中央企业实行专营。 21. 国有或国有控股企业才可从事放射性固体废物处置活动。
（十四）	其他制造业	22. 禁止投资象牙雕刻、虎骨加工、宣纸和墨锭生产等民族传统工艺。
四、电力、热力、燃气及水生产和供应业		
（十五）	核力发电	23. 核电站的建设、经营须由中方控股。
（十六）	管网设施	24. 城市人口50万以上的城市燃气、热力和供排水管网的建设、经营须由中方控股。 25. 电网的建设、经营须由中方控股。
五、批发和零售业		
（十七）	专营及特许经营	26. 禁止投资烟叶、卷烟、复烤烟叶及其他烟草制品的生产、批发、零售、进出口。 27. 对中央储备粮（油）实行专营制度。中国储备粮管理总公司具体负责中央储备粮（油）的收购、储存、经营和管理。 28. 对免税商品销售业务实行特许经营和集中统一管理。 29. 对彩票发行、销售实行特许经营，禁止在中华人民共和国境内发行、销售境外彩票。
六、交通运输、仓储和邮政业		
（十八）	铁路运输	30. 铁路干线路网的建设、经营须由中方控股。 31. 铁路旅客运输公司须由中方控股。
（十九）	水上运输	32. 水上运输公司（上海自贸试验区内设立的国际船舶运输企业除外）须由中方控股，且不得经营或以租用中国籍船舶或者舱位等方式变相经营国内水路运输业务及其辅助业务（包括国内船舶管理、国内船舶代理、国内水路旅客运输代理和国内水路货物运输代理业务等）。 33. 水路运输经营者不得使用外国籍船舶经营国内水路运输业务，但经中国政府批准，在国内没有能够满足所申请运输要求的中国籍船舶，并且船舶停靠的港口或者水域为对外开放的港口或者水域的情况下，水路运输经营者可以在中国政府规定的期限或者航次内，临时使用外国籍船舶经营中国港口之间的海上运输和拖航。 34. 国际、国内船舶代理企业外资股比不超过51%。
（二十）	航空客货运输	35. 公共航空运输企业须由中方控股，单一外国投资者（包括其关联企业）投资比例不超过25%。企业法定代表人须由中国籍公民担任。只有中国公共航空运输企业才能经营国内航空服务（国内载运权），并作为中国指定承运人提供定期和不定期国际航空服务。
（二十一）	通用航空服务	36. 通用航空企业限于合资，除专门从事农、林、渔作业的通用航空企业以外，其他通用航空企业须由中方控股。企业法定代表人须由中国籍公民担任。外籍航空器或者外籍人员使用中国航空器在中国境内进行通用航空飞行活动须取得批准。
（二十二）	机场与空中交通管理	37. 禁止投资和经营空中交通管制系统。 38. 民用机场的建设、经营须由中方相对控股。
（二十三）	邮政业	39. 禁止投资邮政企业和经营邮政服务。 40. 禁止投资经营信件的国内快递业务。
七、信息传输、软件和信息技术服务业		

续表2

序号	领域	特别管理措施
（二十四）	电信	41. 电信公司限于从事中国入世承诺开放的电信业务，其中：增值电信业务（电子商务除外）外资比例不超过50%，基础电信业务经营者须为依法设立的专门从事基础电信业务的公司，且公司国有股权或股份不少于51%（上海自贸试验区原有区域〔28.8平方千米〕按既有政策执行）。
（二十五）	互联网和相关服务	42. 禁止投资互联网新闻信息服务、网络出版服务、网络视听节目服务、网络文化经营（音乐除外）、互联网公众发布信息服务（上述服务中，中国入世承诺中已开放的内容除外）。 43. 禁止从事互联网地图编制和出版活动（上述服务中，中国入世承诺中已开放的内容除外）。 44. 互联网新闻信息服务单位与外国投资者进行涉及互联网新闻信息服务业务的合作，应报经中国政府进行安全评估。
八、金融业		
（二十六）	银行服务	45. 境外投资者投资银行业金融机构，应为金融机构或特定类型机构。具体要求： （1）外商独资银行股东、中外合资银行外方股东应为金融机构，且外方唯一或者控股/主要股东应为商业银行； （2）投资中资商业银行、信托公司的应为金融机构； （3）投资农村商业银行、农村合作银行、农村信用（合作）联社、村镇银行的应为境外银行； （4）投资金融租赁公司的应为金融机构或融资租赁公司； （5）消费金融公司的主要出资人应为金融机构； （6）投资货币经纪公司的应为货币经纪公司； （7）投资金融资产管理公司的应为金融机构，且不得参与发起设立金融资产管理公司； （8）法律法规未明确的应为金融机构。 46. 境外投资者投资银行业金融机构须符合一定数额的总资产要求，具体要求如下： （1）取得银行控股权益的外国投资者，以及投资中资商业银行、农村商业银行、农村合作银行、村镇银行、贷款公司和其他银行的外国投资者，提出申请前1年年末总资产应不少于100亿美元； （2）投资农村信用（合作）联社、信托公司的外国投资者，提出申请前1年年末总资产应不少于10亿美元； （3）拟设分行的外国银行，提出申请前1年年末总资产应不少于200亿美元； （4）在中国境外注册的具有独立法人资格的融资租赁公司作为金融租赁公司发起人，最近1年年末总资产应不低于100亿元人民币或等值的可自由兑换货币； （5）法律法规未明确不适用的其他银行业金融机构的境外投资者，提出申请前1年年末总资产应不少于10亿美元。 47. 境外投资者投资货币经纪公司须从事货币经纪业务20年以上，并具有从事货币经纪业务所必需的全球机构网络和资讯通信网络等特定条件。

续表3

序号	领域	特别管理措施
（二十六）	银行服务	48. 单个境外金融机构及被其控制或共同控制的关联方作为发起人或战略投资者向单个中资商业银行、农村商业银行、农村合作银行、农村信用（合作）联社、金融资产管理公司等银行业金融机构投资入股比例不得超过20%，多个境外金融机构及被其控制或共同控制的关联方作为发起人或战略投资者向单个中资商业银行、农村商业银行、农村合作银行、农村信用（合作）联社、金融资产管理公司等银行业金融机构投资入股比例合计不得超过25%。 49. 除符合股东机构类型要求和资质要求外，外资银行还受限于以下条件： （1）外国银行分行不可从事《中华人民共和国商业银行法》允许经营的“代理收付款项”、“从事银行卡业务”，除可以吸收中国境内公民每笔不少于100万元人民币的定期存款外，外国银行分行不得经营对中国境内公民的人民币业务； （2）外国银行分行应当由总行无偿拨付不少于2亿元人民币或等值的自由兑换货币，营运资金的30%应以指定的生息资产形式存在，以定期存款形式存在的生息资产应当存放在中国境内3家或3家以下的中资银行； （3）外国银行分行营运资金加准备金等项之和中的人民币份额与其人民币风险资产的比例不可低于8%。
（二十七）	资本市场服务	50. 期货公司外资比例不超过49%。 51. 证券公司外资比例不超过49%。 52. 单个境外投资者持有（包括直接持有和间接控制）上市内资证券公司股份的比例不超过20%；全部境外投资者持有（包括直接持有和间接控制）上市内资证券公司股份的比例不超过25%。 53. 证券投资基金管理公司外资比例不超过49%。 54. 不得成为证券交易所的普通会员和期货交易所的会员。 55. 除中国政府另有规定的情况外，不得申请开立A股证券账户以及期货账户。
（二十八）	保险业	56. 寿险公司外资比例不超过50%；境内保险公司合计持有保险资产管理公司的股份不低于75%。 57. 向保险公司投资入股，全部外资股东出资或者持股比例占公司注册资本不足25%的，全部外资股东应为境外金融机构（通过证券交易所购买保险公司股票的除外），提出申请前1年年末总资产不少于20亿美元。 申请设立外资保险公司的外国保险公司，应当具备下列条件： （1）经营保险业务30年以上； （2）在中国境内已经设立代表机构2年以上； （3）提出设立申请前1年年末总资产不少于50亿美元。
九、租赁和商务服务业		
（二十九）	法律服务	58. 外国律师事务所只能以代表机构的方式进入中国，在华设立代表机构、派驻代表，须经中国司法行政部门许可。 59. 禁止从事中国法律事务，不得成为国内律师事务所合伙人。 60. 外国律师事务所驻华代表机构不得聘用中国执业律师，聘用的辅助人员不得为当事人提供法律服务。

续表4

序号	领域	特别管理措施
（三十）	咨询与调查	61. 禁止投资社会调查。 62. 市场调查限于合资、合作，其中广播电视收听、收视调查须由中方控股。
十、科学研究和专业技术服务		
（三十一）	专业技术服务	63. 禁止投资大地测量、海洋测绘、测绘航空摄影、行政区域界线测绘，地形图、世界政区地图、全国政区地图、省级及以下政区地图、全国性教学地图、地方性教学地图和真三维地图编制，导航电子地图编制，区域性的地质填图、矿产地质、地球物理、地球化学、水文地质、环境地质、地质灾害、遥感地质等调查。 64. 测绘公司须由中方控股。 65. 禁止投资人体干细胞、基因诊断与治疗技术的开发和应用。 66. 禁止设立和运营人文社会科学研究机构。
十一、水利、环境和公共设施管理业		
（三十二）	野生动植物资源保护	67. 禁止投资国家保护的原产于中国的野生动植物资源开发。 68. 禁止采集或收购国家重点保护野生动植物和微生物资源。
十二、教育		
（三十三）	教育	69. 外国教育机构、其他组织或者个人不得单独设立以中国公民为主要招生对象的学校及其他教育机构（不包括非学制类职业技能培训）。 70. 外国教育机构可以同中国教育机构合作举办以中国公民为主要招生对象的教育机构，中外合作办学者可以合作举办各级各类教育机构，但是： （1）不得举办实施义务教育机构；
（三十三）	教育	（2）外国宗教组织、宗教机构、宗教院校和宗教教职人员不得在中国境内从事合作办学活动，中外合作办学机构不得进行宗教教育和开展宗教活动；不得在中国境内投资宗教教育机构； （3）普通高中教育机构、高等教育机构和学前教育须由中方主导（校长或者主要行政负责人应当具有中国国籍，在中国境内定居；理事会、董事会或者联合管理委员会的中方组成人员不得少于1/2；教育教学活动和课程教材须遵守我国相关法律法规及有关规定）。
十三、卫生和社会工作		
（三十四）	卫生	71. 医疗机构限于合资、合作。
十四、文化、体育和娱乐业		
（三十五）	广播电视播出、传输、制作、经营	72. 禁止投资设立和经营各级广播电台（站）、电视台（站）、广播电视频率频道和时段栏目、广播电视传输覆盖网（广播电视发射台、转播台〔包括差转台、收转台〕、广播电视卫星、卫星上行站、卫星收转站、微波站、监测台〔站〕及有线广播电视传输覆盖网等），禁止从事广播电视视频点播业务和卫星电视广播地面接收设施安装服务。 73. 禁止投资广播电视节目制作经营公司。 74. 对境外卫星频道落地实行审批制度。禁止投资电影及广播电视节目的引进业务，引进境外影视剧和以卫星传送方式引进其他境外电视节目由新闻出版广电总局指定的单位申报。

续表5

序号	领域	特别管理措施
（三十五）	广播电视播出、传输、制作、经营	75. 对中外合作制作电视剧（含电视动画片）实行许可制度。
（三十六）	新闻出版、广播影视、金融信息	76. 禁止投资设立通讯社、报刊社、出版社以及新闻机构。 77. 外国新闻机构在中国境内设立常驻新闻机构、向中国派遣常驻记者，须经中国政府批准。 78. 外国通讯社在中国境内提供新闻的服务业务须由中国政府审批。 79. 禁止投资经营图书、报纸、期刊、音像制品和电子出版物的编辑、出版、制作业务；禁止经营报刊版面。但经中国政府批准，在确保合作中方的经营主导权和内容终审权并遵守中国政府批复的其他条件下，中外出版单位可进行新闻出版中外合作项目。 80. 中外新闻机构业务合作须中方主导，且须经中国政府批准。 81. 出版物印刷须由中方控股。 82. 未经中国政府批准，禁止在中国境内提供金融信息服务。 83. 境外传媒（包括外国和港澳台地区报社、期刊社、图书出版社、音像出版社、电子出版物出版公司以及广播、电影、电视等大众传播机构）不得在中国境内设立代理机构或编辑部。未经中国政府批准，不得设立办事机构，办事机构仅可从事联络、沟通、咨询、接待服务。
（三十七）	电影制作、发行、放映	84. 禁止投资电影制作公司、发行公司、院线公司，但经批准，允许中外企业合作摄制电影。 85. 电影院的建设、经营须由中方控股。放映电影片，应当符合中国政府规定的国产电影片与进口电影片放映的时间比例。放映单位年放映国产电影片的时间不得低于年放映电影片时间总和的2/3。
（三十八）	文物及非物质文化遗产保护	86. 禁止投资和经营文物拍卖的拍卖企业、文物购销企业。 87. 禁止投资和运营国有文物博物馆。 88. 禁止不可移动文物及国家禁止出境的文物转让、抵押、出租给外国人。 89. 禁止设立与经营非物质文化遗产调查机构。 90. 境外组织或个人在中国境内进行非物质文化遗产调查和考古调查、勘探、发掘，应采取与中国合作的形式并经专门审批许可。
（三十九）	文化娱乐	91. 禁止设立文艺表演团体。 92. 演出经纪机构须由中方控股（为设有自贸试验区的省市提供服务的除外）。
十五、所有行业		
（四十）	所有行业	93. 不得作为个体工商户、个人独资企业投资人、农民专业合作社成员，从事经营活动。 94.《外商投资产业指导目录》中的禁止类以及标注有“限于合资”、“限于合作”、“限于合资、合作”、“中方控股”、“中方相对控股”和有外资比例要求的项目，不得设立外商投资合伙企业。 95. 境内公司、企业或自然人以其在境外合法设立或控制的公司并购与其有关联关系的境内公司，涉及外商投资项目和企业设立及变更事项的，按现行规定办理。

自由贸易试验区外商投资准入特别管理措施（负面清单）（2017年版）比上一版减少的措施

大类	领域	比上一版减少的特别管理措施
采矿业	金属矿及非金属矿采选	1. 贵金属（金、银、铂族）勘查、开采，属于限制类。
		2. 锂矿开采、选矿，属于限制类。
制造业	航空制造	3. 3吨级及以上民用直升机设计与制造需中方控股。
		4. 6吨9座以下通用飞机设计、制造与维修限于合资、合作。
	船舶制造	5. 船用低、中速柴油机及曲轴制造，须由中方控股。
		6. 海洋工程装备（含模块）制造与修理，须由中方控股。
	汽车制造	7. 新建纯电动乘用车生产企业生产的产品须使用自有品牌，拥有自主知识产权和已授权的相关发明专利。
	轨道交通设备制造	8. 轨道交通运输设备制造限于合资、合作（与高速铁路、铁路客运专线、城际铁路配套的乘客服务设施和设备的研发、设计与制造，与高速铁路、铁路客运专线、城际铁路相关的轨道和桥梁设备研发、设计与制造，电气化铁路设备和器材制造，铁路客车排污设备制造等除外）。
		9. 城市轨道交通项目设备国产化比例须达到70%及以上。
	通信设备制造	10. 民用卫星设计与制造、民用卫星有效载荷制造须由中方控股。
	矿产冶炼和压延加工	11. 钼、锡（锡化合物除外）、锑（含氧化锑和硫化锑）等稀有金属冶炼属于限制类。
	医药制造	12. 禁止投资列入《野生药材资源保护管理条例》和《中国稀有濒危保护植物名录》的中药材加工。
交通运输业	道路运输	13. 公路旅客运输公司属于限制类。
	水上运输	14. 外轮理货属于限制类，限于合资、合作。
信息技术服务业	互联网和相关服务	15. 禁止投资互联网上网服务营业场所。
金融业	银行服务	16. 外国银行分行不可从事《中华人民共和国商业银行法》允许经营的“代理发行、代理兑付、承销政府债券”。
		17. 外资银行获准经营人民币业务须满足最低开业时间要求。
		18. 境外投资者投资金融资产管理公司须符合一定数额的总资产要求。
	保险业务	19. 非经中国保险监管部门批准，外资保险公司不得与其关联企业从事再保险的分出或者分入业务。
租赁和商务服务业	会计审计	20. 担任特殊普通合伙会计师事务所首席合伙人（或履行最高管理职责的其他职务），须具有中国国籍。
	统计调查	21. 实行涉外调查机构资格认定制度和涉外社会调查项目审批制度。
		22. 评级服务属于限制类。
	其他商务服务	23. 因私出入境中介机构法定代表人须为具有境内常住户口、具有完全民事行为能力的中国公民。

续表

大类	领域	比上一版减少的特别管理措施
教育	教育	24. 不得举办实施军事、警察、政治和党校等特殊领域教育机构。
文化、体育和娱乐业	新闻出版、广播影视、金融信息	25. 禁止从事美术品和数字文献数据库及其出版物等文化产品进口业务（上述服务中，中国入世承诺中已开放的内容除外）。
	文化娱乐	26. 演出经纪机构属于限制类，须由中方控股（由“为本省市提供服务的除外”调整为“为设有自贸试验区的省份提供服务的除外”）。
		27. 大型主题公园的建设、经营属于限制类。

＊注：《自由贸易试验区外商投资准入特别管理措施（负面清单）（2017年版）》与上一版相比，共减少了10个条目、27项措施。其中，减少的条目包括轨道交通设备制造、医药制造、道路运输、保险业务、会计审计、其他商务服务等6条，同时整合减少了4条。

国务院关于扩大对外开放积极利用外资若干措施的通知

国发〔2017〕5号

各省、自治区、直辖市人民政府，国务院各部委、各直属机构：

利用外资是我国对外开放基本国策和开放型经济体制的重要组成部分，在经济发展和深化改革进程中发挥了积极作用。当前，全球跨国投资和产业转移呈现新趋势，我国经济深度融入世界经济，经济发展进入新常态，利用外资面临新形势新任务。为深入贯彻落实《中共中央 国务院关于构建开放型经济新体制的若干意见》，进一步积极利用外资，营造优良营商环境，继续深化简政放权、放管结合、优化服务改革，降低制度性交易成本，实现互利共赢，现将有关事宜通知如下：

一、进一步扩大对外开放

（一）以开放发展理念为指导，推动新一轮高水平对外开放。修订《外商投资产业指导目录》及相关政策法规，放宽服务业、制造业、采矿业等领域外资准入限制。支持外资参与创新驱动发展战略实施、制造业转型升级和海外人才在华创业发展。（国家发展改革委、商务部牵头）

（二）服务业重点放宽银行类金融机构、证券公司、证券投资基金管理公司、期货公司、保险机构、保险中介机构外资准入限制，放开会计审计、建筑设计、评级服务等领域外资准入限制，推进电信、互联网、文化、教育、交通运输等领域有序开放。（国家发展改革委、商务部牵头，教育部、工业和信息化部、财政部、人力资源社会保障部、住房城乡建设部、交通运输部、文化部、人民银行、新闻出版广电总局、国家网信办、银监会、证监会、保监会等按职责分工负责）

（三）制造业重点取消轨道交通设备制造、摩托车制造、燃料乙醇生产、油脂加工等领域外资准入限制。采矿业放宽油页岩、油砂、页岩气等非常规油气以及矿产资源领域外资准入限制。石油、天然气领域对外合作项目由审批制改为备案制。（国家发展改革委、商务部牵头，工业和信息化部、国土资源部、国家粮食局、国家能源局等按职责分工负责）

（四）外商投资企业和内资企业同等适用“中国制造2025”战略政策措施。鼓励外商投资高端制造、智能制造、绿色制造等，以及工业设计和创意、工程咨询、现代物流、检验检测认证等生产性服务业，改造提升传统产业。（国家发展改革委、工业和信息化部、商务部、质检总局等按职责分工负责）

（五）支持外资依法依规以特许经营方式参与基础设施建设，包括能源、交通、水利、环保、市政公用工程等。相关支持政策同等适用于外资特许经营项目建设运营。（国家发展改革委、财政部、住房城乡建设部、交通运输部、水利部、人民银行等按职责分工负责）

（六）支持内外资企业、科研机构开展研发合作。支持外商投资企业建设研发中心、企业技术中心，申报设立博士后科研工作站。根据对等原则，允许外商投资企业参与承担国家科技计划项目。外商投资企业同等适用研发费用加计扣除、高新技术企业、研发中

心等优惠政策。（国家发展改革委、科技部、财政部、人力资源社会保障部、商务部、税务总局等按职责分工负责）

（七）支持海外高层次人才在华创业发展。对持有外国人永久居留证的外籍高层次人才创办科技型企业，给予中国籍公民同等待遇。对外籍高层次人才及其外籍配偶、子女申请办理多次签证或者居留证件的，依法依规提供便利。（科技部、公安部、人力资源社会保障部、国家外专局等按职责分工负责）

二、进一步创造公平竞争环境

（八）各部门制定外资政策，要按照《国务院关于在市场体系建设中建立公平竞争审查制度的意见》（国发〔2016〕34号）规定进行公平竞争审查，原则上应公开征求意见，重要事项要报请国务院批准。各地区各部门要严格贯彻执行国家政策法规，确保政策法规执行的一致性，不得擅自增加对外商投资企业的限制。（各省、自治区、直辖市人民政府和国务院部门按职责分工负责）

（九）除法律法规有明确规定或确需境外投资者提供信息外，有关部门要按照内外资企业统一标准、统一时限的原则，审核外商投资企业业务牌照和资质申请，促进内外资企业一视同仁、公平竞争。（各省、自治区、直辖市人民政府和国务院有关部门按职责分工负责）

（十）促进内外资企业公平参与我国标准化工作。进一步深化标准化工作改革，提高标准制修订的透明度和开放度。推进标准制修订全过程信息公开，强化标准制修订过程中的信息共享和社会监督。（国家标准委牵头）

（十一）深化政府采购改革，坚持公开透明、公平竞争原则，依法依规对外商投资企业在我国境内生产的产品一视同仁、平等对待，促进内外资企业公平参与政府采购招投标。（财政部牵头）

（十二）依法依规严格保护外商投资企业知识产权。健全知识产权执法机制，加强知识产权执法、维权援助和仲裁调解工作。加强知识产权对外合作机制建设，推动相关国际组织在我国设立知识产权仲裁和调解分中心。（商务部、工商总局、国家知识产权局、国家版权局等按职责分工负责）

（十三）支持外商投资企业拓宽融资渠道。外商投资企业可以依法依规在主板、中小企业板、创业板上市，在新三板挂牌，以及发行企业债券、公司债券、可转换债券和运用非金融企业债务融资工具进行融资。（国家发展改革委、商务部、人民银行、证监会等按职责分工负责）

（十四）深化外商投资企业注册资本制度改革。除法律、行政法规另有规定外，取消外商投资公司的最低注册资本要求，落实内外资企业统一的注册资本制度。（国家发展改革委、商务部、工商总局等按职责分工负责）

三、进一步加强吸引外资工作

（十五）各地区要按照创新、协调、绿色、开放、共享的发展理念，结合地方实际，积极开展投资促进活动。允许地方政府在法定权限范围内制定出台招商引资优惠政策，支持对就业、经济发展、技术创新贡献大的项目，降低企业投资和运营成本，依法保护外商投资企业及其投资者权益，营造良好的投资环境。（各省、自治区、直辖市人民政府按职责分工负责）

（十六）支持中西部地区、东北地区承接外资产业转移。修订《中西部地区外商投资优势产业目录》，扩大中西部地区、东北地区鼓励外商投资产业范围。对符合条件的西部地区鼓励类产业外商投资企业实行企业所得税优惠政策。向中西部地区、东北地区转移的外商投资企业享受国家支持产业转移与加工贸易的资金、土地等优惠政策。对东部地区外商投资企业转移到中西部地区、东北地区的，人力资源社会保障部门要依申请及时办理社会保险异地转移接续。（国家发展改革委、商务部牵头，工业和信息化部、财政部、人力资源社会保障部、国土资源部、税务总局等按职责分工负责）

（十七）支持外商投资项目用地。外商投资企业与内资企业同等适用相关用地政策。继续对集约用地的鼓励类外商投资工业项目优先供应土地，在确定土地出让底价时可按不低于所在地土地等别相对应全国工业用地出让最低价标准的70%执行。（国土资源部牵头）

（十八）推进外资跨国公司本外币资金集中运营管理改革。积极吸引跨国公司在我国设立地区总部和采购中心、结算中心等功能性机构，允许外资跨国公司开展本外币资金集中运营，促进资金双向流动，提高资金使用效率和投资便利化水平。（人民银行、国家外汇局等按职责分工负责）

（十九）完善外商投资企业外债管理制度。统一内外资企业外债管理，改进企业外汇管理，提高外商投

资企业境外融资能力和便利度。(国家发展改革委、商务部、人民银行、国家外汇局等按职责分工负责)

(二十) 深化外商投资管理体制改革。推进对外商投资全面实施准入前国民待遇加负面清单管理模式，简化外商投资项目管理程序和外商投资企业设立、变更管理程序。推进审批环节并联办理，缩短海关登记、申领发票等环节办理时间。加大电子政务建设力度，推行一口受理、限时办结、进度可查询，提升外商投资管理信息化水平。推进自由贸易试验区建设，在更大范围推广复制经验。(国家发展改革委、商务部、海关总署、税务总局、工商总局等按职责分工负责)

各地区、各部门要充分认识新形势下做好利用外资工作的重要意义，高度重视，主动作为，强化责任，密切协作，国家发展改革委、商务部要会同有关部门加强督促检查，确保各项政策措施落到实处。结合各项政策措施实施，大力创造更加开放、便利、透明的营商环境，积极吸引外商投资以及先进技术和管理经验，稳定外商投资规模和速度，提高利用外资水平和质量，着力推动新一轮高水平对外开放，以开放促改革、促发展。

国务院

2017 年 1 月 12 日

中华人民共和国海关总署

中华人民共和国海关总署令
第231号

《中华人民共和国海关关于最不发达国家特别优惠关税待遇进口货物原产地管理办法》已于2017年2月27日经海关总署署务会议审议通过，现予公布，自2017年4月1日起施行。对于自与我国建交的最不发达国家进口的货物，符合本办法规定的原产地标准的，也可以自公布之日起按照本办法的规定向海关办理申报进口手续，申请享受特别优惠关税待遇。

2010年6月28日海关总署令第192号公布的《中华人民共和国海关最不发达国家特别优惠关税待遇进口货物原产地管理办法》、2013年7月1日海关总署令第210号公布的《海关总署关于修改〈中华人民共和国海关最不发达国家特别优惠关税待遇进口货物原产地管理办法〉的决定》同时废止。

署　长

2017年3月1日

中华人民共和国海关关于最不发达国家特别优惠关税待遇进口货物原产地管理办法

第一条　为了正确确定与我国建交的最不发达国家特别优惠关税待遇进口货物的原产地，促进我国与有关国家间的经贸往来，根据《中华人民共和国海关法》、《中华人民共和国进出口货物原产地条例》的有关规定，制定本办法。

第二条　本办法适用于从与我国建交的最不发达国家（以下称受惠国）进口并且享受特别优惠关税待遇货物的原产地管理。

第三条　进口货物符合下列条件之一的，其原产国为受惠国：

（一）完全在受惠国获得或者生产的；

（二）在受惠国境内全部使用符合本办法规定的原产材料生产的；

（三）在受惠国境内非完全获得或者生产，但是在该受惠国完成实质性改变的。

本条第一款第（三）项所称“实质性改变”，按照本办法第五条、第六条规定的标准予以确定。

原产于受惠国的货物，从受惠国直接运输至中国境内的，可以按照本办法规定申请适用《中华人民共和国进出口税则》（以下简称《税则》）中相应的特惠税率。

第四条　本办法第三条第一款第（一）项所称“完全在受惠国获得或者生产”的货物是指：

（一）在该受惠国出生并且饲养的活动物；

（二）在该受惠国从本条第（一）项所指的动物中获得的货物；

（三）在该受惠国收获、采摘或者采集的植物和植物产品；

（四）在该受惠国狩猎或者捕捞获得的货物；

（五）在该受惠国注册或者登记，并且合法悬挂该受惠国国旗的船只，在该受惠国根据符合其缔结的相关国际协定可以适用的国内法有权开发的境外水域得到的鱼类、甲壳类动物以及其他海洋生物；

（六）在该受惠国注册或者登记，并且合法悬挂该受惠国国旗的加工船上加工本条第（五）项所列货物获得的货物；

（七）在该受惠国开采或者提取的矿产品以及其他天然生成物质，或者从该受惠国根据符合其缔结的相关国际协定可以适用的国内法有权开采的境外水域、海床或者海床底土得到或者提取的除鱼类、甲壳类动物以及其他海洋生物以外的货物；

（八）在该受惠国消费过程中产生并且收集的仅适用于原材料回收的废旧物品；

（九）在该受惠国加工制造过程中产生的仅适用于

原材料回收的废碎料；

（十）利用本条第（一）项至第（九）项所列货物在该受惠国加工所得的货物。

第五条 除《与我国建交的最不发达国家产品特定原产地规则》另有规定外，在受惠国境内使用非受惠国原产材料进行制造或者加工，所得货物在《税则》中的四位数级税则归类发生变化的，应当视为原产于该受惠国的货物。

使用非受惠国原产材料制造或者加工的货物，生产过程中所使用的非原产材料不符合本条第一款规定，但是按照《海关估价协定》确定的非原产材料成交价格不超过该货物价格的10%，并且符合本办法其他适用规定的，该货物仍然应当视为受惠国原产货物。

第六条 除《与我国建交的最不发达国家产品特定原产地规则》另有规定外，在受惠国境内使用非受惠国原产材料生产的货物，其区域价值成分不低于所得货物价格40%的，应当视为原产于该受惠国的货物。

本条第一款所称货物的区域价值成分应当按照下列方法计算比例：

$$区域价值成分=\frac{货物价格-非原产材料价格}{货物价格}\times 100\%$$

其中，“货物价格”是指按照《海关估价协定》，在船上交货价格（FOB）基础上调整的货物价格。“非原产材料价格”是指按照《海关估价协定》确定的非原产材料的进口成本、运至目的港口或者地点的运费和保险费（CIF），包括不明原产地材料的价格。非原产材料由生产商在受惠国境内获得时，按照《海关估价协定》确定的成交价格，不包括将该非原产材料从供应商仓库运抵生产商所在地过程中产生的运费、保险费、包装费以及其他任何费用。

第七条 原产于中国的货物或者材料在受惠国境内被用于生产另一货物的，该货物或者材料应当视为受惠国的原产货物或者材料。

受惠国是特定区域性集团成员国的，该集团内其他受惠国的原产货物或者材料在该受惠国用于生产另一货物时，所使用的其他受惠国的原产货物或者材料可以视为该受惠国的原产货物或者材料。

第八条 下列微小加工或者处理不影响货物原产地确定：

（一）为确保货物在运输或者储藏期间处于良好状态而进行的处理；

（二）把物品零部件装配成完整品，或者将产品拆成零部件的简单装配或者拆卸；

（三）更换包装、分拆、组合包装；

（四）洗涤、清洁、除尘、除去氧化物、除油、去漆以及去除其他涂层；

（五）纺织品的熨烫或者压平；

（六）简单的上漆以及磨光工序；

（七）谷物以及大米的去壳、部分或者完全的漂白、抛光以及上光；

（八）食糖上色或者加味，或者形成糖块的操作；部分或者全部将晶糖磨粉；

（九）水果、坚果以及蔬菜的去皮、去核以及去壳；

（十）削尖、简单研磨或者简单切割；

（十一）过滤、筛选、挑选、分类、分级、匹配（包括成套物品的组合）、纵切、弯曲、卷绕、展开；

（十二）简单装瓶、装罐、装壶、装袋、装箱或者装盒、固定于纸板或者木板以及其他简单的包装工序；

（十三）在产品或者其包装上粘贴或者印刷标志、标签、标识以及其他类似的区别标记；

（十四）同类或者不同类产品的简单混合；糖与其他材料的混合；

（十五）测试或者校准；

（十六）仅仅用水或者其他物质稀释，未实质改变货物的性质；

（十七）干燥、加盐（或者盐渍）、冷藏、冷冻；

（十八）动物屠宰；

（十九）第（一）项至第（十八）项中两项或者多项工序的组合。

第九条 属于《税则》归类总规则三所规定的成套货物，其中全部货物均原产于某一受惠国的，该成套货物即为原产于该受惠国；其中部分货物非原产于该受惠国，但是按照本办法第六条确定的比例未超过该成套货物价格15%的，该成套货物仍应当视为原产于该受惠国。

第十条 在确定货物的原产地时，货物生产过程中使用，本身不构成货物物质成分、也不成为货物组成部件的下列材料或者物品，其原产地不影响货物原产地的确定：

（一）燃料、能源、催化剂以及溶剂；

（二）用于测试或者检验货物的设备、装置以及用品；

（三）手套、眼镜、鞋靴、衣服、安全设备以及用品；

（四）工具、模具以及型模；

（五）用于维护设备和厂房建筑的备件以及材料；

（六）在生产中使用或者用于运行设备和维护厂房建筑的润滑剂、油（滑）脂、合成材料以及其他材料；

（七）在货物生产过程中使用，未构成该货物组成成分，但是能够合理表明其参与了该货物生产过程的任何其他货物。

第十一条 货物适用税则归类改变标准的，在确定货物的原产地时，与货物一起申报进口并在《税则》中与该货物一并归类的包装、包装材料和容器，以及正常配备的附件、备件、工具以及介绍说明性材料，不单独开具发票的，其原产地不影响货物原产地的确定。

货物适用区域价值成分标准的，在计算货物的区域价值成分时，与货物一起申报进口并在《税则》中与该货物一并归类的包装、包装材料和容器，以及正常配备的附件、备件、工具以及介绍说明性材料的价格应当予以计算。

第十二条 本办法所称直接运输，是指受惠国原产货物从该受惠国直接运输至我国境内，途中未经过中国和该受惠国以外的其他国家或者地区（以下简称“其他国家或者地区”）。

受惠国原产货物经过其他国家或者地区运输至我国境内，不论在运输途中是否转换运输工具或者作临时储存，同时符合下列条件的，应当视为直接运输：

（一）未进入其他国家或者地区的贸易或者消费领域；

（二）该货物在经过其他国家或者地区时，未做除装卸或者其他为使货物保持良好状态所必须处理以外的其他处理；

（三）处于该国家或者地区海关的监管之下。

本条第二款规定情形下，相关货物进入其他国家或者地区停留时间最长不得超过6个月。

第十三条 海关有证据证明进口货物有规避本办法嫌疑的，该进口货物不得享受特别优惠关税待遇。

第十四条 进口货物收货人或者其代理人应当在运输工具申报进境之日起14日内按照海关的申报规定填制《中华人民共和国海关进口货物报关单》，申明适用特惠税率，并且同时提交下列单证，海关总署另有规定的除外：

（一）符合本办法规定，并且在有效期内的原产地证书（格式见附件1）或者原产地声明（格式见附件2）；

（二）货物的商业发票；

（三）货物的全程运输单证。

货物经过其他国家或者地区运输至中国境内的，还应当提交其他国家或者地区海关出具的证明文件或者海关认可的其他证明文件。

海关已经通过相关信息交换系统接收受惠国原产地证书、证明文件电子数据的，对于该受惠国的原产货物，进口货物收货人或者其代理人无需提交相应的纸本单证。

进口货物收货人或者其代理人提交的本条第一款第（三）项所述运输单证可以满足直接运输相关规定的，也无需提交本条第二款所述证明文件。

第十五条 除海关总署另有规定外，原产地申报为受惠国的进口货物，其进口货物收货人或者其代理人在申报进口时未提交有效原产地证书或者原产地声明，或者海关未接收到第十四条第三款所述电子数据的，应当在货物放行前就该进口货物是否具备受惠国原产资格向海关进行补充申报（格式见附件3）。

进口货物收货人或者其代理人依照前款规定就进口货物具备受惠国原产资格向海关进行补充申报并且依法提供相应税款担保的，海关按照规定办理进口手续，依照法律、行政法规规定不得办理担保的情形除外。由于提前放行等原因已经提交了与货物可能承担的最高税款总额相当的税款担保的，可以不再单独就货物是否具有原产资格提供担保。

进口货物收货人或者其代理人未按照有关规定向海关申报进口的，或者进口货物收货人或者其代理人在货物申报进口时未申明适用《税则》中的特惠税率，也未按照本条规定就该进口货物是否具备受惠国原产资格进行补充申报的，有关进口货物不适用《税则》中的特惠税率。

进口货物收货人或者其代理人在货物放行后向海关申请适用《税则》中特惠税率的，已征税款不予调整。

第十六条 进口货物收货人或者其代理人向海关提交的有效原产地证书应当同时符合下列条件：

（一）由受惠国政府指定的签证机构在货物不晚于出口后5个工作日内签发；

（二）符合本办法附件1所列格式，以英文填制；

（三）符合与受惠国通知中国海关的签证机构印章样本，以及海关或者口岸主管部门印章和签名相符等安全要求；

（四）所列的一项或者多项货物为同一批次的进口货物；

（五）具有不重复的有效原产地证书编号；

（六）注明确定货物具有原产资格的依据。

原产地证书自签发之日起1年内有效。

第十七条 海关已经应进口货物收货人或者其代理人申请依法作出原产地裁定，确认进口货物原产地为受惠国的，如果该裁定处于有效状态，据以作出该裁定的依据和事实也没有发生变化的，则该裁定项下货物进口时，进口货物收货人或者其代理人可以向海关提交原产地声明，申明适用《税则》中的特惠税率。

进口货物收货人或者其代理人向海关提交的原产地声明应当同时符合下列条件：

（一）符合本办法附件2所列格式，并且以中文填制；

（二）由进口货物收货人或者其代理人打印后填写并且正确署名；

（三）一份原产地声明只能对应一项裁定。

该声明自署名之日起1年内有效。

第十八条 海关对原产地证书的真实性、相关货物是否原产于相关受惠国或者是否符合本办法其他规定产生怀疑时，海关总署可以直接或者通过中国驻相关受惠国使领馆经济商务参赞处（室）向受惠国海关或者有效原产地证书签证机构提出核查要求，并且要求其自收到核查要求之日起180日内予以答复。必要时，经受惠国相关主管部门同意，海关总署可以派员访问受惠国的出口商或者生产商所在地，对受惠国主管机构的核查程序进行实地考察。

海关对进口货物收货人或者其代理人提交的原产地声明有疑问的，可以对出具该原产地声明的进口货物收货人或者其代理人开展核查，被核查的进口货物收货人或者其代理人应当自收到核查要求之日起180日内向海关提交书面答复。

未能在上述期限内收到答复的，该货物不得适用特惠税率。

在等待受惠国原产地证书核查结果期间，依照进口货物收货人或者其代理人的申请，海关可以依法选择按照该货物适用的最惠国税率、普通税率或者其他税率收取等值保证金后放行货物，并按规定办理进口手续、进行海关统计。核查完毕后，海关应当根据核查结果，立即办理退还保证金手续或者办理保证金转为进口税款手续，海关统计数据应当作相应修改。

对国家限制进口或者有违法嫌疑的进口货物，海关在原产地证书核查完毕前不得放行。

第十九条 有下列情形之一的，自货物进口之日起1年内，进口货物收货人或者其代理人可以在海关批准的担保期限内向海关申请解除税款担保：

（一）进口货物收货人或者其代理人已经按照本办法规定向海关进行补充申报并且提交了本办法第十四条所述有效原产地证书、原产地声明或者证明文件的；

（二）海关收到本办法第十四条第一款第（一）项、第二款所述电子数据的。

第二十条 同一批次进口的受惠国原产货物，经海关依法审定的完税价格不超过6000元人民币的，免予提交有效原产地证书或者原产地声明。

为规避本办法规定，一次或者多次进口货物的，不适用前款规定。

第二十一条 原产地证书被盗、遗失或者损毁，并且未经使用的，进口货物收货人或者其代理人可以要求该进口货物的出口人向受惠国原签证机构申请在原证书有效期内签发经核准的原产地证书真实副本。该副本应当在备注栏以英文注明“原产地证书正本（编号____日期____）经核准的真实副本”字样。经核准的原产地证书真实副本向海关提交后，原产地证书正本失效。原产地证书正本已经使用的，经核准的原产地证书副本无效。

第二十二条 有下列情形之一的，原产地证书可以在货物出口之日起1年内予以补发：

（一）由于不可抗力没有在货物不晚于出口后5个工作日内签发原产地证书的；

（二）授权机构确信已签发原产地证书，但由于不符合本办法第十六条规定，原产地证书未被海关接受的。

补发的原产地证书应当以英文注明“补发”字样。本条第一款第（一）项情形下，补发证书自货物实际出口之日起1年内有效；在第一款第（二）项情形下，补发证书的有效期应当与原原产地证书的有效期相一致。

第二十三条 具有下列情形之一的，进口货物不适用特惠税率：

（一）进口货物不具备受惠国原产资格；

（二）申报进口时，进口货物收货人或者其代理人没有按照本办法第十四条规定提交有效原产地证书或者原产地声明，也未就进口货物是否具备受惠国原产资格进行补充申报的；

（三）原产地证书或者原产地声明不符合本办法规定的；

（四）原产地证书所列货物与实际进口货物不符的；

（五）自受惠国海关或者签证机构收到原产地核查请求之日起180日内，海关没有收到受惠国海关或者签证机构答复结果，或者该答复结果未包含足以确定有效原产地证书真实性或者货物真实原产地信息的；

（六）自进口货物收货人或者其代理人收到原产地核查请求之日起180日内，海关没有收到进口货物收货人或者其代理人答复结果，或者该答复结果未包含足以确定有效原产地证书真实性或者货物真实原产地信息的；

（七）进口货物收货人或者其代理人存在其他不遵守本办法有关规定行为的。

第二十四条 海关对依照本办法规定获得的商业秘密依法负有保密义务。未经进口货物收货人同意，海关不得泄露或者用于其他用途，但是法律、行政法规及相关司法解释另有规定的除外。

第二十五条 违反本办法，构成走私行为、违反海关监管规定行为或者其他违反《中华人民共和国海关法》行为的，由海关依照《中华人民共和国海关法》和《中华人民共和国海关行政处罚实施条例》的有关规定予以处理；构成犯罪的，依法追究刑事责任。

第二十六条 本办法下列用语的含义：

受惠国，是指与中国签有对最不发达国家特别优惠关税待遇换文的国家或者地区；

材料，是指以物理形式构成另一货物的组成部分或者在生产另一货物的过程中所使用的货物，包括任何组件、零件、部件、成分或者原材料；

原产材料，是指根据本办法规定具备原产资格的材料；

生产，是指货物获得的方法，包括货物的种植、饲养、提取、采摘、采集、开采、收获、捕捞、诱捕、狩猎、制造、加工或者装配；

《海关估价协定》，是指作为《马拉喀什建立世贸组织协定》一部分的《关于履行1994年关税与贸易总协定第7条的协定》。

第二十七条 本办法中《与我国建交的最不发达国家产品特定原产地规则》和区域性集团名单由海关总署另行公告。

第二十八条 本办法由海关总署负责解释。

第二十九条 本办法自2017年4月1日起施行。2010年6月28日海关总署令第192号公布的《中华人民共和国海关最不发达国家特别优惠关税待遇进口货物原产地管理办法》、2013年7月1日海关总署令第210号公布的《海关总署关于修改〈中华人民共和国海关最不发达国家特别优惠关税待遇进口货物原产地管理办法〉的决定》同时废止。

附件：1. 原产地证书（略）

2. 原产地证明（略）

3.《中华人民共和国海关进出口货物优惠原产地管理规定》进口货物原产资格申明（略）

中华人民共和国海关总署令
第232号

《中华人民共和国海关监管区管理暂行办法》已于2016年12月27日经海关总署署务会议审议通过，现予公布，自2017年11月1日起施行。2008年1月30日海关总署令第171号发布的《中华人民共和国海关监管场所管理办法》、2015年4月27日海关总署令第227号公布的《海关总署关于修改部分规章的决定》第六条同时废止。

署 长

2017年8月8日

中华人民共和国海关监管区管理暂行办法

第一章 总 则

第一条 为了规范海关监管区的管理，根据《中华人民共和国海关法》以及其他有关法律、行政法规的规定，制定本办法。

第二条 本办法所称海关监管区，是指《中华人民共和国海关法》第一百条所规定的海关对进出境运输工具、货物、物品实施监督管理的场所和地点，包括海关特殊监管区域、保税监管场所、海关监管作业场所、免税商店以及其他有海关监管业务的场所和地点。

本办法所称海关监管作业场所，是指由企业负责经营管理，供进出境运输工具或者境内承运海关监管货物的运输工具进出、停靠，从事海关监管货物的进出、装卸、储存、集拼、暂时存放等有关经营活动，符合《海关监管作业场所设置规范》（以下简称《场所设置规范》），办理相关海关手续的场所。

《场所设置规范》由海关总署另行制定并公告。

第三条 本办法适用于海关对海关监管区的管理。

海关规章对海关特殊监管区域、保税监管场所、免税商店的管理另有规定的，从其规定。

第四条 公民、法人和其他组织在海关监管区内开展依法应当经过批准的业务的，应当按照相关主管部门的要求开展有关业务。

第五条 海关实施本办法的规定不妨碍其他部门履行其相应职责。

第二章　海关监管区的管理

第六条 海关监管区应当设置符合海关监管要求的基础设施、检查查验设施以及相应的监管设备。

第七条 海关依照《中华人民共和国海关法》的规定，对海关监管区内进出境运输工具、货物、物品行使检查、查验等权力。

第八条 进出境运输工具、货物、物品，应当通过海关监管区进境或者出境。

第九条 进出境运输工具或者境内承运海关监管货物的运输工具应当在海关监管区停靠、装卸，并办理海关手续。

第十条 进出境货物应当在海关监管区的海关监管作业场所集中办理进出、装卸、储存、集拼、暂时存放等海关监管业务。

第十一条 进出境物品应当在海关监管区的旅客通关类场所、邮件类场所办理海关手续，海关总署另有规定的除外。

第十二条 在海关监管区内从事与进出境运输工具、货物、物品等有关的经营活动，应当接受海关监管。

第十三条 因救灾、临时减载、装运鲜活产品以及其他特殊情况，需要经过未设立海关的地点临时进境或者出境的，应当经国务院或者国务院授权的机关批准，并办理海关手续。

第三章　海关监管作业场所的管理

第十四条 申请经营海关监管作业场所的企业（以下称申请人）应当同时具备以下条件：

（一）具有独立企业法人资格；

（二）取得与海关监管作业场所经营范围相一致的工商核准登记；

（三）具有符合《场所设置规范》的场所。

由法人分支机构经营的，分支机构应当取得企业法人授权。

第十五条 申请人应当向主管地的直属海关或者隶属海关（以下简称主管海关）提出注册申请，并且提交以下材料：

（一）经营海关监管作业场所企业注册申请书；

（二）企业法人营业执照副本复印件；

（三）海关监管作业场所功能布局和监管设施示意图。

由法人分支机构经营的，申请人应当提交企业法人授权文书。

第十六条 主管海关依据《中华人民共和国行政许可法》和《中华人民共和国海关实施〈中华人民共和国行政许可法〉办法》的规定办理有关行政许可事项，具体办法由海关总署另行制定并公告。

第十七条 海关可以采取视频监控、联网核查、实地巡查、库存核对等方式，对海关监管作业场所实施监管。

第十八条 经营企业应当根据海关监管需要，在海关监管作业场所的出入通道设置卡口，配备与海关联网的卡口控制系统和设备。

第十九条 经营企业应当凭海关电子放行信息或者纸质放行凭证办理海关监管货物以及相关运输工具出入海关监管作业场所的手续。

第二十条 经营企业应当妥善保存货物进出以及存储等情况的电子数据或者纸质单证，保存时间不少于3年，海关可以进行查阅和复制。

第二十一条 经营企业应当在海关监管作业场所建立与海关联网的信息化管理系统、视频监控系统，并且根据海关监管需要建立全覆盖无线网络。

第二十二条 海关监管作业场所出现与《场所设置规范》不相符情形的，经营企业应当立即采取措施进行修复，并且报告海关。海关根据管理需要，可以采取相应的限制措施。

第二十三条 经营企业应当在海关监管作业场所装卸、储存、集拼、暂时存放海关监管货物。

装卸、储存、集拼、暂时存放非海关监管货物的，应当与海关监管货物分开，设立明显标识，并且不得妨碍海关对海关监管货物的监管。

经营企业应当根据海关需要，向海关传输非海关监管货物进出海关监管作业场所等信息。

第二十四条 经营企业应当将海关监管作业场所内存放超过3个月的海关监管货物情况向海关报告。海关可以对相应货物存放情况进行核查。

第二十五条 经营企业应当建立与相关海关监管业务有关的人员管理、单证管理、设备管理和值守等制度。

第二十六条 海关履行法定职责过程中，发现海关监管作业场所内海关监管货物存在安全生产隐患的，应当及时向主管部门通报。

第二十七条 经营企业有下列行为之一的，责令改正，给予警告，可以暂停其相应海关监管作业场所6个月以内从事有关业务：

（一）未凭海关电子放行信息或者纸质放行凭证办理出入海关监管作业场所手续的；

（二）未依照本办法规定保存货物进出以及存储等情况的电子数据或者纸质单证的；

（三）海关监管作业场所出现与《场所设置规范》不相符情形未及时修复，影响海关监管的；

（四）未依照本办法规定装卸、储存、集拼、暂时存放海关监管货物的；

（五）未依照本办法规定将海关监管作业场所内存放超过3个月的海关监管货物情况向海关报告的。

因前款第三项原因被暂停业务的，如果海关监管作业场所经整改符合要求，可以提前恢复业务。

发生走私行为或者重大违反海关监管规定行为的，海关应当责令经营企业改正，并且暂停其相应海关监管作业场所6个月以内从事有关业务。

第四章　附　则

第二十八条 海关工作人员徇私舞弊、滥用职权、玩忽职守，未依法履行本办法规定职责的，依法给予处分。

第二十九条 本办法由海关总署负责解释。

第三十条 本办法自2017年11月1日起施行。2008年1月30日海关总署令第171号发布的《中华人民共和国海关监管场所管理办法》、2015年4月27日海关总署令第227号公布的《海关总署关于修改部分规章的决定》第六条同时废止。

中华人民共和国海关总署令
第233号

《中华人民共和国海关暂时进出境货物管理办法》已于2017年11月20日经海关总署署务会议审议通过，现予公布，自2018年2月1日起施行。2007年3月1日海关总署令第157号公布的《中华人民共和国海关暂时进出境货物管理办法》、2013年12月25日海关总署令第212号公布的《海关总署关于修改〈中华人民共和国海关暂时进出境货物管理办法〉的决定》同时废止。

署　长

2017年12月8日

中华人民共和国海关暂时进出境货物管理办法

第一章　总　则

第一条 为了规范海关对暂时进出境货物的监管，根据《中华人民共和国海关法》（以下简称《海关法》）、《中华人民共和国进出口关税条例》（以下简称《关税条例》）以及有关法律、行政法规的规定，制定本办法。

第二条 海关对暂时进境、暂时出境并且在规定的期限内复运出境、复运进境货物的管理适用本办法。

第三条 本办法所称暂时进出境货物包括：

（一）在展览会、交易会、会议以及类似活动中展示或者使用的货物；

（二）文化、体育交流活动中使用的表演、比赛用品；

（三）进行新闻报道或者摄制电影、电视节目使用的仪器、设备以及用品；

（四）开展科研、教学、医疗活动使用的仪器、设备和用品；

（五）在本款第（一）项至第（四）项所列活动中使用的交通工具以及特种车辆；

（六）货样；

（七）慈善活动使用的仪器、设备以及用品；

（八）供安装、调试、检测、修理设备时使用的仪器以及工具；

（九）盛装货物的包装材料；

（十）旅游用自驾交通工具及其用品；

（十一）工程施工中使用的设备、仪器以及用品；

（十二）测试用产品、设备、车辆；

（十三）海关总署规定的其他暂时进出境货物。

使用货物暂准进口单证册（以下称“ATA 单证册”）暂时进境的货物限于我国加入的有关货物暂准进口的国际公约中规定的货物。

第四条 暂时进出境货物的税收征管依照《关税条例》的有关规定执行。

第五条 除我国缔结或者参加的国际条约、协定以及国家法律、行政法规和海关总署规章另有规定外，暂时进出境货物免予交验许可证件。

第六条 暂时进出境货物除因正常使用而产生的折旧或者损耗外，应当按照原状复运出境、复运进境。

第二章　暂时进出境货物的监管

第七条 ATA 单证册持证人、非 ATA 单证册项下暂时进出境货物收发货人（以下简称“持证人、收发货人”）可以在申报前向主管地海关提交《暂时进出境货物确认申请书》，申请对有关货物是否属于暂时进出境货物进行审核确认，并且办理相关手续，也可以在申报环节直接向主管地海关办理暂时进出境货物的有关手续。

第八条 ATA 单证册持证人应当向海关提交有效的 ATA 单证册以及相关商业单据或者证明材料。

第九条 ATA 单证册项下暂时出境货物，由中国国际贸易促进委员会（中国国际商会）向海关总署提供总担保。

除另有规定外，非 ATA 单证册项下暂时进出境货物收发货人应当按照有关规定向主管地海关提供担保。

第十条 暂时进出境货物应当在进出境之日起 6 个月内复运出境或者复运进境。

因特殊情况需要延长期限的，持证人、收发货人应当向主管地海关办理延期手续，延期最多不超过 3 次，每次延长期限不超过 6 个月。延长期届满应当复运出境、复运进境或者办理进出口手续。

国家重点工程、国家科研项目使用的暂时进出境货物以及参加展期在 24 个月以上展览会的展览品，在前款所规定的延长期届满后仍需要延期的，由主管地直属海关批准。

第十一条 暂时进出境货物需要延长复运进境、复运出境期限的，持证人、收发货人应当在规定期限届满前向主管地海关办理延期手续，并且提交《货物暂时进/出境延期办理单》以及相关材料。

第十二条 暂时进出境货物可以异地复运出境、复运进境，由复运出境、复运进境地海关调取原暂时进出境货物报关单电子数据办理有关手续。

ATA 单证册持证人应当持 ATA 单证册向复运出境、复运进境地海关办理有关手续。

第十三条 暂时进出境货物需要进出口的，暂时进出境货物收发货人应当在货物复运出境、复运进境期限届满前向主管地海关办理进出口手续。

第十四条 暂时进出境货物收发货人在货物复运出境、复运进境后，应当向主管地海关办理结案手续。

第十五条 海关通过风险管理、信用管理等方式对暂时进出境业务实施监督管理。

第十六条 暂时进出境货物因不可抗力的原因受损，无法原状复运出境、复运进境的，持证人、收发货人应当及时向主管地海关报告，可以凭有关部门出具的证明材料办理复运出境、复运进境手续；因不可抗力的原因灭失的，经主管地海关核实后可以视为该货物已经复运出境、复运进境。

暂时进出境货物因不可抗力以外其他原因受损或者灭失的，持证人、收发货人应当按照货物进出口的有关规定办理海关手续。

第三章　暂时进出境展览品的监管

第十七条　境内展览会的办展人以及出境举办或者参加展览会的办展人、参展人（以下简称“办展人、参展人”）可以在展览品进境或者出境前向主管地海关报告，并且提交展览品清单和展览会证明材料，也可以在展览品进境或者出境时，向主管地海关提交上述材料，办理有关手续。

对于申请海关派员监管的境内展览会，办展人、参展人应当在展览品进境前向主管地海关提交有关材料，办理海关手续。

第十八条　展览会需要在我国境内两个或者两个以上关区内举办的，对于没有向海关提供全程担保的进境展览品应当按照规定办理转关手续。

第十九条　下列在境内展览会期间供消耗、散发的用品（以下简称“展览用品”），由海关根据展览会的性质、参展商的规模、观众人数等情况，对其数量和总值进行核定，在合理范围内的，按照有关规定免征进口关税和进口环节税：

（一）在展览活动中的小件样品，包括原装进口的或者在展览期间用进口的散装原料制成的食品或者饮料的样品；

（二）为展出的机器或者器件进行操作示范被消耗或者损坏的物料；

（三）布置、装饰临时展台消耗的低值货物；

（四）展览期间免费向观众散发的有关宣传品；

（五）供展览会使用的档案、表格以及其他文件。

前款第（一）项所列货物，应当符合以下条件：

（一）由参展人免费提供并且在展览期间专供免费分送给观众使用或者消费的；

（二）单价较低，作广告样品用的；

（三）不适用于商业用途，并且单位容量明显小于最小零售包装容量的；

（四）食品以及饮料的样品虽未按照本款第（三）项规定的包装分发，但是确实在活动中消耗掉的。

第二十条　展览用品中的酒精饮料、烟草制品以及燃料不适用有关免税的规定。

本办法第十九条第一款第（一）项所列展览用品超出限量进口的，超出部分应当依法征税；第一款第（二）项、第（三）项、第（四）项所列展览用品，未使用或者未被消耗完的，应当复运出境，不复运出境的，应当按照规定办理进口手续。

第二十一条　海关派员进驻展览场所的，经主管地海关同意，展览会办展人可以就参展的展览品免予向海关提交担保。

展览会办展人应当提供必要的办公条件，配合海关工作人员执行公务。

第二十二条　未向海关提供担保的进境展览品在非展出期间应当存放在海关监管作业场所。因特殊原因需要移出的，应当经主管地海关同意，并且提供相应担保。

第二十三条　为了举办交易会、会议或者类似活动而暂时进出境的货物，按照本办法对展览品监管的有关规定进行监管。

第四章　ATA 单证册的管理

第二十四条　中国国际贸易促进委员会（中国国际商会）是我国 ATA 单证册的出证和担保机构，负责签发出境 ATA 单证册，向海关报送所签发单证册的中文电子文本，协助海关确认 ATA 单证册的真伪，并且向海关承担 ATA 单证册持证人因违反暂时进出境规定而产生的相关税费、罚款。

第二十五条　海关总署设立 ATA 核销中心，履行以下职责：

（一）对 ATA 单证册进行核销、统计以及追索；

（二）应成员国担保人的要求，依据有关原始凭证，提供 ATA 单证册项下暂时进出境货物已经进境或者从我国复运出境的证明；

（三）对全国海关 ATA 单证册的有关核销业务进行协调和管理。

第二十六条　海关只接受用中文或者英文填写的 ATA 单证册。

第二十七条　ATA 单证册发生损坏、灭失等情况的，ATA 单证册持证人应当持原出证机构补发的 ATA 单证册到主管地海关进行确认。

补发的 ATA 单证册所填项目应当与原 ATA 单证册相同。

第二十八条　ATA 单证册项下暂时进出境货物在境内外停留期限超过 ATA 单证册有效期的，ATA 单证册持证人应当向原出证机构续签 ATA 单证册。续签的 ATA 单证册经主管地海关确认后可以替代原 ATA 单证册。

续签的 ATA 单证册只能变更单证册有效期限和单证册编号，其他项目应当与原单证册一致。续签的 ATA 单证册启用时，原 ATA 单证册失效。

第二十九条 ATA 单证册项下暂时进境货物未能按照规定复运出境或者过境的，ATA 核销中心应当向中国国际贸易促进委员会（中国国际商会）提出追索。自提出追索之日起 9 个月内，中国国际贸易促进委员会（中国国际商会）向海关提供货物已经在规定期限内复运出境或者已经办理进口手续证明的，ATA 核销中心可以撤销追索；9 个月期满后未能提供上述证明的，中国国际贸易促进委员会（中国国际商会）应当向海关支付税费和罚款。

第三十条 ATA 单证册项下暂时进境货物复运出境时，因故未经我国海关核销、签注的，ATA 核销中心凭由另一缔约国海关在 ATA 单证上签注的该批货物从该国进境或者复运进境的证明，或者我国海关认可的能够证明该批货物已经实际离开我国境内的其他文件，作为已经从我国复运出境的证明，对 ATA 单证册予以核销。

第五章 附 则

第三十一条 违反本办法，构成走私行为、违反海关监管规定行为或者其他违反海关法行为的，由海关依照《海关法》和《中华人民共和国海关行政处罚实施条例》的有关规定予以处理；构成犯罪的，依法追究刑事责任。

第三十二条 从境外暂时进境的货物转入海关特殊监管区域和保税监管场所的，不属于复运出境。

第三十三条 对用于装载海关监管货物的进出境集装箱的监管不适用本办法。

第三十四条 暂时进出境物品超出自用合理数量的，参照本办法监管。

第三十五条 本办法有关用语的含义：

展览会、交易会、会议以及类似活动是指：

（一）贸易、工业、农业、工艺展览会，以及交易会、博览会；

（二）因慈善目的而组织的展览会或者会议；

（三）为促进科技、教育、文化、体育交流，开展旅游活动或者民间友谊而组织的展览会或者会议；

（四）国际组织或者国际团体组织代表会议；

（五）政府举办的纪念性代表大会。

在商店或者其他营业场所以销售国外货物为目的而组织的非公共展览会不属于本办法所称展览会、交易会、会议以及类似活动。

展览品是指：

（一）展览会展示的货物；

（二）为了示范展览会展出机器或者器具所使用的货物；

（三）设置临时展台的建筑材料以及装饰材料；

（四）宣传展示货物的电影片、幻灯片、录像带、录音带、说明书、广告、光盘、显示器材等；

（五）其他用于展览会展示的货物。

包装材料，是指按原状用于包装、保护、装填或者分离货物的材料以及用于运输、装卸或者堆放的装置。

主管地海关，是指暂时进出境货物进出境地海关。境内展览会、交易会、会议以及类似活动的主管地海关为其活动所在地海关。

第三十六条 本办法所规定的文书由海关总署另行制定并且发布。

第三十七条 本办法由海关总署负责解释。

第三十八条 本办法自 2018 年 2 月 1 日起施行。2007 年 3 月 1 日海关总署令第 157 号公布的《中华人民共和国海关暂时进出境货物管理办法》、2013 年 12 月 25 日海关总署令第 212 号公布的《海关总署关于修改〈中华人民共和国海关暂时进出境货物管理办法〉的决定》同时废止。

中华人民共和国海关总署令
第 234 号

《海关总署关于废止〈中华人民共和国海关关于异地加工贸易的管理办法〉的决定》已于 2017 年 11 月 20 日经海关总署署务会议审议通过，现予公布，自公布之日起生效。

署 长

2017 年 12 月 8 日

海关总署关于废止《中华人民共和国海关关于异地加工贸易的管理办法》的决定

为进一步深化海关简政放权放管结合优化服务改革，在保证海关有效监管、精准监管的同时，优化加工贸易业务管理模式，为企业减负增效，现决定废止1999年9月22日以海关总署令第74号公布并于2010年11月26日以海关总署令第198号、2014年3月13日以海关总署令第218号修改的《中华人民共和国海关关于异地加工贸易的管理办法》。

本决定自公布之日起生效。

中华人民共和国海关总署令第235号

《海关总署关于修改部分规章的决定》已于2017年11月20日经海关总署署务会议审议通过，现予公布，自2018年2月1日起施行。

署　长

2017年12月20日

海关总署关于修改部分规章的决定

为进一步深化海关简政放权放管结合优化服务改革，在保证海关有效监管、精准监管的同时，推动通关以及相关作业流程“去繁就简”，去除不必要的制度性成本，营造良好营商环境，海关总署决定对《中华人民共和国海关对进出境旅客行李物品监管办法》等23部规章进行修改，具体内容如下：

一、对《中华人民共和国海关对进出境旅客行李物品监管办法》（海关总署令第9号公布，根据海关总署令第198号修改）作如下修改：

（一）将第八条第二款中的“持有效的出境证件”修改为“凭有效的出境证件”，将第十七条第五款中的“持特殊通行证件”修改为“凭特殊通行证件”，将第二十七条中的“持有效过境签证”修改为“凭有效过境签证”。

（二）将第十六条中的“办理进出境物品的申请、报关、纳税以及其他有关手续的”修改为“办理进出境物品的报关、纳税以及其他有关手续的”。

（三）删去第十八条第一款中的“应事先向主管海关提出书面申请”，将“办理审批验放手续”修改为“办理通关手续”。

（四）将第二十条第一款中的“应事先向主管海关提出书面申请，并向海关交验中华人民共和国政府主管部门签发的定居证明或批准文件办理审批手续”修改为“应当依照有关规定向主管海关或者口岸海关提交中华人民共和国政府主管部门签发的定居证明或者批准文件”，删去“经核准”和“旅客持主管海关的书面通知，到物品进境地海关办理验放手续”。

二、对《中华人民共和国海关对中国籍旅客进出境行李物品的管理规定》（海关总署令第58号公布，根据海关总署令第198号修改）作如下修改：

（一）将第二条中的“持中华人民共和国护照”修改为“凭中华人民共和国护照”，将第三条第一款中的“验凭旅客所持有效出入境旅行证件”修改为“验凭旅客有效出入境旅行证件”，将第十条第二款中的“持有效的出境证件”修改为“凭有效的出境证件”。

（二）将第六条第一款中的“应在获准定居后三个月内持中华人民共和国有关主管部门签发的定居证明，向定居地主管海关一次性提出申请”修改为“应当在获准定居后六个月内凭中华人民共和国有关主管部门签发的定居证明，向海关办理通关手续”，将“上述自用物品中，除本规定所附《定居旅客应税自用及安家物品清单》（见附件2）所列物品需征税外”修改为“上述自用物品可以向定居地主管海关或者口岸海关申报，除《定居旅客应税自用及安家物品清单》（见附件2）所列物品需征税外”，将“自用小汽车和摩托车准予每户进境各1辆，海关照章征税”修改为“自用小汽车和摩托车向定居地主管海关申报，每户准予征税进境各1辆”。

删去第二款。

三、对《中华人民共和国海关关于境内公路承运海关监管货物的运输企业及其车辆、驾驶员的管理办法》（海关总署令第88号公布，根据海关总署令第121号和第227号修改）作如下修改：

（一）将第三条中的“企业所在关区的直属海关”

修改为“主管地的直属海关或者隶属海关（以下简称主管海关）”。

（二）将第五条第（一）项修改为“具有企业法人资格”，将第（二）项修改为“取得与运输企业经营范围相一致的工商核准登记”，删去第（三）项和第（四）项。

（三）删去第六条第一款第（一）项中的“（见附件1）”、第（三）项和第（四）项。

将第二款修改为“主管海关可以通过网络共享获取前款规定材料的，无需另行提交。”

（四）删去第七条中的“见附件4”。

（五）删去第八条第（二）项中的“厢体必须为金属结构”和第（五）项。

（六）删去第九条第一款第（一）项中的“（见附件2）”和第（三）项。

将第二款修改为“主管海关可以通过网络共享获取前款规定材料的，无需另行提交。”

（七）删去第十条中的“《中华人民共和国境内汽车载运海关监管货物车辆准载证》（见附件5，以下简称《准载证》）”和“见附件6”。

（八）删去第十一条。

（九）删去第十二条第一款第（一）项中的“（见附件3）”和第（二）项中的“驾驶员的国内居民身份证”。

将第二款修改为“主管海关可以通过网络共享获取前款规定材料的，无需另行提交。”

（十）删去第十三条。

（十一）删去第十四条、第十六条、第十八条、第二十条和第二十七条中的“《准载证》”。

（十二）删去第十五条。

（十三）将第十九条中的“监管场所”修改为“海关监管作业场所”。

（十四）将第三十条修改为“运输企业、车辆注册有效期届满未延续的，海关应当依照有关规定办理注销手续。”

（十五）增加一条，作为第三十一条“本办法所规定的文书由海关总署另行制定并且发布。”

（十六）对条文顺序作相应调整。

（十七）删去附件。

四、对《中华人民共和国海关关于转关货物监管办法》（海关总署令第89号公布，根据海关总署令第218号修改）作如下修改：

（一）删去第二条中的“除另有规定外（见附件1），进出口货物均可办理转关手续”。

增加一款，作为第二款“对商业封志完好的内支线船舶和铁路承运的转关货物，海关可以不施加海关封志。”

增加一款，作为第三款“可以办理转关手续的进出口货物范围由海关总署另行确定并且发布。”

（二）将第三条中的“应当按规定向海关缴纳规费，并提供方便”修改为“应当提供方便”。

（三）将第四条中的“监管场所”修改为“海关监管作业场所”。

（四）将第四条、第十五条、第二十三条、第二十四条、第三十一条和第三十二条中的“海关监管场所”修改为“海关监管作业场所”。

（五）删去第八条中的“（附件2）”、“（附件3）”，第十六条中的“（见附件4）”，第十七条中的“（见附件5）”，第二十二条中的“（见附件6）”，第二十五条中的“（附件7）”和第二十九条中的“（见附件8）”。

（六）删去第九条。

（七）删去第十条。

（八）将第二十条、第二十二条和第二十六条中的“持以下单证”修改为“凭以下单证”。

（九）将第二十二条第一款第（三）项中的“纸质舱单”修改为“电子或者纸质舱单”。

（十）将第二十七条中的“持《汽车载货登记簿》”修改为“凭《汽车载货登记簿》”。

（十一）删去第三十四条中的“3. 从境内一个设关地点运往境内另一个设关地点，需经海关监管的货物”。

（十二）增加一条作为第三十三条“本办法所规定的文书由海关总署另行制定并且发布。”

（十三）对条文顺序作相应调整。

（十四）删去附件。

五、对《中华人民共和国海关进出口货物申报管理规定》（海关总署令第103号公布，根据海关总署令第198号和第218号修改）作如下修改：

（一）将第十八条第二款中的“海关监管场所”修改为“海关监管作业场所”。

（二）删去第二十五条中的“与电子数据报关单内容相一致的纸质报关单”。

（三）将第二十九条第一款第（一）项修改为

"用于办理出口退税的实施启运港退税政策的出口货物报关单证明联"，将第（二）项修改为"用于办理付汇的货物贸易外汇管理B类、C类企业进口货物报关单证明联"，将第（三）项修改为"用于办理收汇的货物贸易外汇管理B类、C类企业出口货物报关单证明联"。

六、对《中华人民共和国海关对保税仓库及所存货物的管理规定》（海关总署令第105号公布，根据海关总署令第198号和第227号修改）作如下修改：

（一）将第四条第二款、第九条第（七）项中的"液体危险品保税仓库"修改为"液体保税仓库"。

将第四条第三款修改为"液体保税仓库，是指专门提供石油、成品油或者其他散装液体保税仓储服务的保税仓库。"

（二）删去第五条第二款。

（三）删去第八条第（二）项、第（四）项和第（五）项。

（四）将第九条第（二）项中的"安全隔离设施"修改为"隔离设施"，删去第（四）项中的"符合会计法要求的会计制度"和第（五）项。

（五）删去第十条。

（六）将第十二条中的"直属海关"修改为"主管海关"。

（七）将第十三条中的"经海关注册登记并核发《中华人民共和国海关保税仓库注册登记证书》（以下简称《保税仓库注册登记证书》），方可投入运营"修改为"经海关注册登记并核发《保税仓库注册登记证书》，方可以开展有关业务"。

增加一款，作为第二款"《保税仓库注册登记证书》有效期为3年。"

（八）删去第十六条。

（九）将第十八条中的"并定期以计算机电子数据和书面形式报送主管海关"修改为"并定期报送主管海关"。

（十）删去第十九条第二款中的"所存货物范围和商品种类"，将"应当经直属海关批准"修改为"主管海关受理企业申请后，报直属海关审批"。

删去第三款。

（十一）删去第二十条第一款。

删去第二款。

删去第三款中的"因其他事由"，将"经海关审核后"修改为"经主管海关受理报直属海关审批后"。

（十二）将第二十一条第一款中的"持有关单证"修改为"凭有关单证"，删去"根据核定的保税仓库存放货物范围和商品种类"。

删去第二款。

（十三）删去第二十六条第二款。

（十四）删去第二十七条第二款。

（十五）增加一条作为第三十一条"本规定所规定的文书由海关总署另行制定并且发布。"

（十六）对条文顺序作相应调整。

七、对《中华人民共和国海关关于加工贸易边角料、剩余料件、残次品、副产品和受灾保税货物的管理办法》（海关总署令第111号公布，根据海关总署令第198号和第218号修改）作如下修改：

（一）删去第一条和第十五条中的"内销审批和"。

（二）删去第四条中的"商务主管部门免予审批，企业直接报主管海关核准并办理内销有关手续"。

（三）删去第六条第（一）项中的"商务主管部门免予审批，企业直接报主管海关核准"，将第（二）项中的"由商务主管部门按照有关内销审批规定审批，海关凭商务主管部门批件对合同内销的全部剩余料件按照规定计征税款和缓税利息"修改为"海关对合同内销的全部剩余料件按照规定计征税款和缓税利息"。

（四）删去第八条第二款中的"加工贸易企业需要内销的副产品，由商务主管部门按照副产品实物状态列明内销商品名称，并且按照加工贸易有关内销规定审批，海关凭商务主管部门批件办理内销有关手续"。

八、对《中华人民共和国海关关于来往香港、澳门小型船舶及所载货物、物品管理办法》（海关总署令第112号公布）作如下修改：

（一）删去第七条第一款第（一）项中的"（见附件1）"、第（三）项、第（四）项和第（六）项。

将第二款中的"提交上述（二）、（三）、（四）、（五）项文件"修改为"提交前款第（二）项、第（三）项文件"。

（二）删去第八条中的"见附件2"、"见附件3"、"（见附件4）"，第二十一条中的"（见附件6）"、"（见附件7）"和第二十二条中的"（见附件8）"。

（三）删去第九条第一款中的"海关对小型船舶实行年审管理"，将"运输企业应当在海关规定的时间内向备案海关提交下列文件，办理小型船舶年审手续"

修改为“运输企业需要延续备案的，应当在有效期届满30日前向备案海关提交下列文件，办理小型船舶延续手续”，将第（一）项修改为“《来往港澳小型船舶延续申请书》”。

将第二款修改为“有效期届满未延续的，海关应当依照有关规定办理注销手续。”

（四）将第十条中的“运输企业应当持书面申请和有关批准文件到备案海关办理变更手续”修改为“运输企业应当凭书面申请和有关批准文件向备案海关办理变更手续”。

（五）删去第十一条第二款、第十八条第一款和第十九条中的“纸质舱单”。

（六）增加一条作为第三十一条“本办法所规定的文书由海关总署另行制定并且发布。”

（七）对条文顺序作相应调整。

（八）删去附件。

九、对《中华人民共和国海关对常驻机构进出境公用物品监管办法》（海关总署令第115号公布，根据海关总署令第193号和第198号修改）作如下修改：

（一）删去第二条第一款中的“申请”。

将第二款中的“应当由本机构或其委托的报关企业向主管海关提交书面申请。经主管海关审核批准后，进出境地海关凭主管海关的审批单证和其他相关单证予以验放”修改为“可以由本机构或者其委托的报关企业向主管海关或者口岸海关办理通关手续。常驻机构进出境公用车辆，向主管海关办理通关手续”。

增加一款，作为第三款“公用物品通关时，海关可以对相关物品进行查验，防止违禁物品进出境。”

增加一款，作为第四款“公用物品放行后，海关可以通过实地核查等方式对使用情况进行抽查。”

（二）将第四条第一款和第八条中的“申请进境”修改为“申报进境”。

（三）删去第五条。

（四）将第六条第一款修改为“常驻机构申报进境公用物品时，应当填写《进口货物报关单》，并提交《海关备案证》、提（运）单、发票和装箱单等相关单证。”

将第二款修改为“常驻机构申报进境机动车辆时，除提交前款规定的单证外，还应当提交本机构所有常驻人员的有效身份证件。”

（五）将第九条中的“持公安交通管理部门颁发的《机动车辆行驶证》”修改为“凭公安交通管理部门颁发的《机动车辆行驶证》”。

（六）删去第十条中的“经主管海关核准后”。

（七）删去第十一条。

（八）将第十二条第一款修改为“常驻机构申报出境原进境公用物品时，应当填写《出口货物报关单》，并提交《海关备案证》、提（运）单、发票和装箱单等相关单证。”

将第二款修改为“常驻机构申报出境原进境机动车辆的，海关开具《领/销牌照通知书》，常驻机构凭此向公安交通管理部门办理注销牌照手续。”

（九）将第十四条中的“持《监管车辆登记证》、《机动车辆行驶证》、《海关备案证》到主管海关办理机动车辆海关年审手续”修改为“凭《监管车辆登记证》、《机动车辆行驶证》、《海关备案证》向主管海关办理机动车辆海关年审手续”。

（十）删去第十六条第一款中的“出让方主管海关批准后”。

将第二款修改为“常驻机构将进境监管机动车辆出售给特许经营单位的，特许经营单位应当向常驻机构的主管海关提交经常驻机构盖章确认的《转让申请表》，参照前款规定办理结案手续，并依法向主管海关补缴税款。”

（十一）将第十七条中的“持《中华人民共和国海关公/自用车辆解除监管申请表》”修改为“凭《中华人民共和国海关公/自用车辆解除监管申请表》”。

（十二）将第二十条中的“常驻机构未按照本办法规定向海关办理监管机动车辆年审手续，擅自转让、出售监管机动车辆，或者有其他走私、违反海关监管规定行为的”修改为“违反本办法，构成走私行为、违反海关监管规定行为或者其他违反海关法行为的”。

（十三）对条文顺序作相应调整。

十、对《中华人民共和国海关对非居民长期旅客进出境自用物品监管办法》（海关总署令第116号公布，根据海关总署令第194号和第198号修改）作如下修改：

（一）将第二条第一款中的“非居民长期旅客进出境自用物品应当以个人自用、合理数量为限”修改为“非居民长期旅客进出境自用物品应当符合《非居民长期旅客自用物品目录》（以下简称《物品目录》），以个人自用、合理数量为限。《物品目录》由海关总署另行制定并且发布”。

将第二款中的“应当由本人或其委托的报关企业向主管海关提交书面申请。经主管海关审核批准后，进出境地海关凭主管海关的审批单证和其他相关单证予以验放”修改为“可以由本人或者其委托的报关企业向主管海关或者口岸海关办理通关手续。常驻人员进境机动车辆，向主管海关办理通关手续”。

增加一款，作为第三款“自用物品通关时，海关可以对相关物品进行查验，防止违禁物品进出境。”

增加一款，作为第四款“自用物品放行后，海关可以通过实地核查等方式对使用情况进行抽查。”

（二）将第三条和第六条中的“申请进境”修改为“申报进境”。

（三）删去第四条。

（四）将第五条第一款修改为“非居民长期旅客申报进境自用物品时，应当填写《中华人民共和国海关进出境自用物品申报单》（以下简称《申报单》，见附件1），并提交身份证件、长期居留证件、提（运）单和装箱单等相关单证。港澳台人员还需提供其居住地公安机关出具的居留证明。”

将第二款修改为“常驻人员申报进境机动车辆时，应当填写《进口货物报关单》，并提交前款规定的单证。专家以外的常驻人员还应当提交所在常驻机构的《中华人民共和国海关常驻机构备案证》或者所在外商投资企业的《中华人民共和国海关报关单位注册登记证书》。”

（五）将第七条中的“持公安交通管理部门颁发的《机动车辆行驶证》”修改为“凭公安交通管理部门颁发的《机动车辆行驶证》”。

（六）删去第八条。

（七）将第九条第一款修改为“非居民长期旅客申报出境原进境自用物品时，应当填写《申报单》，并提交身份证件、长期居留证件、提（运）单和装箱单等相关单证。”

将第二款修改为“常驻人员申报出境原进境机动车辆的，海关开具《领/销牌照通知书》，常驻人员凭此向公安交通管理部门办理注销牌照手续。”

（八）将第十一条中的“持本人身份证件、长期居留证件、《监管车辆登记证》、《机动车辆行驶证》到主管海关办理机动车辆海关年审手续”修改为“凭本人身份证件、长期居留证件、《监管车辆登记证》、《机动车辆行驶证》向主管海关办理机动车辆海关年审手续”。

（九）删去第十三条第一款中的“出让方主管海关批准后”。

（十）将第十四条中的“持《中华人民共和国海关公/自用车辆解除监管申请表》”修改为“凭《中华人民共和国海关公/自用车辆解除监管申请表》”。

（十一）将第十七条中的“非居民长期旅客未按照本办法规定向海关办理监管机动车辆年审手续，擅自转让、出售监管机动车辆，或者有其他走私、违反海关监管规定行为的”修改为“违反本办法，构成走私行为、违反海关监管规定行为或者其他违反海关法行为的”。

（十二）将第十八条中的“《中华人民共和国外国人就业证》、《中华人民共和国外国专家证》”修改为“《中华人民共和国外国人工作许可证》”，将“‘长期居留证件’是指中华人民共和国主管部门签发的《中华人民共和国外国人长期居留证》、《华侨、港澳地区人员暂住证》等准予在境内长期居留的证件”修改为“‘长期居留证件’是指有效期一年及以上的《中华人民共和国外国人居留许可》、《港澳居民来往内地通行证》、《台湾居民来往大陆通行证》等准予在境内长期居留的证件”，将“‘自用物品’是指非居民长期旅客在境内居留期间日常生活所必需的《中华人民共和国海关旅客进出境行李物品分类表》所列物品（烟、酒除外）及机动车辆”修改为“‘自用物品’是指非居民长期旅客在境内居留期间日常生活所需的《物品目录》范围内物品及机动车辆”。

（十三）对条文顺序作相应调整。

十一、对《中华人民共和国海关进出口货物征税管理办法》（海关总署令第124号公布，根据海关总署令第198号和第218号修改）作如下修改：

（一）删去第五条第二款中的“格式详见附件1”，第十九条中的“（格式详见附件2）”，第六十条第二款中的“（格式详见附件3）”，第六十七条中的“（格式详见附件4）”和第七十条第一款中的“（格式详见附件5）”。

（二）删去第十四条第（四）项中的“经批准”。

（三）将第二十四条第一款中的“应当在货物进出口前向申报地的直属海关或者其授权的隶属海关提出延期缴纳税款的书面申请并且随附相关材料，同时还应当提供缴税计划”修改为“依法提供税款担保后，可以向海关办理延期缴纳税款手续”。

删去第二款。

（四）删去第二十五条。

（五）删去第二十六条。

（六）删去第四十二条中的“经海关批准”和第四十六条中的“经海关批准的”。

（七）将第七十二条中的“持有关文件”修改为“凭有关文件”，将“减免税审批”修改为“减免税审核确认”。

（八）将第七十四条中的“减免税审批”修改为“减免税审核确认”。

（九）将第七十五条第二款第（三）项“其他货物：5年”修改为“其他货物：3年”。

（十）将第七十六条第二款中的“持有关单证”修改为“凭有关单证”。

（十一）将第七十七条第（二）项中的“减免税审批”修改为“减免税审核确认”，将第（三）项修改为“正在海关办理延期缴纳税款手续的”。

（十二）将第七十八条第一款中的“特殊情况经直属海关关长或者其授权人批准可以酌情延长”修改为“特殊情况需要延期的，应当经主管海关核准”。

（十三）将第八十二条中的“海关监管场所”修改为“保税监管场所”。

（十四）增加一条作为第八十二条“本办法所规定的文书由海关总署另行制定并且发布。”

（十五）对条文顺序作相应调整。

（十六）删去附件。

十二、对《中华人民共和国海关对保税物流中心（A型）的暂行管理办法》（海关总署令第129号公布，根据海关总署令第227号修改）作如下修改：

（一）将第二条、第三条中的“海关监管场所”修改为“保税监管场所”。

（二）删去第四条第二款。

（三）删去第六条第（二）项、第（四）项和第（五）项，删去第（六）项中的“和符合会计法规定的会计制度”。

（四）将第七条第（二）项修改为“公用型物流中心的仓储面积（含堆场），东部地区不低于4 000平方米，中西部地区、东北地区不低于2 000平方米”，将第（三）项修改为“自用型物流中心的仓储面积（含堆场），东部地区不低于2 000平方米，中西部地区、东北地区不低于1 000平方米”，增加一项，作为第（四）项“物流中心为储罐的，容积不低于5 000立方米”，将第（四）项改为第（五）项，修改为“建立符合海关监管要求的计算机管理系统，提供供海关查阅数据的终端设备，并按照海关规定的认证方式和数据标准与海关联网”，将第（五）项改为第（六）项，修改为“设置符合海关监管要求的隔离设施、监管设施和办理业务必需的其他设施”，删去第（六）项。

（五）将第八条中的“直属海关”修改为“所在地主管海关”，删去第（一）项中的“（样式见附件1）”、第（二）项、第（五）项、第（六）项和第（七）项，将第（八）项改为第（四）项，修改为“符合海关监管要求的物流中心管理制度”，将第（九）项改为第（五）项，修改为“物流中心所用土地、场所的产权证明或者剩余租赁期限不少于3年的租赁协议及地理位置图、平面规划图”，将第（十）项改为第（六）项，修改为“报关单位注册登记证书复印件”。

（六）将第九条修改为“企业申请设立物流中心，由主管海关受理，报直属海关审批。”

（七）将第十条第一款修改为“企业自直属海关出具批准其筹建物流中心文件之日起1年内向海关申请验收，由主管海关按照本办法的规定进行审核验收。”

将第二款中的“海关总署”修改为“直属海关”，删去“《保税物流中心（A型）验收合格证书》（样式见附件2）和”、“（样式见附件3），颁发保税物流中心（A型）标牌（样式见附件4）”。

（八）将第十一条第一款中的“但延期不得超过6个月。如果有特殊情况需要二次延期的，报海关总署批准”修改为“除特殊情况外，延期不得超过6个月”。

（九）将第十六条中的“海关采取联网监管、视频监控、实地核查等方式”修改为“海关可以采取联网监管、视频监控、实地核查等方式”。

（十）删去第十八条。

（十一）将第十九条第一款中的“2年”修改为“3年”。

将第二款中的“向直属海关办理延期审查申请手续”修改为“办理延期手续，由主管海关受理，报直属海关审批”。

将第三款中的“办理延期审查申请”修改为“办理延期手续”，将第（一）项修改为“《保税物流中心（A型）注册登记证书》、本年度资产负债表和损益表复印件”，删去第（二）项。

将第四款修改为“对审查合格的企业准予延期3年。”

（十二）将第二十条中的“仓储面积”修改为“仓储面积（容积）”，将“企业申请并由直属海关报海关总署审批。其他变更事项报直属海关备案”修改为“主管海关受理企业申请后，报直属海关审批”。

（十三）删去第二十一条第一款。

将第二款中的“经海关总署审批后”修改为“主管海关受理后报直属海关审批”，将“《保税物流中心（A型）验收合格证书》和《保税物流中心（A型）注册登记证书》”修改为“《保税物流中心（A型）注册登记证书》”。

（十四）将第二十三条修改为“物流中心与境外间进出的货物，应当按照规定向海关办理相关手续。”

（十五）删去第二十九条第三款。

（十六）将第三十二条修改为“物流中心与海关特殊监管区域、其他保税监管场所之间可以进行货物流转并按照规定办理相关海关手续。”

（十七）增加一条作为第三十五条“本办法所规定的文书由海关总署另行制定并且发布。”

（十八）对条文顺序作相应调整。

（十九）删去附件。

十三、对《中华人民共和国海关对保税物流中心（B型）的暂行管理办法》（海关总署令第130号公布，根据海关总署令第227号修改）作如下修改：

（一）将第二条中的“海关集中监管场所”修改为“保税监管场所”。

（二）删去第三条第二款。

（三）将第四条第（一）项修改为“物流中心仓储面积，东部地区不低于5万平方米，中西部地区、东北地区不低于2万平方米”，将第（六）项修改为“设置符合海关监管要求的隔离设施、监管设施和办理业务必需的其他设施”。

（四）删去第六条第一款第（三）项。

（五）删去第七条第（二）项中的“（附可行性研究报告）”和第（六）项。

（六）将第九条第一款中的“海关总署”修改为“海关总署会同有关部门”。

将第二款修改为“企业自海关总署等部门出具批准其筹建物流中心文件之日起1年内向海关总署申请验收，由海关总署会同有关部门或者委托被授权的机构按照本办法的规定进行审核验收。”

将第三款中的“《保税物流中心（B型）验收合格证书》（样式见附件1）和《保税物流中心（B型）注册登记证书》（样式见附件2）”修改为“《保税物流中心（B型）注册登记证书》”，删去“颁发标牌（样式见附件5）”。

（七）删去第十一条第（二）项。

（八）删去第十二条第（一）项中的“（样式见附件3）”、第（四）项、第（五）项、第（六）项和第（七）项，将第（二）项修改为“符合海关监管要求的企业管理制度”，将第（九）项改为第（五）项，修改为“报关单位注册登记证书复印件”。

（九）删去第十三条第一款。

将第二款修改为“主管海关受理后对符合条件的企业制发《保税物流中心（B型）企业注册登记证书》。”

（十）将第十八条中的“海关采取联网监管、视频监控、实地核查等方式”修改为“海关可以采取联网监管、视频监控、实地核查等方式”。

（十一）删去第二十条。

（十二）将第二十一条第二款中的“向直属海关办理延期审查申请手续”修改为“办理延期手续，由直属海关受理，报海关总署审批”。

将第三款中的“办理延期审查申请”修改为“办理延期手续”，将第（一）项修改为“《保税物流中心（B型）注册登记证书》、本年度资产负债表和损益表复印件”。

（十三）将第二十三条修改为“中心内企业需变更有关事项的，应当向主管海关备案。”

（十四）删去第二十四条第一款。

将第二款中的“海关总署”修改为“海关总署会同有关部门”，“办理注销手续并交回标牌和《保税物流中心（B型）验收合格证书》”修改为“办理注销手续并交回《保税物流中心（B型）注册登记证书》”。

（十五）删去第二十五条。

（十六）将第二十七条修改为“物流中心与境外间进出的货物，应当按照规定向海关办理相关手续。”

（十七）将第三十三条第一款中的“货物从境内进入物流中心视同出口，办理出口报关手续”修改为“除另有规定外，货物从境内进入物流中心视同出口，办理出口报关手续，享受出口退税”。

删去第三款。

（十八）将第三十六条修改为“物流中心与海关特殊监管区域、其他保税监管场所之间可以进行货物流转并按照规定办理相关海关手续。”

（十九）增加一条作为第三十九条“本办法所规定的文书由海关总署另行制定并且发布。”

（二十）对条文顺序作相应调整。

（二十一）删去附件。

十四、对《中华人民共和国海关对出口监管仓库及所存货物的管理办法》（海关总署令第133号公布，根据海关总署令第227号修改）作如下修改：

（一）将第二条中的“海关专用监管仓库”修改为“仓库”。

（二）将第五条修改为“出口监管仓库的设立应当符合海关对出口监管仓库布局的要求。”

（三）删去第九条第（三）项，将第（四）项改为第（三）项，修改为“具有专门存储货物的场所，其中出口配送型仓库的面积不得低于2 000平方米，国内结转型仓库的面积不得低于1 000平方米”。

（四）将第十条第一款中的“书面材料”修改为“加盖企业印章的书面材料”，删去第（三）项中的“及可行性报告”和第（四）项，将第（五）项改为第（四）项，修改为“营业执照复印件”，将第（六）项改为第（五）项，修改为“报关单位注册登记证书复印件”。

删去第二款。

（五）将第十二条第二款第（一）项中的“第（五）项”修改为“第（三）项”，删去第（二）项中的“安全”、第（四）项中的“和会计制度”和第（六）项。

（六）将第十三条中的“经直属海关注册登记并核发《中华人民共和国海关出口监管仓库注册登记证书》，可以投入运营。《中华人民共和国海关出口监管仓库注册登记证书》有效期为3年”修改为“经海关注册登记并核发《出口监管仓库注册登记证书》，方可以开展有关业务。《出口监管仓库注册登记证书》有效期为3年”。

（七）删去第十七条。

（八）删去第二十条第一款中的“主管”。

将第二款中的“应当经直属海关批准”修改为“主管海关受理企业申请后，报直属海关审批”。

（九）将第二十一条中的“有下列行为之一的”修改为“有下列情形之一的”，删去第（一）项，增加一项，作为第（五）项“法律、法规规定的应当注销行政许可的其他情形”。

（十）将第二十四条中的“签发出口货物报关单证明联”修改为“办理出口货物退税证明手续”。

（十一）将第二十五条第一款修改为“出口监管仓库与海关特殊监管区域、其他保税监管场所之间的货物流转应当符合海关监管要求并按照规定办理相关手续。”

（十二）将第二十七条第一款和第二十八条第一款中的“向主管海关申报”修改为“按照规定办理海关手续”，删去“（见附件1）”和“（见附件2）”。

删去第二十八条第二款。

（十三）增加一条作为第三十六条“本办法所规定的文书由海关总署另行制定并且发布。”

（十四）对条文顺序作相应调整。

（十五）删去附件。

十五、对《中华人民共和国海关对保税物流园区的管理办法》（海关总署令第134号公布，根据海关总署令第190号修改）作如下修改：

（一）将第三条中的“实行24小时监管”修改为“实施监管”。

（二）将第十二条改为第十三条，修改为“特殊情况下，经园区主管海关核准，区外法人企业可以依法在园区内设立分支机构。”

（三）将第十三条改为第十二条，将第（一）项修改为“具有企业法人资格”。

（四）将第十四条第一款修改为“园区企业变更营业场所面积、地址、名称、组织机构、性质、法定代表人等注册登记内容的，应当在变更后5个工作日内向主管海关书面报告。”

（五）将第十八条修改为“园区与境外间进出的货物，应当按照规定向海关办理相关手续。”

（六）将第二十五条第一款中的“在园区主管海关办理申报手续”修改为“按照规定向海关办理相关手续”。

删去第二款。

（七）将第二十六条中的“按照进口货物的有关规定向园区主管海关申报”修改为“按照规定向海关办理相关手续”。

（八）将第二十七条中的“可以在园区主管海关办理申报手续，也可以按照海关规定办理进口转关手续”修改为“应当按照规定向海关办理相关手续”。

（九）将第二十九条第一款中的“向园区主管海关办理出口申报手续”修改为“按照规定向海关办理相关手续”。

将第二款修改为“境内区外货物、设备以出口报关方式进入园区的，其出口退税按照国家有关规定办理。境内区外货物、设备属于原进口货物、设备的，原已缴纳的关税、进口环节海关代征税海关不予退还。”

（十）将第三十四条第二款修改为“对在区外更换的国产零配件或者附件，如需退税，由企业按照出口货物的有关规定办理手续。”

（十一）将第三十九条中的“园区企业所维修的产品及其零配件仅限于来自境外，检测维修后的产品、更换的零配件以及维修过程中产生的物料等应当复运出境”修改为“在园区内开展保税维修业务的企业，海关按照相关规定进行监管”。

（十二）删去第四十二条第二款中的“但海关不予签发出口货物报关单证明联”。

（十三）删去第四十三条。

（十四）将第四十七条修改为“除国家另有规定外，园区货物不设存储期限。”

（十五）删去第四十八条中的“不予签发出口货物报关单证明联”和“由转出地海关签发出口货物报关单证明联”。

（十六）将第五十五条中的“园区规划面积内、围网外”修改为“园区围网外”，删去“海关特殊监管区域，是指经国务院批准设立的保税区、出口加工区、园区、保税港区及其他特殊监管区域”。

（十七）对条文顺序作相应调整。

十六、对《中华人民共和国海关行业标准管理办法》（海关总署令第140号公布）作如下修改：

（一）删去第三条中的“（见附件1）”、第十条中的“（见附件2）”、第十一条中的“（见附件3）”和第十七条中的“（见附件4）”。

（二）将第五条第一款修改为“海关行业标准的制定应当依据国家有关海关工作和标准工作的法律、行政法规，符合科学、合理、可行的原则，不得与强制性国家标准不一致。”

删去第二款。

删去第三款。

（三）删去附件。

十七、对《中华人民共和国海关珠澳跨境工业区珠海园区管理办法》（海关总署令第160号公布，根据海关总署令第189号修改）作如下修改：

（一）将第三条中的“实行24小时监管”修改为“实施监管”。

（二）将第七条第一款修改为“珠海园区内企业（以下简称区内企业）应当具有法人资格。特殊情况下，经珠海园区主管海关核准，区外法人企业可以依法在园区内设立分支机构。”

删去第二款。

（三）将第九条第一款修改为“海关对区内企业实行电子账册监管制度和计算机联网管理制度，电子账册的备案、核销等作业按有关规定执行。”

（四）删去第十条。

（五）将第十四条修改为“珠海园区与境外之间进出的货物应当按照规定向海关办理相关手续。”

（六）将第二十一条第二款中的“委托区外企业加工的期限不得超过6个月”修改为“委托区外企业加工的期限不得超过合同或者协议有效期”。

（七）将第二十三条第三款中的“对在区外更换的国产零件、配件或者附件，需要退税的，由区内企业或者区外企业提出申请，园区主管海关按照出口货物的有关规定办理手续，签发出口货物报关单证明联”修改为“对在区外更换的国产零件、配件或者附件，需要退税的，由企业按照出口货物的有关规定办理手续”。

（八）将第二十四条第二款修改为“境内区外货物、设备以出口报关方式进入园区的，其出口退税按照国家有关规定办理。境内区外货物、设备属于原进口货物、设备的，原已缴纳的关税、进口环节海关代征税海关不予退还。”

（九）删去第三十三条第二款中的“货物从已经实行国内货物入区（仓）环节出口退税制度的海关特殊监管区域或者海关保税监管场所转入珠海园区的，海关不予签发出口货物报关单证明联”和“由转出地海关签发出口货物报关单证明联”。

（十）将第三十五条第二款中的“持主管部门批文”修改为“凭主管部门批文”。

（十一）对条文顺序作相应调整。

十八、对《中华人民共和国海关关于大嶝对台小额商品交易市场管理办法》（海关总署令第163号公布，根据海关总署令第214号修改）作如下修改：

（一）将第五条第一款中的“（见附件1）”修改为“具体商品范围由海关总署另行确定并且发布”。

（二）将第七条第二款中的“本办法附件2列明的商品仅限在规定数量内携带出交易市场”修改为“仅限在规定数量内携带出交易市场的商品及数量限制由海关总署另行确定并且发布”。

（三）删去附件。

十九、对《中华人民共和国海关保税港区管理暂行办法》（海关总署令第164号公布，根据海关总署令第191号修改）作如下修改：

（一）将第五条第二款修改为“海关及其他行政管理机构的办公场所应当设置在保税港区围网以外。”

（二）将第九条修改为“保税港区内企业（以下简称区内企业）应当具有法人资格。特殊情况下，经保税港区主管海关核准，区外法人企业可以依法在保税港区内设立分支机构。”

（三）将第十五条修改为“保税港区与境外之间进出的货物应当按照规定向海关办理相关手续。”

（四）将第二十一条第一款中的“按照进出口货物的有关规定向保税港区主管海关办理申报手续”修改为“按照规定向海关办理相关手续”，将“需要征税的，区内企业或者区外收发货人按照货物进出区时的实际状态缴纳税款”修改为“需要征税的，除另有规定外，区内企业或者区外收发货人按照货物进出区时的实际状态缴纳税款”。

删去第二款。

（五）将第二十六条修改为“境内区外货物、设备以出口报关方式进入保税港区的，其出口退税按照国家有关规定办理；境内区外货物、设备属于原进口货物、设备的，原已缴纳的关税、进口环节海关代征税海关不予退还。

“除另有规定外，海关对前款货物比照保税货物进行管理，对前款设备比照减免税设备进行管理。”

（六）将第二十八条第三款中的“对在区外更换的国产零件、配件或者附件，需要退税的，由区内企业或者区外企业提出申请，保税港区主管海关按照出口货物的有关规定办理手续，签发出口货物报关单证明联”修改为“对在区外更换的国产零件、配件或者附件，需要退税的，由企业按照出口货物的有关规定办理手续”。

（七）将第二十九条第二款中的“委托区外企业加工的期限不得超过6个月”修改为“委托区外企业加工的期限不得超过合同或者协议有效期”。

（八）将第三十一条中的“区内企业不实行加工贸易银行保证金台账和合同核销制度”修改为“区内企业设立电子账册，电子账册的备案、核销等作业按有关规定执行”。

（九）将第三十二条中的“区内企业所维修的产品仅限于我国出口的机电产品售后维修，维修后的产品、更换的零配件以及维修过程中产生的物料等应当复运出境”修改为“在保税港区内开展保税维修业务的企业，海关按照相关规定进行监管”。

（十）删去第三十三条。

（十一）将第三十七条第一款修改为“除国家另有规定外，保税港区货物不设存储期限。”

删去第二款。

（十二）删去第三十八条第一款中的“不予签发用于办理出口退税的出口货物报关单证明联”和“由转出地海关签发用于办理出口退税的出口货物报关单证明联”。

删去第三款。

（十三）删去第三十九条中的“出口货物运抵保税港区，海关接受申报并放行结关后，按照有关规定签发出口货物报关单证明联”。

（十四）对条文顺序作相应调整。

二十、对《中华人民共和国海关进出境运输工具舱单管理办法》（海关总署令第172号公布）作如下修改：

（一）将第四条第二款、第六条第三款、第二十二条第一款、第二十八条和第三十四条中的“海关监管场所”修改为“海关监管作业场所”。

（二）将第六条第一款、第五款中的“监管场所”修改为“海关监管作业场所”。

删去第二款第（一）项中的“（附件1）”和第（四）项。

将第三款中的“应当向海关提交上述（一）、（四）、（五）项文件”修改为“应当向海关提交前款第（一）项、第（四）项文件”。

将第五款中的“持书面申请和有关文件到海关办理备案变更手续”修改为“凭书面申请和有关文件向海关办理备案变更手续”。

（三）将第十三条第一款、第十六条第二款、第十七条第一款、第二十二条和第三十五条中的“海关监管场所”修改为“海关监管作业场所、旅客通关类、邮件类场所”，将第十六条第二款、第三款、第十七条第二款和第二十二条中的“海关监管场所经营人”修改为“相关场所经营人”。

（四）将第十八条修改为“疏港分流货物、物品提交运抵报告后，海关即可办理货物、物品的查验、放行手续。”

（五）将第十九条中的“海关监管场所”修改为“旅客通关类场所”。

（六）将第三十一条中的“舱单传输人向海关递交舱单变更书面申请，经海关审核同意后，可以进行变更”修改为“舱单传输人可以向海关办理变更手续”。

（七）删去第三十三条中的“（见附件2）”。

（八）将第三十四条中的“‘运抵报告’，是指进出境货物、物品运抵海关监管场所时，海关监管场所经营人向海关提交的反映货物、物品实际到货情况的记录”修改为“‘运抵报告’，是指进出境货物运抵海关监管作业场所时，海关监管作业场所经营人向海关提交的反映货物实际到货情况的记录，以及进出境物品运抵旅客通关类、邮件类场所时，相关场所经营人向海关提交的反映物品实际到货情况的记录”。

将“‘理货报告’，是指海关监管场所经营人或者理货部门对进出境运输工具所载货物、物品的实际装卸情况予以核对、确认的记录”修改为“‘理货报告’，是指海关监管作业场所、旅客通关类、邮件类场所经营人或者理货部门对进出境运输工具所载货物、物品的实际装卸情况予以核对、确认的记录”。

将“‘疏港分流’，是指为防止货物、物品积压、阻塞港口，根据港口行政管理部门的决定，将相关货物、物品疏散到其他海关监管场所的行为”修改为“‘疏港分流’，是指为防止货物、物品积压、阻塞港口，根据港口行政管理部门的决定，将相关货物、物品疏散到其他海关监管作业场所、旅客通关类、邮件类场所的行为”。

将“‘分拨’，是指海关监管场所经营人将进境货物、物品从一海关监管场所运至另一海关监管场所的行为”修改为“‘分拨’，是指海关监管作业场所、旅客通关类、邮件类场所经营人将进境货物、物品从一场所运至另一场所的行为”。

（九）增加一条作为第三十八条“本办法所规定的文书由海关总署另行制定并且发布。”

（十）对条文顺序作相应调整。

（十一）删去附件。

二十一、对《中华人民共和国海关进出口货物减免税管理办法》（海关总署令第179号公布）作如下修改：

（一）将第四条第二款中的“持减免税申请人出具的《减免税手续办理委托书》”修改为“凭减免税申请人出具的《减免税手续办理委托书》”。

（二）将第二十二条第一款中的“税款担保期限不超过6个月，经直属海关关长或者其授权人批准可以予以延期”修改为“减免税货物税款担保期限不超过6个月，经主管海关核准可以予以延期”。

将第二款修改为“特殊情况仍需要延期的，应当经直属海关核准。”

（三）将第二十八条第一款第（一）项和第三十八条第二款中的“持有关单证”修改为“凭有关单证”。

（四）将第三十六条第二款第（三）项“其他货物：5年”修改为“其他货物：3年”。

（五）将第四十一条第二款中的“持出口报关单”修改为“凭出口报关单”。

二十二、对《中华人民共和国海关加工贸易货物监管办法》（海关总署令第219号公布）作如下修改：

（一）将第十条第二款中的“企业变更加工贸易货物存放场所的，应当经海关批准”修改为“企业变更加工贸易货物存放场所的，应当事先通知海关，并办理备案变更手续”。

（二）删去第十一条第二款。

（三）删去第十二条第（一）项。

（四）删去第十九条第二款。

（五）将第三十三条第一款中的“加工贸易保税进口料件或者成品因故转为内销的，海关凭主管部门准予内销的有效批准文件，对保税进口料件依法征收税款并且加征缓税利息”修改为“加工贸易保税进口料件或者成品内销的，海关对保税进口料件依法征收税款并且加征缓税利息”。

二十三、对《中华人民共和国海关报关单位注册登记管理规定》（海关总署令第221号公布）作如下修改：

（一）删去第九条第一款第（二）项、第十六条第一款第（三）项和第二十四条第一款第（二）项中的“以及组织机构代码证书副本复印件”。

（二）将第十七条第二款中的“持本规定第十六

条规定的材料到分支机构所在地海关办理换证手续”修改为“凭本规定第十六条规定的材料向分支机构所在地海关办理换证手续”。

（三）将第十八条第一款修改为“报关企业的企业名称、法定代表人发生变更的，应当凭《报关单位情况登记表》、《中华人民共和国海关报关单位注册登记证书》、变更后的工商营业执照或者其他批准文件及复印件，以书面形式向注册地海关申请变更注册登记许可。”

将第二款中的“持变更后的营业执照副本或者其他批准文件及复印件，到所在地海关办理变更手续”修改为“凭变更后的营业执照副本或者其他批准文件及复印件，向所在地海关办理变更手续”。

将第三款中的“持变更证明文件等相关材料到注册地海关办理变更手续”修改为“凭变更证明文件等相关材料向注册地海关办理变更手续”。

（四）第二十四条增加一款，作为第三款“海关可以通过网络共享获取本条第一款规定材料的，申请人无需另行提交。”

（五）将第二十九条中的“持本单位出具的委派证明”修改为“凭本单位出具的委派证明”。

（六）将第三十一条第一款中的“持变更后的营业执照副本或者其他批准文件以及复印件，到注册地海关办理变更手续”修改为“凭变更后的营业执照副本或者其他批准文件以及复印件，向注册地海关办理变更手续”。

将第二款中的“持变更证明文件等相关材料到注册地海关办理变更手续”修改为“凭变更证明文件等相关材料向注册地海关办理变更手续”。

本决定自2018年2月1日起施行。

《中华人民共和国海关对进出境旅客行李物品监管办法》、《中华人民共和国海关对中国籍旅客进出境行李物品的管理规定》、《中华人民共和国海关关于境内公路承运海关监管货物的运输企业及其车辆、驾驶员的管理办法》、《中华人民共和国海关关于转关货物监管办法》、《中华人民共和国海关进出口货物申报管理规定》、《中华人民共和国海关对保税仓库及所存货物的管理规定》、《中华人民共和国海关关于加工贸易边角料、剩余料件、残次品、副产品和受灾保税货物的管理办法》、《中华人民共和国海关关于来往香港、澳门小型船舶及所载货物、物品管理办法》、《中华人民共和国海关对常驻机构进出境公用物品监管办法》、《中华人民共和国海关对非居民长期旅客进出境自用物品监管办法》、《中华人民共和国海关进出口货物征税管理办法》、《中华人民共和国海关对保税物流中心（A型）的暂行管理办法》、《中华人民共和国海关对保税物流中心（B型）的暂行管理办法》、《中华人民共和国海关对出口监管仓库及所存货物的管理办法》、《中华人民共和国海关对保税物流园区的管理办法》、《中华人民共和国海关行业标准管理办法》、《中华人民共和国海关珠澳跨境工业区珠海园区管理办法》、《中华人民共和国海关关于大嶝对台小额商品交易市场管理办法》、《中华人民共和国海关保税港区管理暂行办法》、《中华人民共和国海关进出境运输工具舱单管理办法》、《中华人民共和国海关进出口货物减免税管理办法》、《中华人民共和国海关加工贸易货物监管办法》、《中华人民共和国海关报关单位注册登记管理规定》，根据本决定作相应修改，重新公布。

附件：

1.《中华人民共和国海关对进出境旅客行李物品监管办法》（略）

2.《中华人民共和国海关对中国籍旅客进出境行李物品的管理规定》（略）

3.《中华人民共和国海关关于境内公路承运海关监管货物的运输企业及其车辆、驾驶员的管理办法》（略）

4.《中华人民共和国海关关于转关货物监管办法》（略）

5.《中华人民共和国海关进出口货物申报管理规定》（略）

6.《中华人民共和国海关对保税仓库及所存货物的管理规定》（略）

7.《中华人民共和国海关关于加工贸易边角料、剩余料件、残次品、副产品和受灾保税货物的管理办法》（略）

8.《中华人民共和国海关关于来往香港、澳门小型船舶及所载货物、物品管理办法》（略）

9.《中华人民共和国海关对常驻机构进出境公用物品监管办法》（略）

10.《中华人民共和国海关对非居民长期旅客进出境自用物品监管办法》（略）

11.《中华人民共和国海关进出口货物征税管理办法》（略）

12.《中华人民共和国海关对保税物流中心（A

型）的暂行管理办法》（略）

13.《中华人民共和国海关对保税物流中心（B型）的暂行管理办法》（略）

14.《中华人民共和国海关对出口监管仓库及所存货物的管理办法》（略）

15.《中华人民共和国海关对保税物流园区的管理办法》（略）

16.《中华人民共和国海关行业标准管理办法》（略）

17.《中华人民共和国海关珠澳跨境工业区珠海园区管理办法》（略）

18.《中华人民共和国海关关于大嶝对台小额商品交易市场管理办法》（略）

19.《中华人民共和国海关保税港区管理暂行办法》（略）

20.《中华人民共和国海关进出境运输工具舱单管理办法》（略）

21.《中华人民共和国海关进出口货物减免税管理办法》（略）

22.《中华人民共和国海关加工贸易货物监管办法》（略）

23.《中华人民共和国海关报关单位注册登记管理规定》（略）

中华人民共和国海关总署令 第 236 号

《中华人民共和国海关预裁定管理暂行办法》已于2017年12月12日经海关总署署务会议审议通过，现予公布，自2018年2月1日起施行。

署　长

2017 年 12 月 26 日

中华人民共和国海关预裁定管理暂行办法

第一条　为了促进贸易安全与便利，优化营商环境，增强企业对进出口贸易活动的可预期性，根据《中华人民共和国海关法》以及有关法律、行政法规和我国政府缔结或者加入的有关国际条约、协定的规定，制定本办法。

第二条　在货物实际进出口前，海关应申请人的申请，对其与实际进出口活动有关的海关事务作出预裁定，适用本办法。

第三条　在货物实际进出口前，申请人可以就下列海关事务申请预裁定：

（一）进出口货物的商品归类；

（二）进出口货物的原产地或者原产资格；

（三）进口货物完税价格相关要素、估价方法；

（四）海关总署规定的其他海关事务。

前款所称“完税价格相关要素”，包括特许权使用费、佣金、运保费、特殊关系，以及其他与审定完税价格有关的要素。

第四条　预裁定的申请人应当是与实际进出口活动有关，并且在海关注册登记的对外贸易经营者。

第五条　申请人申请预裁定的，应当提交“中华人民共和国海关预裁定申请书”（以下简称“预裁定申请书”）以及海关要求的有关材料。材料为外文的，申请人应当同时提交符合海关要求的中文译本。

申请人应当对提交材料的真实性、准确性、完整性、规范性承担法律责任。

第六条　申请人需要海关为其保守商业秘密的，应当以书面方式向海关提出要求，并且列明具体内容。海关按照国家有关规定承担保密义务。

第七条　申请人应当在货物拟进出口 3 个月之前向其注册地直属海关提出预裁定申请。

特殊情况下，申请人确有正当理由的，可以在货物拟进出口前 3 个月内提出预裁定申请。

一份“预裁定申请书”应当仅包含一类海关事务。

第八条　海关应当自收到“预裁定申请书”以及相关材料之日起 10 日内审核决定是否受理该申请，制发“中华人民共和国海关预裁定申请受理决定书”或者“中华人民共和国海关预裁定申请不予受理决定书”。

申请材料不符合有关规定的，海关应当在决定是否受理前一次性告知申请人在规定期限内进行补正，制发“中华人民共和国海关预裁定申请补正通知书”。补正申请材料的期间，不计入本条第一款规定的期限内。

申请人未在规定期限内提交材料进行补正的，视为未提出预裁定申请。

海关自收到“预裁定申请书”以及相关材料之日起10日内未作出是否受理的决定，也没有一次性告知申请人进行补正的，自收到材料之日起即为受理。

第九条 有下列情形之一的，海关应当作出不予受理决定，并且说明理由：

（一）申请不符合本办法第三条、第四条、第五条或者第七条规定的；

（二）海关规章、海关总署公告已经对申请预裁定的海关事务有明确规定的；

（三）申请人就同一事项已经提出预裁定申请并且被受理的。

第十条 海关对申请人申请预裁定的海关事务应当依据有关法律、行政法规、海关规章以及海关总署公告作出预裁定决定，制发“中华人民共和国海关预裁定决定书”（以下简称“预裁定决定书”）。

作出预裁定决定过程中，海关可以要求申请人在规定期限内提交与申请海关事务有关的材料或者样品；申请人也可以向海关补充提交有关材料。

第十一条 海关应当自受理之日起60日内制发“预裁定决定书”。

“预裁定决定书”应当送达申请人，并且自送达之日起生效。

需要通过化验、检测、鉴定、专家论证或者其他方式确定有关情况的，所需时间不计入本条第一款规定的期限内。

第十二条 有下列情形之一的，海关可以终止预裁定，并且制发“中华人民共和国海关终止预裁定决定书”：

（一）申请人在预裁定决定作出前以书面方式向海关申明撤回其申请，海关同意撤回的；

（二）申请人未按照海关要求提供有关材料或者样品的；

（三）由于申请人原因致使预裁定决定未能在第十一条第一款规定的期限内作出的。

第十三条 预裁定决定有效期为3年。

预裁定决定所依据的法律、行政法规、海关规章以及海关总署公告相关规定发生变化，影响其效力的，预裁定决定自动失效。

申请人就海关对其作出的预裁定决定所涉及的事项，在有效期内不得再次申请预裁定。

第十四条 预裁定决定对于其生效前已经实际进出口的货物没有溯及力。

第十五条 申请人在预裁定决定有效期内进出口与预裁定决定列明情形相同的货物，应当按照预裁定决定申报，海关予以认可。

第十六条 已生效的预裁定决定有下列情形之一的，由海关予以撤销，并且通知申请人：

（一）因申请人提供的材料不真实、不准确、不完整，造成预裁定决定需要撤销的；

（二）预裁定决定错误的；

（三）其他需要撤销的情形。

撤销决定自作出之日起生效。依照前款第（一）项的规定撤销预裁定决定的，经撤销的预裁定决定自始无效。

第十七条 除涉及商业秘密的外，海关可以对外公开预裁定决定的内容。

第十八条 申请人对预裁定决定不服的，可以向海关总署申请行政复议；对复议决定不服的，可以依法向人民法院提起行政诉讼。

第十九条 申请人提供虚假材料或者隐瞒相关情况的，海关给予警告，可以处1万元以下罚款。

第二十条 本办法列明的法律文书，由海关总署另行制定格式文本并且发布。

本办法关于期限规定的“日”是指自然日。

第二十一条 本办法由海关总署负责解释。

第二十二条 本办法自2018年2月1日起施行。

国家质量监督检验检疫总局

国家质量监督检验检疫总局令 第 187 号

《国家质量监督检验检疫总局关于修改〈进口旧机电产品检验监督管理办法〉的决定》已经 2017 年 2 月 21 日国家质量监督检验检疫总局局务会议审议通过，现予公布，自 2017 年 4 月 1 日起施行。

局　长

2017 年 2 月 27 日

国家质量监督检验检疫总局关于修改《进口旧机电产品检验监督管理办法》的决定

根据国务院取消和下放行政审批项目的决定，为了进一步明确取消进口旧机电产品装运前检验机构指定，国家质检总局决定在《进口旧机电产品检验监督管理办法》(国家质检总局令第 171 号) 第七条增加一款作为第二款“国家质检总局不予指定检验机构从事进口旧机电产品装运前检验”。

本决定自 2017 年 4 月 1 日起施行。

《进口旧机电产品检验监督管理办法》根据本决定作相应修改，重新公布。

进口旧机电产品检验监督管理办法 (2017 年修正本)

（2015 年 11 月 23 日国家质量监督检验检疫总局令第 171 号公布，根据 2017 年 2 月 27 日《国家质量监督检验检疫总局关于修改〈进口旧机电产品检验监督管理办法〉的决定》修订）

第一章　总　则

第一条　为了规范进口旧机电产品的检验监督管理工作，根据《中华人民共和国进出口商品检验法》及其实施条例以及中华人民共和国缔结或者参加的双边或者多边条约、协定和其他具有条约性质的文件的有关规定，制定本办法。

第二条　本办法适用于国家允许进口的，在中华人民共和国境内销售、使用的旧机电产品的检验监督管理。

本办法所称旧机电产品是指具有下列情形之一的机电产品：

（一）已经使用（不含使用前测试、调试的设备），仍具备基本功能和一定使用价值的；

（二）未经使用，但是超过质量保证期（非保修期）的；

（三）未经使用，但是存放时间过长，部件产生明显有形损耗的；

（四）新旧部件混装的；

（五）经过翻新的。

第三条　国家质量监督检验检疫总局（以下简称国家质检总局）主管全国进口旧机电产品检验监督管理工作。

国家质检总局设在各地的出入境检验检疫部门（以下简称检验检疫部门）负责所辖地区进口旧机电产品检验监督管理工作。

第四条　进口旧机电产品应当符合法律法规对安全、卫生、健康、环境保护、防止欺诈、节约能源等方面的规定，以及国家技术规范的强制性要求。

第五条　进口旧机电产品应当实施口岸查验、目的地检验以及监督管理。价值较高、涉及人身财产安全、健康、环境保护项目的高风险进口旧机电产品，还需实施装运前检验。

需实施装运前检验的进口旧机电产品清单由国家

质检总局制定并在国家质检总局网站上公布。

进口旧机电产品的装运前检验结果与口岸查验、目的地检验结果不一致的，以口岸查验、目的地检验结果为准。

第六条 旧机电产品的进口商应当诚实守信，对社会和公众负责，对其进口的旧机电产品承担质量主体责任。

第二章 装运前检验

第七条 需实施装运前检验的进口旧机电产品，其收、发货人或者其代理人应当按照国家质检总局的规定申请检验检疫部门或者委托检验机构实施装运前检验。

国家质检总局不予指定检验机构从事进口旧机电产品装运前检验。

装运前检验应当在货物启运前完成。

第八条 收、发货人或者其代理人申请检验检疫部门实施装运前检验的，检验检疫部门可以根据需要，组织实施或者派出检验人员参加进口旧机电产品装运前检验。

第九条 进口旧机电产品装运前检验应当按照国家技术规范的强制性要求实施。

装运前检验内容包括：

（一）对安全、卫生、健康、环境保护、防止欺诈、能源消耗等项目做出初步评价；

（二）核查产品品名、数量、规格（型号）、新旧、残损情况是否与合同、发票等贸易文件所列相符；

（三）是否包括、夹带禁止进口货物。

第十条 检验机构接受委托实施装运前检验的，应当诚实守信，按照本办法第九条以及国家质检总局的规定实施装运前检验。

第十一条 检验检疫部门或者检验机构应当在完成装运前检验工作后，签发装运前检验证书，并随附装运前检验报告。

检验证书及随附的检验报告应当符合以下要求：

（一）检验依据准确、检验情况明晰、检验结果真实；

（二）有统一、可追溯的编号；

（三）检验报告应当包含检验依据、检验对象、现场检验情况、装运前检验机构及授权签字人签名等要求；

（四）检验证书不应含有检验报告中检验结论及处理意见为不符合本办法第四条规定的进口旧机电产品；

（五）检验证书及随附的检验报告文字应当为中文，若出具中外文对照的，以中文为准；

（六）检验证书应当有明确的有效期限，有效期限由签发机构根据进口旧机电产品情况确定，一般为半年或一年。

工程机械的检验报告除满足上述要素外，还应当逐台列明名称、HS 编码、规格型号、产地、发动机号/车架号、制造日期（年）、运行时间（小时）、检测报告、维修记录、使用说明书核查情况等内容。

第三章 进口旧机电产品检验

第十二条 进口旧机电产品运抵口岸后，收货人或者其代理人应当持下列资料向检验检疫部门办理报检手续：

（一）合同、发票、装箱单、提单；

（二）需实施装运前检验的，还应当提交检验检疫部门或者检验机构出具的装运前检验证书及随附的检验报告。

第十三条 口岸检验检疫部门受理报检后，应当签发通关证明，并注明“进口旧机电产品”。

第十四条 口岸检验检疫部门对进口旧机电产品实施口岸查验。

实施口岸查验时，应当对报检资料进行逐批核查。必要时，对进口旧机电产品与报检资料是否相符进行现场核查。

口岸查验的其他工作按口岸查验的相关规定执行。

第十五条 目的地检验检疫部门对进口旧机电产品实施目的地检验。

第十六条 检验检疫部门对进口旧机电产品的目的地检验内容包括：一致性核查，安全、卫生、环境保护等项目检验。

（一）一致性核查：

1. 核查产品是否存在外观及包装的缺陷或者残损；

2. 核查产品的品名、规格、型号、数量、产地等货物的实际状况是否与报检资料及装运前检验结果相符；

3. 对进口旧机电产品的实际用途实施抽查，重点核查特殊贸易方式进口旧机电产品的实际使用情况是否与申报情况一致。

（二）安全项目检验：

1. 检查产品表面缺陷、安全标识和警告标记；

2. 检查产品在静止状态下的电气安全和机械安全；

3. 检验产品在运行状态下的电气安全和机械安全，以及设备运行的可靠性和稳定性。

（三）卫生、环境保护项目检验：

1. 检查产品卫生状况，涉及食品安全项目的食品加工机械及家用电器是否符合相关强制性标准；

2. 检测产品在运行状态下的噪声、粉尘含量、辐射以及排放物是否符合标准；

3. 检验产品是否符合我国能源效率有关限定标准。

（四）对装运前检验发现的不符合项目采取技术和整改措施的有效性进行验证，对装运前检验未覆盖的项目实施检验；必要时对已实施的装运前检验项目实施抽查。

（五）其他项目的检验依照同类机电产品检验的有关规定执行。

第十七条 经目的地检验，涉及人身财产安全、健康、环境保护项目不合格的，由检验检疫部门责令收货人销毁，或者出具退货处理通知单并书面告知海关；其他项目不合格的，可以在检验检疫部门的监督下进行技术处理，经重新检验合格的，方可销售或者使用。

经目的地检验不合格的进口旧机电产品，属成套设备及其材料的，签发不准安装使用通知书。经技术处理，并经检验检疫部门重新检验合格的，方可安装使用。

第四章 监督管理

第十八条 国家质检总局及检验检疫部门对进口旧机电产品收货人及其代理人、进口商及其代理人、装运前检验机构及相关活动实施监督管理。

第十九条 检验机构应当对其所出具的装运前检验证书及随附的检验报告的真实性、准确性负责。

国家质检总局或者检验检疫部门在进口旧机电产品检验监管工作中，发现检验机构出具的检验证书及随附的检验报告存在违反本办法第十一条规定，情节严重或引起严重后果的，可以发布警示通报并决定在一定时期内不予认可其出具的检验证书及随附的检验报告，但最长不得超过3年。

第二十条 进口旧机电产品的进口商应当建立产品进口、销售和使用记录制度，如实记录进口旧机电产品的品名、规格、数量、出口商和购货者名称及联系方式、交货日期等内容。记录应当真实，保存期限不得少于2年。

检验检疫部门可以对本辖区内进口商的进口、销售和使用记录进行检查。

第二十一条 国家质检总局和检验检疫部门对进口旧机电产品检验监管过程中发现的质量安全问题依照风险预警及快速反应的有关规定进行处置。

第二十二条 国家质检总局和检验检疫部门的工作人员在履行进口旧机电产品检验监管职责中，对所知悉的商业秘密负有保密义务。

国家质检总局和检验检疫部门履行进口旧机电产品检验监管职责，应当遵守法律，维护国家利益，依照法定职权和法定程序严格执法，接受监督。

第五章 法律责任

第二十三条 擅自销售、使用未报检或者未经检验的进口旧机电产品，由检验检疫部门按照《中华人民共和国进出口商品检验法实施条例》没收违法所得，并处进口旧机电产品货值金额5%以上20%以下罚款；构成犯罪的，依法追究刑事责任。

第二十四条 销售、使用经法定检验、抽查检验或者验证不合格的进口旧机电产品，由检验检疫部门按照《中华人民共和国进出口商品检验法实施条例》责令停止销售、使用，没收违法所得和违法销售、使用的进口旧机电产品，并处违法销售、使用的进口旧机电产品货值金额等值以上3倍以下罚款；构成犯罪的，依法追究刑事责任。

第二十五条 擅自调换检验检疫部门抽取的样品或者检验检疫部门检验合格的进口旧机电产品的，由检验检疫部门按照《中华人民共和国进出口商品检验法实施条例》责令改正，给予警告；情节严重的，并处旧机电产品货值金额10%以上50%以下罚款。

第二十六条 进口旧机电产品的收货人、代理报检企业或者报检人员不如实提供进口旧机电产品的真实情况，取得检验检疫部门的有关单证，或者对法定检验的进口旧机电产品不予报检，逃避进口旧机电产品检验的，由检验检疫部门按照《中华人民共和国进出口商品检验法实施条例》没收违法所得，并处进口旧机电产品货值金额5%以上20%以下罚款。

第二十七条 进口国家允许进口的旧机电产品未按照规定进行装运前检验的，按照国家有关规定予以退货；情节严重的，由检验检疫部门按照《中华人民共和国进出口商品检验法实施条例》并处100万元以下罚款。

第二十八条 伪造、变造、买卖、盗窃或者使用伪造、变造的检验检疫部门出具的装运前检验证书及检验报告，构成犯罪的，依法追究刑事责任；尚不够刑事处罚的，由检验检疫部门按照《中华人民共和国进出口商品检验法实施条例》责令改正，没收违法所得，并处商品货值金额等值以下罚款。

第二十九条 检验检疫部门工作人员在履行进口旧机电产品检验监管职责中应当秉公执法、忠于职守，不得滥用职权、玩忽职守、徇私舞弊；违法失职的，依法追究责任。

第六章 附则

第三十条 经特殊监管区进口的旧机电产品，按照本办法执行。

第三十一条 进口旧机电产品涉及的动植物检疫和卫生检疫工作，按照进出境动植物检疫和国境卫生检疫法律法规的规定执行。

第三十二条 进口国家禁止进口的旧机电产品，应当予以退货或者销毁。

第三十三条 本办法由国家质检总局负责解释。

第三十四条 本办法自2016年1月1日起施行。国家质量监督检验检疫总局于2002年12月31日发布的《进口旧机电产品检验监督管理办法》和2003年8月18日发布的《进口旧机电产品检验监督程序规定》同时废止。

国家质量监督检验检疫总局令 第188号

《进出口工业品风险管理办法》已经2017年2月21日国家质量监督检验检疫总局局务会议审议通过，现予公布，自2017年4月1日起施行。

局　长

2017年3月6日

进出口工业品风险管理办法

第一章 总 则

第一条 为了加强进出口工业品质量安全风险管理，促进贸易便利化，根据《中华人民共和国进出口商品检验法》及其实施条例、《中华人民共和国食品安全法》及其实施条例等法律法规的规定，制定本办法。

第二条 本办法适用于对进出口工业品的风险信息收集、风险信息评估、风险预警及快速反应和监督管理等工作。

本办法不适用于食品、化妆品、动植物产品的风险管理工作。

第三条 本办法所称风险即质量安全风险，是指进出口工业品对人类健康和安全、动植物生命和健康、环境保护、国家安全以及对进出口贸易有关各方合法权益造成危害的可能和程度。本办法所称风险信息，是指进出口工业品在安全、卫生、环境保护、健康、反欺诈等方面形成或者可能形成的系统性、区域性危害或者影响，以及为限制、减少或者消除上述危害或者影响需要进行收集、评估、处置的进出口工业品质量安全方面的信息。

本办法所称生产经营者，是指进口工业品的收货人及其代理人，出口工业品的生产企业、发货人及其代理人等。

第四条 国家质量监督检验检疫总局（以下简称国家质检总局）统一管理全国进出口工业品风险信息收集、风险信息评估、风险预警及快速反应工作。

国家质检总局设在各地的出入境检验检疫部门（以下简称“检验检疫部门”）负责辖区内进出口工业品风险信息收集、风险信息评估、风险预警及快速反应工作。

第五条 国家质检总局指定符合规定资质条件的技术机构承担进出口工业品风险信息国家监测工作（以下简称国家监测中心），对特定时段、特定区域内的特定工业品进行风险信息的收集、评估，并提出相应的风险处置建议。

第六条 国家质检总局建立进出口工业品质量安全风险预警平台（以下简称风险预警平台），依托E-CIQ主干系统，应用信息化技术，收集和发布进出口工业品风险信息。

第七条 进出口工业品生产经营者应当建立进出口工业品风险追溯体系，保证进出口工业品质量安全，接受社会监督，承担社会责任。

第二章 风险信息收集

第八条 进出口工业品风险信息的来源可以包括：进出口检验监管信息、进出口认证监管信息、检验检测机构提供的信息、境外通报召回信息、出口退运信息、抽查检验信息、各级政府部门及行业协会通报信息、境外政府部门通报信息、医院伤害报告信息、交通事故信息、消防事故信息、产品安全事故信息、技术法规标准信息、媒体舆情信息、生产经营者报告信息、消费者投诉信息以及其他风险信息。

第九条 任何组织或者个人可以向国家质检总局、检验检疫部门或者国家监测中心实名提供有关进出口工业品风险信息。

第十条 进出口工业品的生产经营者应当建立风险信息报告制度。发现产品存在风险时，应当及时向国家质检总局、检验检疫部门或者国家监测中心报告相关风险信息。

检验检测机构开展进出口工业品检验检测业务的，应当建立风险报告机制。发现进出口工业品存在风险时，应当及时向国家质检总局、检验检疫部门或者国家监测中心报告相关风险信息。

第十一条 国家质检总局、检验检疫部门和国家监测中心对收集的风险信息进行调查核实，按照规定录入风险预警平台。国家质检总局和检验检疫部门可以委托符合规定资质条件的技术机构（以下简称技术机构）实施。

第三章 风险信息评估

第十二条 国家质检总局、检验检疫部门可以委托技术机构或者组建专家小组对进出口工业品风险信息进行评估。

第十三条 技术机构、专家小组应当在规定时间内运用国际通行的规则完成风险评估工作，得出风险评估结果，出具书面报告。

书面报告应当包括：风险评估的方法、风险类别、等级、危害、范围、残余风险、风险处置建议等内容。

第十四条 产品风险发生重大变化时，做出评估的国家质检总局、检验检疫部门或者国家监测中心应当及时组织对产品风险进行重新评估。

第四章 风险处置

第十五条 国家质检总局或者检验检疫部门依照职责对风险评估报告进行研判，根据研判结论作出风险处置决定。需要采取风险预警措施和快速反应措施的，确定并实施相应的措施。

第十六条 风险预警措施包括：

（一）向相关检验检疫部门发布风险警示通报；

（二）向生产经营者、相关机构发布风险警示通告，提醒或者通知其及时采取措施，消减风险；

（三）发布风险警示公告，确定对进出口工业品的风险和危害的强制性措施，提醒消费者和使用者警惕涉及进出口工业品的风险和危害。

第十七条 快速反应措施包括：

（一）调整检验监管模式；

（二）责令生产经营者对存在风险的进出口工业品实施退运或者销毁、停止进出口、停止销售和使用或者召回；

（三）按照有关法律法规的规定，对存在风险的进出口工业品实施查封或者扣押；

（四）组织调查特定时间段中，同类产品、相关行业或者关联区域内的产品质量安全状况；

（五）通报有关部门和机构，并提出协同处置的建议。

第十八条 紧急情况下，国家质检总局可以参照国际通行做法，对不确定的进出口工业品风险，按照本办法第十六、十七条规定采取风险预警或者快速反应措施。

第十九条 当风险发生变化时，国家质检总局或者检验检疫部门应当及时调整所采取的风险预警和快速反应措施。

第二十条 检验检疫部门应当将采取的风险预警和快速反应措施报告上一级检验检疫部门备案。

第二十一条 风险预警和快速反应措施规定有实施期限的，期满后风险预警和快速反应措施自动解除。

风险预警和快速反应措施实施期限内，风险已经不存在或者已经降低到适当程度时，国家质检总局或者检验检疫部门应当主动或者根据生产经营者的申请解除风险预警和快速反应措施。

生产经营者申请解除风险预警和快速反应措施时，应当提交风险消减评价报告。接受申请的部门应当对提交的风险消减报告的真实性、符合性进行评估。

第二十二条 生产经营者明知其产品已经或者可能存在风险时，应当履行以下义务：

（一）实施风险消减措施；

（二）及时向利益相关方通报真实情况和采取的风险消减措施；

（三）及时向国家质检总局或者检验检疫部门报告采取的风险消减措施及实施结果；

（四）积极配合国家质检总局或者检验检疫部门进行的风险信息调查和风险消减措施的监督。

第五章 监督管理

第二十三条 国家质检总局或者检验检疫部门可以委托技术机构或者组建专家小组对下列事项进行评估：

（一）已采取的风险预警和快速反应措施；

（二）生产经营者采取的风险消减措施。

第二十四条 当进出口工业品存在风险，生产经营者未及时采取消减措施的，国家质检总局或者检验检疫部门可以对其法定代表人或者主要责任人进行责任约谈。

检验检疫部门未及时发现进出口工业品系统性风险，未及时消除辖区内风险的，国家质检总局或者上级检验检疫部门可以对其主要负责人进行责任约谈。

第二十五条 进出口工业品风险预警及快速反应管理工作应当遵守保密规定。需要对外发布的信息应当按照国家质检总局相关规定予以公布。

第二十六条 国家质检总局、检验检疫部门和国家监测中心对收到的进出口工业品风险信息进行分类、归档、统计，并做好风险信息的档案管理工作。

进出口工业品风险信息档案保存期限为3年。涉及重大案件、典型案例等事项的档案，做长期或者永久保存。

第六章 法律责任

第二十七条 生产经营者违反本办法规定，有下列情形之一的，国家质检总局、检验检疫部门可以责令其改正；拒不改正，且造成严重后果的，可以处3万元以下的罚款：

（一）明知其产品存在风险未主动向国家质检总局、检验检疫部门报告相关信息，或者存在瞒报、漏报的；

（二）不配合国家质检总局或者检验检疫部门实施风险预警和快速反应措施或者对其风险消减措施实施监督管理的；

（三）未及时实施退运、销毁、停止进出口、停止销售和使用、召回等风险消减措施或者因措施不当未有效控制风险的；

（四）未向利益相关方通报真实情况以及风险消减措施的。

第二十八条 技术机构、专家小组应当提交客观、真实、准确的评估报告，对提供虚假报告或者篡改评估结果的机构或者个人，依法追究责任。

第二十九条 检验检测机构应当出具真实客观的报告。对提供虚假信息或者瞒报信息的机构，依法追究责任。

第三十条 检验检疫部门工作人员应当秉公执法、忠于职守，不得滥用职权、玩忽职守、徇私舞弊。对违法失职的，依法追究责任。

第七章 附 则

第三十一条 本办法由国家质检总局负责解释。

第三十二条 本办法自2017年4月1日起施行。

国家质量监督检验检疫总局令
第189号

《出入境尸体骸骨卫生检疫管理办法》已经2017年2月21日国家质量监督检验检疫总局局务会议审议通过，现予公布，自2017年5月1日起施行。

局　长

2017 年 3 月 9 日

出入境尸体骸骨卫生检疫管理办法

第一章　总　则

第一条　为了规范国境口岸入出境尸体、骸骨卫生检疫工作，防止传染病传入传出，根据《中华人民共和国国境卫生检疫法》及其实施细则、《中华人民共和国传染病防治法》及其实施办法等法律法规的规定，制定本办法。

第二条　国家质量监督检验检疫总局（以下简称国家质检总局）统一管理全国入出境尸体、骸骨卫生检疫工作。

国家质检总局设在各地的出入境检验检疫部门（以下简称检验检疫部门）负责所辖地区的入出境尸体、骸骨卫生检疫工作。

第三条　本办法所称入出境尸体、骸骨包括：

（一）需要入境或者出境进行殡葬的尸体、骸骨；

（二）入出境及过境途中死亡人员的尸体、骸骨。

因医学科研需要，由境外运进或者由境内运出的尸体、骸骨，按照出入境特殊物品管理。

除上述情形外，不得由境内运出或者由境外运入尸体和骸骨。

第四条　检验检疫部门对入出境尸体、骸骨实施卫生检疫工作包括：材料核查、现场查验、检疫处置、签发卫生检疫证书等。符合卫生检疫要求的，准予入出境。

第二章　申　报

第五条　尸体、骸骨入境前，托运人或者其代理人应当向入境口岸检验检疫部门申报，按照要求提供以下材料：

（一）尸体、骸骨入出境卫生检疫申报单；

（二）死者身份证明（如：护照、海员证、通行证、身份证或者使领馆等相关部门出具的证明）；

（三）出境国家或者地区官方机构签发的死亡报告或者医疗卫生部门签发的死亡诊断书；

（四）入殓证明；

（五）防腐证明；

（六）托运人或者其代理人身份证明（如：护照、通行证或者身份证等）。

第六条　需要运送尸体、骸骨出境的，托运人或者其代理人应当取得国务院殡葬主管部门认可的从事国际运尸服务单位出具的尸体、骸骨入出境入殓证明、防腐证明和尸体、骸骨入出境卫生监管申报单。

第七条　需要运送尸体、骸骨出境的，原则上应当从入殓地所在口岸出境。尸体、骸骨出境前，托运人或者其代理人应当向出境口岸检验检疫部门申报，并按照要求提供以下材料：

（一）尸体、骸骨入出境卫生检疫申报单；

（二）死者有效身份证明；

（三）县级及以上医疗机构出具的死亡证明书或者公安、司法部门出具的死亡鉴定书或者其他相应的公证材料；

（四）本办法第六条所列证明文件；

（五）托运人或者其代理人身份证明。

第八条　需要从异地口岸运送尸体、骸骨出境的，托运人或者其代理人应当向入殓地所在地检验检疫部门申请检疫查验，检疫查验合格的，检验检疫部门签发《尸体/棺柩/骸骨入/出境卫生检疫证书》。

运送尸体、骸骨出境时，托运人或者其代理人应当向出境口岸检验检疫部门申报，申报时应当提交下列材料：

（一）入殓地检验检疫部门签发的《尸体/棺柩/骸骨入/出境卫生检疫证书》；

（二）死者有效身份证明；

（三）托运人或者其代理人身份证明。

第九条　在入出境或者过境途中发生人员死亡，需要运送尸体入境的，托运人或者其代理人应当向检验检疫机构申报并提交以下材料：

（一）尸体、骸骨入出境卫生检疫申报单；

（二）死者有效身份证明；

（三）有效死亡证明或者由公安机关出具的死亡鉴定书。

第十条　从事运送尸体、骸骨入出境的单位应当取得国务院殡葬主管部门准予从事国际运尸业务的证明文件。

托运人或者代理人运送尸体、骸骨入出境的，应当委托符合本条第一款规定的单位从事运尸业务。

尸体、骸骨入出境时，应当提供运送尸体、骸骨入出境的单位的法人证书或者工商营业执照及国务院殡葬主管部门准予从事国际运尸业务的证明文件等资料。

第三章　现场查验

第十一条　入境尸体、骸骨由入境口岸检验检疫部门进行材料核查并实施现场查验；出境尸体、骸骨由入殓地检验检疫部门进行材料核查并实施现场查验，出境口岸检验检疫部门负责在出境现场核查是否与申报内容相符，检查外部包装是否完整、破损、渗漏等。

第十二条　疑似或者因患检疫传染病、炭疽、国家公布按甲类传染病管理的疾病以及国务院规定的其他新发烈性传染病死亡的尸体、骸骨，禁止入出境。

因患检疫传染病而死亡的尸体，必须就近火化。

第十三条　口岸检验检疫部门对入出境尸体、骸骨实施现场查验，填写入出境尸体、骸骨现场查验工作记录。

第十四条　检验检疫部门对未入殓尸体的现场查验内容包括：

（一）检查尸体腐烂程度，所有腔道、孔穴是否用浸泡过消毒、防腐药剂的棉球堵塞，有无体液外流；

（二）对死因不明的尸体，注意检查有否皮疹（斑疹、丘疹、疱疹、脓疱）、表皮脱落、溃疡、渗液、出血点和色素沉着，异常排泄物、分泌物、腔道出血等现象；

（三）对入出境或者过境途中死亡人员的尸体，口岸检验检疫部门应当实施检疫，并根据检疫结果及申报人要求采取相应的处理及卫生控制措施，未经检验检疫部门许可不得移运。

第十五条　检验检疫部门对已入殓尸体的棺柩现场查验内容包括：

（一）检查入出境棺柩包装是否密闭，有无破损、渗漏及异味。棺柩若无渗液、漏气等特殊原因或者无流行病学意义，原则上不开棺检疫查验；

（二）出境棺柩的现场查验应当在尸体入殓时同时进行，要求尸体经防腐处理，包装密闭无破损、渗漏及异味。

第十六条　检验检疫部门对骸骨的现场查验内容包括：

（一）检查骸骨的包装容器是否密闭，有无渗漏；

（二）包装容器非密闭的，检查骸骨是否干爽，是否带肌腱，有无异味、病媒昆虫等。

第十七条　根据申报材料核查、流行病学调查以及现场查验情况，对需要进一步调查死亡原因的尸体，检验检疫部门可以采取标本送有资质的实验室进行检验。

第四章　检疫处置

第十八条　检验检疫部门发现有下列情况之一的，可以判定为卫生检疫查验不合格：

（一）外部包装不密闭、破损，有渗漏、异味及病媒昆虫的；

（二）入出境尸体未经防腐处理、包装入殓的；

（三）入境途中死亡且死因不明的。

第十九条　对卫生检疫查验不合格的尸体、骸骨，检验检疫部门按照以下规定进行检疫处置：

（一）禁止入出境的尸体、骸骨，必须就地火化后，以骨灰的形式入出境；

（二）有渗液、漏气的棺柩，必须进行卫生处理，托运人或者其代理人应当采取改换包装、重新防腐处理、冷冻运输等措施；

（三）骸骨的包装容器不密闭，有异味散发、渗漏或者病媒昆虫的，必须进行卫生处理，并更换包装；

（四）入出境途中不明原因死亡的，应当进行死因鉴定。无法作出死因鉴定的，尸体及棺柩一并火化，以骨灰的形式入出境；

（五）无死亡报告或者死亡医学诊断书的尸体，且托运人或者其代理人未能在规定期限内补交的，按照死因不明处置，以骨灰的形式入出境；

（六）经卫生处理后仍不符合卫生检疫要求的应当就近火化，以骨灰的形式入出境。

有前款规定情形应当火化但是托运人或者其代理人不同意火化的，禁止入出境。

第二十条　尸体、骸骨符合入出境卫生检疫要求的，检验检疫部门签发《尸体/棺柩/骸骨入/出境卫生检疫证书》，准予入出境。

第二十一条　对入境后再出境的尸体、骸骨，出境口岸检验检疫部门应当查验入境口岸检验检疫部门签发的《尸体/棺柩/骸骨入/出境卫生检疫证书》及相关材料。

第五章　附　则

第二十二条　本办法下列用语的含义：

尸体是指人死亡后的遗体及以殡葬为目的的人体器官组织。

棺柩是指盛放有尸体的固定形态的坚固密闭容器。

骸骨是指以殡葬为目的的人体骨骼。

第二十三条　本办法由国家质检总局负责解释。

第二十四条　本办法自 2017 年 5 月 1 日起施行。

国家质量监督检验检疫总局令 第 192 号

《出口食品生产企业备案管理规定》已经 2017 年 10 月 10 日国家质量监督检验检疫总局局务会议审议通过，现予公布，自 2018 年 1 月 1 日起施行。

局　长

2017 年 11 月 14 日

出口食品生产企业备案管理规定

第一章　总　则

第一条　为加强出口食品生产企业食品安全卫生管理，规范出口食品生产企业备案管理工作，依据《中华人民共和国食品安全法》《中华人民共和国进出口商品检验法》及其实施条例等有关法律、行政法规的规定，制定本规定。

第二条　国家实行出口食品生产企业备案管理制度。

第三条　在中华人民共和国境内的出口食品生产企业备案管理工作适用本规定。

第四条　国家质量监督检验检疫总局（以下简称国家质检总局）主管全国出口食品生产企业备案工作。

国家认证认可监督管理委员会（以下简称国家认监委）负责统一组织实施全国出口食品生产企业备案管理工作。

国家质检总局设在各地的出入境检验检疫部门（以下简称检验检疫部门）具体实施所辖区域内出口食品生产企业备案和监督检查工作。

第五条　出口食品生产企业应当建立和实施以危害分析和预防控制措施为核心的食品安全卫生控制体系，该体系还应当包括食品防护计划。出口食品生产企业应当保证食品安全卫生控制体系有效运行，确保出口食品生产、加工、储存过程持续符合我国相关法律法规和出口食品生产企业安全卫生要求，以及进口国（地区）相关法律法规要求。

第二章　备案程序与要求

第六条　出口食品生产企业未依法履行备案法定义务或者经备案审查不符合要求的，其产品不予出口。

第七条　出口食品生产企业申请备案时，应当向所在地检验检疫部门提交以下文件和证明材料，并对其真实性负责：

（一）营业执照、法定代表人或者授权负责人的身份证明；

（二）企业承诺符合相关法律法规和要求的自我声明和自查报告；

（三）企业生产条件、产品生产加工工艺、食品原辅料和食品添加剂使用以及卫生质量管理人员等基本情况；

（四）建立和实施以危害分析和预防控制措施为核心的食品安全卫生控制体系的基本情况；

（五）依法应当取得其他相关行政许可的，提供相应许可证照。

第八条　检验检疫部门应当自出口食品生产企业申请备案之日起 5 日内，对出口食品生产企业提交的备案材料进行初步审查，材料齐全并符合法定形式的，予以受理；材料不齐全或者不符合法定形式的，应当一次性告知出口食品生产企业需要补正的全部内容。

第九条　检验检疫部门应当自受理备案申请之日起 20 日内，组织专家完成评审工作，并出具专家评审报告。专家评审主要采取文件评审方式，对进口国（地区）有特殊注册要求或者风险程度较高的企业，可以实施现场评审。

前款规定的专家评审时间不计算在检验检疫部门备案审查和决定期限内。

第十条 对依法取得资质的认证机构出具的危害分析和关键控制点（HACCP）认证结果或者其他等效的食品安全卫生控制体系认证结果，评审时应当予以采信。

出口食品生产企业声明已经建立以危害分析和预防控制措施为核心的食品安全卫生控制体系并有效运行的，评审时可以结合企业信用记录适当采信。

第十一条 检验检疫部门应当自收到专家评审报告之日起20日内进行审查，并作出是否准予备案的决定。准予备案的，自作出决定之日起10日内，向企业颁发“出口食品生产企业备案证明”（以下简称“备案证明”）；不予备案的，应当书面告知企业并说明理由。

第十二条 国家认监委和直属检验检疫部门应当公布从事专家评审工作的人员名单，并通过持续培训，不断提高评审人员的专业水平和能力。

第十三条 “备案证明”有效期为5年。

出口食品生产企业需要延续“备案证明”有效期的，应当在其有效期届满30日前，向所在地检验检疫部门提出延续申请。检验检疫部门应当在“备案证明”有效期届满前作出是否准予延续的决定。

第十四条 出口食品生产企业的企业名称、法定代表人、营业执照等备案事项发生变更的，应当自发生变更之日起15日内，向所在地检验检疫部门申请办理变更手续。

出口食品生产企业生产地址搬迁、新建或者改建生产车间以及食品安全卫生控制体系发生重大变更等情况的，应当在变更前向所在地检验检疫部门报告，并重新办理备案。

第十五条 出口食品生产企业应当建立食品安全卫生控制体系运行及出口食品生产记录档案，记录和凭证的保存期限不得少于食品保质期满后6个月；没有明确保质期的，保存期限不得少于2年。

第十六条 出口食品生产企业应当于每年1月底前向其所在地检验检疫部门提交上一年度报告。

出口食品生产企业发生食品安全卫生问题的，应当及时向所在地检验检疫部门报告，并提交相关材料、原因分析和整改计划。检验检疫部门应当对整改情况进行现场监督检查。

第三章　监督管理

第十七条 国家认监委对检验检疫部门实施的出口食品生产企业备案工作进行指导和监督。

检验检疫部门应当依法对所辖区域内的出口食品生产企业进行监督检查。发现违法违规行为的，应当及时查处，并将处理结果上报国家认监委。

第十八条 检验检疫部门应当按照出口食品生产企业备案编号规则对予以备案的出口食品生产企业进行编号管理。

第十九条 检验检疫部门应当在风险分析的基础上，结合企业信用记录，对出口食品生产企业进行分类管理，确定不同的监督检查方式，并根据监督检查结果进行动态调整。

监督检查可以采取报告审查、现场检查和专项检查等方式进行。

第二十条 检验检疫部门可以将对出口食品生产企业的监督检查和对相关认证活动的监督检查结合进行。

第二十一条 检验检疫部门应当公布本辖区出口食品生产企业备案名录。国家认监委统一公布全国出口食品生产企业备案名录，并报国家质检总局。

检验检疫部门在监管中获悉食品安全风险信息，根据工作职责需要向地方农业、食药、质监等监管部门通报的，应当及时通报。

第二十二条 检验检疫部门应当建立出口食品生产企业备案管理档案，及时审查汇总企业年度报告、监督检查情况、违法违规行为等信息，并纳入企业信用记录。

第二十三条 认证机构对其出具的危害分析和关键控制点（HACCP）认证结果或者其他等效的食品安全卫生控制体系认证结果承担相应法律责任。

获得前款规定认证的出口食品生产企业存在严重问题，认证机构未及时进行处理的，自发现之日起1年内不予以采信认证机构相关认证结果。

认证机构因违法行为被查处的，自发现之日起2年内不予以采信其相关认证结果。

第二十四条 出口食品生产企业存在违法违规行为的，检验检疫部门可以约谈企业相关负责人。

第二十五条 出口食品生产企业有下列情形之一的，检验检疫部门应当责令其限期整改，整改期间不受理企业相关食品的出口报检：

（一）出口食品因企业自身安全卫生方面的问题在1年内被进口国（地区）主管当局通报3次以上的；

（二）出口食品经检验检疫时发现存在安全卫生问题的；

（三）不能持续符合备案条件，出口食品存在安全卫生隐患的。

第二十六条 出口食品生产企业有下列情形之一的，检验检疫部门应当撤销“备案证明”，予以公布，并向国家认监委报告：

（一）出口食品发生重大安全卫生事故的；

（二）出口食品生产、加工过程中有非法添加非食用物质、违规使用食品添加剂或者采用不适合人类食用的方法生产、加工食品等行为的；

（三）出租、出借、转让、倒卖、涂改“备案证明”的；

（四）不接受检验检疫部门监督管理，或者在接受监督管理时隐瞒有关情况、提供虚假材料，且拒不改正的；

（五）存在本规定第二十五条所述情形，经整改后仍不能符合要求的；

（六）依法应当撤销“备案证明”的其他情形。

第二十七条 出口食品生产企业有下列情形之一的，检验检疫部门应当注销“备案证明”，予以公布，并向国家认监委报告：

（一）“备案证明”有效期届满，未申请延续的；

（二）出口食品生产企业依法终止或者申请注销的；

（三）“备案证明”依法被撤销的；

（四）依法应当注销“备案证明”的其他情形。

第四章 法律责任

第二十八条 出口食品生产企业有下列情形之一的，责令改正，给予警告：

（一）未按照本规定保存相关档案或者提交年度报告的；

（二）发生食品安全卫生问题，未按照本规定及时向所在地检验检疫部门报告的；

（三）未按照本规定办理变更或者重新备案的。

第二十九条 出口食品生产企业违反《中华人民共和国食品安全法》《中华人民共和国进出口商品检验法》及其实施条例等有关法律、行政法规规定的，依照相关规定追究其法律责任。

第三十条 国家认监委和检验检疫部门的工作人员在实施备案和监督管理工作中，滥用职权、徇私舞弊、玩忽职守的，依法给予行政处分；构成犯罪的，依法追究刑事责任。

第五章 附 则

第三十一条 出口食品生产企业需要办理国外（境外）卫生注册的，应当按照本规定取得“备案证明”，依据我国和进口国（地区）有关要求，向其所在地检验检疫部门提出申请，并由国家认监委统一对外推荐。

检验检疫部门在监管中发现获得国外（境外）卫生注册的企业不能持续符合进口国（地区）注册要求，或者其“备案证明”已被依法撤销、注销的，应当报国家认监委取消其对外推荐注册资格。

第三十二条 本规定中检验检疫部门实施行政许可的期限以工作日计算，不含法定节假日。

第三十三条 本规定所称的出口食品生产企业不包括出口食品添加剂、食品相关产品的生产、加工、储存企业。

第三十四条 供港澳食品、边境小额和互市贸易出口食品，国家质检总局另有规定的，从其规定。

第三十五条 本规定由国家质检总局负责解释。

第三十六条 本规定自2018年1月1日起施行。国家质检总局于2011年7月26日公布的《出口食品生产企业备案管理规定》同时废止。

国家质量监督检验检疫总局令
第194号

《进口可用作原料的固体废物检验检疫监督管理办法》已经2017年7月18日国家质量监督检验检疫总局局务会议审议通过，现予公布，自2018年2月1日起施行。

局 长

2017年12月8日

进口可用作原料的固体废物检验检疫监督管理办法

第一章　总　则

第一条　为加强进口可用作原料的固体废物检验检疫监督管理，保护环境，根据《中华人民共和国进出口商品检验法》及其实施条例、《中华人民共和国国境卫生检疫法》及其实施细则、《中华人民共和国进出境动植物检疫法》及其实施条例、《中华人民共和国固体废物污染环境防治法》等有关法律法规规定，制定本办法。

第二条　本办法适用于进口可用作原料的固体废物（以下简称废物原料）的检验检疫和监督管理。

进口废物原料应当属于可用作原料的再生资源，具有可利用价值。

进口废物原料应当符合中国法律法规、国家环境保护控制标准和国家技术规范的其他强制性要求。

第三条　国家质量监督检验检疫总局（以下简称质检总局）主管全国进口废物原料的检验检疫和监督管理工作。

质检总局设在各地的出入境检验检疫部门（以下简称检验检疫部门）负责所辖区域进口废物原料的检验检疫和监督管理。

第四条　国家对进口废物原料的国外供货商（以下简称供货商）、国内收货人（以下简称收货人）实行注册登记制度。供货商、收货人在签订对外贸易合同前，应当取得注册登记。

注册登记有效期为5年。

第五条　国家对进口废物原料实行装运前检验制度。进口废物原料在装运前，应当由检验检疫部门或者承担装运前检验的检验机构（以下简称装运前检验机构）实施装运前检验并出具装运前检验证书。

质检总局不予指定检验机构从事进口废物原料装运前检验。

质检总局对装运前检验和装运前检验机构依法实施监督管理。

第六条　进口废物原料到货后，由检验检疫部门依法实施检验检疫监管。

收货人应当在进口废物原料入境口岸向检验检疫部门报检，报检时应当提供本办法第五条规定的装运前检验证书。

第七条　质检总局对进口废物原料实行检验检疫风险预警和快速反应管理。

第八条　质检总局对供货商、收货人、装运前检验机构实施诚信管理。

进口废物原料供货商、收货人、装运前检验机构应当按照中国法律法规规定从事进口废物原料生产经营及装运前检验活动，保证进口废物原料符合中国法律法规规定和相关技术要求。

第二章　供货商注册登记

第九条　质检总局负责进口废物原料供货商注册登记申请的受理、审查、批准和监督管理工作。

第十条　申请供货商注册登记应当符合下列条件：

（一）具有所在国家（地区）合法的经营资质；

（二）在其所在国家（地区）具有固定的办公场所及相应基础设施；

（三）熟悉并遵守中国出入境检验检疫、环境保护、固体废物管理的法律法规及相关标准；

（四）获得ISO9001质量管理体系或RIOS体系等认证；

（五）具有对所供废物原料进行环保质量控制的措施和能力，保证其所供废物原料符合中国出入境检验检疫、环境保护、固体废物管理的国家技术规范的强制性要求；

（六）具备放射性检测设备、设施及检测能力；

（七）近3年内未发生过重大的安全、卫生、环保、欺诈等问题。

第十一条　申请人应当通过进境货物检验检疫监管系统提交注册登记申请，并在网络提交注册登记申请成功后的30天内向质检总局提交以下书面材料：

（一）注册登记申请书；

（二）经公证的税务登记文件，有商业登记文件的还需提供经公证的商业登记文件；

（三）组织机构、部门和岗位职责的说明；

（四）标明尺寸的固定办公场所平面图，有加工场地的，还应当提供加工场地平面图，3张以上能全面展现上述场所和场地实景的照片；

（五）ISO9001质量管理体系或者RIOS体系等认

证证书彩色复印件；

（六）委托代理人提出注册登记申请的，应当提交委托书原件以及委托双方身份证明复印件。

提交的文字材料，应当使用中文或者中英文对照文本。

第十二条 质检总局对申请人提出的注册登记申请，应当根据下列情况分别作出处理：

（一）申请材料不齐全或者不符合法定形式的，应当当场或者在收到申请材料后5日内一次告知申请人需要补正的全部内容，逾期不告知的，自收到申请材料之日起即为受理；

（二）申请材料齐全、符合法定形式，或者申请人按照质检总局的要求提交全部补正申请材料且补正材料符合法定形式的，应当予以受理；

（三）未在规定期限内补正有关申请材料的，应当终止办理注册登记，并书面告知申请人；

（四）未按照要求全部补正申请材料或者补正后申请材料仍不符合法定形式的，不予受理，并书面告知申请人。

第十三条 质检总局应当自受理注册登记申请之日起10日内组成专家评审组，实施书面评审。专家评审所需时间不计算在审查与决定期限内，但应当书面告知申请人。

评审组应当在评审工作结束后作出评审结论，向质检总局提交评审报告。

第十四条 质检总局自收到评审报告之日起10日内作出是否准予注册登记的决定。

质检总局对审查合格的，准予注册登记并颁发注册登记证书；对审查不合格的，不予注册登记，并书面说明理由，告知申请人享有依法申请行政复议或者提起行政诉讼的权利。

第十五条 供货商注册登记内容发生变化的，应当自变化之日起30天内向质检总局提出变更申请，并按照本办法第十一条规定办理。

涉及注册登记证书内容变更的，供货商申请变更时应当交回原证书。质检总局批准的变更涉及原注册登记证书内容的，应当重新颁发证书。

供货商的名称、商业登记地址、法定代表人三项中累计两项及以上发生变化的，应当重新向质检总局申请注册登记。

第十六条 供货商需要延续注册登记有效期的，应当在注册登记有效期届满90天前向质检总局提出延续申请，并按照本办法第十一条规定办理。

供货商未按规定期限提出延续申请的，质检总局可以认定为不符合注册登记延续的法定条件，不予受理该申请。注册登记有效期届满后，注册登记自动失效。

第十七条 质检总局应当根据供货商的申请，在注册登记有效期届满前作出是否准予延续注册登记的决定；逾期未作出决定的，视为准予延续。

第十八条 质检总局作出不予受理注册登记、终止办理注册登记、不予注册登记决定的，申请人可以向质检总局重新申请注册登记，并按本办法第十一条的规定办理。

第三章 收货人注册登记

第十九条 直属检验检疫局负责所辖区域收货人注册登记申请的受理、审查、批准和监督管理工作。

第二十条 申请收货人注册登记应当符合下列条件：

（一）具有合法进口经营资质的加工利用企业；

（二）具有固定的办公场所及相应基础设施，具备放射性检测设备及检测能力；

（三）熟悉并遵守中国出入境检验检疫、环境保护、固体废物管理的法律法规及相关标准；

（四）具有对废物原料进行环保质量控制及加工利用的措施和能力，并建立相应的管理制度，保证废物原料符合中国出入境检验检疫、环境保护、固体废物管理的国家技术规范的强制性要求。

第二十一条 申请人应当通过进境货物检验检疫监管系统提交注册登记申请，并在网络提交注册登记申请成功后的30天内向直属检验检疫局提交以下书面材料：

（一）注册登记申请书；

（二）营业执照及其复印件；

（三）进口经营资质证明文件及其复印件；

（四）管理制度文件；

（五）环保部门批准从事进口固体废物加工利用的书面证明文件。

第二十二条 直属检验检疫局对申请人提出的收货人注册登记申请，应当根据下列情况分别作出处理：

（一）申请材料不齐全或者不符合法定形式的，应当当场或者在5日内一次告知申请人需要补正的全部内容，逾期不告知的，自收到申请材料之日起即为受理；

（二）申请材料齐全、符合法定形式，或者申请人按照检验检疫部门的要求提交全部补正申请材料且补正材料符合法定形式的，应当予以受理；

（三）未在规定期限内补正有关申请材料的，应当终止办理注册登记，并书面告知申请人；

（四）未按照要求全部补正申请材料或者补正后申请材料仍不符合法定形式的，不予受理该申请。

第二十三条 直属检验检疫局应当自受理申请之日起10日内组成专家评审组，实施书面评审和现场核查。专家评审所需时间不计算在审查与决定期限内，但应当书面告知申请人。

评审组应当在评审工作结束后作出评审结论，向直属检验检疫局提交评审报告。

第二十四条 直属检验检疫局自收到评审报告之日起10日内作出是否准予注册登记的决定。

直属检验检疫局对审查合格的，准予注册登记并颁发注册登记证书；对审查不合格的，不予注册登记，并书面说明理由，告知申请人享有依法申请行政复议或者提起行政诉讼的权利。

第二十五条 收货人注册登记内容发生变化的，应当自变化之日起30天内向批准注册登记的直属检验检疫局提出变更申请，并按本办法第二十一条的规定办理。

涉及注册登记证书内容变更的，收货人申请变更时应当将原证书交回。直属检验检疫局批准的变更涉及原注册登记证书内容的，应当重新颁发证书。

收货人的名称、商业登记地址、法定代表人三项中累计两项及以上发生变化的，应当重新向直属检验检疫局提出注册登记申请。

第二十六条 收货人需要延续注册登记有效期的，应当在注册登记有效期届满90天前向批准注册登记的直属检验检疫局提出延续申请，并按本办法第二十一条的规定办理。

第二十七条 直属检验检疫局应当在注册登记有效期届满前，作出是否准予延续注册登记决定。

收货人未按时提交延续申请的，直属检验检疫局可以认定为不符合注册登记延续的法定条件，不予受理该申请。注册登记有效期届满后，注册登记自动失效。

第二十八条 直属检验检疫局作出不予受理注册登记、终止办理注册登记、不予注册登记决定的，申请人可以重新申请注册登记，并按本办法第二十一条的规定办理。

第四章 装运前检验

第二十九条 质检总局负责开发、维护进口废物原料装运前检验电子管理系统（以下简称装运前检验电子管理系统），实现装运前检验工作信息化管理。

第三十条 供货商应当在废物原料装运前，通过装运前检验电子管理系统申请检验检疫部门或者委托装运前检验机构实施装运前检验。

检验检疫部门、装运前检验机构应当通过进口废物原料装运前检验电子管理系统受理供货商的装运前检验申请、录入装运前检验结果、签发装运前检验证书。

第三十一条 装运前检验机构应当是在所在国家（地区）合法注册的检验机构。

装运前检验机构应当提前将下列信息向质检总局备案：

（一）经公证的所在国家（地区）合法注册的第三方检验机构资质证明；

（二）所在国家（地区）固定的办公和经营场所信息；

（三）通过ISO/IEC17020认可的证明材料；

（四）从事装运前检验的废物原料种类；

（五）装运前检验证书授权签字人信息及印签样式；

（六）公司章程。

提交的信息，应当使用中文或者中英文对照文本。

对提交材料完备的装运前检验机构，由质检总局对外公布。

第三十二条 检验检疫部门、装运前检验机构应当在境外装货地或者发货地，按照中国国家环境保护控制标准、相关技术规范的强制性要求和装运前检验规程实施装运前检验。

第三十三条 检验检疫部门、装运前检验机构对经其检验合格的废物原料签发电子和纸质的装运前检验证书。

检验证书应当符合以下要求：

（一）检验依据准确、检验情况明晰、检验结果真实；

（二）有统一、可追溯的编号；

（三）检验证书应当为中文或者中英文，以中文为准；

（四）检验证书有效期不超过 90 天。

第三十四条 检验检疫部门在口岸到货检验检疫监管中发现货证不符或者环保项目不合格的，实施装运前检验的检验检疫部门或者装运前检验机构应当向质检总局报告装运前检验情况，并提供记录检验过程等情况的图像和书面资料。

第三十五条 装运前检验机构及其关联机构不能申请或者代理申请供货商注册登记，不能从事废物原料的生产和经营活动。

第三十六条 装运前检验机构备案信息发生变化的，应当自变化之日起 30 天内向质检总局提交变更材料，并按照本办法第三十一条的规定办理。

第三十七条 质检总局对已备案的装运前检验机构实施分类管理，按照诚信管理的原则将已备案的装运前检验机构分为 A、B 两类。

符合下列条件的装运前检验机构，按照自愿原则可以申请成为 A 类装运前检验机构：

（一）从事检验鉴定业务 5 年以上；

（二）具有与装运前检验业务相适应的检验人员及检测设备；

（三）具备按照中国环境保护、固体废物管理的国家技术规范的强制性要求和质检总局关于进口废物原料装运前检验有关规定开展检验的能力。

（四）遵守法律法规，重视企业信用管理工作，严格履行承诺，具有较健全的质量管理体系，服务质量稳定。

不符合本条前款规定的装运前检验机构，列入 B 类装运前检验机构。

第五章 到货检验检疫

第三十八条 废物原料运抵口岸后，收货人或者其代理人应当向入境口岸检验检疫部门报检，接受检验检疫监管。报检时应当提供以下纸质或者电子材料：

（一）供货商注册登记证书（复印件）；

（二）收货人注册登记证书（复印件）；

（三）装运前检验证书；

（四）限制类的废物原料，应当提供进口许可证明；

（五）合同、发票、装箱单、提/运单等必要的单证。

第三十九条 检验检疫部门应当依照检验检疫相关法律法规和规程、国家环境保护控制标准或者国家技术规范的其他强制性要求在入境口岸对进口废物原料实施检验检疫监管，根据污染程度实施消毒、熏蒸等卫生处理，未经检疫处理，不得放行。

质检总局可以依法指定在其他地点检验检疫。

第四十条 由 B 类装运前检验机构实施装运前检验的进口废物原料，检验检疫部门应当实施全数检验。

第四十一条 检验检疫部门实施进口废物原料检验检疫监管工作的场所应当符合进口废物原料检验检疫场所建设规范的要求。

第四十二条 从事进口废物原料检验检疫监管工作的人员应当经过质检总局的培训并考试合格。

第四十三条 检验检疫部门对经检验检疫未发现不符合国家环境保护控制标准、国家技术规范的其他强制性要求的进口废物原料，出具通关证明并放行；对不符合国家环境保护控制标准、国家技术规范的其他强制性要求的，出具退货处理通知单并书面告知海关；对发现动植物疫情的，要实施有效的检疫除害处理措施，如无有效处理措施则依法作退回或者销毁处理，并实施检疫监管。

第六章 监督管理

第四十四条 供货商和收货人应当依照注册登记的业务范围开展供货、进口等活动。

收货人所进口的废物原料，仅限用于自行加工利用，不得以任何方式交付其他单位、组织或者个人。

供货商、收货人及其关联机构不能从事废物原料装运前检验业务。

第四十五条 质检总局、检验检疫部门可以依照职责对供货商、收货人、装运前检验机构实施现场检查、验证、追踪货物环保质量状况等形式的监督管理。

第四十六条 装运前检验机构应当遵守中国相关法律法规和质检总局的有关规定，以第三方的身份独立、公正地开展进口废物原料装运前检验工作，并对其所出具的装运前检验证书的真实性、准确性负责。

第四十七条 质检总局或者检验检疫部门在进口废物原料检验监管工作中，发现装运前检验机构存在下列情形之一的，质检总局可以发布警示通报并决定在一定时期内不予认可其出具的装运前检验证书，但最长不超过3年：

（一）出具的装运前检验证书存在违反本办法第三十三条规定的；

（二）装运前检验机构存在违反本办法第三十五条、第四十六条、第五十九条规定情形的。

第四十八条 供货商、收货人有下列情形之一的，质检总局、直属检验检疫局依照职权撤销其注册登记：

（一）申请注册登记的地址不存在的；

（二）供货商商业登记文件无效、税务文件无效的；

（三）收货人营业执照无效的；

（四）法定代表人不存在的；

（五）隐瞒有关情况或者提供虚假材料取得注册登记的；

（六）以欺骗、贿赂等不正当手段取得注册登记的。

第四十九条 质检总局、检验检疫部门对供货商、收货人和装运前检验机构实施A、B、C三类风险预警及快速反应管理。

第五十条 对源自特定国家（地区）、特定类别的废物原料，检验检疫部门可以根据不同的风险预警类别采取加严检验、全数检验或者不予受理报检等措施。

第一节 供货商监督管理

第五十一条 供货商发生下列情形之一的，由质检总局实施A类风险预警措施，检验检疫部门1年内不受理其所供废物原料进口报检申请：

（一）废物原料存在严重疫情风险的；

（二）废物原料存在严重货证不符，经查确属供货商责任的；

（三）B类预警期间再次被检出环保项目不合格或者重大疫情的。

第五十二条 供货商发生下列情形之一的，由质检总局实施B类风险预警措施，检验检疫部门对其所供废物原料实施为期不少于180天且不少于100批的全数检验：

（一）1年内货证不符或者环保项目不合格累计3批及以上的；

（二）检疫不合格并具有较大疫情风险的；

（三）供货商注册登记内容发生变更，未在规定期限内向质检总局办理变更手续的；

（四）注册登记被撤销后重新获得注册登记的；

（五）按本办法第五十一条实施的A类风险预警措施解除后，恢复受理进口报检申请的；

（六）现场检查发现质量管理体系存在严重缺陷的。

第五十三条 供货商发生下列情形之一的，由质检总局实施C类风险预警措施，检验检疫部门对供货商所供的废物原料实施加严检验：

（一）废物原料环保项目不合格的；

（二）需采取风险管控措施的。

第五十四条 供货商发生下列情形之一的，质检总局撤销其注册登记：

（一）输出的废物原料环保项目严重不合格的；

（二）输出的废物原料应当退运，供货商不配合收货人退运的；

（三）输出的废物原料应当退运，自检验检疫部门出具环保项目不合格证明之日起6个月内，因供货商原因未将废物原料退运出境的；

（四）将已退运的不合格废物原料再次运抵中国大陆地区的；

（五）将注册登记证书或者注册登记编号转让其他企业使用的；

（六）提供虚假材料，包括提供虚假入境证明文件的；

（七）输出废物原料时存在弄虚作假等欺诈行为的；

（八）不接受检验检疫机构监督管理，情节严重的；

（九）违反本办法第四十四条第一款规定，超出业务范围供货的；

（十）违反本办法第四十四条第三款规定，供货商或者其关联机构从事装运前检验的；

（十一）不再具备本办法第十条规定的条件的。

第二节 收货人监督管理

第五十五条 收货人发生下列情形之一的，由质检总局实施A类风险预警措施，检验检疫部门1年内不受理其废物原料进口报检申请：

（一）废物原料存在严重货证不符，经查确属收货人责任的；

（二）B类预警期间再次被检出环保项目不合格或者重大疫情，经查确属收货人责任的。

第五十六条 收货人发生下列情形之一的，质检总局实施B类风险预警措施，检验检疫部门对其报检的废物原料实施为期不少于180天且不少于100批的全数检验：

（一）废物原料存在货证不符、申报不实，经查确属收货人责任的；

（二）收货人注册登记内容发生变更，未在规定期限内向直属检验检疫局办理变更手续的；

（三）1年内货证不符或者环保项目不合格累计3批及以上，经查确属收货人责任的；

（四）注册登记被撤销后重新获得注册登记的；

（五）按本办法第五十五条实施的A类风险预警措施解除后，恢复受理进口报检申请的；

（六）现场检查发现质量控制体系存在缺陷的。

第五十七条 收货人发生下列情形之一的，质检总局实施C类风险预警措施，检验检疫部门对其报检的废物原料实施加严检验：

（一）废物原料环保项目不合格的；

（二）需采取风险管控措施的。

第五十八条 收货人发生下列情形之一的，直属检验检疫局撤销其注册登记：

（一）伪造、变造、买卖或者使用伪造、变造的有关证件的；

（二）提供虚假材料，包括提供虚假入境证明文件的；

（三）将注册登记证书或者注册登记编号转让其他企业使用的；

（四）进口废物原料时存在弄虚作假等欺诈行为的；

（五）进口废物原料不合格拒不退运的；

（六）进口废物原料不合格，检验检疫部门出具环保项目不合格证明后6个月内因收货人原因未将不合格货物退运出境的；

（七）不接受检验检疫机构监督管理，情节严重的；

（八）违反本办法第四十四条规定的；

（九）不再具备本办法第二十条规定的条件的。

第三节 装运前检验机构监督管理

第五十九条 装运前检验机构发生下列情形之一的，质检总局实施A类风险预警措施，检验检疫部门不受理经其实施装运前检验的废物原料进口报检申请：

（一）经其实施装运前检验的废物原料，1个月内被检验检疫部门检出环保项目不合格累计5批及以上且环保项目不合格检出率达0.5%及以上的；

（二）经其实施装运前检验的废物原料，1年内被检验检疫部门检出环保项目严重不合格累计3批及以上的；

（三）给未实施装运前检验的废物原料出具装运前检验证书的；

（四）B类预警期间，经其实施装运前检验的废物原料再次被检验检疫部门检出环保项目不合格的；

（五）不接受监督管理，情节严重的。

第六十条 装运前检验机构发生下列情形之一的，质检总局实施B类风险预警措施，检验检疫部门对经其实施装运前检验的废物原料实施为期不少于180天且不少于1000批的全数检验：

（一）经其实施装运前检验的废物原料，1个月内被检验检疫部门检出环保项目不合格累计3批及以上且环保项目不合格检出率达0.5%以上的；

（二）经其实施装运前检验的废物原料，被检验检疫部门检出环保项目严重不合格的；

（三）经其实施装运前检验的废物原料，被检验检疫部门检出环保项目不合格，装运前检验机构未按照规定向质检总局报告有关情况的；

（四）未按照规定实施装运前检验出具装运前检验证书的；

（五）日常监管中发现质量管理体系存在缺陷的；

（六）按照本办法第五十九条实施的A类风险预警措施解除后，恢复受理进口报检申请的。

第六十一条 装运前检验机构发生下列情形之一的，质检总局实施C类风险预警措施，检验检疫部门对其实施装运前检验的废物原料实施加严检验：

（一）装运前检验机构备案信息发生变化，未按照规定要求提交变更材料的；

（二）经其实施装运前检验的废物原料，被检验检疫部门检出环保项目不合格情况未达到本办法第五十九条、第六十条规定的预警条件的；

（三）需要采取风险管控措施的。

第七章 法律责任

第六十二条 供货商、收货人因隐瞒有关情况或者提供虚假材料被不予受理或者不予注册登记的，质检总局或者直属检验检疫局给予警告；供货商、收货人在1年内不得再次提起申请。

第六十三条 供货商、收货人以欺骗、贿赂等不正当手段取得注册登记后被撤销注册登记的，在3年内不得再次提起申请；构成犯罪的，依法追究刑事责任。

第六十四条 进口可用作原料的固体废物，供货商、收货人未取得注册登记，或者未进行装运前检验的，按照国家有关规定责令退货；情节严重的，由检验检疫部门按照《中华人民共和国进出口商品检验法实施条例》的规定并处10万元以上100万元以下罚款。

第六十五条 进口废物原料的收货人不如实提供进口废物原料的真实情况，取得检验检疫部门有关证单的，由检验检疫部门按照《中华人民共和国进出口商品检验法实施条例》的规定没收违法所得，并处进口废物原料货值金额5%以上20%以下罚款。

第六十六条 收货人违反本办法第四十四条第一款规定超出业务范围开展进口活动的，由检验检疫部门责令改正；情节严重的，处3万元以下罚款。

第六十七条 进口废物原料检验检疫工作人员玩忽职守、徇私舞弊或者滥用职权，依法给予行政处分；构成犯罪的，依法追究其刑事责任。

第八章 附 则

第六十八条 对从境外进入保税区、出口加工区、自贸区等特殊监管区域的废物原料的管理，依照本办法执行。

第六十九条 通过赠送、出口退运进境、提供样品等方式进境物品属于允许进口的废物原料的，除另有规定外，依照本办法执行。

海关特殊监管区和场所内单位在生产加工过程中产生的废品、残次品、边角料以及受灾货物属于废物原料需出区进入国内的，免于实施进口检验，依据有关规定签发通关证明。

第七十条 对进口废船舶，检验检疫部门依法实施检验检疫，免于提交供货商注册登记证书和装运前检验证书。

第七十一条 对外籍船舶、航空器及器材在境内维修产生的废物原料，检验检疫部门依法实施检验检疫，免于提交供货商注册登记证书、收货人注册登记证书、装运前检验证书和进口许可证明。

第七十二条 本办法中的“日”为工作日，不含法定节假日；“天”为自然日，含法定节假日。

第七十三条 来自中国香港、澳门和台湾地区的废物原料的检验检疫监督管理依照本办法执行。

第七十四条 进口废物原料的供货商、收货人向质检总局或者检验检疫部门提交的所有文件均以中文文本为准。

第七十五条 检验检疫部门根据业务需要，可以聘请相关专业人员辅助现场核查工作。

第七十六条 供货商、收货人注册登记和装运前检验机构管理实施细则，由质检总局另行制定。

第七十七条 本办法由质检总局负责解释。

第七十八条 本办法自2018年2月1日起施行。原国家检验检疫局1999年11月22日发布的《进口废物原料装运前检验机构认可管理办法（试行）》（原国家出入境检验检疫局令第2号）、国家质检总局2009年8月21日发布的《进口可用作原料的固体废物检验检疫监督管理办法》（国家质检总局令第119号）同时废止。

第六篇

全国口岸运行主要数据

进出口商品总值表

单位：百万元人民币

年　份	进出口总值	出口总值	进口总值	差额（+出超、-入超）	同比（%）	
					出口	进口
1981 年	73 534	36 761	36 773	-12	-	-
1982 年	77 137	41 383	35 754	5 629	12. 6	-2. 8
1983 年	86 015	43 833	42 182	1 651	5. 9	18. 0
1984 年	120 103	58 056	62 047	-3 991	32. 4	47. 1
1985 年	206 671	80 886	125 785	-44 899	39. 3	102. 7
1986 年	258 037	108 211	149 826	-41 615	33. 8	19. 1
1987 年	308 416	146 995	161 421	-14 426	35. 8	7. 7
1988 年	382 179	176 672	205 507	-28 835	20. 2	27. 3
1989 年	415 592	195 606	219 986	-24 380	10. 7	7. 0
1990 年	556 012	298 584	257 428	41 156	52. 6	17. 0
1991 年	722 575	382 710	339 865	42 84528. 2	32. 0	
1992 年	911 962	467 629	444 333	23 296	22. 2	30. 7
1993 年	1 127 102	528 481	598 621	-70 140	13. 0	34. 7
1994 年	2 038 190	1 042 184	996 006	46 178	97. 2	66. 4
1995 年	2 349 994	1 245 181	1 104 813	140 368	19. 5	10. 9
1996 年	2 413 386	1 257 643	1 155 743	101 900	1. 0	4. 6
1997 年	2 696 724	1 516 068	1 180 656	335 412	20. 5	2. 2
1998 年	2 684 968	1 522 354	1 162 614	359 740	0. 4	-1. 5
1999 年	2 989 623	1 615 977	1 373 646	242 331	6. 1	18. 2
2000 年	3 927 325	2 063 444	1 863 881	199 563	27. 7	35. 7
2001 年	4 218 362	2 202 444	2 015 918	186 526	6. 7	8. 2
2002 年	5 137 815	2 694 787	2 443 027	251 760	22. 4	21. 2
2003 年	7 048 345	3 628 789	3 419 556	209 232	34. 7	40. 0
2004 年	9 553 909	4 910 333	4 643 576	266 757	35. 3	35. 8
2005 年	11 692 177	6 264 809	5 427 368	837 441	27. 6	16. 9
2006 年	14 097 474	7 759 789	6 337 686	1 422 103	23. 9	16. 8
2007 年	16 692 407	9 362 714	7 329 693	2 033 020	20. 7	15. 7
2008 年	17 992 147	10 039 494	7 952 653	2 086 841	7. 2	8. 5

续表1

年　份	进出口总值	出口总值	进口总值	差额（+出超、-入超）	同比（%）	
					出口	进口
2009年	15 064 806	8 202 969	6 861 837	1 341 132	-18.3	-13.7
2010年	20 172 234	10 702 284	9 469 950	1 232 334	30.5	38.0
2011年	23 640 195	12 324 056	11 316 139	1 007 916	15.2	19.5
2012年	24 416 021	12 935 925	11 480 096	1 455 829	5.0	1.4
2013年	25 816 889	13 713 143	12 103 746	1 609 398	6.0	5.4
2014年	26 424 177	14 388 375	12 035 803	2 352 572	4.9	-0.6
2015年	24 550 293	14 116 683	10 433 610	3 683 073	-1.9	-13.2
2016年	24 338 646	13 841 929	10 496 717	3 345 212	-1.9	0.6
2017年	27 809 951	15 330 970	12 478 981	2 851 989	10.8	18.9

2017年进出口商品国别（地区）总值表

单位：万元人民币

进口原产国（地） 出口最终目的国（地）	2017年			2016年		
	出　口	进　口	出入超	出　口	进　口	出入超
总　值	1 533 096 988	1 247 898 118	285 198 870	1 384 192 927	1 049 671 697	334 521 230
亚　洲	742 551 203	697 088 139	45 463 064	687 125 244	598 750 047	88 375 197
阿富汗	366 720	2 301	364 419	285 249	3 031	282 218
巴林	611 647	84 885	526 762	521 314	42 052	479 262
孟加拉国	10 286 476	593 966	9 692 510	9 425 416	574 209	8 851 207
不丹	4 241	121	4 120	3 195	88	3 107
文莱	430 679	239 062	191 617	335 967	145 826	190 141
缅甸	6 060 840	3 065 674	2 995 166	5 405 386	2 716 465	2 688 921
柬埔寨	3 242 075	682 676	2 559 399	2 592 106	548 551	2 043 555
塞浦路斯	355 668	36 127	319 541	304 401	31 526	272 875
朝鲜	2 201 046	1 177 287	1 023 759	2 036 325	1 702 815	333 510
中国香港	188 895 253	4 953 140	183 942 113	189 773 529	10 977 636	178 795 893
印度	46 133 090	11 074 062	35 059 028	38 513 587	7 774 813	30 738 774
印度尼西亚	23 545 099	19 333 997	4 211 102	21 191 780	14 163 157	7 028 623
伊朗	12 587 866	12 571 956	15 910	10 848 076	9 802 610	1 045 466
伊拉克	5 656 084	9 362 027	−3 705 943	4 980 227	7 050 671	−2 070 444
以色列	6 048 832	2 846 444	3 202 388	5 393 644	2 097 407	3 296 237
日本	92 971 225	112 129 985	−19 158 760	85 385 272	96 355 492	−10 970 220
约旦	1 903 144	188 857	1 714 287	1 945 754	139 879	1 805 875
科威特	2 110 109	6 042 157	−3 932 048	1 976 379	4 209 047	−2 232 668
老挝	960 728	1 087 023	−126 295	652 149	898 730	−246 581
黎巴嫩	1 365 511	15 581	1 349 930	1 383 684	11 641	1 372 043
中国澳门	2 137 859	70 594	2 067 265	2 072 533	92 538	1 979 995
马来西亚	28 250 104	36 859 764	−8 609 660	24 879 031	32 574 727	−7 695 696
马尔代夫	200 497	420	200 077	211 362	158	211 204
蒙古国	835 800	3 501 784	−2 665 984	653 311	2 394 242	−1 740 931
尼泊尔联邦民主共和国	654 746	12 073	642 673	572 695	14 815	557 880
阿曼	1 573 466	9 084 729	−7 511 263	1 414 025	7 963 194	−6 549 169

续表1

进口原产国（地） 出口最终目的国（地）	2017 年			2016 年		
	出　口	进　口	出入超	出　口	进　口	出入超
巴基斯坦	12 381 850	1 240 575	11 141 275	11 362 367	1 263 705	10 098 662
巴勒斯坦	46 837	80	46 757	39 051	205	38 846
菲律宾	21 726 967	13 020 096	8 706 871	19 675 425	11 494 958	8 180 467
卡塔尔	1 136 606	4 326 405	-3 189 799	998 457	2 654 802	-1 656 345
沙特阿拉伯	12 484 008	21 510 627	-9 026 619	12 286 856	15 605 972	-3 319 116
新加坡	30 499 665	23 184 818	7 314 847	29 361 593	17 196 421	12 165 172
韩国	69 614 310	120 163 038	-50 548 728	61 864 997	105 036 756	-43 171 759
斯里兰卡	2 771 865	209 900	2 561 965	2 827 159	180 705	2 646 454
叙利亚	747 861	912	746 949	603 604	2 163	601 441
泰国	26 114 925	28 164 411	-2 049 486	24 529 848	25 493 550	-963 702
土耳其	12 282 379	2 560 748	9 721 631	10 986 011	1 841 649	9 144 362
阿拉伯联合酋长国	19 477 482	8 343 707	11 133 775	19 812 281	6 610 834	13 201 447
也门共和国	1 115 229	447 395	667 834	1 114 096	111 272	1 002 824
越南	48 453 198	33 953 701	14 499 497	40 369 115	24 609 636	15 759 479
中华人民共和国	-	89 583 650	-89 583 650	-	84 606 763	-84 606 763
中国台湾	29 780 808	105 502 429	-75 721 621	26 560 226	91 787 146	-65 226 920
东帝汶	89 879	1 056	88 823	108 779	195	108 584
哈萨克斯坦	7 826 312	4 312 742	3 513 570	5 481 315	3 175 773	2 305 542
吉尔吉斯斯坦	3 619 538	59 159	3 560 379	3 705 240	47 421	3 657 819
塔吉克斯坦	880 058	31 693	848 365	1 139 696	20 638	1 119 058
土库曼斯坦	250 475	4 460 779	-4 210 304	222 341	3 664 410	-3 442 069
乌兹别克斯坦	1 861 606	993 035	868 571	1 320 054	1 059 754	260 300
亚洲其他国家（地区）	541	489	52	333	1	332
非　洲	64 246 467	51 442 245	12 804 222	60 805 116	37 458 653	23 346 463
阿尔及利亚	4 619 331	301 254	4 318 077	5 040 263	217 095	4 823 168
安哥拉	1 528 890	14 043 583	-12 514 693	1 109 249	9 216 742	-8 107 493
贝宁	1 306 357	62 037	1 244 320	1 341 475	36 093	1 305 382
博茨瓦那	157 841	22 731	135 110	138 309	41 030	97 279
布隆迪	30 650	4 675	25 975	29 658	1 807	27 851
喀麦隆	941 735	341 358	600 377	1 026 016	265 135	760 881
加那利群岛	2 267	187	2 080	2 650	8	2 642
佛得角	46 776	5	46 771	32 092	55	32 037
中非	8 802	18 972	-10 170	10 147	20 865	-10 718

续表2

进口原产国（地） 出口最终目的国（地）	2017 年			2016 年		
	出　口	进　口	出入超	出　口	进　口	出入超
塞卜泰（休达）	209	0	209	648	-	648
乍得	78 104	190 554	−112 450	61 764	74 857	−13 093
科摩罗	46 035	26	46 009	31 958	9	31 949
刚果（布）	337 558	2 674 012	−2 336 454	487 444	1 542 119	−1 054 675
吉布提	1 477 293	10	1 477 283	1 417 076	88	1 416 988
埃及	6 428 276	909 058	5 519 218	6 869 444	367 676	6 501 768
赤道几内亚	112 637	1 004 028	−891 391	97 574	416 878	−319 304
埃塞俄比亚	1 812 032	242 706	1 569 326	2 116 717	275 350	1 841 367
加蓬	304 371	1 553 759	−1 249 388	248 639	951 349	−702 710
冈比亚	269 909	66 471	203 438	207 509	59 540	147 969
加纳	3 269 722	1 256 219	2 013 503	3 075 961	866 385	2 209 576
几内亚	841 735	993 130	−151 395	754 196	418 323	335 873
几内亚比绍	22 755	274	22 481	14 003	105	13 898
科特迪瓦共和国	1 148 511	107 588	1 040 923	1 043 901	67 118	976 783
肯尼亚	3 419 045	112 785	3 306 260	3 684 377	64 204	3 620 173
利比里亚	1 433 165	19 534	1 413 631	1 050 702	31 646	1 019 056
利比亚	696 335	923 813	−227 478	779 424	229 885	549 539
马达加斯加	683 316	153 706	529 610	621 648	105 942	515 706
马拉维	177 842	18 802	159 040	150 529	17 050	133 479
马里	228 442	45 870	182 572	241 873	64 746	177 127
毛里塔尼亚	583 429	534 236	49 193	572 289	493 650	78 639
毛里求斯	516 258	15 198	501 060	500 221	13 048	487 173
摩洛哥	2 154 322	440 643	1 713 679	2 029 317	365 424	1 663 893
莫桑比克	885 651	358 269	527 382	862 892	316 941	545 951
纳米比亚	184 798	199 892	−15 094	177 432	109 565	67 867
尼日尔	66 328	67 576	−1 248	66 369	81 508	−15 139
尼日利亚	8 240 504	1 098 539	7 141 965	6 403 724	596 010	5 807 714
留尼汪	103 908	23	103 885	114 130	4	114 126
卢旺达	87 213	19 386	67 827	71 568	21 951	49 617
圣多美和普林西比	4 689	0	4 689	4 216	12	4 204
塞内加尔	1 385 322	102 276	1 283 046	1 445 081	105 660	1 339 421
塞舌尔	33 131	1 008	32 123	36 865	49	36 816
塞拉利昂	164 484	229 223	−64 739	159 517	158 131	1 386

续表3

进口原产国（地） 出口最终目的国（地）	2017 年			2016 年		
	出　口	进　口	出入超	出　口	进　口	出入超
索马里	320 473	7 924	312 549	258 705	7 307	251 398
南非	10 029 530	16 520 701	-6 491 171	8 478 385	14 716 405	-6 238 020
西撒哈拉	1 226	0	1 226	126	0	126
苏丹	1 507 832	402 433	1 105 399	1 402 080	333 378	1 068 702
坦桑尼亚	2 113 265	227 546	1 885 719	2 350 003	210 269	2 139 734
多哥	1 280 227	49 719	1 230 508	1 262 829	68 828	1 194 001
突尼斯	901 523	133 958	767 565	853 210	91 806	761 404
乌干达	524 120	22 693	501 427	547 227	24 732	522 495
布基纳法索	124 196	13 833	110 363	93 027	9 305	83 722
刚果（金）	658 440	2 223 266	-1 564 826	652 928	1 375 693	-722 765
赞比亚	479 513	2 112 590	-1 633 077	323 111	1 439 342	-1 116 231
津巴布韦	301 314	597 297	-295 983	255 795	475 802	-220 007
莱索托	41 546	16 964	24 582	36 108	12 894	23 214
梅利利亚	7 025	0	7 025	6 939	0	6 939
斯威士兰	23 254	2 963	20 291	28 025	218	27 807
厄立特里亚	29 154	116 140	-86 986	45 413	115 718	-70 305
马约特岛	28 242	10	28 232	25 185	0	25 185
南苏丹	35 102	860 463	-825 361	30 282	962 896	-932 614
非洲其他国家（地区）	507	329	178	26 874	10	26 864
欧　洲	290 557 938	221 152 064	69 405 874	257 280 321	190 400 831	66 879 490
比利时	10 665 680	5 105 061	5 560 619	9 716 298	4 539 895	5 176 403
丹麦	4 412 159	2 845 299	1 566 860	3 573 849	2 798 655	775 194
英国	38 432 454	15 109 690	23 322 764	36 770 830	12 337 477	24 433 353
德国	48 176 143	65 443 448	-17 267 305	43 052 088	56 915 428	-13 863 340
法国	18 740 711	18 100 907	639 804	16 280 565	14 878 488	1 402 077
爱尔兰	1 970 190	5 505 102	-3 534 912	1 834 071	3 509 462	-1 675 391
意大利	19 785 779	13 836 049	5 949 730	17 397 187	11 057 057	6 340 130
卢森堡	472 786	208 299	264 487	826 285	201 792	624 493
荷兰	45 426 439	7 626 733	37 799 706	37 946 209	6 481 251	31 464 958
希腊	3 214 375	290 119	2 924 256	2 773 216	187 745	2 585 471
葡萄牙	2 337 155	1 444 856	892 299	2 636 136	1 047 596	1 588 540
西班牙	15 531 831	5 420 457	10 111 374	14 059 974	4 056 196	10 003 778
阿尔巴尼亚	307 944	133 442	174 502	333 328	85 231	248 097

续表4

进口原产国（地）出口最终目的国（地）	2017 年			2016 年		
	出　口	进　口	出入超	出　口	进　口	出入超
安道尔	859	70	789	860	71	789
奥地利	1 710 696	3 957 405	−2 246 709	1 479 012	3 321 605	−1 842 593
保加利亚	791 351	655 965	135 386	696 854	390 060	306 794
芬兰	1 929 361	2 880 474	−951 113	1 897 637	2 282 575	−384 938
直布罗陀	2 696	27	2 669	4 769	1	4 768
匈牙利	4 098 792	2 755 357	1 343 435	3 578 206	2 292 382	1 285 824
冰岛	75 663	74 156	1 507	88 795	62 616	26 179
列支敦士登	31 276	85 630	−54 354	24 658	74 006	−49 348
马耳他	1 422 352	278 762	1 143 590	1 030 987	264 413	766 574
摩纳哥	8 973	5 084	3 889	8 755	5 002	3 753
挪威	1 690 090	2 119 616	−429 526	1 718 398	2 132 236	−413 838
波兰	12 103 444	2 263 734	9 839 710	9 965 855	1 677 409	8 288 446
罗马尼亚	2 558 904	1 231 670	1 327 234	2 275 216	962 968	1 312 248
圣马力诺	3 754	2 100	1 654	3 167	4 355	−1 188
瑞典	4 763 623	5 330 582	−566 959	4 168 130	4 071 037	97 093
瑞士	2 142 988	22 285 021	−20 142 033	2 095 755	26 492 221	−24 396 466
爱沙尼亚	681 636	175 813	505 823	636 680	139 980	496 700
拉脱维亚	778 177	119 540	658 637	700 887	87 360	613 527
立陶宛	1 084 084	172 059	912 025	852 412	108 491	743 921
格鲁吉亚	618 241	45 928	572 313	491 362	35 346	456 016
亚美尼亚	97 466	204 110	−106 644	73 301	184 911	−111 610
阿塞拜疆	262 091	395 637	−133 546	228 493	275 571	−47 078
白俄罗斯	631 010	350 415	280 595	716 691	287 457	429 234
摩尔多瓦	66 227	22 869	43 358	50 661	16 151	34 510
俄罗斯联邦	29 012 759	28 032 628	980 131	24 670 585	21 304 366	3 366 219
乌克兰	3 416 341	1 585 033	1 831 308	2 783 916	1 636 676	1 147 240
斯洛文尼亚	1 952 794	333 952	1 618 842	1 498 253	289 158	1 209 095
克罗地亚	786 068	123 413	662 655	670 192	107 032	563 160
捷克	5 947 194	2 493 470	3 453 724	5 320 225	1 951 109	3 369 116
斯洛伐克	1 849 174	1 748 904	100 270	1 889 795	1 591 182	298 613
马其顿	52 827	58 818	−5 991	59 491	30 811	28 680
波黑	53 404	38 540	14 864	42 319	28 876	13 443
梵蒂冈城国	56	0	56	236	17	219

续表5

进口原产国（地） 出口最终目的国（地）	2017年			2016年		
	出口	进口	出入超	出口	进口	出入超
法罗群岛	1 402	67 629	-66 227	1 148	68 046	-66 898
塞尔维亚	369 145	143 235	225 910	285 283	107 331	177 952
黑山	89 371	44 843	44 528	71 293	21 730	49 563
欧洲其他国家（地区）	5	114	-109	7	1	6
拉丁美洲	88 643 572	86 578 920	2 064 652	75 151 157	68 035 507	7 115 650
安提瓜和巴布达	30 437	6	30 431	86 201	25	86 176
阿根廷	6 142 017	3 207 572	2 934 445	4 748 347	3 391 975	1 356 372
阿鲁巴岛	16 452	5	16 447	16 673	245	16 428
巴哈马	189 853	14 205	175 648	236 038	33 946	202 092
巴巴多斯	72 671	16 787	55 884	47 712	12 288	35 424
伯利兹	59 116	279	58 837	59 418	624	58 794
多民族玻利维亚国	494 266	239 898	254 368	403 145	215 840	187 305
博内尔	759	0	759	442	0	442
巴西	19 612 644	39 920 236	-20 307 592	14 509 831	30 235 474	-15 725 643
开曼群岛	174 262	4	174 258	113 483	12	113 471
智利	9 770 010	14 331 034	-4 561 024	8 451 267	12 278 853	-3 827 586
哥伦比亚	5 043 480	2 627 461	2 416 019	4 453 910	1 677 267	2 776 643
多米尼克	33 383	491	32 892	22 257	666	21 591
哥斯达黎加	1 013 317	536 145	477 172	986 278	461 042	525 236
古巴	918 570	270 535	648 035	1 172 901	180 069	992 832
库腊索岛	20 195	5	20 190	15 255	2	15 253
多米尼加共和国	1 153 754	113 344	1 040 410	1 033 687	85 979	947 708
厄瓜多尔	2 007 757	764 386	1 243 371	1 490 382	621 317	869 065
法属圭亚那	10 776	140	10 636	8 649	31	8 618
格林纳达	7 213	8	7 205	4 842	6	4 836
瓜德罗普岛	25 494	10	25 484	22 146	6	22 140
危地马拉	1 327 932	72 527	1 255 405	1 223 170	66 155	1 157 015
圭亚那	128 026	25 991	102 035	117 646	18 650	98 996
海地	360 989	5 166	355 823	299 599	4 195	295 404
洪都拉斯	572 536	16 237	556 299	474 934	18 356	456 578
牙买加	350 094	32 632	317 462	333 366	10 670	322 696
马提尼克岛	18 431	39	18 392	15 585	16	15 569
墨西哥	24 321 064	7 992 667	16 328 397	21 347 908	6 826 355	14 521 553

续表6

进口原产国（地） 出口最终目的国（地）	2017 年			2016 年		
	出　口	进　口	出入超	出　口	进　口	出入超
蒙特塞拉特	152	37	115	224	6	218
尼加拉瓜	423 567	19 210	404 357	410 306	11 785	398 521
巴拿马	4 494 322	42 019	4 452 303	4 184 548	24 909	4 159 639
巴拉圭	1 057 481	22 382	1 035 099	772 519	14 746	757 773
秘鲁	4 716 334	9 060 718	-4 344 384	3 952 248	6 271 757	-2 319 509
波多黎各	405 166	336 347	68 819	393 152	445 646	-52 494
萨巴	4	0	4	36	-	36
圣卢西亚	10 766	37	10 729	11 162	25	11 137
圣马丁岛	6 444	0	6 444	4 508	0	4 508
圣文森特和格林纳丁斯	28 755	304	28 451	11 533	41	11 492
萨尔瓦多	523 969	78 368	445 601	509 124	30 280	478 844
苏里南	120 193	17 779	102 414	90 122	19 247	70 875
特立尼达和多巴哥	290 287	123 322	166 965	228 477	114 245	114 232
特克斯和凯科斯群岛	1 809	2	1 807	605	0	605
乌拉圭	1 457 701	1 788 834	-331 133	1 170 028	1 288 737	-118 709
委内瑞拉	1 186 134	4 899 122	-3 712 988	1 656 747	3 673 658	-2 016 911
英属维尔京群岛	7 984	73	7 911	24 404	6	24 398
圣基茨和尼维斯	5 908	474	5 434	2 784	292	2 492
圣皮埃尔和密克隆	28	22	6	6	-	6
荷属安地列斯群岛	30 069	31	30 038	32 533	63	32 470
拉丁美洲其他国家（地区）	1 000	2 031	-1 031	1 023	0	1 023
北美洲	312 357 359	118 237 966	194 119 393	272 459 319	101 074 370	171 384 949
加拿大	21 256 718	13 849 270	7 407 448	18 037 493	12 104 989	5 932 504
美国	291 008 242	104 298 667	186 709 575	254 270 175	88 902 247	165 367 928
格陵兰	1 692	90 022	-88 330	380	67 061	-66 681
百慕大群岛	90 391	7	90 384	151 093	49	151 044
北美洲其他国家（地区）	316	-	316	178	23	155
大洋洲	34 728 632	73 144 545	-38 415 913	31 371 764	53 275 265	-21 903 501
澳大利亚	28 053 265	64 412 310	-36 359 045	24 635 436	46 865 217	-22 229 781
库克群岛	5 022	3 908	1 114	2 113	795	1 318
斐济	247 348	11 781	235 567	253 078	11 269	241 809

续表7

进口原产国（地） 出口最终目的国（地）	2017 年			2016 年		
	出　口	进　口	出入超	出　口	进　口	出入超
盖比群岛	20	0	20	2	-	2
马克萨斯群岛	-	-	-	-	-	-
瑙鲁	287	189	98	918	11	907
新喀里多尼亚	57 764	539 084	-481 320	56 616	333 741	-277 125
瓦努阿图	44 499	9 687	34 812	41 917	3 320	38 597
新西兰	3 454 370	6 368 517	-2 914 147	3 147 702	4 707 003	-1 559 301
诺福克岛	1 527	0	1 527	1 722	2	1 720
巴布亚新几内亚	524 775	1 399 019	-874 244	427 438	1 076 351	-648 913
社会群岛	2 067	-	2 067	1 837	-	1 837
所罗门群岛	62 774	375 106	-312 332	57 021	248 504	-191 483
汤加	18 950	391	18 559	20 038	16	20 022
土阿莫土群岛	0	-	0	-	1	-1
土布艾群岛	-	0	0	-	0	0
萨摩亚	43 365	355	43 010	45 892	521	45 371
基里巴斯	10 410	274	10 136	16 303	6 327	9 976
图瓦卢	12 370	4	12 366	3 714	16	3 698
密克罗尼西亚联邦	17 732	7 904	9 828	9 461	4 512	4 949
马绍尔群岛共和国	2 117 677	12 341	2 105 336	2 598 049	13 228	2 584 821
帕劳共和国	11 394	1	11 393	12 641	25	12 616
法属波利尼西亚	40 166	3 671	36 495	34 178	4 405	29 773
瓦利斯和浮图纳	207	0	207	498	0	498
大洋洲其他国家（地区）	2 644	-	2 644	5 191	0	5 191
国别（地区）不详	11 815	254 240	-242 425	6	677 023	-677 017
东南亚国家联盟	189 284 280	159 591 222	29 693 058	168 992 401	129 842 022	39 150 379
欧洲联盟	251 979 019	165 493 247	86 485 772	223 831 453	137 579 329	86 252 124
亚太经济合作组织	972 399 770	836 832 922	135 566 848	882 867 037	714 779 207	168 087 830

表注：1. 东南亚国家联盟包括：文莱、缅甸、柬埔寨、印度尼西亚、老挝、马来西亚、菲律宾、新加坡、泰国、越南。

2. 欧洲联盟包括：比利时、丹麦、英国、德国、法国、爱尔兰、意大利、卢森堡、荷兰、希腊、葡萄牙、西班牙、奥地利、芬兰、瑞典、塞浦路斯、匈牙利、马耳他、波兰、爱沙尼亚、拉脱维亚、立陶宛、斯洛文尼亚、捷克、斯洛伐克、保加利亚、罗马尼亚、克罗地亚。

3. 亚太经济合作组织包括：文莱、中国香港、印度尼西亚、日本、马来西亚、菲律宾、新加坡、韩国、泰国、越南、中华人民共和国、中国台湾、俄罗斯、智利、墨西哥、秘鲁、加拿大、美国、澳大利亚、新西兰、巴布亚新几内亚。

2017 年进出口商品构成表

单位：万元人民币

商　品	出　口		进　口	
	金　额	比重（%）	金　额	比重（%）
总　值	1 533 096 988	100.0	1 247 898 118	100.0
一、初级产品	79 755 949	5.2	392 740 965	31.5
0 类　食品及活动物	42 403 441	2.8	36 782 706	2.9
00 章　活动物	380 631	0.0	245 570	0.0
01 章　肉及肉制品	1 885 802	0.1	6 412 238	0.5
02 章　乳品及蛋品	190 728	0.0	3 317 408	0.3
03 章　鱼、甲壳及软体类动物及其制品	13 820 612	0.9	5 610 257	0.4
04 章　谷物及其制品	1 116 113	0.1	5 093 656	0.4
05 章　蔬菜及水果	16 504 736	1.1	6 523 725	0.5
06 章　糖、糖制品及蜂蜜	1 553 781	0.1	1 031 398	0.1
07 章　咖啡、茶、可可、调味料及其制品	2 454 451	0.2	903 346	0.1
08 章　饲料（不包括未碾磨谷物）	1 805 087	0.1	2 668 283	0.2
09 章　杂项食品	2 691 500	0.2	4 976 825	0.4
1 类　饮料及烟类	2 348 110	0.2	4 755 850	0.4
11 章　饮料	1 450 324	0.1	3 553 005	0.3
12 章　烟草及其制品	897 785	0.1	1 202 845	0.1
2 类　非食用原料（燃料除外）	10 457 548	0.7	176 876 794	14.2
21 章　生皮及生毛皮	13 825	0.0	1 953 814	0.2
22 章　油籽及含油果实	723 411	0.0	29 191 863	2.3
23 章　生橡胶（包括合成橡胶及再生橡胶）	495 827	0.0	9 114 067	0.7
24 章　软木及木材	524 113	0.0	14 895 769	1.2
25 章　纸浆及废纸	91 494	0.0	14 378 767	1.2
26 章　纺织纤维及其废料	2 361 311	0.2	5 224 436	0.4
27 章　天然肥料及矿物（煤、石油及宝石除外）	2 041 530	0.1	4 386 228	0.4
28 章　金属矿砂及金属废料	636 144	0.0	96 321 091	7.7
29 章　其他动、植物原料	3 569 893	0.2	1 410 759	0.1
3 类　矿物燃料、润滑油及有关原料	23 999 002	1.6	169 128 439	13.6
32 章　煤、焦炭及煤砖	2 205 543	0.1	15 407 372	1.2

续表1

商　品	出　口		进　口	
	金　额	比重（%）	金　额	比重（%）
33 章　石油、石油产品及有关原料	19 631 931	1. 3	131 188 099	10. 5
34 章　天然气及人造气	1 208 276	0. 1	22 323 586	1. 8
35 章　电流	953 252	0. 1	209 382	0. 0
4 类　动植物油、脂及蜡	547 849	0. 0	5 197 177	0. 4
41 章　动物油、脂	115 543	0. 0	191 255	0. 0
42 章　植物油、脂	204 389	0. 0	4 854 553	0. 4
43 章　已加工的动植物油、脂及动植物蜡	227 917	0. 0	151 369	0. 0
二、工业制品	1 453 341 038	94. 8	855 157 154	68. 5
5 类　化学成品及有关产品	95 746 677	6. 2	131 161 216	10. 5
51 章　有机化学品	28 818 198	1. 9	38 048 886	3. 0
52 章　无机化学品	10 125 718	0. 7	6 309 315	0. 5
53 章　染料、鞣料及着色料	4 628 774	0. 3	3 080 225	0. 2
54 章　医药品	10 207 399	0. 7	18 150 284	1. 5
55 章　精油、香料及盥洗、光洁制品	4 960 717	0. 3	6 531 698	0. 5
56 章　制成肥料	4 078 213	0. 3	1 565 390	0. 1
57 章　初级形状的塑料	10 121 846	0. 7	35 061 138	2. 8
58 章　非初级形状的塑料	9 369 485	0. 6	8 171 949	0. 7
59 章　其他化学原料及产品	13 436 327	0. 9	14 242 333	1. 1
6 类　按原料分类的制成品	249 859 993	16. 3	91 415 988	7. 3
61 章　皮革、皮革制品及已鞣毛皮	1 141 850	0. 1	2 757 142	0. 2
62 章　橡胶制品	13 078 628	0. 9	3 462 062	0. 3
63 章　软木及木制品（家具除外）	8 738 142	0. 6	991 223	0. 1
64 章　纸及纸板；纸浆、纸及纸板制品	11 720 588	0. 8	3 224 477	0. 3
65 章　纺纱、织物、制成品及有关产品	74 297 798	4. 8	11 700 031	0. 9
66 章　非金属矿物制品	29 074 886	1. 9	12 133 117	1. 0
67 章　钢铁	37 843 839	2. 5	15 294 008	1. 2
68 章　有色金属	15 797 008	1. 0	31 460 481	2. 5
69 章　金属制品	58 167 255	3. 8	10 393 449	0. 8
7 类　机械及运输设备	732 650 447	47. 8	496 898 609	39. 8
71 章　动力机械及设备	24 645 454	1. 6	15 883 881	1. 3
72 章　特种工业专用机械	27 737 788	1. 8	31 331 532	2. 5
73 章　金工机械	4 946 418	0. 3	8 369 030	0. 7
74 章　通用工业机械设备及零件	73 032 771	4. 8	31 594 996	2. 5

续表2

商　品	出　口		进　口	
	金　额	比重（%）	金　额	比重（%）
75章　办公用机械及自动数据处理设备	132 966 426	8.7	32 128 743	2.6
76章　电信及声音的录制及重放装置设备	204 099 629	13.3	48 278 408	3.9
77章　电力机械、器具及其电气零件	195 465 345	12.7	256 873 335	20.6
78章　陆路车辆（包括气垫式）	49 919 190	3.3	53 522 918	4.3
79章　其他运输设备	19 837 427	1.3	18 915 766	1.5
8类　杂项制品	371 187 926	24.2	90 894 750	7.3
81章　活动房屋；卫生、水道、供热及照明装置	24 220 835	1.6	743 514	0.1
82章　家具及其零件；褥垫及类似填充制品	39 547 986	2.6	2 031 065	0.2
83章　旅行用品、手提包及类似品	18 184 656	1.2	1 548 685	0.1
84章　服装及衣着附件	106 741 331	7.0	4 913 225	0.4
85章　鞋靴	32 706 973	2.1	2 470 756	0.2
87章　专业、科学及控制用仪器和装置	37 552 510	2.4	51 839 773	4.2
88章　摄影器材、光学物品及钟表	11 442 129	0.7	12 136 368	1.0
89章　杂项制品	100 791 505	6.6	15 211 364	1.2
9类　未分类的商品	3 895 995	0.3	44 786 591	3.6

2017年进出口商品类章总值表

单位：万元人民币

类　　章	出　口		进　口	
	金　额	比重（%）	金　额	比重（%）
总　值	1 533 096 988	100.0	1 247 898 118	100.0
第一类　活动物；动物产品	11 940 563	0.8	15 983 299	1.3
01章　活动物	380 631	0.0	245 570	0.0
02章　肉及食用杂碎	620 952	0.0	6 426 411	0.5
03章　鱼、甲壳动物、软体动物及其他水生无脊椎动物	8 977 058	0.6	5 458 919	0.4
04章　乳品；蛋品；天然蜂蜜；其他食用动物产品	398 486	0.0	3 437 329	0.3
05章　其他动物产品	1 563 436	0.1	415 070	0.0
第二类　植物产品	17 011 398	1.1	41 692 473	3.3
06章　活树及其他活植物；鳞茎、根及类似品；插花及装饰用簇叶	229 059	0.0	189 089	0.0
07章　食用蔬菜、根及块茎	7 564 480	0.5	1 364 622	0.1
08章　食用水果及坚果；甜瓜或柑桔属水果的果皮	3 596 574	0.2	4 340 248	0.3
09章　咖啡、茶、马黛茶及调味香料	1 986 496	0.1	320 079	0.0
10章　谷物	453 364	0.0	4 342 778	0.3
11章　制粉工业产品；麦芽；淀粉；菊粉；面筋	388 666	0.0	657 202	0.1
12章　含油子仁及果实；杂项子仁及果实；工业用或药用植物；稻草、秸秆及饲料	1 790 429	0.1	30 186 408	2.4
13章　虫胶；树胶、树脂及其他植物液、汁	913 542	0.1	173 085	0.0
14章　编结用植物材料；其他植物产品	88 789	0.0	118 961	0.0
第三类　动、植物油、脂及其分解产品；精制的食用油脂；动、植物蜡	567 875	0.0	5 607 110	0.4
15章　动、植物油、脂及其分解产品；精制的食用油脂；动、植物蜡	567 875	0.0	5 607 110	0.4
第四类　食品；饮料、酒及醋；烟草、烟草及烟草代用品的制品	20 300 839	1.3	14 827 152	1.2

续表1

类　章	出　口		进　口	
	金　额	比重（%）	金　额	比重（%）
16章　肉、鱼、甲壳动物、软体动物及其他水生无脊椎动物的制品	6 108 669	0.4	161 925	0.0
17章　糖及糖食	1 191 928	0.1	957 016	0.1
18章　可可及可可制	253 892	0.0	444 547	0.0
19章　谷物、粮食粉、淀粉或乳的制品；糕饼点	1 117 507	0.1	3 835 739	0.3
20章　蔬菜、水果、坚果或植物其他部分的制品	5 211 205	0.3	738 430	0.1
21章　杂项食品	2 208 774	0.1	1 612 533	0.1
22章　饮料、酒及醋	1 508 579	0.1	3 568 304	0.3
23章　食品工业的残渣及废料；配制的动物饲料	1 802 500	0.1	2 305 812	0.2
24章　烟草、烟草及烟草代用品的制品	897 785	0.1	1 202 845	0.1
第五类　矿产品	26 665 327	1.7	259 171 487	20.8
25章　盐；硫磺；泥土及石料；石膏料、石灰及水泥	2 180 244	0.1	4 306 112	0.3
26章　矿砂、矿渣及矿灰	484 952	0.0	85 732 187	6.9
27章　矿物燃料、矿物油及其蒸馏产品；沥青物质；矿物蜡	24 000 132	1.6	169 133 187	13.6
第六类　化学工业及其相关工业的产品	77 555 181	5.1	89 731 825	7.2
28章　无机化学品；贵金属、稀土金属、放射性元素及其同位素的有机及无机化合物	10 163 731	0.7	7 055 270	0.6
29章　有机化学品	33 705 233	2.2	37 822 912	3.0
30章　药品	4 987 645	0.3	17 179 674	1.4
31章　肥料	4 102 940	0.3	1 568 451	0.1
32章　鞣料浸膏及染料浸膏；鞣酸及其衍生物；染料、颜料及其他着色料；油漆及清漆；油灰及其他类似胶粘剂；墨水、油墨	4 738 933	0.3	3 147 745	0.3
33章　精油及香膏；芳香料制品及化妆盥洗品	3 272 604	0.2	5 167 768	0.4
34章　肥皂、有机表面活性剂、洗涤剂、润滑剂、人造蜡、调制蜡、光洁剂、蜡烛及类似品、塑型用膏、“牙科用蜡”及牙科用熟石膏制剂	2 397 382	0.2	3 016 490	0.2
35章　蛋白类物质；改性淀粉；胶；酶	1 925 695	0.1	2 268 722	0.2

续表2

类　章	出　口		进　口	
	金　额	比重（%）	金　额	比重（%）
36 章　炸药；烟火制品；火柴；引火合金；易燃材料制品	559 571	0.0	111 296	0.0
37 章　照相及电影用品	733 532	0.0	1 606 427	0.1
38 章　杂项化学产品	10 967 916	0.7	10 787 070	0.9
第七类　塑料及其制品；橡胶及其制品	61 436 832	4.0	59 374 322	4.8
39 章　塑料及其制品	47 441 058	3.1	46 671 007	3.7
40 章　橡胶及其制品	13 995 774	0.9	12 703 315	1.0
第八类　生皮、皮革、毛皮及其制品；鞍具及挽具；旅行用品、手提包及类似品；动物肠线（蚕胶丝除外）制品	22 464 295	1.5	6 450 892	0.5
41 章　生皮（毛皮除外）及皮革	417 259	0.0	3 830 701	0.3
42 章　皮革制品；鞍具及挽具；旅行用品、手提包及类似容器；动物肠线（蚕胶丝除外）制	19 582 066	1.3	1 780 150	0.1
43 章　毛皮、人造毛皮及其制品	2 464 969	0.2	840 041	0.1
第九类　木及木制品；木炭；软木及软木制品；稻草、秸秆、针茅或其他编结材料制品；篮筐及柳条编结品	10 277 324	0.7	15 896 835	1.3
44 章　木及木制品；木炭	9 247 916	0.6	15 854 874	1.3
45 章　软木及软木制品	14 339	0.0	32 117	0.0
46 章　稻草、秸秆、针茅或其他编结材料制品；篮筐及柳条编结品	1 015 069	0.1	9 843	0.0
第十类　木浆及其他纤维状纤维素浆；纸及纸板的废碎品；纸、纸板及其制品	14 743 838	1.0	18 902 459	1.5
47 章　木浆及其他纤维状纤维素浆；纸及纸板的废碎品	91 494	0.0	14 378 767	1.2
48 章　纸及纸板；纸浆、纸或纸板制品	12 194 648	0.8	3 366 364	0.3
49 章　书籍、报纸、印刷图画及其他印刷品；手稿、打字稿及设计图纸	2 457 696	0.2	1 157 328	0.1
第十一类　纺织原料及纺织制品	174 448 035	11.4	21 055 522	1.7
50 章　蚕丝	753 815	0.0	34 222	0.0
51 章　羊毛、动物细毛或粗毛；马毛纱线及其机织物	1 356 018	0.1	2 460 546	0.2
52 章　棉花	10 252 388	0.7	5 836 806	0.5

续表3

类　章	出　口		进　口	
	金　额	比重（%）	金　额	比重（%）
53章　其他植物纺织纤维；纸纱线及其机织物	713 345	0.0	546 207	0.0
54章　化学纤维长丝	12 175 039	0.8	2 036 505	0.2
55章　化学纤维短纤	8 181 331	0.5	1 608 728	0.1
56章　絮胎、毡呢及无纺织物；特种纱线；线、绳、索、缆及其制品	3 446 125	0.2	878 507	0.1
57章　地毯及纺织材料的其他铺地制品	1 831 323	0.1	89 890	0.0
58章　特种机织物；簇绒织物；花边；装饰毯；装饰带；刺绣品	3 213 037	0.2	352 896	0.0
59章　浸渍、涂布、包覆或层压的纺织物；工业用纺织制品	5 010 069	0.3	1 209 224	0.1
60章　针织物及钩编织物	11 189 084	0.7	1 145 266	0.1
61章　针织或钩编的服装及衣着附	48 657 460	3.2	1 892 827	0.2
62章　非针织或非钩编的服装及衣着附件	49 802 089	3.2	2 621 213	0.2
63章　其他纺织制成品；成套物品；旧衣着及旧纺织品；碎织物	17 866 911	1.2	342 684	0.0
第十二类　鞋、帽、伞、杖、鞭及其零件；已加工的羽毛及其制品；人造花；人发制品	41 468 589	2.7	2 680 760	0.2
64章　鞋靴、护腿和类似品及其零件	32 706 973	2.1	2 470 756	0.2
65章　帽类及其零	2 978 244	0.2	53 809	0.0
66章　雨伞、阳伞、手杖、鞭子、马鞭及其零件	1 780 901	0.1	8 119	0.0
67章　已加工羽毛、羽绒及其制品；人造花；人发制品	4 002 471	0.3	148 075	0.0
第十三类　石料、石膏、水泥、石棉、云母及类似材料的制品；陶瓷产品；玻璃及其制品	31 099 996	2.0	6 703 610	0.5
68章　石料、石膏、水泥、石棉、云母及类似材料的制品	7 365 793	0.5	1 129 018	0.1
69章　陶瓷产品	13 078 454	0.9	690 736	0.1
70章　玻璃及其制品	10 655 750	0.7	4 883 856	0.4
第十四类　天然或养殖珍珠、宝石或半宝石、贵金属、包贵金属及其制品；仿首饰；硬币	12 165 372	0.8	44 256 846	3.5

续表4

类　章	出　口		进　口	
	金　额	比重（%）	金　额	比重（%）
71 章　天然或养殖珍珠、宝石或半宝石、贵金属、包贵金属及其制品；仿首饰；硬币	12 165 372	0.8	44 256 846	3.5
第十五类　贱金属及其制品	111 941 481	7.3	64 635 983	5.2
72 章　钢铁	29 184 188	1.9	14 541 793	1.2
73 章　钢铁制品	38 444 181	2.5	6 772 302	0.5
74 章　铜及其制品	4 374 597	0.3	27 930 867	2.2
75 章　镍及其制品	283 287	0.0	3 134 938	0.3
76 章　铝及其制品	15 309 624	1.0	4 477 649	0.4
78 章　铅及其制品	57 329	0.0	179 806	0.0
79 章　锌及其制品	165 124	0.0	1 678 589	0.1
80 章　锡及其制品	40 420	0.0	141 724	0.0
81 章　其他贱金属、金属陶瓷及其制品	2 188 644	0.1	2 094 162	0.2
82 章　贱金属工具、器具、利口器、餐匙、餐叉及其零	10 172 663	0.7	2 461 347	0.2
83 章　贱金属杂项制品	11 721 426	0.8	1 222 806	0.1
第十六类　机器、机械器具、电气设备及其零件；录音机及放声机、电视图像、声音的录制和重放设备及其零件、附件	664 315 936	43.3	424 254 499	34.0
84 章　核反应堆、锅炉、机械器具及零件	259 586 427	16.9	114 613 287	9.2
85 章　电机、电气设备及其零件；录音机及放声机、电视图像、声音的录制和重放设备及其零件、附件	404 729 509	26.4	309 641 212	24.8
第十七类　车辆、航空器、船舶及有关运输设备	71 080 263	4.6	72 553 379	5.8
86 章　铁道及电车道机车、车辆及其零件；铁道及电车道轨道固定装置及其零件、附件；各种机械（包括电动机械）交通信号设备	7 409 202	0.5	514 115	0.0
87 章　车辆及其零件、附件，但铁道及电车道车辆除外	45 571 271	3.0	53 621 918	4.3
88 章　航空器、航天器及其零件	2 490 885	0.2	17 224 786	1.4
89 章　船舶及浮动结构体	15 608 905	1.0	1 192 560	0.1

续表5

类　章	出　口		进　口	
	金　额	比重（%）	金　额	比重（%）
第十八类　光学、照相、电影、计量、检验、医疗或外科用仪器及设备、精密仪器及设备；钟表；乐器；上述物品的零件、附件	52 043 291	3.4	68 484 911	5.5
90章　光学、照相、电影、计量、检验、医疗或外科用仪器及设备、精密仪器及设备；上述物品的零件、附件	47 840 073	3.1	65 960 636	5.3
91章　钟表及其零件	3 155 053	0.2	2 251 781	0.2
92章　乐器及其零件、附件	1 048 165	0.1	272 494	0.0
第十九类　武器、弹药及其零件、附件	89 875	0.0	4 754	0.0
93章　武器、弹药及其零件、附件	89 875	0.0	4 754	0.0
第二十类　杂项制品	107 817 706	7.0	5 651 951	0.5
94章　家具；寝具、褥垫、弹簧床垫、软坐垫及类似的填充制品；未列名灯具及照明装置；发光标志、发光名牌及类似品；活动房屋	60 317 905	3.9	2 497 784	0.2
95章　玩具、游戏品、运动用品及其零件、附件	36 928 230	2.4	1 373 133	0.1
96章　杂项制品	10 571 571	0.7	1 781 034	0.1
第二十一类　艺术品、收藏品及古物	86 783	0.0	51 601	0.0
97章　艺术品、收藏品及古物	86 783	0.0	51 601	0.0
第二十二类　特殊交易品及未分类商品	3 576 190	0.2	9 926 450	0.8
98章　特殊交易品及未分类商品	3 576 190	0.2	9 926 450	0.8

2017年进出口商品贸易方式总值表

单位：万元人民币

贸易方式	进出口总值		出　口		进　口	
	金　额	比重（%）	金　额	比重（%）	金　额	比重（%）
总　值	2 780 995 106	100.0	1 533 096 988	100.0	1 247 898 118	100.0
一般贸易	1 567 918 206	56.4	833 190 893	54.3	734 727 313	58.9
国家间、国际组织无偿援助和赠送的物资	364 750	0.0	362 987	0.0	1 763	0.0
其他捐赠物资	5 117	0.0	1 507	0.0	3 611	0.0
来料加工贸易	111 614 364	4.0	54 168 648	3.5	57 445 716	4.6
进料加工贸易	693 982 697	25.0	459 595 356	30.0	234 387 341	18.8
寄售、代销贸易	1 142	0.0	–	–	1 142	0.0
边境小额贸易	26 471 302	1.0	20 445 592	1.3	6 025 710	0.5
加工贸易进口设备	507 215	0.0	–	–	507 215	0.0
对外承包工程出口货物	10 432 867	0.4	10 432 867	0.7	–	–
租赁贸易	1 438 720	0.1	105 188	0.0	1 333 531	0.1
外商投资企业作为投资进口的设备、物品	3 009 919	0.1	–	–	3 009 919	0.2
出料加工贸易	359 680	0.0	139 709	0.0	219 971	0.0
易货贸易	76 728	0.0	10 443	0.0	66 285	0.0
免税外汇商品	14 374	0.0	–	–	14 374	0.0
保税监管场所进出境货物	106 042 029	3.8	27 830 763	1.8	78 211 266	6.3
海关特殊监管区域物流货物	183 354 895	6.6	67 459 301	4.4	115 895 594	9.3
海关特殊监管区域进口设备	4 366 937	0.2	–	–	4 366 937	0.3
其他	69 723 265	2.5	59 353 733	3.9	10 369 532	0.8
免税品	1 310 899	0.0	–	–	1 310 899	0.1

2017 年出口商品贸易方式企业性质总值表

单位：万元人民币

企业性质 贸易方式	合　计	国有企业	中外合作	中外合资	外商独资	集体企业	私营企业	其　他
	金 额 / ±%	金 额 / ±%	金 额 / ±%	金 额 / ±%	金 额 / ±%	金 额 / ±%	金 额 / ±%	金 额 / ±%
总　值	1 533 096 988	157 069 292	6 326 702	178 491 659	476 934 556	32 016 587	680 148 290	2 109 902
	(10.8)	(10.6)	(−2.7)	(6.4)	(10.7)	(3.7)	(12.7)	(−22.5)
一般贸易	833 190 893	89 853 404	3 291 992	69 612 596	120 145 287	27 618 713	521 410 627	1 258 276
	(11.7)	(10.2)	(0.8)	(8.3)	(11.3)	(4.2)	(13.0)	(11.2)
国家间、国际组织无偿援助和赠送的物资	362 987	305 230	–	3 642	–	10 722	38 287	5 106
	(16.4)	(9.7)	–	(601.5)	–	(0.1)	(126.9)	(−5.0)
其他捐赠物资	1 507	682	–	–	–	–	61	764
	(−62.6)	(−81.0)	–	–	–	–	(223.4)	(183.3)
来料加工贸易	54 168 648	8 441 700	755 314	7 989 646	28 818 121	660 678	7 485 287	17 902
	(8.1)	(−16.8)	(43.4)	(14.7)	(21.4)	(−9.4)	(−6.1)	(34.2)
进料加工贸易	459 595 356	20 752 242	2 094 875	89 045 394	299 304 169	2 502 756	45 885 537	10 385
	(8.9)	(8.5)	(−16.1)	(5.0)	(9.4)	(−0.3)	(16.3)	(−87.9)
边境小额贸易	20 445 592	674 398	–	–	–	159 743	19 611 335	116
	(17.0)	(−13.0)	–	–	–	(92.4)	(18.1)	(9.0)
对外承包工程出口货物	10 432 867	9 367 501	5 594	102 229	94 601	45 363	817 164	415
	(18.9)	(20.3)	(152.2)	(5.1)	(−30.7)	(−47.0)	(22.9)	(−31.6)

续表

企业性质 贸易方式	合　计	国有企业	中外合作	中外合资	外商独资	集体企业	私营企业	其　他
	金 额 / ±%	金 额 / ±%	金 额 / ±%	金 额 / ±%	金 额 / ±%	金 额 / ±%	金 额 / ±%	金 额 / ±%
租赁贸易	105 188	50 718	–	4 473	3 806	–	46 191	–
	(−16.7)	(8.2)	–	(40.1)	(126.2)	–	(−38.0)	–
出料加工贸易	139 709	22 640	–	44 238	13 107	1 443	58 281	–
	(−4.0)	(−17.0)	–	(−29.5)	(−60.7)	–	(162.7)	–
易货贸易	10 443	–	–	–	–	–	10 443	–
	(786.4)	–	–	–	–	–	(805.4)	–
保税监管场所进出境货物	27 830 763	12 287 838	170 592	5 406 357	2 644 722	876 906	6 377 295	67 054
	(9.9)	(11.4)	(−14.8)	(6.4)	(58.5)	(−4.4)	(0.1)	(14.7)
海关特殊监管区域物流货物	67 459 301	14 793 081	7 339	6 142 891	25 752 723	2 714	20 760 536	16
	(8.9)	(38.5)	(19.3)	(−1.9)	(9.7)	(−88.3)	(−3.5)	(−99.5)
其他	59 353 733	519 859	996	140 193	158 020	137 549	57 647 247	749 869
	(14.9)	(1.6)	(71.7)	(−20.4)	(−0.1)	(1405.6)	(16.7)	(−47.4)

2017 年进口商品贸易方式企业性质总值表

单位：万元人民币

企业性质 贸易方式	合　计	国有企业	中外合作	中外合资	外商独资	集体企业	私营企业	其　他
	金 额 / ±%	金 额 / ±%	金 额 / ±%	金 额 / ±%	金 额 / ±%	金 额 / ±%	金 额 / ±%	金 额 / ±%
总　值	1 247 898 118	296 903 761	3 052 608	166 102 130	414 129 328	17 615 057	340 163 114	9 932 120
	(18. 9)	(24. 3)	(7. 8)	(12. 3)	(15. 5)	(8. 3)	(23. 2)	(9. 0)
一般贸易	734 727 313	234 265 681	1 837 272	85 724 054	174 117 139	15 542 704	221 208 842	2 031 621
	(23. 5)	(27. 1)	(22. 3)	(15. 0)	(20. 4)	(17. 0)	(25. 7)	(109. 0)
国家间、国际组织无偿援助和赠送的物资	1 763	1 614	–	–	–	–	105	44
	(−86. 3)	(−60. 6)	–	–	–	–	(−95. 2)	(−99. 0)
其他捐赠物资	3 611	1 734	–	–	–	–	556	1 321
	(−35. 3)	(63. 1)	–	–	–	–	(26. 9)	(−68. 0)
补偿贸易	–	–	–	–	–	–	–	–
	–	–	–	–	–	–	–	–
来料加工贸易	57 445 716	15 200 490	567 374	7 762 872	27 683 156	313 261	5 910 978	7 585
	(2. 0)	(6. 6)	(−8. 6)	(−6. 4)	(4. 5)	(−1. 8)	(−6. 6)	(−1. 0)
进料加工贸易	234 387 341	7 126 183	617 736	51 144 400	149 641 248	716 487	25 136 056	5 231
	(13. 9)	(−9. 8)	(−7. 2)	(12. 1)	(14. 7)	(11. 5)	(23. 2)	(−26. 0)
寄售、代销贸易	1 142	–	–	–	–	–	1 142	–
	–	–	–	–	–	–	–	–
边境小额贸易	6 025 710	163 866	–	–	–	78 867	5 782 816	162
	(29. 4)	(82. 9)	–	–	–	(313. 5)	(27. 2)	(−86. 0)

续表

企业性质 贸易方式	合 计	国有企业	中外合作	中外合资	外商独资	集体企业	私营企业	其 他
	金 额 / ±%	金 额 / ±%	金 额 / ±%	金 额 / ±%	金 额 / ±%	金 额 / ±%	金 额 / ±%	金 额 / ±%
加工贸易进口设备	507 215	7 987	377	84 190	339 862	341	74 457	-
	(66.0)	(-72.0)	(16.2)	(-12.3)	(104.6)	(-83.1)	(487.2)	-
租赁贸易	1 333 531	422 496	-	547 431	23 726	76 689	263 190	-
	(-29.2)	(22.7)	-	(-2.4)	(-20.6)	(-90.0)	(51.6)	-
外商投资企业作为投资进口的设备、物品	3 009 919	-	8 635	726 085	2 275 199	-	-	-
	(11.9)	-	(3.7)	(-22.3)	(30.2)	-	-	-
出料加工贸易	219 971	38 927	-	94 241	18 421	1 727	66 655	-
	(25.6)	(-4.6)	-	(49.2)	(-54.8)	-	(119.6)	-
易货贸易	66 285	-	-	-	-	-	66 285	-
	(1135.0)	-	-	-	-	-	(1135.0)	-
免税外汇商品	14 374	14 374	-	-	-	-	-	-
	(-3.7)	(-3.7)	-	-	-	-	-	-
保税监管场所进出境货物	78 211 266	27 552 689	5 121	9 698 736	4 544 845	721 339	35 613 348	75 188
	(22.5)	(29.5)	(-24.0)	(19.5)	(14.6)	(8.5)	(19.7)	(29.0)
海关特殊监管区域物流货物	115 895 594	10 946 361	12 333	8 733 990	51 646 148	136 905	44 418 140	1 717
	(11.3)	(16.1)	(-15.6)	(2.3)	(7.9)	(-66.1)	(17.2)	(-87.0)
海关特殊监管区域进口设备	4 366 937	29 678	372	1 088 353	2 851 561	249	396 724	-
	(35.6)	(67.4)	(-72.2)	(65.8)	(15.1)	(401.9)	(477.2)	-
其他	10 369 532	143 599	3 387	208 666	957 745	26 488	1 220 395	7 809 252
	(-0.2)	(-21.7)	(-17.8)	(-22.3)	(24.5)	(-84.4)	(23.5)	(-2.0)
免税品	1 310 899	988 082	-	289 112	30 279	-	3 426	-
	(14.8)	(12.6)	-	(24.5)	(-2.8)	-	(309.4)	-

2017年进出口商品收发货人所在地总值表

单位：万元人民币

收发货人所在地	进出口		出　口		进　口	
	金　额	比重（%）	金　额	比重（%）	金　额	比重（%）
总　值	2 780 995 106	100.0	1 533 096 988	100.0	1 247 898 118	100.0
北京市	219 437 124	7.9	39 666 728	2.6	179 770 396	14.4
中关村国家自主创新示范区	3 840 323	0.1	1 258 751	0.1	2 581 572	0.2
北京经济技术开发区	11 918 724	0.4	3 600 199	0.2	8 318 525	0.7
天津市	76 451 170	2.7	29 521 250	1.9	46 929 920	3.8
天津滨海新区	52 546 899	1.9	17 129 906	1.1	35 416 994	2.8
天津经济技术开发区	23 968 432	0.9	11 667 730	0.8	12 300 701	1.0
河北省	33 788 114	1.2	21 260 657	1.4	12 527 457	1.0
石家庄市	8 631 125	0.3	5 312 000	0.3	3 319 125	0.3
石家庄高新技术产业开发区	11 888	0.0	5 644	0.0	6 245	0.0
唐山市	6 743 315	0.2	3 716 300	0.2	3 027 015	0.2
秦皇岛市	3 380 603	0.1	2 156 982	0.1	1 223 621	0.1
秦皇岛经济技术开发区	2 256 321	0.1	1 247 893	0.1	1 008 429	0.1
保定市	3 372 214	0.1	2 583 905	0.2	788 309	0.1
保定高新技术产业开发区	163 277	0.0	138 953	0.0	24 324	0.0
山西省	11 628 449	0.4	6 902 254	0.5	4 726 195	0.4
太原市	9 151 415	0.3	5 721 526	0.4	3 429 889	0.3
太原经济技术开发区	6 427 118	0.2	3 964 905	0.3	2 462 213	0.2

续表1

收发货人所在地	进出口		出　口		进　口	
	金　额	比重（%）	金　额	比重（%）	金　额	比重（%）
太原高新技术产业开发区	62 895	0.0	14 941	0.0	47 954	0.0
大同市	246 223	0.0	182 032	0.0	64 191	0.0
大同经济技术开发区	135 227	0.0	135 030	0.0	197	0.0
晋中市	176 074	0.0	138 836	0.0	37 239	0.0
内蒙古自治区	9 408 598	0.3	3 309 117	0.2	6 099 481	0.5
呼和浩特市	1 090 502	0.0	516 805	0.0	573 697	0.0
包头市	1 347 771	0.0	877 939	0.1	469 832	0.0
包头高新技术产业开发区	9 791	0.0	9 491	0.0	299	0.0
二连浩特市	949 873	0.0	142 815	0.0	807 059	0.1
满洲里市	1 787 007	0.1	291 285	0.0	1 495 722	0.1
辽宁省	67 489 156	2.4	30 410 363	2.0	37 078 793	3.0
沈阳市	8 675 334	0.3	3 176 504	0.2	5 498 830	0.4
沈阳经济技术开发区	1 906 496	0.1	975 886	0.1	930 610	0.1
沈阳高新技术产业开发区	753 586	0.0	462 629	0.0	290 957	0.0
大连市	41 931 083	1.5	17 730 487	1.2	24 200 595	1.9
大连经济技术开发区	10 086 147	0.4	4 059 024	0.3	6 027 123	0.5
大连市高新技术产业园区	583 558	0.0	313 240	0.0	270 318	0.0
鞍山市	2 806 992	0.1	1 366 083	0.1	1 440 908	0.1
鞍山高新技术产业开发区	57 078	0.0	49 975	0.0	7 103	0.0
丹东市	2 290 681	0.1	1 585 479	0.1	705 202	0.1
吉林省	12 549 833	0.5	2 993 611	0.2	9 556 221	0.8
长春市	9 520 528	0.3	1 292 458	0.1	8 228 071	0.7
长春经济技术开发区	546 428	0.0	127 346	0.0	419 082	0.0

续表2

收发货人所在地	进出口		出　口		进　口	
	金　额	比重（%）	金　额	比重（%）	金　额	比重（%）
长春高新技术产业开发区	786 850	0.0	232 770	0.0	554 081	0.0
吉林市	633 942	0.0	425 270	0.0	208 672	0.0
吉林高新技术产业开发区	50 171	0.0	35 445	0.0	14 726	0.0
珲春市	999 169	0.0	338 151	0.0	661 018	0.1
黑龙江省	12 816 648	0.5	3 529 822	0.2	9 286 826	0.7
哈尔滨市	2 244 824	0.1	982 028	0.1	1 262 796	0.1
哈尔滨经济技术开发区	630 335	0.0	202 861	0.0	427 474	0.0
哈尔滨高技术开发区	106 912	0.0	47 310	0.0	59 603	0.0
大庆市	5 654 835	0.2	817 009	0.1	4 837 826	0.4
大庆高新技术产业开发区	1 066 648	0.0	655 560	0.0	411 088	0.0
黑河市	373 567	0.0	102 881	0.0	270 686	0.0
绥芬河市	1 782 220	0.1	290 294	0.0	1 491 925	0.1
上海市	322 428 950	11.6	131 177 599	8.6	191 251 350	15.3
上海漕河泾浦江高科技园	6 357 406	0.2	3 800 962	0.2	2 556 444	0.2
上海经济技术开发区	4 111	0.0	1 282	0.0	2 829	0.0
上海闵行经济技术开发区	1 614 713	0.1	758 050	0.0	856 664	0.1
上海浦东新区	166 289 965	6.0	49 444 077	3.2	116 845 888	9.4
江苏省	399 974 539	14.4	245 886 612	16.0	154 087 927	12.3
南京市	41 219 854	1.5	23 162 439	1.5	18 057 415	1.4
南京高新技术外向型开发区	519 797	0.0	408 249	0.0	111 548	0.0
无锡市	38 041 361	1.4	23 037 099	1.5	15 004 262	1.2
无锡高新技术产业开发区	29 281 652	1.1	16 004 202	1.0	13 277 450	1.1
常州市	20 192 087	0.7	14 958 041	1.0	5 234 045	0.4

续表3

收发货人所在地	进出口		出口		进口	
	金额	比重（%）	金额	比重（%）	金额	比重（%）
常州高新技术产业开发区	856 188	0.0	532 770	0.0	323 418	0.0
苏州市	213 927 997	7.7	126 697 417	8.3	87 230 580	7.0
苏州工业园	43 095 524	1.5	16 312 948	1.1	26 782 576	2.1
苏州高新技术产业开发区	15 196 778	0.5	9 625 674	0.6	5 571 104	0.4
南通市	23 602 232	0.8	16 918 174	1.1	6 684 058	0.5
南通经济技术开发区	4 005 609	0.1	2 314 815	0.2	1 690 793	0.1
连云港市	5 556 689	0.2	2 647 012	0.2	2 909 678	0.2
连云港经济技术开发区	2 090 265	0.1	883 339	0.1	1 206 926	0.1
浙江省	256 050 533	9.2	194 394 518	12.7	61 656 016	4.9
杭州市	50 860 464	1.8	34 507 000	2.3	16 353 465	1.3
杭州经济技术开发区	5 227 889	0.2	2 725 878	0.2	2 502 011	0.2
杭州高新技术产业开发区	850 866	0.0	521 630	0.0	329 236	0.0
宁波市	75 983 376	2.7	49 832 467	3.3	26 150 909	2.1
宁波经济技术开发区	12 541 636	0.5	6 038 073	0.4	6 503 563	0.5
宁波高新技术产业开发区	1 160 411	0.0	792 024	0.1	368 387	0.0
温州市	13 255 258	0.5	11 566 158	0.8	1 689 099	0.1
温州经济技术开发区	850 960	0.0	827 645	0.1	23 315	0.0
金华市	34 047 958	1.2	33 109 975	2.2	937 982	0.1
金华经济技术开发区	259 126	0.0	238 832	0.0	20 294	0.0
安徽省	36 572 145	1.3	20 727 478	1.4	15 844 667	1.3
合肥市	16 879 751	0.6	9 864 830	0.6	7 014 921	0.6
合肥经济技术开发区	5 369 080	0.2	3 418 206	0.2	1 950 874	0.2
合肥高新技术产业开发区	2 328 043	0.1	1 453 422	0.1	874 620	0.1

续表4

收发货人所在地	进出口		出　口		进　口	
	金　额	比重（%）	金　额	比重（%）	金　额	比重（%）
芜湖市	4 500 956	0.2	2 892 763	0.2	1 608 194	0.1
芜湖经济技术开发区	2 227 222	0.1	1 589 969	0.1	637 253	0.1
芜湖高新技术产业开发区	73 807	0.0	51 814	0.0	21 994	0.0
蚌埠市	1 197 285	0.0	638 141	0.0	559 144	0.0
蚌埠高新技术产业开发区	210 964	0.0	101 401	0.0	109 563	0.0
淮南市	201 166	0.0	183 361	0.0	17 805	0.0
淮南经济技术开发区	21 651	0.0	21 185	0.0	465	0.0
马鞍山市	2 566 969	0.1	1 075 104	0.1	1 491 865	0.1
马鞍山经济技术开发区	70 427	0.0	35 924	0.0	34 503	0.0
马鞍山慈湖高新技术产业开发区	10 525	0.0	10 205	0.0	320	0.0
铜陵市	3 857 799	0.1	386 920	0.0	3 470 879	0.3
铜陵经济技术开发区	118 272	0.0	71 585	0.0	46 687	0.0
安庆市	939 929	0.0	713 806	0.0	226 123	0.0
安庆经济技术开发区	33 309	0.0	28 280	0.0	5 029	0.0
滁州市	1 876 182	0.1	1 281 258	0.1	594 924	0.0
滁州经济技术开发区	853 173	0.0	452 147	0.0	401 026	0.0
六安市	486 540	0.0	410 536	0.0	76 003	0.0
六安经济技术开发区	119 864	0.0	110 659	0.0	9 204	0.0
宣城市	1 036 098	0.0	949 248	0.1	86 851	0.0
宁国经济技术开发区	182 280	0.0	159 132	0.0	23 148	0.0
池州市	521 780	0.0	135 679	0.0	386 101	0.0
池州经济技术开发区	109 477	0.0	11 512	0.0	97 965	0.0
福建省	115 899 642	4.2	71 128 797	4.6	44 770 845	3.6

续表5

收发货人所在地	进出口		出口		进口	
	金额	比重（%）	金额	比重（%）	金额	比重（%）
福州市	23 351 589	0.8	14 821 795	1.0	8 529 794	0.7
福州经济技术开发区	2 740 852	0.1	1 835 581	0.1	905 271	0.1
福州市科技园区	22 845	0.0	22 811	0.0	34	0.0
厦门市	58 140 015	2.1	32 531 669	2.1	25 608 346	2.1
厦门火炬高技术产业开发区	2 269 536	0.1	795 314	0.1	1 474 222	0.1
平潭	521 103	0.0	109 068	0.0	412 035	0.0
平潭综合实验区	521 103	0.0	109 068	0.0	412 035	0.0
江西省	30 111 172	1.1	22 090 111	1.4	8 021 061	0.6
南昌市	6 662 338	0.2	4 253 535	0.3	2 408 803	0.2
南昌经济技术开发区	1 012 847	0.0	351 340	0.0	661 506	0.1
南昌高新技术产业开发区	1 872 345	0.1	935 255	0.1	937 089	0.1
景德镇市	558 309	0.0	550 662	0.0	7 647	0.0
景德镇高新技术产业开发区	10 924	0.0	10 211	0.0	713	0.0
萍乡市	1 029 730	0.0	1 001 580	0.1	28 151	0.0
九江市	3 310 174	0.1	2 810 955	0.2	499 219	0.0
九江经济技术开发区	341 745	0.0	223 259	0.0	118 486	0.0
新余市	1 821 731	0.1	853 533	0.1	968 198	0.1
新余高新技术产业开发区	206 322	0.0	192 854	0.0	13 468	0.0
鹰潭市	2 932 528	0.1	629 728	0.0	2 302 800	0.2
鹰潭高新技术产业开发区	22 903	0.0	22 521	0.0	382	0.0
赣州市	3 208 097	0.1	2 688 769	0.2	519 328	0.0
赣州经济技术开发区	473 383	0.0	460 450	0.0	12 933	0.0
宜春市	1 923 196	0.1	1 663 089	0.1	260 108	0.0

续表6

收发货人所在地	进出口		出口		进口	
	金额	比重（%）	金额	比重（%）	金额	比重（%）
宜春经济技术开发区	394 323	0.0	391 697	0.0	2 626	0.0
上饶市	3 458 986	0.1	3 063 597	0.2	395 388	0.0
吉安市	3 728 004	0.1	3 200 374	0.2	527 630	0.0
井冈山经济技术开发区	380 179	0.0	357 666	0.0	22 512	0.0
山东省	179 218 608	6.4	99 595 830	6.5	79 622 779	6.4
济南市	7 654 104	0.3	5 083 831	0.3	2 570 273	0.2
济南市高技术产业开发区	2 978 214	0.1	1 466 273	0.1	1 511 941	0.1
青岛市	50 249 718	1.8	30 218 261	2.0	20 031 457	1.6
青岛经济技术开发区	6 065 053	0.2	4 182 417	0.3	1 882 636	0.2
青岛高新技术产业开发区	55 017	0.0	27 126	0.0	27 892	0.0
烟台市	30 874 428	1.1	17 337 490	1.1	13 536 938	1.1
烟台经济技术开发区	10 119 092	0.4	4 901 486	0.3	5 217 606	0.4
潍坊市	14 610 482	0.5	9 456 220	0.6	5 154 262	0.4
潍坊高技术产业开发区	1 111 782	0.0	810 263	0.1	301 520	0.0
威海市	14 055 547	0.5	8 527 265	0.6	5 528 282	0.4
威海火炬高技术产业开发区	1 213 388	0.0	968 065	0.1	245 324	0.0
河南省	52 339 128	1.9	31 719 267	2.1	20 619 860	1.7
郑州市	40 159 396	1.4	23 282 367	1.5	16 877 028	1.4
郑州航空港经济综合实验区	35 816 197	1.3	20 161 968	1.3	15 654 229	1.3
郑州高新技术产业开发区	514 851	0.0	471 388	0.0	43 463	0.0
洛阳市	1 331 543	0.0	1 176 278	0.1	155 265	0.0
洛阳高技术产业开发区	30 447	0.0	24 582	0.0	5 865	0.0
湖北省	31 363 098	1.1	20 633 233	1.3	10 729 864	0.9

续表7

收发货人所在地	进出口		出　口		进　口	
	金　额	比重（%）	金　额	比重（%）	金　额	比重（%）
武汉市	19 349 791	0.7	11 570 838	0.8	7 778 953	0.6
武汉经济技术开发区	334 558	0.0	157 715	0.0	176 842	0.0
武汉吴家山经济技术开发区	0	0.0	0	0.0	0	0.0
武汉东湖新技术开发区	11 517 504	0.4	7 167 385	0.5	4 350 119	0.3
黄石市	2 308 463	0.1	1 149 904	0.1	1 158 558	0.1
黄石经济技术开发区	58 026	0.0	18 887	0.0	39 138	0.0
襄阳市	1 496 036	0.1	1 267 633	0.1	228 402	0.0
襄阳经济技术开发区	22 549	0.0	13 543	0.0	9 006	0.0
襄阳高新技术产业开发区	277 822	0.0	132 132	0.0	145 689	0.0
荆州市	1 691 406	0.1	1 462 200	0.1	229 206	0.0
荆州经济技术开发区	237 781	0.0	204 827	0.0	32 954	0.0
湖南省	24 338 662	0.9	15 654 098	1.0	8 684 565	0.7
长沙市	9 149 264	0.3	5 656 218	0.4	3 493 046	0.3
长沙经济技术开发区	1 110 879	0.0	537 935	0.0	572 944	0.0
长沙高新技术产业开发区	1 398 395	0.1	880 692	0.1	517 703	0.0
株洲市	1 225 029	0.0	868 002	0.1	357 027	0.0
株洲高新技术产业开发区	408 432	0.0	389 775	0.0	18 657	0.0
湘潭市	1 792 737	0.1	1 038 068	0.1	754 670	0.1
湘潭经济技术开发区	513 482	0.0	507 901	0.0	5 582	0.0
湘潭高新技术产业开发区	70 865	0.0	69 565	0.0	1 300	0.0
衡阳市	3 026 216	0.1	1 681 699	0.1	1 344 517	0.1
衡阳高新技术产业开发区	36 813	0.0	36 791	0.0	23	0.0
岳阳市	1 527 270	0.1	1 130 345	0.1	396 925	0.0

续表8

收发货人所在地	进出口		出口		进口	
	金额	比重（%）	金额	比重（%）	金额	比重（%）
常德市	760 544	0.0	593 494	0.0	167 050	0.0
常德经济技术开发区	182 123	0.0	150 658	0.0	31 465	0.0
益阳市	533 448	0.0	370 996	0.0	162 452	0.0
益阳高新技术产业开发区	33 070	0.0	26 295	0.0	6 775	0.0
浏阳市	232 829	0.0	223 640	0.0	9 190	0.0
浏阳经济技术开发区	20 373	0.0	18 054	0.0	2 319	0.0
广东省	681 687 615	24.5	421 925 199	27.5	259 762 417	20.8
广州市	97 154 576	3.5	57 924 087	3.8	39 230 489	3.1
广州经济技术开发区	11 819 582	0.4	5 319 829	0.3	6 499 753	0.5
广州高新技术产业开发区	10 145 879	0.4	5 242 751	0.3	4 903 128	0.4
广州南沙新区	19 504 075	0.7	11 464 590	0.7	8 039 485	0.6
深圳市	280 244 042	10.1	165 424 845	10.8	114 819 197	9.2
深圳科技工业园	265 951	0.0	153 318	0.0	112 633	0.0
珠海市	29 924 678	1.1	18 830 132	1.2	11 094 546	0.9
珠海横琴新区	611 203	0.0	457 622	0.0	153 580	0.0
汕头市	5 959 678	0.2	4 539 275	0.3	1 420 402	0.1
佛山市	43 436 159	1.6	31 419 324	2.0	12 016 835	1.0
湛江市	3 456 714	0.1	2 170 704	0.1	1 286 010	0.1
湛江经济技术开发区	1 036 231	0.0	514 895	0.0	521 336	0.0
惠州市	34 156 963	1.2	22 331 591	1.5	11 825 372	0.9
惠州高新技术产业开发区	21 171 722	0.8	13 214 044	0.9	7 957 678	0.6
东莞市	122 390 988	4.4	70 206 692	4.6	52 184 296	4.2
东莞松山湖高新技术产业开发区	402 297	0.0	368 202	0.0	34 095	0.0

续表9

收发货人所在地	进出口		出口		进口	
	金额	比重（%）	金额	比重（%）	金额	比重（%）
中山市	25 816 984	0. 9	20 554 449	1. 3	5 262 535	0. 4
中山火炬高技术产业开发区	6 201	0. 0	2 468	0. 0	3 733	0. 0
广西壮族自治区	39 124 134	1. 4	18 990 790	1. 2	20 133 344	1. 6
南宁市	6 069 119	0. 2	2 757 145	0. 2	3 311 974	0. 3
南宁高新技术产业开发区	32 137	0. 0	27 858	0. 0	4 279	0. 0
桂林市	700 087	0. 0	589 460	0. 0	110 627	0. 0
桂林新技术产业开发区	294 803	0. 0	263 083	0. 0	31 720	0. 0
北海市	2 308 788	0. 1	1 162 415	0. 1	1 146 373	0. 1
崇左市	13 863 166	0. 5	9 399 648	0. 6	4 463 518	0. 4
防城港市	7 682 574	0. 3	1 126 352	0. 1	6 556 222	0. 5
海南省	7 027 621	0. 3	2 956 490	0. 2	4 071 131	0. 3
海口市	2 102 355	0. 1	554 602	0. 0	1 547 753	0. 1
海南国际科技工业园	69 557	0. 0	17 877	0. 0	51 680	0. 0
海南洋浦经济开发区	3 525 910	0. 1	2 060 674	0. 1	1 465 236	0. 1
重庆市	45 080 726	1. 6	28 834 610	1. 9	16 246 117	1. 3
重庆高新技术产业开发区	148 524	0. 0	80 238	0. 0	68 286	0. 0
重庆两江新区	16 519 172	0. 6	8 597 172	0. 6	7 922 000	0. 6
万州经济技术开发区	29 883	0. 0	20 056	0. 0	9 827	0. 0
长寿经济技术开发区	1 713	0. 0	1 704	0. 0	9	0. 0
四川省	46 048 672	1. 7	25 384 713	1. 7	20 663 959	1. 7
成都市	39 235 185	1. 4	20 528 991	1. 3	18 706 194	1. 5
成都经济技术开发区	1 246 036	0. 0	286 242	0. 0	959 794	0. 1
成都高新技术产业开发区	32 102 914	1. 2	16 641 372	1. 1	15 461 542	1. 2

续表10

收发货人所在地	进出口		出　口		进　口	
	金　额	比重（%）	金　额	比重（%）	金　额	比重（%）
绵阳市	1 122 817	0.0	610 704	0.0	512 113	0.0
绵阳经济技术开发区	136 111	0.0	125 968	0.0	10 142	0.0
绵阳高新技术产业开发区	264 857	0.0	218 674	0.0	46 183	0.0
广元市	16 918	0.0	12 927	0.0	3 991	0.0
广元经济技术开发区	2 334	0.0	2 331	0.0	3	0.0
宜宾市	563 585	0.0	319 917	0.0	243 668	0.0
宜宾临港经济技术开发区	44 222	0.0	27 533	0.0	16 689	0.0
贵州省	5 512 843	0.2	3 912 875	0.3	1 599 967	0.1
贵阳市	2 052 806	0.1	1 563 164	0.1	489 641	0.0
贵阳高新技术产业开发区	86 085	0.0	37 342	0.0	48 743	0.0
云南省	15 824 890	0.6	7 745 653	0.5	8 079 237	0.6
昆明市	5 276 084	0.2	1 994 687	0.1	3 281 397	0.3
昆明经济技术开发区	180 257	0.0	98 325	0.0	81 932	0.0
昆明嵩明杨林经济技术开发区	180 257	0.0	98 325	0.0	81 932	0.0
红河哈尼族彝族自治州	1 620 248	0.1	895 375	0.1	724 873	0.1
蒙自经济技术开发区	1 160	0.0	1 160	0.0	–	–
畹町市	117 652	0.0	11 324	0.0	106 328	0.0
瑞丽县	2 480 997	0.1	1 322 742	0.1	1 158 256	0.1
河口县	839 898	0.0	260 526	0.0	579 373	0.0
曲靖市	591 958	0.0	571 490	0.0	20 468	0.0
曲靖经济技术开发区	44 766	0.0	44 515	0.0	251	0.0
西藏自治区	586 569	0.0	293 087	0.0	293 481	0.0
拉萨市	440 864	0.0	284 057	0.0	156 807	0.0

续表11

收发货人所在地	进出口		出　口		进　口	
	金　额	比重（%）	金　额	比重（%）	金　额	比重（%）
拉萨经济技术开发区	124 255	0.0	755	0.0	123 500	0.0
陕西省	27 192 334	1.0	16 592 556	1.1	10 599 778	0.8
西安市	25 500 980	0.9	15 525 733	1.0	9 975 246	0.8
陕西航天经济技术开发区	554 386	0.0	369 580	0.0	184 806	0.0
西安新技术产业开发区	2 160 296	0.1	1 431 573	0.1	728 723	0.1
宝鸡市	569 190	0.0	350 320	0.0	218 870	0.0
汉中市	91 570	0.0	61 543	0.0	30 027	0.0
甘肃省	3 261 407	0.1	1 153 892	0.1	2 107 516	0.2
兰州市	1 075 492	0.0	645 570	0.0	429 921	0.0
兰州新技术产业开发区	13 652	0.0	13 295	0.0	358	0.0
青海省	444 517	0.0	287 784	0.0	156 733	0.0
西宁市	329 343	0.0	191 555	0.0	137 788	0.0
西宁经济技术开发区	35 754	0.0	28 568	0.0	7 187	0.0
宁夏回族自治区	3 415 227	0.1	2 477 462	0.2	937 764	0.1
银川市	2 708 195	0.1	1 960 273	0.1	747 922	0.1
银川经济技术开发区	56 974	0.0	9 505	0.0	47 470	0.0
新疆维吾尔自治区	13 922 983	0.5	11 940 531	0.8	1 982 452	0.2
乌鲁木齐市	4 570 105	0.2	3 572 135	0.2	997 970	0.1
乌鲁木齐经济技术开发区	1 710 092	0.1	1 531 514	0.1	178 578	0.0
乌鲁木齐高新技术产业开发区	756 165	0.0	680 266	0.0	75 899	0.0
博乐市	971 796	0.0	673 483	0.0	298 313	0.0
伊宁市	3 234 809	0.1	3 081 003	0.2	153 806	0.0
石河子市	294 317	0.0	260 238	0.0	34 078	0.0
石河子经济技术开发区	254 551	0.0	243 886	0.0	10 666	0.0

2017 年进出口商品境内目的地/货源地总值表

单位：万元人民币

境内目的地/货源地	进出口		出　口		进　口	
	金　额	比重（%）	金　额	比重（%）	金　额	比重（%）
总　值	2 780 995 106	100.0	1 533 096 988	100.0	1 247 898 118	100.0
北京市	82 280 298	3.0	17 929 114	1.2	64 351 184	5.2
中关村国家自主创新示范区	1 607 569	0.1	435 099	0.0	1 172 469	0.1
北京经济技术开发区	10 482 115	0.4	3 136 512	0.2	7 345 603	0.6
天津市	82 399 809	3.0	28 897 108	1.9	53 502 701	4.3
天津滨海新区	53 302 594	1.9	14 426 442	0.9	38 876 152	3.1
天津经济技术开发区	21 957 418	0.8	10 780 942	0.7	11 176 476	0.9
河北省	55 288 517	2.0	29 658 671	1.9	25 629 847	2.1
石家庄市	7 702 516	0.3	4 525 464	0.3	3 177 052	0.3
石家庄高新技术产业开发区	13 601	0.0	2 787	0.0	10 814	0.0
唐山市	19 316 394	0.7	4 905 201	0.3	14 411 193	1.2
曹妃甸经济技术开发区	16 887	0.0	4 685	0.0	12 202	0.0
秦皇岛市	3 850 788	0.1	2 196 497	0.1	1 654 291	0.1
秦皇岛经济技术开发区	1 835 109	0.1	805 160	0.1	1 029 949	0.1
保定市	4 016 169	0.1	3 267 967	0.2	748 202	0.1
保定高新技术产业开发区	167 150	0.0	132 050	0.0	35 101	0.0
山西省	14 072 534	0.5	9 386 852	0.6	4 685 683	0.4
太原市	8 941 870	0.3	5 501 215	0.4	3 440 656	0.3

续表1

境内目的地/货源地	进出口		出口		进口	
	金额	比重（%）	金额	比重（%）	金额	比重（%）
太原经济技术开发区	6 406 685	0.2	3 939 255	0.3	2 467 430	0.2
太原高新技术产业开发区	34 949	0.0	1 187	0.0	33 762	0.0
大同市	329 915	0.0	266 030	0.0	63 884	0.0
晋中市	215 477	0.0	176 347	0.0	39 130	0.0
内蒙古自治区	10 766 807	0.4	3 935 879	0.3	6 830 928	0.5
呼和浩特市	1 057 444	0.0	457 615	0.0	599 828	0.0
包头市	1 516 959	0.1	830 011	0.1	686 948	0.1
包头高新技术产业开发区	80 514	0.0	11 853	0.0	68 661	0.0
二连浩特市	630 894	0.0	118 692	0.0	512 201	0.0
满洲里市	1 573 076	0.1	45 352	0.0	1 527 725	0.1
辽宁省	76 253 498	2.7	33 491 771	2.2	42 761 727	3.4
沈阳市	9 319 558	0.3	3 695 338	0.2	5 624 220	0.5
沈阳经济技术开发区	1 774 013	0.1	824 847	0.1	949 166	0.1
沈阳高新技术产业开发区	601 220	0.0	369 126	0.0	232 094	0.0
大连市	41 991 008	1.5	18 026 644	1.2	23 964 364	1.9
大连经济技术开发区	13 612 786	0.5	4 503 562	0.3	9 109 224	0.7
大连市高新技术产业园区	603 546	0.0	395 823	0.0	207 723	0.0
鞍山市	2 132 518	0.1	1 460 829	0.1	671 689	0.1
鞍山高新技术产业开发区	85 414	0.0	74 205	0.0	11 209	0.0
丹东市	2 845 565	0.1	1 897 755	0.1	947 810	0.1
吉林省	13 402 175	0.5	3 564 185	0.2	9 837 989	0.8
长春市	9 552 525	0.3	1 266 660	0.1	8 285 864	0.7
长春经济技术开发区	831 849	0.0	89 890	0.0	741 960	0.1

续表2

境内目的地/货源地	进出口		出口		进口	
	金额	比重（%）	金额	比重（%）	金额	比重（%）
长春高新技术产业开发区	680 124	0.0	165 186	0.0	514 938	0.0
吉林市	933 698	0.0	601 716	0.0	331 982	0.0
吉林高新技术产业开发区	41 481	0.0	26 227	0.0	15 255	0.0
珲春市	1 207 861	0.0	496 748	0.0	711 113	0.1
黑龙江省	11 311 058	0.4	3 572 019	0.2	7 739 040	0.6
哈尔滨市	2 289 609	0.1	1 511 297	0.1	778 313	0.1
哈尔滨经济技术开发区	263 245	0.0	118 235	0.0	145 010	0.0
哈尔滨高技术开发区	75 479	0.0	34 955	0.0	40 524	0.0
大庆市	5 734 594	0.2	762 201	0.0	4 972 393	0.4
大庆高新技术产业开发区	1 005 129	0.0	606 237	0.0	398 892	0.0
黑河市	284 597	0.0	34 840	0.0	249 756	0.0
绥芬河市	1 081 524	0.0	42 888	0.0	1 038 636	0.1
上海市	302 863 644	10.9	117 946 183	7.7	184 917 461	14.8
上海漕河泾浦江高科技园	5 665 666	0.2	3 259 241	0.2	2 406 424	0.2
上海经济技术开发区	31 693	0.0	3 186	0.0	28 507	0.0
上海闵行经济技术开发区	1 462 105	0.1	646 458	0.0	815 647	0.1
上海浦东新区	134 254 210	4.8	37 100 790	2.4	97 153 419	7.8
江苏省	430 963 529	15.5	253 991 101	16.6	176 972 428	14.2
南京市	35 221 436	1.3	16 605 227	1.1	18 616 209	1.5
南京高新技术外向型开发区	1 797 743	0.1	692 401	0.0	1 105 342	0.1
无锡市	38 522 244	1.4	23 374 043	1.5	15 148 201	1.2
无锡高新技术产业开发区	28 179 004	1.0	14 974 607	1.0	13 204 397	1.1
常州市	22 010 695	0.8	16 206 460	1.1	5 804 236	0.5

续表3

境内目的地/货源地	进出口		出口		进口	
	金额	比重（%）	金额	比重（%）	金额	比重（%）
常州高新技术产业开发区	818 708	0.0	458 914	0.0	359 794	0.0
苏州市	221 901 529	8.0	127 965 516	8.3	93 936 013	7.5
南通市	28 628 947	1.0	18 766 275	1.2	9 862 672	0.8
南通经济技术开发区	3 567 970	0.1	1 640 153	0.1	1 927 817	0.2
连云港市	8 946 998	0.3	2 721 183	0.2	6 225 815	0.5
连云港经济技术开发区	750 078	0.0	581 724	0.0	168 354	0.0
浙江省	260 205 792	9.4	198 220 384	12.9	61 985 407	5.0
杭州市	36 672 399	1.3	24 901 186	1.6	11 771 213	0.9
杭州经济技术开发区	4 910 054	0.2	2 398 018	0.2	2 512 035	0.2
杭州高新技术产业开发区	882 488	0.0	551 999	0.0	330 489	0.0
宁波市	73 872 613	2.7	44 417 490	2.9	29 455 123	2.4
宁波经济技术开发区	7 085 142	0.3	1 661 753	0.1	5 423 389	0.4
宁波高新技术产业开发区	663	0.0	643	0.0	20	0.0
温州市	12 603 026	0.5	11 535 847	0.8	1 067 179	0.1
温州经济技术开发区	258 756	0.0	242 312	0.0	16 443	0.0
金华市	37 720 588	1.4	36 589 429	2.4	1 131 158	0.1
金华经济技术开发区	31 137	0.0	12 017	0.0	19 119	0.0
安徽省	34 525 307	1.2	20 333 376	1.3	14 191 931	1.1
合肥市	13 164 494	0.5	7 424 060	0.5	5 740 433	0.5
合肥经济技术开发区	5 111 721	0.2	3 154 737	0.2	1 956 984	0.2
合肥高新技术产业开发区	1 174 972	0.0	603 733	0.0	571 239	0.0
芜湖市	4 657 054	0.2	3 106 846	0.2	1 550 208	0.1
芜湖经济技术开发区	2 183 691	0.1	1 515 555	0.1	668 136	0.1

续表4

境内目的地/货源地	进出口		出　口		进　口	
	金　额	比重（%）	金　额	比重（%）	金　额	比重（%）
芜湖高新技术产业开发区	56 300	0.0	34 687	0.0	21 614	0.0
蚌埠市	715 768	0.0	564 608	0.0	151 160	0.0
蚌埠高新技术产业开发区	67 071	0.0	36 780	0.0	30 291	0.0
淮南市	152 726	0.0	137 003	0.0	15 723	0.0
马鞍山市	2 449 518	0.1	983 475	0.1	1 466 043	0.1
马鞍山经济技术开发区	37 874	0.0	6 544	0.0	31 329	0.0
马鞍山慈湖高新技术产业开发区	0	0.0	–	–	0	0.0
铜陵市	3 568 608	0.1	420 819	0.0	3 147 789	0.3
铜陵经济技术开发区	59 554	0.0	19 772	0.0	39 782	0.0
安庆市	900 558	0.0	648 864	0.0	251 694	0.0
安庆经济技术开发区	2 250	0.0	1 181	0.0	1 068	0.0
滁州市	1 845 758	0.1	1 229 265	0.1	616 492	0.0
滁州经济技术开发区	555 371	0.0	153 088	0.0	402 282	0.0
六安市	614 245	0.0	488 179	0.0	126 066	0.0
六安经济技术开发区	9	0.0	7	0.0	2	0.0
宣城市	1 063 492	0.0	968 426	0.1	95 066	0.0
宁国经济技术开发区	5	0.0	1	0.0	4	0.0
池州市	733 557	0.0	216 170	0.0	517 387	0.0
池州经济技术开发区	145 627	0.0	968	0.0	144 659	0.0
福建省	103 730 190	3.7	62 517 491	4.1	41 212 698	3.3
福州市	16 462 098	0.6	10 194 776	0.7	6 267 322	0.5
福州经济技术开发区	1 207 283	0.0	736 800	0.0	470 483	0.0
福州高新技术产业开发区	23 201	0.0	23 167	0.0	34	0.0

续表5

境内目的地/货源地	进出口		出口		进口	
	金额	比重（%）	金额	比重（%）	金额	比重（%）
厦门市	39 073 424	1.4	21 530 847	1.4	17 542 577	1.4
厦门火炬高技术产业开发区	2 256 156	0.1	714 475	0.0	1 541 681	0.1
平潭	189 267	0.0	22 236	0.0	167 031	0.0
平潭综合实验区	186 452	0.0	19 429	0.0	167 023	0.0
江西省	25 022 762	0.9	16 822 730	1.1	8 200 033	0.7
南昌市	5 056 972	0.2	2 510 242	0.2	2 546 730	0.2
南昌经济技术开发区	915 922	0.0	261 571	0.0	654 351	0.1
南昌高新技术产业开发区	1 248 448	0.0	428 102	0.0	820 346	0.1
景德镇市	547 365	0.0	510 777	0.0	36 588	0.0
景德镇高新技术产业开发区	9 507	0.0	8 335	0.0	1 172	0.0
萍乡市	299 734	0.0	285 981	0.0	13 754	0.0
萍乡经济技术开发区	15 009	0.0	14 478	0.0	531	0.0
九江市	2 425 379	0.1	1 725 323	0.1	700 056	0.1
九江经济技术开发区	342 501	0.0	226 000	0.0	116 500	0.0
新余市	1 389 600	0.0	670 991	0.0	718 609	0.1
新余高新技术产业开发区	140 773	0.0	128 985	0.0	11 788	0.0
鹰潭市	2 837 793	0.1	625 969	0.0	2 211 824	0.2
鹰潭高新技术产业开发区	1 748	0.0	1 365	0.0	382	0.0
赣州市	2 902 977	0.1	2 278 397	0.1	624 580	0.1
赣州经济技术开发区	85 060	0.0	68 627	0.0	16 432	0.0
宜春市	1 582 651	0.1	1 300 487	0.1	282 164	0.0
宜春经济技术开发区	60 837	0.0	53 581	0.0	7 256	0.0
上饶市	2 154 486	0.1	1 783 712	0.1	370 774	0.0

续表6

境内目的地/货源地	进出口		出　口		进　口	
	金　额	比重（%）	金　额	比重（%）	金　额	比重（%）
上饶经济技术开发区	1 085	0.0	1 066	0.0	20	0.0
吉安市	1 723 718	0.1	1 188 586	0.1	535 132	0.0
井冈山经济技术开发区	148 844	0.0	125 850	0.0	22 993	0.0
山东省	214 279 464	7.7	106 575 096	7.0	107 704 368	8.6
济南市	6.568 093	0.2	4 164 941	0.3	2 403 152	0.2
济南市高技术产业开发区	2 465 112	0.1	1 071 981	0.1	1 393 131	0.1
青岛市	57 291 589	2.1	27 895 953	1.8	29 395 636	2.4
青岛经济技术开发区	12 108 395	0.4	5 023 273	0.3	7 085 122	0.6
青岛高新技术产业开发区	52 548	0.0	21 896	0.0	30 652	0.0
烟台市	29 811 558	1.1	16 239 456	1.1	13 572 102	1.1
烟台经济技术开发区	10 136 081	0.4	4 943 234	0.3	5 192 847	0.4
潍坊市	15 814 263	0.6	9 325 041	0.6	6 489 222	0.5
潍坊高技术产业开发区	1 155 363	0.0	773 439	0.1	381 924	0.0
威海市	8 304 774	0.3	5 913 356	0.4	2 391 418	0.2
威海火炬高技术产业开发区	1 148 262	0.0	902 691	0.1	245 570	0.0
河南省	54 872 831	2.0	33 815 613	2.2	21 057 218	1.7
郑州市	39 159 519	1.4	22 468 421	1.5	16 691 098	1.3
郑州航空港经济综合实验区	35 360 171	1.3	19 873 488	1.3	15 486 683	1.2
郑州高新技术产业开发区	371 583	0.0	338 347	0.0	33 236	0.0
洛阳市	1 531 525	0.1	1 282 572	0.1	248 953	0.0
洛阳高技术产业开发区	48 727	0.0	42 860	0.0	5 867	0.0
湖北省	31 276 970	1.1	19 643 329	1.3	11 633 641	0.9
武汉市	17 946 461	0.6	10 457 339	0.7	7 489 122	0.6

续表7

境内目的地/货源地	进出口		出口		进口	
	金额	比重（%）	金额	比重（%）	金额	比重（%）
武汉东湖新技术开发区	10 409 275	0.4	6 604 620	0.4	3 804 655	0.3
黄石市	2 323 053	0.1	956 513	0.1	1 366 540	0.1
黄石经济技术开发区	101 372	0.0	25 868	0.0	75 505	0.0
襄阳市	1 360 165	0.0	811 627	0.1	548 538	0.0
襄阳经济技术开发区	11 903	0.0	1 518	0.0	10 386	0.0
襄阳高新技术产业开发区	266 872	0.0	130 287	0.0	136 585	0.0
荆州市	2 011 511	0.1	1 437 376	0.1	574 136	0.0
荆州经济技术开发区	107 345	0.0	77 961	0.0	29 383	0.0
湖南省	20 294 959	0.7	11 955 396	0.8	8 339 563	0.7
长沙市	6 177 659	0.2	3 307 789	0.2	2 869 869	0.2
长沙经济技术开发区	667 791	0.0	183 134	0.0	484 657	0.0
长沙高新技术产业开发区	420 093	0.0	247 076	0.0	173 017	0.0
株洲市	1 074 340	0.0	697 796	0.0	376 544	0.0
株洲高新技术产业开发区	167 070	0.0	146 484	0.0	20 586	0.0
湘潭市	1 087 770	0.0	351 307	0.0	736 463	0.1
湘潭经济技术开发区	21 416	0.0	16 737	0.0	4 679	0.0
湘潭高新技术产业开发区	3 397	0.0	2 311	0.0	1 087	0.0
衡阳市	2 991 842	0.1	1 729 394	0.1	1 262 448	0.1
衡阳高新技术产业开发区	3 637	0.0	3 593	0.0	43	0.0
岳阳市	1 185 857	0.0	518 851	0.0	667 006	0.1
常德市	588 351	0.0	397 265	0.0	191 086	0.0
常德经济技术开发区	63 624	0.0	33 691	0.0	29 933	0.0
益阳市	514 140	0.0	429 245	0.0	84 896	0.0

续表8

境内目的地/货源地	进出口		出口		进口	
	金额	比重（%）	金额	比重（%）	金额	比重（%）
益阳高新技术产业开发区	14 609	0.0	14 482	0.0	128	0.0
浏阳市	219 406	0.0	206 235	0.0	13 170	0.0
浏阳经济技术开发区	8 781	0.0	7 418	0.0	1 363	0.0
广东省	754 089 501	27.1	458 054 817	29.9	296 034 684	23.7
广州市	116 656 873	4.2	72 401 688	4.7	44 255 185	3.5
广州经济技术开发区	11 122 057	0.4	4 979 097	0.3	6 142 960	0.5
广州高新技术产业开发区	9 071 116	0.3	4 326 853	0.3	4 744 263	0.4
广州南沙新区	11 799 659	0.4	5 051 067	0.3	6 748 592	0.5
深圳市	309 617 169	11.1	178 715 208	11.7	130 901 961	10.5
深圳科技工业园	39 969	0.0	6 476	0.0	33 493	0.0
珠海市	25 137 948	0.9	15 162 243	1.0	9 975 706	0.8
珠海横琴新区	171 617	0.0	109 861	0.0	61 756	0.0
汕头市	7 926 349	0.3	6 246 263	0.4	1 680 086	0.1
佛山市	40 553 355	1.5	28 444 718	1.9	12 108 637	1.0
湛江市	7 377 255	0.3	2 356 394	0.2	5 020 861	0.4
湛江经济技术开发区	539 973	0.0	435 355	0.0	104 619	0.0
惠州市	41 258 473	1.5	25 510 374	1.7	15 748 100	1.3
惠州高新技术产业开发区	21 421 097	0.8	13 182 903	0.9	8 238 194	0.7
东莞市	125 862 661	4.5	74 235 708	4.8	51 626 953	4.1
东莞松山湖高新技术产业开发区	11 322	0.0	2 982	0.0	8 340	0.0
中山市	24 524 051	0.9	19 207 841	1.3	5 316 210	0.4
中山火炬高技术产业开发区	122 343	0.0	108 595	0.0	13 748	0.0
广西壮族自治区	35 585 590	1.3	9 754 474	0.6	25 831 116	2.1

续表9

境内目的地/货源地	进出口		出口		进口	
	金额	比重（%）	金额	比重（%）	金额	比重（%）
南宁市	5 390 286	0.2	2 968 749	0.2	2 421 537	0.2
南宁高新技术产业开发区	60 884	0.0	36 744	0.0	24 140	0.0
桂林市	917 734	0.0	792 027	0.1	125 706	0.0
桂林新技术产业开发区	160 543	0.0	140 155	0.0	20 388	0.0
北海市	4 704 444	0.2	1 167 762	0.1	3 536 683	0.3
崇左市	4 963 705	0.2	825 117	0.1	4 138 588	0.3
防城港市	8 240 875	0.3	333 197	0.0	7 907 679	0.6
海南省	9 256 018	0.3	2 913 290	0.2	6 342 728	0.5
海口市	1 806 622	0.1	386 815	0.0	1 419 807	0.1
海南国际科技工业园	53 450	0.0	16 316	0.0	37 135	0.0
海南洋浦经济开发区	6 004 910	0.2	2 087 235	0.1	3 917 675	0.3
重庆市	38 279 510	1.4	25 605 019	1.7	12 674 491	1.0
重庆高新技术产业开发区	96 635	0.0	61 679	0.0	34 956	0.0
重庆两江新区	12 607 351	0.5	7 339 557	0.5	5 267 794	0.4
万州经济技术开发区	13 071	0.0	5 021	0.0	8 049	0.0
长寿经济技术开发区	0	0.0	0	0.0	–	–
四川省	45 037 004	1.6	23 774 246	1.6	21 262 758	1.7
成都市	38 272 749	1.4	19 194 478	1.3	19 078 271	1.5
成都经济技术开发区	1 413 008	0.1	243 935	0.0	1 169 073	0.1
成都高新技术产业开发区	30 990 029	1.1	16 148 730	1.1	14 841 299	1.2
绵阳市	988 930	0.0	555 496	0.0	433 434	0.0
绵阳高新技术产业开发区	192 483	0.0	144 846	0.0	47 637	0.0
广元市	25 190	0.0	14 586	0.0	10 603	0.0

续表10

境内目的地/货源地	进出口		出口		进口	
	金额	比重（%）	金额	比重（%）	金额	比重（%）
宜宾市	607 705	0.0	331 852	0.0	275 853	0.0
宜宾临港经济技术开发区	1	0.0	1	0.0	–	–
贵州省	5 485 082	0.2	3 714 792	0.2	1 770 290	0.1
贵阳市	1 832 437	0.1	1 399 748	0.1	432 689	0.0
贵阳高新技术产业开发区	11 435	0.0	1 459	0.0	9 976	0.0
云南省	14 435 866	0.5	6 525 744	0.4	7 910 123	0.6
昆明市	6 196 325	0.2	2 135 102	0.1	4 061 223	0.3
红河哈尼族彝族自治州	2 405 531	0.1	1 073 510	0.1	1 332 021	0.1
蒙自经济技术开发区	116	0.0	116	0.0	–	–
畹町市	105 366	0.0	1 249	0.0	104 117	0.0
瑞丽县	368 729	0.0	178 436	0.0	190 293	0.0
河口县	453 803	0.0	4 957	0.0	448 846	0.0
曲靖市	644 649	0.0	598 880	0.0	45 769	0.0
曲靖经济技术开发区	22 448	0.0	21 626	0.0	822	0.0
西藏自治区	414 834	0.0	249 741	0.0	165 092	0.0
拉萨市	399 546	0.0	241 469	0.0	158 077	0.0
拉萨经济技术开发区	59 808	0.0	76	0.0	59 733	0.0
陕西省	27 419 360	1.0	16 103 462	1.1	11 315 897	0.9
西安市	23 807 080	0.9	14 636 001	1.0	9 171 079	0.7
陕西航天经济技术开发区	173 134	0.0	153 716	0.0	19 419	0.0
西安新技术产业开发区	1 066 682	0.0	567 327	0.0	499 355	0.0
宝鸡市	599 256	0.0	351 729	0.0	247 527	0.0
宝鸡高新技术产业开发区	11 349	0.0	11 341	0.0	8	0.0

续表11

境内目的地/货源地	进出口		出　口		进　口	
	金　额	比重（%）	金　额	比重（%）	金　额	比重（%）
汉中市	170 327	0.0	84 332	0.0	85 995	0.0
甘肃省	3 374 628	0.1	1 144 230	0.1	2 230 397	0.2
兰州市	935 136	0.0	480 957	0.0	454 179	0.0
兰州新技术产业开发区	5 265	0.0	4 919	0.0	346	0.0
青海省	304 658	0.0	191 125	0.0	113 533	0.0
西宁市	181 145	0.0	107 777	0.0	73 368	0.0
西宁经济技术开发区	14 458	0.0	7 861	0.0	6 597	0.0
青海高新技术产业开发区	539	0.0	228	0.0	311	0.0
宁夏回族自治区	2 927 745	0.1	1 807 474	0.1	1 120 271	0.1
银川市	1 507 624	0.1	701 956	0.0	805 668	0.1
银川经济技术开发区	46 681	0.0	6 469	0.0	40 213	0.0
新疆维吾尔自治区	20 575 168	0.7	11 002 276	0.7	9 572 891	0.8
乌鲁木齐市	13 302 197	0.5	5 043 312	0.3	8 258 885	0.7
乌鲁木齐经济技术开发区	544 212	0.0	448 834	0.0	95 378	0.0
乌鲁木齐高新技术产业开发区	7 861 431	0.3	259 720	0.0	7 601 712	0.6
博乐市	686 348	0.0	237 349	0.0	449 000	0.0
伊宁市	2 822 833	0.1	2 616 052	0.2	206 781	0.0
石河子市	263 452	0.0	236 238	0.0	27 214	0.0
石河子经济技术开发区	98 485	0.0	92 395	0.0	6 090	0.0

2017 年进出口商品关别总值表

单位：万元人民币

关 别	进出口		出 口		进 口	
	金 额	比重（%）	金 额	比重（%）	金 额	比重（%）
总 值	2 780 995 106	100.0	1 533 096 988	100.0	1 247 898 118	100.0
北京海关	50 147 783	1.8	15 542 937	1.0	34 604 845	2.8
天津海关	126 819 919	4.6	61 144 269	4.0	65 675 650	5.3
石家庄海关	28 582 316	1.0	4 508 193	0.3	24 074 123	1.9
太原海关	1 406 230	0.1	21 542	0.0	1 384 688	0.1
满洲里海关	3 750 566	0.1	1 320 894	0.1	2 429 671	0.2
呼和浩特海关	5 295 971	0.2	927 196	0.1	4 368 775	0.4
沈阳海关	7 429 099	0.3	1 768 331	0.1	5 660 769	0.5
大连海关	74 948 313	2.7	35 285 872	2.3	39 662 441	3.2
长春海关	7 145 946	0.3	1 384 963	0.1	5 760 983	0.5
哈尔滨海关	8 184 518	0.3	2 006 941	0.1	6 177 577	0.5
上海海关	596 903 372	21.5	350 007 975	22.8	246 895 397	19.8
南京海关	241 908 135	8.7	118 196 629	7.7	123 711 506	9.9
杭州海关	66 919 807	2.4	36 228 025	2.4	30 691 781	2.5
宁波海关	138 333 635	5.0	98 914 210	6.5	39 419 425	3.2
合肥海关	19 347 216	0.7	7 078 655	0.5	12 268 561	1.0
福州海关	21 548 120	0.8	10 630 913	0.7	10 917 206	0.9
厦门海关	82 840 156	3.0	55 996 293	3.7	26 843 864	2.2
南昌海关	8 558 746	0.3	2 866 970	0.2	5 691 776	0.5
青岛海关	196 260 101	7.1	98 695 369	6.4	97 564 733	7.8
济南海关	30 336 469	1.1	12 826 104	0.8	17 510 365	1.4
郑州海关	45 363 579	1.6	25 670 840	1.7	19 692 739	1.6
武汉海关	18 180 635	0.7	9 361 539	0.6	8 819 097	0.7
长沙海关	12 623 935	0.5	5 669 687	0.4	6 954 248	0.6
广州海关	109 715 049	3.9	66 979 235	4.4	42 735 814	3.4
黄埔海关	150 423 123	5.4	72 612 053	4.7	77 811 070	6.2
深圳海关	453 598 744	16.3	290 606 610	19.0	162 992 134	13.1
拱北海关	41 640 978	1.5	26 767 574	1.7	14 873 403	1.2

续表

关 别	进出口		出 口		进 口	
	金 额	比重（%）	金 额	比重（%）	金 额	比重（%）
汕头海关	11 775 249	0.4	8 200 841	0.5	3 574 409	0.3
海口海关	8 985 550	0.3	2 759 755	0.2	6 225 794	0.5
湛江海关	15 939 418	0.6	2 784 388	0.2	13 155 029	1.1
江门海关	12 425 963	0.4	8 810 774	0.6	3 615 189	0.3
南宁海关	42 192 043	1.5	18 400 525	1.2	23 791 518	1.9
成都海关	38 470 204	1.4	18 784 974	1.2	19 685 231	1.6
重庆海关	35 389 680	1.3	23 564 461	1.5	11 825 219	0.9
贵阳海关	3 166 783	0.1	1 996 797	0.1	1 169 987	0.1
昆明海关	12 626 726	0.5	6 202 450	0.4	6 424 276	0.5
拉萨海关	434 594	0.0	279 622	0.0	154 972	0.0
西安海关	22 556 230	0.8	12 580 539	0.8	9 975 691	0.8
乌鲁木齐海关	25 994 644	0.9	15 182 018	1.0	10 812 627	0.9
兰州海关	1 844 520	0.1	263 534	0.0	1 580 986	0.1
银川海关	904 292	0.0	260 194	0.0	644 097	0.1
西宁海关	76 748	0.0	6 296	0.0	70 452	0.0

2017年进出口商品运输方式总值表

单位：万元人民币

运输方式	进出口		出　口		进　口	
	金　额	比重（%）	金　额	比重（%）	金　额	比重（%）
总　值	2 780 995 106	100.0	1 533 096 988	100.0	1 247 898 118	100.0
水路运输	1 726 976 071	62.1	1 026 823 977	67.0	700 152 093	56.1
铁路运输	29 926 931	1.1	17 602 106	1.1	12 324 824	1.0
公路运输	445 935 846	16.0	233 988 968	15.3	211 946 878	17.0
航空运输	540 817 601	19.4	242 688 159	15.8	298 129 441	23.9
邮件运输	1 818 037	0.1	1 544 482	0.1	273 555	0.0
其他运输	35 520 622	1.3	10 449 295	0.7	25 071 326	2.0

2017年进出口商品前40位国别（地区）总值表

单位：万元人民币

最终目的国（地区）	出口	名　次	原产国（地区）	进口	名　次
总　值	1 533 096 988	–	总　值	1 247 898 118	–
美国	291 008 242	1	韩国	120 163 038	1
中国香港	188 895 253	2	日本	112 129 985	2
日本	92 971 225	3	中国台湾	105 502 429	3
韩国	69 614 310	4	美国	104 298 667	4
越南	48 453 198	5	中华人民共和国	89 583 650	5
德国	48 176 143	6	德国	65 443 448	6
印度	46 133 090	7	澳大利亚	64 412 310	7
荷兰	45 426 439	8	巴西	39 920 236	8
英国	38 432 454	9	马来西亚	36 859 764	9
新加坡	30 499 665	10	越南	33 953 701	10
中国台湾	29 780 808	11	泰国	28 164 411	11
俄罗斯联邦	29 012 759	12	俄罗斯联邦	28 032 628	12
马来西亚	28 250 104	13	新加坡	23 184 818	13
澳大利亚	28 053 265	14	瑞士	22 285 021	14
泰国	26 114 925	15	沙特阿拉伯	21 510 627	15
墨西哥	24 321 064	16	印度尼西亚	19 333 997	16
印度尼西亚	23 545 099	17	法国	18 100 907	17
菲律宾	21 726 967	18	南非	16 520 701	18
加拿大	21 256 718	19	英国	15 109 690	19
意大利	19 785 779	20	智利	14 331 034	20
巴西	19 612 644	21	安哥拉	14 043 583	21
阿拉伯联合酋长国	19 477 482	22	加拿大	13 849 270	22
法国	18 740 711	23	意大利	13 836 049	23

续表

最终目的国（地区）	出口	名　次	原产国（地区）	进口	名　次
西班牙	15 531 831	24	菲律宾	13 020 096	24
伊朗	12 587 866	25	伊朗	12 571 956	25
沙特阿拉伯	12 484 008	26	印度	11 074 062	26
巴基斯坦	12 381 850	27	伊拉克	9 362 027	27
土耳其	12 282 379	28	阿曼	9 084 729	28
波兰	12 103 444	29	秘鲁	9 060 718	29
比利时	10 665 680	30	阿拉伯联合酋长国	8 343 707	30
孟加拉国	10 286 476	31	墨西哥	7 992 667	31
南非	10 029 530	32	荷兰	7 626 733	32
智利	9 770 010	33	新西兰	6 368 517	33
尼日利亚	8 240 504	34	科威特	6 042 157	34
哈萨克斯坦	7 826 312	35	爱尔兰	5 505 102	35
埃及	6 428 276	36	西班牙	5 420 457	36
阿根廷	6 142 017	37	瑞典	5 330 582	37
缅甸	6 060 840	38	比利时	5 105 061	38
以色列	6 048 832	39	中国香港	4 953 140	39
捷克	5 947 194	40	委内瑞拉	4 899 122	40

2017 年出口商品排序表（前 100 位）

单位：万元人民币

商品编号	商品名称	计量单位	数　量	金　额
	总　值		-	1 533 096 988
85171210	手持（包括车载）式无线电话机	台	1 213 221 033	85 089 234
84713090	其他重量不超过 10 千克的便携式自动数据处理设备	台	141 391 182	46 619 193
85177030	手持式无线电话机的零件（天线除外）	千克	109 379 619	24 279 006
84733090	品目 8471 所列其他机器的零件、附件	千克	458 416 539	21 100 689
85423290	其他用作存储器的集成电路	个	18 342 622 740	18 508 364
		千克	3 383 983	-
90138030	液晶显示板	个	1 938 143 502	17 443 788
		千克	500 185 932	-
85423190	其他用作处理器及控制器的集成电路	个	76 661 675 062	16 628 389
84713010	平板电脑	台	123 401 691	14 090 100
84717010	硬盘驱动器	台	232 964 972	11 654 373
64029929	未列名塑料制鞋面的鞋靴	千克	1 514 651 584	9 951 197
		双	3 479 219 564	-
94054090	未列名电灯及照明装置	千克	1 361 476 144	9 410 616
84715040	微型机的处理部件	台	31 182 440	8 975 576
85176299	其他接收、转换并且发送或再生声音、图像或其他数据用的设备	台	456 703 034	8 909 283
64041990	橡胶或塑料制外底，纺织材料制鞋面的其他鞋靴	千克	1 032 588 081	7 985 573
		双	2 161 395 701	-
85414020	太阳能电池	个	945 051 742	7 668 686
		千克	2 089 701 886	-
85177090	品目 8517 所列设备用其他零件	千克	232 204 177	7 382 641
39269090	未列名塑料制品	千克	2 068 816 210	6 958 484
61103000	化纤制针织钩编套头衫、开襟衫、外穿背心等	件	1 722 712 211	6 468 158
		千克	561 815 539	-
42021290	以塑料或纺织材料作面的提箱、小手袋、公文箱、公文包、书包及类似容器	千克	1 349 024 443	6 278 736
		立方米	1 990 630 870	-

续表1

商品编号	商品名称	计量单位	数　量	金　额
27101923	柴油，不含生物柴油	千克	17 192 808 924	5 849 765
		升	20 218 706 750	-
85340090	四层及以下的印刷电路	块	28 988 218 910	5 674 844
		千克	216 685 887	-
85287222	液晶显示器彩色数字电视接收机	台	45 989 371	5 651 639
73089000	其他钢铁结构体；钢结构体用部件及加工钢材	千克	5 554 120 842	5 630 487
85076000	锂离子蓄电池	个	1 669 916 397	5 395 215
85437099	未列名具有独立功能的电气设备及装置	台	2 174 701 953	5 336 183
95030089	其他玩具	个	29 030 743 742	5 022 457
		千克	1 237 301 751	-
40112000	客车或货运机动车辆用新的充气橡胶轮胎	千克	3 369 113 785	5 005 138
		张	88 168 650	-
95045019	与电视接收机配套使用的视频游戏控制器及设备	台	41 159 208	4 900 470
		千克	98 590 573	-
62046200	棉制女裤	条	1 219 102 265	4 857 464
		千克	462 892 421	-
27101911	航空煤油，不含有生物柴油	千克	13 131 967 139	4 824 694
		升	16 362 654 689	-
85423990	其他集成电路	个	99 661 896 381	4 780 814
94036099	未列名木家具	件	169 353 040	4 678 756
		千克	2 440 558 320	-
94051000	枝形吊灯及天花板或墙壁上的电气照明装置	个	1 008 980 997	4 609 390
		千克	759 528 326	-
94032000	其他金属家具	件	316 627 354	4 574 510
		千克	2 758 277 360	-
84439990	品目 8443 所列设备用其他零件及附件	千克	424 193 042	4 566 385
85044099	未列名静止式变流器	个	1 952 099 645	4 273 498
42022200	以塑料片或纺织材料作面的手提包	千克	638 825 785	4 153 684
		立方米	2 172 382 957	-
84433110	有打复印及传真两种及以上功能静电感光机器	台	10 835 736	4 027 027
85285910	其他彩色监视器	台	31 597 069	3 947 376
61102000	棉制针织钩编的套头衫、开襟衫、外穿背心等	件	953 676 131	3 940 743
		千克	322 898 524	-

续表2

商品编号	商品名称	计量单位	数量	金额
64039900	其他橡、塑或再生皮革外底，皮革鞋面的鞋靴	千克	316 018 022	3 913 988
		双	455 897 357	-
27101210	车用汽油和航空汽油，不含有生物柴油	千克	10 514 089 167	3 871 264
		升	14 593 555 774	-
85371090	其他电气控制或电力分配盘板台等，电压≤1000伏	个	349 875 245	3 855 710
		千克	158 253 985	-
72253000	其他合金钢热轧卷材，宽≥600 毫米	千克	11 571 540 427	3 848 938
85340010	四层以上的印刷电路	块	2 629 501 808	3 780 715
		千克	64 886 879	-
62034290	棉制其他男裤	条	971 506 866	3 676 894
		千克	438 610 261	-
94016190	其他带软垫的木框架坐具	个	64 149 894	3 626 907
		千克	1 287 629 629	-
72104900	其他镀或涂锌普通钢铁板材	千克	8 468 003 161	3 580 463
85395000	发光二极管（LED）灯泡（管）	只	10 727 119 695	3 566 980
		千克	308 203 719	-
98040000	低值简易通关商品	千克	535 585 799 862	3 562 351
71131919	其他黄金制首饰及其零件	克	128 527 311	3 540 752
84818040	其他阀门	套	1 550 223 152	3 525 378
		千克	723 968 664	-
54075200	聚酯变形长丝≥85%染色布	米	5 263 696 268	3 504 864
		千克	1 044 242 620	-
84718000	自动数据处理设备的其他部件	台	98 084 990	3 431 306
40111000	机动小客车用新的充气橡胶轮胎	千克	1 925 088 379	3 409 818
		张	201 417 072	-
39241000	塑料制餐具及厨房用具	千克	1 315 133 707	3 372 543
85285212	其他可直接连接品目 8471 的自动数据处理设备的彩色液晶监视器	台	41 645 453	3 339 944
		千克	222 122 837	-
42029200	以塑料片或纺织材料作面的其他类似容器	千克	613 046 813	3 270 578
		立方米	3 927 003 540	-
73269090	未列名非工业用钢铁制品	千克	1 943 842 305	3 246 205
85258013	非特种用途的其他类型电视摄像机	台	376 812 021	3 218 610
69111019	其他瓷制餐具	千克	1 791 666 969	3 188 347
71131911	镶嵌钻石的黄金制首饰及其零件	克	31 376 530	3 160 437

续表3

商品编号	商品名称	计量单位	数　量	金　额
63079000	品目6301至6307的未列名制成品，包括服装裁剪样	千克	795 919 727	3 139 031
72283090	其他条、杆，除热轧、热拉拔或热挤压外未经进一步加工	千克	8 988 114 341	2 997 002
85414010	发光二极管	个	255 534 363 940	2 941 332
		千克	11 383 694	-
85287221	液晶显示器彩色模拟电视接收机	台	28 869 769	2 924 243
86090029	其他40英尺集装箱	个	1 214 439	2 922 690
87087091	铝合金制的未列名机动车辆用车轮及其零件、附件	千克	926 095 130	2 908 015
94049040	化纤棉填充的其他寝具及类似用品	千克	772 932 920	2 863 368
69101000	瓷制固定卫生设备	千克	1 366 673 945	2 842 685
		件	76 141 384	-
85182200	多喇叭音箱	个	115 556 898	2 839 110
61099090	未列名纺材制针织或钩编T恤衫、汗衫、背心	件	1 527 965 445	2 829 115
		千克	250 981 970	-
95051000	圣诞节用品	千克	477 838 190	2 827 286
60063200	合成纤维制染色其他针织或钩编织物	米	3 268 772 981	2 799 194
		千克	801 675 928	-
87082990	车身（包括驾驶室）的未列名零件、附件	千克	449 819 147	2 786 894
84818090	龙头、旋塞及类似装置	套	657 578 650	2 768 145
		千克	372 193 668	-
94035099	其他卧室用木家具	件	35 830 135	2 755 529
		千克	1 127 185 237	-
89019041	载重量≤15万吨的机动散货船	艘	220	2 741 885
85176239	未列名有线数字通讯设备	台	67 965 876	2 726 560
85369011	工作电压不超过36伏的接插件	千克	62 249 237	2 704 763
61091000	棉制针织或钩编的T恤衫、汗衫、背心	件	1 427 318 670	2 701 927
		千克	226 913 426	-
62029390	未列名化纤女式带风帽防寒短上衣、防风衣等	件	266 574 962	2 696 943
		千克	188 924 178	-
95030081	其他玩具，组装成套或全套的	套	2 122 909 149	2 626 836
		千克	532 496 192	-
72107010	厚度小于1. 5毫米的涂漆或涂塑的铁或非合金钢平板轧材，宽≥600毫米	千克	5 003 938 774	2 566 768

续表4

商品编号	商品名称	计量单位	数 量	金 额
84151021	制冷≤4000 大卡/时分体窗式或壁式空调	台	22 608 919	2 559 545
		千克	778 631 184	-
85176232	以太网络交换机	台	36 644 720	2 517 250
84314999	品目 8426、8429 及 8430 所列机械的未列名零件	千克	1 764 057 067	2 511 337
084714940	系统形式的微型机	台	4 477 044	2 492 014
85081100	电动真空吸尘器，功率≤1500 瓦，集尘器容积≤20 升	台	108 981 550	2 439 334
		千克	446 009 389	-
27101922	5~7 号燃料油，不含有生物柴油	千克	10 893 459 857	2 434 460
		升	11 056 882 275	-
85176294	无线耳机、无线耳塞	个	179 507 813	2 431 414
85444219	其他有接头电导体，额定电压≤80 伏	千克	201 701 353	2 429 030
85299042	非特种用途的取像模块	千克	626 773	2 395 918
94017190	其他带软垫的金属框架坐具	个	130 980 347	2 382 005
		千克	911 806 865	-
85044014	其他功率<1 千瓦直流稳压电源，精度<1/10000	个	668 969 162	2 368 373
73239300	不锈钢制餐桌、厨房或其他家用器具及其零件	千克	526 677 536	2 360 392
62121010	化纤制胸罩	件	2 324 520 828	2 308 777
		千克	148 390 783	-
85389000	品目 8535、8536 或 8537 所列装置的其他零件	千克	247 295 489	2 297 101
39181090	氯乙烯聚合物制铺地制品	千克	2 629 477 102	2 294 834
94039000	家具的零件	千克	1 141 150 944	2 281 220

2017年进口商品排序表（前100位）

单位：万元人民币

商品编号	商品名称	计量单位	数　量	金　额
	总　值		-	1 247 898 118
27090000	石油原油及从沥青矿物提取的原油	千克	419 462 263 815	111 021 035
85423190	其他用作处理器及控制器的集成电路	个	102 807 325 688	67 156 657
85423290	其他用作存储器的集成电路	个	35 276 249 348	58 851 836
		千克	9 238 927	-
26011120	0.8毫米≤平均粒度<6.3毫米的未烧结铁矿砂及精矿	千克	770 440 444 506	35 192 217
71081200	其他未锻造金，非货币用	克	1 198 836 857	33 065 658
85423990	其他集成电路	个	202 044 857 406	31 530 899
12019010	黄大豆，种用除外	千克	95 527 602 867	26 874 209
85177030	手持式无线电话机的零件（天线除外）	千克	38 325 522	22 935 223
90138030	液晶显示板	个	2 413 553 969	20 510 175
		千克	339 131 497	-
26030000	铜矿砂及其精矿	千克	17 334 266 876	18 193 729
74031111	未锻轧铜含量>99.9935%的精炼铜阴极	千克	2 903 790 574	12 311 812
84717010	硬盘驱动器	台	262 130 069	11 681 370
26011190	平均粒度≥6.3毫米的未烧结铁矿砂及其精矿	千克	193 100 419 856	10 193 518
87032362	汽油越野车（4轮驱动）2500毫升<排量≤3000毫升	辆	278 758	10 066 913
27111100	液化天然气	千克	38 093 529 266	9 962 983
98040000	低值简易通关商品	千克	15 051 042 680	9 923 924
88024010	15000千克<空载重量≤45000千克的飞机等航空器	架	283	8 824 855
85423119	其他用作处理器及控制器的多元件集成电路	个	2 600 095 826	8 470 916
29024300	对二甲苯	千克	14 438 085 552	8 286 913
84733090	品目8471所列其他机器的零件、附件	千克	58 578 948	7 800 368
30049090	未列名混合或非混合产品构成的药品	千克	35 064 739	7 649 640
27011210	炼焦煤	千克	69 335 345 244	6 342 932
88024020	空载重量>45000千克的飞机等航空器	架	108	6 220 955

续表1

商品编号	商品名称	计量单位	数 量	金 额
74040000	铜废碎料	千克	3 557 119 023	6 198 171
27112100	天然气	千克	30 431 700 500	5 774 805
26011110	平均粒度<0.8毫米未烧结铁矿砂及其精矿	千克	93 612 750 078	5 231 086
39012000	初级形状的聚乙烯，比重≥0.94	千克	6 394 183 464	5 107 994
85369011	工作电压不超过36伏的接插件	千克	80 232 686	5 101 208
85299042	非特种用途的取像模块	千克	840 792	5 011 670
29053100	1，2-乙二醇	千克	8 687 687 038	4 979 820
27075000	其他芳烃混合物，T=25℃，蒸馏出芳烃≥65%	千克	11 524 048 634	4 914 716
71023900	其他非工业用钻石	克拉	7 871 819	4 875 141
87032341	汽油小轿车，1500毫升<排量≤2000毫升	辆	245 033	4 784 617
87084091	小轿车用自动换挡变速箱及其零件	个	364 054 622	4 745 005
		千克	368 255 650	-
85423390	其他用作放大器的集成电路	个	25 267 225 003	4 634 910
27111200	液化丙烷	千克	13 365 496 633	4 507 612
84798999	未列名具有独立功能的机器及机械器具	台	163 530 268	4 329 700
85414010	发光二极管	个	165 037 170 346	4 238 194
		千克	5 974 999	-
47032900	半漂白或漂白非针叶木烧碱木浆或硫酸盐木浆	千克	10 468 384 092	4 168 418
27011290	其他烟煤	千克	76 048 751 296	4 150 082
38249999	未列名化学工业及其相关工业的化学产品及配制品	千克	1 437 284 516	4 107 588
85340010	四层以上的印刷电路	块	3 594 498 793	3 966 850
		千克	32 012 746	-
85340090	四层及以下的印刷电路	块	41 583 986 755	3 832 298
		千克	55 276 169	-
85322410	片式多层瓷介电容器	千克	18 430 351	3 694 572
		千个	2 427 869 853	-
85177090	品目8517所列设备用其他零件	千克	33 644 508	3 625 067
87084099	未列名机动车辆用变速箱及其零件	个	317 049 904	3 542 254
		千克	273 035 114	-
47032100	半漂白或漂白的针叶木烧碱木浆或硫酸盐木浆	千克	8 127 418 481	3 541 083
33049900	其他美容品或化妆品及护肤品	千克	112 528 955	3 431 884
		件	2 072 166 670	-
74020000	未精炼铜；电解精炼用的铜阳极	千克	798 693 257	3 307 008

续表2

商品编号	商品名称	计量单位	数　量	金　额
85412900	耗散功率≥1 瓦的晶体管	个	39 336 041 668	3 297 411
		千克	20 512 532	-
40028000	4001 所列产品与本编号所列产品的混合物	千克	2 751 695 416	3 268 947
87032361	汽油小轿车，2500 毫升<排量≤3000 毫升	辆	64 990	3 216 101
87032342	汽油越野车（4 轮驱动）1500 毫升<排量≤2000 毫升	辆	119 682	3 181 358
87032343	汽油小客车，1500 毫升<排量≤2000 毫升	辆	146 727	3 117 867
27101922	5~7 号燃料油，不含有生物柴油	千克	13 472 175 075	3 051 173
		升	13 674 257 707	-
90318090	其他未列名测量或检验仪器、器具及机器	台	788 725 568	2 908 081
84439990	品目 8443 所列设备用其他零件及附件	千克	139 664 683	2 836 499
90139020	编号 9013.8030（液晶显示板）所列货品的零件、附件	千克	16 359 069	2 804 838
27021000	褐煤，不论是否粉化，但未制成型	千克	82 610 064 160	2 751 883
39074000	初级形状的聚碳酸酯	千克	1 385 118 664	2 742 912
29025000	苯乙烯	千克	3 212 194 795	2 720 049
26020000	锰矿砂及其精矿	千克	21 251 568 909	2 717 273
85419000	品目 8541 所列货品的零件	千克	10 350 602	2 713 085
90012000	偏振材料制的片及板	千克	63 467 564	2 711 571
90328990	其他自动调节或控制仪器及装置	台	48 027 941	2 708 774
19011010	供婴幼儿食用的零售包装配方奶粉 全脱脂可可含量低于 5%的乳品制	千克	295 920 208	2 685 097
85389000	品目 8535、8536 或 8537 所列装置的其他零件	千克	86 954 548	2 662 085
39021000	初级形状的聚丙烯	千克	3 178 230 061	2 604 709
87082990	车身（包括驾驶室）的未列名零件、附件	千克	380 349 418	2 589 632
47071000	回收（废碎）的未漂白牛皮纸或瓦楞纸及纸板	千克	15 067 523 643	2 509 086
39014020	初级形状的线型低密度聚乙烯，比重<0.94	千克	3 025 970 715	2 471 461
30021500	免疫制品，已配定剂量或制成零售包装	千克	3 054 813	2 430 643
85416000	已装配的压电晶体	个	34 352 986 302	2 392 164
		千克	1 925 694	-
26100000	铬矿砂及其精矿	千克	13 840 544 945	2 339 087
85411000	二极管，但光敏二极管或发光二极管除外	个	188 219 469 716	2 313 925
		千克	15 787 757	-

续表3

商品编号	商品名称	计量单位	数　量	金　额
85371090	其他电气控制或电力分配盘板台等，电压≤1000伏	个	116 133 066	2 303 375
		千克	30 145 306	-
26060000	铝矿砂及其精矿	千克	68 490 432 787	2 297 417
90314990	其他测量或检验用光学仪器及器具	台	157 381 349	2 257 657
27101220	石脑油，不含有生物柴油	千克	6 667 533 172	2 248 340
		升	9 234 533 456	-
85076000	锂离子蓄电池	个	1 681 846 628	2 205 938
72024100	铬铁，按重量计含碳量>4%	千克	2 653 643 090	2 150 437
87032412	汽油越野车（4 轮驱动）3000 毫升<排量≤4000 毫升	辆	84 471	2 106 820
39033090	其他初级形状的丙烯腈-丁二烯-苯乙烯（ABS）共聚物	千克	1 608 540 652	2 101 149
40012200	技术分类天然橡胶（TSNR）	千克	1 680 126 252	2 065 901
39011000	初级形状的聚乙烯，比重<0.94	千克	2 374 338 875	2 045 346
85437099	未列名具有独立功能的电气设备及装置	台	530 940 362	2 024 894
27079990	其他蒸馏高温煤焦油所得油类等产品及类似品	千克	5 606 047 282	2 007 185
29012200	丙烯	千克	3 098 747 381	1 930 649
76020000	铝废碎料	千克	2 171 647 928	1 914 588
84111210	涡轮风扇喷气发动机，推力>25kN	台	376	1 889 437
85045000	其他电感器	个	197 191 521 418	1 838 629
02023000	冻去骨牛肉	千克	564 090 686	1 830 413
85423310	用作放大器的多元件集成电路	个	1 978 981 713	1 824 925
84099199	其他点燃式活塞内燃发动机的零件	千克	145 287 903	1 806 709
72026000	镍铁	千克	1 362 956 230	1 798 625
71081300	其他半制的金，非货币用	克	63 121 866	1 792 571
29051100	甲醇	千克	8 133 518 755	1 789 838
84119100	涡轮喷气发动机或涡轮螺桨发动机的零件	千克	2 973 018	1 782 730
85258013	非特种用途的其他类型电视摄像机	台	231 640 832	1 736 929
84733010	大、中、小型计算机及其部件的零件、附件	千克	14 161 459	1 735 182

第七篇

附　录

全国对外开放口岸分地区一览表

截至2017年12月31日

序号	省份	数量	水运口岸	空运口岸		铁路	公路口岸	
				对中外飞机全开放	限制性	口岸	（国际）	（双边）
1	北京	2		北京		北京		
2	天津	3	天津、渤中	天津				
3	河北	4	秦皇岛、唐山、黄骅	石家庄				
4	山西	1		太原				
5	内蒙古	18		呼和浩特、海拉尔满洲里、鄂尔多斯		二连浩特、满洲里	珠恩嘎达布其、满洲里、二连浩特、阿尔山	阿日哈沙特、额布都格、甘其毛都、满都拉、策克、黑山头、室韦、乌力吉
6	辽宁	13	大连、营口、丹东、庄河、葫芦岛、旅顺新港、锦州、长兴岛、盘锦	沈阳、大连		丹东	丹东	
7	吉林	16	（大安）	长春、延吉		集安、图们、珲春	珲春、集安、圈河	临江、开山屯、三合、南坪、长白、古城里、沙坨子
8	黑龙江	25	（哈尔滨、富锦、佳木斯、桦川、绥滨、同江、黑河、漠河、呼玛、逊克、抚远、孙吴、萝北、嘉荫、饶河）	哈尔滨、佳木斯、齐齐哈尔、牡丹江		绥芬河、哈尔滨	绥芬河	东宁、密山、虎林
9	上海	3	上海	上海		上海		
10	江苏	26	连云港、（张家港、南通、南京、镇江、江阴、扬州、泰州、常熟、太仓、常州、如皋、靖江）、大丰、如东、启东、盐城	南京、盐城、徐州、常州、淮安、无锡、扬泰、南通	连云港#			
11	浙江	9	温州、宁波、舟山、台州、嘉兴	杭州、宁波、温州、义乌				

续表 1

序号	省份	数量	水运口岸	空运口岸 对中外飞机全开放	空运口岸 限制性	铁路口岸	公路口岸 (国际)	公路口岸 (双边)
12	安徽	7	(芜湖、铜陵、安庆、池州、马鞍山)	合肥、黄山				
13	福建	11	福州、厦门、泉州、漳州、宁德、莆田、平潭	厦门、福州、泉州	武夷山#			
14	江西	2	(九江)	南昌				
15	山东	18	青岛、烟台、威海、龙口、石臼、石岛、岚山、东营、蓬莱、莱州、龙眼、潍坊、董家口、滨州	青岛、济南、烟台、威海				
16	河南	3		郑州	洛阳#	郑州		
17	湖北	4	(武汉、黄石)	武汉	宜昌#			
18	湖南	3	(城陵矶)	长沙、张家界				
19	广东	60	广州、湛江、汕头、汕尾、九州、广海、蛇口、莲花山、赤湾、惠州、妈湾、东角头、盐田、水东、阳江、大亚湾、南澳、珠海、潮州、万山、南沙、潮阳、(虎门、新会)、深圳、揭阳、湾仔#、梅沙#、西冲#、(三埠#、江门#、肇庆#、南海#、斗门#、鹤山#、中山、容奇#、高明#、新塘#)	广州、深圳、揭阳	湛江#、梅州#	深圳、广州、佛山、肇庆、东莞	文锦渡、拱北、沙头角、皇岗、罗湖、横琴、深圳湾、珠澳、福田、港珠澳	青茂
20	海南	7	海口、三亚、八所、洋浦、清澜	三亚、海口				
21	广西	20	防城、北海、钦州、江山、企沙、(梧州#、柳州#、贵港#)	南宁、桂林	北海#	凭祥	友谊关、东兴、水口	龙邦、平孟、爱店、峒中、硕龙
22	四川	1		成都				
23	重庆	2	(重庆#)	重庆				
24	贵州	1		贵阳				

续表 2

序号	省份	数量	水运口岸	空运口岸		铁路	公路口岸	
				对中外飞机全开放	限制性	口岸	（国际）	（双边）
25	云南	18	（思茅、景洪）	昆明、西双版纳丽江、芒市		河口	瑞丽、磨憨、打洛、河口、天保、都龙	金水河、畹町、腾冲、孟定、勐康
26	西藏	4		拉萨			吉隆	普兰、樟木
27	陕西	1		西安				
28	甘肃	3		兰州、敦煌				马鬃山
29	新疆	19		乌鲁木齐、喀什、伊宁		阿拉山口、霍尔果斯	红其拉甫、霍尔果斯、巴克图、伊尔克什坦、吉木乃、卡拉苏、都拉塔、吐尔尕特、塔克什肯、老爷庙	红山嘴、乌拉斯台、木扎尔特、阿黑土别克
30	宁夏	1		银川				
31	青海	1		西宁				
合计		306	138（其中内河 55）	66	7	20	39	36

表注：1. 口岸名称后带“#”的为限中国籍（飞机、船舶）出入境口岸。

2. 水运口岸中加括号的为内河口岸。